DIREITO CIVIL 1

ESQUEMATIZADO®

Histórico da Obra

- **1.ª edição:** fev./2011; 2.ª tir., maio/2011; 3.ª tir., ago./2011
- **2.ª edição:** jan./2012
- **3.ª edição:** jan./2013
- **4.ª edição:** jan./2014; 2.ª tir., ago./2014
- **5.ª edição:** jan./2015; 2.ª tir., maio/2015
- **6.ª edição:** jan./2016; 2.ª tir., maio/2016
- **7.ª edição:** jan./2017
- **8.ª edição:** jan./2018

Carlos Roberto Gonçalves

Mestre em Direito Civil pela PUC-SP,
Desembargador aposentado do Tribunal de Justiça de São Paulo e
Membro da Academia Brasileira de Direito Civil

DIREITO CIVIL 1

PARTE GERAL ▪ OBRIGAÇÕES
▪ CONTRATOS (Parte Geral)

Coordenador
Pedro Lenza

ESQUEMATIZADO®

8ª edição
2018

saraiva jur

ISBN 978-85-472-2346-5

DADOS INTERNACIONAIS DE CATALOGAÇÃO NA PUBLICAÇÃO (CIP)
ANGÉLICA ILACQUA CRB-8/7057

Gonçalves, Carlos Roberto

Direito civil 1 : esquematizado® : parte geral : obrigações e contratos / Carlos Roberto Gonçalves. – 8. ed. – São Paulo : Saraiva Educação, 2018. (Coleção esquematizado® / coordenador Pedro Lenza)

1. Direito civil 2. Direito civil - Brasil I. Título II. Lenza, Pedro III. Série.

17-1365 CDU 347(81)

Índice para catálogo sistemático:

1. Brasil : Direito civil 347(81)

SOMOS EDUCAÇÃO | saraiva jur

Av. das Nações Unidas, 7.221, 1º andar, Setor B
Pinheiros – São Paulo – SP – CEP 05425-902

SAC
0800-0117875
De 2ª a 6ª, das 8h às 18h
www.editorasaraiva.com.br/contato

Vice-presidente Claudio Lensing
Diretora editorial Flávia Alves Bravin

Conselho editorial
Consultor acadêmico Murilo Angeli Dias dos Santos

Gerência
Planejamento e novos projetos Renata Pascual Müller
Editorial Roberto Navarro

Edição Liana Ganiko Brito Catenacci
Patricia Quero

Produção editorial Maria Izabel B. B. Bressan (coord.)
Carolina Massanhi

Arte e digital Mônica Landi (coord.)
Claudirene de Moura Santos Silva
Guilherme H. M. Salvador
Tiago Dela Rosa
Verônica Pivisan Reis

Planejamento e processos Clarissa Boraschi Maria (coord.)
Juliana Bojczuk Fermino
Kelli Priscila Pinto
Marília Cordeiro

Fernando Penteado
Tatiana dos Santos Romão

Novos projetos Laura Paraíso Buldrini Filogônio

Diagramação Fabricando Ideias Design Gráfico
Revisão PBA Preparação e Revisão de Textos

Comunicação e MKT Carolina Bastos
Elaine Cristina da Silva

Capa Aero Comunicação/Danilo Zanott
Produção gráfica Marli Rampim
Impressão e acabamento EGB Editora Gráfica Bernardi Ltda.

Data de fechamento da edição: 27-11-2017

Dúvidas? Acesse www.editorasaraiva.com.br/direito

CL 604326 CAE 623430

METODOLOGIA ESQUEMATIZADO®

Durante o ano de 1999, pensando, naquele primeiro momento, nos alunos que prestariam o exame da OAB, resolvemos criar uma **metodologia** de estudo que tivesse linguagem "fácil" e, ao mesmo tempo, oferecesse o conteúdo necessário à preparação para provas e concursos.

O trabalho foi batizado como ***Direito constitucional esquematizado®***. Em nosso sentir, surgia ali uma metodologia **pioneira**, idealizada com base em nossa experiência no magistério e buscando, sempre, otimizar a preparação dos alunos.

A metodologia se materializou nos seguintes "pilares":

- **esquematizado®**: a parte teórica é apresentada de forma objetiva, dividida em vários itens e subitens e em parágrafos curtos. Essa estrutura revolucionária rapidamente ganhou a preferência dos concurseiros;
- **superatualizado**: doutrina, legislação e jurisprudência em sintonia com as grandes tendências da atualidade e na linha dos concursos públicos de todo o País;
- **linguagem clara**: a exposição fácil e direta, a leitura dinâmica e estimulante trazem a sensação de que o autor está "conversando" com o leitor;
- **palavras-chave (*keywords*)**: os destaques na cor azul possibilitam a leitura "panorâmica" da página, facilitando a fixação dos principais conceitos. O realce colorido recai sobre os termos que o leitor certamente grifaria com a sua caneta marca-texto;
- **recursos gráficos**: esquemas, tabelas e gráficos favorecem a assimilação e a memorização dos principais temas;
- **questões resolvidas**: ao final de cada capítulo, o assunto é ilustrado com questões de concursos ou elaboradas pelos próprios autores, o que permite conhecer as matérias mais cobradas e também checar o aprendizado.

Depois de muitos anos de **aprimoramento**, o trabalho passou a atingir tanto os candidatos ao **Exame de Ordem** quanto todos aqueles que enfrentam os concursos em geral, sejam das **áreas jurídica** ou **não jurídica**, de **nível superior** ou mesmo os de **nível médio**, assim como os **alunos de graduação** e demais **profissionais**.

Ada Pellegrini Grinover, sem dúvida, anteviu, naquele tempo, a evolução do *Esquematizado®*. Segundo a Professora escreveu em 1999, "a obra destina-se, declaradamente, aos candidatos às provas de concursos públicos e aos alunos de graduação, e, por isso mesmo, após cada capítulo, o autor insere questões para aplicação da parte teórica. Mas será útil também aos operadores do direito mais experientes, como fonte de consulta rápida e imediata, por oferecer grande número de informações buscadas em diversos autores, apontando as posições predominantes na doutrina, sem eximir-se de criticar algumas delas e de trazer sua própria contribuição. Da leitura amena surge um livro 'fácil', sem ser reducionista, mas que revela, ao contrário, um grande poder de síntese, difícil de encontrar mesmo em obras de autores mais maduros, sobretudo no campo do direito".

Atendendo ao apelo de "concurseiros" de todo o País, sempre com o apoio incondicional da Editora Saraiva, convidamos professores das principais matérias exigidas nos concursos públicos das *áreas jurídica* e *não jurídica* para compor a **Coleção Esquematizado®**.

Metodologia pioneira, vitoriosa, consagrada, testada e aprovada. **Professores** com larga experiência na área dos concursos públicos. Estrutura, apoio, profissionalismo e *know-how* da **Editora Saraiva**. Sem dúvida, ingredientes indispensáveis para o sucesso da nossa empreitada!

Para o **direito civil**, tivemos a honra de contar com o trabalho de **Carlos Roberto Gonçalves**, que soube, com maestria, aplicar a **metodologia Esquematizado®** à sua vasta e reconhecida trajetória profissional como professor, desembargador aposentado, advogado e autor de consagradas obras.

Carlos Roberto Gonçalves, além de toda a experiência como magistrado de carreira, ministrou aulas de direito civil no *Damásio Educacional* por mais de 20 anos, ajudando muitos que hoje são juízes, promotores e advogados públicos a realizar seus sonhos.

O ilustre professor foi pioneiro ao lançar os seus volumes pela Coleção Sinopses Jurídicas da Editora Saraiva, além de ser autor de várias obras pela mesma editora, consagradas no meio acadêmico e profissional (os sete volumes de *Direito civil brasileiro*, *Responsabilidade civil*, entre outras).

O grande desafio, em nossa opinião concretizado com perfeição, foi condensar todo o direito civil em três únicos volumes, cumprindo, assim, o objetivo da coleção.

Não temos dúvida de que este livro contribuirá para "encurtar" o caminho do ilustre e "guerreiro" concurseiro na busca do "sonho dourado"!

Esperamos que a **Coleção Esquematizado®** cumpra o seu papel. Em constante parceria, estamos juntos e aguardamos suas críticas e sugestões.

Sucesso a todos!

Pedro Lenza

Mestre e Doutor pela USP

pedrolenza@terra.com.br

https://twitter.com/pedrolenza

http://instagram.com/pedrolenza

http://www.periscope.tv/pedrolenza

https://www.facebook.com/pedrolenza

https://www.youtube.com/pedrolenza

saraiva jur http://www.saraivajur.com.br/esquematizado

NOTA DO AUTOR À 7ª EDIÇÃO

É com imensa alegria, pela expressiva e honrosa aceitação de nosso trabalho, que chegamos à 7ª edição deste *Direito civil esquematizado*®, cujo volume 1 dedicamos à parte geral, obrigações e contratos.

Complementando esta obra, tratamos, ainda, dos principais temas do Direito Civil brasileiro nos volumes 2 (contratos em espécie e direito das coisas) e 3 (responsabilidade civil, direito de família e direito das sucessões), finalizando a matéria.

Valeram a pena o esforço e a constante preocupação com o conteúdo e a atualização da doutrina e da jurisprudência, além da inclusão de questões de concursos atuais. A constatação de que este trabalho tem sido de grande utilidade especialmente para os concursandos, bem como para os estudiosos do direito em geral, compensou o sacrifício das inúmeras e sucessivas horas de labuta.

Nesta nova edição, sempre buscando atingir os objetivos colimados, promoveram-se as alterações no projeto gráfico com a melhora visual dos quadros e das tabelas, facilitando a vida do leitor. Atendendo às sugestões de diversos leitores, as soluções das questões de concurso foram separadas em gabaritos, para serem conferidas em outro tópico, ao final de cada capítulo.

Trata-se de uma obra completamente atualizada de acordo com a Lei n. 13.105, de 16 de março de 2015 (Novo Código de Processo Civil), e com a Lei n. 13.146, de 6 de julho de 2015 (Estatuto da Pessoa com Deficiência).

Enfim, mantivemos o nosso propósito de efetuar a análise clara do texto legal, das lições doutrinárias e das decisões de nossos tribunais, sobretudo as do Superior Tribunal de Justiça, para facilitar a sua assimilação e, assim, aperfeiçoar o conhecimento jurídico dos operadores do direito.

SUMÁRIO

SEGUNDA PARTE
Teoria Geral das Obrigações

TERCEIRA PARTE
Teoria Geral dos Contratos

PRIMEIRA PARTE

PARTE GERAL

1

CONCEITO E DIVISÃO DO DIREITO

■ 1.1. CONCEITO DE DIREITO

Não há um consenso sobre o conceito do direito. A esse respeito divergem juristas, filósofos e sociólogos, desde tempos remotos. Deixando de lado as várias escolas e correntes existentes, apontamos como ideal, pela concisão e clareza, a definição de Radbruch[1], citada por Washington de Barros Monteiro[2], segundo a qual direito **"é o conjunto das normas gerais e positivas, que regulam a vida social"**.

A palavra **"direito"** é usada, na acepção comum, para designar o **conjunto de regras com que se disciplina a vida em sociedade**, regras essas que se caracterizam: a) pelo ***caráter genérico***, concernente à indistinta aplicação a todos os indivíduos, e b) ***jurídico***, que as diferencia das demais regras de comportamento social e lhes confere eficácia garantida pelo Estado.

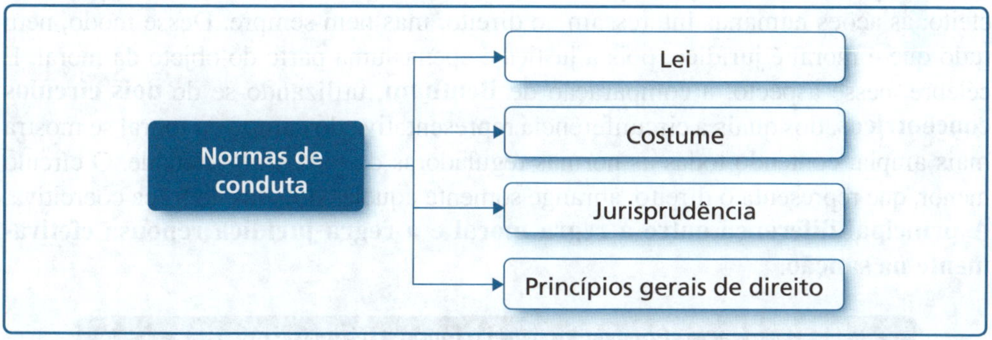

As referidas normas de conduta constituem o **direito objetivo**, exterior ao sujeito. O conjunto de leis compõe o **direito positivo**, no sentido de que é posto na sociedade por uma vontade superior[3]. Origina-se a palavra "direito" do latim ***directum***, significando **aquilo que é reto**, que está de acordo com a lei. A criação do direito não tem outro objetivo senão a realização da justiça. No ensinamento de Aristóteles,

1 *Introducción a la filosofía del derecho*, p. 47.

2 *Curso de direito civil*, v. 1, p. 1.

3 Francisco Amaral, *Direito civil*: introdução, p. 2.

aperfeiçoado pela filosofia escolástica, a justiça é a *perpétua vontade de dar a cada um o que é seu, segundo uma igualdade*[4].

As normas de direito, como visto, asseguram as condições de equilíbrio da coexistência dos seres humanos, da vida em sociedade. Há marcante diferença entre o **"ser"** do mundo da natureza e o **"dever ser"** do mundo jurídico. Os fenômenos da natureza, sujeitos às leis físicas, são imutáveis, enquanto o mundo jurídico, o do "dever ser", caracteriza-se pela liberdade na escolha da conduta. Direito, portanto, é a **ciência do "dever ser"**.

■ 1.2. DISTINÇÃO ENTRE O DIREITO E A MORAL

A vida em sociedade exige a observância de outras normas além das jurídicas. As pessoas devem pautar a sua conduta pela ética, de conteúdo mais abrangente do que o direito, porque ela compreende as normas jurídicas e as normas morais. Para desenvolver a espiritualidade e cultuar as santidades, as pessoas devem obedecer aos princípios religiosos. Para gozar de boa saúde, devem seguir os preceitos higiênicos. Para bem se relacionar e desfrutar de prestígio social, devem observar as regras de etiqueta e urbanidade etc.[5].

As normas jurídicas e morais têm em comum o fato de constituírem **regras de comportamento**. No entanto, distinguem-se precipuamente pela **sanção** (que no direito é imposta pelo Estado, para constranger os indivíduos à observância da norma, e na moral somente pela consciência do homem, traduzida pelo remorso, pelo arrependimento, porém sem coerção) e pelo ***campo de ação***, que na moral é mais amplo. Com efeito, as ações humanas interessam ao direito, mas nem sempre. Desse modo, nem tudo que é moral é jurídico, pois a justiça é apenas uma parte do objeto da moral. É célebre, nesse aspecto, a comparação de **Bentham**, utilizando-se de **dois círculos concêntricos**, dos quais a circunferência representativa do campo da moral se mostra mais ampla, contendo todas as normas reguladoras da vida em sociedade. O círculo menor, que representa o direito, abrange somente aquelas dotadas de força coercitiva. **A principal diferença entre a regra moral e a regra jurídica repousa efetivamente na sanção**.

CÍRCULOS CONCÊNTRICOS DE BENTHAM

[4] Rubens Limongi França, *Manual de direito civil*, v. 1, p. 7.

[5] Caio Mário da Silva Pereira, *Instituições de direito civil*, v. 1, p. 8; Silvio Rodrigues, *Direito civil*, v. 1, p. 4.

Pode-se afirmar que direito e moral distinguem-se, ainda, pelo fato de o primeiro atuar no **foro exterior**, ensejando medidas repressivas do aparelho estatal quando violado, e a segunda, no **foro íntimo** das pessoas, encontrando reprovação na sua consciência. Algumas vezes, tem acontecido de o direito trazer para sua esfera de atuação preceitos da moral, considerados merecedores de sanção mais eficaz, pois malgrado diversos os seus campos de atuação, entrelaçam-se e interpenetram-se de mil maneiras.

■ 1.3. DIREITO POSITIVO E DIREITO NATURAL

■ ***Direito positivo*** é o ordenamento jurídico em vigor em determinado país e em determinado período (*jus in civitate positum*). Em outras palavras, é o "conjunto de princípios que pautam a vida social de determinado povo em determinada época", sendo nessa acepção que nos referimos ao direito romano, ao direito inglês, ao direito alemão, ao direito brasileiro etc.; este pode ser escrito ou não escrito, de elaboração sistemática ou de formação jurisprudencial[6]. Segundo Capitant, é o que está em vigor num povo determinado e compreende toda a disciplina da conduta, abrangendo as leis votadas pelo poder competente, os regulamentos, as disposições normativas de qualquer espécie[7].

■ ***Direito natural*** é a ideia abstrata do direito, o ordenamento ideal, correspondente a uma justiça superior e suprema[8]. Para o direito positivo, por exemplo, não é exigível o pagamento de dívida prescrita e de dívida de jogo (arts. 814 e 882)[9]. Mas, para o direito natural, esse pagamento é obrigatório. Na época moderna, o **direito natural** desenvolve-se sob o nome de ***jusnaturalismo***, sendo visto como "expressão de princípios superiores ligados à natureza racional e social do homem"[10].

■ 1.4. DIREITO OBJETIVO E DIREITO SUBJETIVO

■ ***Direito objetivo*** é o conjunto de normas impostas pelo Estado, de caráter geral, a cuja observância os indivíduos podem ser compelidos mediante coerção. Esse conjunto de regras jurídicas comportamentais (***norma agendi***) gera, para os indivíduos, a faculdade de satisfazer determinadas pretensões e de praticar os atos destinados a alcançar tais objetivos (***facultas agendi***). Encarado sob esse aspecto, denomina-se ***direito subjetivo***, que nada mais é do que a

6 Caio Mário da Silva Pereira, *Instituições*, cit., v. 1, p. 5.

7 Henri Capitant, *Introduction à l'étude du droit civil*, p. 8.

8 Andrea Torrente, *Manuale di diritto privato*, 1955, p. 4; Washington de Barros Monteiro, *Curso de direito civil*, cit., v. 1, p. 8.

9 "Cheque. Emissão para pagamento de *dívida de jogo*. Inexigibilidade. O título emitido para pagamento de dívida de jogo não pode ser cobrado, posto que, para efeitos civis, a lei considera ato ilícito. Nulidade que não pode, porém, ser oposta ao terceiro de boa-fé" (*RT*, 670/94, 693/211, 696/199).

10 C. Massimo Bianca, *Diritto civile*, v. 1, p. 19.

faculdade individual de agir de acordo com o direito objetivo, de invocar a sua proteção.

■ ***Direito subjetivo*** é, pois, "o poder que a ordem jurídica confere a alguém de agir e de exigir de outrem determinado comportamento"[11]. É, portanto, o meio de satisfazer interesses humanos, derivado do direito objetivo, nascendo com ele. Se o direito objetivo é modificado, altera-se o direito subjetivo. Podemos dizer que há referência ao **direito objetivo** quando se diz, por exemplo, que "o direito impõe a todos o respeito à propriedade"; e que é feita alusão ao **direito subjetivo** quando se proclama que "o proprietário tem o direito de repelir a agressão à coisa que lhe pertence"[12].

Na realidade, direito subjetivo e direito objetivo são aspectos da mesma realidade, que pode ser encarada de uma ou de outra forma. **Direito subjetivo** é a expressão da vontade individual, e **direito objetivo** é a expressão da vontade geral. Não somente a vontade ou o interesse configura o **direito subjetivo:** trata-se de um **poder** atribuído à vontade do indivíduo para a satisfação dos seus próprios interesses protegidos pela lei, ou seja, pelo direito objetivo.

■ 1.5. DIREITO PÚBLICO E DIREITO PRIVADO

Embora a divisão do direito objetivo em **público** e **privado** remonte ao direito romano, até hoje não há consenso sobre seus traços diferenciadores. Vários critérios foram propostos, sem que todos eles estejam imunes a críticas. Essa dicotomia tem, efetivamente, sua origem no direito romano, como se depreende das palavras de Ulpiano: "Direito público é o que corresponde às coisas do Estado; direito privado, o que pertence à utilidade das pessoas"[13]. Pelo critério adotado, da ***utilidade*** ou do ***interesse*** visado pela norma, o direito público era o direito do **Estado** romano, o qual dizia respeito aos negócios de interesse deste. O direito privado, por sua vez, disciplinava os **interesses particulares** dos cidadãos.

Na realidade, o direito deve ser visto **como um todo**, sendo dividido em direito público e privado somente por motivos **didáticos**. A interpenetração de suas normas é comum, encontrando-se, com frequência, nos diplomas reguladores dos direitos privados, as atinentes ao direito público e vice-versa. Do direito civil, que é o cerne do direito privado, destacaram-se outros ramos, especialmente o direito comercial, o direito do trabalho, o direito do consumidor e o direito agrário. Segue gráfico retratando a situação atual:

---

[11] Francisco Amaral, *Direito civil*, cit., p. 181.

[12] Caio Mário da Silva Pereira, *Instituições*, cit., v. 1, p. 10.

[13] "Ius publicum est quod ad statum rei romanae spectat; privatum, quod ad singulorum utilitatem" (Digesto, Livro I, título I, § 2º).

DIREITO PRIVADO	DIREITO PÚBLICO
■ Direito civil	■ Direito constitucional
■ Direito comercial	■ Direito administrativo
■ Direito agrário	■ Direito tributário
■ Direito marítimo	■ Direito penal
■ Direito do trabalho	■ Direito processual (civil e penal)
■ Direito do consumidor	■ Direito internacional (público e privado)
■ Direito aeronáutico	■ Direito ambiental

O direito do trabalho, o direito do consumidor e o direito aeronáutico, embora contenham um expressivo elenco de normas de ordem pública, conservam a natureza privada, uma vez que tratam das relações entre particulares em geral. Registre-se, no entanto, a existência de corrente divergente que os coloca no elenco do direito público, especialmente o direito do trabalho. Orlando Gomes inclusive menciona quatro correntes de opinião que tratam do problema da localização deste último ramo do direito[14].

Digno de nota o fenômeno, que se vem desenvolvendo atualmente, da acentuada **interferência do direito público** em relações jurídicas até agora disciplinadas no **Código Civil**, como as contratuais e as concernentes ao direito de propriedade. Tal interferência foi observada inicialmente na legislação especial (Estatuto da Criança e do Adolescente, Lei das Locações, Código de Defesa do Consumidor etc.) e, posteriormente, na própria **Constituição Federal** de 1988, a ponto de se afirmar hoje que a unidade do sistema deve ser buscada, deslocando para a tábua axiológica da Carta da República o ponto de referência antes localizado no Código Civil[15].

■ 1.6. A UNIFICAÇÃO DO DIREITO PRIVADO

Desde o final do século XIX se observa uma tendência para unificar o direito privado e, assim, disciplinar conjunta e uniformemente o **direito civil** e o **direito comercial**. Alguns países tiveram experiências satisfatórias com a unificação, como Suíça, Canadá, Itália e Polônia. Em verdade, não se justifica que um mesmo fenômeno jurídico, como a compra e venda e a prescrição, para citar apenas alguns, submeta-se a regras diferentes, de natureza civil e comercial. Entretanto, as referidas experiências demonstraram que a uniformização deve abranger os princípios de aplicação comum a toda a matéria de direito privado, sem eliminar a específica à atividade mercantil, que prosseguiria constituindo objeto de especialização e autonomia.

---

14 *Introdução ao direito civil*, p. 18, n. 11.

15 Gustavo Tepedino, Premissas metodológicas para a constitucionalização do direito civil, in *Temas de direito civil*, p. 13.

Desse modo, a melhor solução não parece ser a unificação do direito privado, mas, sim, a do **direito obrigacional**. Seriam, assim, mantidos os institutos característicos do direito comercial, os quais, mesmo enquadrados no direito privado unitário, manteriam sua fisionomia própria, como têm características peculiares os princípios inerentes aos diversos ramos do direito civil, no direito de família, das sucessões, das obrigações ou das coisas[16].

Miguel Reale adverte que é preciso "corrigir, desde logo, um equívoco que consiste em dizer que tentamos estabelecer a unidade do direito privado. Esse não foi o objetivo visado. O que na realidade se fez foi **consolidar e aperfeiçoar** o que já estava sendo seguido no País, que era ***a unidade do direito das obrigações***. Como o Código Comercial de 1850 se tornara completamente superado, não havia mais questões comerciais resolvidas à luz do Código de Comércio, mas sim em função do Código Civil"[17].

Em realidade, pois, o novo Código Civil **unificou as obrigações civis e mercantis**, ao trazer para o seu bojo a matéria constante da primeira parte do Código Comercial (CC, art. 2.045), procedendo, desse modo, a uma **unificação parcial do direito privado**.

■ 1.7. RESUMO

CONCEITO DE DIREITO	■ Segundo Radbruch, é o conjunto das normas gerais e positivas que regulam a vida social. Origina-se a palavra "direito" do latim ***directum***, significando aquilo que é reto, que está de acordo com a lei.
DISTINÇÃO ENTRE O DIREITO E A MORAL	■ As normas jurídicas e as morais têm em comum o fato de constituírem normas de comportamento. No entanto, distinguem-se precipuamente pela ***sanção*** (que no direito é imposta pelo Poder Público, para constranger os indivíduos à observância da norma, e na moral, somente pela consciência do homem, sem coerção) e pelo ***campo de ação***, que na moral é mais amplo.
DIREITO POSITIVO E DIREITO NATURAL	■ **Direito positivo** é o ordenamento jurídico em vigor em determinado país e em determinada época. É o direito posto. ■ **Direito natural** é a ideia abstrata do direito, o ordenamento ideal, correspondente a uma justiça superior.
DIREITO OBJETIVO E DIREITO SUBJETIVO	■ **Direito objetivo** é o conjunto de normas impostas pelo Estado, de caráter geral, a cuja observância os indivíduos podem ser compelidos mediante coerção (*norma agendi*). ■ **Direito subjetivo** (*facultas agendi*) é a faculdade individual de agir de acordo com o direito objetivo, de invocar a sua proteção.
DIREITO PÚBLICO E DIREITO PRIVADO	■ **Público** é o direito que regula as relações do Estado com outro Estado ou as do Estado com os cidadãos. ■ **Privado** é o direito que disciplina as relações entre os indivíduos como tais, nas quais predomina imediatamente o interesse de ordem particular. ■ Integram, hoje, o **direito privado**: o direito civil, o direito comercial, o direito agrário, o direito marítimo, bem como o direito do trabalho, o direito do consumidor e o direito aeronáutico. Há divergência no tocante ao direito do trabalho, que alguns colocam no elenco do direito público. **Os demais ramos pertencem ao direito público.** O novo Código reuniu as obrigações civis e mercantis, promovendo a **unificação parcial do direito privado**.

[16] Caio Mário da Silva Pereira, *Instituições*, cit., v. 1, p. 18.

[17] *O Projeto do novo Código Civil*, p. 5.

2

DIREITO CIVIL

2.1. CONCEITO DE DIREITO CIVIL

Direito civil é o direito comum, que rege as **relações entre os particulares**[1]. Disciplina a vida das pessoas desde a concepção — e mesmo antes dela, quando permite que se contemple a prole eventual (CC, art. 1.799, I) e confere relevância ao embrião excedentário (CC, art. 1.597, IV) — até a morte, e ainda depois dela, reconhecendo a eficácia *post mortem* do testamento (CC, art. 1.857) e exigindo respeito à memória dos mortos (CC, art. 12, parágrafo único)[2].

Costuma-se dizer que o Código Civil é a **Constituição do homem comum**, por reger as relações mais simples da vida cotidiana, os direitos e deveres das pessoas, na sua qualidade de esposo ou esposa, pai ou filho, credor ou devedor, alienante ou adquirente, proprietário ou possuidor, condômino ou vizinho, testador ou herdeiro etc. Toda a vida social, como se nota, está impregnada do direito civil, que regula as ocorrências do dia a dia[3].

No direito civil, estudam-se as relações **puramente pessoais**, bem como as **patrimoniais**. No campo das relações puramente **pessoais**, encontram-se importantes institutos, como o poder familiar; no das relações **patrimoniais**, estão todas as que apresentam um interesse econômico e visam à utilização de determinados bens[4]. Devido à complexidade e ao enorme desenvolvimento das relações da vida civil que o legislador é chamado a disciplinar, não é mais possível enfeixar o direito civil no respectivo Código. Muitos direitos e obrigações concernentes às pessoas, aos bens e suas relações encontram-se regulados em leis extravagantes, que não deixam de pertencer ao direito civil, bem como à própria Constituição Federal. **É ele, portanto, bem mais do que um dos ramos do direito privado, pois encerra os princípios de aplicação generalizada, que se projetam em todo o arcabouço jurídico, não se restringindo à matéria cível**. Nele se situam normas gerais, como as de hermenêutica, as relativas à prova e aos

---

1 Francesco Santoro-Passarelli, *Dottrine generali del diritto civile*, p. 19.

2 Francisco Amaral preleciona que o direito civil "regula as relações entre os indivíduos nos seus conflitos de interesses e nos problemas de organização de sua vida diária, disciplinando os direitos referentes ao indivíduo e à sua família, e os direitos patrimoniais, pertinentes à atividade econômica, à propriedade dos bens e à responsabilidade civil" (*Direito civil*, p. 27).

3 Miguel Reale, *Lições preliminares de direito*, p. 353-354; Maria Helena Diniz, *Curso de direito civil brasileiro*, v. 1, p. 46.

4 Arnoldo Wald, *Curso de direito civil brasileiro*, cit., v. 1, p. 16.

defeitos dos negócios jurídicos, as concernentes à prescrição e decadência etc., institutos comuns a todos os ramos do direito[5].

■ 2.2. A CODIFICAÇÃO

No **período colonial**, vigoravam, no Brasil, as Ordenações Filipinas. Com a **Independência**, ocorrida em 1822, a legislação portuguesa continuou sendo aplicada entre nós, mas com a ressalva de que vigoraria até que se elaborasse o Código Civil. A **Constituição de 1824** referiu-se à organização de um Código Civil "baseado na justiça e na equidade", sendo que, em 1865, essa tarefa foi confiada a **Teixeira de Freitas**, que já havia apresentado, em 1858, um trabalho de consolidação das leis civis. O projeto então elaborado, denominado **"Esboço do Código Civil"**, continha cinco mil artigos e acabou não sendo acolhido, após sofrer críticas da Comissão Revisora. Influenciou, no entanto, o Código Civil argentino, do qual constitui a base.

Várias outras tentativas foram feitas, mas somente **após a Proclamação da República**, com a indicação de **Clóvis Beviláqua**, foi o projeto de **Código Civil** por ele elaborado e, depois de revisto, encaminhado ao Presidente da República, que o remeteu ao Congresso Nacional, em 1900. Aprovado em janeiro de **1916**, entrou em vigor em 1º de janeiro de 1917.

A complexidade e o dinamismo das relações sociais determinaram a criação, no país, de verdadeiros **microssistemas jurídicos**, decorrentes da edição de leis especiais de elevado alcance social e alargada abrangência.

No entanto, a denominada **"constitucionalização do Direito Civil"** (expressão utilizada pelo fato de importantes institutos do direito privado, como a propriedade, a família e o contrato, terem, hoje, as suas vigas mestras assentadas na Constituição Federal) contribuiria para a fragmentação do direito civil. Essa situação suscitou discussões sobre a conveniência de se ter um direito civil codificado, chegando alguns a se posicionar contra a aprovação do Código de 2002, sugerindo a manutenção e a ampliação dos denominados microssistemas, sustentando que a ideia de sedimentação estática das normas, que caracteriza a Codificação, estaria ultrapassada. Todavia, os Códigos são importantes instrumentos de **unificação do direito**, consolidando por esse meio a **unidade política da nação**. Constituem eles a estrutura fundamental do ordenamento jurídico de um país e um eficiente meio de **padronização dos usos e costumes** da população.

A realidade é que **a ideia de codificação prevaleceu**. Percebeu-se que, com a visão unitária do sistema, é possível haver uma harmônica convivência entre as leis especiais, as normas codificadas e os preceitos constitucionais.

■ 2.3. O CÓDIGO CIVIL BRASILEIRO

■ 2.3.1. O Código Civil de 1916

O Código Civil de 1916 continha **1.807 artigos** e era antecedido pela **Lei de Introdução ao Código Civil**. Possuía uma **Parte Geral**, na qual constavam concei-

[5] Caio Mário da Silva Pereira, *Instituições de direito civil*, v. 1, p. 16.

tos, categorias e princípios básicos aplicáveis a todos os livros da **Parte Especial** e que produziam reflexos em todo o ordenamento jurídico.

Os doutrinadores atribuem aos **pandectistas alemães** a ideia de dotar o Código Civil de uma **Parte Geral** contendo os princípios gerais aplicáveis aos livros da Parte Especial. Todavia, **Teixeira de Freitas**, antes mesmo do surgimento do BGB (Código Civil alemão), já havia preconizado, em sua "Consolidação das Leis Civis" de 1858, a estruturação do estatuto civil dessa forma. Elogiado pela clareza e precisão dos conceitos, bem como por sua brevidade e técnica jurídica, o referido Código refletia as concepções predominantes em fins do século XIX e no início do século XX, em grande parte ultrapassadas, baseadas no **individualismo** então reinante, especialmente ao tratar do direito de propriedade e da liberdade de contratar.

A evolução social, o progresso cultural e o desenvolvimento científico pelos quais passou a sociedade brasileira no decorrer do século passado provocaram transformações que exigiram do direito uma contínua adaptação, mediante crescente elaboração de **leis especiais**, que trouxeram modificações relevantes ao direito civil, sendo o direito de família o mais afetado.

A própria **Constituição Federal** de 1988 trouxe importantes inovações ao direito de família, especialmente no tocante à filiação, bem como ao direito das coisas, ao reconhecer a função social da propriedade, restringindo ainda a liberdade de contratar em prol do interesse público. Desse modo, contribuiu para o deslocamento do centro da disciplina jurídica das relações privadas, **permanecendo o Código Civil como fonte residual e supletiva** nos diversos campos abrangidos pela legislação extravagante e constitucional[6].

■ 2.3.2. O Código Civil de 2002

Após algumas tentativas frustradas de promover a revisão do Código Civil, o Governo nomeou, em 1967, nova comissão de juristas, sob a supervisão de Miguel Reale, convidando para integrá-la: **José Carlos Moreira Alves** (Parte Geral), **Agostinho Alvim** (Direito das Obrigações), **Sylvio Marcondes** (Direito de Empresa), **Ebert Vianna Chamoun** (Direito das Coisas), **Clóvis do Couto e Silva** (Direito de Família) e **Torquato Castro** (Direito das Sucessões).

Essa comissão apresentou, em 1972, um Anteprojeto, com a disposição de preservar, no que fosse possível e no aspecto geral, **a estrutura e as disposições do Código de 1916**, mas reformulando-o, no âmbito especial, com base nos valores éticos e sociais revelados pela experiência legislativa e jurisprudencial. Procurou atualizar a técnica deste último, que, em muitos pontos, foi superado pelos progressos da ciência jurídica, bem como **afastar-se das concepções individualistas** que nortearam esse diploma, para seguir orientação compatível com a socialização do direito contemporâneo, sem se descuidar do valor fundamental da pessoa humana. Enviado ao Congresso Nacional, transformou-se no **Projeto de Lei n. 634/75**. Finalmente, no limiar deste novo século, foi aprovado, tornando-se o **novo**

[6] Carlos Roberto Gonçalves, *Direito civil*: parte geral, p. 8 (Coleção Sinopses Jurídicas, v. 1); Francisco Amaral, *Direito civil*, cit., p. 129.

Código Civil brasileiro. Entrou em vigor, após um ano de *vacatio legis*, em **11 de janeiro de 2003**.

O Código Civil de 2002 apresenta, em linhas gerais, as seguintes características:

- preserva, no possível, como já mencionado, a **estrutura do Código de 1916**, atualizando-o com novos institutos e redistribuindo a matéria de acordo com a moderna sistemática civil;
- mantém o Código Civil como lei básica, embora não global, do direito privado, **unificando o direito das obrigações** na linha de Teixeira de Freitas e Inglez de Souza, reconhecida a autonomia doutrinária do direito civil e do direito comercial;
- aproveita as contribuições dos trabalhos e **projetos anteriores**, assim como os respectivos estudos e críticas;
- inclui, no sistema do Código, com a necessária revisão, a **matéria das leis especiais** posteriores a 1916, assim como as contribuições da **jurisprudência**;
- **exclui matéria de ordem processual**, a não ser quando profundamente ligada à de natureza material;
- implementa o sistema de **cláusulas gerais**, de caráter significativamente genérico e abstrato, cujos valores devem ser preenchidos pelo juiz, que desfruta, assim, de certa margem de interpretação[7].

As **cláusulas gerais** resultaram basicamente do convencimento do legislador de que as leis rígidas, definidoras de tudo e para todos os casos, são necessariamente insuficientes e levam seguidamente a situações de grave injustiça. Embora tenham, num primeiro momento, gerado certa insegurança, convivem, no entanto, harmonicamente no sistema jurídico, respeitados os princípios constitucionais concernentes à organização jurídica e econômica da sociedade. Cabe destacar, dentre outras, a cláusula geral que exige um comportamento condizente com a **probidade e boa-fé objetiva** (CC, art. 422) e a que proclama a **função social do contrato** (art. 421). São janelas abertas deixadas pelo legislador, para que a doutrina e a jurisprudência definam o seu alcance, formulando o julgador a própria regra concreta do caso. Diferem do chamado **"conceito legal indeterminado"** ou **"conceito vago"**, que consta da lei, sem definição (como, *v.g.*, "bons costumes" — CC, arts. 122 e 1.336, IV — e "mulher honesta", expressão esta que constava do art. 1.548, II, do Código Civil de 1916), bem como dos **princípios**, que são fontes do direito e constituem regras que se encontram na consciência dos povos e são universalmente aceitas, mesmo não escritas. O art. 4º da LINDB prevê a possibilidade de o julgador, além dos princípios constitucionais, aplicar também os princípios gerais de direito, de âmbito civil, que têm importante função supletiva.

Continuam em vigor, no que não conflitarem com o novo Código Civil, a Lei do Divórcio (somente a parte processual), o Estatuto da Criança e do Adolescente, o

---

7 Francisco Amaral, *Direito civil*, cit., p. 130; Carlos Roberto Gonçalves, *Direito civil brasileiro*, v. III, p. 7.

Código de Defesa do Consumidor, a Lei n. 8.245/91 (Lei do Inquilinato) etc. (CC, arts. 732, 2.033, 2.036 e 2.043).

2.3.3. Estrutura e conteúdo

O novo Código manteve, como já referido, **a estrutura** do Código Civil de 1916, seguindo o modelo germânico preconizado por Savigny, colocando as matérias em ordem metódica, divididas em uma Parte Geral e uma Parte Especial, num total de 2.046 artigos.

PARTE GERAL	PARTE ESPECIAL
Das pessoas	Direito das obrigações
Dos bens	Direito de empresa
Dos fatos jurídicos	Direito das coisas
	Direito de família
	Direito das sucessões

O **Código Civil de 1916** invertera a sequência das matérias prevista do Código alemão, distribuindo-as nessa ordem: direito de família, direito das coisas, direito das obrigações e direito das sucessões. O novo Código Civil, todavia, não fez essa inversão, optando pelo critério do Código germânico. Assinale-se que o Direito de Empresa não figura, como tal, em nenhuma codificação contemporânea, constituindo, pois, uma inovação original[8].

Quanto ao **conteúdo** do direito civil, pode-se dizer, sob o ponto de vista objetivo, que compreende "as regras sobre a pessoa, a família e o patrimônio, ou de modo analítico, os direitos da personalidade, o direito de família, o direito das coisas, o direito das obrigações e o direito das sucessões, ou, ainda, a personalidade, as relações patrimoniais, a família e a transmissão dos bens por morte. Pode-se assim dizer que o **objeto** do direito civil é a **tutela da personalidade humana**, disciplinando **a personalidade jurídica, a família, o patrimônio e sua transmissão**"[9].

O novo Código Civil trata dessas matérias não com exclusividade, mas subordinando-se hierarquicamente aos ditames constitucionais, que traçam os princípios básicos norteadores do direito privado.

2.3.4. Princípios básicos

O Código Civil de 2002 tem, como princípios básicos, os da:

a) socialidade;

b) eticidade; e

c) operabilidade.

8 Miguel Reale, *O projeto do novo Código Civil*, cit., p. 5-6.

9 Francisco Amaral, *Direito civil*, cit., p. 134-135; Espin Canovas, *Manual de derecho civil español*, v. 1, p. 31.

■ O **princípio da socialidade** reflete a **prevalência dos valores coletivos** sobre os individuais, sem perda, porém, do valor fundamental da pessoa humana. Com efeito, o **sentido social** é uma das características mais marcantes do novo diploma, em contraste com o sentido individualista que condiciona o Código Beviláqua. Há uma convergência para a realidade contemporânea, com a revisão dos direitos e deveres dos cinco principais personagens do direito privado tradicional, como enfatiza Miguel Reale: o **proprietário**, o **contratante**, o **empresário**, o **pai de família** e o **testador**[10]. Essa adaptação passa pela revolução tecnológica e pela emancipação plena da mulher, provocando a mudança do "pátrio poder" para o **"poder familiar"**, exercido em conjunto por ambos os cônjuges, em razão do casal e da prole. Passa também pelo novo conceito de **posse** (posse-trabalho ou posse *pro labore*), atualizado em consonância com os **fins sociais da propriedade** e em virtude do qual o prazo da usucapião é reduzido, conforme o caso, se os possuidores nele houverem estabelecido a sua morada ou realizado investimentos de interesse social e econômico.

■ O **princípio da eticidade** funda-se no valor da **pessoa humana** como fonte de todos os demais valores. Prioriza **a equidade**, **a boa-fé**, **a justa causa** e demais critérios **éticos**. Confere maior poder ao juiz para encontrar a solução mais justa ou equitativa. Nesse sentido, é posto o princípio do **equilíbrio econômico dos contratos** como base ética de todo o direito obrigacional. Reconhece-se, assim, a possibilidade de se resolver um contrato em virtude do advento de situações imprevisíveis, que inesperadamente venham alterar os dados do problema, tornando a posição de um dos contratantes **excessivamente onerosa**[11]. Vislumbra-se o aludido princípio em vários dispositivos do novo diploma. O art. 113 exige **lealdade** das partes, afirmando que "os negócios jurídicos devem ser interpretados conforme a boa-fé e os usos do lugar de sua celebração". A **função social dos contratos** e a **boa-fé objetiva**, tendo como anexos os princípios da **probidade** e da **confiança**, são prestigiadas nos arts. 421 e 422.

■ O **princípio da operabilidade**, por fim, leva em consideração que o direito é feito para ser **efetivado**, **executado**. Por essa razão, o novo Código evitou o bizantino, o complicado, afastando as perplexidades e complexidades. Exemplo desse posicionamento, dentre muitos outros, encontra-se na adoção de critério seguro para distinguir **prescrição de decadência**, solucionando, assim, interminável dúvida. No bojo do princípio da operabilidade está implícito o da **concretude**, que é a obrigação que tem o legislador de não legislar em abstrato, mas, tanto quanto possível, **legislar para o indivíduo situado:** para o homem enquanto marido; para a mulher enquanto esposa; para o filho enquanto um ser subordinado ao poder familiar. Em mais de uma oportunidade, o novo Código optou sempre por essa concreção, para a disciplina da matéria[12].

---

10 *O projeto*, cit., p. 7-8.

11 Miguel Reale, *O projeto*, cit., p. 8-9.

12 Miguel Reale, *O projeto*, cit., p. 10-12.

O princípio da operabilidade pode ser, portanto, visualizado sob dois prismas: o da **simplicidade** e o da **efetividade/concretude**.

2.3.5. Direito civil-constitucional

Ao tutelar diversos institutos nitidamente civilistas, como a família, a propriedade, o contrato, dentre outros, **o legislador constituinte redimensionou a norma privada**, fixando os parâmetros fundamentais interpretativos. Em outras palavras, salientam Cristiano Chaves de Farias e Nelson Rosenvald, "ao reunificar o sistema jurídico em seu eixo fundamental (vértice axiológico), estabelecendo como princípios norteadores da República Federativa do Brasil a *dignidade da pessoa humana* (art. 1º, III), a *solidariedade social* (art. 3º) e a *igualdade substancial* (arts. 3º e 5º), além da *erradicação da pobreza* e *redução das desigualdades sociais, promovendo o bem de todos* (art. 3º, III e IV), a *Lex Fundamentallis* de 1988 realizou uma **interpenetração do direito público e do direito privado**, redefinindo os seus espaços, até então estanques e isolados. Tanto o direito público quanto o privado devem obediência aos **princípios fundamentais constitucionais**, que deixam de ser neutros, visando ressaltar a prevalência do bem-estar da pessoa humana"[13].

Sob essa perspectiva, tem-se anunciado o surgimento de uma nova disciplina ou ramo metodológico denominado **direito civil-constitucional**, que estuda o direito privado à luz das **regras constitucionais**. Como já mencionado no item 1.5, *retro*, é digno de nota o fenômeno que se vem desenvolvendo atualmente, da acentuada **interferência do direito público** em relações jurídicas até agora disciplinadas no Código Civil, como as contratuais e as concernentes ao direito de família e ao direito de propriedade, reguladas na Constituição Federal de 1988, a ponto de se afirmar hoje que a unidade do sistema deve ser buscada, deslocando para a tábua axiológica da Carta da República o ponto de referência antes localizado no Código Civil.

O **direito civil-constitucional** está baseado em uma **visão unitária do sistema**. Ambos os ramos não são interpretados isoladamente, mas dentro de um todo, mediante uma interação simbiótica entre eles. Segundo Paulo Lôbo, "deve o jurista interpretar o Código Civil segundo a Constituição e não a Constituição segundo o Código, como ocorria com frequência (e ainda ocorre)"[14]. Com efeito, a **fonte primária** do direito civil — e de todo o ordenamento jurídico — é a **Constituição da República**, que, com os seus princípios e as suas normas, confere uma nova feição à ciência civilista. O Código Civil é, logo após a incidência constitucional, o diploma legal básico na regência do direito civil. Ao seu lado, e sem relação de subordinação ou dependência, figuram inúmeras leis esparsas, que disciplinam questões específicas, como, *v.g.*, a lei das locações, a lei de direitos autorais, a lei de arbitragem etc.[15].

A expressão **direito civil-constitucional** apenas realça a necessária releitura do Código Civil e das leis especiais à luz da Constituição, redefinindo as categorias

---

13 *Direito civil*: teoria geral, p. 12-13.

14 *Teoria geral das obrigações*, p. 2.

15 Cristiano Chaves de Farias e Nelson Rosenvald. *Direito civil*, cit., p. 19.

jurídicas civilistas a partir dos fundamentos principiológicos constitucionais, da nova tábua axiológica fundada na **dignidade da pessoa humana** (art. 1º, III), na **solidariedade social** (art. 3º, III) e na **igualdade substancial** (arts. 3º e 5º)[16].

2.3.6. Eficácia horizontal dos direitos fundamentais

Tem-se observado um crescimento da teoria da **eficácia horizontal** (ou **irradiante**) **dos direitos fundamentais**, ou seja, da teoria da **aplicação direta** dos direitos fundamentais às relações privadas, especialmente em face de atividades privadas que tenham um "caráter público" como matrículas em escolas, clubes associativos, relações de trabalho etc. O entendimento é que as normas definidoras dos **direitos e garantias fundamentais** têm **aplicação imediata** (eficácia horizontal imediata). Certamente essa eficácia horizontal ou irradiante traz uma nova visão da matéria, uma vez que as normas de proteção da pessoa, previstas na Constituição Federal, sempre foram tidas como dirigidas ao legislador e ao Estado (normas programáticas). Essa concepção não mais prevalece, pois a eficácia horizontal torna mais evidente e concreta a proteção da dignidade da pessoa humana e de outros valores constitucionais[17].

Na atividade judicante, poderá o magistrado, com efeito, deparar-se com inevitável colisão de direitos fundamentais, quais sejam, por exemplo, o princípio da **autonomia da vontade privada** e da **livre iniciativa** de um lado (arts. 1º, IV, e 170, *caput*) e o da **dignidade da pessoa humana** e da **máxima efetividade dos direitos fundamentais** (art. 1º, III) de outro. Diante dessa "colisão", indispensável será a **"ponderação de interesses"**, à luz da razoabilidade e da concordância prática ou harmonização. Não sendo possível a harmonização, o Judiciário terá de avaliar qual dos interesses deverá prevalecer[18].

Caso emblemático registra a jurisprudência do **Supremo Tribunal Federal**, em que foi mantida decisão do Tribunal de Justiça do Rio de Janeiro que reintegrara associado excluído do quadro de sociedade civil, ao entendimento de que houve ofensa às garantias constitucionais do **devido processo legal** e do **contraditório**, bem como ao seu **direito de defesa**, em virtude de não ter tido a oportunidade de refutar o ato que resultara na sua punição. Entendeu-se ser, na espécie, **hipótese de aplicação direta dos direitos fundamentais às relações privadas** (RE 201.819/RJ, rel. p/ o acórdão Min. Gilmar Mendes, j. 11.10.2005). Outros precedentes da mesma Corte, entendendo razoável a aplicação dos direitos fundamentais às relações privadas, podem ser mencionados:

- **RE 160.222-8** — entendeu-se como "constrangimento ilegal" a revista em fábrica de *lingerie*.

---

[16] Gustavo Tepedino, *Temas*, cit., p. 1; Cristiano Chaves de Farias e Nelson Rosenvald, *Direito civil*, cit., p. 27.

[17] Flávio Tartuce, *Direito civil*, v. 1, p. 114.

[18] Pedro Lenza, *Direito constitucional esquematizado*, p. 677.

RE 158.215-4 — entendeu-se como violado o princípio do devido processo legal e ampla defesa na hipótese de exclusão de associado de cooperativa, sem direito à defesa.

RE 161.243-6 — discriminação de empregado brasileiro em relação ao francês na empresa "Air France", mesmo realizando atividades idênticas. Determinação de observância do princípio da isonomia.

2.4. RESUMO

CONCEITO DE DIREITO CIVIL	Direito civil é o direito comum, que rege as relações entre os particulares. Não se limita ao que consta do Código Civil, abrangendo toda a legislação civil que regula direitos e obrigações da ordem privada, inclusive a Constituição Federal.
A CODIFICAÇÃO	Com a Independência, em 1822, as Ordenações Filipinas continuaram a ser aplicadas entre nós, até que se elaborasse o Código Civil. Somente após a proclamação da República, com a indicação de Clóvis Beviláqua, foi aprovado, em janeiro de 1916, o Projeto de Código Civil por ele confeccionado, entrando em vigor em 1º de janeiro de 1917.
O CÓDIGO CIVIL DE 1916	O CC/1916 continha 1.807 artigos e era antecedido pela Lei de Introdução ao Código Civil. Possuía uma **Parte Geral**, da qual constavam conceitos, categorias e princípios básicos aplicáveis a todos os livros da **Parte Especial**. Refletia as concepções predominantes em fins do século XIX e no início do século XX, baseadas no **individualismo** então reinante, especialmente ao tratar do direito de propriedade e da liberdade de contratar.
O CÓDIGO CIVIL DE 2002	Resultou do PL 634/75, elaborado por uma comissão de juristas, sob a supervisão de Miguel Reale. Contém 2.046 artigos e divide-se em: **Parte Geral**, que trata das *pessoas*, dos *bens* e dos *fatos jurídicos*; e **Parte Especial**, dividida em cinco livros, com os seguintes títulos, nesta ordem: Direito das Obrigações, Direito de Empresa, Direito das Coisas, Direito de Família e Direito das Sucessões. Manteve a estrutura do CC/1916, afastando-se, porém, das concepções individualistas que o nortearam para seguir orientação compatível com a socialização do direito contemporâneo. Implementou o sistema de **cláusulas gerais**, de caráter significativamente genérico e abstrato, cujos valores devem ser preenchidos pelo juiz, que desfruta, assim, de certa margem de interpretação.
ESTRUTURA E CONTEÚDO	O CC/2002, embora tenha mantido a **estrutura** do CC/1916, alterou a ordem dos títulos da Parte Especial, iniciando-a com o Direito das Obrigações. Deslocou o Direito de Família para o 4º lugar e introduziu novo título: Direito de Empresa. Quanto ao **conteúdo**, tem por objeto a tutela da personalidade humana, disciplinando a personalidade jurídica, a família, o patrimônio e sua transmissão.
PRINCÍPIOS BÁSICOS	O da **socialidade** reflete a prevalência dos valores **coletivos** sobre os individuais. Com efeito, o **sentido social** é uma das características mais marcantes do novo diploma, em contraste com o sentido individualista que condiciona o Código Beviláqua. O da **eticidade** funda-se no valor da **pessoa humana** como fonte de todos os demais valores. Prioriza a **equidade**, a **boa-fé**, a **justa causa** e demais critérios **éticos**. Confere maior poder ao juiz para encontrar a solução mais justa ou equitativa. O da **operabilidade** pode ser visualizado sob dois prismas: o da **simplicidade** e o da **efetividade/concretude**. O novo Código evitou o bizantino, o complicado, afastando as perplexidades e complexidades.
DIREITO CIVIL-CONSTITUCIONAL	O direito civil-constitucional está baseado em uma visão **unitária** do sistema. Ambos os ramos não são interpretados isoladamente, mas dentro de um todo, mediante uma interação simbiótica entre eles. Ao reunificar o sistema jurídico em seu eixo fundamental, estabelecendo como princípios norteadores da República Federativa do Brasil a **dignidade da pessoa humana** (art. 1º, III), a **solidariedade social** (art. 3º) e **a igualdade substancial** ou **isonomia** (arts. 3º e 5º), a CF/88 realizou uma interpenetração do direito público e do direito privado.
EFICÁCIA HORIZONTAL DOS DIREITOS FUNDAMENTAIS	A teoria da eficácia horizontal (ou irradiante) dos direitos fundamentais preconiza a aplicação **direta** dos direitos fundamentais às relações privadas. O entendimento é que as normas definidoras dos **direitos e garantias fundamentais** têm aplicação **imediata** (eficácia horizontal imediata).

■ 2.5. QUESTÕES

1. (DPE/PR/Defensor Público/UFPR/2014) A técnica legislativa moderna se caracteriza pela presença de conceitos jurídicos indeterminados e cláusulas gerais, que dão mobilidade ao sistema. Todavia, a codificação do Direito Civil exige, também, o trato da casuística, sob pena de se incorrer em um vazio normativo específico para determinadas situações. Em relação ao Código Civil de 2002, assinale a alternativa INCORRETA.

a) O Código Civil de 2002 contém várias cláusulas gerais, das quais são exemplos a função social do contrato, a boa-fé objetiva e a probidade que devem reger os contratantes, a função social da propriedade e a ordem pública.
b) Os conceitos jurídicos indeterminados não estão indicados na lei, decorrendo, apenas, de valores éticos, morais, sociais, econômicos e jurídicos.
c) O Código Civil de 2002 divide-se em Parte Geral, Parte Especial e Livro Complementar.
d) Os vetores estruturantes do Código Civil de 2002 são os da socialidade, da eticidade, da sistematicidade e da operabilidade.
e) O legislador brasileiro de 2002, ao optar pela grande codificação, unificou o direito das obrigações, bem como revogou totalmente o Código Civil de 1916 e parcialmente o Código Comercial.

2. (MP/MG/Promotor de Justiça/2014) É possível afirmar que a adoção do sistema de cláusulas gerais no Código Civil de 2002 reverencia:

a) O princípio da boa-fé objetiva.
b) O princípio da eticidade.
c) O princípio da sociabilidade.
d) O princípio da operabilidade.

3. (DPE/TO/Defensor Público/CESPE/2013) O atual Código Civil optou "muitas vezes, por normas genéricas ou cláusulas gerais, sem a preocupação de excessivo rigorismo conceitual, a fim de possibilitar a criação de modelos jurídicos hermenêuticos, quer pelos advogados quer pelos juízes, para a contínua atualização dos preceitos legais" (trecho extraído do livro *História do novo Código Civil*, de Miguel Reale e Judith Martins-Costa). Considerando o texto, é correto afirmar que:

a) Cláusulas gerais são normas orientadoras sob a forma de diretrizes, dirigidas precipuamente ao juiz, vinculando-o ao mesmo tempo em que lhe dão liberdade para decidir, sendo que tais cláusulas restringem-se à Parte Geral do Código Civil;
b) Aplicando a mesma cláusula geral, o juiz não poderá dar uma solução em um determinado caso, e solução diferente em outro;
c) São exemplos de cláusulas gerais: a função social do contrato como limite à autonomia privada e que no contrato devem as partes observar a boa-fé objetiva e a probidade;
d) As cláusulas gerais afrontam o princípio da eticidade, que é um dos regramentos básicos que sustentam a codificação privada.

4. (TJPR/Juiz de Direito/2007) Sobre a constitucionalização do direito civil, é correto afirmar:

a) As normas constitucionais que possuem estrutura de princípio se destinam exclusivamente ao legislador, que não pode contrariá-las ao criar as normas próprias do direito civil, não sendo possível, todavia, ao aplicador do direito, empregar os princípios constitucionais na interpretação dessas normas de direito civil;
b) A constitucionalização do direito civil se restringe à migração, para o texto constitucional, de matérias outrora próprias do direito civil;
c) A doutrina que sustenta a constitucionalização do direito civil afirma a irrelevância das normas infraconstitucionais na disciplina das relações interprivadas;
d) A eficácia dos direitos fundamentais nas relações entre particulares, seja de forma indireta e mediata, seja de forma direta e imediata, é defendida pela doutrina que sustenta a constitucionalização do direito civil.

5. (PGE/PR/Procurador do Estado/2007) Qual a característica do regime dos direitos fundamentais em foco, quando se decide que um indivíduo não pode ser sumária e arbitrariamente excluído dos quadros associativos de entidade não estatal a que estava associado (STF, RE 158.215/RS; RE 210.819/RJ)?

a) impossibilidade de restrição;
b) irrenunciabilidade;
c) universalidade;
d) economicidade;
e) eficácia irradiante ou horizontal.

6. (Procurador Municipal/Diadema-SP/2008) Quanto à teoria da aplicação horizontal dos direitos fundamentais, analise os itens:

I. A teoria da aplicação horizontal dos direitos fundamentais analisa a possibilidade do particular, não somente o Poder Público, ser o destinatário direto das obrigações decorrentes desses direitos fundamentais;
II. O Brasil adotou, como discurso majoritário e influenciado pelo direito constitucional português, a não incidência dos direitos fundamentais no âmbito das relações privadas;
III. O indivíduo que é expulso de cooperativa sem a observância da ampla defesa, visto que esse direito não está garantido pelo estatuto, sendo respeitado todo o normativo interno da entidade, não pode pleitear a anulação do ato perante o Poder Judiciário, visto que o indivíduo pactuou com o estatuto quando se filiou à cooperativa, sabendo que esse direito fundamental não era garantido;
IV. Aplicação direta e imediata do efeito externo dos direitos fundamentais tem por objetivo impedir que o indivíduo saia de uma condição de liberdades frente ao Estado e caia em uma relação de servidão com os entes privados.

Está(ão) correta(s) apenas a(s) assertiva(s):

a) I e II;
b) I e III;
c) I e IV;
d) II;
e) III.

7. (TJPR/Juiz de Direito/2007) Sobre os princípios fundamentais do Direito Civil contemporâneo, assinale a resposta CORRETA:

a) A função social dos contratos, que não é sinônimo de função econômica dos contratos, é apontada, no Código Civil brasileiro, como um limite ao exercício da liberdade de contratar.
b) A regra do Código Civil que prevê que o possuidor de boa-fé tem direito à indenização pelas benfeitorias necessárias e úteis que realizar se refere diretamente à boa-fé objetiva.
c) É suficiente para concluir que uma propriedade rural está cumprindo sua função social a demonstração cabal e inequívoca de sua produtividade, uma vez que a Constituição proíbe expressamente a desapropriação de terras produtivas para fins de reforma agrária.
d) O princípio da igualdade entre os filhos se aplica ao tratamento dos filhos consanguíneos e adotivos, mas não se impõe quando se tratar de filiação socioafetiva.

8. (TRF/3ª Região/Juiz Federal/XV Concurso/2010) Aponte a alternativa que alude às hipóteses legais em que se pode fundamentar a seguinte assertiva técnico-doutrinária: "A cláusula geral da função social do contrato é matéria de ordem pública e enseja atividade hermenêutico-integrativa do juiz".

a) Artigos 2.035, parágrafo único e 421 do Código Civil Brasileiro.
b) Artigos 422 e 398 do Código Civil.
c) Artigos 2º e 422 do Código Civil Brasileiro.
d) Artigos 186 e 927, parágrafo único, do Código Civil Brasileiro.

9. (TJPR/Juiz de Direito/2008) Assinale a alternativa CORRETA:

a) A doutrina da constitucionalização do Direito Civil preconiza uma diferenciação radical entre os direitos da personalidade e o princípio constitucional da dignidade da pessoa humana, em especial no seu âmbito de aplicação, uma vez que essa distinção seria fundante da dicotomia entre Direito Privado e Direito Público.
b) É pacífico na doutrina o entendimento sobre a impossibilidade de se admitir colisão entre direitos da personalidade, de modo que, ainda que realizados em sua máxima extensão, um direito da personalidade jamais implicará em negação ou, mesmo, em restrição aos demais direitos da personalidade.
c) A vedação legal à limitação voluntária de exercício dos direitos da personalidade revela que esses direitos, mesmo quanto ao seu exercício, não se submetem ao princípio da autonomia privada.
d) É possível afirmar, mesmo à luz da doutrina que preconiza a constitucionalização do Direito Civil, que nem todo direito fundamental é direito da personalidade.

10. (DPE/TO/CESPE/2013) Acerca do Direito Civil, assinale a opção correta.

a) O princípio da eticidade, paradigma do atual direito civil constitucional, funda-se no valor da pessoa humana como fonte de todos os demais valores, tendo por base a equidade, boa-fé, justa causa e demais critérios éticos, o que possibilita, por exemplo, a relativização do princípio do *pacta sunt servanda*, quando o contrato estabelecer vantagens exageradas para um contratante em detrimento do outro.
b) Cláusulas gerais, princípios e conceitos jurídicos indeterminados são expressões que designam o mesmo instituto jurídico.
c) A operacionalidade do direito civil está relacionada à solução de problemas abstratamente previstos, independentemente de sua expressão concreta e simplificada.
d) Na elaboração do Código Civil de 2002, o legislador adotou os paradigmas da socialidade, eticidade e operacionalidade, repudiando a adoção de cláusulas gerais, princípios e conceitos jurídicos indeterminados.
e) No Código Civil de 2002, o princípio da socialidade reflete a prevalência dos valores coletivos sobre os individuais, razão pela qual o direito de propriedade individual, de matriz liberal, deve ceder lugar ao direito de propriedade coletiva, tal como preconizado no socialismo real.

11. (TJM/Juiz de Direito Substituto/VUNESP/2016) Buscando estabelecer a adequação e a aplicação do direito tal como previsto ao caso concreto, às circunstâncias do negócio jurídico no plano econômico e no plano de um determinado grupo social atingido pelo negócio jurídico concreto, o Código Civil privilegiou, com mais ênfase, o princípio norteador da

a) sociabilidade.
b) operabilidade.
c) autonomia privada.
d) eticidade.
e) boa-fé objetiva.

■ GABARITO ■

1. "b".
2. "d".
3. "c". *Vide* arts. 421 e 422 do CC.
4. "d".
5. "e".
6. "c".

7. "a" *Vide* art. 421 do CC.
8. "a".
9. "d".
10. "a".
11. "b".

3

LEI DE INTRODUÇÃO ÀS NORMAS DO DIREITO BRASILEIRO

3.1. CONTEÚDO E FUNÇÃO

A Lei de Introdução ao Código Civil (Decreto-Lei n. 4.657, de 4.9.1942), atualmente denominada "Lei de Introdução às Normas do Direito Brasileiro" (Lei n. 12.376), contém dezenove artigos. Trata-se de **legislação anexa ao Código Civil, mas autônoma**, dele não fazendo parte. Embora se destine a facilitar a sua aplicação, tem caráter universal, **aplicando-se a todos os ramos do direito**. Acompanha o Código Civil simplesmente porque se trata do diploma considerado de maior importância. Na realidade, constitui um repositório de normas preliminar à totalidade do ordenamento jurídico nacional.

Trata-se de um conjunto de **normas sobre normas**, visto que disciplina as próprias normas jurídicas, determinando o seu modo de aplicação e entendimento no tempo e no espaço. Ultrapassa ela o âmbito do direito civil, pois enquanto o **objeto** das leis em geral é o comportamento humano, o da Lei de Introdução é a **própria norma**, visto que disciplina a sua elaboração e vigência, a sua aplicação no tempo e no espaço, as suas fontes etc. Contém normas de **sobredireito** ou de apoio, sendo considerada um **Código de Normas**, por ter a lei como tema central[1].

Dirige-se a **todos os ramos do direito**, salvo naquilo que for regulado de forma diferente na legislação específica. Assim, o dispositivo que manda aplicar a analogia, os costumes e os princípios gerais do direito aos casos omissos (art. 4º) aplica-se a todo o ordenamento jurídico, exceto ao direito penal e ao direito tributário, que contêm normas específicas a esse respeito. O direito penal admite a analogia somente *in bonam partem*. Já o Código Tributário Nacional admite a analogia como critério de hermenêutica, com a ressalva de que não poderá resultar na exigência de tributo não previsto em lei (art. 108, § 1º). Quando o art. 3º da Lei de Introdução prescreve que ninguém se escusa de cumprir a lei alegando que não a conhece, está-se referindo à lei em geral. Tal regra aplica-se a todo o ordenamento. O conteúdo desse verdadeiro Código de Normas **extravasa o âmbito do direito civil** por abranger princípios que regem a aplicação das normas de direito privado e de direito público no tempo e no espaço (arts. 1º a 6º) e por conter normas de direito internacional privado (arts. 7º a 19).

---

1 Wilson de Campos Batalha, *Lei de Introdução ao Código Civil*, v. 1, p. 5-6; Maria Helena Diniz, *Curso de direito civil brasileiro*, 18. ed., v. 1, p. 57.

A Lei de Introdução às Normas do Direito Brasileiro, aplicável a toda a ordenação jurídica, como o próprio nome indica, tem as seguintes funções:

Funções

- Regular a vigência e a eficácia das normas jurídicas (arts. 1º e 2º), apresentando soluções ao conflito de normas no tempo (art. 6º) e no espaço (arts. 7º a 19);
- Fornecer critérios de hermenêutica (art. 5º);
- Estabelecer mecanismos de integração de normas quando houver lacunas (art. 4º);
- Garantir não só a eficácia global da ordem jurídica, não admitindo o erro de direito (art. 3º) que a comprometeria, mas também a certeza, a segurança e a estabilidade do ordenamento, preservando as situações consolidadas em que o interesse individual prevalece (art. 6º)[2].

A mencionada Lei n. 12.376, de 30 de dezembro de 2010, com o objetivo de ampliar o campo de aplicação da Lei de Introdução ao Código Civil, como proclama o seu art. 1º, preceitua, no art. 2º, que "A ementa do Decreto-Lei n. 4.657, de 4 de setembro de 1942, passa a vigorar com a seguinte redação: '**Lei de Introdução às Normas do Direito Brasileiro**'".

O que se observa é que houve apenas mudança do nome da Lei de Introdução, permanecendo, todavia, inalterado o seu conteúdo.

■ 3.2. FONTES DO DIREITO

A expressão "fontes do direito" tem várias acepções. Tanto significa o poder de criar normas jurídicas quanto a forma de expressão dessas normas. No último caso, são consideradas fontes de cognição, constituindo-se no modo de expressão das normas jurídicas. Nesse sentido, pode-se dizer que a **lei** é o **objeto** da Lei de Introdução e a **principal** fonte do direito.

A compreensão da natureza e eficácia das normas jurídicas pressupõe o conhecimento da sua origem ou fonte. Desse modo, não só a autoridade encarregada de aplicar o direito como também aqueles que devem obedecer aos seus ditames precisam conhecer as suas fontes, que são de várias espécies. Podemos dizer, de forma sintética, reproduzindo a lição de Caio Mário da Silva Pereira, que fonte de direito **"é o meio técnico de realização do direito objetivo"**[3].

2 Maria Helena Diniz, *Curso*, cit., p. 58; Oscar Tenório, *Lei de Introdução ao Código Civil brasileiro*, p. 48.

3 *Instituições de direito civil*, v. 1, p. 35.

Fontes históricas são aquelas das quais se socorrem os estudiosos quando querem investigar a origem histórica de um instituto jurídico ou de um sistema, como a Lei das XII Tábuas, o Digesto, as Institutas, o *Corpus Juris Civilis*, as Ordenações do Reino etc.

Atuais são as fontes às quais se reporta o indivíduo para afirmar o seu direito, e o juiz, para fundamentar a sentença.

Encontra-se no **costume** a primeira fonte do direito, consubstanciada na observância reiterada de certas regras, consolidadas pelo tempo e revestidas de autoridade. Trata-se do direito **não escrito**, conservado nos sistemas de *Common Law*. Com o passar do tempo e a evolução social, bem como a organização do Estado, o direito passa a emanar da autoridade, sob a forma de uma lei imposta coativamente. Surge o ***direito escrito***, em contraposição ao anteriormente mencionado, adotado em quase todos os países do Ocidente.

São consideradas ***fontes formais*** do direito: a lei, a analogia, o costume e os princípios gerais de direito (arts. 4º da LINDB e 140 do CPC); e ***não formais***: a doutrina e a jurisprudência. Veja-se:

FONTES FORMAIS	FONTES NÃO FORMAIS
Lei	Doutrina
Analogia	Jurisprudência
Costume	
Princípios gerais de direito	

Malgrado a **jurisprudência**, para alguns, não possa ser considerada, cientificamente, fonte formal de direito, mas somente fonte meramente intelectual ou informativa (não formal), a realidade é que, no plano da realidade prática, ela tem-se revelado **fonte criadora do direito**. Basta observar a invocação da **súmula oficial de jurisprudência** nos tribunais superiores (STF e STJ, principalmente) como verdadeira fonte formal, embora cientificamente lhe falte essa condição[4]. Tal situação se acentuou com a entrada em vigor, em 19 de março de 2007, da Lei n. 11.417, de 19 de dezembro de 2006, que regulamentou o art. 103-A da Constituição Federal e alterou a Lei n. 9.784, de 29 de janeiro de 1999, disciplinando a edição, a revisão e o cancelamento de enunciado de ***súmula vinculante*** pelo Supremo Tribunal Federal.

Dentre as fontes formais, **a lei** é a **fonte *principal***, e as demais são fontes ***acessórias***. Costuma-se, também, dividir as fontes do direito em:

a) *diretas* ou **imediatas** (a **lei** e o **costume**, que por si só geram a regra jurídica); e

b) *indiretas* ou **mediatas** (a **doutrina** e a **jurisprudência**, que contribuem para que a norma seja elaborada).

4 Caio Mário da Silva Pereira, *Instituições*, cit., v. 1, p. 38.

3.3. A LEI

A exigência de maior certeza e segurança para as relações jurídicas vem provocando, hodiernamente, a **supremacia da lei**, da norma escrita emanada do legislador, sobre as demais fontes, sendo mesmo considerada a **fonte primacial** do direito. Embora nos países anglo-saxões, como a Inglaterra, por exemplo, predomine o direito consuetudinário, baseado nos usos e costumes e na atividade jurisdicional, tem-se observado, mesmo entre eles, uma crescente influência do processo legislativo.

A legislação é o processo de criação das normas jurídicas escritas, de observância geral, e, portanto, a fonte jurídica por excelência. **Fonte formal**, dessarte, é a atividade legiferante, o meio pelo qual a norma jurídica se positiva com legítima força obrigatória.

3.3.1. Conceito

A palavra "lei" é empregada, algumas vezes, em **sentido amplo**, como sinônimo de norma jurídica, compreensiva de toda regra geral de conduta, abrangendo normas escritas ou costumeiras ou, ainda, como toda norma escrita, todos os atos de autoridade, como as leis propriamente ditas, os decretos, os regulamentos etc. Todavia, em **sentido estrito** indica tão somente a norma jurídica **elaborada pelo Poder Legislativo, por meio de processo adequado**[5].

"Como o direito regula sua própria criação ou elaboração, o processo legislativo está previsto na Constituição Federal"[6]. A lei, *ipso facto*, é "**um ato do poder legislativo que estabelece normas de comportamento social**. Para entrar em vigor, deve ser promulgada e publicada no *Diário Oficial*. É, portanto, um conjunto ordenado de regras que se apresenta como um texto escrito"[7].

3.3.2. Principais características

Dentre as várias características da lei, destacam-se as seguintes:

- ***Generalidade*:** dirige-se a todos os cidadãos, indistintamente. O seu comando é **abstrato**, não podendo ser endereçada a determinada pessoa. Todavia, não deixará de ser lei aquela que, embora não se dirija a todos os membros da coletividade, compreende, contudo, determinada categoria de indivíduos, como, *v.g.*, o Estatuto dos Funcionários Públicos, que disciplina a situação jurídica de certa categoria de pessoas sem deixar de ser lei e sem perder o caráter de generalidade[8].
- ***Imperatividade*:** impõe um dever, uma conduta aos indivíduos. A lei é uma **ordem**, um **comando**. Quando exige uma ação, impõe; quando quer uma absten-

---

5 Vicente Ráo, *O direito e a vida dos direitos*, n. 202; Du Pasquier, *Introduction*, cit., p. 34.

6 Maria Helena Diniz, *Lei de Introdução*, cit., p. 42-43.

7 Francisco Amaral, *Direito civil*, p. 77.

8 Ruggiero e Maroi, *Istituzioni di diritto privato*, cap. I, § 7; Caio Mário da Silva Pereira, *Instituições*, cit., v. 1, p. 42.

ção, proíbe[9]. A imperatividade (imposição de um dever de conduta, obrigatório) distingue a norma das leis físicas, mas não é suficiente para distingui-la das demais leis éticas.

■ ***Autorizamento*:** é o fato de ser autorizante, segundo Goffredo da Silva Telles, que distingue a lei das demais normas éticas. A norma jurídica, diz ele, autoriza que o lesado pela violação **exija o seu cumprimento ou a reparação pelo mal causado**. É ela, portanto, que autoriza e legitima o uso da faculdade de coagir[10]. Não é a ***sanção***, como pretendem alguns, pois tanto as normas jurídicas como as normas éticas são sancionadoras. Não é também a ***coação***, pois a norma jurídica existe sem ela, tendo plena vigência com sua promulgação.

■ ***Permanência*:** a lei não se exaure numa só aplicação, pois deve perdurar até ser revogada por outra lei. Algumas normas, entretanto, são temporárias, destinadas a viger apenas durante certo período, como as que constam das disposições transitórias e as leis orçamentárias.

■ ***Emanação de autoridade competente***, de acordo com as competências legislativas previstas na Constituição Federal. A lei é ato do Estado, pelo seu Poder Legislativo. O legislador está encarregado de ditar as leis, mas tem de observar os limites de sua competência. Quando exorbita de suas atribuições, o ato é nulo, competindo ao Poder Judiciário recusar-lhe aplicação (CF, art. 97)[11].

■ 3.3.3. Classificação

A classificação das leis *lato sensu* pode ser feita de acordo com vários critérios. Assim:

■ *3.3.3.1. Quanto à imperatividade*

Sob esse prisma, dividem-se:

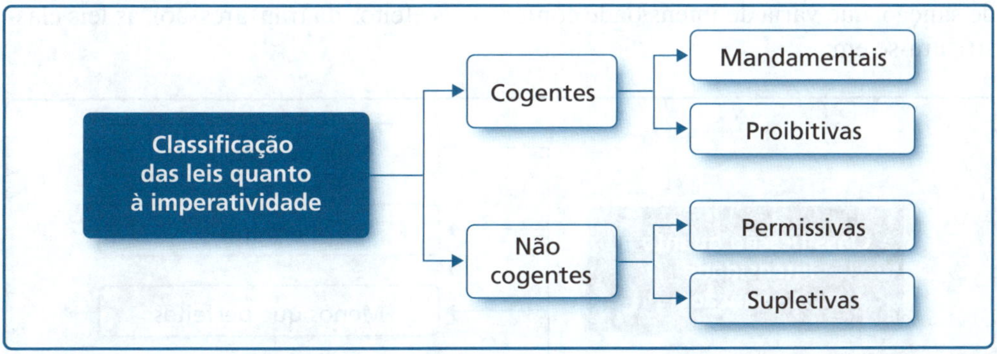

■ As **cogentes**, também denominadas de **ordem pública** ou **de imperatividade absoluta**, são:

---

9 Caio Mário da Silva Pereira, *Instituições*, cit., v. 1, p. 41.

10 *O direito quântico*, p. 264.

11 Caio Mário da Silva Pereira, *Instituições*, cit., v. 1, p. 43; Francisco Amaral, *Direito*, cit., p. 77.

a) ***mandamentais*** (determinam uma ação); ou

b) ***proibitivas*** (ordenam uma abstenção).

Impõem-se de modo absoluto, não podendo ser derrogadas pela vontade dos interessados. Regulam matéria de **ordem pública** e de **bons costumes**, entendendo-se como ordem pública o conjunto de normas que regulam os interesses fundamentais do Estado ou que estabelecem, no direito privado, as bases jurídicas da ordem econômica ou social. As normas que compõem o direito de família, o das sucessões e os direitos reais revestem-se dessa característica. Não pode a vontade dos interessados alterar, por exemplo, os requisitos para a adoção (CC, arts. 1.618 e s.) ou para a habilitação ao casamento (art. 1.525), nem dispensar um dos cônjuges dos deveres que o Código Civil impõe a ambos no art. 1.566.

■ As normas **não cogentes**, também chamadas de **dispositivas** ou **de imperatividade relativa**, não determinam nem proíbem de modo absoluto determinada conduta, mas permitem uma ação ou abstenção ou suprem declaração de vontade não manifestada. Distinguem-se em:

a) ***permissivas***, quando permitem que os interessados disponham como lhes convier, como a que permite às partes estipular, antes de celebrado o casamento, quanto aos bens, o que lhes aprouver (CC, art. 1.639); e

b) ***supletivas***, quando se aplicam na falta de manifestação de vontade das partes.

No último caso, costumam vir acompanhadas de expressões como **"salvo estipulação em contrário"** ou **"salvo se as partes convencionarem diversamente"**.

■ *3.3.3.2. Quanto ao conteúdo do autorizamento*

Sob essa ótica, ou considerando-se **a intensidade da sanção** (toda lei é dotada de sanção, que varia de intensidade conforme os efeitos da transgressão), as leis classificam-se em:

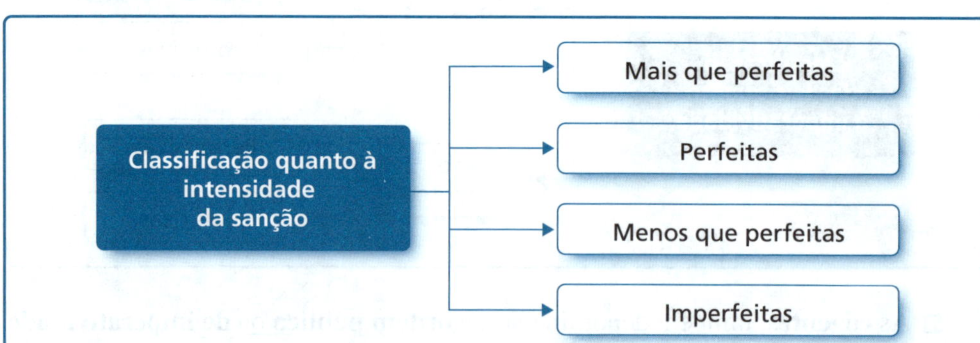

■ ***Mais que perfeitas*** — são as que estabelecem ou autorizam a aplicação de **duas sanções** na hipótese de serem violadas. O art. 19 da Lei de Alimentos (Lei n. 5.478, de 25.7.1968) e seu § 1º preveem, por exemplo, a pena de prisão para o devedor de pensão alimentícia e ainda a obrigação de pagar as prestações vencidas e vincendas, sendo que o cumprimento integral da pena corporal não o eximirá da referida obrigação. Em alguns casos, uma das sanções é de natureza penal, como a prevista para o crime de bigamia (CP, art. 235), aplicada cumulativamente com a declaração, no cível, de nulidade do casamento (CC, arts. 1.521, VI, e 1.548, II).

- *Perfeitas* — são aquelas que impõem a **nulidade** do ato simplesmente, **sem cogitar de aplicação de pena** ao violador, como a que considera nulo o negócio jurídico celebrado por pessoa absolutamente incapaz (CC, art. 166, I).
- *Menos que perfeitas* — são as que **não acarretam** a nulidade ou a anulação do ato ou negócio jurídico na circunstância de serem violadas, somente impondo ao violador uma **sanção**. Mencione-se, a título de exemplo, a situação do viúvo ou viúva, com filho do cônjuge falecido, que se casa antes de fazer inventário e dar partilha dos bens aos herdeiros do cônjuge (CC, art. 1.523, I). Não se anulará por isso o casamento. No entanto, como sanção pela omissão, o casamento será contraído, obrigatoriamente, no regime da separação de bens (CC, art. 1.641, I).
- *Imperfeitas* — são as leis cuja violação **não acarreta** nenhuma consequência. É o que sucede com as obrigações decorrentes de **dívidas de jogo** e de **dívidas prescritas**, que não obrigam a pagamento (CC, art. 814). O ordenamento não autoriza o credor a efetuar a sua cobrança em juízo. São consideradas normas *sui generis*, não propriamente jurídicas, "pois estas são autorizantes"[12].

3.3.3.3. Segundo à sua natureza

Sob esse aspecto, as leis são **substantivas (materiais)** e **adjetivas (formais)**.

- *Substantivas* — são as que definem direitos e deveres e estabelecem os seus requisitos e forma de exercício. São também chamadas de ***materiais***, porque tratam do direito material. O seu conjunto é denominado ***direito substantivo***, em contraposição às leis processuais, que compõem o ***direito adjetivo***.
- *Adjetivas* — são as que traçam os meios de realização dos direitos, sendo também denominadas **processuais** ou **formais**. Integram o ***direito adjetivo***. Essa classificação, embora tradicional, não é muito utilizada atualmente, sendo mesmo considerada imprópria, porque nem toda lei formal é adjetiva, mas, ao contrário, há leis processuais que são de natureza substantiva, assim como há normas que ao mesmo tempo definem os direitos e disciplinam a forma de sua realização.

3.3.3.4. Quanto à sua hierarquia

Sob esse enfoque, as normas classificam-se em **constitucionais, complementares, ordinárias, delegadas, medidas provisórias, decretos legislativos, resoluções** e **normas internas**.

---

12 Maria Helena Diniz, *Curso*, cit., v. 1, p. 37.

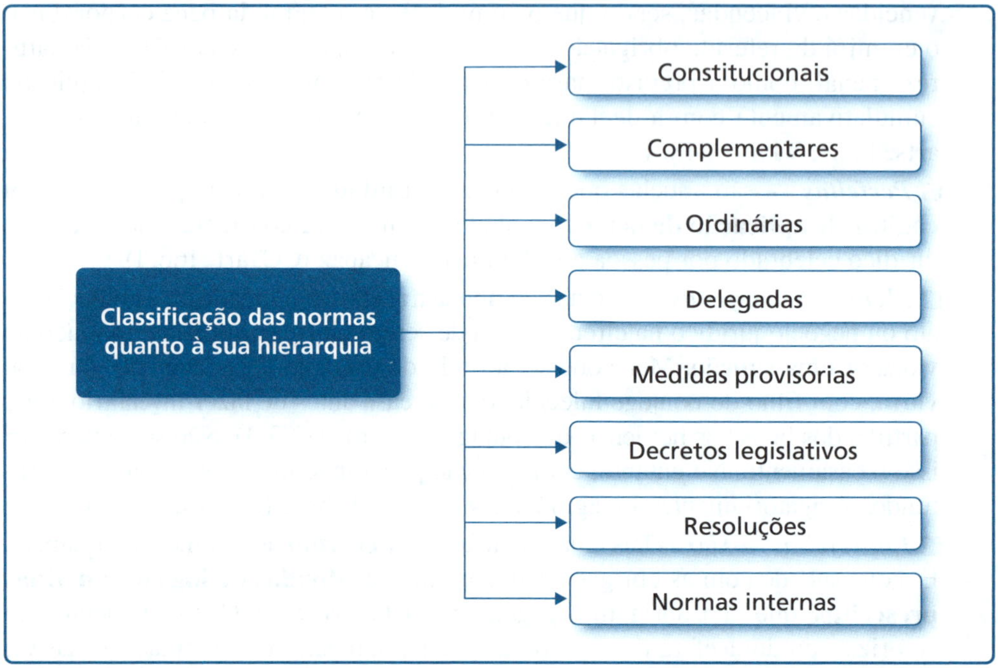

- **Normas constitucionais** — são as que constam da **Constituição**, às quais as demais devem amoldar-se. São as mais **importantes**, por assegurarem os **direitos fundamentais** do homem, como indivíduo e como cidadão, e disciplinarem a **estrutura da nação** e a **organização do Estado**. A Constituição Federal situa-se, com efeito, no topo da escala hierárquica das leis, por traçar as normas fundamentais do Estado.
- **Leis complementares** — são as que se situam entre a norma constitucional e a lei ordinária, porque tratam de matérias **especiais** que não podem ser deliberadas em leis ordinárias e cuja aprovação exige *quorum* **especial** (CF, arts. 59, parágrafo único, e 69). Destinam-se à regulamentação de textos constitucionais, quando o direito definido não é autoexecutável e há necessidade de se estabelecerem os requisitos e forma de sua aquisição e exercício. Sobrepõem-se às ordinárias, que não podem contrariá-las.
- **Leis ordinárias** — são as **leis comuns** que emanam dos órgãos investidos de função legislativa pela Constituição Federal mediante discussão e aprovação de projetos de lei submetidos às duas Casas do Congresso e, posteriormente, à sanção e promulgação do Presidente da República e publicação no *Diário Oficial da União*.
- **Leis delegadas** — são elaboradas pelo **Executivo**, por autorização expressa do Legislativo, tendo a mesma posição hierárquica das ordinárias (CF, art. 68, §§ 1º a 3º).
- **Medidas provisórias** — estão situadas no mesmo plano das ordinárias e das delegadas, malgrado não sejam propriamente leis. São editadas pelo

Poder Executivo (CF, art. 84, XXVI), que exerce função normativa, nos casos previstos na **Constituição Federal**. Com o advento da Constituição de 1988, substituíram os antigos decretos-leis (art. 25, I, II, §§ 1º e 2º, do ADCT). O art. 62 e §§ 1º a 12 do referido diploma, com a redação da Emenda Constitucional n. 32/2001, permitem que o Presidente da República adote tais medidas, com força de lei, em caso de **relevância e urgência**, devendo submetê-las de imediato ao Congresso Nacional. Tais medidas provisórias perderão eficácia, desde a edição, se não forem convertidas em lei dentro de sessenta dias, prorrogável por uma única vez por igual prazo, devendo o Congresso Nacional disciplinar, por decreto legislativo, as relações jurídicas delas decorrentes[13].

■ **Decretos legislativos** — são instrumentos normativos (CF, art. 59, VI) por meio dos quais são materializadas as **competências exclusivas do Congresso Nacional**, como a de resolver definitivamente sobre tratados internacionais que acarretem compromissos gravosos ao patrimônio nacional (CF, art. 49, I) e a de disciplinar os efeitos decorrentes da medida provisória não convertida em lei (CF, art. 62, § 3º).

■ **Resoluções** — são normas expedidas pelo **Poder Legislativo** regulamentando matérias de competência privativa da Câmara dos Deputados (CF, art. 51) e do Senado Federal (art. 52), com natureza administrativa ou política; por exemplo, a suspensão da execução de lei declarada inconstitucional por decisão definitiva do Supremo Tribunal Federal (CF, art. 52, X).

■ **Normas internas** — são os regimentos e estatutos que disciplinam as regras procedimentais sobre o funcionamento do Legislativo. Os **Regimentos Internos** estabelecem os ditames sobre o processo legislativo.

■ *3.3.3.5. Quanto à competência ou extensão territorial*

Sob este ângulo, tendo em vista a competência legislativa estabelecida na Constituição Federal, dividem-se as leis em:

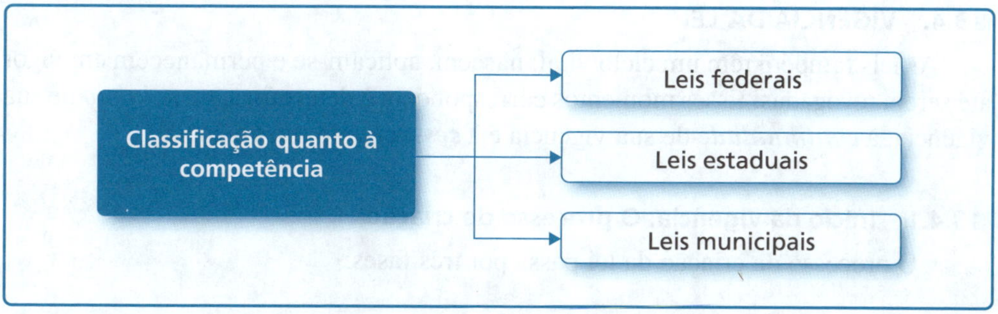

[13] Maria Helena Diniz, *Curso*, cit., v. 1, p. 39.

- **Leis *federais*** — são as da competência da União Federal, votadas pelo Congresso Nacional, **com incidência sobre todo o território brasileiro** ou parte dele, quando se destina, por exemplo, especificamente, à proteção especial de determinada região, como a Amazônica e a atingida sistematicamente pelo fenômeno da seca. A competência legislativa da União é privativa no tocante às matérias elencadas no art. 22 da Constituição Federal, valendo destacar o inc. I, que menciona as concernentes ao "direito civil, comercial, penal, processual, eleitoral, agrário, marítimo, aeronáutico, espacial e do trabalho".
- **Leis *estaduais*** — são as aprovadas pelas Assembleias Legislativas, com **aplicação restrita à circunscrição territorial do Estado-membro** a que pertencem ou a determinada parte dele (Vale do Ribeira, por exemplo, em São Paulo, ou Região do Rio São Francisco, nos Estados do Nordeste). Em geral, cada Estado edita leis sobre o que, explícita ou implicitamente, não lhe é vedado pela Constituição Federal (CF, art. 25, § 1º), criando os impostos de sua competência e provendo às necessidades de seu governo e de sua administração[14].
- **Leis *municipais*** — são as editadas pelas Câmaras Municipais, com aplicação circunscrita aos **limites territoriais dos respectivos municípios**. Segundo dispõe o art. 30, I a III, da Constituição Federal, compete aos Municípios "legislar sobre assuntos de interesse local, suplementar a legislação federal e a estadual no que couber, instituir e arrecadar os tributos de sua competência...".

3.3.3.6. *Quanto ao alcance*

Finalmente, quanto a essa visão, as leis denominam-se **gerais** e **especiais**.

- ***Gerais*** — são as que se aplicam a **todo um sistema de relações jurídicas**, como as do Código Civil, também chamado de direito comum.
- ***Especiais*** — são as que se afastam das regras de direito comum e se destinam a **situações jurídicas específicas** ou a determinadas relações, como as de consumo, as de locação, as concernentes aos registros públicos etc.

3.4. VIGÊNCIA DA LEI

As leis também têm um ciclo vital: nascem, aplicam-se e permanecem em vigor até serem revogadas. Esses momentos correspondem à determinação do ***início*** de sua vigência, à ***continuidade*** de sua vigência e à ***cessação*** de sua vigência[15].

3.4.1. Início da vigência. O processo de criação

O processo de criação da lei passa por três fases:

---

14 Caio Mário da Silva Pereira, *Instituições*, cit., v. 1, p. 67.

15 Caio Mário da Silva Pereira, *Instituições*, cit., v. 1, p. 73; Maria Helena Diniz, *Curso*, cit., v. 1, p. 94.

Fases

- A da **elaboração** ou de **iniciativa**: a competência é atribuída a diversas pessoas no art. 61, *caput*, da Constituição Federal.
- A da **promulgação**: esta nada mais é do que um atestado da existência válida da lei e de sua executoriedade.
- A da **publicação**: embora nasça com a promulgação, a lei só começa a vigorar com sua publicação no Diário Oficial.

Com a publicação, tem-se o ***início* da vigência** da lei, tornando-se obrigatória, pois ninguém pode escusar-se de cumpri-la **alegando que não a conhece** (LINDB, art. 3º). Terminado o processo de sua produção, a norma já é válida. A vigência se inicia com a publicação e se estende até sua **revogação** ou até o **prazo** estabelecido para sua validade. A ***vigência***, portanto, é uma qualidade temporal da norma: o prazo com que se delimita o seu período de validade.

Segundo dispõe o art. 1º da Lei de Introdução às Normas do Direito Brasileiro, a lei, salvo disposição contrária, "começa a vigorar em todo o País 45 (quarenta e cinco) dias depois de oficialmente publicada". Portanto, a obrigatoriedade da lei não se inicia no dia da publicação, salvo se ela própria assim o determinar. Pode, desse modo, entrar em vigor na data de sua publicação ou em outra mais remota, conforme constar expressamente de seu texto. Se nada dispuser a esse respeito, aplica-se a regra do art. 1º supramencionado. O prazo de quarenta e cinco dias **não se aplica aos decretos e regulamentos**, cuja obrigatoriedade determina-se pela publicação oficial. Tornam-se, assim, obrigatórios **desde a data de sua publicação**[16], salvo se dispuserem em contrário, não alterando a data da vigência da lei a que se referem. A falta de norma regulamentadora é hoje suprida pelo **mandado de injunção**.

Quando a lei brasileira é admitida no **exterior** (em geral quando cuida de atribuições de ministros, embaixadores, cônsules, convenções de direito internacional etc.), a sua obrigatoriedade inicia-se **três meses** depois de oficialmente publicada.

3.4.2. Critério do prazo único

O intervalo entre a data da publicação da lei e a sua entrada em vigor denomina-se ***vacatio legis***. Em matéria de duração do referido intervalo, foi adotado o **critério do *prazo único***, uma vez que a lei entra em vigor na mesma data, em todo o País, sendo **simultânea** a sua obrigatoriedade. A anterior Lei de Introdução, em virtude da vastidão do território brasileiro e das dificuldades de comunicação então

16 Arnoldo Wald, *Curso*, cit., p. 85.

existentes, prescrevia que a lei entrava em vigor em prazos diversos, ou seja, menores no Distrito Federal e Estados próximos e maiores nos Estados mais distantes da capital e nos territórios[17]. Seguia, assim, o critério do ***prazo progressivo***.

3.4.3. Vigência e vigor

Malgrado a doutrina tome **vigor** por **vigência** e vice-versa, o art. 2º da Lei de Introdução às Normas do Direito Brasileiro dispõe:

> "Art. 2º Não se destinando à vigência temporária, a lei terá vigor até que outra a modifique ou revogue."

Observa Tercio Sampaio Ferraz que "o texto relaciona claramente vigência ao aspecto temporal da norma, a qual, no período (de vigência) tem vigor. Ora, o vigor de uma norma tem a ver com sua imperatividade, com sua força vinculante. Tanto que, embora a citada regra da Lei de Introdução determine o vigor da norma até sua revogação, existem importantes efeitos de uma norma revogada (e que, portanto, perdeu a vigência ou tempo de validade) que nos autorizam dizer que vigor e vigência designam qualidades distintas"[18].

É certo, pois, que o termo **vigência** está relacionado ao **tempo de duração** da lei, ao passo que o **vigor** está relacionado à sua **força vinculante**. É o caso, como assinala Fábio de Oliveira Azevedo, do Código Civil de 1916, "que não tem mais *vigência*, por estar revogado, embora ainda possua *vigor*. Se um contrato foi celebrado durante a sua vigência e tiver que ser examinado hoje, quanto à sua validade, deverá ser aplicado o Código revogado (art. 2.035 do CC/02, na sua *primeira parte*). Isso significa aplicar uma lei *sem vigência* (revogada), mas ainda *com vigor* (*determinado pelo art. 2.035*)"[19].

Registre-se que o vigor e a vigência não se confundem com a **eficácia** da lei. Esta é uma qualidade da norma que se refere à sua adequação, em vista da produção **concreta de efeitos**[20].

3.4.4. Republicação do texto legal

Se durante a *vacatio legis* ocorrer **nova publicação** do texto legal, para correção de erros materiais ou falha de ortografia, o **prazo** da obrigatoriedade começará a correr da **nova publicação** (LINDB, art. 1º, § 3º). O novo prazo para entrada em vigor da lei só corre para a parte corrigida ou emendada, ou seja, **apenas os artigos**

---

17 Dispunha o art. 2º da antiga Lei de Introdução que a obrigatoriedade das leis, quando não fixassem outro prazo, "começaria, no Distrito Federal, três dias depois de oficialmente publicada, quinze dias no Estado do Rio de Janeiro, trinta dias nos Estados marítimos e no de Minas Gerais, cem dias nos outros, compreendidas as circunscrições não constituídas em Estado".

18 *Introdução ao estudo do direito*, p. 202.

19 *Direito civil:* introdução e teoria geral, p. 47-48.

20 Fábio de Oliveira Azevedo, *Direito civil*, cit., p. 48.

republicados terão prazo de vigência contado da nova publicação, para que o texto correto seja conhecido, sem necessidade de que se vote nova lei. Os direitos e obrigações baseados no texto legal publicado hão de ser respeitados[21]. Se a lei já entrou em vigor, tais correções são consideradas **lei nova**, tornando-se obrigatória após o decurso da ***vacatio legis*** (LINDB, art. 1º, § 4º). Mas, pelo fato de a lei emendada, mesmo com incorreções, ter adquirido força obrigatória, os **direitos adquiridos** na sua vigência têm de ser resguardados, não sendo atingidos pela publicação do texto corrigido[22].

Admite-se que o juiz, ao aplicar a lei, possa corrigir os **erros materiais evidentes**, especialmente os de ortografia, mas **não os erros substanciais**, que podem alterar o sentido do dispositivo legal, sendo imprescindível, nesse caso, nova publicação.

■ 3.4.5. Contagem do prazo

A contagem do prazo para entrada em vigor das leis que estabeleçam período de vacância "far-se-á com a **inclusão da data da publicação e do último dia do prazo, entrando em vigor no dia subsequente** à sua consumação integral" (art. 8º, § 1º, da LC n. 95/98, com redação da LC n. 107/2001). "Vê-se, portanto", afirma Mário Luiz Delgado, "que para a contagem do prazo anual inclui-se o dia 11, que foi o dia da publicação da lei, bem como o último dia do prazo". Demonstra o ilustre jurista que o período anual se completou exatamente no dia 10.1.2003. E conclui: "Por esse critério, **o novo Código Civil entrou em vigor no dia 11 de janeiro de 2003**, primeiro dia subsequente ao término do prazo, nos termos ditados pela Lei Complementar aludida"[23].

Quando a lei é **parcialmente vetada**, a parte não vetada é publicada em determinada data. A atingida pelo veto, porém, só é publicada posteriormente, depois de rejeitada a recusa à sanção. Malgrado respeitáveis opiniões em contrário, que pretendem dar caráter retroativo à parte vetada da lei, invocando o argumento da unidade do texto legislativo, os dispositivos vetados só devem entrar em vigor **no momento da sua publicação**, pois **o veto tem caráter suspensivo** e os artigos não publicados não se tornaram conhecidos. Essa solução tem a vantagem de proporcionar maior segurança às relações jurídicas[24].

■ 3.5. REVOGAÇÃO DA LEI

Cessa a vigência da lei com a sua revogação. Não se destinando à vigência temporária, diz o art. 2º da Lei de Introdução às Normas do Direito Brasileiro, "a lei terá vigor até que outra a modifique ou revogue". A lei tem, com efeito, em regra, caráter ***permanente***: mantém-se em vigor até ser revogada por outra lei. Nisso consiste o ***princípio da continuidade***. Em um regime que se assenta na supremacia da lei escri-

---

21 Caio Mário da Silva Pereira, *Instituições*, cit., v. 1, p. 75.

22 Oscar Tenório, *Lei de Introdução ao Código Civil brasileiro*, 2. ed., comentário ao art. 1º, § 4º; Caio Mário da Silva Pereira, *Instituições*, cit., v. 1, p. 76.

23 Mário Luiz Delgado, *Problemas de direito intertemporal no Código Civil*, p. 51.

24 Arnoldo Wald, *Curso*, cit., p. 86.

ta, como o do direito brasileiro, o costume não tem força para revogar a lei, nem esta perde a sua eficácia pelo não uso. Em alguns casos especiais, todavia, a lei pode ter **vigência *temporária*** e cessará, então, por ***causas intrínsecas***, tais como:

- **Advento do *termo* fixado para sua duração.** Algumas leis, por sua natureza, são destinadas a viger apenas durante certo período, como as disposições transitórias e as leis orçamentárias. Outras prefixam expressamente a sua duração.
- **Implemento de *condição resolutiva*.** A lei perde sua vigência em virtude de condição quando se trata de lei especial vinculada a uma situação determinada, como ao período de guerra, por exemplo, estando sujeita a uma condição resolutiva, qual seja, o término desta. Leis dessa espécie são chamadas de ***circunstanciais***.
- **Consecução de seus *fins*.** Cessa a vigência da lei destinada a determinado fim quando este se realiza. Assim, por exemplo, a que concedeu indenização a familiares de pessoas envolvidas na Revolução de 1964 perdeu a sua eficácia no momento em que as indenizações foram pagas[25].

Dá-se, nesses casos, a ***caducidade*** da lei: torna-se sem efeito pela superveniência de uma causa prevista em seu próprio texto, sem necessidade de norma revogadora. É também o caso de leis cujos **pressupostos fáticos** desaparecem. Por exemplo, a lei que se destina ao combate de determinada doença (malária, dengue, Aids etc.), estabelecendo normas de proteção, e que deixe de existir em virtude do avanço da Medicina ou de medidas sanitárias. A norma em desuso não perde, só por esse motivo, enquanto não for revogada por outra, a eficácia jurídica. Contudo, as leis de **vigência *permanente***, sem prazo de duração, perduram até que ocorra a sua **revogação**, não podendo ser extintas pelo costume, jurisprudência, regulamento, decreto, portaria e simples avisos.

Revogação é a supressão da força obrigatória da lei, retirando-lhe a eficácia — o que só pode ser feito por outra lei, da mesma hierarquia ou de hierarquia superior. O ato de ***revogar*** consiste, segundo Maria Helena Diniz, em "tornar sem efeito uma norma, retirando sua obrigatoriedade. Revogação é um termo genérico, que indica a ideia da cessação da existência da norma obrigatória"[26].

3.5.1. Revogação total (ab-rogação) e revogação parcial (derrogação)

A revogação da lei (gênero), quanto à sua ***extensão***, pode ser de duas espécies:

- **total** ou ***ab-rogação***. Consiste na supressão integral da norma anterior. O Código Civil de 2002, por exemplo, no art. 2.045, constante das Disposições Transitórias, revoga, sem qualquer ressalva e, portanto, integralmente, o estatuto civil de 1916;
- **parcial** ou ***derrogação***. Atinge só uma parte da norma, que permanece em vigor no restante.

[25] Adolfo Ravá, *Istituzioni di diritto privato*, p. 57; Arnoldo Wald, *Curso*, cit., p. 86.

[26] *Lei de Introdução*, cit., p. 64.

A perda da eficácia da lei pode decorrer, também, da decretação de sua **inconstitucionalidade** pelo Supremo Tribunal Federal, cabendo ao Senado suspender-lhe a execução (CF, art. 52, X).

3.5.2. Princípio da hierarquia das leis

Uma lei revoga-se por outra lei. Desse modo, a revogação deve emanar **da mesma fonte** que aprovou o ato revogado. Se, por exemplo, a norma é de natureza constitucional, somente pelo processo de emenda à Constituição pode ser modificada ou revogada (CF, art. 60). Entretanto, um decreto revoga-se por outro decreto, mas também pode ser revogado pela lei, que é de hierarquia superior. A nova lei que revoga a anterior revoga também o decreto que a regulamentou.

O **princípio da hierarquia** não tolera que uma lei ordinária sobreviva a uma disposição constitucional que a contrarie ou que uma norma regulamentar subsista em ofensa à disposição legislativa. Assim, a Constituição de 1988 afastou a validade da legislação anterior, conflitante com as suas disposições autoexecutáveis. Não se trata propriamente de revogação das leis anteriores e contrárias à Constituição: apenas deixaram de existir no plano do ordenamento jurídico estatal, por haverem perdido seu **fundamento de validade**[27].

Hoje, como já dito, é possível suprir-se a falta de regulamentação subsequente da lei mediante a impetração de ***mandado de injunção*** junto ao Poder Judiciário, previsto no art. 5º, LXXI, da Constituição Federal, por todo aquele que se julgue prejudicado pela omissão legislativa e pela impossibilidade de exercer os direitos constitucionalmente previstos[28].

3.5.3. Revogação expressa e revogação tácita

Quanto à ***forma*** *de sua execução*, a revogação da lei pode ser:

- ***Expressa***, quando a lei nova declara, de modo taxativo e inequívoco, que a lei anterior, ou parte dela, fica revogada (LINDB, art. 2º, § 1º, primeira parte).
- ***Tácita***, quando não contém declaração nesse sentido, mas mostra-se incompatível com a lei antiga ou regula inteiramente a matéria de que tratava a lei anterior (art. 2º, § 1º, última parte). A revogação, neste caso, ocorre por via oblíqua ou indireta.

A revogação **expressa** é a mais segura, pois evita dúvidas e obscuridades. O art. 9º da Lei Complementar n. 95/98, com a redação da Lei Complementar n. 107/2001,

---

[27] Wilson de Souza Campos Batalha, *Direito intertemporal*, p. 434; Caio Mário da Silva Pereira, *Instituições*, cit., v. 1, p. 87.

[28] Embora tenha reconhecido a mora do Legislativo, o Supremo Tribunal Federal, ao julgar mandados de injunção, simplesmente exortou que se procedesse à edição da normatividade prevista no *caput* do art. 192 da Constituição Federal, a fim de eliminar a letargia legislativa. "Como exortação é mero conselho, e não mandado, o § 3º, que limita as taxas de juros reais a doze por cento ao ano, caiu no vazio" (Uadi Lammêgo Bulos, *Constituição Federal anotada*, nota 2 ao art. 129, § 3º).

por esse motivo, dispõe que "a cláusula de revogação deverá enumerar, expressamente, as leis ou disposições legais revogadas". Tal preceito, todavia, foi ignorado pelo art. 2.045 do novo Código Civil, ao dispor: "Revogam-se a Lei n. 3.071, de 1º de janeiro de 1916 — Código Civil e a Parte Primeira do Código Comercial — Lei n. 556, de 25 de junho de 1850".

O que caracteriza a revogação **tácita** é a ***incompatibilidade*** das disposições novas com as já existentes. Na impossibilidade de coexistirem normas contraditórias, aplica-se o critério da prevalência da mais recente (**critério cronológico:** *lex posterior derogat legi priori*). Essa incompatibilidade pode ocorrer quando a lei nova, de caráter amplo e geral, passa a regular inteiramente a matéria versada na lei anterior, vindo a lei revogadora, nesse caso, substituir inteiramente a antiga. Desse modo, se **toda uma matéria** é submetida à nova regulamentação, desaparece inteiramente a lei anterior que tratava do mesmo assunto. Com a entrada em vigor, por exemplo, do Código de Defesa do Consumidor, deixaram de ser aplicadas às relações de consumo as normas de natureza privada estabelecidas no Código Civil de 1916 e em leis esparsas que tratavam dessa matéria[29]. Em regra, pois, "um novo estado de coisas revoga automaticamente qualquer regra de direito que com ele seja incompatível. Da mesma forma, a modificação de redação do texto de um dispositivo legal constitui modo usado pelo legislador para revogá-lo, derrogá-lo ou ab-rogá-lo. Por fim, se a lei nova regula a matéria de que trata a lei anterior e não reproduz determinado dispositivo, entende-se que este foi revogado"[30].

Costuma-se dizer que ocorre também a revogação **tácita** de uma lei quando esta se mostra incompatível com a mudança havida na **Constituição**, em face da supremacia desta sobre as demais leis (**critério hierárquico:** *lex superior derogat legi inferiori*). Mais adequado, porém, nesse caso, é afirmar que perderam elas seu fundamento de validade, como exposto anteriormente.

Além dos critérios ***cronológico*** e ***hierárquico*** já mencionados, destinados a solucionar antinomias aparentes ou conflitos normativos, desponta na ordem jurídica o da ***especialidade*** (*lex specialis derogat legi generali*), pelo qual a **norma especial revoga a geral** quando disciplinar, de forma diversa, o mesmo assunto. Todavia, o art. 2º, § 2º, da Lei de Introdução às Normas do Direito Brasileiro prescreve: "A lei nova, que estabeleça disposições gerais ou especiais a par das já existentes, não revoga nem modifica a lei anterior". Podem, assim, coexistir as normas de caráter geral e as de caráter especial. É possível, no entanto, que haja incompatibilidade entre ambas. A existência de incompatibilidade conduz à possível revogação

[29] Segundo preleciona Caio Mário da Silva Pereira, "se toda uma província do direito é submetida a nova regulamentação, desaparece inteiramente a lei caduca, em cujo lugar se colocam as disposições da mais recente, como ocorreu com o Código Penal de 1940, promulgado para disciplinar inteiramente a matéria contida no de 1890. Se um diploma surge, abraçando toda a matéria contida em outro, igualmente fulmina-o de ineficácia, como se verificou com a Lei de Falências, de 1945, ou com a Lei de Introdução ao Código Civil, de 1942, que veio substituir a de 1916" (*Instituições*, cit., v. 1, p. 83-84).

[30] *RT*, 213/361, 162/101, 300/683.

da lei geral pela especial ou da lei especial pela geral. Para Giuseppe Saredo, a disposição especial revoga a geral quando se referir **ao mesmo assunto**, alterando-a. Não a revoga, contudo, quando, em vez de alterá-la, se destina a lhe dar **força**[31]. Não se pode, portanto, acolher de modo absoluto a fórmula "lei especial revoga a geral", pois nem sempre isso acontece, podendo perfeitamente ocorrer que a especial introduza uma exceção ao princípio geral, que deve coexistir ao lado deste. Em caso de **incompatibilidade**, haverá **revogação** tanto da lei geral pela especial como da lei especial pela geral.

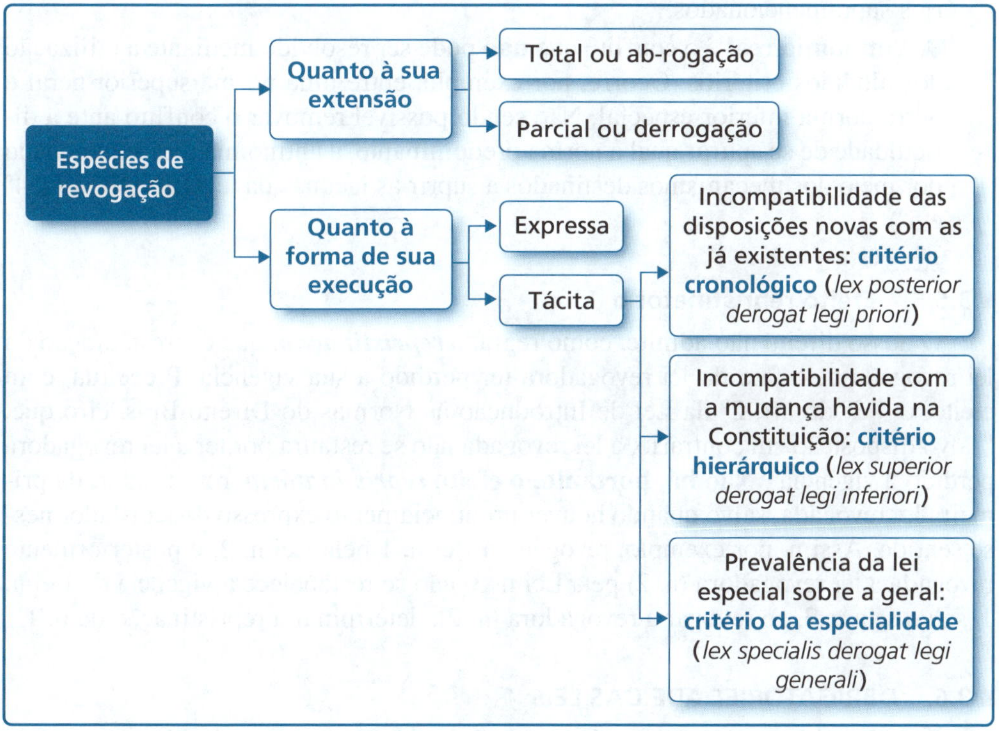

■ 3.5.4. Antinomias

Antinomia é a presença de duas **normas conflitantes**. Decorre da existência de duas ou mais normas relativas ao mesmo caso, imputando-lhe soluções logicamente incompatíveis. Como já mencionado, três critérios devem ser levados em conta para a solução dos conflitos:

- critério **cronológico** (a norma posterior prevalece sobre a anterior);
- critério da **especialidade** (a norma especial prevalece sobre a geral);
- critério **hierárquico** (a norma superior prevalece sobre a inferior).

[31] Abrogazione delle leggi, in *Digesto Italiano*, v. 1, p. 134 e s.

Quando o conflito de normas envolve apenas **um** dos referidos critérios, diz-se que se trata de **antinomia de 1º grau**. Será de **2º grau** quando envolver **dois** deles. Na última hipótese, se o conflito se verificar entre uma norma especial-anterior e outra geral-posterior, prevalecerá o critério da **especialidade**, aplicando-se a primeira norma; e, se ocorrer entre norma superior-anterior e outra inferior-posterior, prevalecerá o **hierárquico**, aplicando-se também a primeira.

A antinomia pode ser, ainda, aparente e real.

- **Antinomia aparente** é a situação que pode ser resolvida com base nos critérios supramencionados.
- **Antinomia real** é o conflito que **não** pode ser resolvido mediante a utilização dos aludidos critérios. Ocorre, por exemplo, entre uma norma superior-geral e outra norma inferior-especial. Não sendo possível remover o conflito ante a dificuldade de se apurar qual a norma predominante, a antinomia será solucionada por meio dos mecanismos destinados a suprir as lacunas da lei (LINDB, arts. 4º e 5º).

3.5.5. Efeito repristinatório

O nosso direito não admite, como regra, a ***repristinação***, que é a restauração da lei revogada pelo fato da lei revogadora ter perdido a sua vigência. Preceitua, com efeito, o § 3º do art. 2º da Lei de Introdução às Normas do Direito Brasileiro que, "salvo disposição em contrário, a lei revogada não se restaura por ter a lei revogadora perdido a vigência". **Não há, portanto, o efeito *repristinatório***, restaurador, da primeira lei revogada, salvo quando houver pronunciamento expresso do legislador nesse sentido. Assim, por exemplo, revogada a Lei n. 1 pela Lei n. 2, e posteriormente revogada a lei revogadora (n. 2) pela Lei n. 3, não se restabelece a vigência da Lei n. 1, salvo se a n. 3, ao revogar a revogadora (n. 2), determinar a repristinação da n. 1.

3.6. OBRIGATORIEDADE DAS LEIS

Sendo a lei uma ordem dirigida à vontade geral, uma vez em vigor, torna-se obrigatória para todos. O art. 3º da Lei de Introdução às Normas do Direito Brasileiro consagra o princípio da ***obrigatoriedade*** (*ignorantia legis neminem excusat*), prescrevendo: "Ninguém se escusa de cumprir a lei, alegando que não a conhece". Tal dispositivo visa garantir a **eficácia global da ordem jurídica**, que estaria comprometida se se admitisse a alegação de ignorância de lei vigente. Como consequência, não se faz necessário provar em juízo a existência da norma jurídica invocada, pois se parte do pressuposto de que o juiz conhece o direito (*iura novit curia*). Esse princípio **não se aplica, todavia, ao direito municipal, estadual, estrangeiro ou consuetudinário** (CPC, art. 376). Embora o juiz tenha o dever de conhecer o direito vigente em todo o país, não está obrigado a saber quais princípios são adotados no direito alienígena, nem as regras especiais a determinado município ou a um Estado federativo, nem ainda como é o costume.

Três teorias procuram justificar o preceito:

Teorias

- Da **presunção legal**: presume que a lei, uma vez publicada, torna-se conhecida por todos. É criticada por basear-se em uma inverdade.
- Da **ficção legal**: considera tratar-se de hipótese de ficção, e não de presunção — o que também, em verdade, não ocorre.
- Da **necessidade social**: sustenta que a lei é obrigatória por elevadas razões de interesse público, ou seja, para garantir a eficácia global do ordenamento jurídico, que ficaria comprometido caso a alegação de seu desconhecimento pudesse ser aceita. É a mais adotada.

A inaceitabilidade da alegação de ignorância da lei não afasta, todavia, a relevância do ***erro de direito***, que é o **conhecimento falso da lei**, como causa de anulação de negócios jurídicos. Este só pode ser invocado, porém, quando não houver o objetivo de furtar-se o agente ao cumprimento da lei. Serve para justificar, por exemplo, a **boa-fé** em caso de inadimplemento contratual, sem a intenção de descumprir a lei. O Código Civil de 2002, ao enumerar os casos em que há erro substancial (art. 139), contempla, como inovação, ao lado das hipóteses de erro de fato (*error facti*), que decorre de uma noção falsa das circunstâncias, o ***erro de direito*** (*error juris*), desde que não se objetive, com a sua alegação, descumprir a lei ou subtrair-se à sua força imperativa e seja o motivo único ou principal do negócio jurídico. A Lei das Contravenções Penais, por exceção, admite a alegação de erro de direito (art. 8º) como justificativa pelo descumprimento da lei.

■ 3.7. A INTEGRAÇÃO DAS NORMAS JURÍDICAS

O legislador não consegue prever todas as situações para o presente e para o futuro, pois o direito é dinâmico e está em constante movimento, acompanhando a evolução da vida social, que traz em si novos fatos e conflitos. Ademais, os textos legislativos devem ser concisos e seus conceitos enunciados em termos gerais. Tal estado de coisas provoca a **existência de situações não previstas** de modo específico pelo legislador e que reclamam solução por parte do juiz. Como este não pode eximir-se de proferir decisão sob o pretexto de que a lei é omissa, deve valer-se dos **mecanismos** destinados a suprir as lacunas da lei, que são:

Mecanismos destinados a suprir as lacunas da lei

- A analogia
- Os costumes
- Os princípios gerais de direito

Dispõe, com efeito, o art. 140 do Código de Processo Civil:

> "Art. 140. O juiz não se exime de decidir sob a alegação de lacuna ou obscuridade do ordenamento jurídico.
> Parágrafo único. O juiz só decidirá por equidade nos casos previstos em lei."

Preceitua, por sua vez, o art. 4º da Lei de Introdução às Normas do Direito Brasileiro:

> "Art. 4º Quando a lei for omissa, o juiz decidirá o caso de acordo com a analogia, os costumes e os princípios gerais de direito."

Verifica-se, portanto, que o próprio sistema apresenta solução para qualquer caso que esteja *sub judice*. Apresenta-se, destarte, o problema da **integração da norma** mediante recursos fornecidos pela ciência jurídica. A própria lei, prevendo a possibilidade de inexistir norma jurídica adequada ao caso concreto, indica ao juiz o meio de suprir a omissão.

Obviamente, não se emprega o aludido dispositivo, que se refere aos princípios gerais de direito privado e os coloca em último lugar na ordem dos mecanismos destinados a suprir as lacunas da lei, na hipótese de aplicação imediata das normas protetivas da pessoa humana, previstas na Constituição Federal sob a forma de princípios (**eficácia horizontal dos direitos fundamentais**).

■ 3.7.1. As lacunas da lei

Efetivamente, sob o ponto de vista dinâmico, o da aplicação da lei, pode ela ser lacunosa, mas o **sistema não**. Isso porque o juiz, utilizando-se dos aludidos mecanismos, promove a **integração** das normas jurídicas, não deixando nenhum caso sem solução (**plenitude lógica do sistema**). O direito estaticamente considerado pode conter lacunas. Sob o aspecto dinâmico, entretanto, não, pois ele próprio prevê os meios para suprirem-se os espaços vazios e promover a integração do sistema[32]. Por essa razão é que se diz que os mencionados mecanismos constituem **modos de explicitação da integridade**, da plenitude do sistema jurídico.

■ 3.7.2. A analogia

■ *3.7.2.1. Conceito*

Há uma **hierarquia** na utilização dos mecanismos de integração do sistema jurídico, figurando a ***analogia*** em **primeiro lugar**. Somente podem ser utilizados os demais se a analogia não puder ser aplicada, isso porque o direito brasileiro consagra a supremacia da lei escrita. Quando o juiz utiliza-se da analogia para solucionar determinado caso concreto, não está apartando-se da lei, mas aplicando à hipótese não prevista em lei um dispositivo legal relativo a **caso semelhante**.

---

[32] Maria Helena Diniz, *Curso*, cit., v. 1, p. 69; Tercio Sampaio Ferraz Júnior, *Conceito de sistema no direito*, p. 137; Castro y Bravo, *Derecho civil de España*, p. 532-533.

Nisso se resume o emprego da analogia, que consiste em aplicar a caso não previsto a norma legal concernente a uma **hipótese análoga** prevista e, por isso mesmo, tipificada[33]. O seu fundamento encontra-se no adágio romano *ubi eadem ratio, ibi idem jus* (ou *legis dispositio*), que expressa o princípio de igualdade de tratamento. Com esse enunciado lógico, pretende-se dizer que **a situações semelhantes deve-se aplicar a mesma regra de direito** ("quando se verifica a mesma razão da lei, deve haver a mesma solução 'ou mesma disposição legal'"). Se um dos fatos já tem, no sistema jurídico, a sua regra, é essa que se aplica.

3.7.2.2. *Requisitos*

Para o emprego da analogia, requer-se a presença de três **requisitos**:

- **inexistência de dispositivo legal** prevendo e disciplinando a hipótese do caso concreto;
- **semelhança** entre a relação não contemplada e outra regulada na lei;
- **identidade de fundamentos** lógicos e jurídicos no ponto comum às duas situações[34].

3.7.2.3. *Analogia "legis" e analogia "juris"*

Costuma-se distinguir a **analogia *legis*** (legal) da **analogia *juris*** (jurídica).

- **Analogia *legis*:** consiste na aplicação de uma norma existente, destinada a reger caso semelhante ao previsto. A sua fonte é a norma jurídica isolada, que é aplicada a casos idênticos.
- **Analogia *juris*:** baseia-se em um conjunto de normas para obter elementos que permitam a sua aplicação ao caso *sub judice* não previsto, mas **similar**. Trata-se de um processo mais complexo, em que se busca a solução em uma pluralidade de normas, em um instituto ou em acervo de diplomas legislativos, transpondo o pensamento para o caso controvertido, sob a inspiração do mesmo pressuposto. É considerada a autêntica analogia, por envolver o ordenamento jurídico inteiro.

3.7.2.4. *Analogia e interpretação extensiva*

Faz-se mister não confundir **analogia** com ***interpretação extensiva***.

- **Analogia:** implica o recurso a uma norma assemelhada do sistema jurídico, em razão da **inexistência** de norma adequada à solução do caso concreto.
- **Interpretação extensiva:** consiste na extensão do âmbito de aplicação de uma norma **existente**, disciplinadora de determinada situação de fato, a situações

---

33 Carlos Maximiliano, *Hermenêutica e aplicação do direito*, n. 238.

34 Washington de Barros Monteiro, *Curso*, cit., v. 1, p. 40; Maria Helena Diniz, *Curso*, cit., v. 1, p. 72-73.

não expressamente previstas, mas compreendidas pelo seu espírito, mediante uma interpretação menos literal. Configura-se, por exemplo, quando o juiz, interpretando o art. 25 do Código Civil, estende à companheira ou companheiro a legitimidade conferida ao cônjuge do ausente para ser o seu curador.

3.7.3. O costume

3.7.3.1. O costume como fonte supletiva

O ***costume*** é também fonte supletiva em nosso sistema jurídico; porém, está colocado em plano secundário em relação à lei. O juiz só pode recorrer a ele depois de esgotadas as possibilidades de suprir a lacuna pelo emprego da analogia. Daí dizer-se que o costume se caracteriza como **fonte *subsidiária*** ou **fonte *supletiva***.

3.7.3.2. Diferenças entre o costume e a lei

O costume difere da lei:

- **Quanto à origem**, posto que esta nasce de um processo legislativo, tendo origem certa e determinada, enquanto o costume tem origem incerta e imprevista.
- **No tocante à forma**, pois a lei apresenta-se sempre como texto escrito, enquanto o costume é direito não escrito, **consuetudinário**.

3.7.3.3. Conceito e elementos do costume

O costume é composto de dois elementos:

- O uso ou **prática reiterada** de um comportamento (elemento externo ou material).
- A **convicção** de sua obrigatoriedade (elemento interno ou psicológico, caracterizado pela *opinio juris et necessitate*).

Em consequência, é conceituado como sendo a **prática uniforme, constante, pública e geral de determinado ato, com a convicção de sua necessidade**[35]. Essa convicção, que é o fundamento da obrigatoriedade do costume, deve ser **geral**, cultivada por toda a sociedade, observada por uma parcela ponderável da comunidade ou ao menos mantida por uma categoria especial de pessoas. Para que se converta, porém, em ***costume jurídico*** e deixe de ser simples uso sem força coercitiva, é necessário que a autoridade judiciária tome conhecimento de sua existência e o aplique, declarando-o obrigatório. Pela tese da ***confirmação jurisprudencial***, que se opõe à da ***confirmação legislativa*** (inadmissível, por exigir a confirmação do legislador, exagerando o papel deste), é necessário que o costume se consagre pela prática judiciária[36].

---

[35] Washington de Barros Monteiro, *Curso*, cit., v. 1, p. 19.

[36] Orlando Gomes, *Introdução ao direito civil*, p. 36-37, n. 21; Caio Mário da Silva Pereira, *Instituições*, cit., v. 1, p. 46.

3.7.3.4. *Espécies de costume*

Em relação à **lei**, três são as espécies de costume:

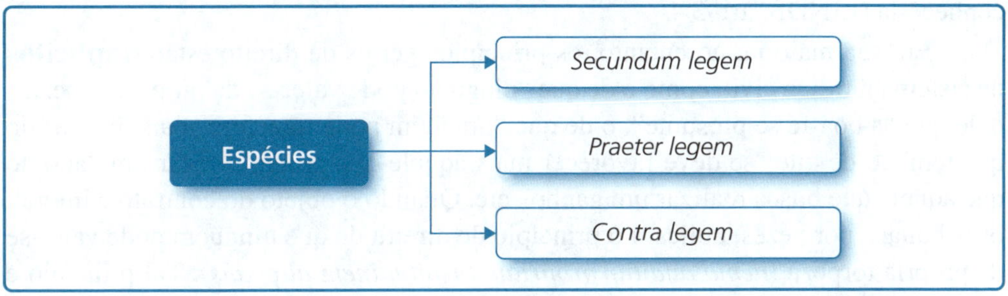

- ***Secundum legem***, quando se acha expressamente referido na lei. Neste caso, sua eficácia é reconhecida pelo direito positivo, como nos casos mencionados, dentre outros, nos arts. 1.297, § 1º, 596 e 615 do Código Civil. Passa a ter caráter de verdadeira lei, deixando de ser costume propriamente dito.
- ***Praeter legem***, quando se destina a **suprir a lei** nos casos omissos, como prevê o art. 4º da Lei de Introdução e o art. 140 do Código de Processo Civil. Costuma-se mencionar, como exemplo, o costume de efetuar-se o pagamento com cheque pré-datado, e não como ordem de pagamento à vista, afastando a existência de crime. Costume *praeter legem* é, portanto, um dos expedientes a que deve recorrer o juiz para sentenciar quando a lei é omissa.
- ***Contra legem***, que se opõe à lei. Em regra, o costume não pode contrariar a lei, pois esta só se revoga, ou se modifica, por outra lei. Essa a doutrina dominante: o costume contrário à aplicação da lei não tem o poder de revogá-la, não existindo mais a chamada ***desuetudo*** (não aplicação da lei em virtude do desuso). Os autores, em geral, rejeitam o costume *contra legem,* por entendê-lo incompatível com a tarefa do Estado e com o princípio de que as leis só se revogam por outras[37].

3.7.4. Os princípios gerais de direito

3.7.4.1. *Conceito*

Não encontrando solução na analogia nem nos costumes para preenchimento da lacuna, o juiz deve buscá-la nos ***princípios gerais de direito***. São estes constituídos de regras que se encontram na **consciência dos povos** e são **universalmente aceitas**, mesmo não escritas. Tais regras, de caráter genérico, orientam a compreensão do sistema jurídico, em sua aplicação e integração, estejam ou não incluídas no **direito**

---

37 Maria Helena Diniz, *Curso*, cit., v. 1, p. 76; Washington de Barros Monteiro, *Curso*, cit., v. 1, p. 19; Vicente Ráo, *O direito,* cit., p. 292-294.

positivo. Muitas delas passaram a integrá-lo, como a de que "ninguém pode lesar a outrem" (CC, art. 186), a que veda o enriquecimento sem causa (arts. 876, 1.216, 1.220, 1.255 etc.), a que não admite escusa de não cumprimento da lei por não conhecê-la (LINDB, art. 3º).

Em sua maioria, no entanto, os princípios gerais de direito estão **implícitos** no sistema jurídico civil, como o de que "ninguém pode valer-se da própria torpeza", o de que "a boa-fé se presume", o de que "ninguém pode transferir mais direitos do que tem", o de que "se deve favorecer mais aquele que procura evitar um dano do que aquele que busca realizar um ganho" etc. Quando o objeto do contrato é imoral, os tribunais, por vezes, aplicam o princípio de direito de que ninguém pode valer-se da própria torpeza (*nemo auditur propriam turpitudinem allegans*). Tal princípio é aplicado pelo legislador, por exemplo, no art. 150 do Código Civil, que reprime o dolo ou torpeza bilateral. Para que possam ser empregados como norma de direito supletório, os princípios gerais de direito devem ser reconhecidos como direito aplicável, dotados, assim, de juridicidade.

■ 3.7.4.2. *Princípios gerais de direito e máximas jurídicas*

Os princípios gerais de direito **não se confundem** com as máximas jurídicas, os adágios ou brocardos, que nada mais são do que **fórmulas concisas representativas de uma experiência secular**, sem valor jurídico próprio, mas dotados de valor pedagógico. Algumas dessas máximas podem, porém, conter princípios gerais de direito, como por exemplo: "o acessório segue o principal", "não obra com dolo quem usa de seu direito", *testis unus testis nullus* (uma só testemunha não é nenhuma) etc.[38].

■ 3.7.5. A equidade

■ 3.7.5.1. *Conceito*

A *equidade* não constitui meio supletivo de lacuna da lei, sendo mero **recurso auxiliar** da aplicação desta. Não considerada em sua acepção lata, quando se confunde com o ideal de justiça, mas em **sentido estrito**, é empregada quando a própria lei cria espaços ou lacunas para o juiz formular a norma mais adequada ao caso. É utilizada quando a lei expressamente o permite.

Prescreve o parágrafo único do art. 140 do Código de Processo Civil que o "juiz só decidirá por equidade nos casos previstos em lei". Isso ocorre geralmente nos casos de conceitos vagos ou quando a lei formula várias alternativas e deixa a escolha a critério do juiz. Como **exemplos** podem ser citados o art. 1.586 do Código Civil, que autoriza o juiz a regular por maneira diferente dos critérios legais a situação dos filhos em relação aos pais, se houver motivos graves e a bem do menor; e o art. 1.740,

[38] Francisco Amaral, *Direito*, cit., p. 97.

II, que permite ao tutor reclamar do juiz que providencie, "como houver por bem", quando o menor tutelado haja mister correção, dentre outros.

■ 3.7.5.2. *Espécies de equidade*

Agostinho Alvim classifica a equidade em:

- **Legal:** "a contida no texto da norma, que prevê várias possibilidades de soluções"[39]. O art. 1.584, § 5º, do Código Civil, com redação dada pela Lei n. 11.698/2008, por exemplo, permite que o juiz, na separação judicial ou divórcio, atribua a guarda dos filhos a um dos genitores ou a terceiro que revele compatibilidade com a natureza da medida, de preferência levando em conta o grau de parentesco e a relação de afinidade e afetividade.
- **Judicial:** aquela em que o legislador, explícita ou implicitamente, incumbe o **magistrado** de decidir por **equidade**, criando espaços para que este formule a norma mais adequada ao caso, como na hipótese do citado art. 1.740, II, do Código Civil, que permite ao tutor reclamar do juiz que providencie, "como houver por bem", quando o menor tutelado haja mister correção.

■ 3.7.5.3. *Decidir "com equidade" e decidir "por equidade"*

Não se há de confundir decidir **"com equidade"** com decidir **"por equidade"**.

- **Decidir "com equidade"**. Trata-se de decidir com justiça, como sempre deve acontecer. É quando o vocábulo "equidade" é utilizado em sua acepção lata de ideal de justiça.
- **Decidir "por equidade"**. Significa decidir o juiz sem se ater à legalidade estrita, mas apenas à sua convicção íntima, devidamente autorizado pelo legislador em casos específicos.

■ 3.8. APLICAÇÃO E INTERPRETAÇÃO DAS NORMAS JURÍDICAS

■ 3.8.1. Os fenômenos da subsunção e da integração normativa

As normas são genéricas e impessoais e contêm um comando **abstrato**, não se referindo especificamente a casos concretos. A composição dos conflitos baseada na lei é, na realidade, um silogismo, em virtude do qual se aplica a norma geral e prévia a um caso concreto. A premissa maior é a norma jurídica, regulando uma situação abstrata, e a premissa menor é o caso concreto. A conclusão é a sentença judicial que **aplica a norma abstrata ao caso concreto**[40]. Quando o fato é típico e se enquadra perfeitamente no conceito abstrato da norma, dá-se o fenômeno da ***subsunção***. Há casos, no entanto, em que tal enquadramento não ocorre, não encontrando o juiz

---

[39] Da equidade, *RT*, 132/3-4.

[40] Arnoldo Wald, *Curso*, cit., p. 76; Maria Helena Diniz, *Curso*, cit., v. 1, p. 59; Francisco Amaral, *Direito civil*, cit., p. 80.

nenhuma norma aplicável à hipótese *sub judice*. Deve este, então, proceder à ***integração normativa***, mediante o emprego da analogia, dos costumes e dos princípios gerais do direito, como já foi dito.

Para verificar se a norma é aplicável ao caso em julgamento (**subsunção**) ou se deve proceder à **integração normativa**, o juiz procura descobrir o sentido da norma, **interpretando-a**.

3.8.2. Conceito de interpretação

Interpretar é descobrir o **sentido** e o **alcance** da norma jurídica. Toda lei está sujeita a interpretações, não apenas as obscuras e ambíguas. O brocardo romano *in claris cessat interpretatio* não é hoje acolhido, pois, até para afirmar-se que a lei é clara, é preciso interpretá-la. Há, na verdade, interpretações mais simples, quando a lei é clara, e complexas, quando o preceito é de difícil entendimento[41].

Três grandes escolas defendem o melhor critério metodológico a ser empregado na interpretação:

- **Teoria *subjetiva de interpretação (ou escola exegética)*:** *sustenta* que o que se pesquisa com a interpretação é a **vontade do legislador** (*voluntas legislatoris*) expressa na lei. Tal concepção, no entanto, não tem sido acolhida, pois, quando a norma é antiga, a vontade do legislador originário está normalmente superada. Mais aceitas são as duas a seguir mencionadas.
- **Teoria da interpretação *objetiva*:** *afirma* que não é a vontade do legislador que se visa, mas a **vontade da lei** (*voluntas legis*), ou melhor, **o sentido da norma**. A lei, depois de promulgada, separa-se de seu autor e alcança uma existência objetiva.
- **Teoria da livre pesquisa do direito (ou da livre investigação científica):** defende a ideia de que o juiz deve ter **função criadora** na aplicação da norma, que deve ser interpretada em função das concepções jurídicas, morais e sociais de cada época[42]. Não significa, entretanto, prestigiar o direito alternativo, que "pode conduzir à plena subversão da ordem constituída", como obtempera Caio Mário da Silva Pereira, aduzindo que o direito brasileiro, à luz do art. 5º da LINDB, adota a linha do equilíbrio[43].

3.8.3. Métodos de interpretação

A ***hermenêutica*** é a ciência da interpretação das leis. Como toda ciência, tem os seus **métodos**, os quais se classificam do seguinte modo:

---

[41] Washington de Barros Monteiro, *Curso*, cit., v. 1, p. 35.

[42] Antonio Castanheira Neves, Interpretação jurídica, in *Polis-Enciclopédia Verbo da Sociedade e do Estado*, v. 3, p. 651; Luis Diez-Picazo, *Experiencias jurídicas y teoría del derecho*, p. 185; Francisco Amaral, *Direito civil*, cit., p. 86.

[43] *Instituições*, cit., v. I, p. 199.

Quanto às **fontes** ou **origem**	autêntico jurisprudencial doutrinário
Quanto aos **meios**	gramatical lógico sistemático histórico sociológico
Quanto aos **resultados**	interpretação declarativa extensiva restritiva

3.8.3.1. *Quanto às fontes ou origens*

Sob esse prisma, os métodos de interpretação classificam-se, como visto, em: **autêntico**, **jurisprudencial** e **doutrinário**.

- **Interpretação *autêntica* ou *legislativa*:** é a feita pelo próprio legislador, por outro ato. Este, reconhecendo a ambiguidade da norma, vota uma nova lei, destinada a esclarecer a sua intenção. Nesse caso, a lei interpretativa é considerada como a própria lei interpretada.
- **Interpretação *jurisprudencial* ou *judicial*:** é a fixada pelos tribunais. Mesmo quando não tem força vinculante, influencia sobremaneira os julgamentos nas instâncias inferiores. As súmulas vinculantes eram preconizadas como uma forma de reduzir a avalanche de processos que sobrecarrega os tribunais do país e acarreta a demora dos julgamentos. Atendendo a esses reclamos, a Lei n. 11.417, de 19.12.2006, que regulamentou o art. 103-A da Constituição Federal e alterou a Lei n. 9.784, de 29.1.1999, disciplinou a edição, a revisão e o cancelamento de enunciado de **súmula vinculante** pelo Supremo Tribunal Federal.
- **Interpretação *doutrinária*:** é a feita pelos estudiosos e comentaristas do direito em suas obras: os jurisconsultos.

3.8.3.2. *Quanto aos meios*

Sob esse ângulo, a interpretação pode ser feita pelos métodos **gramatical**, **lógico**, **sistemático**, **histórico** e **sociológico**.

- **Interpretação *gramatical*:** é também chamada de ***literal***, porque consiste em exame do texto normativo sob o ponto de vista linguístico, analisando a pontuação, a colocação das palavras na frase, a sua origem etimológica etc. É a primeira fase do processo interpretativo. Já decidiu o Superior Tribunal de Justiça que a "interpretação meramente literal deve ceder passo quando colidente com outros métodos de maior robustez e cientificidade"[44].

---

[44] *RSTJ*, 56/152.

- **Interpretação *lógica*** ou ***racional*:** é a que atende ao espírito da lei, pois procura apurar o sentido e a finalidade da norma, a intenção do legislador, por meio de **raciocínios lógicos**, com abandono dos elementos puramente verbais, prestigiando a coerência e evitando absurdos.
- **Interpretação *sistemática*:** *relaciona-se com a interpretação lógica. Daí por que muitos juristas preferem denominá-la interpretação* ***lógico-sistemática***. Parte do pressuposto de que uma lei não existe isoladamente e deve ser interpretada em conjunto com outras pertencentes à mesma província do direito. Assim, uma norma tributária deve ser interpretada de acordo com os princípios que regem o sistema tributário. Em determinado momento histórico, por exemplo, predominava o princípio da autonomia da vontade. Com o surgimento do intervencionismo na economia contratual, a interpretação sistemática conduziu à proteção do contratante mais fraco[45].
- **Interpretação *histórica*:** baseia-se na investigação dos antecedentes da norma, do **processo legislativo**, a fim de descobrir o seu exato significado. É o melhor método para apurar a vontade do legislador e os objetivos que visava atingir (*ratio legis*). Consiste na pesquisa das circunstâncias que nortearam a sua elaboração, de ordem econômica, política e social (*occasio legis*), bem como do pensamento dominante ao tempo de sua formação.
- **Interpretação *sociológica*** ou ***teleológica*:** tem por objetivo adaptar o sentido ou finalidade da norma às novas **exigências sociais**, com abandono do individualismo que preponderou no período anterior à edição da Lei de Introdução às Normas do Direito Brasileiro. Tal recomendação é endereçada ao magistrado no art. 5º da referida lei, que assim dispõe: "Na aplicação da lei, o juiz atenderá aos fins sociais a que ela se destina e às exigências do bem comum"[46].

3.8.3.3. *Quanto aos resultados*

Sob essa ótica, a interpretação pode ser **declarativa**, **extensiva** e **restritiva**.

- **Interpretação *declarativa*:** quando proclama que o texto legal corresponde ao pensamento do legislador, posto que, algumas vezes, este não se expressa de modo preciso e diz menos ou mais do que pretendia dizer (*minus dixit quam voluit — plus dixit quam voluit*). Na interpretação declarativa, constata-se que tal resultado não ocorreu.

---

[45] Exemplos de interpretação lógico-sistemática estão nas afirmações tradicionais de que "a lei que permite o mais, permite o menos; a que proíbe o menos proíbe o mais" (Francisco Amaral, *Direito civil*, cit., p. 87; Miguel Reale, *Lições preliminares de direito*, p. 275).

[46] Proclamou o Superior Tribunal de Justiça que "a interpretação das leis não deve ser formal, mas sim, antes de tudo, real, humana, socialmente útil. (...) Se o juiz não pode tomar liberdades inadmissíveis com a lei, julgando 'contra legem', pode e deve, por outro lado, optar pela interpretação que mais atenda às aspirações da Justiça e do bem comum" (*RSTJ*, 26/384).

■ **Interpretação *extensiva* ou *ampliativa*:** o intérprete conclui que o alcance ou espírito da lei é mais amplo do que indica o seu texto, abrangendo implicitamente outras situações.

■ **Interpretação restritiva:** ocorre o inverso, impondo-se a limitação do campo de aplicação da lei[47].

Os diversos métodos de interpretação **não operam isoladamente**, não se repelem reciprocamente, mas **se completam**. As várias espécies ou técnicas de interpretação devem atuar conjuntamente, pois todas trazem sua contribuição para a descoberta do sentido e alcance da norma de direito[48].

■ 3.9. CONFLITO DAS LEIS NO TEMPO

■ 3.9.1. Introdução

As leis são elaboradas para, em regra, valer para o futuro. Quando a lei é modificada por outra e já se haviam formado relações jurídicas na vigência da lei anterior, pode instaurar-se o conflito das leis no tempo. A dúvida dirá respeito à aplicação ou não da lei nova às situações anteriormente constituídas.

Para solucionar tal questão, são utilizados dois critérios: o das **disposições transitórias** e o da **irretroatividade das normas**.

■ 3.9.2. O critério das disposições transitórias

Disposições transitórias são elaboradas pelo legislador no próprio texto normativo, destinadas a evitar e a solucionar conflitos que poderão emergir do confronto da **nova lei com a antiga**, tendo vigência temporária[49]. O Código Civil de 2002, por exemplo, no livro complementar "Das disposições finais e transitórias" (arts. 2.028 a 2.046), contém vários dispositivos com esse objetivo, sendo de se destacar o art. 2.028, que regula a contagem dos prazos quando reduzidos pelo novo diploma, e o **art. 2.035**, concernente à validade dos negócios jurídicos constituídos antes de sua entrada em vigor.

Preceitua este último dispositivo:

> "A validade dos negócios e demais atos jurídicos, constituídos antes da entrada em vigor deste Código, obedece ao disposto nas leis anteriores, referidas no art. 2.045, mas os seus efeitos, produzidos após a vigência deste Código, aos preceitos dele se subordinam, salvo se houver sido prevista pelas partes determinada forma de execução.

---

47 O art. 114 do Código Civil dispõe que "os negócios jurídicos benéficos e a renúncia interpretam-se estritamente". Em consequência, fiança "não admite interpretação extensiva" (CC, art. 819) e a "transação interpreta-se restritivamente". Há, no Código Civil, outros dispositivos relativos à interpretação da lei: arts. 112, 113, 423 e 1.899.

48 Maria Helena Diniz, *Curso*, cit., v. 1, p. 66.

49 Maria Helena Diniz, *Curso*, cit., v. 1, p. 98.

Parágrafo único. Nenhuma convenção prevalecerá se contrariar preceitos de ordem pública, tais como os estabelecidos por este Código para assegurar a função social da propriedade e dos contratos."

Como não poderia deixar de ser, as regras do Código Civil de 2002 sobre a validade dos negócios jurídicos não se aplicam aos contratos celebrados, cumpridos e extintos antes de sua entrada em vigor. Aplica-se-lhes a lei do tempo em que foram celebrados. Desse modo, se determinado negócio foi concretizado na vigência do Código de 1916, porém maculado em virtude do vício da **simulação**, a consequência deverá ser a sua **anulabilidade**, com base no art. 147, II, do aludido diploma, e não a sua nulidade, como inova o art. 167 do Código de 2002. Mas os efeitos (eficácia) dos negócios e atos jurídicos em geral, iniciados, porém não completados, regem-se pela lei nova, reconhecendo-se os elementos essenciais que se realizarem com validade, conforme a lei anterior. No parágrafo único, o dispositivo supratranscrito privilegia os preceitos de **ordem pública** relativos à proteção da propriedade e dos contratos, assegurando a sua **função social**.

3.9.3. O critério da irretroatividade das normas

Irretroativa é a lei que não se aplica às situações constituídas anteriormente. É um princípio que objetiva assegurar a certeza, a segurança e a estabilidade do ordenamento jurídico-positivo, preservando as situações consolidadas em que o interesse individual prevalece. Entretanto, não se tem dado a ele caráter absoluto, pois razões de política legislativa podem recomendar que, em determinada situação, a lei seja retroativa, atingindo os efeitos dos atos jurídicos praticados sob o império da norma revogada[50]. Por essa razão, no direito brasileiro, **a irretroatividade é a regra, mas admite-se a retroatividade em determinados casos**.

3.9.4. A teoria subjetiva de Gabba

A Constituição Federal de 1988 (art. 5º, XXXVI) e a Lei de Introdução às Normas do Direito Brasileiro, afinadas com a tendência contemporânea, adotaram, com efeito, o princípio da irretroatividade das leis como regra e o da retroatividade como exceção. Acolheu-se a teoria subjetiva de Gabba, de completo respeito **ao ato jurídico perfeito**, **ao direito adquirido** e **à coisa julgada**. Assim, como regra, **aplica-se a lei nova aos casos pendentes** (*facta pendentia*) **e aos futuros** (*facta futura*), só podendo ser **retroativa**, para atingir fatos já consumados, pretéritos (*facta praeterita*), quando:

- não ofender o ato jurídico perfeito, o direito adquirido e a coisa julgada;
- quando o legislador expressamente mandar aplicá-la a casos pretéritos, mesmo que a palavra "retroatividade" não seja usada[51].

---

50 Arnoldo Wald, *Curso*, cit., p. 92; Silvio Rodrigues, *Direito civil*, cit., v. 1, p. 28.

51 Gabba, *Teoria della retroattività delle leggi*, v. 1, p. 180.

3.9.5. Espécies de retroatividade

A retroatividade, admitida como exceção, pode ser justa ou injusta. Pode ser ainda máxima, média ou mínima. Confira-se:

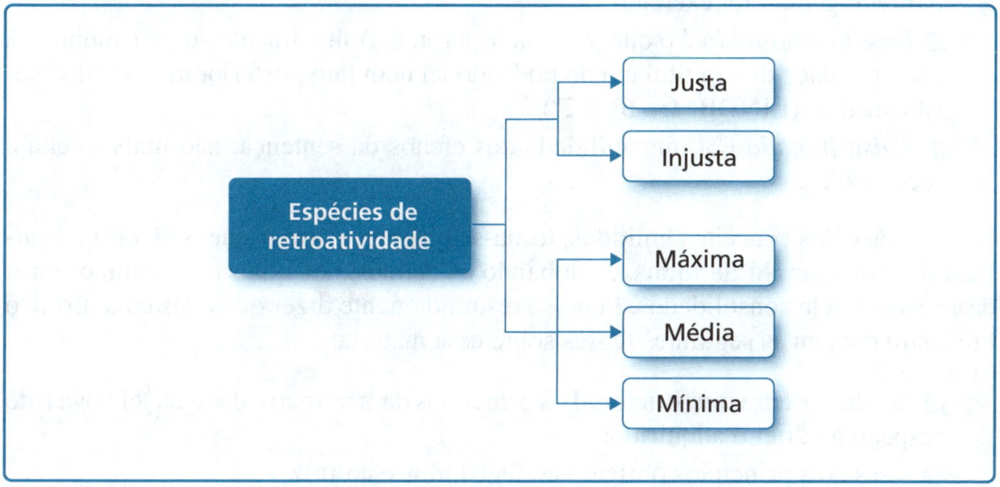

Na doutrina, diz-se que é:

- ***justa*** a retroatividade quando não se depara, na sua aplicação, qualquer ofensa ao ato jurídico perfeito, ao direito adquirido e à coisa julgada;
- ***injusta*** quando ocorre tal ofensa;
- **máxima** a retroatividade que atinge o direito adquirido e afeta negócios jurídicos perfeitos;
- **média** a que faz com que a lei nova alcance os fatos pendentes, os direitos já existentes, mas ainda não integrados no patrimônio do titular;
- **mínima** a que se configura quando a lei nova afeta apenas os efeitos dos atos anteriores, mas produzidos após a data em que ela entrou em vigor[52].

3.9.6. Efeito imediato e geral da lei

Entre a retroatividade e a irretroatividade existe uma situação intermediária: a da aplicabilidade **imediata da lei nova** a relações que, nascidas embora sob a vigência da lei antiga, ainda não se aperfeiçoaram, não se consumaram. A imediata e geral aplicação deve também respeitar o ato jurídico perfeito, o direito adquirido e a coisa julgada. O art. 6º da Lei de Introdução às Normas do Direito Brasileiro preceitua que a lei em vigor "terá efeito imediato e geral, respeitados o ato jurídico perfeito, o direito adquirido e a coisa julgada".

52 Washington de Barros Monteiro, *Curso*, cit., v. 1, p. 32; Arnoldo Wald, *Curso*, cit., p. 92- 93; *RTJ*, 173/263.

3.9.7. Ato jurídico perfeito, direito adquirido e coisa julgada

- *Ato jurídico perfeito* é o já consumado segundo a lei vigente ao tempo em que se efetuou (LINDB, art. 6º, § 1º), produzindo seus efeitos jurídicos, uma vez que o direito gerado foi exercido.
- *Direito adquirido* é o que já se incorporou definitivamente ao patrimônio e à personalidade de seu titular, não podendo lei nem fato posterior alterar tal situação jurídica (LINDB, art. 6º, § 2º).
- *Coisa julgada* é a imutabilidade dos efeitos da sentença, não mais sujeita a recursos[53].

Em face dos conceitos emitidos, torna-se possível afirmar que o **direito adquirido é o mais amplo de todos**, englobando os demais, nos quais existiriam direitos dessa natureza já consolidados. Pode-se resumidamente dizer que o sistema jurídico brasileiro contém as seguintes regras sobre essa matéria:

- são de **ordem constitucional** os princípios da irretroatividade da lei nova e do respeito ao direito adquirido;
- esses dois princípios obrigam ao **legislador** e ao **juiz**;
- a regra, no silêncio da lei, é a **irretroatividade**;
- pode haver retroatividade expressa, desde que **não atinja direito adquirido**;
- a lei nova tem **efeito imediato**, não se aplicando aos fatos anteriores[54].

A jurisprudência vem **mitigando os efeitos da coisa julgada**, permitindo a investigação da paternidade quando a anterior ação foi julgada improcedente por insuficiência de provas, sem o exame do mérito. Nessa linha, enfatizou o Superior Tribunal de Justiça que "a coisa julgada, em se tratando de ações de estado, como no caso de investigação de paternidade, deve ser interpretada *modus in rebus*", acrescentando: "Este Tribunal tem buscado, em sua jurisprudência, firmar posições que atendam aos fins sociais do processo e às exigências do bem comum"[55].

Tem o Supremo Tribunal Federal, por sua vez, proclamado que **"não há direito adquirido contra a Constituição"**[56] e que, "sendo constitucional o princípio de que a lei não pode prejudicar o ato jurídico perfeito, ele se aplica também às **leis de ordem pública**"[57].

Exemplo de efeito imediato das leis é o que se dá sobre a **capacidade das pessoas**, pois alcança todos aqueles por ela abrangidos. O novo Código Civil reduziu o

---

53 Maria Helena Diniz, *Lei de Introdução*, cit., p. 180-187; Carlos Maximiliano, *Direito intertemporal ou teoria da retroatividade das leis*, p. 44 e s.

54 Francisco Amaral, *Direito civil*, cit., p. 101.

55 STJ, REsp 226.436-PR, 4ª T., rel. Min. Sálvio de Figueiredo Teixeira, *DJU*, 4.2.2002, p. 370, in *RSTJ*, 154/403.

56 *RTJ*, 171/1022.

57 *RTJ*, 173/263.

limite da maioridade civil para dezoito anos, tornando automaticamente maiores todos os que já tinham atingido essa idade. No entanto, se a lei, futuramente, aumentar o limite para vinte e dois anos, *verbi gratia*, será respeitada a maioridade dos que já haviam completado dezoito anos na data da sua entrada em vigor. No entanto, os que ainda não haviam atingido a idade de dezoito anos terão de aguardar o momento em que completarem vinte e dois anos. Ainda exemplificando: a lei que permite o reconhecimento dos filhos alcança os que nasceram ao tempo da norma anterior que impossibilitava esse ato. Mas se nova lei vier a proibir tal reconhecimento, essa proibição não afetará os que o obtiveram.

■ 3.10. EFICÁCIA DA LEI NO ESPAÇO

Os arts. 7º a 19 da Lei de Introdução às Normas do Direito Brasileiro trazem regras de direito internacional público e privado. Tratam eles especialmente dos limites territoriais da aplicação da lei brasileira e da lei estrangeira.

■ 3.10.1. Os princípios da territorialidade e da extraterritorialidade

Em razão da soberania estatal, a norma tem aplicação dentro do território delimitado pelas fronteiras do Estado. Esse princípio da ***territorialidade***, entretanto, não é absoluto. A cada dia é mais acentuado o intercâmbio entre indivíduos pertencentes a Estados diferentes. Muitas vezes, dentro dos limites territoriais de um Estado, surge a necessidade de regular relação entre nacionais e estrangeiros. Essa realidade levou o Estado a permitir que a lei estrangeira, em determinadas hipóteses, tenha eficácia em seu território, sem comprometer a soberania nacional, admitindo assim o sistema da ***extraterritorialidade***.

- Pelo sistema da ***territorialidade***, a norma jurídica aplica-se ao **território do Estado**, estendendo-se às embaixadas, consulados, navios de guerra, onde quer se encontrem, navios mercantes em águas territoriais ou em alto-mar, navios estrangeiros (menos os de guerra em águas territoriais), aeronaves no espaço aéreo do Estado e barcos de guerra onde quer que se encontrem. O Brasil segue o sistema da ***territorialidade moderada***.
- Pela ***extraterritorialidade***, a norma é aplicada em **território de outro Estado**, segundo os princípios e convenções internacionais. Estabelece-se um privilégio pelo qual certas pessoas escapam à jurisdição do Estado em cujo território se achem, submetendo-se apenas à jurisdição do seu país. A norma estrangeira passa a integrar momentaneamente o direito nacional, para solucionar determinado caso submetido à apreciação.

■ 3.10.2. O estatuto pessoal e a "lex domicilii"

Denomina-se ***estatuto pessoal*** a situação jurídica que rege o estrangeiro pelas leis de seu país de origem. Baseia-se ele na lei da nacionalidade ou na lei do domicílio. Dispõe, a propósito, o art. 7º da Lei de Introdução às Normas do Direito Brasileiro:

> "A lei do país em que for **domiciliada** a pessoa determina as regras sobre o começo e o fim da personalidade, o nome, a capacidade e os direitos de família."

Verifica-se, destarte, que, pela lei atual, o estatuto pessoal funda-se na **lei do *domicílio (lex domicilii)***, na lei do país onde a pessoa é domiciliada (STF, Súmula 381), ao contrário do que dispunha a anterior, que se baseava na nacionalidade. Em determinados casos, o juiz aplicará o **direito alienígena** em vez do direito interno. Por exemplo, se uma brasileira e um estrangeiro residente em seu país pretenderem casar-se no Brasil, tendo ambos vinte anos de idade, e a lei do país de origem do noivo exigir o consentimento dos pais para o casamento de menores de vinte e dois anos, como acontece na Argentina, precisará ele exibir tal autorização, **por aplicar-se, no Brasil, a lei de seu domicílio**. No entanto, dispensável será tal autorização se o noivo estrangeiro aqui tiver domicílio. Aplicar-se-á a lei brasileira, porque o casamento realizar-se-á no Brasil e o estrangeiro encontra-se aqui domiciliado. O conceito de domicílio é dado pela ***lex fori*** (lei do foro competente, da jurisdição onde se deve processar a demanda). O juiz brasileiro ater-se-á à noção de domicílio assentada nos arts. 70 e s. do Código Civil.

Como se verificará a seguir, o estatuto pessoal funda-se, em síntese, na **lei do domicílio** do estrangeiro nas seguintes hipóteses:

- para reger as suas relações jurídicas atinentes ao começo e ao fim da personalidade, ao nome, à capacidade e aos direitos de família (LINDB, art. 7º);
- no que pertine aos bens móveis que o proprietário tiver consigo ou se destinarem ao transporte para outros lugares (art. 8º, § 1º);
- no que respeita ao penhor (art. 8º, § 2º);
- no que toca à capacidade de suceder (art. 10, § 2º);
- no que diz respeito à competência da autoridade judiciária (art. 12).

3.10.3. Casamento realizado no Brasil

O § 1º do art. 7º da Lei de Introdução prescreve:

> "Realizando-se o casamento no Brasil, será aplicada a lei brasileira quanto aos impedimentos dirimentes e às formalidades da celebração."

Ainda que os nubentes sejam estrangeiros, **a lei brasileira será aplicável** (*lex loci actus*), inclusive no tocante aos impedimentos dirimentes, absolutos e relativos (CC, arts. 1.521 e 1.550). Não será, porém, aplicável com relação aos impedimentos proibitivos ou ***meramente impedientes*** (art. 1.523), que não invalidam o casamento e são considerados apenas "causas suspensivas". O estrangeiro domiciliado fora do país que se casar no Brasil não estará sujeito a tais sanções se estas não forem previstas na sua lei pessoal. Tendo os nubentes **domicílio diverso**, regerá os casos de **invalidade do matrimônio** a lei do primeiro domicílio conjugal (LINDB, art. 7º, § 3º).

3.10.4. Casamento de estrangeiros

De acordo com o § 2º do aludido art. 7º, "*o casamento de estrangeiros pode celebrar-se perante as autoridades diplomáticas ou consulares do país de* ambos *os nubentes*" (grifo nosso). Nesse caso, o casamento será celebrado segundo a lei do país do celebrante. Mas o cônsul estrangeiro só poderá realizar matrimônio quando ***ambos*** os contraentes forem conacionais. Cessa a sua competência se um deles for de nacionalidade diversa. Os estrangeiros ***domiciliados*** no Brasil terão de procurar a autoridade brasileira.

3.10.5. Casamento de brasileiros no exterior

O casamento de brasileiros no exterior pode ser celebrado perante a autoridade consular brasileira, desde que ***ambos*** os nubentes sejam brasileiros, mesmo que domiciliados fora do Brasil. Não poderá, portanto, ocorrer, no consulado, o casamento de brasileira com estrangeiro[58].

3.10.6. Regime de bens no casamento

É também a **lei do domicílio** dos nubentes que disciplina o ***regime de bens***, *legal ou convencional,* no casamento (§ 4º do art. 7º). Se os domicílios forem diversos, aplicar-se-á a lei do **primeiro domicílio** no Brasil.

3.10.7. Divórcio obtido no estrangeiro

O ***divórcio*** obtido no estrangeiro será reconhecido no Brasil, se um ou ambos os cônjuges forem brasileiros (Lei n. 12.036, de 1º.10.2009), salvo se houver sido antecedida de separação judicial por igual prazo, desde que observadas as normas do **Código Civil brasileiro e homologada a sentença** pelo Superior Tribunal de Justiça. Sem a observância de tais formalidades, subsiste o impedimento para novo casamento[59].

Tratando-se de brasileiros, "são competentes as autoridades consulares brasileiras para lhes celebrar o casamento e os mais atos de Registro Civil e de tabelionato, inclusive o registro de nascimento e de óbito dos filhos de brasileiro ou brasileira nascidos no país da sede do Consulado" (art. 18 da LINDB, redação dada pela Lei n. 3.238/57).

As "autoridades consulares brasileiras também poderão celebrar a separação consensual e o divórcio consensual de brasileiros, não havendo filhos menores ou incapazes do casal e observados os requisitos legais quanto aos prazos, devendo constar da respectiva escritura pública as disposições relativas à descrição e à partilha dos bens comuns e à pensão alimentícia e, ainda, ao acordo quanto à retomada pelo

---

58 Maria Helena Diniz, *Lei de Introdução*, cit., p. 219-220.

59 "Casamento celebrado no estrangeiro. Competência. Controvérsias de direito de família. Julgamento afeto à justiça brasileira se um dos cônjuges é domiciliado no país. Irrelevância de que o outro parceiro permaneça no local da celebração do matrimônio e de que o evento que originou o dissídio tenha lá ocorrido. Inteligência do art. 7º do Dec.-lei n. 4.657/42" (*RT*, 791/364).

"Estrangeiros casados no país de origem. Adoção de nacionalidade brasileira. Celebração de novo casamento no Brasil. Nulidade deste. Ocorrência" (*JTJ*, Lex, 245/29).

cônjuge de seu nome de solteiro ou à manutenção do nome adotado quando se deu o casamento" (art. 18, § 1º, da LINDB, introduzido pela Lei n. 12.874, de 29 de outubro de 2013). Segundo o § 2º, também introduzido pela referida lei, "é indispensável a assistência de advogado, devidamente constituído, (...) não se fazendo necessário que a assinatura do advogado conste da escritura pública".

■ 3.10.8. Sucessão "causa mortis"

Rege-se pela **lei do domicílio** a *sucessão* ***causa mortis***. Segundo prescreve o art. 10 da Lei de Introdução às Normas do Direito Brasileiro, a sucessão por morte ou por ausência obedece à lei do país em que era domiciliado o defunto ou o desaparecido, qualquer que seja a natureza e a situação dos bens. É a lei do domicílio do *de cujus*, portanto, que rege as condições de **validade do testamento** por ele deixado. Mas é a lei do domicílio do **herdeiro ou legatário** que regula a ***capacidade para suceder*** (§ 2º do art. 10). A sucessão de ***bens de estrangeiros*** situados no País será regulada pela lei brasileira em **benefício do cônjuge ou dos filhos brasileiros** ou de quem os represente, sempre que não lhes seja mais favorável a lei pessoal do *de cujus* (§ 1º, com a redação dada pela Lei n. 9.047, de 18.5.1995).

■ 3.10.9. A competência da autoridade judiciária

Rege-se também pela lei do domicílio a competência da autoridade judiciária. O art. 12 resguarda a competência da justiça brasileira quando o réu for domiciliado no Brasil ou aqui tiver de ser cumprida a obrigação, aduzindo no § 1º que só à autoridade brasileira compete conhecer das ações relativas a ***imóveis situados no Brasil***[60]. Há, porém, um limite à extraterritorialidade da lei: as leis, atos e sentenças de outro país, bem como quaisquer declarações de vontade, não terão eficácia no Brasil quando ofenderem a soberania nacional, a ordem pública e os bons costumes (art. 17)[61].

O art. 12, § 1º, constitui norma compulsória ao impor a **competência brasileira** para processar e julgar as ações concernentes a **imóvel situado em território brasileiro**, não se admitindo a sua alteração mediante eleição de foro. Compete à lei

---

[60] "Inventário de bens imóveis situados no Brasil, que pertenciam a alemão, morto na Alemanha, deixando viúva e filho não brasileiros e não domiciliados no Brasil. Processamento que deve ser feito, no que tange à sucessão testamentária, de acordo com as leis do domicílio do *de cujus* (art. 10, *caput*, e § 2º da LICC), salvo se houver concurso de brasileiro (cônjuge ou filhos), e não lhes seja mais favorável a lei pessoal do *de cujus*. Não sendo essa a hipótese, injustificável a aplicabilidade da lei brasileira. No conflito entre a *lex patriae*, a *lex domicilii* e a *lex fori*, a lei do domicílio se aplica, conforme defendeu Haroldo Valladão em sua obra *Conflito das leis nacionais dos cônjuges, nas suas relações de ordem pessoal e econômica no desquite*, Revista dos Tribunais, 1936, p. 208" (TJSP, AgI 256.430.4/0, 3ª Câm. D. Privado, rel. Ênio Zuliani, j. 26.1.2002).

[61] "O cheque emitido para pagamento de dívida de jogo é inexigível, nos termos do art. 1.477 do CC (*de 1916*), ainda que a obrigação tenha sido contraída em país em que a jogatina é lícita, eis que o princípio do *locus regit actum*, consagrado no art. 9º da LICC, sofre restrições em face da regra insculpida no art. 17 do mesmo diploma legal" (TJRJ, *RT*, 794/381).
Em sentido contrário: TJDF, *RT*, 763/105.

nacional fazer a devida qualificação do bem e da natureza da ação intentada. Se o imóvel estiver localizado em **mais de um país**, a justiça de cada Estado será competente para resolver pendência relativa à parte que se situar em seu território[62].

O art. 515, VIII, do novo Código de Processo Civil inclui a sentença estrangeira "homologada pelo Superior Tribunal de Justiça" no rol dos "títulos executivos judiciais". E o art. 963 do referido diploma estabelece os requisitos indispensáveis à homologação da decisão estrangeira.

■ 3.10.10. Execução no Brasil de sentença proferida no estrangeiro

As sentenças proferidas no estrangeiro dependem, para serem ***executadas*** no Brasil, do preenchimento dos requisitos mencionados no art. 15 da Lei de Introdução às Normas do Direito Brasileiro:

- haver sido proferida por **juiz competente**;
- terem sido as **partes citadas** ou haver-se legalmente verificado a **revelia**;
- ter **passado em julgado** e estar **revestida das formalidades** necessárias para a execução no lugar em que foi proferida;
- estar **traduzida** por intérprete autorizado;
- ter sido **homologada** pelo Superior Tribunal de Justiça.

O art. 515, VIII, do novo Código de Processo Civil incluiu a sentença estrangeira, "homologada pelo Superior Tribunal de Justiça", no rol dos "títulos executivos judiciais". E o art. 963 do referido diploma estabelece os requisitos indispensáveis à homologação da decisão estrangeira.

A Emenda Constitucional n. 45, de 8 de dezembro de 2004, acrescentou ao art. 105, I, da Constituição Federal a alínea *i*, estabelecendo a competência do **Superior Tribunal de Justiça** para "a homologação de sentenças estrangeiras e a concessão de *exequatur* às cartas rogatórias", anteriormente atribuída, pelo citado art. 15 da LINDB, ao Supremo Tribunal Federal.

Esse controle ou *juízo de delibação* visa somente ao exame formal do cumprimento daqueles requisitos e de inocorrência de ofensa à ordem pública e à soberania nacional, para se imprimir eficácia à decisão estrangeira no território brasileiro, sem que haja reexame do mérito da questão. Mas não é necessário o juízo de delibação para o **cumprimento de carta rogatória estrangeira**, porque não tem caráter executório, nem para a **execução do título executivo extrajudicial** oriundo de Estado estrangeiro (CPC, art. 784, XII, § 2º).

■ 3.10.11. Relações concernentes aos bens

Como **exceção** à lei do domicílio, admite a Lei de Introdução a aplicação da ***lex rei sitae*** (lei da situação da coisa) para qualificar os ***bens*** e regular as relações a eles

[62] Maria Helena Diniz, *Lei de Introdução*, cit., p. 303-304.

concernentes (art. 8º), embora determine que se aplique a **lei do domicílio** do proprietário quanto aos **móveis** que trouxer ou se destinarem a transporte para outros lugares. Dispõe o § 2º do mencionado art. 8º que o **penhor** regula-se pela lei do domicílio que tiver a pessoa, em cuja posse se encontre a coisa apenhada.

3.10.12. Obrigações em geral e prova dos fatos

Para qualificar e reger as ***obrigações***, no entanto, aplicar-se-á a lei do **país em que se constituírem**, segundo dispõem o art. 9º e a regra ***locus regit actum***. Também a ***prova dos fatos*** ocorridos em país estrangeiro rege-se pela lei que nele vigorar (art. 13).

3.10.13. O Código de Bustamante

O Código de Bustamante, que constitui uma sistematização das normas de direito internacional privado, cujo projeto foi elaborado em 1925 pelo jurista cubano Sanchez de Bustamante y Sirvén, foi ratificado no Brasil com algumas ressalvas e, na forma de seu art. 2º, **integra o sistema jurídico nacional** no tocante aos chamados conflitos de lei no espaço, podendo ser invocado como direito positivo brasileiro somente quando tais conflitos envolverem **um brasileiro e um nacional de Estado que tenha sido signatário da Convenção de Havana de 1928**. Apesar de o Brasil tê-lo ratificado, a Lei de Introdução deixou de consagrar as regras fundamentais de sua orientação.

3.11. RESUMO

LEI DE INTRODUÇÃO ÀS NORMAS DO DIREITO BRASILEIRO	
CONTEÚDO	■ Contém normas que tratam de normas em geral. **O objeto da LINDB é a própria norma.** Dirige-se a todos os ramos do direito, salvo naquilo que for regulado de forma diferente na legislação específica.
FUNÇÕES	■ **Regulamentar:** a) o início da obrigatoriedade da lei; b) o tempo de obrigatoriedade da lei; c) a eficácia global da ordem jurídica, não admitindo a ignorância da lei vigente; d) os mecanismos de integração das normas, quando houver lacunas; e) os critérios de hermenêutica jurídica; f) o direito intertemporal; g) o direito internacional privado brasileiro; h) os atos civis praticados, no estrangeiro, pelas autoridades consulares brasileiras.
FONTES DO DIREITO	■ A lei é o objeto da LINDB e a principal fonte do direito. ■ **Fontes formais** do direito: a lei, a analogia, o costume e os princípios gerais do direito; ■ **Fontes não formais:** a doutrina e a jurisprudência. ■ Dentre as formais, a lei é a fonte **principal**, e as demais são fontes **acessórias**.
CARACTERÍSTICAS DA LEI	a) **Generalidade:** dirige-se abstratamente a todos; b) **Imperatividade:** impõe um dever, uma conduta. É a que distingue a norma das leis físicas; c) **Autorizamento:** autoriza que o lesado pela violação exija o cumprimento dela ou a reparação pelo mal causado; d) **Permanência:** perdura até ser revogada por outra lei. Algumas normas, entretanto, são temporárias, como as que constam das disposições transitórias e as leis orçamentárias; e) **Emanação de autoridade competente.**

CLASSIFICAÇÃO DAS LEIS	a) **Quanto à imperatividade**, dividem-se as normas em: ▪ **Cogentes:** são as que ordenam ou proíbem determinada conduta de forma absoluta, não podendo ser derrogadas pela vontade dos interessados. ▪ **Dispositivas:** em geral são permissivas ou supletivas e costumam conter a expressão "salvo estipulação em contrário". b) **Sob o prisma da sanção**, dividem-se em: ▪ **Mais que perfeitas:** são as que impõem a aplicação de duas sanções (prisão e obrigação de pagar as prestações alimentícias, p. ex.). ▪ **Perfeitas:** as que preveem a nulidade do ato como punição ao infrator. ▪ **Menos que perfeitas:** são as leis que não acarretam a nulidade do ato, somente impondo ao violador uma sanção. ▪ **Imperfeitas:** são leis cuja violação não acarreta nenhuma consequência, como as obrigações decorrentes de dívidas de jogo e de dívidas prescritas. c) **Segundo a sua natureza**, as leis são: ▪ **Substantivas**, também chamadas de **materiais**, porque tratam do direito material. ▪ **Adjetivas**, também chamadas de **processuais**; traçam os meios de realização dos direitos. d) **Quanto à sua hierarquia**, as normas classificam-se em: ▪ **Constitucionais** (constantes da Constituição, às quais as demais devem amoldar-se). ▪ **Complementares** (as que se situam entre a norma constitucional e a lei ordinária). ▪ **Ordinárias** (as elaboradas pelo Poder Legislativo). ▪ **Delegadas** (as elaboradas pelo Executivo, por autorização expressa do Legislativo). ▪ **Medidas provisórias** (as baixadas pelo Presidente da República em casos de relevância e urgência, com a mesma posição hierárquica das leis ordinárias, devendo ser submetidas de imediato ao Congresso Nacional). ▪ **Decretos legislativos** (os que constituem instrumentos normativos (CF, art. 59, VI) por meio dos quais são materializadas as competências exclusivas do Congresso Nacional). ▪ **Resoluções** (normas expedidas pelo Poder Legislativo regulamentando matérias de competência privativa da Câmara dos Deputados (CF, art. 51) e do Senado Federal (art. 52), com natureza administrativa ou política). ▪ **Normas internas** (regimentos e estatutos que disciplinam as regras procedimentais sobre o funcionamento do Legislativo).
VIGÊNCIA DA LEI	a) **Início de sua vigência:** a lei só começa a vigorar com sua publicação no *Diário Oficial*, quando se torna obrigatória. A sua obrigatoriedade não se inicia no dia da publicação (LINDB, art. 1º), salvo se ela própria assim o determinar. O intervalo entre a data de sua publicação e a sua entrada em vigor denomina-se *vacatio legis*. b) **Duração da *vacatio legis*:** foi adotado o critério do **prazo único**, ou seja, a lei entra em vigor na mesma data em todo o país, sendo simultânea a sua obrigatoriedade. A anterior LICC prescrevia que a lei entrava em vigor em prazos diversos nos Estados, conforme a distância da capital. Seguia-se, assim, o critério do **prazo progressivo**. c) **Cessação da vigência:** 1. Hipóteses: em regra, a lei permanece em vigor até ser **revogada** por outra lei (**princípio da continuidade**). Pode ter vigência temporária quando o legislador fixa o tempo de sua duração; 2. **Revogação:** A revogação da lei pode ser **total** (ab-rogação) ou **parcial** (derrogação). Pode ser, ainda, **expressa** (quando a lei nova declara que a lei anterior fica revogada) ou **tácita** — quando houver incompatibilidade entre a lei velha e a nova (LINDB, art. 2º, § 1º). **Antinomia aparente** é o conflito possível, e **antinomia real** o que **não** pode ser resolvido mediante a utilização dos critérios cronológico, hierárquico e da especialidade, devendo ser solucionado por meio dos mecanismos destinados a suprir as lacunas da lei (LINDB, arts. 4º e 5º). 3. **Critérios** para solucionar o **conflito de leis no tempo**: o das **disposições transitórias** e o dos princípios da **retroatividade e irretroatividade** da norma. É **retroativa** a norma que atinge efeitos de atos jurídicos praticados sob a égide da norma revogada. É **irretroativa** a que não se aplica às situações constituídas anteriormente. Não se pode aceitar esses princípios como absolutos, pois razões de ordem político-legislativa podem recomendar que, em determinada situação, **a lei seja retroativa, respeitando o ato jurídico perfeito, o direito adquirido e a coisa julgada** (LINDB, art. 6º, §§ 1º e 2º).
OBRIGATORIEDADE DAS LEIS	▪ A lei, contendo um comando geral, uma vez em vigor, torna-se obrigatória para todos. Segundo o art. 3º da LINDB, **ninguém se escusa de cumpri-la, alegando que não a conhece**. Tal dispositivo visa garantir a eficácia global da ordem jurídica **(teoria da necessidade social)**.

INTEGRAÇÃO DAS NORMAS JURÍDICAS	■ **Conceito:** é o preenchimento de lacunas mediante aplicação e criação de normas individuais, atendendo ao espírito do sistema jurídico. ■ **Meios de integração:** a) **Analogia:** Figura em primeiro lugar na hierarquia do art. 4º da LINDB. Consiste na aplicação a hipótese não prevista em lei de dispositivo legal relativo a caso semelhante. A ***analogia legis*** consiste na aplicação de uma norma existente, destinada a reger caso semelhante ao previsto. A ***analogia juris*** baseia-se em um conjunto de normas para obter elementos que permitam a sua aplicação ao caso concreto não previsto, mas similar. b) **Costume:** É a prática uniforme, constante, pública e geral de determinado ato, com a convicção de sua necessidade. Em relação à lei, três são as espécies de costume: o ***secundum legem***, quando sua eficácia obrigatória é reconhecida pela lei; o ***praeter legem***, quando se destina a suprir a lei, nos casos omissos; e o ***contra legem***, que se opõe à lei. c) **Princípios gerais de direito:** São regras que se encontram na consciência dos povos e são universalmente aceitas, mesmo não escritas. A **equidade** não constitui meio supletivo de lacuna da lei, sendo mero auxiliar da aplicação desta.
INTERPRETAÇÃO DAS NORMAS JURÍDICAS	■ **Interpretar** é descobrir o sentido e o alcance da norma. A **hermenêutica** é a ciência da interpretação das leis. Como toda ciência, tem os seus métodos, a saber: a) **Quanto à origem**, a interpretação classifica-se em: ■ **Autêntica:** feita pelo próprio legislador, por outro ato. ■ **Jurisprudencial:** fixada pelos tribunais. ■ **Doutrinária:** realizada pelos estudiosos e comentaristas do direito. b) **Quanto aos meios**, a interpretação pode ser feita pelos métodos: ■ **Gramatical** ou **literal**, consistente no exame do texto normativo sob o ponto de vista linguístico, analisando-se a pontuação, a ordem das palavras na frase etc. ■ **Lógico**, identificado pelo emprego de raciocínios lógicos, com abandono dos elementos puramente verbais. ■ **Sistemático**, que considera o sistema em que se insere a norma, não a analisando isoladamente. ■ **Histórico**, que se baseia na investigação dos antecedentes da norma, do processo legislativo, a fim de descobrir o seu exato significado. ■ **Sociológico** ou **teleológico**, que objetiva adaptar o sentido ou a finalidade da norma às novas exigências sociais.
EFICÁCIA DA LEI NO ESPAÇO	■ Em razão da soberania estatal, a norma tem aplicação dentro do território delimitado pelas fronteiras do Estado. Esse **princípio da territorialidade**, entretanto, não é absoluto. A necessidade de regular relações entre nacionais e estrangeiros levou o Estado a permitir que a lei estrangeira tenha eficácia em seu território sem comprometer a soberania nacional, admitindo, assim, o sistema da **extraterritorialidade**. O Brasil segue o sistema da **territorialidade moderada**, sujeita a regras especiais, que determinam quando e em que casos pode ser invocado o direito alienígena (LINDB, arts. 7º. e s.).

■ 3.12. QUESTÕES

1. (PGE/MT/Procurador do Estado/Fundação Carlos Chagas/2016) De acordo com a Lei de Introdução às Normas do Direito Brasileiro, a lei nova possui efeito

a) imediato, por isto atingindo os fatos pendentes, mas devendo respeitar a coisa julgada, o ato jurídico perfeito e o direito adquirido, incluindo o negócio jurídico sujeito a termo ou sob condição suspensiva.

b) retroativo, por isto atingindo os fatos pendentes, mas devendo respeitar a coisa julgada, o ato jurídico perfeito e o direito adquirido, ao qual não se equiparam, para fins de direito intertemporal, o negócio jurídico sujeito a termo ou sob condição suspensiva.

c) retroativo, por isto atingindo os fatos pendentes, mas devendo respeitar a coisa julgada, o ato jurídico perfeito e o direito adquirido, ao qual se equipara, para fins de direito intertemporal, o negócio jurídico sujeito a termo, porém não o negócio jurídico sob condição suspensiva.

d) imediato, por isto atingindo os fatos pendentes, ainda que se caracterizem como coisa julgada, ato jurídico perfeito ou direito adquirido.
e) imediato, por isto atingindo os fatos pendentes, mas devendo respeitar a coisa julgada, o ato jurídico perfeito e o direito adquirido, ao qual se equiparam as faculdades jurídicas e as expectativas de direito.

2. (TRT/2ª Região/Juiz do Trabalho/2007) É correto dizer que:

I. Na aplicação da lei, o Juiz atenderá aos fins sociais a que ela se dirige e às exigências do bem comum.
II. Quando a lei for omissa, o Juiz decidirá o caso de acordo com a analogia, a doutrina, a jurisprudência, os princípios gerais de direito, podendo também fundamentar suas razões de decidir nos usos e costumes locais.
III. Não se destinando a vigência temporária, a lei terá vigor até que a outra a modifique ou a revogue.
IV. A lei nova, que estabeleça disposições gerais ou especiais a par das já existentes, não revoga nem modifica lei anterior, salvo se expressamente o declare.
V. A lei em vigor terá efeito imediato e geral, respeitados o ato jurídico perfeito, o direito adquirido, a coisa julgada e o fim social a que se destina.

Assinale a alternativa CORRETA:

a) As alternativas II, IV estão incorretas e as alternativas I, III, IV estão corretas.
b) As alternativas II, IV e V estão incorretas e as alternativas I e III estão corretas.
c) As alternativas III e V são incorretas e as alternativas I, II e IV são corretas.
d) Todas as alternativas estão incorretas.
e) Todas as alternativas estão corretas.

3. (TRT/2ª Região/Juiz do Trabalho/2007) No que pertine à eficácia da lei no tempo e no espaço, prevê o nosso ordenamento jurídico que:

I. Salvo disposição contrária, a lei começa a vigorar em todo o país 45 dias depois de oficialmente publicada.
II. Em se tratando de sentença arbitral estrangeira, tem sua eficácia plena assegurada após a sua homologação pelo Supremo Tribunal Federal ou conclusão de processo legislativo e promulgação pelo Presidente do Senado Federal.
III. Nos estados estrangeiros, a obrigatoriedade da lei brasileira, quando admitida, se inicia três meses após oficialmente publicada.
IV. A lei nova, que estabeleça disposições gerais ou especiais a par das existentes, não revoga nem modifica a lei anterior.
V. Aplicar-se-á a lei do país em que for domiciliado o proprietário, quanto aos bens móveis que ele trouxer ou se destinarem a transportes para outros lugares.

Assinale a alternativa CORRETA:

a) As alternativas II e V estão incorretas e as alternativas I, III e IV estão corretas.
b) Apenas a alternativa V está incorreta e as alternativas I, II, III e IV estão corretas.
c) Apenas a alternativa II está incorreta e as alternativas I, III, IV e V estão corretas.
d) Todas as alternativas estão incorretas.
e) Todas as alternativas estão corretas.

4. (Procurador do Trabalho/2007) Complete com a opção CORRETA. Nos Estados estrangeiros, a obrigatoriedade da lei brasileira, quando admitida, se inicia ________ depois de oficialmente publicada.

a) 2 meses;
b) 3 meses;

c) 4 meses;
d) 5 meses;
e) não respondida.

5. (MP/SP/Promotor de Justiça/2006) A Lei A, de vigência temporária, revoga expressamente a Lei B. Tendo a lei revogadora perdido a vigência, é certo que:

a) A lei revogada é automaticamente restaurada, já que a lei revogadora é temporária e os seus efeitos estavam apenas suspensos.
b) A lei revogada é automaticamente restaurada, já que não se pode ficar sem lei.
c) A lei revogada não se restaura por ter a lei revogadora perdido a vigência, porque não é admitido o princípio da comoriência.
d) A lei revogada não se restaura por ter a lei revogadora perdido a vigência, salvo disposição expressa neste sentido.
e) Como não existe lei de vigência temporária, a revogação da anterior nunca teria acontecido.

6. (TRT/15ª Região/Juiz do Trabalho/Campinas/2008) Assinale a alternativa CORRETA. A lei revogada não se restaura por ter a lei revogadora perdido a vigência, salvo disposição em contrário (LICC). Havendo disposição em contrário, ocorre:

a) revogação;
b) derrogação;
c) ab-rogação;
d) repristinação;
e) anulação.

7. (TRF/3ª Região-SP/MS/Juiz de Direito/2007) Assinale a alternativa CORRETA:

a) A eficácia de uma norma é condição de sua validade, mas não de sua vigência.
b) A condição de validade de uma norma é a sua vigência imediata.
c) Princípios jurídicos distinguem-se de normas por não implicarem em sanção na hipótese de seu descumprimento.
d) Nenhuma das anteriores.

8. TJDFT/Juiz de Direito/CESPE CEBRASPE/2016) A respeito da hermenêutica e da aplicação do direito, assinale a resposta CORRETA.

a) Diante da existência de antinomia entre dois dispositivos de uma mesma lei, à solução do conflito é essencial a diferenciação entre antinomia real e antinomia aparente, porque reclamam do intérprete solução distinta.
b) Os tradicionais critérios hierárquico, cronológico e da especialização são adequados à solução de confronto caracterizado como antinomia real, ainda que ocorra entre princípios jurídicos.
c) A técnica da subsunção é suficiente e adequada à hipótese que envolve a denominada eficácia horizontal de direitos fundamentais nas relações privadas.
d) Diante da existência de antinomia entre dois dispositivos de uma mesma lei, o conflito deve ser resolvido pelos critérios da hierarquia e (ou) da sucessividade no tempo.
e) A aplicação do princípio da especialidade, em conflito aparente de normas, afeta a validade ou a vigência da lei geral.

9. (TJSP/Juiz de Direito/181º Concurso/VUNESP/2008) O magistrado se encontra em situação de decisão da lide, mas as normas de direito positivo que lhe parecem aplicáveis à matéria se mostram obscuras. Por outro lado, as regras seguidas pelo povo aparentariam contrariedade ao sistema positivo. Assinale a alternativa correta.

a) O juiz de direito deve aplicar, no julgamento da causa, as regras seguidas pelo povo, no caso.
b) O juiz de direito deve extinguir o processo, sem decisão sobre o mérito, ante obscuridade manifesta da lei.
c) A sentença, na dúvida, deverá se mostrar contrária à pretensão deduzida pelo autor em juízo, de modo a não se verem feridas as regras seguidas pelo povo.
d) A sentença deve ser dada mediante extensão da interpretação, buscando-se nela alguma norma aplicável a uma situação jurídica semelhante, ainda que diferente, ou princípio jurídico não positivado.

10. (TRF/1ª Região/Juiz Federal/XVI Concurso/CESPE/2015) De acordo com a Lei de Introdução às Normas do Direito Brasileiro e a posição doutrinária em relação à interpretação dessas normas, assinale a opção CORRETA.

a) Novo texto normativo de lei federal poderá entrar em vigor ainda no seu período de *vacatio legis*, quando reforçar tendências doutrinárias e jurisprudenciais que se tenham formado na vigência da lei anterior.
b) Consoante o princípio da vigência sincrônica, salvo disposição contrária, a lei orçamentária sujeita-se ao prazo de quarenta e cinco dias para entrada em vigor em todo o país.
c) É defeso ao juiz, ao aplicar a lei, corrigir erro material nela contido e não sanado pelo legislador.
d) A lei, depois de publicada e decorrido o prazo da *vacatio legis*, torna-se obrigatória para todos, o que impede a alegação de erro de direito como causa de anulabilidade de um negócio jurídico.
e) Nos casos de omissão da lei, deve o juiz decidir de acordo com a analogia, os costumes, os princípios gerais do direito e a equidade, pois lhe é vedado o *non liquet*.

11. (TRT/15ª Região/Juiz do Trabalho/2015) Dispõe a Lei de Introdução às Normas do Direito Brasileiro que a lei em vigor *terá efeito imediato e geral, respeitados o ato jurídico perfeito, o direito adquirido e a coisa julgada* (art. 6º). Com a superveniência de um novo Código de Processo Civil,

a) independentemente de a lei nova favorecer ou não a qualquer das partes, os processos iniciados na vigência do Código anterior serão por ele regulados até o cumprimento da respectiva sentença, tendo em vista a impossibilidade de retroatividade da lei nova.
b) as partes poderão arguir direito adquirido a tratamento que lhes fosse mais favorável segundo o Código anterior, até o trânsito em julgado da sentença dos processos iniciados na vigência deste.
c) os atos praticados na vigência do Código antigo que forem incompatíveis com o novo deverão ser refeitos, tendo em vista a regra do efeito imediato.
d) os atos praticados na vigência do Código antigo serão preservados, mas, quanto aos que tiverem de ser praticados na vigência do novo Código, salvo disposição em contrário, a este obedecerão, não podendo as partes arguir direito adquirido a tratamento que lhes fosse mais favorável segundo o Código anterior.
e) as questões de direito intertemporal deverão ser examinadas em cada caso pelo juiz, porque Códigos sempre derrogam a Lei de Introdução às Normas do Direito Brasileiro.

12. (Procurador/Faz. Nacional/ESAF/2007) Assinale a opção correta:

a) Os meios probatórios regular-se-ão pela *lex fori* por pertencerem à ordem processual e o modo de produção dessas provas reger-se-á pela norma vigente no Estado onde ocorreu o fato;
b) A nossa Lei de Introdução ao Código Civil não contém qualquer proibição expressa e categórica do retorno; assim, o juiz poderá ater-se às normas de direito internacional privado do país em que ocorreu o fato interjurisdicional *sub judice*;

c) A interpretação teleológica é também axiológica e conduz o intérprete-aplicador à configuração do sentido normativo em dado caso concreto, já que tem como critério o fim prático da norma de satisfazer as exigências sociais e a realização dos ideais de justiça vigentes na sociedade atual;
d) Às coisas *in transitu* aplicar-se-á a *lex rei sitae*;
e) A *locus regit actum* é uma norma de direito internacional privado para indicar a lei aplicável à forma intrínseca do ato.

13. (Procurador/Faz. Nacional/ESAF/2007) As obrigações convencionais e as decorrentes de atos unilaterais, se interjurisdicionais, desde que efetuadas entre presentes, reger-se-ão:

a) Quanto à forma intrínseca pela *ius loci actus* e quanto à capacidade das partes pela lei da nacionalidade;
b) Quanto à forma intrínseca e extrínseca pela *locus regit actum* e quanto à capacidade das partes pela *lex fori*;
c) Pela *lex fori*;
d) Quanto à forma *ad probationem tantum* e *ad solemnitatem* pela lei do local de sua constituição e quanto à capacidade pela lei domiciliar das partes;
e) Quanto à forma extrínseca pela *lex fori* e quanto à capacidade das partes pela *locus regit actum*.

14. (PGE/SP/Fundação Carlos Chagas/2009) No que diz respeito à vigência da norma jurídica,

a) a ab-rogação é a supressão parcial da norma anterior, enquanto a derrogação vem a ser a supressão total da norma anterior.
b) os efeitos da lei revogada poderão ser restaurados se houver previsão expressa na lei revogadora.
c) a revogação de uma lei opera efeito repristinatório automático em caso de lacuna normativa.
d) a lei não pode ter vigência temporária.
e) a lei começa a vigorar em todo país, salvo disposição contrária, 40 (quarenta) dias depois de oficialmente publicada, denominando-se período de *vacatio legis*.

15. (TJSP/Juiz de Direito/182° Concurso/VUNESP/2009) O denominado efeito represtinatório da lei

a) Segundo entendimento majoritário, foi adotado como regra geral no direito brasileiro e implica restauração da lei revogada, se extinta a causa determinante da revogação.
b) Segundo entendimento majoritário, não foi adotado como regra geral no direito brasileiro e implica restauração da lei revogada, se extinta a causa determinante da revogação.
c) Foi adotado como regra geral no direito brasileiro, não comporta exceção e implica restauração da lei revogada, se extinta a causa determinante da revogação.
d) Foi adotado no direito brasileiro como regra geral e implica incidência imediata da lei revogadora.

16. (Receita Federal/Auditor Fiscal/ESAF/2009) Assinale a opção falsa.

a) Se, durante a *vacatio legis*, vier a norma a ser corrigida em seu texto, que contém erros substanciais, suscetíveis de modificar parcial ou totalmente o seu sentido, ensejando nova publicação, o prazo nela mencionado para sua entrada em vigor ou, não o havendo, os prazos de 45 dias e 3 meses começam a correr da nova publicação.
b) O estatuto pessoal, no Brasil, baseia-se na lei do domicílio, que é o elemento de conexão indicativo da lei competente para reger conflitos de lei no espaço concernentes aos direitos de família.
c) O costume *praeter legem*, previsto no art. 4° da Lei de Introdução ao Código Civil, por revestir-se de caráter supletivo, supre a lei nos casos omissos.

d) Revogar é tornar sem efeito uma norma, retirando sua obrigatoriedade no todo, caso em que se tem a derrogação, ou em parte, hipótese em que se configura a ab-rogação.
e) Para a integração jurídica, em caso de lacuna, o juiz poderá fazer uso da analogia, do costume e dos princípios gerais de direito.

17. (MP/SP/Promotor de Justiça/2010) Assinale a alternativa INCORRETA:

a) A interpretação extensiva é recurso possível de ser utilizado pelo aplicador do direito quando não existir norma jurídica que regule a matéria.
b) O princípio geral de direito introduzido no direito positivo caracteriza-se como cláusula geral.
c) A analogia, os costumes e os princípios gerais do direito são elementos de integração do direito.
d) A analogia *legis* é a analogia propriamente dita e a analogia *juris* é a que dá solução igual a duas hipóteses em virtude da mesma razão de direito.
e) A equidade é recurso passível de ser utilizado pelo aplicador do direito nos casos de lacuna da lei.

18. (TJSP/Juiz de Direito/183° Concurso/2011) Assinale a alternativa CORRETA.

a) Se durante a *vacatio legis* ocorrer nova publicação de texto de lei, destinada a correção, o prazo da obrigatoriedade, com relação à parte corrigida, começará a correr da nova publicação.
b) Os direitos adquiridos na vigência de lei publicada com incorreções são atingidos pela publicação do texto corrigido.
c) As correções a texto de lei em vigor consideram-se lei nova, tornando-se obrigatórias de imediato.
d) A lei nova que estabelece disposições especiais a par das já existentes revoga a lei anterior.

19. (MP/SC/Promotor de Justiça, XXXVII Concurso/maio de 2012).

I. Salvo disposição em contrário, a lei começa a vigorar em todo o país quarenta e cinco dias depois de oficialmente publicada. No cômputo da *vacatio legis* inclui-se o dia da publicação oficial (*dies a quo*) e exclui-se o dia em que se vence o prazo (*dies ad quem*). Contudo, na hipótese do *dies ad quem* cair em domingo ou feriado nacional, considera-se prorrogado o prazo da *vacatio legis* até o dia útil seguinte.
II. Nos Estados estrangeiros, a obrigatoriedade da lei brasileira, quando admitida, se inicia seis meses depois de oficialmente publicada. Nesse contexto, a lei brasileira, independentemente de conter expressa estipulação de prazo superior a seis meses para sua entrada em vigor no Brasil, passará a ter vigência no estrangeiro logo após o decurso deste prazo, contado da sua publicação no Diário Oficial.
III. A lei do país em que domiciliada a pessoa determina as regras sobre o começo e o fim da personalidade, o nome, a capacidade e os direitos de família. Trata-se de disposição contida no Decreto-Lei n. 4.657/42 que reflete a inserção do princípio domiciliar como elemento de conexão para determinar a lei aplicável, em especial ao estrangeiro aqui domiciliado.
IV. Segundo o disposto na Lei de Introdução às Normas do Direito Brasileiro, o estrangeiro casado, que se naturalizar brasileiro, pode, mediante expressa anuência de seu cônjuge, requerer ao juiz, no ato de entrega do decreto de naturalização, se apostile ao mesmo a adoção do regime de comunhão parcial de bens, respeitados os direitos de terceiros e dada esta adoção ao competente registro.
V. Segundo o Decreto-Lei n. 4.657/42, os Governos estrangeiros, bem como as organizações de qualquer natureza, que eles tenham constituído, dirijam ou hajam investido de funções públicas, não poderão adquirir no Brasil bens imóveis ou suscetíveis de desa-

propriação. Excepcionalmente, poderão adquirir a propriedade dos prédios necessários à sede dos representantes diplomáticos ou dos agentes consulares.

a) Apenas as assertivas I, II, III e IV estão corretas.
b) Apenas as assertivas III, IV e V estão corretas.
c) Apenas as assertivas II e V estão corretas.
d) Apenas as assertivas III e IV estão corretas.
e) Todas as assertivas estão corretas.

20. (OAB/VI Exame de Ordem Unificado/Fundação Getulio Vargas/2012) A sociedade empresária do ramo de comunicações A Notícia Brasileira, com sede no Brasil, celebrou contrato internacional de prestação de serviços de informática com a sociedade empresária Santiago Info, com sede em Santiago. O contrato foi celebrado em Buenos Aires, capital argentina, tendo sido estabelecido como foro de eleição pelas partes Santiago, se porventura houver a necessidade de resolução de litígio entre as partes. Diante da situação exposta, à luz das regras de Direito Internacional Privado veiculadas na Lei de Introdução às Normas do Direito Brasileiro (LINDB) e no estatuto processual civil pátrio (Código de Processo Civil — CPC), assinale a alternativa CORRETA.

a) No tocante à regência das obrigações previstas no contrato, aplica-se a legislação chilena, já que Santiago foi eleito o foro competente para se dirimir eventual controvérsia.
b) Nos contratos internacionais, a lei que rege a capacidade das partes pode ser diversa da que rege o contrato. É o que se verifica no caso exposto acima.
c) Como a execução da obrigação avençada entre as partes se dará no Brasil, aplica-se, obrigatoriamente, no tocante ao cumprimento do contrato, a legislação brasileira.
d) A Lei de Introdução às Normas do Direito Brasileiro veda expressamente o foro de eleição, razão pela qual é nula *ipso jure* a cláusula estabelecida pelas partes nesse sentido.

21. (OAB/VI Exame de Ordem Unificado/Fundação Getulio Vargas/2012) Arnaldo Butti, cidadão brasileiro, falece em Roma, Itália, local onde residia e tinha domicílio. Em seu testamento, firmado em sua residência poucos dias antes de sua morte, Butti, que não tinha herdeiros naturais, deixou um imóvel localizado na Avenida Atlântica, na cidade do Rio de Janeiro, para Júlia, neta de sua enfermeira, que vive no Brasil. Inconformada com a partilha, Fernanda, brasileira, sobrinha-neta do falecido, que há dois anos vivia de favor no referido imóvel, questiona no Judiciário brasileiro a validade do testamento. Alega, em síntese, que, embora obedecesse a todas as formalidades previstas na lei italiana, o ato não seguiu todas as formalidades preconizadas pela lei brasileira.
Com base na hipótese acima aventada, assinale a alternativa CORRETA.

a) Fernanda tem razão em seu questionamento, pois a sucessão testamentária de imóvel localizado no Brasil rege-se, inclusive quanto à forma, pela lei do local onde a coisa se situa (*lex rei sitae*).
b) Fernanda tem razão em questionar a validade do testamento, pois a Lei de Introdução às Normas do Direito Brasileiro veda a partilha de bens imóveis situados no Brasil por ato testamentário firmado no exterior.
c) Fernanda não tem razão em questionar a validade do testamento, pois o ato testamentário se rege, quanto à forma, pela lei do local onde foi celebrado *(locus regit atum).*
d) O questionamento de Fernanda não será apreciado, pois a Justiça brasileira não possui competência para conhecer e julgar o mérito de ações que versem sobre atos testamentários realizados no exterior.

22. (TJ/PI/Juiz de Direito/CESPE/UnB/2012) O fato de um juiz, transcendendo a letra da lei, utilizar de raciocínio para fixar o alcance e a extensão da norma a partir de motivações políticas, históricas e ideológicas caracteriza o exercício da interpretação

a) teleológica.
b) sistemática.
c) histórica.
d) lógica.
e) doutrinária.

23. (TRT/2ª Região/Juiz do Trabalho/XXXVIII Concurso/2013) Quanto à hierarquia, interpretação e integração da lei, observe as proposições abaixo e ao final aponte a alternativa que contenha as proposituras CORRETAS:

I. A parêmia latina *in claris cessat interpretatio* não tem qualquer aplicabilidade, pois tanto as leis claras como as ambíguas comportam interpretação.
II. Interpretação significa estender o sentido da norma a relações novas, inéditas ao tempo de sua criação.
III. A equidade judicial é aquela em que o legislador, explícita ou implicitamente, diz incumbir ao magistrado a decisão por equidade ao caso concreto.
IV. Para integrar a lacuna o Juiz recorre à equidade, para bem interpretar o sistema.
V. É uma das funções da interpretação temperar o alcance do preceito normativo, para fazê-lo corresponder às necessidades reais e atuais de caráter social.

Está correta a alternativa:
a) I, III e V.
b) I, II e III.
c) II, III e IV.
d) III, IV e V.
e) I, IV e V.

24. (MP/SP/Promotor de Justiça/89º Concurso/2012) No que tange às normas do Direito Brasileiro:

I. Salvo disposição contrária, a lei começa a vigorar em todo o país trinta dias depois de oficialmente publicada.
II. As correções a texto de lei já em vigor consideram-se lei nova.
III. A lei do país em que domiciliada a pessoa determina as regras sobre o começo e o fim da personalidade, o nome, a capacidade e os direitos de família.
IV. Só à autoridade judiciária brasileira compete conhecer das ações relativas a imóveis de estrangeiros situados no Brasil.
V. As leis, atos e sentenças de outro país, bem como quaisquer declarações de vontade, não terão eficácia no Brasil enquanto não homologadas pelo Superior Tribunal de Justiça.

Está correto o que se afirma APENAS em
a) I, II e III.
b) I, II, III e V.
c) II, III e IV.
d) III, IV e V.
e) I, II, IV e V.

25. (TJMG/Juiz de Direito/FUNDEP — Gestão de Concursos/2014) Sobre a Lei de Introdução às Normas do Direito Brasileiro, assinale a alternativa CORRETA.

a) Realizando-se o casamento no Brasil de estrangeiros domiciliados no exterior, será aplicada a lei do domicílio dos nubentes quanto aos impedimentos dirimentes e às formalidades da celebração.
b) O casamento de estrangeiros de diferentes nacionalidades poderá celebrar-se perante autoridades diplomáticas ou consulares do país de qualquer um dos nubentes.
c) Tendo os nubentes estrangeiros domicílio diverso, regerá os casos de invalidade do matrimônio a lei do local da celebração do casamento.

d) Tendo os nubentes estrangeiros domicílio diverso, o regime de bens, legal ou convencional, obedece à lei do país do primeiro domicílio conjugal.

26. (TJPI/Outorga de delegações de notas e de registro/CESPE/UnB/2013) A respeito do conflito das leis no tempo, assinale a opção CORRETA.

a) O princípio do direito adquirido se direciona ao legislador, não ao juiz.
b) No silêncio do texto legal, a retroatividade da lei será mínima.
c) Direito adquirido é o que está consumado segundo a lei vigente ao tempo em que se efetuou.
d) A lei nova não se aplicará a relações nascidas sob a vigência da lei antiga.
e) A lei pode retroagir para atingir fatos já consumados.

27. (MP/SC/Promotor de Justiça/40º Concurso/2016) Analise o enunciado da questão abaixo e assinale "VERDADEIRO" — (V) ou "FALSO" — (F).

( ) De acordo com o Decreto-Lei n. 4.657/42 (Lei de Introdução às Normas do Direito Brasileiro) são formas de integração jurídica a analogia, os costumes e os princípios gerais de direito. Quanto aos costumes, a legislação refere-se a espécie *praeter legem*, ou seja, aquele que intervém na falta ou omissão da lei, apresentando caráter supletivo.

GABARITO

1. "a". *Vide* arts. 6º da LINDB e 125 e 131 do CC.
2. "b". *Vide* arts. 5º e 2º, *caput*, da LINDB.
3. "c". A alternativa II está incorreta porque a Emenda Constitucional 45, de 8 de dezembro de 2004, acrescentou ao art. 105 da CF a alínea *i*, estabelecendo a competência do STJ.
4. "b". *Vide* art. 1º, § 1º, da LINDB.
5. "d". *Vide* art. 2º, § 3º, da LINDB.
6. "d". *Vide* art. 2º, § 3º, da LINDB.
7. "d".
8. "a".
9. "d". *Vide* art. 4º da LINDB.
10. "e". *Vide* arts. 4º e 5º da LINDB.
11. "d". *Vide* art. 6º da LINDB.
12. "c". *Vide* art. 5º da LINDB.
13. "d". *Vide* arts. 7º e 9º da LINDB.
14. "b". *Vide* art. 2º, § 3º, da LINDB.
15. "b". *Vide* art. 2º, § 3º, da LINDB.
16. "d". *Vide* art. 4º da LINDB.
17. "a".
18. "a". *Vide* art. 1º, § 3º, da LINDB.
19. "b". *Vide*, respectivamente, art. 7º, *caput* e § 5º, e art. 11, § 2º, da LINDB.
20. "b".

21. "c". *Vide* arts. 7º, *caput*, e 10, *caput*, da LINDB.
22. "d". Interpretação **lógica** ou **racional** é a que atende ao espírito da lei, pois procura apurar o sentido e a finalidade da norma, a intenção do legislador, por meio de raciocínios lógicos, com abandono dos elementos puramente verbais, prestigiando a coerência e evitando absurdos.
23. "a".
24. "c". *Vide,* respectivamente, art. 1º, § 4º; art. 7º; e art. 12, § 1º, da LINDB.
25. "d". *Vide* art. 7º, § 3º, da LINDB.
26. "e". No direito brasileiro, a irretroatividade é a regra, mas admite-se a retroatividade em determinados casos. Razões de política legislativa podem recomendar que, em determinada situação, a lei seja retroativa, atingindo os efeitos dos atos jurídicos praticados sob o império da norma revogada (Arnoldo Wald, *Curso de direito civil brasileiro*, v. 1, p. 92).
27. "V". *Vide* arts. 4º da LINDB e 140 do CPC/2015.

4

DAS PESSOAS NATURAIS

4.1. DA PERSONALIDADE E DA CAPACIDADE

4.1.1. Introdução

O Código Civil de 2002 cuida, no Livro I da **Parte Geral** concernente às **pessoas**, em três títulos:

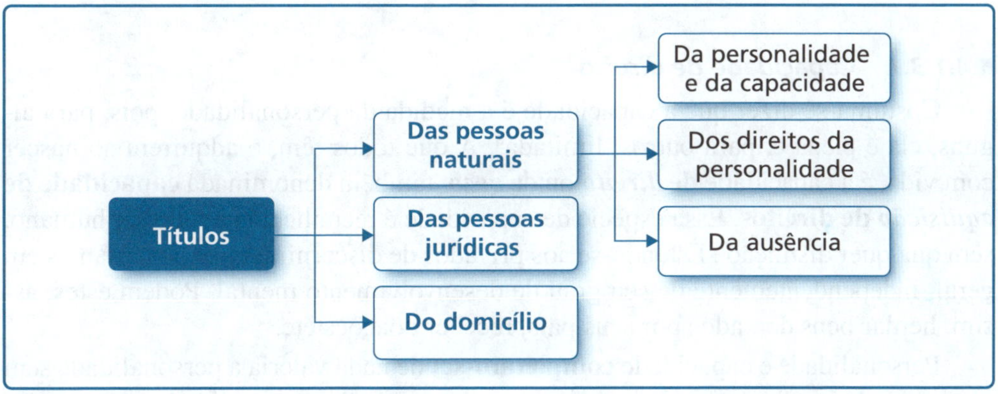

4.1.2. Personalidade jurídica

O conceito de **personalidade** está umbilicalmente ligado ao de pessoa. Todo aquele que nasce com vida torna-se uma pessoa, ou seja, adquire personalidade. Esta é, portanto, qualidade ou atributo do ser humano. Pode ser definida como **aptidão genérica para adquirir direitos e contrair obrigações ou deveres na ordem civil**. É pressuposto para a inserção e atuação da pessoa na ordem jurídica. A personalidade é, portanto, o conceito básico da ordem jurídica, que a estende a todos os homens, consagrando-a na legislação civil e nos direitos constitucionais de vida, liberdade e igualdade[1]. Clóvis Beviláqua a define como **"a aptidão, reconhecida pela ordem jurídica a alguém, para exercer direitos e contrair obrigações"**[2].

---

[1] Haroldo Valladão, Capacidade de direito, in *Enciclopédia Saraiva do Direito*, v. 13, p. 34.

[2] Clóvis Beviláqua, *Código Civil dos Estados Unidos do Brasil comentado*, v. 1, obs. 1 ao art. 2º do CC/1916.

Nem sempre, porém, foi assim. No direito romano, o escravo era tratado como coisa[3]. O reconhecimento, hoje, dessa qualidade **a todo ser humano** representa, pois, uma conquista da civilização jurídica. O Código Civil de 2002 reconhece os atributos da personalidade com esse sentido de universalidade ao proclamar, no art. 1º, que "toda pessoa é capaz de direitos e deveres na ordem civil".

4.1.3. Capacidade jurídica

O art. 1º do novo Código entrosa o conceito de capacidade com o de personalidade, ao declarar que toda "pessoa é ***capaz*** de direitos e deveres na ordem civil". Afirmar que o homem tem personalidade é o mesmo que dizer que ele tem capacidade para ser titular de direitos[4]. Todavia, embora se interpenetrem, tais atributos **não se confundem**, uma vez que a capacidade pode sofrer **limitação**. "Enquanto a personalidade é um valor, a capacidade é a projeção desse valor que se traduz em um *quantum*. Pode-se ser mais ou menos capaz, mas não se pode ser mais ou menos pessoa"[5].

4.1.3.1. Capacidade de direito

Costuma-se dizer que a capacidade é a medida da personalidade, pois, para alguns, ela é plena e, para outros, limitada[6]. A que todos têm, e adquirem ao nascer com vida, é a capacidade **de *direito*** ou de ***gozo***, também denominada **capacidade de *aquisição* de direitos**. Essa espécie de capacidade é reconhecida a todo ser humano, sem qualquer distinção[7]. Estende-se aos privados de discernimento e aos infantes em geral, independentemente de seu grau de desenvolvimento mental. Podem estes, assim, herdar bens deixados por seus pais, receber doações etc.

Personalidade e capacidade **completam-se:** de nada valeria a personalidade sem a capacidade jurídica, que se ajusta assim ao conteúdo da personalidade, na mesma e certa medida em que a utilização do direito integra a ideia de ser alguém titular dele[8]. Só não há capacidade de aquisição de direitos onde falta personalidade, como no caso do nascituro, por exemplo.

---

3 Caio Mário da Silva Pereira, *Instituições de direito civil*, v. 1, p. 142, n. 42.

4 Silvio Rodrigues, *Direito civil*, cit., v. 1, p. 35, n. 16.

5 Francisco Amaral, *Direito civil*, p. 214.

6 José Carlos Moreira Alves, citando Barbero (*Sistema istituzionale del diritto privato italiano*, v. 1, p. 139, n. 69, III), assinala que é mister distinguir personalidade jurídica de capacidade jurídica. Com efeito, "enquanto *personalidade jurídica* é conceito absoluto (ela existe, ou não existe), *capacidade jurídica* é conceito relativo (pode ter-se mais capacidade jurídica, ou menos). A personalidade jurídica é a potencialidade de adquirir direitos ou de contrair obrigações; a capacidade jurídica é o limite dessa potencialidade" (*Direito romano*, v. 1, p. 115).

7 Washington de Barros Monteiro, *Curso de direito civil*, v. 1, p. 61.

8 Caio Mário da Silva Pereira, *Instituições*, cit., v. 1, p. 161-162, n. 48.

4.1.3.2. Capacidade de fato

Nem todas as pessoas têm, contudo, a capacidade **de *fato***, também denominada **capacidade de *exercício*** ou **de *ação***, que é a aptidão para exercer, **por si só**, os atos da vida civil. Por faltarem a certas pessoas alguns requisitos materiais, como maioridade, saúde, desenvolvimento mental etc., a lei, com o intuito de protegê-las, malgrado não lhes negue a capacidade de adquirir direitos, sonega-lhes o de se autodeterminarem, de os exercer pessoal e diretamente, exigindo sempre a participação de outra pessoa, que as **representa ou assiste**[9]. Assim, os recém-nascidos e os amentais sob curatela possuem apenas a capacidade **de direito**, podendo, por exemplo, como já se afirmou, herdar. Mas não têm a capacidade **de fato** ou **de exercício**. Para propor qualquer ação em defesa da herança recebida, precisam ser representados pelos pais e curadores, respectivamente.

Quem possui as duas espécies de capacidade tem capacidade ***plena***. Quem só ostenta a de direito, tem capacidade ***limitada*** e necessita, como visto, de outra pessoa que substitua ou complete a sua vontade. São, por isso, chamados de **incapazes**. Veja-se o resumo abaixo:

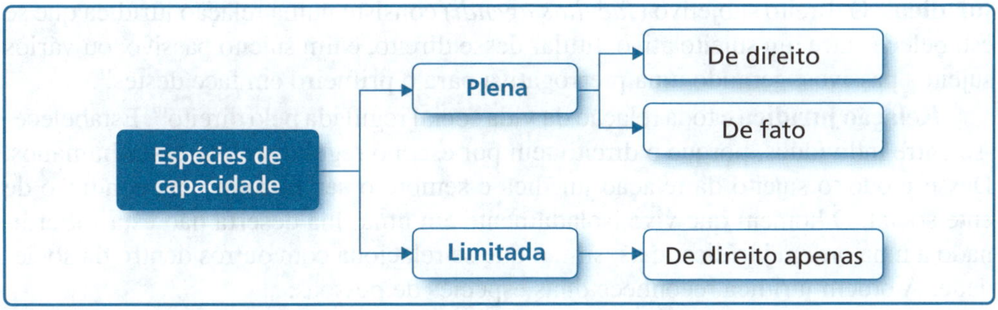

4.1.3.3. Distinção entre capacidade e legitimação

Capacidade não se confunde com ***legitimação***. Esta é a aptidão para a prática de **determinados** atos jurídicos, uma espécie de capacidade especial exigida em certas situações. Assim, por exemplo, o ascendente é genericamente capaz, mas só estará legitimado a vender a um descendente se o seu cônjuge e os demais descendentes expressamente consentirem (CC, art. 496)[10]. A falta de legitimação alcança pessoas impedidas de praticar certos atos jurídicos **sem serem incapazes**, por exemplo, o tutor, proibido de adquirir bens do tutelado (CC, art. 1.749, I); o casado, exceto no regime de separação absoluta de bens, de alienar imóveis sem a outorga do outro cônjuge (art. 1.647); os tutores ou curadores, de dar em comodato os bens confiados à sua guarda sem autorização especial (art. 580) etc.

---

[9] Arnoldo Wald, *Curso de direito civil brasileiro*: introdução e parte geral, p. 137.

[10] Sílvio Venosa, (*Direito civil*, v. 1, p. 139, nota 1).

4.1.4. Resumo

PERSONALIDADE JURÍDICA	▪ Consiste na aptidão genérica para adquirir direitos e contrair obrigações ou deveres na ordem civil.
CAPACIDADE JURÍDICA	▪ **Conceito:** É a maior ou menor extensão dos direitos de uma pessoa. É, portanto, a medida da personalidade. ▪ **Espécies:** a) de **direito** ou de **gozo**, que é a aptidão que todos possuem (CC, art. 1º); b) de **fato** ou de **exercício**, que é a aptidão para exercer, por si só, os atos da vida civil. ▪ Quem só tem a de **direito**, tem capacidade **limitada**. Quem possui também a de **fato**, tem capacidade **plena**.
DISTINÇÃO ENTRE CAPACIDADE E LEGITIMAÇÃO	▪ **Capacidade** não se confunde com **legitimação**. Esta é a aptidão para a prática de **determinados** atos jurídicos, uma espécie de capacidade especial exigida em certas situações. A sua ausência não acarreta a incapacidade.

4.2. DAS PESSOAS COMO SUJEITOS DA RELAÇÃO JURÍDICA

4.2.1. Os sujeitos da relação jurídica

O novo Código Civil, no Livro I da Parte Geral, dispõe sobre as pessoas como **sujeitos de direitos**. Como o direito regula a vida em sociedade e esta é composta de **pessoas**, o estudo do direito deve começar por elas, que são os **sujeitos das relações jurídicas**. O direito subjetivo (*facultas agendi*) consiste numa relação jurídica que se estabelece entre um sujeito ativo, titular desse direito, e um sujeito passivo, ou vários sujeitos passivos, gerando uma prerrogativa para o primeiro em face destes[11].

Relação jurídica é toda relação da vida social regulada pelo direito[12]. Estabelece-se entre indivíduos, porque o direito tem por escopo regular os interesses humanos. Desse modo, o sujeito da relação jurídica é sempre o **ser humano**, na condição de ente social. O homem que vive isoladamente em uma ilha deserta não está subordinado a uma ordem jurídica, mas, sim, o que se relaciona com outros dentro da sociedade. A ordem jurídica reconhece duas espécies de pessoas:

- a ***pessoa natural*** (o ser humano, também chamado em alguns países de pessoa física); e
- a ***pessoa jurídica*** (agrupamento de pessoas naturais, visando alcançar fins de interesse comum, também denominada, em outros países, pessoa moral e pessoa coletiva).

Os **animais não são considerados sujeitos de direitos**, embora mereçam proteção. Por essa razão, não têm capacidade para adquirir direitos. Não podem, por exemplo, ser beneficiados em testamento, a não ser indiretamente, sob a forma de encargo, imposto a herdeiro testamentário, de cuidar deles. Do mesmo modo estão excluídas do conceito de sujeitos de direitos as **entidades místicas**, como almas e santos. Não podem, também, sob pena de nulidade do ato, ser nomeados herdeiros ou legatários[13].

---

[11] Silvio Rodrigues, *Direito civil*, cit., v. 1, p. 34.

[12] José Tavares, *Os princípios fundamentais do direito civil*, v. 1, n. 1.

[13] Washington de Barros Monteiro, *Curso*, cit., p. 58.

4.2.2. Conceito de pessoa natural

Dispõe o art. 1º do Código Civil:

> "Art. 1º Toda pessoa é capaz de direitos e deveres na ordem civil."

O Título I do Livro I do Código Civil de 2002, concernente às ***pessoas***, dispõe sobre as **"pessoas naturais"**, reportando-se tanto ao sujeito ativo como ao sujeito passivo da relação jurídica. No direito francês, no italiano e no de outros países, bem como na legislação brasileira concernente ao imposto de renda, é utilizada a denominação "pessoa física", criticada por desprezar as qualidades morais e espirituais do homem que integram a sua personalidade, destacando apenas o seu aspecto material e físico[14]. A nomenclatura **"pessoa natural"** revela-se, assim, mais adequada, como reconhece a doutrina em geral, por designar o ser humano tal como ele é, com todos os predicados que integram a sua individualidade.

Pessoa natural é, portanto, o ser humano considerado como sujeito de direitos e deveres. Para qualquer pessoa ser assim designada, basta **nascer com vida** e, desse modo, adquirir personalidade.

4.2.3. Começo da personalidade natural

4.2.3.1. O nascimento com vida

Prescreve o art. 2º do Código Civil:

> "A personalidade civil da pessoa começa do nascimento com vida; mas a lei põe a salvo, desde a concepção, os direitos do nascituro."

De acordo com o sistema adotado, tem-se, pois, o **nascimento com vida** como o marco inicial da personalidade. Respeitam-se, porém, os direitos do nascituro, **desde a concepção**, pois desde esse momento já começa a formação do novo ser.

Ocorre o ***nascimento*** quando a criança é separada do ventre materno, não importando que tenha o parto sido natural, feito com o auxílio de recursos obstétricos ou mediante intervenção cirúrgica. O essencial é que se desfaça a unidade biológica, de forma a constituírem, mãe e filho, dois corpos, com vida orgânica própria[15], mesmo que não tenha sido cortado o cordão umbilical[16]. Para se dizer que **nasceu com *vida***, todavia, é necessário que haja **respirado**. Se respirou, viveu, ainda que tenha

---

14 Maria Helena Diniz, *Curso de direito civil brasileiro*, v. 1, p. 137-138; Caio Mário da Silva Pereira, *Instituições*, cit., v. 1, p. 143; Marco Aurélio S. Viana, *Da pessoa natural*, cit.

15 Caio Mário da Silva Pereira, *Instituições*, cit., v. 1, p. 146, n. 43.

16 A propósito, pondera José Carlos Moreira Alves que "não procede a tese de Pacchioni, baseada em duas passagens do Digesto (XXXV, 2, 9, 1; e L, 16, 161), que não bastava, para configurar-se o nascimento, que o feto fosse expulso do ventre materno; seria necessária, ainda, a ruptura do cordão umbilical, pois, até que ela se verificasse, não haveria a total separação dos dois organismos (o da genitora e o do filho). Com efeito, os próprios textos invocados pelo romanista não lhe dão apoio à tese" (*Direito romano*, cit., p. 109-110, n. 75).

perecido em seguida. Lavram-se, nesse caso, dois assentos, o de nascimento e o de óbito (LRP, art. 53, § 2º). Não importa, também, tenha o nascimento sido a termo ou antecipado.

O Código Civil espanhol exige, para a aquisição da personalidade, que o feto tenha **figura humana**, isto é, não seja um monstro, fixando, ainda, no art. 30, um **prazo de vinte e quatro horas de vida**, de inteira separação do corpo materno[17]. O nosso Código, na esteira de diversos diplomas contemporâneos, como o suíço (art. 31), o português de 1966 (art. 66, I)[18], o alemão (art. 1º), o italiano (art. 1º) e outros, **não faz tais exigências, nem a de que o feto seja viável**. A viabilidade é a aptidão para a vida, da qual carecem os seres em que faltam os órgãos essenciais. Perante o nosso direito, qualquer criatura que venha a **nascer com vida** será uma **pessoa**, sejam quais forem as anomalias e deformidades que apresente[19].

Muitas vezes, torna-se de suma importância saber se o feto, que morreu durante o parto, respirou e viveu, ainda que durante alguns segundos, principalmente se, por exemplo, o genitor, recém-casado pelo regime da separação de bens, veio a falecer, estando vivos os seus pais. Se o infante chegou a **respirar**, recebeu, *ex vi legis*, nos poucos segundos de vida, todo o patrimônio deixado pelo falecido pai, a título de herança, e a transmitiu, em seguida, por sua morte, à sua herdeira, que era a sua genitora. Se, no entanto, nasceu morto **(natimorto)**, não adquiriu personalidade jurídica e, portanto, não chegou a receber nem a transmitir a herança deixada por seu pai, ficando esta com os avós paternos.

Essa constatação se faz, tradicionalmente, pelo exame clínico denominado **docimasia hidrostática de Galeno**. Baseia-se essa prova no princípio de que o feto, tendo respirado, inflou de ar os pulmões. Extraídos do corpo do que morreu durante o parto e imersos em água, eles sobrenadam. Os pulmões que não respiraram, ao contrário, estando vazios e com as paredes alveolares encostadas, afundam. A medicina tem hoje **recursos modernos e eficazes**, inclusive pelo exame de outros órgãos do corpo, para apurar se houve ou não ar circulando no corpo do nascituro[20].

■ 4.2.3.2. *A situação jurídica do nascituro*

Como já dito, malgrado a personalidade civil da pessoa comece do nascimento com vida, a lei põe a salvo, desde a concepção, os direitos do **nascituro** (CC, art. 2º). Este é "o ser já concebido, mas que ainda se encontra no ventre materno", segundo a definição de Silvio Rodrigues, que acrescenta: "A lei não lhe concede personalidade, a qual só lhe será conferida se nascer com vida. Mas, como provavelmente nascerá com vida, o ordenamento jurídico desde logo preserva seus interesses futuros,

---

17 Maria Helena Diniz, *Curso*, cit., v. 1, p. 179.

18 Código Civil português de 1966, art. 66º: "1. A personalidade adquire-se no momento do nascimento completo e com vida. 2. Os direitos que a lei reconhece aos nascituros dependem do seu nascimento".

19 Washington de Barros Monteiro, *Curso*, cit., v. 1, p. 60.

20 Veja-se, a propósito, a lição de Sérgio Abdalla Semião, *Os direitos do nascituro*: aspectos cíveis, criminais e do biodireito, p. 158-159.

tomando medidas para salvaguardar os direitos que, com muita probabilidade, em breve serão seus"[21].

Três grandes teorias procuram definir a situação jurídica do nascituro:

a) a **natalista**;

b) a da **personalidade condicional**; e

c) a **concepcionista**.

Confira-se o quadro abaixo:

SITUAÇÃO JURÍDICA DO NASCITURO

Teorias

- **Natalista:** afirma que a personalidade civil somente se inicia com o nascimento com vida.
- **Da personalidade condicional:** sustenta que o nascituro é pessoa condicional, pois a aquisição da personalidade acha-se sob a dependência de **condição suspensiva**, o nascimento com vida, não se tratando propriamente de uma terceira teoria, mas de um desdobramento da teoria natalista, uma vez que também parte da premissa de que a personalidade tem início com o nascimento com vida.
- **Concepcionista:** admite que se adquire a personalidade antes do nascimento, ou seja, desde a concepção, ressalvados apenas os direitos patrimoniais, decorrentes de herança, legado e doação, que ficam condicionados ao nascimento com vida.

■ *4.2.3.2.1. A teoria natalista*

A doutrina **tradicional** sustenta ter o direito positivo adotado, nessa questão, a ***teoria natalista***, que exige o **nascimento com vida** para ter início a personalidade. Antes do nascimento, não há personalidade. Ressalvam-se, contudo, os direitos do nascituro, desde a concepção. Nascendo com vida, a sua existência, no tocante aos seus interesses, retroage ao momento de sua concepção[22].

Essa teoria se assenta na **interpretação literal** e simplista do art. 2º do Código Civil, na parte que afirma que "a personalidade civil da pessoa começa do nascimento com vida". Confira-se, a propósito, a manifestação de Serpa Lopes: "Antes do nascimento, portanto, o feto não possui *personalidade*. Não passa de uma *spes hominis*.

---

[21] *Direito civil*, cit., v. 1, p. 36.

[22] Nesse sentido: Arnoldo Wald: "O nascituro não é sujeito de direito, embora mereça a proteção legal, tanto no plano civil como no plano criminal. O aborto é punido pelo Código Penal (arts. 124 a 126)" (*Curso*, cit., p. 118).

É nessa qualidade que é tutelado pelo ordenamento jurídico, protegido pelo Código Penal e acautelado pela curadoria do ventre"[23].

Muitas são as **críticas** à mencionada teoria. Afirma-se, por exemplo, que, entendendo que o nascituro não é uma pessoa, admite a referida teoria que ele deve então ser tratado como uma **coisa**; olvida-se, ainda, de que há, no Código Civil, um sistema de **proteção ao nascituro**, com as mesmas conotações da conferida a qualquer ser **dotado de personalidade**[24].

O **Supremo Tribunal Federal** não tem uma posição definida a respeito das referidas teorias, ora seguindo a teoria natalista, ora a concepcionista (cf. RE 99.038, Reclamação 12.040-DF e ADI 3.510). O Superior Tribunal de Justiça, no entanto, tem acolhido a teoria **concepcionista**, reconhecendo ao nascituro o direito à reparação do dano moral. Confira-se:

> "Direito civil. Danos morais. Morte. Ação ajuizada 23 anos após o evento. O nascituro também tem direito aos danos morais pela morte do pai, mas a circunstância de não tê-lo conhecido em vida tem influência na fixação do *quantum*"[25].

Deve-se distinguir a situação do ***nascituro*** da do indivíduo *não concebido (**concepturo**)*. Este, se nascer, poderá, somente na hipótese de pertencer à prole eventual de pessoas designadas pelo testador e vivas ao abrir-se a sucessão (CC, art. 1.799, I), adquirir um direito surgido anteriormente. Veja-se a figura abaixo:

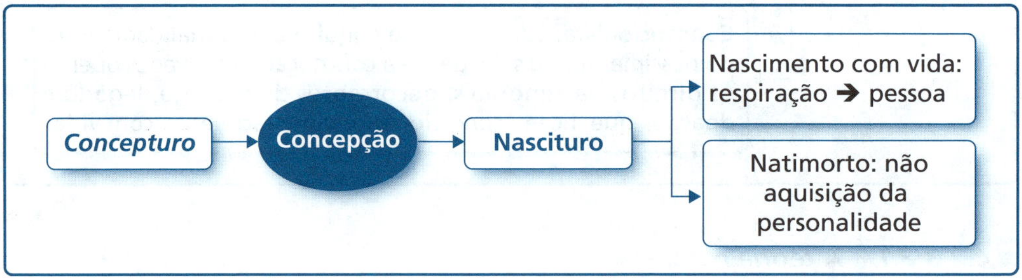

■ 4.2.3.2.2. *A teoria da personalidade condicional*

Os adeptos dessa teoria entendem que os direitos assegurados ao nascituro encontram-se em estado potencial, sob **condição suspensiva**. Washington de Barros Monteiro a ela se filia, como se pode ver: "Discute-se se o nascituro é pessoa virtual, cidadão em germe, homem *in spem*. Seja qual for a conceituação, há para o feto uma expectativa de vida humana, uma pessoa em formação. A lei não pode ignorá-lo e por isso lhe salvaguarda os eventuais direitos. Mas, para que estes se adquiram, preciso é que ocorra o nascimento com vida. Por assim dizer, o nascituro é **pessoa condi-**

---

[23] *Curso de direito civil*, v. I, p. 233-234.

[24] Fábio de Oliveira Azevedo, *Direito civil:* introdução e teoria geral, p. 127.

[25] STJ, REsp 399.029-SP, 4ª T., rel. Min. Sálvio de Figueiredo Teixeira, *DJU*, 15.4.2002, p. 232.

cional; a aquisição da personalidade acha-se sob a dependência de **condição suspensiva**, o nascimento com vida. A essa situação toda especial chama Planiol de antecipação da personalidade"[26].

A referida teoria é também objeto de críticas: conduz ao entendimento de que o nascituro não tem direitos efetivos, mas apenas **direitos eventuais sob condição suspensiva**, isto é, mera expectativa de direitos; e comete um desacerto ao falar em condição, pois, tecnicamente, só se pode considerar condição uma cláusula voluntária (*conditio facti*), **não existindo em nosso ordenamento a denominada condição legal** (*conditio iuris*) (cf. CC, art. 121).

■ *4.2.3.2.3. A teoria concepcionista*

A moderna doutrina civilista, sob a influência do direito francês, esposa a tese de que o **nascituro** já tem personalidade jurídica **desde a concepção**. No direito contemporâneo, defende a teoria concepcionista, dentre outros, Silmara J. A. Chinelato e Almeida, Professora da Universidade de São Paulo, nestes termos: "Mesmo que ao nascituro fosse reconhecido apenas um *status* ou um direito, ainda assim seria forçoso reconhecer-lhe a personalidade, porque **não há direito ou *status* sem sujeito**, nem há sujeito de direito que tenha completa e integral capacidade jurídica (de direito ou de fato), que se refere sempre a *certos* e *determinados* direitos *particularmente considerados* (...). Com propriedade afirma Francisco Amaral: 'Pode-se ser mais ou menos capaz, mas não se pode ser mais ou menos pessoa' (...). A personalidade do nascituro **não é condicional**; apenas *certos* efeitos de *certos* direitos dependem do nascimento com vida, notadamente os **direitos patrimoniais materiais**, como a doação e a herança. Nesses casos, o nascimento com vida é elemento do negócio jurídico que diz respeito à sua eficácia total, aperfeiçoando-a"[27].

A constatação de que a proteção de **certos direitos** do nascituro encontra, na legislação atual, pronto atendimento **antes mesmo do nascimento** leva-nos a aceitar as argutas ponderações de Maria Helena Diniz sobre a aquisição da personalidade desde a concepção apenas para a titularidade de **direitos da personalidade**, sem conteúdo patrimonial, a exemplo do direito à vida ou a uma gestação saudável, uma vez que os direitos **patrimoniais** estariam sujeitos ao nascimento com vida, ou seja, sob condição suspensiva[28].

O Enunciado 1, aprovado na I Jornada de Direito Civil realizada em Brasília pelo Conselho da Justiça Federal, proclama: "A proteção que o Código defere ao nascituro alcança o natimorto no que concerne aos direitos da personalidade, tais como nome, imagem e sepultura". Tal conclusão, reconhecendo a proteção de direitos extrapatrimoniais não apenas ao nascituro mas também ao **natimorto**, contraria a tese natalista, para a qual este não desfruta de nenhum direito.

---

[26] *Curso*, cit., p. 61.

[27] *Tutela civil do nascituro*, p. 168-169.

[28] *Curso*, cit., v. 1, p. 180.

Uma considerável parcela da jurisprudência tem reconhecido a legitimidade processual do nascituro, representado pela mãe, para propor ação de **investigação de paternidade** com pedido de **alimentos**[29]. Todavia, mesmo a corrente que franqueava ao nascituro o acesso ao Judiciário, impunha-lhe, como requisito, a demonstração prévia do vínculo de paternidade, como o exige o art. 2º da Lei de Alimentos (Lei n. 5.478, de 25.7.1968). A Lei n. 11.804, de 5 de novembro de 2008, que regulou os **alimentos gravídicos**, veio resolver esse problema, conferindo legitimidade ativa à própria gestante para a propositura da ação de alimentos. O objetivo da referida lei, em última análise, é proporcionar um nascimento com dignidade ao ser concebido.

A teoria **concepcionista** enfrenta, dentre outras, as seguintes **críticas:** que o legislador, ao consignar, no art. 2º do Código Civil, que "a lei põe a salvo, desde a concepção, os direitos do nascituro", em verdade pretendeu referir-se à **expectativa**, e não a **direito**. Assim, a proteção de direito do nascituro é, na verdade, proteção de expectativa, que se tornará direito **se ele nascer vivo**; que a proteção que se pretende atribuir ao nascituro, na teoria concepcionista, possui **fundamento constitucional**, sendo desarrazoado falar em direitos civis, que o legislador pretendeu condicionar ao nascimento com vida.

Cumpre salientar que o **direito à vida** é assegurado ao nascituro pela **Constituição Federal** (art. 5º, *caput*) e pelo **Estatuto da Criança e do Adolescente** (Lei n. 8.069/90, art. 7º), por meio do reconhecimento do direito à assistência pré-natal, garantindo-lhe condições para o nascimento e o desenvolvimento sadio e harmonioso, em condições dignas de existência.

■ 4.2.4. Resumo

OS SUJEITOS DA RELAÇÃO JURÍDICA	■ O sujeito da relação jurídica é sempre o ser humano. Os animais não são considerados sujeitos de direitos, nem as entidades místicas, como almas e santos.
CONCEITO DE PESSOA NATURAL	■ É o ser humano considerado como sujeito de direitos e deveres (CC, art. 1º). ■ Para ser pessoa, basta existir.
COMEÇO DA PERSONALIDADE NATURAL. TEORIAS	Três grandes teorias procuram definir a situação jurídica do nascituro: a **natalista**, a da **personalidade condicional** e a **concepcionista.** ■ A **teoria natalista** exige o **nascimento com vida** para ter início a personalidade. Antes do nascimento não há personalidade. Ressalvam-se, contudo, os direitos do nascituro, desde a concepção. ■ A **teoria da personalidade condicional** sustenta que o nascituro é pessoa condicional: a aquisição da personalidade acha-se sob a dependência de **condição suspensiva**, o nascimento com vida. ■ Para a **teoria concepcionista** o nascituro já tem personalidade jurídica **desde a concepção,** tendo personalidade jurídica formal no que concerne aos **direitos personalíssimos**. Apenas ***certos*** efeitos de ***certos*** direitos dependem do nascimento com vida, notadamente os **direitos patrimoniais materiais**, como a doação e a herança.

29 *RT*, 703/69, 650/220; *RJTJRGS*, 104/418.

4.3. DAS INCAPACIDADES

4.3.1. Conceito e espécies

Já foi dito no item 4.1.3.2, *retro*, que as pessoas portadoras da capacidade de direito ou de aquisição de direitos, mas não possuidoras da de fato ou de ação, têm capacidade limitada e são chamadas de ***incapazes***. Com o intuito de protegê-las, tendo em vista as suas naturais deficiências, decorrentes, na maior parte, da idade, da saúde e do desenvolvimento mental e intelectual, a lei não lhes permite o exercício pessoal de direitos, exigindo que sejam **representadas** ou **assistidas** nos atos jurídicos em geral. No direito brasileiro, não existe incapacidade de direito, porque todos se tornam, ao nascer, capazes de adquirir direitos (CC, art. 1º). Há, portanto, somente incapacidade de fato ou de exercício. **Incapacidade**, destarte, é a **restrição legal ao exercício** dos atos da vida civil, imposta pela lei somente aos que, excepcionalmente, necessitam de proteção, pois **a capacidade é a regra**[30].

Supre-se a incapacidade, que pode ser **absoluta** e **relativa**, conforme o grau de imaturidade, deficiência física ou mental da pessoa, pelos institutos da **representação** e da **assistência**. O art. 3º do Código Civil menciona os **absolutamente incapazes** de exercer pessoalmente os seus direitos e que devem ser **representados**, sob pena de **nulidade** do ato (art. 166, I). E o art. 4º enumera os **relativamente incapazes**, dotados de algum discernimento e por isso autorizados a participar dos atos jurídicos de seu interesse, desde que devidamente **assistidos** por seus representantes legais, sob pena de **anulabilidade** (art. 171, I), salvo algumas hipóteses restritas em que se lhes permite atuar sozinhos. Veja-se a figura abaixo:

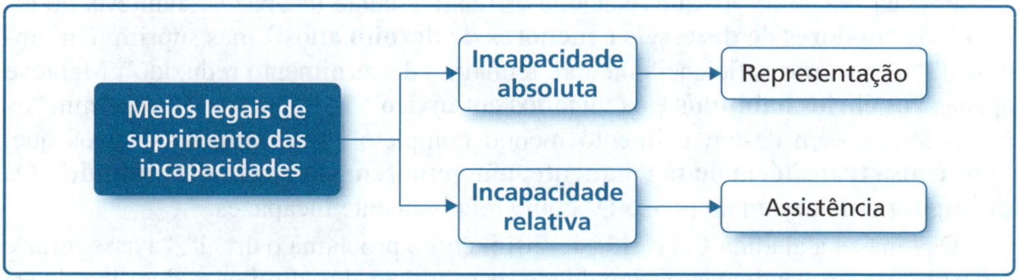

4.3.1.1. *Incapacidade absoluta: os menores de 16 anos*

A incapacidade absoluta acarreta a proibição total do exercício, por si só, do direito. O ato somente poderá ser praticado pelo **representante legal** do absolutamente incapaz. A inobservância dessa regra provoca a **nulidade** do ato, nos termos do art. 166, I, do Código Civil.

O estatuto civil de 1916 considerava, no art. 5º, absolutamente incapazes de exercer pessoalmente os atos da vida civil: os menores de dezesseis anos; os loucos de todo o gênero; os surdos-mudos que não pudessem exprimir a sua vontade; os ausentes,

30 Maria Helena Diniz, *Curso*, cit., v. 1, p. 140.

declarados tais por ato do juiz. O art. 3º do **atual diploma** reduziu a três as hipóteses de incapacidade absoluta:

> "Art. 3º São absolutamente incapazes de exercer pessoalmente os atos da vida civil:
> I — os menores de dezesseis anos;
> II — os que, por enfermidade ou deficiência mental, não tiverem o necessário discernimento para a prática desses atos;
> III — os que, mesmo por causa transitória, não puderem exprimir sua vontade."

A Lei n. 13.146, de 6 de julho de 2015, denominada **"Estatuto da Pessoa com Deficiência"**, promoveu uma profunda mudança no sistema das incapacidades, alterando substancialmente a redação dos arts. 3º e 4º do Código Civil, que passou a ser a seguinte:

> "Art. 3º São **absolutamente incapazes** de exercer pessoalmente os atos da vida civil os menores de 16 (dezesseis) anos."
> "Art. 4º São incapazes, **relativamente** a certos atos ou à maneira de os exercer:
> I — os maiores de dezesseis e menores de dezoito anos;
> II — os ébrios habituais e os viciados em tóxico;
> III — aqueles que, por causa transitória ou permanente, não puderem exprimir sua vontade;
> IV — os pródigos.
> Parágrafo único. A capacidade dos **indígenas** será regulada por legislação especial."

Observa-se que o art. 3º, que trata dos absolutamente incapazes, teve todos os seus incisos revogados, apontando no *caput*, como únicas pessoas com essa classificação, **"os menores de 16 (dezesseis) anos"**.

Por sua vez, o art. 4º, que relaciona os relativamente incapazes, manteve, no inciso I, os **"maiores de dezesseis e menores de dezoito anos"**, mas suprimiu, no inciso II, "os que, por deficiência mental, tenham o discernimento reduzido". Manteve apenas **"os ébrios habituais e os viciados em tóxico"**. E, no inciso III, suprimiu "os excepcionais, sem desenvolvimento mental completo", substituindo-os pelos que, **"por causa transitória ou permanente, não puderem exprimir sua vontade"**. Os **pródigos** permanecem no inciso IV como relativamente incapazes.

Destina-se a aludida Lei n. 13.146/2015, como proclama o art. 1º, "a assegurar e a promover, em condições de igualdade, o exercício dos direitos e das liberdades fundamentais por pessoa com deficiência, visando à sua inclusão social e cidadania". A consequência direta e imediata dessa alteração legislativa é que: **o deficiente é agora considerado pessoa plenamente capaz,** ***salvo se não puder exprimir sua vontade*** *— caso em que será considerado* ***relativamente incapaz****, podendo, quando necessário, ter um* ***curador*** *nomeado em processo judicial (Estatuto da Pessoa com Deficiência, art. 84). Observe-se que a incapacidade relativa não decorre propriamente da deficiência, mas da impossibilidade de exprimir a vontade.*

O art. 6º da referida lei declara que "A deficiência não afeta a plena capacidade civil da pessoa". E o art. 84, *caput*, estatui, categoricamente, que "A pessoa com deficiência tem assegurado o direito ao exercício de sua capacidade legal **em igualdade de condições com as demais pessoas**". Quando necessário, aduz o § 1º, "a pessoa com deficiência será submetida à **curatela**, conforme a lei".

Pretendeu o legislador, com essas inovações, impedir que a pessoa deficiente seja considerada e tratada como incapaz, tendo em vista os princípios constitucionais da igualdade e da dignidade humana. Todavia, têm elas sido **objeto de pesadas críticas** formuladas pela doutrina, pelo fato, principalmente, de desproteger aqueles que merecem a proteção legal.

Permanecem assim, como já dito, como *absolutamente incapazes* somente **os menores de 16 anos**.

■ 4.3.1.1.1. O direito pré-codificado e o Código Civil de 1916

No direito pré-codificado, levava-se em conta a puberdade para distinguir a menoridade. Eram absolutamente incapazes os menores impúberes: o varão de menos de 14 anos e a mulher de menos de 12, porque privados de aptidão para procriar. O Código Civil de 1916 inovou, fixando em **16 anos**, para as pessoas dos **dois sexos**, a idade limite da incapacidade absoluta. Ponderou Beviláqua[31], a propósito, que não se deve ter em vista, nesse caso, a aptidão para procriar, mas o desenvolvimento intelectual e o poder de adaptação às condições da vida social.

■ 4.3.1.1.2. O Código atual

O Código de 2002 e a Lei n. 13.146, de 6 de julho de 2015 (Estatuto da Pessoa com Deficiência), também consideram que o ser humano, até atingir os **dezesseis anos**, não tem discernimento suficiente para dirigir sua vida e seus negócios e, por essa razão, deve ser **representado** na vida jurídica por seus pais, tutores ou curadores. Não se considera nula, todavia, a compra de um doce ou sorvete feita por uma criança, malgrado não tenha ela capacidade para emitir a vontade qualificada que se exige nos contratos de compra e venda. Em se tratando de ato dotado de ampla aceitação social, deve ser enquadrado na noção de **ato-fato jurídico**[32].

Alguns países, como a França, não fazem distinção entre incapacidade absoluta e relativa, deixando a critério do juiz verificar se o menor já atingiu ou não a idade do discernimento. O novo Código Civil brasileiro, como visto, fixou em **16 anos** a idade da maturidade relativa, e em **18** a da maioridade, baseando-se naquilo que habitualmente acontece[33].

■ 4.3.1.1.3. Manifestação de vontade do incapaz. Situações especiais

Em algumas situações, a lei exige a **manifestação de vontade** do incapaz. Assim, por exemplo, a adoção depende de sua concordância, colhida em audiência, se contar **mais de doze anos** (ECA, art. 28, § 2º). O Estatuto da Criança e do Adolescente prescreve que, havendo necessidade de colocar a criança ou o adolescente em **família substituta**, mediante guarda, tutela ou adoção, deverão eles ser previamente **ouvi-**

---

31 *Código Civil*, cit., obs. 2 ao art. 5º.

32 Jorge Cesa Ferreira da Silva, *A boa-fé e a violação positiva do contrato*, p. 53. *V. infra*: Negócio jurídico, Ato-fato jurídico.

33 Silvio Rodrigues, *Direito civil*, cit., v. 1, p. 43.

dos e a sua opinião devidamente considerada (Lei n. 8.060/90, art. 28, *caput*). O Enunciado 138, aprovado na III Jornada de Direito Civil organizada pelo Conselho da Justiça Federal, tem o seguinte teor: "A vontade dos absolutamente incapazes, na hipótese do I do art. 3º, é juridicamente relevante na concretização de situações existenciais a eles concernentes, desde que demonstrem discernimento suficiente para tanto".

Todavia, mesmo sendo irrelevante a sua vontade, responde o menor, absoluta ou relativamente incapaz, de forma **subsidiária** e mitigada, pelos atos ilícitos que praticar (CC, art. 928).

4.3.1.2. *Incapacidade relativa*

A incapacidade relativa permite que o incapaz pratique atos da vida civil, desde que assistido por seu representante legal, sob pena de anulabilidade (CC, art. 171, I). Certos atos, porém, pode praticar **sem a assistência** de seu representante legal, como ser **testemunha** (art. 228, I), aceitar **mandato** (art. 666), fazer **testamento** (art. 1.860, parágrafo único), exercer **empregos públicos** para os quais não for exigida a maioridade (art. 5º, parágrafo único, III), **casar** (art. 1.517), ser **eleitor**, celebrar **contrato de trabalho** etc.

O art. 4º do atual Código Civil declarava incapazes, relativamente a certos atos ou à maneira de os exercer: os maiores de dezesseis e menores de dezoito anos; os ébrios habituais, os viciados em tóxicos e os que, por deficiência mental, tenham o discernimento reduzido; os pródigos. A **Lei n. 13.146/2015 (Estatuto da Pessoa com Deficiência)** deu nova redação ao aludido dispositivo, *verbis*:

> "Art. 4º São incapazes, relativamente a certos atos, ou à maneira de os exercer:
> I — os maiores de dezesseis e menores de dezoito anos;
> II — os ébrios habituais e os viciados em tóxico;
> III — aqueles que, por causa transitória ou permanente, não puderem exprimir sua vontade;
> IV — os pródigos.
> Parágrafo único. A capacidade dos indígenas será regulada por legislação especial."

Compare no quadro esquemático abaixo:

CÓDIGO CIVIL DE 2002	LEI N. 13.146/2015
Relativamente incapazes	**Relativamente incapazes**
Art. 4º São incapazes, relativamente a certos atos ou à maneira de os exercer: **I** — os maiores de dezesseis e menores de dezoito anos: **II** — os ébrios habituais, os viciados em tóxicos, e os que, por deficiência mental, tenham o discernimento reduzido; **III** — os excepcionais, sem desenvolvimento mental completo; **IV** — os pródigos. **Parágrafo único.** A capacidade dos índios será regulada por legislação especial.	**Art. 4º** São incapazes, relativamente a certos atos, ou à maneira de os exercer: **I** — os maiores de dezesseis e menores de dezoito anos; **II** — os ébrios habituais e os viciados em tóxico; **III** — aqueles que, por causa transitória ou permanente, não puderem exprimir sua vontade; **IV** — os pródigos. **Parágrafo único.** A capacidade dos indígenas será regulada por legislação especial.

Como as pessoas supramencionadas já têm razoável discernimento, não ficam afastadas da atividade jurídica, podendo praticar **determinados atos** por si sós. Estes, porém, constituem **exceções**, pois elas devem estar **assistidas** por seus representantes para a prática dos atos em geral, sob pena de **anulabilidade**. Estão em uma situação intermediária entre a capacidade plena e a incapacidade total.

■ 4.3.1.2.1. *Os maiores de 16 e menores de 18 anos*

■ 4.3.1.2.1.1. *A necessidade de assistência do representante legal*

Os maiores de 16 e menores de 18 anos são os menores púberes do direito anterior. Já foi dito que podem praticar apenas determinados atos sem a assistência de seus representantes: aceitar mandato, ser testemunha, fazer testamento etc.[34]. Não se tratando desses casos especiais, necessitam da referida **assistência**, sob pena de **anulabilidade** do ato, se o lesado tomar providências nesse sentido e o vício não houver sido sanado. O ordenamento jurídico não mais despreza a sua vontade. Ao contrário, considera-a, atribuindo ao ato praticado pelo relativamente incapaz todos os efeitos jurídicos, desde que esteja **assistido** por seu representante[35].

Os referidos menores figuram nas relações jurídicas e delas participam **pessoalmente**, assinando documentos, se necessário. Contudo, não podem fazê-lo sozinhos, mas acompanhados, ou seja, **assistidos** por seu representante legal (pai, mãe ou tutor), **assinando ambos** os documentos concernentes ao ato ou negócio jurídico. Se houver conflito de interesse entre eles, como na hipótese em que o menor tenha necessidade de promover ação contra seu genitor, o juiz lhe dará curador especial (CC, art. 1.692).

■ 4.3.1.2.1.2. *Hipótese de perda da proteção legal*

Há, no Código Civil, um **sistema de proteção** dos incapazes. Para os absolutamente incapazes, a proteção é incondicional. Os maiores de 16 anos, porém, já tendo discernimento suficiente para manifestar a sua vontade, devem, em contrapartida, para merecê-la, proceder de **forma correta**. Preceitua, com efeito, o art. 180 do aludido diploma:

> "Art. 180. O menor, entre dezesseis e dezoito anos, não pode, para eximir-se de uma obrigação, invocar a sua idade se dolosamente a ocultou quando inquirido pela outra parte, ou se, no ato de obrigar-se, declarou-se maior."

---

[34] O menor com mais de dezesseis e menos de dezoito anos pode, dentre outros atos, além dos mencionados — aceitar mandato (CC, art. 666), ser testemunha em atos jurídicos (CC, art. 228, I) e fazer testamento (CC, art. 1.860, parágrafo único) —, também exercer empregos públicos para os quais não for exigida a maioridade; com autorização, ser comerciante (CC, art. 5º, parágrafo único); casar-se, tanto o homem como a mulher; celebrar contrato de trabalho (CF, art. 7º, XXXIII; Lei n. 10.097/2000); ser eleitor, facultativamente (Código Eleitoral, art. 4º; CF, art. 14, § 1º, I e II, *c*).

[35] Silvio Rodrigues, *Direito civil*, cit., v. 1, p. 49.

Tendo que optar entre proteger o menor ou repelir a sua má-fé, o legislador preferiu a última solução, mais importante, protegendo assim a **boa-fé do terceiro** que com ele negociou. Exige-se, no entanto, que o erro da outra parte seja **escusável**. Se não houve malícia por parte do menor, anula-se o ato, para protegê-lo. Constituindo exceção pessoal, a incapacidade só pode ser arguida pelo **próprio incapaz** ou pelo seu **representante legal**. Por essa razão, dispõe o art. 105 do Código Civil que "a incapacidade relativa de uma das partes não pode ser invocada pela outra em benefício próprio, nem aproveita aos cointeressados capazes, salvo se, neste caso, for indivisível o objeto do direito ou da obrigação comum".

Como ninguém pode locupletar-se à custa alheia, determina-se a **restituição** da importância paga ao menor se ficar provado que o pagamento nulo reverteu em seu **proveito**. Prescreve, com efeito, o art. 181 do Código Civil que "ninguém poderá reclamar o que, por uma obrigação anulada, pagou a um incapaz, se não provar que reverteu em proveito dele a importância paga".

■ 4.3.1.2.1.3. Obrigações resultantes de atos ilícitos

O Código Civil preceitua, no art. 928, que o *incapaz* "responde pelos prejuízos que causar, se as pessoas por ele responsáveis não tiverem obrigação de o fazer ou não dispuserem de meios suficientes". Acrescenta o parágrafo único que a indenização prevista nesse artigo, "que deverá ser equitativa, não terá lugar se privar do necessário o incapaz ou as pessoas que dele dependem".

Desse modo, se a vítima não conseguir receber a indenização da pessoa encarregada de sua guarda, que continua responsável em primeiro plano (art. 932, I), poderá o juiz, mas somente se o incapaz for abastado, condená-lo ao pagamento de uma **indenização equitativa**. Adotou-se, pois, o princípio da responsabilidade ***subsidiária*** **e** ***mitigada*** dos incapazes.

■ 4.3.1.2.2. Os ébrios habituais e os viciados em tóxico

O atual Código, valendo-se de subsídios da ciência médico-psiquiátrica, incluiu os ébrios habituais, os toxicômanos e os deficientes mentais de discernimento reduzido no rol dos relativamente incapazes. Somente são assim considerados, porém, os **alcoólatras** ou dipsômanos (os que têm impulsão irresistível para beber) e os **toxicômanos**, isto é, os viciados no uso e dependentes de substâncias alcoólicas ou entorpecentes. Os **usuários eventuais** que, por **efeito transitório** dessas substâncias, ficarem impedidos de exprimir plenamente sua vontade estão elencados no art. 4º, III, do aludido estatuto.

Os **viciados em tóxico** que venham a sofrer redução da capacidade de **entendimento**, dependendo do grau de intoxicação e dependência, poderão ser, **excepcionalmente**, considerados **deficientes** pelo juiz, que procederá à graduação da **curatela**, na sentença, conforme o nível de intoxicação e comprometimento mental (Lei n. 13.146/2015, art. 84 e parágrafos). Assim também procederá o juiz se a **embriguez** houver evoluído para um quadro patológico, aniquilando a capacidade de autodeterminação do viciado.

O art. 1.772 do Código Civil foi alterado pela referida Lei n. 13.146/2015 e, posteriormente, pelo Código de Processo Civil, cujo art. 755 prescreve: "Na sentença que decretar a interdição, o juiz: I — nomeará curador, que poderá ser o requerente da interdição, e fixará os limites da curatela, segundo o estado e o desenvolvimento mental do interdito; II — considerará as características pessoais do interdito, observando suas potencialidades, habilidades, vontades e preferências".

4.3.1.2.3. *Aqueles que, por causa transitória ou permanente, não puderem exprimir sua vontade*

A expressão, também genérica, não abrange as pessoas portadoras de doença ou deficiência mental permanentes, referidas no revogado inciso II do art. 3º do Código Civil, ou seja, os amentais, hoje considerados plenamente capazes, **salvo se não puderem exprimir a sua vontade**. Estes, bem como as demais pessoas que também não puderem, serão tratados como **relativamente incapazes** (art. 4º, III), seja a causa **permanente** (doença mental), seja **transitória**, em virtude de alguma patologia (p. ex., arteriosclerose, excessiva pressão arterial, paralisia, embriaguez não habitual, uso eventual e excessivo de entorpecentes ou de substâncias alucinógenas, hipnose ou outras causas semelhantes, mesmo não permanentes).

É **anulável**, assim, o ato jurídico exercido pela pessoa de condição psíquica normal, mas que se encontrava **completamente embriagada** no momento em que o praticou e que, em virtude dessa situação transitória, não se encontrava em perfeitas condições de exprimir a sua vontade[36].

4.3.1.2.4. *Os pródigos*

4.3.1.2.4.1. *Conceito*

Pródigo é o indivíduo que dissipa o seu patrimônio desvairadamente. Na definição de Clóvis Beviláqua, "é aquele que, desordenadamente, gasta e destrói a sua fazenda"[37]. Na verdade, é o indivíduo que, por ser portador de um defeito de personalidade, **gasta imoderadamente**, dissipando o seu patrimônio, com o risco de reduzir-se à miséria.

Trata-se de um **desvio da personalidade**, comumente ligado à prática do jogo e à dipsomania (alcoolismo), e não, propriamente, de um estado de alienação mental. O pródigo só passará à condição de relativamente incapaz depois de declarado como

---

36 "Só estão incluídas nesse caso de incapacidade absoluta, embora temporária, as hipóteses que acarretam a impossibilidade de exprimir a vontade, à semelhança do que dispõe o art. 31 do Código das Obrigações da Polônia ("Est nulle la déclaration de volonté émise par une personne se trouvant en état d'inconscience ou atteinte d'un trouble même passager des facultés intellectuelles, trouble excluant la volonté consciente"). Não há, portanto, que se confundir tal situação com a incapacidade permanente dos ébrios habituais e dos viciados em tóxicos, a qual é relativa pela diminuição (e não supressão) da vontade acarretada por esses vícios..." (José Carlos Moreira Alves, *A Parte Geral*, cit., p. 129).

37 *Teoria geral do direito civil*, p. 83.

tal em **sentença de interdição**. Justifica-se a interdição do pródigo pelo fato de encontrar-se permanentemente sob o risco de reduzir-se à miséria, em detrimento de sua pessoa e de sua família, podendo ainda transformar-se num encargo para o Estado, que tem a obrigação de dar assistência às pessoas necessitadas.

4.3.1.2.4.2. Curatela do pródigo

A curatela do pródigo (CC, art. 1.767, V) pode ser promovida pelo cônjuge ou companheiro (CF, art. 226, § 3º; *JTJ*, Lex, 235/108), por **qualquer parente** ou tutores, pelo representante da entidade em que se encontra abrigado o interditando e pelo Ministério Público (CPC, art. 747).

Ao contrário do Código Civil de 1916, o novo não permite a interdição do pródigo para favorecer a seu cônjuge, ascendentes ou descendentes, mas, sim, para **protegê-lo**, não reproduzindo a parte final do art. 461 do diploma de 1916, que permitia o levantamento da interdição "não existindo mais os parentes designados no artigo anterior", artigo este que também não foi mantido.

4.3.1.2.4.3. Efeitos da interdição do pródigo

A interdição do pródigo só interfere em atos de ***disposição e oneração do seu patrimônio***. Pode inclusive **administrá-lo**, mas ficará privado de praticar atos que possam desfalcá-lo, como "emprestar, transigir, dar quitação, alienar, hipotecar, demandar ou ser demandado" (CC, art. 1.782). Tais atos dependem da assistência do curador; sem isso, serão anuláveis (art. 171, I). **Não há limitações concernentes à *pessoa* do pródigo**, que poderá viver como lhe aprouver, podendo votar, ser jurado, testemunha, fixar o domicílio do casal, autorizar o casamento dos filhos, exercer profissão que não seja a de comerciante e até casar-se, exigindo-se, somente neste último caso, a assistência do curador se celebrar pacto antenupcial que acarrete alteração em seu patrimônio.

4.3.1.3. Curatela de pessoas capazes (deficientes) e incapazes

O **Estatuto da Pessoa com Deficiência** (Lei n. 13.146, de 6 de julho de 2015) inova ao admitir a interdição de **pessoa capaz**. Dispõe, com efeito, o § 1º do art. 84 da referida lei: "Quando necessário, a pessoa com deficiência será submetida à curatela, conforme a lei". A expressão **"quando necessário"** abrange aqueles que, por causa permanente ou transitória, não puderem exprimir sua vontade.

Acrescenta o mencionado diploma:

> "Art. 84, § 3º A definição de curatela de pessoa com deficiência constitui **medida protetiva extraordinária**, proporcional às necessidades e às circunstâncias de cada caso, e durará o menor tempo possível."

Por sua vez, proclama o art. 85, *caput*, que "A curatela afetará tão somente os atos relacionados aos direitos de natureza patrimonial e negocial", acrescentando, no

§ 2º, que "A **curatela constitui medida extraordinária**, devendo constar da sentença as razões e motivações de sua definição, preservados os interesses do curatelado".

Estão também sujeitos à curatela os ***relativamente incapazes*** mencionados no art. 1.767 do Código Civil, com as modificações introduzidas pela referida Lei n. 13.146/2015, quais sejam: "os ébrios habituais e os viciados em tóxico; aqueles que, por causa transitória ou permanente, não puderem exprimir sua vontade; e os pródigos".

4.3.1.4. O procedimento de interdição. Natureza jurídica da sentença

O procedimento de interdição é especial de **jurisdição voluntária** e segue o rito estabelecido nos arts. 747 e s. do Código de Processo Civil, bem como as disposições da Lei dos Registros Públicos (Lei n. 6.015/73). É obrigatório o **exame pessoal** do interditando, em audiência, ocasião em que será minuciosamente interrogado pelo juiz "acerca de sua vida, negócios, bens, vontades, preferências e laços familiares e afetivos e sobre o que mais lhe parecer necessário para convencimento quanto à sua capacidade para praticar os atos da vida civil, devendo ser reduzidas a termo as perguntas e respostas" (CPC, art. 751). É também obrigatória a nomeação de **perito médico** para proceder ao exame do interditando. É **nulo** o processo em que não se realizou o referido interrogatório ou não foi feito o exame pericial[38]. "A perícia pode ser realizada por equipe composta por expertos com formação multidisciplinar" (CPC, art. 752, § 1º).

A atuação do **Ministério Público** na ação de interdição que não foi por ele proposta será a de **fiscal da lei** (CPC, arts. 178, II, e 752, § 1º).

Decretada a interdição, será nomeado **curador** ao interdito, sendo a sentença de natureza ***declaratória***, pois "não é o decreto de interdição, que cria a incapacidade, porém, a alienação mental"[39]. A sentença somente reconhece a incapacidade. Sob a ótica **processual**, alguns autores, no entanto, entendem que ela é **constitutiva**, porque os seus efeitos são *ex nunc*, verificando-se desde logo, embora sujeita a apelação (CPC, art. 724). Sustentam os aludidos autores que a declaração da incapacidade absoluta é feita na fundamentação da sentença e que a criação de uma situação nova, a qual sujeita o interdito à curatela, dá-se na parte dispositiva do *decisum*. Todavia, sob o aspecto do reconhecimento de uma situação de fato — a insanidade mental como causa da interdição —, tem **natureza declaratória**, uma vez que, mesmo nas sentenças constitutivas, há uma declaração de certeza do direito preexistente, das condições necessárias e determinadas em lei para se criar nova relação ou alterar a relação existente. Dá-se razão, portanto, a Maria Helena Diniz, quando afirma que

---

38 Nelson Nery Junior e Rosa Maria de Andrade Nery, *Código de Processo Civil comentado*, p. 1.066. "Somente em casos especiais, de pessoas gravemente excepcionais, inexistente qualquer sinal de risco de fraude, poder-se-á, no interesse do interditando, dispensar o interrogatório" (*JTJ*, Lex, 179/166).

39 Caio Mário da Silva Pereira, *Instituições*, cit., v. 1, p. 172.

a sentença de interdição tem **natureza mista**, sendo, concomitantemente, ***constitutiva*** e ***declaratória***: declaratória no sentido de "declarar a incapacidade de que o interditando é portador"; e "ao mesmo tempo constitutiva de uma nova situação jurídica quanto à capacidade da pessoa que, então, será considerada legalmente interditada"[40].

Para assegurar a sua eficácia *erga omnes*, a sentença "será inscrita no registro de pessoas naturais e imediatamente publicada na rede mundial de computadores, no sítio do tribunal a que estiver vinculado o juízo e na plataforma de editais do Conselho Nacional de Justiça, onde permanecerá por 6 (seis) meses, na imprensa local, 1 (uma) vez, e no órgão oficial, por 3 (três) vezes, com intervalo de 10 (dez) dias, constando do edital os nomes do interdito e do curador, a causa da interdição, os limites da curatela e, não sendo total a interdição, os atos que o interdito poderá praticar autonomamente" (CPC, art. 755, § 3º). É **nulo** o ato praticado pelo enfermo ou deficiente mental depois dessas providências.

■ 4.3.1.5. A tomada de decisão apoiada

O Código Civil previa a possibilidade de ser decretada a interdição do enfermo ou portador de deficiência física, a seu requerimento, ou, na impossibilidade de fazê-lo, de qualquer das pessoas a que se refere o art. 1.768, "para cuidar de todos ou alguns de seus negócios ou bens".

Não era requisito a falta de discernimento ou a impossibilidade de manifestação da vontade pelo curatelando. **Bastava a condição de enfermo ou deficiente físico aliada ao propósito de ter um curador.** Tal modalidade de curatela somente tinha utilidade quando o paciente, por enfermidade ou deficiência física, estava impossibilitado de outorgar mandato a procurador de sua confiança, para os fins mencionados, como sucede com o indivíduo que não consegue assinar a procuração ou se encontra no CTI do hospital, impossibilitado fisicamente de constituir procurador (por se encontrar em estado de coma ou inconsciente há longo tempo, p. ex.), estando a família necessitada de retirar dinheiro de agência bancária para pagamento das despesas, ou para atender a necessidades urgentes, ou ainda ultimar negócios inadiáveis.

O referido art. 1.780 do Código Civil foi expressamente revogado pelo art. 123, VII, do Estatuto da Pessoa com Deficiência (Lei n. 13.146/2015), que trata da nova figura denominada **"Tomada de Decisão Apoiada"**. O art. 1.783-A do Código Civil, criado pelo Estatuto em apreço e que supre a mencionada revogação, ampliando o seu âmbito, dispõe que "a tomada de decisão apoiada é o processo pelo qual a pessoa com deficiência elege pelo menos 2 (duas) pessoas idôneas, com as quais mantenha vínculos e que gozem de sua confiança, para prestar-lhe apoio na tomada de decisão sobre atos da vida civil, fornecendo-lhe os elementos e informações necessários para que possa exercer sua capacidade".

---

[40] *Curso*, cit., v. 1, p. 146 e 170.

O referido dispositivo aplica-se aos casos de pessoas que possuem **algum tipo de deficiência, mas *podem, todavia, exprimir a sua vontade***. O caso típico é o do portador da Síndrome de Down, que o torna uma pessoa deficiente, mas não acarreta, necessariamente, impedimento para a manifestação da vontade. Neste caso, não se justifica a classificação dessa pessoa como relativamente incapaz, sujeita à curatela.

A Tomada de Decisão Apoiada constitui, destarte, um **terceiro gênero** (o de pessoas que apresentam **alguma deficiência física ou mental, mas podem exprimir a sua vontade** e por essa razão podem se valer do benefício da Tomada de Decisão Apoiada), ao lado das pessoas não portadoras de deficiência e, portanto, plenamente capazes, e das pessoas com deficiência e incapazes de exprimir a sua vontade, sujeitas, desse modo, à curatela.

"O pedido de tomada de decisão apoiada **será requerido pela pessoa a ser apoiada**, com indicação expressa das pessoas aptas a prestarem o apoio previsto no *caput* deste artigo" (art. 1.783-A, § 2º, do CC).

■ *4.3.1.6. Os ausentes e os surdos-mudos*

O atual Código Civil, diversamente do diploma de 1916, não inseriu os ***ausentes*** no rol das pessoas absolutamente incapazes, dedicando-lhes capítulo próprio (arts. 22 a 39). Moreira Alves justifica o fato de não terem sido incluídos no elenco dos absolutamente incapazes, dizendo que, "em verdade, não o são, tanto que gozam de plena capacidade de fato no lugar onde eventualmente se encontram"[41].

A **surdo-mudez** deixou também de ser causa autônoma de incapacidade. Os *surdos-mudos*, mesmo deficientes, são considerados pessoas **plenamente capazes** (Lei n. 13.146/2015, arts. 6º e 84).

■ 4.3.2. Os índios

■ *4.3.2.1. Denominação atual*

- **Código Civil de 1916:** referia-se aos índios utilizando o vocábulo **"silvícolas"**, com o significado de habitantes das selvas, não integrados à civilização. Considerava-os **relativamente incapazes**, sujeitando-os, para protegê-los, ao **regime tutelar** estabelecido em leis e regulamentos especiais, o qual cessaria à medida que se fossem adaptando à civilização do País (art. 6º).
- **Código Civil de 2002:** mudou a denominação dos habitantes das selvas para ***índios***, compatibilizando-a com a **Constituição Federal**, que a eles dedicou um capítulo especial (arts. 231 a 232).
- **Lei n. 13.146, de 6 de julho de 2015 (Estatuto da Pessoa com Deficiência)**: optou pelo termo **"indígenas"**. Compete privativamente à União legislar sobre "populações indígenas" (CF, art. 22, XIV).

41 *A Parte Geral*, cit., p. 71.

4.3.2.2. *A situação jurídica dos índios*

O atual Código Civil afastou-se do sistema do Código Beviláqua, remetendo a disciplina normativa dos índios para a **legislação especial**, não mais os classificando como relativamente incapazes. Preceitua, com efeito, o art. 4º, parágrafo único, que a "capacidade dos índios será regulada por legislação especial". Como retromencionado, o termo "índios" foi substituído por "indígenas" pela Lei n. 13.146/2015.

O diploma legal que atualmente regula a situação jurídica dos índios no País é a **Lei n. 6.001, de 19 de dezembro de 1973**, que dispõe sobre o **Estatuto do Índio**, proclamando que ficarão sujeitos à **tutela da União** até se adaptarem à civilização. Referida lei considera ***nulos*** os negócios celebrados entre um índio e uma pessoa estranha à comunidade indígena sem a participação da Fundação Nacional do Índio (Funai), enquadrando-o, pois, como ***absolutamente* incapaz**. Entretanto, declara que se considerará válido tal ato se o índio revelar consciência e conhecimento deste e, ao mesmo tempo, tal ato não o prejudicar. Nesse ponto, revogou tacitamente o parágrafo único do art. 6º, III, do Código de 1916, que o considerava relativamente incapaz[42]. No sistema atual, poderá o juiz, por exemplo, julgar improcedente ação declaratória de nulidade de negócio jurídico celebrado pelo índio já adaptado à civilização e que ainda não tomou a providência de emancipar-se, considerando-o válido diante das circunstâncias, especialmente em razão da vantagem por ele obtida, tendo a ação sido proposta de má-fé pela outra parte, invocando a incapacidade do índio em benefício próprio.

4.3.2.3. *A tutela estatal*

A Fundação Nacional do Índio **(Funai)** foi criada pela Lei n. 5.371/67 para exercer a tutela dos indígenas em nome da União.

A tutela dos índios constitui espécie de **tutela estatal** e origina-se no âmbito administrativo. O que vive nas comunidades não integradas à civilização já nasce sob tutela. É, portanto, independentemente de qualquer medida judicial, incapaz desde o nascimento, até que preencha os **requisitos** exigidos pelo art. 9º da Lei n. 6.001/73, quais sejam:

- idade mínima de 21 anos;
- conhecimento da língua portuguesa;
- habilitação para o exercício de atividade útil à comunidade nacional;
- razoável compreensão dos usos e costumes da comunhão nacional; e
- seja liberado por ato judicial, diretamente, ou por ato da Funai homologado pelo órgão judicial[43].

---

[42] Roberto João Elias, *Tutela civil*: regimes legais e realização prática, p. 57, n. 90.

[43] Roberto João Elias, *Tutela*, cit., p. 69, n. 113 e 114.

A Lei dos Registros Públicos (Lei n. 6.015, de 31.12.1973) estabelece, no art. 50, § 2º, que os "índios, enquanto não integrados, não estão obrigados a **inscrição do nascimento**. Este poderá ser feito em **livro próprio** do órgão federal de assistência aos índios". Desse modo, a Funai poderá manter um **cadastro** de toda a população indígena do País. A redução da idade em que se atinge a maioridade, no novo Código Civil, para 18 anos, não afeta a exigência de idade mínima de 21 anos contida no Estatuto do Índio, por se tratar de lei especial. Poderá o **Presidente da República**, por decreto, declarar a emancipação de uma **comunidade indígena** e de seus membros. Órgão competente para cuidar das questões referentes aos índios é a **Justiça Federal**.

Os índios são classificados em:

- ***isolados***, quando vivem em grupos desconhecidos;
- ***em vias de integração***, quando conservam condições de vida nativa, mas aceitam algumas práticas e modos de existência comuns aos demais setores da comunhão nacional; e
- ***integrados***, quando incorporados à comunhão nacional e reconhecidos no pleno exercício dos direitos civis, mesmo que conservem usos, costumes e características de sua cultura.

A tutela do índio **não integrado** à comunhão nacional tem a finalidade de protegê-lo, à sua pessoa e aos seus bens. Além da assistência da Funai, o **Ministério Público Federal** funcionará nos processos em que haja interesse dos índios e, inclusive, proporá as medidas judiciais necessárias à proteção de seus direitos (CF, art. 129, V).

4.3.3. Modos de suprimento da incapacidade

4.3.3.1. Representação legal e voluntária

O novo Código dedicou um capítulo específico aos preceitos gerais sobre a representação **legal** e a **voluntária** (arts. 115 a 120). Preceitua o art. 115 que os "poderes de representação conferem-se por lei ou pelo interessado". E o art. 120 aduz: "Os requisitos e os efeitos da representação legal são os estabelecidos nas normas respectivas; os da representação voluntária são os da Parte Especial deste Código". Esta última é disciplinada no capítulo concernente ao **mandato**, uma vez que, em nosso sistema jurídico, a representação é da essência desse contrato (cf. art. 653).

Desse modo, os requisitos e os efeitos da **representação legal** encontram-se nas normas respectivas. Dispõe, com efeito, o art. 1.634, V, do Código Civil que compete aos pais, na qualidade de detentores do **poder familiar**, quanto à pessoa dos filhos menores, "... V — representá-los, até aos dezesseis anos, nos atos da vida civil, e assisti-los, após essa idade, nos atos em que forem partes, suprindo-lhes o consentimento". Essa regra é repetida no art. 1.690: "Compete aos pais, e na falta de um deles ao outro, com exclusividade, representar os filhos menores de dezesseis anos, bem como assisti-los até completarem a maioridade ou serem emancipados". No que concerne aos menores sob **tutela**, dispõe o art. 1.747, I, do Código Civil que compete ao tutor "representar o menor, até os dezesseis anos, nos atos da vida civil, e assisti-lo, após essa idade, nos atos em que for parte". O aludido dispositivo aplica-se também, *mutatis mutandis*, aos **curadores e aos curatelados**, por força do art. 1.774 do mesmo diploma, que determina a aplicação, à curatela, das disposições concernentes à tutela.

■ 4.3.3.2. *Efeitos da incapacidade absoluta*

A incapacidade absoluta acarreta a **proibição total**, pelo incapaz, do exercício do direito. Fica ele inibido de praticar qualquer ato jurídico ou de participar de qualquer negócio jurídico. Estes serão praticados ou celebrados pelo representante legal do absolutamente incapaz, **sob pena de nulidade** (CC, art. 166, I).

■ 4.3.3.3. *Efeitos da incapacidade relativa*

A incapacidade relativa permite que o incapaz pratique atos da vida civil, desde que **assistido** por seu representante legal, **sob pena de anulabilidade** (art. 171, I). Certos atos, porém, pode praticar sem a assistência deste, como visto no item 4.3.1.2 *retro*. Quando necessária a assistência, ambos participam do ato: o relativamente incapaz e seu representante. Se necessário for assinar algum documento, ambos o assinarão. Se faltar a assinatura de um deles, o ato será anulável.

■ 4.3.4. Sistema de proteção aos incapazes

■ 4.3.4.1. *Medidas tutelares*

O Código Civil contém um sistema de proteção aos incapazes. Em vários dispositivos, constata-se a intenção do legislador em protegê-los, a começar pelos transcritos no item anterior. Com efeito, importante proteção jurídica dos hipossuficientes realiza-se por meio da **representação** e da **assistência**, que lhes dá a necessária segurança, quer em relação à sua pessoa, quer em relação ao seu patrimônio, possibilitando o exercício de seus direitos[44]. O **curador**, por exemplo, exerce um *munus* público, visto que a curatela é um instituto de interesse público[45] destinado à proteção dos maiores que se enquadrem nas situações mencionadas nos arts. 1.767, 1.779 e 1.780 do aludido diploma.

Há outras **medidas tutelares** que integram o referido sistema de proteção, especialmente nos capítulos concernentes ao poder familiar, à tutela, à prescrição, às nulidades e outros (cf. arts. 119, 198, I, 588, 814, *in fine*, 181, 1.692 e 2.015). Perde, porém, a referida proteção o menor, entre dezesseis e dezoito anos, que proceder de forma incorreta, ocultando dolosamente a sua idade ou declarando-se maior, no ato de obrigar-se (art. 180). Nessa linha, poderão, ainda, os incapazes em geral ser

---

44 Maria Helena Diniz, *Curso*, cit., v. 1, p. 161.

45 Washington de Barros Monteiro, *Curso de direito civil*: direito de família, 32. ed., v. 2, p. 330.

responsabilizados civil, subsidiária e equitativamente pela prática de atos ilícitos lesivos a terceiros (art. 928).

4.3.4.2. *Benefício de restituição ("restitutio in integrum")*

No direito romano, maior era a proteção jurídica concedida aos incapazes. Admitia-se o benefício de restituição (*restitutio in integrum*), que consiste na possibilidade de se anular o **negócio válido**, mas que se revelou **prejudicial** ao incapaz. Segundo Beviláqua, trata-se de "benefício concedido aos menores e às pessoas que se lhes equiparam, a fim de poderem anular quaisquer outros atos válidos sob outros pontos de vista, nos quais tenham sido lesadas"[46]. Se, porventura, o genitor alienasse bem imóvel pertencente ao menor, com **observância de todos os requisitos legais**, inclusive autorização judicial, mesmo assim o negócio poderia ser anulado se se apurasse, posteriormente, que **o incapaz acabou prejudicado** (pela valorização do imóvel, por exemplo, em razão de um fato superveniente).

Como tal benefício representava um risco à segurança dos negócios e à própria economia, não foi acolhido pelo Código Civil de 1916, que proclamava, de forma categórica, no art. 8º: "Na proteção que o Código Civil confere aos incapazes não se compreende o benefício de restituição". O nosso ordenamento jurídico rechaçou, portanto, o aludido benefício, que igualmente não é previsto no Código de 2002. Hoje, portanto, se o negócio foi **validamente celebrado**, observados os requisitos da representação e da assistência e autorização judicial, quando necessária, **não se poderá pretender anulá-lo** se, posteriormente, revelar-se prejudicial ao incapaz.

4.3.5. Cessação da incapacidade

Cessa a incapacidade **desaparecendo os motivos** que a determinaram. Assim, quando a causa é a menoridade, desaparece pela **maioridade** e pela **emancipação**.

4.3.5.1. *Maioridade*

A maioridade começa aos **18 anos completos**, tornando-se a pessoa apta para as atividades da vida civil que não exigirem limite especial, como as de natureza política[47]. Cessa a menoridade (art. 5º, *caput*) **no primeiro momento** do dia em que o indivíduo perfaz os 18 anos. Se nascido no dia 29 de fevereiro de **ano bissexto**, completa a maioridade no dia 1º de março. Se se ignora a data do nascimento, necessário se torna o **exame médico**. Na dúvida, porém, pende-se pela capacidade (*in dubio pro capacitate*)[48].

---

46 *Teoria*, cit., p. 90.

47 *V.* Constituição Federal, art. 14, § 3º, alínea *a*, que fixa a idade mínima de 35 anos para Presidente, Vice-Presidente da República e Senador.

48 Washington de Barros Monteiro, *Curso*, cit., v. 1, p. 66.

Essa capacidade de natureza civil não deve ser confundida com a disciplinada em **leis especiais**, como a capacidade eleitoral, que hoje se inicia, facultativamente, aos 16 anos (CF, art. 14, § 1º, II, *c*; Código Eleitoral, art. 4º), nem com a idade limite para o serviço militar (17 anos, para fins de alistamento e prestação do serviço militar, segundo o art. 73 da Lei n. 4.375/64, reproduzido no Dec. n. 57.654/66) ou com a prevista no Estatuto da Criança e do Adolescente (Lei n. 8.069, de 13.7.1990, art. 2º, parágrafo único), para a aplicação de suas normas às pessoas entre 18 e 21 anos de idade, nos casos expressos em lei e excepcionalmente. Igualmente não deve ser confundida com a idade em que tem início a responsabilidade penal. Se esta vier a ser antecipada para os 16 anos, como pretendem alguns, em nada tal redução afetará a maioridade civil, que permanecerá regida por dispositivo específico do Código Civil.

■ *4.3.5.2. Emancipação*

Clóvis define emancipação como a aquisição da capacidade civil antes da idade legal[49]. Consiste, desse modo, na **antecipação da aquisição da capacidade de fato** ou de exercício (aptidão para exercer por si só os atos da vida civil). Pode decorrer de concessão dos pais ou de sentença do juiz, bem como de determinados fatos a que a lei atribui esse efeito.

Dispõe o parágrafo único do art. 5º do novo Código que cessará, para os menores, a incapacidade:

> "I — pela concessão dos pais, ou de um deles na falta do outro, mediante instrumento público, independentemente de homologação judicial, ou por sentença do juiz, ouvido o tutor, se o menor tiver dezesseis anos completos;
>
> II — pelo casamento;
>
> III — pelo exercício de emprego público efetivo;
>
> IV — pela colação de grau em curso de ensino superior;
>
> V — pelo estabelecimento civil ou comercial, ou pela existência de relação de emprego, desde que, em função deles, o menor com dezesseis anos completos tenha economia própria."

■ *4.3.5.2.1. Espécies de emancipação*

Conforme a sua causa ou origem, a emancipação pode ser, pois, de três espécies:

- **voluntária**;
- **judicial**; e
- **legal**.

Veja-se o gráfico a seguir:

---

49 *Código Civil*, cit., obs. ao art. 9º.

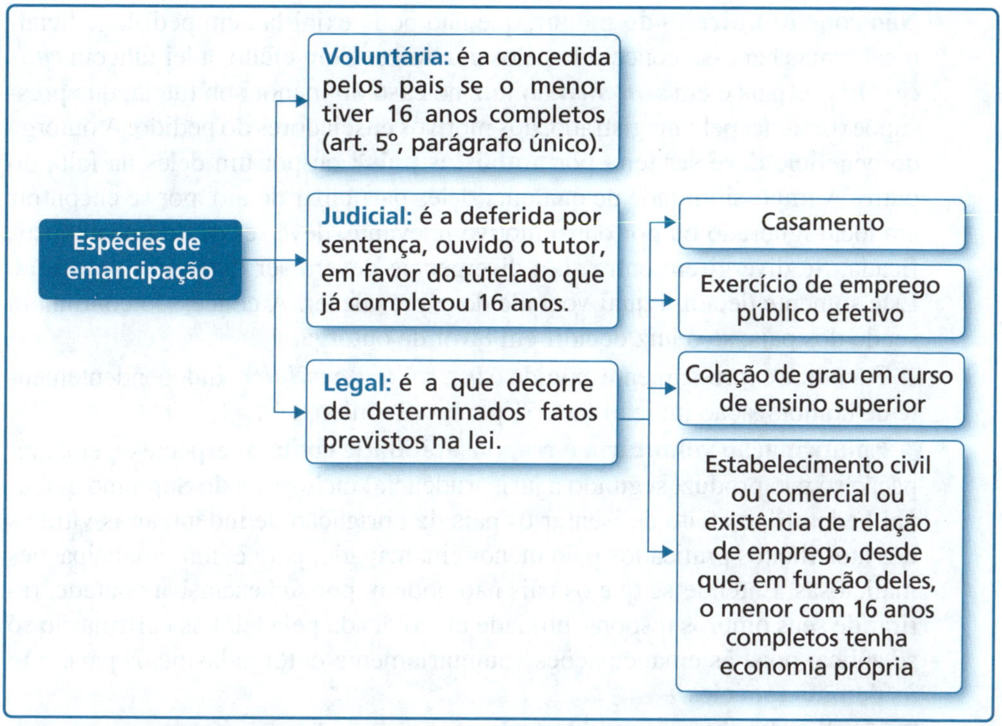

No Código de 1916, a maioridade era atingida aos 21 anos e os pais só podiam emancipar filhos que já tivessem completado 18 anos.

As emancipações ***voluntária*** e ***judicial*** devem ser registradas em livro próprio do **1º Ofício do Registro Civil** da comarca do domicílio do menor, anotando-se também, com remissões recíprocas, no assento de nascimento (CC, art. 9º, II; LRP, art. 107, § 1º). ***Antes do registro, não produzirão efeito*** (LRP, art. 91, parágrafo único). Quando concedida por sentença, deve o juiz comunicar, de ofício, a concessão ao oficial do Registro Civil. A emancipação ***legal*** (casamento, emprego público etc.) **independe de registro** e produzirá efeitos desde logo, isto é, a partir do ato ou do fato que a provocou.

Conforme supramencionado, as **espécies** de emancipação são as seguintes:

a) Emancipação voluntária: apresenta as seguintes características:

- Efetiva-se por **concessão de ambos os pais**, ou seja, **em** decorrência de ato unilateral **destes**, reconhecendo ter seu filho maturidade necessária para reger a própria pessoa e os próprios bens e não necessitar mais da proteção que o Estado oferece ao incapaz. Só pode conceder emancipação quem esteja na **titularidade do poder familiar**, uma vez que sua concessão é atributo deste[50].

---

50 Silvio Rodrigues, *Direito civil*, cit., v. 1, p. 55-56; Caio Mário da Silva Pereira, *Instituições*, cit., v. 1, p. 183.

Não constitui direito do menor, que não pode exigi-la nem pedi-la judicialmente, mas benesse concedida pelos genitores. Com efeito, a lei fala em ***concessão*** dos pais e em ***sentença*** do juiz no caso do menor sob tutela, que pressupõe o exame, pelo magistrado, dos motivos ensejadores do pedido. A outorga do benefício deve ser feita por **ambos os pais**[51] ou por um deles na falta do outro. A impossibilidade de qualquer deles participar do ato, por se encontrar em local ignorado ou por outro motivo relevante, deve ser devidamente justificada. Se divergirem entre si, a divergência deverá ser **dirimida pelo juiz**. Este somente decidirá qual vontade deve prevalecer. A concessão continuará sendo dos pais, se o juiz decidir em favor da outorga.

- **Forma:** é expressamente exigido o ***instrumento público***, independentemente de homologação judicial (art. 5º, parágrafo único, I)[52].
- **Emancipação voluntária e responsabilidade civil:** tal espécie de emancipação só não produz, segundo a jurisprudência, inclusive a do Supremo Tribunal Federal[53], o efeito de isentar os pais da obrigação de indenizar as vítimas dos atos ilícitos praticados pelo menor emancipado, para evitar emancipações maliciosas. Entende-se que os pais não podem, por sua exclusiva vontade, retirar de seus ombros responsabilidade ali colocada pela lei. Essa afirmação só se aplica, pois, às emancipações voluntariamente outorgadas pelos pais, **não às demais espécies**.
- **Invalidade e irrevogabilidade do ato:** a emancipação só deve ser outorgada pelos pais em função do interesse do menor. Por essa razão, pode ser **anulada** se ficar comprovado que aqueles só praticaram o ato para exonerar-se do dever alimentar. A emancipação, em qualquer de suas formas, é **irrevogável**. Não podem os pais, que voluntariamente emanciparam o filho, voltar atrás. **Irrevogabilidade, entretanto, não se confunde com invalidade do ato** (nulidade ou anulabilidade decorrente de coação, p. ex.), que pode ser reconhecida na ação anulatória.

b) Emancipação judicial: a única hipótese de emancipação judicial, que depende de **sentença** do juiz, é a do **menor sob tutela** que já completou 16 anos de idade. Entende o legislador que tal espécie deve ser submetida ao crivo do

---

[51] Malgrado no Código de 1916 somente o pai podia conceder a emancipação (a mãe só poderia fazê-lo se aquele fosse morto), a Lei dos Registros Públicos (Lei n. 6.015/73) já havia, no art. 89, alterado esse sistema, proclamando que a emancipação seria concedida por ato "dos pais". Posteriormente, essa modificação foi sacramentada pela Constituição Federal, quando dispôs sobre a isonomia entre os cônjuges no casamento.

[52] No direito anterior, já entendiam alguns autores que a emancipação deveria ser concedida por instrumento público para dar maior segurança ao ato. No entanto, não havia nenhum dispositivo de lei que exigisse essa forma. Ao contrário: o art. 90 da Lei n. 6.015/73 admitia o instrumento particular. Hoje, com a entrada em vigor do Código Civil de 2002, não há mais lugar para essa discussão, pois o novo diploma exige expressamente o instrumento público.

[53] "A emancipação por outorga dos pais não exclui, por si só, a responsabilidade decorrente de atos ilícitos do filho" (*RSTJ*, 115/275). No mesmo sentido: *RT*, 639/172, *RT*, 494/92; *JTACSP*, RT, 102/79.

magistrado, para evitar emancipações destinadas apenas a livrar o tutor dos ônus da tutela e prejudiciais ao menor, que se encontra sob influência daquele, nem sempre satisfeito com o encargo que lhe foi imposto. O tutor, desse modo, não pode emancipar o tutelado.

- **Procedimento:** é o de **jurisdição voluntária** previsto nos arts. 719 e s. do Código de Processo Civil (cf. **art. 725, I**). Requerida a emancipação, serão o tutor e o representante do Ministério Público citados. Provando o menor que tem capacidade para reger sua pessoa e seus bens, o juiz concederá a emancipação, por **sentença**, depois de verificar a conveniência do deferimento para o bem do incapaz, formando livremente o seu convencimento sem a obrigação de seguir o critério da legalidade estrita (CPC, art. 723, parágrafo único). A emancipação só deve ser concedida em consideração ao interesse do menor[54].

c) Emancipação legal: decorre, como já dito, de determinados acontecimentos a que a lei atribui esse efeito, quais sejam:

- **Casamento:** O casamento **válido** produz o efeito de emancipar o menor (art. 5º, parágrafo único, II). Se a sociedade conjugal logo depois se dissolver pela **viuvez** ou pelo **divórcio**, não retornará ele à condição de incapaz. O **casamento nulo**, entretanto, não produz nenhum efeito (art. 1.563). Proclamada a nulidade, ou mesmo a **anulabilidade**[55], o emancipado retorna à situação de incapaz, salvo se o contraiu de **boa-fé**. Nesse caso, o casamento será **putativo** em relação a ele e produzirá todos os efeitos de um casamento válido, inclusive a emancipação (art. 1.561). A **idade mínima** para o casamento do homem e da mulher é **16 anos**, com autorização dos representantes legais (art. 1.517). Excepcionalmente, porém, será permitido o casamento de quem não alcançou a idade núbil mediante suprimento judicial de idade, em caso de **gravidez**, segundo dispõe o art. 1.520 do Código Civil. A Lei n. 11.106, de 28 de março de 2005, revogou, além de outros dispositivos, o inc. VII do art. 107 do Código Penal. Com isso, o casamento deixou de evitar a imposição ou o cumprimento de pena criminal nos crimes contra a dignidade sexual (cf. Lei n. 12.015, de 07.08.2009) de ***ação penal pública***. Assim, **emancipa-se a jovem que tem a sua idade suprida pelo juiz, na hipótese de gravidez**, que se casa com menos de 16 anos de idade[56]. A **união estável**, todavia, não é causa de emancipação.

---

[54] Silvio Rodrigues, *Direito civil*, cit., p. 56.

[55] O casamento anulável produz todos os seus efeitos enquanto não anulado por decisão judicial transitada em julgado. Até então, tem validade resolúvel, que se tornará definitiva se decorrer o prazo decadencial sem que tenha sido ajuizada ação anulatória. Porém, a sentença que anula o casamento tem efeitos retroativos, considerando-se os cônjuges como se jamais o tivessem contraído. Produz efeitos iguais à decretação da nulidade, desfazendo o matrimônio como se este nunca houvesse existido, salvo caso de putatividade. Pontes de Miranda afirma, com efeito, que a anulação do casamento "produz efeitos iguais à decretação da nulidade, salvo onde a lei civil abriu explícita exceção" (*Tratado de direito privado*, v. 8, § 823, n. 1, p. 7).

[56] Silvio Rodrigues, *Direito civil*, cit., v. 1, p. 57.

Além de o rol constante do art. 5º, parágrafo único, do Código Civil ser taxativo (*numerus clausus*), tal *modus vivendi* não exige a autorização dos pais. Destarte, poderiam os filhos, que não conseguem se emancipar por concessão dos pais, burlar a lei, simplesmente vivendo em união estável. Decidiu, efetivamente, o Tribunal de Justiça do Rio Grande do Sul que o fato de conviver em união estável não é motivo para conceder emancipação à jovem menor de apenas 15 anos de idade. Afinal, afirmou o relator, este regime de união se equipara ao casamento somente para a finalidade de constituir família[57].

■ As **regras** sobre capacidade constantes da Parte Geral do Código Civil são de **caráter geral** e sucumbem ante regras especiais. Desse modo, por exemplo, a jovem que se casa com 14 ou 15 anos de idade mediante alvará judicial de suprimento de idade não pode, mesmo emancipada, obter logo título de eleitora, porque o Código Eleitoral exige, para tanto, idade mínima de 16 anos. Da mesma forma, não pode receber carteira de habilitação para dirigir automóveis, pois a idade mínima exigida pelo Código de Trânsito Brasileiro é 18 anos. Pelo mesmo motivo, pode ter o seu ingresso obstado em locais que, segundo o Estatuto da Criança e do Adolescente, só podem ser frequentados por maiores de 18 anos.

■ **Exercício de emprego público efetivo:** é dominante a corrente que exige tratar-se de emprego **efetivo**, afastando os interinos, contratados, diaristas, mensalistas etc. Há, todavia, algumas decisões abrandado o rigor da lei, entendendo que deve prevalecer o *status* de servidor público, qualquer que seja o serviço ou função administrativa e o modo de sua investidura. Esse modo de emancipação constava do projeto do novo Código Civil e se justificava plenamente, porque a maioridade começava aos 21 anos de idade. No entanto, tendo havido, à última hora, emenda para reduzi-la para 18 anos, que acabou aprovada, não mais se justifica a sua manutenção, por ter-se tornado **inócuo**. Passou despercebido o reflexo de tal mudança nesse capítulo. Aos 18 anos, hoje, as pessoas já são maiores e capazes. E é essa a idade mínima exigida para se ingressar no funcionalismo público, em caráter efetivo, como exige a lei. Dificilmente esta admitirá o acesso, nessas condições, ao maior de 16 e menor de 18 anos.

■ **Colação de grau em curso de ensino superior:** *porque demonstra* ***maturidade*** *própria do menor.* Excepcionalmente, todavia, uma pessoa consegue colar grau em curso de nível superior com menos de 18 anos de idade, a não ser os gênios, que se submeteram a procedimento especial para avaliação dessa circunstância junto ao Ministério da Educação.

■ **O estabelecimento civil ou comercial, ou a existência de relação de emprego, desde que, em função deles, o menor com 16 anos completos tenha economia própria:** tais fatos justificam a emancipação por afastarem as dificuldades que a subordinação aos pais acarretaria na gestão dos negócios ou no exercício do emprego particular, ao mesmo tempo em que tutela o interesse de terceiros, que de boa-fé com eles estabeleceram relações comerciais. Raramente, também, alguém consegue estabelecer-se civil ou comercialmente antes dos 18 anos. O

57 TJRS, Ap. 70.042.308.163, 7ª Câm. Cív., rel. Des. Vasconcelos Chaves, j. 29.6.2011.

Código Comercial exigia essa idade mínima para o exercício do comércio. O Código Civil de 2002 diz que "podem exercer a atividade de empresário os que estiverem em pleno gozo da capacidade civil e não forem legalmente impedidos" (art. 972). Essa capacidade, segundo dispõe o art. 5º, parágrafo único, V, do novo diploma ora em estudo, pode ser antecipada, desde que o menor, em função dessa atividade, "*tenha economia própria*", isto é, esteja auferindo renda suficiente para não depender mais dos pais. Já decidiu o Tribunal de Justiça de São Paulo que "não pratica comércio com economia própria menor que se estabelece em razão de sucessão *causa mortis*, por não se encontrar essa hipótese contemplada e elencada entre as causas previstas na lei"[58]. A Lei n. 12.399, de 1º de abril de 2011, acrescenta o § 3º ao art. 974 do Código Civil, para dispor que o Registro Público de Empresas Mercantis a cargo das Juntas Comerciais "deverá registrar contratos ou alterações contratuais de sociedade que envolva sócio incapaz, desde que atendidos, de forma conjunta, os seguintes pressupostos: I — o sócio incapaz não pode exercer a administração da sociedade; II — o capital social deve ser totalmente integralizado; III — o sócio relativamente incapaz deve ser assistido e o absolutamente incapaz deve ser representado por seus representantes legais". Para existir **relação de emprego** capaz de emancipar o menor entre 16 e 18 anos de idade, é necessário que não se trate de trabalho eventual, devendo o empregado prestar serviços de forma constante e regular ao empregador, com subordinação hierárquica ou jurídica, mediante contraprestação.

4.3.6. Resumo

CONCEITO DE INCAPACIDADE	▪ É a restrição legal ao **exercício** dos atos da vida civil.
ESPÉCIES	Há duas espécies: a absoluta e a relativa. A **absoluta** acarreta a proibição total do exercício dos atos da vida civil (art. 3º). O ato somente poderá ser praticado pelo **representante** legal do incapaz, sob pena de **nulidade** (art. 166, I). É o caso dos menores de 16 anos (art. 3º). A **relativa** permite que o incapaz pratique atos da vida civil, desde que **assistido**, sob pena de **anulabilidade** (art. 171, I). É o caso dos maiores de 16 e menores de 18 anos; dos ébrios habituais; dos toxicômanos; dos que, por causa temporária ou permanente, não puderem exprimir sua vontade; e dos pródigos (art. 4º, I a IV). Certos atos, porém, podem os maiores de 16 e menores de 18 anos praticar sem a assistência de seu representante legal, como, *v.g.*, fazer testamento (art. 1.860) e ser testemunha (art. 228, I).
CESSAÇÃO DA INCAPACIDADE	▪ Cessa a incapacidade quando desaparece a sua causa. Se esta for a menoridade, cessará em dois casos: a) pela **maioridade**, aos 18 anos completos; b) pela **emancipação**, que pode ser voluntária, judicial e legal (art. 5º e parágrafo único). ▪ A **voluntária** é concedida pelos pais, se o menor tiver 16 anos completos. ▪ A **judicial** é a concedida por sentença, ouvido o tutor, em favor do tutelado que já completou 16 anos. ▪ A **legal** é a que decorre de determinados fatos previstos na lei, como o casamento, o exercício de emprego público efetivo, a colação de grau em curso de ensino superior e o estabelecimento com economia própria, civil ou comercial ou a existência de relação de emprego, tendo o menor 16 anos completos.

58 *RT*, 723/323.

4.4. EXTINÇÃO DA PESSOA NATURAL

Preceitua o art. 6º do Código Civil que "a existência da pessoa natural termina com a morte; presume-se esta, quanto aos ausentes, nos casos em que a lei autoriza a abertura de sucessão definitiva". Somente com a morte real termina a existência da pessoa natural, que pode ser também simultânea (comoriência). Doutrinariamente, pode-se falar em: morte **real**, morte **simultânea ou comoriência**, morte **civil** e morte **presumida**.

4.4.1. Morte real

A **morte real** é apontada no art. 6º do Código Civil como responsável pelo **término da existência** da pessoa natural. A sua prova faz-se pelo atestado de óbito[59] ou por ação declaratória de morte presumida, sem decretação de ausência (art. 7º), podendo, ainda, ser utilizada a ***"justificação para o assento de óbito"*** prevista no art. 88 da Lei dos Registros Públicos (Lei n. 6.015/73) quando houver certeza da morte em alguma catástrofe, não sendo encontrado o corpo do falecido.

A morte real — que ocorre com o diagnóstico de paralisação da atividade **encefálica**, segundo o art. 3º da Lei n. 9.434/97, que dispõe sobre o transplante de órgãos — **extingue a capacidade** e dissolve tudo (*mors omnia solvit*), não sendo mais o morto sujeito de direitos e obrigações. Acarreta a extinção do poder familiar, a dissolução do vínculo matrimonial, a abertura da sucessão, a extinção dos contratos personalíssimos, a extinção da obrigação de pagar alimentos, que se transfere aos herdeiros do devedor (CC, art. 1.700) etc.

4.4.2. Morte simultânea ou comoriência

A **comoriência** é prevista no art. 8º do Código Civil. Dispõe este que, se dois ou mais indivíduos falecerem na mesma ocasião (**não precisa ser no mesmo lugar**), não se podendo averiguar qual deles morreu primeiro, ***"presumir-se-ão simultaneamente mortos"***.

Quando duas pessoas morrem em determinado acidente, somente interessa saber qual delas morreu primeiro se uma for herdeira ou beneficiária da outra. Do contrário, inexiste qualquer interesse jurídico nessa pesquisa. O principal efeito da presunção de morte simultânea é que, não tendo havido tempo ou oportunidade para a transferência de bens entre os comorientes, **um não herda do outro**. Não há, pois, transferência de bens e direitos entre comorientes. Por conseguinte, se morrem em acidente casal sem descendentes e ascendentes, sem se saber qual morreu primeiro, um não herda do outro. Assim, os colaterais da mulher ficarão com a meação dela, enquanto os colaterais do marido ficarão com a meação dele[60].

---

[59] Lei dos Registros Públicos, art. 77: "Nenhum sepultamento será feito sem certidão do oficial de registro do lugar do falecimento, extraída após a lavratura do assento de óbito, em vista do atestado de médico, se houver no lugar, ou, em caso contrário, de duas pessoas qualificadas que tiverem presenciado ou verificado a morte".

[60] "Falecendo no mesmo acidente o segurado e o beneficiário e inexistindo prova de que a morte não foi simultânea, não haverá transmissão de direitos entre os dois, sendo inadmissível, portanto, o

Diversa seria a solução se houvesse prova de que um faleceu pouco antes do outro. O que viveu um pouco mais herdaria a meação do outro e, por sua morte, a transmitiria aos seus colaterais. O diagnóstico científico do momento exato da morte só pode ser feito por **médico legista**. Se este não puder estabelecer o exato momento das mortes, porque os corpos se encontram em adiantado estado de putrefação, por exemplo, **presumir-se-á a morte simultânea**, com as consequências já mencionadas. A situação de dúvida que o art. 8º pressupõe é a incerteza invencível[61].

Tendo em vista, porém, que "o juiz apreciará a prova constante dos autos independentemente do sujeito que a tiver promovido, e indicará na decisão as razões da formação de seu convencimento" (CPC, art. 371), cumpre-lhe, em primeiro plano, "de ofício ou a requerimento da parte, determinar as provas necessárias ao julgamento do mérito" (CPC, art. 370), ou seja, apurar, pelos meios probatórios regulares, desde a inquirição de testemunhas até os processos científicos empregados pela medicina legal, se alguma das vítimas precedeu na morte às outras. Na falta de um resultado positivo, vigora a **presunção da simultaneidade das mortes**, sem se atender a qualquer ordem de precedência em razão da idade ou do sexo. A presunção é, portanto, **relativa** (*juris tantum*), uma vez que pode ser elidida por laudo médico ou outra prova inequívoca de premoriência.

4.4.3. Morte civil

A **morte civil** existiu entre a Idade Média e a Idade Moderna especialmente para os condenados a penas perpétuas e para os que abraçavam a profissão religiosa, permanecendo recolhidos. As referidas pessoas eram privadas dos direitos civis e **consideradas mortas** para o mundo. Embora vivas, eram tratadas pela lei como se mortas fossem. Foi, porém, sendo abolida pelas legislações, não logrando sobreviver no direito moderno[62].

Pode-se dizer que há um **resquício da morte civil** no art. 1.816 do Código Civil, que trata o herdeiro afastado da herança como se ele "morto fosse antes da abertura da sucessão". Mas **somente para afastá-lo da herança**. Conserva, porém, a personalidade para os demais efeitos. Também na **legislação militar** pode ocorrer a hipótese de a família do indigno do oficialato, que perde o seu posto e respectiva patente, perceber pensões como se ele houvesse falecido (Decreto-Lei n. 3.038, de 10.2.1941).

4.4.4. Morte presumida

A morte presumida pode ser:

a) **com declaração de ausência**; e

---

pagamento do valor do seguro aos sucessores do beneficiário. É preciso que o beneficiário exista ao tempo do sinistro" (*RT*, 587/121).

61 "A presunção legal de comoriência estabelecida quando houver dúvida sobre quem morreu primeiro só pode ser afastada ante a existência de prova inequívoca de premoriência" (*RT*, 639/62).

62 Caio Mário da Silva Pereira, *Instituições*, cit., v. 1, p. 148; Washington de Barros Monteiro, *Curso*, cit., v. 1, p. 70.

b) **sem declaração de ausência**.

- **Morte presumida com declaração de ausência:** Presume-se a morte, quanto aos **ausentes**, nos casos em que a lei autoriza a abertura de ***sucessão definitiva*** (CC, art. 6º, 2ª parte). O art. 37 permite que os interessados requeiram a ***sucessão definitiva*** e o levantamento das cauções prestadas **dez anos** depois de passada em julgado a sentença que concede a abertura da sucessão provisória. Pode-se, ainda, requerer a ***sucessão definitiva***, provando-se que o ausente conta 80 anos de idade e que de cinco datam as últimas notícias dele (art. 38) (*V.* item 4.7 — Da ausência).
- **Morte presumida sem decretação de ausência:** O art. 7º do Código Civil permite a declaração de morte presumida, para todos os efeitos, ***sem decretação de ausência***:

> "I — se for extremamente provável a morte de quem estava em perigo de vida;
>
> II — se alguém, desaparecido em campanha ou feito prisioneiro, não for encontrado até dois anos após o término da guerra.
>
> Parágrafo único. A declaração da morte presumida, nesses casos, somente poderá ser requerida depois de esgotadas as buscas e averiguações, devendo a sentença fixar a data provável do falecimento."

Quando os parentes requerem apenas a **declaração de ausência**, para que possam providenciar a abertura da sucessão provisória e, depois, a definitiva (CC, art. 22), não estão pretendendo que se declare a morte do ausente, mas apenas que ele se encontra **desaparecido e não deixou representante** para cuidar de seus negócios. Na hipótese do art. 7º retrotranscrito, pretende-se, ao contrário, que se **declare a morte** que se supõe ter ocorrido, ***sem decretação de ausência***. Em ambos os casos, a **sentença declaratória** de ausência e a de morte presumida serão registradas em registro público (CC, art. 9º, IV).

A Lei dos Registros Públicos (Lei n. 6.015/73, art. 88) prevê um procedimento de **justificação**, destinado a suprir a falta do atestado de óbito, que não pode ser fornecido pelo médico em razão de o corpo do falecido não ter sido encontrado. Preceitua, com efeito, a referida lei:

> "Art. 88. Poderão os juízes togados admitir **justificação para o assento de óbito** de pessoas desaparecidas em naufrágio, inundação, incêndio, terremoto ou qualquer outra catástrofe, quando estiver provada a sua presença no local do desastre e não for possível encontrar-se o cadáver para exame.
>
> Parágrafo único. Será também admitida a justificação no caso de desaparecimento em campanha, provados a impossibilidade de ter sido feito o registro nos termos do art. 85 e os fatos que convençam da ocorrência do óbito."

O **procedimento** a ser observado, nesse caso, é o previsto nos arts. 381 e s. do Código de Processo Civil, específico para a **justificação** da existência de algum fato ou relação jurídica (cf. § 5º).

O Código Civil amplia, no **art. 7º, I e II**, as hipóteses de morte presumida, usando expressão genérica: "quem estava em perigo de vida". Desse modo, abrange não somente aqueles que desapareceram em alguma **catástrofe** como também os que estavam ***em perigo de vida*** decorrente de qualquer situação, sendo extremamente provável a sua morte. Nesse caso, somente poderá ser requerida a declaração de morte presumida "depois de esgotadas as buscas e averiguações, devendo a sentença fixar a data provável do falecimento".

■ 4.4.5. Resumo

MODOS DE EXTINÇÃO DA PERSONALIDADE NATURAL
■ **Morte real: extingue a capacidade.** Ocorre com o diagnóstico de paralisação da atividade **encefálica**, conforme art. 3º da Lei de Transplantes (CC, art. 6º, 1ª parte).
■ **Morte simultânea** ou **comoriência:** é modalidade de morte real. Ocorre quando dois ou mais indivíduos falecem na mesma ocasião (não precisa ser no mesmo lugar), não se podendo averiguar qual deles morreu primeiro. Neste caso, presumir-se-ão simultaneamente mortos, não havendo transferência de bens e direitos sucessórios entre os comorientes (art. 8º).
■ **Morte civil:** existiu no direito romano, especialmente para os escravos. Há um resquício dela no art. 1.816 do Código Civil, que trata o herdeiro afastado da herança por **indignidade** como se ele "morto fosse antes da abertura da sucessão".
■ **Morte presumida:** pode ser **com** ou **sem** declaração de ausência. A declaração de ausência é requerida para que se reconheça apenas que o ausente se encontra desaparecido, autorizando-se a abertura da sucessão provisória e, depois, a definitiva (art. 6º, 2ª parte). Na hipótese do art. 7º do Código Civil, pretende-se que se **declare** a morte de quem "estava em perigo de vida" e que se supõe ter ocorrido, **sem decretação de ausência.**

■ 4.5. INDIVIDUALIZAÇÃO DA PESSOA NATURAL

■ 4.5.1. Modos de individualização

É essencial que os sujeitos das diversas relações sejam individualizados, perfeitamente identificados como titulares de direitos e deveres na ordem civil. Essa identificação interessa não só a eles mas também ao Estado e a terceiros, para maior segurança dos negócios e da convivência familiar e social. Os principais elementos individualizadores da pessoa natural são:

- ***Nome***, designação que a distingue das demais e a identifica no seio da sociedade.
- ***Estado***, que indica a sua posição na família e na sociedade política.
- ***Domicílio***, que é a sua sede jurídica.

■ 4.5.2. Nome

O vocábulo **nome**, como elemento individualizador da pessoa natural, é empregado em sentido amplo, indicando o nome completo. Integra a personalidade, individualiza a pessoa, não só durante a sua vida como também após a sua morte, e indica a sua procedência familiar.

■ *4.5.2.1. Conceito*

Nome é a designação ou sinal exterior pelo qual a pessoa se identifica no seio da família e da sociedade. Destacam-se, no estudo do nome, um **aspecto público** e um **aspecto individual**.

- O ***aspecto público*** decorre do fato de o Estado ter interesse em que as pessoas sejam perfeita e corretamente identificadas na sociedade pelo nome e, por essa razão, disciplina o seu uso na Lei dos Registros Públicos (Lei n. 6.015/73).
- O ***aspecto individual*** consiste no direito ao nome, no poder reconhecido ao seu possuidor de por ele designar-se e de reprimir abusos cometidos por terceiros[63].

Preceitua, com efeito, o art. 16 do Código Civil que "toda pessoa tem direito ao nome, nele compreendidos o prenome e o sobrenome", abrangendo o direito de **usá-lo** e de **defendê-lo** contra usurpação, como no caso de direito autoral, e contra exposição ao ridículo. O uso desses direitos é protegido mediante ações, que podem ser propostas independentemente da ocorrência de dano material, bastando haver interesse moral.

4.5.2.2. Ações relativas ao uso do nome

Têm dupla finalidade as ações relativas ao uso do nome:

- a ***retificação***, para que seja preservado o verdadeiro;
- a ***contestação***, para que terceiro não use o nome ou não o exponha ao desprezo público[64].

Dispõe, com efeito, o art. 17 do Código Civil que "o nome da pessoa não pode ser empregado por outrem em publicações ou representações que a exponham ao desprezo público, ainda quando não haja intenção difamatória". Por sua vez, preceitua o art. 18 do mesmo diploma, tutelando também a honra objetiva: "Sem autorização, não se pode usar o nome alheio em propaganda comercial". Mesmo aqueles que negam a natureza jurídica do nome civil admitem a concepção do **nome comercial** como um direito autônomo, exclusivo do comerciante, que pode impedir que outro o utilize no exercício da profissão mercantil, e suscetível de alienação com a transferência do fundo de comércio[65].

4.5.2.3. O uso de pseudônimo

Os literatos e os artistas, muitas vezes, identificam-se pelo ***pseudônimo** ou **codinome**, um nome fictício adotado, diferente do seu nome civil verdadeiro* (p. ex.: George Sand, El Grecco, Gabriela Mistral, Di Cavalcanti, Mark Twain, José Sarney etc.), que se assemelha ao **heterônimo** (nome imaginário que um criador identifica como o autor de obras suas e que, à diferença do pseudônimo, designa alguém com qualidades e tendências diferentes das desse criador, como os diversos heterônimos

[63] Caio Mário da Silva Pereira, *Instituições*, cit., v. 1, p. 156; Maria Helena Diniz, *Curso*, cit., v. 1, p. 184.

[64] Orlando Gomes, *Introdução ao direito civil*, p. 141.
Tem a jurisprudência entendido que, havendo duplicidade de assentos de nascimento, o cancelamento deve recair sobre o mais recente (cf. *RT*, 602/214, 551/230, 528/230; *RJTJSP*, Lex, 136/275).

[65] Caio Mário da Silva Pereira, *Instituições*, cit., v. 1, p. 157.

usados por Fernando Pessoa). Dispõe o art. 19 do Código Civil que "o pseudônimo adotado para atividades lícitas goza da proteção que se dá ao nome". *O dispositivo* "tem a vantagem de proteger pseudônimos sempre que adotados para **atividades lícitas**, ainda que não tenham alcançado notoriedade, ou a importância do nome"[66].

A **tutela do nome, destarte, alcança o pseudônimo** (art. 19), propiciando direito à indenização em caso de má utilização, inclusive em propaganda comercial, ou com o intuito de obter proveito político, artístico, eleitoral ou religioso.

■ 4.5.2.4. *Natureza jurídica*

Divergem os autores sobre a natureza jurídica do nome. Dentre as várias teorias existentes, sobressaem-se:

- a da propriedade;
- a da propriedade *sui generis*;
- a negativista;
- a do sinal distintivo revelador da personalidade; e
- a do direito da personalidade.

A teoria **mais aceita** e que melhor define a natureza jurídica do nome é a que o considera um **"direito da personalidade"**, ao lado de outros, como o direito à vida, à honra, à liberdade etc. O nome representa, sem dúvida, um direito inerente à pessoa humana e constitui, portanto, um direito da personalidade. **Desse modo é tratado no Código de 2002**, que inovou dedicando um capítulo próprio aos direitos da personalidade, nele disciplinando o direito e a proteção ao nome e ao pseudônimo, assegurados nos arts. 16 a 19 do referido diploma.

■ 4.5.2.5. *Elementos do nome*

Proclama o art. 16 do Código Civil que "toda pessoa tem direito ao nome, nele compreendidos o prenome e o sobrenome". O nome completo compõe-se, pois, de dois elementos:

- ***prenome*** (antigamente denominado ***nome de batismo***); e
- ***sobrenome*** ou ***apelido familiar*** (também denominado ***patronímico, nome de família*** ou simplesmente ***nome***).

Em alguns casos, usa-se também o ***agnome***, sinal que distingue pessoas pertencentes a uma mesma família que têm o mesmo nome (Júnior, Neto, Sobrinho etc.). A Lei dos Registros Públicos (Lei n. 6.015/73) diz apenas que os gêmeos e irmãos que tiverem o mesmo prenome deverão ser registrados com prenome duplo ou com nome completo diverso, "de modo que possam distinguir-se" (art. 63 e parágrafo único). Há, ainda, outras designações, comumente utilizadas:

---

66 Moreira Alves, *A Parte Geral*, cit., p. 72.

- **Agnome epitético:** indicativo de alguma característica do seu portador, mas sem valia jurídica, por exemplo: Fulano de tal, "o velho", ou "o moço", ou o "calvo" etc.
- ***Axiônimo*:** designação que se dá à forma cortês de tratamento ou à expressão de reverência, como Exmo. Sr., Vossa Santidade etc.
- **Hipocorístico:** diminutivo do nome, muitas vezes, mediante o emprego dos sufixos "inho" e "inha", que denota intimidade familiar, como Zezinho (José), Ronaldinho (Ronaldo), Mariazinha (Maria), Beto (Roberto), Gabi (Gabriela), Tião (Sebastião) etc.
- ***Alcunha*:** apelido, por vezes, depreciativo, que se põe em alguém, geralmente tirado de alguma particularidade física ou moral, como, *v.g.*, Aleijadinho, Tiradentes etc.
- ***Cognome*:** palavra que qualifica pessoa ou coisa, em regra usada como **sinônima de alcunha**.
- ***Epíteto*:** pode ser aposto ao nome como designação qualificativa, como D. Pedro, "o justiceiro", por exemplo.
- ***Títulos de nobreza*:** *conde*, *comendador* e outros, usados em alguns países, completam o nome da pessoa, servindo para sua **identificação**. Por essa razão, integram-no para todos os efeitos.
- ***Títulos acadêmicos, eclesiásticos*** ou ***qualificações de dignidade oficial***, como professor, doutor, monsenhor, desembargador etc.: são, algumas vezes, acrescentados ao nome.
- **Nome vocatório:** abreviação do nome, pela qual a pessoa é conhecida. Por exemplo: PC (Paulo César Farias), Olavo Bilac (Olavo Brás Martins dos Guimarães Bilac) etc.
- **As partículas *de, do, da, di*** (De Santi, Di Cavalcanti, *v.g.*) **e seus correspondentes em idiomas estrangeiros:** integram também o nome e são consideradas sinal de nobreza em certos países[67].

4.5.2.5.1. *Prenome*

Prenome é o nome próprio de cada pessoa e serve para distinguir membros da mesma família. Pode ser **simples** (José, João) ou **composto**. Este pode ser duplo (José Roberto, João Carlos, p. ex.), triplo ou quádruplo, como ocorre em algumas famílias reais (p. ex.: Caroline Louise Marguerite, princesa de Mônaco). **Irmãos** não podem ter o mesmo prenome, a não ser que seja duplo, estabelecendo a distinção[68].

O prenome pode ser livremente **escolhido pelos pais**, desde que **não exponha o filho ao ridículo**. Prescreve o art. 55, parágrafo único, da Lei n. 6.015, de 31 de dezembro de 1973, que "os oficiais do registro civil não registrarão nomes suscetíveis de expor ao ridículo os seus portadores. Quando os pais não se conformarem com a recusa do oficial, este submeterá por escrito o caso, independente da cobrança de quaisquer emolumentos, à decisão do juiz competente". Essa regra aplica-se também

[67] Orlando Gomes, *Introdução*, cit., p. 138; Washington de Barros Monteiro, *Curso*, cit., v. 1, p. 91.

[68] Lei n. 6.015, de 31 de dezembro de 1973 (Lei dos Registros Públicos), art. 63, parágrafo único.

aos ***apelidos populares***, que o art. 58 da mencionada lei, com a redação determinada pela Lei n. 9.708, de 18 de novembro de 1998, denomina ***apelidos públicos notórios*** e que podem substituir o prenome oficial.

A recusa do oficial em proceder ao registro, por dever de ofício, não deve limitar-se ao prenome, mas, sim, estender-se às combinações de todo o nome quando **esdrúxulas e ridículas**, pois outra não pode ter sido a intenção do legislador, que deve ser sempre perquirida pelo intérprete[69].

4.5.2.5.2. Sobrenome

Sobrenome é o sinal que identifica a procedência da pessoa, indicando a sua filiação ou estirpe. Enquanto o prenome é a designação do indivíduo, o sobrenome é o **característico de sua família**, transmissível por sucessão. É também conhecido como ***patronímico***, sendo ainda chamado de ***apelido familiar***, como se observa no art. 56 da Lei n. 6.015/73. Este dispositivo impede, como regra, a sua alteração. Há exceções, porém, a essa proibição, como se verá adiante.

As pessoas já **nascem com o sobrenome** herdado dos pais, não sendo, pois, escolhido por estes, como ocorre com o prenome. Adquirem-no, assim, com o nascimento. Dispõe, com efeito, o art. 55 da referida lei que, se "o declarante não indicar o nome completo, o oficial lançará adiante do prenome escolhido o nome do pai, e, na falta, o da mãe, se forem conhecidos e não o impedir a condição de ilegitimidade, salvo reconhecimento no ato". Verifica-se, assim, que mesmo na hipótese de a criança ser registrada somente com prenome, o sobrenome faz parte, por lei, de seu nome completo, podendo o escrivão lançá-lo **de ofício** adiante do prenome escolhido pelos pais. Por conseguinte, o registro, com indicação do sobrenome, tem caráter puramente declaratório. Pode ser o do pai, o da mãe ou de ambos. Pode ser simples ou composto, como "Telles Correa", "Pinheiro Franco", "Chinelato e Almeida" etc.

O registro de filhos havidos fora do matrimônio é regido pelos arts. 59 e 60 da Lei n. 6.015/73, de 31 de dezembro de 1973 (Lei dos Registros Públicos): **não será lançado o nome do pai sem que este expressamente autorize**. Hoje, a Lei n. 8.560, de 29 de dezembro de 1992, obriga os oficiais do Registro Civil a remeter ao juiz os dados sobre o suposto pai, que será convocado para reconhecer voluntariamente o filho. Não o fazendo, os dados serão encaminhados ao Ministério Público, que poderá promover a ação de investigação de paternidade. O reconhecimento dos filhos havidos fora do casamento é **irrevogável** e será feito pelos modos previstos no art. 1.609 do Código Civil, que admite, inclusive, que se faça por escrito particular, a ser arquivado em cartório, e também por qualquer espécie de testamento.

O Conselho Nacional de Justiça (CNJ) publicou, no dia 17 de fevereiro de 2012, o Provimento 16, que permite às *mães*, **mesmo sem a presença do homem**, registrar seus filhos. Além de mães, pessoas maiores de 18 anos, que não têm o nome do pai

---

[69] Vejam-se alguns exemplos de nomes completos extravagantes, extraídos dos arquivos do antigo INPS e divulgados pela imprensa: Antonio Manso Pacífico de Oliveira Sossegado, Manuelina Terebentina Capitulina de Jesus do Amor Divino, Neide Navinda Navolta Pereira, Rolando Pela Escada Abaixo, Um Dois Três de Oliveira Quatro e outros.

no registro civil, poderão procurar os cartórios e indicar o nome do genitor. Após a indicação, o juiz escutará a mãe e notificará o pai. Se o reconhecimento não for espontâneo, o Ministério Público ou a Defensoria Pública irá propor a ação de investigação de paternidade.

No mesmo sentido a **Lei n. 13.112, de 30 de março de 2015**, que autoriza a mulher a registrar nascimento do filho em igualdade de condições com o homem. A referida lei alterou a Lei dos Registros Públicos, que garantia ao pai a iniciativa de registrar o filho nos primeiros 15 dias de vida. Só em caso de omissão ou impedimento do pai depois desse período a mãe poderia substituí-lo e registrar o recém-nascido.

Atualmente, portanto, o pai ou a mãe, **isoladamente ou em conjunto**, devem proceder ao registro no prazo de 15 dias. Se um dos dois não cumprir a exigência dentro desse período, o outro terá 45 dias para realizar a declaração.

■ *4.5.2.5.3. Imutabilidade do nome*

■ *4.5.2.5.3.1. Retificação de prenome*

A **imutabilidade do prenome** é salutar, devendo ser afastada somente em caso de necessidade comprovada, e não simplesmente porque ele não agrada ao seu portador. A facilitação da mudança pode ser realmente nociva aos interesses sociais[70].

A Lei n. 9.708, de 18 de novembro de 1998, deu ao art. 58 da Lei dos Registros Públicos a seguinte redação: **"O prenome será definitivo, admitindo-se, todavia, a sua substituição por apelidos públicos notórios"**. Na primeira parte, a redação segue, em princípio, a regra anterior, segundo a qual o prenome era imutável, ao prescrever que o prenome será definitivo, de modo a evitar eventuais alterações indesejáveis para a segurança das relações jurídicas. O critério adotado é, portanto, o da **inalterabilidade relativa** do prenome. Os **apelidos públicos notórios** somente eram acrescentados entre o prenome, que era imutável, e o sobrenome, como aconteceu com Luiz Inácio "Lula" da Silva e Maria da Graça "Xuxa" Meneghel, Agora, no entanto, podem eles **substituir o prenome** se quiserem. Se o desejar, Edson Arantes do Nascimento poderá passar a chamar-se Pelé Arantes do Nascimento, por exemplo[71].

Por sua vez, a Lei n. 9.807, de 13 de julho de 1999, deu nova redação ao parágrafo único do referido artigo, prescrevendo que a "substituição do prenome será ainda admitida em razão de **fundada coação ou ameaça** decorrente da colaboração com a apuração de crime, por determinação, em sentença, de juiz competente, ouvido o Ministério Público". Desse modo, as testemunhas de crimes que se encontram sob coação ou ameaça e necessitam, pois, de proteção, podem pleitear não só a alteração de seu **prenome** como ainda a alteração do **nome completo** (Lei n. 9.807/99, arts. 7º e 9º).

Apesar da nova redação dada ao mencionado art. 58, é possível obter-se, ainda, a retificação do prenome em caso de **evidente erro gráfico**[72], como prevê o art. 110

---

70 Washington de Barros Monteiro, *Curso*, cit., v. 1, p. 92.

71 "Alteração de prenome. Pretendida substituição por apelido público e notório. Admissibilidade. Inteligência do art. 58 da Lei n. 6.015/73, com a redação dada pela Lei n. 9.708/98" (*RT*, 767/311).

72 "Nome. Erro de grafia. É admissível a alteração do assento de casamento se o nome estiver com-

da Lei dos Registros Públicos, bem como em caso de **exposição de seu portador ao ridículo**[73], *com base no parágrafo único do art. 55 da mesma lei, que proíbe* o registro de nomes extravagantes.

A retificação do prenome em caso de **evidente erro gráfico** e de outros "erros que não exijam qualquer indagação para a constatação imediata de necessidade de sua correção" se processa com suporte no art. 110 e parágrafos da Lei n. 6.015/73 (Lei dos Registros Públicos), com a redação dada pela Lei n. 12.100, de 27 de novembro de 2009, que preveem para a hipótese um **procedimento sumário**, no próprio cartório, com manifestação "conclusiva" do Ministério Público e correção "de ofício pelo oficial de registro no próprio cartório onde se encontrar o assentamento". A mudança do prenome, no caso do parágrafo único do art. 55, se o oficial não o houver impugnado por **expor ao ridículo o seu portador**, bem como outras alterações, dependem de distribuição, perante o juiz, de **procedimento de retificação de nome**, na forma do art. 109 da mencionada lei. Incluem-se, nesse caso, as hipóteses de pessoas do sexo masculino registradas com nome feminino e vice-versa. Tem a jurisprudência admitido a retificação não só do prenome como também de outras partes esdrúxulas do nome.

A jurisprudência já vinha admitindo a substituição do prenome oficial pelo ***prenome de uso***. Se a pessoa é conhecida de todos por prenome diverso do que consta de seu registro, a alteração pode ser requerida em juízo, pois prenome imutável, segundo os tribunais, é aquele que foi posto em uso, e não o que consta do registro[74]. Atualmente, portanto, o prenome oficial tanto pode ser substituído, conforme o caso, por apelido popular, na forma dos exemplos citados e de acordo com a lei, como por outro prenome pelo qual a pessoa é conhecida no meio social em que vive, com base no permissivo criado pela jurisprudência.

Pode haver mudança do prenome também em caso de ***adoção***, pois o art. 47, § 5º, do Estatuto da Criança do Adolescente, com a redação que lhe foi dada pela Lei n. 12.010/2009, dispõe que a sentença concessiva da adoção "conferirá ao adotado o nome do adotante e, a pedido de qualquer deles, poderá determinar a modificação do prenome". A alteração, nesse caso, poderá ser total, abrangendo o **prenome e o sobrenome**.

Além das hipóteses citadas de alterações de prenome permitidas pela lei, outras há, criadas pela **jurisprudência**, que não se limitou a deferir a substituição do prenome oficial pelo de uso, mas ampliou as possibilidades de mudança, estendendo-a a outras situações consideradas justas e necessárias. Têm os tribunais, com efeito, além de outras hipóteses mencionadas nos itens seguintes, autorizado a ***tradução de nomes estrangeiros*** para facilitar o aculturamento dos alienígenas que vêm fixar-se no Brasil.

---

provadamente errado" (*RT*, 609/67); "Admite-se a retificação de grafia de prenome incorretamente feita no assento de nascimento" (*RT*, 478/97). No mesmo sentido: *RT*, 581/190; *JTJ*, Lex, 236/197.

[73] "O prenome é suscetível de retificação ou mudança quando, por qualquer modo, expuser a ridículo seu portador. Mudança de *Creunildes* para *Cléo*, nome de uso, deferida em face das circunstâncias fáticas" (*RT*, 623/40). Tem-se decidido que, malgrado o prenome não exponha o seu portador ao ridículo, pode ser substituído ou alterado se, "de tão indesejado, causa constrangimento e distúrbios psicológicos a seu portador" (*RT*, 791/218).

[74] *RT*, 537/75. *V.* ainda: "Inclusão de prenome de uso antes do que consta do assento, resultando em prenome composto. Substituição de *Francisca* por *Fabyana Francisca*. Admissibilidade" (*RT*, 777/377).

4.5.2.5.3.2. Adições intermediárias

Igualmente tem sido admitida a **inclusão de *alcunha* ou *apelidos notórios***, como já referido, para melhor identificação de pessoas, populares ou não, bem como o acréscimo de mais um prenome ou de sobrenome materno para solucionar problemas de ***homonímia***. Com efeito, é possível alterar o nome completo sem prejudicar o prenome (que em princípio é definitivo e imutável, salvo as exceções mencionadas) e o sobrenome. Permite o art. 56 da Lei dos Registros Públicos que o interessado, *no **primeiro ano*** **após ter atingido a maioridade** civil (dezoito anos, ou antes, se houve emancipação), altere o nome, pela **via administrativa e por decisão judicial** (LRP, art. 110), desde que "não prejudique os apelidos de família".

Costuma-se acrescentar, como já dito, mais um prenome ou nomes intermediários, como o sobrenome materno, o dos avós etc., bem como apelidos populares pelos quais a pessoa é conhecida. Justifica-se a inclusão de alcunha ou apelido como consequência do entendimento de que o nome de uso deve prevalecer sobre o de registro. Em vez de substituir o prenome, pode assim o interessado requerer a **adição do apelido**, como no caso já citado do Presidente Luiz Inácio "Lula" da Silva. Se o nome é ridículo ou contém erro gráfico, pode ser mudado, antes disso, pela via própria, sendo o seu portador representado ou assistido pelo representante legal.

Decorrido o prazo decadencial de um ano após a maioridade, essas alterações ainda poderão ser feitas, não mais administrativamente, mediante apresentação do pedido em cartório, mas, "por exceção e motivadamente", em **ação de retificação de nome**, conforme preceitua o art. 57 da Lei dos Registros Públicos, que permite também, no § 1º, a inclusão do nome abreviado, usado como firma comercial. A **homonímia**, como retromencionado, tem sido uma justificativa utilizada e aceita para a referida alteração, motivadamente, do nome, pois é causadora de confusões e prejuízos. Entendo, outrossim, que o pedido de **inclusão do prenome materno**, sem prejuízo do paterno, deve ser deferido sem maiores indagações, por encontrar amparo no princípio da isonomia constitucional. Constitui direito dos filhos portar o sobrenome de ambos os pais. Tem sido admitida, inclusive, a **inversão dos apelidos de família**, colocando-se o nome do pai antes do da mãe, por inexistir norma escrita regulando expressamente a ordem de colocação dos nomes de família, mas arcaico costume que não se compatibiliza com a nova ordem constitucional[75].

4.5.2.5.3.3. Mudanças no sobrenome

O **sobrenome** ou **patronímico**, contudo, em razão do princípio, que é de ordem pública, da **estabilidade do nome** (LRP, art. 57), só deve ser alterado em **casos excepcionais**[76].

[75] "O acréscimo do sobrenome materno omitido no assento de nascimento, após o nome do pai, por não encontrar qualquer vedação legal, tem sido admitido reiteradamente" (*RT*, 775/345). "A lei não faz nenhuma exigência de observância de uma determinada ordem no que tange aos apelidos de família, seja no momento do registro do nome do indivíduo, seja por ocasião da sua posterior retificação. Também não proíbe que a ordem do sobrenome dos filhos seja distinta daquela presente no sobrenome dos pais" (STJ, REsp 1.323.677-MA, 3ª T., rel. Min. Nancy Andrighi, j. 5.2.2013).

[76] "A alteração do nome é permitida em caráter excepcional quando não prejudicar os apelidos de famí-

Consoante afirma Walter Ceneviva, **"a lei limitou a mutabilidade de modo não absoluto"**[77]. Desse modo, decidiu o Superior Tribunal de Justiça que "o nome pode ser modificado desde que motivadamente justificado". No caso em julgamento, além do abandono pelo pai, o autor da ação sempre foi conhecido por outro patronímico, o da mãe. O pedido de retificação do registro para exclusão do patronímico paterno foi deferido, ao fundamento de que "a jurisprudência tem sido sensível ao entendimento de que o que se pretende com o nome civil é a real individualização da pessoa perante a família e a sociedade"[78].

A Lei n. 11.924, de 17 de abril de 2009, acrescentou ao art. 57 da Lei dos Registros Públicos o § 8º, dispondo que o "**enteado ou a enteada**, havendo motivo ponderável e na forma dos §§ 2º e 7º deste artigo, poderá requerer ao juiz competente que, no registro de nascimento, seja averbado o nome de família de seu **padrasto ou de sua madrasta**, desde que haja expressa concordância destes, sem prejuízo de seus apelidos de família". Os tribunais já vinham deferindo pedidos dessa natureza, nos casos em que o requerente demonstrava ter sido criado pelo padrasto desde tenra idade, tendo o sobrenome deste sido adotado por sua genitora quando do novo casamento, bem como pelos irmãos resultantes desse enlace matrimonial, tornando, assim, mais harmonioso o relacionamento familiar, sem prejuízo de seus apelidos de família[79].

■ *4.5.2.5.3.4. Outras hipóteses*

O nome completo pode também sofrer alterações:

a) no **casamento**;
b) na **separação judicial** e no **divórcio**;
c) na **adoção**;
d) no **reconhecimento de filho**;
e) na **união estável**; e
f) no caso de **transexualismo**.

■ **Casamento**. Dispõe, com efeito, o § 1º do art. 1.565 do novo diploma que "qualquer dos nubentes, querendo, poderá acrescer ao seu o sobrenome do outro". A clareza do dispositivo não deixa dúvida de que o cônjuge, ao se casar, pode permanecer com o seu nome de solteiro; mas, se quiser adotar os apelidos do consorte, **não poderá suprimir o seu próprio sobrenome**. Essa interpretação se mostra a mais apropriada em face do princípio da estabilidade do nome, que só deve ser alterado em casos excepcionais, princípio esse que é de ordem pública. Desse en-

lia. É a regra contida nos arts. 56 e 57 da Lei 6.015/73, mas repita-se, desde que não importe em prejuízo ao patronímico de família, ou seja, não pode ser suprimido nem modificado, uma vez que não pertence exclusivamente ao detentor, mas a todo grupo familiar, como entidade" (*RT*, 693/121).

77 *Lei dos Registros Públicos comentada*, p. 110, n. 150.

78 *RSTJ*, 104/341.

79 *RSTJ*, 145/255; *RT*, 792/377. Sobre a possibilidade de a viúva obter a exclusão do patronímico do varão em razão de seu falecimento, v. *RT*, 802/361, ao fundamento de inexistência de qualquer vedação legal.

tendimento comungam Maria Helena Diniz[80] e Silvio Rodrigues[81]. Adverte o último: "Note-se que a lei não permite que a mulher, ao casar-se, tome o patronímico do marido, abandonando os próprios. Apenas lhe faculta *acrescentar* ao seu o nome de família do esposo". O Código Civil de 2002, aprovado na vigência da Constituição Federal, reitera o princípio da **igualdade dos cônjuges** no casamento (CF, arts. 5º, I, e 226, § 5º), **permitindo que o marido também use o sobrenome da mulher**, como já vinha admitindo a jurisprudência[82]. É possível acrescentar o sobrenome do cônjuge ao nome civil durante a convivência conjugal, por intermédio de ação de retificação de registro civil, conforme os procedimentos do art. 109 da Lei n. 6.015/73, não podendo a opção dada pelo legislador estar limitada à data da celebração do casamento (STJ, REsp 910.094-SC, j. 4.9.2012). O cônjuge perde o direito de conservar o sobrenome do outro se o casamento for declarado ***nulo***, pois somente o casamento **válido** ou **putativo** confere esse beneplácito. O casamento putativo assemelha-se à dissolução do matrimônio pelo divórcio[83].

- ***Separação judicial e divórcio*:** o § 2º do art. 1.571 prescreve que, "dissolvido o casamento pelo divórcio direto ou por conversão, o cônjuge poderá manter o nome de casado; salvo, no segundo caso, dispondo em contrário a sentença de separação judicial". Na realidade, o Código Civil perfilha o "sistema mitigado de culpa", no dizer de Silmara J. A. Chinelato e Almeida[84], pois o art. 1.578 possibilita ao cônjuge vencido conservar o nome do outro cônjuge como regra, que será excepcionada se houver três requisitos cumulativos: 1) ser vencido na ação de separação judicial; 2) requerimento expresso do vencedor; 3) não ocorrência de: a) evidente prejuízo para identificação; b) manifesta distinção entre seu nome de família e o dos filhos havidos da união dissolvida; e c) dano grave reconhecido na decisão judicial. Tal sistema representa, sem dúvida, um avanço em relação ao anterior, pois admite a **conservação do nome como regra**, e não como exceção.
- ***Adoção*** (Lei n. 12.010/2009): o adotado não pode conservar o sobrenome de seus pais de sangue, como consequência do desligamento dos vínculos de paren-

---

80 *Curso*, cit., v. 1, p. 187.

81 *Direito civil*, cit., v. 6, p. 143.

82 *JTJ*, Lex, 149/100. *Vide* ainda: "O ordenamento jurídico prevê expressamente a possibilidade de averbação, no termo de nascimento do filho, da alteração do patronímico materno em decorrência do casamento, o que enseja a aplicação da mesma norma à hipótese inversa — princípio da simetria — ou seja, quando a genitora, em decorrência de divórcio ou separação, deixa de utilizar o nome de casada (Lei 8.560/1992, art. 3º, parágrafo único). Possibilidade, assim, de alteração, no registro de nascimento da recorrente, para dele constar o nome de solteira de sua genitora, excluindo o patronímico de seu ex-padrasto" (STJ, REsp 1.072.402-MG, 4ª T., rel. Min. Luis Felipe Salomão, j. 4.12.2012).

83 "Por conseguinte, se a mulher estava de boa-fé ao convolar as núpcias e houver adotado o nome do marido, poderá conservá-lo mesmo após a declaração de nulidade ou a anulação do casamento putativo" (Hésio Fernandes Pinheiro, O nome civil da mulher casada, *RT*, 185/530).

"Ainda não é tudo: se é a mulher o cônjuge inocente, subsiste em seu favor a hipoteca legal, assistindo-lhe, outrossim, direito de conservar os apelidos do marido, adotados pelo casamento" (Washington de Barros Monteiro, *Curso*, cit., v. 2, p. 109).

84 Do nome da mulher casada, família e cidadania, *Revista do IBDFAM*, Anais, 2002, p. 299.

tesco determinado no art. 41, *caput*, do Estatuto da Criança e do Adolescente, **sendo acrescentado ao seu, obrigatoriamente, o do adotante**, como dispõe expressamente o § 5º do art. 47 do referido diploma, com a redação dada pela Lei n. 12.010/2009: "A sentença conferirá ao adotado o nome do adotante e, a pedido de qualquer deles, poderá determinar a modificação do prenome".

A ***multiparentalidade***, todavia, tem sido acolhida em casos especiais. O Tribunal de Justiça do Rio Grande do Sul, *verbi gratia*, no pedido de adoção formulado pelo padrasto da autora, que perdeu o pai biológico aos dois anos de idade, reconheceu a **multiparentalidade, a fim de manter os sobrenomes do pai adotante e do biológico**. Frisou o relator que a pretensão dos autores (adotante e adotada) deveria ser acolhida, já que inexiste vedação legal para o reconhecimento de duas paternidades (ou maternidades), quando observada a existência de dois vínculos. "Observada a hipótese da existência de dois vínculos paternos, caracterizada está a possibilidade de reconhecimento da multiparentalidade"[85].

O Supremo Tribunal Federal, no julgamento do RE 898.060, realizado em 21 de setembro de 2016, **negou pedido de reconhecimento da preponderância da paternidade socioafetiva sobre a biológica, fixando tese de repercussão geral**. A decisão admitiu a multiparentalidade, com a manutenção dos pais afetivos e biológicos. Proclamou a referida Corte que a existência de pai socioafetivo não tira deveres do pai biológico, como o de pagar alimentos.

■ ***Reconhecimento do filho***: tal ato faz com que o descendente passe a pertencer ao grupo familiar do genitor ou genitora que o reconheceu, com **direito de usar o apelido familiar** do referido grupo. Preserva-se com isso a unidade familiar e evitam-se constrangimentos para o filho reconhecido. Também pode haver alteração do nome dos descendentes, com o mesmo objetivo, quando ocorre alteração do próprio nome dos ascendentes.

■ **União estável:** o novo Código Civil, infelizmente, não disciplina o uso do nome do companheiro na ***união estável*** ou ***companheirismo***. Deveria, porém, tê-lo feito, porque a hipótese é tratada no art. 57, § 2º, da Lei n. 6.015/73 (Lei dos Registros Públicos) de forma insatisfatória, embora avançada para a época em que foi elaborada. O dispositivo em questão, além de não prever a possibilidade de o companheiro usar o patronímico da companheira, cria muitas dificuldades para a sua adoção mesmo por esta. Não bastasse, o texto encontra-se ultrapassado, porque se refere a desquite (*rectius*: separação judicial), que não constitui mais óbice à celebração do casamento após a instituição do divórcio no País. Parece-nos acertado, portanto, considerar ter perdido eficácia normativa o art. 57, § 2º, da Lei n. 6.015/73 com o advento do **art. 226, § 3º, da Constituição** em vigor. Sendo a união estável reconhecida como **entidade familiar**, qualquer dos companheiros tem o direito de usar o sobrenome do outro. Nessa linha, decidiu a Terceira Turma do Superior Tribunal de Justiça que é possível a alteração de registro de nascimento para a inclusão do sobrenome de companheiro, mesmo

85 TJRS, 8ª Câm. Cív., rel. Des. Alzir Felippe Schimitz, j. 16.7.2015, disponível em: <http://www.conjur.com.br>, acesso em: 15.9.2015.

quando ausente comprovação de impedimento legal para o casamento, conforme exigia o art. 57, § 2º, da Lei dos Registros Públicos[86].

- ***Transexualismo:*** tem essa condição sido invocada, também, em pedidos de retificação de nome e de sexo no registro civil. Confira-se: "Ainda que não se admita a existência de erro no registro civil, não se pode negar que a utilização de nome masculino por transexual que se submeta a cirurgia de mudança de sexo **o expõe ao ridículo**, razão pela qual admite-se a modificação para o ***prenome feminino*** que o autor da pretensão vem se utilizando para se identificar, nos moldes do art. 55, par. ún., c/c o art. 109 da Lei 6.015/73. A Constituição Federal de 1988, em seu art. 5º, X, inclui, entre os direitos individuais, a inviolabilidade da intimidade, da vida privada, da honra e da imagem das pessoas, fundamento legal autorizador da ***mudança do sexo*** jurídico de transexual que se submeteu a cirurgia de mudança de sexo, pois patente seu constrangimento cada vez que se identifica como pessoa de sexo diferente daquela que aparenta ser"[87]. Na IV Jornada de Direito Civil, realizada pelo CJF/STJ, foi aprovado o Enunciado 276, do seguinte teor: "O **art. 13 do Código Civil**, ao permitir a disposição do próprio corpo por exigência médica, **autoriza as cirurgias de transgenitalização**, em conformidade com os procedimentos estabelecidos pelo Conselho Federal de Medicina, e a consequente alteração do prenome e do sexo no Registro Civil". O Tribunal de Justiça de São Paulo autorizou a mudança de nome no registro civil de transexual, antes mesmo de mudança de sexo. Correta a decisão, visto que a transexualidade deve ser constatada em avaliação psiquiátrica, e não em exame físico[88].

  Esse entendimento foi consagrado pelo Superior Tribunal de Justiça em 09 de maio de 2017, ao proclamar que, à luz do princípio fundamental da dignidade da pessoa humana, **o direito dos transexuais à retificação do sexo no registro civil não pode ficar condicionado à exigência de realização da operação de transgenitalização**. Acrescentou a referida Corte que a averbação no registro civil deve ser feita no assentamento de nascimento original, com a indicação da determinação judicial, **proibida a inclusão da expressão "transexual", do sexo biológico e dos motivos das modificações efetuadas**.

4.5.3. Estado

A palavra **"estado"** provém do latim *status*, empregada pelos romanos para designar os vários predicados integrantes da personalidade[89]. Constitui, assim, a **soma das qualificações da pessoa na sociedade**, hábeis a produzir efeitos jurídicos. Se-

[86] STJ, REsp 1.206.656-GO, 3ª T., rel. Min. Nancy Andrighi, j. 16.10.2012.

[87] TJSP, *RT*, 790/155. *V.*, ainda, da mesma Corte, mudança de nome e de sexo: Resc. de acórdão n. 218.101-4/0, 1º Grupo, rel. Des. Paulo Hungria, j. 11.2.2003.

[88] TJSP, Ap. 0007491-04.2013.8.26.0196-Franca, 4ª. Câm., rel. Des. Maia da Cunha, in <http://www.ibdfam.org.br>, acesso em: 22 ago. 2013. No mesmo sentido, decisão da 5ª Câmara de Direito Privado do mesmo Tribunal, em aresto relatado pelo Des. James Siano, conforme publicação in <http://www.conjur.com.br>, acesso em: 13 fev. 2014.

[89] Washington de Barros Monteiro, *Curso*, cit., v. 1, p. 77.

gundo Clóvis, é o modo particular de existir. É uma situação jurídica resultante de certas qualidades inerentes à pessoa[90].

■ 4.5.3.1. Aspectos

No direito romano, dava-se grande importância ao estado das pessoas, sendo considerado qualidade particular que determinava a capacidade. O *status* apresentava-se então sob três aspectos: liberdade, cidade e família (*status libertatis*, *status civitatis* e *status familiae*). Gozava de capacidade plena o indivíduo que reunia os três estados. A sua falta acarretava a *capitis diminutio*, que podia ser mínima, média e máxima.

No direito moderno, sobreviveram apenas os dois últimos, nacionalidade ou estado político e o estado familiar. Contudo, influenciada pela tríplice divisão adotada no direito romano, a doutrina em geral[91] distingue três ordens de estado:

a) o **individual** ou físico;
b) o **familiar**; e
c) o **político**[92].

■ ***Estado individual*** é o modo de ser da pessoa quanto à idade, sexo, cor, altura, saúde (são ou insano e incapaz) etc. Diz respeito a aspectos ou particularidades de sua constituição orgânica que exercem influência sobre a capacidade civil (homem, mulher, maioridade, menoridade etc.).

■ ***Estado familiar*** é o que indica a sua situação na família, em relação ao **matrimônio** (solteiro, casado, viúvo, divorciado) e ao **parentesco**, por consanguinidade ou afinidade (pai, filho, irmão, sogro, cunhado etc.). Malgrado os autores em geral não considerem o estado de ***companheiro***, a união estável é reconhecida como entidade familiar pela Constituição Federal. Trata-se de situação que produz efeitos jurídicos, conferindo a quem nela se encontra direito a alimentos, a meação, a benefícios previdenciários etc. Trata-se, pois, de qualidade jurídica a que não se pode negar a condição de ***estado familiar***.

■ ***Estado político*** é a qualidade que advém da posição do indivíduo na sociedade política, podendo ser **nacional** (nato ou naturalizado) ou **estrangeiro**, como explicita o art. 12 da Constituição Federal. A Lei n. 6.815, de 19 de agosto de 1980, que define a situação jurídica do estrangeiro no Brasil, por sua vez dispõe, no art. 95, que "o estrangeiro residente no Brasil goza de todos os direitos reconhecidos aos brasileiros, nos termos da Constituição e das leis".

Cumpre distinguir nacionalidade de cidadania, adverte Washington de Barros Monteiro. Em nosso sistema legislativo, segundo afirmam Espínola e Espínola Filho,

---

90 *Teoria geral do direito civil*, cit., p. 70.

91 Planiol e Ripert, *Traité pratique de droit civil français*, v. I, n. 401; Orlando Gomes, *Introdução*, cit., p. 141.

92 Planiol define *estado* como "certas qualidades da pessoa, que a lei toma em consideração para ligar-lhes efeitos jurídicos" (*Traité pratique*, cit., n. 13).

o conceito de **cidadania** está reservado à qualidade de **possuir e exercer direitos políticos**. Cidadão e eleitor são, pois, palavras sinônimas em nossa Constituição. Quem não é eleitor, não é cidadão, posto tenha a nacionalidade brasileira[93].

4.5.3.2. *Caracteres*

O estado liga-se intimamente à pessoa e, por isso, constitui a sua imagem jurídica. E a imagem está mais próxima de nós do que a nossa própria sombra[94]. As principais características ou atributos do estado são:

- *Indivisibilidade* — Assim como não podemos ter mais de uma personalidade, do mesmo modo não nos é possível possuir mais de um estado. Por essa razão, diz-se que ele é ***uno*** e ***indivisível***, não obstante composto de elementos plúrimos. Ninguém pode ser, simultaneamente, casado e solteiro, maior e menor, brasileiro e estrangeiro. A obtenção de dupla nacionalidade constitui exceção à regra[95].
- *Indisponibilidade* — O estado civil, como visto, é um reflexo de nossa personalidade e, por essa razão, constitui relação fora de comércio: é **inalienável e irrenunciável**, em consequência. Isso não impede a sua mutação, diante de determinados fatos estranhos à vontade humana ou como emanação dela, preenchidos os requisitos legais. Assim, menor pode tornar-se maior, solteiro pode passar a casado, este pode tornar-se viúvo etc. Modificam-se, nesses casos, os elementos que o integram, sem prejuízo da unidade substancial, que é inalterável.
- *Imprescritibilidade* — Não se perde nem se adquire o estado pela prescrição. O estado é elemento integrante da personalidade e, assim, nasce com a pessoa e com ela desaparece. Por isso, as ações de estado são imprescritíveis. Se, por um lado, não se perde um estado pela prescrição, por outro, não se pode obtê-lo por usucapião[96].

O estado civil, como preleciona Maria Helena Diniz[97], "recebe proteção jurídica de **ações de estado**, que têm por escopo criar, modificar ou extinguir um estado, constituindo um novo, sendo, por isso, personalíssimas, intransmissíveis e imprescritíveis, requerendo, sempre, a intervenção estatal. É o que se dá com a interdição, separação judicial, divórcio, anulação de casamento etc., que resultam de sentença judicial".

4.5.4. Domicílio

A noção de **domicílio** é de grande importância no direito. Como as relações jurídicas se formam entre pessoas, é necessário que estas tenham um local, livremente escolhido ou determinado pela lei, **onde possam ser encontradas para responder**

---

93 *Curso*, cit., v. 1, p. 84.

94 Henri, Léon e Jean Mazeaud, *Leçons de droit civil*, v. 1, p. 469.

95 Serpa Lopes, *Curso*, cit., p. 277; Maria Helena Diniz, *Curso*, cit., v. 1, p. 193.

96 Serpa Lopes, *Curso*, cit., p. 278.

97 *Curso*, cit., v. 1, p. 194.

por suas obrigações. Todos os sujeitos de direito devem ter, pois, um lugar certo no espaço, de onde irradiem sua atividade jurídica. Esse ponto de referência é o seu ***domicílio*** (do latim *domus*, casa ou morada)[98].

O vocábulo "domicílio" tem significado jurídico relevante em todos os ramos do direito, especialmente no **direito processual civil**.

4.5.4.1. *Domicílio da pessoa natural*

O novo Código trata conjuntamente do domicílio da pessoa natural e da pessoa jurídica no Título III do Livro I da Parte Geral.

4.5.4.1.1. *Conceito*

Pode-se simplesmente dizer que **domicílio** é o local onde o indivíduo responde por suas obrigações ou o local em que estabelece a sede principal de sua residência e de seus negócios. É, em última análise, a **sede jurídica da pessoa**, onde ela se presume presente para efeitos de direito e onde pratica habitualmente seus atos e negócios jurídicos[99].

Nas definições apontadas, sobressaem-se duas ideias: a de **morada** e a de **centro de atividade**. O Código Civil brasileiro, seguindo o modelo do suíço, define domicílio no art. 70, *verbis*:

> "Art. 70. O domicílio da pessoa natural é o lugar onde ela estabelece a sua residência com ânimo definitivo."

E, no art. 72, *caput*, concernente à atividade externa da pessoa, especialmente a de natureza profissional, dispõe:

> "Art. 72. É também domicílio da pessoa natural, quanto às relações concernentes à profissão, o lugar onde esta é exercida."

O conceito de domicílio civil é composto, pois, de **dois elementos:**

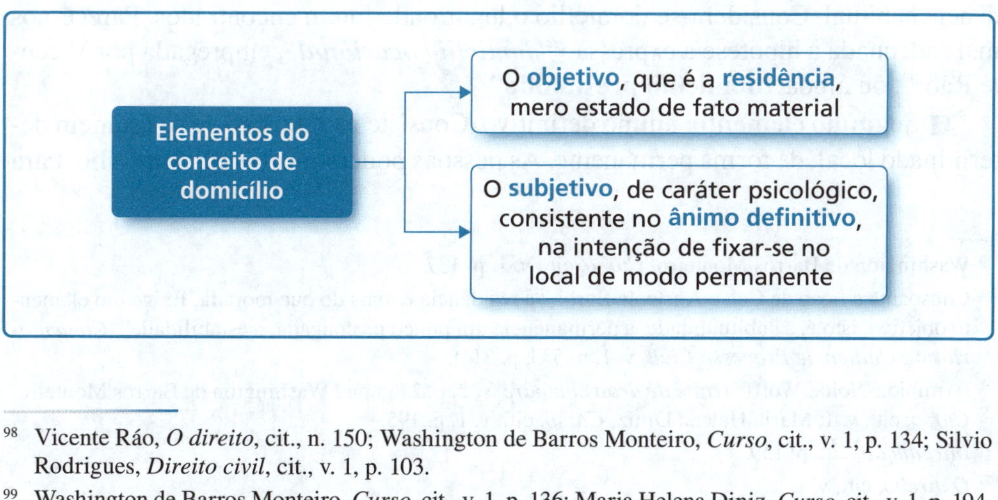

98 Vicente Ráo, *O direito*, cit., n. 150; Washington de Barros Monteiro, *Curso*, cit., v. 1, p. 134; Silvio Rodrigues, *Direito civil*, cit., v. 1, p. 103.

99 Washington de Barros Monteiro, *Curso*, cit., v. 1, p. 136; Maria Helena Diniz, *Curso*, cit., v. 1, p. 194.

■ **Primeiro elemento:** residência. A residência é, portanto, apenas um elemento componente do conceito de domicílio, que é mais amplo e com ela não se confunde. Residência, como foi dito, é **simples estado de fato**, sendo o domicílio uma situação jurídica. Residência, que indica a radicação do indivíduo em determinado lugar[100], também não se confunde com ***morada***[101] ou ***habitação***, local que a pessoa ocupa esporadicamente, como a casa de praia ou de campo, o hotel em que passa uma temporada ou mesmo o local para onde se mudou provisoriamente até concluir a reforma de sua casa. É mera relação de fato, de menor expressão que ***residência***.

Uma pessoa pode ter **um só domicílio e mais de uma residência**. Pode ter também **mais de um domicílio**, pois o Código Civil brasileiro, adotando o critério das legislações alemã, austríaca, grega e chilena, dentre outras, e afastando-se da orientação do direito francês, admite a **pluralidade domiciliar**[102]. Para tanto, basta que tenha diversas residências onde, **"alternadamente, viva"**, como dispõe o art. 71, ou, além do domicílio familiar, tenha também **domicílio profissional**, como prescreve o art. 72 do Código Civil, *verbis*:

> "Art. 72. É também domicílio da pessoa natural, quanto às relações concernentes à profissão, o lugar onde esta é exercida.
>
> Parágrafo único. Se a pessoa exercitar profissão em lugares diversos, cada um deles constituirá domicílio para as relações que lhe corresponderem."

Admite-se também que uma pessoa possa ter **domicílio sem possuir residência** determinada ou em que esta seja de difícil identificação. Preleciona Orlando Gomes que, nesses casos, para resguardar o interesse de terceiros, vem-se adotando a teoria do ***domicílio aparente***, segundo a qual, no dizer de Henri de Page, "aquele que cria as aparências de um domicílio em um lugar pode ser considerado pelo terceiro como tendo aí seu verdadeiro domicílio"[103]. A propósito, preceitua o art. 73 do Código Civil: "Ter-se-á por domicílio da pessoa natural, que não tenha residência habitual, o lugar onde for encontrada". É o caso, por exemplo, dos ciganos e andarilhos ou de caixeiros viajantes, que passam a vida em viagens e hotéis e, por isso, não têm residência habitual. Considera-se domicílio o lugar onde forem encontrados. Parece-nos mais adequada à hipótese a expressão ***"domicílio ocasional"***, empregada por Vicente Ráo[104], ou ainda **"domicílio presumido"**.

■ **Segundo elemento:** ânimo definitivo. Consiste na intenção de se fixar em determinado local, de forma permanente. As pessoas podem **mudar de domicílio**. Para

---

[100] Washington de Barros Monteiro, *Curso*, cit., v. 1, p. 137.

[101] Consoante a lição de Celso Agrícola Barbi, "a residência é mais do que morada. Exige um elemento objetivo, isto é, a habitualidade, a permanência um pouco prolongada, a estabilidade" (*Comentários ao Código de Processo Civil*, v. 1, n. 533, p. 314).

[102] Arminjon-Nolde-Wolff, *Traité de droit comparé*, v. 2, p. 275 apud Washington de Barros Monteiro, *Curso*, cit., v. 1; Maria Helena Diniz, *Curso*, cit., v. 1, p. 195.

[103] *Introdução*, cit., p. 159.

[104] *O direito*, cit., v. 1.

que a mudança se caracterize, não basta trocarem de endereço. É necessário que estejam imbuídas da "intenção manifesta de o mudar", como exige o art. 74 do Código Civil. Essa intenção é aferida por sua conduta e, segundo dispõe o parágrafo único do mencionado dispositivo legal, resultará do que declarar "às municipalidades dos lugares, que deixa, e para onde vai, ou, se tais declarações não fizer, da própria mudança, com as circunstâncias que a acompanharem". Essas circunstâncias podem ser, por exemplo: a matrícula dos filhos em escola da nova localidade, a transferência de linha telefônica, a abertura de contas bancárias, posse em cargo público etc.

Perde-se o domicílio, porém, não só pela sua ***mudança*** mas também por ***determinação de lei*** (quando venha a ocorrer uma hipótese de domicílio legal que prejudique o anterior) e pela ***vontade ou eleição das partes***, nos contratos, no que respeita à execução das obrigações deles resultantes (CC, art. 78)[105].

■ *4.5.4.1.2. Espécies*

O primeiro domicílio da pessoa, que se prende ao seu nascimento, é denominado ***domicílio de origem*** e corresponde ao de seus pais, à época. O **domicílio** pode ser:

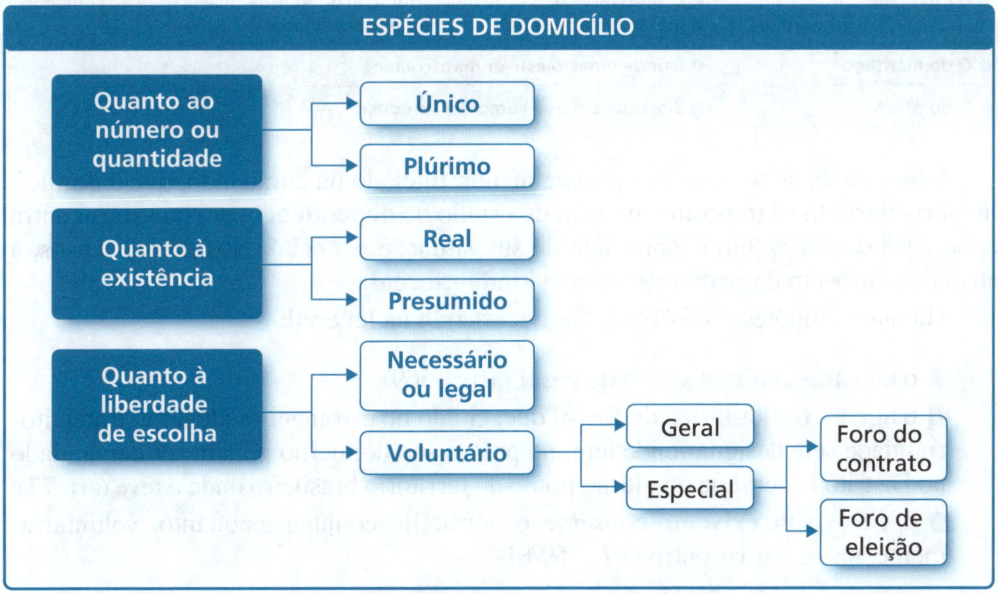

■ **Domicílio único** e **domicílio plúrimo:** como já dito, uma pessoa pode ter um só domicílio, onde vive com sua família, denominado **domicílio único** ou **familiar**, ou mais de um, pois o nosso Código admite a pluralidade domiciliar. Configura-se o **domicílio plúrimo** quando a pessoa natural tem diversas resi-

[105] Maria Helena Diniz, *Curso*, cit., v. 1, p. 197.

dências, onde alternadamente vive (CC, art. 71), ou, além do domicílio familiar, tem também domicílio profissional, que é o local em que exercita sua profissão. Se a exercitar em lugares diversos, cada um deles constituirá domicílio para as relações que lhe corresponderem (art. 72, parágrafo único).

- **Domicílio real** e **domicílio presumido:** também como já mencionado, as pessoas têm, em geral, residência fixa, considerada **domicílio real**. Algumas, todavia, passam a vida em viagens e hotéis, sem terem residência habitual. Neste caso, ter-se-á por domicílio o lugar onde forem encontradas (CC, art. 73), presumindo-se ser este o seu domicílio (**domicílio presumido**).
- **Domicílio necessário ou legal** e **voluntário:** o domicílio **necessário ou legal** é o determinado pela **lei**, em razão da condição ou situação de certas pessoas. Nesses casos, deixa de existir liberdade de escolha. O art. 76 do Código Civil relaciona tais pessoas, enquanto o parágrafo único indica os respectivos domicílios, conforme quadro a seguir:

DOMICÍLIO NECESSÁRIO OU LEGAL	
▪ O do **incapaz**	▪ É o do seu representante legal
▪ O do **servidor público**	▪ É o lugar em que exercer permanentemente suas funções
▪ O do **militar**	▪ É onde servir, e, sendo da Marinha ou da Aeronáutica, a sede do comando a que se encontrar imediatamente subordinado
▪ O do **marítimo**	▪ É onde o navio estiver matriculado
▪ O do **preso**	▪ É o lugar em que cumpre a sentença

Observa-se, no tocante ao ***incapaz*** menor, tutelado ou curatelado, que o domicílio obrigatório lhe é imposto em razão do estado de **dependência** em que se encontra e, no caso do ***preso***, em decorrência de sua situação **especial**. Nos demais casos, a atribuição provém da **profissão ou atividade exercida**.

Há outras hipóteses de **domicílio necessário** na lei civil:

- o de **cada cônjuge** será o do casal (art. 1.569);
- o **agente diplomático** do Brasil que, citado no estrangeiro, alegar extraterritorialidade sem designar onde tem, no país, o seu domicílio poderá ser demandado no Distrito Federal ou no último ponto do território brasileiro onde o teve (art. 77);
- o **viúvo sobrevivente** conserva o domicílio conjugal enquanto, voluntariamente, não adquirir outro (*RF*, 159/81)[106].

No sistema da pluralidade domiciliar acolhido pelo nosso direito, as pessoas não perdem automaticamente o domicílio que antes possuíam ao receberem, por imposição legal, o novo. Tal poderá ocorrer se porventura se estabelecerem com residência definitiva no local do domicílio legal. Caso, por exemplo, indivíduo domiciliado em cidade contígua a São Paulo seja aprovado em concurso nesta realizado e se torne

[106] Maria Helena Diniz, *Curso*, cit., v. 1, p. 196.

servidor público, mas conserve o domicílio familiar, terá, na realidade, **dois domicílios** ou domicílio plúrimo, podendo ser procurado em qualquer um deles.

O domicílio **voluntário** pode ser:

a) ***geral*** (escolhido livremente); e

b) ***especial*** (fixado com base no contrato, sendo denominado, conforme o caso, ***foro contratual*** ou de ***eleição***).

■ **Domicílio voluntário *geral*** ou ***comum***: é aquele que depende da vontade exclusiva do interessado. Qualquer pessoa, não sujeita a domicílio necessário, tem a liberdade de estabelecer o local em que pretende instalar a sua residência com ânimo definitivo, bem como de mudá-lo, quando lhe convier (CC, art. 74).

■ **Domicílio voluntário especial:** pode ser o do ***contrato***, a que alude o art. 78 do Código Civil, e o de ***eleição***, disciplinado no art. 63 do Código de Processo Civil.

■ **Foro do contrato:** é a sede jurídica ou o **local especificado no contrato para o cumprimento das obrigações dele resultantes**.

■ **Foro de eleição:** é o escolhido pelas partes para a propositura de ações relativas às referidas obrigações e direitos recíprocos. Prescreve o mencionado art. 63 do Código de Processo Civil que as partes "podem modificar a competência em razão do valor e do território, elegendo foro onde será proposta ação oriunda de direitos e obrigações"[107].

Duas questões concernentes ao foro de eleição merecem destaque. A primeira diz respeito à possibilidade de a parte por este favorecida abrir mão do benefício e ajuizar a ação no foro do domicílio do réu. A jurisprudência tem proclamado, com efeito, que a eleição de foro não inibe que **o credor prefira o foro do domicílio do devedor** quando diverso daquele[108].

A segunda questão versa sobre **a não admissão do foro de eleição nos *contratos de adesão***, salvo demonstrando-se a inexistência de prejuízo para o aderente. Com efeito, a sua validade pressupõe a observância do princípio da igualdade dos contratantes, não respeitado nos contratos dessa espécie. O Superior Tribunal de Justiça tem considerado ineficaz a cláusula de eleição de foro em contratos de adesão[109]: a) "quando constitui um obstáculo à parte aderente, dificultando-lhe o comparecimento em juízo"[110]; b) se é "abusiva, resultando especial dificuldade para a outra parte"[111]; c) se o outro contratante "presumivelmente não pôde discutir cláusula microscopicamente impressa de eleição de foro"[112].

---

107 Súmula 335 do Supremo Tribunal Federal: "É válida a cláusula de eleição do foro para os processos oriundos do contrato".

108 "O foro de eleição não obsta à propositura de ação no foro do domicílio do réu, não cabendo a este excepcionar o juízo" (*RT*, 665/134; *JTA*, 92/365).

109 Cf. Theotonio Negrão, *Código de Processo Civil e legislação processual em vigor*, p. 213, nota 3b ao art. 111.

110 REsp 41.540-RS, 3ª T., rel. Min. Costa Leite, *DJU*, 9.5.1994.

111 REsp 40.988-8-RJ, 3ª T., rel. Min. Eduardo Ribeiro, *DJU*, 9.5.1994, p. 10.870.

112 REsp 34.186-RS, 4ª T., rel. Min. Athos Carneiro, *DJU*, 2.8.1993, p. 14.257.

A mesma Corte, considerando que o art. 51, IV, do Código de Defesa do Consumidor declara nula de pleno direito a cláusula abusiva, que coloque o consumidor em desvantagem exagerada ou seja incompatível com a boa-fé e a equidade, tem proclamado: "A **cláusula de eleição de foro inserida em contrato de adesão não prevalece se 'abusiva'**, o que se verifica quando constatado que da prevalência de tal estipulação resulta inviabilidade ou especial dificuldade de acesso ao Judiciário. **Pode o juiz, de ofício, declinar de sua competência** em ação instaurada contra consumidor quando a aplicação daquela cláusula dificultar gravemente a defesa do réu em juízo"[113].

Esse entendimento foi consolidado pela Lei n. 11.280, de 16 de fevereiro de 2006, que introduziu parágrafo único ao art. 112 do Código de Processo Civil de 1973, dispondo que "a nulidade da cláusula de eleição de foro, em contrato de adesão, pode ser declarada de ofício pelo juiz, que declinará de competência para o juízo de domicílio do réu". Por sua vez, o art. 63, § 3º, do novo diploma processual dispõe: "Antes da citação, a cláusula de eleição de foro, se abusiva, pode ser reputada ineficaz de ofício pelo juiz, que determinará a remessa dos autos ao juízo do foro de domicílio do réu". A declaração de ineficácia não deve, todavia, ser proclamada de forma indiscriminada, mas à luz das circunstâncias do caso concreto. Assim, **quando não há prejuízo para o aderente**, que é, por exemplo, empresa de considerável porte, **tem sido admitido o foro de eleição em contrato de adesão**, não cabendo ao juiz suscitar de ofício a sua incompetência[114].

■ 4.5.4.2. *Domicílio da pessoa jurídica*

A rigor, a pessoa jurídica de direito privado não tem residência, mas **sede** ou **estabelecimento**, que se prende a determinado lugar. Trata-se de ***domicílio especial***, que pode ser livremente escolhido "no seu estatuto ou atos constitutivos". Não o sendo, o seu domicílio será "o lugar onde funcionarem as respectivas diretorias e administrações" (CC, art. 75, IV). Este será o local de suas atividades habituais, onde os credores poderão demandar o cumprimento das obrigações.

A Súmula 363 do Supremo Tribunal Federal proclama que "a pessoa jurídica de direito privado pode ser demandada no domicílio da agência ou estabelecimento em que se praticou o ato". Com efeito, o art. 75, § 1º, do Código Civil admite a **pluralidade de domicílio** dessas entidades, prescrevendo: "Tendo a pessoa jurídica diversos estabelecimentos em lugares diferentes, cada um deles será considerado domicílio para os atos nele praticados". Desse modo, se a pessoa jurídica tiver filiais, agências, departamentos ou escritórios situados em comarcas diferentes, **poderá ser demandada no foro em que tiver praticado o ato**. Assim também dispõe o art. 53, III, *a* e *b*, do Código de Processo Civil[115]. Se a administração ou a diretoria tiver a **sede no**

---

[113] *RSTJ*, 140/330 e 129/212. No mesmo sentido: *RT*, 774/319, 780/380, 781/277, 784/284, 787/276 e 315, 791/364, 794/331.

[114] STJ, 2ª Seção, CComp. 13.632-6-MG, rel. Min. Ruy Rosado de Aguiar, *DJU*, 25.9.1995, p. 31.059.

[115] "Devedora com sede e filial sob jurisdições diversas. Competente para processar e julgar o feito é o juiz do lugar onde se acha a agência ou sucursal, quanto às obrigações que ela contraiu" (STJ, *RT*,

estrangeiro, haver-se-á por domicílio da pessoa jurídica o lugar do estabelecimento situado no Brasil onde as obrigações foram contraídas, correspondente a cada agência (CC, art. 75, § 2º).

As **pessoas jurídicas de direito público interno** têm por domicílio a **sede de seu governo**. Assim, dispõe o art. 75 do Código Civil que o domicílio da União é o Distrito Federal; dos Estados, as respectivas capitais; e do Município, o lugar onde funcione a administração municipal.

Conforme dispõe o art. 51, *caput*, do Código de Processo Civil, em consonância com o art. 109, §§ 1º e 2º da Constituição Federal, "É competente o foro de domicílio do réu para as causas em que seja autora a União". Se a União for a demandada, aduz o parágrafo único, "a ação poderá ser proposta no foro de domicílio do autor, no de ocorrência do ato ou fato que originou a demanda, no de situação da coisa ou no Distrito Federal". É competente o foro de domicílio do réu para as causas em que seja autor Estado ou o Distrito Federal. Se Estado ou o Distrito Federal for o demandado, a ação poderá ser proposta no foro de domicílio do autor, no de ocorrência do fato que originou a demanda, no de situação da coisa ou na capital do respectivo ente federado (CPC, art. 52 e parágrafo único).

4.5.5. Atos do registro civil

Registro civil é a perpetuação, mediante anotação por agente autorizado, dos dados pessoais dos membros da coletividade e dos fatos jurídicos de maior relevância em suas vidas, para fins de autenticidade, segurança e eficácia. Tem por base a **publicidade**, cuja função específica é provar a situação jurídica do registrado e torná-la conhecida de terceiros[116]. No registro civil, efetivamente, pode-se encontrar a história civil da pessoa, por assim dizer, a biografia jurídica de cada cidadão, na expressão de Nicola e Francesco Stolfi[117].

A matéria é regida pelo Código Civil, que se limitou a determinar o registro dos fatos essenciais ligados ao estado das pessoas, e pela **Lei n. 6.015, de 31 de dezembro de 1973**, que dispõe sobre os Registros Públicos. O **art. 9º do Código Civil**, efetivamente, apenas indica os atos sujeitos a registro público:

"I — os nascimentos, casamentos e óbitos;

II — a emancipação por outorga dos pais ou por sentença do juiz;

III – a interdição por incapacidade absoluta ou relativa (Obs.: **este inciso deve ser adaptado ao Estatuto da Pessoa com Deficiência (Lei n. 13.146/2015), pelo qual são absolutamente incapazes somente os menores de 16 anos, não sujeitos a curatela**);

IV — a sentença declaratória de ausência e de morte presumida."

654/194). "A Súmula 363 do Supremo Tribunal Federal aplica-se também às empresas públicas" (*RSTJ*, 90/41).

[116] Washington de Barros Monteiro, *Curso*, cit., v. 1, p. 74.

[117] *Il nuovo Codice Civile commentato*, 1939, prefazione, XIV.

O registro civil, por sua importância na vida das pessoas, interessa a todos: ao próprio registrado, a terceiros que com ele mantenham relações e ao Estado. Os principais fatos da vida humana, como o nascimento, o casamento, o óbito, a separação judicial e o divórcio, são ali retratados e fixados de forma perene.

São ***averbados*** em registro público: a) as sentenças que decretarem a nulidade ou anulação do casamento, o divórcio, a separação judicial e o restabelecimento da sociedade conjugal; b) os atos judiciais ou extrajudiciais que declararem ou reconhecerem a filiação (CC, art. 10). A letra *c* do mencionado art. 10, que impunha a averbação dos atos judiciais ou extrajudiciais de **adoção**, foi revogada pela Lei Nacional da Adoção (Lei n. 12.010/2009). **Averbação** é qualquer anotação feita à margem do registro para indicar as alterações ocorridas no estado jurídico do registrado.

São obrigados a fazer a **declaração de nascimento**, pela ordem:

a) os pais;
b) o parente mais próximo;
c) os administradores de hospitais ou os médicos e parteiras;
d) pessoa idônea da casa em que ocorrer o parto; e
e) as pessoas encarregadas da guarda do menor (LRP, art. 52).

A Lei n. 13.112, de 30 de março de 2015, **autoriza a mulher a registrar nascimento do filho em igualdade de condições com o homem**. A referida lei alterou a Lei dos Registros Públicos, que garantia ao pai a iniciativa de registrar o filho nos primeiros 15 dias de vida. Só em caso de omissão ou impedimento do pai depois desse período a mãe poderia substituí-lo e registrar o recém-nascido.

Atualmente, portanto, **o pai ou a mãe, isoladamente ou em conjunto, devem proceder ao registro no prazo de 15 dias**. Se um dos dois não cumprir a exigência dentro desse período, o outro terá 45 dias para realizar a declaração.

O Registro Civil está a cargo de pessoas que recebem **delegação** do poder público e são denominadas **Oficiais** do Registro Civil das Pessoas Naturais. Outras pessoas têm, também, competência para exercer essas funções, como o **comandante de aeronaves**, que pode lavrar certidão de nascimento e dos óbitos que ocorrerem a bordo (Código Brasileiro de Aeronáutica, art. 173), bem como as **autoridades consulares** (LINDB, art. 18).

A Constituição Federal de 1988 dispõe que são **gratuitos** para os reconhecidamente pobres, na forma da lei: a) o registro civil de nascimento; b) a **certidão de óbito** (art. 5º, LXXVI). Por sua vez, o Código Civil proclama, no art. 1.512: "O casamento é civil e **gratuita** a sua celebração".

O Provimento n. 52, de 14 de março de 2016, da Corregedoria Nacional de Justiça autoriza o registro automático, **sem necessidade de permissão judicial**, de nascimento dos filhos de casais **heterossexuais e homoafetivos** nascidos por meio de técnicas de **reprodução assistida**, como fertilização *in vitro* e gestação por substituição ("barriga de aluguel"). Neste último caso, não constará no registro civil da criança o nome da gestante. Se os pais forem casados ou viverem em união estável, basta que um deles vá ao Cartório fazer o registro munido com os documentos exigidos. Se a reprodução assistida for realizada após a morte de um dos doadores, deverá ser apresentado, ainda, **termo de autorização prévia específica do falecido ou da falecida** para o uso do material biológico preservado, lavrado por instrumento público.

4.5.6. Resumo

INDIVIDUALIZAÇÃO DA PESSOA NATURAL	
ELEMENTOS INDIVIDUALIZADORES	■ Nome ■ Estado ■ Domicílio
NOME	■ **Conceito:** nome é a designação pela qual a pessoa se identifica no seio da família e da sociedade. ■ **Pseudônimo:** nome fictício usado, em geral, por escritores e artistas. Quando adotado para atividades lícitas, goza da proteção que se dá ao nome (CC, art. 19). ■ **Natureza jurídica:** é direito da personalidade (CC, arts. 16 a 18). ■ **Elementos:** prenome e sobrenome (CC, art. 16). Algumas pessoas têm o **agnome**, sinal que distingue pessoas de uma mesma família (Júnior, Neto). O **prenome** pode ser livremente escolhido pelos pais, desde que não exponha o filho ao ridículo (LRP, art. 55, parágrafo único). O **sobrenome** indica a origem familiar da pessoa.
VISÃO GERAL DAS EXCEÇÕES AO PRINCÍPIO DA INALTERABILIDADE DO NOME	■ A **lei** prevê as seguintes: a) substituição do prenome por apelidos públicos notórios; b) correção de evidente erro gráfico; c) retificação de nome que possa expor o seu portador ao ridículo; d) substituição do prenome ou do nome completo como medida de proteção à testemunha de crime que corre risco de vida; e) atribuição ao adotado do sobrenome do adotante; f) adição intermediária de apelidos notórios ou de sobrenome materno, especialmente para evitar homonímia; g) inclusão do nome de família do padrasto ou madrasta, havendo motivo ponderável; h) acréscimo ao seu do sobrenome do outro cônjuge, por qualquer dos nubentes; i) renúncia pelo cônjuge, no divórcio, do nome de casado; j) direito ao uso, pelo filho, do sobrenome do genitor ou genitora que o reconheceu; k) direito ao uso, pelo companheiro ou companheira, do patronímico de seu companheiro ou companheira. ■ A **jurisprudência** admite, ainda, as seguintes exceções: a) substituição do prenome oficial pelo prenome de uso; b) tradução de nomes estrangeiros; c) retificação do nome e do sexo de transexuais; d) exclusão do sobrenome paterno em virtude de abandono do filho pelo genitor.
ESTADO	■ **Aspectos:** a) **individual ou físico**, que é o modo de ser da pessoa quanto à idade, sexo, cor, altura, saúde etc.; b) **familiar**, que indica a situação da pessoa na família em relação ao matrimônio e ao parentesco; e c) **político**, qualidade que advém da posição do indivíduo na sociedade política. ■ **Caracteres:** a) **indivisibilidade** — o estado é uno e indivisível e regulamentado por normas de ordem pública; b) **indisponibilidade** — trata-se de bem fora do comércio, inalienável e irrenunciável; c) **imprescritibilidade** — não se perde nem se adquire o estado pela prescrição.

DOMICÍLIO DA PESSOA NATURAL	■ **Conceito:** é a sede jurídica da pessoa, ou seja, o local onde responde por suas obrigações. ■ **Espécies:** a) quanto ao número: **único** e **plúrimo** (familiar e profissional); b) quanto à existência: **real** e **presumido** (CC, art. 73 — pessoa sem residência habitual); e c) quanto à liberdade de escolha: **necessário ou legal** (determinado pela lei) e **voluntário**, que pode ser geral ou especial. **Geral**, quando escolhido livremente pela pessoa. O **especial** pode ser o **foro do contrato** (CC, art. 78) e o **foro de eleição** (CPC, art. 63). ■ **Mudança:** muda-se o domicílio transferindo a residência com a intenção manifesta de o mudar (CC, art. 74).
DOMICÍLIO DA PESSOA JURÍDICA	■ Não possui residência, mas **sede ou estabelecimento**. Trata-se de domicílio especial, que pode ser livremente escolhido "*no seu estatuto ou atos constitutivos*". Não o sendo, o seu domicílio será "*o lugar onde funcionarem as respectivas diretorias e administrações*" (CC, art. 75, IV).

■ 4.6. DOS DIREITOS DA PERSONALIDADE

■ 4.6.1. Conceito

A concepção dos direitos da personalidade apoia-se na ideia de que, a par dos direitos economicamente apreciáveis, destacáveis da pessoa de seu titular, como a propriedade ou o crédito contra um devedor, outros há, não menos valiosos e merecedores da proteção da ordem jurídica, inerentes à pessoa humana e a ela ligados de maneira perpétua e permanente. São os **direitos da personalidade**, inalienáveis e cuja existência tem sido proclamada pelo direito natural, destacando-se, dentre outros, o direito à vida, à liberdade, ao nome, ao próprio corpo, à imagem e à honra[118].

O reconhecimento dos direitos da personalidade como categoria de direito subjetivo é relativamente recente, como reflexo da **Declaração dos Direitos do Homem**, de 1789 e de 1948, das Nações Unidas, bem como da **Convenção Europeia** de 1950. No âmbito do direito privado, sua evolução tem-se mostrado lenta. No Brasil, têm sido tutelados em leis especiais e principalmente na jurisprudência, a quem coube a tarefa de desenvolver a proteção à intimidade do ser humano, sua imagem, seu nome, seu corpo e sua dignidade[119]. O grande passo para a proteção dos ***direitos da personalidade***[120] foi dado com o advento da **Constituição Federal de 1988**, que expressamente a eles se refere no art. 5º, X, nestes termos:

[118] Caio Mário da Silva Pereira, *Instituições de direito civil*, v. 1, p. 152; Silvio Rodrigues, *Direito civil*, v. 1, p. 61; Mazeaud e Chabas, *Leçons de droit civil*, v. 2, t. 1, n. 624.

[119] Maria Helena Diniz, *Curso de direito civil brasileiro*, v. 1, p. 118; Silvio Rodrigues, *Direito civil*, cit., v. 1, p. 62.

[120] A expressão "direitos da personalidade" foi consagrada pela legislação nacional e desfruta da predileção da doutrina. Há, contudo, na doutrina alienígena, o emprego de outras expressões, como "direitos fundamentais da pessoa", "direitos subjetivos essenciais", "direitos personalíssimos", "direitos sobre a própria pessoa" etc., como mencionam Plabo Stolze Gagliano e Rodolfo Pamplona Filho (*Novo curso de direito civil*: parte geral, p. 144).

"X — são invioláveis a intimidade, a vida privada, a honra e a imagem das pessoas, assegurado o direito a indenização pelo dano material ou moral decorrente de sua violação."

O Código Civil dedicou um capítulo novo aos direitos da personalidade (arts. 11 a 21), visando, no dizer de Miguel Reale, "à sua salvaguarda, sob múltiplos aspectos, desde a proteção dispensada ao nome e à imagem até o direito de se dispor do próprio corpo para fins científicos ou altruísticos"[121]. Francisco Amaral define os direitos da personalidade como **"direitos subjetivos que têm por objeto os bens e valores essenciais da pessoa, no seu aspecto físico, moral e intelectual"**[122].

4.6.2. Fundamentos dos direitos da personalidade

Os direitos da personalidade dividem-se em duas categorias:

- os ***inatos***, como o direito à vida e à integridade física e moral; e
- os ***adquiridos***, que decorrem do *status* individual e existem na extensão da disciplina que lhes foi conferida pelo direito positivo, como o direito autoral.

A escola positivista insurge-se contra a ideia da existência de direitos da personalidade ***inatos***, sustentando decorrer a personalidade não da realidade psicofísica, mas da sua concepção **jurídico-normativa**[123]. Tal ideia, no entanto, é combatida por falta de adequação ao nosso ordenamento jurídico[124]. A escola de direito natural, diversamente, é ardorosa defensora desses direitos inerentes à pessoa humana, prerrogativas individuais que as legislações modernas reconhecem e a jurisprudência, lucidamente, vem protegendo.

Nessa ordem de ideias, os doutrinadores em geral entendem que caberia "ao Estado apenas **reconhecê-los e sancioná-los** em um ou outro plano do direito positivo — em **nível constitucional** ou em **nível de legislação ordinária** —, dotando-os de proteção própria, conforme o tipo de relacionamento a que se volte, a saber: contra o arbítrio do poder público ou as incursões de particulares"[125].

4.6.3. Características dos direitos da personalidade

Dispõe o art. 11 do Código Civil que, "com exceção dos casos previstos em lei, os direitos da personalidade são intransmissíveis e irrenunciáveis, não podendo o seu exercício sofrer limitação voluntária". Na realidade, são também absolutos, ilimitados, imprescritíveis, impenhoráveis, inexpropriáveis e vitalícios. Vejamos:

---

121 *O Projeto do Novo Código Civil*, p. 65.

122 Francisco Amaral, *Direito civil*: introdução, p. 243.

123 Adriano de Cupis, *Os direitos da personalidade*, 1961.

124 Caio Mário da Silva Pereira, *Instituições*, cit., v. 1, p. 153, n. 19; Orlando Gomes, *Introdução*, cit., n. 77 e 78.

125 Carlos Alberto Bittar, *Os direitos da personalidade*, 3. ed., p. 7.

- ***Intransmissibilidade* e *irrenunciabilidade*:** essas características, mencionadas expressamente no dispositivo legal supratranscrito, acarretam a **indisponibilidade** dos direitos da personalidade. Não podem os seus titulares deles dispor, transmitindo-os a terceiros, renunciando ao seu uso ou abandonando-os, pois nascem e se extinguem com eles, dos quais são inseparáveis. Evidentemente, ninguém pode desfrutar em nome de outrem bens como a vida, a honra, a liberdade etc.

Alguns atributos da personalidade, contudo, **admitem a cessão de seu uso**, como a imagem, que pode ser explorada comercialmente mediante retribuição pecuniária. Os **direitos autorais** e o relativo à **imagem**, com efeito, "por interesse negocial e da expansão tecnológica, entram na circulação jurídica e experimentam temperamentos, sem perder seus caracteres intrínsecos. É o que se apura na adaptação de obra para novela ou no uso da imagem para a promoção de empresas"[126].

Pode-se concluir, pois, que a **indisponibilidade** dos direitos da personalidade não é absoluta, mas **relativa**. Nessa direção é o Enunciado 4 da I Jornada de Direito Civil promovida pelo Conselho da Justiça Federal: "O exercício dos direitos da personalidade pode sofrer limitação voluntária, **desde que não seja permanente nem geral**". Entretanto, malgrado os direitos da personalidade, em si, sejam personalíssimos (direito à honra, à imagem etc.) e, portanto, intransmissíveis, a pretensão ou direito de exigir a sua reparação **pecuniária**, em caso de ofensa, transmite-se aos **sucessores**, nos termos do art. 943 do Código Civil. Nessa linha, já decidiu o Superior Tribunal de Justiça, percucientemente: "O direito de ação por dano moral é de natureza patrimonial e, como tal, transmite-se aos sucessores da vítima"[127].

- ***Absolutismo*:** o caráter absoluto dos direitos da personalidade é consequência de sua oponibilidade ***erga omnes***. São tão relevantes e necessários que impõem a todos um dever de abstenção, de respeito. Sob outro ângulo, têm **caráter *geral***, porque inerentes a toda pessoa humana.
- ***Não limitação*:** é **ilimitado** o número de direitos da personalidade, malgrado o Código Civil, nos arts. 11 a 21, tenha se referido expressamente apenas a alguns. Reputa-se tal **rol meramente exemplificativo**, pois não esgota o seu elenco, visto ser impossível imaginar-se um *numerus clausus* nesse campo. Não se limitam eles aos que foram expressamente mencionados e disciplinados no novo diploma, podendo ser apontados ainda, exemplificativamente, o direito a **alimentos**, ao **planejamento familiar**, ao **leite materno**, ao **meio ambiente ecológico**, à **velhice digna**, ao **culto religioso**, à **liberdade de pensamento**, ao **segredo profissional**, à **identidade pessoal** etc.[128].

---

[126] Josaphat Marinho, Os direitos da personalidade no Projeto de Novo Código Civil Brasileiro, *Boletim da Faculdade de Direito da Universidade de Coimbra*, 2000, p. 257.

[127] *RSTJ*, 71/183.

[128] *V.* especificação e classificação dos direitos da personalidade apresentada por Limongi França, *Manual de direito civil*, v. 1, p. 411-413.

O progresso econômico-social e científico poderá dar origem também, no futuro, a outras hipóteses, a serem tipificadas em norma.

- ***Imprescritibilidade*:** essa característica é mencionada pela doutrina em geral pelo fato de os direitos da personalidade **não se extinguirem** pelo uso e pelo decurso do tempo, nem pela inércia na pretensão de defendê-los. Embora o ***dano moral*** consista na lesão a um interesse que visa a satisfação de um bem jurídico extrapatrimonial contido nos direitos da personalidade, como a vida, a honra, o decoro, a intimidade, a imagem etc.[129], **a pretensão à sua reparação está sujeita aos prazos prescricionais** estabelecidos em lei, por ter caráter patrimonial. Já decidiu, com efeito, o Superior Tribunal de Justiça que "o direito de ação por dano moral é de ***natureza patrimonial*** e, como tal, transmite-se aos sucessores da vítima"[130]. Não se pode, pois, afirmar que é imprescritível a pretensão à reparação do dano moral, embora consista em ofensa a direito da personalidade.
- ***Impenhorabilidade*:** sendo inerentes à pessoa humana e dela inseparáveis, e, por essa razão, indisponíveis, os direitos da personalidade certamente não podem ser penhorados, pois a constrição é o ato inicial da venda forçada determinada pelo juiz para satisfazer o crédito do exequente. Todavia, como foi dito no item concernente à intransmissibilidade e irrenunciabilidade, *retro*, a indisponibilidade dos referidos direitos não é absoluta, podendo alguns deles ter o seu uso cedido para **fins comerciais** mediante retribuição pecuniária, como o direito autoral e o direito de imagem, por exemplo. Nesses casos, **os reflexos patrimoniais dos referidos direitos podem ser penhorados**.
- ***Não sujeição à desapropriação*:** os direitos da personalidade **inatos** não são suscetíveis de desapropriação, por se ligarem à pessoa humana de modo indestacável. Não podem dela ser retirados contra a sua vontade nem o seu exercício sofrer limitação voluntária (CC, art. 11).
- ***Vitaliciedade*:** os direitos da personalidade **inatos** são adquiridos no instante da concepção e acompanham a pessoa até sua morte. Por isso, são **vitalícios**. Mesmo após a morte, todavia, alguns desses direitos são resguardados, como o **respeito ao morto**, à sua honra ou memória e ao seu direito moral de autor. A propósito, preceitua o art. 12, parágrafo único, do novo Código Civil que, em se tratando de morto, terá legitimação para requerer que cesse a ameaça ou a lesão a direito da personalidade e reclamar perdas e danos, sem prejuízo de outras sanções previstas em lei, "o cônjuge sobrevivente, ou qualquer parente em linha reta, ou colateral até o quarto grau".

4.6.4. Disciplina no Código Civil

Todo um **capítulo novo** foi dedicado aos *direitos da personalidade* no Código Civil de 2002, visando à sua salvaguarda, sob múltiplos aspectos. Tal importante inovação

---

129 Eduardo Zannoni, *El dano en la responsabilidad civil*, p. 239.

130 *RSTJ*, 71/183.

representa um grande progresso e coloca o novo diploma, nesse campo, entre os mais avançados do mundo. O referido capítulo disciplina os **atos de disposição do próprio corpo** (arts. 13 e 14), o direito à **não submissão a tratamento médico de risco** (art. 15), o **direito ao nome** e ao **pseudônimo** (arts. 16 a 19), a **proteção à palavra e à imagem** (art. 20) e a **proteção à intimidade** (art. 21). E o art. 52 preceitua: "Aplica-se às pessoas jurídicas, no que couber, a proteção dos direitos da personalidade".

Malgrado o avanço que representa a disciplina dos referidos direitos em capítulo próprio, o novo Código mostrou-se tímido a respeito de assunto de tamanha relevância, dando-lhe reduzido desenvolvimento ao preferir não correr o risco de enumerá-los taxativamente e optando pelo enunciado de "poucas normas dotadas de rigor e clareza, cujos objetivos permitirão os naturais desenvolvimentos da doutrina e da jurisprudência"[131].

A **Constituição Federal de 1988** já havia redimensionado a noção de respeito à **dignidade da pessoa humana**, consagrada no art. 1º, III, e proclamado que "são invioláveis a intimidade, a vida privada, a honra e a imagem das pessoas, assegurado o direito a indenização pelo dano material ou moral decorrente de sua violação" (art. 5º, X).

■ *4.6.4.1. Da proteção aos direitos da personalidade*

O respeito à **dignidade humana** encontra-se em primeiro plano entre os fundamentos constitucionais pelos quais se orienta o ordenamento jurídico brasileiro na defesa dos direitos da personalidade (CF, art. 1º, III). Segue-se a especificação dos considerados de maior relevância — **intimidade, vida privada, honra e imagem** das pessoas —, com a proclamação de que é "assegurado o direito a indenização pelo dano material ou moral decorrente de sua violação" (art. 5º, X). Nessa linha, dispõe o art. 12 e parágrafo único do novo Código Civil: "Pode-se exigir que cesse a ameaça, ou a lesão, a direito da personalidade, e reclamar perdas e danos, sem prejuízo de outras sanções previstas em lei. Em se tratando de morto, terá legitimação para requerer a medida prevista neste artigo o cônjuge sobrevivente, ou qualquer parente em linha reta, ou colateral até o quarto grau". Tendo em vista o disposto no art. 226, § 3º, da Constituição Federal, o Enunciado 275 da IV Jornada de Direito Civil realizada pelo Conselho da Justiça Federal proclama: "O rol dos legitimados de que tratam os artigos 12, parágrafo único, e 20, parágrafo único, do Código Civil, **também compreende o companheiro**".

Como se observa, destinam-se os direitos da personalidade a resguardar a **dignidade humana** por meio de medidas judiciais adequadas, que devem ser ajuizadas pelo ofendido ou pelo lesado indireto. Estas podem ser de natureza ***preventiva***, cautelar, objetivando suspender os atos que ofendam a integridade física, intelectual e moral, ajuizando-se em seguida a ação principal ou de natureza ***cominatória***, com fundamento nos arts. 497 e 536, § 4º, do Código de Processo Civil, destinadas a evi-

[131] Miguel Reale, *O projeto*, cit., p. 65.

tar a concretização da ameaça de lesão[132]. Pode também ser movida desde logo a ação de indenização por **danos materiais e morais**, de natureza ***repressiva***, com pedido de **antecipação de tutela**[133], como tem sido admitido.

Pode-se afirmar que, **além do próprio ofendido**, quando este sofre o gravame, poderão reclamar a reparação do dano, dentre outros, seus **herdeiros**, seu **cônjuge** ou **companheiro** e os **membros familiares** a ele ligados afetivamente, provando o nexo de causalidade, o prejuízo e a culpa quando não se tratar de hipótese de culpa presumida ou de responsabilidade independente de culpa.

Tem-se afirmado que os direitos da personalidade constituem herança da Revolução Francesa, que pregava os lemas **liberdade, igualdade e fraternidade**. A evolução dos direitos fundamentais, desse modo, costuma ser dividida em **três gerações** ou **dimensões**, que guardam correspondência com os referidos lemas:

- a **primeira geração** tem relação com a **liberdade**;
- a **segunda**, com a **igualdade**, dando-se ênfase aos direitos sociais; e
- a **terceira**, com a **fraternidade ou solidariedade**, surgindo os direitos ligados à pacificação social (direitos do trabalhador, direitos do consumidor etc.).

Cogita-se, ainda, na doutrina a existência de uma **quarta geração**, que decorreria das inovações tecnológicas, relacionadas com o **patrimônio genético** do indivíduo, bem como de direitos de uma **quinta geração**, que decorreriam da **realidade virtual**.

■ 4.6.4.2. *Os atos de disposição do próprio corpo*

Dispõe o art. 13 do Código Civil:

> "Art. 13. Salvo por exigência médica, é defeso o ato de disposição do próprio corpo, quando importar diminuição permanente da integridade física, ou contrariar os bons costumes.
>
> Parágrafo único. O ato previsto neste artigo será admitido para fins de transplante, na forma estabelecida em lei especial."

Por sua vez, prescreve o art. 14:

> "Art. 14. É válida, com objetivo científico, ou altruístico, a disposição gratuita do próprio corpo, no todo ou em parte, para depois da morte. Parágrafo único. O ato de disposição pode ser livremente revogado a qualquer tempo."

O direito à ***integridade física*** compreende a proteção jurídica à vida, ao próprio corpo vivo ou morto, quer na sua totalidade, quer em relação a tecidos, órgãos e partes suscetíveis de separação e individualização, quer ainda ao direito de alguém

[132] Carlos Alberto Bittar, *Reparação do dano moral*, p. 148; Maria Helena Diniz, *Curso*, cit., v. 1, p. 131; Flávio Luiz Yarshell, Dano moral: tutela preventiva (ou inibitória), sancionatória e específica, *Revista do Advogado*, 49/62.

[133] Rui Stoco, Tutela antecipada nas ações de reparação de danos, *Informativo Jurídico Incijur*, p. 24-25.

submeter-se ou não a exame e tratamento médico. A **vida humana é o bem supremo**. Preexiste ao direito e deve ser respeitada por todos. É bem jurídico fundamental, uma vez que se constitui na origem e no suporte dos demais direitos. Sua extinção põe fim à condição de ser humano e a todas as manifestações jurídicas que se apoiam nessa condição[134]. O ***direito à vida*** deve ser entendido como o ***direito ao respeito à vida*** do próprio titular e de todos[135].

A **proteção jurídica da vida humana** e da **integridade física** tem como objetivo primordial a preservação desses bens jurídicos, que são protegidos pela **Constituição Federal** (arts. 1º, III, e 5º, III), pelo **Código Civil** (arts. 12 a 15, 186 e 948 a 951) e pelo **Código Penal**, que pune, nos arts. 121 a 128, quatro tipos de crimes contra a vida (homicídio, induzimento, instigação ou auxílio a suicídio, infanticídio e aborto) e, no art. 129, o crime de lesões corporais. Essa proteção começa, conforme dispõe o art. 2º do Código Civil, desde a concepção e se estende até a morte, modernamente representada pela paralisação da atividade cerebral, circulatória e respiratória.

O valor da vida torna extremamente importante a sua **defesa contra os riscos de sua destruição**[136]. O ***direito ao próprio corpo*** abrange tanto a sua **integralidade** como as **partes dele destacáveis** e sobre as quais se exerce o direito de disposição[137].

■ *4.6.4.2.1. A permissão dos transplantes*

O parágrafo único do art. 13 retrotranscrito permite a realização de **transplante** de partes do corpo humano **"na forma estabelecida em lei especial"**. A lei que atualmente disciplina os transplantes é a **Lei n. 9.434, de 4 de fevereiro de 1997**, que dispõe sobre "a remoção de órgãos, tecidos e partes do corpo humano para fins de transplante e tratamento e dá outras providências", com as alterações determinadas pela **Lei n. 10.211, de 23 de março de 2001**.

O art. 9º e parágrafos da Lei n. 9.434/97, regulamentada pelo Decreto n. 2.268, de 30 de junho de 1997, permitem à pessoa juridicamente capaz dispor ***gratuitamente*** de tecidos, órgãos e partes do próprio **corpo vivo** para fins terapêuticos ou para transplantes, desde que o ato não represente risco para a sua integridade física e mental e não cause mutilação ou deformação inaceitável. Só é permitida a doação em caso de **órgãos duplos** (rins), **partes regeneráveis** de órgão (fígado) ou tecido (pele, medula óssea), cuja retirada não prejudique o organismo do doador nem lhe provoque mutilação ou deformação. **Em vida, a doação pode ser feita livremente** pelo titular, por decisão exclusivamente sua. Permite-se ao donatário, nesse caso, **escolher o beneficiário do transplante**, desde que se trate de parente — evitando-se, assim, o caráter pecuniário do ato. Exatamente por isso exige-se que o médico, antes de rea-

---

[134] Francisco Amaral, *Direito civil*, cit., p. 254.

[135] Maria Helena Diniz, *Curso*, cit., v. 1, p. 120.

[136] Francisco Amaral, *Direito civil*, cit., p. 255; Orlando Gomes, *Introdução*, cit., p. 134.

[137] Francisco Amaral, *Direito civil*, cit., p. 257; R. Capelo de Souza, *O direito geral de personalidade*, p. 216, nota 428.

lizar o transplante entre vivos, comunique ao Promotor de Justiça da comarca do domicílio do doador para que, instaurando um procedimento administrativo-investigatório, possa confirmar o respeito aos requisitos legais, nos termos dos arts. 20 e 25, II, do Decreto n. 2.668/97[138].

O art. 14 e parágrafo único do Código Civil tratam da disposição ***post mortem*** gratuita do próprio corpo, disciplinada nos arts. 3º ao 9º da Lei n. 9.434/97. Nesse caso, a retirada das partes doadas para transplante ou tratamento deverá ser precedida de diagnóstico de **morte encefálica**, constatada e registrada na forma da lei (art. 3º). Os mencionados dispositivos legais consagram nitidamente o ***princípio do consenso afirmativo***, pelo qual cada um deve manifestar sua vontade de doar seus órgãos e tecidos depois de sua morte, com objetivo científico ou terapêutico, tendo o direito de, a qualquer tempo, revogar livremente essa doação feita para tornar-se eficaz após a morte do doador[139].

A retirada de tecidos, órgãos e partes do corpo do falecido dependerá da **autorização de qualquer parente maior**, da linha reta ou colateral até o 2º grau, ou do cônjuge sobrevivente, firmada em documento subscrito por duas testemunhas presentes à verificação da morte (Lei n. 9.434/97, art. 4º). Em se tratando de pessoa falecida juridicamente **incapaz**, a remoção de seus órgãos e tecidos apenas poderá ser levada a efeito se houver **anuência expressa de ambos os pais ou por seu representante legal** (Lei n. 9.434/97, art. 5º). E se o corpo for de **pessoa não identificada**, proibida está a remoção *post mortem* de seus órgãos e tecidos (Lei n. 9.434/97, art. 6º).

A Lei n. 10.211/2001, ao exigir a autorização dos familiares do falecido para realizar o transplante, afastou a presunção de que todas as pessoas eram doadoras potenciais. Para enfatizar que a decisão de disposição do próprio corpo constitui **ato personalíssimo do disponente**, o Enunciado 277 da IV Jornada de Direito Civil realizada pelo Conselho da Justiça Federal afirma: "O art. 14 do Código Civil, ao afirmar a validade da disposição gratuita do próprio corpo, com objetivo científico ou altruístico, para depois da morte, determinou que a manifestação expressa do doador de órgãos em vida prevalece sobre a vontade dos familiares; portanto, a aplicação do art. 4º da Lei n. 9.434/1997 ficou restrita à hipótese de silêncio do potencial doador". Desse modo, **se, em vida, a pessoa manifestou expressamente a vontade de não ser doadora de órgãos, a retirada destes não se realizará nem mesmo com a autorização dos familiares**.

É indispensável, ainda, que, após a remoção de partes do corpo, o cadáver seja condignamente recomposto e entregue a seus familiares ou responsáveis legais para sepultamento (Lei n. 9.434/97, art. 8º). A **comercialização** de órgãos do corpo humano é expressamente **vedada** pela Constituição Federal (art. 199, § 4º).

---

138 Cristiano Chaves de Farias e Nelson Rosenvald, *Direito civil*: teoria geral, p. 119-120.

139 Maria Helena Diniz, *Curso*, cit., v. 1, p. 125.

4.6.4.2.2. Cirurgia para adequação do sexo realizada em transexuais

A Resolução n. 1.955/2010 do Conselho Federal de Medicina não considera ilícita a realização de cirurgias que visam à adequação do sexo, **autorizando a sua realização**. A Constituição Federal de 1988, por sua vez, como já dito (cf. item 4.5.2.5.3.4, *retro*), "em seu art. 5º, X, inclui entre os direitos individuais, a **inviolabilidade** da intimidade, da vida privada, da honra e da imagem das pessoas, **fundamento legal autorizador da *mudança do sexo* jurídico de transexual** que se submeteu a cirurgia de mudança de sexo, pois patente seu constrangimento cada vez que se identifica como pessoa de sexo diferente daquela que aparenta ser"[140].

Em conformidade com tal posicionamento, aprovou-se, na IV Jornada de Direito Civil realizada pelo CJF/STJ, o Enunciado 276, do seguinte teor: "O **art. 13 do Código Civil**, ao permitir a disposição do próprio corpo por exigência médica, **autoriza as cirurgias de transgenitalização**, em conformidade com os procedimentos estabelecidos pelo Conselho Federal de Medicina, e a consequente alteração do prenome e do sexo no Registro Civil". (*Vide* item 4.5.2.5.3.4. — Outras hipóteses — *retro*.)

4.6.4.3. O tratamento médico de risco

O art. 15 do Código Civil consagra importante direito da personalidade ao dispor:

> "Art. 15. Ninguém pode ser constrangido a submeter-se, com risco de vida, a tratamento médico ou a intervenção cirúrgica."

A regra obriga os médicos, nos casos mais graves, a não atuarem sem **prévia autorização do paciente**, que tem a prerrogativa de se recusar a se submeter a um tratamento perigoso. A sua finalidade é **proteger a inviolabilidade do corpo humano**. Vale ressaltar, *in casu*, a necessidade e a importância do fornecimento de **informação** detalhada ao paciente sobre o seu estado de saúde e o tratamento a ser observado, para que a autorização possa ser concedida com pleno conhecimento dos riscos existentes.

4.6.4.3.1. O dever de informar

A exigência de fornecimento de informação pelo profissional da medicina está ligada aos ***princípios da transparência*** e do ***dever de informar*** previstos no Código de Defesa do Consumidor. O primeiro, expresso no *caput* do art. 4º do diploma consumerista, traduz-se na obrigação do fornecedor e do prestador de serviços de dar ao consumidor a oportunidade de conhecer os produtos e serviços que são oferecidos. E também gerará, no contrato, a obrigação de propiciar-lhe o conhecimento prévio de seu conteúdo.

O ***dever de informar***, previsto no art. 6º, III, do referido diploma, obriga o fornecedor a prestar todas as informações acerca do produto e do serviço, suas características, qualidades, riscos, preços etc., de maneira clara e precisa, não se admitindo falhas

[140] TJSP, *RT*, 790/155. *V.*, ainda, da mesma Corte, mudança de nome e de sexo: Resc. de acórdão n. 218.101-4/0, 1º Grupo, rel. Des. Paulo Hungria, j. 11.2.2003.

ou omissões. Esse princípio é detalhado no art. 31, que enfatiza a necessidade de serem fornecidas informações corretas, claras, precisas e ostensivas sobre os produtos ou serviços, "bem como sobre os riscos que apresentam à saúde e segurança dos consumidores". Trata-se de um dever exigido mesmo antes do início de qualquer relação[141].

Na impossibilidade de o doente manifestar a sua vontade, deve-se obter a **autorização escrita**, para o tratamento médico ou a intervenção cirúrgica de risco, de **qualquer parente maior**, da linha reta ou colateral até o 2º grau, ou do cônjuge, **por analogia com o disposto no art. 4º da Lei n. 9.434/97**, que cuida da retirada de tecidos, órgãos e partes do corpo de pessoa falecida. Se não houver tempo hábil para ouvir o paciente ou para tomar essas providências e se tratar de **emergência** que exija pronta intervenção médica, como na hipótese de parada cardíaca, terá o profissional a obrigação de realizar o tratamento **independentemente de autorização**, eximindo-se de qualquer responsabilidade por não tê-la obtido. Mesmo porque o Código Penal (art. 146, § 3º, I) não considera crime de constrangimento ilegal "a intervenção médica ou cirúrgica, sem o consentimento do paciente ou de seu representante legal, se justificada por **iminente perigo de vida**"[142]. Responsabilidade haverá somente se a conduta médica mostrar-se inadequada, fruto de **imperícia**, constituindo-se na causa do dano sofrido pelo paciente ou de seu agravamento.

Do mesmo modo, em atenção ao princípio do respeito à personalidade humana, **ninguém pode ser compelido a submeter-se a uma narcoanálise ou sujeitar-se a uma perícia hematológica**. O Código Civil dispõe a esse respeito no art. 232: "a recusa à perícia médica ordenada pelo juiz poderá suprir a prova que se pretendia obter com o exame". A jurisprudência já se adiantara, pois vinha proclamando, em ações de investigação de paternidade, que **"a recusa ilegítima à perícia médica pode suprir a prova que se pretendia lograr com o exame frustrado"**[143]. O Superior Tribunal de Justiça, na mesma linha de entendimento, vem decidindo que "a recusa do investigado em submeter-se ao exame de DNA, aliado à comprovação de relacionamento sexual entre o investigado e a mãe do autor impúbere, gera a presunção de veracidade das alegações postas na exordial"[144].

■ 4.6.4.3.2. *Direito à vida e opção religiosa*

Indaga-se se uma pessoa pode **recusar-se a receber sangue alheio, por motivo de convicção filosófica e religiosa**.

O Tribunal de Justiça de São Paulo teve a oportunidade de decidir que, malgrado o direito de culto que é assegurado à paciente pela Lei Maior, **não lhe era dado dispor da própria vida**, de preferir a morte a receber a transfusão de sangue, "a risco de que se ponha em xeque direito dessa ordem, **que é intangível e interessa também**

---

141 Luiz Antonio Rizzatto Nunes, *Comentários ao Código de Defesa do Consumidor*, p. 105 e 114.

142 Pablo Stolze Gagliano e Rodolfo Pamplona Filho, *Novo curso*, cit., p. 162-163.

143 TJSP, *JTJ*, Lex, 201/128 e 210/202.

144 *RSTJ*, 135/315.

ao Estado, e sem o qual os demais, como é intuitivo, não têm como subsistir"[145]. O Tribunal de Justiça do Rio Grande do Sul, por sua vez, enfatizou que não há necessidade de intervenção judicial para obrigar a paciente a se submeter à transfusão de sangue, "pois o profissional de saúde tem o dever de, havendo iminente perigo de vida, empreender todas as diligências necessárias ao tratamento da paciente, independentemente do consentimento dela ou de seus familiares"[146].

Sublinhe-se que a Resolução 1.021/80 do Conselho Federal de Medicina e os arts. 46 e 56 do Código de Ética Médica autorizam os médicos a realizar a transfusão de sangue em seus pacientes, independentemente de consentimento, **se houver iminente perigo de vida**. Destarte, a convicção religiosa só deve ser considerada se tal perigo, na hipótese, **não for iminente e houver outros meios de salvar a vida do doente**.

A questão, todavia, é altamente controvertida, havendo respeitável corrente doutrinária e jurisprudencial que defende, com fundamento no princípio constitucional da **dignidade da pessoa humana**, o direito do paciente de escolher o tipo de tratamento médico que deseja ou não receber e inclusive o de não se sujeitar à transfusão de sangue. Essa corrente tem-se baseado no reconhecimento da validade do denominado "**Testamento Vital**" ou, mais corretamente, "**Diretivas Antecipadas da Vontade**", regulamentadas pela citada Resolução do Conselho Federal de Medicina e que aguarda disciplina legislativa.

■ 4.6.4.4. *O direito ao nome*

O direito e a proteção ao nome e ao pseudônimo são assegurados nos arts. 16 a 19 do Código Civil e foram comentados no item 4.5.2, *retro*, ao qual nos reportamos. Acrescenta-se que o direito ao nome é **espécie dos direitos da personalidade**, pertencente ao gênero do ***direito à integridade moral***, pois todo indivíduo tem o direito à identidade pessoal, de ser reconhecido em sociedade por denominação própria. Tem ele caráter absoluto e produz efeito *erga omnes*, pois todos têm o dever de respeitá-lo[147]. Dele deflui para o titular a **prerrogativa de reivindicá-lo** quando lhe é negado. Um dos efeitos da procedência da ação de investigação de paternidade, por exemplo, é atribuir ao autor o nome do investigado, que até então lhe fora negado[148].

■ 4.6.4.5. *A proteção à palavra e à imagem*

■ 4.6.4.5.1. *A desautorizada transmissão da palavra e a divulgação de escritos*

A **transmissão da *palavra*** e a **divulgação de *escritos*** já eram protegidas pela Lei n. 9.610, de 19 de fevereiro de 1998, que hoje disciplina toda a matéria relativa a direitos autorais. O art. 20 do Código Civil, considerando tratar-se de direitos da personalidade, prescreve que tais atos **poderão ser proibidos**, a requerimento do autor

---

[145] TJSP, Ap. 123.430.4-4-00-Votorantim/Sorocaba, 3ª Câmara de Direito Privado, rel. Des. Flávio Pinheiro.

[146] Ap. 70.020.868.162, 5ª Câm., rel. Des. Umberto Guaspari Sudbrack, j. 22.8.2007.

[147] Francisco Amaral, *Direito civil*, cit., p. 256.

[148] Silvio Rodrigues, *Direito civil*, cit., v. 1, p. 72-73.

e sem prejuízo da indenização que couber, "se lhe atingirem a honra, a boa fama ou a respeitabilidade, ou se se destinarem a fins comerciais, salvo se autorizadas, ou se necessárias à administração da justiça ou à manutenção da ordem pública".

Complementa o parágrafo único que, em se "tratando de morto ou de ausente, são partes legítimas para requerer essa proteção o cônjuge, os ascendentes ou os descendentes". Como mencionado no item 4.6.4.1, *retro*, malgrado a omissão do legislador, o Enunciado 275 da IV Jornada de Direito Civil realizada pelo Conselho da Justiça Federal proclama: "O rol dos legitimados de que tratam os artigos 12, parágrafo único, e **20, parágrafo único**, do Código Civil, **também compreende o companheiro**".

A proteção à ***transmissão da palavra*** abrange a ***tutela da voz***, que é a emanação natural de som da pessoa, também protegida como **direito da personalidade**, como dispõe o inc. XXVIII, *a*, do art. 5º da Constituição Federal, *verbis*:

> "XXVIII — são assegurados, nos termos da lei:
> *a*) a proteção às participações individuais em obras coletivas e à reprodução da imagem e **voz humanas**, inclusive nas atividades desportivas."

■ *4.6.4.5.2. A proteção à imagem*

O mesmo tratamento é dado à exposição ou à utilização da ***imagem*** de uma pessoa, que o art. 5º, X, da Constituição Federal considera um direito inviolável. A **reprodução da imagem é emanação da própria pessoa e somente ela pode autorizá-la.**

A Carta Magna foi explícita em assegurar ao lesado direito a indenização por dano material ou moral decorrente da violação da intimidade, da vida privada, da honra e da ***imagem*** das pessoas. Nos termos do art. 20 do Código Civil, a reprodução de imagem para ***fins comerciais***, sem autorização do lesado, enseja o direito a indenização, **ainda que não lhe tenha atingido a honra, a boa fama ou a respeitabilidade**. O Superior Tribunal de Justiça, mesmo antes da entrada em vigor do novo diploma, já havia decidido nessa linha: "Cuidando-se de direito à imagem, o ressarcimento se impõe pela só constatação de ter havido a utilização sem a devida autorização. O dano está na utilização indevida... O dano, neste caso, é a própria utilização para que a parte aufira lucro com a imagem não autorizada de outra pessoa"[149].

A **parte lesada pelo uso não autorizado** de sua palavra ou voz ou de seus escritos, bem como de sua imagem, **pode obter ordem judicial** interditando esse uso e condenando o infrator a reparar os prejuízos causados. O art. 20 do Código Civil retromencionado contém, como se observa, **duas ressalvas:**

- **a primeira**, permitindo esse uso se necessário "à administração da justiça ou à manutenção da ordem pública";
- **a segunda**, restringindo a proibição às hipóteses de a divulgação da palavra ou da imagem atingir "a honra, a boa fama ou a respeitabilidade da pessoa, ou se destinar a fins comerciais"[150].

---

149 REsp 138.883, 3ª T., rel. Min. Menezes Direito, j. 4.8.1998, *RT*, 760/211.

150 Silvio Rodrigues, *Direito civil*, cit., v. 1, p. 74.

O direito à própria imagem integra, pois, o rol dos **direitos da personalidade**. No sentido comum, **imagem é a representação** pela pintura, escultura, fotografia, filme etc. de qualquer objeto e, inclusive, da **pessoa humana**, destacando-se, nesta, o interesse primordial que apresenta o rosto. A Constituição Federal de 1988 veio afastar qualquer dúvida que porventura pudesse pairar a respeito da tutela do direito à própria imagem. Com efeito, o referido diploma, como já foi dito, declara invioláveis "a intimidade, a vida privada, a honra e a ***imagem*** das pessoas, assegurado o direito a **indenização pelo dano material ou moral** decorrente de sua violação" (art. 5º, X). E o inc. V do mesmo dispositivo assegura "o **direito de resposta**, proporcional ao agravo, além da indenização por dano material, moral ou **à imagem**".

A **tutela à voz** não exige que esteja atrelada à imagem, podendo ganhar **individualidade**, para identificar o seu portador. Do mesmo modo, **o direito à imagem é autônomo**. Embora possa estar conexo a outros bens, como a intimidade, a identidade, a honra etc., não constitui parte integrante destes. É possível, com efeito, ofender-se a imagem sem atingir a intimidade ou a honra das pessoas[151]. O Superior Tribunal de Justiça já decidiu que o "**retrato de uma pessoa não pode ser exposto ou reproduzido, sem o consentimento dela**, em decorrência do direito à própria imagem, atributo da pessoa física e desdobramento do direito da personalidade"[152].

4.6.4.6. *A proteção à intimidade*

Dispõe o art. 21 do novo Código Civil:

> "Art. 21. A vida privada da pessoa natural é inviolável, e o juiz, a requerimento do interessado, adotará as providências necessárias para impedir ou fazer cessar o ato contrário a esta norma."

O dispositivo, em consonância com o disposto no art. 5º, X, da Constituição Federal suprarreferido, protege **todos os aspectos da intimidade da pessoa**, concedendo ao prejudicado a prerrogativa de pleitear que **cesse** o ato abusivo ou ilegal. Caso o dano, material ou moral, já tenha ocorrido, o direito a **indenização** é assegurado expressamente pela norma constitucional mencionada.

A proteção à vida privada visa resguardar o **direito das pessoas de intromissões indevidas** em seu lar, em sua família, em sua correspondência, em sua economia etc. O direito de estar só, de se isolar, de exercer as suas idiossincrasias se vê hoje, muitas vezes, ameaçado pelo avanço tecnológico, pelas fotografias obtidas com teleobjetivas de longo alcance, pelas minicâmeras, pelos grampeamentos telefônicos, pelos abusos cometidos na Internet e por outros expedientes que se prestam a esse fim. Desse modo, o art. 21 do novo diploma retrotranscrito e o art. 5º, X, da Constituição Federal

[151] Maria Helena Diniz, *Curso*, cit., v. 1, p. 127.

[152] *RSTJ*, 68/358. No mesmo sentido decidiu o Tribunal de Justiça de São Paulo (AgI 97.702-4-Pompeia, 2ª Câmara de Direito Privado, rel. Des. Cezar Peluso, j. 21.11.2000). *V.*, ainda, na mesma linha: *RT*, 464/226, 558/230, 629/106, 747/408, 782/236; *JTJ*, Lex, 204/85, 208/155.

protegem a zona espiritual **íntima e reservada** das pessoas[153], assegurando-lhes o direito ao recato e a prerrogativa de tomar as providências necessárias para **impedir ou fazer cessar o ato lesivo** ou **exigir a reparação do dano já consumado**[154].

4.6.5. Resumo

DOS DIREITOS DA PERSONALIDADE	
CONCEITO	São direitos subjetivos da pessoa de defender o que lhe é próprio, ou seja, a sua integridade física (vida, corpo), intelectual e moral.
CARACTERÍSTICAS	Os direitos da personalidade são inalienáveis, irrenunciáveis, imprescritíveis, absolutos (oponíveis *erga omnes*), impenhoráveis e vitalícios.
DISCIPLINA NO CÓDIGO CIVIL	O Código Civil disciplina: a) os atos de disposição do próprio corpo (arts. 13 e 14); b) o direito à não submissão a tratamento médico de risco (art. 15); c) o direito ao nome e ao pseudônimo (arts. 16 a 19); d) a proteção à palavra e à imagem (art. 20); e e) a proteção à intimidade.

4.7. DA AUSÊNCIA

4.7.1. Introdução

A ***ausência*** foi deslocada do livro do "Direito de Família", no qual se situava no Código de 1916, para a Parte Geral do novo, em que encontra sua sede natural.

Ausente é a pessoa que desaparece de seu domicílio **sem dar notícia de seu paradeiro e sem deixar um representante** ou procurador para administrar-lhe os bens (CC, art. 22). Protege o Código, por meio de medidas acautelatórias, inicialmente, o seu **patrimônio**, pois quer esteja ele vivo, quer esteja morto, é importante considerar o interesse social de preservar os seus bens, impedindo que se deteriorem ou pereçam (arts. 22 a 25). Prolongando-se a ausência e crescendo as possibilidades de que haja falecido, a proteção legal volta-se para **os herdeiros**, cujos interesses passam a ser considerados (arts. 25 a 38).

O Código Civil de 1916 colocou os ausentes no rol dos absolutamente incapazes (art. 5º, IV), tendo sido, por isso, bastante criticado. Moreira Alves comenta a mudança e a **não alusão aos ausentes como absolutamente incapazes no novo Código**, dizendo que, "em verdade, não o são, tanto que gozam de plena capacidade de fato no lugar onde eventualmente se encontram"[155].

---

153 Maria Helena Diniz, *Curso*, cit., v. 1, p. 130; Silvio Rodrigues, *Direito civil*, cit., v. 1, p. 75; Orlando Gomes, *Introdução*, cit., p. 136; Carlos Alberto Bittar, *Os direitos*, cit., p. 107.

154 Já se decidiu: "Imprensa. Liberdade. Limite. Divulgação de procedimento judicial. Processo que corre em segredo de justiça. Direito da intimidade das pessoas que não pode ser violado. Possibilidade somente da divulgação da existência do processo e sua tramitação. A lei poderá restringir a publicidade dos atos processuais quando a defesa da intimidade ou o interesse social o exigirem" (*RJTJSP*, Lex, 155/240).

155 *A Parte Geral do Projeto do Código Civil brasileiro*, cit., p. 71.

4.7.2. Da curadoria dos bens do ausente

Constatado o desaparecimento do indivíduo, sem que tenha deixado procurador com poderes para administrar os seus bens e sem que dele haja notícia, o juiz, a requerimento de qualquer interessado ou do Ministério Público, **declarará a ausência**[156] **e nomear-lhe-á *curador*** (CC, art. 22). Também será este nomeado quando o ausente deixar mandatário que **não queira ou não possa exercer ou continuar o mandato ou se os seus poderes forem insuficientes** (art. 23).

Dispõe o art. 25, *caput*, do novo diploma que "o cônjuge do ausente, sempre que não esteja separado judicialmente, ou de fato por mais de dois anos antes da declaração da ausência, será o seu legítimo curador". Em **falta de cônjuge**, a escolha recairá, em ordem preferencial:

- sobre **pais do ausente**;
- na falta dos pais, serão chamados os **descendentes** (CC, art. 25, § 1º), sendo que, dentre estes, os mais próximos precedem os mais remotos (§ 2º);
- na falta de cônjuge, pais e descendentes, o juiz nomeará pessoa idônea como **curador dativo** (§ 3º). Malgrado a omissão do Código, em falta de cônjuge e existindo **companheira**, esta deverá ser nomeada, aplicando-se o art. 226, § 3º, da Constituição Federal. Nesse sentido, o Enunciado 97 da I Jornada de Direito Civil realizada pelo Conselho da Justiça Federal: "No que tange à tutela especial da família, as regras do Código Civil que se referem apenas ao cônjuge devem ser estendidas à situação jurídica que envolve o companheirismo, como por exemplo na hipótese de nomeação de curador dos bens do ausente (art. 25 do CC)".

A situação do ausente passa por **três fases:**

a) na **primeira**, subsequente ao desaparecimento, o ordenamento jurídico procura preservar os bens por ele deixados para a hipótese de seu eventual retorno, como já dito (é a fase da ***curadoria do ausente***, em que o curador cuida de seu patrimônio);

b) na **segunda fase**, prolongando-se a ausência, o legislador passa a preocupar-se com os interesses de seus sucessores, permitindo a abertura da ***sucessão provisória***;

c) na **terceira fase**, depois de longo período de ausência, é autorizada a abertura da ***sucessão definitiva***.

- **Curadoria do ausente:** a curadoria do ausente fica restrita aos **bens**, não produzindo efeitos de ordem pessoal. Equipara-se à morte (é chamada de "morte presumida") somente para o fim de permitir a abertura da sucessão, mas a esposa do ausente não é considerada viúva. Para se casar, terá de promover o divórcio, citando o ausente por edital, salvo se se tratar de pessoa voltada a atividades políticas e tiver sido promovida a justificação prevista na Lei n. 6.683,

---

[156] A sentença declaratória de ausência deve ser registrada no registro civil de pessoas naturais (LRP, arts. 29, VI, e 94).

de 28 de agosto de 1979, que concedeu anistia aos políticos envolvidos na Revolução de 1964.

Comunicada a ausência ao juiz, este determinará a **arrecadação dos bens do ausente** e os entregará à **administração do curador nomeado**. A curadoria dos bens do ausente prolonga-se pelo período de **um ano**, durante o qual serão publicados editais na **rede mundial de computadores**, ou, não havendo sítio do tribunal, no órgão oficial e na imprensa da comarca, conforme prescreve o art. 745, *caput*, do novo Código de Processo Civil. Decorrido o prazo sem que o ausente reapareça ou se tenha notícia de sua morte, ou se ele deixou representante ou procurador, poderão os interessados requerer a abertura da sucessão provisória, observando-se o disposto em lei (§ 1º).

***Cessa a curadoria*:**

- pelo comparecimento do ausente, do seu procurador ou de quem o represente[157];
- pela certeza da morte do ausente;
- pela sucessão provisória. A abertura desta, com a partilha dos bens, faz cessar, portanto, a curadoria do ausente. Daí por diante, segue-se o procedimento especial do art. 745 do Código de Processo Civil.

4.7.3. Da sucessão provisória

Presentes os pressupostos exigidos no art. 26 do Código Civil, **legitimam-se para requerer a abertura da sucessão provisória:**

- o cônjuge não separado judicialmente;
- os herdeiros presumidos, legítimos ou testamentários;
- os que tiverem sobre os bens do ausente direito dependente de sua morte, como os legatários, *v.g.*;
- os credores de obrigações vencidas e não pagas (CC, art. 27).

Apesar, novamente, da omissão do Código, não se pode negar à ***companheira*** esse direito, em face do art. 227, § 6º, da Constituição Federal e de sua eventual **condição de herdeira** (CC, art. 1.790).

Dispõe o art. 28 do Código Civil que "a sentença que determinar a abertura da sucessão provisória só produzirá efeito cento e oitenta dias depois de publicada pela imprensa; mas, logo que passe em julgado[158], proceder-se-á à abertura do testamento, se houver, e ao inventário e partilha dos bens, como se o ausente fosse falecido"[159]. Esse **prazo suplementar** de seis meses é concedido ao ausente para que, ao ter co-

---

[157] Se o ausente retorna ao seu domicílio, fazendo desaparecer a causa da declaração da ausência, deve ser feita averbação no registro público (LRP, art. 104).

[158] Deverá ser averbada no registro civil de pessoas naturais (LRP, art. 104, parágrafo único).

[159] Súmula 331 do Supremo Tribunal Federal: "É legítima a incidência do imposto de transmissão *causa mortis* no inventário por morte presumida".

nhecimento das reais e sérias consequências de seu desaparecimento, possa mudar de ideia e talvez retornar.

Os bens serão entregues aos herdeiros, porém, em caráter provisório e condicional, ou seja, desde que prestem ***garantias*** da restituição deles mediante **penhores ou hipotecas** equivalentes aos quinhões respectivos, em razão da incerteza da morte do ausente[160]. Se não o fizerem, não serão imitidos na posse, ficando os respectivos quinhões sob a administração do curador ou de outro herdeiro designado pelo juiz e que preste dita garantia (CC, art. 30, § 1º). O excluído da posse provisória poderá, contudo, "justificando falta de meios, requerer lhe seja entregue metade dos rendimentos do quinhão que lhe tocaria" (art. 34). Os **ascendentes, os descendentes e o cônjuge**, todavia, uma vez provada a sua qualidade de herdeiros, poderão, independentemente de garantia, entrar na posse dos bens do ausente (art. 30, § 2º). Portanto, **somente os colaterais estão obrigados a prestar a referida garantia**. Os **imóveis** do ausente só se poderão ***alienar***, não sendo por desapropriação, ou ***hipotecar*** quando o ordene o juiz, para lhes evitar a ruína (art. 31).

Prescreve o art. 33, *caput*, que o **descendente, o ascendente ou o cônjuge** que for sucessor provisório do ausente **fará seus todos os frutos e rendimentos** dos bens que couberem a este; os outros sucessores, ou seja, os **colaterais**, porém, deverão capitalizar **metade** desses frutos e rendimentos, na forma do disposto no art. 29, com a fiscalização do Ministério Público e prestação anual de contas ao juiz.

Inovação digna de nota apresenta o parágrafo único do art. 33 do Código de 2002, que assim dispõe:

> "Art. 33. (...)
>
> Parágrafo único. Se o ausente aparecer, ficando provado que a ausência foi voluntária e injustificada, perderá ele, em favor do sucessor, sua parte nos frutos e rendimentos."

Por sua vez, prescreve o art. 36 do mesmo diploma:

> "Art. 36. Se o ausente aparecer, ou se lhe provar a existência, depois de estabelecida a posse provisória, cessarão para logo as vantagens dos sucessores nela imitidos, ficando, todavia, obrigados a tomar as medidas assecuratórias precisas, até a entrega dos bens a seu dono."

Cessará a sucessão provisória pelo comparecimento do ausente e converter-se-á em ***definitiva*:**

- quando houver certeza da morte do ausente;
- dez anos depois de passada em julgado a sentença de abertura da sucessão provisória;
- quando o ausente contar oitenta anos de idade e houverem decorridos cinco anos das últimas notícias suas (CC, arts. 37 e 38).

---

[160] No silêncio da lei, a escolha da espécie de caução cabe ao obrigado a prestá-la, não podendo o juiz impor que ela seja feita em dinheiro (*RJTJSP*, *Lex*, 125/331).

4.7.4. Da sucessão definitiva

Poderão os interessados, **dez anos** depois de passada em julgado a sentença que concedeu a abertura da sucessão provisória, requerer a **definitiva** e o ***levantamento das cauções*** prestadas. Também pode ser requerida a sucessão definitiva provando-se que o ausente conta **oitenta anos de idade e decorreram cinco anos das últimas notícias suas** (CC, arts. 37 e 38). Essa presunção leva em conta a expectativa média de vida do brasileiro, em torno dos setenta anos.

Observa-se que o prolongado período de ausência modifica a postura do legislador, que abandona a posição de preocupação com o interesse do ausente para atentar precipuamente para o **interesse de seus sucessores**, a quem confere a prerrogativa de pleitear a conversão da sucessão provisória em definitiva, levantando as cauções prestadas[161].

4.7.5. Do retorno do ausente

Aberta a sucessão definitiva, os sucessores deixam de ser provisórios, **adquirindo o domínio dos bens, mas de modo resolúvel**, porque se o ausente regressar "nos dez anos seguintes à abertura da sucessão definitiva, ou algum de seus descendentes ou ascendentes, aquele ou estes haverão só os bens existentes no estado em que se acharem, os sub-rogados em seu lugar, ou o preço que os herdeiros e demais interessados houverem recebido pelos bens alienados depois daquele tempo" (CC, art. 39).

Pode-se dizer, na realidade, que tal sucessão, como diz Silvio Rodrigues, é ***quase definitiva***, pois a lei ainda admite a hipótese, agora remotíssima, de retorno do ausente. E ordena que, se este reaparecer nos dez anos seguintes à abertura da sucessão definitiva, haverá "só os bens existentes e no estado em que se encontrarem. Se tais bens tiverem sido alienados, o ausente haverá o preço que os herdeiros e demais interessados tiverem por eles recebido. Se, por ordem judicial, houverem sido vendidos os bens do ausente e convertido o produto da venda em imóveis ou títulos da dívida pública, opera-se, na hipótese, a sub-rogação real, ou seja, os bens adquiridos tomam o lugar, no patrimônio do ausente, dos bens que foram alienados para com seu produto adquirir aqueles"[162].

Se o retorno do ausente ocorrer antes, ou seja, durante o período da sucessão provisória, e ficar provado que o **desaparecimento foi voluntário e injustificado**, perderá ele, em favor dos sucessores, sua parte nos frutos e rendimentos (CC, art. 33, parágrafo único). Caso contrário, cessarão imediatamente as vantagens dos sucessores imitidos na posse provisória, que terão de restituí-la ao que se encontrava desaparecido, bem como tomar as medidas assecuratórias precisas, até a entrega dos bens a este (art. 36). Ao retornar o ausente no período da curadoria de seus bens, esta cessará automaticamente, recuperando ele todos os seus bens.

---

[161] Silvio Rodrigues, *Direito civil*, cit., v. 1, p. 81.

[162] *Direito civil*, cit., v. 1, p. 81-82.

■ 4.7.6. Ausência como causa de dissolução da sociedade conjugal

A declaração de ausência, ou seja, de que o ausente desapareceu de seu domicílio sem dar notícia de seu paradeiro e sem deixar um representante, produz efeitos patrimoniais, permitindo a abertura da sucessão provisória e, depois, a **definitiva**, como visto. Na última hipótese, constitui **causa de dissolução da sociedade conjugal**, nos termos do art. 1.571, § 1º, do Código Civil. Prescreve, com efeito, o aludido dispositivo legal:

> "Art. 1.571. (...)
>
> § 1º O casamento válido só se dissolve pela morte de um dos cônjuges ou pelo divórcio, aplicando-se a presunção estabelecida neste Código quanto ao ausente."

A ***morte presumida*** do ausente se configura "nos casos em que a lei autoriza a abertura de sucessão definitiva" (CC, art. 6º, segunda parte). A abertura desta poderá ser requerida "dez anos depois de passada em julgado a sentença que concede a abertura da sucessão provisória" ou provando-se que "o ausente conta oitenta anos de idade, e que de cinco datam as últimas notícias dele" (arts. 37 e 38). Antes disso, os efeitos da declaração de ausência serão apenas patrimoniais, limitando-se a permitir a abertura da sucessão provisória.

O cônjuge do ausente não precisa aguardar tanto tempo, ou seja, mais de dez anos, para ver o seu casamento legalmente desfeito e contrair novas núpcias, podendo antes requerer o divórcio direto, com base na separação de fato por mais de dois anos (CC, art. 1.580, § 2º), requerendo a citação do ausente por edital. No entanto, se, por razões de ordem pessoal, preferir esperar o retorno do ausente, não necessitará, não ocorrendo tal regresso e desde que preenchidos os requisitos para a abertura da sucessão definitiva, requerer que seja declarada dissolvida a sua sociedade conjugal, pois estará configurada a morte presumida daquele e rompido o vínculo matrimonial *ex vi legis*. Nesse caso, poderá habilitar-se a novo casamento.

Não traz o diploma de 2002 expressa solução para a eventual hipótese de o presumido morto retornar, estando o seu ex-cônjuge já casado com terceira pessoa. No entanto, **estando legalmente dissolvido o primeiro casamento, contraído com o ausente, prevalecerá o último**, diferentemente do que ocorre no direito italiano (CC italiano, art. 68), que declara nulo o segundo casamento se o ausente retorna, sendo considerado, porém, casamento putativo, gerando todos os efeitos civis. Nesse sentido, a manifestação de Yussef Cahali[163]: "Entende-se assim que, no sistema ora implantado em nosso direito, a declaração judicial da ausência de um dos cônjuges produz os efeitos de morte real do mesmo no sentido de **tornar irreversível a dissolução da sociedade conjugal**; o seu retorno a qualquer tempo em nada interfere no novo casamento do outro cônjuge, que tem preservada, assim, a sua plena validade".

---

[163] *Divórcio e separação*, p. 70.

A solução do Código Civil brasileiro parece melhor, pois a esposa, em virtude da ausência, já constituiu nova família, sendo desarrazoado dissolvê-la para tentar restabelecer uma ligação já deteriorada pelo tempo.

4.7.7. Resumo

DA AUSÊNCIA	
CONCEITO	**Ausente** é a pessoa que desaparece de seu domicílio sem dar notícia de seu paradeiro e sem deixar um representante ou procurador para administrar-lhe os bens (CC, art. 22).
FASES	A situação do ausente passa por três fases: a) a da curadoria do ausente; b) a da sucessão provisória; e c) a da sucessão definitiva.
CURADORIA DOS BENS DO AUSENTE	Desaparecido o indivíduo sem que tenha deixado procurador com poderes para administrar os seus bens, o juiz nomear-lhe-á **curador** (CC, art. 22). A curadoria fica restrita aos bens, não produzindo efeitos de ordem pessoal, e prolonga-se por um ano, durante o qual serão publicados editais, de dois em dois meses, convocando o ausente a reaparecer. **Cessa a curadoria:** a) pelo comparecimento do ausente; b) pela certeza da morte do ausente; c) pela sucessão provisória.
SUCESSÃO PROVISÓRIA	Inicia-se cento e oitenta dias após a publicação da sentença que a determinar. Os bens serão entregues aos herdeiros, como se o ausente fosse falecido, porém em caráter provisório. Os colaterais terão que prestar garantia da restituição deles para serem imitidos na posse. Essa fase cessa pelo comparecimento do ausente. **Converter-se-á em definitiva:** a) quando houver certeza da morte do ausente; b) dez anos depois de passada em julgado a sentença de abertura da sucessão provisória; e c) quando o ausente contar oitenta anos de idade e houverem decorrido cinco anos das últimas notícias suas (CC, arts. 37 e 38).
SUCESSÃO DEFINITIVA	A sua abertura e o levantamento das cauções prestadas poderão ser requeridos pelos interessados dez anos depois de passada em julgado a sentença que concedeu a abertura da sucessão provisória ou provando-se que o ausente conta oitenta anos de idade e decorreram cinco anos das últimas notícias suas. Constitui causa de dissolução da sociedade conjugal (CC, art. 1.571, § 1º).
RETORNO DO AUSENTE	Aberta a sucessão definitiva, os sucessores deixam de ser provisórios, adquirindo o domínio dos bens, mas de modo resolúvel, porque, se o ausente regressar, receberá os bens existentes no estado em que se acharem, os sub-rogados em seu lugar ou o preço que os herdeiros houverem recebido pelos bens alienados (CC, art. 39).

4.8. QUESTÕES

1. (TJPA/Juiz de Direito/VUNESP/2014) Quanto à capacidade sucessória do nascituro, assinale a alternativa CORRETA.

a) Não possui legitimidade para receber herança ou legado.
b) Legitima-se a suceder desde que contemplado em testamento.
c) Legitima-se a suceder desde que concebido quando da abertura da sucessão.
d) Legitima-se a suceder desde que se trate de herança pela via direta e não colateral.
e) Legitima-se a suceder por legado desde que concebido até 180 dias anteriores à abertura da sucessão.

2. (OAB/XVI Exame de Ordem Unificado/Fundação Getulio Vargas/2015) Os tutores de José consideram que o rapaz, aos 16 anos, tem maturidade e discernimento necessários para praticar os atos da vida civil. Por isso, decidem conferir ao rapaz a sua emancipação. Consultam, para tanto, um advogado, que lhes aconselha corretamente no seguinte sentido:

a) José poderá ser emancipado em procedimento judicial, com a oitiva do tutor sobre as condições do tutelado.
b) José poderá ser emancipado via instrumento público, sendo desnecessária a homologação judicial.
c) José poderá ser emancipado via instrumento público ou particular, sendo necessário procedimento judicial.
d) José poderá ser emancipado por instrumento público, com averbação no registro de pessoas naturais.

3. (MP/SP/Promotor de Justiça/91º Concurso/2015) Observe as seguintes proposições:

I. Constitui direito subjetivo da mãe, após o divórcio, a retificação do seu sobrenome no assento do nascimento dos filhos.
II. A lei do país do nascimento regula o nome da pessoa física.
III. Deverá constar do assento do nascimento a profissão dos pais.
IV. Não deverá constar do assento do nascimento o estado civil dos pais.

Agora, aponte a alternativa CORRETA:

a) Apenas as proposições II e IV são verdadeiras.
b) Apenas as proposições I, II e III são verdadeiras.
c) Apenas as proposições I, III e IV são verdadeiras.
d) Todas as proposições são verdadeiras.
e) Todas as proposições são falsas.

4. (TJSP/Juiz de Direito/181º Concurso/VUNESP/2008) Assinale a alternativa CORRETA:

a) Os atos da vida civil praticados isoladamente, sem seu representante, por pessoa absolutamente incapaz, devido a moléstias, antes da interdição, sempre são considerados válidos.
b) Aqueles que, mesmo por causa transitória, não puderem exprimir sua vontade, não podem ter seus atos considerados válidos.
c) O negócio jurídico anterior à interdição sempre pode ser anulado, ainda que celebrado com terceiro de boa-fé, que ignorava a condição de psicopata da parte com quem contratava e não contava com elementos para verificar que se tratava de um alienado.
d) A pretensão a que, em determinados casos, a sentença de interdição retroaja, de modo a ser julgado nulo o negócio jurídico praticado antes dela, por incapacidade já então manifestada do agente, não pode ser acolhida.

5. (MPE-GO/Promotor de Justiça/2016) Sobre as incapacidades no Direito Civil Brasileiro, podemos afirmar:

a) São absolutamente incapazes os menores de dezesseis anos e aqueles que, por enfermidade física perene e deficiência mental, não possam expressar livre e conscientemente a sua vontade;
b) A senilidade, por si só, é motivo de incapacidade, independentemente da idade do agente que pratica o ato da vida civil;
c) A pessoa com deficiência não terá sua plena capacidade civil afetada, podendo, inclusive, exercer o direito à família, o direito de decidir o número de filhos e o direito à guarda, à tutela, à curatela e à adoção, como adotante ou adotando;
d) A incapacidade, relativamente a certos atos ou à maneira de os exercer, decorre da deficiência mental, da ebriedade, da surdo-mudez e da prodigalidade, pois são causas

que tornam reduzido o discernimento do agente, sendo irrelevante a possibilidade de manifestação da vontade.

6. (MP/PR/Promotor de Justiça/2014) Acerca da cessação da incapacidade do menor de idade, é INCORRETO afirmar:

a) Cessa a incapacidade pelo casamento;
b) A existência de emprego, que gere economia própria, faz cessar a incapacidade;
c) A emancipação, que se dá por concessão do pai e, na ausência deste, da mãe, exige escritura pública;
d) Para emancipação do menor sob tutela, é necessária sentença judicial;
e) Cessa a incapacidade pela colação de grau em curso de ensino superior.

7. (TJSP/Juiz de Direito/186º Concurso/VUNESP/2015) No que tange aos direitos da personalidade, assinale a alternativa CORRETA:

a) A proteção dos direitos da personalidade aplica-se igualmente às pessoas jurídicas.
b) A transmissão da palavra de determinada pessoa poderá, sempre e em qualquer circunstância, ser proibida a seu requerimento e sem prejuízo da indenização que couber, se lhe atingir a honra ou se destinada a fins comerciais.
c) É garantia legal a irrestrita liberdade de disposição do próprio corpo.
d) O pseudônimo licitamente utilizado goza da proteção que se dá ao nome.

8. (TRF/4ª Região/Juiz Federal Substituto/XVII Concurso/2016) Assinale a alternativa CORRETA a respeito da capacidade civil, levando em conta a Lei n. 13.146/2015:

a) O direito ao recebimento de atendimento prioritário da pessoa com deficiência não abrange a tramitação processual e os procedimentos judiciais em que for parte ou interessada.
b) A pessoa com deficiência — assim entendida aquela que tem impedimento de longo prazo de natureza física, mental, intelectual ou sensorial, o qual, em interação com uma ou mais barreiras, pode obstruir sua participação plena e efetiva na sociedade em igualdade de condições com as demais pessoas — é considerada capaz para casar-se e constituir união estável, exercer direitos sexuais e reprodutivos e conservar sua fertilidade, mas não para exercer o direito à guarda, à tutela, à curatela e à adoção.
c) A menoridade cessa aos dezoito anos completos, quando a pessoa fica habilitada à prática de todos os atos da vida civil. Contudo, a incapacidade cessará, para os menores, dentre outras hipóteses legalmente elencadas, pelo desempenho de funções inerentes a cargo público comissionado ou de provimento efetivo.
d) Qualquer pessoa com mais de dezesseis anos pode casar, independentemente de autorização de seus pais e representantes legais.
e) A curatela de pessoas com deficiência afetará tão somente os atos relacionados aos direitos de natureza patrimonial e negocial, isto é, sua definição não alcança o direito ao próprio corpo, à sexualidade, ao matrimônio, à privacidade, à educação, à saúde, ao trabalho e ao voto.

9. (TRT/2ª Região/Juiz do Trabalho/XLI Concurso/2016) Observados os termos do Código Civil, é INCORRETO afirmar que:

a) São absolutamente incapazes de exercer pessoalmente os atos da vida civil os menores de 16 (dezesseis) anos.
b) São incapazes, relativamente a certos atos ou à maneira de os exercer, os ébrios habituais.
c) São incapazes, relativamente a certos atos ou à maneira de os exercer, os viciados em tóxico.

d) São incapazes, relativamente a certos atos ou à maneira de os exercer, aqueles que, por causa transitória ou permanente, não puderem exprimir sua vontade.
e) A pessoa com deficiência mental ou intelectual em idade núbia não poderá contrair matrimônio.

10. (TJSP/Juiz de Direito/VUNESP/2015) No que tange aos direitos da personalidade, assinale a alternativa CORRETA.

a) A transmissão da palavra de determinada pessoa poderá, sempre e em qualquer circunstância, ser proibida a seu requerimento e sem prejuízo da indenização que couber, se lhe atingir a honra ou se destinada a fins comerciais.
b) O pseudônimo licitamente utilizado goza da proteção que se dá ao nome.
c) A proteção dos direitos da personalidade aplica-se igualmente às pessoas jurídicas.
d) É garantia legal a irrestrita liberdade de disposição do próprio corpo.

11. (TJSP/Juiz de Direito/181° Concurso/VUNESP/2008) Cônjuges com vida em comum vêm a falecer em lamentável acidente de veículo, na mesma ocasião e em razão do mesmo acontecimento, sem que tenha sido possível se determinar quem morreu primeiro, conforme o laudo pericial realizado. Deixaram apenas parentes colaterais de terceiro grau, notoriamente conhecidos. Nesse caso,

a) há que se presumir que foi o varão quem morreu primeiro, porque era pessoa já um tanto alquebrada pelo peso da idade e, assim, somente os parentes da mulher deverão ser os destinatários dos bens deixados pelas vítimas.
b) o juiz não pode admitir a comoriência no próprio inventário, embora contar com dados de fato disponíveis e seguros para tanto, porque a matéria deve ser definida nas vias ordinárias, sem limitações.
c) não tendo sido possível se determinar qual das vítimas faleceu antes da outra, caberá, simplesmente, no tempo oportuno, declaração judicial de herança jacente.
d) o juiz deverá declarar que, nas circunstâncias, não tendo sido possível se determinar qual dentre os comorientes precedeu ao outro, não ocorrerá transferência de direitos entre eles, de modo que cada falecido deixará a herança aos próprios parentes.

12. (Procurador da República/24° Concurso/2008) Considerando as seguintes assertivas:

I. Na comoriência existe presunção legal do momento da morte, que admite prova contrária de premoriência, sendo o *onus probandi* interessado que pretende provar que a morte não foi simultânea.
II. Pelo princípio do consenso afirmativo, toda a pessoa capaz deve manifestar sua vontade de submeter-se a tratamento médico ou a intervenção cirúrgica, quando haja risco de vida.
III. Poderá ser requerida pelos interessados a abertura da sucessão provisória do ausente, se ele deixou representante ou procurador, em se passando três anos da arrecadação de seus bens.

Pode-se afirmar que:

a) Todas estão corretas;
b) apenas I não está correta;
c) Apenas II não está correta;
d) Apenas III não está correta.

13. (TJSP/Juiz de Direito/182° Concurso/VUNESP/2009) Comoriência é

a) presunção de morte simultânea de duas ou mais pessoas, na mesma ocasião, em razão do mesmo evento, sendo elas reciprocamente herdeiras.

b) morte de duas ou mais pessoas, na mesma ocasião, em razão do mesmo evento, sendo elas reciprocamente herdeiras.
c) morte simultânea de duas ou mais pessoas, na mesma ocasião, em razão do mesmo evento, independentemente da existência de vínculo sucessório entre elas.
d) morte simultânea de duas ou mais pessoas, na mesma ocasião.

14. (MP/SP/Promotor de Justiça) Assinale a resposta CORRETA: Os elementos distintivos secundários que integram o nome com função de distinguir pessoas de uma mesma família com nomes iguais denominam-se:
a) apelidos de família;
b) honoríficos;
c) hipocorísticos;
d) cognomes;
e) agnomes.

15. (Questão formulada pelo Autor) A forma cortês e respeitosa de tratamento (Exmo. Sr., Vossa Santidade etc.) DENOMINA-SE:
a) pseudônimo;
b) dipsômano;
c) agnome;
d) axiônimo;
e) título de nobreza.

16. (TRT/20ª Região/Juiz do Trabalho/Fundação Carlos Chagas) O itinerante tem por domicílio:
a) o Distrito Federal;
b) sua última residência conhecida;
c) a Capital do Estado em que por último tenha residido;
d) o lugar em que for encontrado;
e) a Capital do Estado em que tiver de ser demandado.

17. (Questão formulada pelo Autor) O advogado Dr. Data Vênia, que reside permanentemente em Santo André, no ABC Paulista, mas mantém escritórios, onde exerce sua profissão, em São Paulo e Santos, tem por domicílio:
a) apenas São Paulo, por ser a Capital do Estado;
b) apenas Santo André, onde mantém residência com ânimo definitivo;
c) quanto às relações concernentes à profissão neles praticadas, os municípios de São Paulo e Santos;
d) Santo André, Santos e São Paulo, para quaisquer relações jurídicas, indistintamente;
e) o lugar em que for encontrado, pois se trata de um itinerante.

18. (MP/PR/Promotor de Justiça/2014) Assinale a alternativa INCORRETA:
a) A morte presumida pode ser declarada, sem decretação de ausência, se for extremamente provável a morte de quem estava em perigo de vida;
b) A morte presumida pode ser declarada, sem decretação de ausência, se alguém, desaparecido em campanha, não for encontrado até dois anos após o término da guerra;
c) Durante o período de sucessão provisória, os imóveis do ausente somente poderão ser alienados por decisão judicial;
d) Se o ausente tiver deixado cônjuge ou descendente, somente estes poderão requerer a abertura do processo de ausência e a nomeação de curador ao ausente;
e) Somente pode ser requerida a sucessão definitiva depois de dez anos do trânsito em julgado da sentença que concedeu a abertura da sucessão provisória.

19. (MP/PR/Promotor de Justiça/2017) Assinale a alternativa INCORRETA:

a) O domicílio da pessoa natural, quanto às relações concernentes à profissão, é o lugar onde esta é exercida.
b) Considera-se domicílio da pessoa natural que não tenha residência habitual o último lugar onde morou.
c) Se a pessoa natural tiver diversas residências, onde alternadamente viva, seu domicílio será qualquer delas.
d) O domicílio das pessoas jurídicas de direito privado é o lugar onde funcionarem as respectivas diretorias e administrações, ou onde elegerem domicílio especial no seu estatuto ou atos constitutivos.
e) O domicílio do preso é o lugar onde ele cumpre a sentença.

20. (Questão formulada pelo Autor) Tem domicílio necessário:

a) o agente diplomático, enquanto servindo no estrangeiro, que alegar extraterritorialidade sem designar onde tem, no país, o seu domicílio;
b) somente os militares e os marítimos;
c) a mulher casada;
d) apenas o preso e os servidores públicos titulares de cargo efetivo;
e) somente os incapazes.

21. (MP/SP/Promotor de Justiça/86º Concurso/2008) Leia atentamente as seguintes assertivas sobre os direitos da personalidade.

I. O direito à intimidade é inalienável, irrenunciável e relativamente disponível.
II. O suicídio constitui um ato ilícito, embora sem natureza criminal.
III. A criança e o adolescente têm direito à tutela de imagem e intimidade, sendo, por isso, vedada a divulgação de atos infracionais que permitam a sua identificação.
IV. A circunstância de se encontrar o funcionário público no exercício de suas funções, e não em conversa ou atividade particular, afasta a incidência das normas de proteção à vida privada, com relação à divulgação da sua imagem.

Assinale a alternativa CORRETA:

a) Somente I, II e III são verdadeiras.
b) Somente I, II e IV são verdadeiras.
c) Somente I, III e IV são verdadeiras.
d) Somente II, III e IV são verdadeiras.
e) Todas as assertivas são verdadeiras.

22. (MP/BA/Promotor de Justiça/2015) Assinale a alternativa CORRETA acerca dos direitos da personalidade:

a) Os direitos da personalidade são sempre intransmissíveis e irrenunciáveis, não podendo seu exercício sofrer limitação voluntária, sem exceções.
b) O cônjuge sobrevivente ou qualquer parente do morto, em linha reta, ou colateral até o quarto grau, pode exigir que cesse a ameaça, ou a lesão, a direito da personalidade, e reclamar perdas e danos, sem prejuízo de outras sanções previstas em lei.
c) É inválida, com objetivo científico, ou altruístico, a disposição gratuita do próprio corpo, no todo ou em parte, para depois da morte.
d) A pessoa humana pode ser constrangida a submeter-se, com risco de vida, a tratamento médico ou intervenção cirúrgica.
e) Todas as assertivas estão incorretas.

23. (Procurador do Estado/SEGEP-MA/Fundação Carlos Chagas/2016) Antes da vigência da Lei n. 13.146/2015, eram considerados absolutamente incapazes aqueles que não podiam

exprimir a vontade, ainda que por causa transitória. Com a vigência da Lei n. 13.146/2015, passaram a ser considerados absolutamente incapazes apenas os menores de dezesseis anos. Esta mesma lei tratou como relativamente incapazes aqueles que, por causa transitória ou permanente, não puderem exprimir sua vontade. A Lei n. 13.146/2015 tem aplicação

a) ultrativa, atingindo apenas as pessoas que passaram a não poder exprimir a vontade, por causa transitória ou permanente, depois do início da vigência da referida norma.
b) imediata, atingindo todas as pessoas que, no início da vigência da referida norma, não podiam exprimir a vontade, por causa transitória ou permanente, as quais passaram a ser consideradas relativamente incapazes.
c) imediata, porém não atingindo as pessoas que já não podiam exprimir a vontade, por causa transitória ou permanente, quando do início da vigência da referida norma, as quais continuam a ser consideradas absolutamente incapazes, em razão da vedação ao efeito retroativo.
d) imediata quanto às pessoas que, no início da vigência da referida norma, não podiam exprimir a vontade em razão de causa transitória, e ultrativa em relação às pessoas que não o podiam fazer por causa permanente, em razão da proteção ao direito adquirido.
e) da autonomia de vontade.

24. (MP/PR/Promotor de Justiça/2017) No Registro Civil das Pessoas Naturais é feita a averbação:

a) dos nascimentos.
b) dos casamentos.
c) dos óbitos.
d) das emancipações.
e) das sentenças de nulidade do casamento.

25. (MP/SP/Promotor de Justiça/91º Concurso/2015) Observe as seguintes proposições:

I. Constitui direito subjetivo da mãe, após o divórcio, a retificação do seu sobrenome no assento do nascimento dos filhos.
II. A lei do país do nascimento regula o nome da pessoa física.
III. Deverá constar do assento do nascimento a profissão dos pais.
IV. Não deverá constar do assento do nascimento o estado civil dos pais.

Agora, aponte a alternativa CORRETA:

a) Apenas as proposições II e IV são verdadeiras.
b) Apenas as proposições I, II e III são verdadeiras.
c) Apenas as proposições I, III e IV são verdadeiras.
d) Todas as proposições são verdadeiras.
e) Todas as proposições são falsas.

26. (MP/SC/Promotor de Justiça/2016) Analise o enunciado da questão abaixo e assinale "VERDADEIRO"— (V) ou "FALSO" — (F):

( ) Os erros nos assentamentos do Registro Civil que não exijam qualquer indagação para a constatação imediata de necessidade de sua correção poderão ser corrigidos de ofício pelo oficial de registro no próprio cartório onde se encontrar o assentamento, mediante petição assinada pelo interessado, representante legal ou procurador, após o pagamento de selos e taxas e da manifestação conclusiva do Ministério Público.

27. (MP/MG/Promotor de Justiça/LV Concurso/2017) Assinale a alternativa INCORRETA:

a) A lei civil admite a pluralidade de domicílio voluntário da pessoa jurídica que tiver estabelecimentos diversos em lugares diferentes.

b) A comoriência encerra presunção relativa de falecimento ao mesmo tempo, não havendo necessidade de que seja do mesmo modo.
c) Os direitos inatos da personalidade dependem da manifestação de vontade para a titularidade.
d) São imprescritíveis e transmissíveis as ações de reparação por danos morais, ajuizadas em decorrência de perseguição, tortura e prisão, praticados por motivos políticos.

28. (TJSC/Juiz de Direito/2016) Analise o enunciado da questão abaixo e assinale "VERDADEIRO" — (V) ou "FALSO" — (F):

( ) De acordo com a Lei n. 6.015/73 (Registros Públicos), o prenome será definitivo, admitindo-se, todavia, a sua substituição por apelidos públicos notórios, e em razão de fundada coação ou ameaça decorrente da colaboração com a apuração de crime, por determinação, em sentença, de juiz competente, ouvido o Ministério Público.

29. (MP/SP/Promotor de Justiça/2010) Assinale a alternativa CORRETA:

a) Os nascimentos, casamentos, divórcios e óbitos são averbados no Registro Civil de Pessoas Naturais.
b) O enteado ou a enteada poderá adotar o nome de família do padrasto ou da madrasta, desde que assim requeira ao Oficial do Registro Civil. A averbação somente será autorizada caso haja concordância expressa do padrasto ou da madrasta.
c) A averbação é modalidade de ato registrário e tem caráter acessório.
d) Os pais podem sempre escolher o prenome dos filhos.
e) No caso de a criança morrer na ocasião do parto, tendo, entretanto, respirado, será feito um assento com os elementos que couberem e com remissão ao óbito.

30. (MP/MG/Promotor de Justiça/2010) Assinale a alternativa INCORRETA.

a) O prenome é, em regra, definitivo, admitindo, no entanto, a lei, sua substituição por apelidos públicos notórios.
b) A correção no Registro Público, em casos de evidente erro gráfico, será efetivada pelo oficial, que oficiará ao MP, dando-lhe ciência do ato.
c) O sobrenome, em razão do princípio de ordem pública, da estabilidade do nome, só deve ser alterado em casos excepcionais, ouvido o MP.
d) Cassada a licença ou autorização para funcionamento da pessoa jurídica, ainda assim ela subsistirá até que se conclua a liquidação.
e) Às vezes, o MP intervém em processos de abuso da personalidade, constatado o desvio de finalidade ou pela confusão patrimonial.

31. (MP/SP/Promotor de Justiça/88° Concurso/2011) É(são) legitimado(s) para exigir a cessação de ameaça ou lesão a direitos de personalidade de uma pessoa já falecida:

a) apenas o cônjuge sobrevivente e descendentes em linha reta.
b) qualquer parente colateral até o quinto grau.
c) somente parente em linha reta até o quarto grau.
d) todos os parentes sem limitação de grau.
e) todos os parentes colaterais até o quarto grau.

32. (TRT/6ª Região/Juiz do Trabalho/XVIII Concurso/2010) Analise as assertivas abaixo e, depois, assinale a alternativa CORRETA:

I. Para o menor com 16 (dezesseis) anos completos, a relação de trabalho ensejará, como consequência necessária, a maioridade plena (emancipação).

II. Desconsideração da Pessoa Jurídica é a quebra do sigilo bancário dos sócios da sociedade que, em função de desvio, má-fé ou má administração, não tiver condições patrimoniais de cumprir suas obrigações perante terceiros.

III. Os cegos, por possuírem uma redução do discernimento (a exemplo da limitação para serem admitidos como testemunhas — art. 228, Código Civil), entram na regra geral das incapacidades relativas.

IV. Uma vez concedida, a emancipação não poderá mais ser revogada.

V. A manifestação da vontade é essencial para a existência dos negócios jurídicos, por isso não podemos conceber um contrato nascido do silêncio das partes.

a) Apenas as assertivas III e V estão corretas.
b) Apenas as assertivas I e IV estão corretas.
c) As assertivas II, IV e V estão corretas.
d) Apenas a assertiva I está correta.
e) Apenas a assertiva IV está correta.

33. (MP/GO/Promotor de Justiça/2010) De acordo com o Código Civil é CORRETO afirmar:

a) Admite-se a declaração de morte presumida sem a decretação de ausência.
b) A emancipação voluntária faz cessar a responsabilidade dos pais para com atos ilícitos de filho menor.
c) A autorização dos pais para o casamento de filho(a) menor, após a homologação judicial, em regular processo de habilitação, é irrevogável.
d) A incapacidade relativa, dos maiores de 16 e menores de 18 anos, cessa também pela união estável.

34. (TRT/3ª Região/Juiz do Trabalho/2012) Assinale a alternativa correta, após a análise das afirmativas a seguir:

I. A Lei de Introdução às Normas do Direito Brasileiro estabelece que a lei posterior revoga a anterior, quando incompatível, ou quando expressamente assim o declarar, ou quando regular integralmente a matéria.

II. O fato de o nascituro ter proteção legal não deve levar a imaginar que ele tenha personalidade, tal como a concebe o ordenamento jurídico. O fato de ele ter capacidade para alguns atos não significa que o ordenamento jurídico lhe tenha atribuído personalidade.

III. São absolutamente incapazes os menores de dezesseis anos, sendo eles detentores apenas de capacidade de direito, sem capacidade de fato. Esses menores não podem praticar, por si mesmos, os atos da vida civil, senão quando representados legalmente por mãe, pai, ou tutor, conforme o caso. Os atos praticados pelos menores de dezesseis anos sozinhos são nulos. Os deficientes mentais que não têm o necessário discernimento para a prática de atos também podem ser considerados absolutamente incapazes, ou relativamente (no caso de terem o discernimento reduzido); em ambos os casos, as pessoas com deficiência devem ser sujeitas a processo de interdição.

IV. No que tange aos toxicômanos, aquele cujo discernimento é reduzido, ou tolhido por abuso de bebidas ou entorpecentes, o direito não aceita os chamados "lúcidos intervalos" e, após a interdição, estarão sujeitos à incapacidade absoluta.

V. A senilidade pode ser motivo, por si só, de incapacidade.

a) Somente as afirmativas I e II estão corretas.
b) Somente as afirmativas II e III estão corretas.
c) Somente as afirmativas III e IV estão corretas.
d) Somente as afirmativas I e III estão corretas.
e) Todas as afirmativas estão corretas.

35. (TJMG/Juiz de Direito/VUNESP/2012) Assinale a alternativa correta com relação aos direitos da personalidade.

a) Os direitos da personalidade são transmissíveis e renunciáveis, podendo seu exercício sofrer limitação voluntária, salvo se a lei excepcionar.
b) Para proteção da utilização da imagem não autorizada de pessoa morta, nas hipóteses da lei civil, é parte legítima para requerer a medida judicial protetiva somente o cônjuge sobrevivo.
c) É válida, com objetivo científico, ou altruístico, a disposição onerosa do próprio corpo, no todo ou em parte, para depois da morte.
d) Terá legitimação para requerer medida judicial para que cesse lesão a direito da personalidade do morto o cônjuge sobrevivente, ou qualquer parente na linha reta, ou colateral até o quarto grau.

36. (TRT/3ª Região/Juiz do Trabalho/2012) Assinale a alternativa correta, após a análise das afirmativas a seguir:

I. A pessoa natural, que tenha vários lugares onde estabelece sua residência com ânimo definitivo e onde alternadamente viva, poderá considerar seu domicílio como quaisquer destes lugares.
II. Podem ser considerados como domicílios quaisquer dos lugares onde a pessoa natural exerça a sua profissão.
III. O Código Civil de 2002 não admite pluralidade de domicílios.
IV. Com relação às pessoas jurídicas, o domicílio é: (I) da União, o Distrito Federal; (II) dos Estados e Territórios, as respectivas capitais; (III) do Município, o lugar onde funcione a administração municipal; (IV) das demais pessoas jurídicas, o lugar onde funcionarem as respectivas diretorias e administrações, independentemente de o estatuto ou atos constitutivos elegerem outro domicílio especial.
V. O agente diplomático do Brasil, que, citado no estrangeiro, alegar extraterritorialidade sem designar onde tem, no país, o seu domicílio, só poderá ser demandado no Distrito Federal.

a) Somente as afirmativas I e II estão corretas.
b) Somente as afirmativas II e III estão corretas.
c) Somente as afirmativas III e IV estão corretas.
d) Somente as afirmativas IV e V estão corretas.
e) Todas as afirmativas estão corretas.

37. (MPMG/Promotor de Justiça/LII Concurso/2012) Far-se-á averbação em registro público:

a) das sentenças declaratórias de ausência e de morte presumida.
b) das sentenças que decretarem a nulidade ou anulação do casamento, o divórcio, a separação judicial e o restabelecimento da sociedade conjugal.
c) da emancipação por outorga dos pais ou por sentença do juiz.
d) da interdição por incapacidade absoluta ou relativa.

38. (OAB/VI Exame de Ordem Unificado/Fundação Getulio Vargas/2012) Francis, brasileira, empresária, ao se deslocar do Rio de Janeiro para São Paulo em seu helicóptero particular, sofreu terrível acidente que culminou com a queda do aparelho em alto-mar. Após sucessivas e exaustivas buscas, feitas pelas autoridades e por empresas privadas contratadas pela família da vítima, infelizmente não foram encontrados os corpos de Francis e de Adilson, piloto da aeronave. Tendo sido esgotados os procedimentos de buscas e averiguações, de acordo com os artigos do Código Civil que regulam a situação supramencionada, é correto afirmar que o assento de óbito em registro público

a) independe de qualquer medida administrativa ou judicial, desde que seja constatada a notória probabilidade de morte de pessoa que estava em perigo de vida.
b) depende exclusivamente de procedimento administrativo quanto à morte presumida junto ao Registro Civil das Pessoas Naturais.
c) depende de prévia ação declaratória judicial quanto à morte presumida, sem necessidade de decretação judicial de ausência.
d) depende de prévia declaração judicial de ausência, por se tratar de desaparecimento de uma pessoa sem dela haver notícia.

39. (OAB/VI Exame de Ordem Unificado/Fundação Getulio Vargas/2012) A Lei Civil afirma que, a despeito de a personalidade civil da pessoa começar com o nascimento com vida, ao nascituro serão assegurados os seus direitos desde a concepção. Para tanto, é correto afirmar que, na ação de posse em nome de nascituro,

a) a nomeação de médico pelo juiz para que emita laudo que comprove o estado de gravidez da requerente, assim previsto na lei processual civil, não poderá ser dispensado em qualquer hipótese.
b) por se tratar de mera expectativa de nascimento com vida, portanto, não tendo o nascituro personalidade civil, fica dispensada a intervenção do Ministério Público na causa.
c) reconhecida a gravidez, a sentença declarará que seja a requerente investida na posse dos direitos que assistam ao nascituro; não cabendo àquela o exercício do pátrio poder, o juiz nomeará curador.
d) são documentos indispensáveis à ação o laudo comprobatório do estado gestacional emitido pelo médico nomeado pelo juiz e a certidão de óbito da pessoa de quem o nascituro é sucessor.

40. (MP da União/Promotor de Justiça Militar/11º Concurso/2013) Sobre os direitos da personalidade, é correto afirmar que:

a) Não se admite, nem mesmo excepcional e motivadamente, após apreciação judicial, a retificação de registro civil do filho para inclusão de patronímico paterno em ordem diversa do nome do pai.
b) A prática conhecida como "adoção à brasileira" equipara-se à adoção regular, de tal modo que a filiação socioafetiva desenvolvida com os pais registrais afasta os direitos do filho resultante da filiação biológica.
c) Em respeito ao princípio da verdade real, é possível a averbação do nome de solteira da genitora no assento de nascimento do filho, excluindo o patronímico do ex-padrasto.
d) À mulher é facultada a averbação do patronímico do companheiro, independentemente de sua anuência, na constância de uma união estável.

41. (OAB/IX Exame de Ordem Unificado/Fundação Getulio Vargas/2012) Juliana, estudante de 17 anos, em comemoração à sua recente aprovação no vestibular de uma renomada universidade, saiu em viagem com Gustavo, seu namorado de 25 anos, funcionário público federal. Acerca de possíveis intercorrências ao longo da viagem, é correto afirmar que

a) Juliana, por ser adolescente, independentemente de estar em companhia de Gustavo, maior de idade, não poderá se hospedar no local livremente por eles escolhido, sem portar expressa autorização de seus pais ou responsável.
b) Juliana, em companhia de Gustavo, poderá ingressar em um badalado bar do local, onde é realizado um show de música ao vivo no primeiro piso e há um salão de jogos de bilhar no segundo piso.
c) Juliana, por ser adolescente e estar em companhia de Gustavo, maior de idade, poderá se hospedar no local livremente por eles escolhido, independentemente de portar ou não autorização de seus pais.

d) Juliana poderá se hospedar em hotel, motel, pensão ou estabelecimento congênere, assim como poderá ingressar em local que explore jogos de bilhar, se portar expressa autorização dos seus pais ou responsável.

42. (TJSP/Juiz de Direito/184° Concurso/VUNESP/2013) Acerca da personalidade, é correto afirmar que

a) embora não exista mais o instituto romano da morte civil, é possível renunciar-se a certos direitos da personalidade, na forma da lei.
b) a morte pode ser real ou presumida, havendo a primeira quando cessam as funções vitais, e a segunda, somente quando alguém, desaparecido em campanha ou feito prisioneiro, não for encontrado até dois anos após o término da guerra.
c) se dois ou mais indivíduos falecerem na mesma ocasião, não se podendo averiguar se algum dos comorientes precedeu aos outros, presume-se que a morte do mais velho precedeu a do mais jovem.
d) não obstante a existência se extinguir com a morte, é tutelável a ameaça ou lesão aos direitos de personalidade do morto.

43. (TJPI/Outorga de delegações de notas e de registro/CESPE/UnB/2013) Declarada a ausência de pessoa casada que tenha desaparecido de seu domicílio sem deixar vestígio e que não tenha deixado representante ou procurador a quem caiba administrar-lhe os bens,

a) após o trânsito em julgado da sucessão definitiva, o domínio dos bens do ausente transferidos aos sucessores deixará de se revestir de condição resolutiva.
b) o vínculo conjugal estará dissolvido mesmo antes do trânsito em julgado da sentença da sucessão definitiva.
c) a lei que regerá a sucessão do ausente será a vigente na data da comprovação da ausência, de forma que a declaração de ausência tem efeitos retroativos.
d) os bens imóveis do ausente poderão ser hipotecados ou alienados sem autorização judicial, desde que caracterizada sua ruína.
e) o cônjuge que for sucessor provisório do ausente deverá capitalizar metade dos frutos e rendimentos dos bens que lhe couber e prestar anualmente contas ao juiz competente.

44. (OAB/XX Exame de Ordem Unificado/FGV Projetos/2016) Cristiano, piloto comercial, está casado com Rebeca. Em um dia de forte neblina, ele não consegue controlar o avião que pilotava e a aeronave, com 200 pessoas a bordo, desaparece dos radares da torre de controle pouco antes do tempo previsto para a sua aterrissagem. Depois de vários dias de busca, apenas 10 passageiros foram resgatados, todos em estado crítico. Findas as buscas, como Cristiano não estava no rol de sobreviventes e seu corpo não fora encontrado, Rebeca decide procurar um advogado para saber como deverá proceder a partir de agora.

Com base no relato apresentado, assinale a afirmativa CORRETA.

a) A esposa deverá ingressar com uma demanda judicial pedindo a decretação de ausência de Cristiano, a fim de que o juiz, em um momento posterior do processo, possa declarar a sua morte presumida.
b) A esposa não poderá requerer a declaração de morte presumida de Cristiano, uma vez que apenas o Ministério Público detém legitimidade para tal pedido.
c) A declaração da morte presumida de Cristiano poderá ser requerida independentemente de prévia decretação de ausência, uma vez que esgotadas as buscas e averiguações por parte das autoridades competentes.
d) A sentença que declarar a morte presumida de Cristiano não deverá fixar a data provável de seu falecimento, contando-se, como data da morte, a data da publicação da sentença no meio oficial.

45. (TRT/2ª Região/Juiz do Trabalho/XLI Concurso/2016) Segundo o regramento do Código Civil, é INCORRETO afirmar que:

a) Quanto às pessoas jurídicas, o domicílio da União é o Distrito Federal, dos Estados e Territórios, as respectivas capitais, do Município, o lugar onde funcione a administração municipal, das demais pessoas jurídicas, o lugar onde funcionarem as respectivas diretorias e administrações, ou onde elegerem domicílio especial no seu estatuto ou atos constitutivos.

b) Tendo a pessoa jurídica diversos estabelecimentos em lugares diferentes, cada um deles será considerado domicílio para os atos nele praticados.

c) Se a administração, ou diretoria, tiver a sede no estrangeiro, haver-se-á por domicílio da pessoa jurídica, no tocante às obrigações contraídas por cada uma das suas agências, o lugar do estabelecimento, sito no Brasil, a que ela corresponder.

d) O domicílio do incapaz é o do seu representante ou assistente; o do servidor público, o lugar em que exercer permanentemente suas funções; o do militar, onde servir, e, sendo da Marinha ou da Aeronáutica, a sede do comando a que se encontrar imediatamente subordinado; o do marítimo, o porto onde o navio estiver atracado; e o do preso, o lugar em que cumprir a sentença.

e) Nos contratos escritos, poderão os contratantes especificar domicílio onde se exercitem e cumpram os direitos e obrigações deles resultantes.

■ GABARITO ■

1. "c". *Vide* art. 1.798 do CC.
2. "a". *Vide* art. 5º, parágrafo único, I, parte final, do CC.
3. "c". *Vide* art. 54 e s. da LRP.
4. "b". *Vide* art. 3º, III, do CC.
5. "c". *Vide* art. 6º da Lei n. 13.146, de 6.7.2015 (Estatuto da Pessoa com Deficiência).
6. "c". *Vide* art. 5º, parágrafo único, I, do CC.
7. "d". *Vide* art. 19 do CC.
8. "e". *Vide* art. 85 da Lei n. 13.146/2015 (Estatuto da Pessoa com Deficiência).
9. "e". *Vide* art. 1.550, § 2º, do CC, acrescentado pela Lei n. 13.146/2015.
10. "b". *Vide* art. 19 do CC.
11. "d". *Vide* art. 8º do CC.
12. "c".
13. "a". *Vide* art. 8º do CC.
14. "e".
15. "d".
16. "d". *Vide* art. 73 do CC.
17. "c". *Vide* art. 72 e parágrafo único do CC.
18. "d". *Vide* arts. 26 e 27 do CC.
19. "b". *Vide* art. 73 do CC.
20. "a". *Vide* art. 77 do CC.
21. "e".

22. "b". *Vide* art. 12, *caput* e parágrafo único, do CC.
23. "b". *Vide* art. 6º da LINDB.
24. "e". *Vide* art. 10 do CC.
25. "c". "É direito subjetivo da pessoa retificar seu patronímico no registro de nascimento de seus filhos após o divórcio" (STJ, REsp 1.279.952-MG, 3ª T., rel. Min. Ricardo Villas Bôas Cueva, j. 3.2.2015; III e IV — *Vide* Lei n. 6.016/73 (LRP), art. 54.
26. "F". *Vide* art. 110, *caput*, da LRP, com redação determinada pela Lei n. 12.100, de 27.11.2009.
27. "c". *Vide* art. 37 do CC.
28. "V". *Vide* a LRP (Lei n. 6.015/73), art. 58 e parágrafo único.
29. "c". *Vide* arts. 10 do CC e 98 da LRP.
30. "b". *Vide* art. 110 da LRP, com a redação dada pela Lei n. 12.100/2009.
31. "e". *Vide* art. 12, parágrafo único, do CC.
32. "e". *Vide* art. 5º, parágrafo único, I.
33. "a". *Vide* art. 7º do CC.
34. "b". *Vide* arts. 2º, 3º e 4º do CC.
35. "d". *Vide* art. 12, parágrafo único, do CC.
36. "a". *Vide* arts. 71 e 72 do CC.
37. "b". *Vide* art. 10, I, do CC.
38. "c". *Vide* art. 7º do CC.
39. "c". *Vide* arts. 877 e 878 do CPC.
40. "c". *Vide* STJ, REsp 1.072.402-MG, 4ª T., rel. Min. Luis Felipe Salomão, j. 4.12.2012.
41. "a". *Vide* art. 82 do ECA.
42. "d". *Vide* art. 12, parágrafo único, do CC.
43. "b". *Vide* arts. 6º, 37, 38 e 1.571, § 1º, do CC.
44. "c". *Vide* art. 7º, *caput* e parágrafo único, do CC.
45. "d". *Vide* art. 76, parágrafo único, do CC.

5 DAS PESSOAS JURÍDICAS

5.1. CONCEITO

5.1.1. Noções preliminares

A razão de ser da pessoa jurídica está na necessidade ou conveniência de os indivíduos unirem esforços e utilizarem recursos coletivos para a realização de objetivos comuns, que transcendem as possibilidades individuais. Essa constatação motivou a organização de pessoas e bens com o reconhecimento do direito, que atribui **personalidade ao grupo, distinta da de cada um de seus membros**, passando este a atuar, na vida jurídica, com personalidade própria[1]. A necessária individualização, com efeito, "só se efetiva se a ordem jurídica atribui *personalidade* ao grupo, permitindo que atue em nome próprio, com capacidade jurídica igual à das pessoas naturais". Surge, assim, "a necessidade de personalizar o grupo, para que possa proceder como uma unidade, participando do comércio jurídico com individualidade"[2].

A pessoa jurídica é, portanto, proveniente desse fenômeno *histórico* e social. Consiste num conjunto de pessoas ou de bens dotado de personalidade jurídica própria e constituído na forma da lei para a consecução de fins comuns. Pode-se afirmar, pois, que ***pessoas jurídicas são entidades a que a lei confere personalidade, capacitando-as a serem sujeitos de direitos e obrigações***.

5.1.2. Principal característica

A principal característica das pessoas jurídicas é a de que atuam na vida jurídica com **personalidade diversa** da dos indivíduos que as compõem (CC, art. 50, *a contrario sensu,* e art. 1.024). A nota distintiva repousa, pois, na **distinção** entre o seu patrimônio e o dos seus instituidores, não se confundindo a condição jurídica autonomamente conferida àquela entidade com a de seus criadores. Em vista disso, não podem, em regra, ser penhorados **bens dos sócios** por **dívida da sociedade**.

---

1 Arnoldo Wald, *Curso de direito civil brasileiro*, v. 1, p. 146; Francisco Amaral, *Direito civil*: introdução, p. 269-270; Pontes de Miranda, *Tratado de direito privado*, v. 1, p. 280.

2 Orlando Gomes, *Introdução ao direito civil*, p. 162-163.

5.2. NATUREZA JURÍDICA

Embora subsistam teorias que negam a existência da pessoa jurídica (***teorias negativistas***), não aceitando possa uma associação formada por um grupo de indivíduos ter personalidade própria[3], outras, em maior número (***teorias afirmativistas***), procuram explicar esse fenômeno pelo qual um grupo de pessoas passa a constituir uma unidade orgânica, com individualidade própria reconhecida pelo Estado e distinta das pessoas que a compõem.

As diversas teorias **afirmativistas** existentes podem ser reunidas em dois grupos:

a) o das teorias da **ficção**; e

b) o das teorias da **realidade**.

Temos, assim, a seguinte situação:

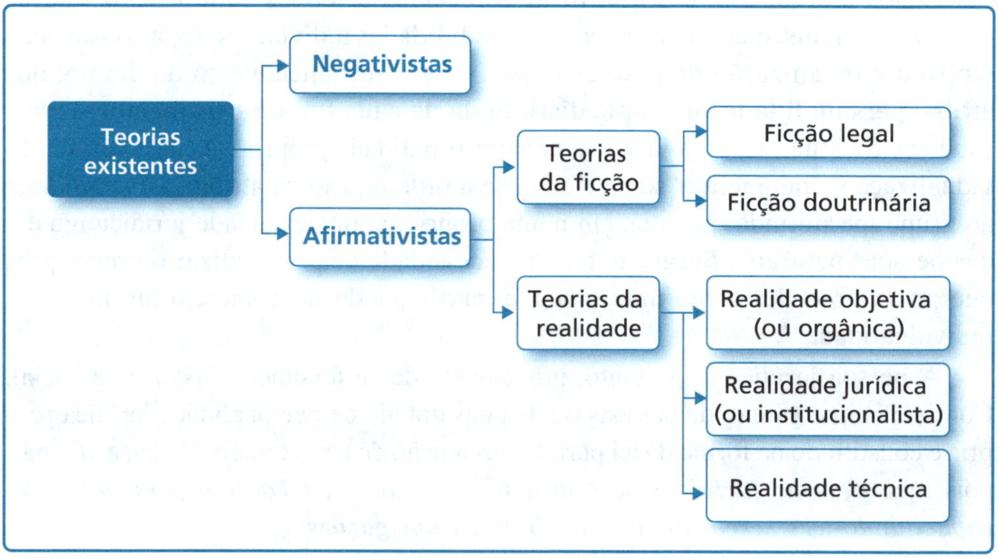

5.2.1. Teorias da ficção

As concepções ficcionistas, que são em grande número, desfrutaram largo prestígio no século XIX e podem ser divididas em duas categorias:

- **Teoria da ficção legal** — desenvolvida por Savigny, considera a pessoa jurídica uma **criação artificial da lei**, um ente fictício, pois somente a pessoa natural pode ser sujeito da relação jurídica e titular de direitos subjetivos. Desse modo, só entendida como uma ficção pode essa capacidade jurídica ser estendida às pessoas jurídicas, para fins patrimoniais. Constrói-se, desse modo, uma

---

[3] Orlando Gomes, *Introdução*, cit., p. 164; Clóvis Beviláqua, *Teoria*, cit., p 105.

ficção jurídica, uma abstração que, diversa da realidade, assim é considerada pelo ordenamento jurídico[4].

■ **Teoria da ficção doutrinária** — afirmam os seus adeptos, dentre eles Vareilles-Sommières[5], que a pessoa jurídica não tem existência real, mas apenas intelectual, ou seja, na inteligência dos juristas, sendo assim uma mera **ficção criada pela doutrina**. É uma variação da anterior.

As teorias da ficção **não são, hoje, aceitas**. A crítica que se lhes faz é a de que não explicam a existência do Estado como pessoa jurídica. Dizer-se que o Estado é uma ficção legal ou doutrinária é o mesmo que dizer que o direito, que dele emana, também o é. Tudo quanto se encontre na esfera jurídica seria, portanto, uma ficção, inclusive a própria teoria da pessoa jurídica[6].

■ 5.2.2. Teorias da realidade

Para os defensores da **teoria da realidade**, que representa uma reação contra a teoria da ficção, as pessoas jurídicas são **realidades vivas**, e não mera abstração, tendo existência própria como os indivíduos. Divergem os seus adeptos apenas no modo de apreciar essa realidade, dando origem a várias concepções, dentre as quais se destacam as seguintes:

■ **Teoria da *realidade objetiva* ou *orgânica*** — sustenta que a pessoa jurídica é uma **realidade sociológica**, ser com vida própria, que nasce por **imposição das forças sociais**. De origem germânica (Gierke e Zitelmann), proclama que a ***vontade***, pública ou privada, é capaz de dar vida a um organismo, que passa a ter existência própria, distinta da de seus membros, capaz de tornar-se sujeito de direito, real e verdadeiro[7].

CRÍTICA: a crítica que se lhe faz é que ela não esclarece como os grupos sociais, que não têm vida própria e personalidade, que é característica do ser humano, podem adquiri-la e se tornarem sujeitos de direitos e obrigações. Ademais, reduz o papel do Estado a mero conhecedor de realidades já existentes, desprovido de maior poder criador[8].

■ **Teoria da *realidade jurídica* ou *institucionalista*** — defendida por Hauriou, assemelha-se à da realidade objetiva pela ênfase dada ao aspecto sociológico.

---

[4] Francisco Amaral, *Direito civil*, cit., p. 275; Clóvis Beviláqua, *Teoria*, cit., p. 103-104; Savigny, *Traité de droit romain*, v. 2, § 85; M. M. de Serpa Lopes, *Curso de direito civil*, v. 1, p. 296; Caio Mário da Silva Pereira, *Instituições*, cit., p. 189.

[5] *Les personnes morales*, p. 147.

[6] Washington de Barros Monteiro, *Curso de direito civil*, v. 1, p. 103; Caio Mário da Silva Pereira, *Instituições*, cit., v. 1, p. 190; Maria Helena Diniz, *Curso*, cit., v. 1, p. 207.

[7] Vicente Ráo, *O direito e a vida dos direitos*, v. 1, n. 114; Silvio Rodrigues, *Direito civil*, v. 1, p. 88.

[8] Francisco Amaral, *Direito civil*, cit., p. 276; Frederico de Castro y Bravo, *Derecho civil de España*, p. 264.

Considera as pessoas jurídicas como **organizações sociais** destinadas a um serviço ou ofício e, por isso, personificadas. Parte da análise das **relações sociais**, não da vontade humana, constatando a existência de grupos organizados para a realização de uma ideia socialmente útil, as instituições, sendo estas grupos sociais dotados de ordem e organização próprias[9].

CRÍTICA: merece a mesma crítica feita à teoria anteriormente comentada. Nada esclarece sobre as sociedades que se organizam sem a finalidade de prestar um serviço ou de preencher um ofício nem sobre aquelas infensas ao poder autonormativo do grupo, como as fundações, cuja constituição decorre fundamentalmente da vontade do instituidor.

■ **Teoria da *realidade técnica*** — entendem seus adeptos, especialmente Saleilles, Colin e Capitant, que a personificação dos grupos sociais é **expediente de ordem técnica**, a forma encontrada pelo direito para reconhecer a existência de grupos de indivíduos que se unem na busca de fins determinados. A personificação é atribuída a grupos em que a lei reconhece vontade e objetivos próprios. O Estado, reconhecendo a necessidade e a conveniência de que tais grupos sejam dotados de personalidade própria para poder participar da vida jurídica nas mesmas condições das pessoas naturais, outorga-lhes esse predicado. A personalidade jurídica é, portanto, um atributo **que o Estado defere a certas entidades** havidas como merecedoras dessa benesse por observarem determinados requisitos por ele estabelecidos.

CRÍTICA: apesar da crítica que se lhe faz, de ser positivista e, assim, desvinculada de pressupostos materiais, é **a que melhor explica o fenômeno** pelo qual um grupo de pessoas, com objetivos comuns, pode ter personalidade própria, que não se confunde com a de cada um de seus membros e, portanto, a que melhor segurança oferece. É a teoria **adotada pelo direito brasileiro**, como se depreende do art. 45 do Código Civil, que disciplina o começo da existência legal das pessoas jurídicas de direito privado, bem como dos arts. 51, 54, VI, 61, 69 e 1.033 do mesmo diploma[10].

■ 5.3. REQUISITOS PARA A CONSTITUIÇÃO DA PESSOA JURÍDICA

A formação da pessoa jurídica exige uma **pluralidade** de pessoas ou de bens e uma **finalidade específica** (elementos de ordem ***material***), bem como um **ato constitutivo e** respectivo **registro** no órgão competente (elemento ***formal***). Pode-se dizer que são **três** os requisitos para a constituição da pessoa jurídica, como se pode verificar no gráfico a seguir:

---

9 Maurice Hauriou, *La théorie de l'institution et de la fondation*; Planiol e Ripert, *Traité pratique de droit civil français*.

10 Henri de Page, *Traité élémentaire de droit civil belge*, v. 1, p. 613; Planiol e Ripert, *Traité*, cit., v. 1, n. 71; Washington de Barros Monteiro, *Curso*, cit., v. 1, p. 104; Francisco Amaral, *Direito civil*, cit., p. 277; Caio Mário da Silva Pereira, *Instituições*, cit., v. 1, p. 195; Silvio Rodrigues, *Direito civil*, cit., v. 1, p. 88.

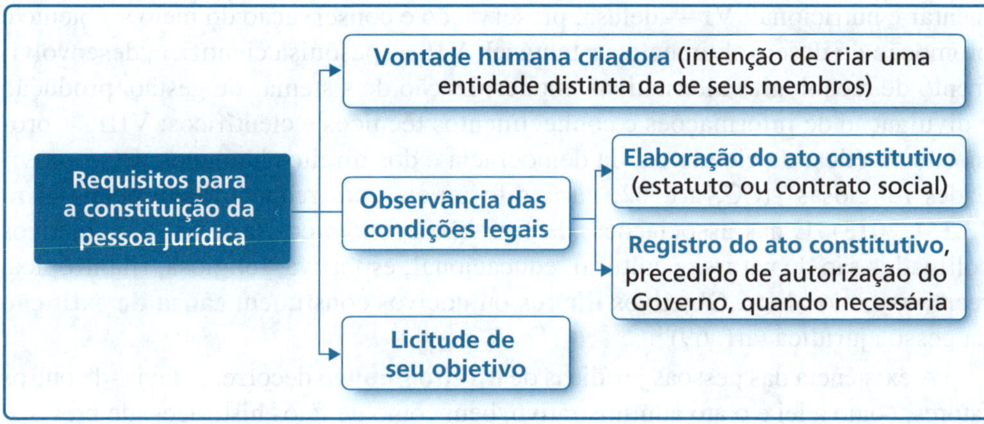

5.3.1. Vontade humana criadora

A ***vontade humana**, que significa a intenção de criar uma entidade distinta da de seus membros,* materializa-se no ato de constituição, que deve ser escrito. São necessárias duas ou mais pessoas com vontades convergentes, ligadas por uma intenção comum (***affectio societatis***).

5.3.2. Observância das condições legais: elaboração e registro do ato constitutivo

O ato constitutivo é requisito formal exigido pela lei e se denomina:

- ***estatuto***, em se tratando de associações, que não têm fins lucrativos;
- ***contrato social***, no caso de sociedades, simples ou empresárias, antigamente denominadas *civis* e *comerciais*; e
- ***escritura pública ou testamento***, em se tratando de fundações (CC, art. 62).

O ato constitutivo deve ser levado a ***registro*** para que comece, então, **a existência legal** da pessoa jurídica de direito privado (CC, art. 45). Antes do registro, não passará de mera **"sociedade de fato"** ou **"sociedade não personificada"**, equiparada por alguns ao nascituro, que já foi concebido, mas que só adquirirá personalidade se nascer com vida. No caso da pessoa jurídica, se o seu ato constitutivo for registrado. O registro será precedido, quando necessário, de **autorização ou aprovação do Poder Executivo.**

5.3.3. Licitude de seu objetivo

A ***licitude*** de seu objetivo é indispensável para a formação da pessoa jurídica. Deve ele ser, também, **determinado e possível**. Nas sociedades em geral, civis ou comerciais, o objetivo é o lucro pelo exercício da atividade. Nas **fundações**, os fins só podem ser: "I — assistência social; II — cultura, defesa e conservação do patrimônio histórico e artístico; III — educação; IV — saúde; V — segurança alimentar e nutricional; VI — defesa, preservação e conservação do meio ambiente e promoção do desenvolvimento sustentável; VII — pesquisa científica, desenvolvimento de tecnologias alternativas, modernização de sistemas de gestão, produção e divulgação de informações e conhecimentos técnicos e científicos; VIII — promoção da ética, da cidadania, da democracia e dos direitos humanos; IX — atividades religiosas" (CC, art. 62, parágrafo único, com redação dada pela **Lei n. 13.151/2015**). E nas associações, de fins não econômicos (art. 53), os objetivos colimados são de natureza cultural, educacional, esportiva, religiosa, filantrópica, recreativa, moral etc. Objetivos **ilícitos** ou nocivos constituem **causa de extinção** da pessoa jurídica (art. 69)[11].

A existência das pessoas jurídicas de **direito público** decorre, todavia, de outros fatores, como a lei e o ato administrativo, bem como de fatos históricos, de previsão constitucional e de tratados internacionais, sendo regidas pelo direito púbico, e não pelo Código Civil[12].

■ 5.3.4. Começo da existência legal

■ *5.3.4.1. O ato constitutivo*

O impulso volitivo, coletivo nas associações e sociedades e individual nas fundações, formaliza-se no ato constitutivo, como já dito, que pode ser ***contrato social*** ou ***estatuto***, de acordo com a espécie de pessoa jurídica a ser criada (conforme tenha ou não fins lucrativos — CC, art. 981). Essa manifestação anímica deve observar os requisitos de validade dos negócios jurídicos exigidos no art. 104 do Código Civil[13].

A declaração de vontade pode revestir-se de ***forma pública*** ou ***particular*** (CC, art. 997), **exceto no caso das fundações**, que só podem ser criadas por **escritura pública ou testamento** (CC, art. 62). Certas pessoas jurídicas, por estarem ligadas a interesses de ordem coletiva, ainda dependem, como visto, de prévia **autorização ou aprovação do Governo Federal**, como empresas estrangeiras, agências ou estabelecimentos de seguros, caixas econômicas, cooperativas, instituições financeiras, sociedades de exploração de energia elétrica, de riquezas minerais, de empresas jornalísticas etc. (CF, arts. 21, XII, *b*; 192, I, II, IV; 176, § 1º; e 223).

■ *5.3.4.2. O registro do ato constitutivo*

A **existência legal**, no entanto, das pessoas jurídicas de direito privado só começa efetivamente com o **registro** de seu ato constitutivo no órgão competente. Dispõe, com efeito, o art. 45 do Código Civil:

---

[11] Caio Mário da Silva Pereira, *Instituições*, cit., v. 1, p. 186; Francisco Amaral, *Direito civil*, cit., p. 286; Maria Helena Diniz, *Curso*, cit., v. 1, p. 230.

[12] Francisco Amaral, *Direito civil*, cit., p. 287; Maria Helena Diniz, *Curso*, cit., v. 1, p. 229.

[13] Maria Helena Diniz, *Curso*, cit., v. 1, p. 230.

"Art. 45. Começa a existência legal das pessoas jurídicas de direito privado com a inscrição do ato constitutivo no respectivo registro, precedida, quando necessário, de autorização ou aprovação do Poder Executivo, averbando-se no registro todas as alterações por que passar o ato constitutivo"[14].

O registro do contrato social de uma **sociedade empresária** faz-se na **Junta Comercial**, que mantém o Registro Público de Empresas Mercantis. Os estatutos e os atos constitutivos das **demais pessoas jurídicas de direito privado** são registrados no **Cartório de Registro Civil das Pessoas Jurídicas**, como dispõem os arts. 1.150 do Código Civil e 114 e s. da Lei dos Registros Públicos (Lei n. 6.015/73). Já os das **sociedades simples de advogados** só podem ser registrados na **OAB** — Ordem dos Advogados do Brasil (EOAB, arts. 15 e 16, § 3º).

O registro no órgão competente, além de servir de prova, tem, pois, **natureza constitutiva**, por ser atributivo da personalidade, da capacidade jurídica. Em casos especiais de necessidade de autorização do governo, o registro só será efetivado depois da chancela ter sido expressa e previamente obtida, sob pena de nulidade do ato[15]. A **capacidade jurídica adquirida com o registro estende-se a todos os campos do direito**, não se limitando à esfera patrimonial. O art. 52 do Código Civil dispõe, com efeito, que "a proteção aos direitos da personalidade" aplica-se às pessoas jurídicas. Têm, portanto, direito ao nome, à boa reputação, à própria existência, bem como a serem proprietárias e usufrutuárias (direitos reais), a contratarem (direitos obrigacionais) e adquirirem bens por sucessão *causa mortis*.

Os **direitos e deveres** das pessoas jurídicas decorrem dos atos de seus diretores no âmbito dos poderes que lhes são concedidos no ato constitutivo. Preceitua o art. 47 do Código Civil a propósito:

"Art. 47. Obrigam a pessoa jurídica os atos dos administradores, exercidos nos limites de seus poderes definidos no ato constitutivo."

O **cancelamento do registro** da pessoa jurídica, nos casos de dissolução ou cassação da autorização para seu funcionamento, não se promove, mediante averbação, no instante em que é dissolvida, mas depois de ***encerrada sua liquidação*** (CC, art. 51). O direito de anular a sua constituição por defeito do ato respectivo pode ser exercido dentro do **prazo decadencial de três anos**, contado da publicação e sua inscrição no registro (art. 45, parágrafo único).

5.3.5. Sociedades irregulares ou de fato

Sem o registro de seu ato constitutivo, a pessoa jurídica será considerada **irregular**, mera associação ou **sociedade de fato**, sem personalidade jurídica, ou seja, mera relação contratual disciplinada pelo estatuto ou contrato social.

---

14 Caio Mário da Silva Pereira, *Instituições*, cit., v. 1, p. 211-212.

15 Maria Helena Diniz, *Curso*, cit., v. 1, p. 234; Francisco Amaral, *Direito civil*, cit., p. 288.

O novo Código Civil disciplina a sociedade **irregular ou de fato**, no livro concernente ao direito de empresa, como "sociedade não personificada". Dispõe, inicialmente, o art. 986 do referido diploma:

> "Enquanto não inscritos os atos constitutivos, reger-se-á a sociedade, exceto por ações em organização, pelo disposto neste Capítulo, observadas, subsidiariamente e no que com ele forem compatíveis, as normas da sociedade simples."

Tal regra aplica-se também às **associações** que já exercem atividades não lucrativas mas ainda não têm existência legal. Por sua vez, dispõe o art. 990 do Código Civil que todos "os sócios respondem solidária e ilimitadamente pelas obrigações sociais". O referido dispositivo exclui aquele que contratou pela sociedade do benefício de ordem previsto no art. 1.024, segundo o qual os bens particulares dos sócios não poderão ser executados por débitos da sociedade, **senão depois de executados os bens sociais**.

O **patrimônio** das sociedades não personificadas responde pelas obrigações, mas os seus **sócios** têm o dever de concorrer com os seus haveres, na dívida comum, proporcionalmente à sua entrada, nos casos previstos em lei (CPC, art. 795). A responsabilidade incidente sobre o acervo **repercute no patrimônio dos sócios**, confundindo-se os direitos e obrigações daquelas com os destes. Os sócios, nas relações entre si ou com terceiros, apenas poderão provar a existência da sociedade por escrito, "mas aos terceiros será permitida a utilização de qualquer meio de prova" (CC, art. 987). Os **bens sociais** respondem pelos atos de gestão praticados por qualquer dos sócios, exceto se houver sido celebrado pacto limitativo de poderes, que somente terá eficácia contra terceiro, no entanto, se este o conhecer ou devesse conhecê-lo (art. 989).

Prescreve o art. 75, IX, do Código de Processo Civil que serão representadas em juízo, ativa e passivamente, "a sociedade e a associação irregulares e outros entes organizados sem personalidade jurídica, pela pessoa a quem couber a administração dos seus bens". **Têm legitimidade, pois, para cobrar em juízo os seus créditos**, não podendo o devedor arguir a irregularidade de sua constituição para se furtar ao pagamento da dívida e, assim, enriquecer-se ilicitamente[16]. Apesar disso, por não serem sujeitos de direitos, não podem, em seu nome, figurar como parte em contrato de compra e venda de imóvel nem praticar atos extrajudiciais que impliquem alienação de imóveis, porque o Registro Imobiliário não poderá proceder ao registro[17].

É competente, "para a ação em que for ré sociedade ou associação sem personalidade jurídica", o foro do lugar "onde exerce suas **atividades**" (CPC, art. 53, III, *c*).

---

[16] Nelson Nery Junior e Rosa Maria de Andrade Nery, *Código de Processo Civil comentado*, p. 280. "Podem litigar em juízo as 'pessoas formais', as sociedades de fato, as sociedades ainda sem personalidade jurídica, ou já sem personalidade jurídica" (STJ, 4ª T., REsp 1.551-MG, rel. Min. Athos Carneiro, *DJU*, 9.4.1990, p. 2743).

[17] *RT*, 428/250; Maria Helena Diniz, *Curso*, cit., v. 1, p. 236.

5.3.6. Grupos despersonalizados

Nem todo grupo social constituído para a consecução de fim comum é dotado de personalidade. Alguns, malgrado possuam características peculiares à pessoa jurídica, carecem de requisitos imprescindíveis à personificação. Reconhece-se-lhes o direito, contudo, na maioria das vezes, da **representação processual**.

A lei prevê, com efeito, certos casos de universalidades de direito e de massas de bens identificáveis como unidade que, mesmo não tendo personalidade jurídica, podem gozar de **capacidade processual** e ter **legitimidade ativa e passiva** para acionar e serem acionadas em juízo. São entidades que se formam independentemente da vontade dos seus membros ou em virtude de um ato jurídico que os vincule a determinados bens, sem que haja a *affectio societatis*.

O Código Civil considera **universalidade de direito** o complexo de relações jurídicas, de uma pessoa, dotadas de valor econômico (art. 91). O Código de Processo Civil determina a representação processual, dentre outras:

- da **massa falida** pelo administrador judicial;
- da **herança jacente ou vacante** pelo seu curador;
- do **espólio** pelo inventariante;
- da **sociedade e da associação irregulares e outros entes organizados sem personalidade jurídica** pela pessoa a quem couber a administração dos seus bens; e
- do **condomínio** pelo administrador ou pelo síndico (art. 75, V, VI, VII, IX e X).

A jurisprudência também admite que os **consórcios** e os vários fundos existentes no mercado de capitais (fundos de ações, de pensão, de imóveis) possam ser representados em juízo pelos seus **administradores**[18].

Dentre os diversos grupos despersonalizados, destacam-se:

- **A *família*:** indubitavelmente a mais importante entidade não personificada. O agrupamento familiar, caracterizado pelo conjunto de pessoas e pela massa comum de bens, não constitui uma pessoa jurídica, "não só por sua reduzida composição numérica, mas, também, porque sua atividade jurídica, mesmo na esfera patrimonial, pode ser exercida razoavelmente sem essa personificação"[19]. **Cada membro da família conserva a sua individualidade e os seus bens próprios**, não obstante a identidade de interesses e o vínculo de sangue porventura existente. Não há responsabilidade patrimonial da família por eventuais débitos, mas apenas a de seus integrantes.

---

18 STJ, *RT*, 784/205.

19 Orlando Gomes, *Introdução*, cit., p. 173.

■ **A *massa falida*:** assim passa a ser denominado o acervo de bens pertencentes ao falido (*massa falida objetiva*), após a sentença declaratória de falência decretando a perda do direito à administração e à disposição do referido patrimônio, bem como o ente despersonalizado voltado à defesa dos interesses gerais do credores (*massa falida subjetiva*). Embora não tenha personalidade jurídica, não podendo, por isso, ser titular de direitos reais nem contrair obrigações, exerce a massa falida os direitos do falido, podendo agir inclusive contra ele. É o seu substituto no **campo processual**, sendo representada por um administrador judicial (CPC, art. 75, V)[20]. Registre-se que a atual lei de recuperação judicial (Lei n. 11.109, de 9 de fevereiro de 2005) dispõe, no art. 81, § 2º, que "as sociedades falidas serão representadas na falência por seus administradores ou liquidantes".

■ **As heranças *jacente* e *vacante*:** disciplinadas nos arts. 1.819 a 1.823 do Código Civil, constituem o conjunto de bens deixados pelo *de cujus*, enquanto não entregue a sucessor devidamente habilitado. Quando se abre a sucessão sem que o *de cujus* tenha deixado testamento e não há conhecimento da existência de algum herdeiro, diz-se que a herança é ***jacente*** (art. 1.819). Não tem esta personalidade jurídica, consistindo num **acervo de bens administrado por um curador** até a habilitação dos herdeiros. Entretanto, reconhece-se-lhe **legitimação ativa e passiva** para comparecer em juízo (CPC, art. 75, VI). Serão declarados ***vacantes*** os bens da herança jacente se, promovida a arrecadação e praticadas todas as exigências legais, não aparecerem herdeiros ou se todos os chamados a suceder a ela renunciarem (CC, arts. 1.820 e 1.823).

■ **O *espólio*:** é o complexo de direitos e obrigações do falecido, abrangendo bens de toda natureza. Essa massa patrimonial não personificada surge com a abertura da sucessão, sendo a princípio representada no inventário, **ativa e passivamente**, pelo administrador provisório, até a **nomeação do inventariante** (CPC, arts. 614 e 75, VII), sendo identificada como uma unidade até a partilha, com a atribuição dos quinhões hereditários aos sucessores (CPC, arts. 618 e 655). Com o julgamento da partilha, cessa a comunhão hereditária, desaparecendo a figura do espólio, que será substituída pelo herdeiro a quem coube o direito ou a coisa. Segue-se daí que **o espólio não tem legitimidade para propor ação depois de julgada a partilha**[21].

■ **As *sociedades e associações sem personalidade jurídica*:** denominadas ***sociedades de fato*** ou ***irregulares***, serão **representadas em juízo**, ativa e passivamente, "pela pessoa a quem couber a administração dos seus bens" (CPC, art.

---

[20] Fábio Ulhoa Coelho, *Curso*, cit., 3. ed., v. 3, p. 303-304.

[21] *Revista de Processo*, 46/220 e 52/246; *RT*, 632/141; *JTACSP*, 108/351. Julgada a partilha, já não existe espólio (*RJTJSP*, 101/266, 102/221), que por isso não pode recorrer (*JTACSP*, 101/104), não sendo mais cabível ajuizar-se ação em nome deste (*JTACSP*, *Lex*, 146/241).

75, IX). São as entidades já criadas e em funcionamento que, no entanto, não têm existência legal, por falta de registro no órgão competente ou por falta de autorização legal (CC, art. 986), estudadas no item anterior.

- **O condomínio:** pode ser ***geral*** (tradicional ou comum) e ***edilício*** (CC, arts. 1.314 a 1.358). O primeiro, sem dúvida, não tem personalidade jurídica. Não passa de propriedade comum ou copropriedade de determinada coisa, cabendo a cada condômino uma parte ideal. Diverge a doutrina, no entanto, no tocante à natureza jurídica do **condomínio em edificações**, também chamado de edilício ou horizontal. Expressiva corrente **lhe nega a condição de pessoa jurídica**, dela fazendo parte, dentre outros, Caio Mário da Silva Pereira e João Batista Lopes, autores de consagradas monografias sobre o tema[22]. Outros autores, todavia, a admitem, principalmente pelo fato de a Lei n. 4.591/94 dispor, no art. 63, § 3º, que, "no prazo de 24 horas após a realização do leilão final, o condomínio, por decisão unânime da Assembleia Geral em condições de igualdade com terceiros, terá preferência na aquisição dos bens, caso em que serão adjudicados ao condomínio". Tal dispositivo vem sendo entendido como **admissão implícita da personalidade do condomínio**, autorizando-o a tornar-se proprietário dos bens adjudicados, como assevera Maria Helena Diniz[23]. Parece-nos, no entanto, que o fato de o citado art. 63, § 3º, da Lei n. 4.591/64 permitir a adjudicação de bens ao condomínio horizontal não confere a este, por si, a condição de pessoa jurídica, tratando-se de solução anômala, ditada por razões de conveniência prática. Na realidade, conflita tal dispositivo com o sistema da referida lei, que tem como elementos constitutivos as unidades autônomas, como propriedade exclusiva de cada condômino.

5.4. CLASSIFICAÇÃO DA PESSOA JURÍDICA

A pessoa jurídica pode classificar-se:

- quanto à **nacionalidade**;
- quanto à sua **estrutura interna**; e
- quanto à **função** (ou à órbita de sua atuação).

O quadro a seguir dá uma visão panorâmica das várias espécies de pessoas jurídicas:

---

22 Caio Mário da Silva Pereira, *Condomínio e incorporações*, p. 73; João Batista Lopes, *Condomínio*, p. 55-57.

23 "No condomínio há uma *affectio societatis* similar à fundação, expressa no documento constitutivo, na incorporação ou na convenção inicial, além da existência permanente; daí ser uma nova figura de pessoa jurídica, com irrecusável aptidão à titularidade de direitos, deveres e pretensões" (Maria Helena Diniz, *Curso*, cit., v. 1, p. 255).

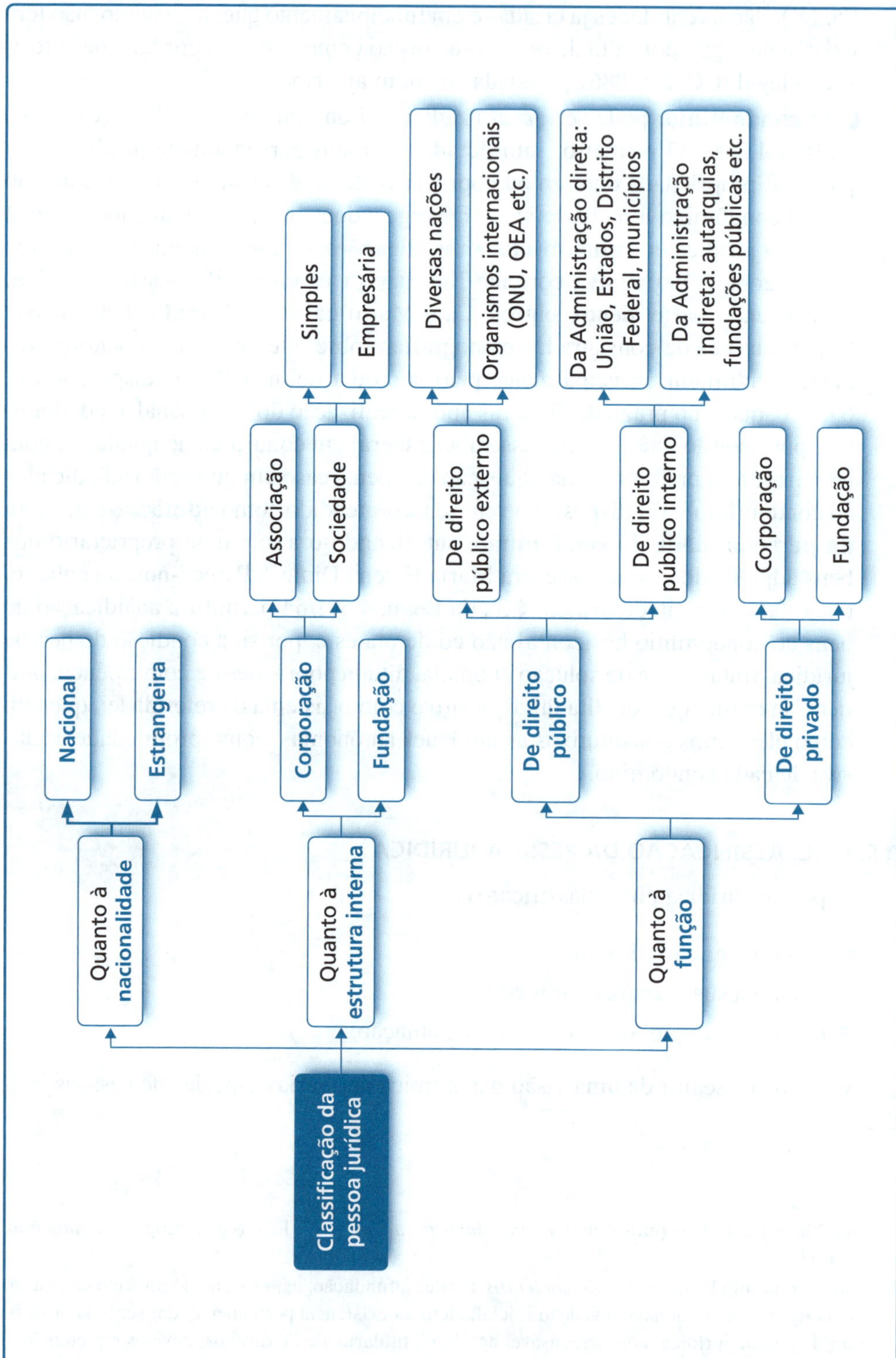
Classificação da pessoa jurídica
Quanto à nacionalidade
Nacional
Estrangeira
Quanto à estrutura interna
Corporação
Associação
Sociedade
Simples
Empresária
Fundação
Quanto à função
De direito público
De direito público externo
Diversas nações
Organismos internacionais (ONU, OEA etc.)
De direito público interno
Da Administração direta: União, Estados, Distrito Federal, municípios
Da Administração indireta: autarquias, fundações públicas etc.
De direito privado
Corporação
Fundação

5.4.1. Classificação quanto à nacionalidade

Sob esse prisma, a pessoa jurídica divide-se em:

- **nacional:** a sociedade organizada de conformidade com a lei brasileira e que tenha no País a sede de sua administração (CC, art. 1.126; CF, arts. 176, § 1º, e 222);
- **estrangeira:** Qualquer que seja o seu objeto, não pode, **sem autorização do Poder Executivo**, funcionar no País, ainda que por estabelecimentos subordinados, podendo, todavia, ressalvados os casos expressos em lei, ser acionista de sociedade anônima brasileira (CC, art. 1.134).

5.4.2. Classificação quanto à estrutura interna

Sob esse aspecto, a pessoa jurídica pode ser:

- **corporação** (*universitas personarum*): caracteriza-se pelo seu aspecto eminentemente pessoal. Constitui um **conjunto de pessoas**, reunidas para melhor consecução de seus objetivos;
- **fundação** (*universitas bonorum*): o aspecto dominante é o material; além disso, compõe-se de **um patrimônio personalizado** e destinado a determinado fim. Constitui ela um **acervo de bens**, que recebe personalidade para a realização de fins determinados. Compõe-se de dois elementos: **o patrimônio e o fim** (estabelecido pelo instituidor e não lucrativo). A origem das corporações é romana, a das fundações é medieval[24].

O que as distingue basicamente é que as primeiras visam à realização de **fins internos**, estabelecidos pelos sócios. Os seus objetivos são voltados para o interesse e o bem-estar de seus membros, visando atingir, pois, fins internos e comuns. As **fundações**, ao contrário, têm objetivos **externos**, estabelecidos pelo instituidor. Nas corporações, também existe patrimônio, mas é elemento secundário, apenas para a realização de um fim. Nas fundações, **o patrimônio é elemento essencial**.

As **corporações** dividem-se em:

- ***associações***; e
- ***sociedades***.

As sociedades podem ser ***simples*** e ***empresárias***, antigamente denominadas "*civis*" e "*comerciais*". Como no sistema do novo Código Civil todas as sociedades são civis, optou o legislador pela nova designação supramencionada (cf. art. 982).

- ***Associações*:** as associações não têm fins lucrativos, mas religiosos, morais, culturais, assistenciais, desportivos ou recreativos.
- ***Sociedades*:** as *sociedades, como dito, podem ser simples e empresárias. As* ***simples*** têm fim econômico e visam lucro, que deve ser distribuído entre os

[24] Alberto Trabucchi, *Istituzioni di diritto civile*, p. 109; Francisco Amaral, *Direito civil*, cit., p. 283.

sócios. São constituídas, em geral, por profissionais de uma mesma área (escritórios de engenharia, de advocacia etc.) ou por prestadores de serviços técnicos. As ***sociedades empresárias*** também visam lucro. Distinguem-se das sociedades simples porque têm por objeto o exercício de **atividade própria de empresário** sujeito ao registro previsto no art. 967 do Código Civil.

5.4.3. Classificação quanto à função ou à órbita de sua atuação

Sob esse enfoque, as pessoas jurídicas dividem-se em:

- de **direito público** (de direito público **externo** e de direito público **interno**);
- de **direito privado**, que se dividem em ***corporações*** (associações, sociedades simples e empresárias) e ***fundações particulares*** (CC, art. 44).
- **Pessoas jurídicas de *direito público externo*:** são os Estados da comunidade internacional, ou seja, todas as pessoas que forem regidas pelo direito internacional público: as **diversas nações**, inclusive a Santa Sé, que é a cúpula governativa da Igreja Católica, e **organismos internacionais**, como a ONU, a OEA, a FAO, a Unesco etc. A propósito, dispõe o art. 42 do Código Civil: "Art. 42. São pessoas jurídicas de direito público externo os Estados estrangeiros e todas as pessoas que forem regidas pelo direito internacional público".
- **Pessoas jurídicas de *direito público interno*:** podem classificar-se em:
  a) *da* ***administração direta*** (União, Estados, Distrito Federal, Territórios, Municípios); e

  b) *da* ***administração indireta*** (autarquias, fundações públicas e demais entidades de caráter público criadas por lei). Trata-se de órgãos descentralizados, criados por lei, com personalidade própria para o exercício de atividade de interesse público. Proclama o art. 41 do novo Código Civil, com efeito, que são pessoas jurídicas de direito interno: "I — a União; II — os Estados, o Distrito Federal e os Territórios; III — os Municípios; IV — as autarquias, inclusive as associações públicas; V — as demais entidades de caráter público criadas por lei".

Como associação pública, o consórcio público terá personalidade jurídica de direito público e, portanto, estará sujeito ao regime de direito público, como se infere da nova redação dada ao aludido inc. IV do art. 41 do Código de 2002 pela Lei n. 11.107, de 6 de abril de 2005.

O novo diploma adotou fórmula genérica, inspirada no Código Civil do México, art. 25, II, ao se referir às "demais entidades de caráter público criadas por lei"[25]. Enquadram-se, nesse conceito, as **fundações públicas** e as **agências reguladoras**, estas últimas com natureza de autarquias especiais[26]. Acrescenta o parágrafo único do supratranscrito art. 41 do Código Civil:

[25] José Carlos Moreira Alves, *A Parte Geral do Projeto de Código Civil brasileiro*, p. 73.

[26] Pablo Stolze Gagliano e Rodolfo Pamplona Filho, *Novo curso*, cit., v. 1, p. 211.

"Salvo disposição em contrário, as pessoas jurídicas de direito público, a que se tenha dado estrutura de direito privado, regem-se, no que couber, quanto ao seu funcionamento, pelas normas deste Código."

5.4.4. Pessoas jurídicas de direito privado

São pessoas jurídicas de direito privado, na **versão original** do art. 44 do Código Civil de 2002: "I — as associações; II — as sociedades; III — as fundações". Os partidos políticos e os sindicatos também têm, segundo os arts. 8º e 17, I a IV, §§ 1º a 4º, da Constituição Federal e arts. 511 e 512 da Consolidação das Leis do Trabalho, a natureza de associação civil.

A Lei n. 10.825, de 22 de dezembro de 2003, deu nova redação ao aludido art. 44, incluindo as organizações religiosas e os partidos políticos (incisos IV e V), sendo que a Lei n. 12.441, de 12 de julho de 2011, acrescentou o inciso VI, para incluir a "ERELI" ("Empresa Individual de Responsabilidade Limitada") no rol das pessoas jurídicas de direito privado. Esta última lei introduziu no Código Civil o art. 980-A, que autoriza a criação da empresa individual de responsabilidade limitada. A redação atual, pois, do citado art. 44 é a seguinte:

"São pessoas jurídicas de direito privado:

I — as associações;

II — as sociedades;

III — as fundações;

IV — as organizações religiosas;

V — os partidos políticos;

VI — as empresas individuais de responsabilidade limitada".

A referida Lei n. 10.825, de 2003, acrescentou o § 1º, declarando que "são livres a criação, a organização, a estruturação interna e o funcionamento das organizações religiosas, sendo vedado ao poder público negar-lhes reconhecimento ou registro dos atos constitutivos e necessários ao seu funcionamento". A citada lei transformou ainda em § 2º o primitivo parágrafo único pelo qual "as disposições concernentes às associações aplicam-se subsidiariamente às sociedades que são objeto do Livro II da Parte Especial". E acrescentou, por fim, o § 3º, proclamando: "Os partidos políticos serão organizados e funcionarão conforme o disposto em lei específica".

5.4.4.1. As associações

5.4.4.1.1. Conceito

As associações são pessoas jurídicas de direito privado constituídas de pessoas que reúnem os seus esforços para a realização de fins não econômicos. Nesse sentido, dispõe o art. 53 do Código Civil:

"Constituem-se as associações pela união de pessoas que se organizem para fins não econômicos."

A definição legal ressalta o seu aspecto eminentemente **pessoal** (*universitas personarum*). Não há, entre os membros da associação, direitos e obrigações recíprocos nem intenção de dividir resultados, sendo os objetivos **altruísticos, científicos, artísticos, beneficentes, religiosos, educativos, culturais, políticos, esportivos ou recreativos**[27]. A Constituição Federal garante a liberdade de associação para fins lícitos (CF, art. 5º, XVII)[28].

O traço distintivo entre **sociedades e associações** reside, como visto, no fato de estas **não visarem lucro**. Mas "as disposições concernentes às associações aplicam-se, subsidiariamente, às sociedades que são objeto do Livro II da Parte Especial deste Código" (CC, art. 44, parágrafo único). A circunstância de uma associação **eventualmente** realizar negócios para manter ou aumentar o seu patrimônio sem, todavia, proporcionar ganhos aos associados não a desnatura, sendo comum a existência de entidades recreativas que mantêm serviço de venda de refeições aos associados, de cooperativas que fornecem gêneros alimentícios e conveniências a seus integrantes, bem como agremiações esportivas que vendem uniformes, bolas etc. aos seus componentes[29]. A redação atual, ao referir-se a **"fins não econômicos"**, é **imprópria**, pois toda e qualquer associação pode exercer ou participar de atividades econômicas. O que deve ser vedado é que essas atividades tenham finalidade **lucrativa**.

■ 5.4.4.1.2. *Requisitos para a elaboração dos estatutos*

O art. 54 do Código Civil dispõe que o estatuto das associações conterá, sob pena de nulidade:

> "I — a denominação, os fins e a sede da associação;
>
> II — os requisitos para a admissão, demissão e exclusão dos associados;
>
> III — os direitos e deveres dos associados;
>
> IV — as fontes de recursos para sua manutenção;
>
> V — o modo de constituição e de funcionamento dos órgãos deliberativos;
>
> VI — as condições para a alteração das disposições estatutárias e para a dissolução;
>
> VII — a forma de gestão administrativa e de aprovação das respectivas contas" (redação dada pela Lei n. 11.127, de 28.6.2005).

■ 5.4.4.1.3. *Exclusão e retirada de associado*

Destaque especial deve ser dado à previsão da exclusão de associado, que "só é admissível havendo justa causa, assim reconhecida em procedimento que assegure direito de defesa e de recurso, nos termos previstos no estatuto", conforme dispõe o

---

27 "As entidades de classe têm legitimidade ativa para defender, em juízo, os interesses e direitos coletivos de seus associados" (*RSTJ*, 140/536).

28 Francisco Amaral, *Direito civil*, cit., p. 283.

29 Caio Mário da Silva Pereira, *Instituições*, cit., v. 1, p. 215; Maria Helena Diniz, *Curso*, cit., v. 1, p. 212.

art. 57 do Código Civil, com a redação conferida pela Lei n. 11.127, de 28.6.2005. A quebra da ***affectio societatis***, por ser esta elemento essencial a qualquer associação ou sociedade, pode constituir justa causa para a referida exclusão.

A expressão **"justa causa"** exige demonstração fática, decisão fundamentada tomada pela maioria, conforme *quorum* estabelecido no estatuto, com respeito ao **contraditório** e ao direito à **ampla defesa**. A inovação permite que o estatuto regulamente a exclusão do associado, bem como a defesa deste e o recurso cabível. Eventualmente, a exclusão do associado poderá ser discutida no âmbito judicial, com aplicação do princípio da **eficácia horizontal dos direitos fundamentais**, como já reconheceu o Supremo Tribunal Federal, fato ora mencionado (*V.* item 2.3.6 — Eficácia horizontal dos direitos fundamentais, *retro*).

É permitido ao associado retirar-se **a qualquer tempo**, sem necessidade de justificar o pedido, pois "ninguém poderá ser compelido a associar-se ou a permanecer associado" (CF, art. 5º, XX). Pode o estatuto **impor certas condições** para a sua retirada, como o cumprimento de obrigações sociais eventualmente assumidas, mas não poderá obrigar o associado a permanecer filiado à entidade[30].

■ *5.4.4.1.4. Destituição dos administradores e alteração dos estatutos*

O art. 55 do Código Civil estabelece que os associados devem ter direitos iguais, mas acrescenta que o estatuto poderá instituir **categorias com vantagens especiais**. Poderá este, assim, apesar de os associados deverem ter direitos iguais, criar posições privilegiadas ou **conferir direitos preferenciais** para certas categorias de membros, por exemplo, a dos fundadores, que não poderão ser alterados sem o seu consenso, mesmo que haja decisão assemblear aprovando tal alteração.

A Lei n. 11.127, de 28 de junho de 2005, deu nova redação ao art. 59 do Código Civil, do seguinte teor:

> "Compete privativamente à assembleia geral:
> I — destituir os administradores;
> II — alterar o estatuto.
> Parágrafo único. Para as deliberações a que se referem os incisos I e II deste artigo é exigido deliberação da assembleia especialmente convocada para esse fim, cujo *quorum* será o estabelecido no estatuto, bem como os critérios de eleição dos administradores."

A referida lei adaptou também a redação do art. 60 do aludido diploma, prescrevendo que "a convocação dos órgãos deliberativos far-se-á na forma do estatuto, garantido a 1/5 (um quinto) dos associados o direito de promovê-la".

---

30 "Previdência privada. Previ. Devolução de contribuições. O associado que se retira da entidade previdenciária porque demitido do Banco do Brasil, tem o direito de receber a restituição das contribuições vertidas em seu favor, devidamente corrigidas por índices que revelam a realidade da desvalorização da moeda" (*RSTJ*, 142/368).

■ 5.4.4.1.5. *A intransmissibilidade da qualidade de associado*

A qualidade de associado, segundo prescreve o art. 56 do Código, "é intransmissível, se o estatuto não dispuser o contrário". Poderá este, portanto, autorizar a transmissão, por ato *inter vivos* ou *causa mortis*, dos direitos dos associados a terceiro. A transferência de quota ou fração ideal do patrimônio da associação, pertencente ao titular, ao adquirente ou ao herdeiro, não importará, de per si, na atribuição a estes da qualidade de associados, salvo disposição diversa do estatuto (art. 56, parágrafo único).

Significa dizer que a transmissão patrimonial **não importará, em regra, na atribuição da qualidade de associado**, sujeita ao preenchimento de determinados requisitos exigidos no estatuto. Este pode, no entanto, permitir a sucessão no quadro associativo, havendo transmissão da quota social.

■ 5.4.4.1.6. *Destino dos bens em caso de dissolução da associação*

Em caso de dissolução da associação, os bens remanescentes serão destinados "à entidade de fins não econômicos designada no estatuto, ou, omisso este, por deliberação dos associados, a instituição municipal, estadual ou federal, de fins idênticos ou semelhantes" (CC, art. 61). Podem os associados, pelo estatuto ou por sua própria deliberação, antes da destinação dos referidos bens remanescentes, "receber em restituição, atualizado o respectivo valor, as contribuições que tiverem prestado ao patrimônio da associação" (art. 61, § 1º)[31].

■ 5.4.4.2. *As sociedades*

O novo Código Civil **unificou** as obrigações **civis** e **comerciais** no Livro II, concernente ao ***direito de empresa***, disciplinando as sociedades, em suas diversas formas, no Título II (arts. 981 e s.). Celebram ***contrato de sociedade*** as pessoas que reciprocamente se obrigam a contribuir, com bens ou serviços, para o exercício de atividade econômica e a partilha, entre si, dos resultados. A atividade pode restringir-se à realização de um ou mais negócios determinados (art. 981 e parágrafo único).

As sociedades podem ser ***simples*** e ***empresárias***, expressões estas que substituíram a antiga divisão em sociedades civis e comerciais. Como no sistema do novo Código Civil todas as sociedades são civis, foi adotada a nova denominação mencionada (cf. art. 982).

- **Sociedades simples:** são constituídas, em geral, por profissionais que atuam em uma mesma área ou por prestadores de serviços técnicos (clínicas médicas e dentárias, escritórios de advocacia, instituições de ensino etc.) e têm **fim**

---

[31] "Dissolução. Admissibilidade. Torcida organizada. Associações de torcedores que, perdendo a ideologia primitiva, consistente no incentivo a uma equipe esportiva, transformou-se em instituição organizada para difusão do pânico e terror em espetáculos desportivos. Ilicitude que compromete o equilíbrio de forças para o exercício da cidadania. Arts. 1º, III, e 217 da CF" (*RT*, 786/163).

econômico ou lucrativo. Mesmo que eventualmente venham a praticar atos próprios de empresários, tal fato não altera a sua situação, pois o que se considera é a atividade principal por elas exercida.

- **Sociedades empresárias:** também visam ao lucro, mas distinguem-se das sociedades simples porque têm por objeto o exercício de **atividade própria de empresário** sujeito ao registro previsto no art. 967 do Código Civil. Considera-se empresário, diz o art. 966, "quem exerce profissionalmente atividade econômica organizada para a produção ou a circulação de bens ou de serviços". Como é a própria pessoa jurídica a empresária — e não os seus sócios —, o correto é falar-se **"sociedade empresária"**, e não "sociedade empresarial" (isto é, "de empresários")[32].

Observa-se que o novo diploma, na parte referente ao direito de empresa, aboliu a figura do comerciante individual e do prestador autônomo de serviços do modo como eram considerados. **Empresa** e **estabelecimento** são conceitos diversos, embora essencialmente vinculados, distinguindo-se ambos do **empresário ou sociedade empresária**, que são os titulares da empresa.

As sociedades empresárias assumem as **formas** de: sociedade em nome coletivo, sociedade em comandita simples, sociedade em comandita por ações, sociedade limitada e sociedade anônima ou por ações (arts. 1.039 a 1.092). Foram fixadas, em termos gerais, as normas caracterizadoras das ***sociedades anônimas*** e das ***cooperativas*** para ressalva de sua integração no sistema do Código Civil, embora disciplinadas em lei especial. As transformações por que vêm passando as primeiras justifica a edição de lei especial, por sua direta vinculação com a política financeira do País.

Equipara-se à sociedade empresária a sociedade que tenha por fim exercer atividade própria de **empresário rural**, que seja constituída de acordo com um dos tipos de sociedade empresária e que tenha requerido sua inscrição no Registro de Empresas de sua sede (CC, art. 984).

5.4.4.3. As fundações

5.4.4.3.1. Conceito

As fundações, como já foi dito (*v.* item 5.4.2, *retro*), constituem um **acervo de bens**, que recebe personalidade jurídica para a realização de **fins determinados**, de interesse público, de modo permanente e estável. Na dicção de Clóvis, "consistem em complexos de bens (*universitates bonorum*) dedicados à consecução de certos fins e, para esse efeito, dotados de personalidade"[33]. Decorrem da vontade de uma pessoa, o instituidor, e seus fins, de natureza religiosa, moral, cultural ou assistencial, são imutáveis[34].

---

32 Fábio Ulhoa Coelho, *Curso*, cit., v. 1, p. 64.

33 *Teoria*, cit., p. 117.

34 Francisco Amaral, *Direito civil*, cit., p. 285.

■ 5.4.4.3.2. *Espécies*

As fundações podem ser:

- **particulares:** reguladas no Código Civil, arts. 62 a 69. Dispõe o primeiro: "Art. 62. Para criar uma fundação, o seu instituidor fará, por escritura pública ou testamento, dotação especial de bens livres, especificando o fim a que se destina, e declarando, se quiser, a maneira de administrá-la";
- **públicas:** estas são instituídas pelo Estado, pertencendo os seus bens ao patrimônio público, com destinação especial, regendo-se por normas próprias de direito administrativo.

■ 5.4.4.3.3. *Elementos*

A fundação compõe-se, assim, de dois elementos:

a) o **patrimônio**; e
b) o **fim**.

O **fim** é estabelecido pelo instituidor e **não pode ser lucrativo**, mas, sim, social, de interesse público. A propósito, inovou o Código de 2002 ao prescrever, no parágrafo único do supratranscrito art. 62, que a "fundação somente poderá constituir-se para fins religiosos, morais, culturais ou de assistência". A limitação, inexistente no Código de 1916, tem a vantagem de impedir a instituição de fundações para fins menos nobres ou mesmo fúteis[35].

Registre-se que se vinha entendendo que a enumeração aparentemente restritiva dos fins de uma fundação no citado dispositivo legal era meramente exemplificativa, admitindo-se possa ela se prestar a outras finalidades, desde que afastado o caráter lucrativo. Nessa trilha, o Enunciado 9 da Jornada de Direito Civil promovida pelo Centro de Estudos Judiciários do Conselho de Justiça Federal, *verbis*: **"O art. 62, parágrafo único, do Código Civil deve ser interpretado de modo a excluir apenas as fundações de fins lucrativos"**. Por sua vez, o Enunciado 8 proclama que "a constituição de fundação para fins científicos, educacionais ou de promoção do meio ambiente está compreendida" no aludido dispositivo.

A Lei n. 13.151, de 28 de julho de 2015, porém, como retromencionado, deu nova redação ao parágrafo único do mencionado art. 62 do Código Civil, proclamando que "a **fundação somente poderá constituir-se para** fins de: "I — assistência social; II — cultura, defesa e conservação do patrimônio histórico e artístico; III — educação; IV — saúde; V — segurança alimentar e nutricional; VI — defesa, preservação e conservação do meio ambiente e promoção do desenvolvimento sustentável; VII — pesquisa científica, desenvolvimento de tecnologias alternativas, modernização de sistemas de gestão, produção e divulgação de informações e conhecimentos técnicos

[35] José Carlos Moreira Alves, *A Parte Geral*, cit., p. 74.

e científicos; VIII — promoção da ética, da cidadania, da democracia e dos direitos humanos; IX — atividades religiosas".

■ *5.4.4.3.4. Necessidade de que os bens sejam livres e suficientes*

A necessidade de que os bens **sejam livres** é intuitiva, pois a incidência de qualquer ônus ou encargo sobre eles colocaria em risco a própria existência da instituição, na eventualidade de se desfalcarem ou virem a desaparecer, frustrando a realização de seus objetivos[36].

Dispõe o art. 63 do Código Civil que, quando "**insuficientes** para constituir a fundação, os bens a ela destinados serão, se de outro modo não dispuser o instituidor, incorporados em outra fundação que se proponha a fim igual ou semelhante". Denota-se a intenção de respeitar a vontade do instituidor. Se a fundação por ele idealizada não puder ser concretizada por esse motivo, os bens a ela destinados serão aproveitados em **outra instituição de mesmo fim**, dando-lhe eficácia ou incrementando o seu patrimônio. Essa solução oferece vantagens comparada à do art. 25 do Código Civil de 1916, que determinava a conversão dos bens insuficientes em títulos da dívida pública, até que, aumentados com os rendimentos ou novas dotações, perfizessem capital bastante.

■ *5.4.4.3.5. Constituição da fundação*

A constituição da fundação se desdobra em **quatro fases:**

- ***Ato de dotação*** ou de instituição, que compreende a reserva ou **destinação de bens livres**, com indicação dos fins a que se destinam e a maneira de administrá-los. Far-se-á por ato *inter vivos* (**escritura pública**) ou *causa mortis* (**testamento**), como dispõe o mencionado art. 62. O patrimônio há de ser apto a produzir rendas ou serviços que possibilitem a consecução dos fins visados pelo instituidor, sob pena de se frustrar a iniciativa, e pode ser constituído por diversas espécies de bens (imóveis, móveis, créditos etc.). Deve o instituidor, feita a dotação por escritura pública, **transferir-lhes a propriedade** ou outro direito real sobre eles, sob pena de serem registrados em nome dela por mandado judicial (CC, art. 64). Ocorre que, mesmo com a criação direta da entidade pelo ato de dotação, ficará o bem no patrimônio do instituidor até o momento em que se operar a constituição da pessoa jurídica da fundação, mediante um procedimento complexo.
- **Elaboração do estatuto**, que pode ser: a) ***direta* ou *própria*** (pelo próprio instituidor); ou b) ***fiduciária*** (por pessoa de sua confiança, por ele designada). Estatui o art. 65 do Código Civil: "Aqueles a quem o instituidor cometer a aplicação do patrimônio, em tendo ciência do encargo, formularão logo, de acordo com as suas bases (art. 62), o estatuto da fundação projetada,

[36] Caio Mário da Silva Pereira, *Instituições*, cit., v. 1, p. 225.

submetendo-o, em seguida, à aprovação da autoridade competente, com recurso ao juiz. Parágrafo único. Se o estatuto não for elaborado no prazo assinado pelo instituidor, ou, não havendo prazo, em cento e oitenta dias, a incumbência caberá ao Ministério Público". O instituidor pode, assim, tanto elaborar o estatuto por inteiro como formular-lhe somente as bases, ou seja, as cláusulas gerais, que deverão ser desenvolvidas pelo administrador que aceitou a incumbência[37]. Se o instituidor não elabora o estatuto nem indica quem deva fazê-lo, o **Ministério Público** poderá tomar a iniciativa. Isso também acontecerá se a pessoa designada não cumprir o referido encargo **no prazo** que lhe foi assinalado pelo instituidor ou, não havendo prazo, **em cento e oitenta dias** (CC, art. 65 e parágrafo único).

■ **Aprovação do estatuto:** o estatuto é encaminhado ao **Ministério Público Estadual** da localidade, que é a autoridade competente a que se refere o art. 65 do Código Civil, para aprovação (CC, art. 66). Antes, verificará se o objeto é lícito (CC, arts. 65, 66 e 69; LRP, art. 155), se foram observadas as bases fixadas pelo instituidor e se os bens são suficientes (CC, art. 63). O Ministério Público, em **trinta dias (CPC, art. 178)**, aprovará o estatuto, indicará modificações que entender necessárias ou lhe denegará a aprovação. Nos dois últimos casos, pode o interessado requerer ao juiz **o suprimento da aprovação** (CC, art. 65). O juiz, antes de suprir a aprovação, poderá também fazer modificações no estatuto, a fim de adaptá-lo aos fins pretendidos pelo instituidor (CPC, art. 764, § 2º). Da decisão do juiz também **cabe recurso**, que é o de apelação, à instância superior. Igualmente **compete ao juiz** aprovar o estatuto quando este é elaborado pelo órgão do Ministério Público, suprindo a omissão do instituidor ou da pessoa por ele encarregada de cumprir o encargo (CC, art. 67, III).

■ **Registro**, que se faz no Registro Civil das Pessoas Jurídicas (CC, art. 1.150; LRP, art. 114, I). É indispensável, pois só com ele começa a fundação a ter **existência legal** (CC, art. 45). O art. 46 do Código Civil exige que o registro declare, dentre outros dados, "o nome e a individualização dos fundadores ou instituidores, e dos diretores" (inc. II, que não constava do diploma de 1916) e "as condições de extinção da pessoa jurídica e o destino do seu patrimônio, nesse caso". Dispõe o art. 115 da Lei dos Registros Públicos que "não poderão ser registrados os atos constitutivos de pessoas jurídicas, quando o seu objeto ou circunstâncias relevantes indiquem destino ou atividade ilícitos, ou contrários, nocivos ou perigosos ao bem público, à segurança do Estado e da coletividade, à ordem pública ou social, à moral e aos bons costumes". O desvirtuamento posterior ao registro, passando a fundação a exercer **atividade ilícita ou nociva**, constitui **causa de dissolução**, cabendo ao Ministério Público a iniciativa se não o fizerem os sócios ou alguns deles[38].

---

37 Renan Lotufo, *Código Civil comentado*, v. 1, p. 173.

38 Sílvio de Salvo Venosa, *Direito civil*, cit., v. 1, p. 237.

5.4.4.3.6. A função do Ministério Público de velar pelas fundações

A fiscalização da fundação compete ao **Ministério Público do Estado** em que estiver situada (CC, art. 66, *caput*). Se a sua atividade se estender por mais de um Estado, a atuação caberá, em cada um deles, ao respectivo *Parquet* (§ 2º). A função fiscalizatória do Promotor de Justiça evita a indevida utilização da fundação para fins ilícitos e obsta o desvirtuamento de seus objetivos. Poderá ele propor medidas judiciais para **remover o improbo administrador** da fundação ou lhe **pedir contas** que está obrigado a prestar e até mesmo para **extingui-la**, se desvirtuar as suas finalidades e tornar-se nociva (art. 69).

5.4.4.3.7. Alteração no estatuto

Qualquer alteração no estatuto da fundação deve ser submetida à aprovação do Ministério Público, devendo-se observar os requisitos exigidos no art. 67 do Código Civil. É mister, portanto, que a reforma: "I — seja deliberada por dois terços dos competentes para gerir e representar a fundação; II — não contrarie ou desvirtue o fim desta; III — seja aprovada pelo órgão do Ministério Público, e, caso este a denegue, poderá o juiz supri-la, a requerimento do interessado".

Os **fins ou objetivos** da fundação **não podem**, todavia, ser modificados, nem mesmo pela vontade unânime de seus dirigentes. São inalteráveis, porque somente o instituidor pode especificá-los e sua vontade deve ser prestigiada (CC, art. 62). Se a alteração estatutária não houver sido aprovada por unanimidade, "os administradores da fundação, ao submeterem o estatuto ao órgão do Ministério Público, requererão que se dê ciência à minoria vencida para impugná-la, se quiser, em dez dias" (CC, art. 68). Permite-se, assim, que o Judiciário exerça o **controle da legalidade** do ato, visto que ao Ministério Público compete apenas o dever de fiscalizar, e não o direito de decidir.

5.4.4.3.8. Inalienabilidade dos bens

Não podem os dirigentes da fundação alienar, de qualquer forma, os **bens da fundação**, que são **inalienáveis**, porque sua existência é que assegura a concretização dos fins visados pelo instituidor, salvo determinação em sentido diferente por parte deste[39]. Mas a inalienabilidade **não é absoluta**. Comprovada a necessidade da alienação, pode ser esta, em casos especiais, autorizada pelo **juiz competente**, com audiência do Ministério Público, aplicando-se o produto da venda na própria fundação, em outros bens destinados à consecução de seus fins, de acordo com a jurisprudência. Feita sem autorização judicial, **é nula**. Com autorização judicial, pode ser feita, ainda que a inalienabilidade tenha sido imposta pelo instituidor[40].

---

39 Arnoldo Wald, *Curso*, cit., p. 158.

40 Washington de Barros Monteiro, *Curso*, cit., v. 1, p. 128. *V.* ainda: "Para a validade da alienação do patrimônio da fundação é imprescindível a autorização judicial com a participação do órgão ministerial, formalidade que se suprimida acarreta a nulidade do ato negocial, pois a tutela do Poder

5.4.4.3.9. *Extinção das fundações e destino do patrimônio*

As fundações extinguem-se nas seguintes hipóteses (CPC, art. 765; CC, art. 69):

- **Quando se tornar ilícito o seu objeto:** a primeira hipótese é rara, mas poderá ocorrer se houver grave e criminoso desvio de finalidade ou mudança no ordenamento jurídico, tornando **ilícito** fato que antes não o era.
- **Quando for impossível ou inútil a sua manutenção:** a **impossibilidade** decorre, via de regra, de problemas financeiros, decorrentes, muitas vezes, de mudanças na política econômica do país ou de má administração. A **inutilidade da finalidade (CC, art. 69)** pode ocorrer principalmente quando o fim colimado já foi alcançado, como no caso de erradicação de determinada moléstia que a fundação visava combater.
- **Quando vencer o prazo de sua existência:** a lei não estabelece prazo para a duração da fundação, mas **o instituidor pode fixá-lo**. Só neste caso se aplica, pois, a hipótese de extinção da fundação em consequência do vencimento do prazo de sua existência.

Nos casos mencionados, cabe ao **Ministério Público ou a qualquer interessado** promover a extinção da fundação e possibilitar, com isso, o atendimento de outras finalidades, com a incorporação do patrimônio a outra fundação de fim semelhante. Dispõe, com efeito, o art. 69 do Código Civil:

> "Art. 69. Tornando-se ilícita, impossível ou inútil a finalidade a que visa a fundação, ou vencido o prazo de sua existência, o órgão do Ministério Público, ou qualquer interessado, lhe promoverá a extinção, incorporando-se o seu patrimônio, salvo disposição em contrário no ato constitutivo, ou no estatuto, em outra fundação, designada pelo juiz, que se proponha a fim igual ou semelhante."

Com a extinção da fundação, nas hipóteses mencionadas, o patrimônio terá o destino **previsto pelo instituidor** no ato constitutivo. Se não foi feita essa previsão, o art. 69 supratranscrito determina que seja **incorporado em outra fundação** (municipal, estadual ou federal, aplicando-se por analogia o art. 61 do mesmo diploma) designada pelo juiz, que se proponha a **fim igual ou semelhante**.

A lei não esclarece qual o destino do patrimônio se não existir qualquer fundação de fins iguais ou semelhantes. Nesse caso, entende a doutrina que os bens serão **declarados vagos** e passarão, então, ao Município ou ao Distrito Federal se localizados nas respectivas circunscrições, incorporando-se ao domínio da União quando situados em território federal, aplicando-se por analogia o disposto no art. 1.288 do Código Civil[41].

Público — sob a forma de participação do Estado-juiz, mediante autorização judicial —, é de ser exigida" (*RSTJ*, 156/253); "Os bens da fundação, que não sejam destinados à alienação, são inalienáveis, por implícita ou explícita cláusula de ato fundacional" (STF, *RT*, 153/324).

[41] Caio Mário da Silva Pereira, *Instituições*, cit., v. 1, p. 228; Sílvio de Salvo Venosa, *Direito civil*, cit., v. 1, p. 241.

5.4.4.3.10. Responsabilidade dos administradores

Os atos de administração podem ser praticados em desacordo com os estatutos e as normas legais reguladoras, sujeitando os administradores à responsabilidade administrativa, civil ou penal. "Pelas características de uma fundação privada, sobretudo por lidar com um patrimônio vinculado a uma finalidade social, é possível dizer que a administração da entidade está adstrita aos princípios da legalidade, impessoalidade, moralidade, publicidade, economicidade e da eficiência (art. 4º, I, da Lei n. 9.790/99)"[42].

Cada um dos administradores é responsável pelos prejuízos causados em virtude do não cumprimento dos deveres impostos a eles por lei ou pelo estatuto. Todavia, um administrador não é responsável por atos ilícitos de outros administradores, salvo se com eles for conivente, se negligenciar em descobri-los ou se, deles tendo conhecimento, deixar de agir para impedir a sua prática. Exime-se de responsabilidade o administrador dissidente que faça consignar sua divergência em ata de reunião do órgão de administração (Lei n. 6.404/76, art. 158, § 1º).

A ação de responsabilidade poderá ser proposta pela própria fundação, por intermédio de sua administração, ou pelo Ministério Público.

5.4.4.4. As organizações religiosas

A justificativa para a expressa menção, **em separado**, das organizações religiosas está basicamente no fato de **não poderem ser consideradas associações**, por não se enquadrarem na definição legal do art. 53 do mesmo diploma, uma vez que **não têm fins econômicos *stricto sensu***. Não podem também **ser sociedades**, porque a definição do art. 981 as afasta totalmente dessa possibilidade. Poderiam se enquadrar como fundações, pois assim o permite o parágrafo único do art. 62. Todavia, a instituição de uma fundação tem de seguir, além das normas do atual Código, lei específica que trata desse tipo de organização, cujas normas inviabilizam, para as igrejas, sua instituição.

Uma entidade religiosa não pode se limitar a ter apenas um fim, pois a sua própria manutenção já presume movimento financeiro. Não é este, no entanto, o seu fim teleológico. Uma entidade religiosa tem fins pastorais e evangélicos e envolve a complexa questão da fé. A simples inclusão das igrejas como **meras associações civis**, com a aplicação da legislação a estas pertinentes, causaria **sério embaraço** ao exercício do direito constitucional de **liberdade de crença**. Sendo destinadas ao culto e à adoração, não possuem elas apenas as características das outras associações, constituídas para o exercício conjunto de atividades humanas cujo objetivo é a satisfação de interesses e necessidades terrenas, materiais. Seu funcionamento é distinto; seus interesses, diversos; suas atividades, diferentes.

Devem, assim, aplicar-se às organizações religiosas, como pessoas jurídicas de direito privado, as normas referentes às **associações**, mas apenas naquilo em que houver **compatibilidade**. Assinala o Enunciado 143 da III Jornada de Direito Civil pro-

---

42 Gustavo Saad Diniz, *Direito das fundações privadas*, p. 400.

movida pelo Centro de Estudos Judiciários do Conselho de Justiça Federal: "A liberdade de funcionamento das organizações religiosas não afasta o controle de legalidade e legitimidade constitucional de seu registro, nem a possibilidade de reexame, pelo Judiciário, da compatibilidade de seus atos com a lei e com seus estatutos".

5.4.4.5. *Os partidos políticos*

Quanto aos partidos políticos, têm eles natureza própria. Seus fins são políticos, não se caracterizando pelo fim econômico ou não. Assim, **não podem ser** associações ou sociedades, nem fundações, porque **não têm fim cultural, assistencial, moral ou religioso**. Não obstante, o Enunciado 142 da III Jornada de Direito Civil retromencionada proclama: "Os partidos políticos, sindicatos e associações religiosas possuem natureza associativa, aplicando-se-lhes o Código Civil". Os partidos políticos serão regidos pela Lei n. 9.096/95, que regulamenta os arts. 14, § 3º, V, e 17 da Constituição Federal.

Assinale-se, por derradeiro, que o Enunciado 144 da III Jornada de Direito Civil enfatiza: "A relação das pessoas jurídicas de direito privado, estabelecida no art. 44, incisos I a V, do Código Civil, **não é exaustiva**". Considera-se que o Código de 2002 adota um sistema aberto, alicerçado em cláusulas gerais, devendo as relações jurídicas previstas em lei ser consideradas abertas, com rol exemplificativo.

5.5. DESCONSIDERAÇÃO DA PERSONALIDADE JURÍDICA

5.5.1. Conceito

O ordenamento jurídico confere às pessoas jurídicas personalidade distinta da dos seus membros. Esse princípio da **autonomia patrimonial** possibilita que sociedades empresárias sejam utilizadas como instrumento para a prática de **fraudes e abusos de direito** contra credores, acarretando-lhes prejuízos. Pessoas inescrupulosas têm-se aproveitado desse princípio com a intenção de se locupletarem em detrimento de terceiros, utilizando a pessoa jurídica como uma espécie de **"capa"** ou **"véu"** para proteger os seus negócios escusos.

A reação a esses abusos ocorreu em diversos países, dando origem à teoria da desconsideração da personalidade jurídica, que recebeu o nome de *disregard doctrine* ou ***disregard of legal entity*** no direito anglo-americano; *abus de la notion de personnalité sociale* no direito francês; teoria do *superamento della personalità giuridica* na doutrina italiana; teoria da *penetração — Durchgriff der juristischen Personen* na doutrina alemã. Permite tal teoria que o juiz, em casos de **fraude e de má-fé, desconsidere** o princípio de que as pessoas jurídicas têm existência distinta da de seus membros e os efeitos dessa autonomia para atingir e vincular os **bens particulares dos sócios** à satisfação das dívidas da sociedade (*lifting the corporate veil*, ou seja, erguendo-se o véu da personalidade jurídica)[43].

---

[43] "Desconsideração da personalidade jurídica. Admissibilidade. Sociedade por quotas de responsabilidade limitada. Existência de sérios indícios de que houve dissolução irregular da sociedade vi-

Como bem esclarece Fábio Ulhoa Coelho, "a decisão judicial que desconsidera a personalidade jurídica da sociedade não desfaz o seu ato constitutivo, não o invalida, nem importa a sua dissolução. Trata, apenas e rigorosamente, de **suspensão episódica da eficácia** desse ato. Quer dizer, a constituição da pessoa jurídica não produz efeitos apenas no caso em julgamento, permanecendo válida e inteiramente eficaz para todos os outros fins... Em suma, a aplicação da teoria da desconsideração não importa **dissolução ou anulação da sociedade**"[44].

Cumpre distinguir, pois, ***despersonalização*** de ***desconsideração*** da personalidade jurídica. A primeira acarreta a dissolução da pessoa jurídica ou a cassação da autorização para seu funcionamento, enquanto na segunda "subsiste o princípio da autonomia subjetiva da pessoa coletiva, distinta da pessoa de seus sócios ou componentes, mas essa distinção é afastada, provisoriamente e tão só para o caso concreto"[45].

5.5.2. A desconsideração no direito brasileiro

Rubens Requião foi o primeiro jurista brasileiro a tratar da referida doutrina entre nós, no final dos anos 1960, sustentando a sua utilização pelos juízes, independentemente de específica previsão legal[46]. E o primeiro diploma a se referir a ela é o **Código de Defesa do Consumidor** (Lei n. 8.078, de 11.9.1990), que, no **art. 28 e seus parágrafos**, autoriza o juiz a desconsiderar a personalidade jurídica da sociedade quando, "em detrimento do consumidor, houver abuso de direito, excesso de poder, infração da lei, fato ou ato ilícito ou violação dos estatutos ou contrato social", bem como nos casos de "falência, **estado de insolvência**, encerramento ou inatividade da pessoa jurídica provocados por má administração". E, ainda, "sempre que sua personalidade for, de alguma forma, obstáculo ao ressarcimento de prejuízos causados aos consumidores"[47].

A Lei n. 9.605, de 12 de fevereiro de 1998, que dispõe sobre atividades lesivas ao **meio ambiente**, também permite a desconsideração da pessoa jurídica "sempre que sua personalidade for obstáculo ao ressarcimento de prejuízos causados à qualidade do meio ambiente" (art. 4º).

Dentre as regras disciplinadoras da vida associativa em geral, previstas no Código Civil, destaca-se a que dispõe sobre a repressão do **uso indevido da personalidade jurídica**, quando esta for desviada de seus objetivos socioeconômicos para a prática de **atos ilícitos** ou **abusivos**. Prescreve, com efeito, o art. 50:

> "Art. 50. Em caso de abuso da personalidade jurídica, caracterizado pelo desvio de finalidade, ou pela confusão patrimonial, pode o juiz decidir, a requerimento da parte, ou

---

sando ou provocando lesão patrimonial a credores. Possibilidade de que a penhora recaia sobre bens dos sócios" (*RT*, 785/373). No mesmo sentido: *RT*, 771/258, 773/263, 784/282, 791/257.

44 *Curso*, cit., v. 2, p. 40-42.

45 Fábio Konder Comparato, *O poder de controle na sociedade anônima*, p. 283.

46 *Aspectos modernos de direito comercial*, v. 1, p. 67-86.

47 "Desconsideração da personalidade jurídica. Verdadeiro consórcio não autorizado. Valor das prestações pago à pessoa dos sócios, inexistindo prova que tenha sido repassado à sociedade. Circunstâncias que caracterizam abuso de poder e em decretação da falência por má administração. Aplicação do art. 28 da Lei 8.078/90" (*RT*, 786/331).

do Ministério Público quando lhe couber intervir no processo, que os efeitos de certas e determinadas relações de obrigações sejam estendidos aos bens particulares dos administradores ou sócios da pessoa jurídica."

Embora o dispositivo transcrito não utilize a expressão "desconsideração da personalidade jurídica", a redação original do Projeto de Código Civil e as emendas apresentadas demonstram que a intenção do legislador era a de incorporá-la ao nosso direito.

5.5.3. As teorias "maior" e "menor" da desconsideração

A doutrina e a jurisprudência reconhecem a existência, no direito brasileiro, de duas teorias da desconsideração:

- **a teoria maior**, que prestigia a contribuição doutrinária e em que a comprovação da **fraude e do abuso** por parte dos sócios constitui requisito para que o juiz possa ignorar a autonomia patrimonial das pessoas jurídicas;
- **a teoria menor**, que considera o simples **prejuízo do credor** motivo suficiente para a desconsideração. Esta última não se preocupa em verificar se houve ou não utilização fraudulenta do princípio da autonomia patrimonial, nem se houve ou não abuso da personalidade. Se a sociedade não possui patrimônio, mas o sócio é solvente, isso basta para responsabilizá-lo por obrigações daquela.
- **Teoria maior**. A teoria maior, por sua vez, divide-se em:
  - **a) objetiva**, para a qual a **confusão patrimonial** constitui o pressuposto necessário e suficiente da desconsideração. Basta, para tanto, a constatação da existência de bens de sócio registrados em nome da sociedade e vice-versa;
  - **b) subjetiva**, que não prescinde, todavia, do elemento anímico presente nas hipóteses de **desvio de finalidade** e de **fraude**. É pressuposto inafastável para a desconsideração o **abuso** da personalidade jurídica.

Foi adotada, aparentemente, a **linha objetivista** de Fábio Konder Comparato, que não se limita às hipóteses de fraude e abuso, de caráter subjetivo e de difícil prova. Segundo a concepção objetiva, o pressuposto da desconsideração se encontra, precipuamente, como dito, na **confusão patrimonial**. Desse modo, se pelo exame da escrituração contábil e das contas bancárias apurar-se que a sociedade paga dívidas do sócio, que este recebe créditos dela, ou o inverso, ou constatar-se a existência de bens de sócio registrados em nome da sociedade, e vice-versa, comprovada estará a referida confusão. Segundo Fábio Ulhoa Coelho, a formulação objetiva facilita a tutela dos interesses de credores ou terceiros lesados pelo uso fraudulento do princípio da autonomia patrimonial[48].

Nessa linha, têm os tribunais determinado a **desconsideração da personalidade jurídica** nos casos em que a **promiscuidade patrimonial** é demonstrada, autorizando a penhora de bens dos sócios, pois se trata de eloquente indicativo de fraude[49].

---

[48] Fábio Ulhoa Coelho, *Curso*, cit., v. 2, p. 43-44.

[49] TACSP, AgI 835.768-2-São José do Rio Preto, 9ª Câm., rel. Juiz João Carlos Garcia; TJRS, Ap. 597.013.036, 3ª Câm., rel. Des. José Carlos Teixeira Giorgis, j. 27.11.1997; STJ, REsp 767.021-RJ, 1ª T., rel. Min. José Delgado, *DJU*, 12.9.2005.

A doutrina, em geral, considera, no entanto, que o art. 28 e § 5º do **Código de Defesa do Consumidor**, o art. 4º da **Lei do Meio Ambiente** e o art. 18 da **Lei Antitruste** adotaram a **teoria menor**, contentando-se com a demonstração do **mero prejuízo do credor** para o deferimento do pedido de desconsideração da personalidade jurídica.

A desconsideração da pessoa jurídica exige, em verdade, comprovação de fraude, abuso de direito, desvio de finalidade ou confusão patrimonial para que se aplique a mencionada teoria, não se podendo aceitar como tal a mera insolvência da pessoa jurídica ou dissolução irregular da empresa. A propósito, proclamou o Superior Tribunal de Justiça que o fato de o credor não ter recebido seu crédito frente à sociedade, em decorrência de insuficiência do patrimônio social, não é requisito bastante para autorizar a desconsideração da pessoa jurídica[50].

A excepcionalidade da aplicação da aludida teoria vem reconhecida no Enunciado 146 da II Jornada de Direito Civil do Conselho Nacional de Justiça, segundo o qual: "Nas relações civis, interpretam-se restritivamente os parâmetros de desconsideração da personalidade jurídica previstos no art. 50".

5.5.4. Aplicação da "disregard doctrine" no processo de execução

A rigor, não pode o juiz aplicar a referida teoria, acolhida pelo nosso direito positivo, senão por meio de **ação judicial própria** movida pelo credor da sociedade contra os sócios, na qual se tenha demonstrado o uso fraudulento ou abusivo do princípio da autonomia patrimonial. A teoria maior inviabiliza, de certo modo, a desconsideração efetivada mediante simples despacho judicial no processo de execução de sentença. Todavia, a **jurisprudência** tem admitido o reconhecimento do abuso da personalidade jurídica e a aplicação da *disregard doctrine* no **processo de execução**, sem necessidade de processo autônomo, quando não encontrados bens do devedor e estiverem presentes os pressupostos que autorizam a sua invocação, requerendo-se a penhora diretamente em bens do sócio (ou da sociedade, em caso de desconsideração inversa). O redirecionamento da ação exige, contudo, **citação do novo executado** se não participou da lide[51].

A propósito, dispõe o art. 134 do novo Código de Processo Civil que o "incidente de desconsideração é cabível em todas as fases do processo de conhecimento, no cumprimento de sentença e na execução fundada em título executivo extrajudicial". E o art. 135 complementa: "Instaurado o incidente, o sócio ou a pessoa jurídica será citado para manifestar-se e requerer as provas cabíveis no prazo de 15 (quinze) dias".

---

[50] STJ, REsp 1.395.288-SP, 3ª T., rel. Min. Nancy Andrighi, j. 11.2.2014.

[51] Calixto Salomão Filho, *O novo direito societário*, p. 109. Confira-se a jurisprudência: "Penhora em bens de sócio da empresa executada. Inocorrência da citação, em nome próprio, como responsável pelo débito. Inadmissibilidade. Corrente dominante na jurisprudência no sentido de que a constrição judicial só pode recair sobre bem do sócio tendo este sido regularmente citado para integrar a relação jurídico-processual (*RJTJSP*, 93/85 e 288, 107/106) — o que inocorreu no caso dos autos" (*JTACSP*, 114/153-154). No mesmo sentido: *RT*, 785/378TJSP, *Boletim da AASP*, 2292, 2 a 8/2002, p. 2.467-2.468.

O novo Código de Processo Civil, ao tratar do pedido de desconsideração da personalidade jurídica como espécie do gênero **"intervenção de terceiros"** e, ao mesmo tempo, qualificá-lo como "incidente", torna superado o entendimento de que não se exige prévia oitiva do terceiro, cujo patrimônio se quer penhorar. Essa oitiva, agora, faz-se necessária, **tornando prévia a oportunidade de manifestação.**

5.5.5. Desconsideração inversa

Caracteriza-se a ***desconsideração inversa*** quando é afastado o princípio da autonomia patrimonial da pessoa jurídica para responsabilizar a **sociedade por obrigação do sócio**, por exemplo, na hipótese de um dos cônjuges, ao adquirir bens de maior valor, registrá-los em nome de pessoa jurídica sob seu controle para livrá-los da partilha a ser realizada nos autos da separação judicial. Ao se desconsiderar a autonomia patrimonial, será possível responsabilizar a pessoa jurídica pelo devido ao ex-cônjuge do sócio[52].

É comum verificar, nas **relações conjugais e de uniões estáveis**, que os bens adquiridos para uso dos consortes ou companheiros, móveis e imóveis, encontram-se registrados em nome de empresas de que participa um deles. Como observa Guillermo Julio Borda, é fácil encontrar, nas relações afetivas entre marido e mulher, "manobras fraudatórias de um dos cônjuges que, valendo-se da estrutura societária, esvazia o patrimônio da sociedade conjugal em detrimento do outro (no mais das vezes o marido em prejuízo da esposa) e, assim, com colaboração de terceiro, reduzem a zero o patrimônio do casal"[53]. Não raras vezes, também, o pai esconde seu patrimônio pessoal **na estrutura societária da pessoa jurídica**, com o reprovável propósito de **esquivar-se do pagamento** de pensão alimentícia devida ao filho. A aplicação da teoria da desconsideração da pessoa jurídica, quando se configurar o abuso praticado pelo marido, companheiro ou genitor em detrimento dos legítimos interesses de seu cônjuge, companheiro ou filho, constituirá um freio às fraudes e abusos promovidos sob o véu protetivo da pessoa jurídica.

Igualmente, no campo do **direito das sucessões**, podem ocorrer abusos que justificam a aplicação da aludida teoria, especialmente nas hipóteses de utilização de pessoas jurídicas por genitores que pretendem beneficiar alguns filhos em detrimen-

---

[52] Fábio Ulhoa Coelho, *Curso*, cit., v. 2, p. 45.

[53] *La persona jurídica y el corrimiento del velo societario*, p. 85. *Vide*, a propósito: "Execução de acordo judicial envolvendo alimentos e valores devidos à ex-consorte a título de meação. Pedido de desconsideração inversa da personalidade jurídica, a fim de viabilizar a penhora de imóvel (apartamento) de propriedade da empresa da qual o executado é irrecusavelmente dono. Utilização pessoal e exclusiva do bem pelo devedor. Confusão patrimonial evidente" (TJSC, AgI 2011.059371-2, 4ª Câm., rel. Des. Torret Rocha, j. 3.5.2012); "Desconsideração da pessoa jurídica. Citação dos sócios em prejuízo de quem foi decretada a desconsideração. Desnecessidade. Ampla defesa e contraditório garantidos com a intimação da constrição" (STJ, REsp 1.096.604-DF, 4ª T., rel. Min. Luis Felipe Salomão, j. 2.8.2012).

to de outros, frustrando o direito à herança destes. A aplicação da teoria da desconsideração inversa poderá também ser invocada pelo prejudicado para obter o reconhecimento de seu **direito integral à herança**.

O art. 133, § 2º, do novo Código de Processo Civil, ao tratar do incidente da desconsideração da personalidade jurídica, proclama:

> "§ 2º Aplica-se o disposto neste Capítulo à hipótese de desconsideração inversa da personalidade jurídica."

A 4ª Turma do Superior Tribunal de Justiça, alinhando-se à posição já adotada pela 3ª Turma (ambas compõem a 2ª Seção), decidiu que **a pessoa jurídica tem legitimidade para impugnar a desconsideração de sua personalidade jurídica**, especialmente quando a empresa se distancia de sua finalidade original, de forma fraudulenta, e isso afeta seu patrimônio moral[54].

Tal entendimento se aplica sobretudo às hipóteses de **desconsideração inversa**.

5.6. RESPONSABILIDADE DAS PESSOAS JURÍDICAS

A responsabilidade jurídica por danos em geral pode ser **penal** e **civil**. A primeira é prevista, como inovação em nosso ordenamento, na Lei n. 9.605, de 12 de fevereiro de 1998, que trata dos **crimes ambientais**. A citada Lei veio atender a esse reclamo, responsabilizando **administrativa, civil e penalmente as pessoas jurídicas** "nos casos em que a infração seja cometida por decisão de seu representante legal ou contratual, ou de seu órgão colegiado, no interesse ou benefício da sua entidade" (art. 3º), não excluída "a das pessoas físicas, autoras, coautoras ou partícipes do mesmo fato" (parágrafo único). As penas aplicáveis são: multa, restritivas de direitos e prestação de serviços à comunidade (art. 21).

5.6.1. Responsabilidade das pessoas jurídicas de direito privado

No âmbito civil, a responsabilidade da pessoa jurídica pode ser **contratual** e **extracontratual**, sendo, para esse fim, equiparada à pessoa natural. Na **órbita contratual**, essa responsabilidade, de caráter patrimonial, emerge do art. 389 do Código Civil, *verbis*:

> "Não cumprida a obrigação, responde o devedor por perdas e danos, mais juros e atualização monetária segundo índices oficiais regularmente estabelecidos, e honorários de advogado."

O Código de Defesa do Consumidor, por sua vez, responsabiliza de forma objetiva as pessoas jurídicas pelo fato e por vício do produto e do serviço (arts. 12 e s. e 18 e s.).

---

[54] STJ, REsp 1.208.852, 4ª T., rel. Min. Luis Felipe Salomão, disponível em: <www.conjur.com.br>, de 20.5.2015.

No **campo extracontratual**, a responsabilidade delitual ou aquiliana provém dos arts. 186, 187 e 927, bem como dos arts. 932, III, e 933 do Código Civil, que reprimem a prática de **atos ilícitos** e estabelecem, para o seu autor, a obrigação de reparar o prejuízo causado, impondo a todos, indiretamente, o dever de não lesar a outrem (*neminem laedere*).

No sistema da responsabilidade **subjetiva**, deve haver nexo de causalidade entre o dano indenizável e o ato ilícito praticado pelo agente. Só responde pelo dano, em princípio, aquele que lhe der causa. É a **responsabilidade por fato próprio**, que deflui do art. 186 do Código Civil. A lei, entretanto, estabelece alguns casos em que o agente deve suportar as consequências do **fato de terceiro**. Nesse particular, estabelece o art. 932, III, do Código Civil que são também responsáveis pela reparação civil "o empregador ou comitente, por seus empregados, serviçais e prepostos, no exercício do trabalho que lhes competir, ou em razão dele". Acrescenta o art. 933 que essa responsabilidade independe de culpa, sendo, portanto, **objetiva**.

Toda pessoa jurídica de direito privado, **tenha ou não fins lucrativos**, responde pelos danos causados a terceiros, qualquer que seja a sua natureza e os seus fins (corporações e fundações). Sobreleva a preocupação em não deixar o dano irressarcido. Responde, assim, a pessoa jurídica civilmente pelos atos de seus **dirigentes ou administradores**, bem como de seus **empregados ou prepostos** que, nessa qualidade, causem dano a outrem[55]. Responde como preponente pelos atos de seus empregados ou prepostos (responsabilidade por fato de terceiro) e também pelos de seus órgãos (diretores, administradores, assembleias etc.), o que resulta na responsabilidade direta ou por fato próprio[56]. A responsabilidade direta da pessoa jurídica coexiste com a responsabilidade individual do órgão culposo. Em consequência, a vítima pode agir contra ambos. Já se decidiu que "o administrador de pessoa jurídica só responde civilmente pelos danos causados pela empresa a terceiros quando tiver agido com dolo ou culpa, ou, ainda, com violação da lei ou dos estatutos"[57].

5.6.2. Responsabilidade das pessoas jurídicas de direito público

Atualmente, o assunto está regulamentado no **art. 37, § 6º, da Constituição Federal**, que trouxe **duas inovações** em relação às Constituições anteriores:

- **substituiu** a expressão **"funcionários"** por **"agentes"**, mais ampla[58]; e
- **estendeu** essa responsabilidade **objetiva** às pessoas jurídicas de direito privado **prestadoras de serviço público**, como as concessionárias e as sociedades privadas permissionárias.

---

55 Caio Mário da Silva Pereira, *Responsabilidade civil*, p. 126-131.

56 Henri de Page, *Traité*, cit., v. 1, n. 509.

57 *RT*, 628/138.

58 A substituição do vocábulo "funcionário" pelo vocábulo "agente" atende sugestão de Miguel Seabra Fagundes no sentido de que, "do gari e do praça de pré ao Presidente da República, todo e qualquer servidor estatal compromete, quando agindo nessa qualidade, a responsabilidade civil por dano a terceiro, da entidade a que serve" (O direito administrativo na futura Constituição, *Revista de Direito Administrativo*, 168/5, n. 4).

A responsabilidade é **objetiva** sob a modalidade do **risco administrativo**. A vítima não tem o ônus de provar culpa ou dolo do agente público, mas, sim, o dano e o nexo causal. Admite-se a inversão do ônus da prova. O Estado se exonerará da obrigação de indenizar se provar culpa exclusiva da vítima, força maior e fato exclusivo de terceiro. Em caso de culpa concorrente da vítima, a indenização será reduzida pela metade (CF, art. 37, § 6º; CC, art. 43).

NOTA: A responsabilidade das pessoas jurídicas de direito público é tratada em profundidade no volume II desta obra, ao qual nos reportamos.

■ 5.7. EXTINÇÃO DA PESSOA JURÍDICA

■ 5.7.1. Introdução

As pessoas jurídicas nascem, desenvolvem-se, modificam-se e **extinguem-se**. Nas sociedades comerciais, as modificações compreendem a transformação, a incorporação e a fusão. As sociedades civis devem manter a forma específica[59]. O começo da existência legal das pessoas jurídicas de direito privado se dá com o registro do ato constitutivo no órgão competente (CC, art. 45), **mas o seu término pode decorrer de diversas causas**, especificadas nos arts. 54, VI, segunda parte, 69, 1.028, II, e 1.033 e s.

■ 5.7.2. Formas de dissolução

O ato de dissolução pode assumir **quatro formas** distintas, conforme a natureza e a origem, correspondentes às seguintes modalidades de extinção:

- ***Convencional* —** por deliberação de seus membros, conforme *quorum* previsto nos estatutos ou na lei. A **vontade humana** criadora, hábil a gerar uma entidade com personalidade distinta da de seus membros, é também capaz de extingui-la. Dispõe o art. 1.033 do Código Civil que a sociedade se dissolve quando ocorre a "deliberação dos sócios, por maioria absoluta, na sociedade de prazo indeterminado" (inc. III). Na de prazo determinado, quando há "consenso unânime dos sócios" (inc. II).
- ***Legal* —** em razão de motivo determinante **na lei** (arts. 1.028, II, 1.033 e 1.034), como, *verbi gratia*, a decretação da falência (Lei n. 11.101, de 9.2.2005), a morte dos sócios[60] (CC, art. 1.028) ou desaparecimento do capital nas sociedades de fins lucrativos. As associações que não os têm não se extinguem pelo desaparecimento do capital, que não é requisito de sua existência.

---

[59] Antônio Chaves, *Lições de direito civil*: parte geral, v. 4, p. 333.

[60] "Morte de sócio. Cláusula que prevê a continuação da sociedade com os sócios remanescentes e, excepcionalmente, faculta a admissão do herdeiro em substituição. Faculdade dependente do consenso entre a maioria dos sócios que restou e o herdeiro, sem o que restará a este receber, tão somente, os haveres que o *de cujus* possuía na sociedade" (*RT*, 771/216).

- *Administrativa* — quando as pessoas jurídicas dependem de **autorização** do Poder Público e esta **é cassada** (CC, art. 1.033), seja por infração a disposição de ordem pública ou prática de atos contrários aos fins declarados no seu estatuto (art. 1.125), seja por se tornar ilícita, impossível ou inútil a sua finalidade (art. 69, primeira parte). Pode, nesses casos, haver provocação de qualquer do povo ou do Ministério Público (CPC de 1939, art. 676, que continua em vigor, juntamente com todo o procedimento para a ***dissolução e liquidação da sociedade***, por força do disposto no art. 1.218 do Código de Processo Civil de 1973 e no art. 1.046, § 3º, do atual diploma processual).
- *Judicial* — quando se configura algum dos casos de dissolução previstos em lei ou no estatuto, especialmente quando a entidade se desvia dos fins para os quais se constituiu, mas continua a existir, obrigando um dos sócios a **ingressar em juízo**. Dispõe o art. 1.034 do Código Civil que a sociedade pode ser dissolvida judicialmente, a requerimento de qualquer dos sócios, quando: "I — anulada a sua constituição; II — exaurido o fim social, ou verificada a sua inexequibilidade". O rol é meramente **exemplificativo**, pois pode ser dissolvida por sentença, se necessário, em qualquer das hipóteses previstas nos arts. 69, primeira parte, 1.028, II, 1.033 e 1.035[61].

5.7.3. O processo de extinção

O processo de extinção da pessoa jurídica realiza-se pela **dissolução** e pela **liquidação**. Esta se refere ao patrimônio e concerne ao pagamento das dívidas e à partilha entre os sócios. Se o destino dos bens não estiver previsto no ato constitutivo, a divisão e a partilha serão feitas de acordo com os princípios que regem a partilha dos bens da herança[62].

Dispõe o art. 51 do Código Civil que, nos casos de dissolução da pessoa jurídica ou cassada a autorização para seu funcionamento, "ela subsistirá para os fins de liquidação, até que esta se conclua". O **cancelamento da inscrição** da pessoa jurídica no registro não se promove, portanto, quando ela é dissolvida, mas, sim, depois de **encerrada sua liquidação**. Segundo o § 3º do mencionado art. 51, somente após o encerramento da liquidação "promover-se-á o cancelamento da inscrição da pessoa jurídica".

---

[61] "Sociedade por cotas de responsabilidade limitada. Dissolução parcial. Legitimidade passiva. Na ação de dissolução parcial, a sociedade deve figurar no polo passivo da demanda" (*RSTJ*, 132/391). "Ação de dissolução parcial da sociedade ajuizada por sócio retirante. Desnecessidade da citação da sociedade comercial, a título de litisconsorte passivo, juntamente com os sócios remanescentes, por se tratar de sociedade por quotas de responsabilidade limitada, com apenas três sócios, cujos interesses se confundem com os da sociedade" (STJ, *RT*, 781/192).

[62] Francisco Amaral, *Direito civil*, cit., p. 290-291. "Sociedade por quotas. Dissolução e liquidação. Legitimidade ativa *ad causam*. Cônjuge meeiro. Partilha. Separação judicial" (*RSTJ, 148*:277).

5.8. RESUMO

CONCEITO	Pessoas jurídicas são entidades a que a lei confere personalidade, capacitando-as a serem sujeitos de direitos e obrigações.
PRINCIPAL CARACTERÍSTICA	Atuam na vida jurídica com personalidade distinta da dos indivíduos que a compõem.
NATUREZA JURÍDICA	**Teorias da ficção:** a) **ficção legal** — desenvolvida por Savigny, sustenta que a pessoa jurídica constitui uma criação artificial da lei; b) **ficção doutrinária** — afirma que a pessoa jurídica é criação dos juristas, da doutrina. A crítica que se faz a tais teorias é a de que o Estado é uma pessoa jurídica. Dizer-se, portanto, que o Estado é uma ficção é o mesmo que dizer que o direito, que dele emana, também o é. **Teorias da realidade:** a) **realidade objetiva** — sustenta que a pessoa jurídica é uma realidade sociológica, que nasce por imposição das forças sociais; b) **realidade jurídica ou institucional** — assemelha-se à primeira. Considera as pessoas jurídicas como organizações sociais destinadas a um serviço ou ofício e, por isso, personificadas; c) **realidade técnica** — entendem seus adeptos, especialmente Ihering, que a personificação dos grupos sociais é expediente de ordem técnica, a forma encontrada pelo direito para reconhecer a existência de grupos de indivíduos que se unem na busca de fins determinados. As primeiras são criticadas porque não explicam como os grupos sociais adquirem personalidade.
CLASSIFICAÇÃO QUANTO À NACIONALIDADE	Dividem-se em: a) **nacionais** (CC, art. 1.126; CF, arts. 176, § 1º, e 222); e b) **estrangeiras** (CC, art. 1.134).
CLASSIFICAÇÃO QUANTO À ESTRUTURA INTERNA	Classificam-se em: a) **corporação** (*universitas personarum*): conjunto ou reunião de pessoas. Divide-se em **associações** e **sociedades**, sendo que estas podem ser **simples** e **empresárias**; b) **fundação** (*universitas bonorum*): pode ser **particular** (acervo de bens, que recebe personalidade para a realização de fins determinados) e **pública** (instituída pelo Estado, regendo-se por normas próprias de direito administrativo).
CLASSIFICAÇÃO QUANTO À FUNÇÃO	**Pessoas jurídicas de direito público**, que podem ser: a) de **direito público externo** (nações estrangeiras, organismos internacionais); e b) **de direito público interno**, que podem ser da **administração direta** (União, Estados, Distrito Federal, Municípios) e **da administração indireta** (autarquias, inclusive as associações públicas, fundações públicas e as demais entidades de caráter público criadas por lei). **Pessoas jurídicas de direito privado** (CC, art. 44): a) **associações** (que não têm fins lucrativos, mas, sim, morais, culturais, desportivos, filantrópicos etc.); b) **sociedades**, que podem ser **simples** (têm fim econômico e são constituídas, em geral, por profissionais liberais ou prestadores de serviços) e **empresárias** (também visam ao lucro e têm por objeto o exercício de atividade própria de empresário sujeito ao registro previsto no art. 967 do CC); c) **fundações particulares** (CC, art. 62); d) **organizações religiosas** (têm fins pastorais e evangélicos e tratam da complexa questão da fé, distinguindo-se das associações civis); e) **partidos políticos** (têm fins políticos, não se caracterizando pelo fim econômico ou não). Os **sindicatos**, embora não mencionados no art. 44 do CC, têm natureza de associação civil (CF, art. 8º; CLT, arts. 511 e 512).

REQUISITOS PARA A CONSTITUIÇÃO DA PESSOA JURÍDICA	■ **Vontade humana criadora** (intenção de criar uma entidade distinta da de seus membros). ■ **Observância das condições legais:** a) **elaboração do ato constitutivo** (estatuto, em se tratando de associação; contrato social, de sociedades; escritura pública ou testamento, de fundação); b) **registro do ato constitutivo** (na Junta Comercial, no caso de sociedade empresária; na OAB, de sociedade simples de advogados; no Cartório de Registro Civil das Pessoas Jurídicas, das demais pessoas jurídicas de direito privado, como estatui a LRP, arts. 114 e s.); e c) **aprovação do Governo** (algumas pessoas precisam de autorização do Executivo: CC, art. 45). ■ **Liceidade de seus objetivos** (CC, art. 69) (objetivos ilícitos ou nocivos constituem causa de extinção da pessoa jurídica).
DESCONSIDERAÇÃO DA PERSONALIDADE JURÍDICA	■ A teoria da desconsideração da personalidade jurídica (*disregard of the legal entity*) permite que o juiz, em casos de fraude e de má-fé, desconsidere o princípio de que as pessoas jurídicas têm personalidade distinta da de seus membros e autorize a penhora de bens particulares dos sócios (CC, art. 50; CDC, art. 28).
RESPONSABILIDADE CIVIL DAS PESSOAS JURÍDICAS	■ **Responsabilidade das pessoas jurídicas de direito privado:** a) **contratual** — desde que se tornem inadimplentes, respondem por perdas e danos (CC, art. 389); têm responsabilidade objetiva por fato e vício do produto e do serviço (CDC, arts. 12 a 25); b) **extracontratual** — as pessoas jurídicas de direito privado (corporações, fundações etc.) respondem civilmente pelos atos de seus prepostos, tenham ou não fins lucrativos (CC, arts. 186 e 932, III). ■ **Responsabilidade das pessoas jurídicas de direito público:** por ato de seus agentes, é **objetiva**, sob a modalidade do **risco administrativo**. A vítima não tem o ônus de provar culpa ou dolo do agente público, mas, sim, o dano e o nexo causal. Admite-se a inversão do ônus da prova. O Estado se exonerará da obrigação de indenizar se provar culpa exclusiva da vítima, força maior e fato exclusivo de terceiro. Em caso de culpa concorrente da vítima, a indenização será reduzida pela metade (CF, art. 37, § 6º; CC, art. 43).
EXTINÇÃO DA PESSOA JURÍDICA DE DIREITO PRIVADO	a) **convencional:** por deliberação de seus membros, conforme *quorum* previsto nos estatutos ou na lei; b) **legal:** em razão de motivo determinante na lei (CC, art. 1.034); c) **administrativa:** quando as pessoas jurídicas dependem de autorização do Governo e praticam atos nocivos ou contrários aos seus fins; d) **natural:** resulta da morte de seus membros, se não ficou estabelecido que prosseguirá com os herdeiros; e) **judicial:** quando se configura algum dos casos previstos em lei ou no estatuto e a sociedade continua a existir, obrigando um dos sócios a ingressar em juízo.

■ 5.9. QUESTÕES

1. (MP/SP/Promotor de Justiça/91º Concurso/2015) Considere o seguinte enunciado: as associações e as fundações apresentam traços que as aproximam, mas não se confundem, por terem natureza jurídica diversa. Diante disso, aponte a alternativa que demonstra a verdadeira distinção existente entre elas:

a) As associações têm finalidade lucrativa e as fundações não possuem objetivo de lucro.
b) As associações são pessoas jurídicas de direito privado e as fundações são pessoas jurídicas de direito público.
c) As associações não podem exercer atividade econômica e as fundações podem ter atividade rentável.
d) As associações, pelo objetivo social, integram o chamado Terceiro Setor e as fundações, ausente tal propósito, não desenvolvem ações de interesse social.
e) As associações têm seu elemento principal nas pessoas e as fundações têm seu elemento essencial no patrimônio.

2. (MP/RS/Promotor de Justiça) Compete ao Ministério Público fiscalizar as fundações:

a) públicas instituídas no seu Estado;
b) privadas instituídas no seu Estado;
c) situadas e instituídas no seu Estado apenas;
d) situadas apenas no seu Estado, competindo ao Ministério Público Federal as que se situarem em mais de uma unidade da federação;
e) situadas no seu Estado, ainda que instituída em outro.

3. (MP/SP/Promotor de Justiça/91º Concurso/2015) Considere o seguinte enunciado: as associações e as fundações apresentam traços que as aproximam, mas não se confundem, por terem natureza jurídica diversa. Diante disso, aponte a alternativa que demonstra a verdadeira distinção existente entre elas:

a) As associações têm finalidade lucrativa e as fundações não possuem objetivo de lucro.
b) As associações são pessoas jurídicas de direito privado e as fundações são pessoas jurídicas de direito público.
c) As associações não podem exercer atividade econômica e as fundações podem ter atividade rentável.
d) As associações, pelo objetivo social, integram o chamado Terceiro Setor e as fundações, ausente tal propósito, não desenvolvem ações de interesse social.
e) As associações têm seu elemento principal nas pessoas e as fundações têm seu elemento essencial no patrimônio.

4. (Procurador do Trabalho/XV Concurso/2008) Assinale a alternativa CORRETA:

a) Salvo disposição estatutária em contrário, as decisões serão tomadas pela maioria de votos dos administradores, se a pessoa jurídica tiver administração coletiva;
b) A pessoa jurídica subsistirá, mesmo que cassada a autorização para seu funcionamento, enquanto se ultima a respectiva liquidação;
c) O cancelamento da inscrição da pessoa jurídica será promovido antes mesmo de encerrada a liquidação respectiva;
d) A qualidade de associado de entidade associativa é intransmissível, sendo vedada disposição estatutária em contrário;
e) Não respondida.

5. (TRT/2ª Região/Juiz do Trabalho/XLI Concurso/2016) Quanto aos objetivos é INCORRETO afirmar que pode ser constituída fundação para fins de promover:

a) Assistência social, educação e saúde.
b) Cultura, defesa e conservação do patrimônio histórico e artístico.
c) Habitação de interesse social.
d) Atividades religiosas.
e) Promoção da ética, da cidadania, da democracia e dos direitos humanos.

6. (TJSP/Juiz de Direito/181º Concurso/VUNESP/2008) Tratando-se de pessoa jurídica regularmente constituída, de fins econômicos, omisso o estatuto sobre responsabilidade subsidiária dos sócios pelas obrigações sociais, é verificada a ocorrência de confusão patrimonial de seus bens com os do seu sócio-gerente. Nesse caso, poderiam os bens particulares deste responder por dívida contratual daquela, proposta a ação por terceiro, credor, contra a sociedade? Sobre o caso apresentado, assinale a alternativa CORRETA:

a) Sim, ficando os bens da empresa livres de sofrer os efeitos das relações de obrigações, embora assumidas por ela.
b) Sim, mas ressalvado ao sócio demandado pelo pagamento da dívida o direito de exigir que sejam primeiro excutidos os bens da sociedade.

c) Sim, se o juiz, de ofício, determinar a extensão dos efeitos das relações de obrigações da empresa não apenas ao sócio-administrador, mas também, sem exceção, aos outros sócios.
d) Visto que perante terceiros é a própria pessoa jurídica que assume a titularidade quanto a direitos e obrigações, e certo que tem patrimônio distinto do patrimônio dos membros componentes, o patrimônio da sociedade deve responder pelas dívidas por ela contraídas, não podendo o terceiro, credor, alegar ignorância da lei para com isso querer responsabilizar os sócios.

7. (TRT/2ª Região/Juiz do Trabalho/2016) Segundo o regramento do Código Civil, é INCORRETO afirmar que:

a) Quanto às pessoas jurídicas, o domicílio da União é o Distrito Federal, dos Estados e Territórios, as respectivas capitais, do Município, o lugar onde funcione a administração municipal, das demais pessoas jurídicas, o lugar onde funcionarem as respectivas diretorias e administrações, ou onde elegerem domicílio especial no seu estatuto ou atos constitutivos.
b) Tendo a pessoa jurídica diversos estabelecimentos em lugares diferentes, cada um deles será considerado domicílio para os atos nele praticados.
c) Se a administração, ou diretoria, tiver a sede no estrangeiro, haver-se-á por domicílio da pessoa jurídica, no tocante às obrigações contraídas por cada uma das suas agências, o lugar do estabelecimento, sito no Brasil, a que ela corresponder.
d) O domicílio do incapaz é o do seu representante ou assistente; o do servidor público, o lugar em que exercer permanentemente suas funções; o do militar, onde servir, e, sendo da Marinha ou da Aeronáutica, a sede do comando a que se encontrar imediatamente subordinado; o do marítimo, o porto onde o navio estiver atracado: e o do preso, o lugar em que cumprir a sentença.
e) Nos contratos escritos, poderão os contratantes especificar domicílio onde se exercitem e cumpram os direitos e obrigações deles resultantes.

8. (TJPA/Juiz de Direito/VUNESP/2014) No que diz respeito à desconsideração da personalidade jurídica, assinale a alternativa CORRETA.

a) Possui como objetivo preservar a dependência da pessoa jurídica com o sócio ao coibir os atos praticados pelos seus sócios.
b) Visa à anulação da personalidade jurídica quando não for possível encontrar bens do sócio que satisfaçam a obrigação.
c) A insolvência ou falência da pessoa jurídica, acarretando o inadimplemento de suas obrigações, caracteriza sua desconsideração.
d) A desconsideração inversa é o afastamento do princípio da autonomia patrimonial da pessoa jurídica para responsabilizar a sociedade por obrigação do sócio.
e) A personalidade jurídica da sociedade se confunde com a personalidade jurídica dos sócios, por isso o sócio pode postular em nome próprio direito de entidade.

9. (MP/BA/Promotor de Justiça/2015) Assinale a alternativa INCORRETA sobre as disposições gerais acerca das pessoas jurídicas, constante do Código Civil brasileiro:

a) A desconsideração da personalidade jurídica poderá ser decretada em duas hipóteses: abuso da personalidade jurídica, caracterizada pelo desvio de finalidade, ou confusão patrimonial.
b) O Ministério Público, quando lhe couber intervir no processo, poderá requerer a desconsideração da personalidade jurídica.
c) A desconsideração da personalidade jurídica pode acarretar que os efeitos de certas e determinadas relações de obrigações sejam estendidos aos bens particulares dos administradores ou sócios da pessoa jurídica.

d) Começa a existência legal das pessoas jurídicas de direito privado com a inscrição do ato constitutivo no respectivo registro, precedida, quando necessário, de autorização ou aprovação do Poder Executivo, averbando-se no registro todas as alterações por que passar o ato constitutivo.
e) A proteção dos direitos da personalidade não se aplica às pessoas jurídicas.

10. (Procurador do Estado/SEGEP-MA/Fundação Carlos Chagas/2016) No cumprimento de sentença condenatória transitada em julgado, de natureza não fiscal nem ligada às relações de consumo, a Procuradoria do Estado do Maranhão constatou que a empresa X Ltda. não possuía bens suficientes ao pagamento do débito. Pretendendo a desconsideração da personalidade jurídica da empresa X, a Procuradoria do Estado do Maranhão deverá, de acordo com o Código Civil, comprovar

a) que o inadimplemento se deu por ato de cotista majoritário.
b) a mera insolvência.
c) má gestão, ainda que o administrador não tenha dado causa a confusão patrimonial ou desvio de finalidade.
d) que a existência da pessoa jurídica dificulta o ressarcimento do erário, apenas.
e) abuso da personalidade jurídica.

11. (TRF/3ª Região/Juiz Federal Substituto/2016) Relativamente às pessoas jurídicas, marque a alternativa CORRETA:

a) Se a pessoa jurídica tiver administração coletiva, as decisões se tomarão, em qualquer caso, pela maioria de votos dos presentes.
b) Compete privativamente às assembleias gerais das associações a destituição e a eleição dos administradores, bem como a alteração dos estatutos.
c) Quando insuficientes para constituir a fundação, os bens a ela destinados serão incorporados em outra fundação que se proponha a fim igual ou semelhante, independentemente do que dispuser o instituidor.
d) É obrigatória a inclusão de norma estatutária nas associações que preveja o direito de recorrer dos associados na hipótese de sua exclusão.

12. (TRF/1ª Região/Juiz Federal/XIII Concurso/CESPE/UnB/2009) Considerando o que dispõe o Código Civil acerca das pessoas naturais e das pessoas jurídicas, assinale a opção correta.

a) Na sistemática do Código Civil, não se admite a declaração judicial de morte presumida sem decretação de ausência.
b) A dissolução irregular da empresa não é suficiente de per si para justificar a desconsideração da personalidade jurídica, se não ficar comprovado abuso da personalidade jurídica ou fraude, a ensejar a responsabilização pessoal dos sócios por dívida da pessoa jurídica.
c) A lei confere ao tutor o poder de emancipar, mediante instrumento público, o tutelado que tiver 16 anos de idade completos.
d) Havendo transmissibilidade da cota de um associado por morte, o herdeiro automaticamente adquire a qualidade de associado, a despeito de permissão estatutária ou consenso da associação.
e) Segundo o Código Civil, a União, os estados, o DF e os municípios legalmente constituídos possuem personalidade jurídica e, por isso, podem ser sujeitos de direitos e obrigações. Tal prerrogativa estende-se às câmaras municipais.

13. (MP/SP/Promotor de Justiça/2010) Assinale a alternativa CORRETA:

a) os pressupostos para que ocorra a desconsideração da personalidade jurídica são: existência da pessoa jurídica, podendo se tratar de sociedade de fato; exaurimento do seu patrimônio social; abuso da personalidade jurídica, caracterizado pelo desvio de finalidade, ou pela confusão patrimonial.

b) a desconsideração da personalidade jurídica é medida excepcional, diante da autonomia patrimonial de que goza a pessoa jurídica.
c) a desconsideração da personalidade jurídica não se aplica ao Direito de Família.
d) o Ministério Público, intervindo no processo como "custos legis", não possui legitimidade para requerer ao juiz que os efeitos de certas e determinadas relações de obrigações sejam estendidos aos bens particulares dos administradores ou sócios da pessoa jurídica.
e) o Ministério Público, intervindo no processo como "custos legis", não possui legitimidade para postular a desconsideração da personalidade jurídica, salvo existindo interesse de incapaz.

14. (MP/SP/Promotor de Justiça/2010) Assinale a alternativa CORRETA:

a) As agências reguladoras, como a ANEEL (Agência Nacional de Energia Elétrica) e a ANVISA (Agência Nacional de Vigilância Sanitária), consideradas autarquias sob regime especial, são pessoas jurídicas de direito público interno.
b) Quando o Código Civil estabelece que o Ministério Público velará pelas fundações, acaba por lhe autorizar uma ação efetiva de fiscalização tanto na esfera administrativa como judicial. Não obstante tal disposição legal, não está o membro do "Parquet" legitimado a ingressar com o procedimento tendente a extinguir a fundação.
c) O Código Civil considera como pessoas jurídicas de direito privado somente as associações, as sociedades e as fundações.
d) A responsabilidade civil das pessoas jurídicas de direito público interno pressupõe a ação ou omissão, culposa ou dolosa, dos seus agentes, o dano causado a terceiros e a relação de causalidade.
e) As organizações religiosas, os partidos políticos e as associações beneficentes, constituídas segundo leis anteriores, não ficaram sujeitas a se adaptarem às disposições do Código Civil de 2002.

15. (Receita Federal/Auditor Fiscal/ESAF/2009) Na criação de fundação há duas fases:

a) a do ato constitutivo, que deve ser escrito, podendo revestir-se da forma particular, e a do registro público.
b) a do ato constitutivo, que deve ser escrito, pois requer instrumento particular ou testamento, e a do assento no registro competente.
c) a do ato constitutivo, que deve ser escrito, e a da aprovação do Poder Executivo Federal.
d) a da elaboração do estatuto por ato *inter vivos* (instrumento público ou particular), sem necessidade de conter a dotação especial, e a do registro.
e) a do ato constitutivo, que só pode dar-se por meio de escritura pública ou testamento, e a do registro.

16. (TRF/3ª Região/Juiz Federal/2010) Aponte a alternativa INCORRETA:
As pessoas jurídicas:

a) são representadas por seus prepostos;
b) são representadas por seus procuradores judiciais;
c) possuem órgãos de administração de suas atividades sociais;
d) são representadas por seus órgãos de administração.

17. (MP/MG/Promotor de Justiça/2010) Assinale a alternativa INCORRETA.

a) Formulado o estatuto da fundação e submetido ao MP, poderá este aprová-lo, indicar modificações ou denegar a sua aprovação.

b) A finalidade fundacional é permanente, não podendo ser alterada, sob pena de se desviar do propósito original do instituidor na constituição da entidade.
c) As associações obtêm recursos financeiros, via de regra, mediante pagamento de taxa de manutenção pelos associados e, também, decorrentes de projetos institucionais.
d) A lei admite que a pessoa jurídica possa ter diversos domicílios, tantos quantos estabelecimentos tiver, para os atos neles praticados.
e) O domicílio do incapaz é o do seu representante; o da esposa, o do marido; o do servidor público, onde exerce suas funções; o do preso, onde cumpre a sentença.

18. (TRT/3ª Região/Juiz do Trabalho/2012) Leia as afirmativas abaixo e assinale a alternativa CORRETA:

I. São pessoas jurídicas de direito privado: (I) as associações; (II) as sociedades; (III) as fundações. Não é necessária a existência de patrimônio nas associações e sociedades, mas as fundações têm de ter. Assim, as fundações devem ser criadas por escritura pública ou testamento, com dotação especial de bens livres, especificando o fim a que se destinam, e com declaração, se houver vontade, da maneira de administrá-las. A fundação somente poderá constituir-se para fins religiosos, culturais ou de assistência.
II. Na dicção legal, as associações e sociedades podem ou não ter fins econômicos e a responsabilidade extracontratual por atos de seus agentes que, nessa qualidade, causem danos a terceiros implica responsabilidade civil das associações e sociedades, ressalvado o direito regressivo contra os causadores do dano, se houver, por parte destes, culpa ou dolo.
III. A desconsideração da pessoa jurídica ocorre em caso de abuso da personalidade jurídica, caracterizada pelo desvio de finalidade, ou pela confusão patrimonial. Nestes casos, o juiz pode decidir, a requerimento da parte ou do Ministério Público, quando couber a este último intervir no processo, que os efeitos de certas e determinadas relações de obrigações sejam estendidos aos bens particulares dos administradores ou sócios da pessoa jurídica.
IV. O fato jurídico pode ser sempre provado mediante: confissão, documento, testemunha, presunção e perícia. A confissão é irrevogável, mas pode ser anulada se emanar de erro ou coação. No que tange aos traslados e certidões, considerar-se-ão instrumentos públicos, se os originais se houverem produzido em juízo como prova de algum fato.

a) Somente as afirmativas I e II estão corretas.
b) Somente as afirmativas III e IV estão corretas.
c) Somente as afirmativas IV e V estão corretas.
d) Somente as afirmativas III e V estão corretas.
e) Todas as afirmativas estão corretas.

19. (TRT/2ª Região/Juiz do Trabalho/XXXVIII Concurso/2013) Nos termos do Código Civil em vigor, no que trata das Fundações:

a) São pessoas jurídicas de natureza híbrida, porque podem ser administradas por particulares e por entidades públicas.
b) Os bens que integram o patrimônio das fundações podem ser incorporados ao patrimônio de seu fundador quando de sua extinção.
c) São constituídas como pessoas jurídicas de direito privado, ficando-lhes vedada atividade ligada à assistência social, ainda que constituídas por escritura pública.
d) Assim como as associações, podem empreender atividade econômica, porque, tendo natureza similar, podem destinar a renda que auferirem à consecução de seu objetivo social.
e) São pessoas jurídicas de direito privado, constituídas por escritura pública ou por testamento, restringindo-se sua atividade no cumprimento de objetivos de cunho religioso, moral, cultural ou assistencial.

20. (MP da União/Promotor de Justiça Militar/11º Concurso/2013) Sobre as associações e fundações, é correto afirmar que:

a) Nenhum associado poderá ser impedido de exercer direito ou função que lhe tenha sido legitimamente conferido, mesmo que o estatuto disponha o contrário.
b) A fundação poderá constituir-se para quaisquer fins, inclusive religiosos, morais, culturais ou de assistência.
c) Constituem-se as associações pela união de pessoas que se organizem para fins não econômicos.
d) Quando insuficientes para constituir a fundação, os bens a ela destinados serão, obrigatoriamente, incorporados em outra fundação que se proponha a fim igual ou semelhante.

21. (MP/RO/Promotor de Justiça/CESPE/UnB/2013) A respeito das pessoas jurídicas, assinale a opção CORRETA.

a) A pessoa jurídica não responderá por atos que apenas aparentemente tiverem seus integrantes praticado em seu nome.
b) A mera demonstração de insolvência da pessoa jurídica enseja a desconsideração da personalidade jurídica para atingir o patrimônio dos sócios.
c) De acordo com o STJ, não encontra amparo legal a presunção de dissolução irregular de pessoa jurídica.
d) Antes de registrar os atos constitutivos no cartório competente, a pessoa jurídica não será dotada de personalidade jurídica.
e) Em se tratando de prática de ato danoso, a pessoa jurídica deve ser demandada no estabelecimento em que tiver sido praticado o ato, e não no domicílio da agência.

22. (MP/MA/Promotor de Justiça/2014) Tendo em vista as normas aplicáveis às fundações privadas, assinale a alternativa INCORRETA:

a) Cabe ao Ministério Público do Estado velar pelas fundações nele situadas. Todavia, na hipótese da fundação estender sua atividade por mais de um Estado, caberá o encargo ao Ministério Público Federal;
b) A fundação somente poderá constituir-se para fins religiosos, morais, culturais ou de assistência;
c) Para criar uma fundação, o seu instituidor fará, por escritura pública ou testamento, dotação especial de bens livres, especificando o fim a que se destina, e declarando, se quiser, a maneira de administrá-la;
d) A alteração de estatuto da fundação depende de deliberação de dois terços dos membros encarregados de sua gerência e representação, não podendo contrariar ou desvirtuar os seus fins e ficando condicionada à aprovação pelo órgão do Ministério Público;
e) Se o estatuto da fundação não for elaborado no prazo assinado pelo instituidor, ou, não havendo prazo, em cento e oitenta dias, a incumbência caberá ao Ministério Público.

23. (MP/MG/Promotor de Justiça/2017) Assinale a alternativa CORRETA:

a) Em caso de necessidade, a pessoa capaz, com deficiência, pode sujeitar-se à curatela relativamente aos atos patrimoniais e negociais.
b) A prestação de contas das fundações ao Ministério Público poderá ser suprida pelo juiz, a requerimento do interessado.
c) A confissão feita pelo representante obriga necessariamente o representado.
d) A contestação da paternidade fundada em erro é privativa do pai registral.

24. (OAB/Exame de Ordem Unificado/FGV/2017) A instauração do incidente de desconsideração da personalidade jurídica foi requerida em um processo de execução por título

extrajudicial. O advogado do executado manifestou-se contrariamente ao pedido, sob a alegação de cerceamento de defesa de seu cliente, somente cabendo a desconsideração se requerida em ação de conhecimento ajuizada especificamente contra o sócio da sociedade empresária devedora. Sobre a argumentação acima, assinale a alternativa CORRETA:

a) Procede, porque o pressuposto para a aplicação da desconsideração da personalidade jurídica é sempre a conduta ilícita do sócio perpetrada por meio da personalidade da pessoa jurídica; portanto, é imprescindível a demonstração cabal da culpa em ação de conhecimento.

b) Procede, porque o requerimento de instauração do incidente de desconsideração deve demonstrar o preenchimento dos pressupostos legais específicos, dentre eles o desvio de finalidade da pessoa jurídica, que só pode ser feito em ação de conhecimento, onde estarão preservados o contraditório e a ampla defesa.

c) Não procede, porque, ao contrário do afirmado pelo advogado, o incidente de desconsideração só é cabível no cumprimento de sentença e na execução de título executivo extrajudicial, pois, no processo de conhecimento, a desconsideração só pode ser decretada na sentença de mérito.

d) Não procede, porque o incidente de desconsideração é cabível em todas as fases do processo de conhecimento, no cumprimento de sentença e na execução fundada em título executivo extrajudicial.

GABARITO

1. "e". *Vide* art. 53 do CC. As fundações constituem um acervo de bens (*Vide* item 5.4.2., *retro*).
2. "e". *Vide* art. 66 do CC.
3. "e". *Vide* arts. 53 e 62 do CC.
4. "b". *Vide* art. 51 do CC.
5. "c". *Vide* art. 62, parágrafo único, do CC, com redação dada pela Lei n. 13.151, de 29.7.2015.
6. "b". *Vide* art. 1.024 do CC.
7. "d". *Vide* art. 76, parágrafo único, do CC.
8. "d". Caracteriza-se a desconsideração inversa quando é afastado o princípio da autonomia patrimonial da pessoa jurídica para responsabilizar a sociedade por obrigação do sócio (*Vide* item 5.5.5, *retro*).
9. "e". *Vide* art. 52 do CC.
10. "e". *Vide* Item 55.3, *retro*.
11. "d". *Vide* art. 57 do CC.
12. "b". *Vide* art. 50 do CC.
13. "b". *Vide* art. 50 do CC.
14. "a". *Vide* art. 41, V, do CC.
15. "e". *Vide* arts. 62 e 45 do CC.
16. "b". *Vide* art. 47 do CC.
17. "e". *Vide* arts. 76, parágrafo único, e 1.511 do CC.
18. "b". *Vide* arts. 50, 212, 214 e 218 do CC.
19. "e". *Vide* art. 62, *caput* e parágrafo único, do CC.

20. "c". *Vide* art. 62, parágrafo único, do CC.
21. "d". *Vide* art. 45 do CC.
22. "a". *Vide* art. 66, § 2º, do CC.
23. "a". *Vide* arts. 84 e 85 da Lei n. 13.146, de 6.7.2015 (Estatuto da Pessoa com Deficiência).
24. "d". *Vide* art. 134 do CPC/2015.

6

DOS BENS

■ 6.1. OS BENS COMO OBJETO DA RELAÇÃO JURÍDICA

A Parte Geral do Código Civil trata das ***pessoas***, naturais e jurídicas, como sujeitos de direito e dos ***bens*** como ***objeto*** das relações jurídicas que se formam entre os referidos sujeitos. Todo direito tem o seu objeto, como o direito subjetivo é poder outorgado a um titular, requer um objeto. Sobre o objeto, desenvolve-se o poder de fruição da pessoa. **Objeto da relação jurídica** é tudo o que se pode submeter ao poder dos sujeitos de direito, como instrumento de realização de suas finalidades jurídicas.

Em sentido **estrito**, esse conjunto compreende os bens objeto dos direitos reais e também as ações humanas denominadas prestações. Em sentido **amplo**, esse **objeto** pode consistir:

- em **coisas** (nas relações reais);
- em **ações humanas** (prestações, nas relações obrigacionais);
- em **certos atributos da personalidade**, como o direito à imagem; e
- em **determinados direitos**, como o usufruto de crédito, a cessão de crédito, o poder familiar, a tutela etc.[1].

■ 6.2. CONCEITO DE BEM

Bem, em sentido filosófico, é tudo o que satisfaz uma necessidade humana[2]. **Juridicamente** falando, o conceito de coisas corresponde ao de bens, mas nem sempre há perfeita sincronização entre as duas expressões.

Coisa é o gênero do qual ***bem*** é **espécie**. É tudo que existe objetivamente, com exclusão do homem. ***Bens*** são coisas que, por serem úteis e raras, são **suscetíveis de apropriação** e contêm valor econômico. Somente interessam ao direito coisas suscetíveis de **apropriação** exclusiva pelo homem. As que existem em abundância no

[1] Francisco Amaral, *Direito civil*: introdução, p. 298.

[2] "Filosoficamente, *bem* é tudo quanto pode proporcionar ao homem qualquer satisfação. Nesse sentido se diz que a saúde é um bem, que a amizade é um bem, que Deus é o sumo bem. Mas, se filosoficamente, saúde, amizade e Deus são bens, na linguagem jurídica não podem receber tal qualificação" (Washington de Barros Monteiro, *Curso de direito civil*, v. 1, p. 144).

universo, como o ar atmosférico e a água dos oceanos, por exemplo, deixam de ser bens em sentido jurídico[3].

O Código Civil de 1916 não distinguia os termos ***coisa*** e ***bem***, usando ora um, ora outro, ao se referir ao objeto do direito. O novo, ao contrário, utiliza sempre, na parte geral, a expressão ***bens***, evitando o vocábulo ***coisa***, que é conceito mais amplo do que o de ***bem***, no entender de José Carlos Moreira Alves, que se apoia na lição de Trabucchi[4]. ***Bens***, portanto, são coisas **materiais**, concretas, úteis aos homens e de expressão econômica, suscetíveis de apropriação, bem como as de existência **imaterial** economicamente apreciáveis (direitos autorais, de invenção etc.).

Certas coisas, insuscetíveis de apropriação pelo homem, como o ar atmosférico, o mar etc., são chamadas de ***coisas comuns***. Não podem ser objeto de relação jurídica; portanto, sendo possível sua apropriação em **porções limitadas**, tornam-se objeto do direito (gases comprimidos, água fornecida pela Administração Pública). Denominam-se ***res nullius*** as coisas **sem dono**, que nunca foram apropriadas, como a caça solta, os peixes, e podem sê-lo, pois se acham à disposição de quem as encontrar ou apanhar, embora essa apropriação possa ser regulamentada para fins de proteção ambiental. ***Res derelicta*** é a coisa móvel **abandonada**, que o seu titular lançou fora, com a intenção de não mais tê-la para si. Nesse caso, pode ser apropriada por qualquer outra pessoa.

■ 6.3. BENS CORPÓREOS E INCORPÓREOS

Os romanos faziam a distinção entre bens **corpóreos** e **incorpóreos**. Tal classificação não foi, entretanto, acolhida pela nossa legislação e pela generalidade dos Códigos. Clóvis Beviláqua afirmou que essa divisão não foi incluída no Código de 1916 "por falta de interesse prático"[5].

- ***Bens corpóreos*** são os que têm existência **física, material** e podem ser tangidos pelo homem.
- ***Bens incorpóreos*** são os que têm existência **abstrata** ou ideal e valor econômico, como o direito autoral, o crédito, a sucessão aberta, o fundo de comércio, o software, o *know-how* etc. São criações da mente reconhecidas pela ordem jurídica.

O critério distintivo para os romanos era a **tangibilidade** ou possibilidade de serem tocados. Atualmente, porém, esse procedimento seria inexato, por excluir coisas perceptíveis por outros sentidos, como os gases, que não podem ser atingidos materialmente com as mãos e nem por isso deixam de ser coisas corpóreas. Hoje

---

3 Silvio Rodrigues, *Direito civil*, v. 1, p. 116; Washington de Barros Monteiro, *Curso*, cit., p. 144-145; Sylvio M. Marcondes Machado, *Limitação da responsabilidade de comerciante individual*, n. 70.

4 José Carlos Moreira Alves, *A Parte Geral do Projeto de Código Civil brasileiro*, p. 137; Alberto Trabucchi, *Istituzioni di diritto civile*, 13. ed., n. 58, p. 366.

5 *Teoria geral do direito civil*, cit., p. 156.

também se consideram bens materiais ou corpóreos as diversas formas de energia, como a eletricidade, o gás, o vapor[6].

Embora não contemplada na lei com dispositivos específicos, a classificação dos bens em corpóreos e incorpóreos tem a sua **importância**, porque a relação jurídica pode ter por objeto uma coisa de existência **material** ou um bem de existência **abstrata**. Demais, alguns institutos só se aplicam aos primeiros. Em geral, os direitos reais têm por objeto bens corpóreos. Quanto à forma de transferência, estes são objeto de compra e venda, doação, permuta. A alienação de bens incorpóreos, todavia, faz-se pela cessão. Daí falar-se em cessão de crédito, cessão de direitos hereditários etc. Na cessão, faz-se abstração dos bens sobre os quais incidem os direitos que se transferem[7]. Em direito, a expressão ***propriedade*** é mais ampla do que ***domínio***, porque abrange também os bens **incorpóreos**.

■ 6.4. PATRIMÔNIO

Os bens **corpóreos** e os incorpóreos integram o patrimônio da pessoa. ***Patrimônio***, segundo a doutrina, é o complexo das relações jurídicas de uma pessoa que tiver valor econômico. Clóvis, acolhendo essa noção, comenta: "Assim, compreendem-se no patrimônio tanto os **elementos ativos** quanto os **passivos**, isto é, os direitos de ordem privada economicamente apreciáveis e as dívidas. É a atividade econômica de uma pessoa, sob o seu aspecto jurídico, ou a projeção econômica da personalidade civil"[8].

O patrimônio restringe-se, assim, aos bens **avaliáveis em dinheiro**. Nele não se incluem as qualidades pessoais, como a capacidade física ou técnica, o conhecimento ou a força de trabalho, porque são considerados simples fatores de obtenção de receitas quando utilizados para esses fins, malgrado a lesão a esses bens possa acarretar a devida reparação. Igualmente não integram o patrimônio as relações afetivas da pessoa, os direitos personalíssimos, familiares e públicos não economicamente apreciáveis, denominados direitos ***não patrimoniais***. A diferença entre as mencionadas espécies de bens reflete-se na lei quando esta, por exemplo, diz que só "quanto a direitos patrimoniais de caráter privado se permite a transação" (CC, art. 841). O nome comercial e o fundo de comércio integram o patrimônio porque são direitos. A clientela, embora com valor, não o integra[9].

Embora autores de renome, como Enneccerus[10], entendam que o patrimônio da pessoa não inclui o seu passivo, prepondera o entendimento na doutrina de que abrange ele tanto o **ativo** como o **passivo**, constituindo uma **universalidade de direito**.

---

6 Caio Mário da Silva Pereira, *Instituições,* cit., v. 1, p. 256; Francisco Amaral, *Direito civil*, cit., p. 302; Enneccerus, Kipp e Wolff, *Tratado de derecho civil*, v. 1, n. 114.

7 Francisco Amaral, *Direito civil*, cit., p. 303.

8 *Teoria*, cit., p. 153.

9 João Eunápio Borges, *Curso de direito comercial terrestre*, p. 195; Rubens Requião, *Curso de direito comercial*, v. 1, p. 228-229.

10 *Tratado*, cit., § 125.

Sendo o patrimônio a projeção econômica da personalidade, e, por não se admitir a pessoa sem patrimônio, não se pode dele excluir as suas obrigações, ou seja, o seu lado **passivo**[11]. É nesse sentido global, por exemplo, que o art. 1.784 do Código Civil, observando o princípio da *saisine*, estabelece que, "aberta a sucessão, a herança transmite-se, desde logo, aos herdeiros legítimos e testamentários", e o art. 1.997, mais adiante, proclama que "a herança responde pelo pagamento das dívidas do falecido".

Segundo a teoria ***clássica*** ou ***subjetiva***, o patrimônio é uma **universalidade de direito**, unitário e indivisível, que se apresenta como projeção e continuação da personalidade. Esclarece o art. 91 do Código Civil, com efeito, que "constitui universalidade de direito o complexo de relações jurídicas, de uma pessoa, dotadas de valor econômico". Sobreleva a importância da noção de patrimônio quando se observa que nela se baseia um princípio norteador do direito das obrigações: ***o patrimônio do devedor responde por suas dívidas***. É o patrimônio do devedor, com efeito, que responde por suas **obrigações** e que constitui a garantia geral dos credores, tenham elas se originado da prática de atos lícitos, como os contratos e as declarações unilaterais da vontade, ou de atos ilícitos.

É de registrar, igualmente, uma forte tendência no sentido de se adotar uma nova postura em relação ao patrimônio, cuja tutela jurídica deve ter como escopo precípuo a dignidade da pessoa humana. A proteção de um **patrimônio mínimo** vai ao encontro dessa tendência, como se pode verificar, *verbi gratia*, na proteção ao **bem de família** (Lei n. 8.009/90 e CC, arts. 1.711 a 1.722); no óbice à prodigalidade mediante a vedação da doação da **totalidade do patrimônio**, sem que se resguarde um mínimo (CC, art. 548); na previsão da **impenhorabilidade** de determinados bens (CPC, arts. 833 e 834) e em outros dispositivos que reconhecem como necessária tal proteção para o desenvolvimento das atividades humanas[12].

■ 6.5. CLASSIFICAÇÃO DOS BENS

A classificação dos bens é feita segundo critérios de **importância científica**, pois a inclusão de um bem em determinada categoria implica a aplicação automática de regras próprias e específicas, visto que não se podem aplicar as mesmas regras a todos os bens.

O legislador enfoca e classifica os bens sob diversos critérios, levando em conta as suas características particulares. Ora considera as qualidades físicas ou jurídicas que revelam (**mobilidade, fungibilidade, divisibilidade, consuntibilidade**), ora as relações que guardam entre si (**principais e acessórios**), ora a pessoa do titular do domínio (**públicos e particulares**). Pode um bem enquadrar-se em mais de uma categoria, conforme as características que ostenta. É possível, com efeito, determinado

[11] Clóvis Beviláqua, *Teoria*, cit., p. 153; Planiol, Ripert e Boulanger, *Traité élémentaire de droit civil*, v. 1.

[12] Cristiano Chaves de Farias e Nelson Rosenvald, *Direito civil:* teoria geral, p. 348.

bem ser, concomitantemente, móvel e consumível, como a moeda, e imóvel e público, como a praça[13].

O Código Civil de 2002, no Livro II da Parte Geral, em título único, disciplina os bens em três capítulos diferentes:

I — Dos bens considerados em si mesmos;

II — Dos bens reciprocamente considerados; e

III — Dos bens públicos.

A classificação pode ser assim esquematizada:

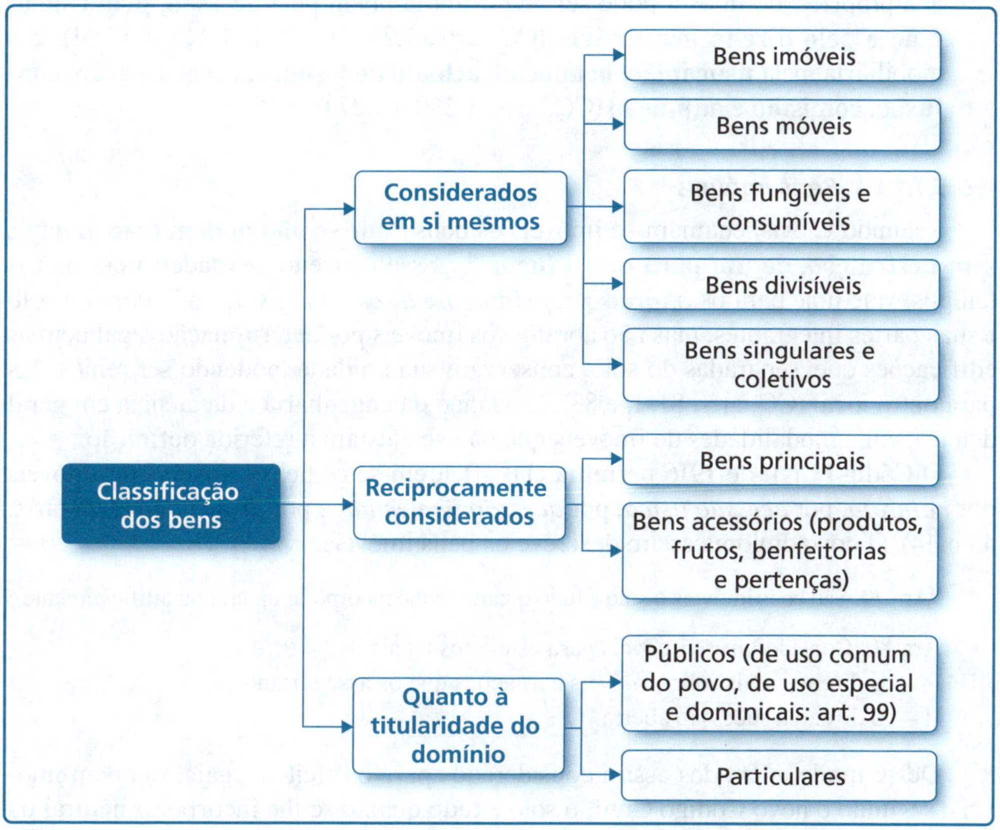

6.5.1. Bens considerados em si mesmos

6.5.1.1. Bens imóveis e bens móveis

É **a mais importante classificação**, fundada na efetiva natureza dos bens. Os bens imóveis, denominados ***bens de raiz***, sempre desfrutaram de maior prestígio, ficando os móveis relegados a plano secundário. No entanto, a importância do **bem**

[13] Washington de Barros Monteiro, *Curso*, cit., v. 1, p. 146.

móvel tem aumentado sensivelmente no moderno mundo dos negócios, em que circulam livremente os papéis e valores dos grandes conglomerados econômicos, sendo de grande importância para a economia o crédito, as energias, as ações de companhias particulares, os títulos públicos, as máquinas, os veículos etc.

Dentre os efeitos práticos dessa distinção, que denotam a sua importância, podem ser mencionados:

- os bens móveis são adquiridos, em regra, por simples **tradição**, enquanto os imóveis dependem de **escritura pública e registro** no Cartório de Registro de Imóveis (CC, arts. 108, 1.226 e 1.227);
- a propriedade imóvel pode ser adquirida também pela **acessão, pela usucapião e pelo direito hereditário** (CC, arts. 1.238 a 1.244, 1.248 e 1.784), e a mobiliária, pela **usucapião, ocupação, achado de tesouro, especificação, confusão, comistão e adjunção** (CC, arts. 1.260 a 1.274).

6.5.1.1.1. Bens imóveis

Segundo Clóvis, chamam-se imóveis os bens **"que se não podem transportar, sem destruição, de um para outro lugar"**[14]. Esse conceito, verdadeiro em outros tempos, vale hoje para os ***imóveis propriamente ditos*** ou ***bens de raiz***, como o solo e suas partes integrantes, mas não abrange os imóveis por determinação legal nem as edificações que, separadas do solo, conservam sua unidade, podendo ser removidas para outro local (CC, arts. 81, I, e 83). O avanço da engenharia e da ciência em geral deu origem a modalidades de imóveis que não se ajustam à referida definição.

O Código Civil de 1916 permitia classificarem-se os bens imóveis em: imóveis por *natureza*, por *acessão física*, por *acessão intelectual* e por *disposição legal* (arts. 43 e 44). O novo diploma assim descreve os bens imóveis:

> "Art. 79. São bens imóveis o solo e tudo quanto se lhe incorporar natural ou artificialmente.
>
> Art. 80. Consideram-se imóveis para os efeitos legais:
> I — os direitos reais sobre imóveis e as ações que os asseguram;
> II — o direito à sucessão aberta."

Desse modo, além dos assim considerados para os efeitos legais, são bem imóveis, segundo o novo Código Civil, o solo e tudo quanto se lhe incorporar natural ou artificialmente, ou seja, o solo e suas acessões, que podem ser naturais ou artificiais. Podem, portanto, os bens **imóveis** em geral ser classificados desta forma:

- imóveis por **natureza**;
- imóveis por **acessão natural**;
- imóveis por **acessão artificial**; e
- imóveis por **determinação legal**.

---

[14] *Teoria*, cit., p. 160.

Não há alusão no supratranscrito art. 79 do novo Código Civil aos imóveis por ***destinação do proprietário*** ou por ***acessão intelectual***, como eram denominados no Código de 1916 (art. 43, III) aqueles que o proprietário imobilizava por sua vontade, mantendo-os intencionalmente empregados em sua exploração industrial, aformoseamento ou comodidade, como as máquinas (inclusive tratores) e ferramentas, os objetos de decoração, os aparelhos de ar-condicionado etc. A razão é que o novo Código acolhe, seguindo a doutrina moderna, o conceito de ***pertença***[15], que se encontra no art. 93: são "os bens que, não constituindo partes integrantes, se destinam, de modo duradouro, ao uso, ao serviço ou ao aformoseamento de outro".

■ 6.5.1.1.1.1. *Imóveis por natureza*

A rigor, somente **o solo**, com sua **superfície, subsolo** e **espaço aéreo**, é imóvel por **natureza**. Tudo o mais que a ele adere deve ser classificado como imóvel por **acessão**. O art. 1.229 do novo Código dispõe que "a propriedade do solo abrange a do espaço aéreo e subsolo correspondentes, em altura e profundidade úteis ao seu exercício". E o art. 1.230, ajustado ao art. 176 da Constituição Federal, ressalva que "a propriedade do solo não abrange as jazidas, minas e demais recursos minerais, os potenciais de energia hidráulica, os monumentos arqueológicos e outros bens referidos por leis especiais".

■ 6.5.1.1.1.2. *Imóveis por acessão natural*

Incluem-se nessa categoria as **árvores** e os **frutos pendentes**, bem como todos os **acessórios e adjacências naturais**. Compreende as pedras, as fontes e os cursos de água, superficiais ou subterrâneos, que corram naturalmente. As árvores, quando destinadas ao corte, são consideradas bens "móveis por antecipação"[16].

Mesmo que as árvores tenham sido plantadas pelo homem (acessão artificial), deitando suas raízes no solo, são **imóveis**. Ainda quando a raiz não tenha brotado, e porque a intenção do semeador é obter plantas que produzam utilidades, "a semente, desde que é lançada na terra para germinar, é considerada incorporada ao solo". Não se caracterizam assim os tesouros, ainda que enterrados no subsolo, porque não constituem partes integrantes dele. Da mesma forma, não serão imóveis as **árvores** plantadas em **vasos**, porque **removíveis**[17].

A natureza pode fazer acréscimos ao solo, que a ele aderem, sendo tratados juridicamente como acessórios dele. O fenômeno pode dar-se pela **formação de ilhas, aluvião, avulsão, abandono de álveo**, sendo considerado modo originário de

---

15 José Carlos Moreira Alves, *A Parte Geral*, cit., p. 76.

16 Washington de Barros Monteiro, *Curso*, cit., v. 1, p. 150; Caio Mário da Silva Pereira, *Instituições*, cit., v. 1, p. 266; Francisco Amaral, *Direito civil*, cit., p. 307; Silvio Rodrigues, *Direito civil*, v. 1, p. 122. "Árvores vendidas para corte são bens móveis por antecipação e para sua alienação independem de outorga uxória" (*RT*, 227/231, 209/476).

17 Clóvis Beviláqua, *Teoria*, cit., p. 162.

aquisição da propriedade, criado por lei (CC, art. 1.248, I a IV), em virtude do qual tudo o que se incorpora a um bem fica pertencendo ao seu proprietário.

6.5.1.1.1.3. *Imóveis por acessão artificial ou industrial*

Acessão significa justaposição ou aderência de uma coisa à outra. O homem também pode incorporar bens móveis, como materiais de construção e sementes, ao solo, dando origem às acessões ***artificiais* ou *industriais***. As **construções e plantações** são assim denominadas porque derivam de um comportamento ativo do homem, isto é, do seu trabalho ou indústria. Constituem, igualmente, modo originário de aquisição da propriedade imóvel. Toda construção ou plantação existente em um terreno presume-se feita pelo proprietário e à sua custa, até que se prove o contrário (CC, art. 1.253).

Acessão artificial ou industrial é, pois, tudo quanto **o homem incorporar permanentemente** ao solo, como a semente lançada à terra, os edifícios e as construções, de modo que não se possa retirar sem destruição, modificação, fratura ou dano. Nesse conceito, não se incluem, portanto, as construções **provisórias**, que se destinam à remoção ou retirada, como os circos e parques de diversões, as barracas de feiras, pavilhões etc.[18].

Dispõe o art. 81 do novo Código Civil:

> "Art. 81. Não perdem o caráter de imóveis:
>
> I — as edificações que, separadas do solo, mas conservando a sua unidade, forem removidas para outro local;
>
> II — os materiais provisoriamente separados de um prédio, para nele se reempregarem."

O que se considera é **a finalidade** da separação, **a destinação** dos materiais. Assim, o que se tira de um prédio para novamente nele incorporar pertencerá ao imóvel e será imóvel[19]. Coerentemente, aduz o art. 84 que "os materiais destinados a alguma construção, enquanto não forem empregados, conservam sua qualidade de móveis; readquirem essa qualidade os provenientes da demolição de algum prédio".

O inc. I do art. 81 supratranscrito trata de hipótese mais comum em países como os Estados Unidos, em que as pessoas mudam de cidade ou de bairro e transportam a casa pré-fabricada para assentarem-na na nova localidade. A finalidade do dispositivo é salientar que, mesmo durante o transporte, a casa ou edifício continuará sendo imóvel para efeitos legais.

6.5.1.1.1.4. *Imóveis por determinação legal*

O art. 80 do Código Civil considera **imóveis para os efeitos legais:**

---

[18] Clóvis Beviláqua, *Teoria*, cit., p. 162; Caio Mário da Silva Pereira, *Instituições*, cit., v. 1, p. 262; Francisco Amaral, *Direito civil*, cit., p. 308.

[19] Ulpiano, *Digesto*, Liv. XIX e XXXII (*ad edictum*).

"I — os direitos reais sobre imóveis e as ações que os asseguram;

II — o direito à sucessão aberta."

São também denominados imóveis ***por disposição legal*** ou por **determinação legal**.

Trata-se de **bens incorpóreos**, imateriais (direitos), que não são, em si, móveis ou imóveis. O legislador, no entanto, para maior segurança das relações jurídicas, os considera imóveis[20]. Segundo Silvio Rodrigues, configura-se, na hipótese, **uma ficção da lei**. Trata-se de direitos vários a que, por circunstâncias especiais, a lei atribui a condição de imóveis[21]. O direito, nesses casos, como ocorre em outras oportunidades, cria sua realidade, que não confere com a realidade física[22].

- Os **direitos reais sobre imóveis**, de gozo (servidão, usufruto etc.) ou de garantia (penhor, hipoteca), são considerados imóveis pela lei, bem como as **ações que os asseguram**. Toda e qualquer transação que lhes diga respeito exige o registro competente (art. 1.227), bem como a autorização do cônjuge, nos termos do art. 1.747, I, do Código Civil.
- O **direito abstrato à sucessão aberta** é considerado bem imóvel, ainda que os bens deixados pelo *de cujus* sejam todos móveis. Neste caso, o que se considera imóvel não é o direito aos bens componentes da herança, mas o direito a esta, como uma unidade. A lei não cogita das **coisas que estão na herança, mas do direito a esta**. Somente depois da partilha é que se poderá cuidar dos bens individualmente[23]. A **renúncia da herança** é, portanto, **renúncia de imóvel** e deve ser feita por **escritura pública** ou **termo nos autos** (CC, art. 1.806), mediante autorização do cônjuge, se o renunciante for casado, e recolhimento da sisa. Pelo mesmo motivo, **cessão de direitos hereditários** deve ser feita por **escritura pública**, com autorização do cônjuge, se o cedente for casado[24].

■ 6.5.1.1.2. *Bens móveis*

Os bens móveis podem ser esquematicamente classificados do seguinte modo:

---

20 Clóvis Beviláqua, *Teoria*, cit., p. 160; Washington de Barros Monteiro, *Curso*, cit., v. 1, p. 149; Francisco Amaral, *Direito civil*, cit., p. 310.

21 *Direito civil*, cit., v. 1, p. 126.

22 Renan Lotufo, *Código Civil*, cit., p. 211.

23 Caio Mário da Silva Pereira, *Instituições*, cit., v. 1, p. 264; Francisco Amaral, *Direito civil*, cit., p. 310.

24 "A renúncia à herança e a cessão dos direitos hereditários, esta sendo ato traslativo de direitos reais sobre imóveis, exigem instrumento público" (*RT*, 370/166). "A formalização das renúncias se faz por escritura pública ou termo judicial. Da mesma forma, admite-se a lavratura de termo nos autos como sucedâneo da escritura, nas cessões de direitos hereditários. Assim já decidiu o Egrégio STF em caso de renúncia translativa ou 'in favorem'" (*RT*, 672/103).

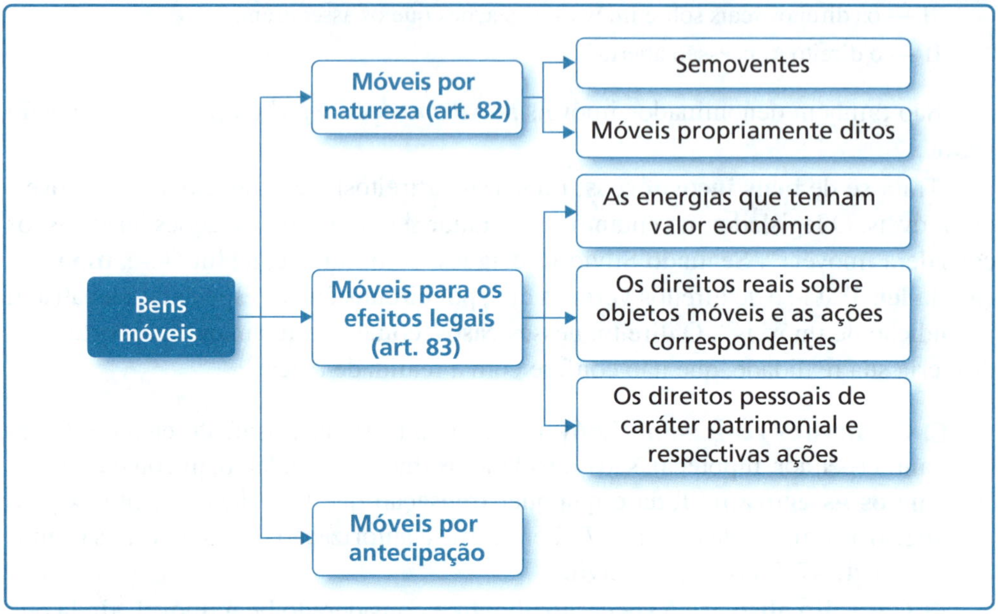

O art. 82 do Código Civil considera móveis "os bens suscetíveis de movimento próprio, ou de remoção por força alheia, sem alteração da substância ou da destinação econômico-social". Trata-se dos ***móveis por natureza***, que se dividem em ***semoventes*** e ***propriamente ditos***. Ambos são corpóreos. Outros são móveis ***para os efeitos legais*** (CC, art. 83), sendo que a doutrina menciona ainda a existência de ***móveis por antecipação***.

■ 6.5.1.1.2.1. *Móveis por natureza*

Segundo Clóvis, móveis por natureza "são os bens que, sem deterioração na substância, podem ser transportados de um lugar para outro, por força própria ou estranha"[25].

Merece destaque a expressão **"sem alteração da destinação econômico-social"** introduzida no citado **art. 82** do novo Código. Uma casa pré-fabricada, por exemplo, enquanto exposta à venda ou transportada, não pode ser considerada imóvel, malgrado conserve a sua unidade ao ser removida para outro local, segundo os dizeres do art. 81, I, do Código Civil, posto que destinada à comercialização, sem nunca ter sido antes assentada sobre as fundações construídas pelo adquirente. Quando isto acontecer, será considerada imóvel, em face da nova destinação econômico-social que lhe foi conferida, sujeita ao pagamento do imposto predial, não exigido do fabricante e do comerciante[26].

---

[25] *Teoria*, cit., p. 166-167.

[26] Renan Lotufo, *Código Civil*, cit., p. 217.

■ *Semoventes* — São os suscetíveis de **movimento próprio**, como os animais. Movem-se de um local para outro por força própria. Recebem o mesmo tratamento jurídico dispensado aos bens móveis propriamente ditos. Por essa razão, pouco ou nenhum interesse prático há em distingui-los.

■ *Móveis propriamente ditos* — São os que admitem **remoção por força alheia**, sem dano, como os objetos inanimados, não imobilizados por sua destinação econômico-social. Clóvis aponta como exemplos: "moedas, títulos da dívida pública e de dívida particular, mercadorias, ações de companhias, alfaias, objetos de uso etc."[27].

Dispõe o art. 84 do Código Civil que os "materiais destinados a alguma construção, enquanto não forem empregados, conservam sua qualidade de móveis; readquirem essa qualidade os provenientes da demolição de algum prédio". Estes últimos, todavia, não perdem o caráter de **imóveis**, se houver a **intenção de reempregá-los** na reconstrução do prédio demolido. Nesse campo, assume papel importante e determinante a intenção do dono.

O **gás**, podendo ser transportado por via de tubulação ou de embotijamento, caracteriza-se como bem corpóreo, sendo considerado **bem móvel**. A **corrente elétrica**, embora não tenha a mesma corporalidade, recebe também o tratamento de **bem móvel**. Com efeito, o Código Penal equipara a energia elétrica, ou qualquer outra dotada de valor econômico, à coisa móvel (art. 155, § 3º). Como acentua Caio Mário da Silva Pereira, no "direito moderno qualquer energia natural, elétrica inclusive, que tenha valor econômico, considera-se bem móvel"[28]. Assimilando essa orientação, o novo Código Civil incluiu "as energias que tenham valor econômico" no rol dos bens móveis para os efeitos legais (art. 83, I)[29].

Os **navios e as aeronaves** são bens móveis **propriamente ditos**. Podem ser imobilizados, no entanto, somente para **fins de hipoteca**, que é direito real de garantia sobre imóveis (CC, art. 1.473, VI e VII; Código Brasileiro de Aeronáutica — Lei n. 7.565, de 19.12.1986, art. 138).

■ 6.5.1.1.2.2. *Móveis por determinação legal*

O art. 83 do Código Civil considera móveis para os **efeitos legais**:

"I — as energias que tenham valor econômico;
II — os direitos reais sobre objetos móveis e as ações correspondentes;
III — os direitos pessoais de caráter patrimonial e respectivas ações."

---

[27] *Teoria*, cit., p. 167.

[28] *Instituições*, cit., v. 1, p. 266.

[29] O direito francês (cf. Planiol, Ripert e Boulanger, *Traité*, cit., n. 2.678) e o direito italiano (o art. 814, *elettricità: energia naturale che abbia valore economico*) também equiparam as energias que tenham valor econômico a coisa móvel.

São bens **imateriais**, que adquirem essa qualidade jurídica por disposição legal. Podem ser cedidos independentemente de outorga uxória ou marital. Incluem-se, nesse rol, o fundo de comércio, as quotas e ações de sociedades empresárias, os direitos do autor (Lei n. 9.610/98, art. 3º), os créditos em geral etc. A Lei n. 9.279/96, que dispõe sobre a propriedade industrial, também a considera, no art. 5º, coisa móvel, abrangendo os direitos oriundos do poder de criação e invenção do indivíduo.

Quanto aos **direitos reais**, mencionados no inc. II do citado art. 83 do Código Civil, compreendem tanto os de gozo e fruição sobre **objetos móveis** (propriedade, usufruto etc.), como os de garantia (penhor, hipoteca etc.) e as **ações a eles correspondentes**.

O inc. III refere-se aos **direitos pessoais** ou direitos de obrigação, de caráter patrimonial, que são suscetíveis de circulação jurídica, e **respectivas ações**. As ações que os asseguram, pelo nosso direito positivo, são também tratadas como bens móveis, e não apenas elementos tutelares dos direitos. São mencionadas porque o direito a elas é um direito material, que, se inexistir, a decisão será pela carência ou ausência do direito[30].

6.5.1.1.2.3. *Móveis por antecipação*

A doutrina refere-se, ainda, a esta terceira categoria de bens móveis. São bens incorporados ao solo, mas com a intenção de separá-los oportunamente e convertê-los em móveis, como as **árvores destinadas ao corte** e os **frutos ainda não colhidos**. Observa-se, nesses casos, aos quais podem somar-se as safras não colhidas[31], a **vontade humana** atuando no sentido de **mobilizar bens imóveis** em função da **finalidade econômica**. Podem ainda ser incluídos nessa categoria os imóveis que, por sua ancianidade, são vendidos para fins de demolição.

6.5.1.2. *Bens fungíveis e infungíveis*

- **Bens fungíveis** são "os móveis que podem substituir-se por outros da mesma espécie, qualidade e quantidade", dispõe o art. 85 do Código Civil, como o dinheiro e os gêneros alimentícios em geral.
- **Bens infungíveis** são os que não têm esse atributo, como o quadro de um pintor célebre, uma escultura famosa, que são **personalizados** ou **individualizados**. O novo Código adotou a orientação de só conceituar o indispensável, não fazendo alusão a noções meramente negativas, como as de bens infungíveis, inconsumíveis e indivisíveis. Não é, porém, pelo fato de o mencionado art. 85 só haver definido bem fungível que, por isso, deixam de existir os bens infungíveis. Mesmo porque se define o bem fungível para distingui-lo do infungível[32].

---

30 Caio Mário da Silva Pereira, *Instituições*, cit., v. 1, p. 267; Renan Lotufo, *Código Civil*, cit., p. 220.

31 Segundo Agostinho Alvim, as árvores e frutos só aderem ao imóvel enquanto não sejam "objeto de negócio autônomo" (*Comentários ao Código Civil*, v. 1, p. 223, n. 4).

32 José Carlos Moreira Alves, *A Parte Geral*, cit., p. 136.

A fungibilidade é característica dos **bens móveis**, como o menciona o referido dispositivo legal. Pode ocorrer, no entanto, que, em certos negócios, a **fungibilidade** venha a alcançar os **imóveis**, por exemplo, no ajuste entre sócios de um loteamento sobre eventual partilha em caso de desfazimento da sociedade, quando o que se retira receberá certa quantidade de lotes. Enquanto não lavrada a escritura, será ele credor de coisas fungíveis, determinadas apenas pela espécie, qualidade e quantidade[33].

A fungibilidade é o resultado da comparação entre duas coisas que se consideram equivalentes. Os bens **fungíveis** são **substituíveis** porque são **idênticos**, econômica, social e juridicamente. A característica advém, pois, da ***natureza*** dos bens. Todavia, pode resultar também da ***vontade das partes***. A moeda é um bem fungível. Determinada moeda, porém, pode tornar-se infungível para um colecionador. Um boi é infungível e, se emprestado a um vizinho para serviços de lavoura, deve ser devolvido. Se, porém, foi destinado ao corte, poderá ser substituído por outro. Uma cesta de frutas e uma garrafa de vinho nobre são bens fungíveis. Mas, emprestados para ornamentação, transformam-se em infungíveis, não podendo ser substituídos por outros da mesma espécie, configurando-se, na hipótese, o **comodato *ad pompam vel ostentationem***, segundo a linguagem dos romanos[34].

A classificação dos bens em fungíveis e infungíveis tem **importância prática**, por exemplo, na distinção entre mútuo, que só recai sobre bens fungíveis (CC, art. 586), e comodato, que tem por objeto bens infungíveis (CC, art. 579).

6.5.1.3. *Bens consumíveis e inconsumíveis*

6.5.1.3.1. *Bens consumíveis*

Proclama o art. 86 do Código Civil que são **consumíveis** "os bens móveis cujo uso importa destruição imediata da própria substância, sendo também considerados tais os destinados à alienação". Infere-se do conceito que os bens podem ser:

- **Consumíveis *de fato*** (natural ou materialmente consumíveis): aqueles cujo uso importa **destruição imediata da própria substância**, como os gêneros alimentícios. Extinguem-se pelo uso normal, exaurindo-se num só ato.
- **Consumíveis *de direito*** (juridicamente consumíveis): os que se destinam **à alienação**, como as mercadorias de um supermercado.

Tais qualidades levam em conta o sentido econômico dos bens. O advento do Código de Defesa do Consumidor (Lei n. 8.078, de 11.9.1990) deu extraordinário realce aos bens consumíveis, por dispor exatamente sobre as relações de consumo na economia de massa, visando à proteção do consumidor.

---

[33] Caio Mário da Silva Pereira, *Instituições*, cit., v. 1, p. 269.

[34] Clóvis Beviláqua, *Teoria*, cit., p. 168; Francisco Amaral, *Direito civil*, cit., p. 312.

■ *6.5.1.3.2. Bens inconsumíveis*

Inconsumíveis são os bens que podem ser usados continuadamente, ou seja, os que permitem utilização contínua, **sem destruição da substância**. A rigor, a utilização mais ou menos prolongada acaba por consumir qualquer objeto, ainda que leve bastante tempo. Entretanto, no sentido jurídico, bem consumível é apenas o que desaparece com o **primeiro uso**; não é, portanto, juridicamente consumível a roupa, que lentamente se gasta com o uso ordinário[35].

Clóvis Beviláqua obtempera que há coisas que, **segundo o destino** que lhes derem, serão consumíveis ou inconsumíveis. Tais são, por exemplo, os livros, que, nas prateleiras de uma livraria, serão consumíveis por se destinarem à alienação, e, nas estantes de uma biblioteca, serão inconsumíveis, porque aí se acham para serem lidos e conservados[36].

■ *6.5.1.3.3. A influência da destinação econômico-jurídica do bem*

A consuntibilidade decorre:

a) da **natureza do bem**; ou

b) da **vontade das partes**.

Pode, efetivamente, a consuntibilidade resultar da vontade das partes, ou seja, da **destinação econômico-jurídica** que é conferida ao bem. Pode, assim, o bem consumível de fato tornar-se inconsumível pela **vontade do dono**, como um comestível ou uma garrafa de bebida rara emprestados para uma exposição (*ad pompam vel ostentationem*), que devem ser devolvidos. Assim, também um bem inconsumível de fato pode transformar-se em juridicamente consumível, como os livros (que não desaparecem pelo fato de serem utilizados) colocados à venda nas prateleiras de uma livraria.

Certos direitos não podem recair, em regra, sobre bens consumíveis. É o caso do usufruto. Quando, no entanto, tem por objeto **bens consumíveis**, passa a denominar-se **"usufruto impróprio"** ou **"quase usufruto"**, sendo, nesse caso, o usufrutuário obrigado a restituir, findo o usufruto, os que ainda existirem e, dos outros, o equivalente em gênero, qualidade e quantidade, ou, não sendo possível, o seu valor, estimado ao tempo da restituição (CC, art. 1.392, § 1º).

■ *6.5.1.3.4. Consuntibilidade e fungibilidade*

A **consuntibilidade**, que diz respeito ao uso a que o bem se destina, **não se confunde** com a **fungibilidade**, que é o resultado da comparação entre duas coisas que se consideram equivalentes. Os dois conceitos têm sido confundidos porque, em geral, os **bens consumíveis são fungíveis**. Os gêneros alimentícios e as bebidas são

[35] Torrente, *Manuale di diritto privato*, p. 85, apud Washington de Barros Monteiro, *Curso*, cit., v. 1, p. 154.

[36] *Teoria*, cit., p. 168.

naturalmente consumíveis e, ao mesmo tempo, fungíveis; o dinheiro é fungível e juridicamente consumível. Há, entretanto, **bens fungíveis não naturalmente consumíveis**, como livros didáticos, móveis etc.[37].

6.5.1.4. Bens divisíveis e indivisíveis

6.5.1.4.1. Bens divisíveis

Quanto à divisibilidade, os bens classificam-se em:

- **divisíveis**; e
- **indivisíveis**.

Bens **divisíveis**, diz o art. 87 do Código Civil, "são os que se podem fracionar sem alteração na sua substância, diminuição considerável de valor, ou prejuízo do uso a que se destinam". São divisíveis, portanto, os bens que podem **ser partidos em porções reais e distintas, formando cada qual um todo perfeito**, na dicção do art. 52 do Código de 1916. Um relógio, por exemplo, é bem indivisível, pois cada parte não conservará as qualidades essenciais do todo se for desmontado.

O novo Código introduziu, na divisibilidade dos bens, o critério da ***diminuição considerável do valor***, seguindo a melhor doutrina e por ser socialmente o mais defensável, no dizer da Comissão Revisora, cujo relatório adverte: "Atente-se para a hipótese de 10 pessoas herdarem um brilhante de 50 quilates, que, sem dúvida, vale muito mais do que 10 brilhantes de 5 quilates; se esse brilhante for divisível (e, a não ser pelo critério da diminuição sensível do valor, não o será), qualquer dos herdeiros poderá prejudicar todos os outros, se exigir a divisão da pedra"[38].

6.5.1.4.2. Bens indivisíveis

Dispõe o art. 88 do Código Civil que os "bens naturalmente divisíveis podem tornar-se indivisíveis por determinação da lei ou por vontade das partes". Constata-se, assim, que os bens podem ser:

- **Indivisíveis *por natureza*** (indivisibilidade **física ou material**): os que não podem ser fracionados sem alteração na sua substância, diminuição de valor ou prejuízo do uso, como um animal, um relógio, um quadro, um brilhante etc. As obrigações também são divisíveis, ou indivisíveis conforme seja divisível ou não o objeto da prestação (CC, arts. 257 e 258).

[37] Clóvis Beviláqua, *Teoria*, cit., p. 168; Francisco Amaral, *Direito civil*, cit., p. 315. Decidiu o Superior Tribunal de Justiça: "Tratando-se de coisas não apenas fungíveis como consumíveis, porque destinadas diretamente à alienação pela compradora depositária no exercício de seu ramo normal de mercancia, aplicam-se ao depósito as regras do mútuo, sendo incabível a ação de depósito" (REsp 11.799-SP, 4ª T., rel. Min. Athos Carneiro, *DJU*, 30.11.1992, p. 22.617).

[38] José Carlos Moreira Alves, *A Parte Geral*, cit., p. 137.

- **Indivisíveis *por determinação legal*** (indivisibilidade **jurídica**): quando a lei expressamente impede o seu fracionamento, como no caso das servidões prediais (CC, art. 1.386), da hipoteca (art. 1.421) e do direito dos coerdeiros quanto à propriedade e posse da herança, até a partilha (art. 1.791) etc. Os imóveis rurais, por lei, não podem ser divididos em frações inferiores ao módulo regional. A Lei n. 6.766, de 19 de dezembro de 1979 (Lei do Parcelamento do Solo Urbano), também proíbe o desmembramento em lotes cuja área seja inferior a 125 m^2, exigindo frente mínima de 5 m (art. 4º, II).
- **Indivisíveis *por vontade das partes*** (indivisibilidade **convencional**): neste caso, o acordo tornará a coisa comum indivisa por prazo não maior que cinco anos, suscetível de prorrogação ulterior (CC, art. 1.320, § 1º). Se a indivisão for estabelecida pelo doador ou pelo testador, não poderá exceder de cinco anos (§ 2º).

Confira-se o quadro esquemático abaixo:

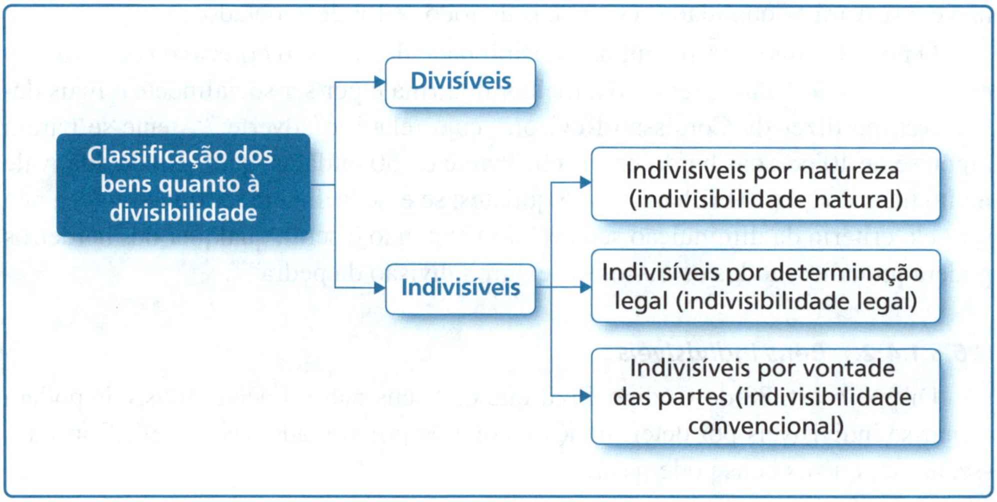

A importância da distinção entre bens divisíveis e indivisíveis repercute em vários setores do direito, especialmente no que concerne aos **condomínios**, pois, conforme a divisibilidade ou indivisibilidade da coisa, diferente será o procedimento para a sua extinção (CC, arts. 1.320 e 1.322). Como assinala Francisco Amaral, tanto "a divisibilidade quanto a indivisibilidade podem converter-se na qualidade oposta. Bem materialmente divisível pode transformar-se, pela vontade das partes, em idealmente indivisível. Também a coisa materialmente indivisível pode ser dividida em partes ideais, como no condomínio"[39].

---

[39] *Direito civil*, cit., p. 316.

6.5.1.5. *Bens singulares e coletivos*

6.5.1.5.1. *Conceito de bens singulares*

Quanto à individualidade, os bens denominam-se:

- **singulares**; e
- **coletivos**.

Preceitua o art. 89 do Código Civil: "São singulares os bens que, embora reunidos, se consideram de per si, independentemente dos demais".

São **singulares**, portanto, quando considerados na sua **individualidade**, como um cavalo, uma árvore, uma caneta, um papel ou um crédito, *verbi gratia*. A árvore pode ser bem singular ou coletivo, conforme seja **encarada individualmente** ou **agregada a outras**, formando um todo, uma universalidade de fato (uma floresta). Já uma caneta, por exemplo, só pode ser bem singular, porque a reunião de várias delas não daria origem a um bem coletivo. Ainda que reunidas, seriam consideradas de per si, independentemente das demais.

6.5.1.5.2. *Espécies de bens singulares*

A doutrina classifica os bens singulares em:

- **simples**, quando suas partes, da mesma espécie, estão ligadas pela própria **natureza**, como um cavalo, uma árvore;
- **compostos**, quando as suas partes se acham ligadas pela **indústria humana**, como um edifício. "As coisas simples que formam a coisa composta, mantendo sua identidade, denominam-se **partes integrantes**. Se perdem a identidade, chamam-se **partes componentes**. As partes integrantes, como as peças de máquinas, podem ser separadas do todo, as componentes, como o cimento de uma parede, não"[40].

6.5.1.5.3. *Bens coletivos*

Os bens **coletivos** são chamados também de universais ou universalidades e abrangem as:

- ***universalidades de fato***; e as
- ***universalidades de direito***.

São os que, sendo compostos de várias coisas singulares, se consideram em **conjunto**, formando um **todo**, uma unidade, que passa a ter individualidade própria, distinta da dos seus objetos componentes, como um rebanho, uma floresta etc.

---

40 Francisco Amaral, *Direito civil*, cit., p. 318.

6.5.1.5.3.1. *Universalidade de fato*

O art. 90 do Código Civil considera **universalidade de fato** "a pluralidade de bens singulares que, pertinentes à mesma pessoa, tenham destinação unitária". Mencione-se, como exemplo, uma biblioteca, um rebanho, uma galeria de quadros. Determinados bens só têm valor econômico e jurídico quando agregados: um par de sapatos ou de brincos, por exemplo.

Acrescenta o parágrafo único do aludido dispositivo legal que os "bens que formam essa universalidade podem ser objeto de relações jurídicas próprias". A universalidade **de fato** distingue-se dos bens compostos pelo fato de ser uma **pluralidade de bens autônomos** a que o proprietário dá uma **destinação unitária**, podendo ser alienados conjuntamente, em um único ato, ou individualmente, na forma do citado parágrafo único[41].

6.5.1.5.3.2. *Universalidade de direito*

Por sua vez, o art. 91 proclama constituir **universalidade de direito** "o complexo de relações jurídicas, de uma pessoa, dotadas de valor econômico". É a hipótese da **herança, do patrimônio, do fundo de comércio, da massa falida** etc. A distinção fundamental entre a universalidade **de fato** e a **de direito** está em que a primeira se apresenta como um conjunto ligado pelo entendimento particular (decorre da **vontade do titular**), enquanto a segunda decorre da lei, ou seja, da pluralidade de **bens corpóreos e incorpóreos** a que **a lei**, para certos efeitos, atribui o **caráter de unidade**, como na herança, no patrimônio, na massa falida etc.[42].

Confira-se o quadro esquemático abaixo:

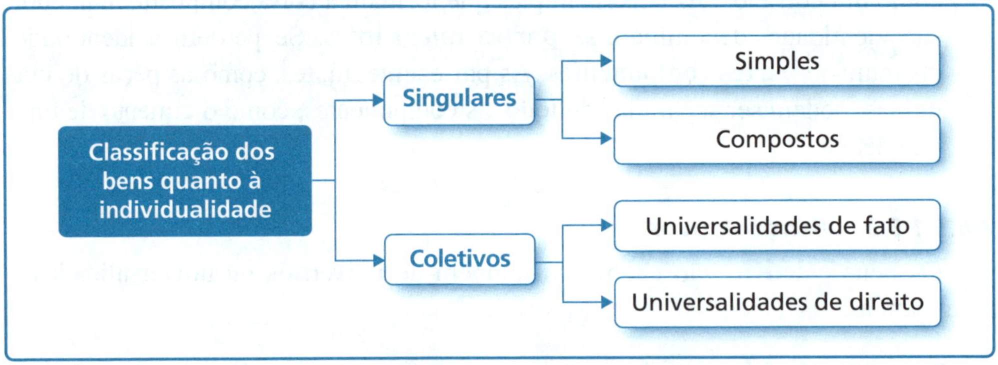

6.5.2. Bens reciprocamente considerados

Depois de visualizar os bens em sua própria individualidade, o legislador muda de critério, no Capítulo II do título concernente às diferentes classes de bens, e os

---

41 Alberto Trabucchi, *Commentario breve al Codice Civile*, p. 758.

42 Silvio Rodrigues, *Direito civil*, cit., v. 1, p. 134; Alberto Trabucchi, *Commentario*, cit., p. 758-759.

considera **reciprocamente**, levando em conta a relação **entre uns e outros**. E, dessa forma, classifica-os em **principais** e **acessórios**.

Nesse capítulo, o legislador distingue bem principal de acessório e formula o conceito de pertenças e de benfeitorias, fazendo ainda referência a outras modalidades de acessórios, como os frutos e os produtos, compreendidos, nos primeiros, os rendimentos.

6.5.2.1. Bens principais e acessórios

6.5.2.1.1. Conceito e distinção

Considerados uns em relação aos outros, os bens classificam-se em:

a) principais; e
b) acessórios.

- ***Principal*** é o bem que tem **existência própria**, autônoma, que existe por si.
- ***Acessório*** é aquele cuja existência **depende do principal**. Assim, o solo é bem principal, porque existe por si, concretamente, sem qualquer dependência. A árvore, por sua vez, é acessório, porque sua existência supõe a do solo onde foi plantada.

Prescreve o art. 92 do Código Civil:

> "Art. 92. Principal é o bem que existe sobre si, abstrata ou concretamente; acessório, aquele cuja existência supõe a do principal."

A acessoriedade pode existir entre **coisas** e entre **direitos**, pessoais ou reais. Os contratos de locação e de compra e venda, por exemplo, são principais. A fiança e a cláusula penal neles estipuladas são acessórios. A hipoteca e outros direitos reais são acessórios em relação ao bem ou contrato principal.

6.5.2.1.2. O princípio da gravitação jurídica

Em consequência da mencionada distinção, como regra, **o bem acessório segue o destino do principal** (*acessorium sequitur suum principale*). Para que tal não ocorra, é necessário que tenha sido **convencionado o contrário** (venda de veículo, convencionando-se a retirada de alguns acessórios) ou que **de modo contrário** estabeleça algum **dispositivo legal**, como o art. 1.284 do Código Civil, pelo qual os frutos pertencem ao dono do solo onde caírem, e não ao dono da árvore. Importantes **consequências** decorrem da referida regra, podendo ser apontadas as seguintes:

- **A natureza do acessório é a mesma do principal:** se o solo é imóvel, a árvore a ele anexada também o é. Trata-se do *princípio da* ***gravitação jurídica***, pelo qual um bem atrai outro para sua órbita, comunicando-lhe seu próprio regime jurídico[43].

---

[43] Clóvis Beviláqua, *Teoria*, cit., p. 175.

- **O acessório acompanha o principal em seu destino:** assim, extinta a obrigação principal, extingue-se também a acessória, mas o contrário não é verdadeiro. Vejam-se os exemplos: a nulidade da obrigação principal importa a da cláusula penal; a obrigação de dar coisa certa abrange seus acessórios, salvo se o contrário resultar do título ou das circunstâncias do caso (CC, art. 233); na cessão de um crédito, abrangem-se todos os seus acessórios, salvo disposição em contrário (art. 287); salvo disposição em contrário, o usufruto estende-se aos acessórios da coisa e seus acrescidos (art. 1.392).
- **O proprietário do principal é proprietário do acessório:** confira-se: até a tradição, pertence ao devedor a coisa, com os seus melhoramentos e acrescidos, pelos quais poderá exigir aumento no preço (CC, art. 237); a posse do imóvel faz presumir, até prova contrária, a das coisas móveis que nele estiverem (art. 1.209); os frutos e mais produtos da coisa pertencem, ainda quando separados, ao seu proprietário (art. 1.232); no capítulo concernente às acessões (arts. 1.248 e s.), predomina o princípio em virtude do qual tudo o que se incorpora a um bem fica pertencendo ao seu proprietário, podendo o fato ocorrer por formação de ilhas, aluvião, avulsão, abandono de álveo, plantações e construções.

6.5.2.2. *As diversas classes de bens acessórios*

Dispõe o art. 95 do Código Civil que, apesar de "ainda não separados do bem principal, os frutos e produtos podem ser objeto de negócio jurídico". Compreendem-se, pois, na grande classe dos bens acessórios os **produtos e os frutos**.

6.5.2.2.1. *Os produtos*

Produtos "são as utilidades que se retiram da coisa, **diminuindo-lhe a quantidade**, porque não se reproduzem periodicamente, como as pedras e os metais, que se extraem das pedreiras e das minas"[44]. Distinguem-se dos frutos porque a colheita destes não diminui o valor nem a substância da fonte e a daqueles, **sim**.

A diferença é importante em matéria de usufruto, que só dá direito à percepção dos frutos (CC, art. 1.394). Adverte, porém, Clóvis Beviláqua que "os produtos, quando são utilidades provenientes de uma riqueza posta em atividade econômica, seguem a natureza dos frutos"[45]. Em face dessa assertiva, devem os produtos ser **tratados como frutos**, a que tem direito o possuidor de boa-fé, malgrado o art. 1.214 do Código Civil só se refira a estes.

Prescreve o art. 1.232 do Código Civil que os "frutos e mais produtos da coisa pertencem, ainda quando separados, ao seu proprietário, salvo se, por preceito jurídico especial, couberem a outrem". Legislação especial transformou os minerais em bens principais. O art. 176 da Constituição Federal dispõe que as jazidas pertencem à União, constituindo propriedade distinta da do solo para efeito de exploração ou

[44] Clóvis Beviláqua, *Teoria*, cit., p. 175-176.

[45] *Teoria*, cit., p. 176.

aproveitamento industrial, sendo assegurada ao proprietário deste participação nos resultados da lavra (§ 2º).

■ 6.5.2.2.2. *Os frutos*

■ 6.5.2.2.2.1. *Conceito e características*

Frutos são as utilidades que uma coisa periodicamente produz. Nascem e renascem da coisa, **sem acarretar-lhe a destruição** no todo ou em parte (*fructus est quidquid nasci et renasci potest*), como as frutas brotadas das árvores, os vegetais espontaneamente fornecidos pelo solo, o leite dos animais etc. **Caracterizam-se**, assim, por três elementos:

- ***periodicidade***;
- ***inalterabilidade da substância*** da coisa principal; e
- ***separabilidade*** desta[46].

■ 6.5.2.2.2.2. *Espécies*

Dividem-se os frutos, quanto à ***origem***, em:

- ***Naturais*** — São os que se desenvolvem e se renovam periodicamente, em virtude da força orgânica da **própria natureza**, como os frutos das árvores, os vegetais, as crias dos animais etc.
- ***Industriais*** — Assim se denominam os que aparecem pela mão do homem, isto é, os que surgem em razão da **atuação ou indústria do homem** sobre a natureza, como a produção de uma fábrica.
- ***Civis*** — São os **rendimentos** produzidos pela coisa em virtude de sua utilização por outrem que não o proprietário, como os **juros** e os **aluguéis**.

Clóvis Beviláqua classifica os frutos, quanto ao seu ***estado***, em:

- ***pendentes***, enquanto unidos à coisa que os produziu;
- ***percebidos*** ou **colhidos**, depois de separados;
- ***estantes***, os separados e armazenados ou acondicionados para venda;
- ***percipiendos***, os que deviam ser, mas não foram, colhidos ou percebidos; e
- ***consumidos***, os que não existem mais porque foram utilizados[47].

Orlando Gomes considera essa classificação a mais importante divisão dos frutos, devido aos seus efeitos práticos, principalmente no que concerne **à posse**[48]. Efetivamente, o possuidor de boa-fé tem direito, enquanto ela durar, aos frutos percebidos,

---

46 Francisco Clementino San Thiago Dantas, *Programa de direito civil*, v. 1, p. 236; Francisco Amaral, *Direito civil*, cit., p. 319-320.

47 *Teoria*, cit., p. 175.

48 *Introdução*, cit., p. 203.

não aos pendentes, nem aos colhidos por antecipação (CC, art. 1.214). O possuidor de má-fé não tem direito aos frutos, devendo restituir os colhidos e percebidos (art. 1.216).

Veja-se o quadro esquemático abaixo:

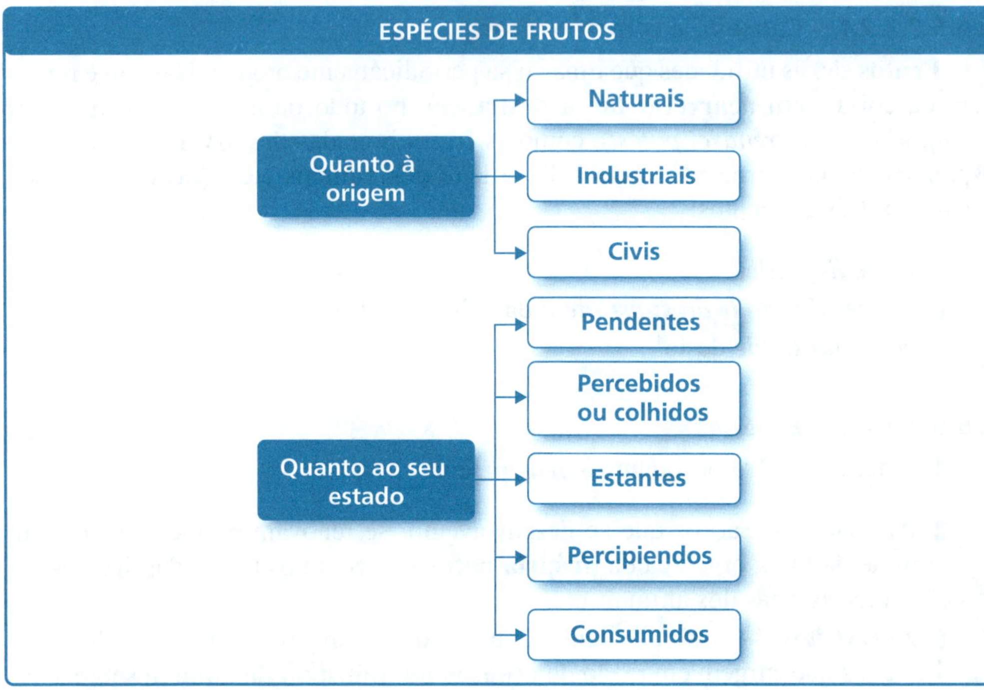

6.5.2.2.3. *As pertenças*

O novo Código Civil incluiu, no rol dos bens acessórios, as ***pertenças***, ou seja, os bens móveis que, não constituindo **partes integrantes** (como o são os frutos, produtos e benfeitorias), estão afetados por forma **duradoura** ao **serviço** ou **ornamentação** de outro, como os tratores destinados a uma melhor exploração de propriedade agrícola e os objetos de decoração de uma residência.

Prescreve, com efeito, o art. 93 do referido diploma:

> "Art. 93. São pertenças os bens que, não constituindo partes integrantes, se destinam, de modo duradouro, ao uso, ao serviço ou ao aformoseamento de outro."

Por sua vez, o art. 94 mostra a distinção entre ***parte integrante*** (frutos, produtos e benfeitorias) e ***pertenças*** ao proclamar:

> "Art. 94. Os negócios jurídicos que dizem respeito ao bem principal não abrangem as pertenças, salvo se o contrário resultar da lei, da manifestação de vontade, ou das circunstâncias do caso."

Verifica-se, pela interpretação *a contrario sensu* do aludido dispositivo, que a regra **"o acessório segue o principal"** aplica-se somente às partes integrantes, já que não é aplicável **às pertenças**. Na prática, já se tem verificado que, mesmo sem disposição em contrário, as pertenças — o mobiliário, por exemplo — não acompanham o imóvel alienado ou desapropriado. A modificação introduzida, tendo em vista que se operou a unificação parcial do direito privado, atenderá melhor aos interesses comerciais[49].

O conceito de pertença está muito próximo do conceito de bens ***imóveis por destinação do proprietário*** ou por ***acessão intelectual*** a que aludia o art. 43, III, do Código Civil de 1916[50]. É objetivo e depende, consequentemente, das concepções sociais[51]. São coisas que não formam partes integrantes e também não são fundamentais para a utilização do bem principal[52].

6.5.2.2.4. As benfeitorias

6.5.2.2.4.1. Conceito e espécies

Também se consideram bens acessórios todas as ***benfeitorias***, qualquer que seja o seu valor (CC, art. 96). Desde o direito romano, classificam-se em três grupos as despesas ou os melhoramentos que podem ser realizados nas coisas:

- despesas ou benfeitorias **necessárias** (*impensae necesariae*);
- despesas ou benfeitorias **úteis** (*impensae utiles*);
- despesas ou benfeitorias de **luxo** (*impensae voluptuariae*).

A importância jurídica da distinção revela-se especialmente nos efeitos da posse e no direito de retenção (CC, art. 1.219), no usufruto (arts. 1.392 e 1.404, § 2º), na locação (art. 578), na extinção do condomínio (art. 1.322), no direito de família (art. 1.660, IV), no direito das obrigações (arts. 453 e 878) e no direito das sucessões (art. 2.004, § 2º).

O Código Civil brasileiro, no art. 96, considera:

---

49 José Carlos Moreira Alves, *A Parte Geral*, cit., p. 41.

50 No Código Civil de 1916, o vocábulo "pertenças" era empregado apenas no art. 1.189, I, que dizia ser o locador obrigado a "entregar ao locatário a coisa alugada, com suas pertenças, em estado de servir ao uso a que se destina, e a mantê-la nesse estado, pelo tempo do contrato, salvo cláusula expressa em contrário".

51 BGB, § 107, alínea *l*, *in fine*.

52 A respeito da distinção entre partes integrantes e pertenças, confira-se a lição de Vicente Ráo: "Ora, acrescentam os autores, a máxima segundo a qual *acessorium sequitur principal, acessorium cedit principali,* só se aplica, em rigor, às coisas acessórias que fazem parte integrante das coisas principais. Chamam-se *pertences* as coisas destinadas e emprestadas ao uso, ao serviço, ou ao ornamento duradouro de outra coisa, a qual, segundo a opinião comum, continuaria a ser considerada como completa, ainda que estes acessórios lhe faltassem: tais são as coisas imóveis por destino, os acessórios que servem ao uso das coisas móveis como o estojo das joias, a bainha da espada etc. Ora, para essa categoria de acessórios, a máxima citada acima não tem aplicação rigorosa e absoluta, comportando, ao contrário, as limitações prescritas pela lei, em atenção aos fins a que esses acessórios se destinam" (*O direito e a vida dos direitos*, reedição, 1960, v. 2, n. 195).

- *necessárias* as benfeitorias que "têm por fim conservar o bem ou evitar que se deteriore";
- *úteis*, as que "aumentam ou facilitam o uso do bem"; e
- *voluptuárias*, as de "mero deleite ou recreio, que não aumentam o uso habitual do bem, ainda que o tornem mais agradável ou sejam de elevado valor".

Essa classificação não tem caráter absoluto, pois uma mesma benfeitoria pode enquadrar-se **em uma ou outra espécie**, dependendo das circunstâncias. Uma piscina, por exemplo, pode ser considerada benfeitoria voluptuária em uma casa ou condomínio, mas útil ou necessária em uma escola de natação.

6.5.2.2.4.2. Benfeitorias necessárias

Sob duplo ponto de vista, pode-se qualificar de ***necessária*** uma benfeitoria:

- **Quando se destina à conservação** da coisa, seja para impedir que **pereça ou se deteriore** (despesas para dar suficiente solidez a uma residência, para cura das enfermidades dos animais etc.), seja para **conservá-la juridicamente** (despesas efetuadas para o cancelamento de uma hipoteca, liberação de qualquer outro ônus real, pagamento de foros e impostos, promoção de defesa judicial etc.)[53].
- **Quando visa permitir sua *normal exploração*** (despesas realizadas com adubação, esgotamento de pântanos, culturas de toda espécie, máquinas e instalações etc.)[54].

6.5.2.2.4.3. Benfeitorias úteis

O conceito de benfeitorias ***úteis*** é negativo: as que não se enquadram na categoria de necessárias, mas aumentam objetivamente o valor do bem[55]. Para o Código Civil brasileiro, como já dito, são ***úteis*** as benfeitorias que **aumentam ou facilitam** o uso do bem. Assim, por exemplo, o acrescentamento de um banheiro ou de uma garagem a casa, que obviamente aumenta o seu valor comercial.

6.5.2.2.4.4. Benfeitorias voluptuárias

Voluptuárias são as benfeitorias que só consistem em objetos de **luxo e recreio**, como jardins, mirantes, fontes, cascatas artificiais, bem como aquelas que não

---

53 Tanto a conservação material como a jurídica constituem despesas ou benfeitorias necessárias. A esse respeito é muito claro o Código Civil alemão, que se refere, em seu § 995, às despesas para "liberar a coisa de seus ônus" ("die der Besitzer zur Bestreitung von Lasten der Sache macht"), vale dizer, despesas de conservação jurídica.

54 Arturo Valencia Zea, *La posesion*, p. 374-375.

55 Wolff e Raiser, *Sachenrecht*, cit., n. 86. A noção de que o conceito de benfeitoria útil alcança os melhoramentos não necessários, mas que aumentam o valor comercial da coisa, é pacífica na doutrina em geral (Cf. Planiol, Ripert e Picard, Los bienes, in *Tratado práctico de derecho civil francés*).

aumentam o valor venal da coisa no mercado em geral ou só o aumentam em proporção insignificante, como preceitua o § 2º do art. 967 do Código Civil colombiano.

6.5.2.2.4.5. Benfeitorias, acessões industriais e acessões naturais

Benfeitorias não se confundem com *acessões industriais* ou *artificiais*, previstas nos arts. 1.253 a 1.259 do Código Civil e que constituem **construções e plantações**.

- **Benfeitorias** são obras ou despesas feitas em bem *já existente*.
- **Acessões industriais** são obras que criam *coisas novas*, como a edificação de uma casa, e têm regime jurídico diverso, sendo um dos modos de **aquisição da propriedade imóvel**. A pintura ou os reparos feitos em casa já existente constituem benfeitorias. Apesar de acarretarem consequências diversas, a jurisprudência vem reconhecendo o **direito de retenção** ao possuidor também nos casos de acessões industriais, malgrado a legislação o tenha previsto somente para a hipótese de ter sido feita alguma benfeitoria necessária ou útil (CC, art. 1.219)[56].
- **Acessões naturais:** dispõe o art. 97 do Código Civil: "Não se consideram benfeitorias os melhoramentos ou acréscimos sobrevindos ao bem sem a intervenção do proprietário, possuidor ou detentor". Esses acréscimos são **acessões naturais** e ocorrem em virtude de aluvião, avulsão, formação de ilhas e abandono de álveo (CC, art. 1.248). Nessas hipóteses, "não há benfeitorias, mas **acréscimos** decorrentes de fatos eventuais e inteiramente fortuitos. Não são eles indenizáveis, porque, para a sua realização, não ocorre qualquer esforço do possuidor ou detentor. Sendo obra exclusiva da natureza, quem lucra é o proprietário do imóvel, sem compensação alguma para quem quer que seja"[57].

Igualmente não se consideram benfeitorias ou bens acessórios a pintura em relação à tela e a escultura, a escritura ou outro qualquer trabalho gráfico em relação à matéria-prima que os recebe, considerando-se o maior valor do trabalho em relação ao do bem principal (CC, art. 1.270, § 2º). Em casos de confecção de **obra de arte**, portanto, em que o valor da mão de obra exceda consideravelmente o preço da matéria-prima, existe o interesse social em preservá-la e em prestigiar o trabalho artístico. Tais atos constituem modos de **aquisição da propriedade móvel**.

6.5.3. Bens quanto ao titular do domínio: públicos e particulares

6.5.3.1. Introdução

O art. 98 do Código Civil considera **públicos** "os bens do domínio nacional pertencentes às pessoas jurídicas de direito público interno". Os **particulares** são definidos por exclusão: "todos os outros são particulares, seja qual for a pessoa a que pertencerem".

---

56 STF, *RTJ*, 60/179; *RSTJ*, 17/293.

57 Washington de Barros Monteiro, *Curso*, cit., v. 1, p. 161.

Os **bens públicos** foram classificados em três categorias (CC, art. 99):

- bens de **uso comum do povo**;
- bens de **uso especial**;
- bens **dominicais**.

Os de uso comum e os de uso especial são bens do domínio público do Estado.

6.5.3.2. *Bens de uso comum do povo*

*Bens de **uso comum do povo*** são os que podem ser utilizados por qualquer um **do povo**, sem formalidades (*res communis omnium*). Exemplificativamente, o Código Civil menciona "os rios, mares, estradas, ruas e praças" (art. 99, I). Não perdem essa característica se o Poder Público regulamentar seu uso ou torná-lo oneroso, instituindo **cobrança de pedágio**, como nas rodovias (art. 103)[58]. A administração pode também restringir ou vedar o seu uso, em razão de segurança nacional ou de interesse público, interditando uma estrada, por exemplo, ou proibindo o trânsito por determinado local[59].

O povo somente tem o direito de usar tais bens, mas não tem o seu **domínio**. Este pertence **à pessoa jurídica de direito público**, mas é um domínio com características especiais, que lhe confere a guarda, administração e fiscalização dos referidos bens, podendo ainda reivindicá-los. Segundo alguns autores, não haveria propriamente um direito de propriedade, mas um **poder de gestão**. Todavia, foram afastadas as doutrinas que negavam a existência do direito de propriedade do Estado em relação aos bens do domínio público. Passou-se a adotar a tese da ***propriedade pública*** que, segundo Hauriou, não é, em sua essência, diferente da propriedade privada, mas a existência da ***afetação* dos bens** lhe imprime características particulares[60].

6.5.3.3. *Bens de uso especial*

*Bens de **uso especial*** são os que se destinam especialmente à execução dos **serviços públicos**. São os edifícios onde estão instalados os serviços públicos, inclusive os das autarquias, e os órgãos da administração (repartições públicas, secretarias, escolas, ministérios etc. — CC, art. 99, II). São utilizados exclusivamente pelo Poder Público.

---

58 Preleciona, a propósito, Luiz Guilherme Marinoni que "a cobrança de pedágio não configura violação ao direito constitucional de liberdade de locomoção, por tratar-se de um condicionamento à utilização de bem público de uso comum" (Parecer sobre ação que ataca cobrança de pedágio, *RT*, 777/120-141).

59 "Universidade de São Paulo. Cidade Universitária. Fechamento à visitação pública nos finais de semana e feriados. Admissibilidade. Patrimônio da Autarquia, cujos bens são da categoria 'bens especiais'. Art. 66, inc. II, do CC (*de 1916*). Acesso, portanto, restrito e limitado. Ação civil pública improcedente. Recurso não provido" (*JTJ*, Lex, 207/12).

60 Washington de Barros Monteiro, *Curso*, cit., v. 1, p. 162; Maria Sylvia Zanella Di Pietro, *Direito administrativo*, 7. ed., p. 431 e 436.

6.5.3.4. Bens dominicais

Bens **dominicais** ou do patrimônio disponível são os que constituem o patrimônio das pessoas jurídicas de direito público, como objeto de **direito pessoal** ou **real** de cada uma dessas entidades (CC, art. 99, III). Sobre eles, o Poder Público exerce poderes de proprietário. Incluem-se nessa categoria as terras devolutas, as estradas de ferro, oficinas e fazendas pertencentes ao Estado.

Não estando afetados a finalidade pública específica, os bens dominicais **podem ser alienados** por meio de institutos de direito privado ou de direito público (compra e venda, legitimação de posse etc.), observadas as exigências da lei (CC, art. 101). Os bens dominicais são do domínio privado do Estado. Todavia, se afetados a **finalidade pública específica, não podem ser alienados**. Em caso contrário, podem ser alienados por meio de institutos do direito privado. Tais bens encontram-se, portanto, "no comércio jurídico de direito privado e de direito público"[61].

Dispõe o parágrafo único do art. 99 do Código Civil que, não "dispondo a lei em contrário, consideram-se dominicais os bens pertencentes às pessoas jurídicas de direito público a que se tenha dado estrutura de direito privado". Nesse caso, podem ser alienados pelos institutos típicos do **direito civil**, como se pertencessem a um particular qualquer.

6.5.3.5. A inalienabilidade dos bens públicos

Os bens públicos de "uso comum do povo e os de uso especial são inalienáveis, enquanto conservarem a sua qualificação, na forma que a lei determinar" (CC, art. 100).

Os citados bens apresentam a característica da **inalienabilidade** e, como consequência desta, a imprescritibilidade, a impenhorabilidade e a impossibilidade de oneração. Mas a inalienabilidade **não é absoluta**, a não ser com relação àqueles que, por sua própria natureza, são insuscetíveis de valoração patrimonial, como os mares, as praias, os rios navegáveis etc. Os suscetíveis de valoração patrimonial podem perder a inalienabilidade que lhes é peculiar pela ***desafetação***, "na forma que a lei determinar" (CC, art. 100).

Desafetação é a alteração da destinação do bem, "visando incluir bens de uso comum do povo, ou bens de uso especial, na categoria de bens dominicais, **para possibilitar a alienação**, nos termos das regras do Direito Administrativo..."[62]. Deve ser feita por **lei** ou por **ato administrativo** praticado na conformidade desta.

Por sua vez, preceitua o art. 101 do Código Civil que os "bens públicos dominicais podem ser alienados, observadas as exigências da lei". A alienabilidade, característica dos bens dominicais, também não é absoluta, porque podem perdê-la pelo instituto da ***afetação***, que é ato ou fato pelo qual um bem passa da categoria de bem do domínio privado do Estado para a categoria de bem do domínio público. Vale observar que a alienação, quando não ocorre a afetação, sujeita-se às exigências da lei (CC, art. 101).

61 Maria Sylvia Zanella Di Pietro, *Direito administrativo*, cit., p. 427.

62 Renan Lotufo, *Código Civil*, cit., p. 256.

A **afetação** e a **desafetação** podem ser:

a) expressas: decorrem de ato administrativo ou de lei; e

b) tácitas: resultam de atuação direta da administração, sem manifestação expressa de sua vontade, ou de fato da natureza.

6.5.3.6. Bens públicos e a não sujeição a usucapião

Dispõe, ainda, o art. 102 do Código Civil que os "bens públicos não estão sujeitos a usucapião". Nesse mesmo sentido, já proclamava anteriormente a Súmula 340 do Supremo Tribunal Federal: "Desde a vigência do Código Civil, os **bens dominicais, como os demais bens públicos,** não podem ser adquiridos por usucapião".

Encontra-se hoje totalmente superada a discussão que outrora se travou no País a respeito da possibilidade de bens públicos serem adquiridos por usucapião, mormente os dominicais, visto que a Constituição de 1988 veda expressamente, nos arts. 183, § 3º, e 191, parágrafo único, tal possibilidade, tanto no que concerne aos imóveis urbanos como aos rurais.

6.6. RESUMO

DOS BENS	
CONCEITO	■ Bens são coisas materiais ou imateriais, úteis aos homens e de expressão econômica, suscetíveis de apropriação. Coisa é gênero do qual **bem é espécie**. A classificação dos bens é feita segundo critérios de importância científica.
CLASSIFICAÇÃO QUANTO À TANGIBILIDADE	■ Os romanos faziam a distinção entre bens corpóreos e incorpóreos. Tal classificação, embora importante, não consta do CC/2002. ■ **Corpóreos** são os bens que têm existência física, material. ■ **Incorpóreos** são os que têm existência abstrata e valor econômico, como o crédito.
BENS CONSIDERADOS EM SI MESMOS	■ **Imóveis:** são os que não podem ser removidos de um lugar para outro sem destruição e os assim considerados para os efeitos legais (CC, arts. 79 e 80). Dividem-se em: a) **imóveis por natureza** (art. 79, 1ª parte); b) **por acessão natural** (art. 79, 2ª parte); c) **por acessão artificial** ou **industrial** (art. 79, 3ª parte); e d) **por determinação legal** (art. 80). ■ **Móveis:** são os suscetíveis de movimento próprio ou de remoção por força alheia (art. 82). Classificam-se em: a) **móveis por natureza**, que se subdividem em **semoventes** (os que se movem por força própria, como os animais) e **móveis propriamente ditos** (os que admitem remoção por força alheia); b) **móveis por determinação legal**; e c) **móveis por antecipação** (arts. 82 e 83). ■ **Fungíveis e infungíveis:** são os bens móveis que podem e os que não podem ser substituídos por outros da mesma espécie, qualidade e quantidade (art. 85). ■ **Consumíveis:** são os bens móveis cujo uso importa destruição imediata da própria substância (consumíveis **de fato**), sendo também considerados tais os destinados à alienação (consumíveis **de direito**). ■ **Inconsumíveis:** são os que admitem uso reiterado, sem destruição de sua substância, e não se destinam à alienação (art. 86). ■ **Divisíveis:** são os que se podem fracionar sem alteração na sua substância, diminuição considerável de valor ou prejuízo do uso a que se destinam (art. 87). Os bens podem ser: a) **indivisíveis por natureza** (os que não se podem fracionar sem alteração na sua substância, diminuição de valor ou prejuízo); b) **por determinação legal** (as servidões, as hipotecas); ou c) **por vontade das partes** (convencional).

BENS CONSIDERADOS EM SI MESMOS	■ **Singulares:** os que, embora reunidos, são considerados na sua individualidade (uma árvore, p. ex.). ■ **Coletivos:** os encarados em conjunto, formando um todo (uma floresta, p. ex.). Abrangem as **universalidades de fato** (rebanho, biblioteca — art. 90) e as **de direito** (herança, patrimônio — art. 91).
BENS RECIPROCAMENTE CONSIDERADOS	■ **Espécies:** a) **principal:** o bem que tem existência própria, que existe por si; b) **acessório:** aquele cuja existência depende do principal (art. 92). ■ **Princípio básico** (da gravitação jurídica): **o bem acessório segue o destino do principal**, salvo estipulação em contrário. Em consequência: a) a natureza do acessório é a mesma do principal; b) o proprietário do principal é proprietário do acessório; c) perecendo ou extinguindo-se o bem principal, extingue-se também o acessório, mas o contrário não é verdadeiro. ■ **Espécies de bens acessórios:** a) **frutos:** são as utilidades que uma coisa periodicamente produz. Dividem-se, **quanto à origem**, em naturais, industriais e civis; e, **quanto ao estado**, em pendentes, percebidos ou colhidos, estantes, percipiendos e consumidos; b) **produtos:** são as utilidades que se retiram da coisa, diminuindo-lhe a quantidade. c) **pertenças:** são os bens móveis que, não constituindo partes integrantes, se destinam, de modo duradouro, ao serviço ou ornamentação de outro (art. 93); d) **acessões:** podem dar-se por formação de ilhas, aluvião, avulsão, abandono de álveo (acessões naturais) e plantações ou construções (acessões artificiais ou industriais, art. 1.248, I a V); e) **benfeitorias:** acréscimos, melhoramentos ou despesas em bem já existente. Classificam-se em: a) necessárias; b) úteis; e c) voluptuárias (art. 96).
BENS QUANTO AO TITULAR DO DOMÍNIO	Classificam-se em públicos e particulares. ■ **Bens públicos:** a) **conceito:** são os do domínio nacional pertencentes às pessoas jurídicas de direito público interno (art. 98); b) **espécies:** de uso comum do povo, de uso especial e dominicais (art. 99); c) **caracteres:** inalienabilidade (art. 100), imprescritibilidade (CF, art. 91, parágrafo único) e impenhorabilidade. ■ **Bens particulares:** por exclusão, são todos os outros bens não pertencentes a qualquer pessoa jurídica de direito público interno, mas à pessoa natural ou jurídica de direito privado (art. 98).

■ 6.7. QUESTÕES

1. (TJ/SP/Outorga de Delegações de Notas e de Registro/VUNESP/2016) A instituição do bem de família sobre um terço do patrimônio líquido, por ato de vontade, nos moldes do Código Civil,

a) deverá ser formalizada necessariamente por escritura pública, levada a registro no Registro de Imóveis.

b) afasta as regras sobre a impenhorabilidade do imóvel residencial estabelecidas em lei especial.

c) produz efeitos temporalmente ilimitados, salvo se novo título for levado ao Registro, modificando o conteúdo anterior.

d) terá forma solene e dependerá do registro do título no Registro de Imóveis para sua constituição.

2. (DPE/BA/Defensor Público/Fundação Carlos Chagas/2016) Segundo o Código Civil de 2002, os bens públicos são

I. inalienáveis, os dominicais.
II. alienáveis, desde que haja prévia justificativa e autorização do Poder Legislativo.
III. inalienáveis, os bens de uso comum, enquanto conservar a sua qualificação; e inalienáveis os bens dominicais, observadas as determinações legais.
IV. alienáveis, os bens dominicais, observadas as determinações legais.
V. inalienáveis, os bens públicos de uso comum do povo na forma que a lei determinar.

Está CORRETO o que se afirma APENAS em

a) I, II e III.
b) I, III e IV.
c) II e IV
d) IV e V.
e) I, II e V.

3. (TJ/PB/Juiz de Direito/CESPE/2015) Assinale a opção CORRETA com relação a bens.

a) O entendimento sumulado pelo STF é no sentido de que, em regra, o adquirente de imóvel responde pelas benfeitorias realizadas pelo locatário.
b) A lei veda a instituição de bem de família por um dos cônjuges sem a outorga do outro.
c) A proteção dos bens corpóreos e dos incorpóreos pode ser realizada por meio de tutela possessória.
d) A infungibilidade de um bem pode decorrer da manifestação de vontade da parte.
e) Os produtos são acessórios produzidos com periodicidade, e sua retirada não prejudica a substância da coisa principal.

4. (TRT/1ª Região/Juiz do Trabalho/Fundação Carlos Chagas/2016) Sobre os bens reciprocamente considerados, e de acordo com o que estabelece o Código Civil, considere:

I. São pertenças os bens que, não constituindo partes integrantes, se destinam, de modo duradouro, ao uso, ao serviço ou ao aformoseamento de outro.
II. Os negócios jurídicos que dizem respeito ao bem principal abrangem as pertenças de acordo com as circunstâncias do caso.
III. As benfeitorias úteis são aquelas que não aumentam o uso habitual do bem, ainda que o tornem mais agradável ou sejam de elevado valor.
IV. Não se consideram benfeitorias os melhoramentos ou acréscimos sobrevindos ao bem sem a intervenção do proprietário, possuidor ou detentor.

Está CORRETO o que se afirma APENAS em

a) I e II.
b) I e IV.
c) I, II e III.
d) I, II e IV.
e) II, III e IV.

5. (MP/SP/Promotor de Justiça/82° Concurso) É um bem móvel:

a) enfiteuse.
b) o penhor agrícola.
c) a servidão predial.
d) o direito de autor.
e) o direito à sucessão aberta.

6. (TRF/5ª Região/Juiz de Direito/CESPE/2015) No que se refere a bens, assinale a opção CORRETA.

a) Os bens dominicais, diferentemente dos demais bens públicos, se submetem primordialmente às regras do direito privado.
b) Os bens incorpóreos não admitem usucapião, mas, como regra, admitem tutela possessória.
c) A consuntibilidade que um bem gera é incompatível com a infungibilidade.
d) A divisibilidade, ou não, de uma coisa, sob o aspecto jurídico, decorre de um critério utilitarista.
e) Os bens acessórios são aqueles que, não sendo partes integrantes do bem principal, se destinam de modo duradouro ao uso de outro.

7. (TJ/DFT/Juiz de Direito/CESPE/2015) A respeito dos bens, assinale a opção CORRETA à luz da jurisprudência pertinente.

a) Os bens naturalmente divisíveis não se podem tornar indivisíveis.
b) É possível a cobrança de retribuição pecuniária pelo uso comum dos bens públicos.
c) Considera-se bem infungível a produção agrícola tanto de pessoa física quanto de pessoa jurídica.
d) Com a abertura da sucessão, a herança incorpora-se ao patrimônio do herdeiro na qualidade de bem imóvel divisível.
e) São considerados bens imóveis os direitos pessoais de caráter patrimonial e as respectivas ações.

8. (PGE/PA/Procurador do Estado/2009) Analise as proposições abaixo e assinale a alternativa CORRETA:

a) Os bens pertencentes a sociedades de economia mista são considerados privados, salvo expressa disposição legal em contrário.
b) São pertenças as máquinas utilizadas em uma fábrica, pois se destinam, de modo duradouro, ao serviço, de tal sorte que os negócios jurídicos que digam respeito ao principal as abrangem, salvo manifestação expressa em contrário das partes.
c) Constitui benfeitoria útil a construção de um galpão, contíguo à casa, para ser utilizado como depósito.
d) Consideram-se bens móveis, para os efeitos legais, as energias que tenham valor econômico, os direitos reais sobre objetos móveis e as ações correspondentes, bem como os direitos pessoais de caráter patrimonial e as respectivas ações.

9. (TCE/PB/Procurador/CESPE/2015) No que se refere às pessoas jurídicas e aos bens, assinale a opção CORRETA. Consoante dispõe o Código Civil:

a) O uso comum dos bens públicos é sempre gratuito.
b) A existência das pessoas jurídicas de direito privado tem início com a inscrição do ato constitutivo no respectivo registro, precedida, quando se fizer necessário, de autorização ou aprovação do Poder Executivo.
c) Para criar uma fundação, o seu instituidor deve fazer, por escritura pública ou testamento, dotação especial de bens livres, sendo imprescindível que indique a finalidade a que se destina a fundação, pois, se insuficientes os referidos bens para constituí-la, estes serão obrigatoriamente incorporados em outra que se proponha ao mesmo fim.
d) Em caso de abuso caracterizado pelo desvio de finalidade, a possibilidade de desconsideração da personalidade jurídica, para a extensão dos efeitos de certas e determinadas relações de obrigações ao patrimônio dos administradores da pessoa jurídica, decorre de construção jurisprudencial, não havendo previsão expressa nesse sentido no atual Código Civil.
e) Consideram-se benfeitorias os melhoramentos ou acréscimos sobrevindos ao bem, ainda que não decorram da intervenção do proprietário, possuidor ou detentor.

10. (TRT/15ª Região/Campinas/Juiz do Trabalho/XXI Concurso/Fundação Carlos Chagas/2006) Assinale a alternativa CORRETA:

a) os rios, mares, estradas, ruas e praças não são considerados bens públicos;
b) as benfeitorias voluptuárias são aquelas que aumentam ou facilitam o uso do bem;
c) os bens considerados naturalmente divisíveis não podem se tornar indivisíveis por determinação da lei ou vontade das partes;
d) são coletivos os bens que, embora reunidos, se consideram de per si, independentemente dos demais;
e) são fungíveis os bens móveis que podem ser substituídos por outros da mesma espécie, qualidade e quantidade.

11. (Procurador/Faz. Nacional/ESAF/2007) Se desaparecem os dutos e as estações de compressão de um gasoduto, este perderá seu interesse econômico. Isto se dá por serem os dutos e as estações de compressão:

a) pertenças;
b) acessões;
c) bens principais;
d) coisas anexadas empregadas intencionalmente na exploração de atividade econômica;
e) partes integrantes.

12. (TJSP/Juiz de Direito/182º Concurso/VUNESP/2009) Considerados em si mesmos, os bens podem ser:

a) públicos e particulares.
b) principais e acessórios.
c) imóveis pela própria natureza, benfeitorias e pertenças.
d) móveis e imóveis.

13. (Defensor Público/ES/II Concurso/CESPE/UnB/2009) De acordo com o Código Civil, julgue os itens seguintes:

71. O indivíduo não pode ser constrangido a submeter-se a tratamento ou a intervenção cirúrgica com risco de morte.
72. A União, os estados, o DF e os municípios são, de acordo com o Código Civil, as únicas pessoas jurídicas de direito público interno.
73. No que concerne a domicílio, é correto afirmar que, tendo uma pessoa natural vivido sucessivamente em diversas residências, qualquer uma delas será considerada como domicílio seu.
74. Os direitos reais sobre imóveis e as ações que os asseguram, bem como o direito à sucessão aberta, são considerados bens imóveis para os efeitos legais, de acordo com o Código Civil.
75. As pertenças não seguem necessariamente a lei geral de gravitação jurídica, por meio da qual o acessório sempre seguirá a sorte do principal. Por isso, se uma propriedade rural for vendida, desde que não haja cláusula que aponte em sentido contrário, o vendedor não estará obrigado a entregar máquinas, tratores e equipamentos agrícolas nela utilizados.

14. (OAB/MG/2009) A respeito dos BENS assinale alternativa INCORRETA:

a) um bem móvel pode adquirir a qualidade de imóvel e, após, tornar a ser móvel.
b) um bem naturalmente divisível pode se tornar indivisível, se assim for a vontade das partes.
c) um material separado de um prédio, para nele tornar a ser empregado, não perde a qualidade de bem imóvel.
d) os direitos pessoais de caráter patrimonial constituem bens imóveis.

15. (MP/MG/Promotor de Justiça/2010) Assinale a alternativa INCORRETA.

a) Bens corpóreos são coisas com existência material; bens incorpóreos não são perceptíveis pelos sentidos; patrimônio é o conjunto de bens e direitos de um sujeito.
b) Há bens imóveis por natureza, bens imóveis por destinação, bens imóveis por acessão intelectual, outros que a lei considera imóveis para os efeitos legais.
c) A lei considera móveis os direitos reais sobre objetos móveis e as ações correspondentes, os direitos pessoais de caráter patrimonial e respectivas ações.
d) Os rios, as estradas, as ruas e praças, os edifícios destinados a serviço da administração federal, inclusive suas autarquias, entre outros, são bens públicos.
e) A vaga em ponto de táxi incide sobre bem público de uso comum do povo; esses bens estão fora do comércio e o arrendamento de vaga é nulo de pleno direito.

16. (TJMS/Juiz de Direito/Fundação Carlos Chagas/2010) A propósito das diferentes classes de bens, é CORRETO afirmar que

a) os considerados em si mesmos podem ser principais ou acessórios.
b) os reciprocamente considerados podem ser móveis ou imóveis.
c) os bens naturalmente divisíveis não podem ser considerados indivisíveis por declaração de vontade das partes, nem por testamento.
d) os bens fungíveis são aqueles cujo uso importa destruição imediata da própria substância.
e) as pertenças são bens acessórios que se destinam, de modo duradouro, ao uso, ao serviço ou ao aformoseamento de outro.

17. (TRT/6ª Região/Juiz do Trabalho/XVIII Concurso/2010) Analise as assertivas abaixo e, depois, assinale a alternativa CORRETA:

I. A sentença judicial declaratória da ausência enseja a presunção *juris tantum* da morte (ou seja, admite prova em contrário) e não precisa ser levada para registro no Cartório de Registros Públicos.
II. A fundação pode ser instituída tanto por pessoa física como por pessoa jurídica.
III. Os surdos-mudos são considerados relativamente incapazes.
IV. Quanto ao domicílio, em nosso sistema legal, uma pessoa pode tê-lo sem ter residência.
V. Os frutos e os produtos se caracterizam pela periodicidade, pela inalterabilidade da substância e pela separabilidade da coisa principal.

a) As assertivas II, III e V estão corretas.
b) Apenas as assertivas I e IV estão corretas.
c) As assertivas I, III e V estão incorretas.
d) Apenas a assertiva IV está incorreta.
e) Apenas a assertiva II está incorreta.

18. (DEL/POL/SP/Acadepol/SP/VUNESP/2014) Com relação aos bens públicos, é correto afirmar que

a) os de uso especial e os dominicais são inalienáveis, inadmitindo desafetação.
b) podem ser de uso gratuito ou retribuído, conforme disposição legal.
c) os rios, mares, ruas e praças constituem bens de uso especial.
d) os de uso especial são aqueles bens públicos revestidos de estrutura de direito privado.
e) apenas os dominicais estão sujeitos à usucapião.

19. (TJMG/Juiz de Direito/FUNDEP — Gestão de Concursos/2014) Consideram-se bens imóveis para os efeitos legais

a) os direitos pessoais de caráter patrimonial e respectivas ações.
b) as energias que tenham valor econômico.

c) os materiais provisoriamente separados de um prédio, para nele se reempregarem.
d) os direitos reais sobre objetos móveis e as ações correspondentes.

20. (PGE/AM/Procuradoria do Estado/CESPE CEBRABE/2017) Marque, na Folha de Respostas, o campo designado com o Código C, caso julgue o item CERTO; ou o campo designado com o Código E, caso julgue o item ERRADO.

a) Consideram-se bens públicos dominicais aqueles que constituem o patrimônio das pessoas jurídicas de direito público como objeto de direito pessoal ou real, tais como os edifícios destinados a sediar a administração pública.
b) As fundações privadas são de livre criação, organização e estruturação, cabendo aos seus instituidores definir os seus fins, que podem consistir na exploração de entidades com fins lucrativos nas áreas de saúde, educação ou pesquisa tecnológica, e outras de cunho social.

GABARITO

1. "d". *Vide* arts. 1.711 e 1.714 do CC.
2. "d". *Vide* arts. 100 e 101 do CC.
3. "d". *A fungibilidade ou infungibilidade "pode resultar* também da *vontade das partes*. A moeda é um bem fungível. Determinada moeda, porém, pode tornar-se infungível, para um colecionador (Carlos Roberto Gonçalves, *Direito civil brasileiro*, v. 1, 14. ed., p. 301).
4. "b". I: *Vide* art. 93 do CC; IV: *Vide* art. 97 do CC.
5. "d". *Vide* art. 83, III, do CC e art. 3º da Lei n. 9.610/98.
6. "d". *Vide* arts. 88 e 1.320, § 1º, do CC.
7. "b". *Vide* art. 103 do CC.
8. "d". *Vide* art. 83 do CC.
9. "b". *Vide* art. 45 do CC.
10. "e". *Vide* art. 85 do CC.
11. "e".
12. "d".
13. 71 (C); 72 (E); 73 (E); 74 (C); 75 (C). *Vide* arts. 15, 80 e 93 do CC.
14. "d". *Vide* art. 80 do CC.
15. "b". *Vide* arts. 79 e 80 do CC.
16. "e". *Vide* art. 93 do CC.
17. "c". *Vide* arts. 62 e 73 do CC, que tratam das assertivas corretas.
18. "b". "Dependendo do que as leis estabeleçam, o uso comum pode ser gratuito ou remunerado. Assim, a circulação de veículos nas estradas é livre, mas seus condutores, para fazê-lo, terão que pagar o 'pedágio' acaso estabelecido" (Celso Antônio Bandeira de Mello, parecer in *RT*, 777/120-141).
19. "c". *Vide* art. 81, II, do CC.
20. a) "E". *Vide* art. 99 do CC. b) "E". *Vide* art. 62 do Código Civil, com a redação dada pela Lei n. 13.151, de 28.7.2015.

7

DO NEGÓCIO JURÍDICO

7.1. DISPOSIÇÕES GERAIS

7.1.1. Fato jurídico em sentido amplo

O Código Civil de 2002 substituiu a expressão genérica "ato jurídico", empregada pelo diploma de 1916 no livro concernente aos "Fatos Jurídicos", pela designação específica **"negócio jurídico"**, porque somente este é rico em conteúdo e justifica uma pormenorizada regulamentação, aplicando-se-lhe os preceitos constantes do Livro III. Alterou, também, a ordem das matérias.

A denominação **"Dos fatos jurídicos"** dada ao Livro III foi mantida, abrangendo os fatos jurídicos em geral, ou seja, os fatos jurídicos em sentido amplo e suas espécies, como se verá a seguir.

7.1.1.1. Conceito

O direito também tem o seu ciclo vital: nasce, desenvolve-se e extingue-se. Essas fases ou momentos decorrem de fatos, denominados ***fatos jurídicos***, exatamente por produzirem efeitos jurídicos. Nem todo acontecimento constitui fato jurídico. Alguns são simplesmente fatos, irrelevantes para o direito. Somente o acontecimento da vida **relevante para o direito**, mesmo que seja fato ilícito, pode ser considerado fato jurídico. Nessa ordem, exemplifica Caio Mário: "a chuva que cai é um fato, que ocorre e continua a ocorrer, dentro da normal indiferença da vida jurídica, o que não quer dizer que, algumas vezes, este mesmo fato não repercuta no campo do direito, para estabelecer ou alterar situações jurídicas"[1]. Verifica-se, assim, que todo fato, para ser considerado jurídico, deve passar por um **juízo de valoração**.

Fato jurídico em sentido amplo é, portanto, todo acontecimento da vida que o ordenamento jurídico considera relevante no campo do direito[2].

7.1.1.2. Espécies

Os fatos jurídicos em sentido amplo podem ser classificados em:

- **fatos *naturais*** ou fatos jurídicos *stricto sensu*; e

---

1 Caio Mário da Silva Pereira, *Instituições de direito civil*, v. 1, p. 291.

2 Marcos Bernardes de Mello, *Teoria do fato jurídico. Plano da existência,* p. 38-39.

- **fatos *humanos*** ou atos jurídicos *lato sensu*. Os primeiros decorrem de simples manifestação da **natureza** e os segundos da **atividade humana**. Veja-se o seguinte esquema:

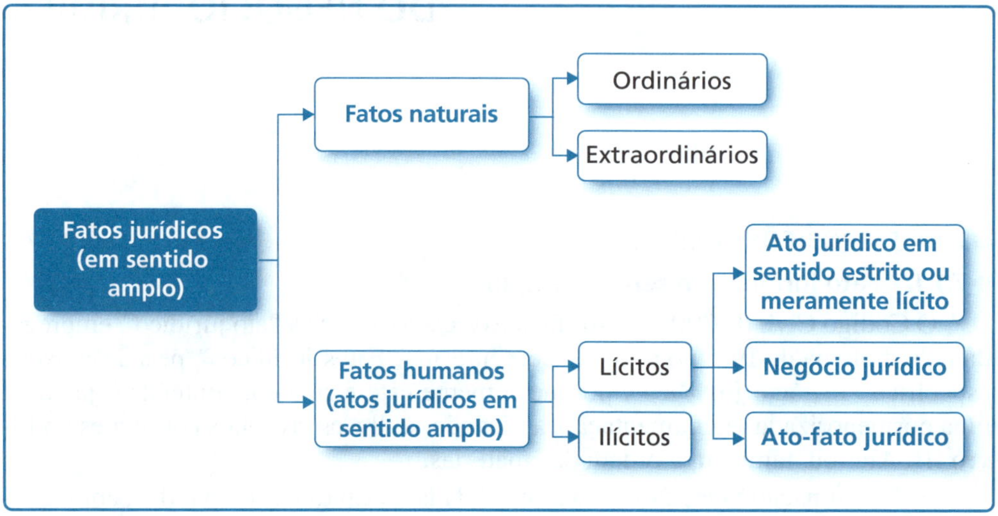

7.1.1.2.1. *Fatos naturais*

Os ***fatos naturais***, também denominados ***fatos jurídicos em sentido estrito***, dividem-se em:

- ***ordinários***, como o nascimento e a morte, que constituem respectivamente o termo inicial e final da personalidade, bem como a maioridade, o decurso do tempo, todos de grande importância, e outros;
- ***extraordinários***, que se enquadram, em geral, na categoria do fortuito e da força maior: terremoto, raio, tempestade etc.

7.1.1.2.2. *Fatos humanos*

Os ***fatos humanos*** ou ***atos jurídicos em sentido amplo*** são ações humanas que criam, modificam, transferem ou extinguem direitos e dividem-se em:

- ***lícitos***: atos humanos a que a lei defere os efeitos almejados pelo agente. Praticados em conformidade com o ordenamento jurídico, produzem **efeitos jurídicos *voluntários***, queridos pelo agente;
- ***ilícitos***: por serem praticados em desacordo com o prescrito no ordenamento jurídico, embora repercutam na esfera do direito, produzem **efeitos jurídicos *involuntários***, mas impostos por esse ordenamento. Em vez de direito, criam deveres, obrigações. Hoje se admite que os atos ilícitos integram a categoria dos atos jurídicos pelos efeitos que produzem (são definidos no art. 186 e geram a obrigação de reparar o dano, como dispõe o art. 927, ambos do CC).

7.1.1.2.2.1. Atos lícitos

Os *atos* ***lícitos*** dividem-se em:

- ***ato jurídico em sentido estrito*** ou ***meramente lícito***;
- ***negócio jurídico***; e
- ***ato-fato jurídico***.

Nos dois primeiros, exige-se uma **manifestação de vontade**.

- No ***negócio jurídico***, num contrato de compra e venda, por exemplo, a ação humana visa diretamente alcançar um fim prático permitido na lei, dentre a multiplicidade de efeitos possíveis. Por essa razão, é necessária uma vontade qualificada, sem vícios.
- No ***ato jurídico em sentido estrito***, o efeito da manifestação da vontade está predeterminado na lei, como ocorre com a notificação, que constitui em mora o devedor, o reconhecimento de filho, a tradição, a percepção dos frutos, a ocupação, o uso de uma coisa etc., não havendo, por isso, qualquer dose de escolha da categoria jurídica. A ação humana se baseia não numa vontade qualificada, mas em **simples intenção**, como quando alguém fisga um peixe, dele se tornando proprietário graças ao instituto da ocupação[3]. O ato material dessa captura não demanda a vontade qualificada que se exige para a formação de um contrato. Por essa razão, nem todos os princípios do negócio jurídico, como os vícios do consentimento e as regras sobre nulidade ou anulabilidade, aplicam-se aos atos jurídicos em sentido estrito não provenientes de uma declaração de vontade, mas de simples intenção (CC, art. 185)[4].
- No ***ato-fato jurídico***, ressalta-se a consequência do ato, o fato resultante, sem se levar em consideração a vontade de praticá-lo. Muitas vezes, o efeito do ato não é buscado nem imaginado pelo agente, mas decorre de uma conduta e é sancionado pela lei, como no caso da pessoa que acha, casualmente, um tesouro. A conduta do agente não tinha por fim imediato adquirir-lhe a metade, mas tal acaba ocorrendo, por força do disposto no art. 1.264 do Código Civil, ainda que se trate de um absolutamente incapaz. É que há certas ações humanas que a lei encara como fatos, sem levar em consideração **a vontade, a intenção ou a consciência do agente**, demandando apenas o ato material de achar. Assim, o louco,

---

[3] Alguns autores classificam os atos jurídicos em sentido estrito em atos materiais e participações. Atos *materiais* ou *reais* consistem em manifestações da vontade sem destinatário e sem finalidade específica, como no caso de ocupação, derrelição, fixação de domicílio, confusão, especificação, acessão e pagamento indevido. Os efeitos decorrentes desses atos estão predeterminados na lei. *Participações* consistem em declarações para ciência ou comunicação de intenções ao destinatário, como a notificação, a intimação, a interpelação, a oposição, a denúncia, a confissão e a recusa. (Orlando Gomes, *Introdução ao direito civil*, p. 224-225; Maria Helena Diniz, *Curso de direito civil brasileiro*, v. 1, p. 362-363; Francisco Amaral, *Direito civil*: introdução, p. 333).

[4] José Carlos Moreira Alves, *A parte geral*, cit., p. 98-138.

pelo simples achado do tesouro, torna-se proprietário de parte dele. Essas ações são denominadas pela doutrina ***atos-fatos jurídicos***, expressão divulgada por Pontes de Miranda.

7.1.1.2.2.2. Atos ilícitos

Os atos ilícitos, como já mencionado, por serem praticados em desacordo com o prescrito no ordenamento jurídico, em vez de direito, criam deveres, obrigações. Ato ilícito é **fonte de obrigação**: a de indenizar ou ressarcir o prejuízo causado. É praticado com infração a um dever de conduta, por meio de ações ou omissões culposas ou dolosas do agente, das quais resulta dano para outrem (CC, arts. 186 e 927).

7.1.2. Negócio jurídico

A expressão "negócio jurídico" não é empregada no Código Civil no sentido comum de operação ou transação comercial, mas como uma das espécies em que se subdividem os **atos jurídicos lícitos**. O Código de 1916 referia-se ao ato jurídico de forma genérica, sem distinguir as suas subespécies, dentre elas o negócio jurídico, porque a teoria que o concebeu desenvolveu-se na Alemanha e na Áustria posteriormente à sua entrada em vigor.

7.1.2.1. Conceito

O primeiro tratamento legal ao negócio jurídico deu-se no Código Civil alemão (BGB), quando se lhe conferiu um regime jurídico específico. O referido diploma permitiu, segundo Karl Larenz, que se formulasse o seguinte conceito: "Negócio jurídico é um ato, ou uma pluralidade de atos, entre si relacionados, quer sejam de uma ou de várias pessoas, que tem por fim produzir efeitos jurídicos, **modificações nas relações jurídicas** no âmbito do direito privado"[5].

Miguel Reale, por sua vez, preleciona que tais atos "não se confundem com os **atos jurídicos em sentido estrito**, nos quais não há acordo de vontade, como, por exemplo, se dá nos chamados atos materiais, como os da ocupação ou posse de um terreno, a edificação de uma casa no terreno apossado etc. Um contrato de compra e venda, ao contrário, tem a forma específica de um negócio jurídico..."[6].

7.1.2.2. Finalidade negocial

No negócio jurídico, a manifestação da vontade tem finalidade negocial, que abrange a **aquisição, conservação, modificação ou extinção** de direitos. O art. 81 do Código Civil de 1916 dizia que "todo o ato lícito, que tenha por fim imediato adquirir, resguardar, transferir, modificar ou extinguir direitos, se denomina ato jurídico". Na verdade, hoje se denomina ***negócio jurídico***, por haver o intuito negocial.

---

5 *Derecho civil*: parte general, p. 421.

6 *Lições*, cit., p. 206-207.

7.1.2.2.1. *Aquisição de direitos*

7.1.2.2.1.1. *Modos de aquisição*

Ocorre a ***aquisição*** de um direito com a sua incorporação ao patrimônio e à personalidade do titular. Pode ser:

- ***originária***: quando se dá sem qualquer interferência do anterior titular. Ocorre, por exemplo, na ocupação de coisa sem dono (*res derelicta* ou *res nullius* — CC, art. 1.263) e na avulsão (art. 1.251);
- ***derivada***: quando decorre de transferência feita por outra pessoa. Nesse caso, o direito é adquirido com todas as qualidades ou defeitos do título anterior, visto que ninguém pode transferir mais direitos do que tem. A aquisição se funda numa relação existente entre o sucessor e o sucedido.

A aquisição pode ser ainda:

- ***gratuita***: quando só o adquirente aufere vantagem, como acontece na sucessão hereditária;
- ***onerosa***: quando se exige do adquirente uma contraprestação, possibilitando a ambos os contratantes a obtenção de benefícios, como ocorre na compra e venda e na locação.

Quanto à sua **extensão**, a aquisição pode ser:

- ***a título singular:*** a que ocorre no tocante a bens determinados: em relação ao comprador, na sucessão *inter vivos*, e em relação ao legatário, na sucessão *causa mortis*;
- ***a título universal:*** quando o adquirente sucede o seu antecessor na totalidade de seus direitos, como se dá com o herdeiro[7]

7.1.2.2.1.2. *Espécies de direitos*

- **Direito atual:** é o direito subjetivo já formado e incorporado ao patrimônio do titular, podendo ser por ele exercido. O seu conceito entrosa-se com o de direito adquirido, definido no art. 6º, § 2º, da Lei de Introdução às Normas do Direito Brasileiro.
- **Direito futuro:** é o que ainda não se constituiu. Denomina-se:
  - **a)** ***deferido*** quando a sua aquisição depende somente do arbítrio do sujeito. É o que sucede com o direito de propriedade, por exemplo, quando a sua aquisição depende apenas do registro do título aquisitivo;
  - **b)** ***não deferido*** quando a sua consolidação se subordina a fatos ou condições falíveis. A eficácia de uma doação já realizada pode depender de um fato futuro falível, como a safra futura ou o casamento do donatário.

---

[7] Miguel Maria de Serpa Lopes, *Curso de direito civil*, v. 1, p. 345-346; Maria Helena Diniz, *Curso*, cit., v. 1, p. 321-322.

- **Expectativa de direito:** na fase preliminar, quando há apenas esperança ou possibilidade de que venha a ser adquirido, a situação é de *expectativa de direito*. Consiste esta, pois, na mera **possibilidade** de se adquirir um direito, como a que têm os filhos de suceder a seus pais quando estes morrerem. Enquanto os ascendentes viverem, não têm aqueles nenhum direito sobre o patrimônio que lhes será deixado.
- **Direito eventual:** quando, no entanto, é ultrapassada a fase preliminar e se acha, inicial e parcialmente, cumprida ou realizada a situação fática exigida pela norma, nasce o *direito eventual*. Já há um interesse, ainda que embrionário ou incompleto, protegido pelo ordenamento jurídico. É um direito concebido, mas ainda **pendente de concretização**, a ser efetivada pelo próprio interessado (elemento de natureza interna), como a aceitação de proposta de compra e venda (CC, art. 434) ou o exercício do direito de preferência.
- **Direito condicional:** difere do eventual porque já se encontra em situação mais avançada, ou seja, completamente constituído, intrinsecamente perfeito. Somente a sua **eficácia** depende do **implemento da condição** estipulada, de um evento futuro e incerto (elemento de natureza externa)[8].

O art. 130 do Código Civil emprega a expressão "*direito eventual*" no sentido genérico de direito ainda em formação e não concretizado, abrangendo o direito condicional, *verbis*: "Ao titular de direito eventual, nos casos de condição suspensiva ou resolutiva, é permitido praticar os atos destinados a conservá-lo".

7.1.2.2.2. Conservação de direitos

Para resguardar ou conservar seus direitos, muitas vezes, necessita o titular tomar certas medidas ou providências **preventivas** ou **repressivas**, judiciais ou extrajudiciais. As relações econômicas e sociais tornam inevitável e constante o conflito de interesses e a violação de direitos.

- **Medidas de caráter *preventivo*:** visam garantir e acautelar o direito contra futura violação. Podem ser:
  - **a) de natureza *extrajudicial*:** asseguram o cumprimento de obrigação creditícia como as garantias reais (hipoteca, penhor, alienação fiduciária em garantia etc.) e as pessoais (fiança, aval); e
  - **b) de natureza *judicial*:** correspondentes às medidas cautelares previstas no Código de Processo Civil (arresto, sequestro, caução, busca e apreensão, protesto, notificação, interpelação etc.).
- **Medidas de caráter *repressivo*:** visam restaurar o direito violado. A pretensão é deduzida em juízo por meio da ação. Ao Poder Judiciário compete dirimir os conflitos de interesses, salvo as hipóteses de escolha pelas partes do sistema

[8] Maria Helena Diniz, *Curso*, cit., v. 1, p. 323-324; Francisco Amaral, *Direito civil*, cit., p. 198-199; Serpa Lopes, *Curso*, cit., v. 1, p. 348-352.

de mediação e arbitragem. A todo direito deve corresponder uma ação que o assegure. Nessa linha, dispõe a Constituição Federal que "a lei não excluirá da apreciação do Poder Judiciário lesão ou ameaça a direito" (art. 5º, XXXV).

A **defesa privada ou autotutela** só é admitida excepcionalmente, porque pode conduzir a excessos. É prevista no art. 188, I e II, do Código Civil, concernente à legítima defesa, ao exercício regular de um direito e ao estado de necessidade, e no capítulo da posse, em que se permite ao possuidor fazer uso da legítima defesa e do desforço imediato para manter-se ou restituir-se na posse por sua própria força, contanto que o faça logo e não se exceda (art. 1.210, § 1º)[9].

7.1.2.2.3. Modificação de direitos

Os direitos subjetivos nem sempre conservam as características iniciais e permanecem inalterados durante sua existência. Podem sofrer mutações quanto ao seu objeto, quanto à pessoa do sujeito e, às vezes, quanto a ambos os aspectos. A manifestação da vontade, com finalidade negocial, pode objetivar não apenas a aquisição e a conservação de direitos mas também sua modificação.

A **modificação** dos direitos pode ser:

- ***Objetiva***: quando diz respeito ao seu **objeto**. Pode ser:

  a) ***qualitativa*** **—** o conteúdo do direito se converte em outra espécie, sem que aumentem ou diminuam as faculdades do sujeito. É o caso, por exemplo, do credor por dívida em dinheiro que anui em receber determinado objeto, do mesmo valor, a título de dação em pagamento; e

  b) ***quantitativa*** **—** o objeto aumenta ou diminui no volume ou extensão, sem também alterar a qualidade do direito. Sucede tal fato, *verbi gratia*, quando o proprietário de um terreno ribeirinho constata o acréscimo nele havido em decorrência do fenômeno da aluvião.

- ***Subjetiva***: quando concerne à **pessoa do titular**, permanecendo inalterada a relação jurídica primitiva. A alteração do sujeito pode dar-se *inter vivos* ou *causa mortis*. A cessão de crédito, a desapropriação e a alienação são exemplos da primeira hipótese. Na sucessão *causa mortis*, desaparece o titular do direito, que se transmite incontinenti aos herdeiros com a morte do *de cujus*.

Certos direitos, por serem **personalíssimos**, constituídos *intuitu personae*, são insuscetíveis de modificação subjetiva, como sucede com os direitos de família puros[10]. Esta pode ocorrer no polo passivo da relação jurídica, em casos como os de

---

9 Washington de Barros Monteiro, *Curso*, cit., v. 1, p. 178-182; Francisco Amaral, *Direito civil*, cit., p. 207-209; Maria Helena Diniz, *Curso*, cit., v. 1, p. 326-327.

10 O Superior Tribunal de Justiça, em acórdão relatado pelo Min. Waldemar Zveiter (RE 269-RS), admitiu válida a pretensão dos filhos, substituindo o pai, em investigar a filiação deste junto ao avô, dirigindo a lide contra os referidos herdeiros, malgrado se tratasse de direito personalíssimo, argumentando com a preocupação hoje existente em se buscar, nesse campo, a verdade real.

assunção de dívida (pai que assume dívida do filho, responsabilidade do herdeiro dentro das forças da herança), sem alteração de sua substância[11].

7.1.2.2.4. Extinção de direitos

Por diversas razões podem extinguir-se os direitos. Costumam ser mencionadas, dentre outras, as seguintes: o perecimento do objeto sobre o qual recaem, alienação, renúncia, abandono, falecimento do titular de direito personalíssimo, prescrição, decadência, confusão, implemento de condição resolutiva, escoamento do prazo, perempção da instância e desapropriação.

Algumas **causas de extinção** dos direitos podem ser:

- ***subjetivas*:** quando o direito é personalíssimo e morre o seu titular;
- ***objetivas*:** perecimento do objeto sobre o qual recaem; e
- ***concernentes ao vínculo jurídico*:** perecimento da pretensão ou do próprio direito material, como na prescrição e na decadência.

Nem todas as causas mencionadas podem ser consideradas negócio jurídico, pois muitas delas decorrem da lei e de fatos alheios à vontade das partes, como o perecimento do objeto provocado por um raio e a desapropriação. Anota Caio Mário que alguns autores distinguem extinção de perda dos direitos. Dá-se a ***perda do direito*** quando ele se destaca do titular e passa a subsistir com outro sujeito, e a ***extinção***, quando desaparece, não podendo ser exercido pelo sujeito atual nem por outro qualquer[12].

7.1.2.3. Teoria do negócio jurídico

7.1.2.3.1. A posição dualista

A concepção do **negócio jurídico** como figura autônoma foi acolhida no Código Civil alemão (BGB), o primeiro diploma legal a lhe conferir um regime específico, sob a denominação de *Rechtsgeschäfte*. Posteriormente, passou à doutrina italiana, à espanhola e à portuguesa. O Código Civil brasileiro de 1916 seguiu, porém, a **doutrina unitária francesa**, não o distinguindo do ato jurídico[13].

O Código Civil de 2002 adota a **posição dualista**, com referência expressa aos **negócios** e aos **atos jurídicos lícitos**. Segundo Moreira Alves, é na disciplina dos negócios jurídicos que a Parte Geral apresenta maiores alterações em face do anterior[14]. O novo Código **substituiu** a expressão genérica ***ato jurídico***, que era empregada no art. 81 do diploma anterior, pela designação específica ***negócio jurídico***, aplicando a este todos os preceitos do Livro III da Parte Geral. E, no tocante aos atos

[11] Maria Helena Diniz, *Curso*, cit., v. 1, p. 325-326; Caio Mário da Silva Pereira, *Instituições*, cit., v. 1, p. 296-298.

[12] Caio Mário da Silva Pereira, *Instituições*, cit., v. 1, p. 299.

[13] Francisco Amaral, *Direito civil*, cit., p. 363-366; José Abreu Filho, *O negócio jurídico e sua teoria geral*, p. 24; Renan Lotufo, *Código Civil*, cit., p. 268-271.

[14] *A Parte Geral*, cit., p. 96.

jurídicos lícitos **que não são negócios jurídicos**, abriu-lhes um título, com artigo único, em que se determina, seguindo a orientação adotada no art. 295 do Código Civil português de 1966, que se lhes apliquem, no que couber, as disposições disciplinadoras do negócio jurídico.

No negócio jurídico, há uma composição de interesses, **um regramento bilateral** de condutas, como ocorre na celebração de **contratos**. A manifestação de vontade tem finalidade negocial, que, em geral, é criar, adquirir, transferir, modificar, extinguir direitos etc.

7.1.2.3.2. O negócio jurídico unilateral

Há, todavia, alguns *negócios jurídicos* ***unilaterais***, em que ocorre o seu aperfeiçoamento com uma única manifestação de vontade. Podem ser citados, à guisa de exemplos, o ***testamento***, a ***instituição de fundação***, a ***renúncia da herança***, a ***procuração***, a ***confissão de dívida*** e outros, porque nesses casos o agente procura obter determinados efeitos jurídicos, isto é, criar situações jurídicas, com a sua manifestação de vontade.

O **testamento** presta-se à produção de vários efeitos: não só para o testador dispor de seus bens para depois de sua morte como também para, eventualmente, reconhecer filho havido fora do matrimônio, nomear tutor para filho menor, reabilitar indigno, nomear testamenteiro, destinar verbas para o sufrágio de sua alma etc. Na instituição da fundação, em que o instituidor pode obter múltiplos efeitos, exige-se o registro como pressuposto de sua personificação, mas não se tem como essencial outra manifestação de vontade[15].

A ***doação***, sendo um contrato (aperfeiçoa-se com a aceitação), não é negócio jurídico unilateral, **mas bilateral**, malgrado a doutrina a classifique como contrato unilateral quanto aos efeitos, porque gera obrigação somente para o doador, sendo pura. **Negócios jurídicos unilaterais**, contudo, são os que se aperfeiçoam com uma única manifestação de vontade (classificação quanto à origem).

7.1.2.4. Classificação dos negócios jurídicos

Os negócios jurídicos podem ser encarados e agrupados por classes, com diversidade de regimes legais, segundo vários critérios. A doutrina não se mostra uniforme no tocante à sua classificação. Em geral, considera-se:

- número de declarantes;
- vantagens para as partes;
- momento da produção dos efeitos;
- modo de existência;
- formalidades a observar;
- número de atos necessários;

[15] Marcos Bernardes de Mello, *Teoria*, cit., p. 176.

- modificações que podem produzir;
- modo de obtenção do resultado etc.[16].

Cumpre lembrar que um negócio pode enquadrar-se em mais de uma categoria sem que haja incompatibilidade. A compra e venda, por exemplo, é negócio jurídico bilateral e também oneroso. Poderá ser, ainda, solene, conforme o objeto, e principal em relação ao acessório.

7.1.2.4.1. *Unilaterais, bilaterais e plurilaterais*

Quanto ao ***número de declarantes*** ou de manifestações de vontade necessárias ao seu aperfeiçoamento, os negócios jurídicos classificam-se em unilaterais, bilaterais e plurilaterais.

- ***Unilaterais*** — são os que se aperfeiçoam com uma única manifestação de vontade, como ocorre no testamento, no codicilo, na instituição de fundação, na renúncia de direitos, na procuração, nos títulos de crédito, na confissão de dívida, na renúncia à herança e na promessa de recompensa. Subdividem-se em:
  - **a) *receptícios*** — aqueles em que a declaração de vontade tem de se tornar conhecida do destinatário para produzir efeitos, como sucede na denúncia ou resilição de um contrato e na revogação de mandato; e
  - **b) *não receptícios*** — aqueles em que o conhecimento por parte de outras pessoas é irrelevante, como se dá no testamento e na confissão de dívida.
- ***Bilaterais*** — são os que se perfazem com duas manifestações de vontade coincidentes sobre o objeto. Essa coincidência chama-se **consentimento mútuo** ou **acordo de vontades**, que se verifica nos contratos em geral. Subdividem-se em:
  - **a) *bilaterais simples*** — aqueles em que somente uma das partes aufere vantagens, enquanto a outra arca com os ônus, como ocorre na doação e no comodato; e
  - **b) *sinalagmáticos*** — aqueles que outorgam ônus e vantagens recíprocos, como na compra e venda e na locação, *verbi gratia*. Essa denominação deriva do vocábulo grego *sinalagma*, que significa **contrato com reciprocidade**. Podem existir **várias pessoas** no polo ativo e também várias no polo passivo sem que o contrato deixe de ser bilateral pela existência de **duas partes**, pois estas não se confundem com aquelas.
- ***Plurilaterais*** — são os contratos que envolvem mais de duas ***partes***, como o **contrato de sociedade** com mais de dois sócios e os **consórcios** de bens móveis e imóveis. As deliberações, nesses casos, decorrem de decisões da maioria. A doutrina menciona os negócios jurídicos plurilaterais como figura diferenciada

[16] Cariota Ferrara, *El negocio jurídico*, p. 196, apud Orlando Gomes, *Instituições*, cit., p. 263; Ramón Dominguez Aguila, *Teoría general del negocio jurídico*, p. 18-19; Washington de Barros Monteiro, *Curso*, cit., v. 1, p. 189.

dos contratos e os trata como ***acordos***, em razão de se destinarem à adoção de decisões comuns em assuntos de interesses coletivos.

Confira-se o esquema abaixo:

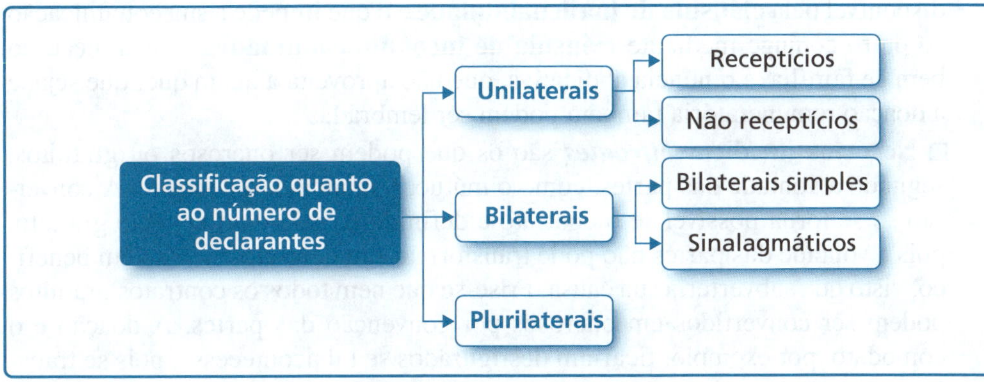

7.1.2.4.2. Gratuitos e onerosos, neutros e bifrontes

Quanto às ***vantagens patrimoniais*** que podem produzir, os negócios jurídicos classificam-se em gratuitos e onerosos, neutros e bifrontes.

- **Negócios jurídicos *gratuitos*** são aqueles em que só uma das partes aufere vantagens ou benefícios, como sucede na doação pura e no comodato. Nessa modalidade, outorgam-se vantagens a uma das partes sem exigir contraprestação da outra.
- **Negócios jurídicos *onerosos*** são aqueles em que ambos os contratantes auferem vantagens, às quais, porém, corresponde um sacrifício ou contraprestação. São dessa espécie quando impõem ônus e, ao mesmo tempo, acarretam vantagens a ambas as partes, ou seja, sacrifícios e benefícios recíprocos. É o que se passa com a compra e venda, a locação, a empreitada etc. Todo negócio **oneroso é bilateral**, porque a prestação de uma das partes envolve uma contraprestação da outra. Mas **nem todo ato bilateral é oneroso**. Doação é contrato e, portanto, negócio jurídico bilateral, porém gratuito. O mesmo ocorre com o comodato e pode ocorrer com o mandato[17]. Os **negócios onerosos** subdividem-se em:
  - **a) *comutativos*:** de prestações certas e determinadas. As partes podem antever as vantagens e os sacrifícios, que geralmente se equivalem, decorrentes de sua celebração, porque não envolvem nenhum risco; e
  - **b) *aleatórios*:** caracterizam-se pela incerteza, para as duas partes, sobre as vantagens e sacrifícios que deles pode advir. É que a perda ou lucro dependem de um fato futuro e imprevisível. O **risco** é da **essência do negócio**, como no jogo e na aposta.

17 Silvio Rodrigues, *Direito civil*, v. 1, p. 179.

- **Negócios jurídicos *neutros*** são os que se caracterizam pela **destinação dos bens**. Não podem ser incluídos na categoria dos onerosos nem dos gratuitos, pois lhes falta atribuição patrimonial. Em geral, coligam-se aos negócios translativos, que têm atribuição patrimonial. Enquadram-se nessa modalidade os negócios que têm por finalidade a vinculação de um bem, como o que o torna indisponível pela **cláusula de inalienabilidade** e o que impede a sua comunicação ao outro cônjuge mediante **cláusula de incomunicabilidade**. A instituição do bem de família, a renúncia abdicativa, que não aproveita a quem quer que seja, e a doação remuneratória também podem ser lembradas[18].
- **Negócios jurídicos *bifrontes*** são os que podem ser onerosos ou gratuitos, segundo a vontade das partes, como o mútuo, o mandato, o depósito. A conversão só se torna possível se o contrato é definido na lei como negócio gratuito, pois a vontade das partes não pode transformar um contrato oneroso em benefício, visto que subverteria sua causa. Frise-se que nem todos os contratos gratuitos podem ser convertidos em onerosos por convenção das partes. A doação e o comodato, por exemplo, ficariam desfigurados se tal acontecesse, pois se transformariam, respectivamente, em venda e locação[19].

Veja-se o gráfico abaixo:

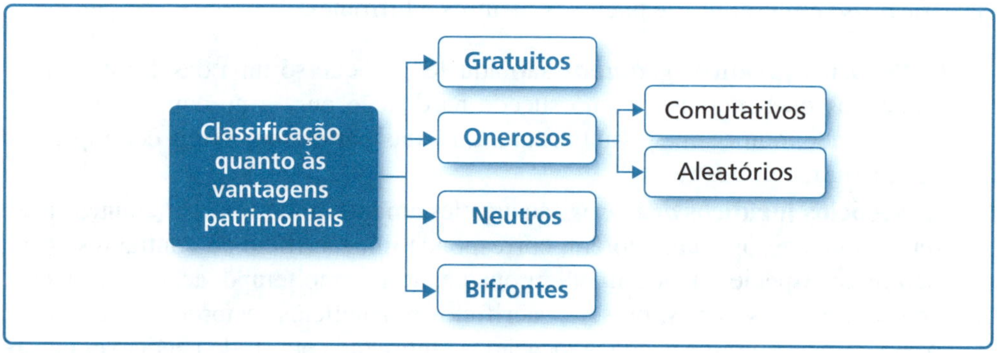

7.1.2.4.3. *"Inter vivos" e "mortis causa"*

Levando-se em conta o ***momento da produção dos efeitos***, os negócios jurídicos dizem-se *inter vivos* e *mortis causa*.

- ***Inter vivos*:** destinam-se a produzir efeitos desde logo, isto é, estando as partes ainda vivas, como a promessa de venda e compra, a locação, a permuta, o mandato, o casamento etc.
- ***Mortis causa*:** são os negócios destinados a produzir efeitos após a morte do agente, como ocorre com o testamento, o codicilo e a doação estipulada em

---

[18] Orlando Gomes, *Introdução*, cit., p. 306.

[19] Orlando Gomes, *Introdução*, cit., p. 307.

pacto antenupcial para depois da morte do doador. O **evento morte**, nesses casos, é pressuposto necessário à sua eficácia.

Os negócios jurídicos *mortis causa* são sempre **nominados ou típicos**. Ninguém pode celebrar senão os definidos na lei e pelo modo como os regula. Não podem as partes, desse modo, valer-se da autonomia privada e realizar negócios inominados ou atípicos dessa natureza. Podem, no entanto, criar tipos novos de negócios *inter vivos*[20].

O **seguro de vida**, ao contrário do que possa parecer, é negócio *inter vivos*, em que o evento morte funciona como *termo*[21]. É que a morte somente torna *mortis causa* o negócio jurídico quando compõe o seu suporte fático como elemento integrativo, mas não quando constitui simples fator implementador de condição ou de termo. Por essa razão, também **não se consideram negócios *mortis causa***:

- a doação sob condição de premoriência do doador ao donatário;
- a doação com cláusula de reversão caso o donatário morra antes do doador;
- a estipulação em favor de terceiro para que a prestação seja cumprida depois da morte do estipulante[22].

7.1.2.4.4. Principais, acessórios e derivados

Quanto ao ***modo de existência***, os negócios jurídicos denominam-se principais, acessórios e derivados.

- ***Principais*** são os que têm existência própria e não dependem, pois, da existência de qualquer outro, como a compra e venda, a locação e a permuta.
- ***Acessórios*** são os que têm sua existência subordinada à do contrato principal, como se dá com a cláusula penal, a fiança, o penhor e a hipoteca. Em consequência, como regra, **seguem o destino do principal** (*acessorium sequitur suum principale*), salvo estipulação em contrário na convenção ou na lei. Desse modo, a natureza do acessório é a mesma do principal. Extinta a obrigação principal, extingue-se também a acessória, mas o contrário não é verdadeiro.
- **Negócios *derivados* ou *subcontratos*** são os que têm por objeto direitos estabelecidos em outro contrato, denominado **básico ou principal** (sublocação e subempreitada, p. ex.). Têm em comum com os acessórios o fato de que ambos são dependentes de outro. Diferem, porém, pela circunstância de o derivado participar da própria natureza do direito versado no contrato-base. Nessa espécie de avença, **um dos contratantes transfere a terceiro**, sem se desvincular, **a utilidade correspondente à sua posição contratual**. O locatário, por exemplo, transfere a terceiro os direitos que lhe assistem, mediante a sublocação. O contrato de locação não se extingue, e os direitos do sublocatário terão a mesma extensão dos direitos do locatário, que continua vinculado ao locador.

---

20 José Abreu Filho, *O negócio*, cit., p. 90; Orlando Gomes, *Introdução*, cit., p. 298.

21 Alberto Trabucchi, *Istituzioni di diritto civile*, p. 138; Francisco Amaral, *Direito civil*, cit., p. 380.

22 Orlando Gomes, *Introdução*, cit., p. 297; Márcio Bernardes de Mello, *Teoria*, cit., p. 186.

7.1.2.4.5. Solenes (formais) e não solenes (de forma livre)

Em atenção às ***formalidades a observar***, os negócios jurídicos apresentam-se como solenes, também chamados de formais, e não solenes ou de forma livre.

- ***Solenes*** são os negócios que devem obedecer à forma prescrita em lei para se aperfeiçoarem[23]. Quando a forma é exigida como condição de validade do negócio, este é solene e a formalidade é ***ad solemnitatem*** ou ***ad substantiam***, isto é, constitui a própria substância do ato, como a escritura pública na alienação de imóvel acima de certo valor (CC, art. 108), o testamento como manifestação de última vontade (arts. 1.864 e s.), a renúncia da herança (art. 1.806) etc. Todavia, determinada forma pode ser exigida apenas como prova do ato. Nesse caso, trata-se de uma formalidade ***ad probationem tantum***, como o é a lavratura do assento do casamento no livro de registro, determinada no art. 1.536 do Código Civil. Diz-se que, em regra, a formalidade é ***ad probationem*** nos casos em que o resultado do negócio jurídico pode ser atingido por outro meio[24].
- ***Não solenes*** são os negócios de forma livre. Basta o consentimento para a sua formação. Como a lei não reclama nenhuma formalidade para o seu aperfeiçoamento, podem ser celebrados por qualquer forma, inclusive a verbal. Podem ser mencionados como exemplos, dentre inúmeros outros, os contratos de locação e de comodato. Em regra, os contratos têm **forma livre**, salvo expressas exceções. Dispõe, com efeito, o art. 107 do Código Civil que "a validade da declaração de vontade não dependerá de forma especial, senão quando a lei expressamente a exigir".

7.1.2.4.6. Simples, complexos e coligados

Quanto ao **número de atos necessários**, classificam-se os negócios jurídicos em simples, complexos e coligados.

- ***Simples*** são os negócios que se constituem por ato único.
- ***Complexos*** são os que resultam da **fusão** de vários atos sem eficácia independente. Compõem-se de várias declarações de vontade, **que se completam**, emitidas por um ou diferentes sujeitos para a obtenção dos efeitos pretendidos na sua unidade. Pode ser mencionada, como exemplo desta última modalidade, a alienação de um imóvel em prestações, que se inicia pela celebração de um compromisso de compra e venda, mas se completa com a outorga da escritura definitiva; e, ainda, o negócio que exige a declaração de vontade do autor e a de quem deve

---

23 Alguns autores, como José Abreu Filho, entendem que nem sempre os negócios formais são solenes, somente possuindo tais características aqueles que não prescindem da intervenção da autoridade. Por essa razão, o mencionado autor classifica os negócios jurídicos, quanto à forma, em formais, não formais e solenes (*O negócio*, cit., p. 101; Renan Lotufo, *Código Civil*, cit., p. 275).

24 Caio Mário da Silva Pereira, *Instituições*, cit., v. 1, p. 313.

autorizá-la. Dá-se a ***complexidade objetiva*** quando as várias declarações de vontade, que se completam, são emitidas pelo **mesmo sujeito** tendo em vista **o mesmo objeto**. É essencial, nessa forma de complexidade, a *identidade* tanto do *sujeito* como do *objeto* do negócio. A ***complexidade subjetiva*** se caracteriza pela pluralidade de declarações de **diferentes sujeitos**, devendo convergir para o mesmo objeto, ou seja, ter uma única causa, mas podendo ser emitidas contemporânea ou sucessivamente[25].

■ ***Coligados***: compõem-se de vários outros, enquanto o negócio complexo é único. Como exemplo dos primeiros pode ser mencionado o arrendamento de posto de gasolina, coligado pelo mesmo instrumento ao contrato de locação das bombas, de comodato de área para funcionamento de lanchonete, de fornecimento de combustível, de financiamento etc. Neste caso, há ***multiplicidade* de negócios**, conservando cada qual a fisionomia própria, mas havendo um **nexo que os reúne** substancialmente. Não se trata somente de contratos perfeitamente distintos celebrados no mesmo instrumento, porque, então, haveria apenas união meramente formal. O que caracteriza o negócio coligado é a **conexão** mediante vínculo que une o conteúdo dos dois contratos[26]. **É necessário que os vários negócios se destinem à obtenção de um mesmo objetivo**. No exemplo supraministrado, o vínculo que une todos os contratos é a exploração do posto de gasolina como um complexo comercial.

■ *7.1.2.4.7. Dispositivos e obrigacionais*

Tendo-se em conta as ***modificações que podem produzir***, os negócios jurídicos distinguem-se em dispositivos e obrigacionais.

■ ***Dispositivos***: são os utilizados pelo titular para **alienar, modificar ou extinguir** direitos. Com efeito, pode o titular de um direito de natureza patrimonial dispor, se para tanto tiver capacidade, de seus direitos, por exemplo, concedendo remissão de dívida, constituindo usufruto em favor de terceiro ou operando a tradição.

■ ***Obrigacionais***: são os que, por meio de manifestações de vontade, **geram obrigações** para uma ou ambas as partes, possibilitando a uma delas exigir da outra o cumprimento de determinada prestação, como sucede nos contratos em geral. Frequentemente o negócio dispositivo completa o obrigacional. A alienação de uma propriedade, de natureza dispositiva, que se consuma com o registro do título ou da tradição, é precedida do contrato de compra e venda, de natureza obrigacional, pelo qual o adquirente se obriga a pagar o preço e o alienante a entregar a coisa objeto do negócio[27].

---

[25] Emilio Betti, *Teoria geral do negócio jurídico*, t. 1, p. 181; José Abreu Filho, *O negócio*, cit., p. 98.

[26] Orlando Gomes, *Introdução*, cit., p. 317.

[27] Orlando Gomes, *Introdução*, cit., p. 286-296; Francisco Amaral, *Direito civil*, cit., p. 380- 381; José Abreu Filho, *O negócio*, cit., p. 85-87.

7.1.2.4.8. Negócio fiduciário e negócio simulado

Quanto ao ***modo de obtenção do resultado***, o negócio jurídico pode ser fiduciário ou simulado.

- *Negócio fiduciário* é aquele em que alguém, o **fiduciante**, "transmite um direito a outrem, o **fiduciário**, que se obriga a **devolver esse direito** ao patrimônio do transferente ou a destiná-lo a outro fim"[28]. Caracteriza-se pela circunstância de que o meio utilizado transcende o fim perseguido, não se compatibilizando o aspecto econômico com o aspecto jurídico do negócio, como ocorre quando "alguém transmite a propriedade de um bem com a intenção de que **o adquirente o administre**, obtendo dele o compromisso, por outro negócio jurídico de caráter obrigacional, de lhe **restituir o bem vendido**"[29]. Trata-se de **negócio lícito e sério**, perfeitamente válido, e que se desdobra em duas fases. Na primeira, ocorre verdadeiramente a transmissão de um direito pertencente ao fiduciante. Na segunda, o adquirente fiduciário se obriga a restituir o que recebeu ou seu equivalente. Esses negócios compõem-se de dois elementos: a **confiança** e o **risco**. A transmissão da propriedade, quando feita ao fiduciário para fins de administração, é verdadeira. Tanto que, se o fiduciário recusar-se a restituir o bem, caberá ao fiduciante somente pleitear as perdas e danos, como consequência do inadimplemento da obrigação de o devolver.
- *Negócio simulado* é o que tem a aparência **contrária à realidade**. Embora, nesse ponto, haja semelhança com o negócio fiduciário, **as declarações de vontade são falsas**. As partes aparentam conferir direitos a pessoas diversas daquelas a quem realmente os conferem ou fazem declarações não verdadeiras para fraudar a lei ou o Fisco, por exemplo. **O negócio simulado não é, portanto, válido**. O novo Código retirou-o do rol dos defeitos do negócio jurídico, em que se encontrava no diploma de 1916 (arts. 102 a 105), deslocando-o para o capítulo concernente à invalidade do negócio jurídico, considerando-o nulo (art. 167).

O negócio fiduciário não é considerado **negócio simulado**, malgrado a transferência da propriedade seja feita sem a intenção de que o adquirente se torne verdadeiramente proprietário do bem. Não há a intenção de prejudicar terceiros nem de fraudar a lei.

7.1.2.5. Interpretação do negócio jurídico

7.1.2.5.1. Introdução

Nem sempre o contrato traduz a exata vontade das partes. Muitas vezes, a redação mostra-se obscura e ambígua, malgrado o cuidado quanto à clareza e precisão demonstrado pela pessoa encarregada dessa tarefa, em virtude da complexidade do

---

28 Francisco Amaral, *Direito civil*, cit., p. 382; Karl Larenz, *Metodologia da ciência do direito*, n. 438.

29 Orlando Gomes, *Introdução*, cit., p. 308; Otto de Souza Lima, *Negócio fiduciário*, p. 157-159.

negócio e das dificuldades próprias do vernáculo. Por essa razão, não só **a lei deve ser interpretada** mas também **os negócios jurídicos em geral**. A execução de um contrato exige a correta compreensão da intenção das partes. Esta se exterioriza por meio de sinais ou símbolos, dentre os quais as palavras.

Interpretar o negócio jurídico é, portanto, precisar **o sentido e alcance** do conteúdo da declaração de vontade. Busca-se apurar a vontade concreta das partes, não a vontade interna, psicológica, mas a vontade objetiva, o conteúdo, as normas que nascem da sua declaração[30].

7.1.2.5.2. As teorias da vontade e da declaração

Nos contratos e demais negócios escritos, a análise do texto conduz, em regra, à descoberta da intenção dos pactuantes. Parte-se, portanto, da **declaração escrita** para se chegar à **vontade** dos contratantes. Quando, no entanto, determinada cláusula mostra-se obscura e passível de dúvida, alegando um dos contratantes que não representa com fidelidade a vontade manifestada por ocasião da celebração da avença, e tal alegação está demonstrada, deve-se considerar como verdadeira esta última, pois o art. 112 do Código Civil declara que, "nas declarações de vontade se atenderá mais à intenção nelas consubstanciada do que ao sentido literal da linguagem".

Embora a doutrina em geral comente, ao analisar o art. 85 do Código Civil de 1916, que o referido diploma deu prevalência à teoria da vontade (subjetiva) sobre a da declaração (objetiva), o acréscimo, ora verificado, da expressão **"neles consubstanciada"**, inexistente naquele dispositivo, correspondente ao atual art. 112, mostra que se deve atender à **intenção manifestada no contrato**, e não ao pensamento íntimo do declarante[31].

Não se pode afirmar, no entanto, que a alteração representa a adoção da teoria da declaração, parecendo mesmo inoportuna essa discussão. Na realidade, não se pode aplicar separadamente a teoria da vontade e a da declaração, mas conjuntamente, visto que constituem faces de um mesmo fenômeno. Parte-se da **declaração**, que é forma de exteriorização da vontade, para se apurar a **real intenção** das partes. Esta deve, pois, ser considerada não no sentido de pensamento íntimo dos declarantes, pois não se buscam os seus motivos psicológicos, mas, sim, no sentido mais adequado a uma interpretação que leve em conta **a boa-fé**, o **contexto** e o **fim econômico** do negócio jurídico[32].

O novo texto veio trazer o devido equilíbrio, **reforçando a teoria da declaração, mas sem aniquilar a da vontade**, em face da necessidade de se agilizar as relações jurídicas que, de certo modo, ficam travadas com a perquirição do conteúdo íntimo da vontade declarada.

---

30 Francisco Amaral, *Direito civil*, cit., p. 404.

31 José Carlos Moreira Alves, *A Parte Geral*, cit., p. 103.

32 Francisco Amaral, *Direito civil*, cit., p. 407; Pablo Stolze Gagliano e Rodolfo Pamplona Filho, *Novo curso de direito civil*, p. 319.

7.1.2.5.3. Regras de interpretação

Dispõe o art. 113 do novo Código:

"Os negócios jurídicos devem ser interpretados conforme a boa-fé e os usos do lugar de sua celebração."

Percebe-se, novamente, uma relativização do subjetivismo na interpretação do negócio jurídico, uma vez que, se, por um lado, a investigação sobre a **intenção** é importante, por outro, **elementos objetivos** devem também ser observados[33]. Deve o intérprete presumir que os contratantes procedem com lealdade e que tanto a proposta como a aceitação foram formuladas dentro do que podiam e deviam eles entender razoável, segundo a regra da boa-fé. Esta, portanto, se presume; **a má-fé,** ao contrário, **deve ser provada**. Como pauta de interpretação, a **boa-fé** exerce valioso papel para a exata compreensão das cláusulas do contrato e das normas legais incidentes[34]. Também devem ser considerados os **usos e costumes** de cada localidade.

Prescreve, ainda, o art. 114 do Código Civil:

"Os negócios jurídicos benéficos e a renúncia interpretam-se estritamente."

Benéficos* ou *gratuitos são os que envolvem uma **liberalidade**: somente um dos contratantes se obriga, enquanto o outro apenas aufere um benefício. A doação pura constitui o mesmo exemplo dessa espécie. Devem ter interpretação estrita porque representam renúncia de direitos.

Há outros poucos dispositivos esparsos no Código Civil e em leis especiais estabelecendo **regras** sobre **interpretação** de determinados negócios: arts. 423, 819 e 1.899. Por sua vez, proclama o art. 47 do **Código de Defesa do Consumidor**: "As cláusulas contratuais serão interpretadas de maneira mais favorável ao consumidor". A excepcionalidade decorre de previsão específica do rol dos direitos fundamentais, como disposto no art. 5º, XXXII, combinado com o art. 170, V, da Constituição Federal.

7.1.3. Ato jurídico em sentido estrito

7.1.3.1. Conceito

Já foi dito que, no ato jurídico em sentido estrito, o efeito da manifestação da vontade está **predeterminado na lei**, não havendo, por isso, qualquer dose de escolha da categoria jurídica. A ação humana se baseia não numa vontade qualificada, como sucede no negócio jurídico, mas em **simples intenção**.

Assim, um garoto de sete ou oito anos de idade torna-se proprietário dos peixes que pesca, graças ao instituto da ocupação, pois a incapacidade, no caso, não acarreta nulidade ou anulação do ato, ao contrário do que sucederia se essa mesma pessoa cele-

---

33 Rose Melo Venceslau, O negócio jurídico e suas modalidades, in *A parte geral do novo Código Civil*, p. 196; Teresa Negreiros, *Fundamentos para uma interpretação constitucional do princípio da boa-fé*, p. 74.

34 Ruy Rosado de Aguiar, A boa-fé na relação de consumo, *Revista de Direito do Consumidor*, 14/25.

brasse um contrato de compra e venda. "Porque, na hipótese de ocupação, a vontade exigida pela lei não é a vontade qualificada, necessária para a realização do contrato: **basta a simples intenção** de tornar-se proprietário da *res nullius*, que é o peixe, e essa intenção podem tê-la todos os que possuem consciência dos atos que praticam. O garoto de seis, sete ou oitos anos tem perfeitamente consciência do ato de assenhoreamento"[35].

Quando o pai, por exemplo, reconhece a paternidade de filho havido fora do casamento, está praticando um ato jurídico em sentido estrito, não havendo nessa declaração qualquer dose de **escolha de categoria jurídica**, "cabendo ao genitor a prática do ato do reconhecimento, apenas. Por isso, não é possível fazer-se o reconhecimento sob condição, ou a termo, ou com encargos"[36].

Verifica-se, assim, que o ato jurídico é **menos rico** de conteúdo **e pobre** na criação de efeitos. Não constitui exercício da autonomia privada e a sua satisfação somente se concretiza pelos modos determinados na lei.

■ 7.1.3.2. *Espécies e caracteres que o diferenciam do negócio jurídico*

O ato jurídico em sentido estrito divide-se em:

a) atos materiais ou reais; e
b) participações.

■ **Atos materiais ou reais:** o ato jurídico é ***potestativo***, isto é, o agente pode influir na esfera de **interesses de terceiro**, quer ele queira, quer não. De modo geral, o destinatário da manifestação da vontade a ela não adere, como na notificação. Às vezes, **nem existe destinatário**, como na transferência de domicílio. Trata-se de atos a que a ordem jurídica confere efeitos invariáveis, adstritos tão somente ao resultado da atuação. Alguns autores os denominam ***atos materiais*** ou ***reais***, neles incluindo a ocupação, a fixação e transferência de domicílio, a percepção de frutos etc.

■ **Participações:** outras vezes, o ato jurídico em sentido estrito consiste apenas em **declarações para ciência de terceiros** ou comunicação de intenções ou de fatos, como se dá com as notificações, intimações e interpelações. Têm necessariamente **destinatário, mas não conteúdo negocial**. Atos jurídicos dessa natureza são denominados ***participações***[37].

O ponto comum entre o ato jurídico em sentido estrito e o negócio jurídico é que **ambos** decorrem de **manifestação da vontade**. **Diferenciam-se**, no entanto, nos seguintes aspectos:

■ No **negócio jurídico**, a manifestação da vontade visa diretamente alcançar um fim prático permitido na lei, dentre a **multiplicidade de efeitos possíveis**.

---

35 José Carlos Moreira Alves, O Anteprojeto de 1973, *Revista de Informação Legislativa*, 40/5 e s., out./dez. 1973.

36 Marcos Bernardes de Mello, *Teoria*, cit., p. 139.

37 Orlando Gomes, *Introdução*, cit., p. 223-226; Maria Helena Diniz, *Curso*, cit., v. 1, p. 362-363.

Constitui ele um instrumento da vontade individual, em que as partes têm a liberdade de estruturar o conteúdo de eficácia da relação jurídica, aumentando-lhe ou diminuindo-lhe a intensidade, criando condições e termos, pactuando estipulações diversas que dão, ao negócio, o sentido próprio que pretendem. Permite ele, enfim, a **escolha da categoria jurídica** almejada e o **autorregramento de condutas**[38]. Por essa razão, é necessária uma **vontade qualificada**, sem vícios.

- No **ato jurídico em sentido estrito**, no entanto, o efeito da manifestação da vontade está **previsto na lei** e não pode ser alterado. O interessado apenas deflagra, com o seu comportamento despojado de conteúdo negocial, um efeito **previamente estabelecido na lei**. Não há, por isso, qualquer dose de escolha da categoria jurídica. Em alguns casos, a lei exige **uma declaração de vontade**, como no reconhecimento da paternidade. Em outros, contenta-se com a **simples intenção ou comportamento do agente** para tornar concreto o suporte fático preestabelecido. Assim, quando alguém estabelece sua **residência com ânimo definitivo**, constitui, nesse local, o seu domicílio, mesmo não tendo feito nenhuma declaração nesse sentido. Porém, não lhe é permitido determinar em contrário nem lhe atribuir outro efeito que não seja o previsto pela norma jurídica[39].

O novo Código, acolhendo a teoria dualista, distingue o ato jurídico em sentido estrito do negócio jurídico, dedicando a este os preceitos constantes do Livro III da Parte Geral. Confira-se o resumo esquemático abaixo:

ATO JURÍDICO EM SENTIDO ESTRITO	NEGÓCIO JURÍDICO
■ É sempre unilateral e potestativo	■ É, em regra, bilateral, havendo, todavia, alguns poucos negócios jurídicos unilaterais
■ É menos rico de conteúdo. O efeito da manifestação da vontade está previsto na lei e não pode ser alterado pelo agente	■ Permite a escolha da categoria jurídica almejada e o autorregramento de condutas, ou seja, a obtenção de múltiplos efeitos no exercício da autonomia privada
■ Em alguns casos, a lei exige uma manifestação da vontade; em outros, contenta-se com a mera intenção ou comportamento do agente	■ Exige uma vontade qualificada, sem vícios, manifestada por pessoa maior e que tenha o necessário discernimento

7.1.4. Ato-fato jurídico

Muitas vezes, o efeito do ato não é buscado nem imaginado pelo agente, mas decorre de uma conduta **socialmente reconhecida** ou **sancionada pela lei**, como sucede no caso da pessoa que acha, casualmente, um tesouro. A conduta do agente não tinha por fim imediato adquirir-lhe a metade, mas tal acaba ocorrendo, por força do disposto no art. 1.264, a despeito de se tratar de pessoa privada do necessário discernimento. É que há certas ações humanas que a lei encara como fatos, sem levar em consideração **a vontade, a intenção ou a consciência do agente**, demandando

38 Marcos Bernardes de Mello, *Teoria*, cit., p. 142.

39 José Carlos Moreira Alves, *A Parte Geral*, cit., p. 98 e 138; Francisco Amaral, *Direito civil*, cit., p. 361; José Abreu Filho, *O negócio*, cit., p. 16-19; Marcos Bernardes de Mello, *Teoria*, cit., p. 138.

apenas o ato material predeterminado. Assim, o louco, pelo simples achado do tesouro, torna-se proprietário de parte dele.

Essas ações são denominadas pela doutrina ***atos-fatos jurídicos***, expressão divulgada no Brasil por Pontes de Miranda[40]. No ato-fato jurídico, ressalta-se a **consequência do ato**, o fato resultante, sem se levar em consideração a **vontade de praticá-lo**. Assim, por exemplo, não se considera nula a compra de um doce ou sorvete feita por uma criança de sete ou oito anos de idade, malgrado não tenha ela capacidade para emitir a vontade qualificada que se exige nos contratos de compra e venda. Em se tratando de ato dotado de ampla aceitação social, deve ser enquadrado na noção de ato-fato jurídico[41].

Segundo Moreira Alves, ato-fato jurídico é **espécie** de ato jurídico em sentido amplo, sendo este qualquer ação que produza efeitos jurídicos. Essa categoria, aduz, se subdivide em: **negócio jurídico, ato jurídico em sentido estrito e ato-fato jurídico**[42]. A mencionada classificação, no entanto, enfrenta divergências doutrinárias. Alguns autores, como João Baptista Villela e Roberto de Ruggiero, preferem incluir o ato-fato jurídico nos ***fatos naturais***[43].

O novo Código, com relação aos atos jurídicos **lícitos que não sejam negócios jurídicos** (portanto, ato jurídico *stricto sensu* e ato-fato jurídico), abriu-lhes um título, com artigo único, em que se determina, à semelhança do que o faz o art. 295 do Código Civil português de 1966, que se lhes apliquem, **no que couber**, as disposições disciplinadoras do **negócio jurídico**.

■ 7.1.5. Resumo

DO NEGÓCIO JURÍDICO	
CONCEITO DE FATO JURÍDICO	■ Fato jurídico é todo acontecimento da vida relevante para o direito, mesmo que seja fato ilícito.
CLASSIFICAÇÃO DOS FATOS JURÍDICOS	■ Classificam-se em: a) **Fatos naturais**, que podem ser **ordinários** (nascimento, morte) e **extraordinários** (raio, tempestade); e b) **Fatos humanos** (atos jurídicos em sentido amplo), que podem ser **lícitos** (ato jurídico em sentido estrito, negócio jurídico e ato-fato jurídico) e **ilícitos**.
ATOS LÍCITOS	■ Dividem-se em: a) **Ato jurídico em sentido estrito:** o efeito da manifestação da vontade está predeterminado na lei. Basta a mera intenção. É sempre unilateral e potestativo. b) **Negócio jurídico:** é, em regra, **bilateral**. Exige vontade qualificada. Permite a criação de situações novas e a obtenção de múltiplos efeitos. A manifestação da vontade tem finalidade negocial: criar, modificar ou extinguir direitos. Mas há alguns poucos **negócios jurídicos unilaterais**, em que ocorre o seu aperfeiçoamento com uma única manifestação de vontade e se criam situações jurídicas. Exemplos: testamento, instituição de fundação. c) **Ato-fato jurídico:** ressalta-se a consequência do ato, o fato resultante, sem se levar em consideração a vontade de praticá-lo. Assim, o louco, pelo simples achado do tesouro, torna-se proprietário de parte dele, porque esta é a consequência prevista no art. 1.264 do Código Civil para quem o achar **casualmente** em terreno alheio.

40 *Tratado*, cit., v. 3, t. 2, § 209, n. 1, p. 372.

41 Jorge Cesa Ferreira da Silva, *A boa-fé e a violação positiva do contrato*, p. 53.

42 *A Parte Geral*, cit., p. 138.

43 *Tratado*, cit., v. 2, p. 372-373; Marcos Bernardes de Mello, *Teoria*, cit., p. 118.

CLASSIFICAÇÃO DOS NEGÓCIOS JURÍDICOS	a) unilaterais, bilaterais e plurilaterais; b) gratuitos e onerosos, neutros e bifrontes; c) *inter vivos* e *mortis causa*; d) principais e acessórios; e) solenes (formais) e não solenes (de forma livre); f) simples, complexos e coligados; e g) fiduciário e simulado.
INTERPRETAÇÃO DO NEGÓCIO JURÍDICO	■ Nas declarações de vontade, atender-se-á mais à intenção nelas consubstanciada do que ao sentido literal da linguagem (art. 112). Aplicação conjunta das teorias da vontade e da declaração. ■ Os negócios jurídicos devem ser interpretados conforme a boa-fé e os usos do lugar de sua celebração (art. 113). ■ Os negócios jurídicos benéficos e a renúncia interpretam-se restritivamente (art. 114). ■ Quando houver, no contrato de adesão, cláusulas ambíguas ou contraditórias, dever-se-á adotar a interpretação mais favorável ao aderente (art. 423). ■ A transação interpreta-se restritivamente (art. 843). ■ A fiança não admite interpretação extensiva (art. 819). ■ A intenção das partes pode ser apurada pelo modo como vinham executando o contrato, de comum acordo. ■ Deve-se interpretar o contrato, na dúvida, da maneira menos onerosa para o devedor. ■ As cláusulas contratuais não devem ser interpretadas isoladamente, mas em conjunto com as demais.

■ 7.2. ELEMENTOS DO NEGÓCIO JURÍDICO

■ 7.2.1. Classificação

A classificação tradicional dos elementos do negócio jurídico, que vem do direito romano, divide-os em: ***essentialia negotii***, ***naturalia negotii*** e ***accidentalia negotii***.

■ **Elementos essenciais** (*essentialia negotii*) são os estruturais, **indispensáveis à existência** do ato e que lhe formam a substância: a declaração de vontade nos negócios em geral; a coisa, o preço e o consentimento (*res, pretium et consensus*) na compra e venda, por exemplo. Subdividem-se em:

a) *gerais*: comuns a todos os negócios, como a declaração de vontade;

b) *particulares*: peculiares a certas espécies, como a coisa, o preço e o consentimento na compra e venda (CC, art. 482) e o instrumento de próprio punho ou mediante processo mecânico no testamento particular (art. 1.876).

■ **Elementos naturais** (*naturalia negotii*) são as consequências ou efeitos que decorrem da própria **natureza do negócio**, sem necessidade de expressa menção. Normas supletivas já determinam essas consequências jurídicas, que podem ser afastadas por estipulação contrária. Assim, por exemplo, a responsabilidade do alienante pelos vícios redibitórios (CC, art. 441) e pelos riscos da evicção (art. 447) bem como o lugar do pagamento, quando não convencionado (art. 327).

■ **Elementos acidentais** (*accidentalia negotii*) consistem em estipulações acessórias, que as partes podem facultativamente adicionar ao negócio para modificar alguma de suas consequências naturais, como a **condição, o termo e o encargo** ou modo (CC, arts. 121, 131 e 136).

7.2.2. A tricotomia existência-validade-eficácia

7.2.2.1. O significado dos vocábulos em epígrafe

É possível distinguir, no mundo jurídico, os planos de **existência**, de **validade** e de **eficácia** do negócio jurídico. Embora esses vocábulos sejam empregados, muitas vezes, como sinônimos, é importante precisar o significado de cada um.

- **Plano da existência:** não se indaga sobre a invalidade ou eficácia do negócio jurídico, importando apenas a realidade da existência. Tal ocorre quando este sofre a incidência da norma jurídica, desde que presentes todos os seus **elementos estruturais**. Se faltar, no suporte fático, um desses elementos, o fato não ingressa no mundo jurídico: **é inexistente**. O casamento celebrado por autoridade incompetente *ratione materiae*, um delegado de polícia, por exemplo, é considerado inexistente. Por essa razão, não se indaga se é nulo ou ineficaz nem se exige a desconstituição judicial, pois se trata de um ***nada* jurídico**. O plano da existência é dos **elementos**, visto que elemento é tudo o que integra a essência de alguma coisa.
- **Plano da validade:** o ato existente deve passar por uma triagem quanto à sua regularidade para ingressar no plano da validade, quando, então, se verificará se está perfeito ou se encontra eivado de algum vício ou defeito inviabilizante. O preenchimento de certos requisitos fáticos, como a **capacidade do agente, a licitude do objeto e a forma prescrita em lei**, é indispensável para o reconhecimento da validade do ato. Mesmo a invalidade pressupõe como essencial a existência do fato jurídico. Este pode, portanto, existir e não ser válido. O plano da validade é o dos ***requisitos*** do negócio jurídico, porque estes são condição necessária para o alcance de certo fim.
- **Plano da eficácia:** pode também o negócio jurídico existir, ser válido, mas não ter eficácia, por não ter ocorrido ainda, por exemplo, o implemento de uma condição imposta. O plano da eficácia é onde os fatos jurídicos **produzem os seus efeitos**, pressupondo a passagem pelo plano da existência, não, todavia, essencialmente, pelo plano da validade[44]. Com efeito, é possível que o negócio seja existente e inválido, porém eficaz, como sucede na hipótese de casamento anulável celebrado de boa-fé. Embora inválido, gera todos os efeitos de um casamento válido para o cônjuge de boa-fé (CC, art. 1.561).

7.2.2.2. O Código Civil de 2002

O novo Código Civil não adotou a tricotomia ***existência-validade-eficácia***, *conhecida como "Escada Ponteana", em alusão a Pontes de Miranda.* Na realidade, não há necessidade de mencionar os requisitos de existência, pois esse conceito encontra-se **na base do sistema dos fatos jurídicos**. Depois de se estabelecerem os **requisitos de validade** do negócio jurídico, são tratados dois aspectos ligados à

[44] Marcos Bernardes de Mello, *Teoria*, cit., p. 79-85.

manifestação da vontade: a **interpretação** e a **representação**. Em seguida, disciplinam-se a **condição**, o **termo** e o **encargo**, que são autolimitações da vontade, isto é, uma vez apostos à manifestação de vontade, tornam-se inseparáveis dela. Finalmente, surge a parte patológica do negócio jurídico: seus **defeitos e sua invalidade**[45].

7.2.3. Requisitos de existência

Os requisitos de ***existência*** do negócio jurídico são os seus **elementos estruturais**, sendo que não há uniformidade, entre os autores, sobre a sua enumeração. Preferimos dizer que são os seguintes:

- ***declaração de vontade***;
- ***finalidade negocial;***
- ***idoneidade do objeto.***

Faltando qualquer deles, o negócio inexiste.

7.2.3.1. Declaração de vontade

7.2.3.1.1. Pressuposto básico do negócio jurídico

A vontade é **pressuposto básico** do negócio jurídico e é imprescindível que se **exteriorize**. Do ponto de vista do direito, somente vontade que se exterioriza é considerada suficiente para compor suporte fático de negócio jurídico; aquela que permanece interna, como acontece como a ***reserva mental***, não serve a esse desiderato, pois que de difícil, senão impossível, apuração. A **declaração** de vontade é, assim, o instrumento da sua **manifestação**[46]. Por se tratar de é um elemento de caráter subjetivo, que se revela por meio da **declaração**, esta, portanto, e não aquela, constitui requisito de existência do negócio jurídico.

Pelo tradicional princípio da ***autonomia da vontade***, as pessoas têm liberdade de, em conformidade com a lei, celebrar negócios jurídicos, criando direitos e contraindo obrigações. Esse princípio sofre algumas limitações pelo princípio da ***supremacia da ordem pública***, pois, muitas vezes, em nome da ordem pública e do interesse social, o Estado interfere nas manifestações de vontade, especialmente para evitar a opressão dos economicamente mais fortes sobre os mais fracos. Em nome desse princípio, surgiram diversas leis: Lei do Inquilinato, Lei da Economia Popular, Código de Defesa do Consumidor etc. Todas essas modificações alteraram a fisionomia tradicional do direito civil. Princípios e institutos fundamentais, como a propriedade, o contrato e o casamento, emigraram para o texto das Constituições, dando-se destaque à **função social** de que se acham revestidos.

A vontade, uma vez manifestada, obriga o contratante, segundo o princípio da **obrigatoriedade dos contratos** (*pacta sunt servanda*), e significa que o contrato faz lei entre as partes, não podendo ser modificado pelo Judiciário. Destina-se também a

---

45 José Carlos Moreira Alves, *A Parte Geral*, cit., p. 44.

46 Marcos Bernardes de Mello, *Teoria*, cit., p. 120; Francisco Amaral, *Direito civil*, cit., p. 387.

dar segurança aos negócios em geral. Opõe-se a ele o princípio da **revisão dos contratos** ou **da onerosidade excessiva** (CC, art. 478), baseado na cláusula *rebus sic stantibus* e na teoria da imprevisão e que autoriza o recurso ao Judiciário para se pleitear a revisão dos contratos, ante a ocorrência de fatos extraordinários e imprevisíveis.

■ 7.2.3.1.2. *Formas de manifestação da vontade*

A manifestação da vontade pode ser:

a) expressa;
b) tácita; e
c) presumida.

■ ***Expressa*** — é a que se realiza por meio da palavra, falada ou escrita, e de gestos, sinais ou mímicas, de modo **explícito**, possibilitando o conhecimento imediato da intenção do agente. É a que se verifica, por exemplo, na celebração de contratos verbais ou escritos e na emissão de títulos de crédito, cartas e mensagens. Os gestos e mímicas são utilizados principalmente pelos surdos-mudos, bem como nos pregões das Bolsas de Valores.

■ ***Tácita*** — é a declaração da vontade que se revela pelo **comportamento do agente**. Pode-se, com efeito, comumente, deduzir da conduta da pessoa a sua intenção. É o que se verifica, por exemplo, nos casos de aceitação da herança, que se infere da prática de atos próprios da qualidade de herdeiro (CC, art. 1.805), e da aquisição de propriedade móvel pela ocupação (art. 1.263). Mas, nos contratos, a manifestação da vontade só pode ser tácita quando **a lei não exigir que seja expressa**.

■ ***Presumida*** — é a declaração não realizada expressamente, mas que **a lei** deduz de certos comportamentos do agente. Assim acontece, por exemplo, com as presunções de pagamento previstas nos arts. 322, 323 e 324 do Código Civil, de aceitação da herança quando o doador fixar prazo ao donatário para declarar se aceita ou não a liberalidade e este se omitir (art. 539) e de aceitação da herança quando o herdeiro for notificado a se pronunciar sobre ela em prazo não maior de trinta dias e não o fizer (art. 1.807). Difere a manifestação **presumida** da vontade da **tácita**, porque aquela é estabelecida **pela lei**, enquanto esta é deduzida do **comportamento do agente** pelo destinatário. As presunções legais são *juris tantum*, ou seja, admitem prova em contrário. Destarte, pode o agente elidi-las, provando não ter tido a vontade que a lei presume[47].

■ 7.2.3.1.3. *Espécies de declarações de vontade*

As declarações de vontade podem ser:

a) receptícias e
b) não receptivas;

---

[47] Manuel Albaladejo, *El negocio jurídico*, p. 94; Francisco Amaral, *Direito civil*, cit., p. 389-390.

c) **diretas** e

d) **indiretas**.

■ **Declaração *receptícia* da vontade** é a que se dirige a pessoa determinada, com o escopo de **levar ao seu conhecimento** a intenção do declarante, sob pena de **ineficácia**. Ocorre com maior frequência no campo das obrigações, especialmente na revogação do mandato (CC, arts. 682, I, e 686) e na proposta de contrato, que deve chegar ao conhecimento do oblato para que surja o acordo de vontades e se concretize o negócio jurídico (arts. 427 e 428). Em geral, as declarações de vontade são receptícias, por se dirigirem a uma outra pessoa, que dela deve ter ciência do ato, para produzirem efeitos.

■ **Declaração *não receptícia*** é a que se efetiva com a manifestação do agente, não se dirigindo a destinatário especial. Produz efeitos **independentemente da recepção e de qualquer declaração de outra pessoa**. Assim ocorre, por exemplo, com a promessa de recompensa, a aceitação de letra de câmbio e a revogação de testamento.

■ **Declaração direta** é a feita sem a intermediação de qualquer pessoa.

■ **Declaração indireta** é aquela em que o declarante se utiliza de outras pessoas (como o representante) ou meios (como cartas e telegramas) para que a declaração chegue ao destinatário.

■ *7.2.3.1.4. O silêncio como manifestação de vontade*

Em regra, não se aplica ao direito o provérbio "quem cala, consente". Normalmente, **o silêncio** nada significa, por constituir total ausência de manifestação de vontade e, como tal, não produzir efeitos. Todavia, excepcionalmente, em determinadas circunstâncias, pode ter um significado relevante e **produzir efeitos jurídicos**.

Dispõe o art. 111 do Código Civil, com efeito:

> "Art. 111. O silêncio importa anuência, quando as circunstâncias ou os usos o autorizarem, e não for necessária a declaração de vontade expressa."

Portanto, o silêncio pode ser interpretado como manifestação **tácita** da vontade:

■ **Quando a lei conferir a ele tal efeito**. É o que sucede, por exemplo, na doação pura, quando o doador fixa prazo ao donatário, para declarar se aceita ou não a liberalidade. Desde que o donatário, ciente do prazo, não faça, dentro dele, a declaração, entender-se-á que aceitou (CC, art. 539). Acontece o mesmo na aceitação do mandato, quando o negócio para que foi outorgado é da profissão do mandatário, resultando do começo de execução (CC, arts. 658 e 659), ou quando o herdeiro, notificado para dizer se aceita ou não a herança, nos termos do art. 1.807 do mesmo diploma, deixa transcorrer o prazo fixado pelo juiz sem se manifestar.

■ **Quando tal efeito ficar convencionado em um pré-contrato ou ainda resultar dos usos e costumes**, como se infere do art. 432 do Código Civil, *verbis*: "Art. 432. Se o negócio for daqueles em que não seja costume a aceitação expressa, ou o proponente a tiver dispensado, reputar-se-á concluído o contrato, não chegando a tempo a recusa."

Cabe ao juiz examinar caso por caso para verificar se o silêncio, na hipótese *sub judice*, traduz ou não vontade. Também na seara processual o silêncio tem relevância na determinação da revelia, firmando a presunção de veracidade dos fatos alegados pelo autor (CPC, art. 344).

■ *7.2.3.1.5. Reserva mental*

■ *7.2.3.1.5.1. Conceito*

Ocorre ***reserva mental*** quando um dos declarantes **oculta** a sua verdadeira **intenção**, isto é, quando não quer um efeito jurídico que declara querer. Tem por objetivo enganar o outro contratante ou declaratário. Se este, entretanto, não soube da reserva, o ato **subsiste** e produz os efeitos que o declarante não desejava. A reserva, isto é, o que se passa na mente do declarante, é indiferente ao mundo jurídico e **irrelevante** no que se refere à validade e eficácia do negócio jurídico.

O Código de 1916 não disciplinou a reserva mental. Em época mais recente, Nelson Nery Junior desenvolveu a matéria em monografia na qual define a reserva mental como sendo "a emissão de uma **declaração não querida em seu conteúdo, tampouco em seu resultado, tendo por único objetivo enganar o declaratário**". Em seguida, declina os seus elementos constitutivos:

"a) uma declaração não querida em seu conteúdo;
b) propósito de enganar o declaratário (ou mesmo terceiros)"[48].

O Código Civil português, no art. 244º, assim conceitua a reserva mental: "Há reserva mental, sempre que é emitida uma declaração contrária à vontade real com o intuito de enganar o declaratário".

■ *7.2.3.1.5.2. Condutas de boa e de má-fé*

Alguns exemplos são mencionados, ora agindo o declarante de **boa-fé**, ora de **má-fé**. Da primeira hipótese **(boa-fé)** é aquele em que o declarante manifesta a sua vontade no sentido de emprestar dinheiro a um seu amigo (contrato de mútuo), porque este tinha a intenção de suicidar-se por estar em dificuldades financeiras. A intenção do declarante não é a de realizar o contrato de mútuo, mas, tão somente, salvar o amigo do suicídio. Ainda assim, o propósito de engano encontra-se presente, sendo hipótese típica de reserva mental. E, da segunda hipótese **(má-fé)**, a declaração do testador que, com a preocupação de prejudicar herdeiro, dispõe em benefício de quem se diz falsamente devedor[49].

---

48 *Vícios do ato jurídico e reserva mental*, p. 18.

49 Moacyr de Oliveira, Reserva mental, cit., p. 226-227; Nelson Nery Junior, *Vícios*, cit., p. 20-21.

■ 7.2.3.1.5.3. *Efeitos*

Como inovação, o Código Civil de 2002 disciplina a reserva mental no art. 110, dando-lhe a seguinte redação:

> "Art. 110. A manifestação de vontade subsiste ainda que o seu autor haja feito a reserva mental de não querer o que manifestou, salvo se dela o destinatário tinha conhecimento."

Infere-se que a reserva mental **desconhecida** da outra parte é ***irrelevante*** para o direito. A vontade declarada produzirá normalmente os seus efeitos, a despeito de estar conscientemente em conflito com o íntimo desejo do declarante. Considera-se somente o que foi declarado. Se, no entanto, o declaratário **conhece a reserva**, a solução **é outra**. Ao tempo do Código de 1916, a despeito de inexistir norma reguladora do assunto, a doutrina entendia ser anulável o negócio se a reserva era conhecida da outra parte. Considerava-se caracterizada, *in casu*, a ***simulação***, vício do negócio jurídico, na mesma linha do art. 244º do Código Civil português.

O Código Civil brasileiro de 2002, todavia, adotou solução diversa, assim explicada por Moreira Alves: "... a reserva mental conhecida da outra parte não torna nula a declaração de vontade; esta inexiste, e, em consequência, não se forma o negócio jurídico". E, mais adiante: "Da reserva mental trata o art. 108 (*do Projeto, atual art. 110*), que a tem por irrelevante, salvo se conhecida do destinatário, caso em que se configura hipótese de ausência de vontade, e, consequentemente, de **inexistência do negócio jurídico**"[50].

Se o propósito de enganar o declaratário é elemento constitutivo da reserva mental e integra o elemento volitivo, fica ele afastado em virtude do conhecimento, por parte deste, do intuito do declarante. Configura-se hipótese de ausência de vontade de enganar. Como afirma o art. 110 retrotranscrito, *a contrario sensu*, a manifestação de vontade, nesse caso, **não *subsiste***. Sem declaração de vontade, requisito de existência do negócio jurídico, este **inexiste**.

■ 7.2.3.2. *Finalidade negocial*

A ***finalidade negocial*** ou jurídica é o propósito de **adquirir, conservar, modificar ou extinguir direitos**. Sem essa intenção, a manifestação de vontade pode desencadear determinado efeito preestabelecido no ordenamento jurídico, praticando o agente, então, um ato jurídico em sentido estrito. A existência do negócio jurídico, porém, depende da manifestação de vontade com finalidade negocial, isto é, com a intenção de produzir os efeitos supramencionados.

O negócio jurídico, como já foi dito, consiste no exercício da autonomia privada. Há um poder de escolha da categoria jurídica. Permite-se que a vontade negocial proponha, dentre as espécies, variações quanto à sua irradiação e a intensidade de cada uma. Numa compra e venda, por exemplo, podem os contratantes estabelecer termos e condições, renunciar a certos efeitos, como o da evicção, limitá-los e ainda

---

[50] *A Parte Geral*, cit., p. 45 e 102.

estabelecer outras avenças. Todas essas faculdades se inserem no contexto da finalidade negocial, pois permitem a obtenção de **múltiplos efeitos**, mediante a **declaração de vontade**, destacando-se a **aquisição, modificação e extinção de direitos**.

■ 7.2.3.3. *Idoneidade do objeto*

A ***idoneidade do objeto*** é necessária para a realização do negócio que se tem em vista. Assim, se a intenção das partes é celebrar um contrato de mútuo, a manifestação de vontade deve recair sobre coisa fungível. No comodato, o objeto deve ser coisa infungível. Para a constituição de uma hipoteca, é necessário que o bem dado em garantia seja imóvel, navio ou avião. Os demais bens são inidôneos para a celebração de tal negócio. Não lograrão as partes celebrar, dar existência a um contrato de locação, por exemplo, se o objeto sobre o qual recair a declaração de vontade **não tiver idoneidade** para tanto, ou seja, se não se tratar de bem infungível.

■ 7.2.4. Requisitos de validade

Para que o negócio jurídico produza efeitos, possibilitando a aquisição, modificação ou extinção de direitos, deve preencher **certos requisitos**, apresentados como os de sua validade. Se os possui, **é válido** e dele decorrem os mencionados efeitos almejados pelo agente. Se, porém, falta-lhe um desses requisitos, o negócio é inválido, não produz o efeito jurídico em questão e é **nulo ou anulável**[51].

- ■ **Requisitos de validade de *caráter geral* —** são os elencados no art. 104 do Código Civil, que dispõe: "Art. 104. A validade do negócio jurídico requer: I — agente capaz; II — objeto lícito, possível, determinado ou determinável; III — forma prescrita ou não defesa em lei".
- ■ **Requisitos de *caráter específico* —** são aqueles pertinentes a determinado negócio jurídico. A compra e venda, por exemplo, tem como elementos essenciais a **coisa** (*res*), o **preço** (*pretium*) e o **consentimento** (*consensus*).

Não se deve, efetivamente, furtar-se à indagação da causa quando esta for necessária à **realização da justiça**. O Código Civil de 2002 disciplina, nos arts. 884 a 886, como fonte da obrigação de indenizar, o **enriquecimento sem causa**.

■ 7.2.4.1. *Capacidade do agente*

■ 7.2.4.1.1. *Conceito*

A ***capacidade*** do agente (condição subjetiva) é a **aptidão** para intervir em negócios jurídicos como declarante ou declaratário. Trata-se da capacidade de fato ou de exercício, necessária para que uma pessoa possa exercer, por si só, os atos da vida civil. **Agente capaz**, portanto, é o que tem capacidade de exercício de direitos, ou seja, aptidão para exercer direitos e contrair obrigações na ordem civil. Esta é adquirida com a **maioridade**, aos 18 anos, ou com a **emancipação** (CC, art. 5º).

---

[51] Francisco Clementino San Thiago Dantas, *Programa de direito civil*, 3. ed., p. 225.

A declaração de vontade é elemento necessário à existência do negócio jurídico, enquanto a capacidade é requisito necessário à sua validade e eficácia, bem como ao poder de disposição do agente[52].

■ 7.2.4.1.2. *Incapacidade: conceito e espécies*

Incapacidade é a restrição legal ao **exercício** da vida civil, a qual pode ser de duas espécies:

a) absoluta; e

b) relativa (*V.*, a propósito, o **item 4.3.1**, *retro*, ao qual nos reportamos).

■ 7.2.4.1.3. *Modos de suprimento da incapacidade*

A incapacidade de exercício é suprida, porém, pelos meios legais:

a) a **representação**; e

b) a **assistência** (CC, art. 1.634, V) (*V.*, a propósito, o item **4.3.3**, *retro*, ao qual nos reportamos).

■ 7.2.4.1.4. *Incapacidade e falta de legitimação*

A incapacidade não se confunde com os impedimentos ou ***falta de legitimação***. Esta é a incapacidade para a prática de **determinados atos**. O ascendente, por exemplo, não estará legitimado a vender bens a um descendente enquanto não obtiver o consentimento do seu cônjuge e dos demais descendentes (CC, art. 496), embora não seja um incapaz, genericamente, para realizar negócios jurídicos. A proibição imposta ao tutor de adquirir bens do pupilo, mesmo em hasta pública, também gera um impedimento ou **falta de legitimação que não importa em incapacidade genérica**.

■ 7.2.4.1.5. *Rescisão do negócio jurídico por incapacidade relativa de uma das partes*

Prescreve o art. 105 do Código Civil que a "incapacidade relativa de uma das partes não pode ser invocada pela outra em benefício próprio, nem aproveita aos cointeressados capazes, salvo se, neste caso, for indivisível o objeto do direito ou da obrigação comum". Assim, na hipótese de as partes serem, de um lado, pessoa capaz, e de outro, simultaneamente, um capaz e um ***relativamente incapaz***, só este poderá anular parcialmente o ato e tirar proveito da anulação, salvo se indivisível o objeto. **A rescisão por incapacidade não aproveita ao cointeressado capaz, salvo se indivisível o objeto**[53].

---

[52] Francisco Amaral, *Direito civil*, cit., p. 391.

[53] Francisco Amaral, *Direito civil*, cit., p. 393.

7.2.4.2. Objeto lícito, possível, determinado ou determinável

A validade do negócio jurídico requer, ainda, **objeto lícito**, **possível**, **determinado** ou **determinável** (condição objetiva).

7.2.4.2.1. Objeto lícito

Objeto lícito é o que **não atenta contra a lei, a moral ou os bons costumes**. Objeto jurídico, objeto **imediato** ou conteúdo do negócio é sempre uma conduta humana e se denomina **prestação**: dar, fazer ou não fazer. Objeto material ou **mediato** são os bens ou prestações sobre os quais incide a relação jurídica obrigacional.

Quando o objeto jurídico do contrato é **imoral**, os tribunais, por vezes, aplicam o princípio de direito de que **ninguém pode valer-se da própria torpeza** (*nemo auditur propriam turpitudinem allegans*). Ou, então, a parêmia *in pari causa turpitudinis cessat repetitio*, segundo a qual se ambas as partes, no contrato, agiram com torpeza, **não pode qualquer delas pedir devolução da importância que pagou**[54]. Tais princípios são aplicados pelo legislador, por exemplo, no art. 150 do Código Civil, que reprime o dolo ou torpeza bilateral, e no art. 883, que nega direito à repetição do pagamento feito para obter fim ilícito, imoral ou proibido por lei. Impedem eles que as pessoas participantes de um contrato imoral sejam ouvidas em juízo. Fora dessas hipóteses e de outras expressamente previstas na lei, prevalece o disposto no art. 182: anulado o negócio jurídico, restituir-se-ão as partes ao estado em que antes dele se achavam. Esta não deve ser a solução, todavia, caso se mostre, no caso concreto, **manifestamente injusta e contrária ao interesse social**.

7.2.4.2.2. Objeto possível

O objeto deve ser, também, ***possível***. Quando impossível, o negócio é **nulo**. A impossibilidade do objeto pode ser:

a) física; ou
b) jurídica.

- ***Impossibilidade física do objeto***: é a que emana de leis físicas ou naturais. **Deve ser absoluta**, isto é, alcançar a todos, indistintamente, como a lei que impede o cumprimento da obrigação de colocar toda a água dos oceanos em um copo d'água. A **relativa**, que atinge o devedor, mas não outras pessoas, **não constitui obstáculo ao negócio jurídico**. Dispõe, com efeito, o art. 106 do Código Civil que "a impossibilidade inicial do objeto não invalida o negócio jurídico se for relativa, ou se cessar antes de realizada a condição a que ele estiver subordinado".
- ***Impossibilidade jurídica***: ocorre quando o ordenamento jurídico proíbe expressamente negócios a respeito de determinado bem, como a herança de pessoa viva (CC, art. 426), de alguns bens fora do comércio, como os gravados

---

54 Silvio Rodrigues, *Direito civil*, cit., p. 174.

com a cláusula de inalienabilidade etc. A ilicitude do objeto é mais ampla, pois abrange os contrários à moral e aos bons costumes.

7.2.4.2.3. Objeto determinado ou determinável

O objeto do negócio jurídico deve ser igualmente ***determinado*** ou ***determinável*** (indeterminado relativamente ou suscetível de determinação no momento da execução). Admite-se, assim, a venda de ***coisa incerta***, indicada ao menos pelo gênero e pela quantidade (CC, art. 243), que será determinada pela escolha, bem como a ***venda alternativa***, cuja indeterminação cessa com a concentração (CC, art. 252).

7.2.4.3. Forma

O terceiro requisito de validade do negócio jurídico é a ***forma***, que é o meio de revelação da vontade. Deve ser a prescrita em lei. Não se deve confundir ***forma***, que é meio para exprimir a vontade, com ***prova*** do ato ou negócio jurídico, que é meio para demonstrar a sua existência (cf. arts. 212 e s.).

7.2.4.3.1. Os sistemas do consensualismo e do formalismo

Há dois sistemas no que tange à forma como requisito de validade do negócio jurídico:

- o ***consensualismo***, da liberdade de forma; e
- o ***formalismo*** ou da forma obrigatória.

O direito romano e o alemão eram, inicialmente, formalistas. Posteriormente, por influência do cristianismo e sob as necessidades do intenso movimento comercial da Idade Média, passaram do formalismo conservador ao princípio da liberdade da forma[55]. No direito brasileiro, **a forma é, em regra, livre**. As partes podem celebrar o contrato por escrito, público ou particular, ou verbalmente, a não ser nos casos em que a lei, para dar maior segurança e seriedade ao negócio, exija a forma escrita, pública ou particular. **O consensualismo, portanto, é a regra, e o formalismo, a exceção**[56]. Dispõe, com efeito, o art. 107 do Código Civil:

> "Art. 107. A validade da declaração de vontade não dependerá de forma especial, senão quando a lei expressamente a exigir."

É **nulo** o negócio jurídico quando "não revestir a forma prescrita em lei" ou "for preterida alguma solenidade que a lei considere essencial para a sua validade" (CC, art. 166, IV e V). Em alguns casos, a lei reclama também a publicidade, mediante o sistema de Registros Públicos (CC, art. 221). Cumpre frisar que **o formalismo** e a **publicidade** são **garantias do direito**. Na mesma esteira do art. 166, IV e V, do Código Civil, retrotranscrito, estabelece o art. 406 do Código de Processo Civil:

---

[55] Francisco Amaral, *Direito civil*, cit., p. 396-397.

[56] Clóvis Beviláqua, *Teoria geral do direito civil*, p. 225.

"Quando a lei exigir instrumento público como da substância do ato, nenhuma outra prova, por mais especial que seja, pode suprir-lhe a falta". Por sua vez, estatui o art. 188 do mesmo diploma: "Os atos e termos processuais independem de forma determinada, salvo quando a lei expressamente a exigir, considerando-se válidos os que, realizados de outro modo, lhe preencham a finalidade essencial".

■ 7.2.4.3.2. *Espécies de formas*

Podem ser distinguidas três espécies de formas:

a) forma livre;
b) forma especial ou solene; e
c) forma contratual.

■ ***Forma livre*** — predominante no direito brasileiro (cf. CC, art. 107), é qualquer meio de manifestação da vontade **não imposto obrigatoriamente pela lei** (palavra escrita ou falada, escrito público ou particular, gestos, mímicas etc.).

■ ***Forma especial ou solene*** — é a exigida pela **lei** como **requisito de validade** de determinados negócios jurídicos. Em regra, a solenidade tem por propósito assegurar a autenticidade dos negócios, garantir a livre manifestação da vontade, demonstrar a seriedade do ato e facilitar a sua prova. A **forma especial** pode ser:

a) única: é a que, por lei, **não pode ser substituída** por outra, como a escritura pública exigida para a validade das alienações imobiliárias, não dispondo a lei em contrário (CC, art. 108), e o testamento como único meio para decretar a deserdação (art. 1.964);

b) múltipla (plural): diz-se quando o ato é solene, mas a lei permite a formalização do negócio **por diversos modos**, como sucede com o reconhecimento voluntário do filho, que pode ser feito de quatro modos, de acordo com o art. 1.609 do Código Civil, e com a instituição de uma fundação, que pode ocorrer por escritura pública ou por testamento (art. 62).

■ ***Forma contratual*** — é a **convencionada** pelas partes. O art. 109 do Código Civil dispõe que, "no negócio jurídico celebrado com a cláusula de não valer sem instrumento público, este é da substância do ato". Os contratantes podem, portanto, mediante convenção, determinar que o instrumento público torne-se necessário para a validade do negócio.

Ainda se diz que a forma pode ser:

a) *ad solemnitatem*, também denominada ***ad substantiam***: quando determinada forma é da **substância do ato**, indispensável para que a vontade produza efeitos (*forma dat esse rei*). Exemplos: a escritura pública, na aquisição de imóvel (CC, art. 108) e os modos de reconhecimento de filhos (art. 1.609).

b) *ad probationem tantum*: quando a forma destina-se a **facilitar a prova** do ato.

Alguns poucos autores criticam essa distinção, afirmando que não há mais formas impostas exclusivamente para prova dos atos. Estes ou têm forma especial, exigida por lei, ou a forma é livre, podendo, nesse caso, ser demonstrada por todos os meios admitidos em direito (CPC, art. 369). Entretanto, a **lavratura do assento de casamento** no livro de registro (art. 1.536) pode ser mencionada como exemplo de formalidade *ad probationem tantum*, pois se destina a facilitar a prova do casamento, embora não seja essencial à sua validade. Caio Mário menciona também os casos em que o resultado do negócio jurídico pode ser atingido por outro meio; assim, a obrigação de valor superior ao décuplo do maior salário mínimo vigente no País não pode ser provada exclusivamente por testemunhas, já que a lei exige ao menos um começo de prova por escrito (CC, art. 227)[57].

7.2.5. Resumo

ELEMENTOS DO NEGÓCIO JURÍDICO	
ELEMENTOS ESSENCIAIS	■ **Requisitos de existência:** a) manifestação da vontade; b) finalidade negocial; c) idoneidade do objeto. ■ **Requisitos de validade:** a) capacidade do agente; b) objeto lícito, possível, determinado ou determinável; c) forma prescrita ou não defesa em lei.
ELEMENTOS ACIDENTAIS	a) condição; b) termo; c) encargo.
REQUISITOS DE EXISTÊNCIA	a) **Manifestação da vontade**, que pode ser expressa, tácita e presumida. O **silêncio** pode ser interpretado como vontade tácita quando a lei, as circunstâncias ou os usos o autorizarem (CC, art. 111). A vontade, uma vez manifestada, obriga o proponente, segundo o princípio da obrigatoriedade dos contratos (*pacta sunt servanda*), ao qual se opõe o da onerosidade excessiva (art. 478). A manifestação da vontade "subsiste ainda que o seu autor haja feito a reserva mental de não querer o que manifestou, salvo se dela o destinatário tinha conhecimento" (art. 110). Ocorre a **reserva mental** quando um dos declarantes oculta a sua verdadeira intenção. O negócio é considerado **inexistente** (*não subsiste*) se o declaratário tinha conhecimento da reserva, tudo não passando de uma farsa. b) **Finalidade negocial:** intenção de criar, conservar, modificar ou extinguir direitos. c) **Idoneidade do objeto:** a vontade deve recair sobre objeto apto, que possibilite a realização do negócio que se tem em vista, uma vez que cada contrato tem objeto específico.
REQUISITOS DE VALIDADE	a) **Capacidade do agente:** aptidão para intervir em negócios jurídicos como declarante ou declaratário. A incapacidade de exercício é suprida, porém, pelos meios legais: a **representação** e a **assistência** (CC, art. 1.634, V). Não se confunde com **falta de legitimação**, que é a incapacidade para a prática de determinados atos. b) **Objeto lícito, possível, determinado** ou **determinável: objeto lícito** é o que não atenta contra a lei, a moral e os bons costumes. O objeto deve ser também **possível**. Quando impossível, o negócio é **nulo**. **Impossibilidade física** é a que emana de leis físicas ou naturais; deve ser absoluta. Ocorre a **impossibilidade jurídica** do objeto quando o ordenamento jurídico proíbe negócios a respeito de determinado bem (art. 426). A ilicitude do objeto é mais ampla, pois abrange os contrários à moral e aos bons costumes, além de não ser impossível o cumprimento da prestação. O objeto deve ser, também, **determinado** ou **determinável**. c) **Forma:** deve ser a prescrita ou não defesa em lei. Em regra, a forma é livre, a não ser nos casos em que a lei exija a forma escrita, pública ou particular (art. 107). Há três espécies de formas: **livre, especial ou solene** (é a exigida pela lei) e **contratual** (convencionada pelas partes — art. 109). A forma pode ser, também, ***ad solemnitatem*** e ***ad probationem tantum***. A primeira, quando determinada forma é da substância do ato, indispensável, como a escritura pública na aquisição de imóvel (art. 108); a segunda, quando a forma destina-se a facilitar a prova do ato (lavratura do assento de casamento no livro do registro — art. 1.536).

[57] *Instituições*, cit., v. 1, p. 313.

7.3. DA REPRESENTAÇÃO

7.3.1. Introdução

O capítulo ora em estudo trata dos preceitos gerais sobre a **representação legal** e a **voluntária**. Preceitua o art. 120 do Código Civil: "Os requisitos e os efeitos da representação legal são os estabelecidos nas normas respectivas; os da representação voluntária são os da Parte Especial deste Código".

Os direitos podem ser adquiridos por ato do próprio interessado ou por intermédio de outrem. Quem pratica o ato é o ***representante***. A pessoa em nome de quem ele atua e que fica vinculada ao negócio é o ***representado***. Representação tem o significado, pois, de atuação jurídica em nome de outrem. Constitui verdadeira legitimação para **agir por conta de outrem**, que nasce da **lei** ou **do contrato**. A **representação legal** é exercida sempre no interesse do representado, enquanto a **convencional** pode realizar-se no interesse do próprio representante, como sucede na procuração em causa própria[58].

7.3.2. Espécies de representação

Dispõe o art. 115 do novo diploma que "os poderes de representação conferem-se por lei ou pelo interessado". A representação, assim, pode ser:

a) ***legal***, como a deferida pela lei aos pais, tutores, curadores, síndicos, administradores etc.;

b) e ***convencional* ou *voluntária***, quando decorre de negócio jurídico específico: o mandato.

- A **representação *legal*** constitui um verdadeiro ***munus***, tendo em vista que o representante exerce uma atividade obrigatória, investido de autêntico poder, sendo instituída em razão da necessidade de se atribuir a alguém a função de cuidar dos **interesses das pessoas incapazes**. Neste caso, supre a falta de capacidade do representado e tem caráter personalíssimo, sendo indelegável o seu exercício. Ocorre também a representação legal de **pessoas capazes**, em diversas situações. É conferida aos **sindicatos**, para a celebração de acordos coletivos; ao **síndico** dos condomínios, em edificações ou edilícios; ao **administrador** da massa falida; ao **inventariante** etc.[59].
- A **representação *convencional*** ou ***voluntária*** tem por finalidade permitir o auxílio de uma pessoa na defesa ou administração de interesses alheios e, assim, caracteriza-se pelo propósito de cooperação jurídica, que se alcança por seu intermédio. Mediante acordo de vontades, intervém na conclusão de um negócio outra pessoa que não o interessado direto e imediato. Essa modalidade de representação, que será estudada no volume II desta obra (Contratos em espécie), estrutura-se no campo da autonomia privada mediante a **outorga de procuração**,

---

58 Francisco Amaral, *Direito civil*: introdução, p. 420; C. Massimo Bianca, *Diritto civile*: il contratto, p. 74; Orlando Gomes, *Introdução ao direito civil*, p. 379 e s.

59 Orlando Gomes, *Introdução*, cit., p. 379-380.

que é o **instrumento do mandato** (CC, art. 653, segunda parte), pela qual uma pessoa investe outra no poder de **agir em seu nome**. Pode ser revogada **a qualquer tempo** pelo representado, o que não ocorre com a representação legal, da qual não pode o representante ser privado por ato daquele[60].

■ 7.3.3. Espécies de representantes

Há três espécies de **representantes**:

a) legal;
b) judicial; e
c) convencional.

■ *Legal* é o que **decorre da lei**, ou seja, aquele a quem esta confere poderes para administrar bens e interesses alheios, como pais, em relação aos filhos menores (CC, arts. 115, primeira parte, 1.634, V, e 1.690), tutores, no que concerne aos tutelados (art. 1.747, I), e curadores, quanto aos curatelados (art. 1.774).

■ ***Judicial*** é o **nomeado pelo juiz** para exercer poderes de representação no processo, como o inventariante, o administrador da empresa penhorada e o da massa falida etc.

■ ***Convencional*** é o que **recebe mandato** outorgado pelo credor, expresso ou tácito, verbal ou escrito (CC, arts. 115, segunda parte, e 656), com poderes nele expressos, podendo ser em termos gerais ou com poderes especiais, como os de alienar, receber, dar quitação etc. (art. 661).

■ 7.3.4. Regras da representação

O art. 116 do Código Civil dispõe:

> "A manifestação de vontade pelo representante, nos limites de seus poderes, produz efeitos em relação ao representado."

O representante atua em nome do representado, vinculando-o a terceiros com quem tratar. Deve agir, portanto, na conformidade dos poderes recebidos. Se os ultrapassar, haverá **excesso de poder**, podendo por tal fato ser **responsabilizado** (CC, art. 118). Enquanto o representado não ratificar os referidos atos, será considerado mero gestor de negócios (CC, art. 665).

É de se destacar o art. 119 do novo Código, que prescreve:

> "É anulável o negócio concluído pelo representante em conflito de interesses com o representado, se tal fato era ou devia ser do conhecimento de quem com aquele tratou."

O parágrafo único estabelece o prazo decadencial de cento e oitenta dias, a contar da conclusão do negócio ou da cessação da incapacidade, para se pleitear a anulação prevista no *caput* do artigo.

---

60 Renan Lotufo, *Código Civil comentado*, v. 1, p. 321; Orlando Gomes, *Introdução*, cit., p. 381; Francisco Amaral, *Direito civil*, cit., p. 425; José Castan Tobeñas, *Derecho civil español*, v. 1, p. 742.

Observa-se que a condição estabelecida na lei para que o negócio se considere anulável é o **conhecimento**, pelo terceiro beneficiado, do **conflito de interesses** entre representado e representante. Não se admite que, estando de boa-fé, seja ele prejudicado por ato danoso deste último. Resta ao representado, nesse caso, valer-se do disposto no art. 118 para se ressarcir dos danos eventualmente sofridos. O **conflito de interesses** entre representante e representado decorre, em geral:

a) de ***abuso de direito***; e
b) de ***excesso de poder***.

- **Abuso de direito:** pode ocorrer em várias situações, inclusive pela atuação do representante com falta de poderes, que caracteriza o falso procurador. Configura-se também quando a representação é exercida segundo os limites dos poderes, mas de forma contrária à sua destinação, que é a defesa dos interesses do representado.
- **Excesso de poder:** configura-se quando o representante ultrapassa os limites da atividade representativa.

Em ambos os casos, o negócio é celebrado sem poder de representação, podendo ser anulado pelo representado se o conflito de interesses era ou devia ser do conhecimento de quem com ele tratou[61].

7.3.5. Contrato consigo mesmo (autocontratação)

7.3.5.1. Conceito

É da natureza da representação que o representante atue em nome de apenas uma das partes do negócio jurídico no qual intervém. Todavia, pode ocorrer a hipótese de ambas as partes se manifestarem por meio do mesmo representante, configurando-se, então, a situação de **dupla representação**. O representante não figura e não se envolve no negócio jurídico, o que cabe somente aos representados.

Pode ocorrer, ainda, que o representante seja a outra parte no negócio jurídico celebrado, exercendo, nesse caso, dois papéis distintos: participando de sua formação como representante, ao atuar em nome do dono do negócio, e como contratante, por si mesmo, intervindo com **dupla qualidade**, como ocorre no cumprimento de ***mandato em causa própria***, previsto no art. 685 do Código Civil, em que o mandatário recebe poderes para alienar determinado bem, por determinado preço, a terceiros ou a si próprio.

Surge, nas hipóteses mencionadas, o negócio jurídico que se convencionou chamar de ***contrato consigo mesmo*** ou **autocontratação**. O que há, na realidade, são situações que se assemelham a negócio dessa natureza. No caso de dupla representação, somente os representados adquirem direitos e obrigações. E mesmo quando o representante é uma das partes, a outra também participa do ato, embora representada pelo primeiro. Desse modo, o denominado contrato consigo mesmo configura-se

---

61 Mairan Gonçalves Maia Júnior, *A representação*, cit., p. 140-141; Renan Lotufo, *Código Civil*, cit., p. 337.

"tanto na hipótese de **dupla representação** como quando figura o representante como **titular em um dos polos da relação contratual** estabelecida, sendo sujeito de direitos e obrigações"[62].

■ 7.3.5.2. *Efeitos*

Dispõe o art. 117 do novo Código Civil:

> "Art. 117. Salvo se o permitir a lei ou o representado, é anulável o negócio jurídico que o representante, no seu interesse ou por conta de outrem, celebrar consigo mesmo.
>
> Parágrafo único. Para esse efeito, tem-se como celebrado pelo representante o negócio realizado por aquele em que os poderes houverem sido subestabelecidos."

O Código Civil de 2002 prevê expressamente, como visto, a possibilidade da celebração do contrato consigo mesmo, desde que **a lei ou o representado** autorizem sua realização. Sem a observância dessa condição, o negócio é **anulável**. Inspirou-se o legislador pátrio nos Códigos Civis italiano e português, que tratam desse assunto, respectivamente, nos arts. 1.395[63] e 261º, omitindo, porém, importante exigência, contida nestes dois artigos, de ausência de conflito de interesses.

Obtempera Mairan Maia, com razão, que o legislador brasileiro "melhor seguiria se, ao admitir a possibilidade da celebração do contrato consigo mesmo, condicionasse sua realização à **ausência de conflitos de interesses**", à semelhança dos citados Códigos português e italiano, visto que "os tribunais pátrios não têm admitido a celebração do contrato consigo mesmo quando **patente o conflito de interesses** estabelecido entre o *dominus negotii* e o representante. Este entendimento é consagrado na Súmula 60 do Egrégio Superior Tribunal de Justiça, do seguinte teor: 'É nula a obrigação cambial assumida por procurador do mutuário vinculado ao mutuante, no exclusivo interesse deste'"[64]. Também o art. 51, VIII, do **Código de Defesa do Consumidor** tem o objetivo de vedar a sujeição de uma das partes ao arbítrio da outra, reputando nula a cláusula que imponha representante ao consumidor para concluir ou realizar outro negócio jurídico. É de se prever que, malgrado a omissão do novo Código, a jurisprudência continuará exigindo a **ausência do conflito de interesses** como **condição de admissibilidade** do contrato consigo mesmo, como vem ocorrendo[65].

---

[62] Mairan Gonçalves Maia Júnior, *A representação*, cit., p. 174.

[63] "1.395. *Contratto com se stesso* — É annullabile il contratto che il rappresentante conclude com se stesso, in proprio e come rappresentante di un'altra parte, a meno che il rappresentato lo abbia autorizzato specificatamente ovvero il contenuto del contratto sai determinato in modo da escludere la possibilità di conflito d'interessi."

[64] *A representação*, cit., p. 176-177.

[65] "A jurisprudência do STJ consolidou entendimento no sentido de que outorga de mandato pelo mutuário à pessoa integrante do grupo mutuante ou a ele próprio, em regra, não tem validade, face ao manifesto conflito de interesses, à sujeição do ato ao arbítrio de uma das partes e à afetação da vontade. O princípio, assim consubstanciado no verbete 60-STJ e revigorado pelo legislador que, com a vigência do Código do Consumidor, passou a coibir cláusulas, cuja pactuação importe no cerceio da livre manifestação da vontade do consumidor" (REsp 45.940-RS, 3ª T., rel. Min. Waldemar Zveiter, *DJU*, 5.9.1994).

O parágrafo único do art. 117 do novo Código trata de hipótese em que também pode configurar-se o contrato consigo mesmo de maneira indireta, ou seja, "quando o próprio representante atua sozinho declarando duas vontades, mas por meio de terceira pessoa, subestabelecendo-a (*ato pelo qual o representante transfere a outrem os poderes concedidos pelo representado a terceira pessoa*) para futuramente celebrar negócio com o antigo representante. Ocorrendo esse fenômeno, tem-se como celebrado pelo representante o negócio realizado por aquele em que os poderes houverem sido subestabelecidos"[66].

7.3.6. Resumo

DA REPRESENTAÇÃO	
CONCEITO	■ Representação tem o significado de atuação jurídica em nome de outrem. Constitui verdadeira legitimação, que nasce da lei ou do contrato, para agir por conta de outrem (CC, art. 115).
ESPÉCIES	a) legal, como a deferida pela lei aos pais, tutores, curadores, síndicos, administradores etc.; b) **convencional ou voluntária**, quando decorre de negócio jurídico específico: o **mandato**.
ESPÉCIES DE REPRESENTANTES	a) **legal:** aquele a quem a lei confere poderes de administrar bens e interesses alheios, como pais, tutores e curadores; b) **judicial:** o nomeado pelo juiz para exercer poderes de representação no processo, como o inventariante e o administrador da empresa penhorada; c) **convencional:** o que recebe mandato outorgado pelo credor (CC, arts. 115 e 656).
REGRAS DA REPRESENTAÇÃO	■ "Art. 116. A manifestação de vontade pelo representante, nos limites de seus poderes, produz efeitos em relação ao representado." ■ "Art. 119. É anulável o negócio concluído pelo representante em conflito de interesses com o representado, se tal fato era ou devia ser do conhecimento de quem com aquele tratou."
CONTRATO CONSIGO MESMO	■ Configura-se o denominado "contrato consigo mesmo": a) quando ambas as partes se manifestam por meio do mesmo representante (dupla representação); e b) quando o representante é a outra parte no negócio celebrado, exercendo dois papéis distintos, como ocorre no mandato em causa própria. ■ Dispõe o art. 117 do CC: "Salvo se o permitir a lei ou o representado, é anulável o negócio jurídico que o representante, no seu interesse ou por conta de outrem, celebrar consigo mesmo".

7.4. DA CONDIÇÃO, DO TERMO E DO ENCARGO

7.4.1. Introdução

Além dos elementos estruturais e essenciais, que constituem requisitos de existência e de validade do negócio jurídico, pode este conter outros elementos meramente ***acidentais***, introduzidos facultativamente pela vontade das partes, não necessários à sua existência. Aqueles são determinados pela lei; estes **dependem da vontade das partes**. Uma vez convencionados, têm o mesmo valor dos elementos estruturais e essenciais, pois que passam a integrá-lo de forma indissociável.

São três os elementos acidentais do negócio jurídico no direito brasileiro:

■ ***condição***;

[66] Renan Lotufo, *Código Civil*, cit., p. 331.

- *termo*; e
- *encargo* ou *modo*.

Essas convenções acessórias constituem **autolimitações** da vontade e são admitidas nos atos de natureza patrimonial em geral (com algumas exceções, como na aceitação e renúncia da herança), mas não podem integrar os de **caráter eminentemente pessoal**, como os direitos de família puros e os direitos personalíssimos.

Elementos acidentais são, assim, os que se acrescentam à figura típica do ato para mudar-lhe os respectivos **efeitos**. São cláusulas que, apostas a negócios jurídicos por declaração unilateral ou pela vontade das partes, acarretam modificações em sua *eficácia* ou em sua abrangência[67]. A constituição, modificação ou extinção das relações jurídicas, ou seja, os efeitos do negócio jurídico, colocam-se, pois, no **plano de sua *eficácia***.

7.4.2. Condição

7.4.2.1. Conceito

Condição é o *evento* **futuro e incerto** de que depende a **eficácia** do negócio jurídico. Da sua ocorrência depende o nascimento ou a extinção de um direito. Sob o aspecto formal, apresenta-se inserida nas disposições escritas do negócio jurídico, razão por que, muitas vezes, se define como a ***cláusula*** que subordina o efeito do ato jurídico a evento futuro e incerto (CC/1916, art. 114; CC/2002, art. 121)[68]. Nesse diapasão, Orlando Gomes define condição como "a disposição acessória que subordina a eficácia, total ou parcial, do negócio jurídico a acontecimento futuro e incerto"[69].

O Código Civil de 2002 simplificou o conceito, ao reunir, no art. 121, as disposições dos arts. 114 e 117 do diploma de 1916, *verbis*:

> "Art. 121. Considera-se condição a cláusula que, derivando exclusivamente da vontade das partes, subordina o efeito do negócio jurídico a evento futuro e incerto."

A frase **"derivando exclusivamente da vontade das partes"** afasta do terreno das condições, em sentido técnico, as condições impostas pela lei (***condiciones iuris***). Apesar de o dispositivo supratranscrito se referir à vontade ***das partes*** (plural), cabe ressalvar, como observou Zeno Veloso, que há negócios jurídicos ***unilaterais*** que admitem disposições condicionais, como o testamento[70].

7.4.2.2. Elementos da condição

Os requisitos ou elementos para que haja condição na acepção técnica são: a **voluntariedade**, a **futuridade** e a **incerteza**. É necessário, portanto:

---

67 Francisco Amaral, *Direito civil*: introdução, p. 448.

68 Francisco Amaral, *Direito civil*, cit., p. 448-449; Eduardo Espínola, Dos factos jurídicos, in *Manual do Código Civil brasileiro*, dirigido por Paulo de Lacerda, v. 3, Parte 2, p. 48.

69 *Introdução ao direito civil*, p. 341.

70 *Condição, termo e encargo*, p. 18.

a) que a cláusula seja **voluntária**;

b) que o acontecimento a que se subordina a eficácia ou a resolução do ato jurídico seja **futuro**;

c) que também seja **incerto**[71].

■ **Voluntariedade** — já foi exposto que as partes devem querer e determinar o evento, pois se a eficácia do negócio jurídico for subordinada por determinação de lei, não haverá condição, mas, sim, ***conditio iuris***.

■ **Futuridade** — a propósito preleciona Limongi França: "É de se observar que, em se tratando de fato **passado ou presente**, ainda que ignorado, **não se considera condição**. É oportuno o exemplo citado por Spencer Vampré (*Curso*, v. 1): 'Prometo certa quantia se *premiado* foi o meu bilhete de loteria que *ontem* correu'. Aí, de duas uma: ou o bilhete não foi premiado — e a declaração é ineficaz; ou o foi — e a obrigação é pura e simples (e não condicional). Cláusulas dessa natureza, *quae ad praeteritum vel praesens tempus referentur*, são denominadas **condições *impróprias*** e já o direito romano não as considerava condições propriamente ditas"[72]. Na realidade, embora chamadas de condições *impróprias*, **não constituem propriamente condições**. Do mesmo modo, não se considera condição o evento futuro, ainda que incerto quanto ao momento, a cuja eficácia o negócio está subordinado, mas que decorra da sua **própria natureza**, como a morte em relação ao testamento. Sem o evento morte, este não tem eficácia. No entanto, não há qualquer alteração estrutural do negócio, pois a morte é intrínseca a esse modo de manifestação de última vontade.

■ **Incerteza** — o evento, a que se subordina o efeito do negócio, deve também ser ***incerto***, podendo verificar-se ou não. Por exemplo: pagar-te-ei a dívida se a próxima colheita não me trouxer prejuízo. Evidentemente, o resultado de uma colheita é sempre incerto. **Se o fato futuro for certo**, a morte, por exemplo, não será mais condição, e sim **termo**[73]. A incerteza não deve existir somente na mente da pessoa, mas na realidade. Há de ser, portanto, objetiva. Deve ser incerteza para todos, e não apenas para o declarante. Se o acontecimento fosse certo, ainda que tal certeza não fosse conhecida das partes, teríamos uma condição necessária, que só em sentido impróprio pode dizer-se condição[74].

■ *7.4.2.3. Condição voluntária e condição legal*

■ A **condição voluntária** (*conditio facti*) é estabelecida pelas **partes** como requisito de eficácia do negócio jurídico.

---

[71] Carlos Alberto Dabus Maluf, *As condições no direito civil*, p. 30.

[72] Rubens Limongi França, Condição, in *Enciclopédia Saraiva do Direito,* v. 17, p. 371.

[73] Carlos Alberto Dabus Maluf, *As condições*, cit., p. 27; Angelo Falzea, *La condizione e gli elementi dell'atto giuridico*; Washington de Barros Monteiro, *Curso de direito civil*, v. 1, p. 235.

[74] Lodovico Barassi, *La teoria generale delle obbligazioni*, 1946, v. 2, p. 426; Francesco Messineo, *Manuale di diritto civile e commerciale*, 1947, v. 1, § 43, p. 342.

- A **condição legal**, malgrado tenha a mesma característica, é estabelecida por **lei**. As *condiciones iuris* são **pressupostos** do negócio jurídico, e não verdadeiras condições, mesmo quando as partes, de modo expresso, lhes façam uma referência especial.

O Código Civil de 1916 dispunha: "Não se considera condição a cláusula, que não derive exclusivamente da vontade das partes, mas decorra necessariamente da natureza do direito, a que acede" (art. 117). A finalidade do dispositivo era excluir do conceito as *condiciones iuris*. O novo Código também só considera condição a cláusula que deriva ***exclusivamente da vontade das partes*** (art. 121).

Limongi França, depois de chamar a *conditio iuris* de necessária, inerente à natureza do ato, apresenta o seguinte exemplo: **se o comodato for gratuito**[75]. Carvalho Santos, por sua vez, cita, como exemplo, a cláusula pela qual uma pessoa se obriga a pagar determinada quantia por um imóvel "se o seu proprietário se comprometer a lavrar a **escritura pública**. Se o instrumento público é da substância desse ato, aduz, não há aí condição, por não haver liberdade de eleição; é uma formalidade obrigatória e exigida pela lei, sem a qual o ato será nulo"[76].

7.4.2.4. Negócios jurídicos que não admitem condição

As condições são admitidas nos atos de natureza patrimonial em geral, com algumas exceções, como na aceitação e renúncia da herança, mas não podem integrar os de **caráter patrimonial pessoal**, como os direitos de família puros e os direitos personalíssimos. Não comportam condição, por exemplo, o casamento, o reconhecimento de filho, a adoção e a emancipação.

Os atos que **não** admitem condição denominam-se ***atos puros***. São, resumidamente:

- os negócios jurídicos que, por sua função, **inadmitem incerteza**, como a aceitação e a renúncia de herança;
- os atos jurídicos **em senso estrito**, porque os efeitos são determinados em lei, diversamente do negócio jurídico, cuja eficácia é *ex voluntate*;
- os atos jurídicos de **família**, nos quais não atua o princípio da autonomia privada, pelo fundamento ético social existente;
- os atos referentes ao exercício dos **direitos personalíssimos**, como o direito à vida, à integridade física, à honra e à dignidade pessoal[77].

Essas exceções derivam da natureza dos interesses a proteger e da própria consideração devida à parte contrária.

7.4.2.5. Classificação das condições

Há várias espécies de condições, as quais podem ser classificadas:

[75] Condição, in *Enciclopédia*, cit., p. 373.

[76] *Código Civil brasileiro interpretado*, 1934, v. 3, p. 49.

[77] Francisco Amaral, *Direito civil*, cit., p. 452-453.

- **quanto à licitude** do evento, em lícitas e ilícitas;
- **quanto à possibilidade**, em possíveis e impossíveis. Estas podem ser **física** ou **juridicamente** impossíveis;
- **quanto à fonte de onde promanam**, em casuais, potestativas e mistas. As potestativas dividem-se em **puramente** e **simplesmente** potestativas. Podem ser acrescentadas, também, as **perplexas** e as **promíscuas**;
- **quanto ao modo de atuação**, em **suspensivas** e **resolutivas**.

Confira-se, a propósito, o seguinte quadro esquemático:

CLASSIFICAÇÃO DAS CONDIÇÕES

- **Quanto à *licitude*** — Sob esse aspecto, as condições podem ser:

  a) lícitas: dispõe o art. 122, primeira parte, do Código que são ***lícitas***, em geral, "todas as condições não contrárias à lei, à ordem pública ou aos bons costumes";

  b) ilícitas: *a contrario sensu*, serão **ilícitas** todas as que atentarem contra **proibição expressa ou virtual** do ordenamento jurídico, **a moral ou os bons costumes**. Vigora, portanto, o princípio da liberdade de condicionar o nascimento ou a extinção de direitos. É ilícita, por exemplo, a cláusula que obriga alguém a mudar de religião, por contrariar a liberdade de credo assegurada na Constituição Federal, bem como a de alguém se entregar à prostituição. Em geral, as cláusulas que afetam a liberdade das pessoas só são consideradas ilícitas quando absolutas, como a que proíbe o casamento ou exige a conservação do estado de viuvez. Sendo relativas, como a de se casar ou de não se casar com determinada pessoa, não se reputam proibidas[78].

O Código Civil, nos arts. 122 e 123, **proíbe** expressamente:

a) as condições que privarem de todo efeito o negócio jurídico (**perplexas**);

b) as que o sujeitarem ao puro arbítrio de uma das partes (**puramente potestativas**);

c) as física ou juridicamente **impossíveis**; e

d) as **incompreensíveis ou contraditórias**.

- **Quanto à *possibilidade*** — As condições podem ser:

a) **possíveis**; e

b) **impossíveis**.

As impossíveis podem ser:

a) ***fisicamente impossíveis*:** as que não podem ser cumpridas por nenhum ser humano, como no exemplo clássico "dar-te-ei 100 se tocares o céu com o dedo" ("*se digito coelum tetigeris*");

b) ***juridicamente impossíveis*:** as que esbarram em proibição expressa do ordenamento jurídico ou ferem a moral ou os bons costumes. Como exemplo da primeira hipótese, pode ser mencionada a condição de adotar pessoa da mesma idade (CC, art. 1.619; ECA, art. 42, § 3º) ou a de realizar negócio que tenha por objeto herança de pessoa viva (CC, art. 426); e, da segunda, a condição de cometer crime ou de se prostituir.

- **Efeitos das condições impossíveis:** desde que a impossibilidade física seja **genérica**, não restrita ao devedor, têm-se por **inexistentes** quando ***resolutivas***, isto é, serão consideradas não escritas. O que se reputa inexistente é **a cláusula** estipuladora da condição, e não o **negócio jurídico** subjacente, cuja eficácia não fica comprometida. Dispõe, com efeito, o art. 124 do Código Civil: "Têm-se por inexistentes as condições impossíveis, quando resolutivas, e as de não fazer coisa impossível". A razão da restrição à cláusula é que a condição ***resolutiva*** não coloca em dúvida o interesse das partes na realização do negócio, nem mesmo a manifestação de vontade delas, limitando-se única e exclusivamente a fixar o termo final do negócio[79]. A mesma solução aplica-se às condições **juridicamente impossíveis**.

Têm-se também por **inexistentes** as condições ***de não fazer coisa impossível*** ("*si digito coelum non tetigeris*"), aduz o supratranscrito art. 124 do Código Civil, porque não prejudicam o negócio, por falta de seriedade. Elas nem poderiam ser, na verdade, consideradas uma condição, por não suscetíveis de atingir o negócio jurídico.

Diversa a solução do novo Código Civil quando as condições impossíveis são ***suspensivas***. Preceitua o art. 123 do referido diploma:

---

[78] Washington de Barros Monteiro, *Curso*, cit., v. 1, p. 239-240.

[79] Renan Lotufo, *Código Civil comentado*, v. 1, p. 352.

"Art. 123. Invalidam os negócios jurídicos que lhes são subordinados:

I — as condições física ou juridicamente impossíveis, quando suspensivas;

II — as condições ilícitas, ou de fazer coisa ilícita;

III — as condições incompreensíveis ou contraditórias."

Quando a condição é **suspensiva**, a eficácia do contrato está a ela subordinada. Se o evento é impossível, o negócio jamais alcançará **a necessária eficácia**. Não poderão as partes pretender que ele se concretize, pois isto jamais acontecerá. Se as partes condicionam a eficácia do negócio a uma circunstância que colide com **a lei**, com a **ordem pública**, com a **moral** ou os **bons costumes**, tal estipulação **contamina todo o contrato**, que, por essa razão, não pode subsistir. Assim, por exemplo, será **nulo o negócio jurídico** em que se estipula, como condição de sua eficácia, um segundo casamento de pessoa já casada[80]. O acontecimento, portanto, de que depende a eficácia do negócio há de ser **possível**. Do contrário, ele se invalida pela própria natureza. Por essa razão, os autores, em geral, declaram que, em princípio, a aposição de uma condição impossível a um ato negocial, qualquer que seja a natureza da impossibilidade, deve ter como consequência a ineficácia da declaração de vontade[81].

Em suma, as condições **física ou juridicamente impossíveis**:

- **quando resolutivas:** são consideradas inexistentes, não escritas, permanecendo válido o negócio jurídico subjacente;
- **quando suspensivas:** invalidam a cláusula condicional e contaminam todo o contrato, que, por essa razão, não pode subsistir. O mesmo sucede com as condições ilícitas, ou de fazer coisa ilícita, e com as incompreensíveis ou contraditórias (CC, art. 123);
- **distinção entre condição ilícita e condição juridicamente impossível:** o Código Civil de 1916 não distinguia as condições ilícitas das condições juridicamente impossíveis, submetendo ambas a um único regime: a invalidade do ato. Segundo Zeno Veloso, são elas, porém, substancialmente diferentes[82]. Ferrara, citado por Vicente Ráo, preleciona que a ilicitude não se confunde com a

80 Clóvis Beviláqua, *Código Civil dos Estados Unidos do Brasil comentado*, 9. ed., 1951, obs. 2 ao art. 116.

81 Caio Mário da Silva Pereira, *Instituições*, cit., v. 1, p. 364. Comenta Silvio Rodrigues que a solução brasileira é contrária à solução tradicional do direito francês, em que as condições impossíveis, se apostas aos atos gratuitos, consideram-se não escritas (CC francês, art. 900), enquanto, se presas a um ato oneroso, anulam o próprio contrato (art. 1.792). E acrescenta que, no seu entender, a solução brasileira pode conduzir a graves injustiças, "pois, anulando-se uma liberalidade que se faz acompanhar de uma condição imoral, prejudica-se o beneficiário que não concorreu para a estipulação viciada. Veja-se, por exemplo, o legado em benefício de um parente, com eficácia condicionada a uma imoralidade, tal como a de não se casar jamais, mas a de viver em concubinato. O legatário não concorreu para a estipulação, porém tanto esta como todo o testamento são nulos, dada a existência da condição juridicamente impossível. Parece-me mais razoável fulminar de nulidade apenas a condição imoral, valendo o legado como disposição pura e simples, e não condicional" (*Direito civil*, cit., p. 248, nota 335).

82 *Condição*, cit., p. 46.

impossibilidade natural ou jurídica, pois o **ilícito** é um **possível proibido ou reprovado**, mas **não impossível**[83].

Na realidade, **as condições ilícitas** ferem com maior gravidade o ordenamento jurídico; são condições absolutamente contrárias à lei. As condições juridicamente impossíveis permanecem, por assim dizer, à margem do ordenamento, de maneira que não podem receber proteção jurídica. Assim, **ilícitas** são as condições *se roubares, se matares*, enquanto **juridicamente impossível** seria *se emancipares aos 12 anos, se casares em comunhão de bens aos 70 anos*[84]. O Código Civil de 2002, seguindo orientação adotada em outros Códigos, como o italiano (art. 1.354) e o português (art. 271º), distingue a condição **ilícita** da **juridicamente impossível** nos arts. 123 e 124: **a primeira sempre contaminará o negócio** com a invalidade, enquanto **a segunda** poderá acarretar essa consequência ou, simplesmente, ser considerada inexistente, conforme se trate de condição **suspensiva ou resolutiva**, respectivamente.

Cumpre registrar que o Código Civil submeteu ao mesmo tratamento jurídico as condições fisicamente impossíveis resultantes de ato *inter vivos* ou *mortis causa*.

- **Quanto à *fonte de onde promanam*** — sob esse ângulo, as condições classificam-se em **casuais**, **potestativas** e **mistas**, segundo promanem de evento fortuito, da vontade de um dos contraentes ou, ao mesmo tempo, da vontade de um dos contraentes e de outra circunstância, como a vontade de terceiro. Podem ser acrescentadas, também, as **promíscuas** e as **perplexas ou contraditórias**.

  a) *Casuais*: são as que dependem do **acaso**, do fortuito, de fato alheio à vontade das partes. Opõem-se às potestativas. Exemplo clássico: "dar-te-ei tal quantia se chover amanhã". Segundo o art. 1.169 do Código Civil francês, "condição casual é aquela que depende do acaso, não estando de qualquer modo dentro do poder do credor ou do devedor". Por extensão, dá-se igualmente o nome de ***casual*** à condição que subordina a obrigação a um acontecimento que depende da **vontade exclusiva de um terceiro**[85].

  b) *Potestativas*: são as que decorrem da **vontade** ou do poder de **uma das partes**. Segundo Silvio Rodrigues, "diz-se potestativa a condição quando a realização do fato, de que depende a relação jurídica, subordina-se à vontade de uma das partes, que pode provocar ou impedir sua ocorrência"[86]. As condições potestativas dividem-se em ***puramente potestativas*** e ***simplesmente potestativas***. Somente as ***primeiras*** são consideradas **ilícitas** pelo art. 122 do Código Civil, que as inclui entre as **"*condições defesas*"** por sujeitarem todo o efeito do ato **"*ao puro arbítrio de uma das partes*"**, sem a influência de qualquer fator externo. É a cláusula *si voluero* (se me aprouver), muitas vezes, sob a forma de "se eu quiser", "se eu levantar o braço" e outras, que dependem

83 *O ato jurídico*, cit., p. 265.

84 Rose Melo Venceslau, O negócio jurídico e suas modalidades, in *A Parte Geral do Novo Código Civil*, p. 204.

85 *Les Nouvelles, Corpus Juris Belgici, Droit Civil*, t. 4, n. 74.

86 *Direito civil*, cit., p. 245.

de mero capricho. As ***simplesmente* ou *meramente potestativas*** são **admitidas** por dependerem não só da manifestação de vontade de uma das partes como também de algum **acontecimento ou circunstância exterior** que escapa ao seu controle. Por exemplo: "dar-te-ei este bem se fores a Roma". Tal viagem não depende somente da vontade, mas também da obtenção de tempo e dinheiro. Tem-se entendido que a cláusula "pagarei quando puder" ou "quando possível" não constitui arbítrio condenável. São exemplos de condições simplesmente potestativas as previstas no Código Civil, art. 420, que permite às partes estipular o direito de se arrepender; art. 505, que trata da retrovenda; art. 509, concernente à venda a contento; e art. 513, que regula o direito de preempção ou preferência[87].

c) *Mistas*: são as condições que dependem **simultaneamente** da vontade de uma das partes e da vontade de um terceiro. Exemplos: "dar-te-ei tal quantia se casares com tal pessoa" ou "se constituíres sociedade com fulano". A eficácia da liberalidade, nesses casos, não depende somente da vontade do beneficiário mas também do consentimento de terceira pessoa para o casamento ou para a constituição da sociedade. Dispõe o art. 1.171 do Código Civil francês: **"A condição mista é a que depende simultaneamente da vontade de uma das partes e da vontade de um terceiro".**

d) *Promíscuas*: as condições *puramente potestativas* podem perder esse caráter em razão de algum **acontecimento inesperado** ou casual que venha a dificultar sua realização. Por exemplo, é de início puramente potestativa a condição de escalar determinado morro, mas perderá esse caráter se o agente, inesperadamente, vier a padecer de algum problema físico que dificulte e torne incerto o implemento da condição. Nesse caso, a condição transforma-se em ***promíscua***. As potestativas eram chamadas de promíscuas pelos romanos porque, de um momento para outro, podiam deixar de sê-lo, passando a reger-se pelo acaso. Não se confundem, no entanto, com as mistas, porque nestas a combinação da vontade e do acaso é proposital[88].

e) *Perplexas* ou *contraditórias*: o art. 122 do Código Civil inclui, ainda, entre as condições defesas, "as que privarem de todo efeito o negócio jurídico". São as condições ***perplexas*** ou ***contraditórias***, que não fazem sentido e deixam o intérprete perplexo, confuso, sem compreender o propósito da estipulação. Resultam na **invalidade** do próprio negócio, quer seja *inter vivos*, quer seja *mortis causa*, pela impossibilidade lógica nelas contidas, como prevê expressamente o art. 123, III, do Código Civil, *verbis*: "Invalidam os negócios jurídicos que lhe são subordinados: (...) III — as condições **incompreensíveis ou contraditórias**". Exemplo de condição dessa espécie: "Instituo A meu herdeiro universal se B for meu herdeiro universal". Estando a eficácia do negócio subordinada a essa espécie de condição, jamais será ela alcançada.

[87] Washington de Barros Monteiro, *Curso*, cit., v. 1, p. 238.

[88] Washington de Barros Monteiro, *Curso*, cit., v. 1, p. 239.

- **Quanto ao *modo de atuação* —** assim considerada, a condição pode ser:

  a) ***suspensiva*:** impede que o ato produza efeitos até a realização do evento futuro e incerto. Exemplo: "dar-te-ei tal bem se lograres tal feito". Não se terá adquirido o direito enquanto não se verificar a condição suspensiva. Dispõe, com efeito, o art. 125 do Código Civil: "*Subordinando-se a eficácia do negócio jurídico à condição suspensiva, enquanto esta se não verificar, não se terá adquirido o direito, a que ele visa*".

  b) ***Resolutiva*:** é a que extingue, resolve o direito transferido pelo negócio, ocorrido o evento futuro e incerto. Por exemplo, o beneficiário da doação, depois de recebido o bem, casa-se com a pessoa que o doador proibira, tendo este conferido ao eventual casamento o caráter de condição resolutiva; ou alguém constitui uma renda em favor de outrem, enquanto este estudar. Por outras palavras, como se expressa Polacco, citado por Washington de Barros Monteiro, das **condições suspensivas** depende que o negócio jurídico **tenha vida**, das **resolutivas, que cesse de tê-la**[89]. Preceitua, efetivamente, o art. 128, primeira parte, do Código Civil: "Sobrevindo a condição resolutiva, extingue-se, para todos os efeitos, o direito a que ela se opõe". A **condição resolutiva** pode ser ***expressa*** e ***tácita***. O atual Código suprimiu a referência que o parágrafo único do art. 119 do diploma de 1916 fazia à condição resolutiva tácita, por não se tratar propriamente de condição em sentido técnico, considerando-se que esta só se configura se aposta ao negócio jurídico. E a denominada condição resolutiva expressa — que é, juridicamente, condição — opera, como qualquer outra condição em sentido técnico, de pleno direito[90].

Em qualquer caso, no entanto, **a resolução** precisa ser **judicialmente pronunciada**. Orlando Gomes, referindo-se ao compromisso de compra e venda com **cláusula resolutiva expressa**, enuncia: "Não se rompe unilateralmente sem a intervenção judicial. Nenhuma das partes pode considerá-lo *rescindido*, havendo inexecução da outra. Há de pedir a *resolução*. Sem a sentença resolutória, o contrato não se dissolve, tenha como objeto imóvel loteado, ou não"[91]. Em todos os contratos bilaterais ou sinalagmáticos presume-se a existência de uma **cláusula resolutiva tácita** (CC, art. 475), que não é propriamente condição e depende de interpelação, sendo denominada ***condiciones juris***.

7.4.2.6. *Retroatividade e irretroatividade da condição*

A questão da retroatividade ou não da condição diz respeito aos efeitos *ex tunc* ou *ex nunc* da estipulação. Admitida a retroatividade, é como se o ato tivesse sido

---

89 *Curso*, cit., v. 1, p. 241.

90 José Carlos Moreira Alves, *A Parte Geral*, cit., p. 107.

91 *Contratos*, p. 281. Também José Osório de Azevedo Júnior declara: "... haja ou não cláusula resolutiva expressa, impõe-se a manifestação judicial para a resolução do contrato" (*Compromisso de compra e venda*, p. 166). Nesse sentido, a jurisprudência: "Inexiste em nosso direito a figura da rescisão automática de compromisso de compra e venda de imóvel loteado ou não (art. 1º do Dec.-Lei 745/69)" (*RT*, 594/175).

puro e simples desde a origem. O art. 128 do Código Civil, que implicitamente a prevê, abre uma **exceção** para a proteção de negócios jurídicos de **execução continuada** ou **periódica**. Preceitua, com efeito, o aludido dispositivo:

> "Art. 128. Sobrevindo a condição resolutiva, extingue-se, para todos os efeitos, o direito a que ela se opõe; mas, se aposta a um negócio de execução continuada ou periódica, a sua realização, salvo disposição em contrário, não tem eficácia quanto aos atos já praticados, desde que compatíveis com a natureza da condição pendente e conforme aos ditames de boa-fé."

Significa dizer que nos demais contratos que não sejam de execução continuada ou periódica, de certo modo, o novo Código firmou **como regra a retroatividade**, extinguindo-se, para todos os efeitos, o direito a que a condição se opõe, desde a **conclusão do negócio**[92]. A exceção mencionada permite dizer que, no caso de uma relação locatícia, por exemplo, ocorrendo o implemento de condição resolutiva estipulada, não perdem efeito os atos já praticados, como o pagamento de aluguéis e demais encargos. Não tendo havido estipulação contrária, o locatário não reaverá os aluguéis pagos, pois os pagamentos foram efetuados em cumprimento de obrigações contratuais válidas.

Prescreve o art. 126 do Código Civil que, "se alguém dispuser de uma coisa sob condição suspensiva, e, pendente esta, fizer quanto àquela novas disposições, estas não terão valor, realizada a condição, se com ela forem incompatíveis". Se, por exemplo, feita doação sob condição suspensiva, houver posterior oferecimento em penhor, a terceiro, do mesmo bem, **realizada a condição, extingue-se o penhor**. Trata-se de norma de proteção do credor condicional, pois o direito condicional cria uma expectativa que não pode ser frustrada em razão de novas disposições incompatíveis com o direito visado, e de aplicação do princípio da ***retroatividade*** das condições, reafirmado no art. 1.359 do Código Civil. Quem adquire domínio resolúvel está assumindo um risco, não podendo alegar prejuízo se advier a resolução.

A retroatividade da condição suspensiva não é aplicável, contudo, aos **direitos reais**, uma vez que só há transferência do domínio após a entrega do objeto sobre o qual versam ou após o registro da escritura.

■ *7.4.2.7. Pendência, implemento e frustração da condição*

As condições podem ser consideradas sob **três estados:**

a) pendência: enquanto não se verifica ou não se frustra o evento futuro e incerto, a condição encontra-se ***pendente***;

b) implemento: a verificação da condição denomina-se ***implemento***;

c) frustração: não realizada, ocorre a ***frustração*** da condição.

■ **Pendente** a condição **suspensiva**, não se terá adquirido o direito a que visa o negócio jurídico (CC, art. 125). Na condição **resolutiva**, o direito é adquirido

---

92 Rose Melo Venceslau, O negócio, cit., p. 212.

desde logo, mas pode extinguir-se, para todos os efeitos, se ocorrer o seu **implemento**. Porém, como visto, "se aposta a um negócio de execução continuada ou periódica, não tem eficácia quanto aos atos já praticados, desde que compatíveis com a natureza da condição pendente e conforme aos ditames de boa-fé" (CC, art. 128).

- **Implemento:** decorre da verificação da condição. O art. 130 permite ao titular de **direito eventual**, nos casos de condição suspensiva ou resolutiva, o exercício de atos destinados a **conservá-lo**, como a interrupção da prescrição, a exigência de caução ao fiduciário (art. 1.953, parágrafo único) etc. Embora ainda não seja pleno direito subjetivo, é um direito condicional ou expectativo, também denominado **expectativa de direito**. Verificada a condição suspensiva, **o direito é adquirido**. Embora a incorporação ao patrimônio do titular ocorra somente por ocasião do **implemento** da condição, o direito condicional constituir-se-á na data da celebração do negócio, como se desde o início não fosse condicional, mas puro.

  Nas **disposições testamentárias** subordinadas a condições suspensivas, o direito do herdeiro ou legatário só se adquire com seu **implemento**. Se este morre antes, o testamento caduca, não se transmitindo o direito condicional. No caso de condição **resolutiva**, o direito do herdeiro se extingue com o implemento desta.

- **Frustrada a condição**, ou seja, se o evento não se realizou no período previsto ou é certo que não poderá realizar-se, considera-se como nunca tendo existido o negócio. Se a condição for **suspensiva**, o ato **não produzirá efeitos**, não mais subsistindo os até então verificados. Cessa a expectativa de direito. O credor devolve o que recebeu, com acessórios. O devedor restitui o preço recebido com juros, legais ou convencionais. Se a condição for **resolutiva**, os efeitos tornam-se **definitivos**. O ato, que era condicionado, considera-se simples[93].

Dispõe o art. 129 do Código Civil:

> "Art. 129. Reputa-se verificada, quanto aos efeitos jurídicos, a condição cujo implemento for maliciosamente obstado pela parte a quem desfavorecer, considerando-se, ao contrário, não verificada a condição maliciosamente levada a efeito por aquele a quem aproveita o seu implemento."

A lei estabelece, assim, a ficção do **implemento da condição** para o caso de o devedor do direito condicional **descumprir** o dever de agir com boa-fé, frustrando o implemento da condição ou provocando-o maliciosamente. Como exemplo, pode ser mencionada a condição de pagar somente se as ações de determinada empresa alcançarem certo valor, e houver, maliciosamente, manipulação na Bolsa de Valores, pelo interessado, para evitar que o valor estipulado se verifique.

---

93 Francisco Amaral, *Direito civil*, cit., p. 465-466.

7.4.3. Termo

7.4.3.1. *Conceito*

Termo é o dia ou momento em que começa ou se extingue a eficácia do negócio jurídico, podendo ter como unidade de medida a hora, o dia, o mês ou o ano[94]. Termo ***convencional*** é a cláusula **contratual** que subordina a eficácia do negócio a evento futuro e ***certo***.

Dispõe o art. 131 do Código Civil:

"Art. 131. O termo inicial suspende o exercício, mas não a aquisição do direito."

O termo **não suspende a aquisição do direito** por ser evento futuro, mas dotado de certeza. Difere da **condição**, que subordina a eficácia do negócio a evento futuro e ***incerto***. Sendo o termo um acontecimento certo, inexiste estado de pendência, não se cogitando de retroatividade, existente apenas no negócio condicional. O titular do direito a termo pode, com maior razão, exercer sobre ele **atos conservatórios**. Pode ocorrer, em certos casos, a conjugação de uma **condição** e um **termo no mesmo negócio jurídico**. Por exemplo: "dou-te um consultório se te formares em medicina até os 25 anos".

7.4.3.2. *Negócios que não admitem termo*

Determinados negócios não admitem termo:

- a **aceitação ou a renúncia** da herança (CC, art. 1.808);
- a **adoção** (art. 1.626);
- a **emancipação**;
- o **casamento**;
- o **reconhecimento de filho** (art. 1.613) e outros.

Também é inoponível o termo sempre que este seja incompatível com a natureza do direito a que visa, como os **de personalidade**, os **de família** e os que, de modo geral, reclamam **execução imediata**[95].

7.4.3.3. *Espécies*

O termo pode ser de várias **espécies**:

- **Termo convencional** é o aposto no contrato pela vontade das partes.
- **Termo de direito** é o que decorre da lei.
- **Termo de graça** é a dilação de prazo concedida ao devedor.

---

94 Clóvis Beviláqua, *Código Civil*, cit., obs. 1 ao art. 123; Francisco Amaral, *Direito civil*, cit., p. 472; Rose Melo Venceslau, O negócio, cit., p. 217.

95 Francisco Amaral, *Direito civil*, cit., p. 473.

- **Termo certo** e **incerto** — pode ocorrer que o termo, embora certo e inevitável no futuro, seja incerto quanto à data de sua verificação. Exemplo: determinado bem passará a pertencer a tal pessoa a partir da morte de seu proprietário. A morte é certa, mas não se sabe quando ocorrerá. Neste caso, a data é incerta. Sob esse aspecto, o termo pode ser dividido em ***incerto***, como no referido exemplo, e ***certo***, quando se reporta a determinada data do calendário ou a determinado lapso de tempo.
- **Termo inicial ou suspensivo** (*dies a quo*) e **final ou resolutivo** (*dies ad quem*) — se for celebrado, por exemplo, um contrato de locação no dia 20 de determinado mês para ter vigência no dia 1º do mês seguinte, esta data será o **termo inicial**. Se também ficar estipulada a data em que cessará a locação, esta constituirá o **termo final**. Como já foi dito, o **termo inicial** suspende o exercício, mas não a aquisição do direito (CC, art. 131).
- **Termo essencial** e **não essencial** — diz-se que é **essencial** o termo quando o efeito pretendido deva ocorrer em momento **bem preciso**, sob pena de, verificado depois, não ter mais valor. Exemplo: em um contrato que determine a entrega de um vestido para uma cerimônia, se este for entregue depois, não tem mais a utilidade visada pelo credor[96].

7.4.3.4. Semelhanças e diferenças entre termo e condição suspensiva

Por suspender o exercício do direito, o termo assemelha-se à **condição suspensiva**, que produz também tal efeito. **Diferem**, no entanto, porque a condição suspensiva, além de suspender o exercício do direito, suspende também a sua aquisição. **O termo não suspende a aquisição do direito**, mas, antes, **protela o seu exercício**. A segunda diferença já foi apontada: **na condição suspensiva**, o evento do qual depende a eficácia do negócio é futuro e ***incerto***, enquanto **no termo** é futuro e ***certo***. Em razão de tal semelhança, estatui o art. 135:

> "Ao termo inicial e final aplicam-se, no que couber, as disposições relativas à condição suspensiva e resolutiva."

Desse modo, aplicam-se ao termo todas as **disposições relativas às condições**, desde que **não contrariem a sua natureza**. E, no tocante às consequências da impossibilidade do termo (p. ex., se for estipulado o dia 31 de fevereiro ou o 367º dia do ano), constata-se uma equiparação. O termo **inicial** ***impossível*** demonstra a inexistência da vontade real de obrigar-se e gera a **nulidade** do negócio, a exemplo da condição suspensiva. Sendo **final**, o termo impossível deve ser considerado **inexistente**, pois demonstra que as partes não desejam que o negócio se resolva[97].

Veja-se o quadro a seguir:

---

[96] Francisco Amaral, *Direito civil*, cit., p. 474.

[97] Zeno Veloso, *Condição*, cit., p. 90; Rose Melo Venceslau, O negócio, cit., p. 210.

SEMELHANÇAS E DIFERENÇAS ENTRE TERMO E CONDIÇÃO SUSPENSIVA

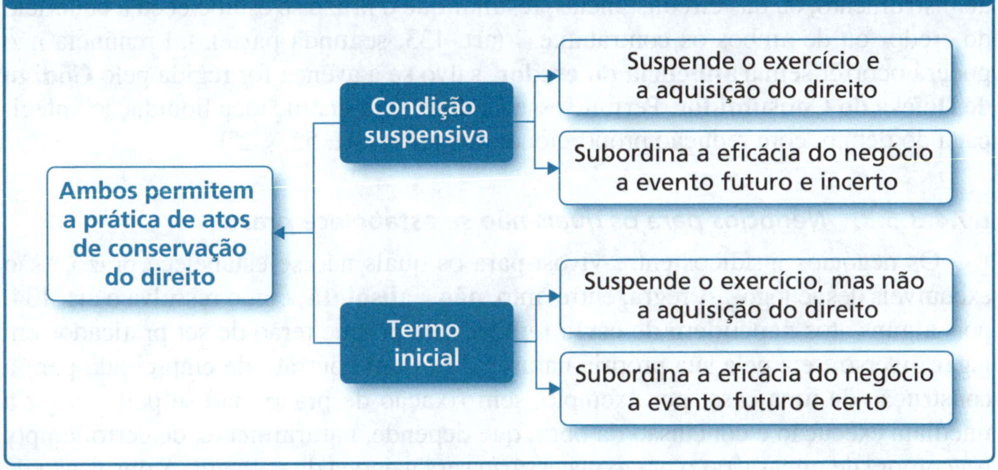

■ 7.4.3.5. Os prazos e sua contagem

■ 7.4.3.5.1. Conceito

Termo não se confunde com prazo, também regulamentado pelo novo Código Civil. ***Prazo*** é o **intervalo** entre o termo *a quo* e o termo *ad quem*, ou entre a manifestação de vontade e o advento do termo, estando regulamentado nos arts. 132 a 134 do Código Civil. O prazo é **certo ou incerto**, conforme também o seja o termo. Os dias, como unidade de tempo, contam-se por inteiro, da **meia-noite à meia-noite** seguinte.

O art. 132 do Código Civil apresenta os seguintes **critérios** para a contagem dos prazos:

- salvo disposição legal ou convencional em contrário, na contagem dos prazos, **exclui-se o dia do começo e inclui-se o do vencimento** (*caput*);
- se este cair em **feriado**, *considerar-se-á **prorrogado** o prazo até o seguinte dia útil* (§ 1º);
- ***meado*** considera-se, *em qualquer mês, o seu **décimo quinto dia*** (§ 2º);
- *os prazos de **meses e anos** expiram no **dia de igual número** do de início ou no imediato, se faltar exata correspondência* (§ 3º), como ocorre em ano bissexto;
- *os prazos fixados por **hora** contar-se-ão **de minuto a minuto*** (§ 4º).

■ 7.4.3.5.2. Presunção em favor do herdeiro e do devedor

Nos ***testamentos***, *presume-se o prazo em **favor do herdeiro*** (art. 133, primeira parte). Assim, se o testador fixar prazo para a entrega do legado, entender-se-á que foi estabelecido em favor do herdeiro, obrigado ao pagamento, e não do legatário. Nos ***contratos***, presume-se *em **proveito do devedor*** (art. 133, segunda parte).

Pode, assim, o devedor renunciar ao prazo e antecipar o pagamento da dívida para livrar-se, por exemplo, de um índice de atualização monetária que estaria vigorando na data do seu vencimento, sem que o credor possa impedi-lo. No entanto, "se do teor do instrumento, ou das circunstâncias, resultar que o prazo se estabeleceu a benefício do credor ou de ambos os contratantes" (art. 133, segunda parte), tal renúncia não poderá ocorrer sem a **anuência do credor**, salvo se a avença for regida pelo **Código de Defesa do Consumidor**. Permite esse Código, sem distinção, a liquidação antecipada do débito, com redução proporcional dos juros (art. 52, § 2º).

■ *7.4.3.5.3. Negócios para os quais não se estabelece prazo*

Os negócios jurídicos entre vivos, para os quais não se estabelece prazo, "são exequíveis desde logo". A regra, entretanto, **não é absoluta**, como ressalva o art. 134, pois alguns atos **dependem de certo tempo**, seja porque terão de ser praticados em lugar diverso, seja pela sua própria natureza. Em um contrato de empreitada para a construção de uma casa, por exemplo, sem fixação de prazo, não se pode exigir a imediata execução e conclusão da obra, que depende, naturalmente, de certo tempo. Na compra de uma safra, o prazo necessário será a época da colheita. A obrigação de entregar bens, como animais, que deverão ser transportados para localidade distante, não pode ser cumprida imediatamente.

■ 7.4.4. Encargo ou modo

■ *7.4.4.1. Conceito*

Encargo ou **modo** é uma determinação que, imposta pelo autor de liberalidade, a esta adere, restringindo-a[98]. Trata-se de **cláusula acessória às liberalidades** (doações, testamentos), pela qual se impõe uma **obrigação** ao beneficiário. É admissível também em **declarações unilaterais** da vontade, como na promessa de recompensa. Não pode ser aposta em negócio **a título oneroso**, pois equivaleria a uma contraprestação.

O encargo é muito comum nas doações feitas ao município, em geral com a obrigação de construir um hospital, escola, creche ou algum outro melhoramento público, e nos testamentos, em que se deixa a herança a alguém, com a obrigação de cuidar de determinada pessoa ou de animais de estimação. Em regra, é identificada pelas expressões **"para que"**, **"a fim de que"**, **"com a obrigação de"**. Tem a função de dar relevância ou eficácia jurídica a motivos ou interesses particulares do autor da liberalidade[99]. Reduz os efeitos desta e pode constituir-se em obrigação de dar (uma contribuição anual aos pobres, p. ex.), de fazer (construir uma creche) ou de não fazer (não demolir uma capela).

■ *7.4.4.2. Encargo e ônus*

A característica mais marcante é a sua ***obrigatoriedade*** (cf. CC, art. 553), podendo o seu cumprimento ser exigido por meio de ação cominatória. No entanto, **não se confunde** o modo ou encargo com a situação subjetiva conhecida por ***ônus***. Este não constitui obrigação devida a alguém, sendo por isso **incoercível**, embora

98 Vicente Ráo, *O ato jurídico*, cit., p. 361.

99 Francisco Amaral, *Direito civil*, cit., p. 476.

necessário para a validade do ato pretendido, por exemplo, o registro de atos relacionados aos direitos reais[100].

7.4.4.3. Efeitos

Dispõe o art. 136 do Código Civil:

> "Art. 136. O encargo não suspende a aquisição nem o exercício do direito, salvo quando expressamente imposto no negócio jurídico, pelo disponente, como condição suspensiva."

Por essa razão, se o beneficiário morrer antes de cumpri-lo, a liberalidade prevalece, mesmo se for instituída *causa mortis*. Tal consequência não adviria caso se tratasse de condição. Da mesma forma, na hipótese de ser sido previsto em testamento, aberta a sucessão, o domínio e a posse dos bens deixados transmitem-se desde logo aos herdeiros nomeados, com a obrigação, porém, de cumprir o encargo a eles imposto. Se esse encargo **não for cumprido**, a liberalidade poderá ser **revogada**.

O art. 553 do Código Civil estabelece que "o donatário é obrigado a cumprir os encargos da doação, caso forem a benefício do doador, de terceiro, ou do interesse geral". Acrescenta o parágrafo único: "Se desta última espécie for o encargo, o Ministério Público poderá exigir sua execução, depois da morte do doador, se este não tiver feito". O art. 1.938 do mesmo diploma, por sua vez, acresce que ao legatário, nos legados com encargo, aplica-se o disposto quanto às doações de igual natureza, o mesmo acontecendo com o substituto, por força do art. 1.949. E o art. 562, primeira parte, prevê que "a doação onerosa pode ser revogada por inexecução do encargo, se o donatário incorrer em mora". Tal dispositivo aplica-se, por analogia, às liberalidades *causa mortis*.

O **terceiro beneficiário** pode exigir o cumprimento do encargo, mas não está legitimado a propor **ação revocatória**. Esta é **privativa do instituidor**, podendo os herdeiros apenas prosseguir na ação por ele intentada, caso venha a falecer depois do ajuizamento. **O instituidor** também pode reclamar o **cumprimento do encargo**. O **Ministério Público** só poderá fazê-lo depois da morte do instituidor, se este não o tiver feito e se o encargo foi imposto **no interesse geral**.

7.4.4.4. Encargo e condição

- **Encargo e condição suspensiva:** o encargo difere da ***condição suspensiva***, como se pode verificar:

CONDIÇÃO SUSPENSIVA	ENCARGO OU MODO
Impede a aquisição do direito	Não suspende a aquisição nem o exercício do direito
É imposta com o emprego da partícula "se"	É imposto com as expressões "para que", "com a obrigação de" etc.
É suspensiva, mas não coercitiva. Ninguém pode ser obrigado a cumprir uma condição	É coercitivo, e não suspensivo

[100] Rose Melo Venceslau, O negócio, cit., p. 220.

■ **Encargo e condição resolutiva:** O encargo difere, também, da ***condição resolutiva***, porque não conduz, por si, à revogação do ato. O instituidor do benefício poderá ou não propor a **ação revocatória**, cuja sentença, de **natureza desconstitutiva**, não terá efeito retroativo. A condição resolutiva, no entanto, opera de **pleno direito**, resolvendo automaticamente o direito a que ela se opõe. O pronunciamento judicial terá caráter **meramente declaratório**.

O encargo pode ser imposto como condição suspensiva e com efeitos próprios deste elemento acidental, desde que tal disposição seja expressa (art. 136, segunda parte). Somente neste caso terá o efeito de suspender a aquisição e o exercício do direito. Em caso de dúvida sobre a natureza da cláusula, deve-se interpretá-la como modal por ser mais favorável ao beneficiário. Veja-se o **quadro comparativo** dos três elementos acidentais do negócio jurídico:

CONDIÇÃO	TERMO	ENCARGO
■ Subordina o efeito do negócio jurídico a evento futuro e **incerto**	■ Subordina a eficácia do negócio a evento futuro e **certo**	■ Constitui cláusula acessória às liberalidades. Impõe uma **obrigação** ao beneficiário
■ É imposta com o emprego das partículas "se", "enquanto", "com a condição de não..."	■ Identifica-se pelas expressões "quando", "a partir de", "até tal data" etc.	■ É imposto com as expressões "para que", "com a obrigação de" etc.
■ **Suspensiva:** impede que o ato produza efeitos ■ **Resolutiva:** resolve o direito transferido pelo negócio	■ **Inicial:** suspende o exercício, mas não a aquisição do direito ■ **Final:** resolve os efeitos do negócio jurídico	■ Não suspende a aquisição nem o exercício do direito. Se não for cumprido, a liberalidade poderá ser revogada

■ 7.4.4.5. *Encargo ilícito ou impossível*

Preenchendo lacuna do Código Civil de 1916, o novo disciplina o encargo ***ilícito*** ou ***impossível***. Dispõe, com efeito, no art. 137:

> "Art. 137. Considera-se não escrito o encargo ilícito ou impossível, salvo se constituir o motivo determinante da liberalidade, caso em que se invalida o negócio jurídico."

Esses efeitos tornam-se possíveis pelo fato de o encargo ser cláusula anexa ao negócio, cuja aquisição e exercício do direito a que visa independem do seu cumprimento[101]. Verifica-se, assim, que o encargo deve ser **lícito** e **possível**. Se fisicamente **impossível ou ilícito**, tem-se como **inexistente**. Se o seu objeto constituir-se em **razão determinante da liberalidade**, o defeito contaminará o próprio negócio, que será declarado **nulo**. Assim, por exemplo, se a doação de um imóvel é feita para que o donatário nele mantenha casa de prostituição (atividade ilícita), sendo esse o motivo determinante ou a finalidade específica da liberalidade, será invalidado todo o negócio jurídico.

---

[101] Zeno Veloso, *Condição*, cit., p. 110; Rose Melo Venceslau, O negócio, cit., p. 221.

7.4.5. Resumo

ELEMENTOS ACIDENTAIS DO NEGÓCIO JURÍDICO	
CONCEITO	■ São de três espécies: a) condição; b) termo; e c) encargo. ■ Tais elementos acidentais são introduzidos facultativamente pela vontade das partes e não são necessários à essência do negócio jurídico.
CONDIÇÃO	■ **Conceito:** é a cláusula que, derivando exclusivamente da vontade das partes, subordina o efeito do negócio jurídico a evento futuro e incerto (CC, art. 121). Só são consideradas condição, portanto, as **convencionais**, e não as **legais** (*condiciones iuris:* impostas pela lei). ■ **Elementos:** a) voluntariedade; b) futuridade; e c) incerteza. ■ As condições subordinadas a evento passado ou presente são denominadas condições **impróprias**.
ESPÉCIES DE CONDIÇÃO	■ **Quanto à licitude:** podem ser lícitas e ilícitas (art. 122, primeira parte). ■ **Quanto à possibilidade:** possíveis e impossíveis. Estas podem ser: a) fisicamente impossíveis; e b) juridicamente impossíveis. ■ **Quanto à fonte de onde promanam:** casuais, potestativas (puramente potestativas e simplesmente potestativas) e mistas. **Promíscuas** são as condições a princípio puramente potestativas que se convertem em simplesmente potestativas em razão de fato superveniente. ■ **Quando ao modo de atuação:** suspensivas e resolutivas.
EFEITOS DAS CONDIÇÕES	■ As condições impossíveis **invalidam os negócios jurídicos** que lhes são subordinados, quando **suspensivas**, assim como as ilícitas, incompreensíveis e contraditórias (art. 123). Têm-se por **inexistentes** as condições impossíveis, quando **resolutivas** (art. 124).
TERMO	■ **Conceito:** é o momento em que começa ou se extingue a eficácia do negócio jurídico. ■ **Espécies:** a) termo convencional, termo de direito e termo de graça; b) termo inicial (*dies a quo*) e final (*dies ad quem*); c) termo certo e incerto; d) termo impossível (art. 135); e) termo essencial e não essencial: é essencial quando o efeito pretendido deva ocorrer em momento bem preciso, sob pena de, verificado depois, não ter mais valor (data para a entrega de vestido para uma cerimônia). ■ **Efeitos:** o termo inicial (*a quo*) suspende o exercício, mas não a aquisição do direito (art. 131); o final (*ad quem*) resolve os efeitos do negócio jurídico. ■ **Prazo:** é o intervalo entre o termo inicial e o final (arts. 132 a 134). Na contagem dos prazos, exclui-se o dia do começo e inclui-se o do vencimento. **Meado** considera-se, em qualquer mês, o seu décimo quinto dia. Nos testamentos, presume-se o prazo em favor do herdeiro, e, nos contratos, em proveito do devedor (art. 133).
ENCARGO OU MODO	■ **Conceito:** constitui cláusula acessória às liberalidades, pela qual se impõe uma obrigação ao beneficiário. É admissível também em declarações unilaterais, como na promessa de recompensa. ■ **Efeitos:** o encargo não suspende a aquisição nem o exercício do direito (art. 136). Sendo ilícito ou impossível, considera-se não escrito (art. 137). ■ **Encargo e condição:** o encargo difere da **condição suspensiva**, porque esta impede a aquisição do direito, e da **resolutiva**, porque não conduz, por si só, à revogação do ato. O instituidor do benefício poderá ou não propor a ação revocatória, cuja sentença não terá efeito retroativo.

7.5. DOS DEFEITOS DO NEGÓCIO JURÍDICO

7.5.1. Introdução

Este capítulo trata das hipóteses em que a vontade se manifesta com algum **vício** que torne o negócio *anulável*. Nele o Código Civil brasileiro menciona e regula seis defeitos: **erro, dolo, coação, estado de perigo, lesão** e **fraude contra credores**. No art. 171, II, diz ser **anulável** o negócio jurídico que contenha tais vícios. Dispõe o art. 178 do Código Civil:

> "É de quatro anos o prazo de decadência para pleitear-se a anulação do negócio jurídico, contado:
>
> I — no caso de coação, do dia em que ela cessar;
>
> II — no de erro, dolo, fraude contra credores, estado de perigo ou lesão, do dia em que se realizou o negócio jurídico."

- **Vícios do consentimento:** os referidos defeitos, **exceto a fraude contra credores**, são chamados de ***vícios do consentimento***, porque provocam uma manifestação de vontade não correspondente com o íntimo e verdadeiro querer do agente. Criam uma divergência, um conflito entre a vontade manifestada e a real intenção de quem a exteriorizou.
- **Vício social:** a fraude contra credores não conduz a um descompasso entre o íntimo querer do agente e a sua declaração, mas é exteriorizada com a intenção de prejudicar terceiros. Por essa razão, é considerada ***vício social***.

Defeitos do negócio jurídico são, pois, as imperfeições que nele podem surgir, decorrentes de anomalias na formação da vontade ou na sua declaração[102].

7.5.2. Erro ou ignorância

7.5.2.1. Conceito

O erro consiste em uma **falsa** representação da realidade. Nessa modalidade de vício do consentimento, o agente **engana-se sozinho**. Quando é induzido em erro pelo outro contratante ou por terceiro, caracteriza-se o **dolo**.

O Código equiparou os efeitos do erro à ignorância. Erro é a **ideia falsa** da realidade. Ignorância é o **completo desconhecimento** da realidade. Nesta, a mente está *in albis*; naquele, o que nela está registrado é falso. Num e noutro caso, o agente é levado a praticar o ato ou a realizar o negócio que não celebraria por certo ou que praticaria em circunstâncias diversas, se estivesse devidamente esclarecido[103].

7.5.2.2. Espécies

O **erro** apresenta-se sob várias modalidades. Algumas são importantes para o direito, porque invalidantes dos atos e negócios jurídicos. Outras mostram-se irrelevantes, acidentais, não o contaminando. A mais importante classificação é a que o divide em:

a) substancial; e
b) acidental.

---

[102] Francisco Amaral, *Direito civil*: introdução, p. 479-480.

[103] Washington de Barros Monteiro, *Curso de direito civil*, v. 1, p. 195.

7.5.2.2.1. Erro substancial e erro acidental

Não é qualquer espécie de erro que torna anulável o negócio jurídico. Para tanto, segundo a doutrina tradicional, deve ser **substancial**, **escusável** e **real**. A escusabilidade do erro, no entanto, tem sido hodiernamente substituída pelo princípio da **cognoscibilidade**.

- **Erro *substancial*** ou ***essencial*** é o que recai sobre circunstâncias e aspectos **relevantes** do negócio. Há de ser a **causa determinante**, ou seja, se conhecida a realidade, **o negócio não seria celebrado**. Segundo Francisco Amaral, erro essencial, também dito substancial, "é aquele de tal importância que, sem ele, o ato não se realizaria. Se o agente conhecesse a verdade, não manifestaria vontade de concluir o negócio jurídico. Diz-se, por isso, essencial, porque tem para o agente importância determinante, isto é, se não existisse, não se praticaria o ato"[104].
- ***Erro acidental*** é o que se opõe ao substancial, porque se refere a circunstâncias de **somenos importância** e que não acarretam efetivo prejuízo, ou seja, a qualidades secundárias do objeto ou da pessoa. Se conhecida a realidade, mesmo assim o negócio seria realizado. O art. 143 do Código Civil é expresso no sentido de que "o erro de cálculo apenas autoriza a retificação da declaração de vontade". Não há, nesse caso, propriamente um vício na manifestação da vontade, mas uma distorção em sua transmissão, que pode ser corrigida. O Código de 2002, nesse ponto, inova, permitindo a retificação da declaração de vontade em caso de mero **erro de cálculo**, quando as duas partes têm conhecimento do exato valor do negócio.

7.5.2.2.1.1. Características do erro substancial

Foi dito que substancial é o erro sobre circunstâncias e aspectos **relevantes** do negócio. Não quis o legislador deixar, no entanto, que essas circunstâncias e aspectos relevantes constituíssem conceitos vagos, a serem definidos por livre interpretação do juiz, preferindo especificá-los. Enuncia, com efeito, o art. 139 do Código Civil:

> "Art. 139. O erro é substancial quando:
>
> I — interessa à natureza do negócio, ao objeto principal da declaração, ou a alguma das qualidades a ele essenciais;
>
> II — concerne à identidade ou à qualidade essencial da pessoa a quem se refira a declaração de vontade, desde que tenha influído nesta de modo relevante;
>
> III — sendo de direito e não implicando recusa à aplicação da lei, for o motivo único ou principal do negócio jurídico."

O erro **substancial** pode ser, portanto:

- **Erro sobre a *natureza do negócio*** (*error in negotio*) — o erro que interessa à natureza do negócio é aquele em que uma das partes manifesta a sua vontade,

[104] *Direito civil*, cit., p. 484.

pretendendo e supondo celebrar determinado negócio jurídico, e, na verdade, realiza outro **diferente** (p. ex., quer *alugar* e escreve *vender*). É erro sobre a categoria jurídica. Pretende o agente praticar um ato e pratica outro. Nessa espécie de erro, ocorre divergência quanto à **espécie de negócio**, no que cada um manifestou. Exemplos clássicos são os da pessoa que empresta uma coisa e a outra entende que houve doação; do alienante que transfere o bem a título de venda e o adquirente o recebe como doação; da pessoa que quer alugar e a outra parte supõe tratar-se de venda a prazo[105].

■ **Erro sobre o *objeto principal* da declaração** (*error in corpore*) — é o que incide sobre a **identidade do objeto**. A manifestação da vontade recai sobre objeto **diverso** daquele que o agente tinha em mente. Exemplos: o da pessoa que adquire um quadro de um aprendiz, supondo tratar-se de tela de um pintor famoso; ou, ainda, o do indivíduo que se propõe a alugar a sua casa da cidade e o outro contratante entende tratar-se de sua casa de campo[106].

■ **Erro sobre alguma das *qualidades essenciais do objeto* principal** (*error in substantia* ou *error in qualitate*) — ocorre quando o motivo determinante do negócio é a suposição de que o objeto possui determinada **qualidade** que, posteriormente, verifica-se inexistir. Neste caso, o erro não recai sobre a identidade do objeto, que é o mesmo que se encontrava no pensamento do agente. Todavia, **não tem as qualidades** que este reputava essenciais e que influíram em sua decisão de realizar o negócio. Exemplos: pessoa que adquire um quadro por alto preço, na persuasão de se tratar de original, quando não passa de cópia; ou, ainda, indivíduo que compra um relógio dourado, mas apenas folheado a ouro, como se fosse de ouro maciço[107].

■ **Erro quanto à *identidade* ou à *qualidade da pessoa*** a quem se refere a declaração de vontade (*error in persona*) — concerne aos negócios jurídicos ***intuitu personae***. Pode referir-se tanto à identidade quanto às qualidades da pessoa. Exige-se, no entanto, para ser invalidante, que tenha influído na declaração de vontade "*de modo relevante*" (CC, art. 139, II, segunda parte). Exemplo: doação ou deixa testamentária a pessoa que o doador supõe, equivocadamente, ser seu filho natural ou, ainda, a que lhe salvou a vida[108]. Essa modalidade de erro tem especial importância no casamento e nas liberalidades, como na doação e no testamento, e nos negócios onerosos celebrados *intuitu personae*, bem como

[105] Silvio Rodrigues, *Direito civil*, v. 1, p. 188; Pontes de Miranda, *Tratado*, cit., t. 4, p. 287- 288; Washington de Barros Monteiro, *Curso*, cit., v. 1, p. 196.

[106] Silvio Rodrigues, *Direito civil*, cit., v. 1, p. 189; Caio Mário da Silva Pereira, *Instituições de direito civil*, v. 1, p. 328; J. M. de Carvalho Santos, *Código Civil brasileiro interpretado*, 8. ed., v. 2, p. 294.

[107] Silvio Rodrigues, *Direito civil*, cit., p. 189; Francisco Amaral, *Direito*, cit., p. 484; Marcos Bernardes de Mello, *Teoria do fato jurídico*. Plano da validade, p. 124, nota 232. Decidiu o Tribunal de Justiça de São Paulo: "Permuta. Imóveis residenciais. Prédio sujeito a inundações constantes. Erro substancial caracterizado. Ação anulatória julgada procedente".

[108] Silvio Rodrigues, *Direito civil*, cit., v. 1, p. 190; Caio Mário da Silva Pereira, *Instituições*, cit., v. 1, p. 328; Washington de Barros Monteiro, *Curso*, cit., v. 1, p. 197.

naqueles fundados na confiança, como no mandato, na prestação de serviços e no contrato de sociedade[109]. Entretanto, somente é considerado essencial quando não se tem **como apurar quem seja realmente a pessoa ou coisa** a que se refere a manifestação de vontade. Segundo dispõe o art. 142, "o erro de indicação da pessoa ou da coisa, a que se referir a declaração de vontade, não viciará o negócio quando, por seu contexto e pelas circunstâncias, se puder identificar a coisa ou pessoa cogitada". Trata-se de erro acidental ou sanável. Por exemplo, o doador ou testador beneficia o seu sobrinho Antônio quando, na realidade, não tem nenhum sobrinho com esse nome. Apura-se, porém, que tem um afilhado de nome Antônio, a quem sempre chamou de sobrinho.

- **Erro de direito** (*error juris*) — É o falso conhecimento, ignorância ou interpretação errônea da **norma jurídica** aplicável à situação concreta. Segundo Caio Mário, é o que se dá "quando o agente emite a declaração de vontade no pressuposto falso de que procede segundo o preceito legal"[110]. O art. 3º da Lei de Introdução às Normas do Direito Brasileiro diz que a alegação de ignorância da lei não é admitida quando apresentada como justificativa para o seu descumprimento. Significa dizer, inversamente, que **pode ser arguida se não houver esse propósito**. O Código Civil de 2002 acolheu esse entendimento, considerando substancial o erro quando, "sendo de direito e não implicando recusa à aplicação da lei, for o motivo único ou principal do negócio jurídico" (art. 139, III). Exemplo: pessoa que contrata a importação de determinada mercadoria ignorando existir lei que proíbe tal importação. Como tal ignorância foi a causa determinante do ato, pode ser alegada para anular o contrato, sem com isso se pretender que a lei seja descumprida.

7.5.2.2.1.2. Erro substancial e vício redibitório

Cumpre distinguir erro sobre as qualidades essenciais do objeto de vícios redibitórios, disciplinados nos arts. 441 a 446 do Código Civil. Embora a teoria dos vícios redibitórios se assente na existência de um erro e guarde semelhança com este quanto às qualidades essenciais do objeto, não se confundem os dois institutos. Vejam-se os pontos diferenciais:

VÍCIO REDIBITÓRIO	ERRO QUANTO ÀS QUALIDADES ESSENCIAIS DO OBJETO
É erro objetivo sobre a coisa que contém um defeito oculto.	É subjetivo, pois reside na manifestação da vontade. Passa-se na mente da pessoa.
Cabíveis as ações edilícias, redibitória e *quanti minoris* ou estimatória, respectivamente, para rescindir o contrato ou pedir abatimento do preço.	Dá ensejo ao ajuizamento de ação anulatória do negócio jurídico.
É decadencial e exíguo o prazo para a sua propositura (trinta dias, se se tratar de bem móvel, e um ano, se for imóvel).	É de quatro anos o prazo decadencial.

109 Francisco Amaral, *Direito civil*, cit., p. 484; Washington de Barros Monteiro, *Curso*, cit., p. 197-198.

110 *Instituições*, cit., v. 1, p. 330.

O fundamento do vício redibitório é a obrigação que a lei impõe a todo alienante, nos contratos comutativos, de garantir ao adquirente o uso da coisa. O **Código de Defesa do Consumidor**, aplicável quando se tratar de relação de consumo, estabelece o prazo de trinta dias para os casos de **vícios *aparentes*** em produto ***não durável*** e de noventa dias em produto **durável**, contados a partir da entrega efetiva do produto ou do término da execução dos serviços. Em se tratando de vícios ***ocultos***, os prazos são os mesmos, mas a sua contagem somente se inicia no momento em que ficarem evidenciados (art. 26 e parágrafos).

Se alguém, por exemplo, adquire um relógio que funciona perfeitamente, mas não é de ouro, como o adquirente supunha (e somente por essa circunstância o adquiriu), trata-se de **erro quanto à qualidade essencial** do objeto. Se, no entanto, o relógio é mesmo de ouro, mas não funciona em razão do defeito de uma peça interna, a hipótese é de **vício redibitório**.

■ 7.5.2.2.2. *O princípio da cognoscibilidade*

Dispõe o art. 138 do Código Civil:

> "Art. 138. São anuláveis os negócios jurídicos, quando as declarações de vontade emanarem de erro substancial que poderia ser percebido por pessoa de diligência normal, em face das circunstâncias do negócio."

O Código Civil italiano adotou o princípio da **recognoscibilidade** (*riconoscibilità*), sujeitando a eficácia invalidante do erro não só à sua relevância mas também ao fato de ser reconhecível pela outra parte (art. 1.492). Segue a mesma linha o Código Civil português (art. 247º)[111].

Segundo José Fernando Simão, que resume a opinião de diversos autores, o Código Civil de 2002 "exigiu apenas a **cognoscibilidade** e não a escusabilidade como requisito do erro, já que, tendo adotado a **teoria da confiança**, calcada na boa-fé objetiva e na eticidade, o negócio deve ser mantido, se gerou justa expectativa no declaratário, sendo que tal expectativa merece proteção jurídica. A adoção da cognoscibilidade como requisito se comprova pela dicção dos artigos 148 e 155, que, ao tratarem do dolo e da coação provinda de terceiros, seguem a mesma principiologia:

[111] CC português, art. 247º: "Quando, em virtude de erro, a vontade declarada não corresponda à vontade real do autor, a declaração negocial é anulável, desde que o declaratário conhecesse ou não devesse ignorar a essencialidade, para o declarante, do elemento sobre que incidiu o erro". A posição adotada nos Códigos italiano e português visa tutelar não somente aquele que incide em erro mas também a outra parte, que, pelo efeito do erro, não pode concluir o negócio. Se esta podia reconhecer o erro usando a ordinária diligência, e não ter fé na validade do negócio, segundo a doutrina italiana, é justo que ele seja anulado. Mas se, ao contrário, a outra parte não tinha como reconhecer a existência do erro, seria injusto imputar-lhe o risco de perder o negócio. O Código Civil alemão (BGB) adotou critério diametralmente oposto: o ato permanece válido, dando-se ao prejudicado, porém, pretensão para a cobrança de indenização pelo chamado *interesse negativo*.

o negócio só é anulável se o vício era conhecido ou poderia ser reconhecido pelo contratante beneficiado"[112].

A tendência é no sentido da prevalência dessa orientação, em razão do grande número de adesões à tese[113] e do Enunciado 12 da I Jornada de Direito Civil, promovida pelo Centro de Estudos Judiciários do Conselho de Justiça Federal, do seguinte teor: **"Na sistemática do art. 138, é irrelevante ser ou não escusável o erro, porque o dispositivo adota o princípio da confiança"**. Já há, inclusive, precedente jurisprudencial, como se pode verificar: "O Código Civil de 2002 afastou o critério da escusabilidade, cujo exame se dava sobre o próprio emissor da vontade, trazendo para a disciplina o princípio da confiança, cujo critério aferidor passou a ser o destinatário da manifestação da vontade que, mesmo percebendo que a autora estava em erro, silenciou ao invés de adverti-la"[114].

Flávio Tartuce ilustra a sua visão de que o erro não precisa mais ser escusável, como se entendia na época do Código Civil de 1916, com o exemplo de um jovem estudante, recém-chegado do interior, que se dirige ao Viaduto do Chá, no centro de São Paulo, e encontra um ambulante que vende pilhas com uma placa "Vende-se". O estudante então paga R$ 5.000,00, supondo que está comprando o viaduto, e a outra parte nada diz. No caso descrito, assinala, o erro é muito grosseiro, ou seja, inescusável, e, pela sistemática anterior, a venda não poderia ser anulada. Mas pela nova conformação do instituto, caberá a anulação, mormente porque a outra parte, ciente do erro, permaneceu em silêncio, recebendo o dinheiro[115].

■ *7.5.2.2.3. Erro real*

O erro, para invalidar o negócio, deve ser também ***real***, isto é, efetivo, causador de prejuízo concreto para o interessado. Não basta, pois, ser substancial e cognoscível. Deve ainda ser real, isto é, tangível, palpável, importando **efetivo prejuízo** para o interessado (*non fatetur qui errat*)[116].

Assim, por exemplo, o ano de fabricação do veículo adquirido (2005 em vez de 2009) é substancial e real, porque se o adquirente tivesse conhecimento da realidade, não o teria comprado. Tendo-o adquirido, sofreu grande prejuízo. No entanto, se o erro dissesse respeito somente à cor do veículo (preto, em vez de azul-escuro, p. ex.), seria acidental, porque irrelevante para a definição do preço, e não tornaria o negócio anulável.

---

112 Requisitos do erro como vício de consentimento no Código Civil, in *Novo Código Civil — Questões controvertidas*, diversos autores, v. 6, p. 462.

113 Comungam desse entendimento, dentre outros: Humberto Theodoro Júnior, *Comentários ao novo Código Civil*, v. III, p. 42; Paulo Nader, *Curso de direito civil*, p. 476; Maria Helena Diniz, *Curso de direito civil brasileiro*, v. I, p. 383; Silvio Rodrigues, *Direito civil*, v. I, p. 191.

114 TJRJ, Ap. 2005.001.44423, 18ª Câm. Cív., rel. Des. Célia Meliga Pessoa, j. 13.12.2005.

115 *Direito civil*, v. 1, 5. ed., p. 363-364.

116 Washington de Barros Monteiro, *Curso*, cit., v. 1, p. 198; Caio Mário da Silva Pereira, *Instituições*, cit., v. 1, p. 329.

■ *7.5.2.2.4. Erro obstativo ou impróprio*

Erro ***obstativo*** ou ***impróprio*** é o de relevância exacerbada, que apresenta uma profunda divergência entre as partes, impedindo que o negócio jurídico venha a se formar. É, portanto, o que **obsta a sua formação** e, destarte, inviabiliza a sua existência.

As doutrinas alemã, francesa e italiana consideram tão grave o *error in negotio* e o *error in corpore*, que recaem, respectivamente, sobre a **natureza do negócio** (o agente quer *alugar* e escreve *vender*) e sobre o **objeto principal da declaração** (supõe adquirir imóvel localizado em *região central* e compra um situado na *periferia*), que os denominam **erro-obstáculo, obstativo** ou **impróprio** (*erreur obstacle, errore ostativo*), porque impedem o consentimento. Não haveria vontade negocial, uma vez que tal desconformidade faria a manifestação apenas aparente, motivo pelo qual não se poderia considerá-la **como existente**. O art. 119 do BGB, todavia, atribui-lhe o efeito de tornar nulo o ato, em vez de inexistente.

O **direito brasileiro não distingue o erro obstativo do erro vício do consentimento**. O error *in negotio* e o *error in corpore* são espécies de erro substancial, que tornam **anulável o negócio jurídico**, como vícios do consentimento. Considera-se o erro, qualquer que seja a hipótese (*in negotio, in corpore, in substantia, in persona* ou *juris*), vício de consentimento e causa de anulabilidade do negócio jurídico.

■ *7.5.2.3. O falso motivo*

O art. 140 do Código Civil, que cuida do chamado **"erro sobre os motivos"**, prescreve:

> "Art. 140. O falso motivo só vicia a declaração de vontade quando expresso como razão determinante."

O novo Código corrige, assim, a impropriedade do art. 90 do diploma de 1916, substituindo *falsa causa* por ***falso motivo***[117]. O motivo do negócio, ou seja, as razões psicológicas que levam a pessoa a realizá-lo, não precisa ser mencionado pelas partes. ***Motivos*** são as ideias, as **razões subjetivas**, interiores, consideradas acidentais e sem relevância para a apreciação da validade do negócio. Em uma compra e venda, por exemplo, os motivos podem ser diversos: a necessidade de alienação, investimento, edificação de moradia etc. São estranhos ao direito e não precisam ser mencionados.

O erro quanto ao objetivo colimado não vicia, em regra, o negócio jurídico, a não ser quando nele figurar **expressamente**, integrando-o, como sua **razão essencial ou determinante**, conforme preceitua o art. 140 supratranscrito. Nesse caso, passam à condição de elementos essenciais do negócio. O mencionado dispositivo legal permite, portanto, que as partes promovam o erro acidental a erro relevante. Os casos mais comuns são de liberalidades, com expressa declaração do motivo determinante (filiação, parentesco, p. ex.), que, entretanto, se revelam, posteriormente, falsos, ou de venda de fundo de comércio tendo como motivo determinante a perspectiva de numerosa freguesia, o que posteriormente se verifica também ser falso.

---

[117] José Carlos Moreira Alves, *A Parte Geral*, cit., p. 112.

Se uma pessoa faz uma doação a outra porque é informada de que o donatário é seu filho, a quem não conhecia, ou é a pessoa que lhe salvou a vida e posteriormente descobre que tais fatos não são verdadeiros, a doação poderá ser anulada somente na hipótese de os referidos motivos terem sido expressamente declarados no instrumento como razão determinante. Se não o foram, não poderá ser invalidada. **Não se admite**, em face da dicção do citado art. 140, a anulação de negócio jurídico pela manifestação **tácita** da vontade[118].

7.5.2.4. *Transmissão errônea da vontade*

O Código Civil equipara o erro à **transmissão defeituosa da vontade**. Dispõe, efetivamente, o art. 141:

> "Art. 141. A transmissão errônea da vontade por meios interpostos é anulável nos mesmos casos em que o é a declaração direta."

Se o declarante não se encontra na presença do declaratário valendo-se de interposta pessoa (mensageiro, núncio) ou de um meio de comunicação (fax, telégrafo, e-mail etc.), e a transmissão da vontade, nesses casos, não se faz com fidelidade, estabelecendo-se uma divergência entre o querido e o que foi transmitido erroneamente **(mensagem truncada)**, caracteriza-se o vício que propicia a **anulação do negócio**.

Segundo Carvalho Santos, essa regra só se aplica quando a diferença entre a declaração emitida e a comunicada seja procedente de **mero acaso ou de algum equívoco**, não incidindo na hipótese em que o intermediário **intencionalmente** comunica à outra parte uma declaração diversa da que lhe foi confiada. Neste caso, a parte que escolheu o emissário fica responsável pelos prejuízos que tenha causado à outra por sua negligência na escolha feita, ressalvada a possibilidade de o mensageiro responder em face daquele que o elegeu[119].

7.5.2.5. *Convalescimento do erro*

O art. 144 do Código Civil de 2002, à semelhança dos Códigos italiano (art. 1.432) e português (art. 248º), inovando, dispõe:

> "Art. 144. O erro não prejudica a validade do negócio jurídico quando a pessoa, a quem a manifestação de vontade se dirige, se oferecer para executá-la na conformidade da vontade real do manifestante."

Tal oferta **afasta o prejuízo** do que se enganou, deixando o erro de ser real e, portanto, anulável. Objetiva o referido diploma dar a máxima ***efetividade*** à consecução

[118] Washington de Barros Monteiro, *Curso*, cit., v. 1, p. 200-201; Silvio Rodrigues, *Direito civil*, cit., v. 1, p. 193-194; Francisco Amaral, *Direito civil*, cit., p. 486; Maria Helena Diniz, *Curso*, cit., v. 1, p. 387; Renan Lotufo, *Código Civil*, cit., p. 140-141.

[119] *Código Civil*, cit., p. 321; Ana Luiza Maia Nevares, O erro, o dolo, a lesão e o estado de perigo no novo Código Civil, in *A Parte Geral do novo Código Civil*, coord. Gustavo Tepedino, p. 266.

do negócio jurídico, concedendo às partes a oportunidade de executá-lo[120]. Trata-se de aplicação do ***princípio da conservação*** dos atos e negócios jurídicos, segundo o qual não há nulidade sem prejuízo (*pas de nullité sans grief*).

Maria Helena Diniz fornece o seguinte exemplo: "João pensa que comprou o lote n. 2 da quadra A, quando, na verdade, adquiriu o n. 2 da quadra B. Trata-se de erro substancial, mas antes de anular o negócio o vendedor entrega-lhe o lote n. 2 da quadra A, não havendo assim qualquer dano a João. O negócio será válido, pois foi possível a sua execução de acordo com a vontade real. Se tal execução não fosse possível, de nada adiantaria a boa vontade do vendedor"[121].

7.5.2.6. Interesse negativo

Questão pouco comentada quando se estuda o erro é a relativa ao ***interesse negativo***, que decorre do fato de o vendedor ver-se surpreendido com uma ação anulatória, julgada procedente, com os consectários da sucumbência, **sem que tenha concorrido** para o erro do outro contratante — o que se configura injusto, máxime já tendo dado destinação ao numerário recebido. O Código alemão prevê, para esses casos, o que a doutrina chama de ***interesse negativo***, uma compensação para o contratante que não concorreu para o erro (art. 122). O Código Civil brasileiro **não prevê a hipótese**, mas ela decorre dos **princípios gerais de direito**, especialmente o que protege a **boa-fé**.

A consciência jurídica, observa Pontes de Miranda, assenta que **o interesse negativo "há de ser indenizado**, estando legitimado à ação de reparação o destinatário da manifestação de vontade receptícia, ou da comunicação de conhecimento"[122]. Na mesma linha, assinala Sílvio Venosa que "anulação por erro redunda em situação toda especial, ou seja, *a responsabilidade é exatamente daquele que pede a anulação do negócio, já que é o único responsável por sua má destinação.* Seria sumamente injusto que o declaratário que não errou, nem concorreu para o erro do declarante, arcasse com duplo prejuízo, duplo castigo: a anulação do negócio e a absorção do prejuízo pelas importâncias a serem pagas ou devolvidas, conforme o caso, além dos ônus da sucumbência processual. Devem, portanto, os juízes atentar para essa importante particularidade ao decretar a anulação do negócio por erro"[123].

A solução só poderá ser de ordem **jurisprudencial**, pois a emenda de n. 176 apresentada ao Projeto de Código Civil na Câmara dos Deputados, que propunha que o erro substancial, além de acarretar a anulação do negócio jurídico, desse margem à indenização por parte do declarante, foi atacada pelo relatório da Comissão Revisora e rejeitada.

---

[120] Renan Lotufo, *Código Civil*, cit., p. 396.

[121] *Curso*, cit., v. 1, p. 387.

[122] *Tratado*, cit., p. 83-89.

[123] *Direito civil*, v. 1, p. 358.

7.5.3. O dolo

7.5.3.1. Conceito

Dolo é o **artifício** ou **expediente astucioso** empregado para induzir alguém à prática de um ato que o prejudique e aproveite ao autor do dolo ou a terceiro[124]. Consiste em sugestões ou manobras **maliciosamente** levadas a efeito por uma das partes a fim de conseguir da outra uma emissão de vontade que lhe traga proveito ou a terceiro[125].

O dolo **difere do erro** porque este é espontâneo, no sentido de que a vítima se engana sozinha, enquanto **o dolo** é provocado **intencionalmente** pela outra parte ou por terceiro, fazendo com que aquela também se equivoque. O **dolo civil** não se confunde com o ***dolo criminal***, que é a intenção de praticar um ato que se sabe contrário à lei. No direito penal, diz-se doloso o crime quando o agente quis o resultado ou assumiu o risco de produzi-lo (CP, art. 18, I). ***Dolo civil***, em sentido amplo, é todo **artifício** empregado para enganar alguém. Distingue-se, também, do ***dolo processual***, que decorre de conduta processual reprovável, contrária à boa-fé e que sujeita, tanto o autor como o réu que assim procedem, a sanções várias, como ao pagamento de perdas e danos, custas e honorários advocatícios (CPC, arts. 79 a 81).

7.5.3.2. Características

Já foi dito que há íntima ligação entre o **erro** e o **dolo**, porque num e noutro caso a vítima é iludida. **Diferem**, contudo, pelo fato de que, no erro, ela se engana sozinha, enquanto **no dolo**, o equívoco **é provocado** por outrem. A rigor, portanto, o negócio seria anulável por erro e por dolo. Todavia, como o erro é de natureza subjetiva e se torna difícil penetrar no íntimo do autor para descobrir o que se passou em sua mente no momento da declaração de vontade, as ações anulatórias costumam ser fundadas no **dolo**. Ademais, esta espécie de vício do consentimento pode levar o seu autor a **indenizar os prejuízos** que porventura tiver causado com seu comportamento astucioso. Tais as razões, segundo Coviello, por que a lei disciplina separadamente erro e dolo[126].

Outras **distinções** podem ser apontadas:

- O dolo distingue-se da ***simulação***. Nesta, a vítima é lesada sem participar do negócio simulado. As partes fingem ou simulam uma situação, visando fraudar a lei ou prejudicar terceiros. No caso do dolo, a vítima participa **diretamente do negócio**, mas somente a outra conhece a maquinação e age de má-fé.
- O dolo também não se confunde com a ***fraude***, embora ambos os vícios envolvam o emprego de manobras desleais. A fraude se consuma **sem a participação pessoal** do lesado no negócio. No dolo, este concorre para a sua realização,

---

124 Clóvis Beviláqua, *Código Civil*, cit., p. 339.

125 Caio Mário da Silva Pereira, *Instituições*, cit., v. 1, p. 332.

126 Apud Eduardo Espínola, Dos fatos jurídicos, in *Manual do Código Civil brasileiro*, de Paulo de Lacerda, v. 3, 1ª parte, p. 307.

iludido pelas referidas manobras. Tanto a fraude como a simulação são **mais graves** do que o dolo, a ponto de a última trazer como consequência a **nulidade** do negócio (CC, art. 167), enquanto o dolo acarreta apenas a sua **anulabilidade**.

■ A ***coação*** também apresenta **maior gravidade do que o dolo**, pois, não bastasse o emprego de grave ameaça, age aquela diretamente sobre a liberdade da vítima, enquanto este atua exclusivamente sobre sua inteligência[127].

■ 7.5.3.3. Espécies de dolo

Há várias espécies de dolo, destacando-se as seguintes:

a) principal e **acidental**;
b) *dolus bonus* e ***dolus malus***;
c) positivo e **negativo** (omissão dolosa);
d) do outro contratante e de **terceiro**;
e) da própria parte e **do representante**;
f) unilateral e **bilateral**;
g) dolo de aproveitamento.

■ ***Dolo principal*** (*dolus causam dans contractui*) e ***dolo acidental*** (*dolus incidens*) — é a classificação mais importante. O art. 145 do Código Civil trata do primeiro, nestes termos: "São os negócios jurídicos anuláveis por dolo, quando este for a sua causa".

a) Somente o **dolo principal**, como causa determinante da declaração de vontade, vicia o negócio jurídico. Configura-se quando o negócio é realizado somente porque houve induzimento malicioso de uma das partes. Não fosse o convencimento astucioso e a manobra insidiosa, a avença **não se teria concretizado**[128].

b) É ***acidental*** o dolo, diz o art. 146, segunda parte, do Código Civil, "quando, a seu despeito, o negócio seria realizado, embora por outro modo". Diz respeito, pois, às **condições do negócio**. Este seria realizado independentemente da malícia empregada pela outra parte ou por terceiro, porém em condições favoráveis ao agente. Por essa razão, o **dolo acidental** não vicia o negócio e "só obriga à satisfação das perdas e danos" (art. 146, primeira parte)[129]. Assim, quando uma pessoa realiza um negócio por interesse próprio, e não em razão de induzimento feito por outrem (a avença seria realizada, portanto, independentemente da manobra astuciosa), mas o comportamento malicioso da outra parte ou do terceiro

---

[127] Scuto, *Istituzioni di diritto privato*: parte generale, v. 1, p. 387, apud Washington de Barros Monteiro, *Curso*, cit., v. 1, p. 205.

[128] "Permuta. Bens imóveis. Diferença gigante de valores. Induzimento em erro. Dolo caracterizado. A diferença gritante espanca qualquer dúvida no particular, por ser superior a R$ 1.000.000,00" (*RT*, 557/161).

[129] "Dolo acidental. Caracterização. Venda de trator cujo ano de fabricação não correspondia ao informado e cobrado pelo revendedor. Reparação dos danos causados aos adquirentes que se impõe" (*RT*, 785/243).

acaba influindo nas condições estipuladas, em detrimento da primeira, que adquire, por exemplo, por R$ 100.000,00, imóvel que vale R$ 50.000,00, a hipótese é de **dolo acidental**, mero **ato ilícito**, que não permite postular a invalidação do contrato, mas somente exigir a reparação do prejuízo experimentado, correspondente à diferença entre o preço pago e o real valor do bem.

■ ***Dolus bonus*** e ***dolus malus*** — vem do direito romano essa classificação.

a) ***Dolus bonus*** é o dolo tolerável, destituído de **gravidade** suficiente para viciar a manifestação de vontade. É comum no **comércio** em geral, no qual é considerado normal, e até esperado, o fato de os comerciantes exagerarem as qualidades das mercadorias que estão vendendo. **Não torna anulável** o negócio jurídico, porque, de certa maneira, as pessoas já contam com ele e não se deixam envolver, a menos que não tenham a diligência que se espera do homem médio. Assinala Silvio Rodrigues que o "exagero no gabar as virtudes de uma coisa oferecida à venda não é, dada sua menor intensidade, considerado dolo pelo ordenamento jurídico, pois falta, para que se configure o vício, **o requisito da gravidade**"[130]. É de se ponderar, todavia, que o Código de Defesa do Consumidor proíbe a **propaganda enganosa**, suscetível de induzir ao erro o consumidor. Desse modo, o aludido diploma não "dá salvo-conduto para o exagero", que só será tolerado se não for capaz de induzir o consumidor ao erro[131].

Preleciona Washington de Barros Monteiro que, excepcionalmente, o dolo pode ter "fim lícito, elogiável e nobre, por exemplo, quando se induz alguém a tomar remédio, que recusa ingerir, e que, no entanto, lhe é necessário. O mesmo acontece quando ardilosamente se procura frustrar plano de um inimigo ou assassino. A estas armas de defesa o jurisconsulto romano atribuía o nome de *dolus bonus*, por oposição ao *dolus malus*, consistente no emprego de manobras astuciosas destinadas a prejudicar alguém"[132]

b) ***Dolus malus*** é o revestido de gravidade, exercido com o propósito de ludibriar e de prejudicar. Pode consistir em atos, palavras e até mesmo no silêncio maldoso. Só o ***dolus malus***, isto é, o **grave**, vicia o consentimento, acarretando a anulabilidade do negócio jurídico ou a obrigação de satisfazer as perdas e danos, conforme a intensidade da gravidade. A lei não dita regras para se distinguir o dolo tolerado daquele que vicia o consentimento. Cabe, portanto, ao juiz, no exame do caso concreto, decidir se o contratante excedeu ou não o limite do razoável.

■ ***Dolo positivo*** ou ***comissivo*** e ***dolo negativo*** ou ***omissivo*** — o procedimento doloso pode revelar-se em manobras ou **ações** maliciosas e em comportamentos **omissivos**. Daí a classificação em dolo ***comissivo*** (positivo) e ***omissivo*** (negativo),

---

130 *Direito civil*, cit., v. 1, p. 196-197.

131 Antônio Herman de Vasconcellos Benjamin, *Código Brasileiro de Defesa do Consumidor comentado pelos autores do anteprojeto*, p. 290-291; Claudia Lima Marques, *Contratos no Código de Defesa do Consumidor*, p. 347; Ana Luiza Maia Nevares, O erro, cit., p. 269.

132 *Curso*, cit., v. 1, p. 204.

este último também denominado ***omissão dolosa*** ou, ainda, ***reticência***. Dispõe, com efeito, o art. 147 do Código Civil que, "nos negócios jurídicos bilaterais, o silêncio intencional de uma das partes a respeito de fato ou qualidade que a outra parte haja ignorado, constitui omissão dolosa, provando-se que sem ela o negócio não se teria celebrado".

Verifica-se, assim, que o legislador equiparou a **omissão** dolosa à **ação** dolosa, exigindo que aquela seja de tal importância que, sem ela, o ato não se teria realizado. Provando-se, pois, tal circunstância, pode ser pleiteada a **anulação** do negócio jurídico. Esteia-se o dispositivo supratranscrito no princípio da **boa-fé**, que deve nortear todos os negócios. Tal princípio é reiterado em outros dispositivos do Código Civil que cuidam de hipóteses de omissão dolosa, como o art. 180, que pune o menor que oculta dolosamente a sua idade, e o art. 766, que acarreta a perda do direito ao recebimento do seguro de vida se o seu estipulante oculta dolosamente ser portador de doença grave quando da estipulação[133].

■ ***Dolo do outro contratante*** *e* ***dolo de terceiro*** **—** o dolo pode ser proveniente do outro contratante ou de terceiro, estranho ao negócio. Dispõe o art. 148 do Código Civil:

> "Art. 148. Pode também ser anulado o negócio jurídico por dolo de terceiro, se a parte a quem aproveite dele tivesse ou devesse ter conhecimento; em caso contrário, ainda que subsista o negócio jurídico, o terceiro responderá por todas as perdas e danos da parte a quem ludibriou."

O dolo de **terceiro**, portanto, somente ensejará a anulação do negócio se a parte a quem aproveite dele tivesse ou devesse **ter conhecimento**. Se o **beneficiado** pelo dolo de terceiro não adverte a outra parte, está tacitamente aderindo ao expediente astucioso, tornando-se **cúmplice**. Já dizia Clóvis que "o dolo do estranho vicia o negócio, se, sendo principal, era conhecido de uma das partes, e esta não advertiu a outra, porque, neste caso, aceitou a maquinação, dela se tornou cúmplice, e responde por sua má-fé"[134]. Assim, por exemplo, se o adquirente é convencido, maldosamente, por um terceiro de que o relógio que está adquirindo é de ouro, sem que tal afirmação tenha sido feita pelo vendedor, e este ouve as palavras de induzimento utilizadas pelo terceiro e não alerta o comprador, o negócio torna-se **anulável**.

Entretanto, se a parte a quem aproveite (no exemplo *supra*, o vendedor) **não soube** do dolo de terceiro, **não se anula o negócio**. Mas o lesado poderá reclamar **perdas e danos** do autor do dolo (CC, art. 148, segunda parte), pois este praticou um ato ilícito (art. 186). Se nenhuma das partes no negócio conhecia o dolo de terceiro, não há, com efeito,

[133] "Propaganda enganosa. Veículo ofertado em estado de novo. Defeitos constatados pelo comprador após dois dias da celebração da transação. A omissão dolosa das reais qualidades do veículo, que, em hipótese alguma, pode ser considerado em estado de novo, constitui causa de anulabilidade, uma vez que, se conhecesse tais defeitos, o negócio não teria sido celebrado" (*RT*, 773/344-346). "Seguro de vida. Perda do direito ao valor pelo beneficiário. Segurado que intencionalmente omitiu, ao subscrever a proposta, dado relevante sobre seu estado de saúde, capaz de influir na sua aceitação pela seguradora. Má-fé caracterizada e provada nos autos" (*RT*, 642/144; 640/186).

[134] *Código Civil*, cit., p. 275.

fundamento para anulação, pois o beneficiário, caso fosse anulado o negócio, "ver-se-ia, pois, lesado por um ato a que foi estranho e do qual nem sequer teve notícia..."[135]. Incumbe ao lesado provar, na ação anulatória, que a outra parte, beneficiada pelo dolo de terceiro, dele teve ou deveria ter conhecimento. Confira-se o gráfico abaixo:

Caio Mário, citando Ruggiero e Colin e Capitant, menciona que, nos "**atos unilaterais**, porém, o dolo de terceiro afeta-lhe a validade em qualquer circunstância, como se vê, por exemplo, na aceitação e renúncia de herança, na validade das disposições testamentárias"[136].

■ ***Dolo da própria parte** e **dolo do representante*** — o representante de uma das partes não pode ser considerado terceiro, pois age como se fosse o próprio representado. Quando atua no limite de seus poderes, considera-se o ato praticado pelo próprio representado. Se o representante **induz em erro** a outra parte, constituindo-se o dolo por ele exercido na causa do negócio, este será **anulável**. Sendo o dolo acidental, o negócio subsistirá, ensejando a satisfação das perdas e danos.

Dispõe o art. 149 do Código Civil:

> "O dolo do representante legal de uma das partes só obriga o representado a responder civilmente até a importância do proveito que teve; se, porém, o dolo for do representante convencional, o representado responderá solidariamente com ele por perdas e danos."

O novo diploma estabelece consequências diversas, portanto, conforme a espécie de representação: o dolo do **representante *legal*** só obriga o representado a responder civilmente até a importância do **proveito** que teve; o do **representante *convencional*** acarreta a **responsabilidade solidária** do representado. Respondendo civilmente, tem o representado, porém, ação regressiva contra o representante[137].

O tutor, o curador e o pai no exercício do pátrio poder são representantes que **a lei impõe**, sem que o representado, contra isso, se possa rebelar. Se estes atuam maliciosamente na vida jurídica, seria injusto que a lei sobrecarregasse com os prejuízos

---

135 Manuel A. Domingues de Andrade, *Teoria geral da relação jurídica*, v. 2, p. 264; Renan Lotufo, *Código Civil*, cit., p. 148-149.

136 *Instituições*, cit., v. 1, p. 333-334.

137 Francisco Amaral, *Direito civil*, cit., p. 489.

advindos de sua má conduta o representado que os não acolheu e que, em geral, dada a sua incapacidade, não os podia vigiar. No caso da representação **convencional**, aquele que escolhe um representante e lhe outorga mandato cria um risco para o mundo exterior, pois o mandatário, usando o nome do mandante, vai agir nesse mundo de negócios, criando relações de direito. Se é **má a escolha**, tem o mandante **culpa**, e o dano resultante para terceiros deve ser por ele reparado. A presunção de culpa *in eligendo* ou *in vigilando* do representado tem por consequência responsabilizá-lo **solidariamente** pela reparação total do dano, e não apenas limitar sua responsabilidade ao proveito que teve[138].

■ ***Dolo unilateral** e **dolo bilateral*** — em geral, o dolo é **unilateral**, exercido por apenas uma das partes. O dolo de **ambas as partes** é disciplinado no art. 150 do Código Civil, que proclama:

> "Art. 150. Se ambas as partes procederem com dolo, nenhuma pode alegá-lo para anular o negócio, ou reclamar indenização."

Neste caso, se ambas as partes têm culpa, uma vez que cada qual quis obter vantagem em prejuízo da outra, **nenhuma delas** pode invocar o dolo para anular o negócio ou reclamar indenização. Há uma compensação ou desprezo do Judiciário, porque **ninguém pode valer-se da própria torpeza** (*nemo auditur propriam turpitudinem allegans*)[139]. A doutrina, em geral, admite, no caso de **dolo bilateral**, a compensação do dolo principal com o dolo acidental. Preleciona a propósito Carvalho Santos que "pouco importa que uma parte tenha procedido com dolo essencial e a outra apenas com o acidental. O certo é que ambas procederam com dolo, não havendo boa-fé, a defender"[140].

■ ***Dolo de aproveitamento*** — essa espécie de dolo constitui o elemento subjetivo de outro defeito do negócio jurídico, que é a *lesão*. Configura-se quando alguém se aproveita da situação de **premente necessidade** ou da **inexperiência** do outro contratante para obter lucro exagerado, manifestamente desproporcional à natureza do negócio (CC, art. 157).

■ 7.5.4. A coação

■ *7.5.4.1. Conceito*

Coação é toda ameaça ou pressão injusta exercida sobre um indivíduo para forçá-lo, contra a sua vontade, a praticar um ato ou realizar um negócio. O que a caracteriza é o emprego da **violência psicológica** para viciar a vontade[141].

---

[138] Silvio Rodrigues, *Dos vícios do consentimento*, p. 180.

[139] Diferentemente dispõe o art. 254º, primeira parte, do Código Civil português: "O declarante cuja vontade tenha sido determinada pelo dolo pode anular a declaração; a anulabilidade não é excluída pelo facto de o dolo ser bilateral".

[140] *Código Civil*, cit., p. 352.

[141] "Cheque. Emissão sob coação. Garantia de dívida. Desnaturação. Se o cheque foi emitido sob coação, não com essa natureza, mas como garantia de dívida, com pleno conhecimento da financeira, impõe-se sua anulação" (*RT*, 559/132).

Não é a coação, em si, um vício da vontade, mas, sim, o **temor** que ela inspira, tornando defeituosa a manifestação de querer do agente. Corretamente, os romanos empregavam o termo *metus* (*mentis trepidatio*), e não *vis* (violência), porque é o **temor** infundido na vítima que constitui o **vício do consentimento**, e não os atos externos utilizados no sentido de desencadear o medo. Nosso direito positivo, entretanto, referindo-se a esse defeito, ora o chama de coação (art. 171, II), ora de violência (art. 1.814, III)[142].

A coação é o vício mais **grave e profundo** que pode afetar o negócio jurídico, mais até do que o dolo, pois aquele impede a livre manifestação da vontade, enquanto este incide sobre a inteligência da vítima.

■ *7.5.4.2. Espécies de coação*

A coação pode ser:

a) absoluta e **relativa**; e

b) principal e **acidental**.

■ **Coação absoluta** ou **física (*vis absoluta*)** — nesta espécie de coação, inocorre qualquer consentimento ou manifestação da vontade. A vantagem pretendida pelo coator é obtida mediante o emprego de **força física**. Por exemplo: a colocação da impressão digital do analfabeto no contrato, agarrando-se à força o seu braço. Embora, por inexistir, nesse caso, qualquer manifestação de vontade, os autores, em geral, considerem nulo o negócio, trata-se, na realidade, de hipótese de **inexistência** do negócio jurídico, por ausência do primeiro e principal requisito de existência, que é a declaração da vontade.

■ **Coação relativa** ou **moral (*vis compulsiva*)** — a coação que constitui vício da vontade e torna **anulável** o negócio jurídico (CC, art. 171, II) é a **relativa** ou **moral**. Nesta, deixa-se uma **opção** ou escolha à vítima: praticar o ato exigido pelo coator ou correr o risco de sofrer as consequências da ameaça por ele feita. Trata-se, portanto, de uma **coação psicológica**. É o que ocorre, por exemplo, quando o assaltante ameaça a vítima, apontando-lhe a arma e propondo-lhe a alternativa: "a bolsa ou a vida".

■ **Coação principal** — é assim denominada a que é a **causa determinante** do negócio. Embora o Código Civil não faça a distinção, a doutrina entende existir coação principal e acidental, como no dolo.

■ **Coação acidental** — influi apenas nas **condições** da avença, ou seja, sem ela o negócio assim mesmo se realizaria, mas em condições menos desfavoráveis à vítima. A coação **principal** constitui causa de **anulação** do negócio jurídico; a **acidental** somente obriga ao **ressarcimento** do prejuízo.

■ *7.5.4.3. Requisitos da coação*

Dispõe o art. 151 do Código Civil:

---

142 Francisco Amaral, *Direito civil*, cit., p. 490; Washington de Barros Monteiro, *Curso*, cit., v. 1, p. 210.

"Art. 151. A coação, para viciar a declaração da vontade, há de ser tal que incuta ao paciente fundado temor de dano iminente e considerável à sua pessoa, à sua família, ou aos seus bens.
Parágrafo único. Se disser respeito a pessoa não pertencente à família do paciente, o juiz, com base nas circunstâncias, decidirá se houve coação."

Verifica-se, assim, que nem toda ameaça configura a coação, vício do consentimento. Para que tal ocorra, é necessário reunirem-se os **requisitos** estabelecidos no dispositivo supratranscrito. Assim, a coação:

a) deve ser a **causa determinante** do ato;

b) deve ser **grave**;

c) deve ser **injusta**;

d) deve dizer respeito a **dano atual** ou **iminente**;

e) deve constituir ameaça de prejuízo **à pessoa ou a bens** da vítima ou a pessoa de sua família.

■ **Deve ser a causa determinante do ato —** deve haver uma relação de causalidade entre a coação e o ato extorquido, ou seja, o negócio deve ter sido realizado somente por ter havido grave ameaça ou violência, que provocou na vítima fundado receio de dano à sua pessoa, à sua família ou aos seus bens. Sem ela, o negócio não se teria concretizado. Incumbe à parte que pretende a anulação do negócio jurídico o ônus de provar o nexo de causa e efeito entre a violência e a anuência.

■ **Deve ser grave —** a coação, para viciar a manifestação de vontade, há de ser de tal intensidade que efetivamente incuta na vítima um fundado **temor** de dano a bem que considera relevante. Esse dano pode ser moral ou patrimonial.

Para aferir a gravidade ou não da coação, não se considera o critério abstrato do *vir medius,* ou seja, não se compara a reação da vítima com a do **homem médio**, de diligência normal. Por esse critério, se a média das pessoas se sentir atemorizada na situação da vítima, então a coação será considerada grave. Segue-se o **critério concreto**, ou seja, o de avaliar **em cada caso** as condições particulares ou pessoais da vítima. Algumas pessoas, em razão de diversos fatores, são mais suscetíveis de se sentir atemorizadas do que outras. Por essa razão, determina o art. 152 do Código Civil: "No apreciar a coação, ter-se-ão em conta o sexo, a idade, a condição, a saúde, o temperamento do paciente e todas as demais circunstâncias que possam influir na gravidade dela". Cabe verificar se a ameaça bastou para amedrontar o indivíduo **contra quem foi dirigida**, não qualquer outro nem a média das pessoas. Por exemplo: um ato incapaz de abalar um homem pode ser suficiente para atemorizar uma mulher, assim como uma ameaça incapaz de perturbar pessoa jovem e sadia pode afetar profundamente pessoa doente e idosa.

Diz o art. 153, segunda parte, do novo estatuto civil que não se considera coação o **simples temor reverencial**. Assim, não se reveste de gravidade suficiente para anular o ato o **receio de desgostar os pais** ou outras pessoas a quem se deve obediência e respeito, como os **superiores hierárquicos**. Não se anula um negócio mediante a simples alegação do empregado, do filho ou do soldado no sentido de que foi realizado para não desgostar, respectivamente, o patrão, o pai ou o coronel, quando estes constituem a contraparte ou apenas recomendaram a celebração da avença com terceiro, malgrado se reconheça a utilidade desse respeito para o relacionamento social. Todavia, o emprego do vocábulo "*simples*" no dispositivo legal suprarreferido evidencia que o temor reverencial não vicia o consentimento quando **desacompanhado de ameaças ou violências**.

■ **Deve ser injusta** — tal expressão deve ser entendida como ilícita, contrária ao direito ou abusiva. Prescreve, com efeito, o art. 153, primeira parte, do Código Civil que não se considera coação a ameaça do **exercício normal de um direito**. Assim, por exemplo, não constitui coação a ameaça feita pelo credor de protestar ou executar o título de crédito vencido e não pago, o pedido de abertura de inquérito policial ou a intimidação feita pela mulher a um homem de propor contra ele ação de investigação de paternidade. Em todos esses casos, o agente procede de acordo com o seu direito.

O citado art. 153 emprega o adjetivo **"normal"**, referindo-se ao exercício do direito. Desse modo, configura-se a coação não apenas quando o ato praticado pelo coator **contraria o direito** como também quando sua conduta, conquanto jurídica, constitui exercício **anormal ou abusivo** de um direito. Assim, é injusta a conduta de quem se vale dos meios legais para obter vantagem indevida. Por exemplo: a do credor que ameaça proceder à execução da hipoteca contra sua devedora caso esta não concorde em desposá-lo; a do indivíduo que, surpreendendo alguém a praticar algum crime, ameaça denunciá-lo caso não realize com ele determinado negócio; a do marido que surpreende a mulher em adultério e obtém dela a renúncia à sua meação em favor dos filhos para não prosseguir com a queixa-crime. O problema não se altera pelo fato de haver a vítima da coação agido com **culpa**[143].

■ **Deve dizer respeito a dano atual ou iminente** — a lei refere-se a dano iminente, que significa, na lição de Clóvis, **"atual e inevitável"**, pois "a ameaça de um mal impossível, remoto ou evitável, não constitui coação capaz de viciar o ato"[144]. Tem ela em vista aquele **prestes** a se consumar, variando a apreciação temporal segundo as circunstâncias de cada caso. A existência de dilatado intervalo entre a ameaça e o desfecho do ato extorquido permite à vítima ilidir-lhe os efeitos, socorrendo-se de outras pessoas.

■ **Deve constituir ameaça de prejuízo à pessoa ou a bens da vítima ou a pessoas de sua família** — a intimidação à **pessoa** pode ocorrer de diversas formas, como sofrimentos físicos, cárcere privado, tortura etc. Pode configurar coação também a ameaça de provocação de **dano patrimonial**, como incêndio, depredação, greve etc.

Pode o lesado sentir-se intimado, ainda, com ameaça de dano a **pessoa de sua família**. O termo "família", usado no art. 151, tem hoje **acepção ampla**, compreendendo não só a que resulta do casamento como também a decorrente de união estável.

[143] Silvio Rodrigues, *Direito civil*, cit., v. 1, p. 209-210.

[144] *Código Civil*, cit., obs. 2 ao art. 98 do CC/1916.

Também não se faz distinção entre graus de parentesco, seja decorrente dos laços de consanguinidade ou da adoção, qualquer que seja a sua espécie (CF, art. 227, § 6º). Para os fins de intimidação, incluem-se também as ameaças a parentes afins, como cunhados, sogros etc.

A doutrina já vinha entendendo que a referência do texto a familiares, no *Codex* anterior, era meramente exemplificativa, admitindo uma exegese ampliadora. Aceitava-se, assim, que a ameaça dirigida a pessoa não ligada ao coacto por laços familiares, como um amigo íntimo, noiva ou noivo, serviçais, podia caracterizar a coação se ficasse demonstrado que ela havia sido bastante para sensibilizá-lo e intimidá-lo. O Código Civil de 2002, inovando, dispõe, no parágrafo único do art. 151, que se a coação "disser respeito a pessoa não pertencente à família do paciente, o juiz, com base nas circunstâncias, decidirá se houve coação". O texto é bastante amplo, abrangendo inclusive pessoas não ligadas ao coacto por laços de amizade.

■ *7.5.4.4. Coação exercida por terceiro*

Dispõe o art. 154 do Código Civil:

> "Art. 154. Vicia o negócio jurídico a coação exercida por terceiro, se dela tivesse ou devesse ter conhecimento a parte a que aproveite, e esta responderá solidariamente com aquele por perdas e danos."

O Código Civil de 2002 altera substancialmente a disciplina do diploma anterior, prescrevendo o art. 155 que o negócio jurídico *subsistirá* **(não podendo, pois, ser anulado)** "se a coação decorrer de terceiro, sem que a parte a que aproveite dela tivesse ou devesse ter conhecimento; mas o autor da coação responderá por todas as perdas e danos que houver causado ao coacto".

Prevaleceu, desse modo, o princípio da boa-fé, a **tutela da confiança** da parte que recebe a declaração de vontade sem ter, nem podendo ter, conhecimento do mencionado vício do consentimento. Desse modo, a coação exercida por terceiro só vicia o negócio e permite a sua anulação pelo lesado se a outra parte, que se beneficiou, **dela teve ou devesse ter conhecimento**. Há, nesse caso, uma **cumplicidade** do beneficiário, que responderá civilmente com o terceiro pelas **perdas e danos** devidos àquele, como proclama o retrotranscrito art. 154.

Em caso de negócio jurídico **unilateral**, como o testamento e a promessa de recompensa, a coação de terceiro continuará ensejando sempre a anulação, uma vez que ali não existem "partes", mas, sim, agente e terceiros a quem se dirige a declaração de vontade, como dissemos a respeito do dolo de terceiro ao tratarmos das "Espécies de dolo" (*v.* item 7.5.3.3, letra *d*, *retro*), ao qual nos reportamos.

■ 7.5.5. O estado de perigo

■ *7.5.5.1. Conceito*

O Código Civil de 2002 apresenta dois institutos, no capítulo concernente aos defeitos do negócio jurídico, que não constavam do Código de 1916: o **estado de**

perigo e a **lesão**. Segundo o art. 156 do novo diploma, "configura-se o estado de perigo quando alguém, premido da necessidade de salvar-se, ou a pessoa de sua família, de grave dano conhecido pela outra parte, assume obrigação excessivamente onerosa". Aduz o parágrafo único: "Tratando-se de pessoa não pertencente à família do declarante, o juiz decidirá segundo as circunstâncias".

Constitui o **estado de perigo**, portanto, a situação de **extrema necessidade** que conduz uma pessoa a celebrar negócio jurídico em que assume obrigação **desproporcional e excessiva**. Ou, segundo Moacyr de Oliveira, constitui "o fato necessário que compele à conclusão de negócio jurídico, mediante prestação exorbitante"[145]. Exemplos clássicos de situação dessa espécie são os do **náufrago**, que promete a outrem extraordinária recompensa pelo seu salvamento, e o de **Ricardo III**, em Bosworth, ao exclamar: "*A horse, a horse, my kingdom for a horse*".

A doutrina menciona, ainda, outras hipóteses, como a daquele que, assaltado por bandidos, em lugar ermo, se dispõe a pagar alta cifra a quem venha livrá-lo da violência; a do comandante de embarcação, às portas do naufrágio, que propõe pagar qualquer preço a quem venha socorrê-lo; a do doente que, no agudo da moléstia, concorda com os altos honorários exigidos pelo cirurgião; a da mãe que promete toda a sua fortuna para quem lhe venha salvar o filho, ameaçado pelas ondas ou de ser devorado pelo fogo; a do pai que, no caso de sequestro, realiza maus negócios para levantar a quantia do resgate etc.[146]. Merece ser também citado exemplo de inegável atualidade e característico de estado de perigo, que é o da pessoa que se vê compelida a efetuar depósito ou a prestar garantia, sob a forma de emissão de cambial ou de prestação de fiança, exigida por **hospital** para conseguir internação ou atendimento de urgência de cônjuge ou de parente em **perigo de vida**.

Há no direito civil outras situações em que a necessidade atua como fundamento jurídico da solução do problema: passagem forçada, gestão de negócios, casamento nuncupativo, testamento marítimo, depósito necessário, pedido de alimentos etc.

A **anulabilidade** do negócio jurídico celebrado em estado de perigo encontra justificativa em diversos dispositivos do novo Código, principalmente naqueles que consagram os princípios da **boa-fé** e da **probidade** e condicionam o exercício da liberdade de contratar à **função social do contrato** (arts. 421 e 422). A propósito, preleciona Teresa Ancona Lopez: "Evidentemente se o declarante se aproveitar da situação de perigo para fazer um negócio vantajoso para ele e muito oneroso para a outra parte não há como se agasalhar tal negócio. Há uma frontal ofensa à justiça comutativa que deve estar presente em todos os contratos. Ou, no dizer de Betti, deve haver uma equidade na cooperação"[147].

---

145 Estado de perigo, in *Enciclopédia Saraiva do Direito*, p. 504.

146 Washington de Barros Monteiro, *Curso*, cit., v. 1, p. 212; Caio Mário da Silva Pereira, *Instituições*, cit., p. 338; Jean Charles Florent Demolombe, *Traité*, cit., p. 141.

147 O estado de perigo como defeito do negócio jurídico, *Revista do Advogado*, n. 68, p. 56.

7.5.5.2. Distinção entre estado de perigo e institutos afins

A necessidade, como visto anteriormente, pode gerar e servir de fundamento a diversas situações e a institutos jurídicos que, por terem a mesma fonte, apresentam certa similitude. Podem, assim, ser considerados institutos afins do estado de perigo a lesão, o estado de necessidade e a coação, dentre outros.

7.5.5.2.1. Estado de perigo e lesão

As diferenças entre estado de perigo e lesão são tão sutis que alguns doutrinadores sugerem a sua fusão num único instituto. Entretanto, os referidos vícios do consentimento não se confundem. Só o estado de perigo ou só a lesão não bastam para coibir todas as hipóteses que se podem configurar. O **estado de perigo** ocorre quando alguém se encontra em perigo e, por isso, assume obrigação excessivamente onerosa, como no caso da pessoa que está prestes a se afogar e promete toda a sua fortuna a quem o salvar da morte iminente. Já a **lesão** ocorre quando não há estado de perigo, por necessidade de salvar-se; a 'premente necessidade' é de natureza econômica, ou seja, de obter recursos para salvar o patrimônio do agente.

As **principais diferenças** entre estado de perigo e lesão podem ser visualizadas no seguinte quadro esquemático:

ESTADO DE PERIGO (CC, ART. 156)	LESÃO (CC, ART. 157)
■ A oferta se mostra viciada em razão do comprometimento da liberdade de manifestação da vontade, em consequência do extremo risco existente no momento em que é formulada.	■ Não há vício da própria oferta, mas usura real, isto é, lucro patrimonial exagerado.
■ O contratante se encontra em uma situação na qual deve optar entre dois males: sofrer as consequências do perigo que o ameaça ou ameaça sua família ou pagar ao seu "salvador" uma quantia exorbitante.	■ O declarante participa de um negócio desvantajoso, premido por uma necessidade econômica.
■ A *inexperiência* não constitui requisito para a sua configuração.	■ Pode decorrer da *inexperiência* do declarante.
■ Exige, além do elemento objetivo (prestação excessivamente onerosa), também o conhecimento do perigo pela parte que se aproveitou da situação (elemento subjetivo).	■ Não é necessário que a contraparte saiba da necessidade ou da inexperiência, sendo, pois, objetivo o defeito.
■ O agente se obriga a uma prestação de dar ou fazer, por uma contraprestação sempre de fazer.	■ Admite suplementação da contraprestação (art. 157, § 2º), indicando que só ocorre em contratos comutativos, em que a contraprestação é um dar.
■ Pode conduzir a negócios unilaterais em que a prestação assumida seja unicamente da vítima: promessa de recompensa, obrigação de testar em favor de alguém etc.	■ Exige desequilíbrio de prestações.

7.5.5.2.2. Estado de perigo e estado de necessidade

Não se confundem estado de perigo e estado de necessidade, malgrado ambos tenham por fundamento jurídico a situação de necessidade. Essa circunstância não os iguala, visto que a necessidade como título constitutivo de direito aparece em inúmeras situações e diversos institutos. Diferem nos seguintes aspectos:

ESTADO DE NECESSIDADE	ESTADO DE PERIGO
É mais amplo, abrangendo, tanto quanto no direito penal, a **exclusão da responsabilidade por danos**, como prevê o art. 188, II, do Código Civil, que se refere à destruição de coisa alheia ou lesão à pessoa. Exige-se que o perigo não tenha sido voluntariamente causado pelo autor do dano e que este não fosse evitável. O afastamento ou eliminação da necessidade gera um dano que deve ser regulado pelos casos de **responsabilidade extracontratual**.	É um tipo de estado de necessidade, porém constitui **defeito do negócio jurídico** que afeta a declaração de vontade do contratante, diminuindo a sua liberdade por temor de dano à sua pessoa ou a pessoa de sua família. A necessidade de um sujeito é desfrutada pelo outro, sem qualquer destruição. E, mesmo que o perigo tenha sido voluntariamente causado pela pessoa que a ele esteja exposto, e fosse evitável, caberá a **anulação**[148].

7.5.5.2.3. Estado de perigo e coação

Tão grande é a afinidade entre estado de perigo e coação que alguns autores chegam a igualar os dois institutos. Sustenta, com efeito, parte da doutrina que o **estado de perigo** se aproxima da **coação moral**, pois a vítima não se encontra em condições de declarar livremente a sua vontade. Não se confundem, contudo, esses dois vícios do consentimento:

ESTADO DE PERIGO	COAÇÃO
Inocorre a hipótese de um dos contratantes **constranger** o outro à prática de determinado ato ou a consentir na celebração de determinado contrato. O que se considera é o temor de dano iminente que faz o declarante participar de um negócio excessivamente oneroso. Leva-se em conta o **elemento objetivo**, ou seja, o contrato celebrado em condições abusivas, aliado à vontade perturbada, provocando o desequilíbrio que caracteriza o estado de perigo.	Apenas o aspecto **subjetivo** é considerado. Não se levam em conta as condições do negócio, se são abusivas ou iníquas, mas somente a vontade, que se manifesta divorciada da real intenção do declarante.

O Código Civil de 2002 tomou a firme posição de colocar o estado de perigo no capítulo dos defeitos do negócio jurídico, como figura autônoma, ao lado dos outros vícios da vontade, como erro, dolo e coação, e igualmente passível de anulação, deixando claro, com essa atitude, que não se confunde com nenhum deles.

7.5.5.3. Elementos do estado de perigo

A exegese do art. 156 do novo Código permite assim elencar os seus **elementos conceituais ou estruturais**:

- **Uma situação de necessidade** — o aludido dispositivo menciona o fato de o agente estar premido da "necessidade" de salvar a si mesmo ou pessoa de sua família. A **necessidade** aparece como título justificativo ou constitutivo da **pretensão anulatória**. Essa necessidade acaba sendo desfrutada pelo outro contratante, como já dito.
- **Iminência de dano atual e grave** — obviamente o perigo de dano deve ser **atual**, iminente, capaz de transmitir o receio de que, se não for interceptado e

[148] Adriano De Cupis, *Teoria e pratica del diritto civile*, p. 410 e s.; Teresa Ancona Lopez, O estado, cit., p. 50-51; Renan Lotufo, *Código Civil*, cit., p. 428-429.

afastado, as consequências temidas fatalmente advirão. Se não tiver essa característica, inexistirá estado de perigo, pois haverá tempo para o declarante evitar a sua consumação. A **gravidade** do dano é também elemento integrante do conceito de estado de perigo. Será ela avaliada pelo juiz em cada caso, objetivamente. Embora tomando como critério o **homem médio**, normal, deverá o magistrado fazer uma avaliação *in concreto* do dano e das circunstâncias ensejadoras do vício da vontade. Como exemplifica Renan Lotufo, "um nadador profissional, perdido em uma prova em mar aberto, talvez não desperte tanto temor de molde a levar uma mãe a assumir obrigação excessiva. Mas uma criança perdida no mar pode levar a mesma mãe a entregar tudo o que possui para tê-la de volta"[149].

- **Nexo de causalidade entre a declaração e o perigo de grave dano** — a vontade deve se apresentar distorcida em consequência do **perigo de dano**. A declaração eivada de vício deve ter por **causa ou motivo determinante** este fato. O perigo não precisa ser concreto, desde que o agente suponha a sua existência. Assim, para caracterizar o estado de perigo, "basta que o declarante ***pense*** que está em perigo, pois é esse o móvel de sua participação em um negócio desvantajoso. E tal suposição deve ser do conhecimento da outra parte. A certeza de estar em perigo é, pois, elemento essencial na caracterização desse tipo de defeito"[150].
- **Incidência da ameaça do dano sobre a pessoa do próprio declarante ou de sua família** — o objeto do perigo e da ameaça devem ser os personagens mencionados. O dano possível pode ser físico e moral, ou seja, dizer respeito à integridade física do agente, à sua honra e à sua liberdade. O vocábulo **"família"** deve este ser interpretado de forma **ampla**, como mencionado nos comentários aos *requisitos da coação* (item 7.5.4.3, letra *e*, *retro*), aos quais nos reportamos. O que deve importar é o **grau de afeição** existente, o qual será aferido pelo juiz, capaz de desvirtuar a vontade e forçar o declarante a praticar o negócio em condições extremamente excessivas. Mesmo em se tratando de pessoa **não pertencente à família**, pode ocorrer o desvirtuamento da vontade do declarante, desde que o objeto do possível dano seja pessoa a quem este muito preza. Pode ser, assim, amigo íntimo, namorado, noivo, colega de trabalho etc. Caberá ao juiz decidir **segundo as circunstâncias**, como prescreve o parágrafo único do mencionado art. 156.
- **Conhecimento do perigo pela outra parte** — no estado de perigo, há, em regra, um aproveitamento da situação para obtenção de vantagem. O estado psicológico da vítima, decorrente do temor de grave dano, pode ser a causa do **aproveitamento** da outra parte. O sancionamento é feito pela **anulação do negócio**, cabendo a esta, em tese, ação para evitar o enriquecimento sem causa. Se, no entanto, o que prestou o serviço não sabia do perigo, deve-se presumir que

---

149 *Código Civil*, cit., p. 431.

150 Teresa Ancona Lopez, O estado, cit., p. 54.

agiu de boa-fé, não se anulando o negócio e fazendo-se a redução do excesso contido na proposta onerosa, conforme por nós preconizado no item 7.5.5.4, *infra*, ao qual nos reportamos.

- **Assunção de obrigação excessivamente onerosa** — é mister que as condições sejam significativamente desproporcionais, capazes de provocar profundo desequilíbrio contratual. É importante frisar que somente se configura o defeito do negócio jurídico ora em estudo quando a obrigação assumida é **excessivamente** onerosa. **Se razoável**, o negócio é considerado **normal e válido**. O requisito objetivo dessa onerosidade excessiva há de ser examinado pelo juiz em cada caso, à vista da situação financeira da vítima, à época da vinculação[151].

7.5.5.4. *Efeitos do estado de perigo*

O art. 178, II, do Código Civil declara **anulável** o negócio jurídico celebrado em **estado de perigo**. Segundo alguns, nesse caso, a pessoa beneficiada, e que não provocara a situação de perigo, será prejudicada. Outros, no entanto, entendem que, não se anulando o negócio, a vítima experimentará um empobrecimento desproporcional ao serviço prestado.

O art. 1.447, segunda parte, do Código Civil italiano estabelece que o juiz, ao rescindir o negócio, pode, segundo as circunstâncias, fixar compensação equitativa à outra parte pelo serviço prestado. O Código Civil brasileiro, todavia, não contém regra semelhante, "o que implica dizer que o prestador do serviço só se ressarcirá se se configurar hipótese de **enriquecimento sem causa**", como explica Moreira Alves[152].

Teresa Ancona Lopez, depois de dizer que o novo legislador fez bem em manter a anulação do negócio em estado de perigo, aduz que vê, no atual dispositivo, um único inconveniente, que é a anulação pura e simples do negócio, sem a possibilidade de **conservação do contrato**, mediante a oferta de modificação. Acrescenta a culta civilista paulista que a possibilidade alvitrada constitui melhor solução, "porquanto poderia evitar no estado de perigo a anulação do negócio, o que convém muito mais à segurança e à estabilidade dos negócios. Além do que, no estado de perigo, há um serviço que foi efetivamente prestado e que ficará sem o devido pagamento"[153].

Parece-nos que a solução prevista no art. 178, II, do novo Código Civil, qual seja, a **anulabilidade** do negócio celebrado em estado de perigo, somente se aplica às hipóteses em que estejam presentes todos os requisitos exigidos no art. 156 do mesmo diploma, dentre eles o **conhecimento do perigo de dano pela outra parte**. É unânime o entendimento na doutrina de que o exigido **conhecimento da outra parte** indica se esta se aproveita das circunstâncias para a efetivação do negócio e a realização da ação necessária. Entende-se existir **má-fé** na conduta do que se beneficia do temor do declarante. **Daí o rigor** do sancionamento, e não pela simples redução da

151 Moacyr de Oliveira, Estado, cit., p. 506.

152 *A Parte Geral*, cit., p. 109.

153 O estado, cit., p. 60.

vantagem a seus limites normais, como modo de atender ao interesse do outro contratante, na dicção de Carlos Alberto Bittar[154].

Na maioria das vezes, a **má-fé** efetivamente se faz presente. Poderiam ser citados, por exemplo, os depósitos em dinheiro que exigem os hospitais para que o paciente possa ser atendido e internado numa emergência ou a exigência feita pelo cirurgião de pagamento de honorários excessivos para atender paciente em perigo de vida. É a essas hipóteses **que se aplicam os arts. 156 e 178, II**, do novo Código, que sancionam a conduta reprovável pela **anulação** do negócio jurídico. Contudo, os casos em que o prestador de serviços esteja de **boa-fé**, por não pretender tirar proveito do perigo de dano ou não tê-lo provocado, como o da pessoa que, atendendo aos gritos de socorro do náufrago, arrisca a vida saltando na água para salvá-lo, quase que instintivamente, malgrado a elevada oferta feita, **não se enquadram no tipo descrito no aludido art. 156**, que pressupõe o conhecimento do perigo no sentido de aproveitamento da extrema necessidade do declarante.

Nessas e em outras hipóteses de **boa-fé**, afigura-se melhor solução a **conservação do negócio com a redução do excesso** contido na obrigação assumida, como preconiza considerável parte da doutrina, equilibrando-se as posições das partes. A retribuição assume, desse modo, o caráter de contrapartida ao serviço ou a outra ação prestada ao necessitado. Nas outras situações, **em que o negócio é anulado**, conhecido o perigo e havendo o aproveitamento dessa circunstância pelo prestador do serviço, restará a este somente a invocação da **teoria do enriquecimento sem causa** para obter a satisfação de seus interesses. Ao juiz compete, em concreto, analisar com rigor a prova para a exata caracterização da conduta das partes[155].

O **Enunciado 148** da III Jornada de Direito Civil, promovida pelo Conselho da Justiça Federal, dispõe: "Ao 'estado de perigo' (art. 156) aplica-se, por analogia, o disposto no § 2º do art. 157". O referido dispositivo, visando à **conservação contratual**, proclama que não se decretará a anulação do negócio "se for oferecido suplemento suficiente, ou se a parte favorecida concordar com a redução do proveito". O supratranscrito enunciado, como se vê, não faz distinção entre os casos em que o prestador de serviços esteja de boa ou de má-fé.

7.5.6. A lesão

7.5.6.1. Conceito

O Código Civil de 2002 reintroduz no ordenamento jurídico brasileiro, de forma expressa, o instituto da **lesão** como modalidade de defeito do negócio jurídico caracterizado pelo **vício do consentimento**. Dispõe o art. 157 do novo diploma:

> "Art. 157. Ocorre a lesão quando uma pessoa, sob premente necessidade, ou por inexperiência, se obriga a prestação manifestamente desproporcional ao valor da prestação oposta.
>
> § 1º Aprecia-se a desproporção das prestações segundo os valores vigentes ao tempo em que foi celebrado o negócio jurídico.

154 *Curso de direito civil*, v. 1, p. 156-157.

155 Carlos Alberto Bittar, *Curso*, cit., v. 1, p. 157.

§ 2º Não se decretará a anulação do negócio, se for oferecido suplemento suficiente, ou se a parte favorecida concordar com a redução do proveito."

Lesão é, assim, o prejuízo resultante da enorme desproporção existente entre as prestações de um contrato no momento de sua celebração, determinada pela premente necessidade ou inexperiência de uma das partes. Não se contenta o dispositivo com qualquer **desproporção:** há de ser **manifesta**.

Insere-se o instituto na teoria dos vícios, malgrado não seja, propriamente, hipótese de desconformidade entre vontade real e declarada. Objetiva **reprimir a exploração usurária** de um contratante por outro, em qualquer contrato bilateral, embora nem sempre a lei exija, para sua configuração, a atitude maliciosa do outro contratante, preocupando-se apenas em proteger o lesado, como fez o novo Código Civil brasileiro[156].

A lesão não foi recebida no Código Civil brasileiro de 1916. No direito pré-codificado, entretanto, era prevista em todas as **Ordenações Portuguesas**, que exerceram influência em nosso território. De certa forma, o instituto foi revivido entre nós no Decreto-Lei n. 869/38, modificado pela **Lei n. 1.521/51**, que define os crimes contra a **economia popular** como **lesão de cunho subjetivo**. O art. 4º da lei proclamava constituir crime a **usura pecuniária ou real**, assim se considerando "obter, ou estipular, em qualquer contrato, abusando da premente necessidade, inexperiência ou leviandade de outra parte, lucro patrimonial que exceda o quinto do valor corrente ou justo da prestação feita ou prometida".

A aplicação desse dispositivo era feita, por analogia, aos contratos em geral, não apenas aos regidos pela citada Lei da Economia Popular. Posteriormente, o **Código de Defesa do Consumidor** (Lei n. 8.078, de 11.9.1990) veio a combater a lesão nas relações de consumo, considerando nulas de pleno direito as cláusulas que **"estabeleçam obrigações consideradas iníquas, abusivas, que coloquem o consumidor em desvantagem exagerada, ou sejam incompatíveis com a boa-fé ou a equidade"** (art. 51, IV, e § 1º, III). O art. 39, V, do aludido diploma também considera prática abusiva **"exigir do consumidor vantagem manifestamente excessiva"**. Contenta-se a legislação consumerista, para a caracterização da lesão, com a desvantagem obrigacional exagerada em detrimento do consumidor (elemento objetivo), prescindindo do **elemento subjetivo** ou **dolo de aproveitamento** por parte do fornecedor do produto ou serviço, que se pode dizer **presumido**, *in casu*.

A disciplina da lesão implantada no novo Código Civil veio atender aos reclamos da doutrina. Da forma como disciplinada, pode ser alegada por qualquer das partes contratantes, e não apenas pelo vendedor, como acontece em diversas legislações. Todavia, raramente se configura esse defeito em detrimento do adquirente.

7.5.6.2. *Características da lesão*

A lesão, como foi dito, não se confunde com os demais vícios do consentimento. Confiram-se os **traços diferenciadores**:

---

156 Carlos Alberto Bittar, *Curso*, cit., v. 1, p. 155.

- **Lesão e erro** — no **erro**, o agente manifesta a sua vontade ignorando a realidade ou tendo dela uma falsa ideia. Se a conhecesse ou dela tivesse ideia verdadeira, não faria o negócio. Na **lesão**, tal não ocorre, visto que a parte tem noção da desproporção de valores. Realiza o negócio, mesmo assim, premido pela necessidade patrimonial.
- **Lesão e dolo** — quando a outra parte induz em erro o agente, mediante o emprego de artifício astucioso, configura-se o **dolo**. Nos negócios comprometidos pela **lesão**, simplesmente aproveita-se uma situação especial, como de necessidade ou inexperiência, não havendo necessidade de que a contraparte induza a vítima à prática do ato.
- **Lesão e coação** — na **coação**, a vítima não age livremente. A vontade é imposta por alguém mediante grave ameaça de dano atual ou iminente. Na **lesão**, ela decide por si, pressionada apenas por circunstâncias especiais, provenientes da necessidade ou da inexperiência.
- **Lesão e estado de perigo** — a lesão também distingue-se do **estado de perigo**, em que a vítima ou alguém de sua família corre risco de vida, e não de dano patrimonial, sendo essencial o conhecimento do perigo pela contraparte, como comentado no item 7.5.5.2.1, *retro*, no qual essa questão foi desenvolvida e ao qual nos reportamos.

A lesão destaca-se dos demais defeitos do negócio jurídico por acarretar uma ruptura do equilíbrio contratual na fase de formação do negócio, **desde o seu nascimento**; e da **onerosidade excessiva** ou cláusula *rebus sic stantibus* por caracterizar-se esta pelo surgimento de **fatos supervenientes à celebração do negócio**, possibilitando a invocação da teoria da imprevisão para embasar a revisão somente nos contratos de execução diferida e nos de trato sucessivo.

7.5.6.3. Espécies de lesão

No direito canônico, considerava-se configurada a **lesão enormíssima** se o prejuízo ultrapassasse dois terços do valor da coisa. Se inferior, ultrapassando apenas a metade, denominava-se **lesão enorme**. Somente nesta era permitido o suplemento, isto é, a faculdade de completar o preço real. Hoje, o vocábulo **"enorme"** expressa uma **desproporção evidente e exagerada**, inaceitável aos princípios morais e éticos que movem as consciências, não tendo a mesma conotação existente no direito romano (*laesio enormis*). A maioria dos países que consagram o instituto a denomina **simplesmente** de **lesão**, seja subjetiva ou objetiva. É necessário que haja uma grande desproporção entre as prestações ou obrigações assumidas pelas partes, e não pequenas e inexpressivas diferenças, mas sem vinculação a determinada **taxa ou grau de correspondência**[157].

A doutrina atualmente denomina a lesão de:

---

[157] Arnaldo Rizzardo, *Da ineficácia*, cit., p. 71-72.

- **usurária** ou **real** quando a lei exige, além da necessidade ou inexperiência do lesionado, o **dolo de aproveitamento** da outra parte, como constava expressamente do art. 4º da Lei da Economia Popular retrotranscrito; ou
- simplesmente **lesão**, **lesão especial** ou **lesão enorme** quando a lei limita-se à mesma exigência de obtenção de vantagem exagerada ou desproporcional, sem indagação, porém, da **má-fé ou da ilicitude** do comportamento da parte beneficiada.

Esta última é a que foi adotada pelo **Código de 2002**, que não se importa com a má-fé da outra parte, preservando, acima de tudo, a base dos negócios, dando ênfase à justiça contratual ao impor uma regra de conteúdo ético-jurídico que se contrapõe a eventuais explorações[158]. O Enunciado 150 aprovado na III Jornada de Direito Civil realizada pelo Conselho da Justiça Federal dispõe: **"A lesão de que trata o art. 157 do Código Civil não exige dolo de aproveitamento"**.

Como assevera Moreira Alves, o novo Código "não se preocupa em punir a atitude maliciosa do favorecido — como sucede no direito italiano e no português, e que, por isso mesmo, não deveriam admitir se evitasse a anulação se, modificado o contrato, desaparecesse o defeito — mas, sim, em proteger o lesado, tanto que, ao contrário do que ocorre com o estado de perigo em que o beneficiário tem de conhecê-lo, na lesão **o próprio conhecimento é indiferente** para que ela se configure"[159].

7.5.6.4. *Elementos da lesão*

A lesão compõe-se de **dois elementos**:

- **o objetivo**, consistente na manifesta desproporção entre as prestações recíprocas, geradoras de lucro exagerado; e
- **o subjetivo**, caracterizado pela "inexperiência" ou "premente necessidade" do lesado.

7.5.6.4.1. *Elemento objetivo*

A **desproporção das prestações** estabelecidas no contrato pode ser determinada a partir de uma tarifa previamente fixada na lei, como um parâmetro quantitativo para a caracterização da lesão (metade do valor, sete doze avos etc.), ou ser um **conceito aberto**, exigindo tão somente que as prestações sejam desproporcionais, a ser definido, no caso concreto, pelo juiz[160]. Alguns Códigos, como o italiano, tarifaram a desproporção ("além da metade do justo preço"). A citada Lei da Economia Popular (Lei n. 1.521/51, art. 4º) exigia desproporção superior a um quinto do valor recebido em troca. Segundo o Código Civil de 2002, **caberá ao juiz**, diante do caso

---

158 Renan Lotufo, *Código Civil*, cit., p. 440-441.

159 *A Parte Geral*, cit., p. 109-110.

160 Ana Luiza Maia Nevares, O erro, cit., p. 275-276.

concreto, averiguar essa desproporção, examinando a existência de acentuado desnível entre as prestações devidas pelos contratantes.

O **momento** para a verificação da lesão é o da **celebração do negócio**, pois o contrato é prejudicial e lesivo no seu nascedouro. É o que prescreve o § 1º do art. 157 do aludido diploma, determinando que a apreciação da desproporção será feita "segundo os valores vigentes ao tempo em que foi celebrado o negócio jurídico". Fica, desse modo, afastada a possibilidade de se invocar a posterior perda de poder aquisitivo da moeda em consequência da inflação, por exemplo, bem como qualquer outro fato superveniente, que só poderá dar ensejo, em tese, à revisão da avença com suporte no princípio da onerosidade excessiva, se for extraordinário e imprevisível.

■ *7.5.6.4.2. Elemento subjetivo*

No tocante ao **elemento subjetivo**, a lesão decorre da falta de paridade entre as partes, determinada pela **premente necessidade** ou por **inexperiência** do contratante. Tais circunstâncias devem estar relacionadas exclusivamente à contratação, ou seja, àquele determinado contrato, pois uma pessoa pode ser considerada em estado de inferioridade para certos negócios, em razão de suas próprias condições pessoais ou de circunstâncias do momento da celebração, e não ser considerada como tal para outros[161].

A **necessidade** do contratante de que fala a lei deve estar relacionada à impossibilidade de evitar o contrato (**necessidade contratual**), o que independe da capacidade financeira do lesado[162]. Do mesmo modo, a **inexperiência** deve ser relacionada ao contrato, consistindo na falta de conhecimentos técnicos ou habilidades relativos à natureza da transação. Inexperiência, assim, não significa falta de cultura, pois até pessoa erudita e inteligente, às vezes, celebra contrato sem perceber bem o seu alcance, por não ser sua atividade comum. A lei refere-se, portanto, à **inexperiência contratual ou técnica**, que se aferirá tanto em relação à natureza da transação quanto à pessoa da outra parte[163].

A inexperiência, contudo, deve ser analisada com cautela para verificar se ultrapassou os limites razoáveis e passou a ser **leviandade**, por exemplo, em situações em que as pessoas realizam negócios de grande valor precipitadamente, sem se valer do assessoramento de advogados, quando poderiam perfeitamente procurá-los[164].

■ *7.5.6.5. Efeitos da lesão*

O Código Civil considera a lesão um vício do consentimento, que torna **anulável** o contrato (arts. 171, II e 178, II). Faz, porém, uma ressalva: **não se decretará a anulação**

---

161 Ana Luiza Maia Nevares, O erro, cit., p. 278.

162 Caio Mário da Silva Pereira, *Lesão*, cit., p. 165; Anelise Becker, *Teoria geral da lesão nos contratos*, p. 121-122.

163 Renan Lotufo, *Código Civil*, cit., p. 442.

164 Ana Luiza Maia Nevares, O erro, cit., p. 279.

do negócio "se for oferecido suplemento suficiente, ou se a parte favorecida concordar com a redução do proveito". Privilegia, assim, como já mencionado, o **princípio da conservação dos contratos**.

O lesionado poderá, desse modo, optar pela **anulação** ou pela **revisão** do contrato, formulando pedido alternativo: a anulação do negócio ou a complementação do preço. O Enunciado 291, aprovado na IV Jornada de Direito Civil organizada pelo Conselho da Justiça Federal, assinala que "pode o lesionado optar por não pleitear a anulação do negócio, **deduzindo, desde logo, pretensão com vistas à revisão judicial do negócio** por meio da redução do proveito do lesionador ou do complemento do preço". Mesmo que o autor postule somente a **anulação** do contrato, será facultado ao outro contratante ilidir a pretensão de ruptura do negócio, mediante o referido **suplemento, suficiente** para afastar a manifesta desproporção entre as prestações e recompor o patrimônio daquele, salvando a avença. Competirá ao juiz decidir se o suplemento foi ou não suficiente para evitar a perpetuação do locupletamento.

A lesão pode estar presente em todo contrato **bilateral e oneroso**, que suscita prestações correlatas, sendo a relação entre vantagem e sacrifício decorrente da própria estrutura do negócio jurídico[165]. A possibilidade de oferecimento de suplemento suficiente, prevista no mencionado art. 157, reforça a ideia defendida pela doutrina de que a lesão só ocorre em **contratos comutativos, e não nos aleatórios**, pois nestes as prestações envolvem risco e, por sua própria natureza, não precisam ser equilibradas. Em verdade, somente se poderá invocar a lesão nos **contratos aleatórios**, excepcionalmente, "quando a vantagem que obtém uma das partes é excessiva, **desproporcional em relação à álea normal do contrato**"[166].

■ 7.5.7. A fraude contra credores

■ *7.5.7.1. Conceito*

O novo Código Civil coloca no rol dos defeitos do negócio jurídico a **fraude contra credores**, não como vício do consentimento, mas como **vício social**, uma vez que não conduz a um descompasso entre o íntimo querer do agente e a sua declaração. A vontade manifestada corresponde exatamente ao seu desejo, mas é exteriorizada com a intenção de **prejudicar terceiros**, ou seja, os credores. Por essa razão, é considerada **vício social**.

A regulamentação jurídica desse instituto assenta-se no princípio do direito das obrigações segundo o qual o patrimônio do devedor responde por suas obrigações[167]. É o **princípio da responsabilidade patrimonial**, previsto no art. 957 do novo Código, nesses termos: "Não havendo título legal à preferência, terão os credores

---

[165] Caio Mário da Silva Pereira, *Lesão*, cit., p. 174; Ana Luiza Maia Nevares, O erro, cit., p. 281.

[166] Anelise Becker, *Teoria*, cit., p. 98.

[167] Segundo Francisco Amaral, a "fraude contra credor é pertinente à matéria das obrigações, na parte referente às medidas conservatórias do patrimônio do devedor, com garantia do pagamento de suas dívidas" (*Direito civil*, cit., p. 501, nota 48).

igual direito sobre os bens do devedor comum". O patrimônio do devedor constitui a garantia geral dos credores. Se ele o **desfalca** maliciosa e substancialmente, a ponto de não garantir mais o pagamento de todas as dívidas, tornando-se assim insolvente, com o seu **passivo superando o ativo**, configura-se a **fraude contra credores**. Esta só se caracteriza, porém, se o devedor já **for insolvente** ou **tornar-se insolvente** em razão do desfalque patrimonial promovido. Se for solvente, isto é, se o seu patrimônio bastar, com sobra, para o pagamento de suas dívidas, ampla é a sua liberdade de dispor de seus bens.

Fraude contra credores é, portanto, todo ato suscetível de diminuir ou onerar seu patrimônio, **reduzindo ou eliminando a garantia** que este representa para pagamento de suas dívidas, praticado por devedor insolvente ou por ele reduzido à **insolvência**[168]. Tendo em conta que o patrimônio do devedor responde por suas dívidas, pode-se concluir que, desfalcando-o a ponto de ser suplantado por seu passivo, o devedor insolvente, de certo modo, está dispondo de valores que não mais lhe pertencem, pois tais valores se encontram vinculados ao resgate de seus débitos. Daí permitir o Código Civil que os credores possam **desfazer os atos fraudulentos** praticados pelo devedor, em detrimento de seus interesses[169].

■ *7.5.7.2. Elementos constitutivos*

Dois elementos compõem o conceito de fraude contra credores:

- **o objetivo** (*eventus damni*), ou seja, a própria **insolvência**, que constitui o ato prejudicial ao credor; e
- **o subjetivo** (*consilium fraudis*), que é a **má-fé** do devedor, a consciência de prejudicar terceiros.

■ *7.5.7.2.1. Elemento subjetivo*

Ao tratar do problema da fraude, o legislador teve de optar entre proteger o interesse dos credores ou o do **adquirente de boa-fé**. Preferiu proteger o interesse deste. Se ignorava a insolvência do alienante nem tinha motivos para conhecê-la, conservará o bem, **não se anulando o negócio**. Desse modo, o credor somente logrará invalidar a alienação se provar a **má-fé do terceiro adquirente**, isto é, a ciência deste da situação de insolvência do alienante. Este é o **elemento subjetivo** da fraude: o ***consilium fraudis***, ou conluio fraudulento. Não se exige, no entanto, que o adquirente esteja mancomunado ou conluiado com o alienante para lesar os credores deste. Basta a prova da **ciência da sua situação de insolvência**.

---

[168] Marcos Bernardes de Mello conceitua fraude contra credores como "todo o ato de disposição e oneração de bens, créditos e direitos, a título gratuito ou oneroso, praticado por devedor insolvente, ou por ele tornado insolvente, que acarrete redução de seu patrimônio, em prejuízo de credor preexistente" (*Teoria*, cit., p. 163).

[169] Silvio Rodrigues, *Direito civil*, cit., v. 1, p. 229.

O art. 159 do Código Civil **presume a má-fé** do adquirente "quando a insolvência (do alienante) for notória, ou houver motivo para ser conhecida do outro contratante".

- **Insolvência notória** — a notoriedade da insolvência pode se revelar por diversos atos, como pela existência de títulos de crédito protestados, de protestos judiciais contra alienação de bens e de várias execuções ou demandas de grande porte movidas contra o devedor.
- **Motivos para conhecê-la** — embora a insolvência não seja notória, pode o adquirente ter **motivos** para conhecê-la. Os casos mais comuns de presunção de má-fé do adquirente, por haver motivo para conhecer a má situação financeira do alienante, são os de aquisição do bem por **preço vil**[170] ou de **parentesco próximo**[171] entre as partes.

Jorge Americano, citado por Silvio Rodrigues[172], refere-se a algumas presunções que decorrem das circunstâncias que envolvem o negócio e são reconhecidas pela **jurisprudência**. Assim, os contratos se presumem **fraudulentos**: "*a*) pela clandestinidade do ato; *b*) pela continuação dos bens alienados na posse do devedor quando, segundo a natureza do ato, deviam passar para o terceiro; *c*) pela falta de causa; *d*) pelo parentesco ou afinidade entre o devedor e o terceiro; *e*) pelo preço vil; *f*) pela alienação de todos os bens"[173]. A prova do *consilium fraudis* não sofre limitações e pode ser ministrada por todos os meios, especialmente indícios e presunções[174].

■ 7.5.7.2.2. *Elemento objetivo*

O elemento **objetivo** da fraude é o *eventus damni*, ou seja, o **prejuízo decorrente da insolvência**. O autor da ação pauliana ou revocatória tem, assim, o ônus de provar, nas transmissões onerosas, o *eventus damni* e o *consilium fraudis*.

---

170 *RT*, 609/109, 611/56; *RJTJSP*, *Lex*, 124/33.

171 *RT*, 794/249.

172 *Direito civil*, cit., v. 1, p. 233.

173 Lobão, referindo-se ao direito das Ordenações, dizia que essa "fraude de ambos, com maquinação oculta, é provável por conjecturas, que induzam o ânimo do juiz a persuadir-se da fraude, quais são: 1ª) fazer-se logo depois da citação do devedor; 2ª) a amizade particular, o parentesco, o compadrio; 3ª) falta de real numeração do dinheiro, preço da compra, havendo só confissão de o haver recebido; 4ª) a ciência que o comprador tinha do litígio; ciência presumível pela diuturnidade dele, vizinhança e outras circunstâncias; 5ª) vender o devedor todos ou a melhor parte de seus bens; 6ª) ficar o devedor na posse dos bens; 7ª) se a alienação foi feita depois da sentença condenatória, ainda que antes da penhora" (*Tractado sobre as execuções por sentença*, § 305, p. 283).

174 "Os indícios e presunções de que resultam as respectivas provas (dolo, fraude e simulação) não podem ser degradados a meras conjecturas" (STF-*RT*, 441/281), reclamando-se "circunstâncias concretas" para o reconhecimento da notoriedade da insolvência (TJRJ, *RT*, 593/194). Porém, como acentuou Frederico Marques (*Instituições de direito processual civil*, v. 3, n. 824, p. 486), "mesmo um único indício pode ser a tal ponto grave que forme a convicção do juiz" (apud Yussef Said Cahali, *Fraudes contra credores*, p. 245).

7.5.7.3. Hipóteses legais

Não apenas nas transmissões *onerosas* pode ocorrer fraude aos credores mas também em outras três hipóteses. Vejamos as **espécies** de negócios jurídicos passíveis de **fraude**.

7.5.7.3.1. Atos de transmissão gratuita de bens ou remissão de dívida

O art. 158 do Código Civil declara que poderão ser anulados pelos credores quirografários, "como lesivos dos seus direitos", os "negócios de transmissão gratuita de bens ou remissão de dívida" quando os pratique "o devedor já insolvente, ou por eles reduzido à insolvência, ainda quando o ignore".

7.5.7.3.1.1. Atos de transmissão gratuita de bens

O estado de insolvência, segundo Clóvis Beviláqua, é objetivo — existe ou não, independentemente do conhecimento do insolvente[175]. Nesses casos, os credores não precisam provar o **conluio fraudulento** (*consilium fraudis*), pois **a lei presume** a existência do propósito de fraude. Tendo de optar entre o direito dos credores, que procura evitar um prejuízo, *qui certant de damno vitando*, e o dos donatários (em geral, filhos ou parentes próximos do doador insolvente), que procura assegurar um lucro, *qui certat de lucro captando*, o legislador desta vez preferiu proteger os primeiros, que buscam evitar um prejuízo.

Atos de **transmissão gratuita** de bens são de **diversas espécies:** doações; renúncia de herança; atribuições gratuitas de direitos reais e de retenção; renúncia de usufruto; o que não é correspectivo nas doações remuneratórias, nas transações e nos reconhecimentos de dívidas; aval de favor; promessa de doação; deixa testamentária e qualquer direito já adquirido que, por esse fato, vá beneficiar determinada pessoa[176].

7.5.7.3.1.2. Remissão de dívida

O Código Civil menciona expressamente a **remissão** ou **perdão de dívida** como liberalidade que também reduz o patrimônio do devedor, sujeita à mesma consequência dos demais atos de transmissão: a anulabilidade. Os **créditos** ou dívidas *ativas* que o devedor tem a receber de terceiros constituem **parte de seu patrimônio**. Se ele os perdoa, esse patrimônio, que é garantia dos credores, reduz-se proporcionalmente. Por essa razão, seus credores têm **legítimo interesse em invalidar a liberalidade**, para que os créditos perdoados se reincorporem no ativo do devedor[177].

---

175 *Código Civil*, cit., p. 377.

176 Clóvis Beviláqua, *Código*, cit., p. 288; Pontes de Miranda, *Tratado*, cit., t. 4, § 494, p. 460. *V.* a jurisprudência: "Ação pauliana. Doação de único imóvel remanescente a descendente com reserva de usufruto. Solvabilidade não demonstrada pelo devedor. Consciência de que tal ato acarretaria prejuízo ao credor. Ação procedente" (*RT*, 698/180). "Renúncia à herança por parte do executado. Hipótese que caracteriza fraude à execução, em razão de que a ação executiva foi ajuizada em primeiro lugar, não podendo o executado, beneficiário da herança, dela abrir mão para prejudicar credores" (STS, REsp 1.252.353-SP, 4ª T., rel. Min. Luis Felipe Salomão, in *www.editoramagister.com*, de 7.6.2013).

177 Silvio Rodrigues, *Direito civil*, cit., v. 1, p. 231.

7.5.7.3.2. *Atos de transmissão onerosa*

O art. 159 do Código Civil trata dos casos de anulabilidade do negócio jurídico oneroso, exigindo, **além da insolvência** ou *eventus damni*, **o conhecimento** dessa situação pelo **terceiro adquirente**, qual seja, o *consilium fraudis*. O aludido dispositivo proclama que ocorrerá a **anulabilidade** dos contratos onerosos, mesmo havendo contraprestação, tanto no caso de **conhecimento real** da insolvência pelo outro contratante como no caso de **conhecimento presumível**, em face da **notoriedade** ou da existência de **motivos** para esse fato.

Como dito no item anterior, a insolvência é **notória** principalmente quando o devedor tem títulos protestados ou é réu em ações de cobrança ou execuções cambiais. É **presumida** quando as circunstâncias, mormente o **preço vil** e o **parentesco próximo** entre as partes, indicam que o adquirente conhecia o estado de insolvência do alienante. Assim, o pai que negocia com filho ou irmão insolvente não poderá arguir sua ignorância sobre a má situação econômica destes, bem como aquele que adquire imóvel por preço ostensivamente inferior ao de mercado, dentre outras hipóteses.

Não se exige conluio entre as partes, bastando a prova da **ciência dessa situação** pelo adquirente. Se, no entanto, ficar evidenciado que este se encontrava de **boa-fé**, ignorando a insolvência do alienante, o negócio será **válido**. Incumbe **ao credor a prova** da notoriedade ou das condições pessoais que ensejam a presunção. Como assinala Yussef Said Cahali, "doutrina e jurisprudência são concordes, no sentido de que compete, ao autor da ação pauliana, demonstrar a ocorrência do *consilium fraudis*, para o êxito da mesma; o que, de resto, mostra-se inteiramente conforme aos princípios (*onus probandi incumbit actori*), no pressuposto de que a fraude bilateral (*consilium fraudis* incluindo a *scientia fraudis* do copartícipe no contrato) representa *elemento constitutivo* da pretensão revocatória (art. 373, n. I, do CPC)"[178].

7.5.7.3.3. *Pagamento antecipado de dívida*

Dispõe o art. 162 do Código Civil: "O credor quirografário, que receber do devedor insolvente o pagamento da dívida ainda não vencida, ficará obrigado a repor, em proveito do acervo sobre que se tenha de efetuar o concurso de credores, aquilo que recebeu".

Credor **quirografário**, etimologicamente, é o que tem seu crédito decorrente de um título ou documento escrito. A ele se refere o estatuto civil como aquele que tem como única garantia **o patrimônio geral do devedor**, ao contrário do credor privilegiado, que possui garantia especial.

O objetivo da lei é colocar em situação de **igualdade** todos os credores quirografários. Todos devem ter as mesmas oportunidades de receber seus créditos e de serem aquinhoados proporcionalmente. Se a dívida já estiver **vencida**, o pagamento não é mais do que uma obrigação do devedor e será considerado **normal e válido**, desde que não tenha sido instaurado o concurso de credores. Se o devedor, todavia, salda

[178] *Fraudes*, cit., p. 244.

débitos vincendos, comporta-se de maneira anormal. **Presume-se**, na hipótese, o **intuito fraudulento** e o credor beneficiado ficará **obrigado a repor**, em proveito do acervo, o que recebeu, instaurado o concurso de credores[179].

Essa regra não se aplica ao **credor privilegiado**, que tem o seu direito assegurado em virtude da garantia especial de que é titular. Como o seu direito estaria sempre a salvo, o pagamento antecipado não causa prejuízo aos demais credores, desde que limitado ao valor da garantia.

7.5.7.3.4. *Concessão fraudulenta de garantias*

Prescreve o art. 163 do Código Civil: "Presumem-se fraudatórias dos direitos dos outros credores as garantias de dívidas que o devedor insolvente tiver dado a algum credor".

As garantias a que se refere o dispositivo são as **reais**, pois a fidejussória não prejudica os credores em concurso. A paridade que deve reinar entre os credores ficará irremediavelmente comprometida se houver outorga, a um deles, de penhor, anticrese ou hipoteca. A constituição da garantia vem situar o credor favorecido numa **posição privilegiada**, ao mesmo tempo que agrava a dos demais, tornando problemática a solução do passivo pelo devedor[180]. É essa desigualdade que a lei quer evitar ao presumir **fraudulento** o procedimento do devedor[181]. A presunção, *in casu*, resulta do próprio ato, uma vez demonstrada a insolvência do devedor, sendo *juris et de jure*.

O que se anula, na hipótese, é somente **a garantia**, a preferência concedida a um dos credores. Continua ele, porém, como credor, retornando à condição de quirografário. Preceitua, com efeito, o parágrafo único do art. 165 do Código Civil que, se os negócios fraudulentos anulados "tinham por único objeto atribuir direitos preferenciais, mediante hipoteca, penhor ou anticrese, sua invalidade importará somente na anulação da preferência ajustada".

Anote-se que somente na fraude cometida nas alienações onerosas exige-se o requisito do *consilium fraudis* ou má-fé do terceiro adquirente, **sendo presumido *ex vi legis* nos demais casos**, ou seja, nos de alienação a título gratuito e remissão de dívidas, de pagamento antecipado de dívida e de concessão fraudulenta de garantia.

7.5.7.4. *Ação pauliana ou revocatória*

A ação anulatória do negócio jurídico celebrado em fraude contra os credores é chamada de **revocatória** ou **pauliana**, em atenção ao pretor Paulo, que a introduziu no direito romano[182]. É a ação pela qual os credores impugnam os atos fraudulentos de seu devedor.

---

179 Silvio Rodrigues, *Direito civil*, cit., v. 1, p. 234; Francisco Amaral, *Direito civil*, cit., p. 502-503.

180 Washington de Barros Monteiro, *Curso*, cit., v. 1, p. 230.

181 Silvio Rodrigues, *Direito civil*, cit., v. 1, p. 235.

182 Washington de Barros Monteiro, *Curso*, cit., v. 1, p. 231, n. 16.

7.5.7.4.1. *Natureza jurídica*

O Código Civil de 2002 manteve o sistema do diploma de 1916, segundo o qual a fraude contra credores acarreta a **anulabilidade** do negócio jurídico. A ação pauliana, nesse caso, tem **natureza desconstitutiva** do negócio jurídico. Julgada procedente, **anula-se** o negócio fraudulento lesivo aos credores, determinando-se o retorno do bem, sorrateira e maliciosamente alienado, ao patrimônio do devedor.

O novo Código **não adotou**, assim, a tese de que se trataria de hipótese de **ineficácia relativa** do negócio, defendida por ponderável parcela da doutrina, segundo a qual, demonstrada a fraude ao credor, a sentença não anulará a alienação, mas simplesmente, como nos casos de fraude à execução, declarará a **ineficácia** do ato fraudatório perante o credor, permanecendo o negócio **válido entre os contratantes**: o executado-alienante e o terceiro adquirente. Para essa corrente, a ação pauliana tem **natureza declaratória de ineficácia** do negócio jurídico em face dos credores, e não desconstitutiva. Se o devedor, depois de proferida a sentença, por exemplo, conseguir levantar numerário suficiente e pagar todos eles, o ato de alienação subsistirá, visto não existirem mais credores.

Não obstante tratar-se de questão controvertida na doutrina, o **Superior Tribunal de Justiça**, encarregado de uniformizar a jurisprudência no País, nos precedentes que levaram à edição da Súmula 195, adiante transcrita (item 7.5.7.7), criados antes da promulgação do novo Código Civil, já vinha aplicando, por maioria de votos, a tese da **anulabilidade** do negócio, e não a da ineficácia[183]. A tendência é que essa orientação seja mantida na aplicação do novo Código Civil, como vem ocorrendo.

7.5.7.4.2. *Legitimidade ativa*

Estão legitimados a ajuizar ação pauliana (***legitimação ativa***):

- Os **credores quirografários** (CC, art. 158, *caput*) — essa possibilidade decorre do fato de não possuírem eles garantia especial do recebimento de seus créditos. O patrimônio geral do devedor constitui a única garantia e a esperança que possuem de receberem o montante que lhes é devido.
- **Só os credores que já o eram ao tempo da alienação fraudulenta** (CC, art. 158, § 2º) — os que se tornaram credores depois da alienação já encontraram desfalcado o patrimônio do devedor e mesmo assim negociaram com ele. Nada podem, pois, reclamar.

Somente os credores quirografários podem intentar a ação pauliana, porque os **privilegiados** já têm, para **garantia especial** de seus créditos, **bens destacados e individuados**, sobre os quais incidirá a execução. Mas, já dizia Caio Mário, se normalmente não há necessidade de o credor privilegiado revogar o ato praticado *in fraudem creditorum*, "não está impedido de fazê-lo" se vier a sofrer um prejuízo decorrente da alienação da coisa hipotecada e da circunstância de "a sua garantia tornar-se

---

183 REsp 20.166-8-RJ, 27.903-7-RJ, 13.322-0-RJ.

insuficiente"[184]. A jurisprudência, igualmente, vinha proclamando: "Tem-se entendido que mesmo contra o devedor que ofereceu **garantia real** é possível o ajuizamento de ação pauliana, na hipótese dos bens dados em garantia serem **insuficientes**"[185].

O Código Civil de 2002, assimilando essa orientação e inovando em relação ao diploma de 1916, proclama, no § 1º do citado art. 158, que o direito de anular os atos fraudulentos, lesivos dos seus direitos, igualmente "assiste aos credores cuja garantia se tornar insuficiente".

Não pode **o próprio devedor** e fraudador ajuizar a **ação pauliana**, porque seria absurdo que pudesse agir em juízo invocando sua própria fraude. Embora esta ação compita aos credores, vítimas da fraude, porém não coletivamente, faculta-se-lhes, havendo dois ou mais credores prejudicados pelo mesmo ato fraudulento do devedor comum, a formação do **litisconsórcio ativo** para demandarem em conjunto, com respaldo no art. 113, II, do Código de Processo Civil, pois "a doutrina, de um modo geral, considera ocorrer conexão em tais casos"[186]. Tal fato não impede o acolhimento da demanda em relação apenas a um dos credores e rejeição quanto aos demais, cujos créditos não eram anteriores, por exemplo.

Há consenso na doutrina de que não apenas os primitivos credores como igualmente seus **sucessores**, a título singular ou universal, atingidos pelo ato fraudulento, desfrutam de **legitimidade ativa** para a ação revocatória[187].

7.5.7.4.3. Legitimidade passiva

Dispõe o art. 161 do Código Civil que a ação pauliana, "nos casos dos arts. 158 e 159, poderá ser intentada contra o devedor insolvente, a pessoa que com ele celebrou a estipulação considerada fraudulenta, ou terceiros adquirentes que hajam procedido de má-fé".

A ação anulatória **deverá** (e não apenas poderá) ser intentada (legitimação passiva) contra:

- o **devedor insolvente**;
- o **adquirente** que com ele celebrou a estipulação considerada fraudulenta; e
- os **terceiros adquirentes que hajam procedido de má-fé**, se o bem alienado pelo devedor já houver sido transmitido a outrem.

De nada adianta acionar somente o alienante se o bem se encontra em poder dos adquirentes. Com efeito, o art. 506 do Código de Processo Civil estabelece que "a sentença faz coisa julgada às partes entre as quais é dada, não prejudicando terceiros". A doutrina, em geral, consolidou-se no sentido de que o devedor e o terceiro adquirente

184 *Instituições*, cit., v. 1, p. 346.

185 TJSP, Ap. 70.637-1, 6ª Câm. Cív., j. 15.5.1986.

186 Arruda Alvim, *Código de Processo Civil comentado*, v. 2, p. 357-358.

187 Yussef Said Cahali, *Fraudes*, cit., p. 351.

ou beneficiário devem figurar necessariamente no polo passivo da relação processual na revocatória, estabelecendo-se entre eles o **litisconsórcio necessário** de que trata o art. 114 do Código de Processo Civil[188]. No mesmo sentido desenvolveu-se, em termos incontroversos, a jurisprudência de nossos tribunais[189].

Desde que, pela natureza da relação jurídica, é instaurado um litisconsórcio necessário, envolvendo alienantes devedores e adquirentes, considera-se que, quando o credor não tiver chamado a juízo o devedor ou o adquirente, deve o juiz, de ofício, **ordenar a integração da lide**, pois é nulo o processo em que não foi citado litisconsorte necessário[190].

7.5.7.5. *Fraude não ultimada*

Quando o negócio é aperfeiçoado pelo acordo de vontades, mas o seu cumprimento é diferido para data futura, permite-se ao **adquirente**, que ainda não efetuou o pagamento do preço, **evitar a propositura da ação pauliana** ou extingui-la mediante depósito em juízo, se for aproximadamente o corrente, requerendo a citação por edital de todos os interessados. Nesse sentido, dispõe o art. 160 do Código Civil:

> "Art. 160. Se o adquirente dos bens do devedor insolvente ainda não tiver pago o preço e este for, aproximadamente, o corrente, desobrigar-se-á depositando-o em juízo, com a citação de todos os interessados.
>
> Parágrafo único. Se inferior, o adquirente, para conservar os bens, poderá depositar o preço que lhes corresponda ao valor real."

O adquirente do bem que desfalcou o patrimônio do devedor pode, desse modo, elidindo eventual presunção de má-fé, **evitar a anulação do negócio**. O **depósito do preço** equivalente ao valor de mercado da coisa **impede** que se considere consumada a fraude, pois demonstra a boa-fé do adquirente e que nenhuma vantagem patrimonial obteria em prejuízo dos credores. Cessa, com isso, o interesse dos credores, que, por conseguinte, perdem a legitimação ativa para propor a ação pauliana[191].

Essa possibilidade de **suplemento do preço** pelo adquirente, para evitar a anulação do negócio e conservar os bens, foi introduzida no parágrafo único do art. 160 do Código de 2002, retrotranscrito, como inovação. Trata-se "de uma espécie de 'posterior regularização da situação', de uma 'chance' que a lei dá ao comprador de sanar possível vício original". Como o sistema "permite a sanação, que é uma correção quanto ao defeito original, não subsistirá viciado o negócio, pois socialmente aceitável com a correção. Não existirá aí fraude contra os credores, visto que **não haverá diminuição patrimonial**"[192].

---

188 Washington de Barros Monteiro, *Curso*, cit., v. 1, p. 232; Yussef Said Cahali, *Fraudes*, cit., p. 358; Ferdinando Puglia, *Dell'azione pauliana*, 1886, § 37, p. 47.

189 *RT*, 498/183, 511/161, 559/113.

190 *RTJ*, 80/611, 95/742; *RT*, 508/202.

191 Silvio Rodrigues, *Direito civil*, cit., v. 1, p. 234.

192 Renan Lotufo, *Código Civil*, cit., p. 449.

7.5.7.6. Validade dos negócios ordinários celebrados de boa-fé pelo devedor

Não obstante o devedor insolvente esteja **inibido de alienar bens** de seu patrimônio, para não agravar e ampliar a insolvência, **admitem-se exceções**, como na hipótese em que ele contrai novos débitos para beneficiar os próprios credores, possibilitando o funcionamento de seu estabelecimento, ou para manter-se e à sua família. Dispõe, com efeito, o art. 164 do Código Civil:

> "Art. 164. Presumem-se, porém, de boa-fé e valem os negócios ordinários indispensáveis à manutenção de estabelecimento mercantil, rural, ou industrial, ou à subsistência do devedor e de sua família."

Permite-se, portanto, ao devedor insolvente **evitar a paralisação** de suas atividades normais, fato este que somente agravaria a sua situação, em prejuízo dos credores, que veriam frustradas as possibilidades de receber os seus créditos. Dessa forma, o dono de uma loja, por exemplo, não fica, só pelo fato de estar insolvente, impedido de continuar a vender as mercadorias expostas nas prateleiras de seu estabelecimento. Não poderá, todavia, alienar **o próprio estabelecimento**, porque não se trataria de **negócio ordinário** nem destinado à manutenção de sua atividade comercial.

A novidade trazida pelo Código de 2002, no citado art. 164, é a de que os gastos ordinários do devedor insolvente são válidos não apenas quando eles derivam da necessidade de manter os estabelecimentos mercantis, rurais ou industriais que possuem mas também quando se destinam à **subsistência** daquele e de sua família. Essa inovação permite que o devedor insolvente venha a contrair novo débito, **destinado apenas à própria subsistência ou à de sua família**.

7.5.7.7. Fraude contra credores e fraude à execução

7.5.7.7.1. Requisitos comuns

A fraude contra credores não se confunde com fraude à execução. Todavia, apresentam os seguintes **requisitos comuns**:

- a fraude na alienação de bens pelo devedor, com desfalque de seu patrimônio;
- a eventualidade de *consilium fraudis* pela ciência da fraude por parte do adquirente;
- o prejuízo do credor (*eventus damni*), por ter o devedor se reduzido à insolvência ou ter alienado ou onerado bens quando pendia contra o mesmo demanda capaz de reduzi-lo à insolvência[193].

7.5.7.7.2. Principais diferenças

Não obstante, os dois institutos apresentam diversas e acentuadas **diferenças**, que podem ser assim esquematizadas[194]:

[193] Yussef Said Cahali, *Fraudes*, cit., p. 89.

[194] Em clássica lição, Washington de Barros Monteiro apresenta essas principais diferenças (*Curso*, cit., v. 1, p. 233), que ora são comentadas e atualizadas.

FRAUDE CONTRA CREDORES	FRAUDE À EXECUÇÃO
■ É defeito do negócio jurídico (vício social), disciplinado pelo direito civil (CC, arts. 158 a 165).	■ É incidente do processo, regulado pelo direito processual civil (CPC, art. 792).
■ Configura-se quando ainda não existe nenhuma ação ou execução em andamento contra o devedor, embora possam existir protestos cambiários.	■ Pressupõe demanda em andamento, capaz de reduzir o alienante à insolvência, sendo efetivada pelo devedor para frustrar-lhe a execução (CPC, art. 792, IV).
■ Provoca a anulação do negócio jurídico, trazendo como consequência o retorno dos bens ao patrimônio do devedor, em proveito do acervo sobre o qual se tenha de efetuar o concurso de credores (CC, arts. 158, 159 e 165).	■ Acarreta a declaração de ineficácia da alienação fraudulenta, em face do credor exequente.
■ Exige a propositura de ação pauliana. Não se tem admitido a sua arguição nem mesmo em embargos de terceiros, como proclama a Súmula 195 do STJ: "Em embargos de terceiro não se anula ato jurídico, por fraude contra credores".	■ Independe de ação pauliana ou revocatória, podendo ser reconhecida incidentalmente, mediante simples petição, nos próprios autos, sendo objeto de decisão interlocutória.
■ Uma vez reconhecida, aproveita a todos os credores.	■ Aproveita apenas ao exequente.
■ Nas alienações onerosas, depende de prova do *consilium fraudis*, isto é, da má-fé do terceiro (prova esta dispensável quando se trata de alienação a título gratuito ou de remissão de dívida).	■ O vício é mais grave. Por isso, afirma a corrente tradicional que a má-fé, nesse caso, é sempre presumida, pois a intenção fraudulenta está *in re ipsa*. Todavia, a Súmula 375, de março de 2009, do STJ estatui: "O reconhecimento da fraude à execução depende do registro da penhora do bem alienado ou da prova de má-fé do terceiro adquirente".

■ *7.5.7.7.3. Exigência de citação do devedor para a caracterização da fraude à execução*

A **jurisprudência** dominante nos tribunais é no sentido de que a fraude à execução somente se caracteriza quando o devedor já havia sido **citado**[195] na época da alienação, pois só assim se pode dizer que havia **demanda em andamento**.

Na doutrina, prepondera o mesmo entendimento, com algumas **opiniões divergentes**. Entendem, com efeito, alguns juristas que é desnecessária a citação, pois o processo já teve seu início com a simples propositura da ação, momentos fixados nos arts. 312 e 802 do Código de Processo Civil[196]. Esta corrente, embora não seja a dominante, é a mais justa, por impedir que o réu se oculte, enquanto cuida de dilapidar o seu patrimônio, vindo a aparecer somente depois para ser citado. A fim de evitar o emprego de tal artifício, entretanto, deve o credor obter **certidão de distribuição da execução e diligenciar a averbação** no registro de imóveis, registro de veículos ou registro de outros bens sujeitos à penhora ou ao arresto, como permitido pelo art. 799, IX, do Código de Processo Civil, a fim de que **negócios posteriores sejam considerados fraude à execução** (§ 3º).

---

[195] *RT*, 785/415, 779/184, 775/192, 740/328, 733/369, 715/216, 679/163, 620/193.

[196] Ronaldo Bretas, Da fraude à execução, *RF*, 290/72; Alcides de Mendonça Lima, *Comentários*, cit., n. 1.114, p. 500-501.

7.5.7.7.4. Subadquirente de boa ou de má-fé

Se o adquirente de má-fé, porventura, já transferiu o bem a outra pessoa, não se presume a má-fé desta (**a qual deve, então, ser demonstrada**), salvo se a alienação se deu depois do **registro da penhora** do bem. Sobre o tema, decidiu o Superior Tribunal de Justiça:

> "Fraude à execução. Inocorrência. Imóvel alienado pelos devedores depois de citados na execução, e transferido, pelos adquirentes, a terceiro, após efetivação da penhora. Necessidade, na primeira hipótese, de prova de que a demanda reduziria os devedores à insolvência e de que o adquirente tinha motivo para saber da existência da ação. Segunda hipótese que dependeria do registro da penhora, a cargo do exequente, ou de prova de má-fé do subadquirente. Inteligência do art. 593, II e III, do CPC (de 1973)"[197].

Tem-se decidido, com efeito, que a caracterização da fraude à execução depende de **prova** de que a alienação do bem, antes da constrição judicial, reduziu o executado a um **estado de insolvência**[198]. A comprovada existência de outros bens de valor maior que o devido afasta a arguição de insolvência do devedor[199]. Também tem a jurisprudência proclamado a desnecessidade do registro da penhora para a configuração da fraude à execução, pois a norma contida no § 4º do art. 659 do Código de Processo Civil (de 1973, atual art. 844) acrescentado pela Lei n. 8.953/94, não modificou o disposto no inc. II do art. 593 do mesmo diploma (atual art. 792, IV)[200]. O registro só é necessário para demonstrar a **má-fé do subadquirente**, isto é, daquele que compra do terceiro adquirente.

7.5.7.7.5. Evolução no conceito de fraude à execução

Preleciona Yussef Said Cahali[201] que houve uma **evolução** no conceito de "fraude quando da execução, no sentido de resguardar o direito do **adquirente de boa-fé**". Anteriormente, afirma, "tratando-se de fraude de execução, em qualquer das modalidades previstas no art. 593 do CPC [atual art. 792], a ineficácia do ato de alienação ou oneração decorreria de uma **presunção *iuris et de iure***, absoluta, irrefragável, de fraude, dispensada, portanto, a respectiva prova; sem que uma eventual boa-fé do adquirente, ou recíproca, por irrelevante, seja capaz de elidi-la".

Tal entendimento, esclarece o mencionado civilista, encontra-se hoje superado, acentuando-se, "mais recentemente, um **revertério** nesse entendimento, e fazendo retroagir a fraude de execução às suas origens, de **simples modalidade de fraude**

---

197 *RT*, 779/184. *V.* ainda: "Quem adquire o bem depois de sucessivas transmissões, sem ter meios de saber de sua origem irregular, pode-se valer dos embargos de terceiro para afastar a turbação resultante de ato judicial" (REsp 45.453-SP, 2ª T., rel. Min. Ari Pargendler, *DJU*, 16.12.1996, p. 50.826). "Inexistindo registro da penhora sobre bem alienado a terceiro, incumbe ao exequente e embargado fazer a prova de que o terceiro tinha conhecimento da ação ou da constrição judicial" (STJ, *RT*, 850/211).

198 *RT*, 770/418, 774/322.

199 *RT*, 780/290.

200 *RT*, 763/225, 787/295.

201 *Fraudes contra credores*, p. 676-683.

contra credores". Observa-se que "a jurisprudência mais atualizada vem incursionando francamente em sede de *consilium fraudis*, com a aplicação de regras que são próprias da ação pauliana, com vistas à preservação da eficácia do ato alienatório praticado pelo devedor no curso da demanda, se de **boa-fé o adquirente**". Assim, "somente ocorrerá a presunção absoluta (*iuris et de iure*) de fraude na venda do bem penhorado ou arrestado (extensiva às alienações) se o ato constritivo estiver **registrado** (averbado) no Registro de Imóveis". Em outros termos, "sendo de natureza relativa a presunção de fraude pela alienação do bem estando em curso execução contra o alienante, aquela cede passo para proteger o terceiro adquirente comprovadamente de boa-fé".

Nessa linha, decidiu o Superior Tribunal de Justiça:

> "Para a caracterização da fraude de execução prevista no inc. II do art. 593 do CPC (de 1973, atual inciso IV do art. 792), não basta a simples existência de demanda contra o vendedor (devedor da execução) capaz de reduzi-lo à insolvência; é necessário também **o conhecimento pelo comprador** de demanda com tal potência. Presume-se esse conhecimento na hipótese em que existente o devido **registro** da ação no cartório apropriado, ou então impõe-se ao credor da execução a **prova desse conhecimento**"[202].

Tal entendimento cristalizou-se na retromencionada Súmula 375, de março de 2009, do Superior Tribunal de Justiça que assim dispõe: **"O reconhecimento da fraude à execução depende do registro da penhora do bem alienado ou da prova de má-fé do terceiro adquirente"**.

A propósito, dispõe o art. 792, I, do novo Código de Processo Civil que "a alienação ou a oneração de bem é considerada fraude à execução: II — quando sobre o bem pender ação fundada em direito real ou com pretensão reipersecutória, desde que a pendência do processo tenha sido averbada no respectivo registro público, se houver".

Decidiu também o Superior Tribunal de Justiça, no julgamento do REsp 1.391.830, em 22.11.2016, que a venda de bens pessoais por parte de sócio de empresa executada não configura fraude à execução, desde que a alienação ocorra antes da desconsideração da personalidade jurídica da sociedade.

A Lei n. 13.097, de 19 de janeiro de 2015, promove uma concentração de dados nas matrículas imobiliárias, pela qual em um único instrumento serão conjugadas todas as informações respeitantes ao bem de raiz. A partir de agora, como salienta Nelson Rosenvald[203], "o terceiro de boa-fé que adquire propriedade — ou outros direitos reais imobiliários — será imunizado da privação do direito, se posteriormente alguém postular a referida titularidade por atos jurídicos precedentes que não tenham sido registrados ou averbados na matrícula do imóvel".

Em suma, a referida lei declarou, em outros termos, que, se a matrícula estiver livre, ou seja, sem gravames, a aquisição feita será plenamente eficaz, isto é, não poderá ser contestada por eventuais credores ou litigantes, exceto nas hipóteses de usucapião e da sociedade que se encontra em processo de falência.

---

[202] REsp 439.418-SP, 3ª T., rel. Min. Nancy Andrighi, *DJU*, 1º.12.2003, p. 348.

[203] O princípio da concentração na matrícula imobiliária — Lei n. 13.097/15, *Jornal Carta Forense*, mar. 2016.

7.5.8. Resumo

<table>
<tr><th colspan="2">DOS DEFEITOS DO NEGÓCIO JURÍDICO</th></tr>
<tr><td>ESPÉCIES</td><td>■ Vícios do consentimento: erro, dolo, coação, estado de perigo e lesão.
■ Vício social: fraude contra credores.
■ Tornam anulável o negócio jurídico (CC, art. 171, II). É de 4 anos o prazo decadencial para a propositura da ação anulatória (art. 178).</td></tr>
<tr><td>ERRO OU IGNORÂNCIA</td><td>■ Conceito: é a falsa ideia da realidade. O agente engana-se sozinho. Quando é induzido em erro pelo outro contratante ou por terceiro, caracteriza-se o dolo.
■ Requisitos: deve ser substancial, escusável (critério substituído hodiernamente pelo da cognoscibilidade) e real.
■ Erro substancial — é o que:
a) interessa à natureza do negócio;
b) diz respeito ao objeto principal da declaração;
c) concerne a alguma das qualidades essenciais do objeto;
d) versa sobre qualidades essenciais da pessoa;
e) sendo de direito, não implica recusa à aplicação da lei (art. 139).
■ Erro escusável (ou cognoscível) — Escusável é o erro justificável, exatamente o contrário de erro grosseiro, decorrente do não emprego da diligência ordinária. A tendência é a prevalência da corrente que sustenta ter o CC/2002 exigido apenas a cognoscibilidade (ser reconhecível pela outra parte), e não a escusabilidade, como requisito do erro, refletida no Enunciado 12 da I Jornada de Direito Civil: "Na sistemática do art. 138, é irrelevante seja ou não escusável o erro, porque o dispositivo adota o princípio da confiança".
■ Erro real — é o erro efetivo, causador de real prejuízo ao interessado.
■ Erro acidental — é o que se opõe ao substancial e real, porque se refere a circunstâncias de somenos importância e que não acarretam efetivo prejuízo.
■ Erro obstativo ou impróprio — é o que impede ou obsta a própria formação do negócio, tal a gravidade do engano, tornando-o inexistente, como acontece no direito italiano no tocante ao erro sobre a natureza do negócio. No Brasil, porém, tal erro torna o negócio apenas anulável.</td></tr>
<tr><td>DOLO</td><td>■ Conceito: é o induzimento malicioso de alguém à prática de um ato que lhe é prejudicial, mas proveitoso ao autor do dolo ou a terceiro.
■ Espécies:
a) dolo principal (quando é a causa do negócio) e dolo acidental (quando, a seu despeito, o negócio seria realizado, embora por outro modo): só o primeiro acarreta a anulabilidade;
b) dolus bonus e dolus malus: o primeiro é tolerável no comércio em geral; já o segundo causa a anulação do negócio;
c) dolo positivo e dolo negativo (omissão dolosa — art. 147);
d) dolo unilateral e dolo bilateral (de ambas as partes): na última hipótese, nenhuma delas pode reclamar em juízo, porque ninguém pode valer-se da própria torpeza;
e) dolo do outro contratante e dolo de terceiro: o de terceiro só acarreta a anulabilidade se a outra parte, beneficiada, o conhecia. Caso contrário, cabe apenas pedido de perdas e danos contra o autor do dano (art. 148);
f) dolo da própria parte e dolo do representante: o do representante legal de uma das partes só obriga o representado a responder até a importância do proveito que teve. Se for do representante convencional, o representado responderá solidariamente com ele por perdas e danos, por ter escolhido mal o mandatário (art. 149);
g) dolo de aproveitamento: constitui o elemento subjetivo de outro defeito do negócio jurídico, que é a lesão. Configura-se quando alguém se aproveita da situação de premente necessidade ou da inexperiência do outro contratante para obter lucro exagerado, manifestamente desproporcional à natureza do negócio (CC, art. 157).</td></tr>
<tr><td>COAÇÃO</td><td>■ Conceito: é toda ameaça ou pressão exercida sobre um indivíduo para forçá-lo, contra a sua vontade, a praticar um ato ou realizar um negócio.
■ Espécies:
a) absoluta: exercida mediante o emprego de força física. Inocorre qualquer manifestação da vontade e, por isso, o negócio é inexistente;</td></tr>
</table>

COAÇÃO	b) **relativa** ou **moral:** em que o coator faz uma grave ameaça à vítima, deixando-lhe uma opção: praticar o ato exigido ou correr o risco de sofrer as consequências da ameaça que lhe foi feita. Trata-se de uma coação **psicológica**. É esta que torna **anulável** o negócio jurídico; c) **da outra parte** ou **de terceiro:** a de terceiro só acarreta a anulabilidade se a outra parte, beneficiada, a conhecia. Se não, cabe apenas pedido de perdas e danos contra o autor da coação (art. 155). ■ **Requisitos da coação:** a) deve ser a **causa determinante** do negócio; b) deve ser **grave**, ou seja, incutir na vítima um fundado temor. Levam-se em conta as condições pessoais da vítima no apreciar a gravidade da ameaça. Não se considera coação o simples **temor reverencial** (art. 153, 2ª parte); c) deve ser **injusta**, contrária ao direito. Não se considera coação a ameaça do exercício normal de um direito (art. 153, 1ª parte); d) a ameaça deve ser de causar dano **atual** ou **iminente**; e) deve constituir ameaça de prejuízo à **pessoa** ou a **bens da vítima** ou a pessoa de sua **família**. Se a coação disser respeito a pessoa não pertencente à família do paciente, o juiz, com base nas circunstâncias, decidirá se houve coação (art. 151, parágrafo único).
ESTADO DE PERIGO	■ **Conceito:** configura-se quando alguém, premido da necessidade de salvar a si mesmo ou pessoa de sua família de grave dano conhecido pela outra parte, assume obrigação **excessivamente onerosa**. Tratando-se de pessoa não pertencente à família do declarante, o juiz decidirá segundo as circunstâncias (art. 156 e parágrafo único). ■ **Efeitos:** o Código Civil considera anulável o negócio realizado em estado de perigo. Não será anulado, todavia, se a obrigação assumida não for excessivamente onerosa. Se o for, deverá o juiz, para evitar o enriquecimento sem causa, apenas reduzi-la a uma proporção razoável, anulando o excesso, e não todo o negócio jurídico. Aplica-se à hipótese, por analogia, o disposto no § 2º do art. 157, segundo o qual não se decretará a anulação "se for oferecido suplemento suficiente ou se a parte favorecida concordar com a redução do proveito".
LESÃO	■ **Conceito:** é o prejuízo resultante da enorme desproporção existente entre as prestações de um contrato, no momento de sua celebração, determinada pela premente necessidade ou inexperiência de uma das partes (art. 157). ■ **Elementos:** a) elemento **objetivo:** manifesta desproporção entre as prestações recíprocas; b) elemento **subjetivo:** inexperiência ou premente necessidade. ■ **Espécies:** a) **usurária** ou **real:** quando a lei exige, além da necessidade ou inexperiência do lesionado, o **dolo de aproveitamento** da outra parte; b) **lesão especial**, **lesão enorme** ou simplesmente **lesão:** quando a lei limita-se à exigência de obtenção de vantagem desproporcional, sem indagação da má-fé da parte beneficiada. É a espécie adotada pelo CC/2002. ■ **Efeitos:** o Código Civil considera a lesão um vício do consentimento, que torna **anulável** o negócio (art. 178, II). Faz, porém, uma ressalva: não se decretará a anulação "se for oferecido suplemento suficiente ou se a parte favorecida concordar com a redução do proveito" (art. 157, § 2º).
FRAUDE CONTRA CREDORES	■ **Conceito:** é vício social. Configura-se quando o devedor desfalca o seu patrimônio, a ponto de se tornar **insolvente**, com o intuito de prejudicar os seus credores. Caracteriza-se a **insolvência** quanto o ativo, ou seja, o patrimônio do devedor, não é suficiente para responder pelo seu passivo. ■ **Hipóteses legais:** a) nas **transmissões onerosas:** para anulá-las, os credores terão de provar o ***eventus damni*** (que a alienação reduziu o devedor à insolvência) e o ***consilium fraudis*** (a má-fé do terceiro adquirente); b) nas **alienações a título gratuito** (art. 158): nesses casos, os credores não precisam provar o *consilium fraudis*, pois a lei presume o propósito de fraude. A **remissão** (perdão) **de dívida** também constitui uma liberalidade, que reduz o patrimônio do devedor; c) quando o devedor já insolvente paga a credor quirografário **dívida ainda não vencida** (art. 162);

<table>
<tr><td>FRAUDE CONTRA CREDORES</td><td>d) quando o devedor já insolvente concede garantias de dívidas a algum credor, colocando-o em posição mais vantajosa do que os demais (art. 163).
■ Ação pauliana ou revocatória:
a) natureza jurídica — tem natureza desconstitutiva: anula as alienações ou concessões fraudulentas, determinando o retorno do bem ao patrimônio do devedor;
b) legitimação ativa — dos credores quirografários, que já o eram ao tempo da alienação fraudulenta (art. 158). Os credores com garantia real só poderão ajuizá-la se a garantia tornar-se insuficiente (art. 158, § 1º);
c) legitimação passiva — do devedor insolvente e da pessoa que com ele celebrou a estipulação considerada fraudulenta, bem como dos terceiros adquirentes que hajam procedido de má-fé (art. 161).
■ Fraude à execução — distinções:
a) é incidente do processo, regulado pelo direito processual civil, enquanto a fraude contra credores é regulada no direito civil;
b) pressupõe demanda em andamento, capaz de reduzir o alienante à insolvência (CPC, art. 792, IV). Configura-se quando o devedor já havia sido citado. A alienação fraudulenta feita antes da citação caracteriza fraude contra credores;
c) pode ser reconhecida mediante simples petição, nos próprios autos da execução, não exigindo o ajuizamento de ação pauliana. A fraude contra credores deve ser pronunciada em ação pauliana, não podendo ser reconhecida em embargos de terceiro (STJ, Súmula 195);
d) torna ineficaz, em face dos credores, o negócio jurídico, ao passo que a fraude contra credores o torna anulável;
e) a evolução no conceito de fraude à execução busca resguardar o direito do adquirente de boa-fé, transformando-a em simples modalidade de fraude contra credores, em que se exige a prova da má-fé deste. Nesse sentido, dispõe a Súmula 375 do STJ: "O reconhecimento da fraude à execução depende do registro da penhora do bem alienado ou da prova de má-fé do terceiro adquirente".</td></tr>
</table>

■ 7.6. DA INVALIDADE DO NEGÓCIO JURÍDICO

■ 7.6.1. Introdução

A expressão "Da invalidade do negócio jurídico", dada ao Capítulo V do Código Civil, abrange a **nulidade** e a **anulabilidade** do negócio jurídico. É empregada para designar o negócio que **não produz os efeitos** desejados pelas partes, o qual será classificado pela forma supramencionada de acordo com o grau de imperfeição verificado. O Código Civil de 2002 deixou de lado, assim, a denominação utilizada pelo diploma de 1916, que era "Das nulidades".

■ 7.6.2. Negócio jurídico inexistente

O negócio é **inexistente** quando lhe falta algum **elemento estrutural**, como o consentimento. Se não houve qualquer **manifestação de vontade**, o negócio não chegou a se formar; **inexiste**, portanto. Se a vontade foi manifestada, porém encontra-se eivada de erro, dolo ou coação, por exemplo, o negócio existe, ainda que seja **anulável**. Se a vontade emana de um absolutamente incapaz, maior é o defeito; nesse caso, o negócio existe, mas é **nulo**.

A teoria do negócio jurídico **inexistente** é hoje admitida em nosso direito. Concebida no século XIX para contornar, em matéria de casamento, o princípio de que não há nulidade sem texto legal (*pas de nullité sans texte*) — porque as hipóteses de identidade de sexo, de falta de celebração e de ausência de consentimento não estão catalogadas expressamente nos casos de nulidade —, ingressou também no campo dos **negócios jurídicos**. Por se constituir em um ***nada*** no mundo jurídico, não reclama ação própria para combatê-lo, nem há necessidade de o legislador mencionar os requisitos de existência, visto que o seu conceito encontra-se na base do sistema dos fatos jurídicos. Às vezes, no entanto, a aparência material do ato apresenta evidências que enganam, justificando-se a propositura de ação para discutir e **declarar a sua inexistência**. Para efeitos práticos, tal declaração terá as mesmas consequências da declaração de nulidade.

■ 7.6.3. Nulidade

■ *7.6.3.1. Conceito*

Nulidade é a sanção imposta pela lei aos atos e negócios jurídicos realizados sem observância dos **requisitos essenciais**, impedindo-os de produzir os **efeitos** que lhes são próprios. O negócio é **nulo** quando ofende preceitos de **ordem pública**, que interessam à sociedade. Assim, quando o interesse público é lesado, a sociedade o repele, fulminando-o de nulidade, evitando que venha a produzir os efeitos esperados pelo agente.

■ *7.6.3.2. Espécies de nulidade*

A nulidade pode ser:

a) absoluta e relativa;
b) total e parcial;
c) textual e virtual.

■ **Nulidade absoluta** — nos casos de nulidade **absoluta**, existe um interesse social, além do individual, para que se prive o ato ou negócio jurídico dos seus efeitos específicos, visto que há ofensa a preceito de **ordem pública** e, assim, afeta a todos. Por essa razão, pode ser alegada por qualquer interessado, devendo ser pronunciada de ofício pelo juiz (CC, art. 168 e parágrafo único).

■ **Nulidade relativa** — a nulidade **relativa** é denominada **anulabilidade** e atinge negócios que se acham inquinados de **vício** capaz de lhes determinar a invalidade, mas que pode ser afastado ou sanado. Alguns autores afirmam que a nulidade relativa não se confunde com a anulabilidade. A primeira é espécie de nulidade que só determinadas pessoas podem invocar; já a segunda é sanção de grau inferior àquela[204]. Apontam esses juristas, como exemplos de nulidade relativa, os arts. 1.132, 1.133, 1.134 e 1.164, II, do Código Civil de 1916. Todavia, os dispositivos mencionados consagram hipóteses comumente designadas como **falta de legitimação**, que é a ausência de aptidão para a prática de determinados atos.

---

[204] Francisco Amaral, *Direito*, cit., p. 514; Gondim Filho, Nulidade relativa, *Revista Acadêmica da Faculdade de Direito do Recife*, 1929, p. 302.

- **Nulidade total** — é a que atinge todo o negócio jurídico.
- **Nulidade parcial** — afeta somente parte dele. Segundo o princípio *utile per inutile non vitiatur*, a nulidade, parcial do negócio não o prejudicará na parte válida, se esta for separável (CC, art. 184). Trata-se da regra da incomunicabilidade da nulidade, que se baseia no **princípio da conservação** do ato ou negócio jurídico[205].
- **Nulidade textual ou expressa** — diz-se que a nulidade é **textual** quando vem **expressa** na lei. Por exemplo: declara o art. 548 do Código Civil que "é nula a doação de todos os bens sem reserva de parte, ou renda suficiente para a subsistência do doador".
- **Nulidade virtual ou implícita** — é **virtual** ou **implícita** a nulidade quando, não sendo expressa, pode ser **deduzida** de expressões utilizadas pelo legislador, como "não podem" (CC, art. 1.521), "não se admite" (art. 380) e outras semelhantes.

7.6.3.3. *Causas de nulidade*

O Código Civil, levando em conta o respeito à ordem pública, formula exigências de caráter **subjetivo**, **objetivo** e **formal**. Assim, no art. 166, considera **nulo o negócio jurídico** quando:

> "I — celebrado por pessoa absolutamente incapaz;
> II — for ilícito, impossível ou indeterminável o seu objeto;
> III — o motivo determinante, comum a ambas as partes, for ilícito;
> IV — não revestir a forma prescrita em lei;
> V — for preterida alguma solenidade que a lei considere essencial para a sua validade;
> VI — tiver por objetivo fraudar lei imperativa;
> VII — a lei taxativamente o declarar nulo, ou proibir-lhe a prática, sem cominar sanção."

O art. 167 declara também "nulo o negócio jurídico simulado", aduzindo que, no entanto, "subsistirá o que se dissimulou, se válido for na substância e na forma".

- **Incisos I, II, IV e V** — os incs. I, II, IV e V do art. 166 do Código Civil estão atrelados ao art. 104, que elenca os **requisitos de validade** do negócio jurídico: "I — agente capaz; II — objeto lícito, possível, determinado ou determinável; III — forma prescrita ou não defesa em lei". Estabelecem, portanto, a sanção para a inobservância dos aludidos requisitos.
- **Inciso III** — o inc. III do art. 166 é preceito novo. Confere relevância jurídica ao **motivo determinante**, fulminando de nulidade o negócio jurídico quando, sendo comum a ambas as partes, for **ilícito**. A expressão utilizada guarda coerência com a terminologia empregada no art. 140, que não faz menção à causa, como o fazia o art. 90 do Código de 1916, mas ao **motivo**, que vicia a declaração de von-

---

[205] Francesco Santoro-Passarelli, *Dottrine generalli del diritto civile*, p. 301; Francisco Amaral, *Direito civil*, cit., p. 514.

tade quando expresso como razão determinante. O inc. III em foco trata de situação de maior gravidade, em que o motivo determinante, comum às partes, é **ilícito**, não admitindo o ordenamento jurídico, por isso, que produza qualquer efeito.

■ **Inciso VI —** também não constava do Código Civil de 1916 o inc. VI, que considera nulo o negócio jurídico quando "tiver por objeto fraudar lei imperativa". Refere-se o dispositivo ao negócio celebrado em fraude a preceito de **ordem pública**, a **norma cogente**, que a jurisprudência já vinha considerando nulo antes mesmo da mencionada inovação legislativa.

■ **Inciso VII —** quanto ao inc. VII do art. 166, observa-se que algumas vezes, com efeito, a lei **expressamente** declara nulo determinado negócio ("Art. 489. Nulo é o contrato de compra e venda, quando se deixa ao arbítrio exclusivo de uma das partes a fixação do preço"; e, ainda, arts. 548, 549, 1.428, 1.475, 1.548 etc.). Nesses casos, como já mencionado, diz-se que a nulidade é **expressa** ou **textual**. Outras vezes, a lei não declara expressamente a nulidade do ato, mas proíbe a sua prática ou submete a sua validade à observância de certos requisitos de interesse geral. Utiliza-se, então, de expressões como **"não pode"** (arts. 426 e 1.521), **"não se admite"** (art. 380), **"ficará sem efeito"** (arts. 483 e 485) etc. Em tais hipóteses, dependendo da natureza da disposição violada, a nulidade está subentendida, sendo chamada de **virtual** ou **implícita**, como dito no item anterior.

■ 7.6.4. Anulabilidade

■ *7.6.4.1. Conceito*

Quando a ofensa atinge o **interesse particular** de pessoas que o legislador pretendeu **proteger**, sem estar em jogo interesses sociais, faculta-se a estas, se o desejarem, promover a anulação do ato. Trata-se de negócio **anulável**, que será considerado válido se o interessado se conformar com os seus efeitos e não o atacar, nos prazos legais, ou o confirmar.

Anulabilidade é a sanção imposta pela lei aos atos e negócios jurídicos realizados por pessoa **relativamente incapaz** ou eivados de algum **vício** do consentimento ou vício social. Visa, pois, à proteção do **consentimento** ou refere-se à **incapacidade** do agente. Segundo Francisco Amaral, sua razão de ser "está na proteção que o direito dispensa aos interesses particulares. Depende da manifestação judicial. Diversamente do negócio jurídico nulo, o **anulável** produz efeitos até ser anulado em ação, para a qual são legitimados os interessados no ato, isto é, as pessoas prejudicadas e em favor de quem o ato se deve tornar ineficaz"[206].

A **anulabilidade**, por não concernir a questões de interesse geral, de ordem pública, como a nulidade, é **prescritível** e admite **confirmação**, como forma de sanar o defeito que a macula.

[206] *Direito civil*, cit., p. 519.

7.6.4.2. *Causas de anulabilidade*

Declara o art. 171 do Código Civil:

> "Além dos casos expressamente declarados na lei, é anulável o negócio jurídico:
>
> I — por incapacidade relativa do agente;
>
> II — por vício resultante de erro, dolo, coação, estado de perigo, lesão ou fraude contra credores."

Embora não mencionada, é também causa de anulabilidade a **falta de assentimento de outrem** que a lei estabeleça como requisito de validade, como nos casos em que um cônjuge só pode praticar com a anuência do outro ou em que o ascendente depende do consentimento do descendente[207].

O art. 4º do Código Civil, com a redação dada pela Lei n. 13.146, de 6 de julho de 2015, elenca as pessoas **relativamente incapazes**, sujeitas à tutela (art. 1.728) e à curatela (art. 1.767):

- os maiores de 16 e menores de 18 anos;
- os ébrios habituais;
- os viciados em tóxicos;
- **aqueles que, por causa transitória ou permanente, não puderem exprimir sua vontade**; e
- os pródigos.

Os **defeitos do negócio jurídico** mencionados no inc. II do citado art. 171 estão disciplinados nos arts. 138 a 165 do Código Civil, anotando-se que a simulação, que integrava esse rol no diploma de 1916, foi deslocada para o capítulo ora em estudo, como causa de nulidade do negócio jurídico (CC, art. 167).

7.6.5. Diferenças entre nulidade e anulabilidade

Além das já mencionadas, outras diferenças entre **anulabilidade** e **nulidade** podem ser apontadas. Veja-se o esquema abaixo:

ANULABILIDADE	NULIDADE
■ É decretada no interesse privado da pessoa prejudicada. Nela não se vislumbra o interesse público, mas a mera conveniência das partes.	■ É de ordem pública e decretada no interesse da própria coletividade.
■ Pode ser suprida pelo juiz, a requerimento das partes (CC, art. 168, par. único, *a contrario sensu*), ou sanada, expressa ou tacitamente, pela confirmação (art. 172). Quando resultar da falta de autorização de terceiro, será validado se este a der posteriormente (art. 176).	■ Não pode ser sanada pela confirmação nem suprida pelo juiz. O Código Civil atual, para atender à melhor técnica, substituiu o termo "ratificação" por "confirmação".

207 Francisco Amaral, *Direito civil*, cit., p. 522; Marcos Bernardes de Mello, *Teoria do fato jurídico*. Plano da validade, p. 107; Renan Lotufo, *Código Civil comentado*, v. 1, p. 474.

■ Não pode ser pronunciada de ofício. Depende de provocação dos interessados (CC, art. 177) e não opera antes de julgada por sentença. O efeito de seu reconhecimento é, portanto, *ex nunc*. A sentença é de natureza desconstitutiva, pois o negócio anulável vai produzindo efeitos até ser pronunciada a sua invalidade. Deve, assim, ser pleiteada em ação judicial.	■ Deve ser pronunciada de ofício pelo juiz (CC, art. 168, par. único) e seu efeito é *ex tunc*, pois retroage à data do negócio para lhe negar efeitos. A manifestação judicial, neste caso, é, então, de natureza meramente declaratória.
■ Só pode ser alegada pelos interessados, isto é, pelos prejudicados (o relativamente incapaz e o que manifestou vontade viciada), sendo que os seus efeitos aproveitam apenas aos que a alegaram, salvo o caso de solidariedade ou indivisibilidade (CC, art. 177).	■ Pode ser alegada por qualquer interessado, em nome próprio, ou pelo Ministério Público, quando lhe couber intervir, em nome da sociedade que representa (CC, art. 168, *caput*).
■ Ocorre a decadência em prazos mais ou menos curtos. Quando a lei dispuser que determinado ato é anulável sem estabelecer prazo para pleitear-se a anulação, será este de dois anos, a contar da data da conclusão do ato (CC, art. 179).	■ Não se valida com o decurso do tempo nem é suscetível de confirmação (CC, art. 169). Mas a alegação do direito pode esbarrar na usucapião consumada em favor do terceiro.
■ O negócio anulável produz efeitos até o momento em que é decretada a sua invalidade. O efeito dessa decretação é, pois, *ex nunc* (natureza desconstitutiva).	■ O ato nulo não produz nenhum efeito (*quod nullum est nullum producit effectum*). O pronunciamento judicial de nulidade produz efeitos *ex tunc*, isto é, desde o momento da emissão da vontade (natureza declaratória).

■ 7.6.6. A confirmação do negócio jurídico

Como mencionado, a anulabilidade do negócio jurídico pode ser sanada pela **confirmação** (CC, art. 172), expressão que substituiu o termo "ratificação", utilizado pelo diploma de 1916.

A **confirmação** pode ser expressa ou tácita e retroage à data do ato.

- ■ **Expressa**, quando há uma declaração de vontade que contenha a **substância** do negócio celebrado, sendo necessário que a vontade de mantê-lo seja **explícita** (art. 173), devendo observar a mesma forma do ato praticado.
- ■ **Tácita**, quando a obrigação já foi cumprida em parte pelo devedor, ciente do vício que a inquinava (art. 174), ou quando deixa consumar-se a decadência de seu direito.

Expressa ou tácita, importa a extinção de todas as ações ou exceções de que dispusesse o devedor contra o negócio anulável (art. 175).

A confirmação não poderá, entretanto, ser efetivada se **prejudicar terceiro** (CC, art. 172). Seria a hipótese, por exemplo, da venda de imóvel feita por relativamente incapaz, sem estar assistido, e que o vendeu também a terceiro, assim que completou a maioridade. Neste caso, não poderá confirmar a primeira alienação para não prejudicar os direitos do segundo adquirente.

■ 7.6.7. Pronunciamento de ofício da nulidade

A nulidade quase sempre opera de pleno direito e deve ser pronunciada **de ofício** pelo juiz, quando conhecer do negócio jurídico ou dos seus efeitos e a encontrar provada (art. 168, parágrafo único). Somente se justifica a propositura de ação para esse fim quando houver controvérsia sobre os fatos constitutivos da nulidade (**dúvida**

sobre a existência da própria nulidade). Se tal não ocorre, ou seja, se ela consta do instrumento, ou se há prova literal, o juiz a pronuncia de ofício.

7.6.8. A imprescritibilidade do negócio nulo

Durante a vigência do Código Civil de 1916, divergiam os doutrinadores no tocante à prescrição dos negócios nulos, em virtude da inexistência de regra expressa a respeito. Enquanto alguns defendiam a imprescritibilidade, outros entendiam que a prescrição se consumava no prazo máximo previsto no art. 177 do aludido diploma, que era de 20 anos.

O Código Civil de 2002, todavia, declara expressamente a **imprescritibilidade** do negócio jurídico **nulo**, no art. 169, do seguinte teor:

> "O negócio jurídico nulo não é suscetível de confirmação, nem convalesce pelo decurso do tempo."

Portanto, afastadas as dúvidas, não cabe mais nenhuma discussão a respeito desse assunto. Mas, como oportunamente ressalvado, a alegação do direito pode esbarrar na usucapião consumada em favor do terceiro.

7.6.9. O negócio nulo e a eventual produção de efeitos

Também foi mencionado que o ato nulo não produz nenhum efeito (*quod nullum est nullum producit effectum*). Deve-se ponderar, porém, que tal afirmação não tem um sentido absoluto e significa, na verdade, que é destituído dos efeitos que **normalmente lhe pertencem**. Isto porque, algumas vezes, determinadas consequências **emanam do ato nulo**, como ocorre no casamento putativo. Outras vezes, a venda nula não acarreta a transferência do domínio, mas vale como causa justificativa da posse de boa-fé.

No direito processual, a citação nula por incompetência do juiz interrompe a prescrição e constitui o devedor em mora (CPC, art. 240).

7.6.10. Disposições especiais

- **Código Civil, art. 180:** "O menor, entre dezesseis e dezoito anos, não pode, para eximir-se de uma obrigação, invocar a sua idade se dolosamente a ocultou quando inquirido pela outra parte, ou se, no ato de obrigar-se, declarou-se maior". Se agir dessa forma, o menor perderá a proteção da lei. A proteção será conferida ao terceiro de boa-fé que com ele negociou. Ressalve-se, no entanto, que o erro deste deve ser escusável.
- **Código Civil, art. 183:** "A invalidade do instrumento não induz a do negócio jurídico sempre que este puder provar-se por outro meio". Assim, por exemplo, a nulidade da escritura de mútuo de pequeno valor não invalida o contrato, porque pode ser provado por testemunhas. Mas será diferente se a escritura pública for da substância do ato, como no contrato de mútuo com garantia hipotecária.

■ **Código Civil, art. 184, primeira parte:** "Respeitada a intenção das partes, a invalidade parcial de um negócio jurídico não o prejudicará na parte válida, se esta for separável". Trata-se de aplicação do princípio *utile per inutile non vitiatur*. Desse modo, se o testador, ao mesmo tempo em que dispôs de seus bens para depois de sua morte, aproveitou a cédula testamentária para reconhecer filho havido fora do casamento, invalidada esta por inobservância das formalidades legais, não será prejudicado o referido reconhecimento, que pode ser feito até por instrumento particular, sem formalidades (CC, art. 1.609, II). A invalidade da hipoteca, por falta de outorga uxória, também impede a constituição do ônus real, mas é aproveitável como confissão de dívida.

■ **Código Civil, art. 184, segunda parte:** "A invalidade da obrigação principal implica a das obrigações acessórias, mas a destas não induz a da obrigação principal". A regra consiste em aplicação do princípio *accessorium sequitur suum principale*, acolhido pelo Código Civil. Assim, a nulidade da obrigação principal acarreta a nulidade da cláusula penal, e a da dívida contratada acarreta a da hipoteca. Mas a nulidade da obrigação acessória não importa a da obrigação principal.

■ **Código Civil, art. 182:** "Anulado o negócio jurídico" (havendo nulidade ou anulabilidade), "restituir-se-ão as partes ao estado em que antes dele se achavam, e, não sendo possível restituí-las, serão indenizadas com o equivalente". Trata o dispositivo dos efeitos da invalidação do negócio jurídico. A parte final aplica-se às hipóteses em que a coisa não mais existe ou foi alienada a terceiro de boa-fé.

■ **Código Civil, art. 181:** "Ninguém pode reclamar o que, por uma obrigação anulada, pagou a um incapaz, se não provar que reverteu em proveito dele a importância paga". O Código abre exceção em favor dos incapazes. As obrigações contraídas com absolutamente incapazes são nulas, e anuláveis se a incapacidade for relativa. Cabe ao incapaz, protegido pela lei, e não a quem com ele contratou, o direito de pedir a anulação do negócio. Os efeitos por este produzidos ficam vedados a partir da anulação. Provado, porém, que o pagamento nulo reverteu em proveito do incapaz, determina-se a restituição, porque ninguém pode **locupletar-se à custa alheia**. Sem tal prova, mantém-se inalterada a situação. O ônus da prova incumbe a quem pagou.

■ **Casamento:** A teoria das nulidades do negócio jurídico sofre algumas exceções quando aplicada ao **casamento**. Assim, embora os negócios nulos não produzam efeitos, o casamento putativo produz alguns. Malgrado a nulidade deva ser decretada de ofício pelo juiz, a decretação de nulidade do casamento do enfermo mental que não tenha o necessário discernimento e do celebrado com infringência a impedimento pode ser promovida mediante ação direta, por qualquer interessado, ou pelo Ministério Público (CC, art. 1.549).

■ 7.6.11. Conversão do negócio jurídico

O art. 169 do novo Código Civil, que não constava do anterior, como já dito, proclama:

> "O negócio jurídico nulo não é suscetível de confirmação, nem convalesce pelo decurso do tempo."

Mas admite-se a sua **conversão**, por força do também novo art. 170, que prescreve:

> "Se, porém, o negócio jurídico nulo contiver os requisitos de outro, subsistirá este quando o fim a que visavam as partes permitir supor que o teriam querido, se houvessem previsto a nulidade."

Introduz-se, assim, a **conversão** do negócio **nulo** em um outro, de natureza diversa, desde que se possa inferir que a **vontade das partes** era realizar o negócio subjacente. Giuseppe Satta, citado por João Alberto Schützer Del Nero, traça o perfil jurídico da conversão nestes termos: "Na linguagem comum, entende-se por conversão o ato por força do qual, em caso de nulidade do negócio jurídico querido principalmente, abre-se às partes o caminho para fazer valer **outro**, que se apresenta como que compreendido **no primeiro** e encontra nos escombros (*rovine*) deste os requisitos necessários para a sua existência, de que seriam exemplos: a) uma venda simulada, que poderia conter os requisitos de uma doação; e b) um ato público nulo, que poderia conter os requisitos de uma escritura privada"[208].

O instituto da conversão permite, portanto, que, observados certos requisitos, se transforme um negócio jurídico, em princípio **nulo**, em **outro**, para propiciar a consecução do resultado prático que as partes visavam com ele alcançar. Assim, por exemplo, poder-se-á transformar um contrato de compra e venda, nulo por defeito de forma, em compromisso de compra e venda ou a aceitação intempestiva em proposta. Dois são os **requisitos** a serem observados:

- o **objetivo**, concernente à necessidade de que o segundo negócio, em que se converteu o nulo, tenha por suporte os mesmos elementos fáticos deste; e
- o **subjetivo**, relativo à intenção das partes de obter o efeito prático resultante do negócio em que se converte o inválido.

A propósito, proclama o Enunciado 13 da I Jornada de Direito Civil promovida pelo Conselho da Justiça Federal: "O aspecto objetivo da conversão requer a existência do suporte fático no negócio a converter-se".

7.6.12. A simulação

7.6.12.1. Conceito

Simulação é uma declaração **falsa** da vontade, visando **aparentar** negócio diverso do efetivamente desejado. Ou, na definição de Clóvis, "é uma declaração enganosa da vontade, visando produzir efeito diverso do ostensivamente indicado"[209].

Simular significa, pois, **fingir**, enganar. Negócio simulado, assim, é o que tem **aparência** contrária à realidade. A simulação é produto de um **conluio** entre os contratantes, visando obter efeito diverso daquele que o negócio aparenta conferir. Não é vício do consentimento, pois não atinge a vontade em sua formação. É uma descon-

---

208 *Conversão substancial do negócio jurídico*, p. 299-300.

209 Clóvis Beviláqua, *Código Civil dos Estados Unidos do Brasil comentado*, 6. ed., 1940, art. 102.

formidade consciente da declaração, realizada de comum acordo com a pessoa a quem se destina, com o objetivo de enganar terceiros ou fraudar a lei[210].

Trata-se, em realidade, de **vício social**. A *causa simulandi* tem as mais diversas procedências e finalidades. Ora visa **burlar a lei**, especialmente a de ordem pública, ora **fraudar o Fisco**, ora **prejudicar a credores**, ora até guardar em reserva determinado negócio. A multifária gama de situações que pode abranger e os seus nefastos efeitos levaram o legislador a deslocar a simulação do capítulo concernente aos defeitos do negócio jurídico para o da invalidade, como causa de **nulidade**.

7.6.12.2. *Características da simulação*

A simulação apresenta as seguintes **características:**

- **É, em regra, negócio jurídico bilateral**, sendo os contratos o seu campo natural. Resulta do **acordo entre duas partes**, para lesar terceiro ou fraudar a lei. Todavia, pode ocorrer também, embora a hipótese seja rara, nos negócios **unilaterais**, desde que se verifique ajuste simulatório entre o declarante e a pessoa que suporta os efeitos do negócio, como destinatária da declaração. De modo geral, podem ser objeto de simulação todos os negócios jurídicos bilaterais e unilaterais em que exista declaração receptícia de vontade, isto é, a que se dirige a determinadas pessoas, produzindo efeitos a partir de sua ciência[211].
- **É sempre acordada com a outra parte ou com as pessoas a quem ela se destina**. Difere do **dolo**, porque neste a vítima participa da avença, sendo, porém, induzida em erro. **Na simulação, a vítima lhe é estranha**. É chamada de vício social, como foi dito, porque objetiva iludir terceiros ou violar a lei.
- **É uma declaração deliberadamente desconforme com a intenção**. As partes maliciosamente disfarçam seu pensamento, apresentado sob aparência irreal ou fictícia.
- É realizada com o intuito de **enganar terceiros ou fraudar a lei**.

7.6.12.3. *Espécies de simulação*

A doutrina distingue as seguintes espécies de simulação:

a) absoluta e a relativa, havendo quem mencione uma terceira modalidade, a ***ad personam***;

b) inocente e fraudulenta.

■ **Simulação absoluta —** na simulação absoluta, as partes, na realidade, não realizam **nenhum negócio**. Apenas **fingem**, para criar uma aparência, uma ilusão

---

[210] Francisco Amaral, *Direito civil*, cit., p. 494-495.

[211] Washington de Barros Monteiro, *Curso*, cit., v. 1, p. 218; Eduardo Espínola, *Manual do Código Civil brasileiro*, v. 3, p. 470; Francisco Amaral, *Direito civil*, cit., p. 496.

externa, sem que na verdade desejem a realização do ato (*colorem habens, substantiam vero nullam*). Diz-se absoluta porque a declaração de vontade se destina a **não produzir resultado**, ou seja, deveria ela produzir um, mas essa não é a intenção do agente. Em geral, essa modalidade destina-se a prejudicar terceiro, subtraindo os bens do devedor à execução ou partilha. Exemplos: a emissão de títulos de crédito em favor de amigos e posterior dação em pagamento de bens, em pagamento desses títulos, por marido que pretende se separar da esposa e subtrair da partilha tais bens; e a falsa confissão de dívida perante amigo, com concessão de garantia real, para esquivar-se da execução de credores quirografários. Nos dois exemplos, o simulador não realizou **nenhum negócio verdadeiro** com os amigos, mas, antes, fingiu, simulou.

■ **Simulação relativa** — na simulação relativa, as partes pretendem realizar determinado negócio, prejudicial a terceiro ou em fraude à lei. Para escondê-lo ou dar-lhe **aparência diversa**, realizam outro negócio (*negotium colorem habet, substantiam vero alteram*). Compõe-se, pois, de **dois negócios**: um deles é o **simulado**, aparente, destinado a enganar; o outro é o **dissimulado**, oculto, mas verdadeiramente desejado. O negócio aparente, **simulado**, serve apenas para **ocultar a efetiva intenção** dos contratantes, ou seja, o negócio real. É o que acontece, por exemplo, quando o homem casado, para contornar a proibição legal de fazer doação à concubina, simula a venda a um terceiro, que transferirá o bem àquela; ou quando, para pagar imposto menor e burlar o Fisco, as partes passam a escritura por preço inferior ao real.

Simulação não se confunde, pois, com **dissimulação**, embora em ambas haja o propósito de enganar. Na **simulação**, procura-se aparentar o que não existe; na **dissimulação**, oculta-se o que é verdadeiro. Na simulação, há o propósito de enganar sobre a existência de situação não verdadeira; na dissimulação, sobre a inexistência de situação real.

■ **Simulação *ad personam*** — diz-se que a simulação é ***ad personam*** ou **por interposição de pessoa** quando o negócio é real, mas **a parte é aparente**, denominada testa de ferro, homem de palha ou presta-nome[212].

■ **Simulação inocente** — o art. 103 do Código Civil revogado considerava **inocente** a simulação quando **não houvesse intenção** de prejudicar a terceiros ou de violar disposição de lei. No primeiro caso, não constituía defeito do negócio jurídico (hipótese, p. ex., de doação feita pelo homem solteiro à sua concubina, mas sob a forma de venda). Como não havia nenhum impedimento legal para essa doação, a concretização do ato sob a forma de venda era considerada simulação inocente, por não objetivar a fraude à lei. Se inocente o fingimento, o negócio simulado prevalecia ainda que revelada a simulação.

Já observava Silvio Rodrigues que "tal orientação era contra a opinião de toda a doutrina e colide com a legislação dos demais países. Uma e outra entendem que, no

[212] Renan Lotufo, *Código Civil*, cit., p. 464.

caso de simulação inocente, esta pode ser declarada a pedido de qualquer das partes, a fim de tornar sem efeito o ato simulado"[213].

■ **Simulação fraudulenta —** a simulação seria fraudulenta, e defeito do negócio jurídico, quando houvesse a **intenção** de prejudicar a terceiros ou de violar disposição de lei (art. 104). Não mais se faz essa distinção. Ao disciplinar a simulação, apartou-se o novo Código inteiramente do sistema observado pelo diploma de 1916. Assevera Moreira Alves, a propósito: "Não mais se distingue a simulação inocente da fraudulenta; **ambas** conduzem ao mesmo resultado: **nulidade do negócio simulado**, e subsistência do dissimulado, se for o caso"[214].

■ 7.6.12.4. *A disciplina no Código Civil de 2002*

O Código Civil atual, como já explicado, afastou-se, ao disciplinar a simulação, do sistema observado pelo anterior, não mais a tratando como defeito ou vício social que acarreta a anulabilidade do negócio jurídico. No **regime atual**, a simulação, seja a relativa, seja a absoluta, acarreta a **nulidade** do negócio simulado. Se relativa, **subsistirá** o negócio dissimulado, se válido for na substância e na forma. Com efeito, dispõe o art. 167 do Código Civil:

> "Art. 167. É nulo o negócio jurídico simulado, mas subsistirá o que se dissimulou, se válido for na substância e na forma."

A segunda parte do dispositivo refere-se à simulação **relativa**, também chamada de **dissimulação**; a primeira, à simulação **absoluta**. Assim, no exemplo da escritura pública lavrada por valor inferior ao real, anulado o valor aparente, subsistirá o real, dissimulado, porém **lícito**. Ressalvam-se, porém, "os direitos de terceiros de boa-fé em face dos contraentes do negócio jurídico simulado" (art. 167, § 2º).

A expressa proteção aos direitos de **terceiros de boa-fé** em face do negócio simulado constitui importante inovação, que era recomendada pela doutrina, como se pode verificar pela manifestação de Eduardo Espínola: "Pode afirmar-se que as legislações modernas, em sua universalidade, da mesma sorte que a doutrina contemporânea e os tribunais de todos os países civilizados, têm sancionado, com igual firmeza, o princípio da inoponibilidade do ato simulado aos terceiros de boa-fé"[215].

O art. 104 do Código Civil de 1916 não permitia ação de um **simulador contra outro**. Se, no primeiro exemplo sobre simulação absoluta retromencionado, os amigos a quem o marido simulou fazer dações em pagamento de bens do casal se negassem, depois de sua separação judicial, a lhe transferir os referidos bens, conforme haviam combinado, não teria este ação contra aqueles, entendendo-se que ninguém pode beneficiar-se da própria torpeza (*nemo auditur propriam turpitudinem allegans*). Todavia, **o novo Código**, como assinala Moreira Alves, "ressalvando os direitos de terceiros

---

[213] *Direito civil*, cit., v. 1, p. 301.

[214] *A Parte Geral*, cit., p. 113-114.

[215] Apud Custódio da Piedade Miranda, *A simulação no direito civil brasileiro.*

de boa-fé em face dos contraentes do negócio jurídico simulado, **admite**, como decorrência mesma da nulidade, que a simulação possa ser invocada pelos simuladores em litígio de **um contra o outro**, ao contrário do que reza o art. 104 do Código de 1916"[216].

Com efeito, se a simulação acarreta a nulidade do negócio jurídico e, portanto, deve ser decretada **de ofício** pelo juiz quando a encontrar provada (CC, art. 168, parágrafo único), a ação movida por um simulador contra o outro possibilitará que esse fato venha a ocorrer.

■ 7.6.12.5. Hipóteses legais de simulação

Dispõe o § 1º do art. 167 do Código Civil:

> "Art. 167. (...)
>
> § 1º Haverá simulação nos negócios jurídicos quando:
>
> I — aparentarem conferir ou transmitir direitos a pessoas diversas daquelas às quais realmente se conferem, ou transmitem;
>
> II — contiverem declaração, confissão, condição ou cláusula não verdadeira;
>
> III — os instrumentos particulares forem antedatados, ou pós-datados."

Em outras palavras, prescreve o aludido dispositivo que haverá simulação:

- por **interposição de pessoa** (relembre-se o exemplo do terceiro que adquire bem do homem casado e o transfere à concubina deste), em que aparece a figura do testa de ferro, não integrando a relação jurídica o real beneficiário da negociação;
- por **ocultação da verdade**, na declaração (declaração de valor inferior, na escritura, ao real);
- por **falsidade de data**.

Tendo em vista a dificuldade para se provar o ardil, o expediente astucioso, admite-se a **prova** da simulação por **indícios e presunções** (CPC/39, art. 252; CPC/73, arts. 332 e 335; CPC/2015, arts. 369 e 375).

■ 7.6.12.6. Efeitos da simulação

Como já assinalado, o novo Código Civil alterou substancialmente a disciplina desse instituto, sem, no entanto, desnaturar seus fundamentos básicos. Topograficamente, retirou a simulação do capítulo concernente aos defeitos do negócio jurídico, deslocando-a para o alusivo à invalidade, considerando-a **causa de nulidade**, e não de anulabilidade, como fazia o diploma de 1916.

Dispõe, efetiva e expressamente, o art. 167 do Código de 2002, como já dito, que "é nulo o negócio jurídico simulado, mas subsistirá o que se dissimulou, se válido for na substância e na forma".

---

[216] *A Parte Geral*, cit., p. 114.

Desse modo, a **simulação**, no sistema inaugurado aos 11 de janeiro de 2003, acarreta a **nulidade** do negócio simulado. Porém, em caso de simulação relativa, o negócio dissimulado poderá subsistir se for **válido na substância e na forma**[217].

■ *7.6.12.7. Simulação e institutos afins*

A simulação distingue-se dos demais defeitos do negócio jurídico, como se pode verificar:

- **Simulação e erro** — no **erro**, o agente tem uma falsa noção do objeto da relação e se engana sozinho. Diz-se que a divergência entre a vontade declarada e o íntimo querer do agente é espontânea. Na **simulação**, a vítima não manifesta a sua vontade, sendo prejudicada pela declaração enganosa dos simuladores.
- **Simulação e dolo** — no **dolo**, o prejudicado é maliciosamente induzido em erro. Não bastasse, participa diretamente das negociações, enquanto na **simulação** participam somente os simuladores. A vítima é lesada sem integrar a relação jurídica simulada.
- **Simulação e coação** — na **coação**, o coacto é forçado, mediante grave ameaça, a praticar o ato ou celebrar o negócio. Na **simulação**, todavia, há um acordo de vontades, com o escopo de enganar o lesado.
- **Simulação e reserva mental** — difere ainda a simulação da **reserva mental**, pelo fato de nesta não existir um acordo entre as partes para enganar terceiros, apenas uma declaração em desacordo com a sua vontade no intuito de enganar o declaratário[218]. Ressalte-se que o Código Civil português manda aplicar, quando o declaratário conhece a reserva, o regime da **simulação**, considerando nula a declaração. No sistema do novo Código Civil brasileiro, porém, configura-se a hipótese de ausência de vontade, considerando-se **inexistente** o negócio jurídico (art. 110).
- **Simulação e estado de perigo** — a simulação distingue-se também do **estado de perigo**, que decorre da necessidade do agente de salvar a si mesmo ou pessoa de sua família de grave dano, levando-o a assumir obrigação excessivamente onerosa.
- **Simulação e lesão** — não se confunde, igualmente, com a **lesão**, que se configura quando alguém obtém um lucro exagerado, aproveitando-se da inexperiência ou da situação de necessidade do outro contratante.

Nos dois últimos vícios do consentimento, a vítima participa diretamente do negócio, o que não sucede na simulação.

---

217 Maria Helena Diniz, *Curso*, cit., v. 1, p. 412.

218 Francisco Amaral, *Direito civil*, cit., p. 496.

7.6.13. Resumo

DA INVALIDADE DO NEGÓCIO JURÍDICO	
INTRODUÇÃO	▪ A expressão "invalidade" abrange a nulidade e a anulabilidade do negócio jurídico. A doutrina menciona também o negócio **inexistente** (quando lhe falta algum elemento estrutural, o consentimento, p. ex.). O negócio é **nulo** quando ofende preceitos de ordem pública, que interessam à sociedade (arts. 166 e 167). É **anulável** quando a ofensa atinge o interesse particular de pessoas que o legislador pretendeu proteger (art. 171).
ESPÉCIES DE NULIDADE	a) **absoluta** e **relativa** (anulabilidade); b) **expressa ou textual** (quando a lei declara nulo determinado negócio) e **virtual ou implícita** (quando a lei se utiliza de expressões como "não pode", "não se admite" etc.).
NULIDADE E ANULABILIDADE: DIFERENÇAS	a) a **anulabilidade** é decretada no interesse privado da pessoa prejudicada. A **nulidade** é de ordem pública e decretada no interesse da própria coletividade; b) a **anulabilidade** pode ser suprida pelo juiz, a requerimento das partes (art. 168, parágrafo único), ou sanada pela **confirmação** (art. 172). A **nulidade** não pode ser sanada pela confirmação nem suprida pelo juiz; c) a **anulabilidade** não pode ser pronunciada de ofício. A **nulidade**, ao contrário, **deve** ser pronunciada *ex officio* pelo juiz (art. 168, parágrafo único); d) a **anulabilidade** só pode ser alegada pelos prejudicados, enquanto a **nulidade** pode ser arguida por qualquer interessado ou pelo Ministério Público (art. 168); e) ocorre a decadência da **anulabilidade** em prazos mais ou menos curtos. A **nulidade** não convalesce pelo decurso do tempo (art. 169), ou seja, é **imprescritível**; f) o negócio **anulável** produz efeitos até o momento em que é decretada a sua invalidade. O efeito da sentença é, pois, *ex nunc* (natureza desconstitutiva). O pronunciamento judicial da **nulidade** produz efeitos *ex tunc*, isto é, desde o momento da emissão da vontade (natureza declaratória).
DISPOSIÇÕES ESPECIAIS	a) a invalidade do instrumento não induz a do negócio jurídico sempre que este puder provar-se por outro meio (art. 183); b) a invalidade parcial de um negócio jurídico não o prejudicará na parte válida se esta for separável (art. 184); c) se o negócio jurídico for nulo, mas contiver os requisitos de outro, poderá o juiz fazer a sua conversão, sem decretar a nulidade (art. 170).
SIMULAÇÃO	▪ **Conceito:** é uma declaração enganosa da vontade, visando aparentar negócio diverso do efetivamente desejado. ▪ **Espécies:** a) **absoluta:** as partes não realizam nenhum negócio. Apenas fingem, para criar uma aparência de realidade; b) **relativa:** as partes procuram ocultar o negócio verdadeiro, prejudicial a terceiro ou realizado em fraude à lei, dando-lhe aparência diversa. Compõe-se de dois negócios: o **simulado**, aparente, e o **dissimulado**, oculto, mas verdadeiramente desejado. ▪ **Efeitos:** acarreta a **nulidade** do negócio simulado. Se relativa, subsistirá o negócio **dissimulado**, caso este seja válido na substância e na forma (art. 167).

7.7. QUESTÕES

1. (Procurador do Trabalho/XV Concurso/2008) Leia com atenção as assertivas abaixo:

I. Quando as circunstâncias ou os usos o autorizarem, e não for necessária a declaração de vontade expressa, o silêncio importa anuência;

II. São interpretados estritamente os negócios jurídicos benéficos e a renúncia;

III. A condição de fazer coisa ilícita invalida o negócio jurídico que lhe é subordinado;

IV. A condição resolutiva de fazer coisa impossível tem-se por inexistente.

Assinale a alternativa CORRETA:

a) Apenas as alternativas III e IV são corretas;
b) Apenas as assertivas I, II e III são corretas;
c) Apenas as assertivas I e II são corretas;
d) Todas as assertivas são corretas;
e) Não respondida.

2. (Procuradoria do Estado/MT/Procurador/Fundação Carlos Chagas/2016) Pedro adquiriu de João veículo que, segundo afirmou o vendedor, a fim de induzir o comprador em erro, seria do tipo "flex", podendo ser abastecido com gasolina ou com álcool. Mas Pedro não fazia questão desta qualidade, e teria realizado o negócio ainda que o veículo não fosse bicombustível. No entanto, em razão do que havia afirmado João, Pedro acabou por abastecer o veículo com combustível inapropriado, o que causou avaria no motor. O negócio jurídico

a) é anulável e obriga às perdas e danos, em razão do vício denominado dolo, não importando tratar-se de dolo acidental.
b) é nulo, em razão de vício denominado dolo.
c) é nulo, em razão de vício denominado lesão.
d) é anulável, em razão do vício denominado dolo, mas não obriga às perdas e danos, por tratar-se de dolo acidental.
e) não é passível de anulação, pois o dolo acidental só obriga às perdas e danos.

3. (TJRS/Juiz de Direito/FAURGS/2016) Sobre o negócio jurídico, assinale a alternativa CORRETA.

a) A invalidade do negócio jurídico por fraude a credores decorre do exercício de direito pessoal do credor, mediante interposição de ação pauliana, no prazo de quatro anos contados do dia da celebração.
b) A confirmação e a conversão do negócio jurídico inválido só podem ser realizadas se possível o atendimento posterior dos requisitos ausentes por ocasião de sua celebração.
c) A invalidade do negócio jurídico, por incapacidade absoluta ou relativa do agente, pode ser pronunciada de ofício.
d) A invalidade do negócio jurídico simulado pode ser pleiteada no prazo de quatro anos contados da conclusão do negócio.
e) O negócio celebrado pelo representante consigo mesmo é anulável, desde que provado o conflito de interesses com o representado.

4. (Procurador Municipal/SP/Fundação Carlos Chagas/2008) Analise as seguintes afirmativas:

I. A manifestação de vontade subsiste ainda que o seu autor haja feito a reserva mental de não querer o que manifestou, salvo se dela o destinatário tinha conhecimento.
II. O silêncio sempre importará anuência, como manifestação da vontade, quando as circunstâncias ou os usos locais o autorizarem.
III. Nas declarações de vontade se atenderá mais à intenção nelas consubstanciada do que ao sentido literal da linguagem.
IV. A inobservância da forma prescrita em lei determina a nulidade relativa dos negócios jurídicos, porque a validade da declaração de vontade não dependerá de forma especial, senão quando a lei expressamente a exigir.
V. O falso motivo só vicia a declaração de vontade quando expresso como razão determinante.

Estão corretas as afirmativas:

a) I, II e III.
b) I, II e IV.
c) I, III e V.
d) II, III e V.
e) III, IV e V.

5. (TRT/15ª Região/Campinas/Juiz do Trabalho/XXIII Concurso/Fundação Carlos Chagas/2008) Assinale a alternativa INCORRETA:

a) Os negócios jurídicos devem ser interpretados conforme a boa-fé e os usos do lugar de sua celebração, sendo que os contratos benéficos estritamente;
b) Considera-se não escrito o encargo ilícito, salvo se constituir o motivo determinante da liberalidade, caso em que se invalida o negócio jurídico;
c) Os prazos de meses e anos sempre expiram no dia de igual número do de início;
d) Ocorre estado de perigo quando alguém, premido da necessidade de salvar pessoa de sua família de grave dano moral, assume obrigação de prestação exorbitante;
e) Na lesão, o vício de consentimento decorre do abuso praticado em situação de desigualdade de um dos contratantes, por inexperiência, independente de dolo.

6. (TRT/1ª Região/Juiz do Trabalho/Fundação Carlos Chagas/2016) Necessitando, com urgência, comprar remédios muito caros para o tratamento de uma doença da qual padecia e não possuindo rendas ou economias para tanto, o proprietário de certo imóvel o alienou a terceiro por cerca de 1/5 de seu valor de mercado. Agravando-se o quadro do mesmo ex-proprietário cerca de três anos após a alienação, seu procurador, constituído por escritura pública para representá-lo em todos os atos da vida civil enquanto estivesse em nosocômio, substabeleceu a procuração por instrumento particular e o substabelecido ajuizou ação em face de terceiro para anulação da alienação do imóvel, depositando em juízo, à disposição do mesmo terceiro, o valor recebido pelo falecido pela venda do imóvel, com juros e correções legais. Nesse caso,

a) o substabelecido poderia mover a ação e o fundamento dela seria a lesão sofrida pelo vendedor.
b) a compra e venda já estaria perfeita e acabada quando em nosocômio o vendedor, não havendo fundamento legal para a anulação, se ele era maior e capaz ao tempo do negócio.
c) o substabelecido seria representante da parte legítima e o fundamento da ação seria a venda efetuada durante estado de perigo.
d) para que o substabelecido pudesse promover a ação, seria necessário que o substabelecimento também tivesse sido feito por instrumento público.
e) teria ocorrido já decadência do direito de promover a referida ação.

7. (TJSP/Juiz de Direito/185º Concurso/VUNESP/2014) Assinale a opção CORRETA.

a) Subordinando-se a eficácia do negócio jurídico à condição suspensiva, adquire-se desde logo o direito a que ele visa.
b) O termo inicial suspende o exercício, mas não a aquisição do direito.
c) Considera-se condição a cláusula que, derivando exclusivamente da vontade das partes, subordina o efeito do negócio jurídico a evento futuro e certo.
d) Ao titular do direito eventual, nos casos de condição suspensiva ou resolutiva, não é permitido praticar os atos destinados a conservá-los.

8. (PGE/SP/Procurador do Estado/Fundação Carlos Chagas/2009) A condição resolutiva subordina a

a) ineficácia do negócio jurídico a um evento futuro e incerto, enquanto a condição suspensiva subordina a eficácia a um acontecimento futuro e incerto.
b) ineficácia do negócio jurídico a um acontecimento futuro e certo, enquanto a condição suspensiva subordina a eficácia a um acontecimento futuro e certo.
c) eficácia do negócio jurídico a um evento futuro e incerto, enquanto o termo final subordina a eficácia a um acontecimento futuro e certo.

d) eficácia do negócio jurídico a um evento futuro e incerto, enquanto a condição suspensiva subordina a eficácia a um evento futuro e certo.
e) eficácia do negócio jurídico a um evento futuro e certo, enquanto a condição suspensiva subordina a ineficácia a um acontecimento futuro e incerto.

9. (TJSP/Juiz de Direito/182º Concurso/VUNESP/2009) Erro substancial e dolo essencial viciam o ato jurídico porque

a) revelam má-fé do contratante.
b) a vontade não é livremente manifestada.
c) impedem que o declarante tenha conhecimento da realidade.
d) tornam ilícito o objeto.

10. (Procurador da República/24º Concurso/2008) CONSIDERANDO AS SEGUINTES ASSERTIVAS:

I. O dolo do representante legal ou convencional de uma das partes só obriga o representado a responder civilmente até a importância do proveito que teve.
II. Se o dolo de terceiro aproveitar a um dos contratantes, o ato negocial será anulado e o autor do dolo responderá por perdas e danos.
III. O dolo acidental não se constitui em vício de consentimento porque não influi diretamente na realização do ato negocial, que se teria praticado, embora de outro modo.
IV. O dolo negativo ocorrerá quando uma das partes vier a ocultar algo que a outra deveria saber e que, se sabedora, não teria efetivado o ato negocial.

Pode-se afirmar que:

a) I e III estão corretas;
b) II e III estão corretas;
c) III e IV estão corretas;
d) I e IV estão corretas.

11. (TRT/MT/Juiz do Trabalho/Fundação Carlos Chagas/2015) Quando da venda de sua casa, para não ver prejudicadas as negociações, João deixou de mencionar a Rogério, adquirente, que, no imóvel vizinho, funcionava estridente casa noturna. Ignorando o fato, Rogério acabou por adquirir o imóvel. Considerando-se que, se conhecesse o fato, Rogério não teria celebrado o negócio, o silêncio do vendedor constituiu

a) omissão dolosa, que não obriga a satisfazer as perdas e danos mas é causa de anulabilidade, a qual depende de iniciativa da parte para ser decretada.
b) omissão dolosa, que obriga a satisfazer as perdas e danos e é causa de anulabilidade, a qual pode ser conhecida de ofício e não convalesce com o passar do tempo.
c) omissão dolosa, que obriga a satisfazer as perdas e danos e é causa de anulabilidade, a qual depende de iniciativa da parte para ser decretada.
d) lesão, que obriga somente a satisfazer as perdas e danos.
e) lesão, que obriga a satisfazer as perdas e danos e é causa de nulidade, a qual pode ser conhecida de ofício e não convalesce com o passar do tempo.

12. (TJMG/Titular de Serviços de Notas e de Registro/CONSULPLAN/2015) De acordo com o Código Civil brasileiro, é CORRETO afirmar:

a) Têm-se por inexistentes as condições impossíveis, quando resolutivas, e as de não fazer coisa impossível.
b) Se alguém dispuser de uma coisa sob condição suspensiva, e, pendente esta, fizer quanto àquelas novas disposições, estas terão valor, realizada a condição, mesmo se com ela forem incompatíveis.

c) Se for suspensiva a condição, vigorará o negócio jurídico, podendo exercer-se desde a conclusão deste o direito por ele estabelecido.
d) Ao titular do direito eventual, nos casos de condição suspensiva, não é permitido praticar os atos mesmo que destinados a conservá-lo.

13. (TRT/4ª Região/Juiz do Trabalho/2016) Assinale a alternativa CORRETA sobre negócio jurídico.

a) É anulável o negócio jurídico quando não revestir a forma prescrita em lei.
b) Os negócios jurídicos devem ser interpretados conforme a boa-fé e os usos do lugar onde se dará seu cumprimento.
c) O negócio jurídico nulo não é suscetível de confirmação, mas convalesce pelo decurso do tempo.
d) O negócio jurídico anulável pode ser confirmado pelas partes, salvo direito de terceiro.
e) O termo inicial suspende a aquisição do direito.

14. (OAB/Brasil/Exame de Ordem 2009.2/CESPE/UnB/2009) A respeito dos defeitos e da invalidade do negócio jurídico, assinale a opção CORRETA:

a) São anuláveis os negócio jurídicos por vício de erro.
b) São nulos os negócios jurídicos por vício de dolo.
c) O negócio jurídico resultante do vício de coação não é passível de confirmação, por ser nulo de pleno direito.
d) Configura-se o vício de lesão quando alguém, premido pela necessidade de salvar a si mesmo, ou a pessoa de sua família, de grave dano conhecido pela outra parte, assume obrigação onerosa.

15. (Procurador/BACEN/12º Concurso/CESPE/UnB/2009) A respeito dos elementos, dos defeitos e da validade dos atos jurídicos, assinale a resposta CORRETA:

a) A conversão substancial do negócio jurídico é meio jurídico capaz de sanar sua invalidade absoluta.
b) Se o adquirente de determinado bem ignorava o estado de insolvência do alienante, tal negócio não será passível de anulação por fraude contra credores.
c) Embora haja significativas diferenças entre nulidade e anulabilidade, ambas são reconhecidas por meio de ação desconstitutiva.
d) Se comprovada a inexperiência do contratante, a lesão restará configurada ainda que a desproporcionalidade entre as prestações que incumbem às partes seja superveniente.
e) A consequência da inserção de termo inicial ou suspensivo no contrato é o adiamento da aquisição do direito.

16. (TJ/SP/Outorga de Delegações de Notas e de Registro/VUNESP/2016) A simulação

a) leva à anulação, e não à nulidade do negócio jurídico, salvo se absoluta, quando será possível a conversão substancial, em prestígio do princípio da conservação.
b) relativa, ainda que maliciosa, não impede a subsistência do negócio dissimulado, se válido for na substância e na forma.
c) ainda que maliciosa, não pode ser declarada de ofício pelo juiz nem ser invocada pelos simuladores.
d) é espécie de defeito do negócio jurídico, pouco importando se maliciosa ou inocente.

17. (TRT/RJ/Juiz do Trabalho/Fundação Carlos Chagas/2015) NÃO constitui defeito do negócio jurídico o ato de

a) assumir obrigação excessivamente onerosa em decorrência da necessidade de salvar-se, ou a pessoa de sua família, de grave dano conhecido pela outra parte.

b) incutir ao paciente fundado temor de dano iminente e considerável à sua pessoa, à sua família ou aos seus bens.
c) manifestar a vontade de assumir obrigação quando o seu autor não a queria e a outra parte desconhecia esta sua intenção.
d) obrigar-se a prestação manifestamente desproporcional ao valor da prestação oposta, em decorrência de premente necessidade ou de inexperiência.
e) omitir intencionalmente fato ou qualidade ignorados pela parte contrária, provando-se que sem ela o negócio não se teria realizado.

18. (TJSP/Juiz de Direito/181º Concurso/VUNESP/2008) Em um negócio de compra e venda de imóvel, com pagamento à vista, o vendedor, premido da necessidade de salvar-se de grave mal de saúde, conhecido pela outra parte, acaba por transferi-lo a esta por valor bem inferior ao de mercado. Sobre o assunto em questão, assinale a alternativa correta.

a) Não restou configurado vício de consentimento hábil a possibilitar ao prejudicado pedido de anulação do contrato.
b) No caso, o negócio deve ser anulado, ainda que oferecido pelo beneficiado suplemento suficiente ou redução do seu proveito.
c) A anulação do negócio jurídico, se pedida, não seria devida, se oferecido pelo adquirente suplemento suficiente ou redução do seu proveito.
d) O interesse da parte beneficiada no contrato não pode merecer proteção, porque nulo o negócio, uma vez que sua realização, nas condições em que celebrado pelo vendedor, significava que não existira, na verdade, de parte deste, manifestação nenhuma de vontade.

19. (TJSP/Juiz de Direito/181º Concurso/VUNESP/2008) Na hipótese de venda e compra de bem de devedor insolvente, com protesto de títulos e ações executivas, não tendo sido ainda pago o preço, estabelecido em base inferior ao corrente, desejando o adquirente afastar eventual anulação do negócio jurídico,

a) deverá depositar o preço combinado, com justificativa de que a mantença do negócio se justifica, em respeito ao princípio da conservação do ato e em razão de ignorância sobre a situação do vendedor.
b) deverá depositar o preço que corresponda ao valor real, com citação dos interessados.
c) o interesse dos credores se dobra ante interesse de terceiro de boa-fé, com o que se torna desnecessário o depósito, na circunstância.
d) o adquirente deverá depositar, em juízo, quantia equivalente a todos os débitos do alienante.

20. (TJSP/Juiz de Direito/185º Concurso/VUNESP/2014) Com relação às nulidades do negócio jurídico disciplinadas no artigo 166 do Código Civil, é CORRETO dizer:

a) Só podem ser alegadas pelos próprios contratantes.
b) O tema referente a nulidade absoluta não é de ordem pública.
c) O juiz pode suprir as nulidades, desde que a requerimento das partes.
d) As nulidades devem ser pronunciadas pelo juiz, quando conhecer do negócio jurídico ou de seus efeitos e as encontrar provadas.

21. (TJPR/Juiz de Direito/2008) Assinale a alternativa CORRETA:

a) Todo e qualquer negócio jurídico pode se sujeitar a anulação sob o fundamento da lesão;
b) A sentença de anulação do negócio jurídico por coação não tem qualquer efeito retroativo, uma vez que apenas determina a cessação de eventuais efeitos jurídicos futuros;
c) O *consilium fraudis* e a *scientia fraudis* não são requisitos essenciais para a anulação de um negócio jurídico gratuito sob o fundamento da fraude contra credores;
d) O erro quanto ao objeto do negócio jurídico, desde que essencial, ocasionará a anulação do negócio jurídico mesmo que seja inescusável e não seja recognoscível pela outra parte.

22. (TFR/4ª Região/Juiz Federal/XVII Concurso/2016) Assinale a alternativa INCORRETA.

a) O erro acidental não acarreta a anulação do negócio jurídico.
b) A coação por terceiro somente anula o negócio jurídico se dela tiver ou devesse ter conhecimento a parte a quem aproveite.
c) Não se decreta a anulação do negócio lesivo se as partes concordarem com o reequilíbrio contratual.
d) O dolo acidental só obriga à satisfação das perdas e danos; o dolo é acidental quando, a seu despeito, o negócio seria realizado, embora por outro modo.
e) É anulável o negócio jurídico simulado, mas subsistirá o que se dissimulou se ele for material e formalmente válido.

23. (TJRJ/Juiz de Direito/XLVI Concurso/VUNESP/2014) Assinale a alternativa que corretamente discorre sobre os defeitos do negócio jurídico.

a) Nas hipóteses de lesão previstas no Código Civil, pode o lesionado optar por não pleitear a anulação do negócio jurídico, deduzindo, desde logo, pretensão com vista à revisão judicial do negócio por meio da redução do proveito do lesionador ou do complemento do preço.
b) A simulação é uma causa de anulabilidade do negócio jurídico, que pode ser alegada por uma das partes contra a outra e, em sendo a simulação inocente, o negócio jurídico dissimulado poderá ser válido.
c) A anterioridade do crédito que permite que o credor pleiteie a anulação do ato jurídico cujo objetivo seria praticar fraude contra credores decorre de haver sido reconhecido judicialmente tal crédito, ao tempo do ato tido como fraudulento.
d) É possível pleitear a anulação de ato jurídico em embargos de terceiro, com fundamento na alegação de fraude contra credores, pretensão esta que também pode ser deduzida, alternativamente, em ação pauliana.

24. (TJ/PE/Juiz de Direito/Fundação Carlos Chagas/2015) O negócio jurídico celebrado durante a *vacatio* de uma lei que o irá proibir é

a) anulável, porque assim se considera aquele em que se verifica a prática de fraude.
b) nulo, por faltar licitude ao seu objeto.
c) inexistente, porque assim se considera aquele que tiver por objetivo fraudar lei imperativa.
d) válido, porque a lei ainda não está em vigor.
e) ineficaz, porque a convenção dos particulares não pode derrogar a ordem pública.

25. (TJSP/Juiz de Direito/185º Concurso/VUNESP/2014) Na simulação relativa em que há dois negócios, um falso e outro oculto, é CORRETO dizer:

a) Na simulação somente uma das partes contratantes tem pleno conhecimento dos fatos.
b) Em razão da simulação, os dois negócios são inválidos.
c) O negócio simulado é inválido, mas o negócio oculto, sendo válido na substância e na forma, passa a produzir plenos efeitos.
d) É anulável o negócio na simulação absoluta.

26. (TRF/1ª Região/Juiz Federal/XIII Concurso/CESPE/UnB/2009) Acerca dos defeitos dos negócios jurídicos, assinale a opção CORRETA.

a) Se, na celebração do negócio, uma das partes induzir a erro a outra, levando-a a concluir o negócio e assumir obrigação desproporcional à vantagem obtida, esse negócio será nulo porque a manifestação de vontade emanou de erro essencial e escusável.
b) O dolo acidental, a despeito do qual o ato seria realizado, embora por outro modo, acarreta a anulação do negócio jurídico.

c) A lesão é defeito que surge concomitantemente à realização do negócio e enseja-lhe a anulabilidade, mas, ainda assim, permite-se a revisão contratual para evitar a anulação e aproveitar-se, desse modo, o negócio.

d) No negócio jurídico a título gratuito, somente se configura a fraude quando a insolvência do devedor for notória ou houver motivo para ser conhecida, caso em que se admite a anulação por iniciativa do credor.

e) Em caso de anulabilidade de negócio jurídico por coação moral, é vedado ao juiz, sob critério subjetivo, considerar circunstâncias personalíssimas do coato que possam ter influído em seu estado moral, pois deve levar em conta o ser humano médio.

27. (TJSP/Cartórios de Notas e Registros/6° Concurso/2009) Conforme o art. 170 do Código Civil, "se o negócio jurídico nulo contiver os requisitos de outro, subsistirá este quando o fim a que visavam as partes permitir supor que o teriam querido, se houvessem previsto a nulidade". Isto é conhecido na doutrina como

a) aproveitamento material e substancial.

b) princípio pelo qual não há nulidade sem prejuízo.

c) conversão do negócio jurídico.

d) princípio do aproveitamento.

28. (TJMG/Juiz de Direito/EJEF/2009) No que tange ao negócio jurídico anulável, marque a afirmativa CORRETA:

a) A anulabilidade não tem efeito antes de julgada, mas pode ser pronunciada, de ofício, a favor de terceiros prejudicados.

b) O negócio jurídico anulável, assim como o negócio jurídico nulo, não pode ser confirmado pelas partes.

c) A anulação do negócio jurídico somente pode ser alegada pelas pessoas afetadas pelo negócio jurídico e em benefício de quem se anula o ato.

d) Na hipótese de negócio jurídico praticado por agente relativamente incapaz, a sanção é destinada a proteger o interesse público.

29. (DEL/POL/RJ/XI Concurso/Acadepol/RJ/2009) No Código Civil de 2002, a simulação é considerada hipótese de nulidade, não sendo mais disciplinada entre as causas de anulação dos negócios, conforme estabelecia o Código Civil anterior. Assim, é correto afirmar que:

a) Assim como no regime anterior, o Código Civil de 2002 prevê expressamente que a simulação inocente não gera a invalidade.

b) Haverá simulação nos negócios jurídicos quando aparentarem conferir ou transmitir direitos a pessoas diversas daquelas às quais realmente se conferem, ou transmitem, quando contiverem declaração, confissão, condição ou cláusula não verdadeira ou, ainda, quando os instrumentos particulares forem antedatados ou pós-datados.

c) Na simulação, bem como na reserva mental, o declarante manifesta vontade para a realização de negócio que não deseja, mas sem o conhecimento da outra parte.

d) Para a caracterização da simulação maliciosa, exige-se a intenção de prejudicar e o efetivo prejuízo de terceiro.

e) É nulo o negócio jurídico simulado e não subsistirá o que se dissimulou, mesmo se válido for na substância e na forma.

30. (MP/BA/Promotor de Justiça/2010) Marque a alternativa CORRETA, após aferição da veracidade das assertivas abaixo.

I. A teor do Código Civil em vigor, a coação moral, quando exercida por terceiro, invariavelmente enseja a anulação do negócio jurídico.

II. De acordo com a teoria da confiança, a perceptibilidade é requisito para a caracterização do erro como defeito do negócio jurídico.
III. Em razão do princípio jurídico, que predica que a ninguém é dado escusar-se de cumprir a Lei, alegando que não a conhece, bem assim em razão do quanto dispõe a Lei de introdução ao Código Civil, pode-se afirmar que o erro de direito é insuscetível de ser acolhido para fins de anulação do negócio jurídico.
IV. O prazo decadencial para postular a anulação do negócio jurídico por coação moral é de 4 (quatro) anos, e passa a fluir a partir da celebração do negócio.
V. Segundo o Código Civil de 2002, observados os requisitos legais, o negócio jurídico primitivo nulo pode ser convertido em sucedâneo válido.

a) F, F, V, V, V.
b) F, V, F, F, V.
c) V, V, F, V, F.
d) V, F, V, F, F.
e) F, V, V, V, F.

31. (TJPR/Juiz de Direito/PUC-PR/2011) Assinale a alternativa CORRETA:

a) A nulidade absoluta pode ser arguida por qualquer interessado, inclusive pelo Ministério Público, devendo o juiz pronunciá-la, podendo ainda supri-la a requerimento das partes.
b) O prazo para a anulação do negócio jurídico decorrente de coação é decadencial de quatro anos, a contar do dia em que ela, a coação, cessar.
c) A anulabilidade poderá ser decretada *ex officio* pelo juiz.
d) Quando a lei não dispuser que determinado é anulável, sem estabelecer prazo para pleitear-se a anulação, será então de três anos a contar da data da conclusão do ato.

32. (TJMS/Juiz de Direito/Fundação Carlos Chagas/2010) Sobre os defeitos do negócio jurídico, é INCORRETO afirmar que

a) só o erro substancial anula o negócio jurídico.
b) o dolo acidental anula o negócio jurídico.
c) o erro de indicação da pessoa ou coisa, a que se refere a declaração de vontade, não viciará o negócio quando se puder identificar a coisa ou a pessoa cogitada.
c) vicia o negócio jurídico a coação exercida por terceiro.
d) podem anular o negócio jurídico fraudulento os credores cuja garantia se tornou insuficiente.

33. (MP/MG/Promotor de Justiça/2010) Assinale a alternativa INCORRETA.

a) Quando submetido à condição resolutiva, o negócio jurídico produz, desde logo, todos os efeitos que lhe são peculiares.
b) Implementada a condição resolutiva, os interessados retornam à situação anterior, salvo as hipóteses de execução periódica ou continuada.
c) Computam-se os prazos, excluído o dia do começo e incluído o do vencimento; se este cair em feriado, prorroga-se para o primeiro dia útil.
d) O encargo suspende a aquisição do direito e será considerado não escrito, se ilícito ou impossível, invalidando o negócio jurídico.
e) Ao titular do direito eventual, nos casos da condição suspensiva, é permitido praticar os atos destinados a conservá-lo.

34. (MP/BA/Promotor de Justiça/2010) Fábio, casado com Fernanda pelo regime legal, na iminência da separação, a fim de prejudicar seu cônjuge na partilha dos bens, com a redução

do respectivo quinhão, em conluio com José, intencionalmente emitiu declaração enganosa de vontade, consubstanciada em nota promissória em favor deste.

I. Trata-se de simulação relativa, e, como tal, o negócio jurídico celebrado é nulo.
II. Qualquer interessado juridicamente poderá arguir a invalidade do negócio jurídico.
III. Fábio poderá arguir a invalidade do negócio jurídico.
IV. O prazo para propositura da ação de anulação do negócio jurídico é de 4 (quatro) anos.
V. O vício constante no negócio jurídico em questão poderá ser sanado mediante a ratificação.

Assinale a alternativa CORRETA, após a aferição da veracidade das assertivas acima

a) V, V, F, V, F.
b) F, V, V, F, F.
c) V, F, V, F, F.
d) F, V, V, F, F.
e) F, F, V, F, F.

35. (TRT/6ª Região/Juiz do Trabalho/XVIII Concurso/2010) Analise as assertivas abaixo e, depois, assinale a alternativa CORRETA:

I. Os vícios de vontade só podem ser observados nos negócios jurídicos.
II. O prazo para se pleitear a anulabilidade do ato jurídico por vício de vontade é prescricional.
III. Termo é a cláusula que subordina os efeitos do ato negocial a um acontecimento futuro e certo.
IV. A invalidade é uma sanção do ordenamento jurídico a alguma desconformidade e/ou irregularidade relativa a pressupostos e/ou requisitos de validade dos atos jurídicos *lato sensu*.
V. O ato de confirmação deverá observar, necessariamente, a mesma substância do contrato (anulável) celebrado e a vontade expressa de confirmação.

a) Apenas as assertivas III, IV e V estão corretas.
b) Apenas as assertivas I e IV estão corretas.
c) Apenas as assertivas I, III e V estão incorretas.
d) Todas estão incorretas.
e) Apenas as assertivas II, IV e V estão incorretas.

36. (TJSP/Juiz de Direito/183º Concurso/2011) Assinale a alternativa CORRETA.

a) São vedadas as condições que sujeitam o efeito do negócio jurídico ao arbítrio de uma das partes, somente nas relações de consumo.
b) As condições contraditórias são consideradas inexistentes, mantendo-se íntegro o negócio jurídico que lhe é subordinado.
c) O titular de direito eventual pode praticar os atos destinados a conservá-lo, nos casos de condição suspensiva ou resolutiva.
d) O implemento de condição resolutiva sempre extingue, para todos os efeitos, o direito a que ela se opõe.
e) O termo inicial suspende a aquisição do direito.

37. (MP/MG/Promotor de Justiça/XLIX Concurso/2010) Assinale a alternativa INCORRETA.

a) O dolo não se confunde com o erro, porque neste o equívoco é provocado por outrem, enquanto no dolo o agente, deliberadamente, deseja prejudicar a vítima.
b) Coação é toda ameaça ou pressão exercida sobre um indivíduo para forçá-lo, contra a sua vontade, a praticar um ato ou realizar um negócio jurídico.
c) Negócio jurídico celebrado em caso de sequestro de pessoa da família, para que possa pagar o resgate, caracteriza defeito do negócio jurídico.

d) Entende-se por erro a falsa percepção dos fatos, que leva o agente a realizar conduta que não efetuaria, se conhecesse a verdade.
e) Theodoro Júnior entende que não há na conduta dolosa sempre o propósito de prejudicar, mas, sim, o de iludir, levando a vítima à prática de ato que não realizaria se conhecesse a realidade.

38. (MP/SP/Promotor de Justiça/88° Concurso/2011) É hipótese de anulabilidade de negócio jurídico:

a) contrato de mútuo, cujo devedor à época contava com 17 (dezessete) anos e intencionalmente omitiu idade.
b) casamento de menor em idade núbil, não autorizado por representantes legais, tendo resultado gravidez da cônjuge mulher.
c) contrato de locação que contém erro no cálculo do valor do aluguel, constatado pelo locatário após o pagamento dos três primeiros meses de locação.
d) legado deixado por testamento à pessoa que ameaçou testador de ajuizar ação de despejo por falta de pagamento.
e) escritura de hipoteca de devedor, em favor de credor, não possuindo outros bens e com notório estado de insolvência.

39. (OAB/VI Exame de Ordem Unificado/Fundação Getulio Vargas/2012) A condição, o termo e o encargo são considerados elementos acidentais, facultativos ou acessórios do negócio jurídico, e têm o condão de modificar as consequências naturais deles esperadas. A esse respeito, é correto afirmar que

a) se considera condição a cláusula que, derivando da vontade das partes ou de terceiros, subordina o efeito do negócio jurídico a evento futuro e incerto.
b) se for resolutiva a condição, enquanto esta se não realizar, não vigorará o negócio jurídico, não se podendo exercer desde a conclusão deste o direito por ele estabelecido.
c) o termo inicial suspende o exercício, mas não a aquisição do direito e, salvo disposição legal ou convencional em contrário, computam-se os prazos, incluindo o dia do começo e excluindo o do vencimento.
d) se considera não escrito o encargo ilícito ou impossível, salvo se constituir o motivo determinante da liberalidade, caso em que se invalida o negócio jurídico.

40. (MP da União/Promotor de Justiça Militar/11° Concurso/2013) Sobre os negócios jurídicos, é correto afirmar que:

a) É irrelevante aos negócios jurídicos a boa-fé e os usos do lugar de sua celebração.
b) O silêncio importa anuência, quando as circunstâncias ou os usos o autorizarem, e não for necessária a declaração de vontade expressa.
c) Os negócios jurídicos benéficos interpretam-se de forma ampliativa e a renúncia interpreta-se estritamente.
d) Nas declarações de vontade se atenderá menos à intenção nelas consubstanciada e mais ao sentido literal da linguagem.

41. (TJSP/Juiz de Direito/184° Concurso/VUNESP/2013) Em matéria de ineficácia *lato sensu* do negócio jurídico, é CORRETO afirmar-se:

a) O erro de direito, consistente em falsa suposição decorrente do desconhecimento do direito aplicável, jamais configura erro substancial capaz de viciar o negócio jurídico.
b) Uma vez demonstrada a simulação do negócio jurídico, seja ela absoluta ou relativa, será ele anulado na sua inteireza.

c) No que concerne ao elemento subjetivo da fraude pauliana, não se exige intenção de prejudicar, tendo-se como presente quando houver motivo para que o contratante *in bonis* conheça a insolvência de sua contraparte, ou esta seja notória.
d) O negócio jurídico celebrado mediante coação é absolutamente nulo, não sendo suscetível de confirmação.

42. (MP/AC/Promotor de Justiça/CESPE/UnB/2014) Acerca dos negócios jurídicos, assinale a opção CORRETA.

a) Não estando expresso em lei, as partes não podem estabelecer que negócio seja celebrado por escritura pública.
b) Os negócios jurídicos podem ser submetidos a condição, termo ou mesmo encargo, e, enquanto não se realiza uma condição resolutiva, o negócio jurídico não vigora e não produz seus efeitos.
c) Termo e condição são eventos futuros e incertos que se prendem ao negócio jurídico; se não implementados, tal negócio não gera seus efeitos.
d) São requisitos legais para a validade de um negócio jurídico: agente capaz; objeto lícito, possível e, ao menos, determinável: forma prescrita ou não proibida por lei, podendo também ser considerada requisito do negócio jurídico válido a existência de manifestação de vontade, embora a lei não a mencione expressamente.
e) O negócio jurídico realizado por absolutamente incapaz gera a nulidade absoluta do ato e o realizado por relativamente incapaz, nulidade relativa, estando qualquer desses agentes, por falta de plena capacidade, legalmente impedido de realizar negócios jurídicos.

43. (DEL/POL/Delegado de Polícia/Acadepol/SP/VUNESP/2014) No estado de perigo, considerado como defeito do negócio jurídico, é correto afirmar que

a) para sua configuração, é imprescindível o conhecimento do risco de grave dano por ambas as partes.
b) somente pode ser alegado quando o risco de grave dano for da própria pessoa que assumiu a obrigação.
c) é causa de nulidade do negócio jurídico, exigindo declaração judicial neste sentido.
d) gera a possibilidade de revisão judicial, com finalidade de tornar a obrigação proporcional, mas não é causa de anulação ou nulidade do negócio.
e) consiste na assunção de obrigação manifestamente desproporcional à obrigação da outra parte, por inexperiência.

44. (MP/SC/Promotor de Justiça/40º Concurso de Ingresso/2016) Analise o enunciado da questão abaixo e assinale "VERDADEIRO" — (V) ou "FALSO" (F).

( ) De acordo com o Código Civil, o erro substancial, passível de anular um negócio jurídico, ocorre quando: interessa à natureza do negócio, ao objeto principal da declaração, ou a alguma das qualidades a ele essenciais; concerne à identidade ou à qualidade essencial da pessoa a quem se refira a declaração de vontade, desde que tenha influído nesta de modo relevante; sendo de direito e não implicando recusa à aplicação da lei, for o motivo único ou principal do negócio jurídico.

45. (OAB/XXI Exame de Ordem Unificado/Fundação Getulio Vargas/2016) Durante uma viagem aérea, Eliseu foi acometido de um mal súbito, que demandava atendimento imediato. O piloto dirigiu o avião para o aeroporto mais próximo, mas a aterrissagem não ocorreria a tempo de salvar Eliseu. Um passageiro ofereceu seus conhecimentos médicos para atender Eliseu, mas demandou pagamento bastante superior ao valor de mercado, sob a alegação de que se encontrava de férias. Os termos do passageiro foram prontamente aceitos por

Eliseu. Recuperado do mal que o atingiu, para evitar a cobrança dos valores avençados, Eliseu pode pretender a anulação do acordo firmado com o outro passageiro, alegando

a) erro.
b) dolo.
c) coação.
d) estado de perigo.

46. (MP/MG/Promotor de Justiça/LV Concurso/FUNDEP/2017) Assinale a alternativa CORRETA:

a) Segundo a Lei de Quebras (Lei n. 11.101/05), a intervenção do Ministério Público se efetiva mediante a fiscalização da ordem jurídica (art. 178 do CPC), velando pela relevância dos interesses patrimoniais particulares.
b) Na analogia jurídica ou *juris*, amplia-se o sentido originário da norma (subsunção).
c) A lesão, como defeito do negócio jurídico, ocorre quando uma pessoa, sob premente necessidade, ou por inexperiência, se obriga a prestação manifestamente desproporcional, admitindo-se a revisão quando oferecido o suplemento suficiente, ou se a parte favorecida concordar com a redução do proveito.
d) O divórcio, na redação modificadora da Emenda Constitucional n. 66/2010, independe de lapso para o desfazimento do casamento, estando abolido, por incompatibilidade formal superveniente, o instituto da separação judicial.

■ GABARITO ■

1. "d". *Vide*, respectivamente, arts. 111, 114, 123, II e 124 do CC.
2. "e". *Vide* art. 146 do CC.
3. "a". *Vide* art. 178, II, do CC.
4. "c". *Vide*, respectivamente, arts. 110, 112 e 140 do CC.
5. "c". *Vide* art. 132, § 3º, do CC.
6. "a". *Vide* art. 157 do CC.
7. "b". *Vide* art. 131 do CC.
8. "a". *Vide* arts. 127 e 125 do CC.
9. "c".
10. "c". *Vide* arts. 146 e 147 do CC.
11. "c". *Vide* art. 147 do CC.
12. "a". *Vide* art. 124 do CC.
13. "d". *Vide* art. 172 do CC.
14. "a". *Vide* art. 138 do CC.
15. "b". *Vide* art. 159 do CC.
16. "b". *Vide* art. 167 do CC.
17. "c".
18. "c". *Vide* art. 157, § 2º, do CC.
19. "b". *Vide* art. 160, parágrafo único, do CC.
20. "d". *Vide* art. 168, parágrafo único, do CC.
21. "c". *Vide* art. 158 do CC.

22. "e". *Vide* art. 167 do CC.
23. "a". *Vide* art. 157, § 2º, do CC.
24. "d". *Vide* arts. 1º e 2º da LINDB.
25. "c". *Vide* art. 167 do CC.
26. "c". *Vide* art. 157 do CC.
27. "c".
28. "c". *Vide* art. 177 do CC.
29. "b". *Vide* art. 167 do CC.
30. "b".
31. "b". *Vide* art. 178, I, do CC.
32. "b". *Vide* art. 146 do CC.
33. "d". *Vide* art. 136 do CC.
34. "b".
35. "a". *Vide* arts. 131, 166, 167 e 173 do CC.
36. "c". *Vide* art. 130 do CC.
37. "a".
38. "e". *Vide* arts. 143, 180, 1.551, 1.818, parágrafo único, e 163, respectivamente.
39. "d". *Vide* art. 137 do CC.
40. "b". *Vide* art. 111 do CC.
41. "c". *Vide* art. 159 do CC.
42. "d". *Vide* art. 104 do CC. A vontade é pressuposto básico do negócio jurídico e é imprescindível que se exteriorize. Do ponto de vista do direito, somente vontade que se exteriorize é considerada suficiente para compor suporte fático de negócio jurídico (Carlos Roberto Gonçalves, *Direito civil brasileiro*, v. 1, 12. ed., p. 350).
43. "a". *Vide* art. 156 do CC.
44. "V". *Vide* art. 139 do CC.
45. "d". *Vide* art. 156 do CC.
46. "c". *Vide* art. 157 do CC.

8

DOS ATOS JURÍDICOS LÍCITOS

8.1. DISPOSIÇÕES APLICÁVEIS

Dispõe o art. 185 do Código Civil:

> "Art. 185. Aos atos jurídicos lícitos, que não sejam negócios jurídicos, aplicam-se, no que couber, as disposições do Título anterior."

Moreira Alves, discorrendo sobre o aludido dispositivo, que constitui inovação, observa que não se pode negar a existência de atos jurídicos a que os preceitos que regulam a vontade negocial não têm inteira aplicação. Atento a essa circunstância, aduz: "O Projeto de Código Civil brasileiro, no Livro III de sua Parte Geral, substituiu a expressão genérica *ato jurídico*, que se encontra no Código em vigor ('de 1916'), pela designação específica **negócio jurídico**, pois é a este, e não necessariamente àquele, que se aplicam todos os preceitos ali constantes. E, no tocante aos atos jurídicos lícitos que não são negócios jurídicos, abriu-lhes um título, com artigo único, em que se determina que se lhes apliquem, **no que couber**, as disposições disciplinadoras do negócio jurídico. Seguiu-se, nesse terreno, a orientação adotada, a propósito, no art. 295º do Código Civil português de 1967"[1].

8.2. CRÍTICAS À INOVAÇÃO

A inovação sofreu críticas durante a tramitação legislativa do Projeto, às quais a Comissão Revisora respondeu, dizendo ser ela **utilíssima**[2].

Os atos jurídicos em sentido amplo, em geral, são ações humanas **lícitas** ou **ilícitas**.

- **Lícitos** são os atos humanos a que a lei defere os efeitos almejados pelo agente. Praticados em conformidade com o ordenamento jurídico, produzem efeitos jurídicos voluntários, por ele esperados.
- **Ilícitos:** por serem praticados em desacordo com o prescrito no ordenamento jurídico, embora repercutam na esfera do direito, produzem efeitos jurídicos

---

1 *A parte geral do Projeto de Código Civil brasileiro,* p. 97-98.
Dispõe o art. 295º do Código Civil português: "Aos actos jurídicos que não sejam negócios jurídicos são aplicáveis, na medida em que a analogia das situações justifique, as disposições do capítulo precedente".

2 José Carlos Moreira Alves, *A parte geral*, cit., p. 149-150.

involuntários, mas impostos por esse ordenamento. Em vez de direitos, criam **deveres**. Hoje se admite que os atos ilícitos integram a categoria dos atos jurídicos, pelos efeitos que produzem (geram a obrigação de reparar o prejuízo — CC, arts. 186, 187 e 927).

Os atos jurídicos **lícitos** dividem-se em:

- **ato jurídico em sentido estrito**;
- **negócio jurídico**; e
- **ato-fato jurídico.**

Como as ações humanas que produzem efeitos jurídicos demandam disciplina diversa, conforme a lei lhes atribua consequências, com base no maior ou menor relevo que confira à vontade de quem as pratica, o novo Código Civil adotou a técnica moderna de distinguir, de um lado:

- o **negócio jurídico**, que exige vontade qualificada (contrato de compra e venda, p. ex.); e, de outro, os demais atos jurídicos lícitos, quais sejam:
- o **ato jurídico em sentido estrito** (ocupação decorrente da pesca, p. ex., em que basta a simples intenção de tornar-se proprietário da *res nullius*, que é o peixe); e
- o **ato-fato jurídico** (encontro de tesouro, que demanda apenas o ato material de achar, independentemente da vontade ou consciência do inventor) (*v.* quadro esquemático no item 7.1.1.2, *retro*).

Aos dois últimos manda o Código aplicar, apenas **no que couber** (não se pode falar em fraude contra credores em matéria de ocupação, p. ex.), os princípios disciplinadores do negócio jurídico.

9

DOS ATOS ILÍCITOS

O título referente aos atos ilícitos, no Código Civil, contém apenas três artigos: o 186, o 187 e o 188. Mas a verificação da culpa e a avaliação da responsabilidade regulam-se pelos arts. 927 a 943 ("Da obrigação de indenizar") e 944 a 954 ("Da indenização").

9.1. CONCEITO

Ato ilícito é o praticado com infração ao dever legal de **não lesar a outrem**. Tal dever é imposto a todos no art. 186, que prescreve:

> "Art. 186. Aquele que, por ação ou omissão voluntária, negligência ou imprudência, violar direito e causar dano a outrem, ainda que exclusivamente moral, comete ato ilícito."

Também o comete aquele que pratica **abuso de direito**. Preceitua, com efeito, o art. 187 do mesmo diploma:

> "Art. 187. Também comete ato ilícito o titular de um direito que, ao exercê-lo, excede manifestamente os limites impostos pelo seu fim econômico ou social, pela boa-fé ou pelos bons costumes."

Em consequência, o autor do dano fica obrigado a repará-lo (art. 927). **Ato ilícito** é, portanto, fonte de obrigação: a de indenizar ou **ressarcir o prejuízo causado**. É praticado com infração a um dever de conduta, por meio de ações ou omissões culposas ou dolosas do agente, das quais resulta dano para outrem.

O Código atual aperfeiçoou o conceito de ato ilícito, ao dizer que o pratica quem "violar direito **e** causar dano a outrem" (art. 186), substituindo o "ou" ("violar direito *ou* causar dano a outrem"), que constava do art. 159 do diploma anterior. Com efeito, o elemento subjetivo da culpa é o dever violado. A responsabilidade é uma reação provocada pela infração a um dever preexistente. No entanto, mesmo que haja violação de um dever jurídico e que tenha havido culpa, e até mesmo dolo, por parte do infrator, nenhuma indenização será devida, uma vez que não se tenha verificado **prejuízo**. Se, por exemplo, o motorista comete várias infrações de trânsito, mas não atropela nenhuma pessoa nem colide com outro veículo, nenhuma indenização será devida, malgrado a ilicitude de sua conduta. A obrigação de indenizar decorre, pois, da existência da **violação de direito *e* do dano**, concomitantemente.

O Código Civil de 2002 inovou ao desmembrar a noção de ato ilícito em três artigos: **186, 187** e **927**, os dois primeiros retrotranscritos. O **art. 186** corresponde ao art. 159 do diploma de 1916, que tratava do ato ilícito e da obrigação de reparar o dano conjuntamente. O referido art. 186, todavia, tratou somente do ato ilícito, prevendo a obrigação de reparar o dano, como consequência deste, no referido **art. 927**. O novo Código (diferentemente do anterior, que falava em violação de direito *ou* dano) identifica o ato ilícito pela **violação de direito** *e* **dano**[1].

■ 9.2. RESPONSABILIDADE CONTRATUAL E EXTRACONTRATUAL

Uma pessoa pode causar prejuízo a outrem por descumprir uma obrigação contratual (**dever contratual**). Por exemplo: o ator que não comparece para dar o espetáculo contratado; o comodatário que não devolve a coisa que lhe foi emprestada porque, por sua culpa, ela pereceu. O inadimplemento contratual acarreta a responsabilidade de indenizar as **perdas e danos**, nos termos do art. 389 do Código Civil. Quando a responsabilidade não deriva de contrato, mas de infração ao dever de conduta (**dever legal**) imposto genericamente nos arts. 186, 187 e 927 do mesmo diploma, diz-se que ela é **extracontratual**, também chamada de **aquiliana**, por ter sido regulada na *Lex Aquilia*, do direito romano.

Embora a consequência da infração ao dever legal e ao dever contratual seja a mesma (**obrigação de ressarcir o prejuízo causado**), o Código Civil brasileiro distinguiu as duas espécies de responsabilidade, acolhendo a **teoria dualista** e afastando a **unitária**, disciplinando:

- a **extracontratual** nos arts. 186 e 187, sob o título de "Dos atos ilícitos", complementando a regulamentação nos arts. 927 e s.; e
- a **contratual**, como consequência da inexecução das obrigações, nos arts. 389, 395 e s., omitindo qualquer referência diferenciadora.

No entanto, algumas diferenças podem ser apontadas, como se pode verificar no quadro esquemático abaixo:

RESPONSABILIDADE CONTRATUAL	RESPONSABILIDADE EXTRACONTRATUAL
■ O inadimplemento presume-se culposo. O credor lesado encontra-se em posição mais favorável, pois só está obrigado a demonstrar que a prestação foi descumprida, sendo presumida, *juris tantum*, a culpa do inadimplente.	■ Ao lesado incumbe o ônus de provar culpa ou dolo do causador do dano.
■ Tem origem no descumprimento da convenção ou acordo de vontades.	■ Tem origem na inobservância do dever genérico de não lesar a outrem *(neminem laedere)*.
■ A capacidade sofre limitações. Somente as pessoas plenamente capazes são suscetíveis de celebrar convenções válidas.	■ Os atos ilícitos podem ser perpetrados por amentais e por menores e podem gerar o dano indenizável.
■ A culpa obedece a um certo escalonamento, sem alcançar a levíssima.	■ Alcança até mesmo a culpa levíssima. A apuração da falta se faz, portanto, de maneira mais rigorosa[2].

---

1 Carlos Young Tolomei, A noção de ato ilícito e a teoria do risco na perspectiva do novo Código Civil, in *A parte geral do novo Código Civil*, p. 355-356.

2 Wilson Melo da Silva, *Da responsabilidade civil automobilística*, p. 37, n. 9.

9.3. RESPONSABILIDADE CIVIL E RESPONSABILIDADE PENAL

A palavra "responsabilidade" origina-se do latim *respondere*, que encerra a ideia de segurança ou garantia da restituição ou compensação do bem sacrificado. Teria, assim, o significado de recomposição, de obrigação de restituir ou ressarcir. A ilicitude é chamada de civil ou penal tendo em vista exclusivamente **a norma jurídica** que impõe o dever violado pelo agente. Podem ser apontadas, todavia, as seguintes **distinções**:

RESPONSABILIDADE PENAL	RESPONSABILIDADE CIVIL
O agente infringe uma norma penal de direito público. O interesse lesado é o da sociedade.	O interesse diretamente lesado é o privado. O prejudicado poderá pleitear ou não a reparação. Se, ao causar dano, transgride também a lei penal, torna-se, ao mesmo tempo, obrigado civil e penalmente.
É pessoal, intransferível. Responde o réu com a privação de sua liberdade, em regra.	É patrimonial: é o patrimônio do devedor que responde por suas obrigações. Ninguém pode ser preso por dívida civil, exceto o devedor de pensão alimentícia do direito de família.
É pessoal também em outro sentido: a pena não pode ultrapassar a pessoa do delinquente.	No cível há várias hipóteses de responsabilidade por ato de outrem (CC, art. 932, p. ex.).
A tipicidade é um de seus requisitos genéricos.	Qualquer ação ou omissão pode acarretá-la, desde que viole direito e cause prejuízo a outrem (CC, arts. 186 e 927).
Embora a culpa civil e a culpa penal tenham os mesmos elementos, exige-se, para a condenação criminal, que tenha certo grau ou intensidade.	A culpa, ainda que levíssima, obriga a indenizar *(in lege Aquilia et levissima culpa venit)*.
Somente os maiores de 18 anos são responsáveis criminalmente.	O menor de 18 anos responde pelos prejuízos que causar, se as pessoas por ele responsáveis não dispuserem de meios suficientes (CC, art. 928, *caput* e parágrafo único).

9.4. RESPONSABILIDADE SUBJETIVA E RESPONSABILIDADE OBJETIVA

9.4.1. Responsabilidade subjetiva

A teoria clássica, também chamada de teoria da culpa ou **subjetiva**, pressupõe a culpa como fundamento da responsabilidade civil. Não havendo culpa, não há responsabilidade. Diz-se, pois, ser **subjetiva** a responsabilidade quando esta se esteia na ideia de culpa. A **prova da culpa** (em sentido lato, abrangendo o dolo ou a culpa em sentido estrito) passa a ser **pressuposto necessário** do dano indenizável.

9.4.2. Responsabilidade objetiva

A lei impõe, entretanto, a certas pessoas, em determinadas situações, a reparação de um dano cometido sem culpa. Quando isto acontece, diz-se que a responsabilidade é legal ou **objetiva**, porque **prescinde da culpa** e se satisfaz apenas com o dano e o nexo de causalidade. Esta teoria, dita objetiva ou do risco, tem como postulado que todo dano é indenizável e deve ser reparado por quem a ele se liga por um nexo de causalidade, independentemente de culpa. Nos casos de responsabilidade objetiva, **não se exige prova de culpa** do agente para que este seja obrigado a reparar o dano. Ela é de todo prescindível (responsabilidade independente de culpa).

Uma das teorias que procuram justificar a responsabilidade objetiva é a **teoria do risco**, segundo a qual toda pessoa que exerce alguma atividade cria um risco de dano para terceiros e deve ser obrigada a repará-lo, ainda que sua conduta seja isenta de culpa. A responsabilidade civil desloca-se da noção de culpa para a **ideia de risco**, ora encarada como **"risco-proveito"**, que se funda no princípio de que é reparável o dano causado a outrem em consequência de uma atividade realizada em benefício do responsável (*ubi emolumentum, ibi onus*, isto é, quem aufere os cômodos (lucros) deve suportar os incômodos ou riscos); ora mais genericamente como **"risco criado"**, a que se subordina todo aquele que, sem indagação de culpa, expuser alguém a suportá-lo, em razão de uma atividade perigosa; ora, ainda, como **"risco profissional"**, decorrente da atividade ou profissão do lesado, como ocorre nos acidentes de trabalho[3].

■ 9.4.3. O Código Civil brasileiro

O Código Civil de 2002 filiou-se à **teoria subjetiva**. É o que se pode verificar no art. 186, que erigiu o dolo e a culpa como fundamentos para a obrigação de reparar o dano. A responsabilidade subjetiva **subsiste como regra necessária**, sem prejuízo da adoção da **responsabilidade objetiva independentemente de culpa em dispositivos vários e esparsos**, como, por exemplo, no art. 933, que trata da responsabilidade por ato de outrem, e no parágrafo único do art. 927, segundo o qual haverá obrigação de indenizar o dano, "independentemente de culpa, nos casos especificados em lei, ou quando a atividade normalmente desenvolvida pelo autor do dano implicar, por sua natureza, risco para os direitos de outrem".

■ 9.5. IMPUTABILIDADE E RESPONSABILIDADE

O art. 186 do Código Civil pressupõe o elemento **imputabilidade**, ou seja, a existência, no agente, da livre determinação de vontade. Para que alguém pratique um ato ilícito e seja obrigado a reparar o dano causado, é necessário que tenha **capacidade de discernimento**. Aquele que não pode querer e entender não incorre em culpa e, por isso, não pratica ato ilícito.

■ 9.5.1. A responsabilidade dos privados de discernimento

A concepção clássica considera que, sendo o privado de discernimento (amental, louco ou demente) um inimputável, **não é ele responsável civilmente**. Se vier a causar dano a alguém, o ato equipara-se à força maior ou ao caso fortuito. Se a responsabilidade não puder ser atribuída ao encarregado de sua guarda, a vítima ficará irressarcida.

---

[3] "Primitivamente, a responsabilidade era objetiva, como acentuam os autores, referindo-se aos primeiros tempos do direito romano, mas sem que por isso se fundasse no risco, tal como o concebemos hoje. Mais tarde, e representando essa mudança uma verdadeira evolução ou progresso, abandonou-se a ideia de vingança e passou-se à pesquisa da culpa do autor do dano. Atualmente, volta ela ao objetivismo. Não por abraçar, de novo, a ideia de vingança, mas por se entender que a culpa é insuficiente para regular todos os casos de responsabilidade" (Agostinho Alvim, *Da inexecução das obrigações e suas consequências*, p. 238, n. 170).

Pessoas assim geralmente têm um **curador**, incumbido de sua guarda ou vigilância, o qual o Código Civil responsabiliza pelos atos ilícitos dos curatelados que estiverem sob sua autoridade e em sua companhia (art. 932, II), **independentemente de culpa** de sua parte (art. 933). Contudo, se as pessoas por eles responsáveis **não dispuserem de meios suficientes**, respondem os próprios curatelados. Observe-se que a vítima somente não será indenizada pelo curador se este não tiver patrimônio suficiente para responder pela obrigação. Não se admite mais que dela se exonere, provando que não houve negligência de sua parte. O art. 933 do novo diploma prescreve, com efeito, que as pessoas indicadas nos incs. I a V do artigo antecedente (pais, tutores, curadores etc.) responderão pelos atos praticados pelos terceiros ali referidos "ainda que não haja culpa de sua parte".

A indenização, que deverá ser equitativa, não terá lugar se **privar do necessário** o incapaz ou as pessoas que dele dependem (CC, art. 928, *caput* e parágrafo único). Neste caso, ficará a vítima irressarcida, da mesma maneira que ocorreria na hipótese de caso fortuito. Substituiu-se o princípio da irresponsabilidade absoluta da pessoa privada de discernimento pelo princípio da responsabilidade **mitigada** e **subsidiária**. Aguiar Dias entende que, se o alienado mental não tem curador nomeado, mas vive em companhia do pai, este responde pelo ato do filho, não com base no art. 932, I, do Código Civil, e sim no art. 186, pois decorre de omissão culposa na vigilância de pessoa privada de discernimento, ao não interná-la ou não impedi-la de praticar o ato danoso[4].

O problema é **que a Lei n. 13.146, de 6 de julho de 2015, proclama, no art. 6º, que "A deficiência não afeta a plena capacidade civil da pessoa"**. A consequência direta e imediata dessa alteração legislativa é exatamente essa: **o deficiente é agora considerado pessoa plenamente capaz**. Desse modo, o amental, o louco ou o demente não mais respondem apenas subsidiariamente por seus atos, **mas sim diretamente**.

■ 9.5.2. A responsabilidade dos menores

Como já mencionado, o art. 186 do Código Civil pressupõe o elemento imputabilidade, ou seja, a existência, no agente, da livre determinação de vontade. Aquele que não pode querer e entender não incorre em culpa e, por isso, não pratica ato ilícito.

A maioridade civil é alcançada somente aos 18 anos (CC, art. 5º). Os menores de 16 anos são **absolutamente incapazes** e não têm o necessário **discernimento** para a prática dos atos da vida civil. Já os maiores de 16 e menores de 18 anos, como relativamente incapazes, têm o **discernimento reduzido**. Ora, para que alguém pratique um ato ilícito e seja obrigado a reparar o dano causado, é necessário que tenha **plena capacidade** de discernimento.

O Código Civil responsabiliza os pais pelos atos praticados pelos filhos menores que estiverem sob sua autoridade e companhia (art. 932, I). Deste modo, a vítima não ficará irressarcida. Os **pais são responsáveis** pelo ato do **filho menor de 18 anos**. Este só responde pelos prejuízos que causar se as pessoas por ele responsáveis não

---

4 *Da responsabilidade civil*, 4. ed., p. 561 e 574.

dispuserem de meios suficientes (art. 928, *caput*). A indenização, neste caso, que deverá ser equitativa, não terá lugar se privar do necessário o incapaz ou as pessoas que dele dependem (art. 928, parágrafo único).

Se o menor estiver sob **tutela**, a responsabilidade, nesses casos, será do **tutor** (art. 932, II). Se o pai **emancipa** o filho **voluntariamente**, a emancipação produz todos os efeitos naturais do ato, **menos** o de isentar o primeiro da **responsabilidade** pelos atos ilícitos praticados pelo segundo, consoante proclama a jurisprudência. Tal não acontece quando a emancipação decorre do casamento ou das outras causas previstas no art. 5º, parágrafo único, do Código Civil.

9.6. PRESSUPOSTOS DA RESPONSABILIDADE EXTRACONTRATUAL

A análise do art. 186 do Código Civil, que disciplina a responsabilidade extracontratual, evidencia que **quatro** são os seus elementos essenciais:

- **ação ou omissão**;
- **culpa ou dolo** do agente;
- **relação de causalidade**; e
- **dano**.

9.6.1. Ação ou omissão

Refere-se a lei a qualquer pessoa que, por **ação ou omissão**, venha a causar dano a outrem. A responsabilidade pode derivar de **ato próprio** (arts. 939, 940, 953 etc.), de **ato de terceiro** que esteja sob a guarda do agente (art. 932) e, ainda, de danos causados por **coisas** (art. 937) e **animais** (art. 936) que lhe pertençam. Para que se configure a responsabilidade por **omissão**, é necessário que exista o **dever jurídico de praticar determinado fato** (de não se omitir) e que se demonstre que, com a sua prática, o dano poderia ter sido evitado. O dever jurídico de não se omitir pode ser imposto por lei (dever de prestar socorro às vítimas de acidentes imposto a todo condutor de veículos) ou resultar de convenção (dever de guarda, de vigilância, de custódia) ou até da criação de alguma situação especial de perigo.

9.6.2. Culpa ou dolo do agente

Ao se referir à ação ou omissão **voluntária**, o art. 186 do Código Civil cogitou do **dolo**. Em seguida, referiu-se à **culpa em sentido estrito**, ao mencionar a "negligência ou imprudência".

Dolo é a violação deliberada, intencional, do dever jurídico. Consiste na vontade de cometer uma violação de direito, e a culpa, na falta de diligência[5]. **A culpa**, com efeito, consiste na falta de diligência que se exige do homem médio. Para que a vítima obtenha a reparação do dano, exige o referido dispositivo legal que esta prove **dolo** ou **culpa *stricto sensu*** (aquiliana) do agente (**imprudência, negligência ou imperícia**),

[5] Savigny, *Le droit des obligations*, § 82.

demonstrando ter sido adotada, entre nós, a **teoria subjetiva** (embora não mencionada expressamente a imperícia, ela está abrangida pela negligência, como tradicionalmente se entende).

Como essa prova, muitas vezes, se torna difícil de ser conseguida, o Código Civil, algumas vezes, estabelece casos de responsabilidade **independentemente de culpa**, fundada no risco (art. 927, parágrafo único). Verifica-se, assim, que a responsabilidade subjetiva subsiste como regra necessária, sem prejuízo da adoção da responsabilidade objetiva nos casos especificados em lei ou de exercício de atividade perigosa.

A teoria subjetiva faz distinções com base na extensão da culpa:

- culpa **lata** ou **grave:** imprópria ao comum dos homens e a modalidade que mais se avizinha do dolo;
- culpa **leve:** falta evitável com atenção ordinária;
- culpa **levíssima:** falta só evitável com atenção extraordinária ou com especial habilidade.

A **culpa grave ao dolo se equipara** (*culpa lata dolus equiparatur*). Assim, se em determinado dispositivo legal constar a responsabilidade do agente por dolo, deve-se entender que também responde por culpa grave (CC, art. 392). No cível, a culpa, **mesmo levíssima**, obriga a indenizar (*in lege Aquilia et levissima culpa venit*). Em geral, **não se mede o dano pelo grau de culpa**. O montante do dano é apurado com base no **prejuízo** comprovado pela vítima. Todo dano provado deve ser indenizado, qualquer que seja o grau de culpa. Preceitua o art. 944 do Código Civil, com efeito, que "a indenização mede-se pela extensão do dano". Aduz o parágrafo único que, no entanto, "se houver excessiva desproporção entre a gravidade da culpa e o dano, poderá o juiz reduzir, equitativamente, a indenização".

A culpa pode ser, ainda:

- ***in eligendo*:** decorre da má escolha do representante, do preposto;
- ***in vigilando*:** decorre da ausência de fiscalização;
- ***in comittendo*:** decorre de uma ação, de um ato positivo;
- ***in omittendo*:** decorre de uma omissão, quando havia o dever de não se abster;
- ***in custodiendo*:** decorre da falta de cuidados na guarda de algum animal ou de algum objeto.

9.6.3. Relação de causalidade

É o **nexo causal** ou **etiológico** entre a ação ou omissão do agente e o dano verificado. Vem expressa no verbo **"causar"**, empregado no art. 186. Sem ela, não existe a obrigação de indenizar. Se houve o dano, mas sua causa não está relacionada com o comportamento do agente, inexiste a relação de causalidade e também a obrigação de indenizar.

As excludentes da responsabilidade civil, como a culpa da vítima, o caso fortuito e a força maior (CC, art. 393), rompem o **nexo de causalidade**, afastando a responsabilidade do agente. Assim, por exemplo, se a vítima, querendo suicidar-se, atira-se sob as rodas do veículo, não se pode afirmar ter o motorista "causado" o acidente, pois este, na verdade, foi um mero instrumento da vontade da vítima, esta, sim, responsável exclusiva pelo evento.

9.6.4. Dano

Sem a prova do dano, ninguém pode ser responsabilizado civilmente. O dano pode ser **patrimonial** (material) ou **extrapatrimonial** (moral), ou seja, sem repercussão na órbita financeira do lesado. O Código Civil consigna um capítulo sobre a liquidação do dano, isto é, sobre o modo de se apurarem os prejuízos e a indenização cabível (arts. 944 a 954), com o título "Da indenização".

Mesmo que haja violação de um dever jurídico e que tenha existido culpa, e até mesmo dolo, por parte do infrator, nenhuma indenização será devida, uma vez que não se tenha verificado prejuízo. A inexistência de dano torna **sem objeto a pretensão à sua reparação**. Às vezes, a lei presume o dano, como sucedia na revogada Lei de Imprensa (Lei n. 5.250/67), que pressupunha a existência de dano moral em casos de calúnia, difamação e injúria praticadas pela imprensa. Acontece o mesmo em ofensas aos direitos da personalidade.

Pode ser lembrada, como **exceção** ao princípio de que nenhuma indenização será devida se não tiver ocorrido prejuízo, a regra do art. 940, que obriga a pagar em dobro ao devedor **quem demanda dívida já paga**, como uma espécie de pena privada pelo comportamento ilícito do credor, mesmo sem prova de prejuízo. E, na responsabilidade contratual, pode ser lembrado o art. 416, que permite ao credor cobrar a **cláusula penal sem precisar provar prejuízo.**

9.7. ATOS LESIVOS NÃO CONSIDERADOS ILÍCITOS

O art. 188 do Código Civil declara não constituírem atos ilícitos os praticados em legítima defesa, no exercício regular de um direito ou em estado de necessidade.

9.7.1. A legítima defesa

O art. 188, I, proclama que não constituem atos ilícitos "os praticados em legítima defesa ou no exercício regular de um direito reconhecido". O próprio **"cumprimento do dever legal"**, embora não explicitamente, nele está contido, pois atua no exercício regular de um direito reconhecido aquele que pratica um ato "no estrito cumprimento do dever legal"[6].

Se o ato foi praticado contra o **próprio agressor** e em legítima defesa, não pode o agente ser responsabilizado civilmente pelos danos provocados. Entretanto, se por

---

[6] José Frederico Marques, *Tratado de direito penal*, v. 3, p. 295. "Indenização. Fazenda Pública. Responsabilidade civil. Delito praticado por policial militar no estrito cumprimento do dever legal. Exclusão da criminalidade. Indenização indevida. Ação improcedente" (*RJTJSP*, 96/152).

engano ou **erro de pontaria**, **terceira pessoa** foi atingida (ou alguma coisa de valor), neste caso deve o agente reparar o dano. Mas terá **ação regressiva** contra o agressor para se ressarcir da importância desembolsada. Dispõe o parágrafo único do art. 930: "A mesma ação competirá contra aquele em defesa de quem se causou o dano (art. 188, inc. I)". Note-se a remissão feita ao art. 188, I.

Somente a **legítima defesa real** e praticada contra **o agressor**, deixa esta de ser ato ilícito, apesar do dano causado, impedindo a ação de ressarcimento de danos. Se o agente, por **erro de pontaria** (*aberratio ictus*), atingir um terceiro, ficará obrigado a indenizar os danos a este causados; porém, terá direito a **ação regressiva** contra o **injusto ofensor**, como já dito.

A **legítima defesa putativa** também não exime o réu de indenizar o dano, pois somente exclui a culpabilidade, e não a antijuridicidade do ato. O art. 65 do Código de Processo Penal não faz nenhuma referência às causas excludentes da culpabilidade, ou seja, às denominadas **dirimentes penais**. Uma vez que se trata de erro de fato, não há que cogitar da aplicação do referido artigo. Na legítima defesa putativa, o ato de quem a pratica é ilícito, embora não punível por ausência de culpabilidade em grau suficiente para a condenação criminal. No cível, entretanto, a culpa, mesmo levíssima, obriga a indenizar. E não deixa de haver negligência na apreciação equivocada dos fatos[7].

Na esfera civil, **o excesso**, a extrapolação da legítima defesa, por negligência ou imprudência, configura a situação do **art. 186 do Código Civil**.

Temos, em resumo, portanto, as seguintes situações:

LEGÍTIMA DEFESA	
■ **Real**, praticada contra **o próprio agressor**	■ Isenção de responsabilidade do agente pelos danos provocados
■ Com **erro de pontaria**, atingindo **terceiro ou seus bens** (*aberratio ictus*)	■ O agente deve reparar o dano, mas terá ação regressiva contra o injusto ofensor
■ **Putativa**	■ Não exime o ofensor da obrigação de indenizar o dano
■ **Com excesso**	■ Subsiste a obrigação de indenizar as consequências da extrapolação

■ 9.7.2. O exercício regular e o abuso de direito

A doutrina do abuso do direito não exige, para que o agente seja obrigado a indenizar o dano causado, que ele venha a infringir culposamente um dever preexistente. Mesmo agindo **dentro do seu direito**, pode, não obstante, em alguns casos,

7 "Em se tratando de ação indenizatória por dano moral pela prática de homicídio, é irrelevante que o crime tenha sido praticado pelo agente em legítima defesa putativa, pois da sua ação permeada pelo ilícito exsurgiu um dano ligado diretamente à sua conduta, motivo suficiente para determinar a obrigação de reparar os prejuízos daí advindos" (*RT*, 780/372). No mesmo sentido: *RF*, 200/151; STF, *RTJ*, 83/649.

ser responsabilizado. Prevalece na doutrina, hoje, o entendimento de que **o abuso de direito prescinde da ideia de culpa**. Este ocorre quando o agente, atuando dentro dos limites da lei, deixa de considerar a finalidade social de seu direito subjetivo e o exorbita, ao exercê-lo, causando prejuízo a outrem. Embora não haja, em geral, violação aos limites objetivos da lei, o agente desvia-se dos **fins sociais** a que esta se destina.

O novo Código Civil expressamente considera ato ilícito o **abuso de direito**, ao dispor, no art. 187:

> "Art. 187. Também comete ato ilícito o titular de um direito que, ao exercê-lo, excede manifestamente os limites impostos pelo seu fim econômico ou social, pela boa-fé ou pelos bons costumes."

Também serve de fundamento para a aplicação, entre nós, da referida teoria o **art. 5º da Lei de Introdução ao Código Civil**, atualmente denominada "**Lei de Introdução às Normas do Direito Brasileiro**", que determina ao juiz, na aplicação da lei, o atendimento aos fins sociais a que ela se dirige e às exigências do bem comum, visto que a ilicitude do ato abusivo se caracteriza sempre que o titular do direito se desvia da finalidade social para a qual o direito subjetivo foi concedido.

Vários dispositivos legais demonstram que, no direito brasileiro, há uma reação contra o **exercício irregular de direitos subjetivos**. O art. 1.277 do Código Civil permite que se reprima o exercício abusivo do direito de propriedade que perturbe o sossego, a segurança ou a saúde do vizinho. Podem ser mencionados, ainda, como exemplos, os arts. 939, 940, 1.637 e 1.638, que igualmente preveem sanções contra abusos de direito.

O **Código de Processo Civil** também reprime o **abuso de direito**, nos arts. 77 a 81 e, ainda, no processo de execução (arts. 776 e 771, parágrafo único). Observa-se que o instituto do abuso de direito tem aplicação em quase todos os campos do direito, como instrumento destinado a reprimir o exercício antissocial dos direitos subjetivos.

■ 9.7.3. O estado de necessidade

O Código Civil trata dessa matéria no art. 188, II, combinado com os arts. 929 e 930. Dispõe o primeiro:

> "Art. 188. Não constituem atos ilícitos:
>
> (...)
>
> II — a deterioração ou destruição da coisa alheia, ou a lesão a pessoa, a fim de remover perigo iminente.
>
> Parágrafo único: No caso do inciso II, o ato será legítimo somente quando as circunstâncias o tornarem absolutamente necessário, não excedendo os limites do indispensável para a remoção do perigo."

É o **estado de necessidade** no âmbito **civil**. Entretanto, embora a lei declare que o ato praticado nesse estado não é ato ilícito, nem por isso libera quem o pratica de **reparar o prejuízo** que causou. Se um motorista, por exemplo, atira o seu veículo contra um muro, derrubando-o, para não atropelar uma criança que, inesperadamente, surgiu-lhe à frente, o seu ato, embora lícito e mesmo nobilíssimo, não o exonera de pagar a reparação do muro. Com efeito, o art. 929 estatui:

> "Art. 929. Se a pessoa lesada, ou o dono da coisa, no caso do inciso II do art. 188, não forem culpados do perigo, assistir-lhes-á o direito à indenização do prejuízo que sofreram."

No exemplo acima, o dono da coisa é o dono do muro. A pessoa lesada ou o dono da coisa terão direito à indenização somente se "não forem culpados do perigo". Entretanto, o evento ocorreu por culpa *in vigilando* do pai da criança, que é responsável por sua conduta. Desse modo, embora tenha de pagar o conserto do muro, o motorista terá **ação regressiva contra o pai do menor** para se ressarcir das despesas efetuadas. É o que expressamente dispõe o art. 930:

> "Art. 930. No caso do inciso II do art. 188, se o perigo ocorrer por culpa de terceiro, contra este terá o autor do dano ação regressiva para haver a importância que tiver ressarcido ao lesado."

Pelo Código Civil de 1916, os danos porventura decorrentes de ato praticado em estado de necessidade só podiam dizer respeito às coisas, e nunca às pessoas[8]. O novo incluiu, contudo, expressamente, no inc. II do art. 188, a **"lesão a pessoa"**. Embora o art. 188, II, aparente estar em contradição com o citado art. 929, explica-se o teor do último pela intenção de não se deixar irressarcida a vítima inocente de um dano. Contudo, justifica-se a afirmação do primeiro, de que o ato praticado em estado de necessidade não é ilícito, por ter o agente direito a ação regressiva contra o terceiro causador da situação de perigo.

O art. 65 do Código de Processo Penal proclama fazer **coisa julgada**, no cível, a sentença penal que reconhecer ter sido o ato praticado em estado de necessidade. Sendo o réu absolvido criminalmente por ter agido em estado de necessidade, está o juiz cível obrigado a reconhecer tal fato. Mas dará a ele **o efeito previsto no Código Civil**, e não no Código Penal, qual seja, o de obrigá-lo a ressarcir o dano causado à vítima inocente, com direito, porém, a ação regressiva contra o provocador da situação de perigo[9].

■ 9.8. RESUMO

DOS ATOS JURÍDICOS ILÍCITOS	
CONCEITO	■ Ato ilícito é o praticado com infração ao **dever legal** de não lesar a outrem. Tal dever é imposto a todos nos arts. 186 e 927 do Código Civil. Também o comete aquele que pratica **abuso de direito** (art. 187).

---

[8] *RT*, 100/533.

[9] "Indenização. Preposto de empresa que, buscando evitar atropelamento, procede a manobra evasiva que culmina no abalroamento de outro veículo. Verba devida pela empresa, apesar de o ato ter sido praticado em estado de necessidade. Direito de regresso assegurado, no entanto, contra o terceiro culpado pelo sinistro" (STJ, *RT*, 782/211).

RESPONSABILIDADE CONTRATUAL E EXTRACONTRATUAL	■ **Responsabilidade contratual:** decorre do inadimplemento contratual, que acarreta a obrigação de indenizar perdas e danos (art. 389). ■ **Responsabilidade extracontratual:** deriva de infração ao dever legal imposto nos arts. 186 e 927 do Código Civil. É também chamada de responsabilidade **aquiliana**. ■ A consequência é a mesma em ambas: obrigação de ressarcir o prejuízo causado. Na **contratual**, o inadimplemento se presume culposo. Na **extracontratual**, a culpa deve ser provada.
RESPONSABILIDADE PENAL E RESPONSABILIDADE CIVIL	■ **Responsabilidade penal:** a) é pessoal, no sentido de que responde o réu, em regra, com a privação de liberdade; b) o agente infringe uma norma penal de direito público. ■ **Responsabilidade civil:** a) é patrimonial, pois é o patrimônio do devedor que responde por suas obrigações; b) o interesse diretamente lesado é o privado.
RESPONSABILIDADE SUBJETIVA E RESPONSABILIDADE OBJETIVA	■ **Responsabilidade subjetiva:** é a que se esteia na ideia de culpa. A prova da culpa passa a ser pressuposto necessário do dano indenizável. ■ **Responsabilidade objetiva:** é a que se funda no risco. Prescinde da culpa e se satisfaz apenas com o dano e o nexo de causalidade. ■ O Código Civil filiou-se, como regra, à teoria subjetiva, sem prejuízo da adoção da responsabilidade objetiva em vários dispositivos esparsos (arts. 927, parágrafo único, 933 etc.)
A RESPONSABILIDADE DOS PRIVADOS DE DISCERNIMENTO	■ Sendo o privado de discernimento um inimputável, não é ele responsável civilmente. A responsabilidade é atribuída ao seu **representante legal** (pais, tutor ou curador). Se este, todavia, não dispuser de meios suficientes, responde o próprio incapaz. A indenização, que deverá ser equitativa, não terá lugar se esta privá-lo do necessário (art. 928, *caput* e parágrafo único). Nesse caso, a vítima ficará irressarcida.
PRESSUPOSTOS DA RESPONSABILIDADE EXTRACONTRATUAL	a) **ação ou omissão:** ato próprio, ato de terceiro, fato da coisa e do animal; b) **culpa em sentido lato:** dolo e culpa em sentido estrito, que abrange a imprudência, a negligência e a imperícia e pode ser grave, leve ou levíssima; c) **relação de causalidade:** nexo causal ou etiológico entre a ação ou omissão do agente e o dano verificado; vem expresso no verbo "causar" empregado no art. 186, sendo essencial para a existência da obrigação de indenizar; d) **dano:** pressuposto inafastável, sem o qual ninguém pode ser responsabilizado civilmente, podendo ser patrimonial (material) ou extrapatrimonial (moral).
EXCLUDENTES DA ILICITUDE	■ **Legítima defesa:** quando **real** e praticada contra o **próprio agressor** (art. 188, I). Se, por **erro de pontaria** (*aberratio ictus*), terceira pessoa foi atingida, o agente deve reparar o dano, mas terá ação regressiva contra o agressor (art. 930). A legítima defesa **putativa** também não exime o réu de indenizar o dano, pois somente exclui a culpabilidade, e não a antijuridicidade do ato. ■ **Exercício regular de um direito** (art. 188, I). Mas o **abuso de direito** é considerado ato ilícito (art. 187). ■ **Estado de necessidade** (art. 160, II): a deterioração ou destruição da coisa alheia ou a lesão a pessoa não constituem atos ilícitos. Nem por isso quem os pratica fica liberado de reparar o prejuízo que causou, mas terá ação regressiva contra quem criou a situação de perigo (arts. 929 e 930).

■ 9.9. QUESTÕES

1. (TJSP/Juiz de Direito/182° Concurso/VUNESP/2009) A responsabilidade civil extracontratual no direito brasileiro

a) É afastada em caso de estado de necessidade, pois o autor do dano não responde pelos prejuízos causados.

b) Não é afastada em caso de estado de necessidade, pois o autor do dano responde pelos prejuízos causados.

c) Não é afastada em caso de estado de necessidade, mas apenas o causador do perigo responde pelos danos causados.
d) É afastada, respondendo apenas aquele em defesa de quem se causou o dano.

2. (TCE/CE/Procurador/Fundação Carlos Chagas/2015) Haverá obrigação de reparar o dano, independentemente de culpa, nos casos especificados em lei, ou quando a atividade normalmente desenvolvida pelo autor do dano implicar, por sua natureza, risco para os direitos de outrem. Esse enunciado aplica-se à responsabilidade

a) objetiva, na modalidade de risco atividade, que admite as excludentes de responsabilidade da culpa exclusiva da vítima e do caso fortuito ou força maior.
b) objetiva, na modalidade de risco criado, que não admite excludentes de responsabilidade, a não ser a culpa exclusiva da vítima.
c) subjetiva, na modalidade de culpa presumida pela atividade, com excludentes de culpa exclusiva da vítima e caso fortuito ou força maior.
d) objetiva, na modalidade de risco integral e, portanto, sem excludentes de responsabilidade possíveis.
e) objetiva, na modalidade de risco administrativo, que admite somente o caso fortuito ou força maior como excludente de responsabilidade.

3. (TCE/CE/Analista/Fundação Carlos Chagas/2015) João é dono de um cão feroz que atacou Maicon quando este passava em frente de sua residência. João responderá de maneira

a) objetiva pelos danos causados pelo animal, salvo se provar culpa exclusiva da vítima ou força maior.
b) subjetiva pelos danos causados pelo animal, não se admitindo causa excludente de responsabilização.
c) objetiva pelos danos causados pelo animal, não se admitindo causa excludente de responsabilização.
d) subjetiva pelos danos causados pelo animal, salvo se provar força maior.
e) subjetiva pelos danos causados pelo animal, salvo se provar que não agiu com dolo ou culpa.

4. (TRT/15ª Região/Campinas/Juiz do Trabalho/Fundação Carlos Chagas/2008) Assinale a alternativa CORRETA. Não constitui ato ilícito:

a) A lesão a pessoa, a fim de remover perigo iminente, desde que as circunstâncias tornem o ato absolutamente necessário, não excedendo os limites do indispensável para a remoção do perigo;
b) Aquele decorrente de omissão violadora de direito e causadora de dano exclusivamente moral;
c) Aquele praticado pelo titular do direito que excede manifestamente os limites impostos pelos bons costumes;
d) A deterioração da coisa alheia para remover perigo iminente;
e) O praticado em legítima defesa, a fim de remover perigo iminente, desde que as circunstâncias o tornem absolutamente necessário, não excedendo os limites do indispensável para a remoção do perigo.

5. (TRT/2ª Região/SP/Juiz do Trabalho/XLI Concurso/2016) Quanto à responsabilidade civil, assinale a alternativa INCORRETA:

a) Sendo da própria atividade o risco de dano, o autor ficará responsável pela indenização civil independentemente da aferição de culpa.
b) Decidido acerca da existência do fato e seu autor no juízo criminal, é vedado discutir-se tais questões no juízo competente para resolver sobre a responsabilidade civil.

c) Sendo o dano desproporcional à gravidade da culpa do autor, o Juiz poderá reduzir o valor da indenização, mas se o autor for menor, poderá deixar de fixá-la se privá-lo ou a seus dependentes do necessário.
d) O incapaz não responde pelos prejuízos que causar ainda que as pessoas por ele responsáveis não disponham de meios suficientes para cumprir a obrigação.
e) O Juiz poderá fixar indenização a ser paga de uma só vez se do dano sofrido vier resultar defeito que inabilite a vítima ao exercício de sua profissão.

6. (TJ/PR/Juiz de Direito/CESPE CEBRASPE/2017) Lucas, menor de idade, filho de Mara e Júlio, praticou ato ilícito que culminou na morte de Pablo. Após tomar conhecimento do evento, Joana, mãe da vítima, ajuizou ação compensatória de danos morais contra Mara e Júlio, em decorrência da conduta praticada por seu filho. Durante a instrução processual, Júlio demonstrou que não mantinha mais vínculo matrimonial com Mara e que o menor estava coabitando com a mãe e sob a guarda desta. Comprovou, também, que Lucas não estava em sua companhia no momento da prática do ilícito e que, dias antes, Mara havia comprado uma arma, de forma irregular, que fora usada no cometimento do crime. Com referência a essa situação hipotética, assinale a opção CORRETA à luz da legislação aplicável ao caso, do entendimento doutrinário sobre o tema e da jurisprudência do STJ.

a) A responsabilidade de Lucas é objetiva, assim como a de seus pais, Mara e Júlio.
b) O pleito de Joana deve ser julgado improcedente em relação a Júlio, pois o contexto fático demonstrou situação que exclui sua responsabilidade.
c) O limite humanitário da indenização, aplicável a Lucas, não é extensivo a seus pais, devido ao princípio da reparação integral do dano.
d) Há presunção absoluta do dever de vigilância dos pais em relação ao filho Lucas, decorrente do poder familiar.

7. (TRT/15ª Região/Juiz do Trabalho/2015) O motorista de um supermercado, dirigindo veículo da empresa e no horário de trabalho, envolveu-se em acidente, do qual resultou a morte de ocupante de outro veículo, mas foi absolvido na ação penal por insuficiência de prova. Sua culpa, entretanto, assim como os demais requisitos para a responsabilização civil, foram provados em ação indenizatória movida pelo cônjuge e filhos da vítima contra aquele motorista e seu empregador. Neste caso,

a) o motorista e seu empregador serão solidariamente responsáveis pela indenização.
b) somente o empregador será responsável pela indenização, porque o empregado foi absolvido no juízo criminal.
c) somente o motorista será responsável pela indenização, se o seu empregador provar que diligenciou na escolha do preposto e o vigiou, mas ambos serão solidariamente responsáveis se essa prova não for realizada.
d) o motorista e seu empregador serão conjuntamente responsáveis pela indenização, sendo subsidiária a responsabilidade do empregador.
e) não haverá obrigação de indenizar, porque a sentença penal absolutória eliminou a responsabilidade civil.

8. (Procurador Municipal/SP/Fundação Carlos Chagas/2008) Os bens do responsável pela ofensa ou violação do direito de outrem ficam sujeitos à reparação do dano:

a) Mas se o ofensor for incapaz e não tendo seus responsáveis obrigação de indenizar ou não dispuserem de meios suficientes, a indenização será indevida.
b) E, se tiver mais de um autor, o valor da indenização terá caráter de obrigação conjunta.
c) E, se tiver mais de um autor, entre eles existirá solidariedade.
d) Mas a indenização será indevida sempre que ficar provado que o autor da ofensa agiu em estado de necessidade.

e) Mas a indenização ficará excluída sempre que o autor do dano vier a ser absolvido em ação penal pelo mesmo fato.

9. (Procurador/Faz. Nacional/ESAF/2007) Quanto ao conteúdo da conduta culposa, a culpa poderá ser:

a) grave, leve ou levíssima;
b) *in committendo, in ommittendo, in eligendo, in vigilando* ou *in custodiendo*;
c) *in abstracto* ou *in concreto*;
d) aquiliana ou *juris et de jure*;
e) contratual ou extracontratual.

10. (PGE/PA/Procurador do Estado/2009) Analise as proposições abaixo e assinale a alternativa INCORRETA:

a) O incapaz responde pelos prejuízos que causar, se as pessoas por ele responsáveis não tiverem obrigação de fazê-lo ou não dispuserem de meios suficientes.
b) Consoante a jurisprudência do STJ, o dano reflexo enseja a responsabilidade civil do infrator, desde que seja demonstrado o prejuízo à vítima indireta.
c) A compensação devida à vítima do dano, ainda que este resulte de dolo do devedor, deverá incluir os danos emergentes e os lucros cessantes decorrentes diretamente da conduta infracional, excluídos os danos remotos.
d) À configuração do abuso de direito, consoante o Código Civil de 2002, é essencial a prova de que o agente tinha a intenção de prejudicar terceiro.

11. (TJPR/Juiz de Direito/2008) Assinale a alternativa CORRETA:

a) É subjetiva, por culpa presumida, a responsabilidade dos pais pelos atos praticados pelos filhos menores que estiverem sob sua autoridade e em sua companhia.
b) O direito de exigir a reparação civil somente se transmite com a herança quando se tratar de dano patrimonial.
c) A desproporção entre a gravidade da culpa e o dano pode ser critério hábil a intervir na fixação do *quantum* indenizatório.
d) A culpa leve não gera dever de indenizar, ao passo que a culpa gravíssima enseja responsabilidade objetiva do agente causador do dano.

12. (PGE/PR/Procurador do Estado/2007) Sobre a disciplina do dever de indenizar é CORRETO afirmar que:

a) O Código Civil de 2002 não diferencia a imputação do dever de indenizar contratual e extracontratual.
b) O incapaz para celebrar negócios jurídicos não tem capacidade para praticar ilícitos civis.
c) O elemento da culpa pode servir para interpretação tanto sobre o dever de indenizar como sobre a quantificação do valor da indenização.
d) Em regra, não há solidariedade passiva entre os autores e coautores do dano.
e) A ilicitude da conduta é indispensável para a configuração do dever de indenizar.

13. (DEL/POL/RJ/XI Concurso/Acadepol/RJ/2009) Considere as seguintes afirmações sobre responsabilidade civil e indique a assertiva INCORRETA:

a) O incapaz responde pelos prejuízos que causar, exceto se ficar privado do necessário, assim como as pessoas que dele dependem.
b) São também responsáveis pela reparação civil os que gratuitamente houverem participado nos produtos do crime, até a concorrente quantia.
c) A indenização por injúria, difamação ou calúnia consistirá na reparação do dano que delas resulte ao ofendido.

d) Súmula do Superior Tribunal de Justiça adota entendimento de que não é possível a cumulação das indenizações de dano estético e dano moral.
e) A responsabilidade civil é independente da criminal, não se podendo questionar mais sobre a existência do fato, ou sobre quem seja seu autor, quando estas questões se acharem decididas no juízo criminal.

14. (OAB/Brasil/Exame de Ordem 2009.2/CESPE/UnB/2009) De acordo com o que dispõe o Código Civil a respeito da responsabilidade civil, assinale a opção CORRETA:

a) O dono do edifício responderá pelos danos causados pela ruína do edifício, estando o lesado dispensado de provar que a ruína decorreu de falta de reparos e que a necessidade dessas reparações é manifesta.
b) No caso de responsabilidade civil em virtude de ofensa à saúde, o ofendido não tem direito de ser indenizado das despesas dos lucros cessantes.
c) Somente há responsabilidade do empregador pelos danos que seus empregados, no exercício de suas funções, causarem a terceiros, se ficar demonstrado que o empregador infringiu o dever de vigilância.
d) O Código Civil consagra a responsabilidade civil objetiva das empresas pelos danos causados pelos produtos postos em circulação.

15. (TJSP/Cartórios de Notas e Registros/6º Concurso/2009) A obrigação de reparar o dano, independentemente de culpa, é denominada responsabilidade civil

a) completa.
b) subjetiva.
c) objetivo-subjetiva.
d) objetiva.

16. (TRF/1ª Região/Juiz Federal/XIII Concurso/CESPE/UnB/2009) Considerando o que dispõe o Código Civil, assinale a opção CORRETA no que se refere à responsabilidade civil.

a) No caso de responsabilidade civil em virtude de ofensa à saúde, o ofendido não tem direito a ser indenizado das despesas e dos lucros cessantes.
b) O dono de edifício responde pelos danos causados pela ruína da edificação, dispensando o lesado de provar que a ruína foi devida à falta de reparos e que a necessidade dessas reparações era manifesta.
c) Somente há responsabilidade do empregador pelos danos que seus empregados, no exercício de suas funções, causarem a terceiros se ficar demonstrado que o empregador infringiu o dever de vigilância.
d) O Código Civil consagra a responsabilidade civil objetiva das empresas pelos danos causados pelos produtos postos em circulação.
e) Em caso de responsabilidade civil subjetiva, fica afastada a possibilidade de o juiz reduzir o montante da indenização considerando o grau de culpa do agente, tendo em vista o princípio da reparação integral do dano.

17. (OAB/Exame de Ordem 2010.3/FGV Projetos/2011) Ricardo, buscando evitar um atropelamento, realiza uma manobra e atinge o muro de uma casa, causando um grave prejuízo. Em relação à situação acima, é CORRETO afirmar que Ricardo

a) não responderá pela reparação do dano, pois agiu em estado de necessidade.
b) responderá pela reparação do dano, apesar de ter agido em estado de necessidade.
c) responderá pela reparação do dano, apesar de ter agido em legítima defesa.
d) praticou um ato ilícito e deverá reparar o dano.

18. (TJPR/Outorga de delegações de notas e de registro/IBFC/2014) Sobre responsabilidade civil do Estado, marque a proposição INCORRETA:

a) É impertinente a investigação da conduta da vítima ou de sua culpa, tendo em vista ser objetiva a responsabilidade do Estado.
b) A responsabilidade do Estado por erro judiciário independe de ter o Juiz atuado com dolo ou culpa.
c) O caso fortuito, a força maior e a conduta da vítima podem excluir total ou parcialmente a responsabilidade do Estado.
d) Embora objetiva a responsabilidade do Estado, com base no nexo de causalidade, é subjetiva relativamente a este a responsabilidade do agente causador do dano, embasada no dolo e na culpa.

19. (MP/SP/Promotor de Justiça/90º Concurso/2013) Em tema de responsabilidade civil, assinale a assertiva INCORRETA.

a) A empresa locadora de veículos não responde civilmente pelos prejuízos causados pelo locatário a terceiros, no uso do carro locado.
b) São responsáveis pela reparação civil o empregador ou comitente, por conduta de seus empregados, serviçais e prepostos, no exercício do trabalho que lhes competir ou em razão dele.
c) São responsáveis pela reparação civil o tutor e o curador, pelos pupilos e curatelados que estiverem sob sua autoridade ou em sua companhia.
d) O dono, ou detentor, do animal ressarcirá o dano por este causado, se não provar culpa da vítima ou força maior.
e) São responsáveis pela reparação civil os pais, pelos atos de filhos menores que estiverem sob sua autoridade e em sua companhia.

20. (TJSP/Juiz de Direito/184º Concurso/VUNESP/2013) Acerca da responsabilidade civil, e considerada a jurisprudência assente, é certo afirmar que

a) se sentença criminal definir que determinado ato existiu, a existência desse fato não pode mais ser discutida na ação de responsabilidade civil.
b) aquele que cobra dívida já paga na sua inteireza é obrigado a pagar ao devedor o dobro do que houver pago, ainda que tenha agido de boa-fé.
c) na responsabilidade objetiva não se exige culpa e nem nexo de causalidade.
d) a perda de uma chance, por não se caracterizar como dano real e concreto, não pode ser indenizada.

21. (TJSP/Juiz de Direito/186º Concurso/VUNESP/2015) Em matéria de ilicitude dos atos jurídicos, é CORRETO afirmar que

a) o termo *a quo* da correção monetária na indenização por ato ilícito é a data do efetivo prejuízo, enquanto que na indenização por dano moral é a data do seu arbitramento.
b) o descumprimento da prática convencional da pós-datação não retira a obrigação do sacado de efetuar o pagamento de título de crédito à vista e não gera indenização por responsabilidade civil do beneficiário.
c) a pessoa jurídica de direito público não tem direito à indenização por dano moral.
d) depende de prova do prejuízo a indenização pela publicação não autorizada de imagem de pessoa com fins econômicos ou comerciais.

22. (TRF/2ª Região/Juiz Federal/XVI Concurso/2017) Magnus, com 15 anos de idade, pega a chave do veículo de seu pai e, ao dirigi-lo com cautela, perto de sua casa, faz desvio para evitar o atropelamento de criancinha que, de surpresa, avançou sobre a rua. Magnus, ao fazer a manobra salvadora da criança, colide com veículo de Empresa de Correios e Telégrafos, regularmente estacionado. Assinale a opção CORRETA:

a) Magnus, ao desviar, agiu em estado de necessidade, daí que não há base legal para obrigá-lo, a si ou a seu responsável, a reparar o dano causado ao veículo da ECT.

b) Admitindo que o pai de Magnus seja condenado a reparar o dano, ele, mais tarde, faz jus a obter o regresso contra o filho.
c) Embora não se configure o estado de necessidade, o absolutamente incapaz não responde em termos civis, e apenas seu representante ou responsável pode ser chamado a reparar o dano.
d) Mesmo que se acolha a tese de estado de necessidade, o responsável pelo menor pode, legalmente, ser condenado a reparar o dano causado à ECT.
e) O estado de necessidade não se caracteriza. Dirigir sem habilitação é ilícito permanente e incide o Estatuto da Criança e do Adolescente, com responsabilidade civil direta de Magnus e subsidiária de seu pai.

■ GABARITO ■

1. "b". *Vide* art. 929 do CC.
2. "a". *Vide* art. 927, parágrafo único, do CC.
3. "a". *Vide* art. 936 do CC.
4. "a". *Vide* art. 188, II, e parágrafo único, do CC.
5. "d". *Vide* art. 928 do CC.
6. "b". A responsabilidade é decorrência do dever de guarda, que não pertencia a Júlio, mas sim a Mara. *Vide* art. 932, I, do CC.
7. "a". *Vide* arts. 932, III, e 933 do CC, e 66 do CPP.
8. "c". *Vide* art. 942 do CC.
9. "b".
10. "d". *Vide* art. 187 do CC.
11. "c". *Vide* art. 944, parágrafo único, do CC.
12. "c". *Vide* art. 944, parágrafo único, do CC.
13. "d".
14. "d". *Vide* art. 931 do CC. Observação: a opinião dominante na doutrina é no sentido de que a alternativa "a" também está CORRETA (*Vide* art. 937 do CC).
15. "d".
16. "d". *Vide* art. 931 do CC. Observação: a opinião dominante na doutrina é no sentido de que a alternativa "b" também está CORRETA (*Vide* art. 937 do CC).
17. "b". *Vide* art. 929 do CC.
18. "a". A CF adotou a teoria da responsabilidade objetiva do Poder Público, mas sob a modalidade do risco administrativo. Desse modo, pode ser atenuada a responsabilidade do Estado, provada a culpa parcial e concorrente da vítima, e até mesmo excluída, provada a culpa exclusiva desta.
19. "a". *Vide* a Súmula 492 do Supremo Tribunal Federal: "A empresa locadora de veículos responde, civil e solidariamente com o locatário, pelos danos por este causados a terceiro, no uso do carro locado".
20. "a". *Vide* art. 935 do CC.
21. "a". *Vide* Súmulas 43 e 362 do STJ.
22. "d". *Vide* art. 929 do CC.

10

DA PRESCRIÇÃO E DA DECADÊNCIA

10.1. DA PRESCRIÇÃO

10.1.1. Introdução

O **decurso do tempo** tem grande influência na aquisição e na extinção de direitos. Distinguem-se, pois, duas espécies de prescrição: a **extintiva** e a **aquisitiva**, também denominada **usucapião**. Alguns países tratam conjuntamente dessas duas espécies em um único capítulo. O Código Civil brasileiro regulamentou a **extintiva** na **Parte Geral**, dando ênfase à força extintora do direito. **No direito das coisas**, na parte referente aos modos de aquisição do domínio, tratou da prescrição **aquisitiva**, em que predomina a força geradora.

Em um e outro caso, no entanto, ocorrem os dois fenômenos: alguém ganha e, em consequência, alguém perde. Como o elemento "tempo" é comum às duas espécies de prescrição, dispõe o art. 1.244 do Código Civil que as causas que obstam, suspendem ou interrompem a prescrição também se **aplicam à usucapião**.

O instituto da prescrição é necessário para que haja tranquilidade na ordem jurídica, pela consolidação de todos os direitos. Dispensa a infinita conservação de todos os recibos de quitação, bem como o exame dos títulos do alienante e de todos os seus sucessores, sem limite no tempo. Segundo Cunha Gonçalves, a prescrição é indispensável à estabilidade e consolidação de todos os direitos. Sem ela, nada seria permanente; o proprietário jamais estaria seguro de seus direitos, e o devedor, livre de pagar duas vezes a mesma dívida[1].

10.1.2. As duas principais inovações

- **A princípio**, para distinguir prescrição de decadência, o atual Código Civil optou por uma fórmula que elimina qualquer dúvida:

  a) prazos de prescrição são, apenas e exclusivamente, os taxativamente discriminados na Parte Geral, nos **arts. 205 (regra geral) e 206 (regras especiais)**;

  b) prazos de decadência são todos os demais, estabelecidos como complemento de cada artigo que rege a matéria, tanto na Parte Geral como na Especial.

- **Em segundo lugar**, para evitar o debate sobre a prescrição ou não da ação, adotou-se a tese da prescrição da **pretensão**, por ser considerada a mais

---

1 *Tratado de direito civil*, t. 3, p. 633.

condizente com o Direito Processual contemporâneo. Usou-se o referido termo para atender à circunstância de que a prescrição é instituto de direito material, conceituando-se o que por ele se entende no art. 189, que tem a virtude de indicar que a prescrição tem início no momento em que há violação do direito[2]. Segundo dispõe o aludido dispositivo, "violado o direito, nasce para o titular a pretensão, a qual se extingue, pela prescrição, nos prazos a que aludem os arts. 205 e 206". A **pretensão** é revelada, portanto, como um poder de exigir de outrem uma ação ou omissão.

10.1.3. Conceito

Segundo Pontes de Miranda, a **prescrição** seria uma exceção que alguém tem contra o que não exerceu, durante um lapso de tempo fixado em norma, sua pretensão ou ação[3]. Entretanto, como visto, o atual Código Civil, evitando a polêmica sobre o que prescreve, se é a ação ou o direito, adotou o vocábulo **"pretensão"**, por influência do direito germânico (*anspruch*), para indicar que não se trata do direito subjetivo público abstrato de ação. E, no art. 189, enunciou que a prescrição tem início no momento em que há **violação do direito**.

A propósito, esclareceu a Comissão Revisora do Projeto que, em se tratando dos denominados direitos **potestativos** (em que o agente pode influir na esfera de interesses de terceiro, quer ele queira, quer não, como o de anular um negócio jurídico), como são eles invioláveis, não há que falar em prescrição, mas, sim, em **decadência**.

10.1.4. Requisitos

Pode-se dizer que a prescrição tem como **requisitos:**

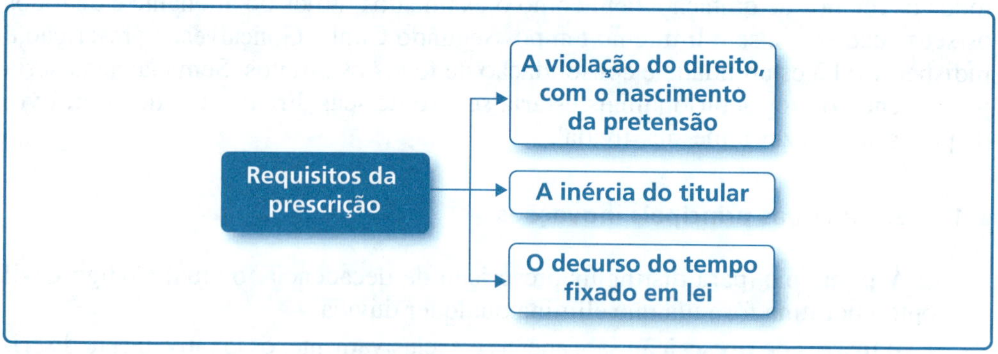

10.1.5. Prescrição intercorrente

Configura-se a prescrição **intercorrente** quando o autor de processo **já iniciado** permanece inerte, de forma continuada e ininterrupta, durante lapso temporal

---

2 José Carlos Moreira Alves, *A Parte Geral do Projeto de Código Civil brasileiro*, p. 151-152.

3 *Tratado de direito privado*, v. 6, p. 100.

suficiente para a perda da pretensão. O novo Código de Processo Civil inovou ao estabelecer **o marco inicial para a contagem da prescrição intercorrente**. O art. 921, III, prevê a suspensão do processo de execução "quando o executado não possuir bens penhoráveis". E o § 1º complementa: "Na hipótese do inciso III, o juiz suspenderá a execução pelo prazo de 1 (hum) ano, durante o qual se suspenderá a prescrição". Por sua vez, o § 4º proclama: "Decorrido o prazo de que trata o § 1º sem manifestação do exequente, começa a correr o prazo de prescrição intercorrente".

O novo diploma **proíbe a decisão-surpresa**, dispondo no § 5º do aludido art. 921: "O juiz, depois de ouvidas as partes, no prazo de 15 (quinze) dias, poderá, de ofício, reconhecer a prescrição de que trata o § 4º e extinguir o processo". E, no art. 924, V, preceitua "**extingue-se a execução quando ocorrer a prescrição intercorrente**".

■ 10.1.6. Pretensões imprescritíveis

A pretensão é deduzida em juízo por meio da ação. À primeira vista, tem-se a impressão de que não há pretensões imprescritíveis na sistemática do Código Civil, pois a prescrição ocorre em prazos especiais, discriminados no art. 206, ou no prazo geral de dez anos, previsto no art. 205. Entretanto, a doutrina aponta várias **pretensões imprescritíveis**, afirmando que a prescritibilidade é a regra e a imprescritibilidade, a exceção[4]. Assim, não prescrevem:

- as que protegem os **direitos da personalidade**, como o direito à vida, à honra, à liberdade, à integridade física ou moral, à imagem, ao nome, às obras literárias, artísticas ou científicas etc.;
- as que se prendem ao **estado das pessoas** (estado de filiação, a qualidade de cidadania, a condição conjugal). Não prescrevem, assim, as ações de separação judicial, de interdição, de investigação de paternidade etc.;
- as de **exercício facultativo** (ou **potestativo**), em que não existe direito violado, como as destinadas a extinguir o condomínio (ação de divisão ou de venda da coisa comum — CC, art. 1.320), a de pedir meação no muro vizinho (CC, arts. 1.297 e 1.327) etc.;
- as referentes a **bens públicos** de qualquer natureza, que são imprescritíveis;
- as que protegem o **direito de propriedade**, que é perpétuo (reivindicatória);
- as pretensões de **reaver bens confiados à guarda de outrem**, a título de depósito, penhor ou mandato. O depositário, o credor pignoratício e o mandatário, não tendo posse com ânimo de dono, não podem alegar usucapião;
- as destinadas a **anular inscrição do nome empresarial** feita com violação de lei ou do contrato (CC, art. 1.167).

As **vantagens econômicas** dos direitos imprescritíveis, todavia, são alcançadas pela prescrição. Se é imprescritível a ação de estado, por exemplo, a faculdade de

[4] Caio Mário da Silva Pereira, *Instituições*, cit., v. 1, p. 439.

obter o reconhecimento de filiação, prescreve, no entanto, o **direito de reclamar uma herança**, em consequência da ação de investigação de paternidade. Proclama, com efeito, a Súmula 149 do Supremo Tribunal Federal (que precisa ser atualizada, para se referir à *pretensão*), que só não prescreve a ação de investigação de paternidade, **prescrevendo**, porém, a de **petição de herança**. Do mesmo, embora não prescrevam as pretensões concernentes aos direitos da personalidade, a de **obter vantagem patrimonial** em decorrência de sua ofensa (que acarreta dano moral, p. ex.) **é prescritível**.

10.1.7. Prescrição e institutos afins

Têm afinidade com a prescrição, por também sofrerem a influência do decurso do tempo, os institutos da **preclusão**, **perempção** e **decadência**.

- A **preclusão** consiste na perda de uma faculdade processual, por não ter sido exercida no momento próprio. Impede que se renovem as questões já decididas dentro da mesma ação. Só produz efeitos dentro do próprio processo em que advém.
- A **perempção** também é de natureza processual. Consiste na perda do direito de ação pelo autor contumaz, que deu causa a três arquivamentos sucessivos (CPC, art. 486, § 3º). Não extingue o direito material, nem a pretensão, que passam a ser oponíveis somente como defesa.
- Quanto à **decadência**, o atual Código, como já mencionado, considerando que a doutrina e a jurisprudência tentaram, durante anos a fio, sem sucesso, distinguir os prazos prescricionais dos decadenciais, optou por uma fórmula segura (CC, art. 189): prazos de **prescrição** são apenas os taxativamente discriminados na Parte Geral, nos arts. 205 (regra geral) e 206 (regras especiais), sendo de **decadência** todos os demais, estabelecidos como complemento de cada artigo que rege a matéria, tanto na Parte Geral como na Especial. Adotou ainda, de forma expressa, a tese da prescrição da **"pretensão"** (*anspruch*).

Várias foram as tentativas de se encontrar a linha divisória entre **prescrição** e **decadência** na vigência do Código Civil de 1916, que só se referia à primeira. Os critérios eram, em geral, alvo de críticas, por não terem base científica ou por pretenderem fazer a distinção pelos efeitos ou consequências. Assim, dizia-se que:

a) quanto aos **efeitos**, a **prescrição** não corre contra determinadas pessoas, enquanto a **decadência** corre contra todos;

b) a **prescrição** pode suspender-se ou interromper-se, enquanto a **decadência** tem curso fatal, não se suspendendo nem se interrompendo pelas causas suspensivas ou interruptivas da prescrição. Aduza-se que, modernamente, já se vinha admitindo a suspensão dos prazos decadenciais (ou de caducidade), como ocorreu no Código de Defesa do Consumidor.

O critério clássico, no direito brasileiro, consiste em colocar o elemento diferenciador no **campo de incidência** da cada um dos institutos. Assim, a **prescrição** atinge diretamente a ação e, por via oblíqua, faz desaparecer o direito por ela tutelado (o que perece é a ação que protege o direito). A **decadência**, ao contrário, atinge diretamente o direito e, por via oblíqua, extingue a ação (é o próprio direito que perece).

O critério mais aceito na doutrina é o apresentado por Agnelo Amorim Filho, denominado **"critério científico"**, baseado na classificação dos direitos subjetivos e nos tipos de ações correspondentes. Para o mencionado doutrinador, são sujeitas a **prescrição** somente as ações de **natureza condenatória**, pois são as únicas por meio das quais se protegem judicialmente os direitos que irradiam pretensões. Os direitos potestativos, que são direitos sem pretensão ou direitos sem prestação, insuscetíveis de violação, dão origem a ações de **natureza constitutiva ou desconstitutiva**. Quando **têm prazo fixado na lei**, esse prazo é **decadencial**; quando **não têm** (como no caso das ações de separação judicial), a ação é **imprescritível**. As ações de **natureza declaratória** também são **imprescritíveis** porque visam apenas à obtenção de uma certeza jurídica[5].

Hoje, no entanto, como já assinalado, predomina o entendimento, na moderna doutrina, de que **a prescrição extingue a pretensão**, que é a exigência de subordinação de um interesse alheio ao interesse próprio. O direito material, violado, dá origem à pretensão (CC, art. 189), que é deduzida em juízo por meio da ação. Extinta a pretensão, não há ação. Portanto, a prescrição extingue a pretensão, atingindo também a ação. O instituto que extingue somente a ação (conservando o direito material e a pretensão, que só podem ser opostos em defesa) é a perempção.

Acrescente-se que **a prescrição** resulta exclusivamente **da lei**, enquanto a **decadência** pode resultar da **lei, do costume e do testamento**; e que, segundo proclama a Súmula 150 do Supremo Tribunal Federal, "prescreve a execução no mesmo prazo da prescrição da ação".

10.1.8. Disposições legais sobre a prescrição

10.1.8.1. O art. 190 do Código Civil

As "Disposições Gerais" do capítulo concernente à prescrição tratam dos arts. 189 a 196 do Código Civil. O primeiro dispõe que, "Violado o direito, nasce para o titular a pretensão, a qual se extingue, pela prescrição, nos prazos a que aludem os arts. 205 e 206" (art. 189), única e exclusivamente. Como tal dispositivo já foi comentado nos itens 10.1.2 e 10.1.7, *retro*, o presente item começa abordando o art. 190, que tem a seguinte redação:

> "Art. 190. A exceção prescreve no mesmo prazo em que a pretensão."

A justificativa apresentada pela Comissão Revisora para a manutenção da última norma, que constitui inovação, é a de que se está suprindo uma lacuna do Código Civil, o que tem dado problema na prática: saber se a exceção prescreve (havendo quem sustente que qualquer exceção é imprescritível, já que o Código é omisso) e, em

---

5 Critério científico para distinguir a prescrição da decadência e para identificar as ações imprescritíveis, *RT*, 300/7 e 711/725.

caso afirmativo, dentro de que prazo. Ambas as questões são solucionadas pelo art. 190. O que se quer **evitar** é que, **prescrita a pretensão**, o direito com pretensão prescrita possa ser utilizado perpetuamente a título de exceção, **como defesa**. A referida Comissão Revisora menciona, a propósito, a seguinte observação de Hélio Tornaghi: "Quando a exceção se funda em um direito do réu (p. ex.: a compensação se baseia no crédito do réu contra o autor), prescrito este, não há mais como excepcioná-lo. Se a exceção não prescrevesse, perduraria *ad infinitum*..."[6].

Tendo em vista o disposto no art. 193, pode-se dizer que a prescrição da exceção "pode ser alegada em qualquer grau de jurisdição", mas dentro de prazo igual ao conferido para a dedução da pretensão[7].

10.1.8.2. O art. 191 do Código Civil

O art. 191 do Código Civil não admite a renúncia prévia da prescrição, isto é, antes que se tenha consumado. Não se admite a renúncia prévia nem em casos de **prescrição em curso, mas só da consumada**, porque o referido instituto é de **ordem pública** e a renúncia tornaria a ação imprescritível por vontade da parte.

A Lei n. 11.280, de 16 de fevereiro de 2006, revogou o art. 194 do Código Civil e ainda introduziu o § 5º ao art. 219 do Código de Processo Civil, de 1973, tornando obrigatório o pronunciamento da prescrição, de ofício, pelo juiz. O art. 332, § 1º, do novo Código de Processo Civil, todavia, dispõe que o "juiz também *poderá* julgar liminarmente improcedente o pedido se verificar, desde logo, a ocorrência de decadência ou de prescrição".

A prescrição e a decadência, no entanto, são **matérias de ordem pública** que *devem* ser examinadas **de ofício** pelo juiz.

O magistrado, todavia, **deve ouvir o autor da ação**, antes de assim proceder, tendo em vista que este poderá demonstrar a existência de eventual causa interruptiva. O parágrafo único do art. 487 do novo Código de Processo Civil preceitua, a propósito: "Ressalvada a hipótese do § 1º do art. 332, a prescrição e a decadência não serão reconhecidas sem que antes seja dada às partes oportunidade de manifestar-se".

Não se justifica, no entanto, a oitiva do réu, uma vez que, malgrado o ato do juiz, declarando de ofício prescrita a pretensão do autor, nada impede que aquele **renuncie a prescrição *a posteriori***, propondo ação declaratória ou fazendo-o incidentalmente, em outro litígio com o autor, ou, ainda, em recurso de apelação. Se o próprio obrigado deseja pagar a dívida já alcançada pela prescrição, a ordem jurídica não impede que isso aconteça. Seria até absurdo se o ordenamento jurídico impedisse o devedor de cumprir a obrigação. Segundo dispõe o art. 882 do Código Civil, "não se pode repetir o que se pagou para solver dívida prescrita...".

Na IV Jornada de Direito Civil realizada em Brasília, em outubro de 2006, foi aprovado o Enunciado 295, com o seguinte teor: "A revogação do art. 194 do Código

[6] Apud José Carlos Moreira Alves, *A Parte Geral*, cit., p. 152-153.

[7] Renan Lotufo, *Código Civil*, cit., p. 524.

Civil pela Lei n. 11.280/2006, que determinou ao juiz o reconhecimento de ofício da prescrição, **não retira do devedor a possibilidade de renúncia** admitida no art. 191 do texto codificado".

■ *10.1.8.2.1. Requisitos de validade da renúncia da prescrição*

Dois são os **requisitos para a validade** da renúncia:

- que a prescrição já esteja **consumada**;
- que **não prejudique terceiro**. Terceiros eventualmente prejudicados são os credores, pois a renúncia à possibilidade de alegar a prescrição pode acarretar a diminuição do patrimônio do devedor. Em se tratando de ato jurídico, requer a capacidade do agente.

■ *10.1.8.2.2. Espécies de renúncia da prescrição*

Observados os referidos requisitos de validade, a **renúncia**, isto é, a desistência do direito de arguir a prescrição, pode ser:

a) expressa; ou

b) tácita.

- A renúncia **expressa** decorre de manifestação taxativa, inequívoca, escrita ou verbal, do devedor de que dela não pretende utilizar-se.
- **Tácita**, segundo dispõe o mencionado art. 191, "é a renúncia quando se presume de fatos do interessado, incompatíveis com a prescrição". Consumada a prescrição, qualquer ato de **reconhecimento da dívida** por parte do devedor, como o pagamento parcial ou a composição visando à solução futura do débito, será interpretado como renúncia.

■ *10.1.8.3. O art. 192 do Código Civil*

Dispõe o dispositivo em epígrafe:

"Art. 192. Os prazos de prescrição não podem ser alterados por acordo das partes."

A prescrição em curso não cria direito adquirido, podendo o seu prazo ser reduzido ou ampliado por **lei superveniente** ou transformado em prazo decadencial. **Não se admite**, porém, ampliação ou redução de prazo prescricional pela **vontade das partes**. No primeiro caso, importaria renúncia antecipada da prescrição, vedada pela lei. A possibilidade de se reduzir o prazo, que constituía questão polêmica, foi também afastada pelo aludido art. 192.

■ *10.1.8.4. O art. 193 do Código Civil*

Proclama o dispositivo em apreço que "a prescrição pode ser alegada em qualquer grau de jurisdição, pela parte a quem aproveita". Pode esta ser arguida em qualquer fase ou estado da causa, em **primeira** ou em **segunda instância**. Pode, portanto, ser alegada em qualquer fase do processo de conhecimento, ainda que o réu tenha deixado de invocá-la na contestação, não significando renúncia tácita a falta de invocação na primeira oportunidade em que falar no processo. Considera-se que, se essa defesa não foi, desde o primeiro momento, invocada, é porque o réu provavelmente teria confiado nos outros meios da defesa — o que não tolhe o efeito da prescrição[8].

Se a prescrição, entretanto, não foi suscitada na instância ordinária (primeira e segunda instância), é inadmissível a sua arguição no recurso especial, perante o Superior Tribunal de Justiça, ou no recurso extraordinário, interposto perante o Supremo Tribunal Federal, por faltar o **prequestionamento** exigido nos Regimentos Internos desses tribunais, que têm força de lei. Diz o mencionado art. 193 que a prescrição pode ser alegada "pela parte a quem aproveita". Segundo Câmara Leal, só pode arguir prescrição quem tem **legítimo interesse econômico** em seus efeitos liberatórios, pelo proveito patrimonial que lhe proporcionam. Podem alegá-la não só os **interessados diretos** como também os **indiretos** (credores do prescribente insolvente; o responsável pela evicção, em relação à coisa cuja evicção se extinguiu pela prescrição; qualquer terceiro, no que diz respeito à prescrição da ação, cuja não extinção lhe acarretaria dano ou prejuízo)[9].

■ *10.1.8.5. O art. 194 do Código Civil*

Prescrevia o art. 194 que "o juiz não pode suprir, de ofício, a alegação de prescrição, salvo se favorecer a absolutamente incapaz". Não podia, portanto, conhecer da prescrição se esta não fosse invocada pelas partes, salvo em benefício de absolutamente incapaz. Essa ressalva, que não favorecia o relativamente incapaz, constituía inovação, pois não constava do Código Civil de 1916. O aludido dispositivo foi, todavia, **expressamente revogado** pelo art. 11 da Lei n. 11.280, de 16 de fevereiro de 2006, que ainda, como foi dito, introduziu o § 5º ao art. 219 do Código de Processo Civil de 1973, tornando **obrigatório** o pronunciamento da prescrição, **de ofício, pelo juiz**. O assunto, como já dito, é tratado nos arts. 332, § 1º, e 487, parágrafo único, do diploma processual de 2015.

A prescrição diz respeito, em regra, a direitos patrimoniais. Os direitos não patrimoniais (direitos pessoais, de família) estão sujeitos à decadência ou caducidade. Esta também pode ser declarada de ofício pelo juiz. O art. 210 do Código Civil diz, imperativamente, que o juiz "*deve*" (é dever, e não faculdade), "de ofício, conhecer da decadência, quando estabelecida por lei". Ainda que se trate de direitos patrimoniais, **a decadência** pode ser decretada **de ofício** quando estabelecida **por**

---

[8] "Prescrição. Arguição em razões finais. Admissibilidade. Conceito de instância tomado como grau de hierarquia judiciária que possibilita a arguição do lapso prescricional em qualquer tempo e juízo" (*RT*, 766/236).

[9] *Da prescrição*, cit., p. 65-66.

lei[10]. Se a parte, pessoalmente, não invoca a prescrição, poderá fazê-lo o representante do **Ministério Público**, em qualquer situação, bastando levar o fato ao conhecimento do juiz, que agora deve pronunciá-la de ofício. Também poderá alegá-la o **curador à lide**, em favor do curatelado, bem como o **curador especial**, nos casos em que lhes caiba intervir.

10.1.8.6. O art. 195 do Código Civil

Preceitua o dispositivo em tela:

> "Art. 195. Os relativamente incapazes e as pessoas jurídicas têm ação contra os seus assistentes ou representantes legais, que derem causa à prescrição, ou não a alegarem oportunamente."

Se o tutor do menor púbere, por exemplo, culposamente permitir que a ação do tutelado prescreva, deverá indenizá-lo pelo prejuízo ocasionado. Trata-se de uma regra de **proteção dos incapazes** e das **pessoas jurídicas em geral**, que reafirma a do art. 186. Entretanto, não abrange os **absolutamente incapazes**, mencionados no art. 3º, porque contra estes não corre a prescrição (art. 198, I).

10.1.8.7. O art. 196 do Código Civil

Dispõe o referido artigo:

> "Art. 196. A prescrição iniciada contra uma pessoa continua a correr contra o seu sucessor."

Assim, o herdeiro do *de cujus* disporá apenas do **prazo faltante** para exercer a pretensão quando esse prazo iniciou-se com o autor da herança. O prazo, desse modo, não se inicia novamente com a morte deste. Não só o prazo *contra* mas também o prazo **a favor** do sucessor, que tanto pode ser *inter vivos* ou *causa mortis*, a título universal (herdeiro) como a título singular (legatário), **continua a correr**.

10.1.9. Das causas que impedem ou suspendem a prescrição

O Código Civil agrupou as causas que suspendem ou impedem a prescrição em uma mesma seção, entendendo que estas estão subordinadas a uma unidade fundamental. As mesmas causas ora **impedem**, ora **suspendem** a prescrição, dependendo do momento em que surgem.

Assim, dispõe o art. 197 que não corre prescrição "entre os cônjuges na constância da sociedade conjugal" (inc. I). Se o prazo ainda não começou a fluir, a causa ou obstáculo (no caso, a constância da sociedade conjugal) **impede** que ele comece. Se, entretanto, o obstáculo (casamento) surge após o prazo ter se iniciado, dá-se a **suspensão**. Nesse caso, somam-se os períodos, isto é, cessada a causa de suspensão temporária, o lapso prescricional volta a fluir somente pelo tempo restante. Diferen-

---

[10] *RTJ*, 130/1001; *RT*, 652/128 e 656/220.

temente da **interrupção**, que será estudada adiante, em que o período já decorrido é inutilizado e o prazo volta a correr novamente por inteiro.

Em dois dispositivos (**arts. 197 e 198**), o Código trata das principais causas que impedem ou suspendem a prescrição.

10.1.9.1. O art. 197 do Código Civil

No art. 197, a justificativa para a suspensão da prescrição está na consideração legal de que certas pessoas, por sua **condição** ou pela **situação** em que se encontram, estão impedidas de agir. Assim declara o aludido dispositivo:

> "Art. 197. Não corre a prescrição:
>
> I — entre os cônjuges, na constância da sociedade conjugal;
>
> II — entre ascendentes e descendentes, durante o poder familiar;
>
> III — entre tutelados ou curatelados e seus tutores ou curadores, durante a tutela ou curatela."

O motivo, nos três casos, é **a confiança, a amizade, os laços de afeição** que existem entre as partes. O rol do dispositivo retrotranscrito é taxativo, não admitindo interpretação extensiva. Tendo em vista que a prescrição é instituto de ordem pública, a benesse é restrita às hipóteses legais. Se o casamento estabelece "comunhão plena de vida, com base na igualdade de direitos e deveres dos cônjuges", como proclama o art. 1.511, não se pode permitir que a necessidade de evitar a prescrição obrigue um cônjuge a mover ação contra o outro em caso de lesão de direitos patrimoniais, perturbando, com isso, a proclamada harmonia que deve existir durante a sociedade conjugal. Essa necessidade fica afastada com **a suspensão do prazo prescricional**. Tendo em vista o que preceitua a Constituição de 1988 e o art. 1.723 do novo Código Civil, que reconhece como entidade familiar a **união estável**, parece razoável entender-se que a ela também se aplica a causa de suspensão da prescrição prevista no inc. I do art. 197, malgrado a omissão constatada. Se um dos conviventes tiver de mover ação contra o outro para evitar a prescrição, tal fato poderá acarretar indesejável desarmonia entre o casal e a própria desagregação da sociedade de fato de base afetiva.

10.1.9.2. O art. 198 do Código Civil

O art. 198, por sua vez, menciona:

> "Art. 198. Também não corre a prescrição:
>
> I — contra os incapazes de que trata o art. 3º;
>
> II — contra os ausentes do País em serviço público da União, dos Estados ou dos Municípios;
>
> III — contra os que se acharem servindo nas Forças Armadas, em tempo de guerra."

Denota-se a preocupação de **proteger pessoas** que se encontram em **situações especiais** que as impedem de serem diligentes na defesa de seus interesses.

Inciso I — não corre prescrição, diz o inc. I, *contra* os **absolutamente incapazes (os menores de 16 anos)**, ou seja, quando estes teriam direito de propor a ação. Não serão, portanto, prejudicados por não tê-lo feito. A prescrição contra o menor só se inicia após ele completar 16 anos de idade, mas **corre a favor** dos absolutamente incapazes, isto é, quando poderiam ser acionados. Podem ser beneficiados com a arguição da prescrição da pretensão manifestada pela outra parte, ou seja, pelo credor[11].

Inciso II — também não corre a prescrição, dispõe o inc. II, contra os **ausentes** do País em **serviço público** da União, dos Estados ou dos Municípios. O Código "não faz qualquer menção ao tipo de serviço público, mas podem-se apontar como abrangidos pela norma em tela: i) os representantes diplomáticos do Brasil junto aos países estrangeiros; ii) os agentes consulares brasileiros no estrangeiro; iii) os adidos militares brasileiros, junto a unidades militares estrangeiras; iv) os delegados brasileiros em missão oficial em países estrangeiros; v) os comissionados pelo governo federal, estadual ou municipal, para estudos técnicos em países estrangeiros; vi) e qualquer pessoa encarregada de um serviço de utilidade para a União, para os Estados, ou para os Municípios, em país estrangeiro (Câmara Leal, *Da Prescrição*, p. 174). Nesse sentido, a decisão do Tribunal de Justiça do Distrito Federal, **suspendendo a prescrição contra policial militar** que se encontrava fora do país em missão de paz das Nações Unidas (TJDF, 3ª T. Cív., Ap. Cív. 1999.011.038.550-3, Rel. Des. George Lopes Leite, j. 14.5.2001, in *DJ* 13.6.2001)"[12].

Inciso III — a expressão Forças Armadas abrange as três armas: Exército, Marinha e Aeronáutica.

Outros casos de suspensão foram criados por leis especiais (cf. art. 440 da CLT; art. 6º da Lei de Falências etc.). A jurisprudência admite a suspensão da prescrição em caso de obstáculo judicial, como greve dos servidores.

10.1.9.3. O art. 199 do Código Civil

Estatui, por sua vez, o art. 199:

"Art. 199. Não corre igualmente a prescrição:

I — pendendo condição suspensiva;

II — não estando vencido o prazo;

III — pendendo ação de evicção."

---

11 "Prescrição. Ação indenizatória. Morte do pai do autor da pretensão em acidente de trânsito, quando este era absolutamente incapaz, como previsto no art. 5º do Código Civil (*de 1916*). Lapso prescricional que somente começa a correr a partir do dia seguinte em que completar dezesseis anos de idade" (*RT*, 769/406).

12 Gustavo Tepedino, Heloisa Helena Barboza e Maria Celina Bodin de Moraes, *Código Civil interpretado conforme a Constituição da República*, v. I, p. 375.

Nas duas primeiras hipóteses, o direito ainda **não se tornou exigível**, não sendo possível, pois, falar em prescrição. Se terceiro propõe a **ação de evicção**, fica **suspensa** a prescrição até o seu desfecho.

■ *10.1.9.4. O princípio da "actio nata"*

No supratranscrito art. 199, observa-se a aplicação do princípio da ***actio nata*** dos romanos, segundo o qual somente se pode falar em fluência de prazo prescricional desde que haja uma ação a ser exercitada, em virtude da violação do direito. **Enquanto não nasce a pretensão, não começa a fluir o prazo prescricional**. É da violação do direito que nasce a pretensão, que, por sua vez, dá origem à ação. E a prescrição começa a correr desde que a pretensão teve origem, isto é, a partir da data em que a violação do direito se verificou.

■ *10.1.9.5. O art. 200 do Código Civil*

Tendo em vista que a sentença penal condenatória constitui título executivo judicial (CC, art. 935; CPC, art. 515, VI; CPP, art. 63), prescreve o art. 200 que, "quando a ação se originar de fato que deva ser apurado no juízo criminal, não correrá a prescrição antes da respectiva sentença definitiva". Criou-se, assim, uma nova causa de **suspensão da prescrição**, distinta das mencionadas nos arts. 197 a 199. Essa inovação se fazia necessária em razão de o prazo para a prescrição da pretensão de reparação civil ter sido reduzido, no novo diploma, para apenas três anos (art. 206, § 3º, V).

■ *10.1.9.6. O art. 201 do Código Civil*

Dispõe ainda o art. 201: "Suspensa a prescrição em favor de um dos credores solidários, só aproveitam os outros se a obrigação for indivisível".

A prescrição é benefício pessoal e só favorece as pessoas taxativamente mencionadas, **mesmo na solidariedade**. Assim, existindo três credores contra devedor comum de importância em dinheiro, sendo um dos credores absolutamente incapaz, por exemplo, a prescrição correrá contra os demais, pois a obrigação de efetuar pagamento em dinheiro é **divisível**, ficando suspensa somente em relação ao menor. Caso se tratasse, porém, de obrigação indivisível (de entregar um animal, p. ex.), a prescrição somente começaria a fluir para todos quando o incapaz completasse 16 anos. Sendo o direito **indivisível**, a suspensão **aproveita a todos os credores**.

■ 10.1.10. Das causas que interrompem a prescrição

■ *10.1.10.1. Principais diferenças entre suspensão e interrupção da prescrição*

- A **interrupção** depende, em regra, de um **comportamento ativo** do credor, diferentemente da **suspensão**, que decorre automaticamente de **certos fatos** previstos na lei, como foi mencionado.
- O prazo **interrompido** volta a correr **por inteiro**, diversamente da **suspensão** da prescrição, cujo prazo volta a fluir somente pelo **tempo restante**.

O efeito da interrupção da prescrição é, portanto, instantâneo: "A prescrição interrompida recomeça a correr da data do ato que a interrompeu, ou do último ato do processo para a interromper" (art. 202, parágrafo único). Sempre que possível a opção, ela se verificará pela maneira mais favorável ao devedor.

10.1.10.2. *Interrupção limitada a uma única vez*

O art. 202, *caput*, expressamente declara que a interrupção da prescrição **"somente poderá ocorrer uma vez"**. A restrição é benéfica, para não se eternizarem as interrupções da prescrição. Como o art. 172 do Código de 1916 silenciava a esse respeito, admitia-se que a prescrição fosse interrompida mais de uma vez, salvo se a reiteração caracterizasse abuso. A inovação é salutar porque evita interrupções abusivas e a protelação da solução das controvérsias.

10.1.10.3. *Especificação das causas que interrompem a prescrição*

O mesmo art. 202 indica as causas que interrompem a prescrição, protegendo o credor diligente, que mostra interesse em defender seus direitos.

10.1.10.3.1. *Interrupção por despacho do juiz e citação válida*

10.1.10.3.1.1. *Disciplina legal*

De acordo com o inc. I do art. 202, a prescrição interrompe-se "por despacho do juiz, mesmo incompetente, que ordenar a citação, se o interessado a promover no prazo e na forma da lei processual".

O novo Código de Processo Civil assim dispõe, no art. 240:

> "Art. 240. A citação válida, ainda quando ordenada por juízo incompetente, induz litispendência, torna litigiosa a coisa e constitui em mora o devedor, ressalvado o disposto nos arts. 397 e 398 da Lei n. 10.406, de janeiro de 2002 (Código Civil).
>
> § 1º A interrupção da prescrição, operada pelo despacho que ordena a citação, ainda que proferido por juízo incompetente, retroagirá à data de propositura da ação.
>
> § 2º Incumbe ao autor adotar, no prazo de 10 (dez) dias, as providências necessárias para viabilizar a citação, sob pena de não se aplicar o disposto no § 1º.
>
> § 3º A parte não será prejudicada pela demora imputável exclusivamente ao serviço judiciário.
>
> § 4º O efeito retroativo a que se refere o § 1º aplica-se à decadência e aos demais prazos extintivos previstos em lei."

O comportamento do credor vem previsto no § 2º do retrotranscrito art. 240 do estatuto processual. Cumpre-lhe viabilizar, nos dez dias seguintes à prolação do despacho, a citação do réu. Viabilizar a citação é providenciar a extração do mandado com o recolhimento das custas devidas, inclusive despesas de condução do oficial de justiça. Frise-se que a parte fica livre de prejuízo por obstáculo judicial para o qual não tenha concorrido, isto é, pela demora imputável exclusivamente ao serviço judiciário (CPC, art. 240, § 3º; Súmula 106 do STJ).

Se o prazo legal de dez dias for ultrapassado, nem por isso a citação válida deixará de produzir os seus efeitos regulares, exceto quanto ao efeito de interromper a prescrição retroativamente. Se o prazo prescricional já decorreu, haver-se-á por não interrompida a prescrição se a citação não se efetuou no aludido prazo (CPC, art. 240, § 2º).

Todavia, despacho que determina a **emenda da petição inicial** não interrompe a prescrição. O mesmo sucede com a sentença que **indefere** a petição inicial. Nessa linha, decidiu o extinto Segundo Tribunal de Alçada Civil de São Paulo que a interrupção da prescrição "retroage à data da propositura da ação, se a petição inicial preencher os requisitos legais; caso contrário, retroagirá à data em que for regularizada"[13].

■ *10.1.10.3.1.2. Requisitos para a citação interromper a prescrição*

Para interromper a prescrição, a citação deve preencher os requisitos de **existência** e de **validade**, segundo a lei processual. É preciso, pois, que **exista**, ainda que ordenada por juiz incompetente, e que tenha se completado. A citação ordenada por juiz incompetente interrompe a prescrição para beneficiar aqueles que de boa-fé peticionam perante juiz incompetente. Não se admitem, porém, abusos nem erros grosseiros. É preciso, também, que seja **válida**, isto é, não seja nula por inobservância das formalidades legais.

Tem-se entendido que a citação ordenada em **processo anulado** é **idônea** para interromper a prescrição, não tendo a nulidade sido decretada exatamente por vício de citação. Assim, decretada a nulidade do processo, sem ser atingida a citação, houve interrupção e continua eficaz. A Comissão Revisora do Projeto, ao rejeitar emendas que pretendiam tornar sem efeito a interrupção da prescrição caso extinto o processo **sem julgamento do mérito** ou se **anulado totalmente o processo**, salvo se por incompetência do juiz, observou que "o efeito interruptivo não se dá em atenção à sentença, mas **decorre da citação**. A propositura da ação demonstra inequivocamente que o autor, cujo direito diz violado, não está inerte. Se o simples protesto judicial basta para interromper a prescrição, por que não bastará a citação em processo que se extinga sem julgamento do mérito?" A referida Comissão acrescentou que "a interrupção da prescrição, pelo Projeto, se dá com a inequivocidade de que o titular do direito violado não está inerte". Se há nulidade processual, nem por isso se deve desproteger o titular do direito violado, que demonstrou não estar inerte, para beneficiar o violador do direito[14].

O inc. I do art. 202, ora comentado, não condiciona a interrupção da prescrição à citação na lide principal em que o autor diretamente persegue o direito material. É razoável admitir que a citação em questão pode ser a do **processo cautelar**, que não tem outra finalidade senão assegurar o resultado prático (realização do direito material) do processo principal.

---

13 Embargos Infringentes 660.211-01/4, 9ª Câm., rel. Gil Coelho, j. 10.10.2001.

14 José Carlos Moreira Alves, *A Parte Geral*, cit., p. 154.

10.1.10.3.2. Interrupção por protesto judicial

A prescrição também interrompe-se por "protesto, nas condições do inciso antecedente" (art. 202, II), quando, por algum motivo, não puder ser proposta a ação. Trata-se do **protesto judicial**, medida cautelar autorizada pelo art. 726, § 2º, do Código de Processo Civil, ainda que ordenado por juiz incompetente. Não se confunde com o **protesto cambial**, que figura em terceiro lugar (inc. III) no rol das causas de interrupção da prescrição.

10.1.10.3.3. Interrupção por protesto cambial

O **protesto cambial** constitui causa que interrompe a prescrição porque indica, inequivocamente, que o titular do direito violado **não está inerte**.

10.1.10.3.4. Interrupção pela habilitação do crédito em inventário ou em concurso de credores

A quarta modalidade de atos interruptivos da prescrição é a "apresentação do título de crédito em juízo de inventário ou em concurso de credores" (inc. IV). A habilitação do credor em inventário, nos autos da falência ou da insolvência civil, **constitui comportamento ativo** que demonstra a intenção do titular do direito em interromper a prescrição.

10.1.10.3.5. Interrupção por ato judicial que constitua em mora o devedor

O inc. V do art. 202 declara, ainda, que a prescrição pode ser interrompida por "qualquer ato judicial que constitua em mora o devedor". Diante da generalização, inclui-se na hipótese toda manifestação ativa do credor, em especial a propositura de medidas cautelares, notadamente **notificações e interpelações**. A propositura de ação pauliana, necessária para a cobrança eficaz do crédito, já foi considerada como hábil para interromper a prescrição.

10.1.10.3.6. Interrupção por ato do devedor

Por último, dispõe o inc. VI do art. 202 que a prescrição se interrompe por "qualquer ato inequívoco, ainda que extrajudicial, que importe reconhecimento do direito pelo devedor". Esta é a única hipótese em que a interrupção da prescrição ocorre sem a manifestação volitiva do credor. Incluem-se, nesses atos de reconhecimento da dívida, por exemplo, **pagamentos parciais**, pedidos de **prorrogação do prazo** ou de **parcelamento e pagamento de juros**.

Ressalte-se que outras causas de interrupção da prescrição são previstas em leis especiais.

10.1.11. Pessoas legitimadas a promover a interrupção da prescrição

"A prescrição pode ser interrompida por qualquer interessado" (CC, art. 203), como o próprio titular do direito em via de prescrição, quem legalmente o represente ou, ainda, **terceiro que tenha legítimo interesse** (herdeiros do prescribente, seus credores e o fiador do devedor).

Os efeitos da prescrição são pessoais. Em consequência, "a interrupção da prescrição por um credor não aproveita aos outros", assim como aquela promovida contra um devedor ou seu herdeiro "não prejudica aos demais coobrigados" (CC, art. 204). Essa regra, porém, admite exceção: a interrupção por um dos **credores solidários** (solidariedade ativa) **aproveita aos outros**, assim como a interrupção efetuada contra o devedor solidário envolve os demais e seus herdeiros (solidariedade passiva, em que cada devedor responde pela dívida inteira). A interrupção operada contra um dos herdeiros do devedor solidário não prejudica os outros herdeiros ou devedores (o prazo para estes continuará a correr), a não ser quando se trate de obrigações e direitos indivisíveis. Neste caso, todos os herdeiros ou devedores solidários sofrem os efeitos da interrupção da prescrição, passando a correr contra todos eles o novo prazo prescricional (art. 204, §§ 1º e 2º). Já decidiu o Superior Tribunal de Justiça: "Se o direito em discussão é **indivisível**, a interrupção da prescrição **por um dos credores a todos aproveita**"[15].

Por fim, dispõe o § 3º do art. 204 que "a interrupção produzida contra o principal devedor prejudica o fiador". Como a fiança é contrato acessório, e este **segue o destino do principal**, se a interrupção for promovida apenas contra o principal devedor ou afiançado, o prazo se restabelece também contra o fiador, que fica, assim, prejudicado. O contrário, entretanto, não é verdadeiro: a interrupção operada contra o fiador não prejudica o devedor, pois o principal não acompanha o destino do acessório.

10.1.12. Retroatividade da lei prescricional

Com respeito à retroatividade da lei prescricional, preleciona Câmara Leal: "Estabelecendo a nova lei um prazo mais curto de prescrição, essa começará a correr da data da nova lei, salvo se a prescrição iniciada na vigência da lei antiga viesse a completar-se em menos tempo, segundo essa lei, que, nesse caso, continuaria a regê-la, relativamente ao prazo"[16].

O Código de Defesa do Consumidor, por exemplo, estabeleceu prazo prescricional de cinco anos para as ações pessoais. Os prazos vintenários do Código Civil de 1916 que estavam em curso, referentes a relações de consumo, recomeçaram a correr por cinco anos, a contar da data da nova lei, nos casos em que o tempo faltante era superior. Quando a lei nova estabelece um prazo mais longo de prescrição, a consumação se dará ao final desse novo prazo, "contando-se, porém, para integrá-lo, o tempo já decorrido na vigência da lei antiga"[17].

Nas **"Disposições Transitórias"**, o novo Código Civil estabeleceu a seguinte regra:

> "Art. 2.028. Serão os da lei anterior os prazos, quando reduzidos por este Código, e se, na data de sua entrada em vigor, já houver transcorrido mais da metade do tempo estabelecido na lei revogada."

---

15 *RSTJ*, 43/298.

16 *Da prescrição e da decadência*, cit., p. 90, n. 67.

17 Antonio Luiz da Camara Leal, *Da prescrição e da decadência*, cit., p. 91.

Assim, por exemplo, se quando da entrada em vigor do Código de 2002 já haviam decorrido doze anos para o ajuizamento de uma ação de reparação de danos, continuará valendo o prazo da lei anterior e ainda faltarão oito anos para a consumação da prescrição vintenária. Se, contudo, o prazo decorrido era de apenas oito anos, aplicar-se-á o prazo de três anos estabelecido no art. 206, § 3º, V, do novo diploma, a partir de sua entrada em vigor.

10.2. DA DECADÊNCIA

10.2.1. Conceito

Segundo Francisco Amaral, decadência é a perda do direito potestativo pela inércia do seu titular no período determinado em lei. Seu objeto são os **direitos potestativos** de qualquer espécie, disponíveis ou indisponíveis, direitos que conferem ao respectivo titular o poder de influir ou determinar mudanças na esfera jurídica de outrem, por ato unilateral, sem que haja dever correspondente, apenas uma sujeição[18].

10.2.2. Distinção entre prescrição e decadência

- Na **decadência**, o prazo começa a fluir no momento em que **o direito nasce**. Desse modo, no mesmo instante em que o agente adquire o direito já começa a correr o prazo decadencial. O prazo **prescricional**, todavia, só se inicia a partir do momento em que este tem o seu **direito violado**.
- Também se diz que a **prescrição** resulta exclusivamente da **lei**, enquanto a **decadência** pode resultar da lei (**legal**), do testamento e do contrato (**convencional**).

O Código Civil de 1916 não se referia, expressamente, à **decadência**, também denominada **caducidade**. Englobava, indiscriminadamente, em um mesmo capítulo as causas devidas à fluência do tempo, aparecendo todas sob a denominação genérica de **prescrição**. O novo Código, contudo, inspirado no Código Civil italiano, optou por uma fórmula segura de distinção, considerando **prescricionais** somente os prazos taxativamente discriminados na Parte Geral, nos **arts. 205** (regra geral) e **206** (regras especiais), sendo **decadenciais** todos os demais, estabelecidos como complemento de cada artigo que rege a matéria, tanto na Parte Geral como na Especial. Para evitar discussões sobre a prescrição ou não da ação, adotou-se a tese da prescrição da **pretensão**, por ser considerada a mais condizente com o direito processual contemporâneo.

10.2.3. Características

Na **decadência**, que é instituto do direito substantivo, há a **perda de um direito** previsto em lei. O legislador estabelece que certo ato terá que ser exercido dentro de determinado tempo, fora do qual ele não poderá mais efetivar-se, porque dele decaiu o seu titular. A decadência se consubstancia, pois, no **decurso infrutífero de um termo prefixado para o exercício do direito**. O tempo age em relação à decadência

18 *Direito civil*: introdução, p. 561.

como um requisito do ato, pelo que a própria decadência é a sanção consequente da inobservância de um termo.

Segundo entendimento da Comissão Revisora do Projeto que se transformou no atual Código Civil, manifestado para justificar a desnecessidade de se definir decadência, esta ocorre "quando um **direito potestativo** não é exercido, extrajudicialmente ou judicialmente (nos casos em que a lei — como sucede em matéria de anulação, desquite etc. — exige que o direito de anular, o direito de desquitar-se só possa ser exercido em Juízo, ao contrário, por exemplo, do direito de resgate, na retrovenda, que se exerce extrajudicialmente), dentro do prazo para exercê-lo, o que provoca a decadência desse direito potestativo. Ora, os **direitos potestativos são direitos sem pretensão**, pois são insuscetíveis de violação, já que a eles não se opõe um dever de quem quer que seja, mas uma **sujeição de alguém** (o meu direito de anular um negócio jurídico não pode ser violado pela parte a quem a anulação prejudica, pois esta está apenas sujeita a sofrer as consequências da anulação decretada pelo juiz, não tendo, portanto, dever algum que possa descumprir)".

Na sequência, aduziu a referida Comissão: "Logo, se a hipótese não é de violação de direito (quando se exercer, judicialmente, o direito de anular um negócio jurídico, não se está pedindo condenação de ninguém por violação de direito, mas, apenas, exercendo um direito por via judicial), mas há prazo para exercer esse direito — prazo esse que não é nem do art. 205, nem do art. 206, mas se encontra em outros artigos —, **esse prazo é de decadência**"[19].

■ 10.2.4. Disposições legais sobre a decadência

Com relação à decadência, o Código Civil trata apenas de suas **regras gerais**. Distingue a decadência **legal** da **convencional** para estabelecer que, quanto a esta, "a parte a quem aproveita pode alegá-la em qualquer grau de jurisdição, mas o juiz não pode suprir a alegação" (art. 211).

Contudo, o art. 210 diz, imperativamente, que o juiz "*deve*" (é **dever**, e não faculdade), "de ofício, conhecer da decadência, quando estabelecida por lei". Ainda que se trate de direitos patrimoniais, a decadência pode ser decretada **de ofício**[20], quando estabelecida por **lei**.

Prescreve o art. 207: "Salvo disposição legal em contrário, não se aplicam à decadência as normas que impedem, suspendem ou interrompem a prescrição". Em princípio, portanto, os prazos decadenciais são **fatais e peremptórios**, pois não se suspendem, nem se interrompem. A inserção da expressão "salvo disposição legal em contrário" no aludido dispositivo tem a finalidade de definir que tal regra não é absoluta, bem como de esclarecer que não são revogados os casos em que um dispositivo legal, atualmente em vigor (como o art. 26, § 2º, do CDC), determine, para atender a hipótese especialíssima, a interrupção ou suspensão de prazo de decadên-

---

[19] José Carlos Moreira Alves, *A Parte Geral do Projeto de Código Civil brasileiro*, p. 155-156.

[20] *RTJ*, 130/1001; *RT*, 652/128 e 656/220.

cia. Tal ressalva tem também o condão de acentuar que a regra do art. 207 é de **caráter geral, só admitindo exceções por lei**, e não pela simples vontade das partes quando a lei não lhes dá tal faculdade.

O art. 208 determina que se aplique à decadência "o disposto nos arts. 195 e 198, inciso I", que dizem respeito a incapazes. Este dispositivo abre uma exceção com relação ao artigo anterior, não admitindo a fluência de prazo decadencial **contra os absolutamente incapazes** (art. 198, I), bem como permitindo que **os relativamente incapazes responsabilizem os representantes e assistentes** que derem causa à decadência, não a alegando oportunamente em seu favor (art. 195).

Decidiu, com efeito, o Superior Tribunal de Justiça que o prazo para a propositura de ação rescisória é de decadência e que se aplica à hipótese a exceção prevista no art. 208 do Código Civil de 2002, segundo o qual os prazos decadenciais não correm contra os absolutamente incapazes[21].

E o art. 209 proclama: "É nula a renúncia à decadência fixada em lei". A irrenunciabilidade decorre da própria natureza da decadência. O fim predominante desta é o **interesse geral**, sendo que os casos legalmente previstos versam sobre questões de **ordem pública**. Daí a razão de não se admitir que possam as partes afastar a incidência da disposição legal.

O referido dispositivo, contudo, considera irrenunciável apenas o prazo de **decadência estabelecido em lei, e não os convencionais**, como o pactuado na retrovenda, em que, por exemplo, pode-se estabelecer que o prazo de decadência do direito de resgate seja de um ano a partir da compra e venda e, depois, renunciar-se a esse prazo, prorrogando-o até três anos, que é o limite máximo estabelecido em lei.

■ 10.3. RESUMO

DA PRESCRIÇÃO E DA DECADÊNCIA	
ESPÉCIES DE PRESCRIÇÃO	a) aquisitiva (usucapião); b) extintiva.
CONCEITO DE PRESCRIÇÃO EXTINTIVA	■ Segundo Pontes de Miranda, a prescrição seria uma exceção que alguém tem contra o que não exerceu, durante um lapso de tempo fixado em norma, sua pretensão ou ação. Entretanto, o atual Código Civil, evitando a polêmica sobre o que prescreve, se é a ação ou o direito, adotou o vocábulo **"pretensão"**, por influência do direito germânico (*anspruch*), para indicar que não se trata do direito subjetivo público abstrato de ação.
REQUISITOS	a) violação do direito; b) inércia do titular; c) decurso do tempo fixado em lei.
PRETENSÕES IMPRESCRITÍVEIS	■ as que protegem os direitos da personalidade; ■ as que se prendem ao estado das pessoas; ■ as de exercício facultativo; ■ as concernentes a bens públicos; ■ as que protegem o direito de propriedade, que é perpétuo; ■ as de reaver bens confiados à guarda de outrem.

21 STJ, REsp 1.165.735-MG, 4ª T., rel. Min. Luís Felipe Salomão, *Revista Consultor Jurídico* de 19.9.2011.

PRESCRIÇÃO E INSTITUTOS AFINS	■ **Preclusão:** é de ordem processual. Consiste na perda de uma faculdade processual, por não ter sido exercida no momento próprio. ■ **Perempção:** também é de natureza processual. Consiste na perda do direito de ação pelo autor contumaz, que deu causa a três arquivamentos sucessivos (CPC, art. 486, § 3º). Não extingue o direito material nem a pretensão, que passam a ser oponíveis somente como defesa. ■ **Decadência:** atinge diretamente o *direito* e, por via oblíqua, extingue a ação (é o próprio direito que perece). A prescrição extingue a *pretensão* (art. 189).
CONCEITO DE DECADÊNCIA	■ É a perda do direito potestativo pela inércia do seu titular no período determinado em lei.
DISTINÇÃO ENTRE PRESCRIÇÃO E DECADÊNCIA	■ O Código de 2002 optou por uma fórmula segura: são **prescricionais** somente os prazos discriminados na Parte Geral, nos arts. 205 (regra geral) e 206 (regras especiais), sendo **decadenciais** todos os demais, estabelecidos como complemento de cada artigo que rege a matéria. Para evitar discussões sobre a prescrição ou não da ação, adotou-se a tese da prescrição da **pretensão**.
DISPOSIÇÕES LEGAIS SOBRE A DECADÊNCIA	■ Decadência **legal:** deve o juiz conhecê-la de ofício (art. 210). ■ Decadência **convencional:** a parte a quem aproveita pode alegá-la em qualquer grau de jurisdição, mas o juiz não pode suprir a alegação (art. 211). ■ Não se aplicam à decadência as normas que impedem, suspendem ou interrompem a prescrição, salvo estipulação em contrário (art. 207). ■ Aplica-se à decadência o disposto nos arts. 195 e 198, I. ■ É nula a renúncia à decadência fixada em lei (art. 209).
DISPOSIÇÕES LEGAIS SOBRE A PRESCRIÇÃO	■ Dois são os requisitos para a **validade** da **renúncia** da prescrição: a) que esta já esteja consumada; b) que não prejudique terceiro (art. 191). ■ Os prazos de prescrição não podem ser alterados por **acordo** das partes (art. 192). ■ A prescrição pode ser alegada em **qualquer grau** de jurisdição, pela parte a quem aproveita (art. 193), devendo ser declarada **de ofício** pelo juiz (CPC, art. 487, parágrafo único). ■ Os **relativamente incapazes** e as **pessoas jurídicas** têm ação contra os seus assistentes ou representantes que derem causa à prescrição ou não a alegarem oportunamente (art. 195). ■ A prescrição iniciada contra uma pessoa **continua** a correr contra o seu sucessor (art. 196).
CAUSAS QUE IMPEDEM OU SUSPENDEM A PRESCRIÇÃO	■ São as mencionadas nos arts. 197, 198, 199 e 200 do Código Civil.
CAUSAS QUE INTERROMPEM A PRESCRIÇÃO	■ São as elencadas nos seis incisos do art. 202 do Código Civil. ■ Ressalte-se que outras causas de interrupção da prescrição são previstas em leis especiais.

■ 10.4. QUESTÕES

1. (TJSP/Juiz de Direito/182º Concurso/VUNESP/2009) Prescrição e decadência

a) extinguem o direito de ação.
b) extinguem, respectivamente, o direito potestativo e a pretensão.
c) extinguem, respectivamente, a pretensão e o direito potestativo.
d) extinguem a pretensão.

2. (TRF/5ª Região/Juiz Federal/CESPE/2015) Acerca da prescrição, assinale a opção CORRETA.

a) Entre os cônjuges, na constância da sociedade conjugal, o prazo prescricional poderá ser interrompido, mas não suspenso, já que vai de encontro à ordem pública o alongamento indefinido do prazo.

b) Diferentemente do que ocorre com a renúncia expressa, o Código Civil estabelece que a renúncia tácita à prescrição somente poderá ocorrer após a consumação do prazo.
c) Por ser medida que vai ao encontro do interesse público, a redução dos prazos prescricionais é permitida pelo Código Civil.
d) A prescrição poderá ser alegada por cônjuge, ascendente ou descendente, da parte que aproveite, caso seja demonstrado benefício jurídico que os afete direta ou indiretamente.
e) De acordo com o STJ, o termo inicial do prazo prescricional das ações indenizatórias, em observância ao princípio da *actio nata*, é a data em que a lesão e os seus efeitos são constatados.

3. (TJSP/Juiz de Direito/186° Concurso/VUNESP/2015) Assinale a alternativa CORRETA.

a) A interrupção da prescrição por um credor aproveita aos outros.
b) A exceção possui prazo autônomo e diverso que a pretensão.
c) A decadência convencional não é suprível por declaração judicial não provocada.
d) A suspensão da prescrição em favor de um dos credores solidários aproveita incondicionalmente aos demais.

4. (TJ/DF/Juiz de Direito/CESPE/2015) No que se refere aos institutos da prescrição e da decadência no direito civil, assinale a opção CORRETA.

a) As causas suspensivas dos prazos prescricionais se justificam pela ausência da inércia do credor e envolvem, assim, uma atitude deliberada do credor em direção à preservação do seu direito.
b) O rol das causas suspensivas da prescrição previstas na lei civil é, ao contrário do que ocorre com o das causas interruptivas, exemplificativo — *numerus apertus*.
c) É admissível, por expressa convenção, renunciar previamente à prescrição, desde que a situação não envolva direito de pessoa incapaz.
d) O juiz deve conhecer, de ofício, a decadência prevista em lei ou a convencionada livremente pelos interessados.
e) Se, de negócio nulo, resultarem consequências patrimoniais capazes de ensejar pretensões, será possível a incidência, quanto a estas, da prescrição.

5. (PGE/SP/Procurador do Estado/Fundação Carlos Chagas/2009) Em tema de prescrição, é correto afirmar:

a) Suspensa a prescrição em favor de um dos credores solidários, só aproveitam os outros se a obrigação for indivisível.
b) Serão os da lei anterior os prazos, quando reduzidos pelo Código Civil, e se, na data de sua entrada em vigor, já houver transcorrido mais de 1/3 (um terço) do tempo decorrido estabelecido na lei revogada.
c) Não corre prescrição pendendo condição resolutiva expressa.
d) Quando a ação se originar de fato que deva ser apurado no juízo criminal, a prescrição terá seu curso normal, devendo ser comunicado àquele juízo eventual apuração de responsabilidade civil para fins probatórios.
e) A prescrição ocorre em 20 (vinte) anos, quando a lei não lhe haja fixado prazo menor.

6. (OAB/Exame de Ordem 2009.2/CESPE/UnB/2009) Assinale a opção CORRETA a respeito da prescrição e da decadência.

a) Pode haver renúncia à decadência prevista em lei por aquele que a aproveita.
b) A pretensão condenatória não exercitada no prazo legal sujeita-se aos efeitos da decadência.

c) A prescrição iniciada contra o credor continua a correr contra o sucessor universal absolutamente incapaz.
d) Não corre prescrição enquanto pendente a condição suspensiva em relação ao negócio jurídico.

7. (TJMG/Juiz de Direito/EJEF/2009) Relativamente à disciplina da prescrição e da decadência, assinalar a questão CORRETA:

a) Aplicam-se à decadência, salvo disposição legal em contrário, as normas que impedem, suspendem ou interrompem a prescrição.
b) A prescrição e a decadência consolidam um estado de fato, transformando-o em estado de direito.
c) Ambas constituem-se causa e disciplina de extinção de direitos, mas a prescrição funda-se em princípio de natureza privada, protegendo interesses privados.
d) A prescrição e a decadência são formas de extinção de direitos, consumando-se as duas em prazos extintivos.

8. (TRT/15ª Região/Campinas/Juiz do Trabalho/XXIII Concurso/Fundação Carlos Chagas/2008) Assinale a alternativa INCORRETA:

a) A pessoa jurídica tem ação contra seus representantes legais que não alegarem a prescrição oportunamente.
b) A interrupção da prescrição poderá ocorrer mais de uma vez por meio de protesto judicial.
c) A exceção prescreve no mesmo prazo em que a pretensão, cujo prazo não pode ser alterado por acordo das partes.
d) Prescreve em 03 (três) anos a pretensão de reparação civil.
e) É nula a renúncia à decadência legal.

9. (TRF/13ª Região/SP-MS/Juiz Federal/XIV Concurso/Fundação Carlos Chagas/2007) Assinale a alternativa CORRETA:

a) Não corre prescrição pendendo ação de evicção.
b) A decadência pode ser declarada de ofício em ação de usucapião.
c) A prescrição fixada por convenção somente pode ser alegada pela parte a quem aproveita em qualquer grau de jurisdição, mas o juiz não pode suprir a alegação.
d) Não corre a prescrição contra "os excepcionais, sem desenvolvimento mental completo".

10. (DEL/POL/SP/Acadepol/SP/2008) A prescrição, quando a lei não lhe haja fixado prazo menor, ocorre em:

a) oito anos.
b) vinte anos.
c) doze anos.
d) dez anos.
e) quinze anos.

11. (OAB/Exame da Ordem Unificado/2010.2) A respeito das diferenças e semelhanças entre prescrição e decadência, no Código Civil, é CORRETO afirmar que:

a) A prescrição acarreta a extinção do direito potestativo, enquanto a decadência gera a extinção do direito subjetivo.
b) Os prazos prescricionais podem ser suspensos e interrompidos, enquanto os prazos decadenciais legais não se suspendem ou interrompem, com exceção da hipótese de titular de direito absolutamente incapaz, contra o qual não corre nem prazo prescricional nem prazo decadencial.

c) Não se pode renunciar à decadência legal nem à prescrição, mesmo após consumadas.
d) A prescrição é exceção que deve ser alegada pela parte a quem beneficia, enquanto a decadência pode ser declarada de ofício pelo juiz.

12. (Receita Federal/Auditor-Fiscal/ESAF/2009) Assinale a opção CORRETA.

a) A pendência de ação de evicção não é causa suspensiva da prescrição.
b) As causas impeditivas da prescrição são as circunstâncias que impedem que seu curso inicie, por estarem fundadas no *status* da pessoa individual ou familiar, atendendo razões de confiança, parentesco, amizade e motivos de ordem moral.
c) A prescrição iniciada contra uma pessoa não continua a correr contra o seu sucessor a título universal ou singular.
d) As partes podem aumentar ou reduzir prazo prescricional.
e) A incapacidade absoluta não impede a prescrição.

13. (TJMS/Juiz de Direito/Fundação Carlos Chagas/2010) Prescrição e decadência.

a) A prescrição interrompe-se ou suspende-se nos casos taxativos enumerados em lei; na interrupção o prazo anterior é computado e na suspensão deduz-se o anterior ao seu início.
b) A prescrição interrompe-se ou suspende-se nos casos taxativos enumerados em lei; na interrupção o prazo anterior não é computado e na suspensão soma-se o prazo anterior ao seu início.
c) Da prescrição e da decadência convencional não pode o juiz conhecer de ofício.
d) As ações de cobrança, de reparação de danos materiais ou morais e de lucros cessantes, assim como as de execução de obrigação de dar, fazer e não fazer estão relacionadas a prazos prescricionais e decadenciais.
e) A dívida prescrita não pode ser paga e quem a pagou pode exigir a sua devolução.

14. (MP/SP/Promotor de Justiça/2010) Assinale a alternativa INCORRETA:

a) O pagamento espontâneo de dívida prescrita não pode ser repetido.
b) Tratando-se de obrigação não suscetível de fracionamento, suspensa a prescrição em favor de um dos credores solidários, aos demais será estendida.
c) A prescrição e a decadência legal podem ser conhecidas de ofício pelo juiz. A prescrição pode ser renunciada. A decadência fixada em lei não pode ser objeto de renúncia.
d) O direito a alimentos, como é sabido, é imprescritível. Há previsão na lei civil, porém, estabelecendo que a pretensão para haver prestações alimentares estabelecidas judicialmente prescreve, a partir do vencimento, em cinco anos.
e) A responsabilidade dos assistentes dos relativamente incapazes e dos representantes legais da pessoas jurídicas, que derem causa à prescrição ou não a alegarem oportunamente, não é objetiva.

15. (TJMG/Juiz de Direito/VUNESP/2012) Assinale a alternativa que apresenta informação INCORRETA no que concerne à prescrição.

a) A prescrição só pode ser alegada a quem aproveita em primeiro grau de jurisdição.
b) A exceção prescreve no mesmo prazo em que a pretensão.
c) A interrupção da prescrição, que somente poderá ocorrer uma vez, dar-se-á por qualquer ato judicial que constitua em mora o devedor.
d) A prescrição pode ser interrompida por qualquer interessado.

16. (TJPI/Juiz de Direito/CESPE/UnB/2012) Com relação ao que dispõe o CDC acerca da prescrição e da decadência, e ao entendimento do STJ a esse respeito, assinale a opção CORRETA.

a) Inicia-se a contagem do prazo prescricional para a reclamação contra vício constatado em produto ou serviço a partir da entrega efetiva do produto ou do término da execução dos serviços.

b) Obsta a decadência a reclamação formal formulada pelo consumidor perante a autoridade administrativa competente.
c) O prazo prescricional para a reparação de danos causados por fato do produto aos consumidores é de cinco anos, em se tratando de produtos duráveis, e de três anos, no caso de produtos não duráveis.
d) O prazo de decadência para a reclamação por vícios do produto não corre durante o período de garantia contratual em cujo curso o produto tenha sido reiteradamente apresentado com defeitos ao fornecedor, desde o primeiro mês da compra.
e) O consumidor que adquirir produto durável viciado perderá o direito de reclamar pelos vícios aparentes e de fácil constatação decorridos trinta dias da data de aquisição do bem.

17. (DEL/POL/RJ/Delegado de Polícia/XII Concurso/FUNCAB/2012) Tício adquiriu, em 20 de fevereiro de 2012, uma churrasqueira a gás em uma loja de eletrodomésticos. Ao tentar usar a churrasqueira pela primeira vez, Tício percebeu um forte cheiro de gás e apertou imediatamente o botão de desligar. A churrasqueira explodiu. Tício contrata um advogado, que propõe, em 20 de maio de 2012, uma ação judicial para reparação dos danos patrimoniais sofridos. O juiz julga improcedente o pedido de reparação por decadência. Assinale a alternativa CORRETA.

a) A sentença está correta, pois o prazo para reclamar de vício do produto é de 30 (trinta) dias.
b) A sentença deve ser reformada, pois o prazo para reclamar de vício de produto durável, como é o caso da churrasqueira elétrica, é de 90 (noventa) dias.
c) A sentença deve ser reformada, pois a pretensão de reparação de danos causados ao consumidor, reconhecidamente vulnerável, é imprescritível.
d) A sentença deve ser reformada, pois prescreve em 5 (cinco) anos a pretensão de reparação de danos decorrentes de fato do produto.
e) A sentença deve ser reformada, pois se aplica ao caso o prazo geral de 20 (vinte) anos do Código Civil.

18. (TJSP/Juiz de Direito/186° Concurso/VUNESP/2015) Assinale a alternativa CORRETA.

a) A exceção possui prazo autônomo e diverso que a pretensão.
b) A interrupção da prescrição por um credor aproveita aos outros.
c) A suspensão da prescrição em favor de um dos credores solidários aproveita incondicionalmente aos demais.
d) A decadência convencional não é suprível por declaração judicial não provocada.

19. (MP/SP/Promotor de Justiça/90° Concurso/2013) Sobre as regras dispostas no Código Civil a respeito da interrupção da prescrição, assinale a proposição que está INCORRETA.

a) A prescrição pode ser interrompida por qualquer interessado.
b) A interrupção da prescrição por um credor não aproveita aos outros.
c) A interrupção operada contra um dos herdeiros do devedor solidário não prejudica os outros herdeiros ou devedores, senão quando se trate de obrigações e direitos indivisíveis.
d) A interrupção produzida contra o principal devedor não prejudica o fiador.
e) A interrupção efetuada contra o devedor solidário envolve os demais e seus herdeiros.

20. (TJSP/Juiz de Direito/184° Concurso/VUNESP/2013) Acerca da prescrição e da decadência, é correto afirmar-se:

a) Na forma do disposto no art. 202 do Código Civil, a prescrição e a decadência só podem ser interrompidas uma única vez.

b) A pretensão para haver prestações de natureza alimentar é imprescritível.
c) Quando a lei não fixar prazo menor, a prescrição ocorre em 10 anos.
d) A prescrição deve ser alegada pelo réu na contestação, sob pena de preclusão.

21. (MP/AC/Promotor de Justiça/CESPE/UnB/2014) Com base nos conceitos e características referentes à prescrição, assinale a opção CORRETA.

a) Não corre a prescrição contra os incapazes, bastando, para os menores, a averiguação da idade; para os demais, é necessário processo próprio de interdição por meio do qual se declare tal fato.
b) A interrupção da prescrição somente poderá ocorrer uma vez, recomeçando o respectivo prazo a correr a partir da data do ato de interrupção ou do último ato do processo de interrupção.
c) Além do titular do direito, todo aquele que tiver interesse, moral ou material, poderá promover a interrupção da prescrição.
d) A renúncia à prescrição pode ser expressa ou tácita e ocorrer mesmo antes de a prescrição se consumar.
e) É lícito às partes, de comum acordo, estender ou reduzir os prazos prescricionais, bem como criar motivos de interrupção e suspensão desses prazos.

22. (TRT/2ª Região/Juiz do Trabalho/XLI Concurso/2016) Assinale a assertiva INCORRETA:

a) Os prazos de prescrição podem ser alterados por acordo das partes.
b) É nulo negócio jurídico simulado, mas subsistirá o que se dissimulou, se válido for na substância e na forma.
c) O negócio anulável pode ser confirmado pelas partes, salvo direito de terceiro.
d) A anulabilidade não tem efeito antes de julgada por sentença, nem se pronuncia de ofício; só os interessados a podem alegar, e aproveita exclusivamente aos que a alegarem, salvo o caso de solidariedade ou indivisibilidade.
e) Suspensa a prescrição em favor de um dos credores solidários, só aproveitam os outros se a obrigação for indivisível.

23. (PGE/MT/Procurador do Estado/Fundação Carlos Chagas/2016) Francisco tomou R$ 300.000,00 (trezentos mil reais) emprestados de Eduardo e não pagou no prazo avençado. Eduardo, por sua vez, deixou de ajuizar ação no prazo legal, dando azo à prescrição. Não obstante, Francisco pagou Eduardo depois de escoado o prazo prescricional. Depois de realizado o pagamento, Francisco ajuizou ação contra Eduardo para reaver a quantia paga. A alegação

a) procede, porque a prescrição atinge o próprio direito de crédito e sua renúncia somente é admitida, se realizada de maneira expressa, depois que se consumar, desde que sem prejuízo de terceiro.
b) procede, porque, embora a prescrição atinja não o direito, mas a pretensão, sua renúncia somente é admitida quando realizada de maneira expressa, antes de se consumar, desde que feita sem prejuízo de terceiro.
c) improcede, porque a prescrição atinge não o direito, mas a pretensão, além de admitir renúncia, de maneira expressa ou tácita, depois que se consumar, desde que feita sem prejuízo de terceiro.
d) improcede, porque, embora apenas a decadência admita renúncia, a prescrição atinge não o direito, mas a pretensão.
e) procede, porque a prescrição atinge o próprio direito de crédito e não admite renúncia.

24. (DPE/MT/Defensor Público/UFMT/2016) Sobre a prescrição e a decadência, assinale a afirmativa CORRETA:

a) Não corre prescrição contra o relativamente incapaz.

b) O termo inicial da prescrição nas ações de indenização é a data do fato, e não a data em que restar constatada a lesão ou seus efeitos, em observância ao princípio da *actio nata*.

c) A renúncia à prescrição poderá ser expressa ou tácita e deve ser realizada depois que se consumar.

d) A interrupção da prescrição, que somente poderá ocorrer uma vez, dar-se-á por qualquer ato, judicial ou extrajudicial, que constitua em mora o devedor.

e) A renúncia à decadência fixada em lei será válida, mas não se admite, nesse caso, a modalidade tácita.

25. (TJM/SP/Juiz de Direito/VUNESP/2016) Sobre a decadência, assinale a alternativa CORRETA.

a) Deve o juiz, de ofício, conhecer da decadência convencional, desde que existam nos autos elementos para conhecê-la.

b) Salvo disposição legal em contrário, não se aplicam à decadência as normas que impedem, suspendem ou interrompem a prescrição.

c) Se a decadência for legal, a parte a quem aproveita deve alegá-la em qualquer grau de jurisdição, mas o juiz não pode suprir a alegação, em razão de renúncia tácita.

d) A decadência fixada em lei poderá ser renunciada por sujeito maior e com plena capacidade.

e) Não corre a decadência contra os que se acharem servindo nas Forças Armadas, em tempo de guerra.

26. (MP/PR/Promotor de Justiça/2017) É causa de suspensão do prazo prescricional

a) O casamento das partes da relação jurídica.

b) O despacho do juiz que ordenar a citação, se o interessado a promover no prazo e na forma da lei processual.

c) O protesto cambial.

d) Qualquer ato judicial que constitua em mora o devedor.

e) Qualquer ato inequívoco que importe reconhecimento do direito pelo devedor.

■ GABARITO ■

1. "c".
2. "e". *Vide* Súmula 278 do STJ.
3. "c". *Vide* art. 211 do CC.
4. "e". *Vide* art. 189 do CC.
5. "a". *Vide* art. 201 do CC.
6. "d". *Vide* art. 199, I, do CC.
7. "d".
8. "b". *Vide* art. 202 do CC.
9. "a". *Vide* art. 199, III, do CC.
10. "d". *Vide* art. 205 do CC.
11. "b". *Vide* arts. 207 e 208 do CC.

12. "b". *Vide* arts. 197 e 198 do CC.
13. "b". *Vide* arts. 197, 198, 199 e 202, parágrafo único, do CC.
14. "d". *Vide* art. 206, § 2º, do CC.
15. "a". *Vide* art. 193 do CC.
16. "d". *Vide* arts. 446 do CC e 26 do CDC.
17. "d". *Vide* art. 27 do CDC.
18. "d". *Vide* art. 211 do CC.
19. "d". *Vide* art. 204, § 3º, do CC.
20. "c". *Vide* art. 205 do CC.
21. "c". *Vide* art. 203 do CC.
22. "a". *Vide* art. 192 do CC.
23. "c". *Vide* art. 191 do CC.
24. "c". *Vide* art. 191 do CC.
25. "b". *Vide* art. 207 do CC.
26. "a". *Vide* art. 197, I, do CC.

11 DA PROVA

■ 11.1. CONCEITO E PRINCÍPIOS

A matéria relativa à prova não é tratada, como no Código Civil de 1916, junto ao negócio jurídico, pois todos os fatos jurídicos, e não apenas o negócio jurídico, são suscetíveis de ser provados. Entre as inovações que esse título apresenta, destacam-se a disciplina da **confissão** (arts. 213 e 214) e a admissão de **meios modernos** de prova (arts. 223 e 225).

Prova é o meio empregado para demonstrar a existência do ato ou negócio jurídico. Deve ser:

- **admissível:** não proibida por lei e aplicável ao caso em exame;
- **pertinente:** adequada à demonstração dos fatos em questão; e
- **concludente:** esclarecedora dos fatos controvertidos[1].

Quanto aos **princípios** básicos:

- não basta alegar, é preciso provar, pois *allegare nihil et allegatum non probare paria sunt* **(nada alegar e alegar e não provar querem dizer a mesma coisa)**;
- o que se prova é o **fato** alegado, e não o direito a aplicar, pois é atribuição do juiz conhecer e aplicar o direito (*iura novit curia*);
- o **ônus da prova incumbe a quem alega o fato**, e não a quem o contesta;
- os **fatos notórios independem de prova**.

A regulamentação dos princípios referentes à prova é encontrada no Código Civil e no Código de Processo Civil. Ao primeiro, cabe a determinação das provas, a indicação do seu valor jurídico e as condições de admissibilidade; ao diploma **processual civil, o modo de constituir a prova e de produzi-la em juízo**.

Quando a lei exigir **forma especial** como o instrumento público para a validade do negócio jurídico, nenhuma outra prova, por mais especial que seja, pode suprir-lhe a falta (CPC, art. 406; e CC, art. 107, *a contrario sensu*). Caso contrário, não havendo nenhuma exigência quanto à forma (ato não formal), **qualquer meio de prova** pode ser utilizado, desde que não proibido, como estatui o art. 369 do Código

[1] Washington de Barros Monteiro, *Curso de direito civil*, v. 1, p. 255-256.

de Processo Civil: "As partes têm o direito de empregar todos os meios legais, bem como os moralmente legítimos, ainda que não especificados neste Código, para provar a verdade dos fatos em que se funda o pedido ou a defesa e influir eficazmente na convicção do juiz".

Portanto, quando o art. 212 do Código Civil enumera os meios de prova dos negócios jurídicos a que se não impõe forma especial, o faz apenas **exemplificativamente**; e não taxativamente.

■ 11.2. MEIOS DE PROVA

Dispõe o art. 212 do Código Civil:

> "Art. 212. Salvo o negócio a que se impõe forma especial, o fato jurídico pode ser provado mediante:
>
> I — confissão;
>
> II — documento;
>
> III — testemunha;
>
> IV — presunção;
>
> V — perícia."

■ 11.2.1. Confissão

Ocorre a **confissão** quando a parte admite a verdade de um fato contrário ao seu interesse e favorável ao adversário (CPC, art. 389). Pode ser:

- **judicial** (em juízo) ou **extrajudicial** (fora do processo);
- **espontânea** ou **provocada**; e
- **expressa** ou **presumida** (ou **ficta**) pela revelia (CPC, arts. 341 e 344).

Tem como **elementos essenciais:**

- a **capacidade da parte**;
- a **declaração de vontade**; e
- o **objeto possível**.

> "Não tem eficácia a confissão se provém de quem não é capaz de dispor do direito a que se referem os fatos confessados" (CC, art. 213).
>
> "Se feita a confissão por um representante, somente é eficaz nos limites em que este pode vincular o representado" (art. 213, parágrafo único).

A **confissão**, como foi dito, é prova que consiste em manifestação de uma parte reconhecendo situação favorável à outra. Desse modo, **somente quem ostenta essa posição** na relação jurídica **pode confessar**. Como da confissão decorrem consequências desfavoráveis ao confessor, não basta, para efetivá-la, a capacidade genérica para os atos da vida civil, sendo necessária a **titularidade dos direitos** sobre os quais se controverte.

O representante legal do incapaz não pode, em princípio, confessar, porque lhe é vedado concluir negócios em conflito de interesses com o representado (CC, art. 119), e a confissão opera, essencialmente, contra os interesses do titular do direito. A **representação voluntária**, no entanto, legitima o representante a confessar desde que lhe seja atribuído, expressamente, tal poder.

Nas ações que versarem sobre **bens imóveis**, a confissão de um cônjuge não valerá sem a do outro (CPC, art. 391, parágrafo único). Não vale também a confissão relativa a **direitos indisponíveis** (CPC, art. 392). "A confissão é irrevogável, mas pode ser anulada se decorreu de erro de fato ou de coação" (CC, art. 214). Já se decidiu: "A revogação da confissão por erro de fato é admissível quando restar demonstrada incerteza ou declaração diversa da pretendida"[2].

11.2.2. Documento

11.2.2.1. Espécies

O documento tem função apenas probatória e pode ser **público** ou **particular**.

- **Públicos** são os documentos elaborados por autoridade pública, no exercício de suas funções, como as certidões, traslados etc.
- **Particulares** são aqueles elaborados por particulares. Uma carta, um telegrama, por exemplo, podem constituir importante elemento de prova.

Documentos não se confundem com **instrumentos públicos** ou **particulares**. Estes são **espécies** e aqueles são o **gênero**. O instrumento é criado com a finalidade precípua de servir de prova, como a escritura pública ou a letra de câmbio. Os instrumentos **públicos** são feitos perante o oficial público, observando-se os requisitos do art. 215. Os **particulares** são realizados somente com a assinatura dos próprios interessados.

11.2.2.2. Escritura pública

Dispõe o art. 215 que "a escritura pública, lavrada em notas de tabelião, é documento dotado de fé pública, fazendo prova plena". Por essa razão, **não é exigida** a subscrição por **testemunhas instrumentárias**. Não se admite, com efeito, provar com testemunhas contra ou além do instrumento público. No entanto, "se algum dos comparecentes não for conhecido do tabelião, nem puder identificar-se por documento, deverão participar do ato pelo menos duas testemunhas que o conheçam e atestem sua identidade" (§ 5º).

A escritura pública tem, pois, fidedignidade, inerente à **fé pública** do notário. Deve conter, salvo quando exigidos por lei, outros **requisitos:**

- data e local de sua realização;
- reconhecimento da identidade e capacidade das partes e de quantos hajam comparecido ao ato, por si, como representantes, intervenientes ou testemunhas;

---

2 *RJTAMG*, 40/109.

- nome, nacionalidade, estado civil, profissão, domicílio e residência das partes e demais comparecentes, com a indicação, quando necessário, do regime de bens do casamento, nome do outro cônjuge e filiação;
- manifestação clara da vontade das partes e dos intervenientes;
- referência ao cumprimento das exigências legais e fiscais inerentes à legitimidade do ato;
- declaração de ter sido lida na presença das partes e demais comparecentes ou de que todos a leram;
- assinatura das partes e dos demais comparecentes, bem como a do tabelião ou seu substituto legal, encerrando o ato (art. 215, § 1º).

A inobservância desses requisitos acarreta a **nulidade** da escritura pública, que deve ser redigida na **língua nacional** (§ 3º). Se qualquer dos comparecentes não souber a língua nacional e o tabelião não entender o idioma em que se expressa, deverá comparecer **tradutor público** para servir de intérprete ou, não o havendo na localidade, outra **pessoa capaz** que, a juízo do tabelião, tenha idoneidade e conhecimento bastantes (§ 4º).

11.2.2.3. Instrumento particular

Dispõe o art. 221 que "o instrumento particular, feito e assinado, ou somente assinado por quem esteja na livre disposição e administração de seus bens, prova as obrigações convencionais de qualquer valor; mas os seus efeitos, bem como os da cessão, não se operam, a respeito de terceiros, antes de transcrito no registro público".

Mesmo **sem testemunhas**, o documento particular **vale entre as próprias partes**, por força do art. 219, que prescreve: "As declarações constantes de documentos assinados presumem-se verdadeiras em relação aos signatários".

11.2.2.4. A anuência necessária à validade de um ato

Estatui o art. 220 que "a anuência ou a autorização de outrem, necessária à validade de um ato, provar-se-á do mesmo modo que este, e constará, sempre que se possa, do próprio instrumento". Desse modo, só por **instrumento público** pode a mulher casada outorgar procuração ao marido para a **alienação de bens imóveis**, pois é essencial à validade do ato a escritura pública (art. 108).

11.2.2.5. Certidões

Em princípio, o instrumento deve ser exibido no **original**. Estatui o art. 216, porém, que farão prova, como os originais, "as certidões textuais de qualquer peça judicial, do protocolo das audiências, ou de outro qualquer livro a cargo do escrivão, sendo extraídas por ele, ou sob a sua vigilância, e por ele subscritas, assim como os **traslados** de autos, quando por outro escrivão consertados". Esta regra é repetida no art. 425 do Código de Processo Civil. O art. 217 acrescenta que "terão a mesma força probante os traslados e as certidões, extraídos por tabelião ou oficial de registro, de instrumentos ou documentos lançados em suas notas"[3].

- **Certidão** é a reprodução do que se encontra transcrito em determinado livro ou documento. Quando **integral**, abrangendo todo o conteúdo da anotação, chama-se ***verbo ad verbum***. Se abranger apenas determinados pontos indicados pelo interessado, denomina-se certidão **"em breve relatório"**.
- **Traslado** é cópia do que se encontra lançado em um livro ou em autos. A admissibilidade das diversas formas de reprodução mecânica de documentos hoje existentes, bem como os seus efeitos, está regulamentada no Código de Processo Civil, na seção que trata da força probante dos documentos (arts. 405 e s.).

A tendência atual é que a atividade jurisdicional do Estado passe a ser, cada vez mais, desenvolvida com os recursos eletrônicos a serviço do Poder Estatal e das partes. **Atos e termos processuais serão praticados por meio eletrônico**, bem assim a tramitação e o controle de tramitação dos processos, a comunicação dos atos e a transmissão de peças processuais, garantida essa atividade pela infraestrutura de **chaves públicas** posta à disposição pela Administração para regulamentar e autenticar o documento eletrônico e garantir a realização de transações eletrônicas seguras[4].

O novo Código de Processo Civil trata da "Prática Eletrônica dos Atos Processuais" nos arts. 193 a 199. O primeiro dispõe que os "**atos processuais podem ser total ou parcialmente digitais**, de forma a permitir que sejam produzidos, comunicados, armazenados e validados por meio eletrônico, na forma da lei".

A Lei n. 11.419, de 19 de dezembro de 2006, que permanece em vigor, dispõe sobre a **informatização** do processo judicial, estabelecendo:

> "§ 2º Para o disposto nesta Lei, considera-se:
>
> I — meio eletrônico qualquer forma de armazenamento ou tráfego de documentos e arquivos digitais;
>
> II — transmissão eletrônica toda forma de comunicação a distância com a utilização de redes de comunicação, preferencialmente a rede mundial de computadores;
>
> III — assinatura eletrônica as seguintes formas de identificação inequívoca do signatário:
>
> *a)* assinatura digital baseada em certificado digital emitido por Autoridade Certificadora credenciada, na forma de lei específica;
>
> *b)* mediante cadastro de usuário no Poder Judiciário, conforme disciplinado pelos órgãos respectivos" (art. 1º, § 2º).

Acrescenta o art. 11 da referida lei: "Os documentos produzidos eletronicamente e juntados aos processos eletrônicos com garantia da origem e de seu signatário, na forma estabelecida nesta Lei, serão considerados originais para todos os efeitos legais".

---

3 "As certidões do registro integral de títulos terão o mesmo valor probante dos originais, ressalvado o incidente de falsidade destes, oportunamente levantado em juízo" (LRP, art. 161, *caput*).

4 Nelson Nery Junior e Rosa Maria de Andrade Nery, *Comentários ao Código de Processo Civil*, Novo CPC — Lei n. 13.105/2015, p. 706.

■ *11.2.2.6. Telegrama, títulos de crédito, cópias e reproduções em geral*

"O telegrama, quando lhe for contestada a autenticidade, faz prova mediante conferência com o original assinado" (CC, art. 222). "A cópia fotográfica de documento, conferida por tabelião de notas, valerá como prova de declaração da vontade, mas, impugnada sua autenticidade, deverá ser exibido o original" (art. 223). "A prova não supre a ausência do título de crédito, ou do original, nos casos em que a lei ou as circunstâncias condicionarem o exercício do direito à sua exibição" (art. 223, parágrafo único), em razão dos princípios da **literalidade** e **abstração**, que regem a exigibilidade dos **títulos de crédito**.

"As reproduções fotográficas, cinematográficas, os registros fonográficos e, em geral, quaisquer outras reproduções mecânicas ou eletrônicas de fatos ou de coisas fazem prova plena destes, se a parte, contra quem forem exibidos, não lhes impugnar a exatidão" (art. 225), não se exigindo que sejam autenticadas.

■ *11.2.2.7. Livros e fichas dos empresários e sociedades*

"Os livros e fichas dos empresários e sociedades provam contra as pessoas a que pertencem, e, em seu favor, quando escriturados sem vício extrínseco ou intrínseco, forem confirmados por outros subsídios" (art. 226). "A prova resultante dos livros e fichas não é bastante nos casos em que a lei exige escritura pública, ou escrito particular revestido de requisitos especiais, e pode ser ilidida pela comprovação da falsidade ou inexatidão dos lançamentos" (art. 226, parágrafo único).

■ *11.2.2.8. Documentos redigidos em língua estrangeira*

Aduza-se, por fim, que "os documentos redigidos em língua estrangeira serão traduzidos para o português para ter efeitos legais no País" (art. 224). O dispositivo está em consonância com o art. 129, § 6º, da Lei de Registros Públicos (Lei n. 6.015/73). A tradução deverá ser feita por **tradutor juramentado**, gozando, assim, de fé pública. Determina o art. 124 da mencionada lei que os escritos em língua estrangeira, para produzirem efeitos no Brasil, terão, necessariamente, de ser **traduzidos** para o vernáculo e tal tradução deverá ser **registrada**.

■ 11.2.3. Testemunha

■ *11.2.3.1. Espécies de testemunhas*

As testemunhas podem ser **instrumentárias** ou **judiciárias:**

- **instrumentárias:** as que assinam o instrumento;
- **judiciárias:** as que prestam depoimento em juízo.

■ *11.2.3.2. Restrições à admissibilidade ampla da prova testemunhal*

A **prova testemunhal** é menos segura do que a documental. O Código de Processo Civil proclama, no art. 442, que **"a prova testemunhal é sempre admissível,**

não dispondo a lei de modo diverso". E, no art. 444, *verbis*: "Nos casos em que a lei exigir prova escrita da obrigação, é admissível a prova testemunhal quando houver começo de prova por escrito, emanado da parte contra a qual se pretende produzir a prova". O Código Civil, por sua vez, aceita prova testemunhal **quando houver começo de prova por escrito** ou o credor não puder obter a quitação regular em casos como o de parentesco, depósito necessário ou hospedagem em hotel (arts. 402 e 403), regra esta reproduzida no art. 445 do novo diploma processual. O citado parágrafo único do art. 320 do Código Civil amplia essa possibilidade, deixando a análise das circunstâncias, em cada caso, a critério do juiz.

A prova testemunhal, que resulta do depoimento oral das pessoas que viram, ouviram ou souberam dos fatos relacionados à causa, por estar impregnada de alto grau de **subjetividade**, é sempre alvo de críticas dentro do sistema jurídico. Daí as **restrições** à sua **admissibilidade ampla**.

■ *11.2.3.3. Pessoas que não podem ser admitidas como testemunhas*

Algumas pessoas, no entanto, **não podem ser admitidas como testemunhas**. O art. 228 do Código Civil menciona:

> "I — os menores de 16 (dezesseis) anos;
>
> II — aqueles que, por enfermidade ou deficiência mental, não tiverem discernimento para a prática dos atos da vida civil;
>
> III — os cegos e surdos, quando a ciência do fato que se quer provar dependa dos sentidos que lhes faltam;
>
> IV — o interessado no litígio, o amigo íntimo ou o inimigo capital das partes;
>
> V — os cônjuges, os ascendentes, os descendentes e os colaterais, até o terceiro grau de alguma das partes, por consanguinidade, ou afinidade."

No entanto, para a prova de **fatos que só elas conheçam**, pode o juiz admitir o depoimento das referidas pessoas (art. 228, parágrafo único).

O Código de Processo Civil, no art. 447, relaciona os **incapazes** para testemunhar, os **impedidos** e os **suspeitos**. E o art. 229 do Código Civil dispõe que **ninguém pode ser obrigado** a depor sobre fato:

> "I — a cujo respeito, por estado ou profissão, deva guardar segredo;
>
> II — a que não possa responder sem desonra própria, de seu cônjuge, parente em grau sucessível, ou amigo íntimo;
>
> III — que o exponha, ou as pessoas referidas na letra antecedente, a perigo de vida, de demanda, ou de dano patrimonial imediato."

■ 11.2.4. Presunção

■ *11.2.4.1. Conceito*

Presunção é a ilação que se extrai de um fato conhecido para se chegar a um desconhecido. Não se confunde com **indício**, que é o meio de se chegar a uma presunção. Exemplo de presunção: como é conhecido o fato de que o credor só entrega o título ao devedor por ocasião do pagamento, a sua posse pelo devedor conduz à presunção de este haver sido pago (CC, art. 324). Podem ser mencionadas, ainda, a morte presumida (art. 6º), a gratuidade do mandato (art. 658) e a boa-fé (art. 1.203), dentre outras.

■ *11.2.4.2. Espécies de presunção*

As presunções podem ser:

- **legais** (*juris*): as que decorrem da lei, como a que recai sobre o marido, que a lei presume ser pai do filho nascido de sua mulher, na constância do casamento; e
- **comuns** (*hominis*): as que se baseiam no que ordinariamente acontece, na experiência da vida. Presume-se, por exemplo, embora não de forma absoluta, que as dívidas do marido são contraídas em benefício da família.

As presunções **legais** dividem-se em:

- **absolutas** (*juris et de jure*): as que não admitem prova em contrário. A presunção de verdade atribuída pela lei a certos fatos é, nestes casos, indiscutível. Exemplo: a de que são fraudatórias dos direitos dos outros credores as garantias de dívidas que o devedor insolvente tiver dado a algum credor (CC, art. 163); e
- **relativas** (*juris tantum*): as que admitem prova em contrário. Por exemplo, a presunção de paternidade atribuída ao marido, em relação ao filho de sua mulher nascido na constância do casamento, pode ser elidida por meio da ação negatória de paternidade (CC, art. 1.601).

Confira-se o resumo esquemático:

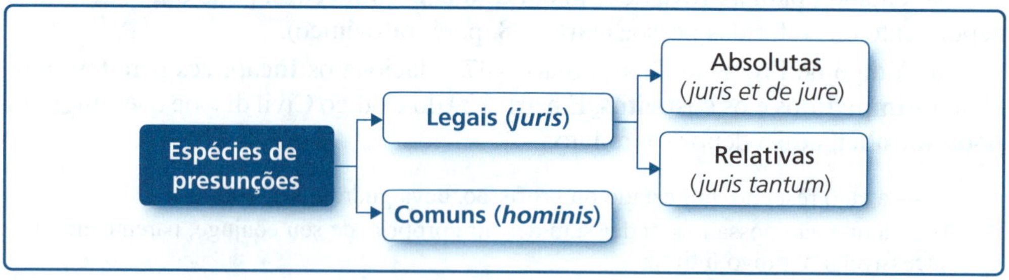

■ 11.2.5. Perícia

O Código de Processo Civil denomina "prova pericial" o **exame**, a **vistoria** e a **avaliação** (art. 464).

- **Exame** é a apreciação de alguma coisa, por peritos, para auxiliar o juiz a formar a sua convicção. Exemplos: exame grafotécnico, exame hematológico nas ações de investigação de paternidade etc.

■ **Vistoria** é também perícia, restrita, porém, à inspeção ocular. É diligência frequente nas ações imobiliárias, como possessórias e demarcatórias. A vistoria destinada a perpetuar a memória de certos fatos transitórios, antes que desapareçam, é denominada ***ad perpetuam rei memoriam***, regulada atualmente no capítulo do Código de Processo Civil que trata da "produção antecipada de provas" (arts. 381-383).

■ **Avaliação** é a atribuição ao bem do seu valor de mercado. O arbitramento é forma de avaliação; é o exame pericial destinado a apurar o valor de determinado bem, comum nas desapropriações e ações de indenização.

O atual Código Civil contém, nesse Título V, dois artigos novos: o 231 ("Aquele que se nega a submeter-se a exame médico necessário não poderá aproveitar-se de sua recusa") e o 232 ("A recusa à perícia médica ordenada pelo juiz poderá suprir a prova que se pretendia obter com o exame"). A jurisprudência já se adiantara, pois vinha proclamando, em ações de investigação de paternidade, que **"a recusa ilegítima à perícia médica pode suprir a prova que se pretendia lograr com o exame frustrado"**[5].

O Superior Tribunal de Justiça, na mesma linha de pensamento, já vinha decidindo que "a recusa do investigado em submeter-se ao exame DNA, aliada à comprovação de relacionamento sexual entre o investigado e a mãe do autor impúbere, gera a presunção de veracidade das alegações postas na exordial"[6]. Tal entendimento foi sedimentado com a edição da **Súmula 301**, do seguinte teor: "Em ação investigatória, a recusa do suposto pai a submeter-se ao exame de DNA induz presunção *juris tantum* de paternidade".

A Lei n. 12.004, de 29 de julho de 2009, mandou acrescer à Lei n. 8.560, de 29 de dezembro de 1992, o art. 2º-A, cujo **parágrafo único** assim dispõe: "A recusa do réu em se submeter ao exame de código genético — DNA — gerará a presunção da paternidade, a ser apreciada em conjunto com o contexto probatório". Observa-se que a referida lei **não inovou**, mas, antes, repetiu o que já vinha sendo aplicado pela jurisprudência.

■ 11.3. RESUMO

DA PROVA	
CONCEITO	■ É o meio empregado para demonstrar a existência do ato ou negócio jurídico.
REQUISITOS	■ Deve ser: a) **admissível** (não proibida por lei); b) **pertinente** (adequada à demonstração dos fatos em questão); c) **concludente** (esclarecedora dos fatos controvertidos).

[5] TJSP, *JTJ*, 201/128 e 210/202.

[6] *RSTJ*, 135/315.

PRINCÍPIOS	■ **Não basta alegar, é preciso provar**, pois *allegare nihil et allegatum no probare paria sunt* (nada alegar e alegar e não provar querem dizer a mesma coisa). ■ **O que se prova é o fato** alegado, não o direito a aplicar, pois é atribuição do juiz conhecer e aplicar o direito (*iura novit curia*). ■ O **ônus da prova** incumbe a quem alega o fato, e não a quem o contesta. ■ Os **fatos notórios** independem de prova.
MEIOS DE PROVA	■ Dispõe o art. 212 do CC: "Salvo o negócio a que se impõe forma especial, o fato jurídico pode ser provado mediante: I — confissão; II — documento; III — testemunha; IV — presunção; V — perícia."
CONFISSÃO	■ **Conceito:** ocorre quando a parte admite a verdade de um fato, contrário ao seu interesse e favorável ao adversário (CPC, art. 389). ■ **Espécies:** a) judicial e extrajudicial; b) espontânea e provocada; e c) expressa e presumida (ficta) pela revelia.
DOCUMENTO	■ **Função:** tem função apenas probatória. ■ **Espécies:** a) público (o elaborado por autoridade pública, no exercício de suas funções, como as certidões e os traslados); b) particular (o elaborado por particulares, como uma carta ou um telegrama).
TESTEMUNHAS	■ Podem ser: a) **instrumentárias:** as que assinam o instrumento; e b) **judiciárias:** as que prestam depoimento em juízo.
PRESUNÇÃO	■ **Conceito:** é a ilação que se extrai de um fato conhecido para se chegar a um desconhecido. ■ **Espécies:** a) **legais** (*juris*) — as que decorrem de lei e se dividem em **absolutas** (*juris et de jure*: que não admitem prova em contrário) e **relativas** (*juris tantum*: que admitem prova em contrário); b) **comuns** (*hominis*) — as que se baseiam no que ordinariamente acontece, na experiência da vida.
PERÍCIA	■ Segundo o art. 464 do CPC, a prova pericial consiste em exame, vistoria ou avaliação: a) **exame:** é a apreciação de alguma coisa, por peritos, para auxiliar o juiz a formar a sua convicção. Ex.: exame grafotécnico, hematológico etc.; b) **vistoria:** é perícia restrita à inspeção ocular, comum nas ações imobiliárias; c) **avaliação:** é o exame pericial destinado a apurar o valor de determinado bem, comum nas desapropriações e indenizatórias.

■ 11.4. QUESTÕES

1. (TJ/SE/Juiz de Direito/Fundação Carlos Chagas/2015) A escritura pública lavrada em notas de Tabelião

a) faz prova plena, mas não é documento dotado de fé pública, podendo ser impugnada por qualquer interessado.

b) é documento dotado de fé pública, mas não faz prova plena, porque o convencimento do juiz é livre.

c) é documento dotado de fé pública, fazendo prova plena.
d) firma presunção absoluta de veracidade do que nele constar, por ser documento dotado de fé pública.
e) é documento público, mas não dotado de fé pública, porque o Tabelião exerce suas funções em caráter privado, por delegação do Estado, por isso, também, não faz prova plena.

2. (TRT/8ª Região/Juiz do Trabalho/2015) Quanto às reproduções eletrônicas de fatos ou de coisas no Código Civil brasileiro, é CORRETO afirmar que:

a) São consideradas prova apenas quando improcedente a impugnação sobre sua exatidão.
b) São válidas como prova plena de fatos ou de coisas desde que acompanhadas de outro meio probante.
c) Têm presunção de prova *juris et de jure*.
d) Não são consideradas prova, se não demonstrada sua fonte de registro, reprodução ou divulgação.
e) São consideradas prova plena, se a parte contra quem forem exigidas, não lhes impugnar a exatidão.

3. (PGE/PA/Procurador do Estado/2009) Analise as proposições abaixo e assinale a alternativa INCORRETA:

a) As declarações enunciativas, constantes de documentos assinados, presumem-se verdadeiras em relação aos signatários e, desde que tenham relação direta com as disposições principais ou com a legitimidade das partes, eximem os interessados em sua veracidade do ônus de prová-las.
b) Em ação de investigação de paternidade, consoante a jurisprudência do STJ, a recusa do suposto pai a submeter-se ao exame de DNA constitui presunção absoluta da sua paternidade.
c) O novo Código Civil equiparou as cópias (reproduções) inautênticas aos documentos originais e autenticados, desde que sejam comuns às partes e inexista impugnação à sua exatidão.
d) Nos casos em que a lei exclui a prova testemunhal, não se admite, como meio de prova, a presunção, exceto se prevista em lei.

4. (TJAL/Juiz de Direito/Fundação Carlos Chagas/2007) Em ação de investigação de paternidade, a recusa do suposto pai à perícia médica ordenada pelo juiz:

a) Não gera qualquer presunção e nada impede o réu de alegar a falta do exame em seu benefício.
b) Firma presunção absoluta de paternidade.
c) Autoriza a condição coercitiva do réu para a realização do exame.
d) Poderá suprir a prova que se pretendia obter com o exame.
e) Acarreta, necessariamente, a prolação de sentença por julgamento antecipado da lide.

5. (TRT/23ª Região/Juiz do Trabalho/Fundação Carlos Chagas/2015) "Quando o trabalho mental, e certamente lógico, pelo qual fundando-se no fato conhecido se chega ao fato desconhecido, é deixado ao prudente critério do juiz, quer dizer, quando as consequências daquele trabalho constituem o resultado a que se chegou o raciocínio do juiz, tem-se uma presunção simples, também chamada de homem (praesumptio hominis). Assim, definem-na comumente como consequência que o juiz, segundo prudente critério, deduz de um fato conhecido para chegar a um desconhecido" (Moacyr Amaral Santos, Prova Judiciária no Cí-

vel e Comercial, v. 5, p. 435, Max Limonad, Editor de Livros de Direito). Essa espécie de presunção, no Direito brasileiro,

a) é admitida, porque em falta de normas jurídicas particulares, o juiz aplicará as regras de experiência comum subministradas pela observação do que ordinariamente acontece e ainda as regras da experiência técnica, ressalvado, quanto a esta, o exame pericial.
b) é inadmissível, porque todo fato deve ser provado para que o juiz acolha a pretensão do autor ou rejeite a exceção oposta pelo réu.
c) é desconhecida, só podendo aplicar-se quando incorporar um princípio geral de direito.
d) não é admitida, porque a lei só se ocupa das presunções legais.
e) é admitida sem qualquer restrição, sempre podendo substituir o exame pericial.

6. (DEL/POL/CE/Delegado de Polícia/VUNESP/2015) No que tange às provas e seus meios de produção, assinale a alternativa CORRETA.

a) São exemplos dos meios de prova a confissão, o documento, a testemunha, a presunção e a perícia, não havendo, em regra, hierarquia entre os meios de prova.
b) Admite-se a prova exclusivamente testemunhal para os negócios jurídicos que ultrapassem o décuplo do maior salário mínimo vigente no país, desde que haja mais de uma testemunha.
c) Os parentes colaterais por afinidade podem ser admitidos como testemunhas, independentemente do grau de parentesco.
d) A recusa à realização de exame médico necessário não pode gerar presunção em desfavor daquele que se nega.
e) Não é permitida a recusa a prestar depoimento sobre fato a cujo respeito, por estado ou profissão, deva guardar segredo.

7. (TRT/9ª Região/Juiz do Trabalho/Fundação Carlos Chagas/2006) A respeito da prova assinale a alternativa CORRETA:

a) São amplos os poderes decisórios do juiz, limitados pelas garantias constitucionais, mas não detém o magistrado poderes probatórios.
b) Dependem de prova os fatos tidos por verdadeiros por presunção legal.
c) O direito invocado, em regra, depende de prova.
d) Admite-se como prova a confissão real quando disser respeito a direitos indisponíveis, quando não exigida forma especial para a prova do fato e quando presente a capacidade civil de quem confessa.
e) As presunções legais absolutas não admitem prova em contrário, enquanto as presunções legais relativas podem ser afastadas por prova em contrário.

8. (TJ/MS/Juiz de Direito/VUNESP/2015) Assinale a alternativa CORRETA no que tange às provas e seus meios de produção, de acordo com a legislação civil aplicável e entendimento jurisprudencial sobre a matéria.

a) A confissão prevalece sobre os demais meios de prova e a prova documental, em regra, prevalece sobre a prova testemunhal.
b) Os relativamente incapazes podem ser admitidos como testemunhas, desde que não haja outra causa impeditiva.
c) Admite-se a prova exclusivamente testemunhal para os negócios jurídicos cujo valor não ultrapasse o décuplo do maior salário mínimo vigente no país, desde que a testemunha não seja única.
d) Não se presume verdadeiro aquilo que consta em ata notarial, pois a fé pública do notário não alcança esse tipo de documento.

e) A recusa do suposto pai a submeter-se ao exame de DNA implica na presunção *juris et de jure* de paternidade.

9. (OAB/RJ/27º Exame) A presunção *juris et de jure*:

a) Admite apenas prova documental.
b) Não admite prova testemunhal.
c) Admite prova em contrário.
d) Não admite prova em contrário.

10. (TJPR/Juiz de Direito/PUC-PR/2011) Aponte se as assertivas a seguir são verdadeiras (V) ou falsas (F) e assinale a única alternativa CORRETA:

( ) A confissão é irrevogável e pode ser anulada se decorreu de erro de fato ou de coação.
( ) Aquele que se nega a submeter-se a exame médico necessário não poderá aproveitar-se de sua recusa.
( ) Não ocorre a prescrição quando pendente ação de evicção.
( ) Se a decadência for convencionada, a parte a quem aproveita poderá alegá-la em qualquer grau de jurisdição, mas o juiz não pode suprir a alegação.

a) V, V, F, V
b) V, V, V, V
c) F, F, F, V
d) V, F, F, F

11. (MP/BA/Promotor de Justiça/2010) Segundo a melhor doutrina, provar consiste em criar o convencimento no espírito do julgador. Logo, consubstancia-se a prova em elemento idôneo à formação de um estado psíquico.
Assim, assinale a alternativa CORRETA, após aferir a veracidade das assertivas abaixo.

I. A presunção *hominis* inadmite prova em contrário.
II. O exame, vistoria e arbitramento são formas de prova pericial.
III. O Código Civil em vigor estabelece, de forma exaustiva, a presunção, indícios, a testemunhal, a confissão, a perícia e o documento, como meios de prova do negócio jurídico.
IV. A confissão pode ser anulada por vício de consentimento.
V. São requisitos da prova: pertinência, concludência e licitude.

a) F, F, V, F, F.
b) V, F, F, F, F.
c) V, V, F, F, V.
d) V, V, F, V, F.
e) F, V, F, V, V.

12. (TJPI/Juiz de Direito/CESPE/UnB/2012) Em referência à prova no âmbito civil, assinale a opção CORRETA.

a) Não havendo impugnação, não se discutirá a exatidão de cópia reprográfica de documento particular, ainda que não autenticada.
b) É lícito ao juiz exigir, em qualquer caso, para a instrução do processo, que o hospital forneça prontuário e arquivos médicos do réu.
c) Não se admite recusa de prestação de depoimento por testemunha, ainda que o fato a ser relatado possa causar desonra a amigo íntimo.
d) Caso acompanhe a realização da perícia que determinou, o juiz não poderá repelir as conclusões dela em momento posterior.
e) Reprodução de título de crédito por microfilme não tem o mesmo valor do original para fins de protesto, ainda que autenticada por tabelião.

13. (MP/RO/Promotor de Justiça/CESPE/UnB/2013) Em relação às provas no direito civil, assinale a opção CORRETA.

a) Não tem eficácia a confissão feita por menor de dezesseis anos de idade.
b) A vedação à admissão de prova exclusivamente testemunhal em determinado caso não impede que o juiz se utilize da presunção simples.
c) Ao contrário da testemunha impedida, a testemunha suspeita pode ser ouvida como informante do juízo.
d) Arquivos eletrônicos não são aceitos como provas documentais.
e) À confissão não se aplica a proibição de comportamento contraditório.

14. (DEL/POL/SP/Acadepol/VUNESP/2014) De acordo com o Código Civil de 2002, assinale a alternativa correta acerca dos meios de prova e suas particularidades.

a) A prova exclusivamente testemunhal é admitida para negócios jurídicos de qualquer valor, desde que a testemunha não seja única.
b) No ordenamento civil brasileiro, a presunção não é admitida como meio de prova.
c) Em regra, os parentes da linha colateral são admitidos como testemunhas, salvo se tiverem interesse no litígio.
d) Não é lícita a recusa de prestar depoimento que leve à desonra própria, de seu cônjuge, parente ou amigo íntimo.
e) Admite-se o depoimento de menor, com idade entre 16 (dezesseis) e 18 (dezoito) anos, como prova testemunhal.

15. (TRT/2ª Região/Juiz do Trabalho/XLI Concurso/2016) É INCORRETO afirmar que, não havendo imposição legal de forma especial, o fato jurídico pode ser provado mediante:

a) Confissão.
b) Presunção.
c) Testemunha.
d) Dedução.
e) Perícia.

16. (DEL/POL/CE/VUNESP/2015) No que tange às provas e seus meios de produção, assinale a alternativa CORRETA.

a) São exemplos dos meios de prova a confissão, o documento, a testemunha, a presunção e a perícia, não havendo, em regra, hierarquia entre os meios de prova.
b) Admite-se a prova exclusivamente testemunhal para os negócios jurídicos que ultrapassem o décuplo do maior salário mínimo vigente no país, desde que haja mais de uma testemunha.
c) Os parentes colaterais por afinidade podem ser admitidos como testemunhas, independentemente do grau de parentesco.
d) A recusa à realização de exame médico necessário não pode gerar presunção em desfavor daquele que se nega.
e) Não é admitida a recusa a prestar depoimento sobre fato a cujo respeito, por estado ou profissão, deva guardar segredo.

■ GABARITO ■

1. "c". *Vide* art. 215 do CC.
2. "e". *Vide* art. 11 da Lei n. 11.419, de 19.12.2006.

3. "b". *Vide* Súmula 301 do STJ: "Em ação investigatória, a recusa do suposto pai a submeter-se ao exame de DNA induz presunção *juris tantum* de paternidade".

4. "d". *Vide* art. 232 do CC.

5. "a". *Vide* art. 375 do CPC.

6. "a". *Vide* art. 212 do CC.

7. "e".

8. "b". *Vide* art. 228 do CC, com redação dada pela Lei n. 13.146, de 6.7.2015 (Estatuto da Pessoa com Deficiência).

9. "d".

10. "b". *Vide* arts. 214, 231, 199, III, e 211 do CC, respectivamente.

11. "e". *Vide* arts. 420 do CPC e 214 do CC.

12. "a". *Vide* art. 225 do CC.

13. "a". *Vide* arts. 213 e 3º, I, do CC.

14. "e". *Vide* art. 228, I, do CC.

15. "d". *Vide* art. 212 do CC.

16. "a". *Vide* art. 212 do CC.

SEGUNDA PARTE

TEORIA GERAL DAS OBRIGAÇÕES

1

INTRODUÇÃO AO DIREITO DAS OBRIGAÇÕES

1.1. CONCEITO E ÂMBITO DO DIREITO DAS OBRIGAÇÕES

- **Objeto do direito das obrigações:** o direito das obrigações tem por objeto determinadas relações jurídicas que alguns denominam *direitos de crédito* e outros chamam de *direitos pessoais* ou *obrigacionais*.
- **O vocábulo "obrigação":** o vocábulo "obrigação" comporta vários sentidos. Na sua mais larga acepção, exprime qualquer espécie de vínculo ou de sujeição da pessoa, seja no campo religioso, moral ou jurídico. Em todos eles, o conceito de obrigação é, na essência, o mesmo: a **submissão a uma regra de conduta**, cuja autoridade é reconhecida ou forçosamente se impõe. É nesse sentido que nos referimos a obrigações religiosas, morais, sociais etc. O **direito das obrigações**, todavia, emprega o referido vocábulo em sentido mais **restrito**, compreendendo apenas aqueles vínculos de conteúdo patrimonial, que se estabelecem de pessoa a pessoa, colocando-as, uma em face da outra, como **credora** e **devedora**, de tal modo que uma esteja na situação de poder exigir a prestação e a outra, na contingência de cumpri-la[1].
- **Divisão do direito:** o direito pode ser dividido em dois grandes ramos: o dos direitos **não patrimoniais**, concernentes à pessoa humana, como os direitos da personalidade (CC, arts. 11 a 21) e os de família, e dos **direitos patrimoniais**, que, por sua vez, se dividem em **reais** e **obrigacionais**. Os primeiros integram o direito das coisas. Os obrigacionais, pessoais ou de crédito compõem o direito das obrigações, que será objeto de nosso estudo.

---

1 João Franzen de Lima, *Curso de direito civil brasileiro*, v. II, t. I, p. 14; Roberto de Ruggiero, *Instituições de direito civil*, v. III, p. 3-4; Clóvis Beviláqua, *Direito das obrigações*, p. 12.

- **Conceito de direito das obrigações:** pode-se dizer que o direito das obrigações consiste num complexo de normas que rege relações jurídicas de ordem patrimonial, as quais têm por objeto **prestações** de um sujeito em proveito de outro. Disciplina as **relações jurídicas de natureza pessoal**, visto que seu conteúdo é a prestação patrimonial, ou seja, a ação ou omissão do devedor tendo em vista o **interesse do credor**, o qual, por sua vez, tem o direito de exigir o seu cumprimento, podendo, para tanto, movimentar a máquina judiciária, se necessário[2]. Na verdade, as obrigações se caracterizam, **não** tanto como um **dever do obrigado**, mas como um **direito do credor**. A **principal finalidade** do direito das obrigações consiste exatamente em fornecer meios ao credor para exigir do devedor o cumprimento da prestação.

1.2. IMPORTÂNCIA DO DIREITO DAS OBRIGAÇÕES

O direito das obrigações exerce **grande influência na vida econômica**, em razão, principalmente, da notável frequência das relações jurídicas obrigacionais no moderno mundo consumerista. Intervém ele na vida econômica, não só na produção, envolvendo aquisição de matéria-prima e harmonização da relação capital-trabalho, mas também nas relações de consumo, sob diversas modalidades (permuta, compra e venda, locação, arrendamento, alienação fiduciária etc.) e na distribuição e circulação dos bens (contratos de transporte, armazenagem, revenda, consignação etc.)[3].

Pode-se afirmar que o direito das obrigações retrata a **estrutura econômica da sociedade** e compreende as relações jurídicas que constituem projeções da autonomia privada na esfera patrimonial. Manifesta-se sua importância prática ainda pela crescente frequência, no mundo moderno, da constituição de patrimônios compostos quase exclusivamente de títulos de crédito correspondentes a obrigações[4].

---

2 Maria Helena Diniz, *Curso de direito civil brasileiro*, v. 2, p. 3.

3 Maria Helena Diniz, *Curso*, cit., p. 5.

4 Orlando Gomes, *Obrigações*, cit., p. 4.

Ao contrário do direito das coisas, que segue o princípio do *numerus clausus* e se esgota em limitada tipificação submetida à disciplina uniforme, o **direito das obrigações se estende a todas as atividades de natureza patrimonial**, desde as mais simples até as mais complexas.

■ 1.3. CARACTERÍSTICAS PRINCIPAIS DO DIREITO DAS OBRIGAÇÕES

Maria Helena Diniz, com espeque em Serpa Lopes e Antunes Varela, apresenta os seguintes caracteres dos direitos de crédito:

- são **direitos relativos**, uma vez que se dirigem contra pessoas determinadas, vinculando sujeito ativo e passivo, não sendo oponíveis *erga omnes*, pois a prestação apenas poderá ser exigida do devedor;
- são direitos a uma **prestação positiva** ou **negativa**, pois exigem certo comportamento do **devedor**, ao reconhecerem o direito do **credor** de reclamá-la[5].

O direito das obrigações tem por objeto direitos de natureza **pessoal**, que resultam de um vínculo jurídico estabelecido entre o **credor**, como sujeito ativo, e o **devedor**, na posição de sujeito passivo, liame este que confere ao primeiro o poder de exigir do último uma prestação.

Também denominados **direitos de crédito**, os direitos pessoais ou obrigacionais regem vínculos patrimoniais entre pessoas, impondo ao devedor o **dever de prestar**, isto é, de dar, fazer ou não fazer algo no interesse do credor, a quem a lei assegura o poder de exigir tal prestação positiva ou negativa. Segundo Roberto de Ruggiero, "o **objeto da prestação deve necessariamente ter um conteúdo econômico** ou ser suscetível de uma avaliação patrimonial; caso contrário faltaria ao interesse do credor a possibilidade concreta de se exercer, na falta de cumprimento, sobre o patrimônio do devedor..."[6].

É precisamente a **pecuniariedade** que distingue a obrigação em sentido técnico de numerosos atos impostos pela vida social, cuja realização é indiferente ao direito ou este os coloca em órbita diferente, por exemplo, a fidelidade recíproca dos cônjuges, o dever de obediência do filho ao pai e o dever de respeitar a propriedade alheia.

■ 1.4. DIREITOS OBRIGACIONAIS OU PESSOAIS E DIREITOS REAIS

- **Direito pessoal:** consiste num vínculo jurídico pelo qual o sujeito ativo pode exigir do sujeito passivo determinada prestação. Constitui uma relação de pessoa a pessoa e tem como elementos o sujeito ativo, o sujeito passivo e a prestação.
- **Direito real:** pode ser definido como o poder jurídico, direto e imediato, do titular sobre a coisa, com exclusividade e contra todos. Tem como elementos

---

5 *Curso*, cit., p. 7.

6 *Instituições*, cit., p. 13. *V.* ainda, no mesmo sentido, a lição de Inocêncio Galvão Telles, *Direito das obrigações*, p. 8-9.

essenciais: o sujeito ativo, a coisa e a relação ou poder do sujeito ativo sobre a coisa, chamado **domínio**.

- **Teoria unitária e teoria dualista:** a teoria **unitária realista** procura unificar os direitos reais e obrigacionais a partir do critério do **patrimônio**, considerando que o direito das coisas e o direito das obrigações fazem parte de uma realidade mais ampla, que seria o direito patrimonial. Entretanto, a diversidade de princípios que os orientam dificulta a sua unificação em um só sistema. Mostra-se, portanto, a doutrina denominada **dualista ou clássica** mais adequada à realidade. Partindo da concepção **dualista**, pode-se dizer que o **direito real** apresenta características próprias, que o distinguem dos direitos pessoais ou obrigacionais. Sua disciplina segue, dentre outros, os princípios:
- da aderência;
- do absolutismo;
- da publicidade;
- da taxatividade;
- da tipicidade;
- da perpetuidade;
- da exclusividade; e
- do desmembramento[7].

1.4.1. Principais distinções

Os direitos **obrigacionais** (*jus ad rem*) **diferem**, em linhas gerais, dos **reais** (*ius in re*):

a) quanto ao objeto, porque exigem o cumprimento de determinada prestação, ao passo que os direitos reais incidem sobre uma **coisa**;

b) quanto ao sujeito, porque o sujeito passivo é determinado ou determinável, enquanto, nos direitos reais, é **indeterminado** (são todas as pessoas do universo, que devem abster-se de molestar o titular);

c) quanto à duração, porque são transitórios e se extinguem pelo cumprimento ou por outros meios, enquanto os direitos reais são **perpétuos**, não se extinguindo pelo não uso, e sim nos casos expressos em lei (desapropriação, usucapião em favor de terceiro etc.);

d) quanto à formação, pois podem resultar da vontade das partes, sendo ilimitado o número de contratos inominados (*numerus apertus*), ao passo que os direitos reais só podem ser criados pela lei, sendo seu **número limitado** e regulado por esta (*numerus clausus*);

e) quanto ao exercício, porque exigem uma figura intermediária, que é o devedor, enquanto os direitos reais são exercidos **diretamente sobre a coisa**, sem necessidade da existência de um sujeito passivo; e

---

[7] Carlos Roberto Gonçalves, *Direito das coisas*, p. 2-5 (Coleção Sinopses Jurídicas, v. 3).

f) quanto à ação, que é dirigida somente contra quem figura na relação jurídica como sujeito passivo (ação pessoal), ao passo que a ação real pode ser exercida **contra quem quer que detenha a coisa**.

Em verdade, a despeito das diferenças apontadas, são muitos os **pontos de contato** entre os direitos obrigacionais e os direitos reais, que se **entrelaçam**. Algumas vezes, a obrigação tem por escopo justamente adquirir a propriedade ou outro direito real, como sucede na compra e venda. Em outras, os direitos reais atuam como acessórios dos direitos obrigacionais, visando conferir segurança a estes (caso das garantias reais de penhor e hipoteca, p. ex.). Outras vezes ainda, o direito obrigacional está vinculado a um direito real, como é o caso das obrigações *propter rem,* das obrigações com eficácia real e dos ônus reais, que constituem as figuras híbridas a serem estudadas no item seguinte[8].

1.4.2. Figuras híbridas

A doutrina menciona a existência de algumas figuras **híbridas** ou **intermédias**, que se situam entre o direito pessoal e o direito real. Híbrido é o que se origina do cruzamento ou mistura de espécies diferentes.

Essas figuras, que constituem, aparentemente, um misto de **obrigação** e de **direito real**, provocam certa perplexidade nos juristas, que chegam a dar-lhes, impropriamente, o nome de **obrigação real**. Outros preferem a expressão **obrigação mista**. Os jurisconsultos romanos as denominavam, com mais propriedade, *obligationes ob rem* ou *propter rem*. Os **ônus** *reais*, uma das figuras híbridas, têm mais afinidades com os direitos reais de garantia[9].

1.4.2.1. Espécies

As obrigações híbridas ou ambíguas são as seguintes:

a) as obrigações ***propter rem*** (também denominadas obrigações *in rem* ou *ob rem*);

b) os **ônus reais**; e

c) as obrigações com **eficácia real**.

1.4.2.2. Obrigações "propter rem"

1.4.2.2.1. Conceito

Obrigação ***propter rem*** é a que recai sobre uma pessoa, por força de determinado **direito real**. Só existe em razão da situação jurídica do obrigado, de titular do domínio ou de detentor de determinada coisa.

---

8 Sílvio de Salvo Venosa, *Direito civil*, cit., p. 28.

9 Antunes Varela, *Direito das obrigações*, v. I, p. 44-45; Silvio Rodrigues, *Direito civil*, cit., v. 2, p. 79; Maria Helena Diniz, *Curso*, cit., v. 2, p. 11.

É o que ocorre, por exemplo, com a obrigação imposta aos proprietários e inquilinos de um prédio de não prejudicarem a segurança, o sossego e a saúde dos vizinhos (CC, art. 1.277), decorrente da contiguidade dos dois prédios. Por se transferir a eventuais novos ocupantes do imóvel (*ambulat cum domino*), é também denominada **obrigação ambulatória**.

Embora o Código Civil não tenha isolado e disciplinado essa modalidade de obrigação, pode ela ser identificada em vários dispositivos esparsos e em diversas situações, por exemplo:

- na obrigação imposta ao condômino de concorrer para as despesas de conservação da coisa comum (art. 1.315);
- na do condômino, no condomínio em edificações, de não alterar a fachada do prédio (art. 1.336, III);
- na obrigação que tem o dono da coisa perdida de recompensar e indenizar o descobridor (art. 1.234);
- na dos donos de imóveis confinantes, de concorrerem para as despesas de construção e conservação de tapumes divisórios (art. 1.297, § 1º) ou de demarcação entre os prédios (art. 1.297);
- na obrigação de dar caução pelo dano iminente (dano infecto) quando o prédio vizinho estiver ameaçado de ruína (art. 1.280); e
- na obrigação de indenizar benfeitorias (art. 1.219)[10].

1.4.2.2.2. Distinção entre obrigações "propter rem" e obrigações comuns

As obrigações ***propter rem*** distinguem-se das obrigações **comuns** especialmente pelos **modos de transmissão**. Estas se transmitem por meio de negócios jurídicos, como cessão de crédito, sub-rogação, assunção de dívida, endosso e sucessão por morte, que atingem diretamente a relação creditória. Na obrigação real, todavia, a substituição do titular passivo opera-se por **via indireta**, com a aquisição do direito sobre a coisa a que o dever de prestar se encontra ligado. Assim, por exemplo, se alguém adquirir por usucapião uma quota do condomínio, é sobre o novo condômino que recai a obrigação de concorrer para as despesas de conservação da coisa.

Esse modo especial de substituição só vigora, no entanto, enquanto a obrigação real, continuando ligada a determinada coisa, não ganhar autonomia, como sucede na hipótese de o proprietário ter feito alguma obra em contravenção do direito de vizinhança e mais tarde transmitir o prédio a terceiro. Sobre este recairá a obrigação de não fazer obra dessa espécie, mas não a de reparar os danos causados pela efetuada por seu antecessor[11].

---

10 "*Despesas condominiais*. Pretendida imposição do encargo ao credor hipotecário. Inadmissibilidade. Obrigação *propter rem* que deve ser suportada pelo proprietário do imóvel" (*RT*, 797/311). "*Despesas condominiais*. Responsabilidade do proprietário da unidade autônoma pelas cotas em atraso, ainda que o imóvel esteja ocupado por terceiro" (*RT*, 799/321).

11 Antunes Varela, *Direito das obrigações*, cit., v. I, p. 46.

1.4.2.2.3. Características das obrigações "propter rem"

Caracterizam-se as obrigações *propter rem*:

- pela **origem**; e
- pela **transmissibilidade automática**.

Como preleciona Orlando Gomes, consideradas em sua **origem**, verifica-se que provêm da existência de um direito real, impondo-se a seu titular. Esse cordão umbilical jamais se rompe. Se o direito de que se origina é transmitido, a obrigação o segue, seja qual for o título translativo. A **transmissão ocorre automaticamente**, isto é, sem ser necessária a intenção específica do transmitente. Por sua vez, o adquirente do direito real não pode recusar-se a assumi-la[12].

Serpa Lopes, por sua vez, destaca, como **principal característica** da obrigação real, o fato de ser ela **ligada a um direito real, do qual decorre**. *Propter rem* quer dizer **"por causa da coisa"**, ainda que ela se origine da lei. Apesar dessa vinculação, a obrigação *propter rem* mantém a sua fisionomia autônoma, não se confundindo, de nenhum modo, com os vários direitos reais de que possa ser acessório[13].

1.4.2.2.4. Natureza jurídica

Divergem os autores com relação à **natureza jurídica** da obrigação *propter rem*. Enquanto Tito Fulgêncio a reduz a uma obrigação comum, outros, como Santiago Dantas e Serpa Lopes, destacam, como traço característico, sua vinculação a um direito real.

Na realidade, como entende a moderna doutrina, a obrigação *propter rem* situa-se em terreno fronteiriço entre os direitos reais e os pessoais. Configura um **direito misto**, constituindo um ***tertium genus***, por revelar a existência de direitos que não são puramente reais nem essencialmente obrigacionais[14]. Tem características de direito obrigacional, por recair sobre uma pessoa que fica adstrita a satisfazer uma prestação, e de direito real, pois vincula sempre o titular da coisa. Caio Mário da Silva Pereira a situa no plano de uma **obrigação acessória mista**, não a considerando nem uma *obligatio*, nem um *jus in re*[15].

1.4.2.3. Ônus reais

Ônus reais são obrigações que limitam o uso e gozo da propriedade, constituindo gravames ou direitos oponíveis *erga omnes*, como a renda constituída sobre imóvel. Aderem e acompanham a coisa. Por isso se diz que quem deve é esta, e não a pessoa.

---

12 *Obrigações*, cit., p. 26-27. *V.* a jurisprudência: "Obrigação *propter rem*. O adquirente do imóvel em sistema de condomínio responde pelos débitos da unidade requerida" (STJ, 3ª T., rel. Min. Waldemar Zveiter, *DJU*, 18.2.1991, p. 1.037).

13 *Curso*, cit., p. 57-58.

14 Silvio Rodrigues, *Direito civil*, cit., v. 2, p. 82; Maria Helena Diniz, *Curso*, cit., v. 2, p. 13.

15 *Instituições*, cit., v. II, p. 28-29.

Para que haja, efetivamente, um ônus real, e não um simples direito real de garantia (como a hipoteca ou o privilégio creditório especial), é essencial que o titular da coisa seja realmente **devedor**, sujeito passivo de uma obrigação, e não apenas proprietário ou possuidor de determinado bem cujo valor assegura o cumprimento de dívida alheia[16].

Embora controvertida a distinção entre ônus reais e obrigações *propter rem*, costumam os autores apontar as diferenças assim esquematizadas:

DIFERENÇAS ENTRE ÔNUS REAIS E OBRIGAÇÕES *PROPTER REM*	
▪ A responsabilidade pelo **ônus real** é limitada ao bem onerado, não respondendo o proprietário além dos limites do respectivo valor, pois é a coisa que se encontra gravada.	▪ Na **obrigação *propter rem***, responde o devedor com todos os seus bens, ilimitadamente, pois é este que se encontra vinculado.
▪ Os **ônus reais** desaparecem, perecendo o objeto.	▪ Os efeitos da **obrigação *propter rem*** podem permanecer, mesmo havendo perecimento da coisa.
▪ Os **ônus reais** implicam sempre uma prestação positiva.	▪ A **obrigação *propter rem*** pode surgir com uma prestação negativa.
▪ Nos **ônus reais**, a ação cabível é de natureza real (*in rem scripatae*).	▪ Nas obrigações ***propter rem***, é de índole pessoal.
▪ Nos **ônus reais**, o titular da coisa responde mesmo pelo cumprimento de obrigações constituídas antes da aquisição do seu direito.	▪ Nas **obrigações *propter rem***, o titular da coisa só responde, em princípio, pelos vínculos constituídos na vigência do seu direito.

▪ 1.4.2.4. *Obrigações com eficácia real*

Obrigações com **eficácia real** são as que, sem perder seu caráter de direito a uma prestação, transmitem-se e são oponíveis a terceiro que adquira direito sobre determinado bem. Certas obrigações resultantes de contratos alcançam, por força de lei, a dimensão de direito real.

Pode ser mencionada, como exemplo, a obrigação estabelecida no art. 576 do Código Civil, pelo qual a locação pode ser oposta ao adquirente da coisa locada se constar do registro. Também pode ser apontada, a título de exemplo de obrigação com eficácia real, a que resulta de compromisso de compra e venda, em favor do promitente comprador, quando não se pactua o arrependimento e o instrumento é registrado no Cartório de Registro de Imóveis, adquirindo este direito real à aquisição do imóvel e à sua adjudicação compulsória (CC, arts. 1.417 e 1.418).

▪ 1.5. POSIÇÃO DO DIREITO DAS OBRIGAÇÕES NO CÓDIGO CIVIL

O **Código Civil de 1916**, embora tenha sofrido influência do direito alemão, distribuía os livros da Parte Especial de forma diferente do BGB, colocando o Direito de Família logo após a Parte Geral, vindo a seguir o Direito das Coisas. **Só depois surgia o livro do Direito das Obrigações, antecedendo o do Direito das**

[16] Antunes Varela, *Direito das obrigações*, cit., v. I, p. 50.

Sucessões. Essa orientação refletia a situação do país à época de sua elaboração, caracterizada por uma sociedade agrária e conservadora, que conferia importância primordial ao "pai de família" e ao "proprietário", bem como o apego ao individualismo econômico e jurídico.

Tal estrutura era criticada por Orlando Gomes, para quem **o direito das obrigações** deveria ser estudado logo após a **Parte Geral**, precedendo, pois, ao direito das coisas, ao direito de família e ao direito das sucessões[17].

O **Código Civil de 2002**, atentando para o fato de que as relações jurídicas de natureza obrigacional podem ser estudadas independentemente do conhecimento das noções especiais pertinentes à família, à propriedade e à herança e que os princípios e a técnica do direito obrigacional influem em todos os campos do direito, alterou a ordem dos livros, adotando a sistemática alemã. Traz assim, **em primeiro lugar, após a Parte Geral, o livro do Direito das Obrigações**. Seguem-se, pela ordem, os livros do Direito de Empresa, do Direito das Coisas, do Direito de Família e do Direito das Sucessões.

■ 1.6. A UNIFICAÇÃO DO DIREITO OBRIGACIONAL

Desde o final do século XIX se observa uma tendência para **unificar o direito privado** e, assim, disciplinar conjunta e uniformemente o direito civil e o direito comercial.

Alguns países tiveram experiências satisfatórias com a unificação, como Suíça, Canadá, Itália e Polônia. Em verdade, não se justifica que um mesmo fenômeno jurídico, como a compra e venda e a prescrição, para citar apenas alguns, submeta-se a regras diferentes, de natureza civil e comercial. Além disso, as referidas experiências demonstraram que a uniformização deve abranger os princípios de aplicação comum a toda a matéria de direito privado, sem eliminar a específica à atividade mercantil, que prosseguiria constituindo objeto de especialização e autonomia.

Desse modo, a melhor solução não parece ser a **unificação do direito privado**, mas, sim, a do **direito obrigacional**. Seriam, assim, mantidos os institutos característicos do direito comercial, os quais, mesmo enquadrados no direito privado unitário, manteriam sua fisionomia própria, como têm características peculiares os princípios inerentes aos diversos ramos do direito civil, no direito de família, das sucessões, das obrigações ou das coisas[18].

Miguel Reale afirma que é preciso "corrigir, desde logo, um equívoco que consiste em dizer que tentamos estabelecer a unidade do direito privado. Esse não foi o objetivo visado. O que na realidade se fez foi consolidar e aperfeiçoar o que já estava sendo seguido no País, que era a **unidade do direito das obrigações**.

---

[17] *Obrigações*, cit., p. 5.

[18] Arnoldo Wald, *Curso de direito civil brasileiro*: introdução e parte geral, p. 15.

Como o Código Comercial de 1850 se tornara completamente superado, não havia mais questões comerciais resolvidas à luz do Código de Comércio, mas sim em função do Código Civil. Na prática jurisprudencial, essa unidade das obrigações já era um fato consagrado, o que se refletiu na ideia rejeitada de um Código só para reger as obrigações, consoante projeto elaborado por jurisconsultos da estatura de Orozimbo Nonato, Hahnemann Guimarães e Philadelpho Azevedo"[19].

Em realidade, **o novo Código Civil unificou as obrigações civis e mercantis**, ao trazer para o seu bojo a matéria constante da primeira parte do Código Comercial (CC, art. 2.045), procedendo, desse modo, a uma **unificação parcial do direito privado**.

1.7. RESUMO

INTRODUÇÃO AO DIREITO DAS OBRIGAÇÕES	
CONCEITO	■ O **direito das obrigações** consiste num complexo de normas que rege relações jurídicas de ordem patrimonial, que se estabelecem de pessoa a pessoa, colocando-as, uma em face da outra, como **credora** e **devedora**.
ÂMBITO	■ O ramo dos direitos patrimoniais, de valor econômico, divide-se em **reais** e **obrigacionais**. Os primeiros integram o direito das coisas. Já os obrigacionais, pessoais ou de crédito compõem o direito das obrigações.
CARACTERÍSTICAS PRINCIPAIS	■ Os direitos de crédito são **relativos**, uma vez que se dirigem contra pessoas determinadas, vinculando sujeito ativo e passivo, não sendo oponíveis *erga omnes*. ■ São direitos a uma **prestação positiva** ou **negativa**, pois exigem certo comportamento do devedor ao reconhecerem o direito do credor de reclamá-la.
DIREITOS PESSOAIS	■ **Distinguem-se dos reais:** a) quanto ao **objeto**, porque exigem o cumprimento de **determinada prestação**, ao passo que os direitos reais incidem sobre uma ***coisa***; b) quanto ao **sujeito**, porque o sujeito passivo é **determinado ou determinável**, enquanto, nos direitos reais, é **indeterminado** (todas as pessoas devem abster-se de molestar o titular); c) quanto à **duração**, porque são **transitórios** e se extinguem pelo cumprimento ou por outros meios, enquanto os direitos reais são **perpétuos** (não se extinguem pelo não uso, e, sim, nos casos expressos em lei); d) **quanto à** formação, pois podem resultar da vontade das partes, sendo ilimitado o número de contratos inominados (*numerus apertus*), ao passo que os direitos reais só podem ser criados pela lei, sendo seu número limitado e regulado por esta (*numerus clausus*); e) **quanto ao** exercício, porque exigem uma figura intermediária (**devedor**), enquanto os direitos reais são exercidos diretamente sobre a **coisa**; e f) **quanto à** ação, que é dirigida somente contra quem figura na relação jurídica como **sujeito passivo** (ação pessoal), ao passo que a ação real pode ser exercida contra **quem quer que detenha a coisa**.
FIGURAS HÍBRIDAS	■ Constituem um misto de **obrigação** e de **direito real** (*obligationes ob rem*): a) obrigações *propter rem*; b) ônus reais; c) obrigações com eficácia real.
OBRIGAÇÕES *PROPTER REM*	■ São as que recaem sobre uma pessoa, por força de determinado direito real. São também chamadas de **ambulatórias**, por se transferirem a eventuais novos titulares do direito real. Configuram um direito misto, constituindo um ***tertium genus***, por revelarem a existência de direitos que não são puramente reais nem essencialmente obrigacionais.

[19] *O Projeto*, cit., p. 5.

ÔNUS REAIS	São obrigações que limitam o uso e gozo da propriedade, constituindo gravames ou direitos oponíveis *erga omnes*, como a **renda constituída sobre imóvel**. Aderem e acompanham a coisa. Por isso se diz que quem deve é esta; e não a pessoa.
OBRIGAÇÕES COM EFICÁCIA REAL	São as que, sem perder seu caráter de direito a uma prestação, transmitem-se e são oponíveis a terceiro que adquira direito sobre determinado bem, *v.g.*, a obrigação estabelecida no art. 576 do CC, pelo qual a locação pode ser oposta ao adquirente da coisa locada se constar do registro.
POSIÇÃO NO CÓDIGO CIVIL	O CC/2002 traz, em primeiro lugar, após a Parte Geral — na qual se enunciam os direitos e deveres gerais da pessoa humana como tal e se estabelecem pressupostos gerais da vida civil —, o livro do **Direito das Obrigações**, uma vez que o estudo de vários institutos dos outros departamentos do Direito Civil depende do conhecimento de conceitos e construções teóricos do direito das obrigações.
UNIFICAÇÃO DO DIREITO OBRIGACIONAL	O CC/2002 unificou as obrigações civis e mercantis, trazendo para o seu bojo a matéria constante da primeira parte do Código Comercial (CC, art. 2.045), procedendo, desse modo, a uma **unificação parcial** do direito privado.

2

NOÇÕES GERAIS DE OBRIGAÇÃO

2.1. CONCEITO DE OBRIGAÇÃO

Obrigação é o **vínculo jurídico** que confere ao credor (sujeito ativo) o direito de exigir do devedor (sujeito passivo) o cumprimento de determinada **prestação**. Corresponde a uma relação de natureza pessoal, de crédito e débito, de caráter transitório (extingue-se pelo cumprimento), cujo objeto consiste numa prestação economicamente aferível.

Embora seja frequente, na linguagem jurídica, dar o nome de **crédito** ao lado ativo da relação e reservar o termo **obrigação** para designar apenas o seu lado **passivo**, a obrigação abrange a relação globalmente considerada, incluindo tanto o lado ativo (o *direito à prestação*) como o lado passivo (o *dever de prestar* correlativo)[1].

Em sentido técnico, a obrigação, como a correspondente *obligatio* da terminologia romana, exprime a relação jurídica pela qual uma pessoa (**devedor**) está adstrita à determinada prestação para com outra (**credor**), que tem direito de exigi-la, obrigando a primeira a satisfazê-la.

2.2. DIFERENÇAS ENTRE OBRIGAÇÃO, DEVER, ÔNUS, DIREITO POTESTATIVO E ESTADO DE SUJEIÇÃO

2.2.1. Obrigação

Como já mencionado, obrigação é o vínculo jurídico em virtude do qual uma pessoa pode exigir de outra **prestação economicamente apreciável**[2].

2.2.2. Dever jurídico

Segundo Francisco Amaral, "ao direito subjetivo contrapõe-se o **dever jurídico**, situação passiva que se caracteriza pela necessidade de o devedor observar certo comportamento (positivo ou negativo) compatível com o interesse do titular subjetivo. Nos direitos absolutos esse dever é geral, todas as pessoas devem observá-lo, como ocorre nos direitos reais e nos direitos de personalidade. Na propriedade, por exemplo, toda a coletividade está em situação de dever em relação ao titular desse

1 Antunes Varela, *Direito das obrigações*, v. 1, p. 58.

2 Caio Mário da Silva Pereira, *Instituições de direito civil*, v. II, p. 5.

direito. Todos os cidadãos devem não prejudicar o direito do proprietário de usar, gozar e dispor de seus bens, assim como todos têm de respeitar a vida e a integridade moral das demais pessoas. Nos direitos relativos, como nas obrigações, o dever é especial, competindo apenas à pessoa vinculada pela relação jurídica, como, por exemplo, o comprador e o locatário, em relação ao vendedor e ao locador. O dever jurídico é, portanto, a necessidade de se observar certo comportamento, positivo ou negativo, a que tem direito o titular do direito subjetivo"[3].

O **dever jurídico** é, portanto, a necessidade que tem toda pessoa de observar as **ordens ou comandos do ordenamento jurídico**, sob pena de incorrer numa sanção. Não se limita às relações obrigacionais, mas, sim, abrange as de natureza real, atinentes ao direito das coisas, bem como as dos demais ramos do direito, como o direito de família, o direito das sucessões e o direito de empresa.

2.2.3. Ônus jurídico

Incorreta, do ponto de vista técnico-jurídico, a afirmação de que o réu tem a obrigação de contestar ou de impugnar ou que o adquirente de imóvel tem a obrigação de registrar o título de aquisição. Há, na realidade, o **ônus** de contestar ou de impugnar (CPC, arts. 344 e 341), como existe o ônus de registrar. Consiste o **ônus jurídico** na necessidade de se observar determinada conduta para satisfação de um interesse. A necessidade de provar para vencer tem o nome de **ônus da prova**. Não se trata de um direito ou de uma obrigação, e, sim, de um ônus, uma vez que a parte, a quem incumbe fazer a prova do fato, suportará as consequências e prejuízos da sua falta e omissão.

Como percucientemente esclarece Francisco Amaral, "a diferença entre o dever e o ônus reside no fato de que no primeiro, o comportamento do agente é necessário para satisfazer interesse do titular do direito subjetivo, enquanto no caso do ônus o interesse é do próprio agente"[4].

2.2.4. Direito potestativo e estado de sujeição

Direito **potestativo** é o poder que a pessoa tem de influir na esfera jurídica de outrem, sem que este possa fazer algo que não se sujeitar. Consiste em um poder de produzir efeitos jurídicos mediante a declaração unilateral de vontade do titular, gerando em outra pessoa um **estado de sujeição**, como o do vizinho de prédio encravado, sujeito a permitir passagem sobre seu terreno quando lhe exigir o confinante[5].

2.3. ELEMENTOS CONSTITUTIVOS DA OBRIGAÇÃO

A obrigação se compõe dos **elementos** próprios das relações jurídicas em geral. Modernamente, consideram-se três os seus elementos essenciais:

---

3 *Direito civil*, p. 193-194.

4 *Direito civil*, cit., p. 194.

5 Goffredo da Silva Telles Júnior, Norma jurídica, in *Enciclopédia Saraiva do Direito*, v. 54, p. 384; Francisco Amaral, *Direito civil*, cit., p. 195.

■ o **subjetivo**, concernente aos **sujeitos** da relação jurídica (sujeito ativo ou credor e sujeito passivo ou devedor);
■ o **objetivo ou material**, atinente ao seu **objeto**, que se chama prestação; e
■ o **vínculo jurídico** ou elemento **imaterial** (abstrato ou espiritual).

Em resumo, pois, os elementos que integram a relação obrigacional são:

a) os **sujeitos**;
b) o **objeto**; e
c) o **vínculo** ou conteúdo da relação[6].

■ 2.3.1. Sujeitos da relação obrigacional (elemento subjetivo)

■ *2.3.1.1. Espécies*

O elemento **subjetivo** da obrigação ostenta a peculiaridade de ser duplo. Confira-se:

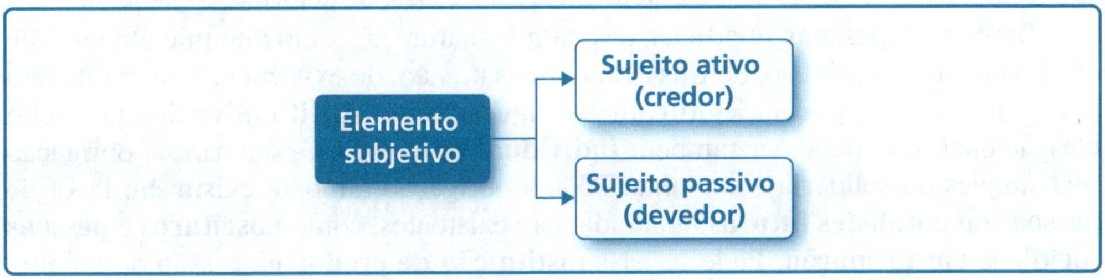

■ O **sujeito ativo** é o credor da obrigação, aquele em favor de quem o devedor prometeu determinada prestação. Tem ele, como titular daquela, o direito de exigir o cumprimento desta.
■ O **sujeito passivo** da relação obrigacional é o devedor, a pessoa sobre a qual recai o dever de cumprir a prestação convencionada.

Extingue-se a obrigação desde que na mesma pessoa se confundam as qualidades de credor e devedor (CC, art. 381).

■ *2.3.1.2. Quem pode ser sujeito da relação obrigacional*

Os sujeitos da obrigação, tanto o ativo como o passivo, podem ser **pessoa natural** ou **jurídica**, de qualquer natureza, bem como as **sociedades de fato**. Devem ser, contudo, **determinados** ou, ao menos, **determináveis**. Só não podem ser absolutamente indetermináveis.

Algumas vezes, o sujeito da obrigação, ativo ou passivo, não é desde logo determinado. No entanto, a fonte da obrigação deve fornecer os elementos ou dados neces-

---

6 Antunes Varela, *Direito das obrigações*, cit., v. I, p. 66.

sários para a sua determinação. Assim, por exemplo, no contrato de doação, o donatário pode não ser desde logo determinado, mas deverá ser determinável **no momento de seu cumprimento** (quando se oferece, p. ex., um troféu ao vencedor de um concurso ou ao melhor aluno de uma classe).

Ocorre a indeterminação inicial e posterior determinação do sujeito também quando o ganhador na loteria apresenta o bilhete premiado; quando se promete recompensa a quem encontrar determinado objeto ou animal de estimação; e quando a unidade condominial é alienada, passando o adquirente, como novo proprietário, a responder pelo pagamento das despesas condominiais, que têm natureza *propter rem*, dentre outras inúmeras hipóteses.

■ 2.3.1.3. *O sujeito ativo*

Qualquer pessoa, maior ou menor, capaz ou incapaz, casada ou solteira, tem qualidade para figurar no **polo ativo** da relação obrigacional, inexistindo, de um modo geral, restrição a esse respeito. Se não for capaz, será representada ou assistida por seu representante legal, dependendo ainda, em alguns casos, de autorização judicial.

Também as **pessoas jurídicas**, de qualquer natureza, como dito inicialmente, de direito público ou privado, de fins econômicos ou não, de existência legal ou de fato (CPC, art. 75, IX), podem legitimamente figurar como **sujeito ativo** de um direito obrigacional, que pode ser também **individual** ou **coletivo**, conforme a obrigação seja simples ou solidária e conjunta. Pode a obrigação também existir em favor de **pessoas ou entidades futuras** ou, ainda, não existentes, como **nascituros** e **pessoas jurídicas em formação**. Pode haver **substituição de credor** na cessão de crédito, sub-rogação, novação, estipulação em favor de terceiro etc.[7].

■ 2.3.1.4. *O sujeito passivo*

O devedor é o **sujeito passivo** da relação obrigacional, a pessoa sobre a qual recai o dever de cumprir a prestação convencionada. É dele que o credor tem o poder de exigir o adimplemento da prestação, destinada a satisfazer o seu interesse, por estar adstrito ao seu cumprimento.

Pode o devedor ser, também, **determinado** ou **determinável**, como acontece frequentemente nas obrigações *propter rem*. É **mutável** em várias situações e hipóteses, especialmente na novação subjetiva por substituição de devedor (CC, art. 360, II), por exemplo.

■ 2.3.2. Objeto da relação obrigacional (elemento objetivo)

■ 2.3.2.1. *Objeto imediato e objeto mediato da obrigação*

Objeto da obrigação é sempre uma **conduta** ou **ato humano:** dar, fazer ou não fazer (*dare, facere, praestare*, dos romanos). E se chama **prestação**, que pode ser

[7] Washington de Barros Monteiro, *Curso*, cit., v. 4, p. 12-15; Maria Helena Diniz, *Curso de direito civil brasileiro*, v. 2, p. 34-36.

positiva (dar e fazer) ou negativa (não fazer). Objeto da relação obrigacional é, pois, a **prestação debitória**. É a ação ou omissão a que o devedor fica adstrito e que o credor tem o direito de exigir[8].

Qualquer que seja a obrigação assumida pelo devedor, ela se subsumirá sempre a uma **prestação:**

a) de **dar**, que pode ser de dar **coisa certa** (CC, arts. 233 e s.) ou **incerta** (indeterminada quanto à qualidade: CC, art. 243) e consiste em **entregá-la** ou **restituí-la** (na compra e venda o vendedor se obriga a entregar a coisa, e o comprador, o preço; no comodato, o comodatário se obriga a restituir a coisa emprestada gratuitamente, sendo todas modalidades de obrigação de dar); ou

b) de **fazer**, que pode ser **infungível** ou **fungível** (CC, arts. 247 e 249) e de **emitir declaração de vontade** (CPC, art. 501); ou, ainda,

c) de **não fazer** (CC, arts. 250 e s.).

A **prestação** (dar, fazer e não fazer) é o **objeto imediato** (próximo, direto) da obrigação. Na compra e venda, como vimos, o vendedor se obriga a entregar, que é modalidade de obrigação de dar, a coisa alienada. A obrigação de entregar (de dar coisa certa) constitui o objeto imediato da aludida obrigação. Para saber qual o **objeto mediato** (distante, indireto) da obrigação, basta indagar: **dar, fazer ou não fazer o quê?** No citado exemplo da compra e venda, se o vendedor se obrigou a entregar um veículo, este será o objeto mediato da obrigação, podendo ser também chamado de **"objeto da prestação"**[9].

Objeto **mediato** ou **objeto da prestação** é, pois, na obrigação de dar, a própria coisa, e, na de fazer, a obra ou serviço encomendado (obrigação do empreiteiro e do transportador, p. ex.). Não se confunde, pois, o ato da prestação, a que o obrigado se encontra vinculado, com a coisa material sobre o qual aquele ato incide. Veja-se o seguinte resumo esquemático:

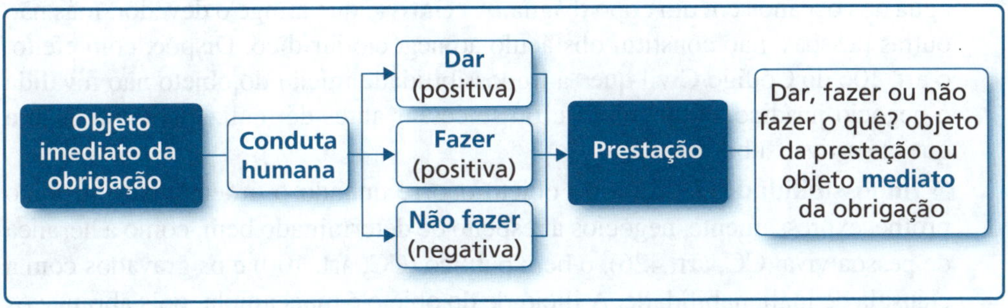

[8] Manoel Ignácio Carvalho de Mendonça, *Doutrina e prática das obrigações*, t. I, p. 90; Antunes Varela, *Direito das obrigações*, cit., v. 1, p. 70.

[9] Antunes Varela, *Direito das obrigações*, cit., v. I, p. 71; Álvaro Villaça Azevedo, *Teoria geral das obrigações*, p. 35.

2.3.2.2. Requisitos do objeto imediato (prestação) da obrigação

A prestação ou objeto imediato deve obedecer a certos requisitos para que a obrigação se constitua validamente. Assim, deve ser:

- lícito;
- possível;
- determinado ou determinável; e
- economicamente apreciável.

Como se verifica, tais requisitos não diferem dos exigidos para o objeto da relação jurídica em geral (CC, art. 104, II).

2.3.2.2.1. Objeto lícito

Objeto **lícito** é o que não atenta contra a lei, a moral ou os bons costumes. Quando o objeto jurídico da obrigação é imoral, os tribunais, por vezes, aplicam o princípio de direito de que ninguém pode valer-se da própria torpeza (*nemo auditur propriam turpitudinem allegans*). Ou, então, a parêmia *in pari causa turpitudinis cessat repetitio*, segundo a qual, se ambas as partes, no contrato, agiram com torpeza, não pode qualquer delas pedir devolução da importância que pagou[10].

2.3.2.2.2. Objeto possível

O objeto deve ser, também, **possível**. Quando impossível, o negócio é nulo. A impossibilidade do objeto pode ser **física** ou **jurídica**.

- **Impossibilidade física** é a que emana de leis físicas ou naturais. Configura-se sempre que a prestação avençada ultrapassa as forças humanas. Deve ser **real** (não se tratar de mera faculdade) e **absoluta**, isto é, alcançar a todos, indistintamente, como a lei que impede o cumprimento da obrigação de colocar toda a água dos oceanos em um copo d'água. A **relativa**, que atinge o devedor, mas não outras pessoas, não constitui obstáculo ao negócio jurídico. Dispõe, com efeito, o art. 106 do Código Civil que "a impossibilidade inicial do objeto não invalida o negócio jurídico se for relativa, ou se cessar antes de realizada a condição a que ele estiver subordinado".
- **Impossibilidade jurídica** do objeto ocorre quando o ordenamento jurídico proíbe, expressamente, negócios a respeito de determinado bem, como a herança de pessoa viva (CC, art. 426), o bem público (CC, art. 100) e os gravados com a cláusula de inalienabilidade. A ilicitude do objeto é mais ampla, pois abrange os contrários à moral e aos bons costumes.

[10] Silvio Rodrigues, *Direito civil*, v. 1, p. 174.

2.3.2.2.3. *Objeto determinado ou determinável*

O objeto da obrigação deve ser, igualmente, **determinado** ou **determinável** (indeterminado relativamente ou suscetível de determinação no momento da execução). Admite-se, assim, a venda de **coisa incerta**, indicada ao menos pelo gênero e pela quantidade (CC, art. 243), que será determinada pela escolha, bem como a **venda alternativa**, cuja indeterminação cessa com a concentração (CC, art. 252).

2.3.2.2.4. *Objeto economicamente apreciável*

O objeto da obrigação, como foi dito, deve ser, também, **economicamente apreciável**. Obrigações jurídicas, mas sem conteúdo patrimonial, como o dever de fidelidade entre os cônjuges e outros do direito de família, são excluídas do direito das obrigações. O **interesse** do credor pode ser apatrimonial, mas a **prestação** deve ser suscetível de avaliação em dinheiro. Assim, o interesse pode ser apenas afetivo ou moral, mas o **objeto da prestação** deve necessariamente ter um **conteúdo econômico** ou ser suscetível de uma avaliação patrimonial.

Na realidade, a **patrimonialidade** tem sido considerada da essência da prestação, mesmo quando corresponda a **interesse moral**. Nesse caso, deve a prestação ser suscetível de avaliação econômica, como no caso da indenização pelo fato da morte ou do sofrimento, em que avulta o caráter compensatório do ressarcimento. Inexistindo, porém, a referida economicidade, o juiz atribuirá, em caso de reparação de danos, um equivalente (patrimonialidade por via indireta, que justifica, pois, a indenizabilidade do dano moral)[11].

Nessa linha, decidiu o Superior Tribunal de Justiça, percucientemente: "O direito de ação por dano moral é de **natureza patrimonial** e, como tal, transmite-se aos sucessores da vítima"[12]. Em consequência, apesar de serem imprescritíveis a honra e outros direitos da personalidade, a pretensão à sua reparação, tendo caráter patrimonial, está sujeita aos prazos prescricionais estabelecidos em lei.

2.3.3. Vínculo jurídico da relação obrigacional (elemento abstrato)

Vínculo jurídico da relação obrigacional é o **liame** existente entre o sujeito ativo e o sujeito passivo e que confere ao primeiro o direito de exigir do segundo o cumprimento da prestação. Nasce das diversas fontes que serão estudadas no item seguinte, quais sejam, os contratos, as declarações unilaterais da vontade e os atos ilícitos.

O vínculo jurídico compõe-se de dois elementos: **débito** e **responsabilidade** (*V.*, a propósito, item 2.5 — Distinção entre obrigação e responsabilidade, *infra*).

---

11 Carlos Alberto Bittar, *Direito das obrigações*, p. 13.

12 *RSTJ*, 71/183.

- O primeiro **(débito)** é também chamado de vínculo **espiritual**, **abstrato** ou **imaterial**, devido ao comportamento que a lei sugere ao devedor, como um dever ínsito em sua consciência, no sentido de satisfazer pontualmente a obrigação, honrando seus compromissos. Une o devedor ao credor, exigindo, pois, que aquele cumpra pontualmente a obrigação.
- O segundo elemento **(responsabilidade)**, também denominado vínculo **material**, confere ao credor não satisfeito o direito de exigir judicialmente o cumprimento da obrigação, submetendo àquele os bens do devedor.

O **vínculo jurídico**, malgrado as dissensões existentes a esse respeito, pretendendo alguns doutrinadores a prevalência de um componente sobre o outro, abrange tanto o **poder conferido ao credor** de exigir a prestação como o correlativo **dever de prestar imposto ao devedor**, estabelecendo o liame entre um e outro[13].

Integram o vínculo obrigacional, em realidade, o **direito à prestação**, o **dever correlativo de prestar** e a **garantia**. Com efeito, a lei não se limita a impor um dever de prestar ao obrigado e a conferir ao credor o correspondente direito à prestação. Procura assegurar, em caso de necessidade, a **realização coativa** da prestação debitória. A lei fornece, assim, meios para o credor exigir judicialmente o cumprimento da obrigação quando o devedor não a cumpre voluntariamente, conferindo-lhe o poder de executar o patrimônio do inadimplente (CPC, arts. 789 e s.)[14].

2.4. FONTES DAS OBRIGAÇÕES

2.4.1. Introdução

O vocábulo **"fonte"** é empregado, em sentido comum, para indicar a nascente de onde brota uma corrente de água. No âmbito do direito, este tem o significado de causa ou origem dos institutos. É todo fato jurídico de onde brota o vínculo obrigacional. Fonte de obrigação constitui, assim, o ato ou fato que lhe dá origem, tendo em vista as regras do direito.

Pode-se dizer, desse modo, que constituem **fontes** das obrigações **os fatos jurídicos que dão origem aos vínculos obrigacionais**, em conformidade com as normas jurídicas, ou melhor, os fatos jurídicos que condicionam o aparecimento das obrigações[15].

2.4.2. Concepção moderna das fontes das obrigações

Estudos realizados pelos romanistas alemães culminaram por modificar o critério anteriormente aceito pela doutrina, levando ao abandono da distinção entre delitos

---

[13] Washington de Barros Monteiro, *Curso*, cit., v. 4, p. 23; Antunes Varela, *Direito das obrigações*, cit., t. I, p. 94.

[14] Antunes Varela, *Direito das obrigações*, cit., v. I, p. 102-103.

[15] Washington de Barros Monteiro, *Curso*, cit., v. 4, p. 33; Maria Helena Diniz, *Curso*, cit., v. 2, p. 43; Antunes Varela, *Direito das obrigações*, cit., v. 1, p. 113.

e quase delitos no direito privado. Os delitos (atos ilícitos dolosos) e os quase delitos (atos ilícitos culposos) do direito romano foram substituídos pela noção genérica de **atos ilícitos**.

Embora o Código Civil de 1916 não disciplinasse o assunto em dispositivo específico, considerava fontes de obrigações, que eram distribuídas por seus diversos livros, o **contrato**, a **declaração unilateral de vontade** e o **ato ilícito**. Em alguns casos, como na obrigação alimentar, na obrigação *propter rem* e na do empregador de indenizar os danos causados por seu empregado, a **lei** era a fonte direta.

O Código Civil de 2002 manteve o critério do diploma anterior ao não disciplinar as fontes das obrigações em dispositivo específico, deixando a cargo da doutrina e da jurisprudência o seu estudo. Todavia, reordenou a matéria, introduzindo vários contratos novos e regulamentando as seguintes declarações unilaterais da vontade, sob o título "Dos atos unilaterais": promessa de recompensa, gestão de negócios, pagamento indevido e enriquecimento sem causa (arts. 854 a 886), seguindo, nesse ponto, o modelo do Código Suíço das Obrigações. Disciplinou, também, os títulos de crédito em título próprio, abrangendo não apenas os títulos ao portador mas também os títulos à ordem e os títulos nominativos. Os atos ilícitos foram definidos nos arts. 186 e 187 e a sua consequência, qual seja, a obrigação de indenizar (responsabilidade civil), nos arts. 927 e s.

Não resta dúvida de que **a lei é a fonte primária ou imediata de todas as obrigações**. É preciso, no entanto, observar, como o fez Orlando Gomes, que "quando se indaga a fonte de uma obrigação procura-se conhecer o fato jurídico, ao qual a lei atribui o efeito de suscitá-la"[16]. Essa constatação impõe distinguir fonte **imediata** de fonte **mediata** das obrigações.

A lei, como se disse, é a fonte **imediata** de todas as obrigações. Algumas vezes, a obrigação dela emana **diretamente**, como no caso da obrigação **alimentar**, que o art. 1.696 do Código Civil impõe aos parentes. Outras vezes, resulta diretamente de uma declaração da vontade, bilateral (contrato) ou unilateral (promessa de recompensa etc.), ou de um ato ilícito. No entanto, tais fatos só geram obrigações **porque a lei assim dispõe** (CC, arts. 389, 854 e s., 186, 187 e 927). Nesses casos, a lei dá respaldo a esses atos ou fatos jurídicos para que possam gerar os efeitos obrigacionais. Atua ela, portanto, como fonte **mediata** da obrigação.

Pode-se, assim, resumidamente, dizer que a obrigação resulta da **vontade do Estado**, por intermédio **da lei**, ou da **vontade humana**, por meio do contrato, da declaração unilateral da vontade ou do ato ilícito. No primeiro caso, **a lei** atua como fonte **imediata**, direta, da obrigação; nos demais, como fonte **mediata** ou indireta. Ou, de forma esquematizada:

[16] *Obrigações*, p. 31.

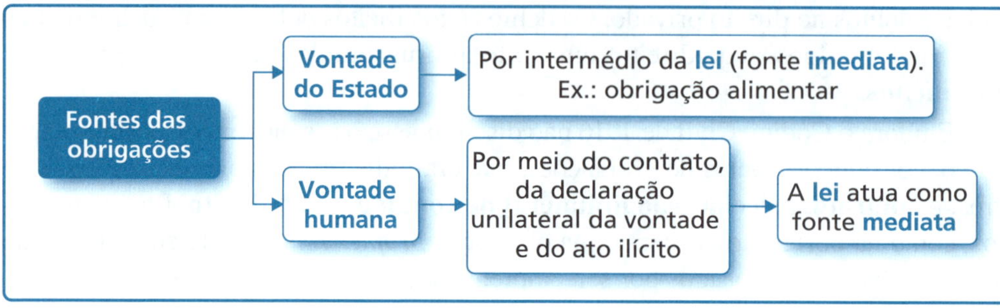

2.5. DISTINÇÃO ENTRE OBRIGAÇÃO E RESPONSABILIDADE

Contraída a obrigação, duas situações podem ocorrer: ou o devedor **cumpre** normalmente a prestação assumida — e, nesse caso, ela se **extingue**, por ter atingido o seu fim por um processo normal — ou se torna **inadimplente**. Nesse caso, a satisfação do interesse do credor se alcançará pela movimentação do Poder Judiciário, buscando-se no **patrimônio** do devedor o *quantum* necessário à composição do dano decorrente.

A possibilidade de ocorrerem as duas situações descritas — cumprimento normal da prestação ou inadimplemento — exige que se distingam os vocábulos **obrigação** e **responsabilidade**, que não são sinônimos e exprimem situações diversas.

- **Obrigação:** como vimos, a relação jurídica obrigacional resulta da vontade humana ou da vontade do Estado, por intermédio da lei, e deve ser cumprida espontânea e voluntariamente. Quando tal fato não acontece, surge a **responsabilidade**. Esta, portanto, não chega a despontar quando se dá o que normalmente acontece: o cumprimento da prestação. **Cumprida, a obrigação se extingue**. Não cumprida, **nasce a responsabilidade**, que tem como garantia o **patrimônio** geral do devedor.
- **Responsabilidade:** a **responsabilidade** é, assim, a consequência jurídica patrimonial do descumprimento da relação obrigacional. Pode-se, pois, afirmar que a relação obrigacional tem por fim precípuo a prestação devida e, secundariamente, a sujeição do patrimônio do devedor que não a satisfaz.

Arnoldo Wald[17], depois de dizer que o dever de prestar surge do débito e que a ação judicial sobre o patrimônio surge da responsabilidade ou garantia, lembra que a distinção entre obrigação e responsabilidade foi feita por Brinz, na Alemanha, que discriminou, na relação obrigacional, dois momentos distintos:

a) o do **débito** (*Schuld*), consistindo na obrigação de realizar a prestação e dependente de ação ou omissão do devedor; e

b) o da **responsabilidade** (*Haftung*), na qual se faculta ao credor atacar e executar o patrimônio do devedor a fim de obter o pagamento devido ou indenização

[17] *Curso*: obrigações, cit., p. 29.

pelos prejuízos causados em virtude do inadimplemento da obrigação originária na forma previamente estabelecida.

O ***Shuld***, portanto, consiste no dever legal, imposto ao devedor, de cumprir a obrigação. Uma vez cumprida, ela se extingue, não dando oportunidade a que surja a responsabilidade, isto é, o ***Haftung***. Esquematicamente, assim se delineia a situação:

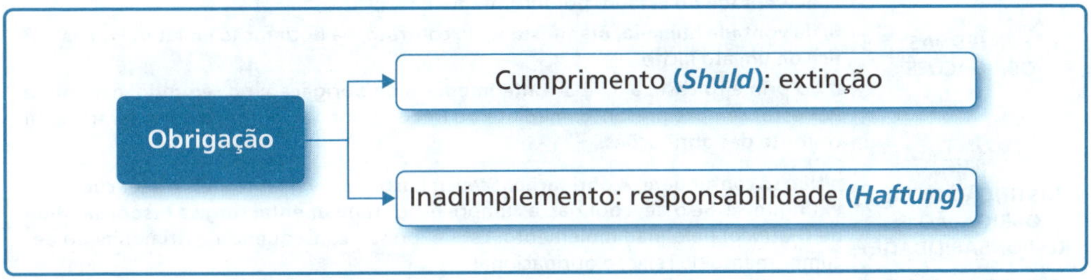

Caio Mário da Silva Pereira observa que, embora os dois elementos, *Schuld* e *Haftung*, coexistam na obrigação normalmente, o segundo (***Haftung***) habitualmente aparece no seu **inadimplemento:** deixando de cumpri-la o sujeito passivo, pode o credor valer-se do *princípio da responsabilidade*. Mas, se normalmente andam de parelha, "**às vezes podem estar separados**, como no caso da fiança, em que a *Haftung* é do fiador, enquanto o *debitum* é do afiançado"[18].

Também os autores alemães que se dedicaram ao estudo da matéria reconhecem, como assevera Arnoldo Wald[19], que, embora os dois conceitos — obrigação e responsabilidade — estejam normalmente ligados, nada impede que haja uma **obrigação sem responsabilidade ou uma responsabilidade sem obrigação**. Como exemplo do primeiro caso, costumam-se citar as **obrigações naturais**, que não são exigíveis judicialmente, mas que, uma vez pagas, não dão margem à repetição do indébito, como ocorre em relação às dívidas de jogo e aos débitos prescritos pagos após o decurso do prazo prescricional. Há, ao contrário, responsabilidade **sem obrigação** no caso de **fiança**, em que o fiador é responsável, sem ter dívida, surgindo o seu dever jurídico com o inadimplemento do afiançado em relação à obrigação originária por ele assumida.

2.6. RESUMO

NOÇÕES GERAIS DE OBRIGAÇÃO	
CONCEITO	**Obrigação** é o vínculo jurídico que confere ao credor (sujeito ativo) o direito de exigir do devedor (sujeito passivo) o cumprimento de determinada prestação. É o patrimônio do devedor que responde por suas obrigações.

18 *Instituições*, cit., v. II, p. 17-18.

19 *Curso*: obrigações, cit., p. 30.

ELEMENTOS CONSTITUTIVOS DA OBRIGAÇÃO	a) **subjetivo:** os sujeitos da obrigação podem ser pessoa natural ou jurídica, bem como sociedade de fato. Hão de ser determinados ou determináveis; b) **objetivo:** o objeto **imediato** da obrigação é sempre uma prestação de dar, fazer ou não fazer. O objeto **mediato** é o que se descobre indagando: dar ou fazer o quê? Há de ser lícito, possível, determinado ou determinável e economicamente apreciável; c) **vínculo jurídico:** sujeita o devedor a determinada prestação em favor do credor. Compõe-se de dois elementos: débito e responsabilidade. É também chamado de vínculo **espiritual** ou **abstrato**.
FONTES DAS OBRIGAÇÕES	■ A obrigação resulta: a) da **vontade do Estado**, por intermédio da lei; b) da **vontade humana**, manifestada no contrato, na declaração unilateral ou na prática de um ato ilícito. ■ No primeiro caso, **a lei é a fonte imediata** da obrigação; no segundo, a **mediata**. Por estar sempre presente, mediata ou imediatamente, alguns a consideram a única fonte das obrigações.
DISTINÇÃO ENTRE OBRIGAÇÃO E RESPONSABILIDADE	■ Não se confundem. A **obrigação** (*Schuld*) nasce de diversas fontes. Ao ser cumprida, extingue-se. Se o devedor não a cumpre espontaneamente, surge a **responsabilidade** (*Haftung*) pelo inadimplemento. Esta é, pois, a consequência patrimonial do descumprimento da relação obrigacional.
DISTINÇÕES CONCEITUAIS	■ **Obrigação:** é o vínculo jurídico em virtude do qual uma pessoa pode exigir de outra prestação economicamente apreciável. ■ **Dever jurídico:** é a necessidade que tem toda pessoa de observar as ordens ou comandos do ordenamento jurídico, sob pena de incorrer numa sanção. ■ **Ônus jurídico:** consiste na necessidade de se observar determinada conduta para satisfação de um interesse. ■ **Direito potestativo:** é o poder que a pessoa tem de influir na esfera jurídica de outrem, sem que este possa fazer algo que não se sujeitar. Consiste em um poder de produzir efeitos jurídicos mediante a declaração unilateral de vontade do titular, gerando em outra pessoa um **estado de sujeição**.

3

DAS MODALIDADES DAS OBRIGAÇÕES

3.1. INTRODUÇÃO

Modalidades é o mesmo que espécies. Várias são as modalidades ou espécies de obrigações. Podem elas ser classificadas em categorias, reguladas por normas específicas, segundo diferentes critérios. Essa classificação se mostra necessária para enquadrá-las na categoria adequada, encontrando aí os preceitos que lhes são aplicáveis.

3.2. NOÇÃO GERAL

3.2.1. Classificação quanto ao objeto

Tradicionalmente, desde o direito romano, as obrigações distinguem-se, basicamente, **quanto ao objeto**, em:

a) obrigações de **dar**;
b) obrigações de **fazer**; e
c) obrigações de **não fazer**.

É, portanto, uma classificação **objetiva**, porque considera a qualidade da **prestação**. Esta, como já foi dito, é o objeto imediato da obrigação.

As codificações seguiram rumos diversos quanto à abrangência geral das obrigações. O legislador brasileiro manteve-se fiel à técnica romana, dividindo-as, em função de seu objeto, em três grupos, conforme o esquema abaixo:

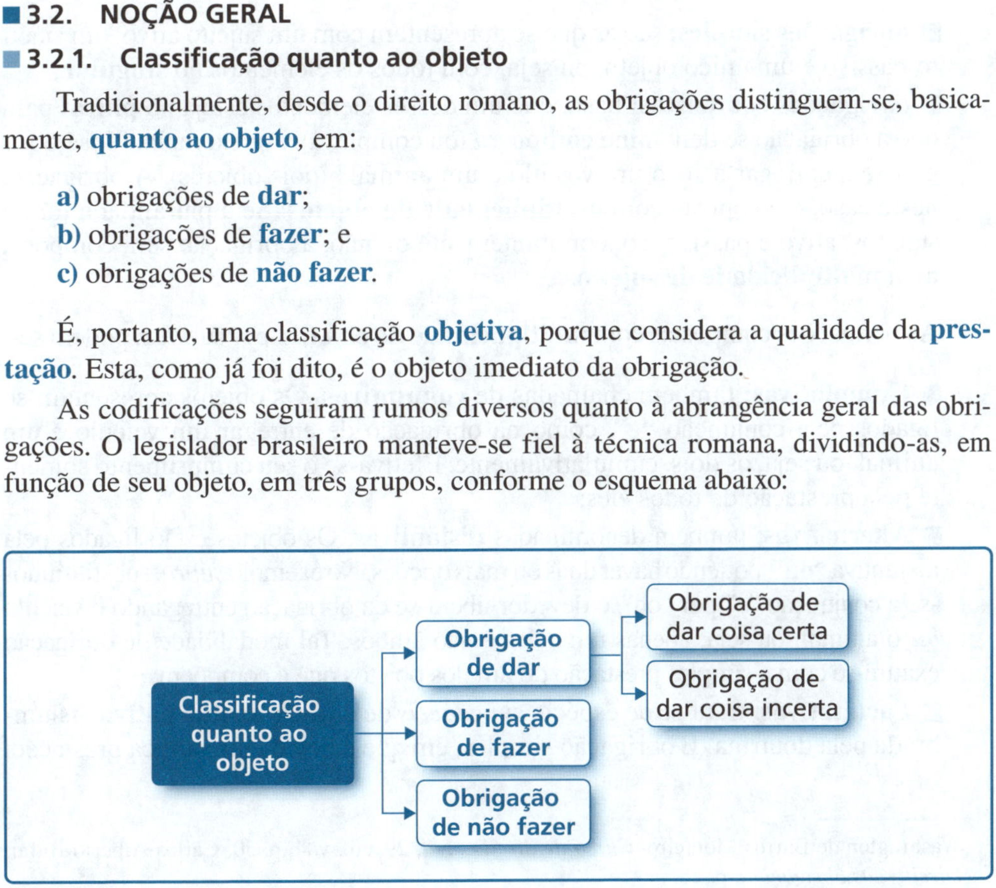

As obrigações de dar e de fazer são obrigações **positivas**, enquanto a de não fazer é obrigação **negativa**. Todas as obrigações que venham a se constituir na vida jurídica compreenderão sempre alguma dessas condutas, que resumem o objeto da prestação. Alguns Códigos modernos deixaram de lado a divisão tricotômica pelo fato de, em muitos casos, aparecerem mescladas ou integradas no mesmo negócio jurídico[1].

Diverso é o processo de execução de sentença, conforme se trate de execução para entrega de coisa certa (obrigação de dar), regida pelos arts. 806 a 810 do Código de Processo Civil, ou de execução das obrigações de fazer e de não fazer, reguladas pelos arts. 814 a 823 do mesmo diploma.

3.2.2. Classificação quanto aos seus elementos

Três são os **elementos constitutivos** da obrigação:

a) os **sujeitos** (ativo e passivo);

b) o **objeto**; e

c) o **vínculo jurídico** (*v.* item 2.3, *retro*).

Em relação a eles, dividem-se as obrigações em:

- **obrigações simples:** são as que se apresentam com um sujeito ativo, um sujeito passivo e um único objeto, ou seja, com todos os elementos no **singular**;
- **obrigações compostas:** basta que um desses elementos esteja no **plural** para que a obrigação se denomine **composta** (ou complexa). Por exemplo: "José obrigou-se a entregar a João um veículo e um animal" (dois objetos). A obrigação, neste caso, é composta com **multiplicidade de objetos**. Se a pluralidade for de sujeitos, ativo e passivo, concomitantemente ou não, a obrigação será composta com **multiplicidade de sujeitos**.

As obrigações compostas com **multiplicidade de objetos**, por sua vez, podem ser:

- **Cumulativas:** também chamadas de **conjuntivas**. Os objetos apresentam-se ligados pela conjunção **"e"**, como na obrigação de entregar um veículo ***e*** um animal, ou seja, os dois, cumulativamente. Efetiva-se o seu cumprimento somente pela prestação de todos eles;
- **Alternativas:** também denominadas **disjuntivas**. Os objetos estão ligados pela disjuntiva **"ou"**, podendo haver duas ou mais opções. No exemplo *supra*, substituindo-se a conjunção "e" por "ou", o devedor libera-se da obrigação entregando o veículo ***ou*** o animal, ou seja, apenas um deles e não ambos. Tal modalidade de obrigação exaure-se com a simples prestação de um dos objetos que a compõem;
- **Facultativas:** trata-se de espécie *sui generis* de obrigação **alternativa** vislumbrada pela doutrina. É obrigação simples, em que é devida uma única prestação,

---

1 Washington de Barros Monteiro, *Curso de direito civil*, 29. ed., v. 4, p. 50; Carlos Alberto Bittar, *Direito das obrigações*, p. 28.

ficando, porém, facultado ao devedor, e só a ele, exonerar-se mediante o cumprimento de prestação diversa e predeterminada. É obrigação com **faculdade de substituição**. O credor só pode exigir a prestação obrigatória (que se encontra *in obligatione*), mas o devedor se exonera cumprindo a prestação facultativa[2].

Embora a obrigação **facultativa** apresente semelhança com a obrigação **alternativa**, pode assim ser considerada somente quando observada pela ótica do devedor. Visualizada pelo prisma do credor, **é obrigação simples**, de um só objeto. Se este perece, sem culpa do devedor, resolve-se o vínculo obrigacional, não podendo aquele exigir a prestação acessória. A obrigação alternativa extingue-se somente com o perecimento de todos os objetos e será válida caso apenas uma das prestações esteja eivada de vício, permanecendo eficaz a outra. A obrigação facultativa restará totalmente inválida se houver defeito na obrigação principal, mesmo que não o haja na acessória.

As obrigações compostas com **multiplicidade de sujeitos** podem ser:

- **divisíveis:** aquelas em que o objeto da prestação pode ser dividido entre os sujeitos;
- **indivisíveis:** aquelas em que tal possibilidade inocorre (CC, art. 258);
- **solidárias:** a solidariedade independe da divisibilidade ou da indivisibilidade do objeto da prestação, porque resulta da **lei** ou da **vontade das partes** (CC, art. 265).

Todas as espécies mencionadas (divisíveis, indivisíveis e solidárias) podem ser:

a) ativas (vários credores); ou

b) passivas (vários devedores).

Confira o resumo esquemático abaixo:

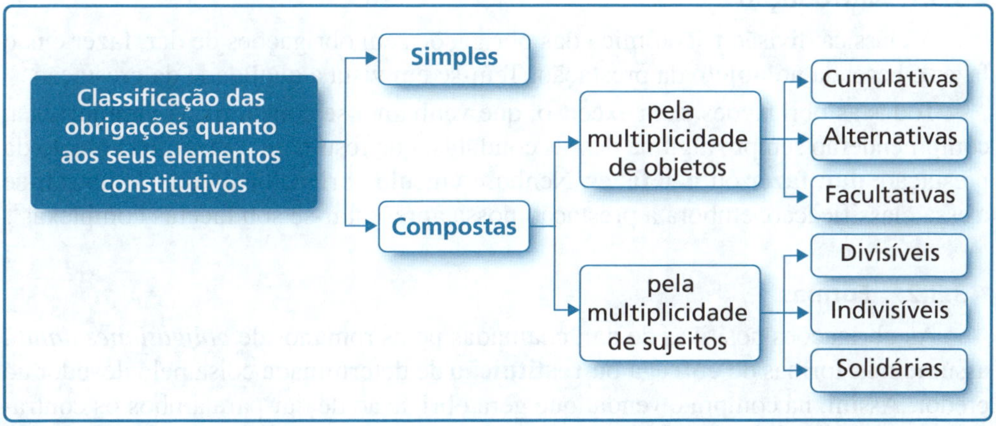

[2] Arnoldo Wald, *Curso de direito civil brasileiro*: obrigações e contratos, p. 51-52.

Só há interesse em saber se uma obrigação é divisível ou indivisível quando há **multiplicidade de credores ou de devedores**. Caso o vínculo obrigacional se estabeleça entre um só credor e um só devedor, não interessa saber se a prestação é divisível ou indivisível, porque o devedor deverá cumpri-la por inteiro. Por exemplo: "José obrigou-se a entregar a João duas sacas de café". Neste caso, o devedor somente se exonera mediante a entrega de todas as sacas. O mesmo acontece se o objeto for indivisível (um cavalo, p. ex.).

Mas se **dois forem os credores**, ou **dois os devedores**, as consequências serão diversas. Nas obrigações divisíveis, cada credor só tem direito à sua parte, podendo reclamá-la independentemente do outro. E **cada devedor responde exclusivamente pela sua quota**. Assim, se o objeto da prestação for, por exemplo, as duas sacas de café supramencionadas, o credor somente pode exigir de um dos devedores a entrega de uma delas. Caso queira as duas, deve exigi-las dos dois devedores (CC, art. 257). Nas obrigações indivisíveis, cada devedor só deve, também, a sua quota-parte. Mas, em razão da indivisibilidade física do objeto (um cavalo, p. ex.), a prestação deve ser cumprida por inteiro. Se dois são os credores, um só pode exigir a entrega do animal, **mas somente por ser indivisível**, devendo prestar contas ao outro credor (CC, arts. 259 e 261).

A **solidariedade**, contudo, como já dito, independe da divisibilidade ou da indivisibilidade do objeto da prestação, porque resulta da lei ou da vontade das partes (CC, art. 265). Pode ser, também, ativa ou passiva. Se existirem vários devedores solidários passivos, **cada um deles responde, perante o credor, pela dívida inteira**. Havendo cláusula contratual dispondo que a obrigação assumida por dois devedores, de entregar duas sacas de café, é solidária, o credor pode exigi-las de apenas um deles. O devedor que cumprir sozinho a prestação pode cobrar, regressivamente, a quota-parte de cada um dos codevedores (CC, art. 283).

■ 3.3. DAS OBRIGAÇÕES DE DAR

■ 3.3.1. Introdução

A clássica divisão tricotômica das obrigações em obrigações de dar, fazer e não fazer é baseada no **objeto** da prestação. Tem-se em vista a qualidade da prestação.

Todas as obrigações, sem exceção, que venham a se constituir na vida jurídica, compreenderão sempre alguma dessas condutas, que resumem o invariável objeto da prestação: **dar**, **fazer** ou **não fazer**. Nenhum vínculo obrigacional poderá subtrair-se a essa classificação, embora a prestação possa apresentar-se sob facetas complexas[3].

■ 3.3.2. Formas

As obrigações positivas de dar, chamadas pelos romanos de *obligationes dandi*, assumem as formas de **entrega** ou **restituição** de determinada coisa pelo devedor ao credor. Assim, na compra e venda, que gera obrigação de dar para ambos os contra-

3 Washington de Barros Monteiro, *Curso de direito civil*, 29. ed., v. 4, p. 50.

tantes, a do vendedor é cumprida mediante **entrega** da coisa vendida, e a do comprador, com a entrega do preço. No comodato, a obrigação de dar assumida pelo comodatário é cumprida mediante **restituição** da coisa emprestada gratuitamente.

Os atos de entregar ou restituir podem ser resumidos numa única palavra: **tradição**. Segundo Rubens Limongi França, obrigação de dar é "aquela em virtude da qual o devedor fica jungido a promover, em benefício do credor, a tradição da coisa (móvel ou imóvel), já com o fim de outorgar um novo direito, já com o de restituir a mesma ao seu dono"[4].

A obrigação de dar é obrigação de **prestação de coisa**, que pode ser determinada ou indeterminada. O Código Civil a disciplina sob os títulos de "obrigações de **dar coisa certa**" (arts. 233 a 242) e "obrigações de **dar coisa incerta**" (arts. 243 a 246).

A palavra **"dar"**, no direito de crédito, tem um sentido geral, exprimindo a obrigação de transferir não somente a propriedade como também a posse. Tal expressão constitui o perfeito antagonismo das obrigações de **dar** com as de **fazer** e **não fazer**[5].

A obrigação de **dar** consiste, assim, quer em transmitir a propriedade ou outro direito real, quer na simples entrega de uma coisa em posse, em uso ou à guarda. Implica ela a obrigação de conservar a coisa até a entrega e a responsabilidade do devedor por qualquer risco ou perigo desde que esteja em mora quanto à entrega ou, mesmo antes dela, se a coisa estava a risco ou responsabilidade do credor[6].

Confira-se o esquema:

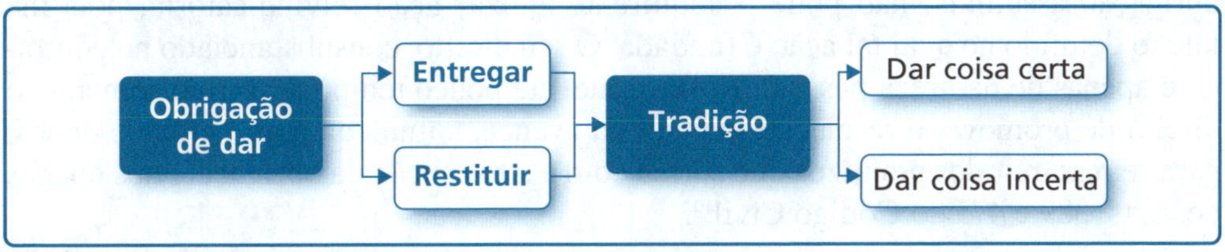

■ 3.3.3. Das obrigações de dar coisa certa

■ *3.3.3.1. Noção e conteúdo*

Coisa certa é coisa **individualizada**, que se distingue das demais por características próprias, móvel ou imóvel. A venda de determinado automóvel, por exemplo, é negócio que gera obrigação de dar coisa certa, pois um veículo distingue-se de outros pelo número do chassi, do motor, da placa etc. A **coisa certa** a que se refere o Código Civil é, pois, a **determinada**, perfeitamente individualizada, a *species* ou corpo certo dos romanos, isto é, tudo aquilo que é determinado de modo a poder ser distinguido de qualquer outra coisa[7].

---

4 *Manual de direito civil*: doutrina geral dos direitos obrigacionais, v. 4, t. 1, p. 60.

5 Manoel Ignácio Carvalho de Mendonça, *Doutrina e prática das obrigações*, t. I, p. 165.

6 Roberto de Ruggiero, *Instituições de direito civil*, v. III, p. 24-25.

7 Tito Fulgêncio, *Do direito das obrigações*, p. 39.

Nessa modalidade de obrigação, o devedor se compromete a entregar ou a restituir ao credor um objeto perfeitamente determinado, que se considera em sua **individualidade**, como certo quadro de um pintor célebre ou o imóvel localizado em determinada rua e número.

Na obrigação de **dar coisa incerta**, ao contrário, o objeto não é considerado em sua individualidade, mas no **gênero** a que pertence. Em vez de se considerar a coisa em si, ela é considerada genericamente[8]. Por exemplo: dez sacas de café, sem especificação da qualidade. Determinaram-se, *in casu*, apenas o gênero e a quantidade, faltando determinar a qualidade para que a referida obrigação se convole em obrigação de dar coisa certa e possa ser cumprida (CC, art. 245).

Constituem **prestações de coisa** as obrigações do vendedor e do comprador, do locador e do locatário, do doador, do comodatário, do depositário, do mutuário etc.[9].

A obrigação de dar coisa certa confere ao credor simples **direito pessoal** (*jus ad rem*), e não real (*jus in re*). O contrato de compra e venda, por exemplo, tem natureza obrigacional. O vendedor apenas se obriga a transferir o domínio da coisa certa ao adquirente, e este, a pagar o preço. A transferência do domínio depende de outro ato: a **tradição**, para os móveis (CC, arts. 1.226 e 1.267), e o **registro**, que é uma tradição solene, para os imóveis (arts. 1.227 e 1.245). Filiou-se o nosso Código, nesse particular, aos sistemas alemão e romano. O sistema francês, diferentemente, atribui **caráter real** ao contrato: este, por si, transfere o domínio da coisa ao comprador.

Em tais condições, se o alienante deixar de entregar a coisa, descumprindo a obrigação assumida, não pode o adquirente ajuizar ação reivindicatória, pois lhe falta o domínio no qual tal ação é fundada. O seu direito, consubstanciado no contrato, é apenas de natureza pessoal. Restava-lhe, até pouco tempo atrás, tão somente, o direito de promover a resolução judicial da avença, cumulada com perdas e danos, para se ressarcir dos prejuízos que sofreu com a inexecução da obrigação, nos termos dos arts. 389 e 475 do Código Civil[10].

A minirreforma por que passou, em 1994, o Código de Processo Civil de 1973 instituiu novo modo de promover a **execução das obrigações de fazer ou de não fazer**, autorizando o juiz a impor medidas destinadas a persuadir o devedor renitente a cumpri-las. Posteriormente, sentiu-se a necessidade de estender as novas técnicas às de **entregar coisa**, que também são obrigações específicas. Daí o advento do **art. 461-A do mencionado Código de Processo Civil de 1973**, com a redação da Lei n. 10.444, de 7 de maio de 2002, pelo qual a execução das obrigações de entregar coisa certa ou determinada pelo gênero e quantidade se subordina ao regime dos parágrafos do art. 461.

Desse modo, segundo a lição de Cândido Rangel Dinamarco, passou a ser permitido ao credor **perseguir a coisa devida**, sobre a qual se desencadearão as medidas

---

8 Silvio Rodrigues, *Direito civil*, v. 2, p. 20.

9 J. M. Antunes Varela, *Direito das obrigações*, v. 1, p. 74.

10 Washington de Barros Monteiro, *Curso de direito civil*, 29. ed., v. 4, p. 57; Álvaro Villaça Azevedo, *Teoria geral das obrigações*, p. 57.

cabíveis "para a plena efetividade da força obrigatória dos contratos (*pacta sunt servanda*) ou da própria lei"[11]. Perdeu efetividade, portanto, a **Súmula 500** do Supremo Tribunal Federal, que tinha a seguinte redação: "Não cabe a ação cominatória para compelir-se o réu a cumprir obrigação de dar".

O **Código de Defesa do Consumidor** (Lei n. 8.078, de 11.9.1990) já havia promovido esse avanço ao dispor, no art. 83: "Para a defesa dos direitos e interesses protegidos por este Código são admissíveis todas as espécies de ações capazes de propiciar sua adequada e efetiva tutela".

O referido sistema foi mantido no novo Código de Processo Civil, em que o assunto é tratado, entre outros, nos seguintes dispositivos:

> "Art. 498. Na ação que tenha por objeto a entrega de coisa, o juiz, ao conceder a tutela específica, fixará o prazo para o cumprimento da obrigação."
>
> "Art. 499. A obrigação somente será convertida em perdas e danos se o autor o requerer ou se impossível a tutela específica ou a obtenção de tutela pelo resultado prático equivalente."
>
> "Art. 538. Não cumprida a obrigação de entregar coisa no prazo estabelecido na sentença, será expedido mandado de busca e apreensão ou de imissão na posse em favor do credor, conforme se tratar de coisa móvel ou imóvel. (...)
>
> § 3º Aplicam-se ao procedimento previsto neste artigo, no que couber, as disposições sobre o cumprimento de obrigação de fazer ou de não fazer."

Todavia, não será possível o ajuizamento, pelo credor, de ação fundada em direito pessoal ou obrigacional (*jus ad rem*) se o alienante, que assumira a obrigação de efetuar a entrega, não a cumpre e, antes da propositura da referida ação, aliena o mesmo bem, posteriormente, a terceiro. Nesse caso, não tem o primeiro adquirente o direito de reivindicá-la de terceiro, porque o seu direito pessoal não é oponível *erga omnes*, mas tão somente o de reclamar **perdas e danos**.

Quando a prestação da coisa não se destina a transferir o seu domínio ou a constituir qualquer outro direito (real) sobre ela, e sim a proporcionar o uso, fruição ou posse direta da coisa a que o credor tem direito, como na obrigação de **restituir** imposta ao comodatário e ao depositário, pode aquele, como proprietário ou possuidor, requerer a realização coativa da prestação mediante **reintegração de posse** ou **busca e apreensão**[12].

3.3.3.2. *Impossibilidade de entrega de coisa diversa, ainda que mais valiosa*

Na obrigação de dar coisa certa, o devedor é obrigado a entregar ou restituir uma **coisa inconfundível** com outra. Se o *solvens* está assim adstrito a cumpri-la exatamente do modo estipulado, e não outro, como o exigem a lealdade e a confiança recíproca, a consequência fatal é a de que o devedor da coisa certa não pode dar outra, **ainda que mais valiosa**, nem o credor é obrigado a recebê-la[13].

---

11 *A reforma da reforma*, p. 246-247.

12 Antunes Varela, *Direito das obrigações*, cit., v. I, p. 76.

13 Tito Fulgêncio, *Do direito*, cit., p. 39.

Dispõe, com efeito, o art. 313 do Código Civil:

"O credor não é obrigado a receber prestação diversa da que lhe é devida, ainda que mais valiosa."

A entrega de coisa diversa da prometida importa modificação da obrigação, denominada **novação objetiva**, que só pode ocorrer havendo consentimento de ambas as partes. Do mesmo modo, a modalidade do pagamento não pode ser alterada sem o consentimento destas[14]. Em contrapartida, o **credor de coisa certa** não pode pretender receber outra ainda de valor igual ou menor que a devida, e possivelmente preferida por ele, pois a convenção é lei entre as partes. A recíproca, portanto, é verdadeira: o credor também não pode exigir coisa diferente, **ainda que menos valiosa**.

É inaplicável, todavia, a regra em estudo na **obrigação facultativa**, na qual o devedor se reserva o direito de pagar coisa diversa da que constitui diretamente o objeto da obrigação. Pode, ainda, haver concordância do credor em receber uma coisa por outra. **A dação em pagamento** (entrega de um objeto como pagamento de dívida em dinheiro), por exemplo, depende do expresso consentimento do credor (CC, art. 356).

O retrotranscrito art. 313 do Código Civil afasta a possibilidade de **compensação** nos casos de comodato e depósito (CC, art. 373, II), porque o credor tem direito à restituição da própria coisa emprestada ou depositada, bem como impede que o devedor se desobrigue por partes, se assim não convencionado.

■ 3.3.3.3. *Tradição como transferência dominial*

No direito brasileiro, o contrato, por si só, não basta para a transferência do domínio. Por ele criam-se apenas obrigações e direitos. Dispõe, com efeito, o art. 481 do Código Civil que, pelo contrato de compra e venda, "um dos contratantes se obriga a transferir o domínio de certa coisa, e, o outro, a pagar-lhe certo preço em dinheiro".

O domínio só se adquire pela **tradição**, se for coisa móvel, e pelo **registro** do título (tradição solene), se for imóvel. Efetivamente, preceitua o art. 1.226 do Código Civil que os direitos reais sobre coisas *móveis,* quando constituídos ou transmitidos por atos entre vivos, "só se adquirem com a tradição". Aduz o art. 1.227 do mesmo diploma que os direitos reais sobre *imóveis* constituídos ou transmitidos por atos entre vivos "só se adquirem com o registro no Cartório de Registro de Imóveis dos referidos títulos (arts. 1.245 a 1.247), salvo os casos expressos neste Código".

Desse modo, enquanto o contrato que institui uma hipoteca ou uma servidão ou contém promessa de transferência do domínio de imóvel não estiver registrado no Cartório de Registro de Imóveis, existirá entre as partes apenas um vínculo obrigacional. O direito real, com todas as suas características, somente surgirá após aquele registro. **A obrigação de dar gera apenas um crédito**, e não direito real. Por si só, ela não transfere o domínio, adquirido só e só pela tradição; com a sua execução pelo devedor, exclusivamente, o credor se converte num proprietário[15].

---

14 Arnoldo Wald, *Curso de direito civil brasileiro*: obrigações e contratos, p. 40.

15 Washington de Barros Monteiro, *Curso*, cit., v. 4, p. 57.

Observe-se que tanto a tradição como o registro no Cartório de Registro de Imóveis não constituem novos negócios bilaterais, sequer são considerados atos abstratos, como sucede no direito alemão. Enquanto neste a nulidade ou anulação do negócio fundamental de transmissão não afeta a eficácia translativa da tradição ou do registro, que funcionam como atos jurídicos abstratos, solução contrária se encontra consagrada no § 2º do art. 1.268 do Código Civil brasileiro: "Não transfere a propriedade a tradição, quando tiver por título um negócio jurídico nulo"[16].

Advirta-se que a tradição, no caso das coisas móveis, depende ainda, como ato jurídico do obrigado, para transferir o domínio, da **vontade** deste. Só é modo de adquirir domínio quando acompanhada da referida intenção — o que não ocorre no comodato, no depósito, no penhor, na locação etc.

Acrescente-se que a **tradição**, que pressupõe um acordo de vontades, um negócio jurídico de alienação, quer a título gratuito, como na doação, quer a título oneroso, como na compra e venda, pode ser:

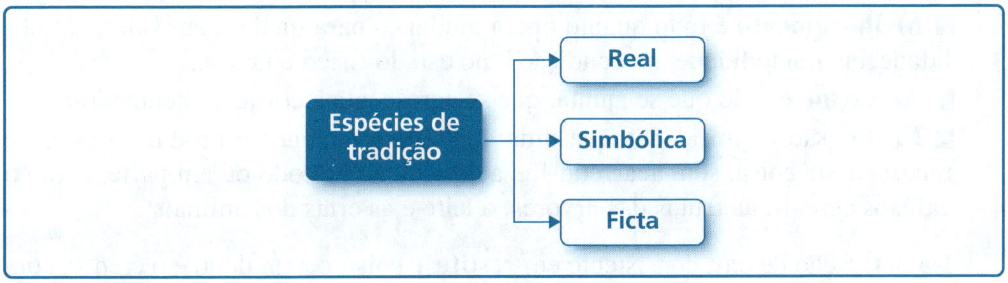

A tradição é:

- **Real**, quando envolve a entrega efetiva e material da coisa.
- **Simbólica**, quando representada por ato que traduz a alienação, como a entrega das chaves do veículo vendido.
- **Ficta**, no caso do constituto possessório (cláusula *constituti*). Ocorre, por exemplo, quando o vendedor, transferindo a outrem o domínio da coisa, conserva-a, todavia, em seu poder, mas agora na qualidade de locatário.

A referida cláusula *constituti* **não se presume**. Deve constar expressamente do ato ou resultar de estipulação que a pressuponha[17].

3.3.3.4. *Direito aos melhoramentos e acrescidos*

Cumpre-se a obrigação de dar coisa certa mediante **entrega** (como na compra e venda) ou **restituição** (como no comodato). Conforme já dito, esses dois atos podem ser resumidos em uma palavra: **tradição**.

[16] Antunes Varela, *Direito das obrigações*, cit., v. I, p. 78.

[17] Washington de Barros Monteiro, *Curso*, cit., v. 3, p. 37.

3.3.3.4.1. *Espécies de acréscimos*

Como no direito brasileiro o contrato, por si só, não transfere o domínio, visto que apenas gera a obrigação de entregar a coisa alienada, enquanto não ocorrer a tradição na **obrigação de entregar**, a coisa continuará pertencendo ao devedor, "com os seus melhoramentos e acrescidos, pelos quais poderá exigir aumento no preço; se o credor não anuir, poderá o devedor resolver a obrigação" (CC, art. 237). Assim, por exemplo, se o objeto da obrigação for um animal e este der cria, o devedor não poderá ser constrangido a entregá-la. Pelo **acréscimo**, tem o direito de exigir **aumento do preço**, se o animal não foi adquirido juntamente com a futura cria.

Também os frutos percebidos são do devedor, cabendo ao credor os pendentes (CC, art. 237, parágrafo único). O devedor faz seus os **frutos percebidos** até a tradição porque ainda é proprietário da coisa. A percepção dos frutos foi exercício de um poder do domínio. Os frutos **pendentes**, ao contrário, passam com a coisa ao credor, porque a integram até serem dela separados.

- **Melhoramento** é tudo quanto opera mudança para melhor, em valor, em utilidade, em comodidade, na condição e no estado físico da coisa.
- **Acrescido** é tudo que se ajunta, que se acrescenta à coisa, aumentando-a.
- **Frutos** são as utilidades que uma coisa periodicamente produz. Nascem e renascem da coisa, sem acarretar-lhe a destruição no todo ou em parte, como o café, os cereais, as frutas das árvores, o leite e as crias dos animais[18].

Na obrigação de dar, consistente em **restituir coisa certa**, dono é o credor, com direito à devolução, como sucede no comodato e no depósito. Nessa modalidade, inversamente, se a coisa teve melhoramento ou acréscimo, "sem despesa ou trabalho do devedor, lucrará o credor, desobrigado de indenização" (CC, art. 241). É a hipótese, *verbi gratia*, do art. 1.435, IV, do estatuto civil, pelo qual o **credor pignoratício** é obrigado a restituir a coisa, "com os respectivos frutos e acessões, uma vez paga a dívida", bem como do art. 629, segundo o qual o **depositário** é obrigado a restituir a coisa "com todos os frutos e acrescidos, quando o exija o depositante".

Todavia, se para o melhoramento ou aumento "empregou o devedor trabalho ou dispêndio, o caso se regulará pelas normas deste Código atinentes às benfeitorias realizadas pelo possuidor de boa-fé ou de má-fé" (CC, art. 242). Determina assim o Código, neste caso, que se apliquem as regras concernentes aos **efeitos da posse** quanto às **benfeitorias** realizadas, equiparando a estas o melhoramento ou acréscimo oriundo de trabalho ou dispêndio do devedor.

3.3.3.4.2. *Hipóteses de boa e de má-fé do devedor*

No capítulo correspondente aos efeitos da posse, o legislador distingue as hipóteses de boa e de má-fé do devedor. Desse modo, levando-se em conta os dizeres do

---

[18] Tito Fulgêncio, *Do direito*, cit., p. 87; Carlos Roberto Gonçalves, *Direito civil*: parte geral, p. 92 (Coleção Sinopses Jurídicas, v. 1).

art. 1.216 do Código Civil, estando o devedor de **boa-fé**, tem direito à indenização dos melhoramentos ou aumentos **necessários** e **úteis**; quanto aos **voluptuários**, se não for pago do respectivo valor, este pode levantá-los (*jus tollendi*), quando o puder, sem detrimento da coisa e caso o credor não prefira ficar com eles, indenizando o seu valor. O objetivo é evitar o locupletamento sem causa do proprietário pelos melhoramentos então realizados.

Se necessário, poderá o devedor exercer o **direito de retenção** da coisa pelo valor dos melhoramentos e aumentos necessários e úteis, como meio coercitivo de pagamento. O conceito de benfeitorias necessárias, úteis e voluptuárias encontra-se no art. 96 do Código Civil. E os embargos de retenção por benfeitorias são disciplinados no art. 917, IV, §§ 5º e 6º, do Código de Processo Civil.

Se o devedor estava de **má-fé**, ser-lhe-ão ressarcidos somente os melhoramentos **necessários**, não lhe assistindo o direito de retenção pela importância destes, nem o de levantar os voluptuários, porque obrou com a consciência de que praticava um ato ilícito. Faz jus à indenização dos melhoramentos necessários porque, caso contrário, o credor experimentaria um enriquecimento indevido.

■ *3.3.3.5. Abrangência dos acessórios*

Quanto à **extensão**, prescreve o art. 233 do Código Civil:

> "A obrigação de dar coisa certa abrange os acessórios dela embora não mencionados, salvo se o contrário resultar do título ou das circunstâncias do caso."

É uma decorrência do princípio geral de direito, universalmente aplicado, segundo o qual **o acessório segue o destino do principal** (*accessorium sequitur suum principale*).

- **Principal** é o bem que tem existência própria, que existe por si só.
- **Acessório** é aquele cuja existência depende do principal.

Nada obsta a que se convencione o contrário. No silêncio do contrato quanto a esse aspecto, a venda de um terreno com árvores frutíferas inclui os frutos pendentes; a alienação de um imóvel inclui, como acessórios, os melhoramentos ou benfeitorias realizados, bem como o ônus dos impostos; a de um veículo abrange os acessórios colocados pelo vendedor etc. Pode o contrário resultar não só de **convenção** como também de **circunstâncias** do caso. Por exemplo: embora o alienante responda pelos vícios redibitórios, certas circunstâncias podem excluir tal responsabilidade, como o conhecimento do vício por parte do adquirente.

O princípio de que "o acessório segue o principal" (princípio da gravitação jurídica) é estudado na Primeira Parte desta obra (**PARTE GERAL**), item 6.5.2.1 (Bens principais e acessórios), à qual nos reportamos.

■ *3.3.3.6. Obrigação de entregar*

Já foi enfatizado que se cumpre a obrigação de dar coisa certa mediante **entrega** (como na compra e venda) ou **restituição** (como no comodato) da coisa. Às vezes, no entanto, a obrigação de dar não é cumprida porque, antes da entrega ou da restituição, a coisa pereceu ou se deteriorou, com culpa ou sem culpa do devedor.

- **Perecimento** significa perda total; e
- **Deterioração**, perda parcial da coisa.

São expressões consagradas na doutrina e empregadas pelo Código Civil. Se o veículo, que deveria ser entregue, incendeia-se, ficando totalmente destruído, ou é furtado ou roubado, por exemplo, diz-se que houve perda total (perecimento). Se o incêndio, no entanto, provocou apenas uma pequena avaria, a hipótese é de deterioração.

Quem deve, nesses casos, suportar o prejuízo? Tal questão diz respeito à **atribuição dos riscos** na obrigação de dar **frustrada** e é a de maior importância tratada no presente capítulo. O Código Civil apresenta solução para as diversas hipóteses que podem ocorrer, por exemplo, para a do vendedor que, já tendo recebido o preço, se vê impossibilitado, **sem culpa** e em razão do fortuito ou da força maior, de entregar a coisa alienada.

O princípio básico que norteia as soluções apresentadas vem do direito romano: ***res perit domino***, ou seja, a coisa perece para o dono. Efetivamente, o outro contratante, que não é dono, nada perde com o seu desaparecimento.

3.3.3.6.1. *Perecimento sem culpa e com culpa do devedor*

Em caso de **perecimento** (perda total) de coisa certa antes da tradição, é preciso verificar, primeiramente, se o fato decorreu de culpa ou não do devedor.

- **Caso de perda sem culpa do devedor:** prescreve o art. 234, primeira parte, do Código Civil que, se "a coisa se perder, sem culpa do devedor, antes da tradição, ou pendente a condição suspensiva, fica resolvida a obrigação para ambas as partes".

O devedor, obrigado a entregar coisa certa, deve conservá-la com todo zelo e diligência. Se, no entanto, apesar de sua diligência, **ela se perde, sem culpa sua** (destruída por um raio, p. ex.), antes da tradição, ou pendente a condição suspensiva, a solução da lei é esta: **resolve-se**, isto é, **extingue-se** a obrigação para ambas as partes, que voltam à primitiva situação (*statu quo ante*). Se o vendedor já recebeu o preço da coisa, deve devolvê-lo ao adquirente, em virtude da resolução do contrato, sofrendo, por conseguinte, o prejuízo decorrente do perecimento. Não está obrigado, porém, a pagar perdas e danos.

Se o perecimento ocorreu pendente da **condição suspensiva** (aprovação em concurso, vencimento de uma disputa, casamento, p. ex.), não se terá adquirido o direito que o ato visa (CC, art. 125), e o devedor suportará o risco da coisa.

Quem sofre o prejuízo, pois, na obrigação de **entregar**, que emerge de uma compra e venda, por exemplo, havendo perecimento da coisa, sem culpa, **é o próprio alienante**, pois continua sendo o proprietário até a tradição (*res perit domino*). O princípio é reiterado no art. 492 do Código Civil: "Até o momento da tradição, os riscos da coisa correm por conta do vendedor, e os do preço por conta do comprador".

■ **Caso de perecimento da coisa com culpa do devedor:** aqui, outra é a solução. A **culpa** acarreta a responsabilidade pelo pagamento de perdas e danos. Neste caso, tem o credor direito a receber o seu **equivalente em dinheiro, mais as perdas e danos** comprovados.

Dispõe, com efeito, o art. 234, segunda parte, do Código Civil: "se a perda resultar de culpa do devedor, responderá este pelo equivalente e mais perdas e danos". Quando a lei se refere ao termo "equivalente", quer mencionar o equivalente **em dinheiro**. Deve o devedor entregar ao credor não outro objeto semelhante, mas o equivalente em dinheiro, que corresponde ao valor do objeto perecido, mais as perdas e danos, que denotarão o prejuízo invocado[19].

As perdas e danos compreendem o **dano emergente** e o **lucro cessante**, ou seja, além do que o credor efetivamente perdeu, o que razoavelmente deixou de lucrar (CC, art. 402). Devem cobrir, pois, todo o prejuízo experimentado e comprovado pela vítima.

■ *3.3.3.6.2. Deterioração sem culpa e com culpa do devedor*

Em caso de deterioração ou perda parcial da coisa, também importa saber, preliminarmente, se houve culpa ou não do devedor.

■ **Inexistência de culpa do devedor pela deterioração da coisa:** não havendo culpa, poderá o credor optar por **resolver** a obrigação, por não lhe interessar receber o bem danificado, voltando as partes, neste caso, ao estado anterior, ou **aceitá-lo no estado em que se acha**, com **abatimento do preço**, proporcional à perda. Dispõe, efetivamente, o art. 235 do Código Civil:

> "Deteriorada a coisa, não sendo o devedor culpado, poderá o credor resolver a obrigação, ou aceitar a coisa, abatido de seu preço o valor que perdeu."

Reduzindo-se, com a danificação, o valor econômico do bem e, com isso, desfeito o equilíbrio na relação jurídica, ao credor compete verificar se, no estado correspondente, ainda lhe interessa ou não a coisa, para dela desvincular-se ou então para aceitar a entrega, com a redução do valor[20].

■ **Existência de culpa do devedor:** havendo culpa pela deterioração, as alternativas deixadas ao credor são as mesmas do supratranscrito art. 235 do Código Civil (resolver a obrigação, exigindo o equivalente em dinheiro, ou aceitar a coisa, com abatimento), mas **com direito**, em qualquer caso, à indenização das **perdas e danos** comprovados. Prescreve, nesse sentido, o art. 236 do Código Civil:

> "Sendo culpado o devedor, poderá o credor exigir o equivalente, ou aceitar a coisa no estado em que se acha, com direito a reclamar, em um ou em outro caso, indenização das perdas e danos."

---

19 Álvaro Villaça Azevedo, *Teoria*, cit., p. 58.

20 Carlos Alberto Bittar, *Direito das obrigações*, p. 48.

Observa-se assim que, no geral:

- **sem culpa**, resolve-se a obrigação, sendo as partes repostas ao estado anterior, sem perdas e danos;
- **havendo culpa**, as perdas e danos são devidos, respondendo o culpado, ainda, pelo equivalente em dinheiro da coisa.

3.3.3.7. *Obrigação de restituir*

A obrigação de **restituir** é subespécie da obrigação de dar. Caracteriza-se pela existência de coisa alheia em poder do devedor, a quem cumpre devolvê-la ao dono. Tal modalidade impõe àquele a necessidade de **devolver coisa** que, em razão de estipulação contratual, encontra-se legitimamente em seu poder. É o que sucede, por exemplo, com o comodatário, o depositário e outros, que devem restituir ao proprietário, nos prazos ajustados ou no prazo da notificação, quando a avença for celebrada por prazo indeterminado, a coisa que se encontra em seu poder por forçado vínculo obrigacional.

A obrigação de **restituir** distingue-se da de **dar** propriamente dita. Esta destina-se a transferir o domínio, que se encontra com o devedor na qualidade de proprietário (o vendedor, no contrato de compra e venda). Naquela, a coisa se acha com o devedor para seu uso, mas pertence ao credor, titular do direito real. Essa diferença vai repercutir na questão dos riscos a que a coisa está sujeita, pois, caso se perca, sem culpa do devedor, prejudicado será **o credor**, na condição de dono, segundo a regra *res perit domino.*

3.3.3.7.1. *Perecimento sem culpa e com culpa do devedor*

- **Perecimento sem culpa do devedor:** dispõe o art. 238 do Código Civil:

> "Se a obrigação for de restituir coisa certa, e esta, sem culpa do devedor, se perder antes da tradição, sofrerá o credor a perda, e a obrigação se resolverá, ressalvados os seus direitos até o dia da perda."

Na obrigação de restituir coisa certa ao credor, como já dito, prejudicado será este, na condição de dono. Assim, se o animal objeto de comodato, por exemplo, não puder ser restituído, por ter perecido devido a um raio, **resolve-se** a obrigação do comodatário, que não terá de pagar perdas e danos, **exceto se estiver em mora**, quando então responderá pela impossibilidade da prestação mesmo que esta decorra de caso fortuito ou de força maior, se estes ocorrerem durante o atraso (CC, art. 399).

Suportará a perda, assim, no exemplo dado, o comodante, na qualidade de proprietário da coisa, "ressalvados os seus direitos até o dia da perda" (CC, art. 238, parte final). Por conseguinte, se a coisa emprestada, *verbi gratia,* gerou frutos, naturais ou civis (como os aluguéis), sem despesa ou trabalho do comodatário, terá aquele direito sobre eles (CC, art. 241).

- **Perecimento com culpa do devedor:** por sua vez, dispõe o art. 239 do estatuto civil:

"Se a coisa se perder por culpa do devedor, responderá este pelo equivalente, mais perdas e danos."

A obrigação de restituir importa a de **conservar** a coisa e **zelar** por ela. Deixando de fazê-lo, o devedor sofre as consequências da sua culpa: deve ressarcir o mais completamente possível a diminuição causada ao patrimônio do credor, mediante o pagamento do **equivalente em dinheiro** do bem perecido, mais as **perdas e danos**[21].

A regra tem o escopo ético, sempre presente no novo Código, de reprimir a culpa e a má-fé, como se pode verificar, por exemplo, na repressão à sonegação de bens no inventário, prevista no art. 1.995, *verbis*: "Se não se restituírem os bens sonegados, por já não os ter o sonegador em seu poder, pagará ele a importância dos valores que ocultou, mais as perdas e danos".

3.3.3.7.2. *Deterioração sem culpa e com culpa do devedor*

- **Deterioração sem culpa do devedor:** estatui o art. 240, primeira parte, do Código Civil que, "se a coisa restituível se deteriorar sem culpa do devedor, recebê-la-á o credor, tal qual se ache, sem direito a indenização". Mais uma vez, a solução é dada pela regra *res perit domino*. Se a coisa se danificar (perda parcial) sem culpa do devedor (em razão do fortuito e da força maior, p. ex.), **suportará o prejuízo o credor**, na qualidade de proprietário.
- **Deterioração com culpa do devedor:** no entanto, havendo culpa do devedor na deterioração, "observar-se-á o disposto no art. 239" (CC, art. 240, segunda parte), ou seja, responderá o devedor pelo **equivalente em dinheiro**, mais **perdas e danos**. Mas o proprietário sempre tem o direito de exigir a **restituição**, em face do que a recebeu por força de um contrato, da coisa que lhe pertence, esteja em perfeito estado ou danificada (CC, art. 1.228). E, neste último caso, também lhe assiste o direito de pleitear **perdas e danos** (art. 389)[22].

3.3.3.8. *Das obrigações pecuniárias*

Obrigação **pecuniária** é obrigação de entregar dinheiro, ou seja, de **solver dívida em dinheiro**. É, portanto, espécie particular de obrigação de dar. Tem por objeto uma **prestação em dinheiro**, e não uma coisa. Preceitua o art. 315 do Código Civil que "as dívidas em dinheiro deverão ser pagas no vencimento, em moeda corrente e pelo valor nominal, salvo o disposto nos artigos subsequentes", que preveem a possibilidade de corrigi-lo monetariamente.

3.3.3.8.1. *O princípio do nominalismo*

O Código Civil adotou, assim, o princípio do **nominalismo**, pelo qual se considera como valor da moeda o valor nominal que lhe atribui o Estado, no ato da emissão

[21] Tito Fulgêncio, *Do direito*, cit., p. 93-94.

[22] Washington de Barros Monteiro, *Curso*, cit., v. 4, p. 67-68.

ou cunhagem. De acordo com o referido princípio, o devedor de uma quantia em dinheiro libera-se entregando a **quantidade de moeda mencionada no contrato** ou título da dívida e em curso no lugar do pagamento, ainda que desvalorizada pela inflação, ou seja, mesmo que a referida quantidade não seja suficiente para a compra dos mesmos bens que podiam ser adquiridos quando contraída a obrigação.

Uma das formas de combater os efeitos maléficos decorrentes da desvalorização monetária é a adoção da **cláusula de escala móvel**, pela qual o valor da prestação deve variar segundo os índices de custo de vida (*v.* item 6.1.8.1 — Pagamento em dinheiro e o princípio do nominalismo, *infra*).

3.3.3.8.2. Dívida em dinheiro e dívida de valor

Distingue-se a **dívida em dinheiro** da **dívida de valor**. Na primeira, o objeto da prestação é o próprio dinheiro, como ocorre no contrato de mútuo, em que o tomador do empréstimo obriga-se a devolver, dentro de determinado prazo, a importância levantada. Quando, no entanto, o dinheiro não constitui objeto da prestação, mas apenas **representa seu valor**, diz-se que a dívida é de **valor**.

A obrigação de indenizar, decorrente da prática de um ato ilícito, por exemplo, constitui dívida de valor, porque seu montante deve corresponder ao do bem lesado. Outros exemplos dessa espécie de dívida podem ser mencionados, como a decorrente da desapropriação (o montante da indenização corresponde ao valor da coisa desapropriada) e a resultante da obrigação alimentar (cujo valor representa a medida da necessidade do alimentando).

A matéria versada neste item será abordada com mais profundidade nos capítulos concernentes ao **objeto do pagamento**, item 6.1.8 (Do objeto do pagamento), *infra* (CC, arts. 313 e s.), aos **juros** (arts. 404 e 407) e à **responsabilidade civil** (arts. 927, 944 e s.).

3.3.4. Das obrigações de dar coisa incerta

3.3.4.1. Conceito

Preceitua o art. 243 do Código Civil:

> "A coisa incerta será indicada, ao menos, pelo gênero e pela quantidade."

A expressão **"coisa incerta"** indica que a obrigação tem objeto indeterminado, mas não totalmente, porque deve ser indicada, ao menos, pelo gênero e pela quantidade. É, portanto, indeterminada, mas determinável. Falta apenas determinar a sua **qualidade**.

É indispensável, portanto, nas obrigações de dar coisa incerta, a **indicação** de que fala o texto. Se faltar também o gênero ou a quantidade (qualquer desses elementos), **a indeterminação será absoluta**, e a avença, com tal objeto, não gerará obrigação. Não pode ser objeto de prestação, por exemplo, a de "entregar sacas de café", por faltar a quantidade, bem como a de entregar "dez sacas", por faltar o gênero. Mas constitui obrigação de dar coisa incerta a de "entregar dez sacas de café", porque o objeto é **determinado pelo gênero e pela quantidade**. Falta determinar somente a **qualidade** do café. Enquanto tal não ocorre, a coisa permanece incerta.

A designação do gênero, por si só, não contém base suficiente para a **indicação** exigida pela lei, sendo mister mencionar também a quantidade para que o devedor não se libere com prestação insignificante.

A principal característica dessa modalidade de obrigação reside no fato de o objeto ou conteúdo da prestação, indicado genericamente no começo da relação, vir a ser determinado por um ato de **escolha**, no instante do pagamento[23]. Esse objeto são, normalmente, coisas que se determinam por peso, número ou medida.

■ *3.3.4.2. Diferenças e afinidades com outras modalidades*

As obrigações de dar **coisa incerta**, também chamadas de **genéricas**, distinguem-se das de dar **coisa certa**, também conhecidas como **específicas**, no seguinte aspecto:

OBRIGAÇÃO DE DAR COISA INCERTA	OBRIGAÇÃO DE DAR COISA CERTA
■ A prestação não é determinada, mas **determinável**, dentre uma pluralidade indefinida de objetos	■ A prestação tem, desde logo, conteúdo **determinado**, pois concerne a um objeto singular, perfeitamente individualizado

Observe-se que **coisa incerta** não é coisa totalmente indeterminada, ou seja, não é qualquer coisa, mas uma **parcialmente determinada**, suscetível de completa determinação oportunamente, mediante a escolha da qualidade ainda não indicada.

■ **Obrigações de dar coisa incerta e obrigações alternativas:**

■ **Afinidades:**

a) As obrigações de dar coisa incerta têm acentuada afinidade com as obrigações alternativas, que serão estudadas logo adiante. Em ambas, a definição a respeito do objeto da prestação se faz pelo **ato de escolha**, e esta passa a se chamar **concentração** depois da referida definição.

b) Em ambos os casos também compete **ao devedor a escolha**, se outra coisa não se estipulou.

■ **Diferenças:**

a) As obrigações alternativas contêm **dois ou mais objetos** individuados, devendo a escolha recair em apenas um deles; nas de dar coisa incerta, **o objeto é um só**, apenas indeterminado quanto à qualidade.

b) Nas obrigações alternativas, a escolha recai sobre **um dos objetos** *in obligatione*, enquanto nas primeiras, sobre a qualidade do **único objeto** existente.

c) Nas últimas ainda tem consequência relevante o perecimento de um dos objetos a ser escolhido, ocorrendo a **concentração**, neste caso, por **força da**

---

[23] Hector Lafaille, *Derecho civil:* tratado de las obligaciones, apud Washington de Barros Monteiro, *Curso*, cit., v. 4, p. 78.

lei e, portanto, independentemente de escolha, no remanescente. Nas de dar coisa incerta, **não ocorre a concentração compulsória** nem se altera a obrigação com a perda da coisa, em razão do princípio *genus nunquam perit* (o gênero nunca perece), que será estudado a seguir e pelo qual, antes da determinação do objeto pela escolha, não poderá o devedor alegar perda da coisa por força maior ou caso fortuito (CC, art. 246)[24].

Pode ocorrer, no entanto, **confusão entre as duas modalidades**, quando o gênero se reduz a número muito limitado de objetos (alguém se obriga, por exemplo, a entregar garrafas de vinho de determinada marca e, na data do cumprimento, só existem duas ou três). Somente a interpretação do contrato poderá esclarecer se se trata de obrigação genérica ou alternativa.

■ Diferença entre obrigação de dar coisa incerta e obrigação fungível

A **primeira** tem por objeto coisa **indeterminada**, que ao devedor cabe entregar, com base na qualidade média, para efeito de liberação do vínculo. A **segunda** é composta de coisa **fungível**, que pode ser substituída por outra da mesma espécie, qualidade e quantidade (p. ex., o dinheiro), para efeito de desvinculação do devedor.

■ 3.3.4.3. *Disciplina legal*

■ 3.3.4.3.1. *Indicação do gênero e quantidade*

A indicação ao menos do **gênero** e **quantidade** é o mínimo necessário para que exista obrigação, como já dito. É o que se infere da leitura do art. 243 do Código Civil, retrotranscrito. Se as coisas são indicadas pelo gênero e pela quantidade, a obrigação é útil e eficaz, embora falte a individuação da *res debita*. O estado de indeterminação é transitório, sob pena de faltar objeto à obrigação. Cessará, pois, com a **escolha**.

■ 3.3.4.3.2. *Escolha e concentração*

A determinação da qualidade da coisa incerta perfaz-se pela **escolha**. Feita esta, e **cientificado** o credor, acaba a incerteza e a coisa torna-se **certa**, vigorando, então, as normas da seção anterior do Código Civil, que tratam das obrigações de dar coisa certa. Preceitua, com efeito, o art. 245 do Código Civil:

> "Cientificado da escolha o credor, vigorará o disposto na Seção antecedente."

O ato unilateral de escolha denomina-se **concentração**. Para que a obrigação se concentre em determinada coisa, não basta a escolha. É necessário que ela se exteriorize pela entrega, pelo depósito em pagamento, pela constituição em mora ou por

---

[24] Ruggiero e Maroi, *Istituzioni di diritto privato*, 8. ed., v. 2, p. 23, apud Washington de Barros Monteiro, *Curso*, cit., v. 4, p. 79.

outro ato jurídico que importe a cientificação do credor. Com a concentração, passa-se de um momento de instabilidade e indefinição para outro, mais determinado, consubstanciado, por exemplo, em pesagem, medição, contagem e expedição, conforme o caso. Rege-se a obrigação de dar coisa incerta pelo disposto nos arts. 811 *usque* 813 do Código de Processo Civil.

■ **A quem compete o direito de escolha**? A resposta é fornecida pelo art. 244 do Código Civil, *verbis*:

> "Nas coisas determinadas pelo gênero e pela quantidade, a escolha pertence ao devedor, se o contrário não resultar do título da obrigação; mas não poderá dar a coisa pior, nem será obrigado a prestar a melhor."

Portanto, a escolha só competirá ao credor se o contrato assim dispuser. Sendo omisso nesse aspecto, ela pertencerá ao **devedor**. O citado dispositivo estabelece, no entanto, limites à atuação do devedor, dispondo que "não poderá dar a coisa pior, nem será obrigado a prestar a melhor". Deve, portanto, guardar o **meio-termo** entre os congêneres da melhor e da pior qualidade. Pior é a coisa que está abaixo da média. Esse é o parâmetro que deve guiar o julgador, quando o credor rejeitar escolha, valendo-se ainda dos usos e costumes do lugar da execução ou da conclusão do negócio jurídico[25].

Adotou-se, desse modo, o **critério da qualidade média ou intermediária**. Caso alguém, por exemplo, se obrigue a entregar uma saca de café a outrem, não se tendo convencionado a qualidade, deverá o devedor entregar uma saca de qualidade média. Se existirem três qualidades, A, B e C, entregará uma saca de café tipo B. Nada impede, porém, que opte por entregar, em vez de saca de qualidade intermediária, a de melhor qualidade. Apenas não pode ser obrigado a fazê-lo.

Se, no entanto, da coisa a ser entregue, só existirem **duas qualidades**, poderá o devedor entregar qualquer delas, até mesmo a pior. Caso contrário, escolha não haverá. Nessa hipótese, torna-se inaplicável, pois, o critério da qualidade intermediária.

■ **Escolha deferida a terceiro:** podem as partes convencionar que a escolha competirá a terceiro, estranho à relação obrigacional, aplicando-se, por analogia, o disposto no art. 1.930 do mesmo diploma.

■ **Escolha atribuída ao credor:** se a escolha couber ao credor, será ele citado para esse fim, sob pena de perder o direito, que passará ao devedor (CC, art. 342). Dispõe o estatuto processual civil (art. 811, *caput*, e parágrafo único) que, se a escolha do objeto da prestação couber ao devedor, este será citado para entregá-lo individualizado; mas, se couber ao credor, este o indicará na petição inicial. Qualquer das partes, complementa o art. 812, poderá, no prazo de quinze dias, impugnar a escolha feita pela outra. Neste caso, o juiz decidirá de plano ou, se necessário, ouvindo perito de sua nomeação.

---

[25] Paulo Luiz Netto Lôbo, *Direito das obrigações*, p. 24.

3.3.4.3.3. Gênero limitado e ilimitado

Dispõe o art. 246 do Código Civil:

> "Antes da escolha, não poderá o devedor alegar perda ou deterioração da coisa, ainda que por força maior ou caso fortuito."

Os efeitos da obrigação de dar coisa incerta devem ser apreciados em dois momentos distintos: a situação jurídica anterior e a posterior à escolha. Determinada a qualidade, torna-se a coisa individualizada, **certa**. Antes da escolha, porém (a definição somente se completa com a **cientificação** do credor), quer pelo devedor, quer pelo credor, permanece ela **indeterminada**, clamando pela individuação, pois só referência ao gênero e quantidade não a habilita a ficar sob um regime igual à obrigação de dar coisa certa[26].

Nesta última fase, se a coisa se perder, não se poderá alegar culpa ou força maior. Só a partir do momento da **escolha** é que ocorrerá a individualização e a coisa passará a aparecer como **objeto determinado** da obrigação. **Antes**, não poderá o devedor alegar perda ou deterioração, ainda que por força maior ou caso fortuito, pois **o gênero nunca perece** (*genus nunquam perit*).

Se alguém, por exemplo, obriga-se a entregar dez sacas de café, não se eximirá da obrigação, ainda que se percam todas as sacas que possui, porque pode obter, no mercado ou em outra propriedade agrícola, o café prometido. Entram nessa categoria também as obrigações em dinheiro, pois o devedor não se exonera caso venha a perder as cédulas que havia separado para solver a dívida[27].

Diferente será a solução se obrigar-se a dar coisa certa, que venha a perecer, sem culpa sua (em incêndio acidental, p. ex.), ou caso trate-se de **gênero limitado**, ou seja, circunscrito a coisas que se acham em determinado lugar (animais de determinada fazenda, cereais de determinado depósito etc.). Sendo delimitado dessa forma o *genus*, o perecimento de todas as espécies que o componham acarretará a extinção da obrigação. Não há, nesse caso, qualquer restrição à regra *genus nunquam perit* ou *genus perire non censetur*.

A expressão **"Antes da escolha"**, que consta do art. 246 do novo diploma, tem sido criticada pela doutrina, pois não basta que o devedor separe o produto para entregá-lo ao credor, sendo mister realize ainda o ato positivo de colocá-lo **à disposição** deste. Só nesse caso ele se exonerará da obrigação, caso se verifique a perda da coisa. Enquanto esta não é efetivamente entregue ou, pelo menos, posta à disposição do credor, impossível a desoneração do devedor, que terá sempre diante de si a parêmia *genus nunquam perit*[28]. Melhor seria se tal expressão fosse substituída por: **"Antes de cientificado da escolha o credor"**.

---

26 Von Tuhr, *Tratado*, cit., v. I, p. 43; Maria Helena Diniz, *Curso*, cit., v. 2, p. 87.

27 Washington de Barros Monteiro, *Curso*, cit., v. 4, p. 85.

28 Washington de Barros Monteiro, *Curso*, cit., v. 4, p. 86.

3.4. DAS OBRIGAÇÕES DE FAZER

3.4.1. Conceito

A obrigação de **fazer** (*obligatio faciendi*) abrange o **serviço humano** em geral, seja material ou imaterial, a realização de obras e artefatos ou a prestação de fatos que tenham utilidade para o credor. A prestação consiste, assim, em **atos ou serviços** a serem executados pelo devedor. Pode-se afirmar, em síntese, que qualquer forma de atividade humana lícita, possível e vantajosa ao credor pode constituir objeto da obrigação[29].

Quando a *obligatio faciendi* é de prestar serviços, físicos ou intelectuais, aquela em que o trabalho é aferido pelo tempo, gênero ou qualidade, o interesse do credor concentra-se nas **energias** do obrigado. Quando é de realizar obra, intelectual ou material, como escrever um romance ou construir uma casa, interessa àquele o produto ou **resultado final** do trabalho do devedor.

3.4.2. Diferenças entre obrigação de fazer e obrigação de dar

As obrigações de **fazer** diferem das obrigações de **dar** principalmente porque o credor pode, conforme as circunstâncias, não aceitar a prestação por terceiro, enquanto nestas se admite o cumprimento por outrem, estranho aos interessados (CC, art. 305). No entanto, a distinção entre essas duas modalidades sofre restrições na doutrina contemporânea, tendo em vista que **dar** não deixa de ser **fazer** alguma coisa.

Aponta a doutrina a seguinte diferença:

- nas obrigações de dar, a prestação consiste na **entrega** de uma coisa, certa ou incerta;
- nas de fazer, o objeto consiste em **ato ou serviço do devedor**.

O problema é que, em última análise, **dar** ou **entregar** alguma coisa é também **fazer** alguma coisa.

Bem assevera Washington de Barros Monteiro que o "*substractum* da diferenciação está em verificar se o *dar* ou o *entregar* é ou não consequência do *fazer*. Assim, se o devedor tem de dar ou de entregar alguma coisa, não tendo, porém, de fazê-la previamente, a obrigação é de dar; todavia, se, primeiramente, tem ele de confeccionar a coisa para depois entregá-la, se tem ele de realizar algum ato, do qual será mero corolário o de dar, tecnicamente a obrigação é de fazer"[30].

Em regra, nas obrigações de **entregar**, concentra-se o interesse do credor no **objeto da prestação**, sendo irrelevantes as características **pessoais ou qualidades** do devedor. Nas de **fazer**, ao contrário, principalmente naquelas em que o serviço é medido pelo tempo, gênero ou qualidade, esses predicados **são relevantes e decisivos**.

---

[29] Manoel Ignácio Carvalho de Mendonça, *Doutrina e prática das obrigações*, t. I, p. 183; Washington de Barros Monteiro, *Curso de direito civil*, 29. ed., v. 4, p. 88.

[30] *Curso*, cit., v. 4, p. 89.

3.4.3. Espécies

Há três espécies de obrigação de fazer, a saber:

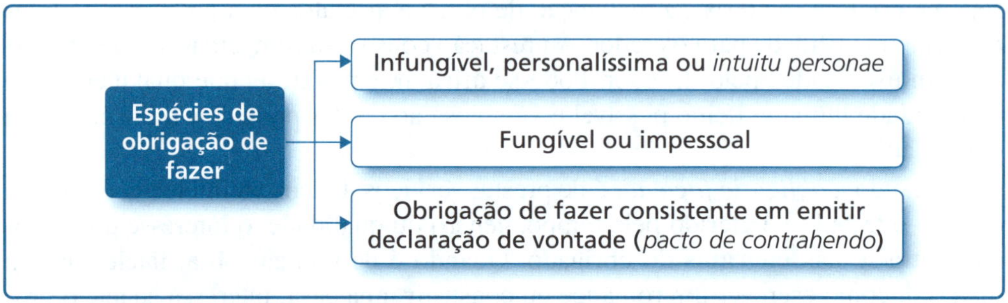

■ **Obrigação de fazer infungível**, **personalíssima** ou ***intuitu personae*:** quando for convencionado que o devedor cumpra **pessoalmente** a prestação, estaremos diante de obrigação infungível. Em duas hipóteses a obrigação de fazer é **infungível**, **imaterial** ou **personalíssima** (*intuitu personae*, no dizer dos romanos):

> **a)** Quando for convencionado que o devedor cumpra **pessoalmente** a prestação. Neste caso, havendo **cláusula expressa**, o devedor só se exonerará se ele próprio cumprir a prestação, executando o ato ou serviço prometido. Incogitável a sua substituição por outra pessoa, preposto ou representante.
>
> **b)** Quando o devedor for contratado em razão das suas **qualidades profissionais, artísticas ou intelectuais**. Nesse caso, a infungibilidade decorre da própria natureza da prestação. Se determinado pintor, de talento e renome, comprometer-se a pintar um quadro ou famoso cirurgião plástico assumir obrigação de natureza estética, por exemplo, não poderão se fazer substituir por outrem, **mesmo inexistindo cláusula expressa nesse sentido**. Ainda: se o intérprete de músicas populares que está em evidência se comprometer a atuar em determinado espetáculo, a obrigação, por sua natureza e circunstâncias, será infungível, subentendendo-se ter sido convencionado que o devedor cumpra pessoalmente a obrigação. Resulta daí que a convenção pode ser explícita ou tácita[31].

O erro sobre a qualidade essencial da pessoa, nessas obrigações, constitui vício do consentimento, previsto no art. 139, II, do Código Civil.

■ **Obrigação de fazer fungível ou impessoal:** quando não há tal exigência expressa, nem se trata de ato ou serviço cuja execução dependa de qualidades pessoais do devedor ou dos usos e costumes locais, **podendo ser realizado por terceiro**, diz-se que a obrigação de fazer é **fungível**, **material** ou **impessoal** (CC, art. 249). Se, por exemplo, um pedreiro é contratado para construir um muro ou consertar uma

[31] Arnoldo Wald, *Curso*, cit., p. 46-47; Washington de Barros Monteiro, *Curso*, cit., v. 4, p. 93; Álvaro Villaça Azevedo, *Teoria*, cit., p. 70.

calçada, a obrigação assumida é de caráter material, podendo o credor providenciar a sua execução por terceiro, caso o devedor não a cumpra.

Para que o fato seja prestado por terceiro, é necessário que o credor o deseje, pois ele não é obrigado a aceitar de outrem a prestação, nessas hipóteses.

■ **Obrigação de fazer consistente em emitir declaração de vontade:** a obrigação de fazer pode derivar, ainda, de um contrato preliminar (pacto de *contrahendo*) e consistir em **emitir declaração de vontade**, por exemplo, outorgar escritura definitiva em cumprimento a compromisso de compra e venda ou endossar o certificado de propriedade de veículo. Essa modalidade é disciplinada no art. 501 do Código de Processo Civil.

Em casos assim, estabelece o legislador que a sentença que condene o devedor a emitir declaração de vontade, uma vez transitada em julgado, produzirá todos **os efeitos da sentença não emitida** (CPC, art. 501). A execução far-se-á pelo juiz, pois a sentença fará as vezes da declaração não emitida[32].

■ 3.4.4. Inadimplemento

Trata o presente tópico das consequências do **descumprimento** da obrigação de fazer. É sabido que a obrigação deve ser cumprida, estribando-se o princípio da obrigatoriedade dos contratos na regra *pacta sunt servanda* dos romanos. Cumprida normalmente, a obrigação extingue-se. Não cumprida espontaneamente, acarreta a responsabilidade do devedor.

As obrigações de fazer podem ser **inadimplidas:**

a) porque a prestação tornou-se impossível sem culpa do devedor;

b) porque tornou-se impossível por culpa deste; ou

c) porque, podendo cumpri-la, recusa-se, porém, a fazê-lo.

■ **Inexistência de culpa do devedor:** pelo sistema do Código Civil, não havendo culpa do devedor pelo fato de a prestação ter-se tornado impossível, fica afastada a sua responsabilidade (art. 248, 1ª parte).

■ **Impossibilidade do cumprimento da prestação por culpa do devedor:** seja a obrigação fungível, seja infungível, será sempre possível ao credor optar pela conversão da obrigação em perdas e danos, caso a inadimplência do devedor decorra de culpa de sua parte (art. 248, 2ª parte).

■ **Recusa do devedor em cumprir a prestação:** quando a prestação é **fungível**, o credor pode optar pela execução específica, requerendo que ela seja executada por **terceiro**, à custa do devedor (CC, art. 249). Os arts. 817 a 820 do Código de Processo Civil descrevem todo o procedimento a ser seguido para que o fato seja prestado por terceiro. O custo da prestação de fato será avaliado por um perito e

---

32 Marcus Vinicius Rios Gonçalves, *Processo de execução e cautelar*, p. 46 (Coleção Sinopses Jurídicas, v. 12).

o juiz mandará expedir edital de concorrência pública para que os interessados em prestar o fato formulem suas propostas. Quando a obrigação é **infungível**, não há como compelir o devedor, de forma direta, a satisfazê-la. Há, no entanto, **meios indiretos**, que podem ser acionados, **cumulativamente com o pedido de perdas e danos**, como a fixação de uma multa diária semelhante às *astreintes* do direito francês, que incide enquanto durar o atraso no cumprimento da obrigação. Podem, ainda, ser requeridas ou determinadas de ofício medidas práticas para efetivação da tutela específica, como busca e apreensão, remoção de pessoas e coisas, desfazimento de obras e impedimento de atividade nociva, se necessário com requisição de força policial (CPC, art. 536, § 1º), como se verá a seguir.

■ 3.4.4.1. *Obrigações infungíveis ou personalíssimas*

■ **Recusa do devedor em cumprir a obrigação**

Dispõe o art. 247 do Código Civil:

> "Incorre na obrigação de indenizar perdas e danos o devedor que recusar a prestação a ele só imposta, ou só por ele exequível."

Cuida o dispositivo das obrigações infungíveis ou personalíssimas por **convenção expressa ou tácita**, sendo esta a que resulta de sua natureza, pactuada em razão das **qualidades pessoais** do devedor. A recusa voluntária induz **culpa**. O cantor, por exemplo, que se recusa a se apresentar no espetáculo contratado e o escultor de renome que se recusa a fazer a estátua prometida respondem pelos prejuízos acarretados aos promotores do evento e ao que encomendou a obra, respectivamente.

A **recusa** ao cumprimento de obrigação de fazer infungível resolve-se, tradicionalmente, em **perdas e danos**, pois não se pode constranger fisicamente o devedor a executá-la. Atualmente, todavia, como já foi dito, admite-se a **execução específica** das obrigações de fazer, como se pode verificar pelos arts. 139, IV, 497 a 500, 536, §§ 1º e 4º, e 537, § 1º, do Código de Processo Civil, que contemplam meios de, indiretamente, obrigar o devedor a cumpri-las, mediante a cominação de multa diária (*astreinte*)[33].

Dispõe o art. 499 do citado diploma que a "obrigação somente será convertida em perdas e danos se o autor o requerer ou se impossível a tutela específica ou a obtenção de tutela pelo resultado prático equivalente". Regra semelhante encontra-se no art. 35 do Código de Defesa do Consumidor. Aduz o art. 500 do diploma processual que a "indenização por perdas e danos dar-se-á sem prejuízo da multa fixada periodicamente para compelir o réu ao cumprimento específico da obrigação". As

---

[33] Cândido Dinamarco preleciona que o dogma da *intangibilidade da vontade humana*, que impedia a execução específica das obrigações de fazer (*nemo praecise potest cogi ad factum*), devendo resolver-se em perdas e danos, zelosamente guardado nas tradições pandectistas francesas, somente foi relativizado graças à tenacidade de pensadores como Chiovenda e Calamandrei, cujos estudos permitiram a distinção entre *infungibilidade natural* e *infungibilidade jurídica* (*A reforma da reforma*, p. 220).

perdas e danos constituem, pois, o mínimo a que tem direito o credor. Este pode com elas se contentar, se preferir. No entanto, pode o credor, com base nos dispositivos do diploma processual civil transcritos, **pleiteá-la cumulativamente e sem prejuízo da tutela específica** da obrigação.

Há diferença nítida entre a **multa cominatória** (*astreinte*) e a **cláusula penal**. Se o juiz condena o réu ao pagamento da multa prevista na cláusula penal avençada pelas partes, impõe-se a **limitação** prevista no art. 412 do Código Civil, segundo o qual o valor "**não pode exceder o da obrigação principal**". Se se tratar, no entanto, de multa cominatória em obrigação de fazer ou não fazer, decorrente de título judicial, para garantir o cumprimento da obrigação, tem aplicação o art. 536, § 4º do Código de Processo Civil, **inexistindo teto para o valor da cominação**.

Atualmente a **regra** quanto ao descumprimento da obrigação de fazer ou não fazer é a da **execução específica**, sendo exceção a resolução em perdas e danos. Vem decidindo o Superior Tribunal de Justiça que é facultado ao autor pleitear cominação de pena pecuniária, tanto nas obrigações de fazer infungíveis quanto nas fungíveis, malgrado o campo específico de aplicação da multa diária seja o das obrigações infungíveis[34].

■ Impossibilidade de cumprimento da prestação

Preceitua o art. 248 do Código Civil:

> "Se a prestação do fato tornar-se impossível sem culpa do devedor, resolver-se-á a obrigação; se por culpa dele, responderá por perdas e danos."

Não só a recusa do devedor em executar a obrigação de fazer mas também a **impossibilidade** de cumpri-la acarretam o inadimplemento contratual. Nesse caso, é preciso verificar se o fato tornou-se impossível sem culpa ou por culpa do obrigado. Como ninguém pode fazer o impossível (*impossibilia nemo tenetur*), **resolve-se a obrigação**, sem consequências para o devedor **sem culpa**. **Havendo culpa** de sua parte, responderá pela satisfação das **perdas e danos**.

Deste modo, por exemplo, o ator que fica impedido de se apresentar em determinado espetáculo por ter perdido a voz ou em razão de acidente a que não deu causa, ocorrido no trajeto para o teatro, sendo hospitalizado, não responde por perdas e danos. Mas a resolução do contrato o obriga a restituir eventual adiantamento da remuneração. Responde, no entanto, o devedor pelos prejuízos acarretados ao outro contratante se a impossibilidade foi por ele criada, ao viajar para local distante, por exemplo, às vésperas da apresentação contratada.

Para que a **impossibilidade** de cumprimento da prestação exonere o devedor sem culpa de qualquer responsabilidade, tendo efeito liberatório, é necessário que este se desincumba satisfatoriamente do ônus, que lhe cabe, de **cumpridamente prová-la**. Deve a impossibilidade ser **absoluta**, isto é, atingir a todos, indistintamente. A relativa, que atinge o devedor, mas não outras pessoas, não constitui obstáculo ao cumprimento

34 *RSTJ*, 25/389; REsp 6.314-RJ, *DJU*, 25.3.1991, p. 3222, 2ª col.

da avença (CC, art. 106). A impossibilidade deve ser, também, **permanente e irremovível**, pois caso trate-se de simples dificuldade, embora intensa, que possa ser superada à custa de grande esforço e sacrifício, não se justifica a liberação[35].

3.4.4.2. *Obrigações fungíveis ou impessoais*

Estatui o Código Civil:

> "Art. 249. Se o fato puder ser executado por terceiro, será livre ao credor mandá-lo executar à custa do devedor, havendo recusa ou mora deste, sem prejuízo da indenização cabível.
> Parágrafo único. Em caso de urgência, pode o credor, independentemente de autorização judicial, executar ou mandar executar o fato, sendo depois ressarcido."

Assim, por exemplo, se uma pessoa aluga um imóvel residencial e, no contrato, o locador se obriga a consertar as portas de um armário que estão soltas, mas não cumpre a promessa, pode o inquilino mandar fazer o serviço à custa do aluguel que terá de pagar.

Nas obrigações **fungíveis**, como a assumida por um marceneiro, de consertar o pé de uma mesa, por exemplo, não importa, para o credor, que a prestação venha a ser cumprida por terceiro, a expensas do substituído. Interessa-lhe o **cumprimento**, a utilidade prometida (CPC, art. 817).

O parágrafo único supratranscrito possibilita ao credor, em caso de **urgência** e **sem necessidade de autorização judicial**, executar ou mandar executar a prestação por terceiro, pleiteando posteriormente o ressarcimento. Como assinala Álvaro Villaça Azevedo, a inovação constitui "um princípio salutar de realização de justiça pelas próprias mãos do lesado, pois a intervenção do Poder Judiciário retardaria, muito, a realização do seu direito"[36].

Há situações em que, efetivamente, caracterizada a recusa ou mora do devedor, a espera de uma decisão judicial poderá causar prejuízo de difícil reparação ao credor, como no caso, por exemplo, de necessidade urgente de se erguer um muro de arrimo ou realizar outra obra de proteção contra enchentes em época de chuvas. Não havendo urgência, pode o credor simplesmente optar pela resolução da avença e contratar outra pessoa para executar o serviço ou mandá-lo executar por terceiro, sem prejuízo de posterior ressarcimento.

Os arts. 817 a 820 do Código de Processo Civil descrevem todo o **procedimento** a ser seguido para que o fato seja prestado por terceiro. O primeiro dispositivo citado proclama:

> "Art. 817. Se a obrigação puder ser prestada por terceiro, é lícito ao juiz autorizar, a requerimento do exequente, que aquele a satisfaça à custa do executado.

---

[35] Washington de Barros Monteiro, *Curso*, cit., v. 4, p. 95.

[36] *Teoria*, cit., p. 74.

Parágrafo único. O exequente adiantará as quantias previstas na proposta que, ouvidas as partes, o juiz houver aprovado."

■ 3.4.4.3. Obrigações consistentes em emitir declaração de vontade

A execução da obrigação de **prestar declaração de vontade** não causa constrangimento à liberdade do devedor, pois é efetuada pelo juiz. Tal modalidade se configura quando o devedor, em **contrato preliminar ou pré-contrato**, promete emitir declaração de vontade para a celebração de contrato definitivo. É o que sucede quando, em compromisso de compra e venda, o promitente vendedor obriga-se a celebrar o contrato definitivo, outorgando a escritura pública ao compromissário comprador, depois de pagas todas as prestações; ou quando o vendedor de um veículo promete endossar o certificado de propriedade para que o adquirente, depois de pagar todas as prestações, possa transferi-lo para o seu nome na repartição de trânsito.

O art. 501 do Código de Processo Civil cuida da obrigação de **emitir declaração de vontade**. A pretensão do credor, deduzida nessa ação, é a de que se forme situação jurídica igual à que resultaria da emissão espontânea, pelo devedor, da declaração de vontade sonegada. Nesses casos, estabelece o legislador que a sentença que condene o devedor a emitir declaração de vontade, "uma vez transitada em julgado, produzirá todos os efeitos da declaração não emitida" (CPC, art. 501). **A sentença fará as vezes da declaração não emitida**.

Os efeitos jurídicos que se pretende obter resultam do trânsito em julgado da sentença, independente da vontade do devedor ou da instauração de processo de execução. Todavia, para que o juiz profira sentença dessa natureza, é necessário que o credor faça jus a obter a declaração de vontade que está sendo recusada. Do contrário, a recusa será justa. Assim, o compromissário comprador deverá demonstrar que pagou integralmente as parcelas que devia[37].

O novo Código Civil não tratou dessa questão no capítulo concernente às obrigações de fazer, mas, sim, no atinente aos **contratos preliminares**. Preceitua, com efeito:

"Art. 463. Concluído o contrato preliminar, com observância do disposto no artigo antecedente, e desde que dele não conste cláusula de arrependimento, qualquer das partes terá o direito de exigir a celebração do definitivo, assinando prazo à outra para que o efetive.

Parágrafo único. O contrato preliminar deverá ser levado ao registro competente."

Aduz o art. 464 do referido diploma:

"Esgotado o prazo, poderá o juiz, a pedido do interessado, suprir a vontade da parte inadimplente, conferindo caráter definitivo ao contrato preliminar, salvo se a isto se opuser a natureza da obrigação."

---

37 Marcus Vinicius Rios Gonçalves, *Processo*, cit., p. 47.

Quando o contratante presta o fato de modo incompleto ou defeituoso, pode o credor, nos termos do art. 819 do Código de Processo Civil, "requerer ao juiz, no prazo de 15 (quinze) dias, que o autorize a concluí-la, ou a repará-la, à custa do contratante".

Caso se trate de bem imóvel, compromissado à venda em instrumento que não contenha cláusula de arrependimento e registrado no Cartório de Registro de Imóveis, poderá o credor, considerado, nesse caso, titular de direito real, requerer ao juiz a sua **adjudicação compulsória**, se houver recusa do alienante em outorgar a escritura definitiva, como dispõem os arts. 1.417 e 1.418 do Código Civil.

■ 3.5. DAS OBRIGAÇÕES DE NÃO FAZER

■ 3.5.1. Noção e alcance

A obrigação de **não fazer** ou **negativa** impõe ao devedor um **dever de abstenção:** o de não praticar o ato que poderia livremente fazer caso não se houvesse obrigado[38]. O adquirente que se obriga a não construir, no terreno adquirido, prédio além de certa altura ou a cabeleireira alienante que se obriga a não abrir outro salão de beleza no mesmo bairro, por exemplo, devem cumprir o prometido. Caso pratiquem o ato que se obrigaram a não praticar, tornar-se-ão inadimplentes, podendo o credor exigir, com base no art. 251 do Código Civil, o desfazimento do que foi realizado, "sob pena de se desfazer à sua custa, ressarcindo o culpado perdas e danos".

Assim como a obrigação de fazer, a negativa ou de não fazer constitui obrigação de **prestação de fato**, distinguindo-se da de dar. Enquanto na primeira há uma ação positiva, na de não fazer ocorre uma omissão, uma postura negativa. Nesta, a abstenção da parte emerge como elemento fundamental para o interesse do credor.

Além dos casos em que o devedor está apenas obrigado a não praticar determinados atos (não divulgar um segredo industrial, não abrir estabelecimento comercial de determinado ramo), há outros em que, **além dessa abstenção**, o devedor está obrigado a **tolerar ou permitir** que outrem pratique determinados atos. O autor poderá requerer cominação de pena pecuniária para o caso de descumprimento da sentença ou da decisão antecipatória de tutela (arts. 461, § 4º, e 461-A do CPC/1973, atuais arts. 497, 500 e 537)[39]. É o caso, por exemplo, do proprietário de imóvel rural que se obrigou a permitir que terceiro o utilize para caça e o do dono do prédio que se obrigou a tolerar que nele entre o vizinho para reparar ou limpar o que lhe pertence.

Também nas **servidões** o proprietário do prédio serviente fica obrigado a tolerar que dele se utilize, para certo fim, o dono do prédio dominante (CC, art. 1.378). O art. 1.383, por sua vez, proclama que o dono do prédio serviente não poderá embaraçar de modo algum o exercício legítimo da servidão. Malgrado essa semelhança, **distinguem-se** nitidamente as obrigações de não fazer das servidões. Veja-se:

---

[38] Washington de Barros Monteiro, *Curso de direito civil,* 29. ed., v. 4, p. 102; Silvio Rodrigues, *Direito civil*, v. 2, p. 41.

[39] Antunes Varela, *Direito das obrigações*, v. 1, p. 82.

OBRIGAÇÕES NEGATIVAS	SERVIDÕES
O devedor é quem se acha pessoalmente vinculado e adstrito à abstenção. Transferido o imóvel a outrem, extingue-se a obrigação	O ônus real recai sobre próprio imóvel, continuando a gravá-lo mesmo que seja alienado a terceiro
O *non facere* é o próprio conteúdo da relação jurídica	O *non facere* é mera consequência do direito real

3.5.2. Inadimplemento da obrigação negativa

Dispõe o Código Civil:

"Art. 251. Praticado pelo devedor o ato, a cuja abstenção se obrigara, o credor pode exigir dele que o desfaça, sob pena de se desfazer à sua custa, ressarcindo o culpado perdas e danos.

Parágrafo único. Em caso de urgência, poderá o credor desfazer ou mandar desfazer, independentemente de autorização judicial, sem prejuízo do ressarcimento devido."

Se o devedor realiza o ato, não cumprindo o dever de abstenção, pode o credor exigir que ele o **desfaça**, sob pena de ser desfeito **à sua custa**, além da indenização de **perdas e danos**. Incorre ele em mora desde o dia em que executa o ato de que deveria abster-se. Assim, caso alguém se obrigue a não construir um muro, a outra parte pode, desde que a obra tenha sido realizada, exigir, com o auxílio da Justiça, que seja desfeita e, no caso de recusa, mandar desfazê-la à custa do inadimplente, reclamando as perdas e danos que possam ter resultado do mencionado ato. A mora, nas obrigações de não fazer, é presumida pelo só descumprimento do dever de abstenção, independente de qualquer intimação[40].

De acordo com a disciplina legal, ou o devedor **desfaz pessoalmente o ato**, respondendo também por **perdas e danos**, ou poderá vê-lo **desfeito por terceiro**, por determinação judicial, pagando ainda perdas e danos. Em ambas as hipóteses, sujeita-se ao pagamento de perdas e danos, como consequência do inadimplemento. Nada impede que o credor peça somente o pagamento destas. Há casos em que só resta ao credor esse caminho, como na hipótese de alguém divulgar um segredo industrial que prometera não revelar. Feita a divulgação, não há como pretender a restituição das partes ao *statu quo ante*.

O parágrafo único do art. 251 do Código Civil, retrotranscrito, reproduz a regra já consubstanciada no parágrafo único do art. 249 do mesmo diploma, facilitando com isso a realização do direito do interessado e possibilitando a reposição *manu propria* por este da situação ao estado primitivo, em caso de urgência.

Pode, ainda, o descumprimento da obrigação de não fazer resultar de fato alheio à vontade do devedor, **impossibilitando a abstenção** prometida. Tal como ocorre nas obrigações de fazer, "extingue-se a obrigação de não fazer, desde que, sem culpa do devedor, se lhe torne impossível abster-se do ato, que se obrigou a não praticar" (CC, art. 250).

---

40 Manoel Ignácio Carvalho de Mendonça, *Doutrina e prática das obrigações*, t. I, p. 190.

Assim, por exemplo, não pode deixar de atender à determinação da autoridade competente, para construir muro ao redor de sua residência, o devedor que prometera manter cercas vivas, assim como será obrigado a fechar a passagem existente em sua propriedade, por ordem de autoridade, aquele que prometera não obstar seu uso por terceiros.

3.5.3. Regras processuais

Os arts. 822 e 823 do Código de Processo Civil cuidam da execução das obrigações de não fazer.

Prescreve o art. 822 do mencionado diploma que, "se o executado praticou ato a cuja abstenção estava obrigado por lei ou por contrato, o exequente requererá ao juiz que assine prazo ao executado para desfazê-lo". Desse modo, o juiz mandará citar o devedor para **desfazer o ato**, no prazo que fixar. Se este não cumprir a obrigação, o juiz mandará **desfazê-lo à sua custa**, responsabilizando-o por **perdas e danos** (CPC, art. 823).

Se não for possível desfazer o ato ou quando o credor assim preferir, a obrigação de não fazer será convertida em **perdas e danos** (CPC, art. 823, parágrafo único).

3.6. RESUMO

DAS MODALIDADES DAS OBRIGAÇÕES	
QUANTO AO OBJETO	a) obrigação de **dar** (positiva): de dar coisa certa e de dar coisa incerta; b) obrigação de **fazer** (positiva): infungível (personalíssima), fungível (impessoal) e de emitir declaração de vontade (CPC, art. 501); c) obrigação de **não fazer** (negativa).
QUANTO AOS SEUS ELEMENTOS	a) **simples:** apresentam-se com um sujeito ativo, um sujeito passivo e um único objeto; b) **compostas** ou **complexas:** um ou todos os elementos se encontram no plural. ▪ **As compostas pela multiplicidade de objetos** podem ser: cumulativas ou conjuntivas (objetos ligados pela conjunção "e"); alternativas (objetos ligados pela disjuntiva "ou"); ou facultativas (com faculdade de substituição do objeto, conferida ao devedor). ▪ **As compostas pela multiplicidade de sujeitos** dividem-se em: divisíveis, indivisíveis e solidárias.
OBRIGAÇÃO DE DAR	a) Obrigação de **dar coisa certa:** ▪ **Conteúdo:** é aquela em que o devedor se obriga a dar coisa individualizada, que se distingue por características próprias, móvel ou imóvel. Confere ao credor simples direito pessoal. Abrange os acessórios da coisa, salvo convenção em contrário (CC, art. 233). ▪ **Obrigação de entregar e de restituir:** cumpre-se a obrigação de dar coisa certa mediante entrega (como na compra e venda) ou restituição (como no comodato). Esses dois atos podem ser resumidos na palavra tradição. Enquanto esta não ocorrer, a coisa continuará pertencendo ao devedor, "com os seus melhoramentos e acrescidos" (art. 237). ▪ **Consequências da perda ou deterioração da coisa:** *v.* arts. 234 a 236. Perecimento significa perda total, enquanto deterioração significa perda parcial. b) Obrigação de **dar coisa incerta:** ▪ **Conceito:** é aquela cujo objeto é indicado pelo gênero e pela quantidade, faltando apenas determinar a qualidade (art. 243). Não haverá obrigação se faltar também qualquer daquelas especificações. ▪ **Regulamentação:** CC, arts. 243 a 246; CPC, arts. 811 e 812.

OBRIGAÇÃO DE FAZER	■ **Espécies:** a) **infungível** (personalíssima ou *intuitu personae*): quando convencionado que o devedor cumpra pessoalmente a prestação ou a própria natureza desta impedir a sua substituição; b) **fungível** (impessoal): é aquela em que a prestação pode ser cumprida por terceiro, uma vez que sua execução não depende de qualidades pessoais do devedor; c) **consistente em emitir declaração de vontade** (pacto de *contrahendo*), p. ex., endossar certificado de propriedade do veículo alienado (CPC, art. 501). ■ **Consequências do inadimplemento:** a) devido à **impossibilidade** da prestação: — sem culpa do devedor, resolve-se a obrigação (art. 248, 1ª parte); — com culpa do devedor, responderá este por perdas e danos (2ª parte). b) devido à **recusa** do devedor: — se obrigação é infungível, o obrigado indenizará perdas e danos (art. 247); — se é fungível, será livre ao credor mandar executar o fato por terceiro, à custa do devedor, sem prejuízo da indenização cabível (art. 249).
OBRIGAÇÃO DE NÃO FAZER	■ **Noção:** a obrigação negativa impõe ao devedor um dever de abstenção: o de não praticar o ato que poderia livremente fazer caso não houvesse se obrigado. ■ **Consequências do inadimplemento:** caso o devedor pratique o ato que se obrigara a não praticar, pode o credor exigir o desfazimento do que foi realizado, "sob pena de se desfazer à sua custa, ressarcindo o culpado perdas e danos" (art. 251). Em caso de urgência, poderá o credor mandar desfazer o ato, "independentemente de autorização judicial, sem prejuízo do ressarcimento indevido" (parágrafo único).

3.7. DAS OBRIGAÇÕES ALTERNATIVAS

3.7.1. Obrigações cumulativas e alternativas

Quando a obrigação tem por objeto uma só prestação (p. ex.: entregar um veículo) ou um só sujeito ativo e um único sujeito passivo, diz-se que ela é **simples**. Havendo pluralidade de prestação, a obrigação é **complexa** ou **composta** e se desdobra, então, nas seguintes modalidades:

a) obrigação **cumulativa**;
b) obrigação **alternativa**; e
c) obrigação **facultativa**.

■ **Obrigação simples:** nas obrigações simples, adstritas a apenas uma prestação, ao devedor compete cumprir o avençado, nos exatos termos ajustados. Libera-se entregando ao credor precisamente o objeto devido, não podendo entregar outro, ainda que mais valioso (CC, art. 313).

■ **Obrigação composta com multiplicidade de objetos:**

a) Na modalidade especial de obrigação composta, denominada **cumulativa** ou **conjuntiva**, há uma pluralidade de prestações e **todas devem ser solvidas**, sem exclusão de qualquer uma delas, sob pena de se haver por não cumprida. Nela, há tanto obrigações distintas quanto prestações devidas. Pode-se estipular que o pagamento seja simultâneo ou sucessivo, mas o credor não pode ser compelido "a receber, nem o devedor a pagar, por partes, se assim não se ajustou" (CC, art. 314). As prestações devidas estão ligadas pela partícula ou conjunção copulativa **"e"**, como na obrigação de entregar um veículo *e* um animal, ou seja, os dois, **cumulativamente**. Efetiva-se o seu cumprimento somente pela prestação de todos eles.

b) A obrigação composta com multiplicidade de objetos pode ser, também, **alternativa** ou **disjuntiva**, de maior complexidade que a anteriormente citada. Tem por conteúdo duas ou mais prestações, das quais **uma somente será escolhida** para pagamento ao credor e liberação do devedor. Os objetos estão ligados pela disjuntiva **"ou"**, podendo haver duas ou mais opções. Tal modalidade de obrigação exaure-se com a simples prestação de um dos objetos que a compõem.

c) A obrigação **facultativa** constitui obrigação simples, em que é devida uma única prestação, ficando, porém, **facultado ao devedor** exonerar-se mediante o cumprimento de prestação diversa e predeterminada (*v.* item 3.7.6.1, *infra*).

■ 3.7.2. Conceito de obrigação alternativa

Obrigação alternativa é a que compreende **dois ou mais objetos** e extingue-se com a prestação de apenas um. Segundo Karl Larenz, existe obrigação alternativa quando se devem **várias prestações**, mas, por convenção das partes, somente **uma delas** há de ser cumprida, mediante escolha do credor ou do devedor[41]. Essa alternativa pode estabelecer-se entre duas ou mais coisas, entre dois ou mais fatos ou até entre uma coisa e um fato, por exemplo, a obrigação assumida pela seguradora de, em caso de sinistro, dar outro carro ao segurado ou mandar reparar o veículo danificado, como este preferir[42].

Diziam os romanos que, nas **alternativas ou disjuntivas**, muitas coisas estão na obrigação, porém só uma no pagamento (*plures sunt in obligatione, una autem in solutione*). Malgrado muito já se tenha discutido se nessa espécie há uma única obrigação ou tantos quantos sejam os seus objetos, prevaleceu, na doutrina moderna, a primeira hipótese. As prestações são múltiplas, mas, **efetuada a escolha**, quer pelo devedor, quer pelo credor, individualiza-se a prestação e as demais ficam liberadas, como se, desde o início, fosse a única objetivada na obrigação[43].

Trata-se, pois, de **obrigação única**, com prestações várias, realizando-se, pela escolha, com força retroativa, a concentração numa delas e a consequente exigibilidade, como se fosse simples desde a sua constituição[44]. Se, por exemplo, um dos objetos devidos perecer, não haverá extinção do liame obrigacional, subsistindo o débito quanto ao outro (CC, art. 253)[45].

■ **Obrigação alternativa e obrigação de dar coisa incerta:** diferem as obrigações alternativas das **genéricas** ou de **dar coisa incerta**, embora tenham um ponto

[41] *Derecho de obligaciones*, t. I, p. 167.

[42] Antunes Varela, *Direito das obrigações*, v. I, p. 333-334.

[43] Washington de Barros Monteiro, *Curso de direito civil*, 29. ed., v. 4, p. 112; Alberto Trabuchi, *Instituciones de derecho civil*, v. II, p. 21-22.

[44] Carlos Alberto Bittar, *Direito das obrigações*, p. 66.

[45] Washington de Barros Monteiro, *Curso*, cit., v. 4, p. 108; Alberto Trabucchi, *Instituciones*, cit., v. II, p. 22; Francisco de Paula Lacerda de Almeida, *Obrigações*, p. 92.

comum, que é a indeterminação do objeto, afastada pela escolha, em ambas necessária. Na realidade, são categorias diferentes. Nas primeiras, há **vários objetos**, devendo a escolha recair em apenas um deles; nas de dar coisa incerta, **o objeto é um só**, apenas indeterminado quanto à qualidade. Nestas, a escolha recai sobre a **qualidade** do único objeto existente, enquanto nas obrigações alternativas a escolha recai sobre um dos objetos *in obligatione*.

Pode-se dizer que, na obrigação genérica ou de dar coisa incerta, as partes têm em mira apenas o **gênero**, mais ou menos amplo, em que a prestação se integra (a entrega de um produto ou bem, que pode ser de diversas marcas ou qualidades, como vinho, veículo ou perfume). Na obrigação alternativa, as partes consideram os diversos objetos da obrigação na sua **individualidade** própria (legado de dois veículos pertencentes ao testador, p. ex.)[46]. Pode ocorrer, nos negócios em geral, uma **conjugação entre as duas espécies**, surgindo uma obrigação alternativa e, ao mesmo tempo, de dar coisa incerta: a de entregar dez sacas de milho *ou* dez sacas de café (qualidades indeterminadas), por exemplo. Confira-se:

OBRIGAÇÃO ALTERNATIVA	OBRIGAÇÃO DE DAR COISA INCERTA
■ Tem **vários objetos**, devendo a escolha recair em apenas um deles	■ **O objeto é um só**, apenas indeterminado quanto à qualidade
■ A escolha recai sobre um dos objetos *in obligatione*	■ A escolha recai sobre a **qualidade** do único objeto existente
■ As partes consideram os diversos objetos da obrigação na sua **individualidade** própria	■ As partes têm em mira apenas o **gênero**, mais ou menos amplo, em que a prestação se integra (a entrega de um produto, que pode ser de diversas marcas ou qualidades)

■ **Obrigação alternativa e obrigação condicional:** a obrigação alternativa não se confunde com a **condicional**. Nesta, o devedor não tem certeza ***se*** deve realizar a prestação, pois pode liberar-se pelo não implemento da condição. A obrigação condicional é **incerta quanto ao vínculo obrigacional**. A alternativa, entretanto, não oferece dúvida quanto à existência do referido vínculo. Este já se aperfeiçoou, não dependendo a existência do direito creditório de qualquer acontecimento. **Indeterminado é apenas o objeto da prestação**.

Essa distinção reflete-se não só no problema dos riscos da coisa como também no da existência da própria obrigação. Um legado condicional, por exemplo, caduca se o legatário falecer antes de preenchida a condição. No legado alternativo, isso não sucede, e ele se transmite a herdeiros[47]. Veja-se:

OBRIGAÇÃO ALTERNATIVA	OBRIGAÇÃO CONDICIONAL
■ Não oferece dúvida quanto à existência do vínculo obrigacional	■ É incerta quanto ao vínculo obrigacional. O devedor não tem certeza se deve realizar a prestação, pois pode liberar-se pelo não implemento da condição

46 Antunes Varela, *Direito das obrigações*, cit., v. I, p. 333, nota 24.

47 Manoel Ignácio Carvalho de Mendonça, *Doutrina e prática das obrigações*, t. I, p. 196-197.

■ **Obrigação alternativa e obrigação com cláusula penal:** não se deve também confundir a obrigação alternativa com a obrigação com cláusula penal. Esta tem natureza **subsidiária** e se destina a forçar o devedor a cumprir a obrigação, não existindo senão como acessório para a hipótese de inadimplemento. Não é de sua essência conferir ao credor direito de opção e torna-se nula caso seja nula a obrigação principal.

■ 3.7.3. Direito de escolha

A obrigação alternativa só estará em condições de ser cumprida depois de definido o objeto a ser prestado. Essa definição se dá pelo **ato de escolha**. O primeiro problema, pois, que essa espécie de obrigação suscita é o de saber a quem compete a escolha da prestação.

■ **A quem compete a escolha da prestação?** Nesse ponto, equiparam-se as obrigações alternativas às genéricas ou de dar coisa incerta, pois aplicam-se a ambas as mesmas regras. O Código Civil respeita, em primeiro lugar, a vontade das partes. Em falta de estipulação ou de presunção em contrário, **a escolha caberá ao devedor**. Esse princípio (*favor debitoris*) é tradicional e adotado nas legislações com raízes no direito romano. Nada obsta a que as partes, no exercício da liberdade contratual, atribuam a faculdade de escolha a qualquer uma delas, seja o devedor, seja o credor, ou a um terceiro de confiança de ambos[48].

O direito pátrio, seguindo essa tradição, conferiu o direito de escolha ao **devedor**, "se outra coisa não se estipulou". Preceitua, com efeito, o art. 252 do Código Civil:

> "Nas obrigações alternativas, a escolha cabe ao devedor, se outra coisa não se estipulou."

O dispositivo transcrito tem, pois, caráter **supletivo:** se os contratantes não estipulam a quem caberá o direito de escolha, a lei supre a omissão, deferindo-o ao devedor. Portanto, para que a escolha caiba ao **credor**, é necessário que o **contrato** assim o determine expressamente, embora não se exijam palavras sacramentais. O direito de opção transmite-se a herdeiros, quer pertença ao devedor, quer ao credor.

O direito de escolha não é, todavia, irrestrito, pois o § 1º do citado art. 252 do Código Civil proclama que "não pode o devedor obrigar o credor a receber parte em uma prestação e parte em outra", pois deve uma ou outra. Caso se obrigue a entregar duas sacas de café ou duas sacas de arroz, por exemplo, não poderá compelir seu credor a receber uma saca de café e uma de arroz. O aludido dispositivo legal estabelece a **indivisibilidade do pagamento**.

Quando, no entanto, a obrigação for de **prestações periódicas** (mensais ou anuais, p. ex.), "a faculdade de opção poderá ser exercida em cada período" (CC, art. 252, § 2º). Poderá, assim, em um deles (no primeiro ano, p. ex.) entregar somente sacas de café e no outro somente sacas de arroz, e assim sucessivamente. Também nessa hipótese não poderá dividir o objeto da prestação.

---

48 Antunes Varela, *Direito das obrigações*, cit., v. I, p. 335.

Escolha deferida a terceiro: podem as partes, como já foi dito, estipular que a escolha se faça pelo credor ou deferir a opção a terceiro, que, neste caso, atuará na condição de **mandatário comum**. Se este não puder ou não quiser aceitar a incumbência, "caberá **ao juiz** a escolha se não houver acordo entre as partes". Essa regra, constante do art. 252, § 4º, constitui inovação do Código Civil de 2002, suprindo omissão do diploma anterior[49].

Outra inovação elogiável é a que consta do § 3º do referido dispositivo legal, segundo o qual, em caso "de pluralidade de optantes, não havendo acordo unânime entre eles, decidirá o juiz, findo o prazo por este assinado para a deliberação".

Não é aplicável à escolha da prestação, nas obrigações alternativas, o princípio jurídico do *meio-termo* ou da *qualidade média*: o titular do direito de escolha pode optar livremente por qualquer das prestações *in obligatione*, porque todas elas cabem no círculo das prestações previstas pelas partes[50].

Escolha por sorteio: admite-se também que a escolha da prestação, nas obrigações alternativas, seja determinada por sorteio, invocando-se para tanto o art. 817 do Código Civil, que assim dispõe: "O sorteio para dirimir questões ou dividir coisas comuns considera-se sistema de partilha ou processo de transação, conforme o caso".

3.7.4. A concentração

Cientificada a escolha, dá-se a **concentração**, ficando determinado, de modo definitivo, sem possibilidade de retratação unilateral, o objeto da obrigação. As prestações *in obligatione* reduzem-se a uma só, e a obrigação torna-se **simples**. Só será devido o objeto escolhido, como se fosse ele o único, desde o nascimento da obrigação. Com efeito, a concentração retroage ao momento da formação do vínculo obrigacional, porque todas as prestações alternativas se achavam já *in obligatione*[51].

Não se exige forma especial para a comunicação. Basta a **declaração unilateral da vontade**, sem necessidade da aceitação. Comunicada a escolha, a obrigação se concentra no objeto determinado, não podendo mais ser exercido o *jus variandi*. Torna-se ela definitiva e irrevogável[52], salvo se em contrário dispuserem as partes ou a lei[53]. Todavia, na falta de comunicação, o direito de mudar a escolha pode ser

[49] A omissão do Código Civil de 1916 possibilitava o entendimento de que, se o terceiro não pudesse ou não quisesse aceitar a incumbência, ficaria sem efeito o contrato, salvo quando acordassem os contraentes designar outra pessoa, aplicando-se, por analogia, o critério estabelecido no art. 1.123 do mencionado diploma para a fixação do preço por terceiro no contrato de compra e venda. Outros, no entanto, entendiam, sem respaldo no ordenamento jurídico e alicerçados apenas na equidade, que, nesse caso, a escolha seria deferida ao juiz. Esse respaldo legal agora existe (art. 252, § 4º, do novo CC, que expressamente acolheu tal entendimento).

[50] Antunes Varela, *Direito das obrigações*, cit., v. I, p. 336-337.

[51] Manoel Ignácio Carvalho de Mendonça, *Doutrina*, cit., p. 199.

[52] Alberto Trabucchi, *Instituciones*, cit., v. II, p. 22; Von Tuhr, *Tratado de las obligaciones*, t. I, p. 54, notas 4 e 5; Manoel Ignácio Carvalho de Mendonça, *Doutrina*, cit., t. I, p. 201, n. 78.

[53] Álvaro Villaça Azevedo, *Teoria*, cit., p. 80; Washington de Barros Monteiro, *Curso*, cit., v. 4, p. 117.

exercido pelo devedor até o momento de executar a obrigação, e pelo credor, até o momento em que propõe a ação de cobrança[54].

O contrato deve estabelecer prazo para o exercício da opção. Se não o fizer, o devedor será **notificado**, para efeito de sua constituição em mora. Esta não o priva, entretanto, do direito de escolha, salvo se a convenção dispuser que passa ao credor. Constituído o devedor em mora, o **credor** poderá intentar ação (processo de conhecimento) para obter **sentença judicial alternativa**, cuja execução se fará pelo rito do art. 800 do Código de Processo Civil, que assim dispõe: "Nas obrigações alternativas, quando a escolha couber ao devedor, esse será citado para exercer a opção e realizar a prestação dentro de 10 (dez) dias, se outro prazo não lhe foi determinado em lei ou em contrato"[55].

Acrescentam os §§ 1º e 2º do referido dispositivo legal: "§ 1º Devolver-se-á ao credor a opção, se o devedor não a exercer no prazo determinado. § 2º A escolha será indicada na petição inicial da execução quando couber ao credor exercê-la".

Se ao credor competir a escolha e este não a fizer no prazo estabelecido no contrato, poderá o devedor propor **ação consignatória**. Dispõe o art. 342 do Código Civil que será ele citado para efetuar a opção, "sob cominação de perder o direito e de ser depositada a coisa que o devedor escolher". A **negligência**, tanto do devedor como do credor, pode acarretar, pois, a **decadência do direito de escolha**.

3.7.5. Impossibilidade das prestações

A questão que ora se propõe é a dos reflexos que podem decorrer, para as partes, da impossibilidade, originária ou superveniente, das prestações colocadas sob alternativa ou opção de escolha.

a) Hipótese de escolha do devedor

- **Impossibilidade material:** dispõe o art. 253 do Código Civil:

> "Se uma das duas prestações não puder ser objeto de obrigação ou se tornada inexequível, subsistirá o débito quanto à outra."

Prevê-se, nesse caso, a hipótese da impossibilidade originária ou da impossibilidade superveniente de uma das prestações, por causa não imputável a nenhuma das partes. Cuida-se de **impossibilidade material**, decorrente, por exemplo, do fato de não mais se fabricar uma das coisas que o devedor se obrigou a entregar ou de uma delas ser um imóvel que foi desapropriado. A obrigação, nesse caso, **concentra-se** automaticamente, independente da vontade das partes, na **prestação remanescente**, deixando de ser complexa para se tornar simples.

- **Impossibilidade jurídica:** se a impossibilidade é **jurídica**, por ilícito um dos objetos (praticar um crime, p. ex.), toda a obrigação fica contaminada de **nulidade**,

[54] Washington de Barros Monteiro, *Curso*, cit., v. 4, p. 116.

[55] "Tratando-se de título que consagra obrigação alternativa com escolha a cargo do devedor, impõe-se a observância do art. 571 do Código de Processo Civil [atual art. 800] no que concerne ao procedimento da execução" (*RTJ*, 123/718).

sendo inexigíveis ambas as prestações. Se uma delas, desde o momento da celebração da avença, não puder ser cumprida em razão de impossibilidade física, será alternativa apenas na aparência, constituindo, na verdade, uma obrigação simples[56].

■ **Impossibilidade superveniente:** quando a impossibilidade de uma das prestações é superveniente e **inexiste culpa do devedor**, dá-se a concentração da dívida na outra ou nas outras. Assim, por exemplo, caso alguém se obrigue a entregar um veículo ou um animal e este último venha a morrer depois de atingido por um raio, concentrar-se-á o débito no veículo. Mesmo que o perecimento decorra de **culpa do devedor**, competindo a ele a escolha, poderá concentrá-la na prestação remanescente.

Se a impossibilidade for de **todas as prestações, sem culpa do devedor**, "extinguir-se-á a obrigação" por falta de objeto, sem ônus para este (CC, art. 256). A solução é a mesma já analisada a respeito das obrigações de dar, fazer ou não fazer: a obrigação se extingue, pura e simplesmente. Se houver **culpa do devedor**, cabendo-lhe a escolha, ficará obrigado "a pagar o valor da que por último se impossibilitou, mais as perdas e danos que o caso determinar" (CC, art. 254). Isso porque, com o perecimento do primeiro objeto, se concentrou o débito no que por último pereceu.

b) Hipótese de escolha do credor

Mas, se a escolha couber ao **credor**, pode este exigir o valor de qualquer das prestações (e não somente da que por último pereceu, pois a escolha é sua), além das perdas e danos. Assevera Silvio Rodrigues que a solução da lei é extremamente lógica, pois o credor tinha a legítima expectativa de eleger qualquer uma das prestações e, se todas pereceram, o mínimo que se lhe pode deferir é o direito de pleitear o valor de qualquer delas, mais a indenização pelo prejuízo experimentado pelo ato censurável do devedor, que sofre apenas as consequências de seu comportamento culposo[57].

Se somente **uma das prestações** se tornar impossível por **culpa do devedor**, cabendo ao credor a escolha, terá este direito de exigir ou **a prestação subsistente** ou o **valor da outra**, com **perdas e danos** (CC, art. 255). Nesse caso, o credor não é obrigado a ficar com o objeto remanescente, pois a escolha era sua. Pode dizer que pretendia escolher justamente o que pereceu, optando por exigir seu valor, mais as perdas e danos. Na hipótese *supra*, pode alegar, por exemplo, que não tem onde guardar o animal, se este for o remanescente, e exigir o valor do veículo que pereceu, mais perdas e danos.

■ 3.7.6. Obrigações facultativas

■ *3.7.6.1. Conceito*

Os doutrinadores mencionam uma espécie *sui generis* de obrigação alternativa, a que denominam **facultativa** ou **com faculdade alternativa**[58]. Trata-se de obrigação

[56] Álvaro Villaça Azevedo, *Teoria*, cit., p. 82-83; Washington de Barros Monteiro, *Curso*, cit., v. 4, p. 119.

[57] *Direito civil*, v. 2, p. 51.

[58] Enneccerus-Kipp-Wolff, Derecho de obligaciones, in *Tratado de derecho civil*, v. 1, p. 114; Alberto Trabucchi, *Instituciones*, cit., v. II, p. 23.

simples, em que é devida uma única prestação, ficando, porém, **facultado ao devedor**, e só a ele, exonerar-se mediante o cumprimento de prestação diversa e predeterminada. É obrigação com faculdade de substituição. O credor só pode exigir a prestação obrigatória, que se encontra *in obligatione* (*una res in obligatione, plures autem in facultate solutionis*).

Essa faculdade pode derivar de **convenção** especial ou de expressa **disposição de lei**. São desta última categoria, por exemplo, a faculdade que compete ao comprador, no caso de lesão enorme, de completar o justo preço em vez de restituir a coisa (CC, art. 157, § 2º); a concedida ao dono do prédio serviente, de exonerar-se da obrigação de fazer todas as obras necessárias à conservação e uso de uma servidão, abandonando, total ou parcialmente, a propriedade ao dono do dominante (art. 1.382); e a deferida ao dono da coisa perdida e achada por outrem, de abandoná-la, para exonerar-se da obrigação de pagar recompensa e indenizar despesas ao descobridor.

Inúmeras são as situações em que se pode estabelecer, **contratualmente**, a faculdade alternativa. Podem ser lembradas, como exemplos, a do vendedor que se obriga a entregar determinado objeto (um veículo ou um animal, p. ex.), ficando-lhe facultado substituí-lo por prestação do equivalente em dinheiro; e a do arrendatário, obrigado a pagar o aluguel, que pode exonerar-se entregando frutos ao credor em vez de moedas[59].

Pode-se afirmar, em face do exposto, que obrigação facultativa é aquela que, **tendo por objeto uma só prestação, concede ao devedor a faculdade de substituí-la por outra**. Como preleciona Álvaro Villaça Azevedo, vista a obrigação facultativa pelo prisma do credor, que pode, tão somente, exigir o objeto da prestação obrigatória, seria ela simples (*um único objeto sendo exigido por um único credor de um único devedor*). Observada pelo ângulo do devedor, que pode optar entre a prestação do objeto principal ou do facultativo, mostra-se ela como uma **obrigação alternativa** *sui generis*[60].

O Código Civil brasileiro não trata das obrigações facultativas, visto que, praticamente, não deixam elas de ser alternativas para o devedor e simples para o credor, que só pode exigir daquele o objeto principal. O Código Civil argentino, ao contrário, dedica-lhe nada menos do que nove artigos (643 a 651).

■ 3.7.6.2. Características e efeitos

Na obrigação facultativa, **não há escolha pelo credor**, que só pode exigir a prestação devida. Não há, em consequência, necessidade de citar o devedor para, previamente, exercer a sua opção, como sucede nas obrigações alternativas, em que a escolha da prestação compete ao devedor (CPC, art. 800). Este, por sua vez, ao contrário do que ocorre com a **dação em pagamento**, não necessita do consentimento do

---

[59] Karl Larenz, *Derecho de obligaciones*, cit., t. I, p. 171.

[60] *Teoria*, cit., p. 50.

credor para realizar uma prestação diferente da prestação devida. A substituição se funda no direito potestativo, que lhe confere a cláusula onde se estipulou a faculdade alternativa[61].

- **Obrigações facultativas e alternativas: semelhanças** — as obrigações facultativas apresentam certas semelhanças com as obrigações alternativas, sendo aquelas, em realidade, uma espécie do gênero destas, um tipo *sui generis* de obrigação alternativa, sob certos aspectos, ao menos do ponto de vista do devedor, que escolhe entre uma ou outra solução da obrigação.
- **Obrigações facultativas e alternativas: diferenças** — malgrado a semelhança apontada, diferem as obrigações alternativas das facultativas não só na questão da **escolha** mas também nos efeitos da **impossibilidade da prestação**[62]. Se perece o único objeto *in obligatione*, sem culpa do devedor, resolve-se o vínculo obrigacional, não podendo o credor exigir a prestação acessória. Assim, por exemplo, se o devedor se obriga a entregar um animal, ficando-lhe facultado substituí-lo por um veículo, e o primeiro (único objeto que o credor pode exigir) é fulminado por um raio, vindo a falecer, extingue-se por inteiro a obrigação daquele, não podendo este exigir a prestação *in facultate solutionis*, ou seja, a entrega do veículo[63].

A obrigação **alternativa**, no entanto, extingue-se somente com o perecimento de todos os objetos e será válida caso apenas uma das prestações esteja eivada de vício, permanecendo eficaz a outra. A obrigação **facultativa** restará totalmente inválida se houver defeito na obrigação principal, mesmo que não o haja na acessória. Desse modo, se a prestação devida for originariamente impossível ou nula por qualquer outra razão, a obrigação (com *facultas alternativas*) não se concentra na prestação substitutiva, que o devedor pode realizar como meio de se desonerar. A obrigação será, nesse caso, nula, por nula ser a única prestação debitória.

Da mesma forma, caso a impossibilidade da prestação devida seja superveniente (*v.* exemplo *supra*, do raio que fulmina o animal), a obrigação **não se concentrará na segunda prestação**, como sucede nas obrigações alternativas, por força do preceituado no art. 253. A obrigação considerar-se-á, nesse caso, como já dito, **extinta**, se a impossibilidade não resultar de causa imputável ao devedor. Caso a impossibilidade, quer originária, quer superveniente, refira-se à segunda prestação, a obrigação manter-se-á em relação à prestação devida, apenas desaparecendo para o devedor a possibilidade prática de substituí-la por outra[64].

Caso o devedor cumpra a prestação **desconhecendo a faculdade de substituição** que o favorece, não se pode afirmar que o cumprimento realizado careça

---

61 Antunes Varela, *Direito das obrigações*, cit., t. I, p. 339.

62 Álvaro Villaça Azevedo, *Teoria*, cit., p. 48-49; Antunes Varela, *Direito das obrigações*, cit., v. I, p. 339.

63 Nesse sentido, a lição de Alexandre Corrêa e Gaetano Sciascia (*Manual de direito romano*, p. 167).

64 Antunes Varela, *Direito das obrigações*, cit., v. I, p. 339-340.

de fundamento jurídico. Nessa hipótese, não se lhe reconhece direito algum de repetição[65].

Das diferenças apontadas, decorrem os seguintes **consectários:**

a) o credor só pode pedir a coisa propriamente devida;

b) se, na obrigação alternativa, uma das prestações consistir em fato ilícito, coisa fora do comércio ou inexistente, a obrigação se projeta sobre a outra prestação devida, permanecendo subsistente, ao passo que, na obrigação facultativa, ela se torna nula, por se transformar numa obrigação sem objeto;

c) perecendo a coisa devida, na obrigação facultativa fica o devedor inteiramente desonerado; a obrigação fica igualmente sem objeto[66].

Não se mostra correta, todavia, a afirmação de que "se, na obrigação alternativa, uma das prestações consistir em fato ilícito (...) a obrigação se projeta sobre a outra prestação devida, permanecendo subsistente...". Confira-se, a propósito, a lição de Álvaro Villaça Azevedo no item 3.7.5, *retro*, nota de rodapé n. 56.

A propósito, enfatiza Washington de Barros Monteiro[67]: "Se a obrigação, porém, sob aparente alternativa, mascara alguma prestação ilícita, reforçada pela inserção de cláusula penal, nula será a estipulação. Considere-se exemplo ministrado por HUC: alguém se obriga a prestar falso juramento ou a pagar certa quantia; ou, então, no exemplo de Alves Moreira: Antônio obriga-se a fazer contrabando com Pedro, ou a dar a este duzentos escudos. Em ambos os casos a obrigação é nula, por ilícito ou imoral seu objeto. A invocação de cláusula penal, sob o aspecto de alternativa, é mero expediente, a ser considerado como estipulação acessória, cuja sorte está presa à principal; se esta é nula, nula será igualmente a pena convencional".

3.7.7. Resumo

OBRIGAÇÕES ALTERNATIVAS	
CONCEITO	■ A obrigação alternativa é composta pela multiplicidade de objetos. Tem por conteúdo duas ou mais prestações, das quais somente uma será escolhida para pagamento ao credor e liberação do devedor. Os objetos são ligados pela disjuntiva "ou". Difere da **cumulativa**, em que também há uma pluralidade de prestações, mas todas devem ser solvidas.
DIREITO DE ESCOLHA	■ O direito de escolha caberá ao devedor, "se outra coisa não se estipulou" (CC, art. 252). Pode ainda a opção ser deferida a terceiro, de comum acordo. Se este não aceitar a incumbência, "caberá ao juiz a escolha se não houver acordo entre as partes" (art. 252, § 4º).
CONSEQUÊNCIAS DO INADIMPLEMENTO	■ As consequências do inadimplemento encontram-se reguladas nos arts. 253, 254, 255 e 256, que assim dispõem: "Art. 253. Se uma das duas prestações não puder ser objeto de obrigação ou se tornada inexequível, subsistirá o débito quanto à outra." "Art. 254. Se, por culpa do devedor, não se puder cumprir nenhuma das prestações, não competindo ao credor a escolha, ficará aquele obrigado a pagar o valor da que por último se impossibilitou, mais as perdas e danos que o caso determinar."

65 Von Tuhr, *Tratado*, cit., p. 56.

66 Lacerda de Almeida, *Obrigações*, cit., p. 94; Serpa Lopes, *Curso*, cit., v. II, p. 88.

67 *Curso de direito civil*, 38. ed., São Paulo: Saraiva, v. 4, p. 148.

CONSEQUÊNCIAS DO INADIMPLEMENTO	"Art. 255. Quando a escolha couber ao credor e uma das prestações tornar-se impossível por culpa do devedor, o credor terá direito de exigir a prestação subsistente ou o valor da outra, com perdas e danos; se, por culpa do devedor, ambas as prestações se tornarem inexequíveis, poderá o credor reclamar o valor de qualquer das duas, além da indenização por perdas e danos." "Art. 256. Se todas as prestações se tornarem impossíveis sem culpa do devedor, extinguir-se-á a obrigação."
OBRIGAÇÃO FACULTATIVA	■ É espécie *sui generis* de obrigação alternativa. Trata-se de obrigação simples, em que é devida uma única prestação, ficando, porém, **facultado ao devedor**, e só a ele, exonerar-se mediante o cumprimento de prestação diversa e predeterminada. É obrigação com faculdade de substituição. O credor só pode exigir a prestação obrigatória, que se encontra *in obligatione*.
OBRIGAÇÃO ALTERNATIVA E OBRIGAÇÃO FACULTATIVA	■ Na obrigação facultativa, se perece o único objeto *in obligatione*, sem culpa do devedor, resolve-se o vínculo obrigacional, não podendo o credor exigir a prestação acessória. A obrigação **alternativa**, no entanto, extingue-se somente com o perecimento de todos os objetos e será válida se apenas uma das prestações estiver eivada de vício, permanecendo eficaz a outra.

■ 3.8. DAS OBRIGAÇÕES DIVISÍVEIS E INDIVISÍVEIS

■ 3.8.1. Conceito

Quando, na obrigação, concorrem um só credor e um só devedor, ela é **única** ou **simples**. As obrigações **divisíveis** e **indivisíveis**, porém, são **compostas da multiplicidade de sujeitos**. Nelas, há um desdobramento de pessoas no polo ativo ou passivo ou mesmo em ambos, passando a existir tanto obrigações distintas quanto as pessoas dos devedores ou dos credores. Nesse caso, cada credor só pode exigir a sua **quota** e cada devedor só responde pela **parte respectiva** (CC, art. 257).

O Código Civil de 2002, embora tenha se omitido em relação à obrigação divisível, conceituou a **indivisível** no art. 258, revelando a íntima relação existente entre essa questão e o objeto das obrigações. Dispõe, com efeito, o aludido dispositivo:

> "Art. 258. A obrigação é indivisível quando a prestação tem por objeto uma coisa ou um fato não suscetíveis de divisão, por sua natureza, por motivo de ordem econômica, ou dada a razão determinante do negócio jurídico."

A exegese, *a contrario sensu*, desse artigo permite afirmar que a obrigação é **divisível** quando tem por objeto uma coisa ou um fato suscetível de divisão.

As obrigações divisíveis e indivisíveis, como foi dito, são compostas pela **multiplicidade de sujeitos**. Tal classificação só oferece interesse jurídico havendo **pluralidade de credores ou de devedores**, pois, existindo um único devedor obrigado a um só credor, a obrigação é indivisível, isto é, a prestação deverá ser cumprida por inteiro, seja divisível, seja indivisível o seu objeto. Na realidade, havendo um só credor e um só devedor, seria irrelevante averiguar se a prestação é ou não divisível, visto que, segundo o art. 314 do Código Civil, divisível ou não, o credor não pode ser obrigado a receber nem o devedor a pagar, por partes, se assim não se ajustou.

Assevera Álvaro Villaça Azevedo "que a divisibilidade ou indivisibilidade decorre, principal e diretamente, da possibilidade ou não de fracionamento do **objeto da presta-**

ção, e não desta"[68]. Também Serpa Lopes afirma que, na pesquisa de um critério distintivo entre obrigações divisíveis e indivisíveis, inquestionavelmente, o melhor caminho é o traçado pelos romanistas modernos, que "se fundaram no **objeto** da obrigação"[69].

Essa a concepção adotada no Código Civil de 2002, ao proclamar, no art. 258 retrotranscrito, que "a obrigação é indivisível quando a prestação tem por objeto uma coisa ou um fato não suscetíveis de divisão". Assim, se dois devedores prometem entregar duas sacas de café, a obrigação é divisível, devendo cada qual uma saca. Se, no entanto, o objeto for um cavalo ou um relógio, a obrigação será indivisível, pois não podem fracioná-los.

Por essa razão, pode-se conceituar obrigação divisível e indivisível com base na noção de **bem divisível e indivisível** (CC, arts. 87 e 88). **Bem divisível** é o que se pode fracionar sem alteração na sua substância, diminuição considerável de valor ou prejuízo do uso a que se destina (art. 87). Partindo-se um relógio em duas partes, cada uma delas não marcará as horas. O mesmo não acontece se for dividida, por exemplo, uma saca de milho entre dois indivíduos. Após a divisão, o objeto continua a existir em sua essência.

3.8.2. Espécies de indivisibilidade

Na atualidade, predomina o entendimento, em doutrina, de que, para a divisibilidade ou indivisibilidade da obrigação, são decisivas, em primeiro lugar, a **natureza** da obrigação, em segundo lugar, a **lei** e, finalmente, a **vontade das partes**[70].

Preleciona, com efeito, Lacerda de Almeida que "a lei pode, por considerações especiais, atribuir o caráter de indivisibilidade a uma prestação divisível por natureza; pode-o também até certo ponto a vontade do homem. Assim temos três causas de indivisibilidade para as obrigações: 1ª) a **natureza da prestação**; 2ª) **disposição de lei**; 3ª) **vontade do homem** (expressa em testamento ou em contrato). A primeira espécie constitui a indivisibilidade propriamente dita; as duas últimas são apenas *exceções* à divisibilidade"[71]. Senão, vejamos:

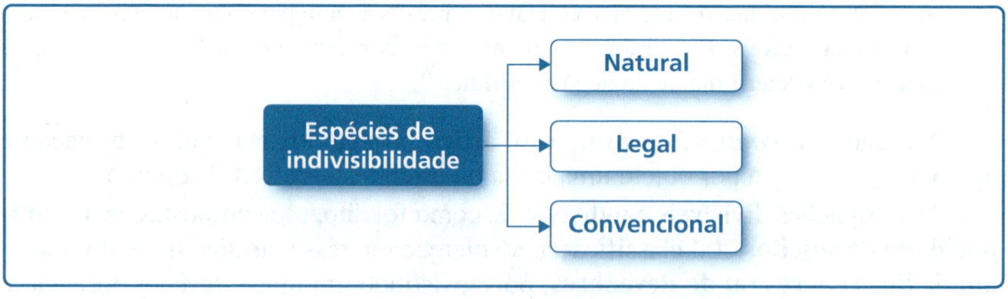

[68] *Teoria geral das obrigações*, p. 88-89.

[69] *Curso de direito civil*, v. II, p. 111.

[70] Roberto de Ruggiero, *Instituições de direito civil*, v. III, p. 27; Washington de Barros Monteiro, *Curso*, cit., v. 4, p. 135; Antunes Varela, *Direito das obrigações*, cit., v. I, p. 341; Serpa Lopes, *Curso*, cit., v. II, p. 113; Manoel Ignácio Carvalho de Mendonça, *Doutrina e prática das obrigações*, t. I, p. 280.

[71] *Obrigações*, cit., p. 114.

- **Indivisibilidade natural:** é a mais frequente, porque resulta da **natureza do objeto** da prestação. Pode-se dizer que a obrigação é indivisível por natureza quando o objeto da prestação não pode ser fracionado sem prejuízo da sua substância ou de seu valor. São assim naturalmente indivisíveis as obrigações de entregar um animal, um relógio, um documento, uma obra literária (ainda que em vários volumes) etc.
- **Indivisibilidade legal:** na segunda hipótese, malgrado o objeto seja naturalmente divisível, a indivisibilidade da prestação **decorre da lei**. O Estado, algumas vezes, em atenção ao interesse público ou social, impede a divisão da coisa, como sucede com dívidas de alimentos, áreas rurais de dimensões inferiores ao módulo regional, pequenos lotes urbanos, bem como com certos direitos reais, como a servidão, o penhor e a hipoteca.
- **Indivisibilidade convencional:** por vezes, ainda, a indivisibilidade da obrigação resulta de estipulação ou **convenção das partes** (indivisibilidade subjetiva). São obrigações cuja prestação é perfeitamente fracionável, sem prejuízo da sua substância ou do seu valor, mas em que as partes, de comum acordo, afastam a possibilidade de cumprimento parcial. A intenção das partes, nesses casos, mostra-se decisiva para a conversão da obrigação em indivisível[72].

Admite-se, ainda, a **indivisibilidade judicial**, que ocorre, por exemplo, na obrigação de indenizar, nos acidentes do trabalho cuja indenização deve ser paga por inteiro à mãe, embora o pai não a pleiteie.

3.8.3. Efeitos da divisibilidade e da indivisibilidade da prestação

Se a obrigação é **divisível**, presume-se esta "dividida em tantas obrigações, iguais e distintas, quantos os credores, ou devedores" (CC, art. 257).

Cada devedor só deve a sua quota-parte. A insolvência de um não aumentará a quota dos demais. Havendo vários credores e um só devedor, cada credor receberá somente a sua parte. Assim, se alguém se obriga a entregar duas sacas de café a dois credores, cada credor receberá uma saca.

O Código Civil, ao estabelecer o regime jurídico das obrigações **indivisíveis**, distingue entre a hipótese de serem vários os **devedores** e a de serem dois ou mais os **credores**.

3.8.3.1. Pluralidade de devedores

Proclama o novo Código Civil:

"Art. 259. Se, havendo dois ou mais devedores, a prestação não for divisível, cada um será obrigado pela dívida toda.

[72] Roberto de Ruggiero, *Instituições*, cit., v. III, p. 27-28; Antunes Varela, *Direito das obrigações*, cit., v. I, p. 341-342; Washington de Barros Monteiro, *Curso*, cit., v. 4, p. 135-136; Lacerda de Almeida, *Obrigações*, cit., p. 115-116; Manoel Ignácio Carvalho de Mendonça, *Doutrina*, cit., t. I, p. 281-282.

Parágrafo único. O devedor, que paga a dívida, sub-roga-se no direito do credor em relação aos outros coobrigados."

Em geral, a prestação é distribuída rateadamente entre as partes. O benefício e o ônus, inerentes à relação obrigacional, devem ser repartidos; cada credor tem direito a uma parte, como cada devedor responde apenas pela sua quota. Essa regra sofre, contudo, duas importantes **exceções:**

a) a da **indivisibilidade**; e

b) a da **solidariedade**.

Numa e noutra, embora concorram várias pessoas, cada credor tem direito de reclamar a prestação **por inteiro**, e cada devedor responde também pelo todo[73].

Assim, quando a obrigação é **indivisível** (entregar um animal ou um veículo, p. ex.) e há pluralidade de devedores, "cada um será obrigado pela dívida toda" (CC, art. 259). Mas somente **porque o objeto não pode ser dividido**, sob pena de perecer ou perder a sua substância. Por isso, o que paga a dívida "sub-roga-se no direito do credor em relação aos outros coobrigados" (parágrafo único), dispondo de **ação regressiva** para cobrar a quota-parte de cada um destes.

Nas relações entre credores e devedores, o efeito que produz a obrigação indivisível é este: **cada devedor é obrigado pela dívida toda**. A solidariedade ou a obrigatoriedade pelo todo, porém, é meramente de fato na relação de obrigação indivisível, tendente a desaparecer caso a prestação se resolva em **perdas e danos** (CC, art. 263), diversamente do que ocorre com a obrigação solidária, que conserva a sua natureza em ocorrendo o mesmo fenômeno (art. 271).

Isso não significa que o credor só pode acionar o devedor único em condições de satisfazer a prestação, porque a obrigação é de todos e tem aquele a faculdade de **acionar a coletividade** para obter uma condenação divisível, mas pagamento total, considerada a natureza da prestação.

Nas relações dos **devedores entre si**, restabelece-se a igualdade entre os coobrigados em dívida indivisível pela regra legal: o que a paga, **sub-roga-se** no direito do credor em relação aos outros (CC, art. 259, parágrafo único). Assim, por uma ficção jurídica, extingue-se o crédito com o pagamento em face do credor, e não do devedor. O que satisfez a obrigação assume o lugar do credor satisfeito, para exigir dos outros a parte que lhe cabe. Trata-se de hipótese de **sub-rogação legal**, aplicando o Código Civil o disposto no art. 346, III.

O devedor, demandado por obrigação indivisível, não pode exigir que o credor acione conjuntamente todos os codevedores. Qualquer deles, à escolha do autor, pode ser demandado isoladamente pela **dívida inteira**. Ressalva-se apenas ao devedor, que solve sozinho o débito por inteiro, sub-rogação dos direitos creditórios, a fim de reaver dos consortes as quotas respectivas[74].

---

[73] Washington de Barros Monteiro, *Curso*, cit., v. 4, p. 137.

[74] Washington de Barros Monteiro, *Curso*, cit., v. 4, p. 143.

O devedor, sub-rogado nos direitos do credor, não pode pretender, na via de regresso, nada além da soma que tiver desembolsado para desobrigar os outros devedores, deduzida a quota que lhe compete (CC, art. 350). Em caso de pagamento apenas parcial da dívida por um dos devedores, mediante acordo com o credor, não se pode negar o direito ao *solvens* de voltar-se contra os demais coobrigados, pela quantia que pagou, se superior à sua quota.

■ 3.8.3.2. Pluralidade de credores

■ 3.8.3.2.1. Regra geral

Dispõe o Código Civil:

"Art. 260. Se a pluralidade for dos credores, poderá cada um destes exigir a dívida inteira; mas o devedor ou devedores se desobrigarão, pagando:

I — a todos conjuntamente;

II — a um, dando este caução de ratificação dos outros credores."

Como já foi dito, nas obrigações indivisíveis, embora concorram várias pessoas, **cada credor tem direito de reclamar a prestação por inteiro** e cada devedor responde também pelo todo.

A rigor, nas obrigações divisíveis e nas indivisíveis, cada devedor só deve a sua quota. Nas últimas, porém, pode ser compelido a cumpri-la por inteiro **somente porque o objeto da prestação é indivisível**, sob pena de alteração na sua substância, perecimento ou perda do valor econômico. Sendo indivisível a obrigação (de entregar um cavalo, p. ex.), o pagamento deve ser oferecido **a todos** conjuntamente. Nada obsta, todavia, que se exonere o devedor pagando a dívida integralmente **a um dos credores**, desde que autorizado pelos demais, ou que, na falta dessa autorização, dê esse credor **caução de ratificação** dos demais credores (CC, art. 260, I e II). Não havendo essa garantia, o devedor deverá, após constituí-los em mora, promover o depósito judicial da coisa devida[75]. Se só um deles se recusa a receber, a sua negativa não induz mora dos demais.

Se um só dos credores receber sozinho o cavalo mencionado no exemplo *supra*, poderá cada um dos demais exigir desse credor a parte que lhe competir, **em dinheiro**. Assim, sendo três os credores e valendo R$ 30.000,00, por exemplo, o animal recebido por um dos credores, ficará o que recebeu obrigado, junto aos outros dois, ao pagamento, a cada um deles, da soma de R$ 10.000,00[76].

Tendo cada credor o direito de exigir do devedor a execução da obrigação por inteiro, tem, em consequência, qualidade para lhe dar, igualmente, pelo todo, uma **quitação**, que será **oponível aos outros credores**, para com os quais ficará liberado tanto

---

[75] Maria Helena Diniz, *Curso*, cit., v. 2, p. 149; Tito Fulgêncio, *Do direito*, cit., p. 219.

[76] Álvaro Villaça Azevedo, *Teoria*, cit., p. 92.

quanto como aquele a quem fez o pagamento total[77]. Verifica-se, portanto, que, em vez de exigir que todos os credores de obrigação indivisível se reúnam para cobrar o seu cumprimento, por somente em conjunto lhes ser lícito exigir a prestação, o art. 260 do Código Civil, retrotranscrito, permite que cada um dos credores, por si só, assim o faça.

3.8.3.2.2. *Recebimento da prestação por inteiro por um só dos credores*

Preceitua o art. 261 do Código Civil:

> "Se um só dos credores receber a prestação por inteiro, a cada um dos outros assistirá o direito de exigir dele em dinheiro a parte que lhe caiba no total."

Em face do concurso ativo, efetuado o pagamento a um só dos credores, torna-se evidente que recebeu este não só a sua parte na dívida como as dos demais credores. Se não repassá-las a estes, em dinheiro ou em espécie, quando possível, experimentará um inadmissível enriquecimento sem causa. Assim, se recebeu a prestação por inteiro (um quadro ou uma servidão, p. ex.), dando caução de ratificação dos outros credores, **deve a estes, em dinheiro**, o correspondente à quota de cada um.

Consoante preceitua o art. 328 do Código de Processo Civil, na obrigação indivisível com pluralidade de credores, "aquele que não participou do processo receberá sua parte, deduzidas as despesas na proporção de seu crédito". Desse modo, a propositura da ação aproveitará a todos, sendo que o credor que dela não participou **receberá a sua parte**, desde que contribua para as despesas na proporção de seu crédito.

3.8.3.2.3. *Remissão da dívida por um dos credores*

Ainda no concernente à obrigação indivisível com pluralidade de credores, prescreve o Código Civil:

> "Art. 262. Se um dos credores remitir a dívida, a obrigação não ficará extinta para com os outros; mas estes só a poderão exigir, descontada a quota do credor remitente.
>
> Parágrafo único. O mesmo critério se observará no caso de transação, novação, compensação ou confusão."

Na hipótese versada no aludido dispositivo, se um dos credores **remitir**, isto é, **perdoar** a dívida, não ocorrerá a extinção da obrigação com relação aos demais credores. Estes, entretanto, não poderão exigir o objeto da prestação se não pagarem a vantagem obtida pelos devedores, ou seja, **o valor da quota do credor que a perdoou**.

Clóvis Beviláqua esclarece a questão com o seguinte exemplo: o objeto da obrigação é dar um cavalo a três credores, sendo que um deles remite a dívida. Os outros dois exigem pagamento, que só poderá ser feito mediante a entrega, pelo devedor, do cavalo devido. Assim, se o animal vale R$ 30.000,00, a quota do credor remitente é de R$ 10.000,00. Os outros dois somente poderão exigir a entrega daquele **se pagarem**

[77] Demolombe, apud Tito Fulgêncio, *Do direito*, cit., p. 219-220.

R$ 10.000,00 ao devedor. Pois, se não o fizerem, locupletar-se-ão com o alheio. A parte do credor que perdoou a dívida deve, portanto, ser oportunamente descontada[78].

Não é absoluta a regra do desconto da quota do credor remitente, sem restrição alguma, pois a sua aplicação supõe uma vantagem efetiva, da qual se aproveitam os outros credores. Caso, porém, **não exista benefício real**, ou seja, se os demais credores nada lucraram a mais do que obteriam se não houvesse a remissão, nada há para se descontar ou embolsar. Mourlon, invocado por Tito Fulgêncio[79], exemplifica, a propósito: "deveis uma servidão de vista a Primus, Secundus e Tertius, coproprietários de uma casa, e Primus vos fez remissão da dívida. Os outros dois credores não vos devem indenização nenhuma, porque a remissão, que vos foi feita pelo cocredor não lhes aproveita em coisa alguma. Sejam dois, ou sejam três, a ver sobre o prédio serviente, o resultado quanto a estes em nada se mudou".

■ 3.8.3.2.4. *Casos de transação, novação, compensação e confusão*

Aduz o parágrafo único do art. 262 retrotranscrito que "o mesmo critério se observará no caso de transação, novação, compensação ou confusão".

Desse modo, também a transação (CC, arts. 840 e s.), a novação (arts. 360 e s.), a compensação (arts. 368 e s.) e a confusão (arts. 381 e s.), em relação a um dos credores, malgrado constituam modos de extinção das obrigações em geral, pelo citado parágrafo único, não operam a extinção do débito para com os outros cocredores, que só o poderão exigir descontada a quota daquele.

■ 3.8.4. Perda da indivisibilidade

Segundo preleciona Lacerda de Almeida[80], a indivisibilidade não é criação da lei para garantir a eficácia da obrigação. Trata-se de **situação de fato** originada da própria natureza da prestação, e não de obstáculo de direito à regra fundamental que governa o caso de concurso. Só pode cessar, aduz o citado mestre, cessando a causa que lhe dá existência: a unidade infracionável da prestação. Uma vez, portanto, que esta seja **substituída** por outra suscetível de divisão, **cessa a indivisibilidade**, e a prestação se pode fazer por partes.

Dispõe o Código Civil:

> "Art. 263. Perde a qualidade de indivisível a obrigação que se resolver em perdas e danos.
>
> § 1º Se, para efeito do disposto neste artigo, houver culpa de todos os devedores, responderão todos por partes iguais.
>
> § 2º Se for de um só a culpa, ficarão exonerados os outros, respondendo só esse pelas perdas e danos."

---

78 Apud Washington de Barros Monteiro, *Curso*, cit., v. 4, p. 144.

79 *Do direito*, cit., p. 225.

80 *Obrigações*, cit., p. 124.

Perde a qualidade de indivisível a obrigação que se resolver em **perdas e danos**, em caso de perecimento **com culpa** do devedor. A obrigação que se resolve em perdas e danos passa a ser representada por importâncias **em dinheiro**, que são divisíveis. No lugar do objeto desaparecido, o devedor entregará seu **equivalente em dinheiro, mais perdas e danos**, estas também em dinheiro (CC, art. 234). O objeto, transformado em dinheiro, pode agora ser dividido. Com a conversão em perdas e danos, o que surge, em regra, é o **dinheiro**, como forma de solver a situação de inadimplência[81].

Se "houver culpa de todos os devedores, responderão todos por partes iguais" (CC, art. 263, § 1º). Sofrem todos, portanto, as consequências da mora coletiva. Como a culpa é meramente pessoal, **se for de um só**, somente ele ficará responsável pelo pagamento das perdas e danos, ficando exonerados dessa responsabilidade os demais, não culpados (CC, art. 263, § 2º), que responderão, no entanto, **pelo pagamento de suas quotas** (art. 234). Como assinala Álvaro Villaça Azevedo, "se só um for culpado, só ele ficará responsável pelo prejuízo, restando dessa responsabilidade exonerados os demais, não culpados. Veja-se bem! Exonerados, tão somente, das perdas e danos, não do pagamento de suas cotas"[82].

Como se disse, a culpa é pessoal. Se benéfico o contrato, "responde por simples culpa o contratante, a quem o contrato aproveite, e por dolo aquele a quem não favoreça. Nos contratos onerosos, responde cada uma das partes por culpa, salvo as exceções previstas em lei" (CC, art. 392).

A culpa de um não é a culpa dos outros coobrigados, que não são representantes uns dos outros em obrigação indivisível, nem associados. Assim, o fato de um é fato de terceiro para os outros, que os libera.

3.8.5. Resumo

OBRIGAÇÕES DIVISÍVEIS E INDIVISÍVEIS	
CONCEITO	■ Obrigações divisíveis são aquelas cujo objeto pode ser dividido entre os sujeitos — o que não ocorre com as indivisíveis (CC, art. 258). ■ A indivisibilidade decorre: a) da natureza das coisas; b) de determinação da lei; ou c) por vontade das partes (art. 88).
EFEITOS	a) há presunção, no caso da obrigação **divisível**, de que está repartida em tantas obrigações, iguais e distintas, quantos os credores ou devedores (art. 257); b) cada devedor se libera pagando sua quota, e cada credor nada mais poderá exigir, recebida a sua parte na prestação; c) quando a obrigação é **indivisível** e há **pluralidade de devedores**, "*cada um será obrigado pela dívida toda*" (art. 259), somente porque o objeto não pode ser dividido;

[81] *JTJ*, Lex, 180/211.

[82] *Teoria*, cit., p. 95.

EFEITOS	d) se a **pluralidade for de credores**, "poderá cada um destes exigir a dívida inteira; mas o devedor ou devedores se desobrigarão, pagando: I — a todos conjuntamente; II — a um, dando este caução de ratificação dos outros credores" (art. 260); e) se um dos credores **remitir** (perdoar) a dívida, não ocorrerá a extinção da obrigação com relação aos demais credores. O mesmo ocorrerá no caso de transação, novação, compensação ou confusão (art. 262, *caput* e parágrafo único); f) perde a qualidade de indivisível a obrigação que se resolver em **perdas e danos**, em caso de perecimento **com culpa** do devedor (art. 263).

3.9. DAS OBRIGAÇÕES SOLIDÁRIAS

3.9.1. Disposições gerais

3.9.1.1. Conceito

Dispõe o art. 264 do Código Civil:

"Há solidariedade, quando na mesma obrigação concorre mais de um credor, ou mais de um devedor, cada um com direito, ou obrigado, à dívida toda."

Caracteriza-se a obrigação solidária pela **multiplicidade de credores e/ou de devedores**, tendo cada credor direito à totalidade da prestação, como se fosse credor único, ou estando cada devedor obrigado pela dívida toda, como se fosse o único devedor. Desse modo, o credor poderá exigir de qualquer codevedor o cumprimento por inteiro da obrigação. Cumprida por este a exigência, liberados estarão todos os demais devedores ante o credor comum (CC, art. 275).

"Se algum dos devedores for ou se tornar **insolvente**, quem sofre o prejuízo de tal fato não é o credor, como sucede na obrigação conjunta, mas o outro devedor, que pode ser chamado a solver a dívida por inteiro"[83]. Na realidade, na solidariedade se tem não uma única obrigação, mas **tantas obrigações quantos forem os titulares**[84]. Cada devedor passará a responder não só pela sua quota como também pelas dos demais; e, se vier a cumprir por inteiro a prestação, poderá recobrar dos outros as respectivas partes.

3.9.1.2. Características

Quatro são os **caracteres** da obrigação solidária:

- **pluralidade de sujeitos** ativos ou passivos;
- **multiplicidade de vínculos**, sendo distinto ou independente o que une o credor a cada um dos codevedores solidários e vice-versa;
- **unidade de prestação**, visto que cada devedor responde pelo débito todo e cada credor pode exigi-lo por inteiro. A unidade de prestação não permite que esta se realize por mais de uma vez; se isto ocorrer, ter-se-á repetição (CC, art. 876);

83 *Direito das obrigações*, v. I, p. 299.

84 Cunha Gonçalves, *Tratado de direito civil*, v. 4, p. 265.

- **corresponsabilidade dos interessados**, já que o pagamento da prestação efetuado por um dos devedores extingue a obrigação dos demais, embora o que tenha pago possa reaver dos outros as quotas de cada um[85].

3.9.1.3. *Natureza jurídica da solidariedade*

Dentre as diversas teorias existentes a respeito da natureza jurídica da solidariedade, destacam-se as seguintes: a da **representação**, a da **mútua fiança**, a da **fungibilidade dos sujeitos** e a da **tutela do crédito**.

Para Washington de Barros Monteiro[86], a solidariedade é importante **garantia à tutela do crédito**, não se podendo negar sua analogia com a fiança, com a qual, entretanto, não se confunde. A solidariedade constitui, assim, **modo de assegurar o cumprimento da obrigação**, reforçando-a e estimulando o pagamento do débito. Sendo vários os devedores, a lei ou as partes, pretendendo facilitar o recebimento do crédito e, principalmente, prevenir o credor contra o risco da insolvência de algum dos obrigados, estabelecerão o regime da solidariedade ativa.

3.9.1.4. *Diferenças entre solidariedade e indivisibilidade*

A solidariedade **assemelha-se** à indivisibilidade por um único aspecto: em ambos os casos, o credor pode exigir de um só dos devedores o pagamento da totalidade do objeto devido. **Diferem**, no entanto, por várias razões, como se pode verificar no seguinte quadro esquemático:

SOLIDARIEDADE	INDIVISIBILIDADE
■ Cada devedor solidário pode ser compelido a pagar, sozinho, a dívida inteira, por ser devedor do todo.	■ O devedor só deve a sua quota-parte. Pode ser compelido ao pagamento da totalidade do objeto somente porque é impossível fracioná-lo.
■ Mesmo que a obrigação venha a se converter em perdas e danos, continuará indivisível o seu objeto no sentido de que não se dividirá entre todos os devedores ou todos os credores, porque a solidariedade decorre da lei ou da vontade das partes e independe da divisibilidade ou indivisibilidade do objeto.	■ Perde a qualidade de indivisível a obrigação que se resolver em perdas e danos (CC, art. 263).
■ Caracteriza-se por sua feição subjetiva. Advém da lei ou do contrato, mas recai sobre as próprias pessoas.	■ Tem índole objetiva: resulta da natureza da coisa, que constitui objeto da prestação.
■ A sua função prática consiste em reforçar o direito do credor, em parte como garantia, em parte como favorecimento da satisfação do crédito.	■ Destina-se a tornar possível a realização unitária da obrigação.

3.9.1.5. *Princípios comuns à solidariedade*

Os arts. 265 e 266 do Código Civil cuidam de dois princípios comuns à solidariedade: o da inexistência de solidariedade presumida e o da possibilidade de ser de modalidade diferente para um ou alguns codevedores ou cocredores.

---

85 Maria Helena Diniz, *Curso de direito civil brasileiro*, v. 2, p. 152.

86 *Curso*, cit., 29. ed., v. 4, p. 157-158.

■ **Inexistência de solidariedade presumida —** dispõe o primeiro dispositivo mencionado: "Art. 265. A solidariedade não se presume; resulta da lei ou da vontade das partes". Não se admite responsabilidade solidária fora da lei ou do contrato. Como exceção ao princípio de que cada devedor responde somente por sua quota e por importar, consequentemente, agravamento da responsabilidade dos devedores, que passarão a ser obrigados ao pagamento total, **deve ser expressa**. Desse modo, se não houver menção explícita no título constitutivo da obrigação ou em algum **artigo de lei**, ela não será solidária, porque a solidariedade não se presume. Será, então, **divisível ou indivisível**, dependendo da natureza do objeto.

Como exemplo de solidariedade resultante da **lei** pode ser mencionado o art. 942, parágrafo único, do Código Civil, que estabelece a responsabilidade solidária das pessoas designadas no art. 932 (pais e filhos, patrões e empregados etc.). É por essa razão que a vítima pode escolher o patrão para cobrar somente dele o ressarcimento total do dano causado por seu empregado. A jurisprudência, todavia, tem estabelecido algumas hipóteses de solidariedade. A Súmula 492 do Supremo Tribunal Federal, por exemplo, dispõe: "A empresa locadora de veículos responde, civil e solidariamente, com o locatário, pelos danos por estes causados a terceiro, no uso do carro locado".

Embora a principal fonte de obrigações solidárias seja o **contrato**, podem elas resultar também, eventualmente, do **testamento**. Nada obsta a que o testador, por exemplo, ao instituir um legado, estabeleça solidariedade entre os herdeiros responsáveis pelo pagamento[87].

Não se exigem palavras sacramentais para a instituição da solidariedade. O essencial é que resulte de manifestação inequívoca das partes. São comuns e admitidas expressões como "obrigando-se as partes *in solidum*", "por inteiro", "pelo todo" ou "solidariamente". Pode a solidariedade surgir tanto simultaneamente com a obrigação a que adere, como acontece usualmente, como também provir de ato separado e posterior que faça menção à obrigação originária.

■ **Possibilidade de a solidariedade não ser igual para a pluralidade de sujeitos —** o segundo princípio apontado, o da possibilidade de a solidariedade ser de modalidade diferente para um ou alguns codevedores ou cocredores, está expresso no art. 266 do Código Civil, *verbis*: "A obrigação solidária pode ser pura e simples para um dos cocredores ou codevedores, e condicional, ou a prazo, ou pagável em lugar diferente, para o outro".

Assim, o codevedor condicional não pode ser demandado senão depois da ocorrência do evento futuro e incerto, e o devedor solidário puro e simples somente poderá reclamar o reembolso do codevedor condicional se ocorrer a condição.

Como se vê, não há prejuízo algum à solidariedade, visto que o credor pode cobrar a dívida do devedor cuja prestação contenha número menor de óbices, ou seja, reclamar o débito todo do devedor não atingido pelas cláusulas apostas na obrigação.

---

[87] Giorgi, *Teoria delle obbligazioni nel diritto moderno italiano*, v. I, p. 43.

Igualmente, a obrigação solidária poderá ser válida para um e nula para outro. Um dos obrigados poderá responder pela evicção e o outro não. Ainda, o prazo prescricional pode variar para os diferentes coobrigados[88].

O **lugar** e o **tempo** do pagamento podem ser idênticos para todos os interessados. Todavia, se forem diferentes, essa circunstância não infringirá a teoria da solidariedade. Até mesmo **quanto à causa**, pode a solidariedade ser distinta para os coobrigados. Assim, por exemplo, para um pode advir de culpa contratual e para outro, de culpa extracontratual. Pode ocorrer, por exemplo, na colisão de um ônibus com outro veículo, o ferimento de um dos passageiros, que poderá demandar, por esse fato, solidariamente, a empresa transportadora, por inadimplemento contratual (contrato de adesão), e o dono do veículo que abalroou o coletivo, com fundamento na responsabilidade extracontratual ou aquiliana.

Em realidade, o aludido art. 266 do Código Civil contém um rol meramente exemplificativo (*numerus apertus*), como proclama o Enunciado 347 da IV Jornada de Direito Civil realizada pelo Conselho da Justiça Federal, *verbis*: "A solidariedade admite outras disposições de conteúdo particular além do rol previsto no art. 266 do Código Civil".

Quando várias pessoas contraem uma dívida solidariamente, é perante o credor que são devedoras, respondendo cada uma pela integralidade. Entre elas, porém, a dívida se divide, tornando-se cada uma devedora somente quanto à parte que lhe coube, na repartição do empréstimo. Se dividiram entre si a quantia ou a coisa emprestada, ainda que cada uma seja devedora do total para com o credor, cada uma só será devedora, para com as outras, de sua quota-parte, seja a divisão feita por igual ou desigualmente. Assim, pode uma delas ter ficado com metade e o restante ser dividido entre as codevedoras[89].

Enquanto **pendente condição suspensiva** estipulada para um dos devedores, o credor não pode acioná-lo. No entanto, sendo titular de um direito eventual (CC, art. 130), poderá praticar atos conservatórios, como constituir garantias de acordo com o devedor. Havendo implemento da condição, nasce o direito do credor, retroativamente. Iguala-se, então, a situação do devedor ou do credor à dos outros corréus. Se a condição se frustrar, o devedor será totalmente excluído da obrigação solidária, reputando-se nunca ter havido obrigação em relação a esse corréu (CC, art. 125).

[88] Maria Helena Diniz, *Curso*, cit., v. 2, p. 154.

[89] Pothier, citado por Tito Fulgêncio, exemplifica: "Se uma das duas se aproveitou só do contrato, e a outra se obrigou solidariamente somente por lhe fazer favor, aquela que tirou o proveito é somente a devedora, e esta, ainda que para com o credor seja codevedora, para com o devedor principal não é mais que uma sua fiadora. Igualmente, se a dívida solidária procede de um delito cometido por quatro sujeitos, cada um é devedor solidário à pessoa contra a qual foi cometido o delito, mas entre eles cada qual é devedor pela parte que teve no delito, quero dizer, pela quarta parte" (*Do direito das obrigações*, p. 255).

■ 3.9.1.6. *Espécies de obrigação solidária*

Uma das principais características da obrigação solidária é a multiplicidade de credores ou de devedores. Desse modo, pode ela ser:

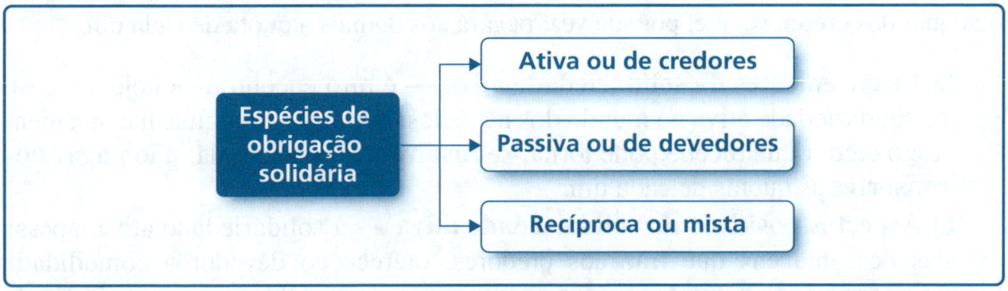

■ **Solidariedade ativa ou de credores:** na solidariedade ativa, há **multiplicidade de credores**, com direito a uma quota da prestação. Todavia, em razão da solidariedade, cada qual pode reclamá-la por inteiro do devedor comum. Este, no entanto, pagará somente a um deles. O credor que receber o pagamento entregará aos demais as quotas de cada um. O devedor se libera do vínculo pagando a qualquer cocredor, enquanto nenhum deles demandá-lo diretamente (CC, art. 268).

■ **Solidariedade passiva ou de devedores:** havendo **vários devedores solidários** (*solidariedade passiva*), o credor pode cobrar a dívida inteira de qualquer um deles, de alguns ou de todos conjuntamente. Qualquer devedor pode ser compelido pelo credor a pagar toda a dívida, embora, na sua relação com os demais, responda apenas pela sua quota-parte. Nessa modalidade, o credor tem maiores probabilidades de receber o seu crédito, pois pode escolher o devedor de maior capacidade financeira e maior patrimônio para ser acionado, bem como demandar todos eles, se preferir.

■ **Solidariedade recíproca ou mista**, simultaneamente de credores e de devedores: tanto o Código Civil de 1916 como o de 2002 disciplinaram apenas as duas primeiras, não estabelecendo regras sobre a **solidariedade recíproca** ou **mista**. Na vida prática, raramente se encontra um caso de solidariedade recíproca. Aplicam-se-lhe as normas expressamente previstas para a solidariedade ativa e a solidariedade passiva, de cuja combinação é resultante.

■ 3.9.2. Da solidariedade ativa

■ 3.9.2.1. *Conceito*

Solidariedade **ativa** é a relação jurídica entre credores de uma só obrigação e o devedor comum, em virtude da qual cada um tem o direito de exigir deste o cumprimento da prestação por inteiro. Pagando o débito a qualquer um dos cocredores, o devedor se exonera da obrigação[90]. Diz-se que a obrigação é solidária **ativa** quando,

[90] Manoel Ignácio Carvalho de Mendonça, *Doutrina e prática das obrigações*, t. I, p. 308-309; Orlando Gomes, *Obrigações*, p. 79; Silvio Rodrigues, *Direito civil*, v. 2, p. 69; Maria Helena Diniz, *Curso*, cit., v. 2, p. 160.

existindo **vários credores**, cada um deles tem o direito de exigir a totalidade da prestação (*singulis solidum debetur*)[91].

Na solidariedade ativa, concorrem, assim, **dois ou mais credores**, podendo qualquer deles receber **integralmente** a prestação devida. O devedor libera-se pagando a qualquer dos credores, que, por sua vez, pagará aos demais a quota de cada um.

- **Inconvenientes da solidariedade ativa** — é raro encontrar-se hoje um caso de solidariedade ativa no mundo dos negócios, por oferecer alguns inconvenientes: o credor que recebe pode tornar-se **insolvente**; pode, ainda, **não pagar aos consortes** as quotas de cada um.
- **Aspectos positivos da solidariedade ativa** — a solidariedade ativa, apesar das desvantagens que traz aos credores, oferece ao devedor a comodidade de poder **pagar a qualquer dos credores**, à sua escolha, sem necessidade de procurar os demais. Porém, qualquer dos credores solidários pode reclamar **cumprimento integral** da prestação, sem que o devedor possa arguir o caráter parcial do direito pleiteado pelo requerente. O devedor conserva-se estranho à partilha, não podendo pretender pagar ao postulante apenas uma parte, a pretexto de que teria de ser rateada entre todos a importância paga.

Na **conta bancária conjunta**, encontra-se exemplo dessa espécie, por permitir que cada correntista saque todo o dinheiro depositado. **Todos podem movimentar livremente a referida conta**, conjunta ou separadamente. Cada correntista credor pode, individualmente, sacar todo o numerário depositado, sem que o banco, devedor na condição de depositário, possa recusar-se a permitir o levantamento, exigindo a participação de todos. Outro exemplo de solidariedade ativa encontra-se nos **cofres de segurança** locados pelos bancos, quando permitida a sua utilização e abertura a qualquer dos interessados individualmente[92].

Nossa lei não prevê casos de solidariedade ativa, salvo a hipótese cogitada na Lei n. 209, de 2 de janeiro de 1948, art. 12, que dispõe sobre a forma de pagamento dos débitos dos pecuaristas. Os poucos que existem decorrem de **convenção** das partes. Tem sido utilizado, com vantagem, como visto, o sistema de outorga de **mandato entre os credores conjuntos**, porque pode a todo o tempo ser revogado.

3.9.2.2. *Características da solidariedade ativa*

A solidariedade ativa apresenta as seguintes características:

- **Cada credor pode, individualmente, cobrar a dívida toda** — dispõe, com efeito, o art. 267 do Código Civil: "Cada um dos credores solidários tem direito

---

91 Alberto Trabucchi, *Instituciones*, cit., v. II, p. 29.

92 O Tribunal de Justiça de São Paulo já condenou instituição financeira a indenizar cliente cujas joias e valores foram furtados de cofre alugado, reconhecendo a possibilidade de a depositante possuir joias e valores, dada sua posição socioeconômica, roborado o fato por prova testemunhal idônea (*RJTJSP*, 122/377). No mesmo sentido: *RT*, 676/151; *RJTJSP*, 125/216.

a exigir do devedor o cumprimento da prestação por inteiro". Isto não significa, todavia, que o devedor tenha de pagar a mesma dívida mais de uma vez. Efetuado o pagamento integral a um dos credores, o devedor se exonera, devendo o credor contemplado prestar contas aos demais. O devedor não pode pretender pagar ao credor demandante apenas quantia equivalente à sua quota-parte, mas terá, isto sim, de pagar-lhe a **dívida inteira**. Em outras palavras, o devedor acionado por qualquer um dos credores não pode opor a exceção de divisão e pretender pagar por partes, visto ser-lhe estranha a relação interna entre os credores[93].

■ **O devedor comum pode pagar a qualquer credor** — por sua vez, preceitua o art. 268 do Código Civil: "Enquanto alguns dos credores solidários não demandarem o devedor comum, a qualquer daqueles poderá este pagar". Enquanto não houver **cobrança judicial**, o devedor poderá pagar a **qualquer dos credores** à sua escolha. Cessará, todavia, esse direito de escolha na hipótese de um ou alguns deles ajuizarem ação de cobrança. Em tal hipótese, "pelo chamado princípio da *prevenção*, bastante parecido com o que vige no direito processual (CPC, arts. 106 e 107 [atuais arts. 59 e 60]), o devedor só se libera pagando ao próprio credor que tomou a iniciativa. Não se exonerará, porém, se vier a pagar a qualquer outro cocredor, arriscando-se, se o fizer, a pagar duas vezes"[94]. Caso haja o **litisconsórcio ativo** previsto no art. 113 e incisos do Código de Processo Civil, o pagamento deverá ser efetuado em juízo a todos os litisconsortes, em conjunto.

■ 3.9.2.3. *Disciplina legal*

■ **Falecimento de um dos credores solidários, deixando herdeiros**

Proclama o art. 270 do Código Civil:

> "Se um dos credores solidários falecer deixando herdeiros, cada um destes só terá direito a exigir e receber a quota do crédito que corresponder ao seu quinhão hereditário, salvo se a obrigação for indivisível."

O dispositivo transcrito trata da denominada **refração do crédito**, tradicional critério que serve para distinguir a solidariedade da indivisibilidade. Os herdeiros do credor falecido não podem exigir, por conseguinte, a totalidade do crédito, e sim apenas o respectivo quinhão hereditário, isto é, **a própria quota no crédito solidário** de que o *de cujus* era titular juntamente com outros credores. Assim não acontecerá, todavia, nas hipóteses seguintes:

a) se o credor falecido só deixou um herdeiro;
b) se todos os herdeiros agem conjuntamente; ou
c) se indivisível a prestação.

Em qualquer um desses casos, pode ser reclamada a prestação **por inteiro**. Para os demais credores, nenhuma inovação acarreta o óbito do consorte; para eles, per-

93 Roberto de Ruggiero, *Instituições de direito civil*, v. III, p. 64.

94 Washington de Barros Monteiro, *Curso*, cit., 29. ed., v. 4, p. 171-172.

manece intacto, em toda a plenitude e em qualquer hipótese, o vínculo da solidariedade, com todos os seus consectários[95].

Observa-se, assim, que o vínculo solidário, transferindo-se aos herdeiros, perde em eficácia e extensão, uma vez que os direitos do credor solidário falecido se transmitem aos herdeiros em conjunto, e não a um só deles, isoladamente. Ao herdeiro, isoladamente considerado, **os direitos do falecido se transmitem *pro parte*.** Por definição, só tem direito à prestação por inteiro o credor solidário. A regra, porém, não vai até a obrigação **indivisível**, como expressamente menciona o art. 270 ora comentado. A indivisibilidade é qualidade real da obrigação, por não ser esta suscetível de partilha, passando aos herdeiros a relação obrigacional com essa qualidade, fazendo com que cada um destes seja credor do total.

■ Conversão da prestação em perdas e danos

Estatui, por sua vez, o art. 271 do Código Civil:

> "Convertendo-se a prestação em perdas e danos, subsiste, para todos os efeitos, a solidariedade."

Mesmo com a conversão em **perdas e danos**, a unidade da prestação não é comprometida. Liquidada a obrigação e fixado seu valor pecuniário, continua cada credor com direito a exigir o *quantum* total, tendo em vista que a **solidariedade** permanece, pois emana da vontade **contratual ou da lei**, que não foram alteradas, e não da natureza do objeto. A relação jurídica original que as partes ou o legislador afetaram com a solidariedade só perde essa virtude se a vontade dos contratantes ou do legislador se externar em sentido contrário[96].

As obrigações **indivisíveis**, ao contrário, perdem essa qualidade e se transformam em divisíveis quando convertidas em perdas e danos, por ter-se alterado a natureza do objeto da prestação, sabido que a soma em dinheiro em que se converteram é divisível.

■ Oposição de exceções pessoais

Prescreve, ainda, o art. 273 do Código Civil:

> "A um dos credores solidários não pode o devedor opor as exceções pessoais oponíveis aos outros."

Trata-se de inovação do Código Civil de 2002: o devedor não pode opor a um dos credores solidários **exceções pessoais** que poderia opor a outros credores, isto é, exceções que prejudicariam outros credores. Assim, por exemplo, se o devedor está sendo cobrado em juízo por um credor plenamente capaz, não pode alegar, em seu benefício e em detrimento daquele, defeito na representação ou assistência de outro credor solidário, pois tal exceção, sendo pessoal, só a este pode ser oposta.

Como assinala Mário Luiz Delgado Régis, o dispositivo em epígrafe "vem deixar expressa a regra de que as defesas que o devedor possa alegar contra um só dos

---

[95] Washington de Barros Monteiro, *Curso*, cit., 29. ed., v. 4, p. 173-174.

[96] Silvio Rodrigues, *Direito*, cit., v. 2, p. 65.

credores solidários não podem prejudicar aos demais. Só contra aquele poderá o vício ser imputado, não atingindo o vínculo do devedor com os demais credores"[97].

■ Julgamento contrário a um dos credores solidários

Dispõe, por fim, o art. 274 do estatuto civil:

> "O julgamento contrário a um dos credores solidários não atinge os demais; o julgamento favorável aproveita-lhes, a menos que se funde em exceção pessoal ao credor que o obteve."

O dispositivo transcrito complementa o art. 273 e constitui um dos desdobramentos da regra geral contida no art. 266 do novo diploma, segundo a qual a obrigação pode ter características de cumprimento diferentes para cada um dos cocredores, podendo, inclusive, vir a ser considerada inválida apenas em relação a um deles, sem prejuízo aos direitos dos demais.

A regra constitui, também, corolário da natureza da solidariedade ativa, pela qual cada um dos credores solidários tem direito a exigir do devedor o cumprimento da prestação por inteiro (CC, art. 267). Desse modo, **o julgamento contrário a um deles não impede que os demais acionem o devedor** e cobrem dele o valor integral da dívida. Mesmo porque díspares podem ser as relações jurídicas referentes a cada titular, isoladamente considerado, evidenciando assim a presença de múltiplas obrigações a integrarem o conteúdo da obrigação solidária. Ademais, a coisa julgada não beneficia nem prejudica terceiros que não participaram da causa (CPC, art. 506).

Aduz o dispositivo ora comentado que o **julgamento favorável** a um dos credores aproveita aos demais — o que se justifica plenamente, porque a solidariedade tem por escopo estabelecer o tratamento da pluralidade pela unicidade, ou seja, unificar o múltiplo[98]. Não haverá tal consequência, contudo, se o julgamento favorável fundar-se em **exceção pessoal** ao credor que o obteve (CC, art. 274, última parte).

Cada devedor pode opor em sua defesa, nas obrigações solidárias, as exceções gerais, bem como as que lhe são próprias. Não aproveitará aos demais credores, por exemplo, o julgamento favorável ao único credor que cumpriu a **condição suspensiva** a que o pagamento estava subordinado. Deve-se lembrar que a obrigação solidária pode ser estipulada como condicional ou a termo, para um dos cocredores ou codevedores, e pura e simples ou pagável em lugar diferente, para outro (CC, art. 266).

■ 3.9.2.4. *Extinção da obrigação solidária*

Prescreve o art. 269 do Código Civil:

> "O pagamento feito a um dos credores solidários extingue a dívida até o montante do que foi pago."

A obrigação solidária ativa consiste no concurso, na mesma obrigação, de mais de um credor, cada um com direito à dívida toda (CC, art. 264). É da essência da solida-

---

[97] *Novo Código*, cit., p. 259.

[98] Serpa Lopes, *Curso de direito civil*, v. II, p. 118.

riedade ativa que o pagamento, por modo direto ou pelos modos indiretos equivalentes, feito a um dos credores produz a **extinção do crédito para todos**, e não simplesmente para aquele a cujo respeito se houver realizado o fato liberatório[99]. Do contrário, se os demais credores conservassem contra o devedor direito de crédito, apesar do pagamento feito a um deles, haveria mais de um pagamento integral da dívida, contrariando a própria definição da solidariedade, segundo a qual o devedor deve a muitos, mas **só deve uma vez**, e os credores só têm a prestação por inteiro uma vez, e não mais.

O art. 269 retrotranscrito deixa claro que não é todo e qualquer pagamento feito a um dos credores, senão o **integral**, que produz a extinção total da dívida. O **parcial** a extingue somente "até o montante do que foi pago".

A **compensação** total operada com a dívida do *accipiens,* por exemplo, extinguirá inteiramente a dívida; se parcial, a extinguirá até o montante abatido. O mesmo pode-se dizer da **novação** e da **remissão**. Se o credor tem o direito de exonerar o devedor quando realmente recebe o pagamento, deve tê-lo também quando perdoa, inova ou compensa.

O mesmo efeito resulta da **transação**. Dispõe, com efeito, o art. 844, § 2º, do novo Código a respeito da realizada entre um dos credores solidários e o devedor: "extingue a obrigação deste para com os outros credores".

No tocante à **confusão**, porém, há disposição especial, a do art. 383 do referido diploma, segundo a qual a confusão operada na pessoa do credor ou devedor solidário (p. ex., caso o devedor se torne herdeiro do credor) "só extingue a obrigação até a concorrência da respectiva parte no crédito, ou na dívida, subsistindo quanto ao mais a solidariedade". O que no crédito se extingue não é a totalidade, senão **a quota-parte do credor**, cuja pessoa veio a se confundir com a do devedor. Seria, com efeito, contrário ao escopo da solidariedade, que é a vantagem dos credores, permitir que o devedor pudesse opor em confusão, contra todos os credores solidários, um crédito que tem somente contra um deles. O que cabe ao devedor fazer é descontar do débito a parte devida àquele credor solidário que se tornou seu devedor. Quanto ao mais, a solidariedade subsiste.

A **dação em pagamento**, validamente celebrada entre um dos credores solidários e o devedor, libera este para com aquele e para com os outros credores solidários, até o valor da coisa recebida. Dação em pagamento é o ato pelo qual o credor consente em receber coisa, que não seja dinheiro, em substituição da prestação que era devida. Conseguintemente, consentindo o *accipiens* na *datio in solutum*, pago ficou, e a obrigação está extinta para os outros credores solidários.

■ 3.9.2.5. Direito de regresso

Nas relações internas dos credores entre si, vigora o princípio da comunidade de interesses. A prestação, paga por inteiro pelo devedor comum, deve ser **partilhada entre todos os credores**, por aquele que a tiver recebido. Preceitua, com efeito, o art. 272 do Código Civil:

99 Tito Fulgêncio, *Do direito*, cit., p. 272.

"O credor que tiver remitido a dívida ou recebido o pagamento responderá aos outros pela parte que lhes caiba."

A principal característica das relações internas entre cocredores solidários consiste no fato de o crédito se dividir em partes ou quotas que se presumem iguais até prova em contrário, tanto que o credor que tiver remitido a dívida ou recebido o pagamento responderá aos outros pela parte que lhes caiba, como proclama o dispositivo supratranscrito. Extinta a obrigação, quer pelo meio direto do pagamento, quer pelos meios indiretos, como novação, compensação, transação e remissão, responde o credor favorecido, perante os demais, pelas quotas que lhes couberem.

Os cocredores podem tornar efetiva a divisão do benefício pelo exercício do **direito de regresso**, direto e imediato, contra o resgatante do crédito solidário, sendo tal direito uma das características fundamentais das obrigações solidárias, como consequência dos princípios sob que está disciplinada a solidariedade no Código Civil. Se outra coisa não constar do título da obrigação, far-se-á a partilha em **partes iguais**. Nada impede, porém, que se **convencione**, no referido título, a diversidade de quinhões[100].

A divisão do proveito deverá ser realizada ainda que o credor contemplado só haja recebido **parte do crédito**, e não o todo, impondo-se, em qualquer hipótese, o rateio. Tanto aproveitam aos concredores a remissão e o pagamento total como os parciais feitos a um ou alguns dentre eles. Não podem estes se apropriar de tudo para si. A remissão levada a efeito pelo credor libera o devedor, mas coloca o remitente no lugar deste, no tocante às quotas dos outros credores, que não podem perder o que, por lei ou convenção, lhes pertente, sem ato seu[101].

Se a obrigação for nula quanto a um dos cocredores, sua parte será deduzida do todo, ficando tal credor excluído do rateio.

■ 3.9.3. Da solidariedade passiva

■ *3.9.3.1. Conceito*

A solidariedade passiva consiste na concorrência de **dois ou mais devedores**, cada um com dever de prestar a dívida toda. Segundo Washington de Barros Monteiro, tal modalidade é predicado externo que cinge a obrigação e por via do qual, de qualquer dos devedores que nela concorrem, pode o credor exigir a totalidade da dívida. Representa, assim, preciosa cautela para a garantia dos direitos obrigacionais[102]. Na obrigação solidária passiva, **cada devedor** está obrigado à prestação na sua integralidade, como se tivesse contraído sozinho o débito[103].

---

100 Washington de Barros Monteiro, *Curso*, cit., 29. ed., v. 4, p. 174.

101 Tito Fulgêncio, *Do direito*, cit., p. 293.

102 *Curso de direito civil*, 29. ed., v. 4, p. 176.

103 Carvalho Santos, *Código Civil brasileiro interpretado*, 9. ed., v. 11, p. 225; Maria Helena Diniz, *Curso de direito civil brasileiro*, 16. ed., v. 2, p. 164.

■ 3.9.3.2. *Características*

Se quiser, poderá o credor exigir parte do débito de cada um dos devedores separadamente.

■ **Principal característica:** pode ser encontrada na manutenção da autonomia, a despeito da solidariedade.

Para melhor compreensão, a solidariedade passiva deve ser analisada:

a) nas relações dos devedores com o credor (lado externo); e

b) nas dos devedores entre si (lado interno).

■ **Relações dos devedores com o credor:** encarada pelo lado externo, o conjunto de devedores se apresenta como se fosse um **devedor único**, pois dele pode o credor exigir a **totalidade** do crédito. Desse princípio, decorre:

a) que o credor pode dirigir-se à sua vontade contra qualquer dos devedores e pedir-lhes toda a prestação (CC, art. 275);

b) que o devedor escolhido, estando obrigado pessoalmente pela totalidade, não pode invocar o *beneficium divisionis* e, assim, pretender pagar só a sua quota ou pedir que sejam convencidos os coobrigados;

c) que uma vez conseguida de um só toda a prestação, todos os outros ficam livres (CC, art. 277)[104].

■ **Relações dos devedores entre si:** se, todavia, encararmos a questão sob o aspecto interno, encontraremos vários devedores, **uns responsáveis para com os outros**. As obrigações de cada um são individuais e autônomas, mas se encontram entrelaçadas numa relação unitária, em virtude da solidariedade.

A solidariedade passiva atende ao interesse comum das partes. Oferece ao credor a vantagem de desobrigá-lo de uma ação coletiva e o põe a salvo de eventual insolvência de um dos devedores. A estes facilita o crédito, dada a forte garantia que representa para o credor. Não se confunde, todavia, com a **fiança**, que é um contrato acessório. Ainda sendo solidário com o devedor principal (arts. 828 e 829), o fiador ficará exonerado nas hipóteses de extinção peculiares da fiança (arts. 838 e 839).

■ 3.9.3.3. *Direitos do credor*

Proclama o Código Civil:

> "Art. 275. O credor tem direito a exigir e receber de um ou de alguns dos devedores, parcial ou totalmente, a dívida comum; se o pagamento tiver sido parcial, todos os demais devedores continuam obrigados solidariamente pelo resto.
>
> Parágrafo único. Não importará renúncia da solidariedade a propositura de ação pelo credor contra um ou alguns dos devedores."

[104] Roberto de Ruggiero, *Instituições*, cit., v. III, p. 66.

■ **Principal efeito da solidariedade passiva:** o principal efeito da solidariedade passiva consiste no direito que confere ao credor de exigir de **qualquer** um dos devedores o cumprimento **integral** da prestação, como já foi dito. Trata-se, porém, de uma faculdade, e não de um dever ou de um ônus, pois pode o credor não usá-la ou usar dela apenas em parte, exigir o cumprimento de todos os devedores ou só de alguns deles ou exigir de qualquer um deles uma parte apenas da dívida comum[105].

Se o pagamento for **integral**, operar-se-á a extinção da relação obrigacional, exonerando-se todos os codevedores. Se, porém, for **parcial** e efetuado por um dos devedores, os outros ficarão liberados até a concorrência da importância paga, permanecendo solidariamente devedores do remanescente. A exigência e o **recebimento parcial** da dívida comum das mãos de algum ou de alguns dos devedores não liberam os demais do vínculo de solidariedade pelo restante, como consta expressamente da segunda parte do art. 275 do Código Civil ora comentado. O fato **não importa renúncia** do direito do credor, nem ela é de se presumir, conforme dispõe o parágrafo único do aludido dispositivo. O credor, propondo ação contra um dos devedores solidários, não fica inibido de acionar os outros.

■ **Chamamento dos demais devedores ao processo:** o devedor demandado pela prestação integral pode **chamar os outros ao processo**, com fundamento nos arts. 130 e s. do Código de Processo Civil, não só para que o auxiliem na defesa mas também para que a eventual sentença condenatória valha como coisa julgada por ocasião do exercício do direito de regresso contra os codevedores. Mesmo se forem vários os codevedores condenados, poderá o credor mover a execução contra apenas um deles, conforme o seu interesse, penhorando-lhe os bens[106].

Sendo solidária a obrigação, os direitos de crédito aproveitam tanto ao **credor originário** como ao seu **cessionário** ou ao **terceiro sub-rogado** na sua posição, o fiador, por exemplo.

■ 3.9.3.4. *Efeitos da morte de um dos devedores solidários*

Determina o art. 276 do Código Civil:

> "Se um dos devedores solidários falecer deixando herdeiros, nenhum destes será obrigado a pagar senão a quota que corresponder ao seu quinhão hereditário, salvo se a obrigação for indivisível; mas todos reunidos serão considerados como um devedor solidário em relação aos demais devedores."

Segundo dispõe o art. 1.792, primeira parte, do novo Código Civil, "o herdeiro não responde por encargos superiores às forças da herança". A integralidade da herança recai sobre o conjunto de herdeiros, pois estes se sub-rogaram na posição ocupada, na

---

105 Antunes Varela, *Direito das obrigações*, v. I, p. 301.

106 "Tratando-se de dano a prédio vizinho ocasionado por construção, a responsabilidade é solidária e objetiva entre o proprietário e o construtor ou responsável técnico pela obra, descabendo a denunciação da lide ao segundo pelo primeiro, mas sim o instituto do chamamento ao processo" (*RT*, 673/109).

relação jurídica, por um dos devedores solidários. Este, em razão da natureza da obrigação, respondia pela obrigação inteira. A dívida, no entanto, **desmembra-se** em relação a cada um dos devedores, **se divisível**. Considerado isoladamente, cada devedor responde, tão somente, pela **quota** correspondente ao seu quinhão hereditário.

Na solidariedade **passiva**, "morto o devedor solidário, também com herdeiros, divide-se o débito e cada um só responde pela **quota** respectiva, **salvo** se a obrigação for igualmente **indivisível**. Mas, neste último caso, por ficção legal, os herdeiros **reunidos** são considerados como um só devedor solidário, em relação aos demais codevedores"[107]. Verifica-se, desse modo, que a morte de um dos devedores solidários **não rompe a solidariedade**, que continua a onerar os demais codevedores.

Se a obrigação for **indivisível**, cessa a regra que prevê o fracionamento, entre os herdeiros, da quota do devedor solidário falecido. **Cada um será obrigado pela dívida toda**. A exceção, imposta pela natureza do objeto da obrigação, que não pode ser prestado por partes, está em conformidade com os preceitos dos arts. 259 e 270 do Código Civil.

■ 3.9.3.5. *Relações entre os codevedores solidários e o credor*

■ 3.9.3.5.1. *Consequências do pagamento parcial e da remissão*

O art. 277 do Código Civil trata das consequências do pagamento parcial do débito solidário e da remissão obtida por um dos devedores:

> "Art. 277. O pagamento parcial feito por um dos devedores e a remissão por ele obtida não aproveitam aos outros devedores, senão até à concorrência da quantia paga ou relevada."

Nesse mesmo sentido, prescreve o art. 388 do novo diploma, *verbis*: "A remissão concedida a um dos codevedores extingue a dívida na parte a ele correspondente; de modo que, ainda reservando o credor a solidariedade contra os outros, já lhes não pode cobrar o débito sem dedução da parte remitida".

O **pagamento parcial** naturalmente reduz o crédito. Sendo assim, o credor só pode cobrar do que pagou ou dos outros devedores o saldo remanescente. Essa redução da prestação afeta a relação jurídica externa entre credor e devedores. O dispositivo em estudo pretende obstar um enriquecimento indevido do credor, que ocorreria se ainda lhe fosse permitido cobrar a dívida inteira. Há mudança também na **relação jurídica interna** entre os vários devedores, visto que o *solvens* se liberou e continua responsável somente pela quota do eventual **insolvente**.

A **remissão** ou perdão pessoal dado pelo credor a um dos devedores solidários não extingue a solidariedade em relação aos codevedores, acarretando tão somente a **redução da dívida**, em proporção ao valor remitido. Dessa forma, o credor só estará

[107] Washington de Barros Monteiro, *Curso*, cit., 29. ed., v, 4, p. 185-186.

legitimado a exigir dos demais devedores o seu crédito se fizer a **dedução** da parte daquele a quem beneficiou, ou seja: os codevedores não contemplados pelo perdão só poderão ser demandados com abatimento da quota relativa ao devedor relevado, e não pela totalidade da dívida[108].

No tocante ao **pagamento parcial**, a ideia, obviamente, é que, diminuída a dívida da parte do devedor exonerado, não possa o credor exigir e receber o total dos codevedores, experimentando um **enriquecimento indevido**. No que concerne à **remissão**, observa-se que o perdão obtido por um dos devedores solidários aproveita aos outros, mas somente **até a quantia relevada**. Se um devedor é perdoado, a nada mais pode ser obrigado. Perderia ele o benefício se o credor pudesse exigir de outro devedor o total da dívida, porque o *solvens* ficaria com regresso contra o favorecido, pela parte a este correspondente nesse total cobrado.

Ainda pertinentemente ao tema, dispõe o art. 284 do novo diploma que, "no caso de rateio entre os codevedores, contribuirão também os exonerados da solidariedade pelo credor, pela parte que na obrigação incumbia ao insolvente".

3.9.3.5.2. Cláusula, condição ou obrigação adicional

Estabelece o novo diploma a **ineficácia** da estipulação adicional **gravosa** aos codevedores solidários que não participaram da avença. Resolve, assim, a dúvida sobre qual o resultado de tal deliberação no tocante aos demais devedores solidários que nela não foram partes, não foram ouvidos, nem lhe deram consentimento.

Prescreve, com efeito, o art. 278 do Código Civil:

> "Qualquer cláusula, condição ou obrigação adicional, estipulada entre um dos devedores solidários e o credor, não poderá agravar a posição dos outros sem consentimento destes."

A ideia é a de que ninguém pode ser obrigado **a mais do que consentiu** ou desejou. Pode-se inferir, igualmente, do dispositivo transcrito que não se comunicam os atos prejudiciais praticados pelo codevedor, mas apenas os favoráveis. Na análise tradicional da solidariedade entram, como elementos dessa unidade de prestação, a pluralidade de laços e a representação mútua dos codevedores. Nas relações do credor com os devedores, segundo essa doutrina, presume-se que estes, uns aos outros, deram **mandato recíproco** para se representar; cada codevedor é representante de todos e de cada um nas referidas relações.

Este poder de representação, porém, **não é ilimitado:** os codevedores se representam em todos os atos tendentes à extinção ou conservação da dívida, à melhoria de condição em face do credor e não mais. Como resultado, nenhum dos devedores está autorizado a estipular, com o credor, cláusula, **condição ou obrigação adicional** que

[108] Washington de Barros Monteiro, *Curso*, cit., 29. ed., v. 4, p. 186; Maria Helena Diniz, *Curso*, cit., v. 2, p. 166; Serpa Lopes, *Curso de direito civil*, 4. ed., p. 147.

agrave a obrigação e piore a posição dos representados sem o consentimento destes[109]. Consequentemente, se um dos devedores estipula com o credor, à revelia dos demais, cláusula penal, taxa de juros mais elevada ou outra vantagem, claro que semelhante estipulação será pessoal, **restrita exclusivamente ao próprio estipulante**, não podendo afetar, destarte, a situação dos demais codevedores, alheios à nova estipulação[110].

Desse modo, para que um aditamento contratual, acordado entre um dos devedores e o credor, obrigue solidariamente aos devedores solidários, **impõe-se que nele hajam consentido**. Há, no entanto, exceções à regra de que o novo ônus só atinge a quem anuiu. O art. 204, § 1º, do novo Código proclama que a interrupção da prescrição, operada contra um dos codevedores, estende-se aos demais, havendo, assim, comunicação dos efeitos interruptivos.

■ 3.9.3.5.3. Renúncia da solidariedade

Como a solidariedade constitui benefício instituído em favor do credor, pode este dele abrir mão, ainda que se trate de vínculo resultante da lei. Nesse sentido, o Código Civil:

> "Art. 282. O credor pode renunciar à solidariedade em favor de um, de alguns ou de todos os devedores.
>
> Parágrafo único. Se o credor exonerar da solidariedade um ou mais devedores, subsistirá a dos demais."

- **Renúncia absoluta** — quando a renúncia é efetivada em prol de todos os coobrigados, denomina-se **absoluta**. Neste caso, não mais haverá solidariedade passiva, pois cada coobrigado passará a dever *pro rata,* isto é, a responder somente por sua **quota**. Trata-se de hipótese bastante rara. A obrigação torna-se conjunta, pois os devedores, que eram solidários, responsáveis cada um de per si pela dívida inteira, passam à condição de devedores de **obrigações únicas**, distintas e separadas, sujeitos às regras comuns.
- **Renúncia relativa** — a renúncia operada em proveito de um ou de alguns devedores apenas intitula-se **relativa**. Ocorre quando o credor dispensa da solidariedade somente **um ou outro devedor**, conservando-a, todavia, quanto aos demais. Assim procedendo, o credor divide a obrigação em **duas partes:** uma pela qual responde o devedor favorecido, correspondente somente à sua quota, e outra a que se acham solidariamente sujeitos os outros[111].
- **Efeitos da renúncia relativa** — a renúncia relativa da solidariedade acarreta os seguintes efeitos em relação aos devedores:

---

[109] Washington de Barros Monteiro, *Curso*, cit., 29. ed., v. 4, p. 186; Tito Fulgêncio, *Do direito*, cit., p. 322; Serpa Lopes, *Curso*, cit., v. II, p. 146; Manoel Ignácio Carvalho de Mendonça, *Doutrina*, cit., t. I, p. 333.

[110] Washington de Barros Monteiro, *Curso*, cit., 29. ed., v. 4, p. 186-187.

[111] Washington de Barros Monteiro, *Curso*, cit., 29. ed., v. 4, p. 192; Maria Helena Diniz, *Curso*, cit., v. 2, p. 167.

a) os contemplados continuam devedores, porém não mais da totalidade, senão de sua quota-parte no débito;

b) suportam sua parte na insolvência de seus ex-codevedores (CC, art. 283).

Os **não exonerados** permanecem na mesma situação de devedores **solidários**. Contudo, o credor não poderá acioná-los senão **abatendo no débito** a parte correspondente aos devedores cuja obrigação deixou de ser solidária[112]. A razão é que, se o devedor pagou sua parte na dívida e foi exonerado da solidariedade, a cobrança da referida parte dos codevedores solidários recairia sobre o que já não era devido. E o beneficiado não poderia ser constrangido a pagar duas vezes, ao credor e aos outros coobrigados, a estes em regresso.

A renúncia pode ser ainda expressa ou tácita.

- **Renúncia expressa:** resulta de declaração verbal ou escrita, posto não solene, em que o credor abre mão do benefício.
- **Renúncia tácita:** decorre de circunstâncias explícitas que revelem de modo inequívoco a intenção de arredar a solidariedade, como quando permite o credor que o *solvens* pague apenas sua quota, dando-lhe quitação, sem ressalva de exigir-lhe o restante[113]. É uma questão puramente de fato e de intenção apurável contraditoriamente. Pode resultar de **qualquer ato** praticado pelo credor, dos quais, pelos termos empregados ou pelas circunstâncias, mostre-se inequívoca a intenção em remir a ação solidária, renunciar ao pagamento indiviso, ou converter o vínculo solidário em obrigação simples ou conjunta.

Expressa ou tácita, a renúncia deve ser muito clara, pois não é de se presumir que o credor quisera cercear sua garantia (*nemo juri suo facile renuntiare praesumitur*). Não pode ser inferida de meras conjecturas; **na dúvida, presume-se não existir**[114].

- **Distinção entre renúncia da solidariedade e remissão da dívida:** a renúncia ao benefício da solidariedade distingue-se da remissão da dívida. Com efeito, o credor que apenas **renuncia a solidariedade** continua sendo credor, embora sem a vantagem de poder reclamar de um dos devedores a prestação por inteiro, ao passo que aquele que **remite o débito** abre mão de seu crédito, liberando o devedor da obrigação[115].

3.9.3.6. *Impossibilidade da prestação*

Cuida o art. 279 do Código Civil das consequências do descumprimento da obrigação quando se impossibilita a prestação por culpa de um dos devedores solidários. Veja-se:

---

[112] Tito Fulgêncio, *Do direito*, cit., p. 361-362.

[113] Washington de Barros Monteiro, *Curso*, cit., 29. ed., v. 4, p. 192.

[114] Lodovico Barassi, *La teoria generalle delle obbligazione*, v. 1, p. 183; Washington de Barros Monteiro, *Curso*, cit., 29. ed., v. 4, p. 192.

[115] Maria Helena Diniz, *Curso*, cit., v. 2, p. 167.

> "Art. 279. Impossibilitando-se a prestação por culpa de um dos devedores solidários, subsiste para todos o encargo de pagar o equivalente; mas pelas perdas e danos só responde o culpado."

Quando a prestação se torna **impossível**, faz-se mister apurar se a impossibilidade decorreu ou não de **culpa** do devedor. Em princípio, todo inadimplemento se presume culposo. Cabe ao inadimplente provar, para se exonerar, a impossibilidade da prestação decorrente do fortuito ou da força maior. Ambos constituem excludentes da responsabilidade civil, contratual ou extracontratual, pois rompem o nexo de causalidade (CC, art. 393).

A hipótese tratada no aludido art. 279 do Código Civil é a da impossibilidade da prestação por culpa de **apenas um** dos devedores solidários ou quando a impossibilidade ocorreu durante a **mora** de um ou de alguns dos codevedores solidários. A solução legal é a de que **todos os codevedores** são responsáveis perante o credor pelo **equivalente em dinheiro** do animal. O **culpado**, porém, e só ele, responde pelas **perdas e danos**.

Nosso Código, mantendo a solidariedade quanto à obrigação de pagar o equivalente, restringe ao **culpado**, tão somente, a responsabilidade pelas **perdas e danos**. Entendeu o legislador pátrio que constituem estas uma pena, que não deve ir além do próprio culpado[116]. Com efeito, tratando-se de culpa pessoal, não pode a sanção civil ultrapassar a pessoa do próprio negligente ou imprudente, considerando-se que ninguém pode ser responsabilizado por culpa alheia. Desse modo, somente o **culpado** arcará com os ônus das perdas e danos.

■ *3.9.3.7. Responsabilidade pelos juros*

Reitera o legislador, no art. 280 do Código Civil, a ideia de que a responsabilidade decorrente da prática de atos eivados de culpa é pessoal e exclusiva. O devedor culpado responde aos codevedores solidários pela obrigação acrescida. Senão, vejamos:

> "Art. 280. Todos os devedores respondem pelos juros da mora, ainda que a ação tenha sido proposta somente contra um; mas o culpado responde aos outros pela obrigação acrescida."

Malgrado o retardamento culposo seja imputável a um só devedor, **respondem todos perante o credor** pelas consequências da inexecução da obrigação, ressaltando-se, dentre elas, os **juros da mora** (CC, art. 407).

Do ponto de vista das **relações internas**, oriundas da solidariedade, concernente às relações particulares entre os devedores, **só o culpado** acabará arcando com as consequências do pagamento dos juros da mora, no acerto final entre eles, pela via regressiva. Trata-se de outra aplicação do princípio da responsabilidade pessoal e exclusiva, pelos atos maculados pela culpa, suprarreferido (*auctore non egrediuntur*)[117].

---

[116] Washington de Barros Monteiro, *Curso*, cit., 29. ed., v. 4, p. 187-188.

[117] Washington de Barros Monteiro, *Curso*, cit., 29. ed., v. 4, p. 188.

Alguns vislumbram uma contradição com o dispositivo anterior, que responsabiliza somente por perdas e danos o culpado, enquanto o ora comentado (art. 280) responsabiliza todos, sendo culpado um só, por juros da mora, que são perdas e danos. **Não há, entretanto, contradição alguma**. O art. 279 do Código Civil cogita de perdas e danos, cujo conceito está expresso no art. 402, ao passo que os **juros da mora são acessórios** da obrigação principal, dela inseparáveis, sob pena de quebra da solidariedade.

3.9.3.8. Meios de defesa dos devedores

Meios de defesa são os **fundamentos** pelos quais o demandado pode **repelir a pretensão do credor**, alegando que o direito que este invoca nunca existiu validamente ou, tendo existido, já se extinguiu ou ainda não existe[118].

O art. 281 do Código Civil distingue a propósito, entre as **exceções comuns** (que aproveitam a todos os devedores) e as **exceções pessoais** (que apenas podem ser opostas a cada um deles), nestes termos:

> "Art. 281. O devedor demandado pode opor ao credor as exceções que lhe forem pessoais e as comuns a todos; não lhe aproveitando as exceções pessoais a outro codevedor."

Exceções, no sentido legal, são as **defesas** propriamente ditas que o devedor solidário, acionado, pode alegar em contrário à pretensão do credor. É, na linguagem técnica, a indireta contradição do réu à ação do autor. Qualquer devedor demandado pode opor a defesa que tiver contra a própria obrigação. Pode atacá-la, alegando, por exemplo, **prescrição, nulidade, extinção** etc. Essas defesas ou exceções, porque podem ser arguidas por qualquer devedor, são chamadas de **comuns**, reais ou gerais.

Como a obrigação solidária é subjetivamente complexa, podem existir meios de defesa, exceções particulares e próprias só a um ou alguns dos devedores. Então, só o devedor exclusivamente atingido por tal exceção poderá alegá-la. São as exceções **pessoais**, que não atingem nem contaminam o vínculo dos demais devedores. Assim, um devedor que se tenha obrigado por **erro** só poderá alegar esse vício de vontade em sua defesa. Os outros devedores, que se obrigaram sem qualquer vício, não podem alegar em sua defesa a anulabilidade da obrigação porque o outro coobrigado laborou em erro.

Destarte, cada devedor pode opor em sua defesa, nas obrigações solidárias, as exceções **gerais** (todos os coobrigados podem fazê-lo), bem como as exceções que lhe são próprias, as **pessoais**. Assim, não pode o coobrigado, que se compromete livre e espontaneamente, tentar invalidar a obrigação porque outro devedor entrou na solidariedade sob coação[119].

3.9.3.9. Relações dos codevedores entre eles

A solidariedade existe apenas nas relações entre devedores e credor. Extinta a dívida, o que surge é um complexo de relações entre os próprios codevedores. Nessa

---

118 Antunes Varela, *Direito das obrigações*, cit., v. I, p. 303.

119 Sílvio de Salvo Venosa, *Direito civil*, v. II, p. 141.

nova fase, tudo o que importa é a apuração ou o rateio da responsabilidade entre os próprios codevedores, pois entre eles **a obrigação é divisível**. Resta tão somente partilhar entre todos a quota atribuída a cada um no débito extinto[120]. Dispõe, com efeito, o art. 283 do Código Civil:

> "O devedor que satisfez a dívida por inteiro tem direito a exigir de cada um dos codevedores a sua quota, dividindo-se igualmente por todos a do insolvente, se o houver, presumindo-se iguais, no débito, as partes de todos os codevedores."

Como já mencionado, os **efeitos** da solidariedade passiva decorrem, em regra, de dois princípios:

a) unidade de dívida; e

b) pluralidade de vínculos.

Perante os credores, todos os devedores, e cada um de per si, respondem pela dívida inteira. Entretanto, em face de seus consortes e da pluralidade de vínculos existentes, a obrigação já não é una. O débito se divide e **cada devedor** responde apenas pela sua **quota** na dívida comum. Desse modo, a obrigação é solidária apenas na relação externa entre os devedores e o credor. Quem paga toda a dívida ao credor solve a sua parte e adianta a *rata* de seus consortes. Por essa razão, faz jus ao reembolso, pela via regressiva.

■ *3.9.3.9.1. Direito de regresso*

Afastando diversas teorias existentes a respeito do fundamento jurídico do direito de regresso (mandato, gestão de negócios, fiança, contrato de sociedade, enriquecimento sem causa), optou o legislador brasileiro pela corrente que vislumbra, *in casu*, hipótese de **sub-rogação legal**. Dispõe, com efeito, o art. 346, III, do Código Civil que se opera a sub-rogação, de pleno direito, em favor do terceiro interessado, que paga a dívida pela qual era ou podia ser obrigado, no todo ou em parte[121].

As quotas dos codevedores **presumem-se iguais**. Nada impede, contudo, que sejam desiguais, pois a referida presunção é apenas relativa. Incumbe ao devedor, que pretende receber mais, o ônus da prova da desigualdade nas quotas, da mesma forma que compete tal encargo ao devedor acionado, que pretende pagar menos (CPC, art. 373, II).

■ **Ação regressiva:** o acerto entre os codevedores se faz por meio da ação regressiva (*actio de in rem verso*). São pressupostos da referida ação:

a) que o devedor **tenha satisfeito a dívida** — o pagamento, direto ou indireto, extingue a dívida e libera todos os devedores para com o credor. A simples

---

[120] Serpa Lopes, *Curso*, cit., v. II, p. 157-158.

[121] "O coavalista que satisfez o débito tem *execução* contra os demais" (*RTJ*, 124/1244; *RT*, 668/107). "O fiador que pagar a dívida pode executar o afiançado nos mesmos autos do processo onde foi executado" (CPC, art. 794, § 2º). Também o avalista: *RT*, 593/146.

exibição do título pelo devedor autoriza o regresso, à vista do disposto no art. 324 do Código Civil. Se um devedor satisfez a dívida e não comunicou o fato a outro codevedor que, por esse motivo, também pagou ao credor, contra este último caberá o regresso, e não contra o que efetuou o segundo pagamento. Este é que tem regresso contra os que nada pagaram;

b) que o devedor tenha satisfeito a dívida **por inteiro** — admite-se, nas obrigações de trato sucessivo, o direito de regresso ao devedor que pagou as **partes vencidas**, pois satisfez toda a dívida cujo pagamento podia ser reclamado. Admite-se o mesmo direito a quem fez **pagamento parcial**, estando a dívida vencida.

■ **Insolvência de um dos codevedores:** se um dos codevedores for insolvente, a parte da dívida correspondente será **rateada entre todos os codevedores**, inclusive os exonerados da solidariedade pelo credor (CC, art. 284). A doutrina justifica a regra com o princípio característico da sociedade, que reparte entre os cointeressados os lucros e perdas dos negócios comuns. Seria efetivamente injusto que a perda decorrente da insolvência de um dos coobrigados fosse suportada exclusivamente por um deles, escolhido aleatoriamente pelo credor para fazer o adiantamento do total no interesse de todos.

■ **Dívida solidária de interesse exclusivo de um dos devedores:** preceitua o art. 285 do Código Civil:

> "Se a dívida solidária interessar exclusivamente a um dos devedores, responderá este por toda ela para com aquele que pagar."

Pode haver desigualdade das quotas de todos os coobrigados, mesmo que a dívida interesse exclusivamente a um dos devedores, ou seja, que o negócio jurídico o qual deu origem ao débito só diga respeito a um dos devedores. A situação delineada no dispositivo em estudo pode ser representada dessa forma, *ad exemplum*: "A" tem necessidade de obter um empréstimo para efetuar a colheita em sua propriedade rural. O banco exige a garantia de dois avalistas. O referido mutuário obtém o aval, lançado de favor no título, dos amigos "B" e "C", que se tornam, assim, devedores solidários, tanto quanto o emitente do título, que pode ser uma nota promissória ou outra espécie de título, perante o estabelecimento de crédito.

Nesse caso, temos o **devedor "A"** como embolsador da importância emprestada e **único interessado** em sua aplicação e "B" e "C" como devedores por aval de favor. Vencido e não pago o título que representa a dívida, pode o credor cobrá-la integralmente de qualquer devedor solidário, mesmo que não seja o principal interessado, mas apenas avalista ou fiador. Se um destes saldá-la sozinho, terá ação regressiva contra o referido emitente, podendo dele cobrar **todo o valor pago**, enquanto dos coavalistas ou fiadores só poderá cobrar **a cota** de cada um, segundo dispõe o aludido art. 283.

Se o único interessado paga a dívida inteira, nenhuma ação tem contra os codevedores não interessados, pois nada mais fez do que solver a sua obrigação. Se, no entanto, estes efetuam o pagamento, ficam **sub-rogados** no direito do credor e têm direito a se ressarcir, nos termos dos arts. 831 a 833 do Código Civil.

3.9.3.9.2. *Insolvência de um dos codevedores solidários*

O estado de **insolvência** de um dos codevedores solidários impede o procedimento do rateio de forma igualitária, determinando o acréscimo da responsabilidade dos codevedores para cobrir o desfalque daí resultante. Disciplina o assunto o art. 284 do Código Civil:

> "No caso de rateio entre os codevedores, contribuirão também os exonerados da solidariedade pelo credor, pela parte que na obrigação incumbia ao insolvente."

Assim, por exemplo, se quatro são os devedores solidários e um deles cai em insolvência, os outros três respondem, em partes iguais, pela quota deste, ainda que um deles tenha sido exonerado da solidariedade pelo credor.

A insolvência do coobrigado pode ser **anterior**, **contemporânea** ou **posterior** ao pagamento. Em qualquer caso, aplica-se o dispositivo ora em estudo. Efetivamente, a causa do direito de regresso é o princípio, já referido, próprio da sociedade, de que, embora dissolvida pelo pagamento, esta continua subsistente para os efeitos da liquidação dos interesses sociais. **Extinta a insolvência** pela recuperação patrimonial do devedor que nela incidiu, cada um dos outros codevedores que arcaram com o prejuízo, pagando a quota do insolvente, pode **repetir quanto pagou além da sua quota**, por conta da referida insolvência. Se todos os outros codevedores caírem em insolvência, pode o credor exigir do **beneficiário da remissão** o total da dívida[122].

3.9.4. Resumo

DAS OBRIGAÇÕES SOLIDÁRIAS	
CONCEITO	▪ Obrigação solidária é aquela em que, havendo vários devedores, cada um responde pela dívida inteira como se fosse o único devedor. Se a pluralidade for de credores, pode qualquer um deles exigir a prestação integral como se fosse único credor (art. 264). A solidariedade não se presume; resulta da lei ou da vontade das partes (art. 265).
CARACTERÍSTICAS	a) Pluralidade de credores, de devedores ou de uns e de outros. b) Integralidade da prestação. c) Corresponsabilidade dos interessados.
ESPÉCIES	a) Obrigação solidária **ativa**, se vários forem os credores. b) Obrigação solidária **passiva**, se houver pluralidade de devedores. c) Obrigação solidária **recíproca** ou **mista**, se houver simultaneidade de credores e de devedores.
DIFERENÇAS ENTRE SOLIDARIEDADE E INDIVISIBILIDADE	a) Se cada **devedor solidário** pode ser compelido a pagar sozinho a dívida inteira, tal fato se dá por ser este **devedor do todo**. Nas obrigações **indivisíveis**, contudo, o codevedor só deve a sua quota-parte. Se pode ser compelido ao pagamento da totalidade do objeto é porque este não pode ser fracionado. b) Perde a qualidade de **indivisível** a obrigação que se resolver em **perdas e danos** (art. 263). Na **solidariedade**, entretanto, tal não ocorre, pois cada devedor continuará responsável pelo pagamento integral do equivalente em dinheiro do objeto perecido.

[122] *Do direito*, cit., p. 388.

SOLIDARIEDADE ATIVA	■ **Conceito:** Na solidariedade ativa, concorrem dois ou mais credores, podendo qualquer deles receber integralmente a prestação devida (art. 267). ■ **Efeitos:** a) O devedor libera-se pagando a qualquer dos credores, que, por sua vez, pagará aos demais a quota de cada um. b) Enquanto algum dos credores solidários não demandar o devedor comum, a qualquer deles poderá este pagar (art. 268). Cessa esse direito, porém, se um deles já ingressou em juízo com ação de cobrança, pois só a ele o pagamento pode ser efetuado. c) O pagamento feito a um dos credores solidários extingue a dívida até o montante do que foi pago (art. 269). d) Convertendo-se a prestação em perdas e danos, subsiste, para todos os efeitos, a solidariedade (art. 271). e) O credor que tiver remitido a dívida, ou recebido o pagamento, responderá aos outros pela parte que lhes caiba (art. 272), podendo ser convencido em ação regressiva por estes movida.
SOLIDARIEDADE PASSIVA	■ **Conceito:** Solidariedade passiva é a relação obrigacional pela qual o credor tem direito a exigir e receber de um, de alguns ou de todos os devedores, parcial ou totalmente, a dívida comum (art. 275). ■ **Efeitos:** a) O devedor que satisfez a dívida por inteiro tem direito a exigir de cada um dos codevedores a sua quota, dividindo-se igualmente por todos a do insolvente, se houver, presumindo-se iguais, no débito, as partes de todos os codevedores (art. 283). b) Se a dívida solidária **interessar exclusivamente a um dos devedores**, ou seja, ao emitente de nota promissória, p. ex., responderá este por toda ela para com aquele que pagar (art. 285). c) Qualquer alteração posterior do contrato, estipulada entre um dos devedores solidários e o credor, que venha a agravar a situação dos demais só terá validade se for efetivada com a concordância destes (art. 278). d) É permitido ao credor, sem abrir mão de seu crédito, "renunciar à solidariedade em favor de um, de alguns ou de todos os devedores" (art. 282).

■ 3.10. QUESTÕES

1. (PGE/SP/Procurador do Estado/Fundação Carlos Chagas/2009) Assinale a alternativa CORRETA.

a) Na solidariedade, a interrupção da prescrição aberta por um dos credores não aproveitará aos demais credores. Já a interrupção efetuada contra o devedor solidário envolverá os outros devedores e seus herdeiros, sendo que a suspensão da prescrição em favor de um dos credores solidários aproveitará aos demais credores.

b) Na solidariedade, a interrupção da prescrição aberta por um dos credores aproveitará aos demais credores, assim como a interrupção efetuada contra o devedor solidário envolverá os outros devedores e seus herdeiros, sendo que a suspensão da prescrição em favor de um dos credores solidários aproveitará aos demais credores se a prestação for divisível.

c) Na solidariedade, a interrupção da prescrição aberta por um dos credores aproveitará aos demais credores, assim como a interrupção efetuada contra o devedor solidário envolverá os outros devedores e seus herdeiros, sendo que a suspensão da prescrição em favor de um dos credores solidários aproveitará aos demais credores.

d) Na solidariedade, a interrupção da prescrição aberta por um dos credores aproveitará aos demais credores, assim como a interrupção efetuada contra o devedor solidário envolverá os outros devedores e seus herdeiros, sendo que a suspensão da prescrição em favor de um dos credores solidários aproveitará aos demais credores.

e) Na solidariedade ativa, a constituição em mora do devedor, promovida por um dos credores solidários, não aproveitará aos demais credores, assim como a renúncia da prescrição em face de um dos credores não aproveitará aos demais credores.

2. (Procurador do Trabalho/XV Concurso/2008) Assinale a alternativa INCORRETA:

a) A obrigação de dar coisa certa abrange seus acessórios, mesmo que não mencionados, salvo se o contrário resultar das circunstâncias do caso ou do título;
b) Nas obrigações alternativas, como regra geral, a escolha cabe ao credor;
c) Quando a obrigação alternativa for de prestações periódicas, a faculdade de escolha poderá ser exercida em cada período;
d) Em caso de obrigação alternativa, se uma das duas prestações não puder ser objeto de obrigação ou se tornar inexequível, subsistirá o débito quanto à outra;
e) Não respondida.

3. (TJSP/Juiz de Direito/182º Concurso/VUNESP/2009) A obrigação, se indivisível e solidária,

a) Implica responsabilidade de todos os devedores pelo total e sub-rogação em favor de quem pagar.
b) Implica responsabilidade de todos os devedores pelo total, mas a sub-rogação limita-se à solidariedade.
c) Não perde essas características se convertida em perdas e danos.
d) Perde essas características se convertida em perdas e danos.

4. (OAB/MG/2009) Assinale a alternativa INCORRETA:

a) A obrigação de dar coisa certa somente abrange os acessórios desta se assim convencionarem expressamente as partes.
b) Nas obrigações de dar coisa incerta, mas determinada pelo gênero e quantidade, a escolha, em regra, caberá ao devedor.
c) Ter-se-á como resolvida a obrigação de fazer quando, sem culpa do devedor, a prestação tornar-se impossível. Nesta hipótese não terá o credor direito de perceber indenização por perdas e danos.
d) Nas obrigações alternativas, mesmo competindo ao devedor a escolha, não poderá ser imposto ao credor o recebimento em parte de uma prestação e parte em outra.

5. (DEL/POL/RJ/Acadepol/RJ/2009) Assinale a alternativa CORRETA, se houver:

a) Na obrigação de dar coisa certa o devedor sempre responde pelo perecimento da coisa antes da tradição.
b) A obrigação de dar coisa certa engloba os acessórios da coisa ainda que não mencionados, salvo se o contrário resultar do título ou das circunstâncias do caso.
c) Na obrigação de restituir coisa certa, o credor está obrigado a receber a coisa de volta, ainda que deteriorada por culpa do devedor sem direito a indenização em razão da regra *res perit domino*.
d) A obrigação é indivisível em existindo pluralidade de devedores e somente quando a coisa não for suscetível de divisão cômoda.
e) Nenhuma das alternativas acima.

6. (Procurador Municipal/SP/Fundação Carlos Chagas/2008) Na solidariedade passiva:

a) A interrupção da prescrição efetuada contra um dos devedores envolve os demais e seus herdeiros.
b) A propositura de ação pelo credor contra um ou alguns dos devedores importará renúncia da solidariedade.
c) Se um dos devedores falecer deixando herdeiros, cada um destes será obrigado pela dívida toda, mesmo que a obrigação seja divisível.
d) Impossibilitando-se a prestação por culpa de um dos devedores solidários, subsiste para todos o encargo de pagar o equivalente em dinheiro, inclusive as perdas e danos.
e) O devedor demandado pode opor as exceções que forem pessoais de qualquer dos codevedores.

7. (Procurador/Faz. Nacional/ESAF/2007) "A" deve entregar uma joia de valor correspondente a R$ 90.000,00 a "B", "C" e "D". Tendo "B" remitido o débito, "C" e "D" exigirão a joia, mas deverão indenizar "A" em dinheiro (R$ 30.000,00) da parte que "B" o perdoou. Tal ocorre porque a obrigação em tela produz esse efeito por ser:

a) solidária ativa;
b) indivisível;
c) divisível;
d) solidária mista;
e) solidária passiva.

8. (OAB/SP/123° Concurso/Fundação Carlos Chagas) "A" e "B" obrigaram-se a entregar a "C" e "D" um boi de raça, que fugiu por ter sido deixada aberta a porteira, por descuido de "X", funcionário de "A" e "B". Pode-se dizer que a obrigação é:

a) Indivisível, que se tornou divisível pela perda do objeto da prestação, com responsabilidade dos devedores "A" e "B", pela culpa de "X", seu funcionário.
b) Solidária, com responsabilidade dos devedores "A" e "B", por culpa de seu funcionário, ante a perda do objeto da obrigação.
c) Indivisível, tornando-se divisível com o perecimento do objeto, sem culpa dos devedores "A" e "B" e sem responsabilidade destes.
d) Simplesmente divisível com o perecimento do objeto da prestação, respondendo objetivamente "A" e "B" pela culpa de seu empregado "X".

9. (TJSC/Juiz de Direito/Fundação Carlos Chagas/2015) A obrigação natural é judicialmente:

a) inexigível, mas se for paga, não comporta repetição.
b) exigível, exceto se o devedor for incapaz.
c) exigível e só comporta repetição se for paga por erro.
d) exigível e em nenhuma hipótese comporta repetição.
e) inexigível e se for paga comporta repetição, independentemente de comprovação de erro no pagamento.

10. (TJSP/Juiz de Direito/174° Concurso) Tornando-se impossível a prestação por culpa de um dos devedores solidários,

a) Subsiste para todos o encargo de pagar o equivalente e as perdas e danos decorrentes da impossibilidade.
b) Os devedores solidários não culpados respondem somente pelo encargo de pagar o equivalente.
c) Fica insubsistente a solidariedade passiva, passando o devedor que impossibilitou a prestação a responder isoladamente pelo encargo de pagar o equivalente e pelas perdas e danos decorrentes.
d) Os devedores solidários não culpados respondem somente por perdas e danos decorrentes da impossibilidade.

11. (TJMG/Juiz de Direito/Titular de Cartório de Notas e de Registro/CONSULPLAN/2015) Sobre solidariedade ativa, é CORRETO afirmar:

a) Se um dos credores solidários falecer deixando herdeiros, cada um destes terá direito a exigir e receber a quota do crédito que corresponder ao seu quinhão hereditário, mesmo se a obrigação for indivisível.
b) Convertendo-se em perdas e danos, subsiste, para todos os efeitos, a solidariedade.
c) O julgamento contrário a um dos credores solidários atinge os demais.
d) O julgamento favorável a um dos credores solidários em nenhum caso aproveita aos demais.

12. (OAB/Exame da Ordem Unificado/2010-2) Assinale a alternativa que contemple exclusivamente obrigação *propter rem*:

a) a obrigação de indenizar decorrente da aluvião e aquela decorrente da avulsão.
b) a hipoteca e o dever de pagar as cotas condominiais.
c) o dever que tem o servidor da posse de exercer o desforço possessório e o dever de pagar as cotas condominiais.
d) a obrigação que tem o proprietário de um terreno de indenizar o terceiro que, de boa-fé, erigiu benfeitorias sobre o mesmo.

13. (DPE/RN/Defensor Público/CESPE/2015) Com relação ao direito das obrigações, assinale a opção CORRETA.

a) É permitido transformar os bens naturalmente divisíveis em indivisíveis se a alteração se der para preservar a natureza da obrigação, por motivo de força maior ou caso fortuito, mas não por vontade das partes.
b) As obrigações ambulatórias são as que incidem sobre uma pessoa em decorrência de sua vinculação a um direito pessoal, haja vista que da própria titularidade lhe advém a obrigação.
c) As obrigações conjuntivas possuem múltiplas prestações ou objetos, de tal modo que seu cumprimento será dado como efetivado quando todas as obrigações forem realizadas.
d) As obrigações disjuntivas são aquelas em que a prestação ou objeto material são indeterminados, isto é, há apenas referência quanto a gênero e quantidade.
e) A desconcentração é característica das obrigações de dar coisa incerta. É configurada pela escolha, ato pelo qual o objeto ou prestação se tornam certos e determinados, sendo necessário, para que possa produzir efeitos, que o credor seja disso cientificado.

14. (OAB/CESPE/UnB/2010) Francisco, Paulo e José tomaram R$ 150 mil emprestados de Flávio para aquisição de uma lancha de passeio. Ficou acertado que o pagamento do débito ocorreria em três parcelas iguais e que todos os devedores ficariam obrigados pela dívida toda. Considerando essa situação hipotética, assinale a opção CORRETA.

a) Se Flávio conceder a Paulo remissão de sua parte da dívida, a obrigação estará extinta para este devedor.
b) Caso José venha a falecer, Flávio poderá demandar de um dos herdeiros a totalidade da dívida.
c) Flávio poderia escolher quaisquer dos devedores para cumprir a obrigação por inteiro. No entanto, qualquer deles teria o direito de pagar a sua parte na dívida, tão logo ocorresse o vencimento.
d) Se Flávio recebesse de Francisco um terço do valor da dívida, ficaria impedido de cobrar somente de José o valor restante.

15. (TJMS/Juiz de Direito/Fundação Carlos Chagas/2010) Na solidariedade ativa,

a) mais de um credor está obrigado à dívida toda.
b) mais de um devedor pode exigir a dívida toda.
c) convertendo-se a prestação em perdas e danos não mais subsiste a solidariedade.
d) cada um dos credores tem direito a exigir do devedor o cumprimento da prestação por inteiro.
e) se um dos credores falecer deixando herdeiros, cada um destes terá direito a receber a integralidade do crédito do finado.

16. (OAB/Exame da Ordem Unificado/2010-2) Com relação ao regime da solidariedade passiva, é CORRETO afirmar que:

a) cada herdeiro pode ser demandado pela dívida toda do devedor solidário falecido.

b) com a perda do objeto por culpa de um dos devedores solidários, a solidariedade subsiste no pagamento do equivalente pecuniário, mas pelas perdas e danos somente poderá ser demandado o culpado.
c) se houver atraso injustificado no cumprimento da obrigação por culpa de um dos devedores solidários, a solidariedade subsiste no pagamento do valor principal, mas pelos juros da mora somente poderá ser demandado o culpado.
d) as exceções podem ser aproveitadas por qualquer dos devedores solidários, ainda que sejam pessoais apenas a um deles.

17. (OAB/Exame da Ordem Unificado/2010-2) João prometeu transferir a propriedade de uma coisa certa, mas antes disso, sem culpa sua, o bem foi deteriorado. Segundo o Código Civil, ao caso de João aplica-se o seguinte regime jurídico:
a) a obrigação fica resolvida, com a devolução de valores eventualmente pagos.
b) a obrigação subsiste, com a entrega da coisa no estado em que se encontra.
c) a obrigação subsiste, com a entrega da coisa no estado em que se encontra e abatimento no preço proporcional à deterioração.
d) a obrigação poderá ser resolvida, com a devolução de valores eventualmente pagos, ou subsistir, com a entrega da coisa no estado em que se encontra e abatimento no preço proporcional à deterioração, cabendo ao credor a escolha de uma dentre as duas soluções.

18. (OAB/Exame de Ordem/FGV Projetos/2010.3) João deverá entregar quatro cavalos da raça X ou quatro éguas da raça X a José. O credor, no momento do adimplemento da obrigação, exige a entrega de dois cavalos da raça X e de duas éguas da raça X.
Nesse caso, é CORRETO afirmar que as prestações
a) alternativas são inconciliáveis, havendo indivisibilidade quanto à escolha.
b) alternativas são conciliáveis, havendo divisibilidade quanto à escolha.
c) facultativas são inconciliáveis, quando a escolha couber ao credor.
d) facultativas são conciliáveis, quando a escolha couber ao credor.

19. (TRT/6ª Região/Juiz do Trabalho/XVIII Concurso/2010) Clodoaldo e Jerônimo são coproprietários de uma fazenda de criação de cavalos de raça no interior do estado. E, como pessoas físicas, negociam conjuntamente a venda de animais, inclusive por meio de feiras e leilões. Obrigaram-se, então, a entregar a Manoel e a Francisco um cavalo de raça, campeão de vários prêmios. No entanto, o cavalo fugiu da fazenda por descuido de Teotônio, empregado de Clodoaldo e Jerônimo e funcionário da fazenda, que deixou a porteira aberta. O animal morreu atropelado. Pode-se dizer que a obrigação:
a) É complexa e indivisível, com responsabilidade única e exclusiva do empregado Teotônio.
b) É indivisível, que se tornou divisível pela perda do objeto da prestação, com responsabilidade de Clodoaldo e Jerônimo, pela culpa de Teotônio, seu funcionário.
c) É alternativa, com responsabilidade dos devedores Clodoaldo e Jerônimo, por culpa de seu funcionário, Teotônio, ante a perda do objeto da obrigação.
d) É indivisível, tornando-se divisível com o perecimento do objeto, sem culpa dos devedores Clodoaldo e Jerônimo e sem responsabilidade destes.
e) É simplesmente divisível, com o perecimento do objeto da prestação, respondendo objetivamente Clodoaldo e Jerônimo por 50% do valor do animal.

20. (MP/SP/Promotor de Justiça/88° Concurso/2011) Não é(são) devedor(es) solidário(s), por disposição legal:
a) testamenteiros simultâneos, com funções distintas, indicadas no testamento.
b) comissário, com cláusula *del credere* no contrato, e pessoas com quem contratar.
c) administradores de sociedade limitada, por ato culposo no exercício de suas funções.

d) representante legal, que age dolosamente, e representado.
e) sócio cedente de quotas de sociedade limitada e cessionário, perante a sociedade, e *terceiros* até 2 (dois) anos da averbação da modificação do contrato.

21. (TJGO/Juiz de Direito/Fundação Carlos Chagas/2012) Antonio obrigou-se a entregar a Benedito, Carlos, Dario e Ernesto um determinado touro reprodutor, avaliado em R$ 80.000,00 (oitenta mil reais). Embora bem guardado e bem tratado em lugar apropriado e seguro, o animal morreu afogado em inundação causada por fortes chuvas. Nesse caso, a obrigação é

a) de dar coisa certa, indivisível, resolvida para ambas as partes com ausência de culpa do devedor, ante o perecimento do objeto.
b) indivisível, com o perecimento do objeto por culpa do devedor.
c) indivisível e tornou-se divisível com o perecimento do objeto, sem culpa do devedor.
d) solidária, devendo o valor de R$ 80.000,00 (oitenta mil reais) ser entregue a qualquer dos credores, em lugar do objeto perecido.
e) de dar coisa certa, indivisível, devendo o devedor entregar a indenização a todos os credores.

22. (TRT/2ª Região/Juiz do Trabalho/XXXVIII Concurso/2013) As obrigações são classificadas em várias espécies. Considerando-as, assinale a alternativa que contém CORRETO entendimento:

a) O devedor que descumpre obrigação de não fazer considera-se em mora.
b) A obrigação alternativa induz múltiplas prestações, uniformes ou não, em que o obrigado se libera prestando todas elas.
c) A obrigação, para ser considerada solidária, não precisa se basear em idêntica causa ou fundamento.
d) A obrigação passiva solidária se caracteriza por uma variedade de devedores que assumem débitos com um único credor, criando entre si vínculo que os torna responsáveis pelo débito de todos.
e) A renúncia ou exoneração da solidariedade quanto a um devedor implica a extinção da obrigação quanto a todos os devedores.

23. (TJRJ/Juiz de Direito/VUNESP/2012) Quanto às obrigações indivisíveis e solidárias, é correto afirmar:

a) Se um dos credores solidários falecer deixando herdeiros, cada um destes só terá direito a exigir e receber a quota do crédito que corresponder ao seu quinhão hereditário, o mesmo acontecendo se a obrigação for indivisível.
b) A solidariedade ativa não perdurará se a obrigação for convertida em perdas e danos; de forma diferente, não cessará a indivisibilidade da obrigação indivisível que se resolver em perdas e danos.
c) Na solidariedade passiva, havendo descumprimento da prestação por culpa de um dos devedores, os demais ficarão liberados da responsabilidade de pagar o equivalente, o que incumbirá ao culpado, que também responderá pelas perdas e danos; tal, porém, não ocorrerá com a indivisibilidade, que não cessará, ainda que passe a ter natureza pecuniária.
d) Na solidariedade passiva, havendo descumprimento da prestação por culpa de um dos devedores, os demais não ficarão liberados da responsabilidade de pagar o equivalente, embora pelas perdas e danos só responda o culpado; tal, porém, não ocorrerá com a indivisibilidade, que cessará se houver tal transformação; passando a ter natureza pecuniária, tornar-se-á uma obrigação divisível.

24. (TJSP/Juiz de Direito/184º Concurso/VUNESP/2013) Caio, Tício e Pompeu se fazem devedores solidários de um Credor pela quantia de R$ 3 milhões, sendo que esta obrigação inte-

ressa igualmente a todos os devedores, e todos são solventes. Considerada essa hipótese, assinale a opção CORRETA.

a) Paga a integralidade da dívida por Caio, nada poderá cobrar de Tício ou de Pompeu.
b) Paga a integralidade da dívida por Caio, poderá cobrar R$ 2 milhões tanto de Tício quanto de Pompeu.
c) Qualquer dos 3 codevedores pode, ao dele se exigir a integralidade da dívida, opor ao Credor tanto as exceções que lhe forem pessoais quanto as exceções pessoais aos outros codevedores não demandados.
d) Paga a integralidade da dívida por Caio, poderá ele cobrar R$ 1 milhão de Tício e R$ 1 milhão de Pompeu.

25. (MP/SC/Promotor de Justiça/40º Concurso/2016) Analise o enunciado da questão abaixo e assinale "VERDADEIRO — (V) ou "FALSO"— (F).

( ) Acerca da obrigação de fazer, o devedor que recusar a prestação a ele só imposta, ou só por ele exequível, incorre na obrigação de indenizar perdas e danos. Todavia, resolve-se a obrigação se a prestação do fato tornar-se impossível sem sua culpa, e, se por culpa sua, responderá ele por perdas e danos.

26. (TRT/RJ/Juiz do Trabalho/2015) A respeito das obrigações solidárias, é INCORRETO afirmar que

a) importará renúncia da solidariedade a propositura de ação pelo credor contra um ou alguns dos devedores.
b) convertendo-se a prestação em perdas e danos, subsiste, para todos os efeitos, a solidariedade.
c) a solidariedade não se presume, resultando da lei ou da vontade das partes.
d) o pagamento feito a um dos credores solidários extingue a dívida até o montante do que foi pago.
e) qualquer cláusula, condição ou obrigação adicional, estipulada entre um dos devedores solidários e o credor, não poderá agravar a posição dos outros sem consentimento destes.

27. (TRF/3ª Região/Juiz Federal/2016) Assinale a alternativa INCORRETA

a) Perde a qualidade de indivisível a obrigação que se resolver em perdas e danos.
b) Convertendo-se a prestação em perdas e danos, subsiste, para todos os efeitos, a solidariedade.
c) A remissão da dívida feita por um dos credores em obrigação indivisível extingue esta para com os demais credores.
d) A remissão da dívida feita por um dos credores solidários extingue a obrigação com relação ao devedor, devendo aquele credor responder aos outros pela parte que lhe caiba.

28. (Procurador/Câmara Municipal/Poá/VUNESP/2016) Sobre as obrigações de dar, assinale a alternativa CORRETA

a) A obrigação de dar coisa certa sempre abrangerá os acessórios a ela, embora não mencionados.
b) Deteriorada a coisa, não sendo o devedor culpado, poderá o credor resolver a obrigação, ou aceitar a coisa, abatido de seu preço o valor que perdeu.
c) Até a tradição, pertence ao credor a coisa, com os seus melhoramentos e acrescidos, pelos quais poderá exigir aumento no preço.

d) Sendo culpado o devedor, poderá o credor exigir o equivalente, ou aceitar a coisa no estado em que se acha, sem direito a reclamar, em um ou em outro caso, indenização das perdas e danos.
e) Se a obrigação for de restituir coisa certa, e esta, com culpa do devedor, se perder antes da tradição, sofrerá o credor a perda, e a obrigação se resolverá, ressalvados os seus direitos até o dia da perda.

29. (TRF/2ª Região/Juiz Federal/XVI Concurso/2017) Analise as assertivas abaixo e, ao final, assinale a opção CORRETA:

I. Em contrato paritário, em que as partes se apresentam em igualdade de condições, será lícita, como regra geral, a cláusula que aumente o prazo de prescrição relativamente às prestações avençadas;
II. Ao contrário da solidariedade passiva, a solidariedade ativa é raramente prevista de modo direto pela lei;
III. Proposta a ação de cobrança contra apenas um dos devedores solidários, que é citado, de modo a impossibilitar que ele, com êxito, sustente a prescrição, isso não afeta o reconhecimento da prescrição contra os codevedores solidários que não são réus.

a) Apenas a I é falsa.
b) Apenas a II é falsa.
c) Apenas a III é falsa.
d) Apenas a I e a III são falsas.
e) Todas são verdadeiras.

■ GABARITO ■

1. "d". *Vide* arts. 204, § 1º, e 201 do CC.
2. "b". *Vide* art. 252 do CC.
3. "a". *Vide* art. 259, parágrafo único, e 283 do CC.
4. "a". *Vide* art. 233 do CC.
5. "b". *Vide* art. 233 do CC.
6. "a". *Vide* art. 204, § 1º, 2ª parte.
7. "b". *Vide* art. 262 do CC.
8. "a". *Vide* art. 263 do CC.
9. "a". *Vide* art. 882 do CC.
10. "b". *Vide* art. 279 do CC.
11. "b". *Vide* art. 271 do CC.
12. "d".
13. "c". *Vide* art. 314 do CC.
14. "a". *Vide* art. 277 do CC.
15. "d". *Vide* art. 267 do CC.
16. "b". *Vide* art. 279 do CC.
17. "d". *Vide* art. 235 do CC.
18. "a". *Vide* art. 252, § 1º, do CC.
19. "b". *Vide* art. 263 do CC.

20. “a”. *Vide* art. 1.986 do CC.
21. “a”. *Vide* art. 234 do CC.
22. “c”. *Vide* item 3.9.1.5 (Possibilidade de a solidariedade não ser igual para a pluralidade de sujeitos), *retro*.
23. “d”. *Vide* arts. 263 e 279 do CC.
24. “d”. *Vide* art. 283 do CC.
25. “V”. *Vide* arts. 247 e 248 do CC.
26. “a”. *Vide* art. 275, parágrafo único, do CC.
27. “c”. *Vide* art. 262 do CC.
28. “b”. *Vide* art. 235 do CC.
29. “d”.

4

OUTRAS MODALIDADES DE OBRIGAÇÕES

4.1. DAS OBRIGAÇÕES CIVIS E NATURAIS

4.1.1. Conceito

Já foi dito que a obrigação, quando cumprida, extingue-se. Não cumprida, dá origem à responsabilidade, que é patrimonial: o patrimônio do devedor responde por suas obrigações. Para exigir o seu cumprimento, pode o credor agir coercitivamente, valendo-se do Poder Judiciário, se necessário. Diz-se que a obrigação, nesse caso, é **civil** ou **perfeita**, porque acham-se presentes todos os seus elementos constitutivos: sujeito, objeto e vínculo jurídico. **Obrigação civil**, portanto, é a que encontra respaldo no direito positivo, podendo o seu cumprimento ser exigido pelo credor, por meio de ação.

Quando falta esse poder de garantia ou a responsabilidade do devedor, diz-se que a obrigação é **natural** ou, na técnica dos escritores alemães, **imperfeita**. Trata-se de obrigação sem garantia, sem sanção, sem ação para se fazer exigível. Nessa modalidade, o credor não tem o direito de exigir a prestação, e o devedor não está obrigado a pagar. Em compensação, se este, voluntariamente, efetua o pagamento, não tem o direito de repeti-lo.

4.1.2. Distinção entre obrigação civil e obrigação natural

As obrigações civis e as obrigações naturais distinguem-se, pois, quanto à **exigibilidade** de cumprimento. As primeiras representam a grande generalidade, enquanto as segundas constituem uma figura muito especial, com escasso interesse prático no direito moderno[1].

- **Obrigação civil** — a obrigação **civil** ou **comum** apresenta as seguintes características: se o devedor ou um terceiro realiza voluntariamente a prestação, o credor tem a faculdade de retê-lo a título de pagamento (*soluti retentio*). Se, no entanto, não ocorrer o cumprimento voluntário, o credor poderá **exigi-lo judicialmente** e executar o patrimônio do devedor. O ordenamento jurídico, nesse caso, coloca, à sua disposição, a competente ação.

---

[1] Antunes Varela, *Direito das obrigações*, v. I, p. 283; Caio Mário da Silva Pereira, *Instituições de direito civil*, v. II, p. 19.

- **Obrigação natural** — diversamente ocorre com a obrigação **natural**. Nela, se o devedor cumprir voluntariamente o avençado, o credor goza da *soluti retentio*, podendo **reter a prestação** a título de pagamento da prestação devida. Todavia, se o devedor não a cumprir voluntariamente, o **credor não dispõe de ação alguma para exigir judicialmente o seu cumprimento**, não podendo executar coercitivamente a obrigação. Trata-se, como já dito, de obrigação despida de sanção, de tutela judicial.

A grande dificuldade encontrada pelos doutrinadores para explicar a natureza jurídica da obrigação natural reside nessa aparente contradição existente entre a carência da ação judicial, por um lado, e o direito de retenção da prestação pelo credor, como pagamento devido, por outro[2].

4.1.3. Obrigação natural

4.1.3.1. Conceito e características

Sérgio Carlos Covello se vale do conceito estampado em vários Códigos sul-americanos para conceituar a obrigação natural: é a obrigação que não confere o direito de exigir seu cumprimento, mas, se cumprida espontaneamente, autoriza a retenção do que foi pago[3].

A principal característica das obrigações naturais consiste, como afirma Mario Rotondi[4], no fato de que seu **inadimplemento não dá ensejo à pretensão de uma execução** ou de um ressarcimento e, pela circunstância de seu cumprimento espontâneo ser válido, **não comportado repetição**.

A ideia que atravessou séculos, chegando à maioria das legislações modernas, é a de que o principal efeito da obrigação natural é a **retenção do pagamento** (*soluti retentio*), ou seja, a irrepetibilidade da prestação feita espontaneamente[5].

4.1.3.2. Natureza jurídica da obrigação natural

Inúmeras teorias surgiram a respeito da natureza jurídica da obrigação natural, podendo ser mencionadas as seguintes: teoria clássica, teoria do dever moral, teoria do fundamento, teoria da relação de fato, teoria mista, teoria da dívida sem responsabilidade, teoria publicista de Carnelutti, teoria de Emilio Betti e teoria da causa de atribuição patrimonial.

A mais aceita pela doutrina é a **teoria clássica** ou **tradicional**, que considera a obrigação natural uma obrigação **imperfeita**. Sustentam os seus adeptos que a obri-

---

2 Antunes Varela, *Direito das obrigações*, cit., v. I, p. 284.

3 *A obrigação natural*, p. 71-72 e 76.

4 *Istituzioni di diritto privato*, p. 89-90.

5 Pablo Stolze Gagliano e Rodolfo Pamplona Filho, *Novo curso de direito civil*, v. II, p. 112-113; Washington de Barros Monteiro, *Curso*, cit., v. 4, p. 221; Sílvio de Salvo Venosa, *Direito civil*, cit., v. II, p. 50; Sergio Carlos Covello, *A obrigação*, cit., p. 14.

gação natural é obrigação civil **desprovida de ação judicial**. Sérgio Carlos Covello acrescenta: "a obrigação natural é um vínculo jurídico não somente desprovido de ação, mas de toda e qualquer exigibilidade"[6].

Álvaro Villaça Azevedo, por sua vez, obtempera que a obrigação civil resulta do direito civil e a obrigação natural do direito natural. A primeira, "que está, perfeitamente, estruturada no direito positivo, no campo da exigibilidade da prestação, em caso de descumprimento obrigacional; a segunda, no âmbito moral, restando ao devedor a possibilidade de cumpri-la, espontaneamente, sem que tenha o credor o poder jurídico de exigi-la por meio de ação"[7].

Caio Mário da Silva Pereira[8] resume a questão: "A obrigação natural é um ***tertium genus***, entidade intermediária entre o mero dever de consciência e a obrigação juridicamente exigível, e por isso mesmo plantam-na alguns (Planiol, Ripert *et* Boulanger) a meio caminho entre a moral e o direito. É mais do que um dever moral e menos do que uma obrigação civil".

■ *4.1.3.3. Casos de obrigação natural no direito brasileiro*

O Código Civil brasileiro refere-se à obrigação natural em dois dispositivos:

a) o art. 882, pelo qual não se pode repetir o que se pagou para solver **dívida prescrita** ou cumprir **obrigação judicialmente inexigível**; e

b) o art. 564, III, segundo o qual não se revogam por ingratidão as doações que forem feitas em cumprimento de **obrigação natural**.

Os casos de obrigações naturais **típicas** no novo diploma são, pois, dois:

a) dívidas prescritas (art. 882); e

b) dívidas de jogo (art. 814).

Ambas são inexigíveis.

■ **Dívidas de jogo —** dispõe o art. 814 do Código Civil que "As dívidas de jogo ou de aposta não obrigam a pagamento; mas não se pode recobrar a quantia, que voluntariamente se pagou, salvo se foi ganha por dolo, ou se o perdente é menor ou interdito". Por conseguinte, a dívida resultante da perda no jogo, quer seja lícito (ou tolerável), quer ilícito (ou proibido), constitui **obrigação natural:** o ganhador não dispõe, no ordenamento, de ação para exigir seu pagamento.

Mas o que foi pago **voluntariamente** não pode mais ser recobrado (CC, art. 882), salvo se tiver inexistido livre consentimento do perdedor (caso de dívida de jogo ganha com dolo ou em que este é menor ou interdito). Tal regulamentação estende-se, também, a qualquer contrato que encubra ou envolva reconhecimento, novação ou fiança de dívida de jogo, porque não se pode reconhecer, novar ou afiançar obrigação

---

6 *A obrigação*, cit., p. 102.

7 *Teoria geral das obrigações*, p. 52-53.

8 *Instituições*, cit., v. II, p. 19.

que juridicamente não existe. Mas a **nulidade** resultante não pode ser oposta ao terceiro de boa-fé (CC, art. 814, § 1º, segunda parte).

É carecedor de ação o apostador que se tenha tornado credor por **cheque ou outro título de crédito**, emitido para pagamento de dívida proveniente de jogo ou aposta. Não o será, porém, o terceiro de boa-fé, a quem o título ao portador foi transmitido. Contudo, não se poderá arguir a boa-fé caso haja prova de que o terceiro conhecia perfeitamente a origem da dívida[9].

Do mesmo modo, não se pode exigir reembolso do que se emprestou para jogo ou aposta **no ato de apostar ou jogar** (CC, art. 815). Para que a dívida se torne incobrável, é necessário que o empréstimo tenha ocorrido no momento da aposta ou do jogo, como o efetuado pelo dono do cassino para que o mutuário continue a jogar. Podem ser cobrados, no entanto, os empréstimos contraídos posteriormente para pagar tais dívidas.

Ressalve-se a existência de jogos **regulamentados pela lei**, como o turfe (destinado a incrementar a raça cavalar) e diversas loterias, autorizados, em geral, para a obtenção de recursos direcionados a obras sociais, que geram **obrigações civis**, pois recebem a chancela jurídica, permitindo a cobrança judicial da recompensa (art. 814, § 2º, segunda parte). Excetuam-se, igualmente, os prêmios oferecidos ou prometidos para o vencedor em competição esportiva, intelectual ou artística, desde que os interessados se submetam às prescrições legais e regulamentares (art. 814, § 3º).

■ **Dívidas prescritas** — as dívidas prescritas são, tradicionalmente, consideradas obrigações **naturais**. Em sua origem, são obrigações civis que, por força do fenômeno legal da prescrição, transformam-se em naturais; por isso se denominam **obrigações civis degeneradas**. Não tendo o Código estabelecido outra condição que o decurso do prazo para que se configure a prescrição, tem-se que a dívida se torna natural a partir da consumação do prazo prescricional[10].

■ **Obrigações naturais não disciplinadas legalmente** — como o art. 882 do Código Civil é amplo e se refere, de maneira genérica, à **"obrigação judicialmente inexigível"**, pode-se inferir que admite ele a existência de obrigações naturais não disciplinadas especificamente. Pode ser lembrado que o art. 588 do novo diploma não permite a repetição em mútuo feito a pessoa menor que não tenha autorização de seu responsável, salvo ocorrendo alguma das exceções previstas no art. 589.

Sílvio Venosa afirma que são obrigações naturais "não apenas as dispostas na lei, mas todas as obrigações em que, por motivos de equidade, não se permita a repetição do que foi pago. Assim, a lógica jurídica pode estender a situação a casos semelhantes"[11].

---

9 *RT*, 670/94. *V.* ainda: "Cheque. Emissão para pagamento de *dívida de jogo*. Inexigibilidade. O título emitido para pagamento de dívida de jogo não pode ser cobrado, posto que, para efeitos civis, a lei considera ato ilícito. Nulidade que não pode, porém, ser oposta ao terceiro de boa-fé" (*RT*, 670/94, 693/211, 696/199). "Cheque. Emissão para pagamento de *dívida de jogo*. Inexigibilidade. Irrelevância de a obrigação haver sido contraída em país em que é legítima a jogatina" (*RT*, 794/381).

10 Sergio Carlos Covello, *A obrigação*, cit., p. 124 e 129.

11 *Direito civil*, cit., v. II, p. 54.

Sérgio Carlos Covello denomina essas hipóteses **obrigações naturais atípicas**, advertindo que, na pesquisa de tais obrigações, o intérprete há de ter o cuidado de não as confundir com as obrigações morais nem com as obrigações nulas, porque estas são inválidas e de nenhuma eficácia jurídica[12].

4.1.3.4. Efeitos da obrigação natural

4.1.3.4.1. Principais efeitos

O **principal efeito** da obrigação natural consiste na **validade** de seu pagamento. Ao dizer que não se pode repetir o que se pagou para cumprir obrigação judicialmente inexigível, o art. 882 do Código Civil admite a validade de seu pagamento. E o faz porque a dívida existia, apenas não podia ser judicialmente exigida.

Outro **efeito** inegável da obrigação natural é a **irrepetibilidade** do pagamento. Se o devedor, que não está obrigado a pagá-la, vier a solvê-la de maneira voluntária, o seu ato torna-se irretratável, não cabendo a repetição (*soluti retentio*).

4.1.3.4.2. Efeitos secundários

O fato de o parágrafo único do art. 1.477 do Código de 1916, correspondente ao § 1º do art. 814 do novo diploma, não permitir que as dívidas de jogo e aposta sejam reconhecidas, novadas ou objeto de fiança sem estender a proibição a todas as obrigações naturais tem levado a doutrina a admitir a existência de **efeitos secundários** nas obrigações naturais, quando a lei não os vede[13].

Dação em pagamento — assim, por exemplo, não há impedimento a que a obrigação natural seja cumprida mediante **dação em pagamento**, que nada mais é do que a entrega de bem diverso daquele que é objeto da prestação, com a concordância do credor (CC, art. 356). Se, porém, o devedor cumpri-la mediante a entrega de coisa alheia e esta vier a ser reivindicada pelo dono, renascerá a obrigação natural, mas nunca uma obrigação civil, como prevê o art. 359 do Código Civil[14].

Novação — é grande a dissensão a respeito da possibilidade de serem ou não novadas as obrigações naturais. Segundo considerável parte da doutrina[15], não comportam elas **novação** porque o seu pagamento não pode ser exigido de forma compulsória. Não se pode revitalizar ou validar relação obrigacional juridicamente **inexigível**.

A matéria, entretanto, é controvertida, havendo entendimentos contrários a este. Sílvio Venosa[16] e Sérgio Carlos Covello[17], dentre outros, não veem obstáculo ao

---

[12] *A obrigação*, cit., p. 133 e 137.

[13] Sergio Carlos Covello, *A obrigação*, cit., p. 144; Sílvio Venosa, *Direito civil*, cit., v. II, p. 57.

[14] Antunes Varela, *Direito das obrigações*, cit., v. I, p. 289.

[15] Washington de Barros Monteiro, *Curso*, cit., v. 4, p. 227; Maria Helena Diniz, *Curso*, cit., v. 2, p. 66; Antunes Varela, *Direito das obrigações*, cit., v. I, p. 290.

[16] *Direito civil*, cit., v. II, p. 57.

[17] *A obrigação*, cit., p. 150-151.

exercício, *in casu*, da liberdade de contratar. O que justifica a novação, efetivamente, não é a exigibilidade do crédito, senão a **possibilidade de seu cumprimento**, e essa possibilidade existe na obrigação natural.

Sendo a obrigação natural válida como qualquer obrigação civil, bem como válido o seu pagamento, com caráter satisfativo, embora não exigível (imperfeita), não há, efetivamente, empeço justificável a que seja substituída por outra obrigatória, mediante **livre acordo** celebrado entre credor e devedor, visto que, efetivamente, não é a exigibilidade, mas a possibilidade de cumprimento do crédito que justifica a novação.

■ **Compensação** — a compensação de obrigação natural com obrigação civil ou com outra obrigação natural **não é admitida pela doutrina**. Compensação é meio de extinção de obrigações entre pessoas que são, ao mesmo tempo, credor e devedor uma da outra. Acarreta a extinção de duas obrigações cujos credores são, simultaneamente, devedores um do outro (CC, art. 368). O que impede a compensação é o fato de efetuar-se ela "entre dívidas líquidas, vencidas e de coisas fungíveis" (CC, art. 369), ou seja, entre dívidas **exigíveis**, sendo que as obrigações naturais caracterizam-se pela inexigibilidade.

Sérgio Carlos Covello[18], todavia, demonstra que **somente** a compensação **legal** envolvendo obrigação natural não pode ocorrer. Nada impede, no entanto, que seja ela compensada por vontade das partes, porque, nesta hipótese, a inexigibilidade é irrelevante, uma vez que o próprio devedor faz o desconto. A compensação **convencional** é aquela que resulta de um acordo de vontades, incidindo em hipóteses que não se enquadram nas de compensação legal. As partes, de **comum acordo**, passam a aceitá-la, dispensando alguns de seus requisitos, por exemplo, a natureza diversa ou a liquidez das dívidas. Pela convenção celebrada, dívida ilíquida ou não vencida (inexigível) passa a compensar-se com dívida líquida ou vencida. Sem ela, não haveria compensação pelo não preenchimento de todos os seus requisitos.

■ 4.2. DAS OBRIGAÇÕES DE MEIO, DE RESULTADO E DE GARANTIA

Quanto ao fim a que se destina, a obrigação pode ser:

a) de **meio**;
b) de **resultado**; e
c) de **garantia**.

■ 4.2.1. Obrigação de meio e de resultado

■ **Obrigação de meio:** diz-se que a obrigação é de **meio** quando o devedor promete empregar seus conhecimentos, meios e técnicas para a obtenção de determinado resultado sem, no entanto, responsabilizar-se por ele. É o caso, por exemplo, dos advogados, que não se obrigam a vencer a causa, mas a bem defender os interesses

[18] *A obrigação*, cit., p. 155.

dos clientes, bem como o dos médicos, que não se obrigam a curar, mas a tratar bem os enfermos, fazendo uso de seus conhecimentos científicos.

Tendo em vista que o advogado não se obriga a obter ganho de causa para o seu constituinte, fará ele jus aos honorários advocatícios, que representam a contraprestação de um serviço profissional, ainda que não obtenha êxito, se agir corretamente, com **diligência normal** na condução da causa. Da mesma forma, terá direito a receber a remuneração devida pelos serviços prestados o médico que se mostrou **diligente** e que empregou os recursos médicos ao seu alcance na tentativa de obter a cura do doente, mesmo que esta não tenha sido alcançada. Caso a obrigação assumida por esses profissionais fosse de resultado, seriam eles responsabilizados civilmente se a causa não fosse ganha ou se o paciente viesse a falecer.

■ **Obrigação de resultado:** quando a obrigação é de **resultado**, o devedor dela se exonera somente quando o fim prometido é alcançado. Não o sendo, é considerado inadimplente e deve responder pelos prejuízos decorrentes do insucesso. Exemplo clássico de obrigação dessa natureza é a assumida pelo transportador, que promete tacitamente, ao vender o bilhete, levar o passageiro são e salvo a seu destino. Costumam ser mencionadas também as obrigações assumidas pelo empreiteiro e pelo cirurgião plástico, quando este realiza trabalho de natureza estética ou cosmetológica.

O traço distintivo entre essas duas modalidades de obrigação encontra-se nos **efeitos do inadimplemento**. Na obrigação de **meio**, em que o devedor se propõe a desenvolver a sua atividade e as suas habilidades para atingir o objetivo almejado pelo credor, e não a obter o resultado, o inadimplemento apenas acarreta a responsabilidade do profissional se restar cumpridamente demonstrada a sua negligência ou imperícia no emprego desses meios. Na de **resultado**, em que o objetivo final é da essência do ajuste, somente mediante prova de algum fato inevitável capaz de romper o nexo de causalidade, equiparado à força maior, ou de culpa exclusiva da vítima pode o devedor exonerar-se caso não tenha atingido o fim a que se propôs[19].

■ 4.2.2. Obrigação de garantia

Obrigação de garantia é a que visa a eliminar um **risco** que pesa sobre o credor ou as suas consequências. Embora este não se verifique, o simples fato do devedor assumi-lo representará o adimplemento da prestação. Tal ocorre porque o afastamento do risco que recai sobre o credor representa um bem suscetível de aferição econômica, como os **prêmios de seguro** ou as **garantias bancárias** que se obtêm mediante desconto antecipado de juros.

Constituem exemplos dessa obrigação: a do segurador e a do fiador; a do contratante, no que diz respeito aos vícios redibitórios, nos contratos comutativos (CC, arts. 441 e s.); e a do alienante, em relação à evicção, nos contratos onerosos que versam sobre transferência de propriedade ou posse (CC, arts. 447 e s.)[20].

---

19 Carlos Alberto Bittar, *Direito das obrigações*, p. 84-85.

20 Maria Helena Diniz, *Curso*, cit., v. 2, p. 186; Fábio Konder Comparato, Obrigações de meio, de resultado e de garantia, in *Enciclopédia Saraiva do Direito*, v. 55, p. 429.

Em regra, a obrigação de garantia se apresenta como **subespécie da obrigação de resultado**, pois o vendedor, sem que haja culpa sua, estará adstrito a indenizar o comprador evicto, por exemplo, bem como a seguradora, ainda que, *verbi gratia*, o incêndio do bem segurado tenha sido provocado dolosamente por terceiro, deverá indenizar o segurado. O devedor não se libera da prestação mesmo em caso de força maior, uma vez que o conteúdo da obrigação é a eliminação de um risco, que, por sua vez, é um acontecimento casual, alheio à vontade do obrigado[21].

O Tribunal de Justiça de São Paulo reconheceu a responsabilidade de estabelecimento bancário por roubo de valores guardados em cofres-fortes, considerando não escrita cláusula excludente de responsabilidade, "por frustrar os objetivos da avença, pois o banco vende segurança. Caso contrário, ninguém se valeria de seus serviços"[22]. Obrigação de garantia, portanto, é aquela que se destina a **propiciar maior segurança ao credor** ou **eliminar risco** existente em sua posição, mesmo em hipóteses de fortuito ou força maior, dada a sua natureza[23].

4.3. DAS OBRIGAÇÕES DE EXECUÇÃO INSTANTÂNEA, DIFERIDA E CONTINUADA

4.3.1. Obrigações de execução instantânea e de execução diferida

Veja-se, a propósito, o seguinte quadro esquemático:

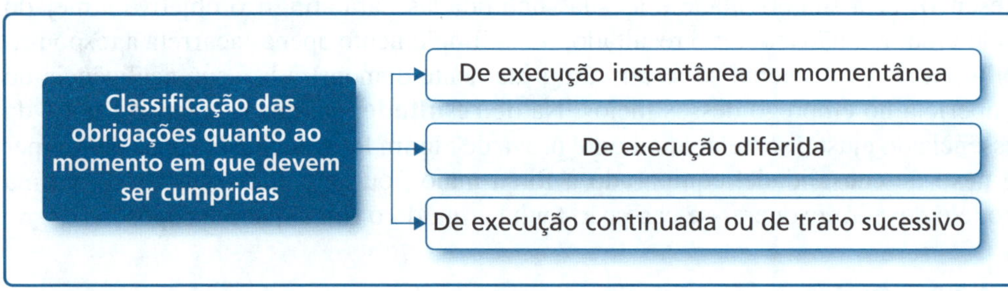

- Obrigação de **execução instantânea** ou **momentânea:** consuma num só ato, sendo cumprida imediatamente após sua constituição, como na compra e venda à vista.
- Obrigação de **execução diferida:** o cumprimento deve ser realizado também em um só ato, mas em momento futuro (entrega, em determinada data posterior, do objeto alienado, p. ex.).
- Obrigação de **execução continuada**, **periódica** ou **de trato sucessivo:** cumpre-se por meio de atos reiterados, como sucede na prestação de serviços, na compra e venda a prazo ou em prestações periódicas.

---

21 Fábio Konder Comparato, Obrigações..., in *Enciclopédia*, cit., p. 428-430.

22 *RJTJSP*, Lex, 125/216.

23 Carlos Alberto Bittar, *Direito das obrigações*, cit., p. 84.

A relevância da distinção entre as três modalidades mencionadas é incontestável, visto que estão submetidas a regimes diversos. Washington de Barros Monteiro[24] ressalta, com efeito, essa importância no tocante à aplicação da chamada **cláusula *rebus sic stantibus*** ou **teoria da imprevisão**, inspirada em razões de equidade e de justo equilíbrio entre os contratantes, tendo sua justificativa na radical mudança da situação econômica e no extremo de absoluta imprevisibilidade.

O Código de 2002, de maneira inédita em nosso direito positivo, consagra expressamente, no art. 478, essa teoria, que permite ao devedor, uma vez preenchidos os requisitos ali previstos (acontecimentos **extraordinários e imprevisíveis** que tornem a prestação de uma das partes **excessivamente onerosa**), pedir a resolução da avença, **"nos contratos de execução continuada ou diferida"**. Impossível seria a sua aplicação nas obrigações cuja execução se exaure num só momento, instantaneamente.

Obrigação de **execução diferida**, como já dito, é a que também se exaure em um só ato, porém a ser realizado em data futura, e não no mesmo instante em que é contraída. Desse modo, tanto pode ser diferida a obrigação assumida pelo comprador, de pagar, no prazo de trinta dias, o preço da coisa adquirida, como a do vendedor, que se compromete a entregá-la no mesmo prazo.

4.3.2. Obrigação de execução continuada

Execução **continuada** da prestação é a que se prolonga no tempo, **sem solução de continuidade** ou mediante **prestações periódicas** ou reiteradas. No último caso, tem-se uma obrigação **de trato sucessivo**, que é aquela cuja prestação se renova em prestações singulares sucessivas, em períodos consecutivos, como sucede na compra e venda a prazo, no pagamento mensal do aluguel pelo locatário e do consumidor de água ou de energia elétrica.

São exemplos da primeira modalidade (obrigações cujo cumprimento se **prolonga no tempo sem solução de continuidade**) a do fornecedor de energia, a do locador de garantir ao locatário o uso da coisa, a do representante judicial e, de um modo geral, as prestações de fato negativas[25].

Prescreve o art. 323 do Código de Processo Civil que, quando a obrigação consistir em **prestações sucessivas**, considerar-se-ão elas incluídas no pedido, independentemente de declaração expressa do autor.

Ainda dentro do tema, dispõe o art. 128, segunda parte, do Código Civil que, se a condição resolutiva for aposta em "negócio de execução continuada ou periódica, a sua realização, salvo disposição em contrário, não tem eficácia quanto aos atos já praticados, desde que compatíveis com a natureza da condição pendente e conforme aos ditames de boa-fé".

---

24 *Curso*, cit., v. 4, p. 52.

25 Antunes Varela, *Direito das obrigações*, cit., v. I, p. 85.

4.4. DAS OBRIGAÇÕES PURAS E SIMPLES, CONDICIONAIS, A TERMO E MODAIS

4.4.1. Classificação tradicional dos elementos do negócio jurídico

A classificação tradicional dos elementos do negócio jurídico, que vem do direito romano, divide-os em: *essentialia negotii, naturalia negotii* e *accidentalia negotii.*

- **Elementos essenciais** (*essentialia negotii*) são os estruturais, indispensáveis à existência do ato e que lhe formam a substância: a declaração de vontade nos negócios em geral e a coisa, o preço e o consentimento (*res, pretium et consensus*) na compra e venda, por exemplo.
- **Elementos naturais** (*naturalia negotii*) são as consequências ou efeitos que decorrem da própria natureza do negócio, sem necessidade de expressa menção. Normas supletivas já determinam essas consequências jurídicas, que podem ser afastadas por estipulação contrária. Assim, por exemplo, a responsabilidade do alienante pelos vícios redibitórios (CC, art. 441) e pelos riscos da evicção (art. 447), bem como o lugar do pagamento, quando não convencionado (art. 327).
- **Elementos acidentais** (*accidentalia negotii*) consistem em estipulações acessórias, que as partes podem facultativamente adicionar ao negócio para modificar alguma de suas consequências naturais, como a condição, o termo e o encargo ou modo (CC, arts. 121, 131 e 136).

4.4.2. Elementos acidentais

São três os elementos acidentais do negócio jurídico no direito brasileiro:

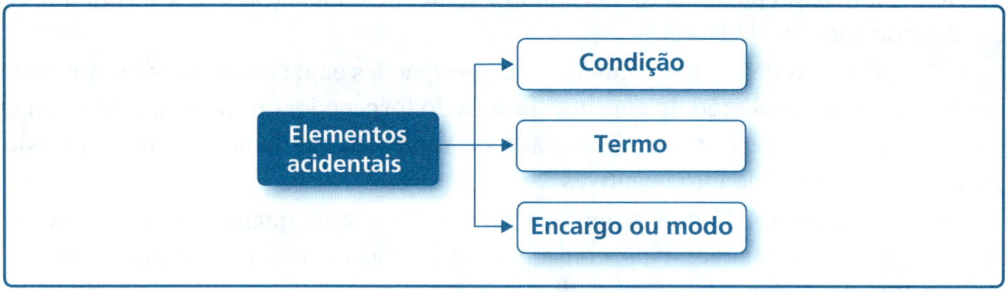

Essas convenções acessórias constituem **autolimitações** da vontade e são admitidas nos atos de natureza **patrimonial** em geral (com algumas exceções, como na aceitação e renúncia da herança), mas não podem integrar os de caráter eminentemente **pessoal**, como os direitos de família puros e os direitos personalíssimos. **Elementos acidentais** são, assim, os que se acrescentam à figura típica do ato para mudar-lhe os respectivos efeitos. São cláusulas que, apostas a negócios jurídicos por declaração unilateral ou pela vontade das partes, acarretam modificações em sua **eficácia** ou em sua **abrangência**.

4.4.3. Classificação das obrigações quanto aos elementos acidentais

Quanto a esse aspecto, as obrigações podem ser:

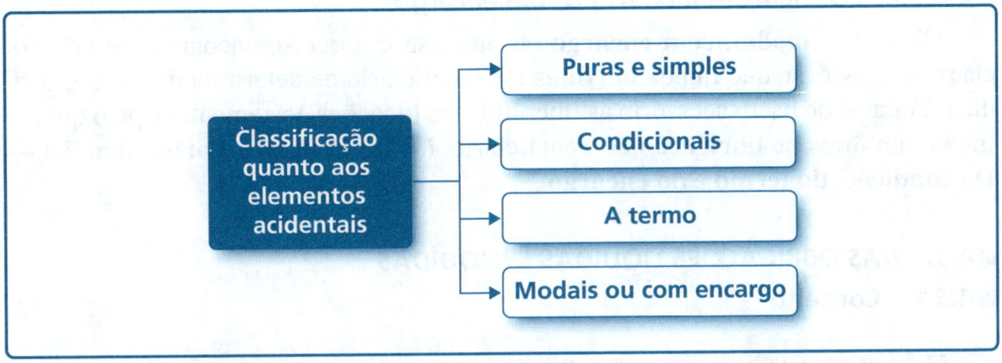

4.4.3.1. *Obrigações puras e simples*

Obrigações puras e simples são as **não sujeitas** a condição, termo ou encargo e que produzem **efeitos imediatos**, logo que contraídas, como sucede normalmente nos negócios *inter vivos* e pode ocorrer também nos negócios *causa mortis*. Assim, por exemplo, pode o doador ou o testador dizer que doa ou deixa determinado bem para certa pessoa de forma pura e simples, isto é, sem subordinar os efeitos da liberalidade a qualquer condição ou termo e sem impor nenhum encargo ao beneficiário.

Desse modo, lavrado o instrumento da doação devidamente aceita ou aberto e aprovado o testamento, opera-se de imediato o efeito do ato, tornando-se o beneficiário proprietário perfeito do aludido bem.

4.4.3.2. *Obrigações condicionais*

São condicionais as obrigações cujo **efeito** está subordinado a um evento **futuro** e **incerto**. **Condição** é o acontecimento futuro e incerto de que depende a eficácia do negócio jurídico (CC, art. 121), sendo que da sua ocorrência **depende** o nascimento ou a extinção de um direito. Sob o aspecto formal, apresenta-se inserida nas disposições escritas do negócio jurídico, razão por que, muitas vezes, se define como a **cláusula** que subordina o efeito do ato jurídico a evento futuro e incerto (CC/2002, art. 121; CC/1916, art. 114)[26]. (***V.* na Primeira Parte, item 7.4 — Da condição, do termo e do encargo**).

4.4.3.3. *Obrigações a termo*

Obrigação **a termo** (ou a prazo) é aquela em que as partes subordinam os efeitos do negócio jurídico a um **evento futuro** e **certo**. Termo é o dia em que começa ou se

26 Francisco Amaral, *Direito civil*: introdução, p. 448.

extingue a eficácia do negócio jurídico. (**V. na Primeira Parte deste volume, item 7.4 — Da condição, do termo e do encargo**).

4.4.3.4. *Obrigações modais ou com encargo*

Obrigação **modal**, **com encargo** ou **onerosa** é a que se encontra onerada por cláusula acessória, que impõe um **ônus** ao beneficiário de determinada relação jurídica. Trata-se de pacto acessório às liberalidades (doações, testamentos), pelo qual se impõe um **ônus** ou **obrigação** ao beneficiário. (**V. na Primeira Parte, item 7.4 — Da condição, do termo e do encargo**).

4.5. DAS OBRIGAÇÕES LÍQUIDAS E ILÍQUIDAS

4.5.1. Conceito

- **Líquida** é a obrigação **certa**, quanto à sua existência, e **determinada**, quanto ao seu objeto, como dispunha, de forma elegante e concisa, o art. 1.533 do Código Civil de 1916. Essa modalidade é expressa por uma cifra, por um algarismo, quando se trata de dívida em dinheiro. Mas pode também ter por objeto a entrega ou restituição de outro objeto certo, como um veículo ou determinada quantidade de cereal.
- **Ilíquida** é a obrigação quando, ao contrário, o seu objeto depende de **prévia apuração**, pois o valor ou montante apresenta-se incerto. Deve ela converter-se em obrigação líquida para que possa ser cumprida pelo devedor. Essa conversão se obtém em juízo pelo processo de liquidação, quando a sentença não fixar o valor da condenação ou não lhe individualizar o objeto (CPC/1973, art. 586; CPC/2015, art. 783)[27]. Quando na sentença há uma parte líquida e outra ilíquida, ao credor é lícito promover simultaneamente a execução daquela e a liquidação desta.

Depreende-se do exposto que a sentença ilíquida não é incerta quanto à existência do crédito, mas somente **quanto ao seu valor**. A liquidação visa apurar apenas o *quantum* devido. Não se confunde com obrigação de **dar coisa incerta**, malgrado a semelhança observada em função da existência de incerteza, em ambas, sobre o objeto da prestação. Nesta, todavia, a incerteza nasce com a própria obrigação, sendo característica inerente à sua existência. Na obrigação ilíquida, a incerteza não é originária, pois o devedor sabe o que deve, faltando apenas apurar o seu **montante**.

4.5.2. Espécies de liquidação

Para se iniciar a execução da sentença ou do acordo a que chegaram as partes, será necessário proceder à sua liquidação, cuja finalidade é apurar o ***quantum debeatur***. O processo de liquidação tem natureza **cognitiva** e é dotado de autonomia em relação aos processos de execução e de conhecimento, este último no qual o título foi gerado. Como regra geral, a liquidação antecede a execução.

[27] Washington de Barros Monteiro, *Curso*, cit., 29. ed., v. 4, p. 236.

■ **Apresentação de memória discriminada do cálculo:** proceder-se-á à sua lidação, a requerimento do credor ou do devedor, diz o art. 509 do Código de Processo Civil, "quando a sentença condenar ao pagamento de quantia ilíquida". Sempre que o valor do débito depender de simples **cálculo aritmético**, o credor "requererá o cumprimento da sentença, na forma do art. 475-J (...), instruindo o pedido com a **memória discriminada** e atualizada do cálculo", não havendo mais o processo autônomo e intermediário da liquidação, pois o credor poderá, desde logo, dar início à execução[28].

■ **Por arbitramento:** preceitua o art. 509, I, do Código de Processo Civil que se fará a liquidação por arbitramento quando "determinado pela sentença, convencionado pelas partes ou exigido pela natureza do objeto da liquidação". **Liquidação por arbitramento** é aquela realizada por meio de um perito nomeado pelo juiz. A apuração do *quantum* depende exclusivamente da avaliação de uma coisa, um serviço ou um prejuízo, a ser feita por quem tenha conhecimento técnico.

■ **Pelo procedimento comum:** a liquidação é feita pelo **procedimento comum** quando houver necessidade de alegar e provar **fato novo** para apurar o valor da condenação (CPC, art. 509, II). A petição inicial deve obedecer aos requisitos do art. 319 do estatuto processual, articulando o credor os **fatos novos** a serem provados. Todos os meios de prova são admitidos, inclusive a perícia.

■ 4.5.3. Aplicações práticas da distinção

■ **Mora:** importante efeito da distinção entre obrigações líquidas e ilíquidas se verifica no tocante à mora. Dispõe o art. 397 do Código Civil que "o inadimplemento da obrigação, positiva e líquida, no seu termo, constitui de pleno direito em mora o devedor".

■ **Cômputo dos juros:** outra aplicação prática da mencionada distinção diz respeito ao cômputo dos juros. Segundo dispõe o art. 497 do Código Civil, ainda que não se alegue prejuízo, é obrigado o devedor aos **juros da mora** desde que o montante do débito tenha se tornado **líquido**.

---

[28] Marcus Vinicius Rios Gonçalves, *Processo de execução e cautelar*, p. 30-31 (Coleção Sinopses Jurídicas, v. 12).

- **Compensação:** proclama o art. 369 do Código Civil que "a compensação efetua-se entre dívidas líquidas, vencidas e de coisas fungíveis".
- **Imputação do pagamento:** também no tocante à imputação do pagamento releva-se a distinção entre obrigação **líquida e ilíquida**, porquanto "a pessoa obrigada, por dois ou mais débitos da mesma natureza, a um só credor, tem o direito de indicar a qual deles oferece pagamento, se todos forem líquidos e vencidos" (CC, art. 352).
- **Fiança:** as dívidas futuras, sejam líquidas ou ilíquidas, podem ser objeto de fiança. Mas o fiador, neste caso, diz o art. 821, segunda parte, do Código Civil, "não será demandado senão depois que se fizer certa e **líquida** a obrigação do principal devedor".
- **Título executivo:** o título executivo extrajudicial há de ser sempre **líquido** para ensejar a execução.
- **Falência:** também a falência do devedor comerciante só pode ser decretada se o pedido estiver fundado em obrigação **líquida**, materializada em título ou títulos executivos (Lei n. 11.101, de 9.2.2005, art. 94).

4.6. DAS OBRIGAÇÕES PRINCIPAIS E ACESSÓRIAS

4.6.1. Conceito e efeitos

Reciprocamente consideradas, as obrigações dividem-se em:

a) principais; e
b) acessórias.

- As **principais** subsistem por si, sem depender de qualquer outra, como a de entregar a coisa no contrato de compra e venda.
- Já as **acessórias** têm sua existência subordinada a outra relação jurídica, ou seja, dependem da obrigação principal. É o caso, por exemplo, da fiança, da cláusula penal e dos juros.

O princípio de que **o acessório segue o destino do principal** foi acolhido pela nossa legislação (cf. arts. 92, 184, 233 e 364, primeira parte, do Código Civil).

Várias consequências de ordem jurídica decorrem da regra *accessorium sequitur suum principale*:

- **A invalidade da obrigação principal** implica a das obrigações **acessórias**, mas a destas não induz a da obrigação principal, como dispõe o art. 184, segunda parte, do Código Civil, já mencionado. Desse modo, nulo o contrato de empreitada, por exemplo, nula será a cláusula penal nele estipulada, mas a recíproca não é verdadeira.
- **Prescrita a obrigação principal**, ficam prescritas igualmente as obrigações **acessórias**. Pode ocorrer, todavia, prescrição da obrigação acessória sem que se verifique a da principal.

■ 4.6.2. Espécies

Há várias modalidades de obrigações acessórias, tendo algumas delas já sido mencionadas, como a **fiança** e os **juros**.

Outras podem ainda ser lembradas, de **forma não exaustiva**, como:

- a concernente aos **direitos reais de garantia** (penhor, anticrese, hipoteca), que sempre pressupõe a existência de um direito de crédito, cuja satisfação assegura;
- a decorrente do **direito de evicção**, uma vez que a obrigação do vendedor de resguardar o comprador contra os riscos da alienação supõe uma obrigação principal, o contrato de compra e venda, a que se subordina;
- a atinente aos **vícios redibitórios**, visto que a obrigação de por eles responder depende de outra obrigação;
- a relativa à **cláusula penal**, que constitui um pacto acessório em que se estipula uma multa para a hipótese de inadimplemento total da obrigação, cumprimento imperfeito ou retardamento;
- a decorrente de **cláusula compromissória**, pela qual as partes se obrigam a submeter-se à decisão do juízo arbitral, a respeito de qualquer dívida que porventura venha a surgir no cumprimento da avença[29].

Registre-se que o caráter acessório ou principal da obrigação é uma qualidade que lhe pode advir da **vontade das partes** ou da **lei**. Na primeira hipótese, pode ser convencionada conjuntamente ou em momento posterior à celebração da obrigação principal[30].

Multifárias, como se vê, as implicações práticas da classificação das obrigações em principais e acessórias no terreno jurídico, decorrendo daí a sua reconhecida e destacada importância.

■ 4.7. RESUMO

OUTRAS MODALIDADES DE OBRIGAÇÕES	
QUANTO À EXIGIBILIDADE	■ **Civis:** as que encontram respaldo no direito positivo, podendo seu cumprimento ser exigido pelo credor, por meio de ação. ■ **Naturais:** as inexigíveis judicialmente. Nessa modalidade, o credor não tem o direito de exigir a prestação, e o devedor não está obrigado a pagar. Todavia, se este, voluntariamente, efetua o pagamento, não tem direito de repeti-lo (dívidas prescritas — art. 882 —, dívidas de jogo — art. 814).
QUANTO AO CONTEÚDO	■ **Obrigação de meio:** o devedor promete empregar todos os meios ao seu alcance para a obtenção de determinado resultado, sem, no entanto, responsabilizar-se por ele (caso de advogados e médicos, p. ex.). ■ **Obrigação de resultado:** o devedor dela se exonera somente quando o fim prometido é alcançado (obrigação do transportador e do cirurgião plástico que realiza trabalho de natureza estética, p. ex.). ■ **Obrigação de garantia:** é a que visa eliminar um risco que pesa sobre o credor ou as suas consequências, por exemplo, a do segurador e a do fiador.

29 Washington de Barros Monteiro, *Curso*, cit., 29. ed., v. 4, p. 233-235.

30 Caio Mário da Silva Pereira, *Instituições*, cit., v. II, p. 77.

QUANTO AO MOMENTO EM QUE DEVEM SER CUMPRIDAS	■ Obrigações de **execução instantânea:** que se consumam imediatamente, em um só ato. ■ Obrigações de **execução diferida:** que se consumam em um só ato, mas em momento futuro. ■ Obrigações de **execução continuada** ou de **trato sucessivo:** que se cumprem por meio de atos reiterados.
QUANTO AOS ELEMENTOS ACIDENTAIS	■ **Puras e simples:** não sujeitas a condição, termo ou encargo; ■ **Condicionais** (art. 121); ■ **A termo** (art. 131); ■ **Modais**, **onerosas** ou **com encargo** (art. 136).
QUANTO À LIQUIDEZ	■ **Líquida:** certa quanto à sua existência e determinada quanto ao seu objeto. ■ **Ilíquida:** a que depende de apuração de seu valor para ser exigida.
RECIPROCAMENTE CONSIDERADAS	■ **Principais:** subsistem por si. ■ **Acessórias:** dependem da existência da obrigação principal e lhe seguem o destino.

■ 4.8. QUESTÕES

1. (Procurador do Trabalho/XV Concurso/2008) Assinale a alternativa INCORRETA:

a) A obrigação de dar coisa certa abrange seus acessórios, mesmo que não mencionados, salvo se o contrário resultar das circunstâncias do caso ou do título;
b) Nas obrigações alternativas, como regra geral, a escolha cabe ao credor;
c) Quando a obrigação alternativa for de prestações periódicas, a faculdade de escolha poderá ser exercida em cada período;
d) Em caso de obrigação alternativa, se uma das duas prestações não puder ser objeto de obrigação ou se tornar inexequível, subsistirá o débito quanto à outra;
e) Não respondida.

2. (TJ/SC/Juiz de Direito/Fundação Carlos Chagas/2015) A obrigação natural é judicialmente:

a) inexigível, mas se for paga, não comporta repetição.
b) exigível, exceto se o devedor for incapaz.
c) exigível e só comporta repetição se for paga por erro.
d) exigível e em nenhuma hipótese comporta repetição.
e) inexigível e se for paga comporta repetição, independentemente de comprovação de erro no pagamento.

3. (TRT/Juiz do Trabalho/20ª Região/Fundação Carlos Chagas/2004) No tocante à obrigação natural é CORRETO afirmar que:

a) Há nela os elementos *debitum* e *obligatio*, segundo a teoria dualista de Brinz do vínculo jurídico obrigacional;
b) Trata-se de uma consequência dos contratos bilaterais válidos;
c) É sempre nula por ilicitude do objeto;
d) Não encontra previsão no direito brasileiro;
e) É inexigível; entretanto, depois de validamente cumprida não enseja repetição.

4. (MP/RS/Promotor de Justiça/XLII Concurso) À solução de questões que envolvem danos decorrentes de erro médico, nas cirurgias plásticas de correção de defeito físico e embelezamento, quanto à relação paciente-médico e à relação paciente-hospital, é CORRETO afirmar-se que:

a) A relação paciente-hospital é regulada pela responsabilidade civil subjetiva.
b) A relação paciente-médico não é contratual.
c) A obrigação resultante da relação paciente-médico é de resultado, salvo prova de intervenção de fator imprevisível, força maior ou caso fortuito.

d) A obrigação resultante da relação paciente-médico é sempre de meio.
e) Nenhuma das alternativas anteriores está correta.

5. (PGE/BA/Procurador do Estado/2002) É CORRETO afirmar que

a) Quando o ato ilícito tiver mais de um autor, cada um deles responde individualmente pela obrigação de ressarcir os danos materiais e morais causados com a sua conduta.
b) A responsabilidade civil aquiliana demanda a existência de contrato inadimplido.
c) A obrigação natural é desprovida de ação, mas, quando cumprida, a lei recusa a repetição de indébito.
d) O credor solidário não pode renunciar à solidariedade em favor de um ou alguns dos devedores solidários, só podendo fazê-lo em relação a todos, face ao próprio mecanismo da obrigação.
e) Nos contratos comutativos que envolvem transferência de propriedade ou de posse, o alienante assume obrigação de garantia quanto à evicção, mas fica liberado da prestação em razão de caso fortuito ou força maior.

6. (MP/DFT/Promotor de Justiça/26º Concurso) Assinale a alternativa INCORRETA.

a) As dívidas decorrentes de prática de jogo não proibido não obrigam o pagamento.
b) Na obrigação de dar, se houver perda da coisa, sem culpa do devedor, antes da tradição, fica resolvida a obrigação para ambas as partes: tem aplicação o princípio *res perit domino*.
c) Na obrigação de dar, se houver deterioração da coisa, antes da entrega, não sendo o devedor culpado, poderá o credor resolver a obrigação ou, alternativamente, aceitar a coisa, abatido de seu preço o valor que perdeu.
d) A dação em pagamento constitui-se em recebimento de prestação diversa da que é devida; pressupõe o consentimento do credor, salvo quando o pagamento for em pecúnia e em substituição à entrega de coisa.
e) O fiador poderá exonerar-se da fiança que tiver assinado sem limitação de tempo, sempre que lhe convier, ficando obrigado por todos os efeitos da fiança, durante 60 (sessenta) dias após a notificação do credor.

7. (OAB/Exame de Ordem 2009.2/CESPE/UnB/2009) No que se refere às modalidades de obrigações, assinale a opção CORRETA:

a) O compromisso de compra e venda configura obrigação de dar quando o promitente vendedor se obriga a emitir declaração de vontade para a celebração do contrato definitivo, outorgando a escritura pública ao compromissário comprador, depois de pagas todas as prestações.
b) Caracteriza a obrigação de meio o ato de o advogado assumir defender os interesses dos clientes, empregando seus conhecimentos para obtenção de determinado resultado; nesse tipo de obrigação, o advogado não fará jus aos honorários advocatícios quando não vencer a causa.
c) Nas obrigações solidárias passivas, se a prestação se perder, convertendo-se em perdas e danos, o credor perderá o direito de exigir de um só devedor o pagamento da totalidade das perdas e danos.
d) A obrigação de dar coisa certa confere ao credor simples direito pessoal, e não real, havendo, contudo, no âmbito do direito, medidas destinadas a persuadir o devedor a cumprir a obrigação.

8. (Defensoria Pública/SP/Defensor Público/Fundação Carlos Chagas/2006) Em matéria de obrigações, é CORRETO afirmar:

a) A obrigação de resultado é aquela em que o devedor se obriga a usar de prudência e diligência normais na prestação de certo serviço para atingir um resultado.

b) A obrigação assumida pelo transportador é de meio, enquanto que a do mecânico, que se obriga a consertar um veículo, é de resultado.
c) Se um dos devedores solidários falecer deixando herdeiros, nenhum destes será obrigado a pagar senão a quota que corresponder ao seu quinhão, em qualquer situação.
d) O pagamento efetuado a um credor putativo é válido quando há boa-fé do devedor e o erro é escusável.
e) A remissão da dívida dada a um dos credores solidários favorecerá aos demais devedores, que também serão perdoados.

9. (Procurador/Faz. Nacional/ESAF/2007) O fornecimento de 50.000 toneladas de petróleo em cinco carregamentos iguais, previamente ajustado, é uma obrigação, quanto ao tempo de adimplemento:

a) de execução continuada.
b) simples.
c) momentânea.
d) de dar coisa incerta.
e) divisível.

10. (OAB/Exame de Ordem 2010.3/FGV Projetos/2011) Danilo celebrou contrato por instrumento particular com Sandro, por meio do qual aquele prometera que seu irmão, Reinaldo, famoso cantor popular, concederia uma entrevista exclusiva ao programa de rádio apresentado por Sandro, no domingo seguinte. Em contrapartida, caberia a Sandro efetuar o pagamento a Danilo de certa soma em dinheiro. Todavia, chegada a hora do programa, Reinaldo não compareceu à rádio. Dias depois, Danilo procurou Sandro, a fim de cobrar a quantia contratualmente prevista, ao argumento de que, embora não tenha obtido êxito, envidara todos os esforços no sentido de convencer o seu irmão a comparecer.
A respeito da situação narrada, é CORRETO afirmar que Sandro

a) não está obrigado a efetuar o pagamento a Danilo, pois a obrigação por este assumida é de resultado, sendo, ainda autorizado a Sandro obter ressarcimento por perdas e danos de Danilo.
b) não está obrigado a efetuar o pagamento a Danilo, por ser o contrato nulo, tendo em vista que Reinaldo não é parte contratante.
c) está obrigado a efetuar o pagamento a Danilo, pois a obrigação por este assumida é de meio, restando a Sandro o direito de cobrar perdas e danos diretamente de Reinaldo.
d) está obrigado a efetuar o pagamento a Danilo, pois a obrigação por este assumida é de meio, sendo incabível a cobrança de perdas e danos de Reinaldo.

11. (OAB/RJ/2007.2/CESPE) Em relação ao pagamento de uma dívida, assinale a opção CORRETA.

a) O credor pode ser obrigado a receber prestação diversa de que lhe é devida, se aquela for mais valiosa.
b) Ainda que a obrigação tenha por objeto prestação divisível, não pode o credor ser obrigado a receber, nem o devedor a pagar, por partes, se assim não se ajustou.
c) Nunca pode ser realizado por terceiro, estranho ao vínculo obrigacional.
d) Podem as partes, em qualquer caso, estabelecer cláusula de reajuste pela variação de moeda estrangeira.

12. (OAB/RJ/2007.2/CESPE) Assinale a opção CORRETA.

a) A constituição do devedor em mora depende sempre de interpelação judicial ou extrajudicial promovida pelo credor.
b) Nas obrigações decorrentes de ato ilícito, a mora se inicia com o ajuizamento de ação indenizatória.

c) Nas obrigações líquidas, para cujo pagamento se estabeleceu prazo certo, o devedor fica automaticamente constituído em mora, se não entregar a prestação até o termo final.
d) O devedor em mora responde sempre pela impossibilidade da prestação, ainda que tal impossibilidade resulte de caso fortuito ou de força maior.

13. (PGU/Procurador da República/2015) De acordo com a jurisprudência do Superior Tribunal de Justiça:

I. A dívida condominial constitui uma obrigação *propter rem*, cuja prestação não deriva da vontade do devedor, mas de sua condição de titular do direito real.
II. O dever de pagar pelo serviço de fornecimento de água tem a natureza jurídica de obrigação *propter rem*, uma vez que se vincula a titularidade do bem.
III. A necessidade de reparação integral da lesão causada ao meio ambiente permite a cumulação de obrigações de fazer, não fazer e indenizar, que tem natureza *propter rem*.
IV. As contribuições criadas por Associações de Moradores podem ser equiparadas, para fins de direito, a despesas condominiais, tendo a dívida natureza *propter rem*.

Das proposições acima:
a) I e II são corretas;
b) I e III são corretas;
c) I e IV são corretas;
d) Todas são corretas.

14. (TJ/SC/Juiz de Direito/Fundação Carlos Chagas/2015) A obrigação natural é judicialmente:

a) inexigível, mas se for paga, não comporta repetição.
b) exigível, exceto se o devedor for incapaz.
c) exigível e só comporta repetição se for paga por erro.
d) exigível e em nenhuma hipótese comporta repetição.
e) inexigível e se for paga comporta repetição, independentemente de comprovação de erro no pagamento.

■ GABARITO ■

1. "b". *Vide* art. 252 do CC.
2. "a". *Vide* art. 882 do CC.
3. "e".
4. "c".
5. "c".
6. "d". *Vide* art. 356 do CC.
7. "d".
8. "d". *Vide* art. 309 do CC.
9. "a".
10. "a".
11. "b". *Vide* art. 252, § 1º, do CC.
12. "c". *Vide* art. 397, *caput*, do CC.
13. "b". *Vide* item 1.4.2.2. (Obrigações *propter rem*), *retro*.
14. "a". *Vide* arts. 814 e 882 do CC.

5

DA TRANSMISSÃO DAS OBRIGAÇÕES

5.1. NOÇÕES GERAIS

A relação obrigacional admite alterações na composição de seus elementos essenciais: conteúdo ou objeto e sujeitos ativo e passivo. A mudança no conteúdo da obrigação aparece com a sub-rogação real e com a transação, que serão estudadas mais adiante.

Se a obrigação é um valor que integra o **patrimônio** do credor, poderá ser objeto de **transmissão** da mesma forma que os demais direitos patrimoniais e, portanto, pode-se aceitar com certa facilidade a possibilidade de uma substituição na pessoa do credor em face da **cessão do crédito**. O direito moderno admite, sem qualquer dificuldade, a livre transferência das obrigações, quer quanto ao lado ativo, quer quanto ao lado passivo. Concorda-se hoje que a transferência pode dar-se, **ativa ou passivamente**, mediante sucessão hereditária ou a título particular, por atos *inter vivos*[1].

O ato determinante dessa transmissibilidade das obrigações denomina-se **cessão**, que vem a ser a transferência negocial, a título gratuito ou oneroso, de um direito, de um dever, de uma ação ou de um complexo de direitos, deveres e bens, de modo que o adquirente, denominado **cessionário**, exerça posição jurídica idêntica à do antecessor, que figura como **cedente**[2].

5.2. ESPÉCIES

A transmissibilidade das várias posições obrigacionais pode decorrer, presentes os requisitos para a sua eficácia, de:

- **cessão de crédito**, pela qual o credor transfere a outrem seus direitos na relação obrigacional;
- **cessão de débito**, que constitui negócio jurídico pelo qual o devedor transfere a outrem a sua posição na relação jurídica, sem novar, ou seja, sem acarretar a criação de obrigação nova e a extinção da anterior; ou

---

1 Alberto Trabucchi, *Instituciones de derecho civil*, v. II, p. 88-91; Roberto de Ruggiero, *Instituições de direito civil*, v. III, p. 136-137.

2 Maria Helena Diniz, *Curso de direito civil brasileiro*, v. 2, p. 409; Orlando Gomes, *Obrigações*, cit., p. 236.

- **cessão de contrato**, em que se procede à transmissão, ao cessionário, da inteira posição contratual do cedente, como sucede na transferência a terceiro, feita pelo promitente comprador, de sua posição no compromisso de compra e venda de imóvel loteado, sem anuência do credor.

O Código de 2002 reestruturou o Livro das Obrigações, criando um título novo denominado "Da transmissão das obrigações", no qual disciplinou a **cessão de crédito** (Capítulo I) e a **cessão de débito**, esta sob a denominação de **assunção de dívida** (Capítulo II).

5.3. DA CESSÃO DE CRÉDITO

5.3.1. Conceito

Cessão de crédito é negócio jurídico bilateral, pelo qual **o credor transfere a outrem** seus direitos na relação obrigacional. Trata-se de um dos mais importantes instrumentos da vida econômica atual, especialmente na modalidade de desconto bancário, pelo qual o comerciante transfere seus créditos a uma instituição financeira. Tem feição nitidamente contratual[3].

O instituto em estudo pode configurar tanto **alienação onerosa** como **gratuita**, preponderando, no entanto, a primeira espécie.

- **Personagens:**

a) O terceiro, a quem o credor transfere sua posição na relação obrigacional, independentemente da anuência do devedor, é estranho ao negócio original. Denomina-se **cessionário**;

b) O credor que transfere seus direitos denomina-se **cedente**;

c) O outro personagem, devedor ou **cedido**, não participa necessariamente da cessão, que pode ser realizada sem a sua anuência. Deve ser, no entanto, dela comunicado, para que possa solver a obrigação ao legítimo detentor do crédito. Só para esse fim se lhe comunica a cessão, uma vez que sua anuência ou intervenção é dispensável.

O contrato de cessão é simplesmente **consensual**, pois torna-se perfeito e acabado com o acordo de vontades entre cedente e cessionário, não exigindo a tradição do documento para se aperfeiçoar. Todavia, em alguns casos, a natureza do título exige a entrega, como sucede com os títulos de crédito, assimilando-se, então, aos contratos **reais**[4].

5.3.2. Cessão de crédito e institutos afins

- **Cessão de crédito e dação em pagamento:** como já exposto, a cessão de crédito pode ocorrer a título gratuito ou oneroso, sendo mais comum esta última

---

3 Orlando Gomes, *Obrigações*, cit., p. 244-245; Silvio Rodrigues, *Direito civil*, v. 2, p. 91; Alberto Trabucchi, *Instituciones*, cit., v. II, p. 94; Sílvio Venosa, *Direito civil*, v. 2, p. 330.

4 Orlando Gomes, *Obrigações*, cit., p. 245.

modalidade. Pode caracterizar, também, **dação em pagamento** (*datio in solutum*) quando a transferência é feita em **pagamento de uma dívida**.

■ **Cessão de crédito e venda e compra:** a alienação onerosa assemelha-se a uma **venda**, desempenhando papel idêntico a esta. A cessão, contudo, tem por objeto bem **incorpóreo** (crédito), enquanto a compra e venda destina-se à alienação de bens **corpóreos**. Nesta, participam apenas um comprador e um vendedor, enquanto naquela há necessariamente os três personagens citados.

■ **Cessão de crédito e novação subjetiva ativa:** a cessão de crédito distingue-se, também, da novação subjetiva ativa, porque nesta, além da substituição do credor, ocorre a extinção da obrigação anterior, substituída por novo crédito. Naquela, porém, subsiste o crédito primitivo, que é transmitido ao cessionário com todos os seus acessórios (CC, art. 287), inexistindo o *animus novandi*.

■ **Cessão de crédito e sub-rogação legal:** não se confunde, ainda, a cessão de crédito com a sub-rogação legal. O sub-rogado não pode exercer os direitos e ações do credor além dos limites de seu desembolso, não tendo, pois, caráter especulativo (CC, art. 350). A cessão de crédito, embora excepcionalmente possa ser gratuita, em geral, encerra o propósito de lucro. A sub-rogação **convencional**, porém, na hipótese do art. 347, I, do Código Civil ("quando o credor recebe o pagamento de terceiro e expressamente lhe transfere todos os seus direitos"), será tratada como **cessão de crédito** (art. 348). Esta é sempre ato voluntário; a sub-rogação, todavia, pode ocorrer por força de lei.

Outras **diferenças** podem ser, ainda, apontadas:

a) o cedente assume, em regra, a responsabilidade pela existência do crédito cedido, o que já não ocorre com o sub-rogante;

b) o cessionário não será assim considerado por terceiros, a não ser a partir do instante em que se notifica a cessão; já o sub-rogado sê-lo-á perante terceiros, sem que seja preciso tomar qualquer medida de publicidade[5].

■ **Cessão de crédito e cessão do contrato:** não se confunde a cessão de crédito, igualmente, com cessão de contrato, que abrange a transferência de todos os direitos e obrigações. A primeira restringe-se exclusivamente à transferência de determinados direitos[6]. Enquanto, na **cessão de contrato**, transferem-se todos os elementos ativos e passivos correspondentes, num contrato bilateral, à posição da parte cedente, na **cessão de crédito**, transferem-se apenas os elementos ativos, que se separam, a fim de que o cessionário os aproprie[7].

---

5 Maria Helena Diniz, *Curso*, cit., v. 2, p. 414.

6 Washington de Barros Monteiro, *Curso de direito civil*, 29. ed., v. 4, p. 351.

7 Orlando Gomes, *Obrigações*, cit., p. 256-257.

5.3.3. Requisitos da cessão de crédito: objeto, capacidade e legitimação

- **Objeto** — em regra, **todos os créditos** podem ser objeto de cessão, constem de título ou não, vencidos ou por vencer, salvo se a isso se opuser "a natureza da obrigação, a lei, ou a convenção com o devedor" (CC, art. 286). A cessão pode ser **total** ou **parcial** e abrange todos os acessórios do crédito, como os juros e os direitos de garantia (CC, art. 287). Assim, por exemplo, se o pagamento da dívida é garantido por hipoteca, o cessionário torna-se credor hipotecário; se por penhor, o cedente é obrigado a entregar o objeto empenhado ao cessionário.

Há créditos que não podem, porém, como visto, ser cedidos:

a) pela sua **natureza**, não podem ser objeto de cessão as relações jurídicas de **caráter personalíssimo** e as de **direito de família** (direito a nome, a alimentos etc.). Menciona Alberto Trabucchi[8], com efeito, que não podem ser cedidos, por exemplo, os créditos que tenham caráter estritamente pessoal, como são o crédito de alimentos e o estabelecido em favor de uma pessoa determinada (p. ex., a obrigação de um músico de tocar em determinada orquestra);

b) em **virtude da lei**, não pode haver cessão do direito de preempção ou preferência (CC, art. 520), do benefício da justiça gratuita (Lei n. 1.060/50, art. 10), da indenização derivada de acidente no trabalho, do direito à herança de pessoa viva (CC, art. 426), de créditos já penhorados (CC, art. 298), do direito de revogar doação por ingratidão do donatário (CC, art. 560) etc. Admite-se, porém, a cessão do direito do autor de obras intelectuais (Lei n. 9.610/98, art. 49) e do exercício do usufruto (CC, art. 1.393)[9];

c) por **convenção das partes** pode ser, ainda, estabelecida a incessibilidade do crédito. Mas "a cláusula proibitiva da cessão não poderá ser oposta ao cessionário de boa-fé, se não constar do instrumento da obrigação" (CC, art. 286, segunda parte).

- **Capacidade** — como a cessão importa alienação, o cedente há de ser pessoa **capaz** de praticar atos de alienação. Outrossim, é necessário que seja titular do crédito para dele poder dispor. Também o cessionário deve ser pessoa no gozo da capacidade plena. Como, para ele, a cessão importa aquisição de um direito, é necessário que reúna condições para tomar o lugar do cedente. Exige-se de ambos não só a **capacidade genérica** para os atos da vida civil como também a **especial**, reclamada para os atos de alienação. Para a cessão ser efetuada por mandato, deve o mandatário ter poderes especiais e expressos (CC, art. 661, § 1º).

- **Legitimação** — mesmo sendo dotadas de capacidade, algumas pessoas carecem de **legitimação** para adquirir certos créditos. O tutor e o curador, por exemplo, não podem constituir-se cessionários de créditos contra, respectivamente, o pupilo e o curatelado. O mesmo se dá com os testamenteiros e administradores,

---

8 *Instituciones*, cit., v. II, p. 94-95.

9 Maria Helena Diniz, *Curso*, cit., v. 2, p. 416.

que também não podem adquirir créditos caso sob sua administração esteja o direito correspondente, salvo se o contrato se constituir entre coerdeiros, em pagamento de débitos, ou para a garantia de bens já pertencentes a essas pessoas (CC, arts. 497, parágrafo único, e 498). Por sua vez, os pais, no exercício da administração dos bens dos filhos menores, não podem efetuar a cessão sem prévia autorização do juiz (CC, art. 1.691), por se tratar de ato que ultrapassa os limites da mera administração.

No entanto, se o crédito envolver **direito real de garantia**, como a hipoteca, necessário será o consentimento do outro cônjuge. O falido e o inventariante judicial não têm qualidade para efetivar cessão de crédito, salvo mediante autorização judicial[10].

5.3.4. Espécies de cessão de crédito

Quanto à **origem**, a cessão de crédito pode ser:

- **Convencional** — a cessão de crédito resulta, em regra, da declaração de vontade entre cedente e cessionário. Diz-se que, nesse caso, ela é **convencional** e pode ser:
  - **a) a título oneroso**, hipótese em que o cedente garante a existência e titularidade do crédito no momento da transferência;
  - **b) a título gratuito**, em que o cedente só é responsável se houver procedido de má-fé (CC, art. 295)[11];
  - **c) total**, abrangendo a totalidade do crédito; e
  - **d) parcial**, em que o cedente retém parte do crédito, permanecendo na relação obrigacional, salvo se ceder também a parte remanescente a outrem. Caso o crédito seja cedido a mais de um cessionário, dividir-se-á em dois, independentes um do outro.
- **Legal** — em muitos casos, com efeito, a transmissão do crédito, do lado ativo da relação obrigacional, opera-se não por convenção entre as partes, como na cessão, mas *ipso jure*, ou seja, por **força de lei**, como no caso do devedor de obrigação solidária que satisfez a dívida por inteiro, sub-rogando-se no crédito (CC, art. 283), ou do fiador que pagou integralmente a dívida, ficando sub-rogado nos direitos do credor (CC, art. 831).
- **Judicial** — verifica-se tal modalidade quando a transmissão do crédito é **determinada pelo juiz**, como sucede na adjudicação, aos credores de um acervo, de sua dívida ativa e na prolação de sentença destinada a suprir declaração de cessão por parte de quem era obrigado a fazê-la. O art. 298 do Código Civil trata de caso típico de transmissão provisória, por via judicial, para adaptar à

---

10 Washington de Barros Monteiro, *Curso*, cit., 29. ed., v. 4, p. 351-352; Maria Helena Diniz, *Curso*, cit., v. 2, p. 414-415; Sílvio Venosa, *Direito civil*, cit., v. II, p. 334-335.

11 Washington de Barros Monteiro, *Curso*, cit., 29. ed., v. 4, p. 353.

penhora do crédito a solução válida para o pagamento efetuado pelo devedor na ignorância da apreensão judicial do crédito.

Quanto à **responsabilidade do cedente em relação ao cedido**, a cessão de crédito pode ser:

- ***pro soluto***, em que o cedente apenas garante a existência do crédito, sem responder, todavia, pela solvência do devedor;
- ***pro solvendo***, quando o cedente obriga-se a pagar se o devedor cedido for insolvente. Nesta última modalidade, portanto, o cedente assume o risco da insolvência do devedor[12].

5.3.5. Formas

Em regra, a cessão convencional não exige forma especial para valer **entre as partes**, salvo se tiver por objeto direitos em que a escritura pública seja da substância do ato, caso em que a cessão efetuar-se-á também por escritura pública. Nessa consonância, a escritura pública deverá ser utilizada na cessão de crédito hipotecário ou de direitos hereditários.

Para valer **contra terceiros**, entretanto, o art. 288 do Código Civil exige "instrumento público, ou instrumento particular revestido das solenidades do § 1º do art. 654". O instrumento particular deve conter, assim, a indicação do lugar onde foi passado, a qualificação do cedente e do cessionário, a data e o objetivo da cessão com a designação e a extensão dos direitos cedidos, bem como ser registrado no Cartório de Títulos e Documentos (CC, art. 221; Lei n. 6.015/73, art. 129, § 9º).

Tais formalidades somente são exigidas para a cessão valer contra **terceiros**, sendo desnecessárias, porém, em relação ao devedor cedido. A sua inobservância torna o ato **ineficaz** em relação àqueles (CC, art. 288). O cessionário de crédito hipotecário tem o direito de fazer **averbar a cessão** no registro do imóvel (CC, art. 289).

A cessão legal e a judicial não se subordinam, obviamente, às mencionadas exigências. A cessão de **títulos de crédito** é feita mediante endosso, sendo que o posterior ao vencimento produz os mesmos efeitos do anterior (CC, art. 920). A aquisição de título à ordem, por meio diverso do endosso, tem efeito de **cessão civil** (CC, art. 919).

5.3.6. Notificação do devedor

Dispõe o art. 290 do Código Civil:

> "A cessão do crédito não tem eficácia em relação ao devedor, senão quando a este notificada; mas por notificado se tem o devedor que, em escrito público ou particular, se declarou ciente da cessão feita."

[12] Orlando Gomes, *Obrigações*, cit., p. 253.

A notificação do devedor, expressamente exigida, é medida destinada a preservá-lo do cumprimento indevido da obrigação, evitando-se os prejuízos que causaria, pois ele poderia pagar ao credor-cedente. O pagamento seria ineficaz. Não pretendeu a lei dizer que a notificação é elemento essencial à validade da cessão de crédito, e sim que **não é eficaz em relação ao devedor**, isto é, que este só está sujeito às suas consequências a partir do momento em que tiver conhecimento de sua realização. A necessidade da notificação ganha relevo quando se admite que o devedor pode impugnar a cessão e opor as exceções cabíveis no momento em que tenha conhecimento da operação[13].

Qualquer um dos intervenientes, cessionário ou cedente, tem qualidade para efetuar a notificação, que pode ser **judicial** ou **extrajudicial**. Diz Orlando Gomes que o normal é que cedente e cessionário se dirijam ao devedor para lhe dar ciência do contrato que celebraram[14]. Mas o **maior interessado é o cessionário**, pois o devedor ficará desobrigado se, antes de ter conhecimento da cessão, pagar ao credor primitivo (CC, art. 292).

Caso não seja notificado, a cessão será **inexistente para ele**, e válido se tornará o pagamento feito ao cedente. Mas não se desobrigará se a este pagar depois de cientificado da cessão. Ficará desobrigado, também, no caso de lhe ter sido feita mais de uma notificação, se pagar ao cessionário que lhe apresentar o **título comprobatório da obrigação** (CC, art. 292). Se esta for **solidária**, devem ser notificados todos os codevedores. Sendo **incapaz** o devedor, far-se-á a notificação ao seu representante legal.

5.3.6.1. *Espécies de notificação*

Além de judicial ou extrajudicial, como retromencionado, a notificação pode ser, ainda:

- **Expressa**, quando o cedente toma a iniciativa de comunicar ao devedor que cedeu o crédito a determinada pessoa, podendo a comunicação partir igualmente do cessionário.
- **Presumida**, quando resulta da espontânea declaração de ciência do devedor, em escrito público ou particular. Dispõe o art. 290, segunda parte, do Código Civil que, nessa hipótese, por notificado se tem o devedor[15].

Tem-se entendido que a **citação inicial** para a ação de cobrança equivale à notificação da cessão, assim como a habilitação de crédito na falência do devedor produz os mesmos efeitos de sua notificação. Alguns créditos **dispensam a notificação** porque sua transmissão obedece à forma especial, por exemplo, os títulos ao portador, que se transferem por simples tradição manual (CC, art. 904), e as ações nominativas de sociedades anônimas, transmissíveis pela inscrição nos livros de emissão, mediante termo (Lei n. 6.404/76, art. 31, § 1º), bem como os títulos transferíveis por endosso.

---

13 Orlando Gomes, *Obrigações*, cit., p. 251.

14 *Obrigações*, cit., p. 252.

15 Orlando Gomes, *Obrigações*, cit., p. 252.

5.3.6.2. *Exceções que podem ser opostas*

O devedor pode opor ao cessionário as **exceções** que lhe competirem, bem como as que, no momento em que veio a ter conhecimento da cessão, tinha contra o cedente (CC, art. 294). Se o devedor, notificado da cessão, não opõe, **nesse momento**, as exceções pessoais que tiver **contra o cedente**, não poderá mais arguir contra o cessionário as exceções que eram cabíveis contra o primeiro, como pagamento da dívida ou compensação. Poderá, no entanto, alegar, não só contra o cedente como também contra o cessionário, **a qualquer tempo**, mesmo não tendo feito nenhum protesto ao ser notificado, **vícios** que, por sua natureza, afetam diretamente o título ou ato, tornando-o nulo ou anulável, como incapacidade do agente, erro ou dolo[16].

Mas, se dela não foi notificado, poderá opor **ao cessionário** as que tinha contra o **cedente**, antes da transferência. Já as exceções oponíveis diretamente **contra o cessionário** podem ser arguidas a todo tempo, tanto no momento da cessão como no de sua notificação, pois se apresenta ele ao devedor como um novo credor. E todo devedor tem a faculdade de opor qualquer exceção contra a pretensão de seu credor, sendo a mais comum a ***exceptio non adimpleti contractus***. Se o credor cedente, em contrato bilateral, não cumprir sua obrigação antes de ceder o crédito, o dever de cumpri-la transmite-se ao **cessionário**, de modo que pode o **devedor** recusar-se a efetuar o pagamento caso este não satisfaça a prestação que lhe incumbe, opondo ao cessionário a exceção de contrato não cumprido[17].

5.3.7. Responsabilidade do cedente

Preceitua o art. 295 do Código Civil:

> "Na cessão por título oneroso, o cedente, ainda que não se responsabilize, fica responsável ao cessionário pela existência do crédito ao tempo em que lhe cedeu; a mesma responsabilidade lhe cabe nas cessões por título gratuito, se tiver procedido de má-fé."

A responsabilidade imposta pela lei ao cedente não se refere à **solvência do devedor** (*nomem bonum*). Por esta o cedente não responde, correndo os riscos por conta do cessionário, **salvo estipulação em contrário**. Efetivamente, dispõe o art. 296 do mesmo diploma:

> "Salvo estipulação em contrário, o cedente não responde pela solvência do devedor."

Se ficar **convencionado** de maneira expressa que o cedente responde pela solvência do devedor, sua responsabilidade **limitar-se-á ao que recebeu do cessionário**, com os respectivos juros, mais as despesas da cessão e as efetuadas com a cobrança. Nesse sentido, proclama o art. 297 do Código Civil:

---

16 Washington de Barros Monteiro, *Curso*, cit., 29. ed., v. 4, p. 356.

17 Orlando Gomes, *Obrigações*, cit., p. 251.

> "O cedente, responsável ao cessionário pela solvência do devedor, não responde por mais do que daquele recebeu, com os respectivos juros; mas tem de ressarcir-lhe as despesas da cessão e as que o cessionário houver feito com a cobrança."

Assim, por exemplo, se o crédito era de R$ 20.000,00 e foi cedido por R$ 16.000,00, o cessionário (o banco, p. ex., no caso de título descontado) só terá direito a esta última importância, com os referidos acréscimos, e não ao valor do crédito. Em geral, aquele que adquire um crédito paga menos que o seu valor nominal, visando ao lucro, mas assumindo o risco do negócio. Há uma álea no empreendimento, que o cessionário aceita.

Na realidade, a responsabilidade imposta ao cedente pelo retrotranscrito art. 295 diz respeito somente à **existência** do crédito ao tempo da cessão (*nomem verum*). Se o cedente transferiu **onerosamente** um título nulo ou inexistente, deverá ressarcir os prejuízos causados ao cessionário, da mesma forma que o vendedor deve fazer boa a coisa vendida e responder pela evicção nos casos legais. Se a cessão tiver sido efetuada a título **gratuito**, o cedente só responde se tiver procedido de **má-fé**, conhecendo a sua inexistência ou o fundamento da sua nulidade no momento em que o cedeu[18].

Garantir a **existência** do crédito significa assegurar a titularidade e a validade ou consistência do direito adquirido. O cedente garante, pois, que o crédito não só existe mas também não está prejudicado por exceção, nem sujeito a impugnação ou compensação — fatos que comprometeriam a sua existência ou valor jurídico[19].

Quando a transferência do crédito se opera por **força de lei**, o credor originário não responde pela realidade da dívida, nem pela solvência do devedor. Nos casos de transferências impostas pela lei, não se pode exigir do cedente que responda por um efeito para o qual não concorreu.

Edita, ainda, o art. 298 do mesmo diploma:

> "O crédito, uma vez penhorado, não pode mais ser transferido pelo credor que tiver conhecimento da penhora; mas o devedor que o pagar, não tendo notificação dela, fica exonerado, subsistindo somente contra o credor os direitos de terceiro."

O crédito, uma vez penhorado, deixa de fazer parte do patrimônio do devedor. Por isso, não poderá ser cedido, tornando-se **indisponível**.

5.4. DA ASSUNÇÃO DE DÍVIDA

5.4.1. Conceito

A **assunção de dívida** ou **cessão de débito** constitui novidade introduzida pelo Código Civil de 2002. Embora não regulada no diploma de 1916, nada impedia a sua

---

[18] Na mesma linha dispõem o § 523 do Código alemão, os arts. 171, III, e 248 do Código suíço, o art. 1.266, II, do Código italiano, e o art. 587º, 1, do Código português.

[19] Vaz Serra, *Cessão de créditos ou de outros direitos*, 1955, p. 290, apud Antunes Varela, *Direito das obrigações*, cit., v. II, p. 331.

celebração, em face da autonomia da vontade e da liberdade contratual, desde que houvesse aceitação do credor. Ademais, o art. 568 do Código de Processo Civil, em vigor desde 1974, atual art. 779, III, do novo diploma, ao enumerar os "sujeitos passivos da execução", entre eles inclui, no inc. III, "o novo devedor, que assumiu, com o consentimento do credor, a obrigação resultante do título executivo".

Segundo a doutrina, é um negócio jurídico **bilateral**, pelo qual o devedor, com anuência expressa do credor, transfere a um **terceiro**, que o substitui, os encargos obrigacionais, de modo que este assume sua posição na relação obrigacional, **responsabilizando-se pela dívida**, que subsiste com os seus acessórios[20]. Ocorre frequentemente, por exemplo, na venda do fundo de comércio, em que o adquirente declara assumir o passivo, e na cessão de financiamento para aquisição da casa própria.

O atual Código Civil disciplina a assunção de dívida no título concernente à "transmissão das obrigações", ao lado da cessão de crédito. Prescreve o art. 299 do referido diploma:

> "É facultado a terceiro assumir a obrigação do devedor, com o consentimento expresso do credor, ficando exonerado o devedor primitivo, salvo se aquele, ao tempo da assunção, era insolvente e o credor o ignorava."

■ 5.4.2. Características e pressupostos

O que caracteriza a assunção de dívida é, precipuamente, o fato de uma pessoa, física ou jurídica, se obrigar perante o credor a efetuar a prestação devida por outra. A pessoa **chama para si** a obrigação de outra, ou seja, a posição de sujeito passivo que o devedor tinha em determinada obrigação[21].

O Enunciado 16, aprovado pelo Conselho da Justiça Federal na I Jornada de Direito Civil, proclama: "O art. 299 do Código Civil não exclui a possibilidade da assunção cumulativa da dívida quando dois ou mais devedores se tornam responsáveis pelo débito com a concordância do credor".

- **Concordância expressa do credor** — as legislações que acolheram a assunção de dívida ou cessão de débito exigem a **concordância do credor** para efetivação do negócio. Esse requisito a distingue, de modo significativo, da **cessão de crédito**, em que a anuência do devedor é dispensável. Seja quem for o credor, o montante da dívida continua inalterado, sendo-lhe facultado opor ao cessionário, no momento da notificação, as exceções que podia opor ao cedente. Na **assunção de dívida**, todavia, a pessoa do devedor é de suma importância para o credor, podendo não lhe convir a substituição de devedor solvente por outra pessoa com menos possibilidade de cumprir a prestação[22]. Por tal razão, o consentimento

---

[20] Silvio Rodrigues, *Direito civil*, v. 2, p. 104; Caio Mário da Silva Pereira, *Instituições de direito civil*, v. II, p. 227.

[21] Antunes Varela, Direito das obrigações, cit., v. II, p. 355.

[22] Silvio Rodrigues, *Direito civil*, cit., v. 2, p. 105; Orlando Gomes, *Obrigações*, p. 259.

do credor deve ser **expresso** (CC, art. 299, primeira parte). "Qualquer das partes pode assinar prazo ao credor para que consinta na assunção da dívida, interpretando-se o seu silêncio como recusa" (CC, art. 299, parágrafo único).

■ **Hipótese excepcional de consentimento tácito** — em um único caso o novo Código admite a aceitação tácita do credor, caso este previsto no art. 303, *verbis*:

"O adquirente de imóvel hipotecado pode tomar a seu cargo o pagamento do crédito garantido; se o credor, notificado, não impugnar em trinta dias a transferência do débito, entender-se-á dado o assentimento."

A assunção de dívida pode resultar de ajuste entre **terceiro** (*assuntor*) e o **credor** ou entre aquele e o **devedor**, com a anuência do credor. Em um e outro caso, a sucessão no débito tem caráter contratual. A sua validade depende da observância dos requisitos concernentes aos negócios bilaterais em geral. Podem ser objeto da cessão todas as dívidas, presentes e futuras, salvo as que devem ser pessoalmente cumpridas pelo devedor. Nos casos de transferência de estabelecimento comercial, o novo Código disciplina a assunção do passivo nos arts. 1.145 e 1.146[23].

■ 5.4.3. Assunção de dívida e institutos afins

■ *5.4.3.1. Assunção de dívida e promessa de liberação do devedor*

A assunção de dívida tem afinidade com outras figuras jurídicas, das quais deve, no entanto, ser distinguida.

■ **Semelhança** — a maior semelhança observada é com a **promessa de liberação do devedor** ou **assunção de cumprimento**, que se configura quando uma pessoa (*promitente*) se obriga perante o devedor a desonerá-lo da obrigação, efetuando a prestação em lugar dele. É o que sucede quando, por exemplo, o donatário se obriga perante o doador a pagar certas dívidas deste ou o locatário se compromete a pagar certos tributos que a lei impõe ao locador. A semelhança está no ponto em que, em ambas as situações, uma pessoa se compromete a efetuar uma prestação devida por outrem.

■ **Diferença** — a diferença entre a assunção de dívida e a promessa de liberação resulta, todavia, da circunstância de "a *promessa de liberação* ser efetuada perante o **devedor**, não tendo o **credor** nenhum direito de exigir o seu cumprimento, enquanto na assunção de dívida a obrigação é contraída perante o **credor**, que adquire o direito de exigir do assuntor a realização da prestação devida"[24].

■ *5.4.3.2. Assunção de dívida e novação subjetiva por substituição do devedor*

A assunção de dívida também se aproxima bastante de uma das modalidades de novação, que é a **novação subjetiva por substituição do devedor** (CC, art. 360, II).

---

[23] Orlando Gomes, *Obrigações*, cit., p. 261; Mário Luiz Delgado Régis, *Novo Código*, cit., p. 280-281.

[24] Antunes Varela, *Direito das obrigações*, cit., v. II, p. 357; Orlando Gomes, *Obrigações*, cit., p. 260.

■ **Semelhança** — em ambas as hipóteses, ocorre a **substituição** do primitivo devedor por outra pessoa no dever de cumprir a prestação a que o credor tem direito.

■ **Diferença** — a diferença reside no fato de a **novação** acarretar a criação de **obrigação nova**, bem como a extinção da anterior, e não simples **cessão de débito**. Todavia, esta pode ocorrer **sem novação**, ou seja, com a mudança do devedor e sem alteração na substância da relação obrigacional, como nos exemplos citados da cessão de financiamento para aquisição da casa própria e da alienação de fundo de comércio. A interpretação do contrato em cada caso duvidoso é que poderá demonstrar a real intenção das partes e permitir a opção por uma ou outra figura.

Silvio Rodrigues, com a habitual clareza, diz que a "possível distinção teórica entre a novação subjetiva passiva e a cessão de débito consiste justamente em que naquela a dívida anterior se extingue, para ser substituída pela subsequente; enquanto nesta é a mesma obrigação que subsiste, havendo mera alteração na pessoa do devedor. A consequência primordial resultante da distinção é que na novação, desaparecendo a dívida anterior, perecem as garantias e acessórios do crédito assim novado"[25].

■ 5.4.3.3. *Assunção de dívida e fiança*

■ **Semelhança** — a assunção de dívida guarda acentuada afinidade, igualmente, com a **fiança**, pois tanto o fiador como o assuntor se obrigam perante o credor a realizar uma prestação devida por outrem.

■ **Diferença** — todavia, distinguem-se pelo fato de a fiança constituir, em regra, uma obrigação **subsidiária:** o fiador goza do benefício da **excussão**, só respondendo se o devedor não puder cumprir a prestação prometida (CC, art. 827). Mesmo que se tenha obrigado como principal pagador (art. 828, II), o **fiador** responde sempre por uma **dívida alheia**. O **assuntor**, ao contrário, não é um obrigado **subsidiário**. Em regra, é o **único** obrigado (salvo o caso de assunção **cumulativa**, em que é um dos obrigados, lado a lado com o primitivo devedor), respondendo por dívida **própria**, que assumiu ao fazer sua a dívida que antes era alheia. Ademais, o **fiador** que paga integralmente a dívida fica **sub-rogado** nos direitos do credor (CC, art. 831), por se tratar de terceiro interessado. O **assuntor** que paga a dívida, porém, porque cumpre obrigação **própria**, não desfruta desse benefício[26].

■ 5.4.3.4. *Assunção de dívida e estipulação em favor de terceiro*

■ **Semelhança** — é flagrante a afinidade entre a assunção de dívida e a **estipulação em favor de terceiro**, tendo em vista que em ambas se pode estabelecer

[25] *Direito civil*, cit., v. 2, p. 104.

[26] Antunes Varela, *Direito das obrigações*, cit., v. II, p. 358-359.

uma vantagem de ordem patrimonial para uma pessoa estranha à convenção entre as partes.

■ **Diferença** — um aspecto significativo distingue as mencionadas situações. Nas **estipulações em favor de terceiro**, reguladas nos arts. 436 a 438 do Código Civil, o estipulante ou promissário cria a favor do terceiro beneficiário o direito a uma **nova prestação**, mediante a obrigação contraída pelo promitente. É uma nova atribuição patrimonial que nasce da estipulação, como se dá no seguro de vida. No caso da **assunção de dívida**, o benefício do antigo devedor não é, como na estipulação em favor de terceiro, adquirido mediante a atribuição de um direito novo a uma prestação. É um benefício que resulta imediatamente da sua liberação ou exoneração da dívida.

5.4.4. Espécies de assunção de dívida

A **assunção de dívida** pode efetivar-se por dois modos:

■ mediante contrato entre o terceiro e o credor, sem a participação ou anuência do devedor (**expromissão**); e

■ mediante acordo entre terceiro e o devedor, com a concordância do credor (**delegação**).

Deve-se, desde logo, salientar que essas duas formas não se confundem com as espécies de **novação** também designadas pelos nomes de **expromissão** e **delegação**, as quais geram obrigação nova para extinguir obrigação anterior. A expromissão e a delegação, como formas de assunção de dívida, de sucessão no débito, não extinguem a obrigação, que conserva sua individualidade. É perfeitamente possível, como já dito, ocorrer tais modalidades **sem novação**.

Tal como a delegação, a **expromissão** pode ser:

a) liberatória, se houver integral sucessão no débito pela substituição do devedor na relação obrigacional pelo expromitente, **ficando exonerado o devedor primitivo**, exceto se o terceiro que assumiu sua dívida era insolvente e o credor o ignorava (CC, art. 299, segunda parte). De fato, ocorrendo a insolvência do novo devedor, fica sem efeito a exoneração do antigo. Nada obsta, todavia, que as partes, no exercício da liberdade de contratar, aceitem correr o risco e exonerem o primitivo devedor, mesmo se o novo for insolvente à época da celebração do contrato[27].

b) cumulativa, quando o expromitente ingressar na obrigação como novo devedor ao lado do devedor primitivo, passando a ser **devedor solidário**, mediante declaração expressa nesse sentido (CC, art. 265), podendo o credor, nesse caso, reclamar o pagamento de qualquer um deles[28].

---

27 Luiz Roldão de Freitas Gomes, *Da assunção*, cit., p. 288.

28 Maria Helena Diniz, *Curso*, cit., v. 2, p. 424.

Como já mencionado, a **delegação** pode ser também **liberatória** ou **cumulativa**, conforme o devedor originário permaneça ou não vinculado. É considerada **imperfeita** quando não exclui totalmente a responsabilidade do primitivo devedor[29].

5.4.5. Efeitos da assunção de dívida

- **Substituição do devedor na relação obrigacional:** o principal efeito da assunção de dívida é a substituição do devedor na relação obrigacional, que permanece a mesma. Há modificação apenas no **polo passivo**, com liberação, em regra, do devedor originário. Essa liberação pode não ocorrer, como visto, se houver opção pela forma cumulativa. Os encargos obrigacionais transferem-se ao novo devedor, que assume a mesma posição do devedor originário. Não pode aquele, porém, opor ao credor as **exceções pessoais** que competiam ao devedor primitivo, como preceitua o art. 302 do Código Civil. Pode arguir vícios concernentes ao vínculo obrigacional existente entre credor e primitivo devedor, não podendo, todavia, alegar, por exemplo, o direito de compensação que este possuía em face do credor.
- **Extinção das garantias especiais:** outro efeito importante da assunção de dívida é a extinção das garantias especiais originariamente dadas pelo devedor primitivo ao credor, **salvo assentimento expresso daquele** (CC, art. 300). As garantias especiais, prestadas em atenção à pessoa do devedor, como as dadas por terceiros sob a modalidade de fiança, aval e hipoteca, que não são da essência da dívida, só subsistirão se houver **concordância expressa** do devedor primitivo e dos referidos terceiros. No entanto, as **garantias** reais prestadas pelo próprio devedor originário não são atingidas pela assunção e continuam válidas, a não ser que o credor abra mão delas expressamente[30].
- **Anulação da substituição do devedor:** no art. 301, o novo Código trata dos efeitos da anulação da substituição do devedor, dispondo: "Se a substituição do devedor vier a ser anulada, restaura-se o débito, com todas as suas garantias, salvo as garantias prestadas por terceiros, exceto se este conhecia o vício que inquinava a obrigação". Anulada a avença que estipulou a substituição, **renasce a obrigação** para o devedor originário, com todas as suas **garantias**, salvo as prestadas por terceiros. Como a substituição do devedor não altera a relação obrigacional e seus acessórios, a sua invalidação provoca apenas o retorno do primitivo devedor ao polo passivo. Somente são afetadas as garantias especiais prestadas por terceiros que haviam sido exonerados pela assunção. Não podem estas ser restauradas em prejuízo do terceiro que as prestou, salvo se este tinha conhecimento da eiva que maculava a estipulação. Aplica aqui o novo Código o

---

[29] Orlando Gomes, *Obrigações*, cit., p. 264; Maria Helena Diniz, *Curso*, cit., v. 2, p. 424-425; Antunes Varela, *Direito das obrigações*, cit., v. II, p. 362-366.

[30] Mário Luiz Delgado Régis, *Novo Código*, cit., p. 283.

princípio da boa-fé[31]. A propósito, foi aprovado, na V Jornada de Direito Civil do Conselho da Justiça Federal, o Enunciado 422, do seguinte teor: "O art. 301 do CC deve ser interpretado de forma a também abranger os negócios jurídicos nulos e a significar a continuidade da relação obrigacional originária, em vez de 'restauração', porque, envolvendo hipótese de transmissão, aquela relação nunca deixou de existir".

- **Não impugnação do credor hipotecário à transferência do débito:** prescreve, por fim, o art. 303 do Código Civil: "O adquirente de imóvel hipotecado pode tomar a seu cargo o pagamento do crédito garantido; se o credor, notificado, não impugnar em trinta dias a transferência do débito, entender-se-á dado o assentimento".

É de se observar que, para o credor hipotecário, a segurança de seu crédito reside muito mais na garantia em si do que na pessoa do devedor. Com efeito, se a assunção do débito pelo terceiro adquirente do imóvel possibilita a permanência da garantia real, pouca ou nenhuma diferença fará ao credor se o devedor será este ou aquele nos casos em que o valor da hipoteca for superior ao débito. Se, no entanto, não for esta a hipótese, ou seja, se o referido valor for **inferior à dívida**, haverá interesse do credor em impugnar a transferência de crédito nos trinta dias de sua ciência para manutenção do devedor primitivo na relação obrigacional[32].

5.5. DA CESSÃO DE CONTRATO

5.5.1. Conceito. Cessão de contrato e cessão de posição contratual

Malgrado o Código Civil de 1916 e o de 2002 não tenham regulamentado, no capítulo concernente à *transmissão das obrigações*, a **cessão de contrato**, trata-se de figura que se reveste de significativa importância prática em certos setores do comércio jurídico, a que fazem referência várias leis especiais, bem como dispositivos esparsos do próprio diploma civil. Tem grande aplicação, por exemplo, nos contratos de cessão de locação, fornecimento, empreitada, financiamento e, especialmente, no mútuo hipotecário para aquisição da casa própria.

O **contrato**, como bem jurídico, possui valor material e integra o patrimônio dos contratantes, podendo por isso ser **objeto de negócio**. Esse valor não se limita ao bem da vida sobre o qual incide a manifestação de vontade das partes, mas abrange um **conjunto de atividades**, representado por estudos preliminares, tratativas, expectativas, viagens, consultas a especialistas, desgaste psicológico, despesas etc., que

---

[31] Mário Luiz Delgado Régis, *Novo Código*, cit., p. 284; Maria Helena Diniz, *Curso*, cit., v. 2, p. 425; Sílvio Venosa, *Direito civil*, cit., v. II, p. 342.

[32] Mário Luiz Delgado Régis, *Novo Código*, cit., p. 285; Sílvio Venosa, *Direito civil*, cit., v. II, p. 343. Já decidiu o Superior Tribunal de Justiça: "Sistema Financeiro da Habitação. Transferência de direitos sobre mútuo habitacional. Contrato de gaveta. Resistência da entidade financeira à formalização da transferência. Inadmissibilidade. Pagamentos que foram efetuados pelos cessionários e recebidos pela financeira, que permaneceu inerte por anos em que tal situação perdurou" (*RT*, 838/206).

não pode ser desconsiderado. Esse complexo, que inclui os direitos e as obrigações, os créditos e os débitos emergentes da avença, denomina-se **posição contratual**, de valor econômico autônomo, passível, portanto, de circular como qualquer outro bem econômico.

Segundo Silvio Rodrigues, "a cessão de contrato, ou melhor, a cessão de posições contratuais, consiste na transferência da inteira posição **ativa e passiva** do conjunto de direitos e obrigações de que é titular uma pessoa, derivados de um contrato bilateral já ultimado, mas de execução ainda não concluída"[33]. Assim, o compromissário comprador, por exemplo, cede a outrem não só o direito à futura aquisição do imóvel mas também a obrigação de pagar todas as prestações da dívida. Ceder o contrato significa, por conseguinte, ceder para terceiro a **posição jurídica** de um dos contraentes no **contrato bilateral**.

O que distingue basicamente a cessão da **posição contratual** da cessão de **crédito** e da assunção de **dívida** é o fato de a transmissão abranger simultaneamente **direitos** e **deveres** de prestar (créditos e débitos), enquanto a cessão de crédito compreende apenas um direito de **crédito** e a assunção de dívida cobre somente um **débito**. Em outras palavras, a primeira abrange a um tempo o lado ativo e o lado passivo da posição jurídica do cedente, ao passo que a cessão de crédito compreende apenas o lado ativo e a assunção de dívida somente o lado passivo da relação obrigacional.

■ Personagens

A **cessão do contrato** ou da **posição contratual** envolve três personagens:

a) o **cedente** (que transfere a sua posição contratual);

b) o **cessionário** (que adquire a posição transmitida ou cedida); e

c) o **cedido** (o outro contraente, que consente na cessão feita pelo cedente).

A finalidade da cessão, que tem natureza contratual, é, pois, transferir a terceiro a inteira posição de um dos contraentes em outro contrato, de natureza bilateral. O contrato em que figurava a posição transferida, objeto da cessão, denomina-se **contrato-base**.

■ 5.5.2. Natureza jurídica

A cessão do contrato é considerada a transmissão da **posição contratual** do cedente, **global ou unitariamente** considerada. Essa concepção **unitária** (*Einheitstheorie*) tem a sua consagração legislativa nos Códigos italiano (de 1942) e português (de 1966), sendo acolhida maciçamente pela doutrina nacional[34].

Silvio Rodrigues assevera que, "ao encarar a sua natureza jurídica, deve-se considerar a cessão de contrato como negócio jurídico independente, em que se procede à transmissão ao cessionário, a título singular e por ato entre vivos, da inteira posição contratual do cedente"[35].

---

[33] *Direito civil*, v. 2, p. 109.

[34] Antunes Varela, *Direito das obrigações*, cit., v. II, p. 400; Sílvio Venosa, *Direito civil*, cit., v. II, p. 349.

[35] *Direito civil*, cit., v. 2, p. 111.

5.5.3 Características da cessão da posição contratual

- **Vantagem prática:** a cessão da posição contratual apresenta significativa **vantagem prática**, pois permite que uma pessoa transfira a outrem seus créditos e débitos oriundos de uma avença, sem ter de desfazer, de comum acordo com o contratante, o primeiro negócio e sem ter de convencê-lo a refazer o contrato com o terceiro interessado. Por intermédio do referido instituto, **um único ato** transfere toda a posição contratual de uma pessoa a outra. Serve, portanto, para tornar possível a circulação do contrato em sua integridade[36].
- **Necessidade de concordância do cedido:** como a cessão da posição contratual engloba não só a transmissão de créditos mas também a transferência de dívidas para uma outra pessoa, ou seja, como ela implica, concomitantemente, uma cessão de crédito e uma cessão de débito, tem importância para o outro contratante cedido a pessoa do cessionário, que passa a ser seu devedor. Por essa razão, será indispensável a **concordância do cedido** para a eficácia do negócio em relação a ele. O consentimento do contraente cedido pode ser dado previamente, antes da cessão, no próprio instrumento em que se celebra o negócio-base ou posteriormente, como ratificação da cessão. Em outros casos, a própria **lei** autoriza tal cessão, que se processa, então, sem a interveniência do cedido. É dispensável, por exemplo, o consentimento do compromitente vendedor para a cessão de compromisso de compra e venda de imóvel loteado (Decreto-Lei n. 58/37, art. 13; Lei n. 6.766/79, art. 31), tendo a jurisprudência estendido essa orientação aos imóveis não loteados. Nessa hipótese, no entanto, o instituto perde a sua pureza e recebe outras denominações, como **cessão imprópria do contrato**[37] e **sub-rogação legal na relação contratual**[38].
- **Necessidade de que o contrato-base seja bilateral:** o contrato-base transferido há de ter natureza **bilateral**, isto é, deve gerar obrigações recíprocas, pois, se for unilateral, a hipótese será de cessão de crédito ou de débito[39].
- **Cessão do contrato e contrato derivado ou subcontrato:** a cessão do contrato não se confunde com o **contrato derivado** ou **subcontrato** (sublocação, p. ex.), porque neste o contraente mantém a sua posição contratual, limitando-se a criar um novo contrato da mesma natureza com terceiro. Na primeira, o cedente demite-se da sua posição contratual, transmitindo-a a terceiro.
- **Cessão do contrato e sub-rogação legal do contrato:** distingue-se a cessão do contrato também da **sub-rogação legal do contrato**, pois esta nasce diretamente da lei, sem a necessidade do consentimento do contraente cedido. Nos seus efeitos, porém, ambos os institutos se identificam, porque acarretam a

---

[36] Silvio Rodrigues, *Direito civil*, cit., v. II, p. 110 e 114.

[37] Francesco Messineo, *Il contratto in generi*, p. 40; José Osório de Azevedo Júnior, *Compromisso de compra e venda*. p. 237.

[38] Sílvio Venosa, *Direito civil*, cit., v. II, p. 359.

[39] Maria Helena Diniz, *Curso*, cit., v. 2, p. 428.

substituição de uma pessoa por outra na titularidade da posição jurídica complexa resultante de um contrato bilateral[40].

■ **Cessão do contrato e novação:** igualmente difere a cessão da posição contratual da **novação**, porque, "enquanto nesta se dá *ou* a transmissão dos direitos *ou* a transmissão das obrigações, conforme se trate de novação subjetiva ativa, ou de novação subjetiva passiva, na cessão de contrato ocorre a transferência dos *direitos* e *obrigações* do cedente ao cessionário"[41]. Na primeira ocorre, enfim, a cessão da posição contratual de maneira global.

■ 5.5.4. Efeitos da cessão da posição contratual

A cessão da posição contratual acarreta uma série de consequências jurídicas envolvendo os três personagens: cedente, cessionário e cedido.

■ *5.5.4.1. Efeitos entre o cedente e o contraente cedido*

A cessão da posição contratual pode efetuar-se **com** ou **sem liberação** do cedente perante o contraente cedido. A liberação do cedente é a consequência normal do negócio realizado, não se tornando necessária, para que ela ocorra, referência expressa nesse sentido no contrato. Basta o **consentimento** do contraente cedido quanto à cessão do contrato, **sem qualquer ressalva** concernente às obrigações, quer tenha sido manifestado ao tempo da cessão, quer no próprio instrumento do contrato-base.

A **anuência** pode, pois, ser externada: **ao tempo do negócio** da cessão, quando o credor, após conhecer a pessoa do cessionário, concorda em que ele assuma os direitos e deveres do cedente; **previamente**, em cláusula contratual expressa; ou, ainda, mediante a cláusula **à ordem**.

Embora o fato não seja comum, pode o contraente cedido dar o seu consentimento à cessão, mas **sem liberação do cedente**. Neste caso, embora o cessionário assuma a responsabilidade pelas obrigações resultantes do contrato, o cedente continua vinculado ao negócio não apenas como garante de seu cumprimento mas também, em regra, como **principal pagador**.

O contraente cedido visa, em regra, com a imposição de nova responsabilidade ao cedente, estabelecer um vínculo de **solidariedade** entre este e o cessionário. Como a solidariedade pode resultar da vontade das partes, será a interpretação da aludida cláusula, imposta pelo cedido, que irá determinar, como foi dito, o conteúdo preciso da nova obrigação atribuída ao cedente. Mesmo que dela não conste a palavra *solidariedade,* o **consentimento do cedido** à efetivação da cessão, mas sem a liberação do cedente, com a igual **anuência deste e do cessionário** demonstram, por si, a criação de um **vínculo de solidariedade** pela vontade das partes.

---

[40] Antunes Varela, *Direito das obrigações*, cit., p. 383.

[41] Silvio Rodrigues, *Direito civil*, cit., v. 2, p. 111.

5.5.4.2. *Efeitos entre o cedente e o cessionário*

A transferência da posição contratual acarreta para o cedente, por uma lado, a **perda** dos créditos e das expectativas integrados na posição contratual cedida e, por outro, a **exoneração** dos deveres e obrigações em geral compreendidos na mesma posição contratual.

Como a matéria não está disciplinada em lei, não há razão para que não se apliquem à **cessão do contrato**, por analogia, as disposições relativas à **cessão de crédito**, especialmente os arts. 295 e 296 do novo Código Civil. Desse modo, o cedente responde, na cessão por título oneroso, pela **existência da relação contratual** cedida e, na realizada por título gratuito, se tiver procedido de má-fé, mas não pela **solvência** do contraente cedido, salvo, neste caso, **estipulação em contrário**, expressa ou tácita, das partes.

5.5.4.3. *Efeitos entre o cessionário e o contraente cedido*

A transmissão da posição contratual acarreta a **substituição do cedente pelo cessionário** na relação contratual com o cedido. Assim, quando o locatário, por exemplo, cede a locação a um terceiro, quem passa a ser locatário perante o proprietário é este último. É dele que o locador passará a exigir os aluguéis que vencerem e contra quem poderá promover a resolução ou a denúncia do contrato. No entanto, é o cessionário quem passa a ter todos os direitos que resultam da locação, podendo opô-los ao locador. Todavia, a aludida transmissão só se produz a partir da data da cessão, não respondendo o novo locatário pelos aluguéis vencidos anteriormente.

Não se transmitem, porém, ao cessionário os **direitos potestativos** de que o cedente seja titular. Se o originário contraente foi vítima de erro, dolo ou coação, por exemplo, e o vício só for descoberto depois da cessão do contrato, mas dentro do prazo decadencial da ação anulatória, o direito potestativo de anulação não se transmitirá ao cessionário, mas continuará competindo ao cedente[42].

5.5.5. Cessão da posição contratual no direito brasileiro

Embora não tenha sido objeto de regulamentação específica, o instituto da cessão da posição contratual pode ser utilizado no direito pátrio como **negócio jurídico atípico**. Se a lei admite, expressamente, a cessão da posição jurídica do locatário e do compromissário comprador, não há razão para que não se reconheça, de igual modo, a validade da cessão da posição jurídica do fornecedor ou do adquirente no contrato de fornecimento, bem como do vendedor ou do comprador na venda a prazo ou na venda a prestações.

Situa-se a mencionada figura jurídica no direito dispositivo das partes, pois advém do **princípio da liberdade negocial:** é válido todo acordo de vontades celebrado entre partes capazes e que tenha objeto lícito, possível, determinado ou determinável,

---

42 Antunes Varela, *Direito das obrigações*, cit., v. II, p. 393-394.

bem como forma não defesa em lei (CC, art. 104). Também a assunção de dívida não era disciplinada no Código Civil de 1916 e sempre se admitiu a sua aplicação no nosso direito, à falta de expressa proibição.

Embora não contenha dispositivo semelhante ao art. 1.078 do Código Civil de 1916, que mandava aplicar à cessão de outros direitos não expressamente regulamentados as disposições do título concernente à cessão de crédito, o novo Código dispõe, no art. 425, que "é lícito às partes estipular contratos atípicos, observadas as normas gerais fixadas neste Código".

■ 5.6. RESUMO

DA TRANSMISSÃO DAS OBRIGAÇÕES	
CESSÃO DE CRÉDITO	■ **Conceito:** é negócio jurídico bilateral, pelo qual o credor transfere a outrem seus direitos na relação obrigacional. ■ **Institutos afins:** Não se confunde com: a) **cessão de contrato**, em que se procede à transmissão, ao cessionário, da inteira posição contratual do cedente; b) **novação subjetiva ativa**, porque nesta, além da substituição do credor, ocorre a extinção da obrigação anterior, substituída por novo crédito; c) **sub-rogação legal**. O sub-rogado não pode exercer os direitos e ações do credor além dos limites de seu desembolso, não tendo, pois, caráter especulativo (art. 350). ■ **Objeto:** em regra, todos os créditos podem ser objeto de cessão, constem de título ou não, vencidos ou por vencer, salvo se a isso se opuser "a natureza da obrigação, a lei, ou a convenção com o devedor" (art. 286). ■ **Formas:** a) a cessão não exige forma especial **para valer entre as partes**, salvo se tiver por objeto direitos em que a escritura pública seja da substância do ato; b) para **valer contra terceiros**, o art. 288 do CC exige "instrumento público, ou instrumento particular revestido das solenidades do § 1º do art. 654"; c) a cessão de **títulos de crédito** é feita mediante endosso. ■ **Notificação do devedor:** a cessão de crédito não tem eficácia em relação ao devedor, senão quando a este notificada; mas por notificado se tem o devedor que, em escrito público ou particular, se declarou ciente da cessão feita (art. 290). O devedor ficará desobrigado se, antes de ter conhecimento da cessão, pagar ao credor primitivo (art. 292). Porém, não se desobrigará se a este pagar depois de cientificado da cessão. ■ **Responsabilidade do cedente pela solvência do devedor:** a responsabilidade imposta ao cedente pelo art. 295 diz respeito somente à **existência do crédito** ao tempo da cessão. Não se refere à **solvência** do devedor. Por esta o cedente não responde, salvo estipulação em contrário (art. 296). Se ficar convencionado que o cedente responde pela solvência do devedor, sua responsabilidade limitar-se-á ao que recebeu do cessionário, com os respectivos juros, mais as despesas da cessão e as efetuadas com a cobrança (art. 297).
ASSUNÇÃO DE DÍVIDA	■ **Conceito:** trata-se de negócio jurídico (também denominado **cessão de débito**) pelo qual o devedor transfere a outrem sua posição na relação jurídica (como na cessão de financiamento para aquisição da casa própria). ■ **Regulamentação:** a) produz o efeito de exonerar o devedor primitivo, salvo se o assuntor (o terceiro) era insolvente e o credor o ignorava (art. 299); b) requer anuência expressa do credor, mas qualquer das partes pode assinar-lhe prazo para que consinta, "interpretando-se o seu silêncio como recusa" (art. 299, parágrafo único); c) o novo devedor não pode opor ao credor as exceções pessoais que competiam ao devedor primitivo (art. 302); d) o adquirente de imóvel hipotecado pode tomar a seu cargo o pagamento do crédito garantido. Na hipótese, entender-se-á concordado o credor se, notificado, não impugnar, em trinta dias, a transferência do débito (art. 303).

CESSÃO DE CONTRATO OU DE POSIÇÃO CONTRATUAL	**Conceito:** consiste na transferência da inteira posição ativa e passiva do conjunto de direitos e obrigações de que é titular uma pessoa, derivados de um contrato bilateral já ultimado, mas de execução ainda não concluída. **Personagens:** a cessão do contrato envolve três personagens: a) o **cedente** (que transfere a sua posição contratual); b) o **cessionário** (que adquire a posição transmitida ou cedida); e c) o **cedido** (o outro contraente, que consente na cessão feita pelo cedente).
	Características: a) **vantagem prática:** permite que uma pessoa transfira a outrem seus créditos e débitos oriundos de uma avença, sem ter de desfazer, de comum acordo com o contratante, o primeiro negócio e sem ter de convencê-lo a refazer o contrato com o terceiro interessado; b) exige **concordância** do cedido; c) o contrato-base transferido há de ter natureza **bilateral**; d) não se confunde com o **contrato derivado ou subcontrato**, porque neste o contraente mantém a sua posição contratual, limitando-se a criar um novo contrato da mesma natureza com terceiro; e) distingue-se, também, da **sub-rogação legal do contrato**, pois esta nasce diretamente da lei, sem necessidade do consentimento do contraente cedido; f) igualmente difere da **novação**, porque, enquanto nesta se dá ou a transmissão dos direitos (novação subjetiva ativa) ou a transmissão das obrigações (novação subjetiva passiva), na cessão do contrato ocorre a transferência dos direitos e obrigações do cedente ao cessionário. **Efeitos entre o cedente e o contraente cedido:** a cessão da posição contratual pode efetuar-se com ou sem liberação do cedente perante o contraente cedido. Não havendo a liberação do cedente, estabelece-se um vínculo de solidariedade entre este e o cessionário. **Efeitos entre o cedente e o cessionário:** para o cedente, ocorre a perda dos créditos e das expectativas integrados na posição contratual cedida, bem como a exoneração dos deveres e obrigações nela compreendidos. **Efeitos entre o cessionário e o contraente cedido:** dá-se a substituição do cedente pelo cessionário na relação contratual com o cedido.

5.7. QUESTÕES

1. (OAB/XIII Exame de Ordem Unificado/Fundação Getulio Vargas/2014) A transmissibilidade de obrigações pode ser realizada por meio do ato denominado cessão, por meio da qual o credor transfere seus direitos na relação obrigacional a outrem, fazendo surgir as figuras jurídicas do cedente e do cessionário. Constituída essa nova relação obrigacional, é CORRETO afirmar que

a) os acessórios da obrigação principal são abrangidos na cessão de crédito, salvo disposição em contrário.
b) o cedente responde pela solvência do devedor, não se admitindo disposição em contrário.
c) a transmissão de um crédito que não tenha sido celebrada única e exclusivamente por instrumento público é ineficaz em relação a terceiros.
d) o devedor não pode opor ao cessionário as exceções que tinha contra o cedente no momento em que veio a ter conhecimento da cessão.

2. (Fiscal de Rendas/RJ/SEFAZ/RJ/2009) A respeito da *cessão de crédito*, analise as afirmativas a seguir:

I. O devedor pode opor ao cessionário as exceções que tinha contra o cedente no momento em que veio a ter conhecimento da cessão.
II. Na cessão de crédito por título oneroso, ainda que não se responsabilize, o cedente fica responsável ao cessionário pela existência do crédito ao tempo em que lhe cedeu.
III. A cessão de crédito apenas é eficaz em relação ao devedor quando a este notificada ou quando o devedor se declarar ciente da cessão por meio de escrito público ou particular.

Assinale:

a) se somente a afirmativa I estiver correta.
b) se somente a afirmativa II estiver correta.
c) se somente as afirmativas I e II estiverem corretas.
d) se somente as afirmativas II e III estiverem corretas.
e) se todas as afirmativas estiverem corretas.

3. (Procurador do Estado/DF/2007) Assinale a opção FALSA:

a) A "cessão de crédito" e a "assunção de dívida" constituem modalidades de transmissão das obrigações.
b) Podem os contratantes estabelecer cláusula proibitiva da cessão de crédito. Tal cláusula proibitiva não poderá ser oposta ao cessionário de boa-fé, se não constar do instrumento da obrigação.
c) A partir da assunção de dívida, salvo assentimento expresso do devedor primitivo, consideram-se extintas as garantias especiais por ele originariamente dadas ao credor.
d) Como na assunção de dívida o que se transmite é a "obrigação originária", o novo devedor pode opor ao credor as exceções pessoais que competiam ao devedor primitivo.
e) Qualquer das partes pode assinar prazo ao credor para que consinta na assunção de dívida, interpretando-se o seu silêncio como recusa.

4. (PGE/SC/Procurador do Estado/2009) Assinale a alternativa CORRETA:

a) Perde a qualidade de indivisível a obrigação que se resolver em perdas e danos.
b) A anuência por parte do cedido é requisito de validade da cessão de crédito.
c) Ocorrendo várias cessões do mesmo crédito, prevalece a que apresentar robusta prova testemunhal.
d) Na assunção de dívida, o consentimento expresso do devedor não se faz necessário.
e) Na solidariedade passiva, o credor não poderá exigir parcialmente a dívida de um dos devedores solidários.

5. (PGE/PR/Procurador do Estado/2007) Na cessão de crédito:

a) O cedente, em geral, responde pela existência do crédito cedido.
b) O cedente, em geral, responde pela solvência do devedor cedido.
c) A responsabilidade do cedente nas hipóteses de insolvência do devedor cedido abrange o valor recebido do cessionário, os juros, bem como o dever de indenizar danos patrimoniais e extrapatrimoniais.
d) O cessionário, antes do conhecimento da cessão pelo devedor cedido, não pode exercer os atos conservatórios de seus direitos.
e) O crédito penhorado pode ser transferido pelo cedente conhecedor da constrição.

6. (PGE/SP/Procurador do Estado/Fundação Carlos Chagas/2009) A responsabilidade do cedente pela solvência do devedor, na cessão *pro solvendo*, por força de estipulação contratual

a) não poderá ir além do montante que o cessionário recebeu ao tempo da cessão, com os respectivos juros, acrescidos das despesas da cessão e das que tenham sido feitas com a cobrança promovida contra o devedor insolvente.
b) é relativa à quantia cedida, alcançando apenas as despesas feitas com a cobrança do devedor insolvente.
c) pode alcançar indenização a título de perdas e danos pelo fato de ser o devedor cedido insolvente.
d) atinge a totalidade do débito, mesmo que o cessionário tenha recebido parte dele.
e) limita-se ao valor recebido pelo cessionário, que não terá direito aos juros, nem às despesas feitas para receber o crédito ou às efetuadas, ocorrida a inadimplência, para cobrá-las do devedor cedido.

7. (OAB Unificado/CESPE/UnB/2010) Assinale a opção CORRETA a respeito da transmissão e das modalidades de obrigações.

a) A cessão de crédito *pro soluto* transfere o crédito sem que tal transferência possa significar a extinção da obrigação em relação ao devedor.
b) Na obrigação de resultado, o devedor será exonerado da responsabilidade se provar que a falta do resultado previsto decorreu de caso fortuito ou força maior.
c) A obrigação pura é qualificada por uma condição, termo ou encargo.
d) Tratando-se de assunção de dívida, o novo devedor pode opor ao credor as exceções pessoais que competiam ao devedor primitivo.

8. (TRT/6ª Região/Analista Judiciário/Fundação Carlos Chagas/2006) De acordo com o Código Civil, a respeito da transmissão das obrigações, considere:

I. Ocorrendo varias cessões do mesmo crédito, prevalece a que se completar com a tradição do título do crédito cedido.
II. Independentemente do conhecimento da cessão pelo devedor, pode o cessionário exercer os atos conservatórios do direito cedido.
III. Na cessão por título oneroso, o cedente, ainda que não se responsabilize, fica responsável ao cessionário pela existência do crédito ao tempo em que lhe cedeu.
IV. Salvo disposição em contrário, a cessão de um crédito não abrangerá todos os seus acessórios por não haver interdependência entre eles.

É correto o que consta APENAS em

a) II e III.
b) II e IV.
c) I, III e IV.
d) I, II e IV.
e) I, II e III.

9. (Procurador Municipal/Salvador-BA/Fundação Carlos Chagas/2006) Sobre a transmissão das obrigações é CORRETO afirmar que

a) Na cessão de crédito por título oneroso, o cedente, ainda que não se responsabilize, fica responsável ao cessionário pela existência do crédito ao tempo que lhe cedeu.
b) Salvo estipulação em contrário, na cessão de crédito, o cedente responde pela solvência do devedor.
c) O crédito, mesmo penhorado, pode ser transferido pelo credor ciente da penhora.
d) Ocorrendo assunção de dívida, o novo devedor, para se eximir da obrigação, sempre poderá opor ao credor as exceções possíveis que competiam ao devedor primitivo.
e) Não é facultado a terceiro assumir obrigação do devedor, sem o consentimento expresso deste, ainda que o credor exonere o primitivo devedor.

10. (Auditor Tributário Municipal/Jaboatão dos Guararapes/Fundação Carlos Chagas/2006) Com relação à cessão de crédito é CORRETO afirmar:

a) Pode o cessionário exercer os atos conservatórios do direito cedido, desde que haja prévio conhecimento da cessão pelo devedor.
b) Ocorrendo várias cessões do mesmo crédito, prevalece a última cessão, independentemente de ter ocorrido a tradição do título do crédito cedido.
c) O devedor não pode opor ao cessionário as exceções que, no momento em que veio a ter conhecimento da cessão, tinha contra o cedente.
d) A cláusula proibitiva da cessão de crédito não poderá ser oposta ao cessionário de boa-fé, se não constar do instrumento da obrigação.
e) Na cessão por título oneroso, o cedente, exceto quando não se responsabilize, fica responsável ao cessionário pela existência do crédito ao tempo em que lhe cedeu.

11. (TRT/4ª Região/Analista Judiciário/Fundação Carlos Chagas/2006) De acordo com o Código Civil brasileiro, com relação à Assunção de Dívida, é CORRETO afirmar:

a) O novo devedor pode opor ao credor as exceções pessoais que competiam ao devedor primitivo.
b) É facultado a terceiro assumir a obrigação do devedor, com o consentimento do credor, ficando, em qualquer hipótese, o devedor primitivo coobrigado.
c) Em regra, se a substituição do devedor vier a ser anulada, restaura-se o débito sem todas as suas garantias, por expressa determinação legal.
d) Qualquer das partes pode assinar prazo ao credor para que consinta na assunção da dívida, interpretando-se o seu silêncio como recusa.
e) Em regra, com a assunção da dívida, as garantias especiais, dadas originariamente pelo devedor primitivo, não serão extintas.

12. (TRT/11ª Região/Juiz do Trabalho/2007) O credor pode ceder o seu crédito, se a isso não se opuser a natureza da obrigação, a lei, ou a convenção com o devedor,

a) e, ainda que onerosa a cessão, o cedente não responde pela existência do crédito ao tempo em que o cedeu.
b) e o crédito, mesmo penhorado, pode ser transferido pelo credor que tiver conhecimento da penhora; mas o devedor que o pagar, não tendo notificação dela, fica exonerado, subsistindo somente contra o credor os direitos de terceiro.
c) mas, salvo estipulação em contrário, o cedente responde pela solvência do devedor.
d) mas o crédito, uma vez penhorado, não pode mais ser transferido pelo credor que tiver conhecimento da penhora; mas o devedor que o pagar, não tendo notificação dela, fica exonerado, subsistindo somente contra o credor os direitos de terceiro.
e) mas o cedente, na cessão onerosa, sempre fica responsável pela existência do crédito ao tempo em que o cedeu e pela solvência do devedor.

13. (OAB/XIII Exame de Ordem Unificado/Fundação Getulio Vargas/2014) Lúcia, pessoa doente, idosa, com baixo grau de escolaridade, foi obrigada a celebrar contrato particular de assunção de dívida com o Banco FDC S.A., reconhecendo e confessando dívidas firmadas pelo seu marido, esse já falecido, e que não deixara bens ou patrimônio a inventariar. O gerente do banco ameaçou Lúcia de não efetuar o pagamento da pensão deixada pelo seu falecido marido, caso não fosse assinado o contrato de assunção de dívida.
Considerando a hipótese acima e as regras de Direito Civil, assinale a afirmativa CORRETA.

a) O contrato particular de assunção de dívida assinado por Lúcia é anulável por erro substancial, pois Lúcia manifestou sua vontade de forma distorcida da realidade, por entendimento equivocado do negócio praticado.
b) O ato negocial celebrado entre Lúcia e o Banco FDC S.A. é anulável por vício de consentimento, em razão de conduta dolosa praticada pelo banco, que ardilosamente falseou a realidade e forjou uma situação inexistente, induzindo Lúcia à prática do ato.
c) O instrumento particular firmado entre Lúcia e o Banco FDC S.A. pode ser anulado sob fundamento de lesão, uma vez que Lúcia assumiu obrigação excessiva sobre premente necessidade.
d) O negócio jurídico celebrado entre Lúcia e o Banco FDC S.A. é anulável pelo vício da coação, uma vez que a ameaça praticada pelo banco foi iminente e atual, grave, séria e determinante para a celebração da avença.

14. (Prefeitura Municipal/Recife/Auditor Tributário Municipal/Fundação Getúlio Vargas/ 2014) Assinale a opção que indica duas espécies de Transmissão das Obrigações previstas no Código Civil.

a) Cessão de crédito e sub-rogação.
b) Assunção de dívida e imputação.

c) Sub-rogação e imputação.
d) Dação e remissão.
e) Assunção de dívida e cessão de crédito.

15. (TJSP/Titular de Cartório de Notas e de Registro/VUNESP/2014) Conforme o Código Civil, é CORRETO afirmar:

a) se a substituição do devedor vier a ser anulada, restaura-se o débito, inclusive as garantias prestadas por terceiros, independentemente da ciência dos vícios geradores da invalidade.
b) é facultado ao terceiro assumir a obrigação do devedor, sem o consentimento expresso do credor, ficando sempre exonerado o devedor primitivo, ainda que no caso de insolvência.
c) apenas a primeira cessão prevalecerá; as demais serão consideradas nulas, por expressa disposição legal.
d) é ineficaz, em relação a terceiros, a transmissão de um crédito que não for obrigatoriamente realizada por instrumento público.

16. (TRF/2ª Região/Juiz Federal/XVI Concurso/2017) Assinale a opção CORRETA:

a) É nula a cessão de crédito celebrada de modo verbal.
b) A cessão de crédito celebrada por escrito particular, para que seja oponível a terceiros, deve ser levada a registro, em regra no Cartório de Títulos e Documentos.
c) A validade da cessão de crédito previdenciário, no plano federal, depende de escritura pública.
d) A assunção de débito, realizada através de escritura pública, é oponível ao credor independentemente de seu consentimento.
e) As exceções comuns, não pessoais, que o devedor tenha para impugnar o crédito cedido devem ser comunicadas ao cessionário imediatamente após o devedor ser notificado da cessão, sob pena de não mais poderem ser arguidas, sem prejuízo do regresso contra o cedente.

GABARITO

1. "a". *Vide* art. 287 do CC.
2. "e". *Vide* arts. 294, 295 e 290 do CC.
3. "d". *Vide* art. 392 do CC.
4. "a". *Vide* art. 263 do CC.
5. "a". *Vide* art. 295 do CC.
6. "a". *Vide* art. 297 do CC.
7. "b".
8. "e". *Vide* arts. 291, 293 e 295 do CC.
9. "a". *Vide* art. 295 do CC.
10. "d". *Vide* art. 286, segunda parte, do CC.
11. "d". *Vide* art. 299, parágrafo único, do CC.
12. "d". *Vide* art. 298 do CC.
13. "d". *Vide* art. 151 do CC.

14. "e". *Vide* arts. 286 e s. e 299 e s.	
15. "c". *Vide* art. 286 do CC.	
16. "b". *Vide* art. 288 do CC.	

6

DO ADIMPLEMENTO E EXTINÇÃO DAS OBRIGAÇÕES

6.1. DO PAGAMENTO

O presente título trata dos efeitos do **adimplemento das obrigações**, ao dispor sobre os meios necessários e idôneos para que o credor possa obter o que lhe é devido, compelindo o devedor a cumprir a obrigação. Cumprida, esta se extingue. A extinção da obrigação é, portanto, o fim colimado pelo legislador.

6.1.1. Noção de pagamento

A extinção das obrigações dá-se, em regra, pelo seu cumprimento, que o Código Civil denomina **pagamento** e os romanos chamavam de *solutio* (*solutio est praestatio eius quod est in obligatione*), palavra derivada de *solvere*.

Embora a palavra **pagamento** seja usada, comumente, para indicar a solução em dinheiro de alguma dívida, o legislador a empregou no sentido técnico-jurídico de execução de **qualquer espécie de obrigação**. Assim, **paga** a obrigação o escultor que entrega a estátua que lhe havia sido encomendada, bem como o pintor que realiza o trabalho solicitado pelo cliente, por exemplo. **Pagamento** significa, pois, cumprimento ou adimplemento da obrigação. O Código Civil dá o nome de pagamento à realização voluntária da prestação debitória, tanto quando procede **do devedor** como quando provém de terceiro, **interessado ou não** na extinção do vínculo obrigacional (CC, art. 304).

6.1.2. Princípios aplicáveis ao cumprimento da obrigação

São aplicáveis ao cumprimento da obrigação dois princípios:

a) o da **boa-fé** ou **diligência normal**; e
b) o da **pontualidade**.

■ **Princípio da boa-fé:** exige que as partes se comportem de forma correta não só durante as tratativas como também durante a formação e o cumprimento do contrato. Agir de boa-fé significa comportar-se como **homem correto** na execução da obrigação. Tal princípio guarda relação com o princípio de direito segundo o qual ninguém pode beneficiar-se da própria torpeza. Entende-se, ainda, que o devedor obriga-se não somente pelo que está expresso no contrato mas também por todas as consequências que, segundo os usos, a lei e a equidade, derivam dele. Preceitua, com efeito, o art. 422 do Código Civil: "Os contratantes são obrigados a guardar, assim na conclusão do contrato, como em sua execução, os princípios de probidade e boa-fé".

- **Princípio da pontualidade:** exige não só que a prestação seja cumprida em tempo, no momento aprazado, mas também de **forma integral**, no lugar e modo devidos. Só a prestação devida, cumprida integralmente, desonera o obrigado, salvo no caso de onerosidade excessiva reconhecida em sentença (CC, arts. 478 a 480). O credor não pode ser forçado a receber por partes se assim não foi convencionado, ainda que a prestação seja divisível.

6.1.3. Espécies de pagamento

O pagamento é o principal **modo de extinção** das obrigações e pode ser:

a) **direto**; ou

b) **indireto**, por exemplo, o pagamento por consignação e a dação em pagamento.

- Modo **normal** de extinção da obrigação: pagamento, direto ou indireto.
- Meios **anormais**, isto é, sem pagamento: casos, por exemplo, de impossibilidade de execução sem culpa do devedor, do advento do termo, da prescrição, da nulidade ou anulação, da novação ou da compensação.

O pagamento, por sua vez, pode ser efetuado:

a) **voluntariamente**; ou

b) por meio de **execução forçada**, em razão de sentença judicial.

Pode-se dizer que há cumprimento da obrigação tanto quando o devedor realiza **espontaneamente** a prestação devida como quando voluntariamente a efetua depois de interpelado, notificado ou condenado em processo de conhecimento ou até mesmo no decurso do **processo de execução**. Prescreve, com efeito, o art. 924, II, do Código de Processo Civil que a execução se extingue "quando a obrigação for satisfeita"[1].

6.1.4. Natureza jurídica do pagamento

A natureza jurídica do pagamento é matéria altamente controvertida. Parece evidente que ele se enquadra no rol dos **atos jurídicos em sentido amplo**, da categoria dos atos **lícitos**.

A questão tem interesse prático, pois caso se considere que o pagamento tem **natureza contratual**, correspondendo a um negócio jurídico bilateral por resultar de um acordo de vontades, estará ele sujeito a todas as suas normas. Será nulo, por

[1] "Não se extingue a execução se o devedor não satisfez o débito na sua integralidade" (*RSTJ*, 100/103).

exemplo, se efetuado por pessoa incapaz. Todavia, entende-se que não se anula pagamento defeituoso por erro, dolo ou coação, sendo cabível, nessas hipóteses, a ação de **repetição de indébito**.

Concluindo, o pagamento tem a natureza de um **ato jurídico em sentido amplo**, da categoria dos atos **lícitos**, podendo ser ato jurídico *stricto sensu* ou negócio jurídico, bilateral ou unilateral, conforme a natureza específica da prestação. Em regra, é negócio jurídico bilateral, ou seja, tem **natureza contratual**. Corresponde a um contrato por também resultar de um acordo de vontades, estando sujeito a todas as suas normas.

6.1.5. Requisitos de validade do pagamento

Para que o pagamento produza seu principal efeito, que é o de extinguir a obrigação, devem estar presentes seus **requisitos essenciais de validade**, que são:

a) a existência de um vínculo obrigacional;
b) a intenção de solvê-lo (*animus solvendi*);
c) o cumprimento da prestação;
d) a pessoa que efetua o pagamento (*solvens*);
e) a pessoa que o recebe (*accipiens*).

■ A **existência de um vínculo obrigacional**, ou seja, de um débito, é indispensável, pois sem ele a *solutio*, como ato desprovido de causa, daria lugar à restituição (CC, art. 876).

■ Contudo, a **intenção** daquele que paga de extinguir a obrigação (*animus solvendi*) apresenta-se como outro requisito essencial ao conceito de cumprimento, visto que, sem ela, poderia haver ou uma doação, caso a prestação fosse feita com *animus donandi*, ou mesmo um ato sem causa, se outra não existir. Não se exige, todavia, uma vontade qualificada, nem mesmo uma vontade dirigida à extinção da relação obrigacional, bastando a **mera intenção**[2].

■ O **cumprimento da prestação** deve ser feito pelo **devedor** (*solvens*), por seu **sucessor** ou por **terceiro** (CC, arts. 304 e 305). Feito por erro, dá ensejo à repetição do indébito.

■ Exige-se, ainda, a presença do **credor** (*accipiens*), de seu **sucessor** ou de quem de direito os **represente** (CC, art. 308), pois o pagamento efetuado a quem não desfruta dessas qualidades é indevido e propicia o direito à repetição.

6.1.6. De quem deve pagar

Iniciamos agora o estudo das **condições subjetivas** do pagamento, que versa sobre **quem deve pagar** (CC, arts. 304 a 307) e **a quem se deve pagar** (arts. 308 a 312).

---

[2] Roberto de Ruggiero, *Instituições*, cit., v. III, p. 76; Washington de Barros Monteiro, *Curso de direito civil*, 29. ed., v. 4, p. 252; Alberto Trabucchi, *Instituciones,* cit., v. II, p. 48-49.

6.1.6.1. Pagamento efetuado por pessoa interessada

Preceitua o art. 304 do Código Civil:

> "Qualquer interessado na extinção da dívida pode pagá-la, usando, se o credor se opuser, dos meios conducentes à exoneração do devedor."

Só se considera **interessado** quem tem **interesse jurídico** na extinção da dívida, isto é, quem está vinculado ao contrato, como o fiador, o avalista, o solidariamente obrigado, o herdeiro, o adquirente do imóvel hipotecado e o sublocatário, que podem ter seu patrimônio afetado caso não ocorra o pagamento.

O **principal interessado** na solução da dívida, a quem compete o dever de pagá-la, é o **devedor**. Mas os que se encontram em alguma das situações supramencionadas (**fiador, sublocatário** etc.) a ele são equiparados, pois têm legítimo interesse no cumprimento da obrigação. Assiste-lhes, pois, o direito de efetuar o pagamento, sub-rogando-se, *pleno jure*, nos direitos do credor (CC, art. 346, III). A **sub-rogação** transfere-lhes todos os direitos, ações, privilégios e garantias do primitivo credor em relação à dívida contra o devedor principal e os fiadores (art. 349). A recusa do credor em receber o pagamento oferecido pelo devedor ou por qualquer outro interessado lhes dá o direito de promover a **consignação** (CC, arts. 334 e s.).

Quando, no entanto, a obrigação é contraída ***intuitu personae***, ou seja, em razão das condições ou qualidades pessoais do devedor, somente a este incumbe a solução. O credor não é obrigado a receber de **outrem** a prestação imposta somente ao devedor ou só por ele exequível (CC, art. 247). Inexistindo tal restrição, no entanto, prevalece a regra já mencionada de que qualquer interessado na extinção da dívida pode pagá-la.

6.1.6.2. Pagamento efetuado por terceiro não interessado

Dispõe o parágrafo único do art. 304 do Código Civil, retrotranscrito:

> "Art. 304. (...)
> Parágrafo único. Igual direito cabe ao terceiro não interessado, se o fizer em nome e à conta do devedor, salvo oposição deste."

Não é somente o devedor ou terceiro interessado, portanto, quem pode efetuar o pagamento. Podem fazê-lo, também, **terceiros não interessados**, que não têm interesse jurídico na solução da dívida, mas outra espécie de interesse, o moral, por exemplo (caso do pai, que paga a dívida do filho, pela qual não podia ser responsabilizado), o decorrente de amizade ou de relacionamento amoroso. Os terceiros **não interessados** podem até mesmo **consignar**[3] o pagamento, em caso de recusa do credor em receber, desde que, porém, o façam "em nome e à conta do devedor", agindo, assim, como seu representante ou gestor de negócios, "salvo oposição deste".

---

[3] "Recusando-se o credor a receber as prestações referentes à venda de imóvel, pode o terceiro, ainda que não interessado, ofertar o pagamento" (TJPR, Ap. 71.895, rel. Des. Nívio Gonçalves, j. 13.9.2000).

Se rejeitar o pagamento feito por terceiro em nome e à conta do devedor, o credor corre o risco de sofrer uma ação de **consignação em pagamento** ajuizada por este, como foi dito. Todavia, dizendo a parte final do parágrafo único do art. 304 retrotranscrito, como inovação, que o devedor pode **opor-se** ao pagamento de sua dívida por terceiro não interessado, mesmo que seja feito em seu nome e à sua conta, poderá o **credor**, cientificado da oposição, alegar **justo motivo** para não o receber. A oposição do devedor não vale como proibição, mas retira a **legitimidade** do terceiro para consignar. Apesar dela, pode o credor aceitar validamente o pagamento, porque é isso da sua conveniência e não há motivo para que a oposição do devedor o iniba de ver o seu crédito satisfeito, **aplicando-se ao terceiro a restrição imposta no art. 306 do Código Civil**. Mas isto é **fundamento** para que o credor, **se assim quiser**, recuse a prestação oferecida, desde que o terceiro não seja nela diretamente interessado[4].

Quando não há essa oposição e o credor rejeita o pagamento, efetuado por terceiro não interessado em nome e à conta do devedor, sendo necessário fazer a consignação, configura-se a hipótese de **legitimação extraordinária**, prevista na parte final do art. 18 do Código de Processo Civil. Não pode este consignar em seu próprio nome por falta de **legítimo interesse**.

Preceitua o aludido art. 306 do Código Civil:

> "O pagamento feito por terceiro, com desconhecimento ou oposição do devedor, não obriga a reembolsar aquele que pagou, se o devedor tinha meios para ilidir a ação."

Dispõe, por sua vez, o art. 305 do Código Civil que "o terceiro não interessado, que paga a dívida em seu próprio nome, tem direito a reembolsar-se do que pagar; mas não se sub-roga nos direitos do credor". Acrescenta o parágrafo único que, "se pagar antes de vencida a dívida, só terá direito ao reembolso no vencimento".

O pagamento de dívida que não é sua, efetuado **em seu próprio nome**, apesar de revelar o propósito de ajudar o devedor, demonstra também a sua intenção de obter o **reembolso** por meio da ação de *in rem verso*, específica para os casos de enriquecimento sem causa. Entretanto, por não fazer parte da relação jurídica e também para evitar que um terceiro mal-intencionado pretenda formular contra o devedor, seu concorrente ou desafeto, exigências mais rigorosas que as do credor primitivo, não pode este substituir o credor por ele pago. Somente, pois, o terceiro **interessado** que efetua o pagamento **sub-roga-se** nos direitos do credor.

Como o referido art. 305 só dá direito a **reembolso** ao terceiro não interessado que paga a dívida em seu próprio nome, conclui-se, interpretando-se o dispositivo *a contrario sensu*, que não desfruta desse direito o que a paga "em nome e à conta do devedor". Entende-se que, neste caso, quis ele fazer uma **liberalidade**, uma doação, sem qualquer direito a reembolso.

4 Inocêncio Galvão Telles, *Direito das obrigações*, cit., p. 166; Alberto Trabucchi, *Instituciones*, cit., p. 50.

6.1.6.3. *Pagamento efetuado mediante transmissão da propriedade*

Dispõe o art. 307 do Código Civil que "só terá eficácia o pagamento que importar transmissão da propriedade, quando feito por quem possa alienar o objeto, em que ele consistiu". Aduz o parágrafo único: "Se se der em pagamento coisa fungível, não se poderá mais reclamar do credor que, de boa-fé, a recebeu e consumiu, ainda que o solvente não tivesse o direito de aliená-la".

Nem sempre o pagamento consiste na entrega de dinheiro ao credor. Como tal locução tem o significado de "cumprimento ou adimplemento de obrigação", pode consistir na **entrega de algum objeto**, seja porque assim foi estipulado, seja porque o credor concordou com a dação em pagamento proposta pelo devedor.

Segundo preceitua o mencionado art. 307 do Código Civil, o pagamento só terá eficácia, nesses casos, quando feito por quem tinha **capacidade para alienar**. Não basta, pois, a capacidade genérica para a prática de qualquer ato jurídico, sendo necessária a **capacidade específica** para o ato de alienação colimado. Faz-se mister, em certos casos, também a **legitimação**. Assim, o tutor não pode dar, em pagamento, imóvel do pupilo sem autorização judicial (CC, art. 1.748, IV).

O parágrafo único do art. 307, porém, abre uma exceção: se a coisa entregue ao credor for **fungível**, tendo este a recebido de boa-fé e a consumido, o pagamento terá eficácia, extinguindo-se a relação jurídica, ainda que o devedor não fosse dono. Só resta ao verdadeiro proprietário voltar-se contra quem a entregou indevidamente. Portanto, para que a exceção opere, são necessárias as seguintes condições:

a) tratar-se de pagamento efetuado mediante coisa fungível;
b) boa-fé por parte do *accipiens*; e
c) consumo da coisa fungível pelo mesmo *accipiens*[5].

6.1.7. Daqueles a quem se deve pagar

6.1.7.1. *Pagamento efetuado diretamente ao credor*

Dispõe o art. 308 do Código Civil:

> "O pagamento deve ser feito ao credor ou a quem de direito o represente, sob pena de só valer depois de por ele ratificado, ou tanto quanto reverter em seu proveito."

Tendo em vista que cumprir significa satisfazer o direito do **credor**, é natural que a prestação deva ser feita a ele ou a quem **o represente**. Todavia, é credor não somente aquele em cujo favor se constitui originariamente o crédito mas também o **herdeiro**, na proporção de sua quota hereditária, o **legatário**, o **cessionário** e o **sub-rogado** nos direitos creditórios.

Portanto, ostenta a qualidade de destinatário do pagamento, legitimado a receber não só o credor originário como quem o **substituir** na titularidade do direito de crédito. Essencial é que a prestação seja efetuada a quem for credor **na data do**

---

5 Silvio Rodrigues, *Direito civil*, cit., v. 2, p. 130.

cumprimento. Se a dívida for solidária ou indivisível, qualquer dos cocredores está autorizado a recebê-la (CC, arts. 260 e 267). Se a obrigação for ao portador, quem apresentar o título é credor[6].

■ 6.1.7.2. *Pagamento efetuado ao representante do credor*

A lei equipara ao pagamento realizado na pessoa do credor o efetuado "a quem de direito o represente", considerando-o também válido.

Há três espécies de **representantes** do credor:

- **legal:** é o que decorre da lei, como os pais, tutores e curadores, respectivamente representantes legais dos filhos menores, dos tutelados e dos curatelados;
- **judicial:** é o nomeado pelo juiz, como o inventariante, o síndico da falência e o administrador da empresa penhorada;
- **convencional:** é o que recebe mandato outorgado pelo credor, com poderes especiais para receber e dar quitação.

Costuma ser mencionada pela doutrina, entre os representantes convencionais, a figura do *adjectus solutionis causa*, pessoa nominalmente designada no próprio título para receber a prestação. Esse **terceiro** pode não ter nenhuma relação material com a dívida e estar apenas **autorizado** a recebê-la. A autorização tem por fim, em regra, beneficiar o devedor, facilitando-lhe o pagamento, e pode ser **revogada** a qualquer tempo, desde que de acordo credor e devedor. Todavia, quando a cláusula é estabelecida em favor do próprio *adjectus*, o negócio mais se aproxima da **cessão** constituída *ab initio* ou de **estipulação em favor de terceiro**, como no seguro de vida, do que do mandato, sendo então **irrevogável** e não se extinguindo com a morte do credor[7].

O art. 311 do Código Civil considera "autorizado a receber o pagamento o portador da quitação, salvo se as circunstâncias contrariarem a presunção daí resultante". Trata-se de caso de **mandato tácito** ou presumido pela lei. A presunção é, no entanto, relativa ou *juris tantum*, pois admite prova em contrário. Não se descarta a hipótese de ter sido extraviado ou furtado o recibo ou haver outra circunstância relevante.

■ 6.1.7.3. *Validade do pagamento efetuado a terceiro que não o credor*

O pagamento deve ser feito, como foi dito, ao verdadeiro credor, ao seu sucessor *inter vivos* ou *causa mortis* ou a quem de direito os represente, **sob pena de não valer**. O pagamento a quem não ostenta essas qualidades na data em que foi efetuado não tem efeito liberatório, não exonerando o devedor.

Nem sempre, contudo, quem paga mal paga duas vezes, pois o retrotranscrito art. 308 do Código Civil, na segunda parte, considera **válido** o pagamento feito a terceiro se:

---

6 Washington de Barros Monteiro, *Curso*, cit., 29. ed., v. 4, p. 255.

7 Silvio Rodrigues, *Direito civil*, cit., v. 2, p. 135-136; Washington de Barros Monteiro, *Curso*, cit., 29. ed., v. 4, p. 256; Alberto Trabucchi, *Instituciones*, cit., v. II, p. 50.

a) for **ratificado** pelo credor, ou seja, se este confirmar o recebimento por via do referido terceiro ou fornecer recibo; ou, ainda, se

b) o pagamento **reverter-se em seu proveito**.

O que pretende o legislador, nos dois casos, é **evitar o locupletamento ilícito do credor**, com o qual não compadece o nosso ordenamento. A ratificação do credor retroage ao dia do pagamento e produz todos os efeitos do mandato. O **ônus** de provar que o pagamento reverteu integralmente em benefício do credor, mesmo tendo sido efetuado a terceiro não qualificado, é do ***solvens***.

6.1.7.4. *Pagamento efetuado ao credor putativo*

Proclama o art. 309 do Código Civil:

> "O pagamento feito de boa-fé ao credor putativo é válido, ainda provado depois que não era credor."

Credor putativo é aquele que se apresenta aos olhos de todos como o **verdadeiro credor**. Recebe tal denominação, portanto, quem aparenta ser credor, como é o caso do **herdeiro aparente**. Se, por exemplo, o único herdeiro conhecido de uma pessoa abonada, e que veio a falecer, é o seu sobrinho, o pagamento a ele feito de boa-fé é válido, mesmo que se apure, posteriormente, ter o *de cujus*, em disposição de última vontade, nomeado outra pessoa como seu herdeiro testamentário.

Pode ainda ser lembrada, como exemplo de credor putativo, a situação do **locador aparente**, que se intitula proprietário de um apartamento e o aluga a outrem. Provada a boa-fé deste, os pagamentos de aluguéis por ele efetuados serão considerados **válidos**, ainda que aquele não seja o legítimo dono. Como credor putativo, porém, não pode ser considerado o falso procurador.

A boa-fé tem, assim, o condão de **validar** atos que, em princípio, **seriam nulos**. Ao verdadeiro credor, que não recebeu o pagamento, resta somente voltar-se contra o *accipiens*, isto é, contra o credor putativo, que recebeu indevidamente, embora também de boa-fé, pois **o *solvens* nada mais deve**.

Além da boa-fé, exige-se a **escusabilidade do erro** que provocou o pagamento para a exoneração do devedor. A boa-fé, no entanto, pode ser elidida demonstrando-se que o *solvens* tinha ciência de que o *accipiens* não era o credor. Se, caso contrário, o erro que provocou o pagamento incorreto é grosseiro, não se justifica proteção a quem agiu com desídia, negligência ou imprudência[8].

6.1.7.5. *Pagamento ao credor incapaz*

O pagamento há de ser efetuado a pessoa **capaz** de fornecer a devida **quitação**, sob pena de não valer. Dispõe o art. 310 do Código Civil:

---

[8] Silvio Rodrigues, *Direito civil*, cit., v. 2, p. 140.

"Não vale o pagamento cientemente feito ao credor incapaz de quitar, se o devedor não provar que em benefício dele efetivamente reverteu."

A princípio, o pagamento efetivado a pessoa **absolutamente incapaz** é nulo e o realizado em mãos de **relativamente incapaz** pode ser confirmado pelo representante legal ou pelo próprio credor se cessada a incapacidade (CC, art. 172). A **quitação** reclama **capacidade** e, sem ela, o pagamento não vale. No entanto, provado que reverteu em **proveito do incapaz**, cessa a razão da ineficácia.

Há quem entenda que essa solução somente se aplica ao relativamente incapaz, sendo sempre nulo o pagamento feito ao absolutamente incapaz. No entanto, o dispositivo legal mencionado **não faz tal distinção**. Também não se justifica a exigência de novo pagamento a este se o primeiro reverteu-se em seu proveito. Além do empobrecimento do *solvens*, acarretaria o enriquecimento indevido do *accipiens*[9].

Como o citado art. 310 considera inválido somente o pagamento **cientemente** feito ao credor incapaz, será válido o ato caso se prove **erro escusável** do devedor, por supor estar tratando com pessoa capaz, ou **dolo** do credor, por ocultar maliciosamente sua idade.

6.1.7.6. Pagamento efetuado ao credor cujo crédito foi penhorado

Dispõe, finalmente, o art. 312 do Código Civil:

"Se o devedor pagar ao credor, apesar de intimado da penhora feita sobre o crédito, ou da impugnação a ele oposta por terceiros, o pagamento não valerá contra estes, que poderão constranger o devedor a pagar de novo, ficando-lhe ressalvado o regresso contra o credor."

Cuida-se de hipóteses em que, mesmo sendo feito ao **verdadeiro credor**, o pagamento **não valerá**.

Com efeito, quando a **penhora** recai sobre um crédito, o devedor é notificado a não pagar ao credor, mas a **depositar em juízo** o valor devido. Se mesmo assim pagar ao credor, o pagamento **não valerá** contra o terceiro exequente ou embargante, "que poderão constranger o devedor a pagar de novo, ficando-lhe ressalvado o regresso contra o credor". Confessando o débito, será o devedor havido por depositário e só se exonerará da obrigação caso deposite em juízo a quantia devida (CPC, art. 856, §§ 1º e 2º). A solução legal evita burla às garantias dos credores[10].

O dispositivo supratranscrito prevê um segundo modo de oposição ao pagamento e de ressalva aos direitos dos credores: **a impugnação** feita por terceiro. A lei a equipara, para os efeitos legais, à ciência da penhora. O modo previsto em lei para a

9 Caio Mário da Silva Pereira, *Instituições*, cit., v. II, p. 113; Manoel Ignácio Carvalho de Mendonça, *Doutrina*, cit., p. 441; Clóvis Beviláqua, *Código Civil dos Estados Unidos do Brasil comentado*, v. IV, obs. ao art. 934 do CC/1916.

10 Silvio Rodrigues, *Direito civil*, cit., v. 2, p. 133.

manifestação da oposição é o **protesto ou notificação**, na forma dos arts. 726 e s. do Código de Processo Civil, que é concedido pelo juiz sem oitiva do devedor, desde que o requerente demonstre legítimo interesse. O devedor é notificado para sobrestar o pagamento direto ao credor, devendo efetuar **em juízo o depósito da importância devida**. Se a oposição for abusiva, responderá o opoente pelas perdas e danos acarretados ao devedor.

Nas duas hipóteses mencionadas, **não vale** o pagamento efetuado diretamente ao credor. Se, a despeito da notificação, esse pagamento for efetuado, poderá o *solvens* ser constrangido a pagar de novo[11].

6.1.8. Do objeto do pagamento

O objeto do pagamento deverá ser o **conteúdo da prestação** obrigatória (*solutio est praestatio eius quod est in obligatione*). O objeto do pagamento é, pois, a **prestação**. O devedor não estará obrigado a dar qualquer coisa distinta da que constitui o conteúdo da prestação e não poderá liberar-se cumprindo uma prestação de conteúdo diverso[12].

Dispõe, com efeito, o art. 313 do Código Civil que "o credor não é obrigado a receber prestação diversa da que lhe é devida, ainda que mais valiosa". O devedor só se libera entregando ao credor exatamente o **objeto** que prometeu dar (*obligatio dandi*), **realizando o ato** a que se obrigou (*obligatio faciendi*) ou, ainda, **abstendo-se do fato** nas obrigações negativas (*obligatio non faciendi*), sob pena de a obrigação converter-se em **perdas e danos**, como foi comentado quando do estudo concernente às modalidades das obrigações.

A substituição, com efeito extintivo, de uma coisa por outra, só é possível com o consentimento do credor (*aliud pro alio invite creditori solvi non potest*). Quando, porém, este a aceita, configura-se a **dação em pagamento**, que vale como cumprimento e tem o poder de extinguir o crédito (CC, art. 356)[13].

Quando o objeto da obrigação é complexo, abrangendo **diversas prestações** (principais e acessórias, plúrimas ou mistas de dar e de fazer, p. ex.), o devedor não se exonera enquanto não cumpre a **integralidade do débito**, na sua inteira complexidade. Deve a prestação ser cumprida por inteiro, não sendo o credor obrigado a receber pagamentos **parciais**, ainda quando a soma deles represente a integral satisfação do crédito.

Nessa linha, proclama o art. 314 do Código Civil:

> "Ainda que a obrigação tenha por objeto prestação divisível, não pode o credor ser obrigado a receber, nem o devedor a pagar, por partes, se assim não se ajustou."

---

[11] Silvio Rodrigues, *Direito civil*, cit., v. 2, p. 134; Sílvio Venosa, *Direito civil*, v. II, p. 188.

[12] Alberto Trabucchi, *Instituciones*, cit., v. II, p. 51; Caio Mário da Silva Pereira, *Instituições*, cit., v. II, p. 114.

[13] Roberto de Ruggiero, *Instituições*, cit., v. III, p. 83.

A regra é uma consequência do princípio de que a prestação deve ser integral e de que o credor não é obrigado a qualquer encargo para a receber, estando a cargo do **devedor** todas as despesas do cumprimento.

■ 6.1.8.1. *Pagamento em dinheiro e o princípio do nominalismo*

Na Seção III do capítulo concernente ao pagamento, que trata especificamente do **objeto do pagamento**, o Código Civil disciplina o **pagamento em dinheiro**, que é a forma mais importante e na qual todas as demais podem transformar-se. Prescreve o art. 315 do Código Civil que "as dívidas em dinheiro deverão ser pagas no vencimento, em moeda corrente e pelo valor nominal, salvo o disposto nos artigos subsequentes".

Nos artigos subsequentes, o novo diploma considera "lícito convencionar o aumento progressivo das prestações sucessivas" (art. 316) e admite a intervenção judicial para a **correção do valor do pagamento** do preço quando, "por motivos imprevisíveis, sobrevier desproporção manifesta entre o valor da prestação devida e o do momento de sua execução" (art. 317).

- **Dívida em dinheiro:** é a que se representa pela moeda considerada em seu valor nominal, ou seja, pelo importe econômico nela consignado. O objeto da prestação é o próprio dinheiro, como ocorre no contrato de mútuo, em que o tomador do empréstimo obriga-se a devolver, dentro de determinado prazo, a importância levantada.
- **Dívida de valor:** quando o dinheiro não constitui o objeto da prestação, mas, sim, representa seu valor. Na primeira, esse objeto é o próprio dinheiro; na segunda, o dinheiro valora o objeto[14]. A obrigação de indenizar, decorrente da prática de um ato ilícito, por exemplo, constitui dívida de valor. Se o prejuízo consiste na danificação da porta do veículo da vítima, *verbi gratia*, o *quantum* orçado é a medida do valor da referida porta. Sempre se entendeu que, nas **dívidas de valor**, a correção monetária incide desde a **data do fato**, porque seu montante deve corresponder ao do bem lesado. Ademais, correção monetária não é pena e não constitui nenhum *plus*, apenas atualiza o valor do débito, evitando o enriquecimento sem causa do devedor.
- **Moeda de curso legal:** toda moeda admitida pela lei como meio de pagamento tem **curso legal** no País, não podendo ser recusada. Quando o Código Civil de 1916 entrou em vigor, o dinheiro brasileiro tinha curso legal, mas não forçado, porque o devedor podia liberar-se pagando em qualquer moeda estrangeira.
- **Moeda de curso forçado:** é a única admitida pela lei como meio de pagamento no país. A partir do Decreto n. 23.501, de 27 de novembro de 1933, instaurou-se o **curso forçado**, não podendo o pagamento ser efetuado em outro padrão monetário, salvo algumas poucas exceções, como consignado no Decreto-Lei n. 857/69[15].

---

14 Álvaro Villaça Azevedo, *Teoria*, cit., p. 131-132.

15 Caio Mário da Silva Pereira, *Instituições*, cit., v. II, p. 86; Álvaro Villaça Azevedo, *Teoria*, cit., p. 138-139.

- **Princípio do nominalismo:** o art. 315 do Código Civil retrotranscrito adotou o mencionado princípio, pelo qual se considera como valor da moeda o **valor nominal** que lhe atribui o Estado, no ato da emissão ou cunhagem. De acordo com o referido princípio, o devedor de uma quantia em dinheiro libera-se entregando a quantidade de moeda mencionada no contrato ou título da dívida e em curso no lugar do pagamento, **ainda que desvalorizada pela inflação**, ou seja, mesmo que a referida quantidade não seja suficiente para a compra dos mesmos bens que podiam ser adquiridos quando contraída a obrigação. Para contornar os efeitos maléficos decorrentes da desvalorização monetária, o Código Civil de 1916 permitiu o pagamento em moeda estrangeira, mais forte que a nacional (art. 947, § 1º), e em ouro e prata (art. 1.258), mas somente até 27 de novembro de 1933, quando passou a ser vedado pelo Decreto n. 23.501, posteriormente substituído pelo Decreto-Lei n. 857, de 11 de setembro de 1969. Com o passar do tempo, buscaram os credores outros meios para fugir dos efeitos ruinosos da inflação, dentre eles a adoção da **cláusula de escala móvel**, pela qual o valor da prestação deve variar segundo os índices de custo de vida[16].

6.1.8.2. *A cláusula de escala móvel*

Em reação aos males trazidos pela inflação, surgiram os diversos índices de **correção monetária**, que podiam ser aplicados sem limite temporal até a edição da Medida Provisória n. 1.106, de 29 de agosto de 1995, posteriormente convertida na Lei n. 10.192, de 14 de fevereiro de 2001, que, pretendendo **desindexar** a economia, declarou "nula de pleno direito qualquer estipulação de reajuste ou correção monetária de periodicidade inferior a um ano" (art. 2º, § 1º).

O art. 316 do Código Civil, ao dispor que "é lícito convencionar o aumento progressivo de prestações sucessivas", permite a **atualização monetária** das dívidas em dinheiro e daquelas de valor mediante índice previamente escolhido, utilizando-se as partes, para tanto, da aludida **cláusula de escala móvel**. Não se confunde esta, que é critério de atualização monetária proveniente de prévia estipulação contratual, com a **teoria da imprevisão**, que poderá ser aplicada pelo juiz quando fatos extraordinários e imprevisíveis tornarem excessivamente oneroso para um dos contratantes o cumprimento do contrato e recomendarem sua revisão. A esse propósito, preceitua o art. 317 do Código Civil:

> "Quando, por motivos imprevisíveis, sobrevier desproporção manifesta entre o valor da prestação devida e o do momento de sua execução, poderá o juiz corrigi-lo, a pedido da parte, de modo que assegure, quanto possível, o valor real da prestação."

Prescreve também o novel diploma que "são nulas as convenções de pagamento em ouro ou em moeda estrangeira, bem como para compensar a diferença entre o valor desta e o da moeda nacional, excetuados os casos previstos na legislação especial" (art. 318). A proibição da chamada **cláusula-ouro** é antiga em nossa legislação.

---

16 Caio Mário da Silva Pereira, *Instituições*, cit., v. II, p. 87-89; Arnoldo Wald, *A cláusula de escala móvel*, p. 99.

O dispositivo citado reproduz regras constantes no Decreto n. 23.501, de 27 de novembro de 1933, e no Decreto-Lei n. 857, de 11 de setembro de 1969, que já declaravam nulas quaisquer estipulações de pagamento em ouro ou em outra espécie de moeda que não fosse a nacional, salvo previsão em legislação específica, estabelecendo, assim, o denominado **curso forçado** da moeda nacional.

A Lei n. 9.069, de 29 de junho de 1995, que dispõe sobre o Plano Real, recepcionou o aludido Decreto-Lei n. 857/69, que **veda** o pagamento em moeda estrangeira, mas estabelece **algumas exceções**, das quais se destacam a permissão de tal estipulação nos contratos referentes a importação e exportação de mercadorias e naqueles em que o credor ou devedor seja pessoa residente e domiciliada no exterior. Mesmo antes da referida lei formara-se jurisprudência no sentido de permitir estipulações contratuais em moeda estrangeira, devendo, entretanto, ser efetuada a conversão de seu valor para a moeda nacional por ocasião do **pagamento** ou de sua cobrança.

"Quando não enquadradas nas exceções legais, as dívidas fixadas em moeda estrangeira deverão, no ato de quitação, ser convertidas para a moeda nacional, com base na cotação da data da contratação, e, a partir daí, atualizadas com base em índice oficial de correção monetária"[17].

A Lei n. 10.192, de 14 de fevereiro de 2001, estabelece, expressamente, em seu art. 1º: "As estipulações de pagamento de obrigações pecuniárias exequíveis no território nacional deverão ser feitas em Real, pelo seu valor nominal. Parágrafo único. São vedadas, sob pena de nulidade, quaisquer estipulações de: I — pagamento expressas em, ou vinculadas a ouro ou moeda estrangeira, ressalvado o disposto nos arts. 2º e 3º do Decreto-Lei n. 857, de 11 de setembro de 1969, e na parte final do art. 6º da Lei n. 8.880, de 27 de maio de 1994; II — reajuste ou correção monetária expressas em, ou vinculadas a unidade monetária de conta de qualquer natureza".

6.1.9. Da prova do pagamento

O devedor que não cumpre a obrigação no vencimento sujeita-se às consequências do inadimplemento, respondendo por perdas e danos, mais juros, atualização monetária e honorários de advogado (CC, art. 389). O pagamento, no entanto, exonera o devedor pontual ou purga a sua mora, liberando-o do vínculo obrigacional. É importante, pois, que possa **comprovar**, de modo cabal, o **adimplemento**, evidenciando a *solutio*. Por essa razão, ao realizar a prestação devida, o devedor tem o direito de exigir do credor a **quitação** da dívida. Esta é a **prova do pagamento**.

6.1.9.1. A quitação

A regra dominante em matéria de pagamento é a de que ele **não se presume**, salvo nos casos expressos em lei. Dispõe o art. 319 do Código Civil que "o devedor que paga tem direito a quitação regular, e pode reter o pagamento, enquanto não lhe seja dada".

---

17 STJ, REsp 1.323.219-RJ, 3ª T., rel. Min. Nancy Andrighi, j. 27.8.2013.

A **quitação** é a declaração unilateral escrita, emitida pelo credor, de que a prestação foi efetuada e o devedor fica liberado, a que vulgarmente se dá o nome de **recibo**[18].

Caso o credor se recuse, pois, a fornecer recibo, o devedor pode legitimamente reter o objeto da prestação e consigná-lo. Prevê, com efeito, o art. 335, I, do Código Civil que a **consignação** tem lugar se o credor não puder ou, sem justa causa, recusar receber o pagamento "ou dar quitação na devida forma".

- **Requisitos da quitação** — os requisitos que a quitação deve conter encontram-se especificados no art. 320 do Código Civil: "... o valor e a espécie da dívida quitada, o nome do devedor, ou quem por este pagou, o tempo e o lugar do pagamento, com a assinatura do credor, ou do seu representante". Deverá ser dada, portanto, **por escrito**, público ou particular.
- **Princípio da relativização da quitação** — ainda sem os referidos requisitos, "valerá a quitação, se de seus termos ou das circunstâncias resultar haver sido paga a dívida", como preceitua o parágrafo único do mencionado art. 320 do Código Civil, inovando nesse ponto, de forma louvável, por permitir que o juiz possa, analisando as circunstâncias do caso concreto e a boa-fé do devedor ao não exigir o recibo, **concluir ter havido pagamento e declarar extinta a obrigação**. O parágrafo único em apreço revela o acolhimento, de forma indireta, pelo novel diploma, do **princípio da relativização do recibo de quitação**, pois, "se de seus termos ou das circunstâncias resultar" **não** haver sido paga integralmente a dívida, o recibo vale pelo que dele consta como pagamento, ficando facultado ao credor cobrar a diferença de que se julgue com direito, independentemente da anulação do recibo dado. Destarte, "o devedor não fica exonerado do cumprimento integral da obrigação a que está vinculado, especialmente se decorrer de lei. Decorrendo de contrato, é possível, dependendo das circunstâncias, aceitar-se transação, com renúncia do credor relativamente às verbas não pagas"[19].

O Superior Tribunal de Justiça, ao considerar o disposto no § 2º do art. 477 da Consolidação das Leis do Trabalho, que relativizou o alcance das quitações passadas pelos empregados, já se posicionara nesse sentido, passando a **relativizar as quitações** referentes a valores fixos estabelecidos em leis de cunho social, como ocorre com indenizações securitárias, por entender de forma pacífica que eventual valor pago a menor não traduz renúncia à diferença devida, "sendo admissível postular em Juízo a sua **complementação**"[20].

Desse modo, prevalecendo o princípio da relativização da quitação, o devedor fica liberado apenas e **tão somente em relação às verbas nela expressamente mencionadas**. De nada vale constar do recibo que, por ele, o devedor está dando plena,

---

18 Antunes Varela, *Direito das obrigações*, cit., p. 45; Caio Mário da Silva Pereira, *Instituições*, cit., v. II, p. 121-122.

19 TJSP, Ap. 854.403-0/0, 29ª Câm. Dir. Priv., rel. Des. Luís Camargo P. de Carvalho.

20 REsp 296.669-SP, rel. Min. Nancy Andrighi, *DJU*, 16 mar. 2001.

rasa e irrevogável quitação para nada mais reclamar em relação ao fato que o ensejou se as verbas nele contidas não corresponderem ao montante efetivo do seu crédito[21].

Em face do novo diploma, esse entendimento encontra respaldo não só no princípio que veda o **enriquecimento sem causa** do devedor que paga valor inferior ao devido e obtém quitação ampla senão também nos da **probidade** e da **boa-fé objetiva**, consagrados no art. 422.

Segundo dispõe a primeira parte do mencionado art. 320 do Código Civil, a quitação "sempre poderá ser dada por instrumento particular". Desse modo, ainda que o contrato de que se originou tenha sido celebrado por instrumento público, **valerá a quitação dada por instrumento particular**.

6.1.9.2. *As presunções de pagamento*

A exibição do recibo de quitação é o **meio normal** de comprovação do pagamento. Essa comprovação pode fazer-se, no entanto, em alguns casos, por meios diversos da quitação. Quando a dívida se acha incorporada em uma nota promissória ou letra de câmbio, por exemplo, o meio probatório normal consiste na devolução do título. O Código Civil estabelece, com efeito, três **presunções**, que facilitam essa prova, dispensando a quitação:

a) quando a dívida é representada por título de crédito, que se encontra na posse do devedor;

b) quando o pagamento é feito em quotas sucessivas, existindo quitação da última; e

c) quando há quitação do capital, sem reserva dos juros, que se presumem pagos.

Primeira presunção: dispõe o art. 324 do mencionado diploma que a "entrega do título ao devedor firma a presunção do pagamento". Aduz o parágrafo único que, porém, "ficará sem efeito a quitação assim operada se o credor provar, em sessenta dias, a falta de pagamento". Extinta a dívida pelo pagamento, o título que a representava deve ser **restituído ao devedor**, que pode exigir sua entrega, salvo se nele existirem codevedores cujas obrigações ainda não se extinguiram.

A presunção de pagamento decorrente da **posse do título** pelo devedor é, todavia, **relativa** (*juris tantum*), pois o credor pode provar, no prazo legal, que o título se encontra indevidamente em mãos do devedor (casos de furto, extravio, conluio com o encarregado da cobrança etc.).

Se o título foi **perdido**, "poderá o devedor exigir, retendo o pagamento, declaração do credor que inutilize o título desaparecido" (CC, art. 321). Como tal declaração, entretanto, não é oponível ao terceiro detentor de boa-fé, melhor se mostra a observância do procedimento comum do Código de Processo Civil (arts. 318 e s.), citando-se o credor e eventual detentor, bem como, por edital, os terceiros interessados (CPC, art. 259, II), julgando-se, afinal, ineficaz o título reclamado, ordenando o juiz que outro seja lavrado em substituição.

---

21 TJSP, Ap. 854.403-0/0, 29ª Câm. Dir. Priv., rel. Des. Luís Camargo P. de Carvalho.

■ **Segunda presunção:** preceitua o art. 322 do Código Civil: "Quando o pagamento for em quotas periódicas, a quitação da última estabelece, até prova em contrário, a presunção de estarem solvidas as anteriores". Assenta-se a regra na ideia de que não é natural o credor concordar em receber a última prestação sem haver recebido as anteriores. A presunção é estabelecida em benefício do devedor, mas não é absoluta, pois **admite prova em contrário**.

■ **Terceira presunção:** outra presunção *juris tantum* é a estabelecida no art. 323 do Código Civil: "Sendo a quitação do capital sem reserva dos juros, estes presumem-se pagos". Como os juros não produzem rendimento, é de supor que o credor imputaria neles o pagamento parcial da dívida, e não no capital, que continuaria a render. Determina a lógica, portanto, que os juros devem ser pagos em primeiro lugar. Em regra, quando o recibo está redigido em termos gerais, sem qualquer ressalva, presume-se ser plena a quitação.

■ 6.1.10. Do lugar do pagamento

Dispõe o art. 327 do Código Civil:

> "Efetuar-se á o pagamento no domicílio do devedor, salvo se as partes convencionarem diversamente, ou se o contrário resultar da lei, da natureza da obrigação ou das circunstâncias.
>
> Parágrafo único. Designados dois ou mais lugares, cabe ao credor escolher entre eles."

■ **Convenção das partes:** as partes podem, ao celebrar o contrato, escolher livremente o local em que a obrigação deverá ser cumprida. Se não o fizerem, nem a lei, ou se o contrário não dispuserem as circunstâncias nem a natureza da obrigação, efetuar-se-á o pagamento no **domicílio do devedor**. Trata-se de aplicação do princípio do *favor debitoris*. Neste caso, diz-se que a dívida é ***quérable***, expressão traduzida como **quesível**, devendo o credor **buscar**, procurar o pagamento no domicílio daquele. Caso o benefício seja instituído em seu favor, pode o devedor a ele **renunciar**, efetuando o pagamento no domicílio do credor.

O supratranscrito art. 327 constitui, pois, norma **supletiva** da vontade das partes, caso não concorram os outros fatores mencionados.

Quando se estipula como local do cumprimento da obrigação o domicílio do credor, diz-se que a dívida é ***portable*** (portável), pois o devedor deve **levar** e oferecer o pagamento nesse local. A regra geral é a de que as dívidas são **quesíveis**, ou seja, devem ser pagas no **domicílio do devedor**. Para serem **portáveis**, é necessário que o contrato expressamente consigne o domicílio do credor como o local do pagamento. No silêncio do contrato, aplica-se o princípio geral.

Fatos posteriores podem **transformar** em portável uma dívida quesível ou vice-versa. É muito comum, em contratos de locação, estabelecer-se o domicílio de um dos contratantes como local de pagamento e ocorrer tacitamente a posterior mudança em razão dos reiterados pagamentos efetuados no domicílio do outro. Essa prática, consagrada na doutrina e na jurisprudência, levou o novel legislador a transformá-la em dispositivo de lei, como inovação, nos seguintes termos: "O pagamento reiteradamente feito em outro local faz presumir renúncia do credor relativamente ao previsto no contrato" (CC, art. 330).

■ **Determinação da lei:** a lei também pode contrariar a presunção estabelecida em favor do domicílio do devedor. Lei municipal que crie determinado tributo, por exemplo, pode determinar que o pagamento seja efetuado nos guichês da repartição competente ou nos bancos com ela conveniados. A legislação sobre títulos de crédito também contém regras sobre o lugar do pagamento. Se a obrigação tiver por objeto a entrega de um imóvel ou prestações relativas a imóvel, a prestação efetuar-se-á, por força da lei, no lugar onde o imóvel se situa. Dispõe o art. 328 do Código Civil, com efeito, que, "se o pagamento consistir na tradição de um imóvel, ou em prestações relativas a imóvel, far-se-á no lugar onde situado o bem". Por sua vez, preceitua o art. 329 do mesmo diploma que, "ocorrendo motivo grave para que se não efetue o pagamento no lugar determinado, poderá o devedor fazê-lo em outro, sem prejuízo para o credor". Deve-se assinalar que, se o fato constituir caso fortuito ou força maior, não se poderá falar em qualquer espécie indenização ao credor (CC. art. 393).

■ **Decorrência da natureza da obrigação:** outra exceção à regra geral decorre da **natureza** da obrigação, como acontece nos despachos de mercadoria por via férrea, com frete a pagar, em que este deve ser solvido na estação de destino, pelo destinatário, por ocasião de sua retirada.

■ **Existência de circunstâncias especiais:** algumas vezes, circunstâncias especiais determinam o pagamento, tornando inaplicável a regra que privilegia o domicílio do devedor. É o que ocorre, *verbi gratia*, nos contratos de empreitada, em que a prestação prometida só poderá ser cumprida no local em que se realiza a obra, ou nos contratos de trabalho a serem prestados em determinada indústria.

■ **Existência de mais de um lugar para o pagamento:** se o contrato estabelecer **mais de um lugar** para o pagamento, **caberá ao credor**, e não ao devedor, escolher o que mais lhe aprouver. Compete ao credor cientificar o devedor, em tempo hábil, sob pena de o pagamento vir a ser validamente efetuado pelo devedor em qualquer dos lugares, à sua escolha[22].

O Código Civil não cogita da hipótese de **haver mudança de domicílio** do devedor. Apesar da referida omissão, é razoável entender-se que pode o credor optar por manter o local originalmente fixado. Se isso, todavia, não for possível e o pagamento tiver que ser efetuado no novo domicílio do devedor, arcará este com as despesas acarretadas ao credor, tais como taxas de remessa bancária, correspondências etc.[23].

■ 6.1.11. Do tempo do pagamento

Não basta saber onde a obrigação deve ser cumprida. Importa saber, também, o **momento** em que deve ser adimplida. Interessa tanto ao credor como ao devedor conhecer o instante exato do pagamento, porque não pode este ser exigido antes,

22 Mário Luiz Delgado Régis, *Novo Código*, cit., p. 306.

23 Sílvio Venosa, *Direito civil*, cit., v. II, p. 194.

salvo nos casos em que a lei determina o vencimento antecipado da dívida, por exemplo, nas hipóteses previstas no art. 333 do Código Civil.

O devedor dispõe do último dia do prazo **por inteiro**. Todavia, "não se prolonga o tempo do pagamento quando a sua efetivação **depende de horário de atividade do comércio, horário bancário ou forense**. Terminado o expediente, cujo horário é fixado por norma administrativa, frustra-se a possibilidade de se efetuar o pagamento naquela data"[24].

■ **Tempo de pagamento nas obrigações puras:** o Código Civil regulamenta o tempo de pagamento nas obrigações **puras**, distinguindo-as das **condicionais**. Trata, também, separadamente, das dívidas cujo vencimento foi fixado no contrato (**a termo**) e das que não contêm tal ajuste.

As obrigações **puras**, com estipulação de **data para o pagamento**, devem ser solvidas nessa ocasião, sob pena de inadimplemento. A falta de pagamento constitui em **mora** o devedor de pleno direito, segundo a máxima *dies interpellat pro homine* ("o dia do vencimento interpela pelo homem"), reproduzida no art. 397 do Código Civil. Não há necessidade de notificação ou interpelação do devedor nas obrigações a termo, pois a chegada do dia do vencimento corresponde a uma interpelação. Desse modo, o inadimplemento o **constitui em mora, de pleno direito**. A referida interpelação só será necessária, como diz o parágrafo único supratranscrito, se não houver prazo assinado.

■ **Tempo de pagamento nas obrigações condicionais:** dispõe o art. 332 do Código Civil: "As obrigações condicionais cumprem-se na data do implemento da condição, cabendo ao credor a prova de que deste teve ciência o devedor" (CC, art. 332). Refere-se o dispositivo à condição suspensiva, pois a resolutiva não impede a aquisição do direito desde logo (CC, art. 127). Porém, este se extingue ocorrendo evento futuro e incerto.

■ **Exceções à regra de que a obrigação pura deve ser cumprida no vencimento:** tal regra sofre duas exceções: a) uma, relativa **à antecipação do vencimento**, nos casos expressos em lei; b) outra, referente ao **pagamento antecipado**, quando o prazo houver sido estabelecido em favor do devedor.

a) Hipóteses de antecipação do vencimento da dívida — Preceitua o Código Civil:

> "Art. 333. Ao credor assistirá o direito de cobrar a dívida antes de vencido o prazo estipulado no contrato ou marcado neste Código:
>
> I — no caso de falência do devedor, ou de concurso de credores;
>
> II — se os bens, hipotecados ou empenhados, forem penhorados em execução por outro credor;
>
> III — se cessarem, ou se se tornarem insuficientes, as garantias do débito, fidejussórias, ou reais, e o devedor, intimado, se negar a reforçá-las.

[24] Sílvio Venosa, *Direito civil*, cit., v. II, p. 197.

Parágrafo único. Nos casos deste artigo, se houver, no débito, solidariedade passiva, não se reputará vencido quanto aos outros devedores solventes."

Nas três hipóteses, presume-se diminuição na possibilidade de recebimento de seu crédito se o credor tiver de aguardar até o termo final ou mesmo o não cumprimento da obrigação.

Outros dispositivos legais consignam hipóteses de vencimento antecipado da dívida, como o art. 1.425 do Código Civil, que trata das disposições gerais sobre penhor, hipoteca e anticrese e o art. 77 da Lei de Recuperação de Empresas e de Falências.

■ **Presunção em favor do devedor:** nos contratos, o **prazo** se presume estabelecido em favor do **devedor** (CC, art. 133). Desse modo, se o desejar, poderá abrir mão do favor concedido pela lei, antecipando o pagamento. Mas se o prazo for estipulado em favor do credor, pode este não aceitar o pagamento antecipado, por preferir, por exemplo, continuar recebendo os juros fixados a uma taxa conveniente até o dia do vencimento da obrigação. Será obrigado a aceitá-lo, porém, e com redução proporcional dos juros, **se o contrato for regido pelo Código de Defesa do Consumidor** (art. 52, § 2º). Do mesmo modo, não pode, por exemplo, o comprador de uma mercadoria, que fixa o prazo de noventa dias para recebê-la porque, nesse período, estará construindo um armazém para guardá-la, ser obrigado a aceitar entrega antecipada, pois o prazo foi instituído em seu favor e o recebimento antecipado lhe seria sumamente gravoso[25].

■ **Princípio da satisfação imediata:** se não se ajustou época para o pagamento, o credor pode exigi-lo **imediatamente**. Em outras palavras, faltando o **termo**, vigora o **princípio da satisfação imediata**[26]. Estatui, efetivamente, o art. 331 do Código Civil:

"Salvo disposição legal em contrário, não tendo sido ajustada época para o pagamento, pode o credor exigi-lo imediatamente."

O Código Civil estabelece, realmente, alguns **prazos especiais**, por exemplo, para o **comodato**, que se presumirá "o necessário para o uso concedido" caso outro não houver sido fixado (art. 581).

Deve ser relembrado que, **não havendo prazo avençado**, é necessário que o devedor seja informado do propósito do credor de receber, pois, nas obrigações sem estipulação de prazo para o seu cumprimento, a mora do devedor só começa depois da **interpelação judicial ou extrajudicial**, conforme consta do parágrafo único do art. 397 do Código Civil retrotranscrito. Inúmeros julgados, no entanto, proclamam que a **citação** para a causa (na espécie, para a ação de cobrança) é a mais enérgica das interpelações, podendo o pagamento ser efetuado no prazo da contestação.

---

[25] Sílvio Venosa, *Direito civil*, cit., v. II, p. 196.

[26] Orlando Gomes, *Obrigações*, cit., p. 120.

O art. 134 do Código Civil demonstra que os atos sem prazo são exequíveis desde logo ou desde que feita a interpelação, salvo se a execução tiver de ser feita em **lugar diverso** ou **depender de tempo**. Caso alguém, por exemplo, obrigue-se a entregar a outrem determinado objeto que se encontra em local distante, não poderá ser exigido o cumprimento imediato da prestação, pois o devedor necessitará de tempo suficiente para buscá-lo. Se a obrigação, em outro exemplo, for a de entregar os frutos de determinada plantação, deve-se aguardar a época certa para a colheita.

6.1.12. Resumo

ADIMPLEMENTO E EXTINÇÃO DAS OBRIGAÇÕES — DO PAGAMENTO	
NOÇÃO	■ Pagamento significa cumprimento ou adimplemento de qualquer espécie de obrigação. Pode ser **direto** e **indireto** (mediante consignação, p. ex.). Constitui o meio normal de extinção da obrigação. Esta pode extinguir-se, todavia, por meios anormais (sem pagamento), como nos casos de nulidade ou anulação.
NATUREZA JURÍDICA	■ Predomina o entendimento de que o pagamento tem **natureza contratual**, ou seja, resulta de um acordo de vontades, estando sujeito a todas as suas normas.
REQUISITOS DE VALIDADE	a) a existência de um vínculo obrigacional; b) a intenção de solvê-lo (*animus solvendi*); c) o cumprimento da prestação; d) a pessoa que efetua o pagamento (*solvens*); e) a pessoa que o recebe (*accipiens*).
QUEM DEVE PAGAR	a) o **devedor**, como principal interessado; b) **qualquer interessado** na extinção da dívida (art. 304). Só se considera **interessado** quem tem **interesse jurídico**, ou seja, quem pode ter seu patrimônio afetado caso não ocorra o pagamento, como o avalista e o fiador. Estes podem até consignar o pagamento, se necessário; c) **terceiros não interessados** (que também podem consignar), desde que o façam em nome e por conta do devedor, agindo, assim, como seu representante ou gestor de negócios (hipótese de **legitimação extraordinária**, prevista na parte final do art. 18 do CPC). Não podem consignar em seu próprio nome, por falta de interesse. Se pagarem a dívida em **seu próprio nome** (não podendo, neste caso, consignar), têm direito a reembolsar-se do que pagarem, mas não se sub-rogam nos direitos do credor (art. 305). Só o terceiro interessado se sub-roga nesses direitos (art. 346, III). Se pagarem a dívida **em nome e por conta do devedor** (neste caso, podem até consignar), entende-se que quiseram fazer uma liberalidade, sem qualquer direito a reembolso.
A QUEM SE DEVE PAGAR	■ O pagamento deve ser feito ao **credor**, a quem de direito o **represente** ou aos sucessores daquele, sob pena de não extinguir a obrigação (art. 308). ■ Mesmo efetuado de forma incorreta, o pagamento será considerado válido se for **ratificado** pelo credor ou se for revertido em seu proveito (art. 308, 2ª parte). ■ Há três espécies de representantes do credor: a) **legal**; b) **judicial**; e c) **convencional**. ■ O art. 311 considera portador de **mandato tácito** quem se apresenta ao devedor portando quitação assinada pelo credor, "salvo se as circunstâncias contrariarem a presunção daí resultante". ■ Será válido, também, o pagamento feito de boa-fé ao **credor putativo**, isto é, àquele que se apresenta aos olhos de todos como o verdadeiro credor (art. 309). ■ O pagamento há de ser efetuado a pessoa **capaz de fornecer a devida quitação**, sob pena de não valer se o devedor não provar que em benefício dele efetivamente o reverteu (art. 310).

OBJETO DO PAGAMENTO	■ O objeto do pagamento é a **prestação**. O credor não é obrigado a receber outra, "diversa da que lhe é devida, ainda que mais valiosa" (art. 313). ■ As dívidas em dinheiro "deverão ser pagas no vencimento, em moeda corrente e pelo valor nominal, salvo o disposto nos artigos subsequentes" (art. 315), que preveem a possibilidade de corrigi-lo monetariamente. O CC adotou, assim, o princípio do **nominalismo**, pelo qual se considera como valor da moeda o valor nominal que lhe atribui o Estado no ato da emissão ou cunhagem. ■ Na **dívida em dinheiro**, o objeto da prestação é o próprio dinheiro, como ocorre no contrato de mútuo. Quando o dinheiro não constitui o objeto da prestação, mas apenas representa seu valor, diz-se que a **dívida é de valor**.
PROVA DO PAGAMENTO	■ Pagamento não se presume, e sim prova-se pela regular **quitação** fornecida pelo credor. O devedor tem o direito de exigi-la, podendo reter o pagamento e consigná-lo se não lhe for dada (arts. 319 e 335, I). ■ O CC estabelece três presunções, que facilitam a prova do pagamento, dispensando a quitação: a) quando a dívida é representada por título de crédito, que se encontra na posse do devedor; b) quando o pagamento é feito em quotas sucessivas, existindo quitação da última; e c) quando há quitação do capital, sem reserva dos juros, que se presumem pagos (arts. 322, 323 e 324).
LUGAR DO PAGAMENTO	■ O local do cumprimento da obrigação pode ser livremente escolhido pelas partes e constar expressamente do contrato. ■ Se não o escolherem, nem a lei o fixar, ou se o contrário não dispuserem as circunstâncias, efetuar-se-á o pagamento no **domicílio do devedor**. Neste caso, a dívida é ***quérable*** (quesível), devendo o credor buscar o pagamento no domicílio daquele. ■ Quando se estipula, como local do cumprimento da obrigação, o domicílio do credor, diz-se que a dívida é ***portable*** (portável), pois o devedor deve levar e oferecer o pagamento nesse local. A regra geral é a de que as dívidas são **quesíveis**. Para serem **portáveis**, é necessário que o contrato expressamente consigne o domicílio do credor como o local do pagamento.
TEMPO DO PAGAMENTO	■ As obrigações puras, com **estipulação de data para o pagamento**, devem ser solvidas nessa ocasião, sob pena de inadimplemento e constituição do devedor em mora de pleno direito (art. 397), salvo se houver antecipação do pagamento por conveniência do devedor (art. 133) ou em virtude de lei (art. 333, I a III). ■ Caso não tenha sido ajustada época para o pagamento, o credor pode exigi-lo imediatamente (art. 331), salvo disposição especial do CC. ■ Nos contratos, o **prazo** se presume estabelecido em favor do devedor (art. 133).

6.1.13. Questões sobre adimplemento e extinção das obrigações — do pagamento

1. (TRF/3ª Região/SP/MS/Juiz Federal/XIV Concurso/Fundação Carlos Chagas/2007) Assinale a alternativa CORRETA:

a) O pagamento feito de boa-fé ao credor putativo é válido ainda que provado depois que não era credor.

b) Apenas nas relações de consumo, o pagamento feito de boa-fé ao credor putativo é válido ainda que provado depois que não era credor.

c) O pagamento efetuado a pessoa diversa do credor ou seu representante legal somente tem validade se por ele ratificado, ainda que reverta integralmente em seu proveito.

d) O pagamento feito de boa-fé ao credor putativo obriga o devedor a novo pagamento se provado depois que não era credor.

2. (TJAL/Juiz de Direito/Fundação Carlos Chagas/2007) Efetuar-se-á o pagamento no domicílio:

a) de quem indicado expressamente no contrato e, sendo designados dois ou mais lugares, cabe ao devedor escolher entre eles.

b) do credor, salvo se as partes convencionarem diversamente, ou se o contrato resultar da lei, da natureza da obrigação ou das circunstâncias.

c) do credor, mas se o pagamento consistir na tradição de um imóvel, ou em prestações relativas a imóvel, far-se-á no lugar onde situado o bem.
d) de quem indicado expressamente no contrato, e, por isto, ainda que reiteradamente feito em outro local, não faz presumir a renúncia do credor ao previsto no instrumento contratual, que faz lei entre as partes.
e) do devedor, salvo se as partes convencionarem diversamente, ou se o contrário resultar da lei, da natureza da obrigação ou das circunstâncias.

3. (TRT/2ª Região/SP/Juiz do Trabalho/XXXIII Concurso/Fundação Carlos Chagas/2007) Assinalar a alternativa INCORRETA:

a) Efetuar-se-á o pagamento no domicílio do devedor, salvo se as partes convencionarem diversamente, ou se o contrário resultar da lei, da natureza da obrigação ou das circunstâncias. Designados dois ou mais lugares, cabe ao credor escolher entre eles.
b) Se o pagamento consistir na tradição de um imóvel, ou em prestações relativas a imóvel, far-se-á no lugar onde situado o bem.
c) Ocorrendo motivo grave para que não se efetue o pagamento no lugar determinado, poderá o devedor fazê-lo em outro, sem prejuízo para o credor.
d) O pagamento reiteradamente efetuado em outro local não faz presumir renúncia do credor relativamente ao previsto no contrato.
e) Salvo disposição legal em contrário, não tendo sido ajustada época para o pagamento, pode o credor exigi-lo imediatamente.

4. (Procurador/TCE/MG/Fundação Carlos Chagas/2007) A respeito da quitação, é CORRETO afirmar que

a) sempre poderá ser verbal, desde que presentes duas testemunhas.
b) sempre poderá ser dada por instrumento particular, ainda que a dívida tenha se originado de negócio celebrado por escritura pública, com garantia hipotecária.
c) terá de ser dada por instrumento público, se o negócio a que se referir for celebrado por instrumento público.
d) designará o valor e a espécie da dívida quitada, o nome do devedor, ou quem por este pagou, o tempo e o lugar do pagamento, com a assinatura do credor, ou do seu representante, não podendo esses requisitos ser supridos, ainda que dos termos do documento ou das circunstâncias resulte haver sido paga a dívida.
e) sendo o pagamento em quotas periódicas, a quitação da última estabelece presunção absoluta de estarem solvidas as anteriores.

5. (TJSP/Juiz de Direito/179º Concurso/VUNESP/2006) Indique a assertiva claramente ERRÔNEA:

a) A presunção de estarem solvidas prestações periódicas, decorrente da quitação da última, é relativa.
b) Designados dois ou mais lugares de pagamento, cabe ao devedor escolher entre eles.
c) O credor não é obrigado a receber prestação diversa da que lhe é devida, ainda que mais valiosa.
d) O pagamento feito cientemente a credor incapaz de quitar somente é válido se o devedor provar que em benefício dele efetivamente reverteu.

6. (Defensor Público/RN/2006) No regramento das obrigações dispõe o Código Civil que

a) sendo feita a quitação do capital sem reserva de juros, estes se presumem pagos.
b) não tendo sido ajustada época para o pagamento, deve o credor notificar o devedor, dando-lhe prazo de trinta dias para efetuar o pagamento.
c) são a princípio quitadas no domicílio do credor por expressa disposição do Código.
d) não é válido o pagamento feito de boa-fé ao credor putativo.

7. (TJPB/Titular de Cartório de Notas e de Registros/IESES/2014) Em relação ao adimplemento das obrigações, assinale a alternativa CORRETA:

a) Não é válido convencionar pagamento de obrigação em ouro, salvo previsão em lei especial.
b) Não é possível a correção da prestação contratada, ainda que por motivos imprevisíveis sobrevenha manifesta desproporção entre o valor da prestação devida e do momento de sua execução.
c) Não é lícito estipular o aumento progressivo de prestações sucessivas.
d) O credor não é obrigado a receber prestação diversa da que lhe é devida, salvo se for mais valiosa.

8. (TRT/2ª Reg./Juiz do Trabalho/2014) Em relação ao pagamento, aponte a alternativa CORRETA:

a) O interessado somente pode pagar a dívida se o credor assentir.
b) O terceiro não interessado em hipótese alguma poderá fazer o pagamento.
c) A eficácia do pagamento independe da transmissão da propriedade.
d) Só é válido o pagamento feito ao credor diretamente, não sendo lícita a representação.
e) Aquele que possui o recibo devidamente assinado pelo credor presume-se autorizado a receber o pagamento, ficando liberado o devedor.

9. (PGE/MA/Defensor Público/2015) Humberto devia a Teobaldo a importância de dez mil reais. Entretanto, realizou o pagamento desta dívida a Petronílio. Nesta hipótese, o pagamento

a) somente terá eficácia liberatória caso o devedor comprove que o pagamento foi feito de boa-fé em favor de credor putativo, como decorrência da boa-fé objetiva e da teoria da aparência, sendo irrelevante no caso relatado verificar se houve a anuência ou a reversão do valor em favor do credor originário (*accipiens*).
b) somente será válido com a aceitação de Teobaldo, uma vez que a legitimidade é elemento de validade do negócio jurídico, e, neste caso, o pagamento não foi feito ao credor originário (*accipiens*).
c) é válido e eficaz, sendo absolutamente irrelevante o fato de ter sido feito a pessoa diversa do credor, pois a cobrança em duplicidade de um débito já pago não é admitida no ordenamento jurídico brasileiro.
d) não tem validade, uma vez que o pagamento feito a terceiro estranho à relação obrigacional não admite ratificação.
e) poderá ter eficácia liberatória caso Teobaldo ratifique o pagamento ou que o devedor comprove que o pagamento foi feito de boa-fé em favor de credor putativo, ou, ainda, que o devedor prove que o valor reverteu em favor do verdadeiro credor.

10. (TJSP/Titular de Cartório de Notas e de Registro/VUNESP/2014) A respeito do pagamento, conforme disposição expressa prevista no Código Civil, é CORRETO afirmar:

a) O credor é obrigado a receber prestação diversa da que lhe é devida, quando for comprovadamente mais valiosa.
b) O pagamento feito por terceiro, com oposição do devedor, obriga a reembolsar aquele que pagou, se o devedor tinha meios para ilidir a ação.
c) O terceiro não interessado, que paga a dívida em seu próprio nome, tem direito a reembolsar-se do que pagar, mas não se sub-roga nos direitos do credor.
d) Se o devedor pagar ao credor, apesar de intimado da penhora feita sobre o crédito, ou da impugnação oposta por terceiros, o pagamento não valerá contra estes, que poderão constranger o devedor a pagar de novo, sem a possibilidade de regresso contra o credor.

11. (MP/SC/Promotor de Justiça/XXXIV Concurso/2009)

I. Há solidariedade ativa quando na mesma obrigação concorre mais de um credor, cada um com direito à dívida toda. Esse tipo de obrigação pode ser presumida, decorrente de determinação legal expressa ou da vontade das partes.

II. O pagamento feito por terceiro, com desconhecimento ou oposição do devedor, não obriga a reembolsar aquele que pagou, se o devedor tinha meios para ilidir a ação.

III. Nas obrigações alternativas, a escolha cabe ao credor. Em se tratando de prestações periódicas, a faculdade de opção poderá ser exercida em cada período.

IV. Na solidariedade passiva, o devedor demandado pode opor ao credor as exceções que lhe forem pessoais e comuns a todos; não lhe aproveitando as exceções pessoais a outro codevedor.

V. Na assunção de dívida, o novo devedor não pode opor ao credor as exceções pessoais que competiam ao devedor primitivo.

Com fundamento no Código Civil, em sua redação atual, estão CORRETAS:

a) Apenas as assertivas I e III.
b) Apenas as assertivas II, IV e V.
c) Apenas a assertiva V.
d) Apenas as assertivas I, IV e V.
e) Apenas as assertivas II e IV.

12. (Procurador Municipal/SP/2008) José vendeu um imóvel para Pedro, no valor de R$ 120.000,00, cujo pagamento se fará em doze prestações mensais, sendo a escritura pública registrada no Serviço de Registro de Imóveis. Neste caso, a:

a) resilição bilateral e a quitação necessariamente terão de dar-se por escritura pública.
b) resilição bilateral terá de dar-se por escritura pública, mas a quitação pode ser dada por instrumento particular.
c) resilição bilateral e a quitação poderão dar-se por instrumento particular.
d) resilição bilateral é vedada se o contrato estiver sujeito à cláusula de irretratabilidade.
e) quitação da última parcela firmará presunção absoluta do pagamento das anteriores.

13. (TRT/14ª Região/Juiz do Trabalho/2006) No tocante ao pagamento, assinale a alternativa CORRETA:

a) O pagamento, ainda que de boa-fé, feito a credor putativo é nulo, se provado depois que não era credor.
b) Qualquer interessado na extinção da dívida pode pagá-la, usando, se o credor se opuser, dos meios conducentes à exoneração do devedor.
c) O credor não poderá recusar o recebimento de prestação diversa da devida, se a oferecida pelo devedor for mais valiosa.
d) Efetuar-se-á o pagamento no domicílio do credor, salvo se as partes convencionarem diversamente, ou se o contrário resultar da lei, da natureza da obrigação ou das circunstâncias.
e) Salvo disposição legal em contrário, não tendo sido ajustada época para o pagamento, o credor poderá exigi-la no prazo de trinta dias após a notificação do devedor.

14. (TRT/4ª Região/Analista Judiciário/Fundação Carlos Chagas/2006) De acordo com o Código Civil brasileiro, em regra, o terceiro não interessado, que paga dívida antes do seu vencimento, em seu próprio nome,

a) não tem direito a reembolsar-se do que pagou porque adimpliu em seu próprio nome.
b) quando do vencimento da obrigação, tem direito a reembolsar-se do que pagou mas não se sub-roga nos direitos do credor.
c) não tem direito a reembolsar-se do que pagou porque não é terceiro interessado no adimplemento da obrigação.

d) quando do vencimento da obrigação, tem direito a reembolsar-se do que pagou e sempre se sub-roga nos direitos do credor.
e) assim que ocorre o adimplemento da obrigação, independente do vencimento, tem direito a reembolsar-se do que pagou e se sub-roga nos direitos do credor.

15. (TJSC/Juiz de Direito/2006) Quanto ao pagamento das obrigações, é CORRETO afirmar-se:

a) A entrega do título ao devedor firma uma presunção absoluta do pagamento.
b) É eficaz o pagamento que importar transmissão da propriedade, ainda quando feito por quem não possa alienar o objeto em que ele se constituiu.
c) O terceiro não interessado na extinção da dívida não pode pagá-la em hipótese alguma.
d) Prevalece o local previsto no contrato para o pagamento da prestação, ainda que os pagamentos venham sendo feitos reiteradamente em local diverso.
e) É válido o pagamento cientemente feito a credor incapaz, quando provado que o benefício desse pagamento em favor do incapaz efetivamente reverteu.

16. (TRT/2ª Região/Juiz do Trabalho/2013) Com base no pagamento e extinção das obrigações, observe as proposições abaixo e ao final aponte a alternativa que contenha as proposituras CORRETAS:

I. Pagamento é a execução voluntária e exata, por parte do devedor, da prestação devida ao credor, no tempo, forma e lugar previstos no título constitutivo.
II. Somente opera-se a sub-rogação de pleno direito, em favor do terceiro interessado, que paga a dívida pela qual era ou pode ser obrigado, de forma total.
III. O credor não é obrigado a receber prestação diversa da que lhe é devida, ainda que mais valiosa.
IV. Quando, por motivos imprevisíveis, sobrevier desproporção manifesta entre o valor da prestação devida e o do momento de sua execução, poderá o Juiz, de ofício, corrigi-lo, de modo que assegure, quanto possível, o valor real da prestação.
V. Quando o pagamento for em quotas periódicas, a quitação da última estabelece a presunção *juris et de jure* de estarem solvidas as anteriores.

Está correta apenas a alternativa:

a) I e III.
b) II e III.
c) I e IV.
d) II e V.

17. (TJMG/Juiz de Direito/VUNESP/2012) Com relação ao adimplemento das obrigações por pagamento, analise as afirmativas seguintes.

I. O pagamento feito de boa-fé ao credor putativo é válido, ainda provado depois que não era credor.
II. A quitação não poderá ser dada por instrumento particular.
III. Na imputação do pagamento, havendo capital e juros, segundo a lei civil, o pagamento imputar-se-á primeiro no capital, e depois nos juros vencidos.
IV. Considera-se pagamento, e extingue a obrigação, o depósito judicial ou em estabelecimento bancário da coisa devida, nos casos e formas legais.

Estão CORRETAS apenas as afirmativas

a) I e III.
b) I e IV.
c) II e III.
d) II e IV.

18. (TJRS/Juiz de Direito/FAURGS/2016) Considere as afirmações abaixo, sobre o adimplemento da obrigação.

I. O terceiro não interessado que paga a dívida em seu próprio nome sub-roga-se nos direitos do credor, desde que notifique previamente o devedor e este não apresente oposição.

II. A eficácia típica reconhecida da aplicação da teoria do adimplemento substancial é a extinção da obrigação nas hipóteses de pagamento parcial feito de boa-fé.

III. O direito brasileiro, nas dívidas em dinheiro, adota o princípio do nominalismo, admitindo, contudo, que as partes convencionem cláusula de escala móvel.

Quais estão CORRETAS?

a) Apenas I.
b) Apenas II.
c) Apenas III.
d) Apenas I e II.
e) Apenas II e III.

19. (TRT/16ª Região/MA/Juiz do Trabalho/2016) Em tema de obrigações:

a) A ação de *in rem verso* visa à compensação das perdas e danos sofridos em razão do enriquecimento sem causa.
b) O terceiro não interessado, ao realizar o pagamento da dívida de outrem em seu próprio nome, tem direito tanto ao reembolso do que adimpliu quanto à sub-rogação dos direitos do credor.
c) Deteriorada a coisa, não sendo o devedor culpado, deverá o credor, obrigatoriamente, aceitar a coisa, abatido de seu preço o valor que perdeu, haja vista a ausência de culpa do devedor.
d) O pagamento de dívida prescrita constitui-se em verdadeira renúncia do favor da prescrição pelo devedor.
e) Em observância à vedação do enriquecimento sem causa, é vedado às partes convencionar o aumento progressivo das prestações sucessivas.

6.2. DO PAGAMENTO EM CONSIGNAÇÃO

6.2.1. Pagamentos especiais

Pagamento, como já foi dito, significa cumprimento ou adimplemento da obrigação e pode ser direto ou indireto. Trata-se do principal modo de extinção das obrigações. Ao lado do pagamento direto há, porém, outras formas, que podem ser chamadas de **pagamentos especiais**. Alguns deles são tachados de pagamento **indireto**, como o **pagamento em consignação**, por ser efetuado mediante depósito judicial ou bancário, e não diretamente ao credor.

Podemos chamar de **pagamentos especiais**, além do pagamento em consignação, que é modo indireto de pagamento, o pagamento com sub-rogação, a imputação do pagamento e a dação em pagamento.

6.2.2. Conceito de pagamento em consignação

O pagamento em consignação consiste no **depósito**, pelo devedor, da coisa devida, com o objetivo de liberar-se da obrigação. É **meio indireto** de pagamento ou **pagamento especial**, como mencionado no item anterior.

O sujeito passivo da obrigação tem não apenas o **dever** de pagar mas também o **direito** de pagar[27]. Se não for possível realizar o pagamento diretamente ao credor, em razão de recusa injustificada deste em receber ou de alguma outra circunstância, poderá valer-se da **consignação em pagamento** para não sofrer as consequências da **mora**. O locatário, por exemplo, a quem o credor recusou o recebimento do aluguel por discordar do valor ofertado, tem interesse em não incorrer em mora e em não deixar acumular as prestações para não correr o risco de sofrer uma ação de despejo.

Dispõe o art. 334 do Código Civil:

> "Considera-se pagamento, e extingue a obrigação, o depósito judicial ou em estabelecimento bancário da coisa devida, nos casos e forma legais."

A consignação é instituto de direito **material** e de direito **processual**. Enquanto o Código Civil menciona os fatos que autorizam a consignação. O modo de fazê-la é previsto no diploma processual. Portanto, se o credor, sem justa causa, recusa-se a receber o pagamento em **dinheiro**, poderá o devedor optar pelo **depósito extrajudicial**, em estabelecimento bancário oficial, onde houver, ou pelo ajuizamento da **ação de consignação em pagamento**. Esta constitui modo de caracterização ou comprovação da mora *accipiendi*. Todavia, pode ela ser reconhecida também quando o devedor é cobrado judicialmente e argui a *exceptio non adimpleti contractus*, alegando que só estaria obrigado a pagar se o credor, antes, cumprisse a sua parte na avença. Provada essa situação, configurada estará a mora do credor[28].

Embora a lei assegure ao devedor o direito de consignar a coisa devida, tal fato só pode ocorrer na **forma** e nos casos **legais**. Se não houve recusa do credor em receber ou outra causa legal, não pode aquele, sem motivo justificável, efetuar o depósito da prestação em vez de pagar diretamente ao credor. O depósito, nesse caso, será considerado insubsistente e a ação julgada improcedente[29].

6.2.3. Objeto da consignação

O art. 334 do Código Civil, ao falar em depósito judicial da **"coisa devida"**, permite a consignação não só de dinheiro como também de bens **móveis** ou **imóveis**. O credor, por exemplo, que se recusar a receber a mobília encomendada só porque não está preparado para efetuar o pagamento convencionado dá ensejo ao marceneiro de consigná-la judicialmente. Também o imóvel pode ser consignado, depositando-se simbolicamente as chaves, como ocorre frequentemente nas rescisões de contratos de locação[30]. Por isso, proclama a jurisprudência: "O direito material permite a consig-

---

[27] STF, *RF*, 132/433.

[28] Sílvio Venosa, *Direito civil*, cit., v. II, p. 264.

[29] Silvio Rodrigues, *Direito civil*, v. 2, p. 166.

[30] "Consignação. Chaves. Estando o contrato de locação vigendo por prazo indeterminado e, recusando-se o locador a receber as chaves do imóvel, caberá ao locatário ajuizar a competente ação consignatória, para alforriar-se da obrigação de restituir a coisa locada" (*JTACSP*, Lex, 171/509 e

nação, tanto ao devedor de imóveis quanto de dinheiro, de quantidade de móveis, de coisa certa ou de coisa incerta".

O fato de a consignação realizar-se por meio de um depósito limita a sua aplicação às obrigações de **dar**, podendo tomar a forma de entrega ou restituição. Constitui ela modo de extinção das obrigações inaplicável às **prestações de fato**. Como acentua Silvio Rodrigues, "somente as *obrigações de dar* podem ser objeto de consignação, sendo mesmo absurdo imaginar o depósito de uma obrigação de fazer ou de não fazer"[31].

O Código Civil distingue, dentre as obrigações de dar, as que concernem a objeto **certo e individualizado** das obrigações de dar coisa **incerta ou genérica**, em que a coisa é determinada apenas pelo gênero e quantidade, faltando, porém, definir a qualidade. Diz o art. 341 do referido diploma:

> "Se a coisa devida for imóvel ou corpo certo que deve ser entregue no mesmo lugar onde está, poderá o devedor citar o credor para vir ou mandar recebê-la, sob pena de ser depositada."

Em se tratando de **coisa indeterminada, incerta**, faltando a escolha da qualidade e se esta competir ao credor, o devedor não será obrigado a permanecer aguardando indefinidamente que ela se realize. Preceitua, com efeito, o art. 342 do Código Civil:

> "Se a escolha da coisa indeterminada competir ao credor, será ele citado para esse fim, sob cominação de perder o direito e de ser depositada a coisa que o devedor escolher; feita a escolha pelo devedor, proceder-se-á como no artigo antecedente."

6.2.4. Fatos que autorizam a consignação

O art. 335 do Código Civil apresenta um rol, **não taxativo**, dos casos que autorizam a consignação. Já outros são mencionados em artigos esparsos, como nos arts. 341 e 342, bem como em leis avulsas (Decreto-Lei n. 58, de 10.12.1937, art. 17, parágrafo único; Lei n. 492, de 30.8.1937, arts. 19 e 21, III; Decreto-Lei n. 3.365, de 21.6.1941, arts. 33 e 34, parágrafo único; Decreto-Lei n. 1.344, de 13.6.1939, art. 47)[32].

Os **fatos** que autorizam a consignação, previstos no mencionado art. 335 do Código Civil, têm por fundamento:

a) a mora do credor (incs. I e II);

b) circunstâncias inerentes à pessoa do credor que impedem o devedor de satisfazer a sua intenção de exonerar-se da obrigação (incs. III a V)[33].

---

388). "A *entrega das chaves* mediante ação de consignação é direito do locatário, no caso de resistência do locador em recebê-las" (STJ, REsp 130.002-SP, 6ª T., rel. Min. Fernando Gonçalves, *DJU*, 1º.9.1997, p. 40.920).

31 *Direito civil*, cit., v. 2, p. 171.

32 Washington de Barros Monteiro, *Curso de direito civil*, 29. ed., v. 4, p. 280.

33 Antunes Varela, *Direito das obrigações*, cit., v. II, p. 185.

Primeiro fato: o primeiro fato que dá lugar à consignação (CC, art. 335, I) é "se o credor não puder, ou, sem justa causa, recusar receber o pagamento, ou dar quitação na devida forma".

Trata-se de hipótese de **mora do credor**, em que só a **recusa injusta**, não fundada em motivo legítimo, a autoriza. Se o locador, por exemplo, não quiser receber o aluguel porque o inquilino não incluiu aumento autorizado por lei, não haverá lugar para a consignação. O motivo apresentado para a recusa é justo, pois ninguém é obrigado a receber menos do que lhe é devido. Se, no entanto, não houver base legal para o acréscimo pretendido, a consignação será procedente.

Observe-se que a consignação ainda terá lugar caso o credor concorde em receber o pagamento, mas recuse-se a fornecer o recibo de **quitação** ou caso não possa recebê-lo nem fornecê-lo, porque se trata de meio liberatório do devedor.

O caso em estudo contempla a hipótese de dívida ***portable***, em que o pagamento deve ser efetuado no domicílio do credor. É necessário que tenha havido **oferta** real, efetiva, incumbindo ao autor prová-la, bem como a recusa **injustificada** do credor. A este incumbe, ao contrário, o ônus de provar a existência de **justa causa** para a recusa.

Segundo fato: o segundo fato, mencionado no aludido art. 335 (inc. II), é "se o credor não for, nem mandar receber a coisa no lugar, tempo e condição devidos". Trata-se de dívida ***quérable*** (quesível), em que o pagamento deve efetuar-se fora do domicílio do credor, cabendo a este a iniciativa. Permanecendo inerte, faculta-se ao devedor consignar judicialmente a coisa devida ou extrajudicialmente a importância em dinheiro para liberar-se da obrigação.

Cuidando-se, na hipótese, "de dívida quesível, bastará ao autor alegar que o réu não foi, nem mandou buscar a prestação devida, no tempo, lugar e modo convencionados, caso em que competirá ao segundo o ônus de provar que diligenciou o recebimento"[34].

Terceiro fato: em terceiro lugar, prevê o art. 335 (inc. III) do Código Civil a hipótese de o credor ser "incapaz de receber" ou "desconhecido", ter sido "declarado ausente, ou residir em lugar incerto ou de acesso perigoso ou difícil".

O **incapaz**, em razão de sua condição, não deve receber o pagamento. A exigência da lei é que o devedor pague ao seu representante legal. Para que se configure a hipótese de consignação, é necessário, pois, que, além de ser incapaz, o credor **não tenha representante legal**[35] ou que, por algum motivo, o pagamento não possa ser efetuado **a este** (por inexistência momentânea, por ser desconhecido ou se recusar a recebê-lo sem justa causa, p. ex.). Nestes casos, a solução será consigná-lo. Em geral, as obrigações são contraídas com pessoas conhecidas. Mas pode o *accipiens*, por fato posterior, tornar-se **desconhecido**, por exemplo, na hipótese de sucessão decorrente da morte do credor originário ou da transferência de título ao portador.

Ausente é a pessoa que desaparece de seu domicílio sem dar notícia de seu paradeiro nem deixar um representante ou procurador para administrar-lhe os bens (CC, art. 22). Como a ausência há de ser declarada por sentença, caso em que se lhe nome-

34 Antonio Carlos Marcato, Da consignação... *Revista*, cit., p. 65.

35 Antunes Varela, *Direito das obrigações*, cit., v. II, p. 187.

ará curador, dificilmente se caracterizará a hipótese descrita na lei, pois o pagamento pode ser feito ao referido representante legal do ausente, o qual dificilmente será desconhecido, podendo seu nome ser apurado no processo de declaração de ausência.

A residência em **lugar incerto** ou de acesso **perigoso** ou **difícil** constitui também circunstância que enseja a consignação, pois não se pode exigir que o devedor arrisque a vida para efetuar o pagamento.

■ **Quarto fato:** a quarta hipótese (CC, art. 335, IV) apresenta-se quando ocorre "dúvida sobre quem deva legitimamente receber o objeto do pagamento". Se dois credores mostram-se interessados em receber o pagamento, e havendo **dúvida** sobre quem tem direito a ele, cabe ao devedor valer-se da consignação para não correr o risco de pagar mal, requerendo a **citação de ambos**. É o caso, por exemplo, de dois municípios que se julgam credores dos impostos devidos por determinada empresa, a qual tem estabelecimento em ambos.

Somente se justifica a consignação **se houver dúvida** quanto a quem seja o credor legítimo. Inexistindo, será decretada a carência da consignatória, por falta de interesse para agir[36]. Comparecendo mais de um pretendente ao crédito, o devedor é excluído do processo, declarando-se extinta a obrigação. O processo prossegue entre os credores, para se apurar qual deles tem direito ao levantamento, descabendo reabrir-se a discussão sobre ser devido ou não o valor depositado[37]. Se aparecer apenas um pretendente, terá o direito de levantar a quantia depositada. Não comparecendo nenhum, converter-se-á o depósito em arrecadação de bens de ausentes (CPC, art. 548).

■ **Quinto fato:** também pode ser consignado o pagamento "se pender litígio sobre o objeto do pagamento" (CC, art. 335, V). Estando o credor e terceiro a disputar em juízo o objeto do pagamento, não cabe ao devedor antecipar-se ao pronunciamento judicial e entregá-lo a um deles, assumindo o risco (CC, art. 344), mas, sim, consigná-lo judicialmente para ser levantado pelo que vencer a demanda.

■ 6.2.5. Requisitos de validade da consignação

Para que a consignação tenha força de pagamento, preceitua o art. 336 do Código Civil, "será mister concorram, em relação às pessoas, ao objeto, modo e tempo, todos os requisitos sem os quais não é válido o pagamento".

■ **Em relação às pessoas ou requisitos subjetivos:** deve o pagamento ser feito pelo devedor **capaz** e ao **verdadeiro credor**, também capaz, ou seu representante, sob pena de não valer, salvo se ratificado por este ou se reverter em seu proveito (arts. 304 e s., 308 e 876). A **legitimidade ativa** para a ação consignatória é conferida ao devedor, ao terceiro interessado no pagamento da dívida e também ao terceiro não interessado, se o fizer *em nome e à conta do devedor* (CC, art. 304 e parágrafo único)[38]. Quanto à **legitimidade passiva**, réu da ação consignatória será o credor capaz de exigir o pagamento ou quem alegue possuir tal qualidade, bem como o seu represen-

36 *RT*, 570/166, 575/258.

37 STF, RE 199.274-3, 2ª T., rel. Min. Marco Aurélio, *DJU*, 17.4.1998, Seç. 1e, p. 18.

38 Adroaldo Furtado Fabrício (*Comentários ao Código de Processo Civil*, v. VIII, t. III, n. 43, p. 70).

tante, uma vez que tem ela finalidade liberatória do débito e declaratória do crédito. Deve ser proposta, por essa razão, contra quem tiver obrigação de receber e poder para exonerar o devedor[39]. Se essa pessoa for desconhecida, será citada por **edital** (CPC, art. 256, I), com a intervenção, em seu favor, de **curador especial** (CPC, art. 72, II).

■ **Quanto ao objeto** ou **requisitos objetivos:** exige-se a **integralidade** do depósito, porque o credor não é obrigado a aceitar pagamento parcial. Orienta-se a jurisprudência do Superior Tribunal de Justiça no sentido de que "impõe-se ao devedor, na consignatória, ao efetuar o depósito, fazê-lo com inclusão da correção monetária do período compreendido entre a data do vencimento da obrigação e a do efetivo depósito, sob pena de ser julgado improcedente o pedido"[40]. Da mesma forma, ao principal devem ser acrescidos os juros de mora devidos até a data do depósito (CC, art. 337).

Se a hipótese consistir na **entrega de coisa**, deverá ela realizar-se juntamente com os respectivos **acessórios**, como os frutos ou produtos a que o credor tenha direito. Assim, na entrega de ações, com dividendos já vencidos e pagos ou com bonificações já concedidas, por exemplo, não será suficiente para a procedência da ação a consignação somente dos títulos. Se tal ocorrer, poderá o credor alegar que o depósito **não é integral** (CPC, art. 544, IV)[41].

■ **Modo:** será o convencionado, não se admitindo, por exemplo, pagamento em prestações quando estipulado que deve ser à vista.

■ **Tempo:** deve ser, também, o fixado no contrato, não podendo o pagamento efetuar-se antes de vencida a dívida, se assim foi convencionado. Poderá ser efetuado pelo devedor, contudo, a qualquer tempo, se o prazo foi estipulado em seu favor (CC, art. 133), ou assim que se verificar a condição a que o débito estava subordinado (CC, art. 332).

A **mora do devedor**, por si só, não impede a propositura da ação consignatória, se ainda não provocou consequências irreversíveis e o pagamento ainda é útil ao credor, pois tal ação pode ser utilizada tanto para **prevenir** como para **emendar** a mora. Assim, se, "apesar do protesto de cambial representativa de prestação, a credora não rescindiu o pacto e nem executou o débito, nada obsta que a alegada recusa das prestações seguintes permita a utilização da consignatória"[42].

■ 6.2.6. Levantamento do depósito

Dispõe o art. 338 do Código Civil que, "enquanto o credor não declarar que aceita o depósito, ou não o impugnar, poderá o devedor requerer o levantamento, pagando as respectivas despesas, e subsistindo a obrigação para todas as consequências do direito".

Desse modo, se o credor ainda não foi citado ou se, citado, não impugnou a oferta, deixando de oferecer resistência ao pedido, pode o devedor **levantar a prestação consignada**, tornando ineficaz a oblação feita. Segundo prescreve o dispositi-

---

39 Maria Helena Diniz, *Curso de direito civil brasileiro*, v. 2, p. 245.

40 AgRg 48.450-5-SP, 4ª T., rel. Min. Sálvio de Figueiredo, j. 9.5.1994, *DJU*, 30.5.1994, v. u., p. 13490.

41 Antunes Varela, *Direito das obrigações*, cit., v. II, p. 190.

42 *RT*, 685/92; *RJTJSP*, 125/86.

vo supratranscrito, arcará ele, nesse caso, com as consequências jurídicas de sua retratação, pois permanecerá respondendo pelos juros da dívida e pelos riscos da coisa até que ocorra a tradição, bem como pelas despesas do depósito, pois a obrigação subsiste integralmente.

Se, em vez de contestar a ação, o credor **aceita** o depósito, a dívida se extingue, visto que a consignação produz o mesmo efeito do pagamento. Se, depois disso, vem ele a anuir no levantamento do depósito efetuado pelo devedor, surge uma nova dívida, em substituição à anterior, configurando-se a hipótese de **novação**, que tem como consequência a liberação dos fiadores e codevedores do débito anterior que não tenham anuído.

Se a ação foi julgada **procedente** e subsistente o depósito, "o devedor já não poderá levantá-lo, embora o credor consinta, senão de acordo com os outros devedores e fiadores" (CC, art. 339). A declaração de procedência do depósito acarreta a **extinção da obrigação** a que estava adstrito o devedor, com eficácia de pagamento, e, em consequência, a exoneração dos fiadores e codevedores.

O dispositivo trata da **impossibilidade** de levantamento do objeto depositado depois de julgado **procedente** o pedido, mesmo havendo anuência do credor, quando existirem outros devedores e fiadores. Procura-se, dessa forma, resguardar os direitos destes, pois a procedência da ação extingue a obrigação, acarretando a exoneração dos devedores solidários. Se estes, no entanto, concordarem com o levantamento, deixará de existir o impedimento legal. O consentimento posterior do credor com a pretensão do devedor de levantar o depósito não tem força para restaurar a dívida extinta, mas **faz surgir uma outra obrigação**, que pode ser uma doação ou outro negócio.

A esta nova obrigação não estão jungidos os que, vinculados à anterior, não assentiram em se comprometer novamente[43].

6.2.7. Resumo

DO PAGAMENTO EM CONSIGNAÇÃO	
CONCEITO	▪ O pagamento em consignação consiste no depósito, pelo devedor, da coisa devida, com o objetivo de liberar-se da obrigação (art. 334). É meio **indireto** de pagamento ou pagamento **especial**.
NATUREZA JURÍDICA	▪ A consignação é, concomitantemente, instituto de **direito material** e de **direito processual**. O CC menciona os fatos que autorizam a consignação. O modo de fazê-la é previsto no diploma processual civil.
FATOS QUE AUTORIZAM A CONSIGNAÇÃO	▪ O art. 335 do CC apresenta um rol, não taxativo, dos casos que autorizam a consignação: "I — se o credor não puder, ou, sem justa causa, recusar receber o pagamento, ou dar quitação na devida forma; II — se o credor não for, nem mandar receber a coisa no lugar, tempo e condição devidos; III — se o credor for incapaz de receber, for desconhecido, declarado ausente, ou residir em lugar incerto ou de acesso perigoso ou difícil; IV — se ocorrer dúvida sobre quem deva legitimamente receber o objeto do pagamento; V — se pender litígio sobre o objeto do pagamento." ▪ Outros são mencionados em artigos esparsos, como nos arts. 341 e 342, bem como em leis avulsas (Decreto-Lei n. 58/37, art. 17, parágrafo único; Lei n. 492/37, arts. 19 e 21, III etc.).

[43] Silvio Rodrigues, *Direito civil*, cit., v. 2, p. 172-3; Renan Lotufo, *Código Civil*, cit., v. 2, p. 283-285.

REQUISITOS DE VALIDADE	■ Em relação às **pessoas**, deve ser feito pelo devedor e ao verdadeiro credor, sob pena de não valer, salvo se ratificado por este ou se o reverter em seu proveito (arts. 336, 304 e 308). ■ Quanto ao **objeto**, exige-se a integralidade do depósito, porque o credor não é obrigado a aceitar pagamento parcial. ■ O **modo** será o convencionado, não se admitindo, p. ex., pagamento em prestações quando estipulado que este deve ser à vista. ■ Quanto ao **tempo**, deve ser, também, o fixado no contrato, não podendo efetuar-se antes de vencida a dívida se assim não foi convencionado.
REGULAMENTAÇÃO	■ O depósito requer-se no lugar do pagamento (art. 337). ■ Sendo quesível a dívida, o pagamento efetua-se no domicílio do devedor; sendo portável, no do credor (art. 327), podendo haver, ainda, foro de eleição. ■ Se a coisa devida for imóvel ou corpo certo que deva ser entregue no mesmo lugar onde está, poderá o devedor citar o credor para vir ou mandar recebê-la, sob pena de ser depositada (art. 341). ■ O art. 339 trata da impossibilidade de levantamento do objeto depositado, depois de julgado procedente o depósito, mesmo havendo anuência do credor, quando existirem outros devedores e fiadores. ■ O art. 541 do CPC permite, quando se trata de prestações periódicas, a continuação dos depósitos no mesmo processo depois de efetuado o da primeira, desde que se realizem até cinco dias da data do vencimento.

■ 6.3. DO PAGAMENTO COM SUB-ROGAÇÃO

■ 6.3.1. Conceito

Na linguagem jurídica, fala-se de **sub-rogação**, em geral, para designar determinadas situações em que uma coisa se **substitui** a outra coisa ou uma pessoa a outra pessoa. Há um objeto ou um sujeito jurídico que toma o lugar de outro diverso[44].

Embora a prestação devida seja normalmente realizada pelo devedor, pode ocorrer, todavia, o seu cumprimento por terceiro que tenha interesse na extinção da obrigação, como sucede com o fiador. Nesse caso, diz o art. 831, primeira parte, do Código Civil que "o fiador que pagar integralmente a dívida fica sub-rogado nos direitos do credor".

Sub-rogação é, portanto, a **substituição** de uma pessoa ou de uma coisa por outra em uma relação jurídica. O instituto em estudo constitui uma exceção à regra de que o pagamento extingue a obrigação. A sub-rogação é uma figura jurídica **anômala**, pois o pagamento promove apenas uma alteração subjetiva da obrigação, mudando o credor. A extinção obrigacional ocorre somente em relação ao credor, que nada mais poderá reclamar depois de haver recebido do terceiro interessado (avalista, fiador, coobrigado etc.) o seu crédito. Nada se altera, porém, para o devedor, visto que o terceiro que paga toma o lugar do credor satisfeito e passa a ter o direito de cobrar a dívida com todos os seus acessórios.

■ 6.3.2. Espécies

A sub-rogação pode ser, segundo o quadro esquemático abaixo:

[44] Inocêncio Galvão Telles, *Direito das obrigações*, p. 209.

- **Sub-rogação pessoal:** consiste exatamente, segundo Antunes Varela, "na *substituição* do credor, como titular do crédito, pelo terceiro que paga (cumpre) a prestação em lugar do devedor ou que financia, em certos termos, o pagamento"[45]. Desse modo, o avalista, que paga a dívida pela qual se obrigou solidariamente, sub-roga-se nos direitos do credor, ou seja, toma o lugar deste na relação jurídica[46]. No capítulo concernente ao *pagamento com sub-rogação*, é dessa espécie que trata o Código Civil.
- **Sub-rogação real:** nessa, a **coisa** que toma o lugar da outra fica com os mesmos ônus e atributos da primeira. É o que ocorre, por exemplo, na sub-rogação do vínculo da inalienabilidade, em que a coisa gravada pelo testador ou doador é substituída por outra, ficando esta sujeita àquela restrição (*v.* CC, art. 1.911, parágrafo único; CPC, art. 725, II).

A sub-rogação, como visto, pode ser ainda **legal** e **convencional**, conforme a fonte donde promane.

- **Sub-rogação legal:** é a que decorre da **lei**, independentemente de declaração do credor ou do devedor. Em regra, o motivo determinante da sub-rogação, quando nem credor nem devedor se manifestam favoravelmente a ela, é o fato de o terceiro ter **interesse direto** na satisfação do crédito. Cite-se, como exemplo, o caso do codevedor solidário, como o **fiador ou avalista**, que pode ter o seu patrimônio penhorado se o devedor principal não realizar a prestação. Em situações como essas e outras semelhantes, o terceiro tem legítimo interesse no cumprimento, a que se encontra diretamente obrigado como codevedor e pelo qual responde com todo o seu patrimônio. Cumprindo-o, fica sub-rogado de pleno direito nos direitos do credor[47].
- **Sub-rogação convencional:** é a que deriva da **vontade** das partes. A manifestação volitiva deve ser **expressa**, para evitar qualquer dúvida que possa existir sobre um efeito tão importante como a transferência dos direitos do credor para

[45] *Direito das obrigações*, v. II, p. 335-336.

[46] "Execução. Nota promissória. Ação proposta contra avalista. Pagamento total do débito cambial e de honorários advocatícios e custas processuais. Sub-rogação legal que lhe permite cobrar do emitente do título todo o montante desembolsado" (*RT*, 642/197).

[47] Inocêncio Galvão Telles, *Direito das obrigações*, cit., p. 215-216.

a pessoa que lhe paga. Pode decorrer de avença entre credor e sub-rogado ou de ajuste entre o mesmo sub-rogado e o devedor[48].

■ *6.3.2.1. Sub-rogação legal*

A sub-rogação legal encontra-se regulamentada no art. 346 do Código Civil e se opera, *de pleno direito*, automaticamente, em três casos:

■ **Primeira hipótese:** em favor "do credor que paga a dívida do devedor comum" (inc. I).

Cogita o dispositivo da hipótese de o devedor ter mais de um credor. Se um deles promover a execução judicial de seu crédito, **preferencial ou não**, poderá o devedor ficar sem meios para atender aos compromissos com os demais credores. Qualquer um destes pode, então, **pagar** ao credor exequente, **sub-rogando-se** em seus direitos, e aguardar a melhor oportunidade para a cobrança de seu crédito.

Pode o credor, com **segunda hipoteca** sobre determinado imóvel do devedor, por exemplo, preferir pagar ao titular do crédito garantido por primeira hipoteca sobre o mesmo bem, sub-rogando-se nos direitos deste, para posteriormente executar os dois créditos hipotecários e não ter de aguardar a execução do primeiro, bem como apenas contentar-se com o que restar.

■ **Segunda hipótese:** a sub-rogação legal opera-se também, em segundo lugar, em favor "do adquirente do imóvel hipotecado, que paga a credor hipotecário, bem como do terceiro que efetiva o pagamento para não ser privado de direito sobre imóvel" (CC, art. 346, II).

Pode eventualmente alguém adquirir imóvel hipotecado porque faltam poucas prestações a serem pagas ao credor pelo alienante. Se este, no entanto, deixa de pagá-las, pode o adquirente efetuar o pagamento para evitar a excussão do imóvel hipotecado, **sub-rogando-se** nos direitos daquele. Estando o imóvel onerado por mais de uma hipoteca, o adquirente, que paga a primeira, sub-roga-se no crédito hipotecário satisfeito, adquirindo preferência em relação aos demais credores hipotecários e podendo valer-se dessa posição para dificultar a execução que estes pretendam promover.

O Código de 2002 ampliou as hipóteses legais com a previsão da sub-rogação em favor não só do adquirente do imóvel hipotecado, que paga a credor hipotecário, como também *do terceiro que efetiva o pagamento para não ser privado de direito sobre imóvel*. Esta última não constava do inc. II do art. 985 do Código de 1916. A inovação beneficia "aqueles que, por alguma relação contratual, ou mesmo por execução judicial, como na hipótese de vencedor em pleito indenizatório, tenham **obtido direito, ou constrição**, quanto ao **imóvel do devedor**, e, para a preservação e exequibilidade do direito, vêm a fazer o pagamento do débito hipotecário"[49].

■ **Terceira hipótese:** em terceiro lugar, a sub-rogação opera-se, ainda, em favor "do terceiro interessado, que paga a dívida pela qual era ou podia ser obrigado, no todo ou em parte" (CC, art. 346, III).

---

48 Silvio Rodrigues, *Direito civil*, cit., v. 2, p. 179; Inocêncio Galvão Telles, *Direito*, cit., p. 213.

49 Renan Lotufo, *Código Civil comentado*, v. 2, p. 301-302.

Terceiro **interessado** é o que pode ter seu patrimônio afetado caso a dívida, pela qual também se obrigou, não seja paga. É o que acontece com o **avalista**, com o **fiador**, com o **coobrigado solidário** etc., que pagam dívida pela qual eram ou podiam ser obrigados. Sub-rogam-se automaticamente nos direitos do credor.

Esta terceira hipótese é a mais comum, mas favorece somente o terceiro interessado. O terceiro **não interessado**, que paga a dívida em seu próprio nome, malgrado tenha direito a reembolsar-se do que pagou, não se sub-roga nos direitos do credor (CC, art. 305). Sendo estranho à relação obrigacional, não lhe assiste tal direito.

■ *6.3.2.2. Sub-rogação convencional*

A regulamentação dessa espécie de sub-rogação está contida no art. 347 do novo diploma, que prevê **duas hipóteses**, correspondentes às situações mencionadas no parágrafo anterior.

■ **Primeira hipótese:** "quando o credor recebe o pagamento de terceiro e expressamente lhe transfere todos os seus direitos" (inc. I).

O terceiro interessado já se sub-roga automaticamente nos direitos do credor, não necessitando, pois, dessa transferência feita pelo credor. Cuida o dispositivo, portanto, da hipótese de terceiro **não interessado**. A primeira hipótese de sub-rogação convencional configura-se, desse modo, quando um terceiro sem interesse jurídico, embora possa ter outra espécie de interesse, paga a dívida e o credor manifesta a sua vontade no sentido de que o terceiro fique colocado na sua posição, adquirindo os respectivos direitos. O credor exterioriza o seu querer favorável à sub-rogação e faz, assim, com que ela se produza.

A transferência, por vontade do credor, pode ser feita sem a anuência do devedor. É uma espécie de **cessão de crédito**, embora não se confunda com esta, que tem características próprias, como se verá adiante (item 6.3.3). Mas, do ponto de vista puramente legal, ambas se regulam pelos mesmos princípios, dispondo o art. 348 do Código Civil que, "na hipótese do inciso I do artigo antecedente, vigorará o disposto quanto à cessão de crédito".

■ **Segunda hipótese:** configura-se "quando terceira pessoa empresta ao devedor a quantia precisa para solver a dívida, sob a condição expressa de ficar o mutuante sub-rogado nos direitos do credor satisfeito" (CC, art. 347, II). Trata-se de sub-rogação realizada no interesse do devedor, independente da vontade do credor.

Ocorre com frequência nos financiamentos regulados pelo **Sistema Financeiro da Habitação**, em que o agente financeiro empresta ao adquirente da casa própria (mutuário) a quantia necessária para o pagamento ao alienante, sob a condição **expressa** de ficar sub-rogada nos direitos deste. O devedor paga seu débito com a quantia que lhe foi emprestada, transferindo expressamente ao agente financeiro os direitos do credor (alienante) satisfeito. Assim, o adquirente da casa própria não é mais devedor do alienante, e sim do terceiro (agente financeiro), que lhe emprestou o numerário[50].

---

[50] "Fiador que ostenta a qualidade de devedor solidário com o inquilino. Purgação da mora pelo ga-

6.3.3. Natureza jurídica

Trata-se de instituto autônomo e **anômalo**, em que o pagamento promove apenas uma alteração subjetiva, **mudando o credor**. A extinção obrigacional ocorre somente em relação a este, que fica satisfeito. Nada se altera para o devedor, que deverá pagar ao terceiro, sub-rogado no crédito.

■ **Pagamento com sub-rogação e cessão de crédito:** o pagamento com sub-rogação, como já dito, tem acentuada afinidade com a **cessão de crédito**, como formas de transmissão do direito de crédito, a ponto de o art. 348 do Código Civil mandar aplicar a uma das hipóteses de sub-rogação convencional (art. 347, I) o disposto quanto àquela (art. 348). Alguns autores chegam a denominar o instituto ora em estudo **cessão ficta**[51]. Todavia, os dois institutos não se confundem, como se pode verificar no seguinte quadro esquemático:

PAGAMENTO COM SUB-ROGAÇÃO	CESSÃO DE CRÉDITO
■ Visa proteger a situação do terceiro que paga uma dívida que não é sua	■ Destina-se a servir ao interesse da circulação do crédito, assegurando a sua disponibilidade
■ Não tem fim especulativo	■ Caracteriza-se pelo aspecto especulativo
■ A sub-rogação legal ocorre na exata proporção do pagamento efetuado	■ É feita, em geral, por valor diverso da obrigação
■ Ocorre pagamento	■ É feita antes da satisfação do débito
■ Objetiva exonerar o devedor perante o antigo credor	■ Visa transferir ao cessionário o crédito, o direito ou a ação

■ **Pagamento com sub-rogação e novação:** o pagamento com sub-rogação também não se confunde com **novação subjetiva** por substituição de credor, como se pode verificar:

PAGAMENTO COM SUB-ROGAÇÃO	NOVAÇÃO SUBJETIVA
■ Falta-lhe o *animus novandi*	■ Caracteriza-se pela intenção de novar, ou seja, de criar obrigação nova para extinguir uma anterior
■ O vínculo prescinde de anuência do novo titular, decorrendo precipuamente da lei	■ São as partes na relação original que convencionam a substituição, com a aquiescência do novo titular

6.3.4. Efeitos da sub-rogação

Prescreve o art. 349 do Código Civil:

> "A sub-rogação transfere ao novo credor todos os direitos, ações, privilégios e garantias do primitivo, em relação à dívida, contra o devedor principal e os fiadores."

rante efetuada em ação de despejo por falta de pagamento. Admissibilidade. Terceiro interessado. Direito ao pagamento da dívida e encargos que lhe é assegurado pelo art. 985, III, do CC (*de 1916, art. 346, III, do CC/2002*), eis que os efeitos do inadimplemento poderiam atingi-lo" (*RT*, 647/149).

[51] Gianturco, *Istituzioni di diritto civile italiano*, p. 17; Delvincourt, *Cours de droit civil*, n. 559; Toullier, *Droit civil français suivant l'ordre du Code*, VII, n. 119, apud Manoel Ignácio Carvalho de Mendonça, *Doutrina e prática das obrigações*, t. I, p. 543.

Denota-se que a sub-rogação, legal ou convencional, produz dois efeitos:

a) o **liberatório**, por exonerar o devedor ante o credor originário; e

b) o **translativo**, por transmitir ao terceiro, que satisfez o credor originário, os direitos de crédito que este desfrutava, com todos os seus acessórios, ônus e encargos, pois o sub-rogado passará a suportar todas as exceções que o sub-rogante teria de enfrentar[52].

O efeito **translativo** da sub-rogação é, portanto, amplo. O novo credor será um credor privilegiado se o primitivo o era. O avalista, que paga a dívida, sub-rogando-se nos direitos do primitivo credor, poderá cobrá-la também sob a forma de execução[53].

O dispositivo em tela aplica-se às duas modalidades de sub-rogação — **legal** e **convencional**. Nesta, porém, devido à sua natureza contratual, podem as partes limitar os direitos do sub-rogado, enquanto o sub-rogado não pode reclamar do devedor a totalidade da dívida, mas só aquilo que houver desembolsado (CC, art. 350). Assim, quem pagar soma menor que a do crédito sub-roga-se pelo valor efetivamente pago, e não pelo daquele.

Na sub-rogação **convencional**, em que predomina a autonomia da vontade e o caráter especulativo, como na cessão de crédito, pode ser estabelecido o contrário, ou seja, que haverá sub-rogação total mesmo não tendo havido desembolso integral da importância necessária à satisfação do credor primitivo. Apesar da controvérsia existente a respeito do tema, não nos parece razoável entender que, no silêncio do contrato, a sub-rogação convencional será total, ainda que não tenha havido desembolso integral.

6.3.5. Sub-rogação parcial

No caso de pagamento parcial por terceiro, o crédito fica dividido em duas partes: a parte **não paga**, que continua a pertencer ao credor primitivo, e a **parte paga**, que se transfere ao sub-rogado. O art. 351 do Código Civil trata da hipótese de o terceiro interessado pagar apenas **parte** da dívida e o patrimônio do devedor ser insuficiente para responder pela integralidade do débito. Dispõe o aludido dispositivo:

> "Art. 351. O credor originário, só em parte reembolsado, terá preferência ao sub-rogado, na cobrança da dívida restante, se os bens do devedor não chegarem para saldar inteiramente o que a um e outro dever."

O Código Civil brasileiro não estabelece nenhum tratamento especial para a hipótese de mais de uma pessoa solver a dívida em pagamentos **parciais sucessivos** — hipótese diversa da tratada nos parágrafos anteriores. Desse modo, têm os vários sub-rogados que sujeitar-se à regra da igualdade dos credores na cobrança dos seus

---

52 Caio Mário da Silva Pereira, *Instituições*, cit., v. II, p. 136; Maria Helena Diniz, *Curso*, cit., v. 2, p. 260-261.

53 "Cambial. Satisfação da dívida pelo avalista. Execução por ele proposta. Admissibilidade. Sub-rogação legal que enseja a via executiva" (STF, *RT*, 630/233).

créditos, seja qual for a data, a origem ou o montante destes[54]. Essa a regra constante do art. 593º, n. 3, do Código Civil português, *verbis*: "Havendo vários sub-rogados, ainda que em momentos sucessivos, por satisfações parciais do crédito, nenhum deles tem preferência sobre os demais". O credor primitivo, todavia, terá preferência sobre todos os sub-rogados. Estes dividirão entre si o que sobejar, em pé de igualdade.

6.3.6. Resumo

PAGAMENTO COM SUB-ROGAÇÃO	
CONCEITO	■ Sub-rogação é a substituição de uma pessoa ou de uma coisa por outra em uma relação jurídica. No primeiro caso, a sub-rogação é **pessoal**, enquanto no segundo, **real**. Esta pode ser, ainda, **legal** ou **convencional**. A primeira decorre da **lei**; a segunda, da **vontade das partes**.
NATUREZA JURÍDICA	■ Trata-se de instituto autônomo e anômalo, em que o pagamento promove apenas uma alteração subjetiva da obrigação, mudando o credor. A extinção obrigacional ocorre somente em relação a este, que fica satisfeito. Nada se altera para o devedor, que deverá pagar ao terceiro, sub-rogado no crédito.
SUB-ROGAÇÃO LEGAL	■ Opera de pleno direito (art. 346): a) em favor do credor que paga a dívida do devedor comum; b) em favor do adquirente do imóvel hipotecado que paga a credor hipotecário, bem como do terceiro que efetiva o pagamento para não ser privado de direito sobre imóvel; c) em favor do terceiro interessado que paga a dívida pela qual era ou podia ser obrigado, no todo ou em parte.
SUB-ROGAÇÃO CONVENCIONAL (ART. 347)	a) quando o credor recebe o pagamento de terceiro e expressamente lhe transfere todos os seus direitos; b) quando terceira pessoa empresta ao devedor a quantia precisa para solver a dívida, sob a condição expressa de ficar o mutuante sub-rogado nos direitos do credor satisfeito.
EFEITOS	a) a sub-rogação "transfere ao novo credor todos os direitos, ações, privilégios e garantias do primitivo, em relação à dívida, contra o devedor principal e os fiadores" (art. 349); b) na sub-rogação legal, o sub-rogado não pode reclamar do devedor a totalidade da dívida, mas só aquilo que houver desembolsado (art. 350).
SUB-ROGAÇÃO PARCIAL	■ No caso de pagamento parcial por terceiro, o crédito fica dividido em duas partes: a parte **não paga**, que continua a pertencer ao credor primitivo, e a parte **paga**. O art. 351 do Código Civil confere preferência ao credor originário, só parcialmente pago, sobre o terceiro sub-rogado para a cobrança do restante do débito.

6.4. DA IMPUTAÇÃO DO PAGAMENTO

6.4.1. Conceito

A imputação do pagamento consiste na **indicação** ou determinação da **dívida a ser quitada** quando uma pessoa se encontra obrigada, por dois ou mais débitos da mesma natureza, **a um só credor** e efetua pagamento não suficiente para saldar todas eles[55]. Assim, por exemplo, se três dívidas são, respectivamente, de cinquenta, cem e duzentos mil reais, e o devedor remete cinquenta reais ao credor, a imputação poderá ser feita em qualquer delas, se este concordar com o recebimento parcelado da segun-

---

[54] Antunes Varela, *Direito das obrigações*, cit., v. II, p. 345.

[55] Alberto Trabucchi, *Instituciones de derecho civil*, p. 59; Roberto de Ruggiero, *Instituições de direito civil*, v. III, p. 85.

da ou da terceira. Caso contrário, será considerada integralmente quitada a primeira dívida. Nesta última hipótese, não terá havido propriamente imputação, porque o devedor não poderia indicar nenhuma outra dívida sem o consentimento do credor. Dispõe, com efeito, o art. 352 do Código Civil:

> "A pessoa obrigada, por dois ou mais débitos da mesma natureza, a um só credor, tem o direito de indicar a qual deles oferece pagamento, se todos forem líquidos e vencidos."

■ 6.4.2. Requisitos da imputação do pagamento

A imputação do pagamento pressupõe os seguintes **requisitos** (CC, arts. 352 e 353):

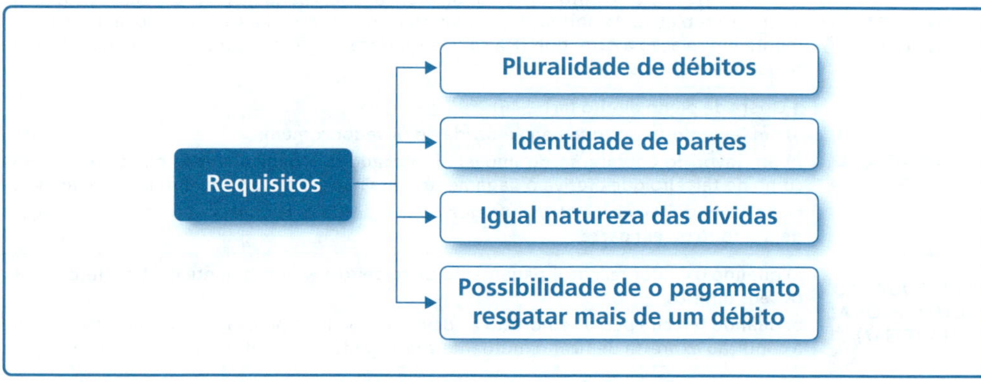

Examinemos cada um deles:

■ **Pluralidade de débitos —** trata-se de requisito básico, que integra o próprio conceito de imputação do pagamento, a qual seria incogitável se houvesse apenas um débito. Somente se pode falar em imputação, havendo uma única dívida, quando ela se desdobra, destacando-se os juros, que são acessórios do débito principal. Neste caso, segundo dispõe o art. 354, o pagamento imputar-se-á primeiro nos juros vencidos[56].

■ **Identidade de partes —** as diversas relações obrigacionais devem vincular o mesmo devedor a um mesmo credor, uma vez que o art. 352 do Código Civil cuida da hipótese de **pessoa obrigada**, por dois ou mais débitos da mesma natureza, **a um só credor**. Pode haver, todavia, pluralidade de pessoas, no polo ativo ou passivo, como nos casos de solidariedade ativa ou passiva, sem que tal circunstância afaste a existência de duas partes, pois o devedor ou o credor serão sempre um só[57].

---

[56] Washington de Barros Monteiro, *Curso de direito civil*, 29. ed., v. 4, p. 292-293.

[57] Washington de Barros Monteiro, *Curso*, cit., v. 4, p. 293; Maria Helena Diniz, *Curso de direito civil brasileiro*, v. 2, p. 264.

■ **Igual natureza das dívidas** — o mencionado art. 352 do Código Civil exige, para a imputação do pagamento, que os débitos sejam da mesma **natureza**, ou seja, devem ter por objeto coisas **fungíveis** de idêntica espécie e qualidade. Se uma das dívidas for de dinheiro e a outra consistir na entrega de algum bem, havendo o pagamento de certa quantia, não haverá necessidade de imputação do pagamento. Não poderá o devedor pretender imputar o valor pago no débito referente ao bem a ser entregue. A fungibilidade dos débitos é necessária para que se torne indiferente ao credor receber uma prestação ou outra. Faz-se mister que sejam homogêneas, isto é, **fungíveis entre si**. Assim, só poderá haver imputação do pagamento se ambas consistirem em dívidas em dinheiro, por exemplo. Estas devem ser ainda **líquidas** e **vencidas**.

■ **Possibilidade de o pagamento resgatar mais de um débito** — é necessário, para que se possa falar em imputação do pagamento, que a importância entregue ao credor seja suficiente para resgatar mais de um débito, e não todos. Se este oferece numerário capaz de quitar apenas a dívida menor, não lhe é dado imputá-la em outra, pois, do contrário, estar-se-ia constrangendo o credor a receber pagamento **parcial**, a despeito da proibição constante do art. 314 do estatuto civil. E, neste caso, não há que se cogitar da questão da imputação do pagamento[58].

6.4.3. Espécies de imputação

6.4.3.1. Imputação por indicação do devedor

A imputação por indicação ou vontade do **devedor** é assegurada a este no art. 352 já mencionado, pelo qual a pessoa obrigada tem o direito de **escolher** qual débito deseja saldar. Esse direito sofre, no entanto, algumas **limitações:**

■ o devedor não pode imputar pagamento em dívida ainda **não vencida** se o prazo foi estabelecido em benefício do credor. Como a lei presume (presunção *juris tantum*) que, nos contratos, é ele estipulado em proveito do devedor (CC, art. 133), pode este, em princípio, renunciá-lo e imputar o pagamento em dívida vincenda;

58 Silvio Rodrigues, *Direito civil*, cit., v. 2, p. 189-190.

- o devedor não pode, também, imputar o pagamento em dívida cujo montante seja **superior ao valor ofertado**, salvo acordo entre as partes, pois pagamento parcelado do débito só é permitido quando convencionado (CC, art. 314);
- o devedor não pode, ainda, pretender que o pagamento seja imputado no capital quando **há juros vencidos**, "salvo estipulação em contrário, ou se o credor passar a quitação por conta do capital" (CC, art. 354, segunda parte). A razão dessa vedação está no fato de o credor ter o direito de receber, a princípio, os juros, e depois, o capital, pois este produz rendimento e aqueles não. Objetiva a norma jurídica, assim, evitar que o devedor, ao exercer o seu direito de imputação, prejudique o credor.

6.4.3.2. *Imputação por vontade do credor*

A imputação por vontade ou indicação do credor ocorre quando o **devedor não declara** qual das dívidas quer pagar. O direito é exercido na própria **quitação**. Com efeito, dispõe o art. 353 do Código Civil:

> "Não tendo o devedor declarado em qual das dívidas líquidas e vencidas quer imputar o pagamento, se aceitar a quitação de uma delas, não terá direito a reclamar contra a imputação feita pelo credor, salvo provando haver ele cometido violência ou dolo."

Desse modo, se o devedor **aceita a quitação** na qual o credor declara que recebeu o pagamento por conta de determinado débito, dentre os vários existentes, sem formular nenhuma objeção, e não havendo dolo ou violência deste, reputa-se válida a imputação[59].

6.4.3.3. *Imputação em virtude de lei*

Dá-se a imputação em virtude de lei ou por determinação legal se o **devedor** não fizer a indicação do art. 352 e a **quitação for omissa** quanto à imputação. Prescreve, a propósito, o art. 355 do Código Civil:

> "Se o devedor não fizer a indicação do art. 352, e a quitação for omissa quanto à imputação, esta se fará nas dívidas líquidas e vencidas em primeiro lugar. Se as dívidas forem todas líquidas e vencidas ao mesmo tempo, a imputação far-se-á na mais onerosa."

Observa-se, assim, que o credor que não fez a imputação no momento de fornecer a quitação não poderá fazê-lo posteriormente, verificando-se, então, a **imputação legal**. Os critérios desta são os seguintes:

- havendo capital e juros, o pagamento imputar-se-á primeiro nos **juros vencidos** (CC, art. 354);
- entre dívidas **vencidas** e não vencidas, a imputação far-se-á nas primeiras;

[59] Alberto Trabucchi, *Instituciones*, cit., v. II, p. 59.

- se algumas forem líquidas e outras ilíquidas, a preferência recairá sobre as primeiras, **segundo a ordem de seu vencimento** (CC, art. 355);
- se todas forem líquidas e vencidas ao mesmo tempo, considerar-se-á paga a **mais onerosa**, conforme estatui o mesmo dispositivo legal.

Mais **onerosa** é, por exemplo, a que rende juros, em comparação à que não os produz; a cujos juros são mais elevados, em relação à de juros módicos; a sobre a qual pesa algum gravame, como hipoteca ou outro direito real, em confronto com a que não contém tais ônus; a que pode ser cobrada pelo rito executivo, comparada à que enseja somente ação ordinária; a garantida por cláusula penal, em relação à que não prevê nenhuma sanção; e aquela em que o *solvens* é devedor principal, e não mero coobrigado[60].

Não prevê o Código Civil nenhuma solução para a hipótese de todas as dívidas serem líquidas, vencidas ao mesmo tempo e **igualmente onerosas**. A jurisprudência, ao tempo do Código de 1916, não determinava, nestes casos, a imputação na mais antiga, como pretendiam alguns, mas aplicava, por analogia e com apoio de parte da doutrina[61], a regra do art. 433, IV, do Código Comercial, pelo qual "sendo as dívidas da mesma data e de igual natureza, entende-se feito o pagamento por conta de todas em devida proporção".

6.4.4. Resumo

IMPUTAÇÃO DO PAGAMENTO	
CONCEITO	■ Consiste na indicação ou determinação da dívida a ser quitada quando uma pessoa se encontra obrigada, por dois ou mais débitos da mesma natureza, a um só credor e efetua pagamento não suficiente para saldar todas eles.
ESPÉCIES	a) imputação feita pelo **devedor** (art. 352). Limitações: arts. 133, 314 e 354; b) imputação feita pelo **credor** (art. 353): quando o devedor não declara qual das dívidas quer pagar; c) imputação por **determinação legal** (art. 355): se o devedor não fizer a indicação do art. 352 e a quitação for omissa quanto à imputação.

6.5. DA DAÇÃO EM PAGAMENTO

6.5.1. Conceito

A dação em pagamento é um **acordo de vontades** entre credor e devedor, por meio do qual o primeiro concorda em receber do segundo, para exonerá-lo da dívida, **prestação diversa** da que lhe é devida.

Em regra, o credor não é obrigado a receber outra coisa, ainda que mais valiosa (CC, art. 313). Já no direito romano se dizia: *aliud pro alio, invito creditore, solvi non potest* (uma coisa por outra, contra a vontade do credor, não pode ser solvida). No

---

60 Washington de Barros Monteiro, *Curso,* cit., 29. ed., v. 4, p. 295; Maria Helena Diniz, *Curso*, cit., v. 2, p. 266.

61 Caio Mário da Silva Pereira, *Instituições de direito civil*, v. II, p. 139; Álvaro Villaça Azevedo, *Teoria*, cit., p. 169.

entanto, se aceitar a oferta de uma coisa por outra, caracterizada estará a dação em pagamento. Tal não ocorrerá se as prestações forem da mesma espécie.

Preceitua o art. 356 do Código Civil:

> "O credor pode consentir em receber prestação diversa da que lhe é devida."

Essa substituição conhece várias **modalidades**. Pode haver *datio in solutum* (dação em pagamento) mediante acordo, com substituição de dinheiro por bem **móvel ou imóvel** (*rem pro pecunia*), de coisa por outra (*rem pro re*), de uma coisa pela **prestação de um fato** (*rem pro facto*), de dinheiro por **título de crédito**, de coisa por **obrigação de fazer** etc.

O art. 995 do Código de 1916 não admitia o recebimento, pelo credor, de dinheiro em substituição da prestação que lhe era devida. O novo diploma, todavia, eliminou a referida restrição, alargando, com isso, o âmbito de incidência do instituto, visto incluir também **obrigações pecuniárias**[62]. A obrigação se extingue mediante a execução efetiva de uma prestação, de qualquer natureza, distinta da devida (CC, art. 356).

Se a dívida é em dinheiro, obviamente não constituirá uma *datio in solutum* o depósito de numerário em conta corrente bancária, indicada ou aceita pelo credor, porém, pagamento normal. A conclusão é a mesma quando o devedor expede uma ordem de pagamento ou entrega um cheque ao credor. Todavia, o depósito, a ordem de pagamento e a entrega de um cheque podem configurar dação em pagamento **se a prestação devida era diversa** (entregar um veículo ou um animal, p. ex.) e o credor concorda com as referidas formas de cumprimento, em substituição à convencionada.

6.5.2. Elementos constitutivos

Do conceito de dação em pagamento como acordo liberatório, em que predomina a ideia da extinção da obrigação, decorrem os seus elementos constitutivos:

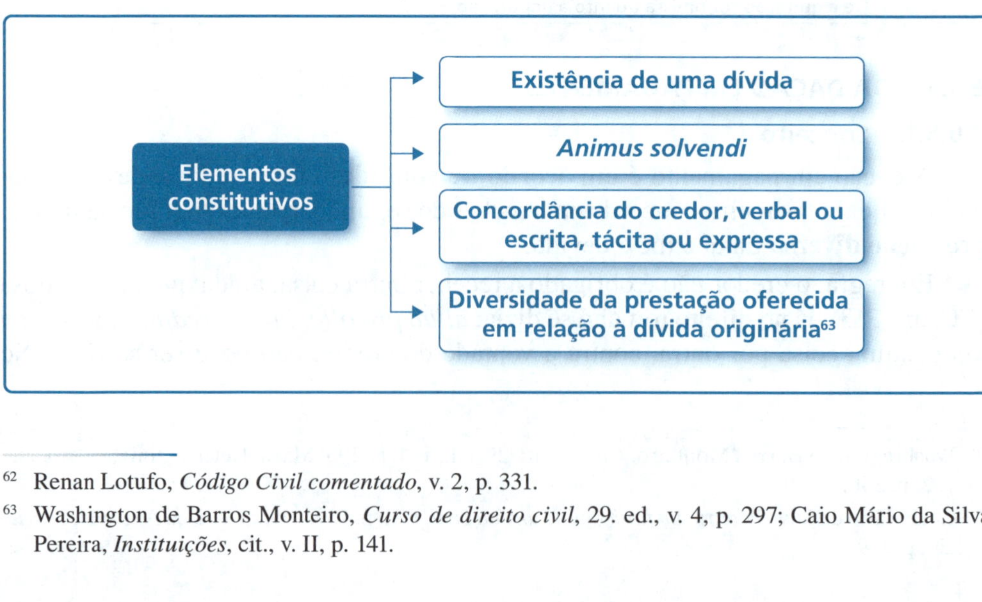

---

62 Renan Lotufo, *Código Civil comentado*, v. 2, p. 331.

63 Washington de Barros Monteiro, *Curso de direito civil*, 29. ed., v. 4, p. 297; Caio Mário da Silva Pereira, *Instituições*, cit., v. II, p. 141.

Não se exige coincidência entre o valor da **coisa recebida** e o *quantum* da **dívida** nem que as partes indiquem um valor. Pode, assim, o credor receber objeto de valor superior ou inferior ao montante da dívida, em substituição da prestação devida, fornecendo a quitação por um ou por outro. O que é da essência da dação *pro solutio* é a entrega de coisa que não seja a *res debita* em pagamento da dívida[64].

6.5.3 Natureza jurídica

Denota-se pela redação do art. 356 do Código Civil que a dação em pagamento é considerada uma forma de **pagamento indireto**. Entre nós, diferentemente do que ocorre no direito francês, não constitui novação objetiva, nem se situa entre os contratos.

A dação em pagamento é essencialmente contrato **liberatório**, ao contrário dos demais contratos, cujo efeito é gerar uma obrigação. Tem a mesma índole jurídica do pagamento, com a diferença de que este consiste na prestação do que é devido, enquanto aquela consiste no *solvere aliud pro alio*, no prestar coisa diversa da devida[65].

O caráter negocial da dação em pagamento ressalta de forma hialina do enunciado feito no art. 356 do Código Civil, sabendo-se que o credor não é obrigado a receber prestação diversa da que lhe é devida, ainda que mais valiosa (art. 313). Trata-se, efetivamente, de **negócio jurídico bilateral** de alienação, pois o devedor dá o objeto da prestação para satisfazer a pretensão do credor, havendo um *plus*, que é solver a dívida. Constitui, assim, **negócio oneroso** e, em regra, **real**, pois se aperfeiçoa com a entrega de determinado bem em pagamento da dívida, com a finalidade de extingui-la por adimplemento, salvo quando a prestação substitutiva for de fazer ou não fazer[66].

6.5.4. Disposições legais

■ **Dação em pagamento e compra e venda** — dispõe o art. 357 do Código Civil:

> "Determinado o preço da coisa dada em pagamento, as relações entre as partes regular-se-ão pelas normas do contrato de compra e venda."

Quando a prestação consiste na entrega de dinheiro e é substituída pela entrega de um objeto, o credor não o recebe por preço certo e determinado, mas, sim, como satisfação de seu crédito (*aliud pro alio*). Todavia, caso se prefixe o preço da coisa, cuja propriedade e posse se transmitem ao credor, o negócio será regido pelos princípios da compra e venda, especialmente os relativos à eventual nulidade ou anulabilidade e os atinentes aos vícios redibitórios e à interpretação. Nessa hipótese, a dação não se converte em compra em venda, mas **apenas regula-se pelas normas que a disciplinam**, pois se distinguem por diversas razões.

64 Caio Mário da Silva Pereira, *Instituições*, cit., v. II, p. 141; Sílvio Venosa, *Direito civil*, cit., v. II, p. 287.

65 Serpa Lopes, *Curso*, cit., v. II, p. 247.

66 Pontes de Miranda, *Tratado de direito privado*, v. 25, §§ 3000 e 3001, p. 4 e 6; Judith Martins-Costa, *Comentários ao novo Código Civil*, v. V, t. I, p. 485.

A aplicação dos princípios da compra e venda conduz à ilação de que deve ser proclamada a sua anulabilidade quando feita por ascendente a descendente sem o consentimento dos demais e do cônjuge do alienante (art. 496) ou em fraude contra credores (arts. 158 e s.).

■ **Dação em pagamento de título de crédito** — prescreve o art. 358 do Código Civil:

> "Se for título de crédito a coisa dada em pagamento, a transferência importará em cessão."

Se tal hipótese ocorrer, deverá o fato ser notificado ao cedido, nos termos do art. 290 do mesmo diploma, para os fins de direito, ficando o *solvens* responsável pela existência do crédito transmitido (CC, art. 295). A dação em pagamento, neste caso, sob a forma de entrega de título de crédito, destina-se à extinção imediata da obrigação, correndo o risco da cobrança por conta do credor.

Se, no entanto, a entrega dos títulos for aceita pelo credor não para a extinção imediata da dívida, mas para facilitar a cobrança do seu crédito, a dívida se extinguirá à medida que os pagamentos dos títulos forem sendo feitos, configurando-se, então, a *datio pro solvendo,* disciplinada no art. 840º do Código Civil português[67].

■ **Evicção da coisa recebida em pagamento** — preceitua, por fim, o art. 359 do Código Civil:

> "Se o credor for evicto da coisa recebida em pagamento, restabelecer-se-á a obrigação primitiva, ficando sem efeito a quitação dada, ressalvados os direitos de terceiros."

Como ocorre na dação em pagamento uma verdadeira compra e venda, como foi dito, sendo-lhe aplicáveis as mesmas regras desta, responde o alienante pela evicção, a qual funda-se no mesmo **princípio de garantia** aplicável aos contratos onerosos, em que se assenta a teoria dos vícios redibitórios, estendendo-se, porém, aos **defeitos do direito** transmitido. Constitui a evicção a perda da coisa em virtude de sentença judicial, que a atribui a outrem por causa jurídica preexistente ao contrato (CC, arts. 447 e s.).

Se quem entregou bem diverso em pagamento não for o verdadeiro dono, o que o aceitou tornar-se-á **evicto**. A quitação dada ficará sem efeito e perderá este o bem para o legítimo dono, **restabelecendo-se a relação jurídica originária**, inclusive a cláusula penal, como se não tivesse havido quitação, ou seja, o débito continuará a existir na forma inicialmente convencionada.

■ 6.5.5. Resumo

DAÇÃO EM PAGAMENTO	
CONCEITO	■ Dação em pagamento é um acordo de vontades entre credor e devedor, por meio do qual o primeiro concorda em receber do segundo, para exonerá-lo da dívida, prestação diversa da que lhe é devida (CC, art. 356).

[67] Dispõe o art. 840º do Código Civil português: "Se o devedor efectuar uma prestação diferente da devida, para que o credor obtenha mais facilmente, pela realização do valor dela, a satisfação do seu crédito, este só se extingue quando for satisfeito, e na medida respectiva".

NATUREZA JURÍDICA	■ É forma de pagamento indireto. Não constitui novação objetiva, nem se situa entre os contratos. Determinado o preço da coisa dada em pagamento, as relações entre as partes regular-se-ão pelas normas do contrato de compra e venda (art. 357).
REQUISITOS	a) Existência de um débito vencido; b) *animus solvendi*; c) diversidade do objeto oferecido, em relação ao devido; d) consentimento do credor na substituição.
DISPOSIÇÕES LEGAIS	■ Art. 357 do Código Civil: "Determinado o preço da coisa dada em pagamento, as relações entre as partes regular-se-ão pelas normas do contrato de compra e venda". ■ Art. 358: "Se for título de crédito a coisa dada em pagamento, a transferência importará em cessão". ■ Art. 359: "Se o credor for evicto da coisa recebida em pagamento, restabelecer-se-á a obrigação primitiva, ficando sem efeito a quitação dada, ressalvados os direitos de terceiros".

■ 6.6. DA NOVAÇÃO

■ 6.6.1. Conceito

A novação, a compensação, a confusão e a remissão das dívidas, institutos que serão estudados a seguir nessa ordem, produzem o mesmo efeito do pagamento, sendo, por isso, denominados **sucedâneos do pagamento**. A transação, que integrava esse rol no Código de 1916, foi deslocada no novo diploma para o título concernente aos contratos em geral (Capítulo XIX, arts. 840 a 850).

Novação é a criação de obrigação **nova** para extinguir uma anterior. É a substituição de uma dívida por outra, extinguindo-se a primeira. Ocorre, por exemplo, quando o pai, para ajudar o filho, procura o credor deste e lhe propõe substituir o devedor, emitindo novo título de crédito. Se o credor concordar, emitido o novo título e inutilizado o assinado pelo filho, ficará extinta a primitiva dívida, sendo esta substituída pela do pai.

Não se trata propriamente de uma transformação ou conversão de uma dívida em outra, mas, sim, de um fenômeno mais amplo, abrangendo a criação de nova obrigação para extinguir uma anterior. A novação tem, pois, **duplo conteúdo:**

- um **extintivo**, referente à obrigação antiga;
- outro **gerador**, relativo à obrigação nova.

O último aspecto é o mais relevante, pois a novação não extingue uma obrigação preexistente para criar outra nova, mas cria apenas uma **nova** relação obrigacional para **extinguir a anterior**. Sua intenção é criar para extinguir[68].

A novação não produz, como o pagamento, a satisfação imediata do crédito, sendo, pois, modo extintivo **não satisfatório**. O credor não recebe a prestação devida, mas apenas adquire outro direito de crédito ou passa a exercê-lo contra outra pessoa. Tem, ainda, a novação de **natureza contratual**, operando-se em consequência de ato de vontade dos interessados, jamais por força de lei.

[68] Washington de Barros Monteiro, *Curso de direito civil*, 32. ed. v. 4, p. 291; Maria Helena Diniz, *Curso de direito civil brasileiro*, v. 2, p. 280-281; Serpa Lopes, *Curso de direito civil*, v. II, p. 254.

O Superior Tribunal de Justiça, tendo em conta o princípio da **função social do contrato**, tem excepcionado a regra que não permite discussão da dívida novada, por extinta, e decidido que "na ação revisional de **negócios bancários**, pode-se discutir a respeito de contratos anteriores, que tenham sido objeto de novação"[69]. Leva-se em consideração, para assim decidir, o abuso de direito cometido pelo credor e a onerosidade excessiva representada pela cobrança de juros extorsivos nas obrigações anteriores. Esse entendimento veio a ser sedimentado com a edição da **Súmula 286**, do seguinte teor: "A renegociação de contrato bancário ou a confissão da dívida não impede a possibilidade de discussão sobre eventuais ilegalidades dos contratos anteriores".

■ 6.6.2. Requisitos da novação

Os requisitos ou pressupostos caracterizadores da novação podem ser assim esquematizados:

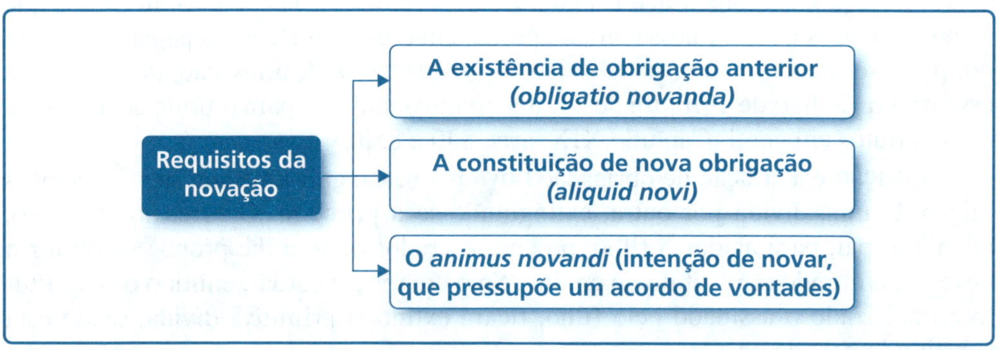

a) Primeiro requisito: consiste na **existência de obrigação jurídica anterior**, visto que a novação visa exatamente à sua substituição. É necessário que **exista** e seja **válida** a obrigação a ser novada. Dispõe, com efeito, o art. 367 do Código Civil:

> "Salvo as obrigações simplesmente anuláveis, não podem ser objeto de novação obrigações nulas ou extintas."

■ **Obrigações nulas ou extintas:** não se pode novar o que não existe ou que já existiu mas encontra-se extinto, nem extinguir o que não produz efeitos jurídicos.

■ **Obrigação anulável:** a obrigação simplesmente **anulável**, entretanto, pode ser confirmada pela novação, pois **tem existência**, enquanto não rescindida judicialmente. Podendo ser confirmada, interpreta-se sua substituição como **renúncia** do interessado ao direito de pleitear a **anulação**. O vício que torna anulável um negócio jurídico não ofende a ordem pública, visando exclusivamente proteger o relativamen-

[69] STJ, REsp 332.832-RS, 2ª Seção de Direito Privado, rel. Min. Asfor Rocha, *DJU*, 23.2.2003.

te incapaz ou quem foi vítima de um vício do consentimento ou da fraude contra credores (CC, art. 171). Por essa razão, a lei permite que o defeito seja sanado pela confirmação.

■ **Obrigações naturais:** é grande a dissensão a respeito da possibilidade de serem ou não novadas as **obrigações naturais**. Segundo considerável parte da doutrina, não comportam elas novação, porque o seu pagamento não pode ser exigido compulsoriamente. Não se pode, portanto, revitalizar ou validar relação obrigacional juridicamente inexigível.

A matéria, entretanto, é controvertida, havendo entendimentos contrários a este. Outra corrente, com efeito, sustenta que a falta de exigibilidade da obrigação natural não é obstáculo para a novação, pois a obrigação natural ganha substrato jurídico no momento de seu cumprimento. Os contratos estão no âmbito da autonomia da vontade. **Se as partes concordam em novar uma dívida natural por outra civil, não há por que obstar seu desejo:** *pacta sunt servanda*. O que justifica a novação não é a exigibilidade do crédito, senão a possibilidade de seu cumprimento, e essa **possibilidade** existe na obrigação natural.

Sendo a obrigação natural **válida** como qualquer obrigação civil, bem como válido o seu pagamento, com caráter satisfativo, embora **não exigível** (imperfeita), não há, efetivamente, empeço justificável a que seja substituída por outra obrigatória, mediante **livre acordo** celebrado entre credor e devedor, visto que, de fato, não é a exigibilidade, mas, sim, a possibilidade de cumprimento do crédito que justifica a novação.

■ **Obrigação sujeita a termo ou condição:** a obrigação sujeita a **termo** ou a **condição** existe (CC, arts. 125 e 131) e, portanto, é **passível de novação**. A nova dívida, contraída para substituir a primeira, que deixa de existir, poderá ser pura e simples ou igualmente condicional. No último caso, a validade da novação dependerá do implemento da condição estabelecida, resolutiva ou suspensiva[70].

■ **Dívida prescrita:** não obstante a opinião divergente de Clóvis Beviláqua, os autores, em geral, não veem obstáculos na novação da **dívida prescrita**, que é dotada de pretensão e pode ser renunciada, devendo-se entrever, na novação de uma dívida prescrita, segundo Soriano Neto, citado por Serpa Lopes, uma **renúncia tácita à prescrição consumada**[71]. Na mesma linha, Judith Martins-Costa, bem escorada em Pontes de Miranda, obtempera que "a lógica está a indicar que a dívida prescrita, por existente, pode ser objeto de novação. Quem nova dívida prescrita, extingue-a, havendo novabilidade sempre que há interesse do devedor em se liberar (ainda que por razões morais), embora não estivesse sujeito a exercício de pretensão ou de ação"[72].

---

70 Washington de Barros Monteiro, *Curso*, 32. ed., cit., v. 4, p. 293-294; Judith Martins-Costa, *Comentários*, cit., v. V, t. I, p. 513.

71 *Curso*, cit., v. II, p. 260, n. 211.

72 *Comentários*, cit., v. V, t. I, p. 515.

Assim, de acordo com o seguinte resumo esquemático:

NÃO PODEM SER NOVADAS	PODEM SER NOVADAS
■ As obrigações nulas	■ As obrigações anuláveis
■ As obrigações já extintas	■ As obrigações naturais
	■ As obrigações sujeitas a termo ou a condição
	■ As dívidas prescritas

b) Segundo requisito: a **constituição de nova dívida** (*aliquid novi*) para extinguir e substituir a anterior. A inovação pode recair sobre o **objeto** e sobre **os sujeitos**, ativo e passivo, da obrigação, gerando em cada caso uma espécie diversa de novação. Esta só se configura se houver **diversidade substancial** entre a dívida anterior e a nova. Não há novação quando se verifiquem alterações **secundárias** na dívida, como exclusão de uma garantia, alongamento ou encurtamento do prazo, ou, ainda, estipulação de juros.

c) Terceiro requisito: diz respeito ao ***animus novandi***. É imprescindível que o credor tenha a intenção de novar, pois importa renúncia ao crédito e aos direitos acessórios que o acompanham. Quando não manifestada expressamente, deve resultar de modo **claro e inequívoco** das circunstâncias que envolvem a estipulação. Na dúvida, entende-se que não houve novação, pois esta **não se presume**[73].

Dispõe, com efeito, o art. 361 do Código Civil:

> "Não havendo ânimo de novar, expresso ou tácito mas inequívoco, a segunda obrigação confirma simplesmente a primeira."

Nesse caso, coexistem as duas dívidas, que, entretanto, não se excluem[74]. Não ocorre novação, por exemplo, quando o credor simplesmente concede **facilidades** ao devedor, como a dilatação do prazo, o parcelamento do pagamento ou, ainda, a modificação da taxa de juros, pois, nesse caso, a dívida continua a mesma, apenas modificada em aspectos secundários.

O *animus novandi* pressupõe um acordo de vontades, o qual é elemento integrante da estrutura da novação. Admite-se que a forma utilizada para novar seja **tácita**, a qual se deduz da conduta do agente e não se identifica com a declaração presumida nem com o silêncio, desde que a declaração novativa seja **inequívoca**, isto é, certa, manifesta, que não enseja dúvida.

Preleciona, a propósito, Carvalho de Mendonça: "A novação tácita, portanto, dá-se todas as vezes que, sem declarar por termos precisos que a efetua, o devedor é exonerado da primeira obrigação e assume outra diversa, na substância ou na forma,

---

[73] "Novação. Presunção. Inadmissibilidade. Necessidade da comprovação do ânimo de novar" (*RT*, 759/327).

[74] "Acordo de empréstimo de dinheiro com o banco para cobrir saldo devedor da própria conta corrente. Contrato que não evidencia um novo financiamento ou novação, mas apenas a confirmação das cláusulas de abertura de crédito em conta corrente" (*RT*, 801/359).

da primeira, de modo a não ser uma simples modificação dela. É preciso, em suma, que a primeira e a segunda sejam **incompatíveis**"[75].

6.6.3. Espécies de novação

Há três espécies de novação:

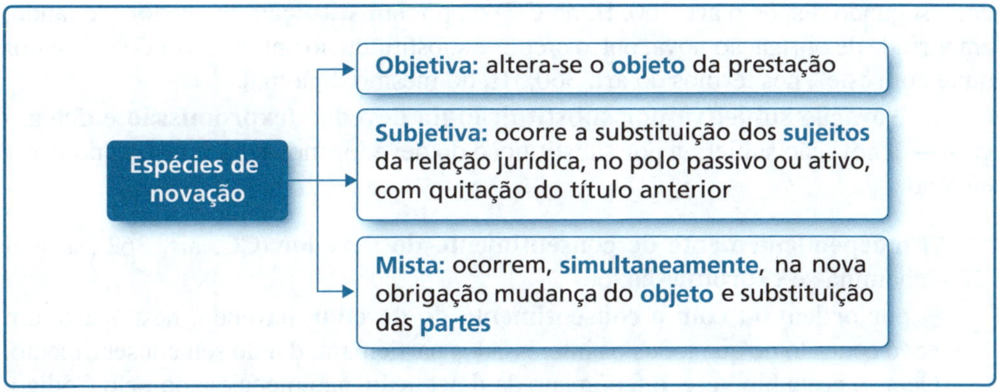

Novação objetiva ou real: dá-se a novação objetiva ou real "quando o devedor contrai com o credor nova dívida para extinguir e substituir a anterior" (CC, art. 360, I). Ocorre, por exemplo, quando o devedor, não estando em condições de saldar dívida em dinheiro, propõe ao credor, que aceita, a substituição da obrigação por prestação de serviços. Para que se configure, todavia, faz-se mister o ***animus novandi***, sob pena de caracterizar-se uma dação em pagamento, na qual o *solvens* não mais seria devedor. Já na novação, este continua a sê-lo. Produz, assim, a novação a **mudança de um objeto da prestação em outro**, quando não seja imediatamente transferido, como na dação[76].

Pode haver novação objetiva mesmo que a segunda obrigação consista também no pagamento em dinheiro, desde que haja **alteração substancial** em relação à primeira. É muito comum a obtenção, pelo devedor, de novação da dívida contraída junto ao banco mediante pagamento parcial e renovação do saldo por novo prazo, com a emissão de outra nota promissória, nela se incluindo os juros do novo período, despesas bancárias, correção monetária etc., e com a *quitação do título primitivo.*

A novação objetiva pode decorrer de **mudança:**

a) no **objeto principal** da obrigação (conversão de dívida em dinheiro em renda vitalícia ou em prestação de serviços, p. ex.);

b) em sua **natureza** (uma obrigação de dar substituída por outra de fazer ou vice-versa); ou

---

[75] *Doutrina e prática das obrigações*, t. I, p. 595-596.

[76] Carvalho de Mendonça, *Doutrina*, cit., t. I, p. 596; Judith Martins-Costa, *Comentários*, cit., v. V, t. I, p. 521.

c) na **causa jurídica** (quando alguém, p. ex., deve a título de adquirente e passa a dever a título de mutuário ou passa de mutuário a depositário do numerário emprestado)[77].

■ **Novação subjetiva ou pessoal:** a novação é subjetiva ou pessoal quando promove a substituição dos sujeitos da relação jurídica. Pode ocorrer por **substituição do devedor** ("quando novo devedor sucede ao antigo, ficando este quite com o credor", segundo dispõe o art. 360, II, do CC) ou por **substituição do credor** ("quando, em virtude de obrigação nova, outro credor é substituído ao antigo, ficando o devedor quite com este", nos termos do art. 360, III, do mesmo diploma).

a) Novação subjetiva por substituição do devedor (expromissão e delegação) — a novação subjetiva por substituição do devedor (novação **passiva**) pode ser efetuada:

- ■ **independentemente de consentimento do devedor** (CC, art. 362), a qual denomina-se **expromissão**; ou
- ■ **por ordem ou com o consentimento do devedor**, havendo, neste caso, um novo contrato de que todos os interessados participam, dando seu consentimento. Ocorre, nesta hipótese, o fenômeno da **delegação**, não mencionado pelo Código, por desnecessário, já que este autoriza a substituição até mesmo sem o consentimento do devedor. Assim, o pai pode substituir o filho na dívida por este contraída com ou sem o consentimento deste. Só haverá novação se houver extinção da primitiva obrigação. Neste caso, a delegação será **perfeita**. Se, todavia, o credor aceitar o novo devedor sem renunciar ou abrir mão de seus direitos contra o primitivo devedor, não haverá novação e a hipótese será de **delegação imperfeita**.

Na novação subjetiva por substituição do devedor, ocorre o fenômeno da **assunção de dívida** ou **cessão de débito**, especialmente quando se trata de delegação, em que o devedor indica terceira pessoa para resgatar seu débito (mudança de devedor e também da obrigação). Mas a referida **cessão** pode ocorrer sem novação, ou seja, com a mudança do devedor e sem alteração na substância da relação obrigacional (cessão de financiamento para aquisição da casa própria, cessão de fundo de comércio etc.), hipótese esta disciplinada no Código Civil, nos arts. 299 a 303, sob o título "Da Assunção de Dívida".

A propósito, assevera Limongi França: "A possível distinção teórica, entre a novação subjetiva passiva e a cessão de débito, consiste justamente em que naquela a dívida anterior se extingue, para ser substituída pela subsequente; enquanto que nesta é a mesma obrigação que subsiste, havendo mera alteração na pessoa do devedor"[78].

b) Novação subjetiva por substituição do credor — na novação subjetiva por substituição do credor (novação **ativa** ou ***mutatio creditoris***) ocorre um acordo de vontades, pelo qual muda a pessoa do credor. Mediante **nova obrigação**, o primitivo credor deixa a relação jurídica e outro lhe toma o lugar. Assim, o devedor se desobri-

---

77 Washington de Barros Monteiro, *Curso*, 32. ed., cit., v. 4, p. 292.

78 Cessão de débito, in *Enciclopédia Saraiva do Direito*, v. 14, p. 191.

ga para com o primeiro, estabelecendo novo vínculo para com o segundo, pelo acordo dos três.

Veja-se o exemplo: *A* deve para *B*, que deve igual importância a *C*. Por acordo entre os três, *A* pagará diretamente a *C*, sendo que *B* se retirará da relação jurídica. Extinto ficará o crédito de *B* em relação a *A*, por ter sido criado o de *C* em face de *A* (substituição de credor). Não se trata de **cessão de crédito**, porque surgiu dívida inteiramente nova. Extinguiu-se um crédito por ter sido criado outro. De certa forma, configurou-se uma **assunção de dívida**, pois *A* assumiu perante *C* dívida que era de *B*. Todavia, a hipótese não se confunde com a disciplinada no novo Código Civil, **por ter havido novação**.

Tal espécie de novação não se confunde com a **cessão de crédito**. Nesta, todos os acessórios, garantias e privilégios da obrigação primitiva são mantidos (CC, art. 287), enquanto na novação ativa eles se extinguem.

■ **Novação mista:** a novação mista é expressão da doutrina, não mencionada no Código Civil. Decorre da **fusão** das duas primeiras espécies e se configura quando ocorre, ao mesmo tempo, **mudança do objeto** da prestação e dos **sujeitos da relação jurídica** obrigacional. Por exemplo: o pai assume dívida em dinheiro do filho (mudança de devedor), mas com a condição de pagá-la mediante a prestação de determinado serviço (mudança de objeto). Trata-se de um *tertium genus*, que congrega simultaneamente as duas espécies anteriormente mencionadas, conservando, por essa razão, as características destas[79].

A novação pode ser classificada também em ***total*** ou ***parcial***. Dá-se, na primeira, a extinção da dívida primitiva, com todos os acessórios e garantias (CC, art. 364), sem estipulação em sentido contrário. As partes podem, todavia, convencionar o que será extinto (extinção ***parcial***), desde que a convenção não contrarie a ordem pública, a função social dos contratos e a boa-fé objetiva.

Parece-nos, no entanto, que o correto é considerar a existência de apenas duas espécies de novação, a **objetiva** e a **subjetiva**, visto que esta última já engloba a que alguns autores denominam **mista**. Efetivamente, para que se caracterize a novação subjetiva, não basta que haja substituição dos sujeitos da relação jurídica, seja no polo ativo (CC, art. 360, III), seja no polo passivo (art. 360, II), sendo necessária a **criação de nova relação obrigacional**, sob pena de configurar-se uma cessão de crédito ou uma assunção de dívida.

A novação pode ser classificada também em ***total*** ou ***parcial***. Dá-se, na primeira, a **extinção da dívida primitiva, com todos os acessórios e garantias** (CC, art. 364), sem estipulação em sentido contrário. As partes podem, todavia, convencionar o que será extinto (extinção ***parcial***), desde que a convenção não contrarie a ordem pública, a função social dos contratos e a boa-fé objetiva.

O Superior Tribunal de Justiça, com observância do princípio da função social dos contratos e nova visão do conceito tradicional de novação herdado do direito romano, editou a Súmula 286, do seguinte teor: **"A renegociação do contrato bancá-**

---

[79] Álvaro Villaça Azevedo, *Teoria geral das obrigações*, p. 177; Pablo Stolze Gagliano e Rodolfo Pamplona Filho, *Novo curso de direito civil*, v. II, p. 207.

rio ou a comissão da dívida não impede a possibilidade de discussão sobre eventuais ilegalidades dos contratos anteriores".

■ 6.6.4. Efeitos da novação

O principal efeito da novação consiste na extinção da primitiva obrigação, a qual é substituída por outra, constituída exatamente para provocar a referida extinção. Não há falar em novação quando a dívida continua a mesma e modificação alguma se verifica nas pessoas dos contratantes[80].

Os arts. 363 e 365 do Código Civil referem-se à novação **subjetiva por substituição do devedor**.

■ **Novo devedor insolvente:** diz o referido art. 363 do estatuto civil: "Se o novo devedor for insolvente, não tem o credor, que o aceitou, ação regressiva contra o primeiro, salvo se este obteve por má-fé a substituição".

A **insolvência do novo devedor** corre por conta e risco do credor, que o aceitou. Não tem direito a ação regressiva contra o primitivo devedor, mesmo porque o principal efeito da novação é extinguir a dívida anterior. Mas em atenção ao princípio da **boa-fé**, que deve sempre prevalecer sobre a malícia, abriu-se a exceção, deferindo-se-lhe a ação regressiva contra o devedor se este, ao obter a substituição, ocultou, maliciosamente, a insolvência de seu substituto na obrigação. A **má-fé** deste tem, pois, o condão de reviver a obrigação anterior, como se a novação fosse nula.

■ **Exoneração dos devedores solidários que não participaram da novação:** o art. 365 do Código Civil prescreve a exoneração dos devedores solidariamente responsáveis pela extinta obrigação anterior, estabelecendo que só continuarão obrigados **se participarem da novação**. Operada a novação entre o credor e apenas "um dos devedores solidários", os demais, que não contraíram a nova obrigação, "ficam por esse fato exonerados". São, portanto, estranhos à dívida nova. Assim, extinta a obrigação antiga, exaure-se a solidariedade, a qual só será mantida se for também convencionada na última.

Efetivamente, havendo a extinção total da dívida primitiva por força da novação operada, a exoneração alcança todos os devedores solidários. Se, no entanto, um ou alguns novaram, não se justifica a extensão da responsabilidade pela dívida nova àqueles que não participaram do acordo novatório. Como já foi dito, o *animus novandi* não se presume, pois deve ser sempre *inequívoco* (CC, art. 361).

■ **Exoneração do fiador:** da mesma forma, "importa exoneração do fiador a novação feita sem seu consenso com o devedor principal" (CC, art. 366). Trata-se de uma consequência do princípio estabelecido no art. 364, primeira parte, do novo diploma, segundo o qual "a novação extingue os acessórios e garantias da dívida, sempre que não houver estipulação em contrário". A fiança só permanecerá se o fiador, de forma expressa, assentir com a nova situação. Proclama a Súmula 214 do Superior Tribunal de Justiça: "O fiador na locação não responde por obrigações resultantes de aditamento ao qual não anuiu".

[80] Washington de Barros Monteiro, *Curso*, cit., 32. ed., v. 4, p. 295.

Entre os **acessórios** da dívida, mencionados no art. 364 supratranscrito, encontram-se os **juros** e outras prestações cuja existência depende da dívida principal, como a cláusula penal, não mais operando os efeitos da mora. O mencionado efeito é consequência do princípio de que o acessório segue o destino do principal. O dispositivo ressalva a possibilidade de sobrevierem os acessórios, na obrigação nova, se as partes assim convencionarem.

Nas **garantias** incluem-se as **reais**, como o penhor, a anticrese e a hipoteca, e as **pessoais**, como a fiança. Incluem-se, também, os **privilégios**. Aduz o referido art. 364, na segunda parte, que "não aproveitará, contudo, ao credor ressalvar o penhor, a hipoteca ou a anticrese, se os bens dados em garantia pertencerem a terceiro que não foi parte na novação".

Com efeito, extinto o vínculo primitivo e, por consequência, desaparecidas as garantias que o asseguravam, estas só renascem por vontade de quem as prestou[81].

6.6.5. Resumo

NOVAÇÃO	
CONCEITO	■ Novação é a criação de obrigação nova para extinguir uma anterior. É a substituição de uma dívida por outra, extinguindo-se a primeira.
REQUISITOS	a) existência de obrigação jurídica anterior; b) constituição de nova obrigação; c) intenção de novar *(animus novandi)*.
ESPÉCIES	■ Novação **objetiva** (art. 360, I): quando nova dívida substitui a anterior, permanecendo as mesmas partes. ■ Novação **subjetiva:** a) passiva (art. 360, II) — com substituição do devedor (**expromissão:** sem o consentimento deste; **delegação:** com o consentimento deste); b) ativa (art. 360, III) — com substituição do credor. ■ Novação **mista:** admitida por alguns doutrinadores, embora não mencionada pelo Código Civil. Decorre da fusão das duas primeiras.
EFEITOS	a) o principal efeito consiste na extinção da primitiva obrigação, substituída por outra; b) a novação extingue os acessórios e garantias da dívida sempre que não houver estipulação em contrário (art. 364); c) não aproveitará, contudo, ao credor ressalvar o penhor, a hipoteca ou a anticrese se os bens dados em garantia pertencerem a terceiro que não foi parte na novação (art. 364, 2ª parte); d) a nova obrigação não tem nenhuma vinculação com a anterior, senão a de uma força extintiva.

6.7. DA COMPENSAÇÃO

6.7.1. Conceito

Compensação é meio de extinção de obrigações entre pessoas que são, ao mesmo tempo, **credor e devedor** uma da outra. Acarreta a **extinção de duas obrigações** cujos credores são, simultaneamente, devedores um do outro. É modo indireto de extinção das obrigações, sucedâneo do pagamento, por produzir o mesmo efeito deste.

[81] Silvio Rodrigues, *Direito civil*, cit., v. 2, p. 208.

A compensação visa eliminar a circulação inútil da moeda, evitando duplo pagamento. Se, por exemplo, José é credor de João da importância de R$ 100.000,00 e este se torna credor do primeiro de igual quantia, as duas dívidas extinguem-se automaticamente, dispensando o duplo pagamento. Neste caso, temos a compensação **total**. Se, no entanto, João se torna credor de apenas R$ 50.000,00, ocorre a compensação **parcial**.

6.7.2. Espécies de compensação

Prescreve o art. 368 do Código Civil:

"Se duas pessoas forem ao mesmo tempo credor e devedor uma da outra, as duas obrigações extinguem-se, até onde se compensarem."

A compensação, portanto, será:

a) total, se de valores iguais as duas obrigações; e

b) parcial, se os valores forem desiguais.

No último caso, há uma espécie de desconto: abatem-se até a concorrente quantia. O efeito extintivo estende-se aos juros, ao penhor, às garantias fidejussórias e reais, à cláusula penal e aos efeitos da mora, pois, cessando a dívida principal, cessam, da mesma forma, seus acessórios e garantias[82].

A compensação pode ser, também:

a) legal, quando decorre da lei, independente da vontade das partes;

b) convencional, quando resulta de acordo das partes, dispensando algum de seus requisitos;

c) judicial, quando efetivada por determinação do juiz, nos casos permitidos pela lei.

Veja-se o seguinte quadro esquemático:

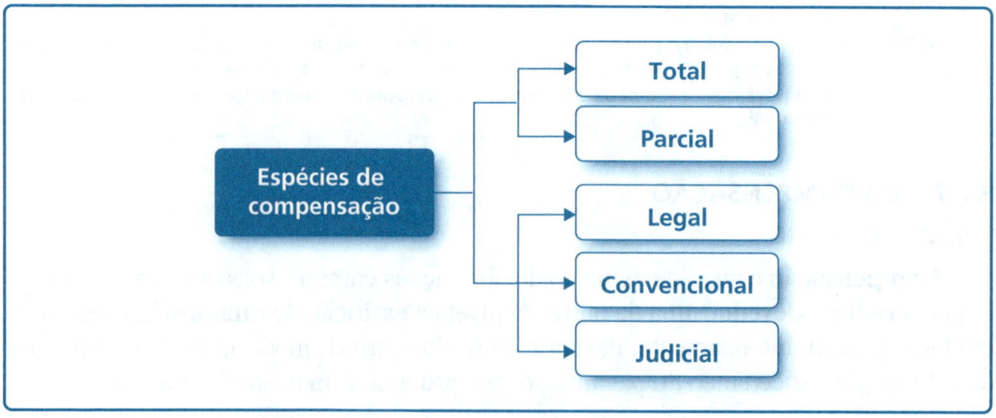

[82] Carvalho de Mendonça, *Doutrina*, cit., t. I, p. 615.

■ *6.7.2.1. Compensação legal*

■ *6.7.2.1.1. Conceito*

Compensação **legal** é a que, baseada nos pressupostos exigidos por **lei**, produz os seus efeitos *ipso iure*. Independe da vontade das partes e se realiza ainda que uma delas se oponha. Opera-se **automaticamente**, de pleno direito. No mesmo instante em que o segundo crédito é constituído, extinguem-se as duas dívidas. O juiz apenas reconhece, declara sua configuração, desde que provocado, pois não pode ser proclamada de ofício. Uma vez alegada e declarada judicialmente, seus efeitos retroagirão à data em que se estabeleceu a reciprocidade das dívidas.

Pode ser arguida em contestação, em reconvenção e até mesmo nos embargos à execução (CPC, art. 917, VI). Nesta última hipótese, exige-se que a compensação seja fundada em execução aparelhada. Não existindo ação ou execução em andamento, pode ajuizar ação declaratória o devedor que desejar fazer reconhecer a compensação legal, a qual depende de alguns requisitos, como se verá adiante.

■ *6.7.2.1.2. Requisitos da compensação legal*

Os requisitos da compensação legal, que valem também para a compensação judicial, são:

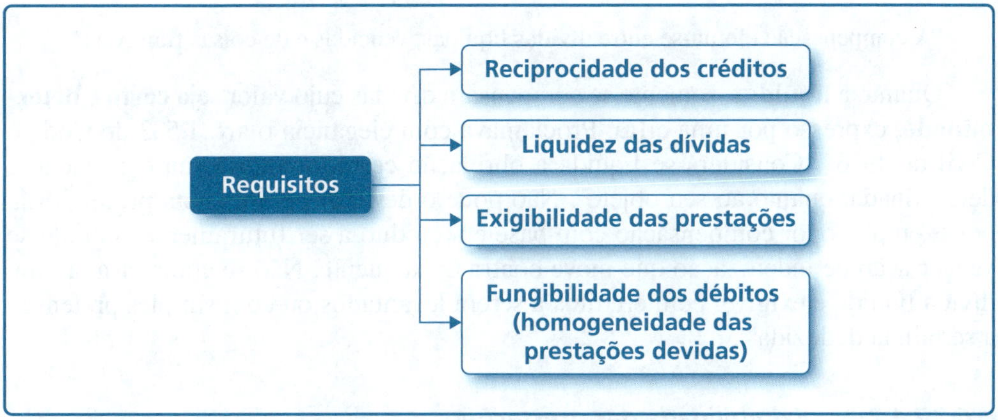

■ *6.7.2.1.2.1. Reciprocidade dos créditos*

O primeiro requisito é, pois, a existência de obrigações e créditos **recíprocos**, isto é, **entre as mesmas partes**, visto que a compensação provoca a extinção de obrigações pelo encontro de direitos opostos. Só há compensação, segundo o art. 368 retrotranscrito, quando duas pessoas forem **reciprocamente** ("ao mesmo tempo") credor e devedor uma da outra. O devedor de uma das obrigações tem de ser credor da outra e vice-versa. O terceiro não interessado, por exemplo, embora possa pagar em nome e por conta do devedor (CC, art. 304, parágrafo único), não pode compensar a dívida com eventual crédito que tenha em face do credor.

■ **Exceção em favor do fiador —** a lei abre, no entanto, uma **exceção** em favor do **fiador**, atendendo ao fato de se tratar de terceiro interessado, ao permitir que alegue, em seu favor, a compensação que o devedor (afiançado) poderia arguir perante o credor (CC, art. 371, segunda parte).

Como corolário do requisito da reciprocidade, a compensação só pode extinguir obrigações de uma parte em face da outra, e **não obrigações de terceiro** para com alguma delas. Preceitua, com efeito, o art. 376 do Código Civil que uma pessoa, obrigando-se por terceiro, "não pode compensar essa dívida com a que o credor dele lhe dever".

A regra não se confunde com a do citado art. 371 e se aplica precipuamente aos contratos com estipulação em favor de terceiro. Assim, quem se obriga (seguradora, p. ex.) em favor de terceiro (beneficiário) não lhe paga o que lhe prometeu, mas, sim, o que prometeu ao estipulante (contratante). É em virtude de obrigação contraída com este que a seguradora realiza o pagamento ao terceiro. Não há, pois, **reciprocidade** entre a seguradora e o beneficiário. Referido dispositivo aplica-se igualmente à hipótese de o mandante dever ao credor, que, por sua vez, deve ao mandatário. Inexiste a reciprocidade dos débitos.

■ *6.7.2.1.2.2. Liquidez das dívidas*

O segundo requisito é a **liquidez das dívidas**. Dispõe o art. 369 do Código Civil:

> "A compensação efetua-se entre dívidas líquidas, vencidas e de coisas fungíveis."

Quanto à **liquidez**, somente se compensam dívidas cujo valor seja **certo e determinado**, expresso por uma cifra. Proclamava com elegância o art. 1.533 do Código Civil de 1916: "Considera-se líquida a obrigação certa, quanto à sua existência, e determinada, quanto ao seu objeto". Não pode o devedor de uma nota promissória, por exemplo, opor compensação com base em crédito a ser futuramente apurado se vencer ação de indenização que move contra o exequente. Não se compensa, assim, dívida líquida e exigível com créditos a serem levantados ou com simples pretensão a ser ainda deduzida[83].

■ *6.7.2.1.2.3. Exigibilidade das prestações*

A exigibilidade das prestações ou créditos é também essencial para a configuração da compensação legal. É necessário que as dívidas estejam **vencidas**, pois somente assim as prestações podem ser exigidas. É indispensável, para que o devedor logre se liberar da obrigação por meio da compensação, que possa impor ao credor a realização coativa do contracrédito.

---

[83] "Não pode haver compensação entre duplicata e documento autorizador de levantamento de valores decorrentes da falta ilíquida de produto que, sendo transportado em navio, desapareceu, visto que, enquanto a duplicata contém dívida em dinheiro, líquida e vencida, o outro documento é ilíquido, por envolver mercadoria em quantidade, além de fretes, embalagens e outros custos, e com preço em dólar norte-americano, não estando a pretensão de acordo com o art. 1.010 do CC (*de 1916*)" (*RT*, 804/246).

Nas obrigações **condicionais**, só é permitida a compensação após o implemento da condição. E nas obrigações **a termo**, somente depois do vencimento deste. Mas os prazos de favor, embora consagrados pelo uso geral, "não obstam a compensação" (CC, art. 372). Esses prazos de favor impedem o rigor da execução, porém não inibem a compensação.

Nas obrigações **alternativas** "em que se achem *in obligatione* um objeto compensável e outro não, só após a realização da **escolha** é que se poderá decidir a possibilidade ou não da compensação. Se a opção recaiu na prestação compensável, pode, desde tal momento, dar-se a compensação"[84].

6.7.2.1.2.4. Fungibilidade dos débitos

É igualmente necessário que as prestações sejam **fungíveis**, da mesma natureza. Não basta que as obrigações tenham por objeto coisas fungíveis (dinheiro, café, milho etc.). Faz-se mister que sejam **fungíveis entre si**, isto é, homogêneas[85]. Assim, dívida em dinheiro só se compensa com outra dívida em dinheiro, bem como dívida consistente em entregar sacas de café só se compensa com outra dívida cujo objeto também seja a entrega de sacas de café. Não se admite a compensação de dívida em dinheiro com dívida em café.

Desse modo, na compensação, as dívidas devem ser, além de fungíveis, concretamente **homogêneas**. Isto está a significar que o atributo da homogeneidade não pode ser visto abstratamente, apenas referido a "coisas do mesmo gênero"[86].

A restrição legal vai além, pois o art. 370 do Código Civil aduz:

> "Embora sejam da mesma natureza as coisas fungíveis, objeto das duas prestações, não se compensarão, verificando-se que diferem na qualidade, quando especificada no contrato."

Nessa conformidade, se uma das dívidas for de café tipo "A" (**qualidade especificada**), só se compensará com outra dívida também de café tipo "A".

A questão preponderante é, pois, a introdução de outro elemento: a **qualidade**. Se a prestação é genérica (de dar coisa incerta) ou alternativa, "deve-se proceder à escolha ou concentração, que é feita, em regra, pelo devedor (art. 244), se o contrário não resulta do título. Porém, introduzido o *topos* da qualidade, não pode o devedor escolher coisa de qualidade média, como indica o art. 244 na parte final: aí deverá haver a *identidade* ou *mesmeidade* da qualidade da coisa. Há, portanto, nas obrigações (genéricas) previstas no art. 370, a determinação pela **qualidade**"[87].

---

84 Carvalho de Mendonça, *Doutrina*, cit., t. I, p. 622.

85 Silvio Rodrigues, *Direito civil*, cit., v. 2, p. 218.

86 Pietro Perlingieri, *Il fenomeno dell'estinzione nelle obbligazioni*, p. 127, n. 76.

87 Judith Martins-Costa, *Comentários ao novo Código Civil*, v. V, t. I, p. 593.

■ *6.7.2.2. Compensação convencional*

Compensação **convencional** é a que resulta de um **acordo de vontades**, incidindo em hipóteses que não se enquadram nas de compensação legal. As partes, de comum acordo, passam a aceitá-la, dispensando alguns de seus requisitos, por exemplo, a identidade de natureza ou a liquidez das dívidas. Pela convenção celebrada, dívida ilíquida ou não vencida passa a compensar-se com dívida líquida ou vencida, dívida de café com dívida em dinheiro etc. Sem ela, inocorreria compensação, pelo não preenchimento de todos os seus requisitos.

Situa-se, pois, a compensação convencional no âmbito de exercício da autonomia privada. Por acordo de vontade, as partes **suprem a falta** de um ou mais requisitos, ajustando a compensação. Pode também esta resultar da vontade de **apenas uma das partes**. Por exemplo: o credor de dívida vencida, que é reciprocamente devedor de dívida vincenda, pode abrir mão do prazo que o beneficia e compensar uma obrigação com outra, ocorrendo, nesse caso, a denominada **compensação facultativa**[88].

■ *6.7.2.3. Compensação judicial*

Compensação ***judicial*** é a determinada pelo juiz, nos casos em que se acham presentes os pressupostos legais. Ocorre principalmente nas hipóteses de procedência da ação e também de reconvenção. Se o autor cobra do réu a importância de R$ 100.000,00, e este cobra, na reconvenção, R$ 110.000,00, sendo ambas são julgadas procedentes, o juiz condenará o autor a pagar somente R$ 10.000,00, fazendo a compensação.

O art. 86 do Código de Processo Civil também determina que, se cada litigante for, em parte, vencedor e vencido, serão proporcionalmente distribuídas entre eles as despesas[89].

Frise-se que a compensação judicial não é reconhecida unanimemente pela doutrina, inclusive por Clóvis Beviláqua, para quem não havia "necessidade de identificar a compensação com a reconvenção, que tem a sua individualidade própria"[90].

■ 6.7.3. Dívidas não compensáveis

Em alguns casos especiais, não se admite a compensação. A exclusão pode ser **convencional** ou **legal**.

■ **Exclusão convencional** — neste caso, o obstáculo é criado pelas próprias partes. De comum acordo, credor e devedor excluem-na. Tem-se, assim, a exclusão **bilateral**, permitida no art. 375 do Código Civil, que proclama, na primeira parte,

[88] Silvio Rodrigues, *Direito civil*, cit., v. 2, p. 219.

[89] "Em caso de sucumbência recíproca, admite-se, por conseguinte, a compensação" (STJ-2ª Seção, REsp 155.135-MG, rel. Min. Nilson Naves, *DJU*, 8.10.2001, p. 159). O próprio Superior Tribunal de Justiça já decidiu, todavia, que, "diante da nova disciplina do Estatuto dos Advogados, a compensação dos honorários não é mais possível", porque pertencem aos advogados, e não às partes (REsp 205.044-RS, 3ª T., rel. Min. Menezes Direito, *DJU*, 16.11.1999).

[90] *Código Civil dos Estados Unidos do Brasil comentado*, v. IV, p. 169.

inexistir "compensação quando as partes, por mútuo acordo, a excluírem". Admite-se, também, a renúncia **unilateral**. Com efeito, não cabe compensação havendo "renúncia previa" de uma das partes (art. 375, segunda parte), ou seja, quando **uma das partes** abre mão do direito eventual de arguir a compensação. É necessário, porém, que seja posterior à criação do crédito e que os requisitos da compensação não estejam ainda presentes. Caso contrário, já estará concretizada. Mesmo assim, qualquer um dos devedores ainda pode renunciar a seus efeitos, respeitados os direitos de terceiros.

■ **Exclusão legal** — decorre esta:

a) da **causa** de uma das dívidas; ou

b) da **qualidade** de um dos devedores.

■ Em regra, a **diversidade de *causa debendi*** (razão pela qual foi constituído o débito) não impede a compensação das dívidas. Se ambas são da mesma natureza (em dinheiro, p. ex., líquidas e vencidas), compensam-se ainda que a causa de uma delas seja o mútuo e a da outra uma compra e venda. O art. 373 do Código Civil, que traz essa regra, consigna, no entanto, algumas **exceções**, em virtude das quais a diferença de causa nas dívidas **impede a compensação:** "I — se provier de esbulho, furto ou roubo; II — se uma se originar de comodato, depósito, ou alimentos; III — se uma for de coisa não suscetível de penhora".

Inciso I: na primeira hipótese, a razão é de ordem moral: **esbulho**, **furto** e **roubo** constituem **atos ilícitos**. É o caráter não só ilícito, mas *doloso*, da causa da obrigação que justifica a restrição. O direito recusa-se a ouvir o autor do esbulho ou o delinquente quando este invoca um crédito para compensar com a coisa esbulhada ou furtada, que lhe cumpre devolver.

Assim, aquele que emprestou a outrem certa importância em dinheiro e lhe furtou, mais tarde, quantia do mesmo valor do empréstimo, por exemplo, não poderá eximir-se ao cumprimento da obrigação de restituir o montante subtraído por compensação com o seu crédito. Porém, nada justifica que a compensação não possa **aproveitar à vítima** do esbulho, furto ou roubo. Não se compreende que esta esteja igualmente impedida de obter compensação a seu favor, sobretudo se o autor do furto estiver insolvente ou em risco de insolvência[91].

Inciso II: na segunda hipótese prevista no art. 373 do Código Civil, a razão está na causa do contrato: **comodato** e **depósito** baseiam-se na confiança mútua, somente se admitindo o pagamento mediante restituição da própria coisa emprestada ou depositada. Ninguém pode apropriar-se da coisa alegando compensação, pois **a obrigação de restituir não desaparece**. A não fungibilidade afasta a compensação, porque a prestação é determinada individualmente, tratando-se de corpo certo. Além disso, as dívidas não seriam homogêneas, mas de natureza diversa.

No caso específico do **depósito**, a impossibilidade de compensar dívida em respeito à confiança que impera entre os contratantes encontra exceção no art. 638 do

91 Antunes Varela, *Direito das obrigações*, cit., v. II, p. 235.

Código Civil, que expressamente permite a compensação "se noutro depósito se fundar". Nesse caso, as partes encontram-se na mesma situação, sendo depositários e depositantes recíprocos, não cabendo a alegação de quebra de confiança.

As dívidas **alimentares** obviamente não podem ser objeto de compensação, porque sua satisfação é indispensável para a **subsistência do alimentando**. Permiti-la seria privar o hipossuficiente do mínimo necessário a seu sustento. Por conseguinte, se o devedor de pensão alimentícia se torna credor da pessoa alimentada, não pode opor seu crédito quando exigida a pensão[92]. Se o alimentante pudesse compensar sua dívida com algum crédito que porventura tivesse contra o alimentando, a prestação alimentícia não seria fornecida, comprometendo-se a existência do beneficiado[93].

Inciso III: por último, não se opera a compensação se uma das dívidas se relaciona a **coisa insuscetível de penhora**. É que a compensação pressupõe dívida judicialmente exigível. Não se compensa, por exemplo, crédito proveniente de salários, que são impenhoráveis, com outro de natureza diversa. As coisas impenhoráveis são insuscetíveis de responder pelo débito por inexistir poder de disposição.

■ Quanto à **qualidade** de um dos devedores recíprocos, o Código de 2002, inovando, passou a admitir, no art. 374, a compensação de "dívidas fiscais e parafiscais" da União, dos Estados e dos Municípios, dispondo que tal matéria seria por ele regida. Todavia, o aludido dispositivo foi **revogado** pela Medida Provisória n. 104, de 1º de janeiro de 2003, publicada no *Diário Oficial da União,* de 10 de janeiro de 2003, que se converteu na Lei n. 10.677, de 22 de maio de 2003.

Também não se admite compensação "em prejuízo do direito de terceiro. O devedor que se torne credor do seu credor, depois de penhorado o crédito deste, não pode opor ao exequente a compensação, de que contra o próprio credor disporia" (CC, art. 380). Sendo modo abreviado de pagamento, a compensação não pode prejudicar **terceiros** estranhos à operação. O prejuízo ocorreria se o devedor pudesse, para compensar sua dívida com seu credor, adquirir crédito já penhorado por terceiro[94].

■ 6.7.4. Regras peculiares

■ **Compensação nas obrigações solidárias:** o art. 1.020 do Código Civil de 1916 tratava da compensação nas **obrigações solidárias** e dispunha: "O devedor solidário só pode compensar com o credor o que este deve a seu coobrigado, até ao equivalente da parte deste na dívida comum". Admitia, assim, que o devedor solidário, ao ser cobrado, compensasse com o credor o que este devia a seu coobrigado, mas só até o limite da quota deste na dívida comum.

---

92 Washington de Barros Monteiro, *Curso*, p. 302.

93 Silvio Rodrigues, *Direito civil*, cit., v. 2, p. 221.
"Alimentos. Execução. Prestações vencidas. Compensação com a satisfação de parcelas do IPTU. Inadmissibilidade. Pretensão vedada pelo art. 1.015, inciso II, do Código Civil (*de 1916*)" (*JTJ*, Lex, 226/114).

94 Silvio Rodrigues, *Direito civil*, cit., v. 2, p. 222.

Embora no débito solidário cada devedor responda pela dívida inteira perante o credor, entre eles, no entanto, cada qual só deve a sua quota. O legislador, no dispositivo em questão, levou em consideração o princípio da **reciprocidade** que deve existir entre os coobrigados solidários, pois o escolhido pelo credor tem ação regressiva contra os demais para cobrar de cada um a respectiva quota.

Embora o Código de 2002 não contenha dispositivo igual a esse, o princípio da reciprocidade, acolhido neste capítulo, e as **normas atinentes às obrigações solidárias** (arts. 264 a 285) autorizam a solução de casos futuros com base na referida regra. Desse modo, se o credor cobra, por exemplo, R$ 90.000,00 do devedor solidário "A", este pode opor a compensação com aquilo que o credor deve ao coobrigado "C": R$ 50.000,00, por exemplo. Como, no entanto, a quota de cada devedor solidário ("A", "B" e "C") na dívida comum é R$ 30.000,00 (R$ 90.000,00 dividido por três), a compensação é circunscrita a esse valor (R$ 30.000,00), pois cessa a reciprocidade das obrigações no que o exceder. Assim, o coobrigado "A", ao ser cobrado, pagará ao credor somente R$ 60.000,00 (R$ 90.000,00 — R$ 30.000,00).

■ **Compensação na cessão de crédito:** o art. 377 do Código Civil trata da compensação na **cessão de crédito**, prescrevendo:

> "O devedor que, notificado, nada opõe à cessão que o credor faz a terceiros dos seus direitos, não pode opor ao cessionário a compensação, que antes da cessão teria podido opor ao cedente. Se, porém, a cessão lhe não tiver sido notificada, poderá opor ao cessionário compensação do crédito que antes tinha contra o cedente."

A extinção das obrigações, por efeito da compensação, retroage à data em que as dívidas se tornaram compensáveis e não se conta apenas a partir do momento em que a compensação for invocada.

O devedor, que pode contrapor compensação ao credor, ao ser **notificado** por este da cessão do crédito a terceiro (cessionário), deve opor-se a ela, cientificando o cessionário da exceção que iria apresentar ao cedente, exercendo, assim, o seu direito de compensar. Como não há **reciprocidade** de débitos entre o devedor e o cessionário, se não se opuser à cessão, que lhe é notificada, estará o primeiro tacitamente **renunciando** ao direito de compensar. Assim acontecendo, passará a ser devedor do cessionário, embora continue credor do cedente.

Se, porém, a cessão **não tiver sido notificada ao devedor**, poderá este opor ao cessionário a compensação com um crédito que tivesse contra o primitivo credor. É essencial, nessa hipótese, que o crédito e o contracrédito entre cedente e devedor se tenham tornado compensáveis antes da data da cessão. Caso o contracrédito se tenha vencido, por exemplo, só depois da data da cessão, a compensação não poderá ser posta ao cessionário[95].

■ **Desconto das despesas:** o art. 378 do mesmo diploma autoriza o **desconto das despesas** ocorridas em compensação de débitos quando estes forem pagáveis no mesmo lugar. A distinção entre os lugares da prestação pode gerar, para uma das partes, despesas de transporte, de expedição ou relativas à diferença de câmbio, por

---

95 Antunes Varela, *Direito das obrigações*, cit., v. II, p. 243.

exemplo, ocasionando-lhe prejuízos. Embora estes derivem de fato lícito, surge o **dever de indenizar**, como expressão da justiça comutativa[96].

■ **Aplicação das regras estabelecidas para a imputação do pagamento:** por sua vez, o art. 379 determina a aplicação das normas fixadas para a "imputação do pagamento" quando houver **pluralidade de débitos** suscetíveis de compensação. Desse modo, ao arguir a compensação, o devedor indicará a dívida que pretende seja compensada. Se não fizer a indicação, a escolha far-se-á pelo credor, que declarará na quitação a dívida pela qual optou.

Não tendo o devedor feito a indicação e silenciando o credor ao fornecer a quitação, far-se-á a imputação com observância do disposto no art. 355 do Código Civil: nas dívidas líquidas e vencidas em primeiro lugar; se as dívidas forem todas líquidas e vencidas ao mesmo tempo, na mais onerosa.

■ 6.7.5. Resumo

COMPENSAÇÃO	
CONCEITO	■ Compensação é meio de extinção de obrigações entre pessoas que são, ao mesmo tempo, credor e devedor uma da outra. Acarreta a extinção de duas obrigações cujos credores são, simultaneamente, devedores um do outro (CC, art. 368).
ESPÉCIES	a) **total:** quando as duas dívidas têm o mesmo valor; b) **parcial:** quando os valores são diversos. ■ A compensação pode ser, ainda: a) **legal**; b) **convencional**; c) **judicial**.
COMPENSAÇÃO LEGAL	■ **Conceito:** é a que decorre da lei. Opera-se automaticamente, de pleno direito. ■ **Requisitos:** a) reciprocidade das obrigações. Abre-se exceção em favor do fiador (art. 371, 2ª parte); b) liquidez e exigibilidade das dívidas (art. 369); c) fungibilidade das prestações (dívidas da mesma natureza).
COMPENSAÇÃO CONVENCIONAL	■ É a que resulta de um acordo de vontades, incidindo em hipóteses que não se enquadram na compensação legal. As partes passam a aceitá-la, dispensando alguns de seus requisitos.
COMPENSAÇÃO JUDICIAL	■ É a determinada pelo juiz, nos casos em que se acham presentes os pressupostos legais (CPC, art. 86, p. ex.).
DIVERSIDADE DE CAUSA	■ Em regra, a diversidade de causa não impede a compensação das dívidas. Exceções: a) se provier de esbulho, furto ou roubo (origem ilícita); b) se uma se originar de comodato, depósito ou alimentos; c) se uma for de coisa não suscetível de penhora (art. 373).

■ 6.8. DA CONFUSÃO

■ 6.8.1. Conceito e características

A obrigação pressupõe a existência de dois sujeitos: o ativo e o passivo. Credor e devedor devem ser pessoas diferentes. Se essas duas qualidades, por alguma circunstância, encontrarem-se em **uma só pessoa**, extingue-se a obrigação, porque ninguém pode ser juridicamente obrigado para consigo mesmo ou propor demanda contra si próprio.

---

96 Judith Martins-Costa, *Comentários*, cit., v. V, t. I, p. 632-633.

Em razão desse princípio, dispõe o art. 381 do Código Civil:

"Extingue-se a obrigação, desde que na mesma pessoa se confundam as qualidades de credor e devedor."

Logo, portanto, que se reúnam na mesma pessoa as qualidades de credor e devedor, dá-se a **confusão** e a obrigação se extingue. Caracteriza-se a figura, na expressão de Pontes de Miranda, pela "mesmeidade do titular"[97].

Anote-se que a confusão não acarreta a extinção da dívida agindo sobre a obrigação, e sim **sobre o sujeito ativo e passivo**, na impossibilidade do exercício simultâneo da ação creditória e da prestação. Consiste, destarte, num *impedimentum praestandi*[98].

■ **Confusão e compensação:** a confusão distingue-se da compensação, malgrado em ambas exista a reunião das qualidades de credor e devedor. Confira-se:

CONFUSÃO	COMPENSAÇÃO
■ Reúnem-se numa só pessoa as duas qualidades, de credor e devedor, ocasionando a extinção da obrigação	■ Há dualidade de sujeitos, com créditos e débitos opostos, que se extinguem reciprocamente até onde se defrontarem

■ **Hipóteses de confusão:** a confusão não exige manifestação de vontade, extinguindo o vínculo *ope legis* pela simples verificação dos seus pressupostos: reunião, na mesma pessoa, das qualidades de credor e devedor. Pode decorrer de ato ***inter vivos***, como na cessão de crédito, ou ***mortis causa***, quando, por exemplo, o herdeiro é, ao mesmo tempo, devedor e credor do falecido. Se forem vários os herdeiros, o devedor coerdeiro ficará liberado unicamente da parte concorrente entre sua quota hereditária e sua dívida com o *de cujus*[99].

Na realidade, a confusão é mais frequente nas **heranças**. O caso mais comum é o do filho que deve ao pai e é sucessor deste. Morto o credor, o crédito transfere-se ao filho, que é exatamente o devedor. Opera-se, neste caso, a confusão *ipso iure*, desaparecendo a obrigação. Mas a confusão pode resultar também, como visto, da **cessão de crédito**, bem como do **casamento pelo regime da comunhão universal de bens** e da **sociedade**.

O fenômeno ocorre, igualmente, em outros ramos do direito, embora, às vezes, com outra denominação. No direito das coisas, significa a reunião de coisas líquidas (art. 1.272) e é causa de extinção das servidões, pela reunião dos dois prédios no domínio da mesma pessoa (art. 1.389, I), bem como extingue o usufruto, pela consolidação (art. 1.410, VI), quando o usufrutuário adquire o domínio do bem por ato *inter vivos* ou *causa mortis*[100].

---

97 *Tratado de direito privado*, v. 25, § 3.007, p. 31.

98 Carvalho de Mendonça, *Doutrina*, cit., t. I, p. 682.

99 Alberto Trabucchi, *Instituciones de derecho civil*, v. II, p. 86.

100 Washington de Barros Monteiro, *Curso de direito civil*, 32. ed., v. 4, p. 308; Carvalho de Mendonça, *Doutrina*, cit., t. I, p. 684-685; Alberto Trabucchi, *Instituciones*, cit., v. II, p. 86.

6.8.2. Espécies de confusão

Dispõe o art. 382 do Código Civil:

> "A confusão pode verificar-se a respeito de toda a dívida, ou só de parte dela."

Pode ser, portanto:

a) total; ou
b) parcial.

Na última, o credor não recebe a totalidade da dívida por não ser o único herdeiro do devedor, por exemplo. Os sucessores do credor são dois filhos e o valor da quota recebida pelo descendente devedor é menor do que o de sua dívida. Neste caso, subsiste o restante da dívida. O efeito é semelhante ao da compensação, quando as duas prestações extinguem-se até onde se compensarem.

Por sua vez, prescreve o art. 383 do referido diploma:

> "A confusão operada na pessoa do credor ou devedor solidário só extingue a obrigação até a concorrência da respectiva parte no crédito, ou na dívida, subsistindo quanto ao mais a solidariedade."

Em se tratando de **obrigação solidária passiva**, e se na pessoa de um só dos devedores reunirem-se as qualidades de credor e devedor, a confusão operará somente até a concorrência da quota deste. Se **ativa** a solidariedade, a confusão será também **parcial ou imprópria** (em contraposição à confusão **própria**, abrangente da totalidade do crédito), permanecendo, quanto aos demais, a solidariedade.

6.8.3. Efeitos da confusão

A confusão extingue não só a obrigação principal mas também os **acessórios**, como a fiança e o penhor, pois cessa para o fiador e outros garantes o direito de regresso, incompatível com os efeitos da confusão.

Mas a recíproca não é verdadeira. A obrigação principal, contraída pelo devedor, permanece caso a confusão opere-se nas pessoas do **credor** e do fiador. Extingue-se a fiança, porque ninguém pode ser fiador de si próprio, mas não a obrigação. Igualmente se houver confusão entre fiador e **devedor:** desaparece a garantia, porque deixa de oferecer qualquer vantagem para este, mas subsiste a obrigação principal[101].

6.8.4. Cessação da confusão

Preceitua o art. 384 do Código Civil:

> "Cessando a confusão, para logo se restabelece, com todos os seus acessórios, a obrigação anterior."

---

[101] Washington de Barros Monteiro, *Curso*, cit., v. 4, p. 309.

O fenômeno pode acontecer, por exemplo, no caso de abertura da **sucessão provisória** em razão da declaração de ausência e posterior aparecimento do presumidamente morto, no caso de renúncia da herança ou, ainda, em caso de **anulação de testamento** já cumprido, que conferiu ao devedor direitos hereditários, confundindo-se, nesse mesmo devedor, o direito ao crédito e o *onus debitoris*. Nestas hipóteses, não se pode falar que a confusão efetivamente extinguiu a obrigação, mas que somente a **neutralizou** ou paralisou até ser restabelecida por um fato novo[102]. Segundo expõe Pontes de Miranda, com acuidade, trata-se não de uma "ressurreição do crédito" que foi extinto, e sim, mais propriamente, de uma "pós-ineficacização da confusão"[103].

Em geral, o restabelecimento advém de duas causas: ou porque transitória a que gerou a confusão ou porque adveio de relação jurídica ineficaz.

■ 6.8.5. Resumo

CONFUSÃO	
CONCEITO	■ Na confusão, reúnem-se numa só pessoa as duas qualidades, de credor e devedor, ocasionando a extinção da obrigação (CC, art. 381).
ESPÉCIES	a) confusão **total** ou **própria:** caso se verifique a respeito de toda a dívida; b) confusão **parcial** ou **imprópria:** caso se efetive apenas em relação a uma parte do débito ou crédito.
EFEITOS	■ A confusão extingue não só a obrigação principal como também os acessórios, como a fiança. Mas a recíproca não é verdadeira. ■ Cessando, porém, a confusão, para logo se restabelecer, com todos os acessórios, a obrigação anterior (art. 384).

■ 6.9. DA REMISSÃO DE DÍVIDAS

■ 6.9.1. Conceito e natureza jurídica

Remissão é a **liberalidade** efetuada pelo credor, consistente em exonerar o devedor do cumprimento da obrigação. Não se confunde com **remição** da dívida ou de bens, de natureza processual, prevista no art. 826 do Código de Processo Civil. Esta, além de grafada de forma diversa, constitui instituto completamente distinto daquela. **Remissão é o perdão da dívida**. Nesse sentido, dispõe o art. 385 do Código Civil:

> "A remissão da dívida, aceita pelo devedor, extingue a obrigação, mas sem prejuízo de terceiro."

■ **Requisitos** — para que a remissão se torne eficaz faz-se mister:

a) que o remitente seja **capaz de alienar** e o remitido **capaz de adquirir**, como expressa o art. 386, *in fine*, do Código Civil;

b) que **o devedor a aceite**, expressa ou tacitamente, pois, se a ela se opuser, nada poderá impedi-lo de realizar o pagamento[104].

---

102 Silvio Rodrigues, *Direito civil*, v. 2, p. 223 e 225, nota 275, com base nas lições de Baudry-Lacantinerie e Barde e Colin e Capitant.

103 *Tratado*, cit., v. 25, § 3.009, p. 44.

104 Washington de Barros Monteiro, *Curso de direito civil*, 32. ed., v. 4, p. 310.

- **Natureza contratual** — inobstante a divergência existente na doutrina a respeito da unilateralidade ou bilateralidade da remissão, é nítida a sua **natureza contratual**, visto que o Código Civil, além de expressamente exigir a aceitação pelo devedor (art. 385), requer capacidade do remitente para alienar e do remitido para consentir e adquirir, como mencionado.
- **Créditos suscetíveis de remissão — todos os créditos**, seja qual for a sua natureza, são suscetíveis de remissão, desde que só visem ao interesse privado do credor e a remissão não contrarie o interesse público ou o de terceiro. Em suma, só poderá haver perdão de dívidas patrimoniais de **caráter privado**[105].

A remissão é espécie do gênero **renúncia**. Embora não se confundam, equivalem-se quanto aos efeitos. A renúncia é unilateral, enquanto a remissão se reveste de caráter convencional, porque depende de aceitação. O remitido pode recusar o perdão e consignar o pagamento. A renúncia é, também, mais ampla, podendo incidir sobre certos direitos pessoais de natureza não patrimonial; já a remissão é peculiar aos direitos creditórios[106].

6.9.2. Espécies de remissão

A remissão pode ser, no tocante ao seu **objeto:**

a) total; ou
b) parcial.

Pode ser, ainda, quanto à **forma:**

a) expressa;
b) tácita; ou
c) presumida.

Confira-se:

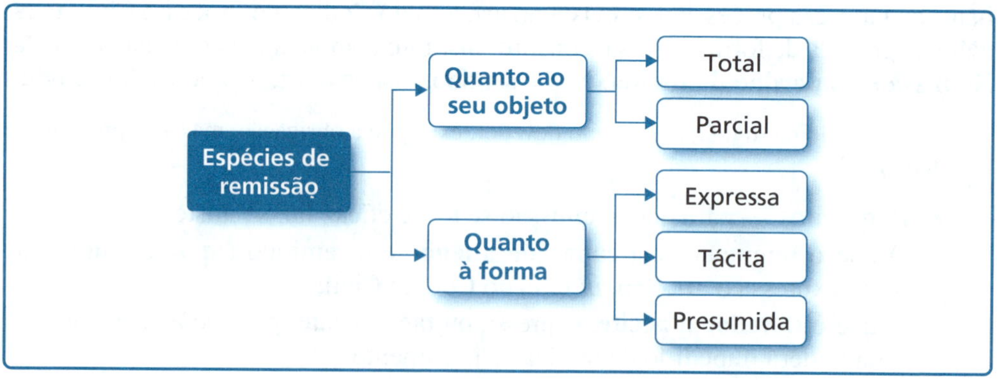

[105] Serpa Lopes, *Curso de direito civil*, v. II, p. 350, n. 302; Maria Helena Diniz, *Curso de direito civil brasileiro*, v. 2, p. 339.

[106] Washington de Barros Monteiro, *Curso*, cit., v. 4, p. 310-311; Serpa Lopes, *Curso*, cit., v. II, p. 349-350, n. 300; Maria Helena Diniz, *Curso*, cit., v. 2, p. 340.

- **Remissão expressa:** resulta de **declaração do credor**, em instrumento público ou particular, por ato *inter vivos* ou *mortis causa*, perdoando a dívida.
- **Remissão tácita:** decorre do **comportamento do credor**, incompatível com sua qualidade de credor por traduzir, inequivocamente, intenção liberatória, por exemplo, quando se contenta com uma quantia inferior à totalidade do seu crédito, quando destrói o título na presença do devedor ou quando faz chegar a ele a ciência dessa destruição[107]. Não se deve, todavia, deduzir remissão tácita da mera inércia ou tolerância do credor, salvo nos casos excepcionais de aplicação da *supressio*, como decorrência da boa-fé. Assim, por exemplo, se uma prestação for incumprida por largo tempo, o crédito, por sua própria natureza, exige cumprimento rápido[108].
- **Remissão presumida:** quando deriva de expressa **previsão legal**, como no caso dos arts. 386 e 387, que serão comentados no item seguinte.

A remissão pode ser também concedida sob **condição** (suspensiva) ou a **termo** inicial. Nestes casos, o efeito extintivo só se dará quando implementada a condição ou atingido o termo. A remissão com termo final significa, porém, segundo Von Tuhr, nada mais do que a concessão de prazo para o pagamento[109].

6.9.3. Presunções legais

A remissão é **presumida** pela lei em dois casos:

a) pela **entrega voluntária do título da obrigação** por escrito particular (CC, art. 386); e

b) pela **entrega do objeto empenhado** (CC, art. 387).

- **Entrega voluntária do título da obrigação:** dispõe o art. 386 do Código Civil: "A devolução voluntária do título da obrigação, quando por escrito particular, prova desoneração do devedor e seus coobrigados, se o credor for capaz de alienar, e o devedor capaz de adquirir". Exige-se a efetiva e voluntária restituição do título pelo próprio **credor ou por quem o represente**, e não por terceiro. Daí a razão pela qual o legislador substituiu a expressão "entrega do título", que constava do art. 1.053 do Código de 1916, pela expressão "devolução do título", mais adequada.
- **Entrega do objeto empenhado:** por sua vez, estabelece o art. 387 do mesmo diploma: "A restituição voluntária do objeto empenhado prova a renúncia do

---

107 Von Tuhr, *Tratado de las obligaciones*, t. II, n. 74, p. 143.

"Remissão. Compromisso de compra e venda. Não caracterização. Existência de saldo devedor. Quitação dada pela promitente-vendedora. Irrelevância. Intenção liberatória do credor não demonstrada. Ação de cobrança procedente. Recurso não provido" (*JTJ*, Lex, 238/184 e 237/38).

108 Von Tuhr, *Tratado*, cit., t. II, n. 74, p. 143; Judith Martins-Costa, *Comentários ao novo Código Civil*, v. V, t. I, p. 655.

109 *Tratado*, cit., t. II, p. 143; Judith Martins-Costa, *Comentários*, cit., v. V, t. I, p. 656-657.

credor à garantia real, não a extinção da dívida". Por conseguinte, se o credor devolve ao devedor, por exemplo, o trator dado em penhor, entende-se que renunciou somente à garantia, não ao crédito. Exige-se, pois, tal como no dispositivo anterior, **"restituição"** pelo **próprio credor ou por quem o represente**, e não meramente a "entrega". A voluntariedade, em contrapartida, é igualmente traço essencial à caracterização da presunção.

6.9.4. A remissão em caso de solidariedade passiva

Proclama o art. 388 do Código Civil:

> "A remissão concedida a um dos codevedores extingue a dívida na parte a ele correspondente; de modo que, ainda reservando o credor a solidariedade contra os outros, já lhes não pode cobrar o débito sem dedução da parte remitida."

Trata-se, na realidade, de especificação da regra já contida no art. 277 do mesmo diploma. Como foi dito oportunamente, o credor só pode exigir dos demais codevedores o restante do crédito, deduzida a quota do remitido. Os consortes não beneficiados pela liberalidade só poderão ser demandados, não pela totalidade, mas com abatimento da quota relativa ao devedor beneficiado[110]. A hipótese configura a remissão **pessoal** ou **subjetiva**, que, referindo-se a um só dos codevedores, não aproveita aos demais[111].

Também preceitua o art. 262, *caput*, do mesmo diploma que, sendo *indivisível* a obrigação, "se um dos credores remitir a dívida, a obrigação não ficará extinta para com os outros; mas estes só a poderão exigir, descontada a quota do credor remitente"[112].

6.9.5. Resumo

REMISSÃO DE DÍVIDAS	
CONCEITO	▪ Remissão é a liberalidade efetuada pelo credor, consistente em exonerar o devedor do cumprimento da obrigação. É o perdão da dívida (CC, art. 385).
NATUREZA JURÍDICA	▪ Embora seja espécie do gênero **renúncia**, que é unilateral, a remissão se reveste de caráter convencional porque depende de aceitação. O remitido pode recusar o perdão e consignar o pagamento. **É, portanto, negócio jurídico bilateral**.
ESPÉCIES	a) total ou parcial (art. 388); b) expressa ou tácita (art. 386).

---

110 Washington de Barros Monteiro, *Curso*, cit., v. 4, p. 312.

111 Serpa Lopes, *Curso*, cit., v. II, p. 353-356, n. 305; Judith Martins-Costa, *Comentários*, cit., v. V, t. I, p. 664.

112 Dispõe o art. 864º do Código Civil português: "1. A remissão concedida a um devedor solidário libera os outros somente na parte do devedor exonerado. 2. Se o credor, neste caso, reservar o seu direito, por inteiro, contra os outros devedores, conservam estes, por inteiro também, o direito de regresso contra o devedor exonerado".

6.10. QUESTÕES SOBRE PAGAMENTOS ESPECIAIS

1. (PGE/SC/Procurador do Estado/2009) Assinale a alternativa CORRETA.

a) Na consignação em pagamento, o depósito é feito no lugar de escolha do devedor.
b) A compensação efetua-se entre dívidas líquidas, vencidas e de coisas infungíveis.
c) Extingue-se a obrigação, desde que na mesma pessoa se confundam as qualidades de credor e devedor.
d) Em hipótese de dação em pagamento, se o credor for evicto da coisa recebida em pagamento não se restabelecerá a obrigação primitiva.
e) A pessoa obrigada por dois ou mais débitos da mesma natureza, a um só credor, tem o direito de indicar a qual deles oferece pagamento, bastando que todos os débitos sejam líquidos.

2. (TRF/3ª Região/SP-MS/Juiz Federal/XIII Concurso/Fundação Carlos Chagas/2006) A sub-rogação pelo pagamento pode dar-se:

a) se convencional, quando pactuada simultaneamente ao pagamento;
b) se legal, mediante expressa declaração daquele que paga;
c) em qualquer das modalidades, com a expressa anuência do credor;
d) se convencional, mesmo quando convencionada depois.

3. (TJSP/Juiz de Direito/182º Concurso/VUNESP/2009) A novação

a) deve ser expressa e implica criação de nova obrigação, podendo o credor optar pela primitiva.
b) pressupõe ânimo de novar, que pode ser tácito, desde que inequívoco.
c) se subjetiva passiva, depende da concordância do devedor.
d) não extingue as garantias da obrigação anterior, salvo a fiança.

4. (IF/RS/Professor de Direito/2015) Roberto adquire um imóvel no valor de R$ 500.000,00 (quinhentos mil reais) pagável em dez parcelas iguais e mensais de R$ 50.000,00 (cinquenta mil reais). Roberto efetua o pagamento regular de nove parcelas. Em decorrência de fatores alheios à sua vontade, torna-se inadimplente em relação à última parcela. No intuito de honrar o compromisso e liquidar o seu débito, ele oferece ao credor um veículo avaliado em R$ 50.000,00. Após avaliar o bem, o credor aceita o veículo e dá quitação da parcela vencida. A forma utilizada pelas partes para liquidação da última parcela denomina-se:

a) pagamento com sub-rogação.
b) novação de dívida.
c) compensação.
d) dação em pagamento.
e) remissão de dívida.

5. (TJSP/Juiz de Direito/178º Concurso/VUNESP/2006) Indique o enunciado ERRÔNEO.

a) O devedor que se tornar credor do seu credor, depois de penhorado o crédito deste, poderá opor ao exequente a compensação, de que contra o próprio credor dispõe.
b) Se uma delas se originar de comodato, depósito ou alimentos, a diferença de causa impedirá a compensação das dívidas.
c) A diferença de causa impede a compensação das dívidas quando uma delas é de coisa impenhorável.
d) Quando o credor cede a terceiros os seus direitos e não notifica o devedor, este pode opor aos cessionários a compensação do crédito que antes tinha contra o cedente.

6. (PGU/Administrador/IDECAN/2014) As obrigações são classicamente definidas pela doutrina pátria como o vínculo jurídico através do qual uma pessoa (sujeito ativo) pode exigir da outra (sujeito passivo) o cumprimento de uma prestação economicamente apreciável. Desta forma, é cediço que a obrigação já nasce com o objetivo de ser extinta pelo pagamento, ou seja, pelo cumprimento da prestação. Dentre as espécies de pagamento elencadas a seguir, assinale aquela que ocorre quando duas pessoas forem, ao mesmo tempo, credora e devedora uma da outra, extinguindo-se ambas as obrigações.

a) Novação.
b) Confusão.
c) Compensação.
d) Dação em pagamento.
e) Imputação do pagamento.

7. (OAB/MG/2008) Levando-se em conta o instituto da COMPENSAÇÃO, indique a opção CORRETA.

a) Efetua-se entre dívidas líquidas, vencidas e de coisas infungíveis.
b) É lícita a renúncia prévia ao direito de compensação.
c) Não se admite a compensação de dívidas pagáveis em locais distintos.
d) Sendo a mesma pessoa obrigada por várias dívidas somente dar-se-á a compensação se no seu ato houver a expressa indicação de quais débitos serão compensados.

8. (Defensoria Pública/SP/Defensor Público/I Concurso/Fundação Carlos Chagas/2006) Em matéria de obrigações, é correto afirmar:

a) A remissão da dívida dada a um dos credores solidários favorecerá aos demais devedores, que também serão perdoados;
b) A obrigação de resultado é aquela em que o devedor se obriga a usar de prudência e diligência normais na prestação de certo serviço para atingir um resultado;
c) A obrigação assumida pelo transportador é de meio, enquanto que a do mecânico, que se obriga a consertar um veículo, é de resultado;
d) Se um dos devedores solidários falecer deixando herdeiros, nenhum destes será obrigado a pagar senão a quota que corresponder ao seu quinhão, em qualquer situação;
e) O pagamento efetuado a um credor putativo é válido quando há boa-fé do devedor e o erro é escusável.

9. (Receita Estadual/Auditor Fiscal/SEFAZ/Fundação Carlos Chagas/2014) A respeito da extinção de obrigações, por modo diverso do pagamento, considere:

I. O devedor pode compensar com o credor o que este lhe dever e obrigando-se por terceiro uma pessoa, não pode compensar essa dívida com a que o credor dela lhe dever, mas o fiador pode compensar sua dívida com a de seu credor ao afiançado.
II. A novação só se dá quando o devedor contrai com o credor nova dívida para extinguir e substituir a anterior e desde que haja ânimo de novar.
III. Ocorrendo dação em pagamento, se o credor for evicto da coisa recebida em pagamento, restabelecer-se-á a obrigação primitiva, ficando sem efeito a quitação dada, ressalvados os direitos de terceiros.
IV. Na imputação do pagamento, havendo capital e juros, salvo estipulação em contrário, imputar-se-á primeiro no capital e depois nos juros vencidos.
V. A restituição voluntária do objeto empenhado prova a renúncia do credor à garantia real, não a extinção da dívida.

Está CORRETO o que se afirma apenas em

a) I, II e IV.
b) I, IV e V.

c) II, III e IV.
d) II, III e V.
e) I, III e V.

10. (TRF/3ª Região/Analista Judiciário/Fundação Carlos Chagas/2007) A respeito do adimplemento e extinção das obrigações, considere:

I. O credor é obrigado a receber prestação diversa da que lhe é devida se for mais valiosa.
II. A pessoa obrigada, por dois ou mais débitos da mesma natureza, a um só credor, tem o direito de indicar a qual deles oferece pagamento, se todos forem líquidos e vencidos.
III. A compensação efetua-se entre dívidas líquidas, vencidas e de coisas fungíveis.
IV. A remissão da dívida, aceita pelo devedor, extingue a obrigação, mas sem prejuízo de terceiro.

Está correto o que se afirma APENAS em
a) I e II.
b) I, II e IV.
c) I e III.
d) II, III e IV.
e) II e IV.

11. (DEL/POL/GO/Delegado de Polícia/UEG/2013) No que concerne ao estudo do adimplemento, são várias as situações de extinção das obrigações que não são precedidas pelo pagamento ordinário. Diante do exposto, tem-se que:

a) No caso de o devedor ser simultaneamente devedor e credor, aplicar-se-á a modalidade de extinção das prestações por novação tanto objetiva como subjetiva, de acordo com a vontade e eticidade das partes envolvidas.
b) No caso de consignação em pagamento de dívida em dinheiro, é facultativo ao *solvens* respeitar os requisitos objetivos e subjetivos previamente ajustados para o pagamento, sendo bastante o depósito efetivo para elidir sua mora.
c) Sub-rogação do pagamento é prevista no ordenamento jurídico civil nos casos de o devedor possuir duas ou mais obrigações para com um mesmo credor, e posteriormente paga uma quantia insuficiente para liquidação da dívida.
d) Considera-se pagamento a consignação que pode ser conceituada como o meio judicial ou extrajudicial adotado pelo devedor ou terceiro para libertar-se da obrigação depositando o valor devido nos casos e formas legais.

12. (PGE/PR/Defensor Público/UFPR/2014) Identifique as afirmativas a seguir a respeito do Direito das Obrigações como verdadeiras (V) ou falsas (F).

a) ( ) Havendo mais de um devedor, cada um deles será responsável pela dívida toda se o objeto da prestação for indivisível, mesmo que não estipulada a solidariedade passiva no contrato.
b) ( ) O pagamento feito a um dos credores solidários só extingue a dívida, até o montante do que foi pago, se os demais firmarem conjuntamente a prova da quitação.
c) ( ) Havendo devedores solidários, a propositura de ação pelo credor contra um ou alguns deles importará na renúncia da solidariedade.
d) ( ) O pagamento deve ser feito ao credor ou a quem de direito o represente, sendo válido se feito de boa-fé ao credor putativo, ainda que se prove, depois, que este não era o credor.
e) ( ) A sub-rogação transfere ao novo credor todos os direitos, ações, privilégios e garantias do primitivo, em relação à dívida, contra o devedor principal e os fiadores.

Assinale a alternativa que apresenta a sequência correta, de cima para baixo.

a) V — V — V — F — F.
b) V — V — F — V — F.
c) F — V — F — V — F.
d) V — F — F — V — V.
e) F — F — V — F — V.

13. (TJSP/Juiz de Direito/183° Concurso/2011) Assinale a alternativa CORRETA a respeito de novação.

a) Se o novo devedor for insolvente, o credor que o aceitou pode ajuizar ação regressiva contra o primeiro, se houve má-fé deste na substituição.
b) A novação extingue, em todos os casos, os acessórios e garantias da dívida.
c) A novação por substituição do devedor depende do consentimento deste.
d) Permanece a obrigação do fiador, ainda que a novação feita com o devedor principal tenha ocorrido sem o consentimento daquele.
e) As obrigações anuláveis não podem ser objeto de novação.

14. (TJPR/Juiz de Direito/PUC-PR/2011) Aponte se as assertivas a seguir são verdadeiras (V) ou falsas (F) e assinale a única alternativa CORRETA:

a) Nas obrigações alternativas, a escolha caberá ao credor, se outra coisa não se estipulou.
b) Terceiro não interessado, que paga dívida em seu próprio nome, tem o direito de reembolsar-se do que pagar, sub-rogando-se no direito do credor.
c) Nas obrigações divisíveis, no que tange ao pagamento, o recebimento é a regra do princípio do *concursus parts fiunt*.
d) O instituto da novação ocorre quando uma pessoa está obrigada, por dois ou mais débitos da mesma natureza, a um só credor, e possui o direito de indicar a qual dos débitos quer pagar, se todos estiverem líquidos e vencidos.

a) F, F, V, F
b) V, V, V, F
c) V, V, F, F
d) V, V, V, V

15. (TJSP/Juiz de Direito/183° Concurso/2011) Assinale a alternativa CORRETA.

a) Pode haver compensação entre dívidas líquidas, vencidas e de coisas fungíveis de qualidades distintas.
b) Os prazos de favor obstam a compensação.
c) Uma dívida proveniente de esbulho pode ser compensada com outra, de causa diversa.
d) O fiador pode compensar sua dívida com a de seu credor ao afiançado.
e) Duas dívidas não podem se compensar se não forem pagáveis no mesmo lugar.

16. (TJMG/Juiz de Direito/VUNESP/2012) Com relação ao adimplemento das obrigações por pagamento, analise as afirmativas seguintes.

I. O pagamento feito de boa-fé ao credor putativo é válido, ainda provado depois que não era credor.
II. A quitação não poderá ser dada por instrumento particular.
III. Na imputação do pagamento, havendo capital e juros, segundo a lei civil, o pagamento imputar-se-á primeiro no capital, e depois nos juros vencidos.
IV. Considera-se pagamento, e extingue a obrigação, o depósito judicial ou em estabelecimento bancário da coisa devida, nos casos e formas legais.

Estão corretas apenas as afirmativas

a) I e III.
b) I e IV.
c) II e III.
d) II e IV.

17. (TJPI/Juiz de Direito/CESPE/UnB/2012) Acerca do adimplemento contratual, assinale a opção CORRETA.

a) Não pode o credor recusar a imputação feita pelo devedor na dívida maior, quando o montante entregue só quitar a dívida menor.
b) É lícito aos contratantes incluir, na avença superior a um ano, cláusula de escala móvel, com o objetivo de estabelecer revisão a ser aplicada por ocasião dos pagamentos.
c) O pagamento que o devedor de boa-fé efetuar ao credor putativo só será válido se provado que reverteu em benefício seu.
d) O pagamento estipulado em cotas sucessivas não se presume pela apresentação da quitação da última cota.
e) Caso o credor seja incapaz, o devedor, de acordo com a lei, deverá, sempre, consignar o pagamento do valor devido àquele.

18. (MP/RO/Promotor de Justiça/CESPE/UnB/2013) João assinou nota promissória em garantia a empréstimo tomado de Carlos, no valor de R$ 5.000,00. Não tendo conseguido pagar a dívida no prazo acordado, João solicitou a sua irmã, Cláudia, que assinasse nova nota promissória, comprometendo-se a realizar o pagamento do débito em sessenta dias. Carlos concordou com o negócio e o título assinado por João foi inutilizado.

Nessa situação, houve

a) assunção de dívida.
b) cessão de crédito.
c) novação.
d) imputação do pagamento.
e) pagamento com sub-rogação.

19. (TJMG/Juiz de Direito/FUNDEP — Gestão de Concursos/2014) Sobre o adimplemento e a extinção das obrigações, assinale a alternativa INCORRETA.

a) A novação dá-se, dentre outras formas, quando, em virtude de obrigação nova, outro credor é substituído ao antigo, ficando o devedor quite com este.
b) A novação, quando se realiza por substituição do devedor, não pode ser efetuada independentemente de consentimento deste.
c) Na novação, operada entre o credor e um dos devedores solidários, somente sobre os bens do que contrair a nova obrigação subsistem as preferências e garantias do crédito novado. Os outros devedores solidários ficam por esse fato exonerados.
d) Na novação, não havendo ânimo de novar, expresso ou tácito mas inequívoco, a segunda obrigação confirma simplesmente a primeira.

20. (TRT/4ª Região/Juiz do Trabalho/2016) Assinale a assertiva INCORRETA sobre adimplemento e extinção das obrigações.

a) Qualquer interessado na extinção da dívida pode pagá-la, usando, se o credor se opuser, dos meios conducentes à exoneração do devedor.
b) É ilícito convencionar o aumento progressivo de prestações sucessivas.

c) O credor pode consentir em receber prestação diversa da que lhe é devida.
d) A compensação efetua-se entre dívidas líquidas, vencidas e de coisas fungíveis.
e) A confusão pode verificar-se a respeito de toda a dívida, ou só de parte dela.

21. (FAUEL/CISMEPARPR/Advogado/2016) De acordo com o civilista Flávio Tartuce, novação pode ser conceituada como "uma forma de pagamento indireto em que ocorre a substituição de uma anterior por uma obrigação nova, diversa da primeira criada pelas partes". Sobre esse tema, é CORRETO afirmar que:

a) A novação se dá não só quando o credor contrai com o devedor nova dívida, com o objetivo de substituir e extinguir a dívida anterior, mas também quando o devedor antigo é substituído por outro, operando-se a quitação da obrigação em relação ao devedor originário.
b) Elemento essencial à novação é o "animus novandi", ou seja, o ânimo de novar. Como se trata de critério objetivo, cujas hipóteses encontram-se listadas na lei, deparando-se o juiz com um caso concreto, deverá observar se há correspondência entre o fato trazido à baila e a hipótese legal, sendo desnecessário considerar as circunstâncias e particularidades do caso.
c) Ocorre novação subjetiva ativa nos casos em que o credor é substituído por outro, sendo desnecessário o consentimento do devedor.
d) Novação subjetiva passiva por expromissão ocorre quando o devedor é substituído por terceiro, sendo imprescindível, nesse caso, o consentimento do devedor originário. Já a novação subjetiva passiva por delegação ocorre nos casos em que a substituição do devedor se dá sem o seu consentimento. Nos dois casos, entretanto, é indispensável o consentimento do credor.

■ GABARITO ■

■ 6.1.13. Questões sobre adimplemento e extinção das obrigações — do pagamento
1. "a". *Vide* art. 309 do CC.
2. "e". *Vide* art. 327 do CC.
3. "d". *Vide* art. 330 do CC.
4. "b". *Vide* art. 320 do CC.
5. "b". *Vide* art. 327, parágrafo único, do CC.
6. "a". *Vide* art. 323 do CC.
7. "a". *Vide* art. 318 do CC.
8. "e". *Vide* art. 311 do CC.
9. "e". *Vide*, respectivamente, arts. 371, 359 e 387.
10. "c". *Vide* art. 305 do CC.
11. "b". *Vide* arts. 306, 281 e 302 do CC.
12. "b". *Vide* art. 320 do CC.
13. "b". *Vide* art. 304 do CC.
14. "b". *Vide* art. 305 do CC.
15. "e". *Vide* art. 310 do CC.

16. "a". *Vide*, respectivamente, item 6.1.1 (Noção de pagamento), *retro*, e art. 313 do CC.

17. "b". *Vide* arts. 309 e 327 do CC.

18. "c". *Vide* item 6.1.8.1. (Pagamento em dinheiro e o princípio do nominalismo), *retro*. *Vide*, a respeito da teoria do adimplemento substancial do contrato, o item 13.2.1.2, *infra*.

19. "d".

6.10. Questões sobre pagamentos especiais

1. "c". *Vide* art. 381 do CC.

2. "a". *Vide* art. 347, I, do CC.

3. "b". *Vide* art. 361 do CC.

4. "d". *Vide* art. 356 do CC.

5. "a". *Vide* art. 380 do CC.

6. "c". *Vide* art. 368 do CC.

7. "b". *Vide* art. 375, 2ª parte, do CC.

8. "e". *Vide* art. 309 do CC.

9. "e". I. *Vide* arts. 371 e 376 do CC; III. *Vide* art. 359 do CC; V. *Vide* art. 1.346, § 1º.

10. "d". *Vide* arts. 352, 369 e 385 do CC.

11. "d". *Vide* art. 334 do CC.

12. "d".

13. "a". *Vide* art. 363 do CC.

14. "a". *Vide* art. 257 do CC.

15. "d". *Vide* art. 371, segunda parte, do CC.

16. "b". *Vide* arts. 309 e 334 do CC.

17. "b". *Vide* arts. 316 do CC e 2º, § 1º, da Lei n. 10.192/2001.

18. "c". *Vide* art. 360, II, do CC.

19. "b". *Vide* art. 362 do CC.

20. "b". *Vide* art. 316 do CC.

21. "a".

7

DO INADIMPLEMENTO DAS OBRIGAÇÕES

7.1. A OBRIGATORIEDADE DOS CONTRATOS

De acordo com o secular princípio *pacta sunt servanda*, os contratos devem ser cumpridos. A vontade, uma vez manifestada, **obriga** o contratante. Esse princípio significa que o contrato faz lei entre as partes, não podendo ser modificado pelo Judiciário. Destina-se também a dar segurança aos negócios em geral.

Opõe-se a ele o princípio da **revisão dos contratos** ou da **onerosidade excessiva**, baseado na cláusula *rebus sic stantibus*, bem como na teoria da imprevisão, e que autoriza o recurso ao Judiciário para se pleitear a revisão dos contratos ante a ocorrência de fatos extraordinários e imprevisíveis (CC, art. 478).

7.1.1. O inadimplemento

A matéria ora em estudo trata do **inadimplemento das obrigações**, ou seja, da exceção, que é o não cumprimento da obrigação. Este pode decorrer:

a) de ato culposo do devedor; ou
b) de fato a ele não imputável.

A palavra **culpa** aqui é empregada em sentido lato, abrangendo tanto a culpa *stricto sensu* (imprudência, negligência e imperícia) como o dolo. Em regra, as obrigações são voluntariamente cumpridas, seja espontaneamente, por iniciativa do devedor, seja após a interpelação feita pelo credor. Mas nem sempre assim sucede. Muitas vezes, o locatário não paga o aluguel convencionado, o comprador não efetua o pagamento das prestações devidas e o vendedor não entrega normalmente a coisa alienada, por exemplo.

Nesses casos, diz-se que a obrigação não foi cumprida. Todavia, nem sempre que a prestação deixa de ser efetuada significa que houve **não cumprimento** da obrigação. Pode suceder, por exemplo, que o direito do credor prescreveu ou que ele remitiu (perdoou) a dívida ou sucedeu, como único herdeiro, ao devedor. Só há **não cumprimento** quando, não tendo sido extinta a obrigação por outra causa, a prestação debitória não é efetuada, nem pelo devedor, nem por terceiro[1].

1 Antunes Varela, *Direito das obrigações*, v. II, p. 49-50.

- **Inadimplemento decorrente de ato culposo do devedor:** enseja ao credor o direito de acionar o mecanismo sancionatório do direito privado para pleitear o **cumprimento forçado** da obrigação ou, na impossibilidade deste se realizar, a **indenização** cabível. Somente quando o não cumprimento resulta de fato que lhe seja **imputável** se pode dizer, corretamente, que o devedor **falta ao cumprimento**. Qualquer que seja a prestação prometida (dar, fazer ou não fazer), o devedor está obrigado a cumpri-la, e tem o credor o direito de receber exatamente o bem, serviço ou valor estipulado na convenção, não sendo obrigado a receber coisa diversa, ainda que mais valiosa (CC, art. 313).
- **Inadimplemento decorrente de fato não imputável ao devedor**, mas "necessário, cujos efeitos não era possível evitar ou impedir" (CC, art. 393): denominado caso fortuito ou força maior, configura-se o **inadimplemento fortuito** da obrigação. Neste caso, o devedor não responde pelos danos causados ao credor, "se expressamente não se houver por eles responsabilizado" (CC, art. 393).

7.1.2. Espécies de inadimplemento

O inadimplemento da obrigação pode ser:

- **Absoluto:** quando a obrigação não foi cumprida nem poderá sê-lo de forma útil ao credor. Mesmo que a possibilidade de cumprimento ainda exista, haverá inadimplemento absoluto se a prestação tornou-se inútil ao credor. Este será:
  - **a) total** quando concernir à totalidade do objeto; e
  - **b) parcial** quando a prestação compreender vários objetos e um ou mais forem entregues, enquanto outros, por exemplo, perecerem[2].
- **Relativo:** no caso de **mora** do devedor, ou seja, quando ocorre cumprimento imperfeito da obrigação, com inobservância do tempo, lugar e forma convencionados (CC, art. 394).

7.1.3. Violação positiva do contrato

A boa-fé objetiva enseja também a caracterização de inadimplemento, mesmo quando não haja mora ou inadimplemento absoluto do contrato. É o que a doutrina moderna denomina **violação positiva** da obrigação ou do contrato. Desse modo, quando a prestação é **realizada**, mas o contratante deixa de cumprir alguns **deveres anexos**, por exemplo, esse comportamento ofende a boa-fé objetiva e, por isso, caracteriza **inadimplemento do contrato**.

Esses deveres anexos ou secundários excedem o dever de prestação e derivam diretamente do princípio da boa-fé objetiva, tais como os deveres laterais **de esclarecimento** (informações sobre o uso do bem alienado, capacitações e limites), **de proteção** (como evitar situações de perigo), **de conservação** (coisa recebida para experiência),

---

2 Agostinho Alvim, *Da inexecução das obrigações e suas consequências*, p. 25; Renan Lotufo, *Código Civil comentado*, v. 2, p. 427-428.

de lealdade (não exigir cumprimento de contrato com insuportável perda de equivalência entre as prestações), **de cooperação** (prática dos atos necessários à realização plena dos fins visados pela outra parte) etc.

Nessa linha, a Conclusão 24 da I Jornada de Direito Civil (STJ-CJF): "Em virtude do princípio da boa-fé, positivado no art. 422 do novo Código Civil, a violação dos deveres anexos constitui espécie de inadimplemento, independentemente de culpa".

■ 7.2. INADIMPLEMENTO ABSOLUTO

Dispõe o art. 389 do Código Civil:

> "Não cumprida a obrigação, responde o devedor por perdas e danos, mais juros e atualização monetária segundo índices oficiais regularmente estabelecidos, e honorários de advogado."

O dispositivo trata do **inadimplemento absoluto**, que ocorre, como mencionado, quando a obrigação não foi cumprida nem poderá sê-lo de **forma útil** ao credor. É o caso, por exemplo, da não entrega dos salgados e doces encomendados para festa de casamento. De nada adiantará a promessa da devedora de entregá-los no dia seguinte.

A **correção monetária** é um componente indestacável do prejuízo a reparar, retroagindo ao próprio momento em que a desvalorização da moeda principiou a erodir o direito lesado. Por essa razão, deve ser calculada a partir do evento[3].

O pagamento dos **juros** e da **verba honorária**, em contrapartida, já é previsto no estatuto processual civil (arts. 20 e 293) e, segundo a jurisprudência, os valores devem integrar o montante da indenização, mesmo que não sejam pleiteados na inicial. Proclama, com efeito, a Súmula 254 do Supremo Tribunal Federal: "Incluem-se os juros moratórios na liquidação, embora omisso o pedido inicial ou a condenação".

■ 7.2.1. Inadimplemento culposo da obrigação

A redação do art. 389, retrotranscrito, pressupõe o não cumprimento voluntário da obrigação, ou seja, **culpa**. A princípio, pois, todo inadimplemento **presume-se culposo**, salvo em se tratando de obrigação concernente a prestação de serviço, se esta for de meio, e não de resultado. Se a obrigação assumida no contrato foi de meio, a responsabilidade, embora contratual, será fundada na culpa provada[4]. Incumbe ao inadimplente, nos demais casos, elidir tal presunção, demonstrando a ocorrência do fortuito e da força maior (CC, art. 393).

O mencionado art. 389 do Código Civil é considerado o fundamento legal da **responsabilidade civil contratual**. Porém, a responsabilidade **delitual** ou **extracontratual** encontra o seu fundamento no art. 186 do mesmo diploma.

---

3 "Correção monetária. Ato ilícito contratual oriundo do não pagamento de bens no prazo avençado. Atualização devida a partir da data em que devia ter o estado adimplido sua obrigação, sob pena de enriquecimento sem causa" (*RT*, 766/311).

4 Sérgio Cavalieri Filho, *Programa de responsabilidade civil*, p. 198.

O inadimplemento **contratual** acarreta a responsabilidade de indenizar as **perdas e danos**, nos termos do aludido art. 389. Quando a responsabilidade não deriva de contrato, mas de infração ao dever de conduta (dever legal) imposto genericamente no art. 927 do mesmo diploma, diz-se que ela é **extracontratual** ou **aquiliana**.

7.2.1.1. *Perdas e danos*

Nas hipóteses de não cumprimento da obrigação (**inadimplemento absoluto**) e de cumprimento imperfeito, com inobservância do modo e do tempo convencionados (**mora**), a consequência é a mesma: o nascimento da **obrigação de indenizar** o prejuízo causado ao credor.

"Nas obrigações negativas o devedor é havido por inadimplente desde o dia em que executou o ato de que se devia abster" (CC, art. 390). Se houver interesse do credor em que o devedor não reitere na conduta comissiva ou nas obrigações constituídas por uma série de abstenções, poderá mover-lhe ação de cunho **cominatório**. Caso se trate de obrigação de prestação única, pode o credor exigir, com base no art. 251 do Código Civil, o desfazimento do que foi realizado, "sob pena de se desfazer à sua custa, ressarcindo o culpado perdas e danos".

A satisfação das perdas e danos, em todos os casos de não cumprimento culposo da obrigação, tem por finalidade **recompor** a situação patrimonial da parte lesada pelo inadimplemento contratual. Por essa razão, devem elas ser **proporcionais ao prejuízo** efetivamente sofrido. Se, em vez do inadimplemento, houver apenas **mora**, sendo, portanto, ainda proveitoso para o credor o cumprimento da obrigação, responderá o devedor pelos **prejuízos decorrentes do retardamento**, nos termos do art. 395 do Código Civil.

As **perdas e danos**, segundo dispõe o art. 402 do Código Civil, que será estudado adiante, abrangem, salvo as exceções expressamente previstas em lei, "além do que ele efetivamente perdeu, o que razoavelmente deixou de lucrar".

7.2.1.2. *Responsabilidade patrimonial*

A responsabilidade civil é **patrimonial**. Dispõe, com efeito, o art. 391 do Código Civil:

> "Pelo inadimplemento das obrigações respondem todos os bens do devedor."

Nem sempre a prestação devida e não cumprida se converte em perdas e danos. Tal ocorre somente quando não é possível a execução direta da obrigação ou a restauração do objeto da prestação. A indenização do prejuízo surge como alternativa para essas hipóteses, ou seja, quando não há mais possibilidade de compelir o devedor a cumprir em espécie a obrigação contraída.

Obtida a condenação do devedor ao pagamento das perdas e danos e não satisfeito o pagamento, cabe a execução forçada, recaindo a **penhora** sobre os bens que integram o **patrimônio do devedor**, pois, como dito inicialmente, a responsabilidade civil é patrimonial: é o **patrimônio** do devedor que responde por suas **obrigações**.

Ninguém pode ser preso por dívida civil, exceto o devedor de pensão oriunda do direito de família.

7.2.1.3. *Contratos benéficos e onerosos*

Estatui o art. 392 do Código Civil:

> "Nos contratos benéficos, responde por simples culpa o contratante, a quem o contrato aproveite, e por dolo aquele a quem não favoreça. Nos contratos onerosos, responde cada uma das partes por culpa, salvo as exceções previstas em lei."

Contratos **benéficos** ou **gratuitos** são aqueles em que apenas um dos contratantes aufere benefício ou vantagem, enquanto para o outro há só obrigação, sacrifício (doações puras, p. ex.). Aquele responde por **simples culpa**, sendo corrente que a culpa, mesmo levíssima, obriga a indenizar. O outro, a quem o contrato não beneficia, mas somente impõe deveres, só responde por **dolo**. Mesmo não auferindo benefícios do contrato, responde pelos danos causados dolosamente ao outro contratante, porque não se permite a ninguém, deliberadamente, descumprir obrigação livremente contraída.

Como a culpa grave ao dolo se equipara (*culpa lata dolus aequiparatur, propre dolum est*), pode-se afirmar que responde apenas por **dolo** ou **culpa grave** aquele a quem o contrato não favorece e até por culpa **leve** ou **levíssima** o que é por ele beneficiado. Assim, o comodatário, por exemplo, beneficiado pelo contrato, responde por perdas e danos se não conservar, em razão de culpa leve ou levíssima, a coisa emprestada como se sua própria fora (CC, art. 582).

Nos contratos **onerosos**, em que ambos obtêm proveito e ao qual corresponde um sacrifício, respondem os contratantes tanto **por dolo como por culpa**, em igualdade de condições, "salvo as exceções previstas em lei" (art. 392, segunda parte). Sendo recíprocas as prestações, respondem os contraentes, tanto por dolo como por culpa, em pé de igualdade[5].

7.2.2. Inadimplemento fortuito da obrigação

O inadimplemento definitivo da obrigação, em razão da impossibilidade ou inutilidade da prestação para o credor, pode decorrer de fato não imputável ao devedor. As circunstâncias determinantes da impossibilidade da prestação, **sem culpa do devedor**, podem ser provocadas:

a) por **terceiro** (que inutilizou a coisa devida ou reteve ilicitamente o devedor em determinado local, p. ex.);

b) pelo **credor** (que não posou para o pintor contratado para fazer o seu retrato);

c) pelo próprio **devedor**, embora **sem culpa** dele (confundindo, justificadamente, a data do pagamento ou destruindo a coisa devida num acesso de loucura); ou

---

5 Washington de Barros Monteiro, *Curso*, cit., 32. ed., v. 4, p. 316.

d) pelo **caso fortuito** ou **força maior**[6].

O caso fortuito e a força maior constituem **excludentes** da responsabilidade civil, contratual ou extracontratual, pois rompem o nexo de causalidade. Prescreve o Código Civil:

> "Art. 393. O devedor não responde pelos prejuízos resultantes de caso fortuito ou força maior, se expressamente não se houver por eles responsabilizado.
>
> Parágrafo único. O caso fortuito ou de força maior verifica-se no fato necessário, cujos efeitos não era possível evitar ou impedir."

É lícito às partes, como consta do texto, por cláusula expressa **convencionar** que a indenização será devida em qualquer hipótese de inadimplemento contratual, **ainda que decorrente de fortuito ou força maior**.

O parágrafo único supratranscrito, como se observa, não faz distinção entre um e outro. Em geral, a expressão **caso fortuito** é empregada para designar fato ou ato alheio à vontade das partes, ligado ao comportamento humano, ao funcionamento de máquinas ou ao risco da atividade ou da empresa, como greve, motim, guerra, queda de viaduto ou ponte ou defeito oculto em mercadoria produzida. Já **força maior** emprega-se para os acontecimentos externos ou fenômenos naturais, como raio, tempestade, terremoto ou fato do príncipe (*fait du prince*).

Modernamente, na doutrina e na jurisprudência se tem feito, com base na lição de Agostinho Alvim, a distinção entre **"fortuito interno"** (ligado à pessoa, à coisa ou à empresa do agente) e **"fortuito externo"** (força maior ou *Act of God* dos ingleses). Somente o fortuito externo, isto é, a causa ligada à natureza, estranha à pessoa do agente e à máquina, excluiria a responsabilidade, principalmente se esta estiver fundada no risco. O fortuito interno, não.

Essa diferenciação foi ressaltada no novo Código Civil, que consigna somente a **força maior** como excludente da responsabilidade civil do transportador (art. 734), não mencionando o caso fortuito, ligado ao funcionamento do veículo, acolhendo, assim, o entendimento consagrado na jurisprudência de que não excluem a responsabilidade do transportador defeitos mecânicos, como quebra repentina da barra da direção, estouro de pneus e outros, considerados hipóteses de **"fortuito interno"**[7].

Há várias teorias que procuram distinguir as duas excludentes e realçar seus traços peculiares. O legislador preferiu, no entanto, não fazer nenhuma distinção no aludido parágrafo único, mencionando as duas expressões como sinônimas. Percebe-se que o traço característico das referidas excludentes é a **inevitabilidade**, que é estar o fato acima das forças humanas.

---

6 Antunes Varela, *Direito*, cit., v. II, p. 71.

7 Carlos Roberto Gonçalves, *Responsabilidade civil*, p. 737-741.

"Defeitos mecânicos em veículos, como o estouro dos pneus, não caracterizam caso fortuito ou força maior para isenção da responsabilidade" (*JTACSP*, Revista dos Tribunais, 117/22).

Na lição da doutrina, exige-se, para a configuração do caso fortuito ou força maior, a presença dos seguintes **requisitos:**

- o fato deve ser necessário, não determinado por culpa do devedor, pois, se há culpa, não há caso fortuito; reciprocamente, se há caso fortuito, não pode haver culpa, na medida em que um exclui o outro;
- o fato deve ser superveniente e inevitável. Desse modo, se o contrato é celebrado durante a guerra, não pode o devedor alegar depois as dificuldades decorrentes dessa mesma guerra para furtar-se às suas obrigações;
- o fato deve ser irresistível, fora do alcance do poder humano[8].

7.2.3. Resumo

INADIMPLEMENTO DAS OBRIGAÇÕES	
OBRIGATORIEDADE DOS CONTRATOS	De acordo com o secular princípio da obrigatoriedade dos contratos (*pacta sunt servanda*), estes devem ser cumpridos. O não cumprimento acarreta a responsabilidade por perdas e danos (CC, art. 389). A responsabilidade civil é patrimonial: "pelo inadimplemento das obrigações respondem todos os bens do devedor" (art. 391). A redação do art. 389 pressupõe o não cumprimento voluntário da obrigação, ou seja, **culpa**. A princípio, pois, todo inadimplemento presume-se culposo. Incumbe ao inadimplente elidir tal presunção, demonstrando a ocorrência do fortuito e da força maior (art. 393).
CONTRATOS BENÉFICOS E ONEROSOS	Contratos **benéficos** são aqueles em que apenas um dos contratantes aufere benefício ou vantagem. Nesses contratos, "responde por simples culpa o contratante, a quem o contrato aproveite, e por dolo aquele a quem não favoreça". Como a culpa grave ao dolo se equipara, pode-se afirmar que responde apenas por dolo **ou culpa grave** aquele a quem o contrato não favorece. Nos contratos **onerosos**, respondem os contratantes tanto por dolo como por culpa, em igualdade de condições, "salvo as exceções previstas em lei" (art. 392, 2ª parte).
CASO FORTUITO E FORÇA MAIOR	O caso fortuito e a força maior constituem excludentes da responsabilidade civil, pois rompem o nexo de causalidade (art. 393). A lei não faz distinção. Em geral, porém, a expressão **caso fortuito** é empregada para designar fato ou ato alheio à vontade das partes, como greve, motim ou guerra, enquanto **força maior**, para os fenômenos naturais, como raio ou tempestade. O traço característico das referidas excludentes é a **inevitabilidade**, que é estar o fato acima das forças humanas (art. 393, parágrafo único). Requisitos para a sua configuração: a) o fato deve ser necessário, não determinado por culpa do devedor; b) o fato deve ser superveniente e inevitável; c) o fato deve ser irresistível, fora do alcance do poder humano.

7.3. DA MORA

7.3.1. Conceito

Mora é o **retardamento** ou o **imperfeito** cumprimento da obrigação. Preceitua, com efeito, o art. 394 do Código Civil:

---

[8] Washington de Barros Monteiro, *Curso*, cit., v. 4, p. 318-319; Arnoldo Medeiros da Fonseca, *Caso fortuito e teoria da imprevisão*, p. 159.

"Considera-se em mora o devedor que não efetuar o pagamento e o credor que não quiser recebê-lo no tempo, lugar e forma que a lei ou a convenção estabelecer."

Configura-se a mora, portanto, não só quando há **retardamento**, atraso, no cumprimento da obrigação mas também quando este se dá na data estipulada, porém de modo **imperfeito**, ou seja, em **lugar** ou **forma** diversa da convencionada ou estabelecida na lei. Para sua existência, basta que um dos requisitos mencionados no aludido art. 394 esteja presente, não se exigindo a concorrência dos três.

Segundo o Código Civil brasileiro, portanto, a mora é mais que o simples retardamento, como assinala Silvio Rodrigues, "pois o legislador acrescentou, ao conceito tradicional, a ideia de cumprimento fora do **lugar** e de **forma** diferente da ajustada"[9]. Na maioria das vezes, no entanto, esta se revela pelo retardamento.

Nem sempre a mora deriva de descumprimento de convenção, podendo decorrer também de **infração à lei**, como na prática de **ato ilícito** (CC, art. 398). O Código Civil, no art. 394 retrotranscrito, declara que a mora pode decorrer não só do atraso ou do cumprimento da obrigação de modo diverso do que a convenção estabelecer como também do que **a lei** determinar.

7.3.2. Mora e inadimplemento absoluto

7.3.2.1. Distinção

- **Mora:** diz-se que há **mora** quando a obrigação não foi cumprida no tempo, lugar e forma convencionados ou estabelecidos pela lei, mas ainda poderá sê-lo, com **proveito** para o credor. Ainda interessa a este receber a prestação, acrescida dos juros, atualização dos valores monetários, cláusula penal etc. (CC, arts. 394 e 395).
- **Inadimplemento absoluto:** se, no entanto, a prestação, por causa do retardamento ou do imperfeito cumprimento, tornar-se **"inútil ao credor"**, a hipótese será de **inadimplemento absoluto**, e este poderá **"enjeitá-la"**, bem como "exigir a satisfação das **perdas e danos**" (CC, art. 395, parágrafo único).

Embora os dois institutos sejam espécies do gênero inadimplemento ou inexecução das obrigações, **diferem** no ponto referente à existência ou não, ainda, de **utilidade ou proveito** ao credor. Havendo, a hipótese será de **mora**; não havendo, será de **inadimplemento absoluto**.

Como exemplo desta última, pode ser mencionado o atraso no fornecimento de salgados e doces encomendados para festa de casamento. De nada adiantará a promessa da devedora de entregá-los no dia seguinte, porque a prestação será **inútil** ao credor, que poderá **enjeitá-la** e pleitear **perdas e danos**. Quando, no entanto, alguém atrasa o pagamento de uma parcela do preço na venda a prazo, ainda interessa ao credor seu recebimento, com o acréscimo das perdas e danos. Trata-se de simples mora.

---

[9] *Direito civil*, v. 2, p. 244.

A propósito, proclama o Enunciado 162, aprovado na III Jornada de Direito Civil promovida pelo Conselho da Justiça Federal em Brasília: "A **inutilidade** da prestação que autoriza a recusa da prestação por parte do credor deverá ser aferida **objetivamente**, consoante o princípio da boa-fé e a manutenção do sinalagma, e não de acordo com o mero interesse subjetivo do credor".

■ *7.3.2.2. Semelhanças entre os dois institutos*

■ **Primeira semelhança:** em ambos os casos, a consequência será a mesma: o devedor que não efetuar o pagamento e o credor que não quiser recebê-lo no tempo, lugar e forma convencionados ou devidos responderão pelo ressarcimento dos prejuízos a que a sua mora der causa (CC, art. 395), isto é, por **perdas e danos**. Também responde por estas o devedor absolutamente inadimplente (arts. 395, parágrafo único, e 389).

■ **Segunda semelhança:** reside no fato de que, nos dois casos, a obrigação de reparar o prejuízo depende de existência de **culpa** do devedor moroso ou inadimplente. Dispõe, com efeito, o art. 396 do Código Civil:

> "Não havendo fato ou omissão imputável ao devedor, não incorre este em mora."

Não basta, destarte, segundo enfatiza Antunes Varela, "o fato do não cumprimento no momento próprio para que haja mora. Essencial à mora é que haja **culpa** do devedor no atraso do cumprimento. *Mora est dilatio, culpa non carens, debiti solvendi*... Não há **mora**, por ***falta de culpa*** do devedor, quer quando o retardamento é devido a fato fortuito ou de força maior, quer quando seja imputável a fato de terceiro ou do credor, quer mesmo quando proceda de fato do devedor, não culposo (ignorância desculpável da dívida ou da data do vencimento etc.)"[10].

Por essa razão, tem decidido o Superior Tribunal de Justiça: **"A cobrança de encargos indevidos pelo credor afasta a mora do devedor, nos termos do entendimento pacificado na Segunda Seção desta Corte"**[11]. Nesse sentido, o Enunciado 354 da IV Jornada de Direito Civil (STJ-CJF): **"A cobrança de encargos e parcelas indevidas ou abusivas impede a caracterização da mora do devedor"**.

É certo que todo inadimplemento se presume culposo. Mas o devedor poderá afastar tal presunção, demonstrando que a inexecução da obrigação teve por causa o fortuito ou força maior, e não eventual culpa de sua parte. Se a prestação se tornar impossível, **sem culpa do devedor**, a relação jurídica se extingue sem qualquer ônus ou responsabilidade para este.

Se o elemento **culpa** (fato ou omissão imputável ao **devedor**) é necessário para a caracterização da mora deste, conforme dispõe o retrotranscrito art. 396 do Código

---

[10] *Direito das obrigações*, v. 2, p. 139.

[11] STJ, AgRg no REsp 617.996-RS, 4ª T., rel. Min. Asfor Rocha, *DJU*, 6.6.2005. No mesmo sentido: STJ, AgRg nos EDcl no REsp 617.800-RS, 3ª T., rel. Min. Nancy Andrighi, *DJU*, 20.6.2005.

Civil, tal não ocorre com a do **credor**. Se aquele oferece a prestação oportunamente, configura-se a mora deste se não a recebe, **independentemente de culpa**. O primeiro deixa de responder pelos riscos da coisa (ainda que o último não a tenha recebido por motivo alheio à sua vontade), por ter oferecido o pagamento quando se tornou exigível.

A questão, no entanto, ainda se mostra controvertida, entendendo alguns que a culpa constitui elemento essencial para a caracterização da mora do credor, que ficará afastada mediante a demonstração da existência de **justa causa** para a recusa[12]. Parece-nos, todavia, que, inexistindo culpa do devedor, os princípios gerais do direito e a equidade impõem que o ônus resultante do dano advindo com o retardamento do credor sem culpa recaia exclusivamente sobre ele. Desse modo, se nenhuma das partes teve culpa, não pode o devedor continuar respondendo pelos riscos da coisa. Deve o credor ser considerado responsável pelas consequências da mora.

■ 7.3.3. Espécies de mora

Há duas espécies de mora:

- a do **devedor**, denominada mora ***solvendi*** (mora de pagar) ou ***debitoris*** (mora do devedor);
- e a do **credor**, intitulada mora ***accipiendi*** (mora de receber) ou ***creditoris*** (mora do credor).

Pode haver, também, mora de **ambos os contratantes**, simultâneas ou sucessivas.

■ *7.3.3.1. Mora do devedor*

■ *7.3.3.1.1. Espécies*

Configura-se mora do devedor quando se dá o descumprimento ou cumprimento imperfeito da obrigação por parte deste, por causa a ele imputável. Pode ser de duas espécies:

a) mora ***ex re*** (em razão de fato previsto na lei); e
b) mora ***ex persona***.

- **Mora *ex re*:** configura-se quando o devedor nela incorre **automaticamente**, sem necessidade de qualquer ação por parte do credor, o que sucede:
  a) quando a prestação deve realizar-se em um **termo prefixado** e se trata de dívida portável. O devedor incorrerá em mora *ipso iure* desde o momento do vencimento: *dies interpellat pro homine*;
  b) nos débitos derivados de um **ato ilícito extracontratual**, em que a mora começa no exato momento da prática do ato;

[12] Washington de Barros Monteiro, *Curso de direito civil*, 32. ed., v. 4, p. 321; Serpa Lopes, *Curso de direito civil*, v. II, p. 382-384; Manoel Ignácio Carvalho de Mendonça, *Doutrina e prática das obrigações*, t. I, p. 711.

c) quando o devedor houver declarado **por escrito** que não pretende cumprir a prestação.

■ Dá-se a mora *ex persona* em todos os demais casos. Será, então, necessária uma interpelação ou notificação por escrito para a constituição em mora[13].

■ **Fatos que acarretam a mora *ex re*:**

I — O **primeiro fato** que acarreta a mora *ex re* do devedor, como dito, é o previsto no art. 397, *caput*, do Código Civil, *verbis*:

> "O inadimplemento da obrigação, positiva e líquida, no seu termo, constitui de pleno direito em mora o devedor."

Portanto, quando a obrigação é **positiva** (dar ou fazer) e **líquida** (de valor certo), com **data fixada** para o pagamento, seu descumprimento acarreta automaticamente (*ipso iure*), sem necessidade de qualquer providência do credor, a mora do devedor (*ex re*), segundo a máxima romana ***dies interpellat pro homine*** (o dia do vencimento interpela pelo homem, isto é, interpela o devedor, pelo credor).

Não havendo termo, ou seja, data estipulada, "*a mora se constitui mediante interpelação judicial ou extrajudicial*" (art. 397, parágrafo único). Trata-se de ***mora ex persona***, que depende de providência do credor. O Superior Tribunal de Justiça tem admitido a notificação ***extrajudicial*** por meio do Cartório de Títulos e Documentos, realizada fora do domicílio do devedor[14]. Nessa linha o **Enunciado n. 427** da V Jornada de Direito Civil (STJ-CJF).

II — Em **segundo lugar**, acarreta também a mora *ex re* a prática de um **ato ilícito**. Proclama o art. 398 do Código Civil:

> "Nas obrigações provenientes de ato ilícito, considera-se o devedor em mora, desde que o praticou."

Para os efeitos da mora, parte-se do princípio de que o devedor deverá suportar todas as consequências do comportamento ilícito, desde a data do fato. Em se tratando de hipótese de obrigação oriunda de **ato ilícito**, considera-se **desnecessária a interpelação** para que haja mora do devedor. Trata-se de hipótese de mora **presumida**[15]. A indenização do **dano material** medir-se-á pela diferença entre a situação patrimonial anterior do lesado e a atual. A do **dano moral** será arbitrada judicialmente, em montante que possa compensar a dor e o sofrimento do lesado[16].

Dispõe a Súmula 54 do Superior Tribunal de Justiça que "os juros moratórios fluem a partir do **evento danoso**, em caso de responsabilidade **extracontratual**".

---

13 Alberto Trabucchi, *Instituciones de derecho civil*, v. II, p. 73.

14 STJ, REsp 1.283.834-BA, 2ª Seção, rel. Min. Maria Isabel Gallotti, j. 29.2.2012.

15 Agostinho Alvim, *Da inexecução das obrigações e suas consequências*, p. 140; Carvalho de Mendonça, *Doutrina*, cit., n. 258.

16 Carlos Roberto Gonçalves, *Responsabilidade civil*, p. 529 e 548.

Nas hipóteses de inadimplemento ou inexecução culposa de **contrato**, "contam-se os juros de mora desde a **citação inicial**" (CC, art. 405). Se, por exemplo, o passageiro de um ônibus sofre danos em decorrência de um acidente com o coletivo, os juros moratórios são devidos a partir da citação inicial, por se tratar de responsabilidade contratual (contrato de adesão celebrado com a transportadora). Mas se a vítima é um pedestre que foi atropelado, os juros são contados desde a data do fato (responsabilidade extracontratual).

■ Mora nas obrigações negativas

O Código de 1916 incluía no rol dos fatos que acarretam a mora *ex re* as obrigações **negativas** que, segundo dispunha o art. 961 daquele diploma, também caracterizavam a mora, na qual o devedor ficava constituído desde o dia em que executasse o ato de que se devia abster.

Todavia, nas obrigações negativas a mora se confunde com o próprio **inadimplemento** da obrigação. Com efeito, nessa modalidade não existe propriamente mora, porquanto qualquer ato realizado em violação da obrigação acarreta o seu descumprimento[17]. É o caso de alguém que se obrigou a não revelar um segredo, por exemplo, e o revelou. Clóvis Beviláqua, ao comentar o aludido art. 961 do Código de 1916, dizia que, "nas obrigações negativas, *non faciendi*, a mora confunde-se com a inexecução..."[18].

Essa impropriedade conceitual foi corrigida no Código de 2002, que trata das obrigações negativas no Capítulo I concernente às "Disposições Gerais" do Título IV, e não no Capítulo II atinente à "Mora". Preceitua o art. 390 do novo diploma, de forma mais adequada:

> "Nas obrigações negativas o devedor é havido por inadimplente desde o dia em que executou o ato de que se devia abster."

■ Mora *ex persona*

Não havendo **termo**, ou seja, data estipulada, "a mora se constitui mediante interpelação judicial ou extrajudicial" (art. 397, parágrafo único). Trata-se da mora ***ex persona***, que depende de providência do credor. Se o comodato, por exemplo, foi celebrado por dois anos, vencido esse prazo, o comodatário incorrerá em mora de pleno direito (*ex re*), ficando sujeito à ação de reintegração de posse, como esbulhador. Se, no entanto, **não foi fixado prazo** de duração do comodato, a mora do comodatário se configurará depois de **interpelado ou notificado**, pelo comodante, com o prazo de trinta dias (*ex persona*). Somente depois de vencido esse prazo será considerado esbulhador.

Em se tratando de relação contratual regida pela lei civil, a interpelação do contratante (ou notificação premonitória — expressão usada pela jurisprudência) pode efetuar-se, como expressamente mencionado no aludido parágrafo único do art. 397,

---

17 Alberto Trabucchi, *Instituciones*, cit., v. II, p. 72.

18 *Código Civil dos Estados Unidos do Brasil comentado*, v. IV, p. 94.

também por meio **extrajudicial**, como a expedição de uma carta, desde que seja entregue no seu destino[19].

Para proteger pessoas que adquirem **imóveis loteados em prestações**, dispôs o Decreto-Lei n. 58/37, no art. 14, ao regulamentar os loteamentos, que só incorrerão elas em mora **depois de notificadas**, judicialmente ou pelo Cartório de Registro de Imóveis, com o prazo de **trinta dias**, mesmo que o valor das parcelas seja certo e estas tenham data fixada para o pagamento. Desse modo, ainda que estejam atrasadas no pagamento de diversas prestações, terão a oportunidade de efetuar o pagamento, dentro do prazo da notificação. O legislador transformou, nesse caso, **em mora *ex persona*** a que, pelo sistema do Código Civil, **seria mora *ex re***. Referida regra foi reiterada no art. 32 da Lei n. 6.766/79, que regula atualmente os loteamentos urbanos (Lei do Parcelamento do Solo Urbano).

Por sua vez, o Decreto-Lei n. 745/69 contém norma semelhante, impedindo a rescisão do compromisso de compra e venda de imóvel **não loteado**, mesmo que este contenha cláusula resolutiva expressa, sem a notificação (notificação **premonitória**) do compromisso, judicial ou pelo Cartório de Títulos e Documentos, com o prazo de **quinze dias**. Proclama a Súmula 76 do Superior Tribunal de Justiça que "a falta de registro do compromisso de compra e venda de imóvel não dispensa a prévia interpelação para constituir em mora o devedor".

Embora o art. 240 do Código de Processo Civil disponha que a citação válida constitui em mora o devedor, é necessária a interpelação quando a lei exigir que seja prévia, como nos casos citados[20]. A interpelação judicial constitui procedimento de jurisdição voluntária, disciplinada nos arts. 726 e s. do Código de Processo Civil. A jurisprudência tem entendido, todavia, que idêntico efeito se poderá obter pela citação válida feita na própria causa principal, salvo quando a lei exigir prévia notificação, como mencionado[21].

O Superior Tribunal de Justiça, todavia, explicitou posteriormente que os precedentes anteriores da referida Corte determinavam a incidência de juros a partir do evento danoso, nos casos de responsabilidade extracontratual, sem contudo diferenciarem a data de imputação dos juros de mora para ***obrigações sucessivas***, como no caso de condenação ao pagamento de pensão mensal. Afirmou-se que, no entanto, se a dívida, ainda que líquida, não estiver vencida, não há como se exigir seu adimplemento. É o que estabelece o art. 397 do Código Civil. Concluiu o Relator que os

---

19 Washington de Barros Monteiro, *Curso*, cit., 32. ed., v. 4, p. 323.

20 Carlos Roberto Gonçalves, *Direito das obrigações*: parte geral, p. 108-109 (Coleção Sinopses Jurídicas, v. 5).

"Compromisso de compra e venda. Rescisão. Ausência de prévia notificação. Inadmissibilidade. Citação válida na ação resolutória que não supre a falta. Réus não constituídos em mora. Inobservância do artigo 1º, do Decreto-Lei n. 745/69" (*JTJ*, Lex, 237/44).

21 Washington de Barros Monteiro, Curso, cit., 32. ed., v. 4, p. 323.

"Mora. Constituição que não se dá somente pela interpelação, notificação ou protesto, obtendo-se o mesmo efeito através da citação. Interpretação do art. 219 do CPC [correspondente aos arts. 59 e 240 do CPC/2015]" (*RT*, 781/225).

juros "**devem ser contabilizados a partir do vencimento de cada prestação, que ocorre mensalmente**"[22].

7.3.3.1.2. Requisitos

São pressupostos da *mora solvendi*:

- **Exigibilidade da prestação**, ou seja, o vencimento de dívida líquida e certa. É necessário que a prestação não tenha sido realizada no tempo e modo devidos, mas ainda possa ser efetuada com proveito para o credor. Considera-se **líquida** a dívida cujo montante tenha sido apurado, e **certa** quando indiscutível a sua existência e determinada a sua prestação. Se a obrigação estiver sujeita a **condição** que ainda não foi verificada ou caso a fixação da prestação dependa de **escolha** que ainda não se efetuou, a **mora** não se verifica, por não se saber se o devedor **efetivamente** deve ou o que deve[23].
- **Inexecução culposa** (por fato imputável ao devedor), relembrando-se que o inadimplemento, por si, faz **presumir** a culpa do devedor, salvo prova por ele produzida de caso fortuito ou força maior. Não basta, portanto, o fato do não cumprimento ou cumprimento imperfeito da obrigação. Essencial à mora é que haja **culpa** do devedor no atraso do cumprimento. Como visto anteriormente (item 7.3.2.2, *retro*), "não havendo fato ou omissão imputável ao devedor, não incorre este em mora" (CC, art. 396).
- **Constituição em mora:** este requisito somente se apresenta quando se trata de mora ***ex persona***, sendo dispensável e desnecessário se for *ex re*, pois o dia do vencimento já interpela o devedor — *dies interpellat pro homine*.

7.3.3.1.3. Efeitos

Os principais efeitos da mora do devedor consistem:

- Na **responsabilização por todos os prejuízos causados ao credor**, nos termos do art. 395 do Código Civil. O credor pode exigir, além da prestação, juros moratórios, correção monetária, cláusula penal e reparação de qualquer outro prejuízo que houver sofrido, se não optar por enjeitá-la, no caso de ter-se-lhe tornado inútil, reclamando perdas e danos (art. 395, parágrafo único). O devedor em mora tem não só que realizar a **prestação devida** mas também indenizar o chamado **dano moratório**[24].
- Na **perpetuação da obrigação** (CC, art. 399), pela qual responde o devedor moroso diante da **impossibilidade** da prestação, ainda que decorrente de **caso**

---

22 STJ, REsp 1.270.983, 4ª T., rel. Min. Luis Felipe Salomão, disponível em *Revista Consultor Jurídico* de 1.8.2016.

23 Antunes Varela, *Direito das obrigações*, cit., p. 141.

24 Renan Lotufo, *Código Civil comentado*, v. 2, p. 444; Antunes Varela, *Direito das obrigações*, cit., v. II, p. 145.

fortuito ou de força maior (o que não aconteceria, segundo a regra geral, se a impossibilidade provocada pelo fortuito surgisse antes da mora, quando a obrigação do devedor se resolveria sem lhe acarretar qualquer ônus). A mora do devedor produz, assim, a inversão do risco. Se este está em mora quando sobrevém a impossibilidade casual da prestação, é seu o risco, ainda que coubesse, a princípio, ao credor (o qual suporta, em princípio, o risco proveniente de a prestação se impossibilitar por caso fortuito ou de força maior).

A propósito do último efeito, dispõe o art. 399 do Código Civil:

> "O devedor em mora responde pela impossibilidade da prestação, embora essa impossibilidade resulte de caso fortuito ou de força maior, se estes ocorrerem durante o atraso; salvo se provar isenção de culpa, ou que o dano sobreviria ainda quando a obrigação fosse oportunamente desempenhada."

A expressão "salvo se provar isenção de culpa" é **defeituosa**, pois, se o devedor provar tal isenção, não haverá mora e, portanto, estará livre das consequências desta. Ademais, se a impossibilidade da prestação resulta de caso fortuito ou de força maior, é porque não houve culpa do devedor.

Na realidade, a única **escusa** admissível é a de que o dano sobreviria **ainda quando a obrigação fosse desempenhada em tempo**. Costuma-se mencionar o clássico exemplo em que ambas as casas, a do devedor, obrigado a restituir coisa emprestada, e a do credor, foram destruídas por um raio, com todos os objetos existentes em seu interior, na pendência da mora. Neste caso, teria sobrevindo dano à coisa de qualquer forma, ou seja, mesmo que a obrigação de restituir tivesse sido cumprida a tempo.

Quando, nos casos em geral, o objeto da prestação perece em decorrência do fortuito e da força maior, o devedor fica, a princípio, exonerado ou liberado da obrigação. Se, no entanto, o perecimento se dá estando o devedor em mora, inocorre a desoneração. A obrigação que normalmente se extingue, em virtude do caso fortuito que impossibilita a prestação, como que se **perpetua** por causa da mora: *mora debitoris obligatio perpetua fit*[25].

7.3.3.2. Mora do credor

Configura-se a mora do credor quando ele se **recusa a receber** o pagamento no tempo e lugar indicados no título constitutivo da obrigação, exigindo-o por forma diferente ou pretendendo que a obrigação se cumpra de modo diverso. Decorre ela, pois, de sua **falta de cooperação** com o devedor para que o adimplemento possa ser feito do modo como a lei ou a convenção estabelecer (CC, art. 394)[26].

Se o credor injustificadamente "omite a cooperação ou colaboração necessária de sua parte, se por exemplo não vai nem manda receber a prestação ou se recusa a recebê-la ou a passar recibo, a obrigação fica por satisfazer; verifica-se pois um atra-

---

[25] Antunes Varela, *Direito das obrigações*, cit., v. II, p. 147-148.

[26] Washington de Barros Monteiro, *Curso*, v. 4, p. 320; Paulo Luiz Netto Lôbo, *Direito das obrigações*, p. 86.

so no cumprimento, mas tal atraso não é atribuível ao devedor e sim ao **credor**. É este que incorre em mora"[27].

Como a mora do credor não exonera o devedor, que continua obrigado, tem este legítimo interesse em solver a obrigação e em evitar que a coisa se danifique para que não se lhe impute dolo.

7.3.3.2.1. *Requisitos*

A mora do credor decorre do retardamento em receber a prestação. São seus **pressupostos:**

- **Vencimento da obrigação**, pois, antes disso, a prestação não é exigível e, em consequência, o devedor não pode ser liberado. Se não há prazo, o pagamento pode realizar-se a qualquer tempo e mesmo antes do vencimento, salvo se tenha sido estabelecido a benefício do credor ou de ambos os contratantes (CC, art. 133) e o contrato não seja regido pelo Código de Defesa do Consumidor. Este diploma permite, sem distinção, a liquidação antecipada do débito, com redução proporcional dos juros (art. 52, § 2º).
- **Oferta da prestação**, reveladora do efetivo propósito de satisfazer a obrigação. Para que se configure a mora do credor, é necessário que o retardamento da prestação provenha de um fato que lhe é imputável, ou seja, que a prestação lhe tenha sido **oferecida** e ele a tenha **recusado** ou não tenha prestado a necessária colaboração para a sua efetivação. A mora ***accipiendi*** supõe que o devedor fez o que lhe competia: na data do vencimento e no lugar determinado para o pagamento, ofereceu a prestação. Supõe também que o credor se absteve de colaborar, recusando a prestação ofertada.
- **Recusa injustificada em receber:** não basta somente a recusa. Para que o credor incorra em mora, é necessário que ela seja objetivamente **injustificada**. Observe-se que o art. 335, I, do Código Civil refere-se a esse requisito essencial da mora, subordinando a consignação em pagamento ao fato de o credor, **sem justa causa**, recusar receber o pagamento ou dar quitação na devida forma. Por conseguinte, não há mora *accipiendi* se a abstenção do credor tem fundamento **legítimo** e é, portanto, justificada, como sucede quando o devedor oferece menos do que aquele tem direito, a oferta não é feita no momento ou lugar devido ou lhe é oferecido objeto defeituoso[28].
- **Constituição em mora**, **mediante a consignação em pagamento:** dispõe o art. 337 do Código Civil que cessam, para o consignante, os **juros da dívida** e os **riscos**, contanto que o **depósito** se efetue. Se o devedor não consignar, continuará pagando os juros da dívida que foram convencionados. Em regra, os riscos pela guarda da coisa cessam com a mora do credor (CC, art. 400).

---

[27] Galvão Telles, *Direito das obrigações*, cit., p. 237. 18 Antunes Varela, *Direito das obrigações*, cit., v. II, p. 155; Inocêncio Galvão Telles, *Direito das obrigações*, cit., p. 237.

[28] Antunes Varela, *Direito das obrigações*, cit., v. II, p. 155.

7.3.3.2.2. *Efeitos*

Estatui o art. 400 do Código Civil:

"A mora do credor subtrai o devedor isento de dolo à responsabilidade pela conservação da coisa, obriga o credor a ressarcir as despesas empregadas em conservá-la, e sujeita-o a recebê-la pela estimação mais favorável ao devedor, se o seu valor oscilar entre o dia estabelecido para o pagamento e o da sua efetivação."

Não responsabilidade do devedor pela conservação da coisa: se o devedor não agir com dolo ante a mora do credor, isentar-se-á da responsabilidade pela conservação da coisa objeto do pagamento, ficando liberado dos juros e da pena convencional. O credor arcará com o ressarcimento das despesas decorrentes de sua conservação. Procede com dolo o devedor que, em face da mora do credor, deixa a coisa em abandono. Exige a lei que ele tenha um mínimo de cuidados com a sua conservação, pois lhe assegura o direito ao reembolso das despesas que efetuar.

Responsabilidade do credor pelo pagamento das despesas efetuadas pelo devedor: como, enquanto não houver a tradição, a responsabilidade do devedor pela conservação do objeto da prestação permanece, cabe ao credor receber a prestação quando ela se tornar exigível. Se, em vez disso, ele incidir em mora, a lei o obriga a **ressarcir as despesas efetuadas pelo devedor** na pendência da abstenção. Estas são as **necessárias**, previstas no art. 96, § 3º, do Código Civil, destinadas à **conservação** do bem (CC, art. 400). Enquanto não for ressarcido, o devedor tem direito de retenção sobre a coisa. Faculta a lei também ao devedor o direito de consignar o pagamento.

Indaga-se se o Código Civil só condena o devedor em caso de dolo ou também na hipótese de culpa grave, que a ele se equipara, segundo secular princípio de direito (*culpa lata dolus aequiparatur*). "Em face do nosso direito", aduz Agostinho Alvim, "entendemos que fica **excluída a culpa grave**, omitida pela lei. No direito alemão, a responsabilidade do devedor persiste no caso de dolo ou culpa grave. Mas a lei é expressa e a ambos o Código se refere no § 300"[29].

Parece ser esta, efetivamente, a posição mais justa, considerando-se que a mora é do credor.

Sujeição do credor ao recebimento da coisa pela estimação mais favorável ao devedor: o credor em mora responde ainda por eventual **oscilação do preço**, tendo de receber o objeto pela estimação **mais favorável** ao devedor. Se, por exemplo, aumentar o preço da arroba do gado no mercado, arcará com a diferença. Evidentemente, não poderá ser beneficiado por sua culpa se houver desvalorização da coisa no período da mora.

7.3.3.3. *Mora de ambos os contratantes*

Moras simultâneas: nesta hipótese (nenhum dos contratantes comparece ao local escolhido de comum acordo para pagamento, p. ex.), **uma elimina a outra**,

[29] *Da inexecução*, cit., p. 112-113.

pela compensação. As situações permanecem como se nenhuma das duas partes houvesse incorrido em mora. Se ambas nela incidem, nenhuma pode exigir da outra perdas e danos.

- **Moras sucessivas:** *in casu*, permanecem os **efeitos pretéritos** de cada uma. Assim, por exemplo, caso, num primeiro momento, o credor não queira receber o que o devedor se dispõe a pagar e, mais tarde, este se recusar a fazê-lo no momento em que aquele se dispor a receber, a situação será a seguinte: quando afinal o pagamento for realizado e também forem apurados os prejuízos, **cada um responderá pelos ocorridos nos períodos em que a mora foi sua**, operando-se a compensação. Os danos que a mora de cada uma das partes haja causado à outra, em determinado período, não se cancelam pela mora superveniente da outra parte, pois cada um conserva os seus direitos.

7.3.4. Purgação e cessação da mora

Purgar ou emendar a mora é **neutralizar** seus efeitos. Aquele que nela incidiu corrige, **sana a sua falta**, adimplindo a obrigação já descumprida e ressarcindo os prejuízos causados à outra parte. Mas a purgação só poderá ser feita se a prestação ainda for proveitosa ao credor, pois se, em razão do retardamento, tornou-se inútil ao outro contraente (caso de inadimplemento absoluto) ou a consequência legal ou convencional for a resolução, não será mais possível pretender-se a emenda da mora.

O art. 401 do Código Civil estabelece, em dois incisos, os modos pelos quais se dá a purgação da mora pelo **devedor** e pelo **credor:**

- **Purgação da mora do devedor:** concretiza-se mediante a oferta da prestação atrasada "mais os prejuízos decorrentes até o dia da oferta" (inc. I), como os juros moratórios, a cláusula penal e outros eventualmente ocorridos.
- **Purgação da mora do credor:** por parte do credor, purga-se a mora "oferecendo-se este a receber o pagamento e sujeitando-se aos efeitos da mora até a mesma data" (inc. II). Deve o retardatário dispor-se a **receber o pagamento**, que antes recusara, e a ressarcir as despesas empregadas pelo devedor na conservação da coisa, bem como a responder por eventual oscilação do preço (CC, art. 400)[30].

Terceiro pode purgar a mora, "nas mesmas condições em que pode adimplir, suportando os mesmos encargos que incidem sobre o devedor"[31].

No tocante ao **momento** em que a mora deve ser purgada, tem sido afastado o rigor de se exigir a imediata consignação do pagamento, sem se admitir qualquer prorrogação. Predomina hoje o entendimento de que a purgação pode ocorrer **a qual-**

---

[30] "A purgação de mora depende do pagamento do aluguel com sua expressão monetária corrigida ainda que assim não disponha o contrato de locação" (*RT*, 665/120).

[31] *RT*, 684/92; *RJTJSP*, 125/86.

quer tempo, contanto que não cause dano à outra parte. Nem mesmo a mora do devedor, já operada, afasta a possibilidade da consignação se ainda não produziu consequências irreversíveis, ou seja, se o credor dela não extraiu os efeitos jurídicos que em tese comporta.

Assim, se apesar do protesto de cambial representativa de prestação, a credora não rescindiu o pacto nem executou o débito, nada obsta que a alegada recusa das prestações seguintes permita a utilização da consignatória. Tem-se entendido, portanto, que a ação consignatória tanto pode destinar-se à **prevenção** da mora como à sua **emenda**.

Cessação da mora: não se confunde purgação com cessação da mora. Esta não depende de um comportamento ativo do contratante moroso, destinado a sanar a sua falta ou omissão. Decorre, na realidade, **da extinção da obrigação**. Assim, por exemplo, se o devedor em mora tem as suas dívidas fiscais anistiadas, deixa de estar em mora sem que tenha cumprido a prestação e indenizado os prejuízos causados à outra parte. Não houve purgação, mas, sim, **cessação** da mora. Esta produz **efeitos pretéritos**, ou seja, afasta os já produzidos; o devedor nada terá de pagar. A **purgação** da mora só produz efeitos **futuros**, não apagando os pretéritos, já produzidos.

7.3.5. Resumo

MORA		
CONCEITO	■ Mora é o retardamento ou o cumprimento imperfeito da obrigação. Configura-se não só quando há **atraso** no cumprimento da obrigação mas também quando este se dá na data estipulada, porém de modo imperfeito, ou seja, em **lugar** ou **forma** diversa da convencionada (CC, art. 394).	
MORA E INADIMPLEMENTO ABSOLUTO	■ Há **mora** quando a obrigação não foi cumprida no tempo, lugar e forma convencionados, mas ainda poderá sê-lo, com proveito para o credor. Ainda interessa a este receber a prestação com os acréscimos legais (art. 395). ■ A hipótese será de **inadimplemento absoluto** se a prestação tornar-se inútil ao credor. Este poderá, então, enjeitá-la e exigir perdas e danos (art. 395, parágrafo único). ■ Em ambos os casos, o devedor responde por perdas e danos.	
ESPÉCIES DE MORA	■ mora do devedor *(solvendi* ou *debitoris)*; ■ mora do credor *(accipiendi* ou *creditoris)*; ■ mora de ambos os contratantes.	
MORA DO DEVEDOR	■ **Espécies**	a) mora *ex re* (arts. 397, *caput*, e 398); b) mora *ex persona*.
	■ **Requisitos**	a) **exigibilidade da prestação**, ou seja, o vencimento de dívida líquida e certa; b) **inexecução culposa** da obrigação (art. 396); c) **constituição em mora** (somente quando *ex persona*, pois, se for *ex re*, o dia do vencimento já interpela o devedor: *dies interpellat pro homine*).
	■ **Efeitos**	a) **responsabilização por todos os prejuízos** causados ao credor (art. 395); b) **perpetuação da obrigação** (art. 399), pela qual responde o devedor moroso pela impossibilidade da prestação, ainda que decorrente de caso fortuito ou de força maior.

<table>
<tr><td rowspan="2">MORA DO CREDOR</td><td>■ Requisitos</td><td>a) vencimento da obrigação;
b) oferta da prestação;
c) recusa injustificada em receber;
d) constituição em mora, mediante a consignação em pagamento.</td></tr>
<tr><td>■ Efeitos</td><td>a) liberação do devedor, isento de dolo, da responsabilidade pela conservação da coisa;
b) obrigação do credor moroso de ressarcir ao devedor as despesas efetuadas com a conservação da coisa;
c) obrigação do credor de receber a coisa pela sua mais alta estimação, se o valor oscilar entre o tempo do contrato e o do pagamento;
d) possibilidade de consignação judicial da coisa devida.</td></tr>
<tr><td>MORA DE AMBOS OS CONTRATANTES</td><td colspan="2">■ Quando simultâneas, uma elimina a outra, pela compensação. Se ambas as partes nela incidem, nenhuma pode exigir da outra perdas e danos.
■ Quando sucessivas, permanecem os efeitos pretéritos de cada uma. Os danos que a mora de cada uma das partes haja causado não se cancelam pela mora superveniente da outra.</td></tr>
<tr><td>PURGAÇÃO DA MORA</td><td colspan="2">■ Purgar ou emendar a mora é neutralizar seus efeitos. Aquele que nela incidiu corrige, sana sua falta, adimplindo a obrigação já descumprida e ressarcindo os prejuízos causados à outra parte (art. 401).</td></tr>
<tr><td>CESSAÇÃO DA MORA</td><td colspan="2">■ Decorre da extinção da obrigação, por anistia, perdão etc., e não de um comportamento ativo do contratante moroso, destinado a sanar sua falta ou omissão. Produz efeitos pretéritos, ou seja, o devedor não terá de pagar a dívida vencida. A purgação da mora só produz efeitos futuros, não apagando os pretéritos, já produzidos.</td></tr>
</table>

■ 7.4. DAS PERDAS E DANOS

■ 7.4.1. Conceito

O inadimplemento do contrato causa, em regra, dano ao contraente pontual. Este pode ser **material** (**patrimonial**), por atingir e diminuir o patrimônio do lesado, ou simplesmente **moral** (**extrapatrimonial**), ou seja, sem repercussão na órbita financeira deste. O Código Civil ora usa a expressão **dano**, ora **prejuízo**, ora, ainda, **perdas e danos**.

Para Agostinho Alvim, o termo "dano, em sentido amplo, vem a ser a lesão de **qualquer bem jurídico**, e aí se inclui o dano moral"[32]. Enneccerus conceitua o dano como "toda desvantagem que experimentamos em nossos bens jurídicos (patrimônio, corpo, vida, saúde, honra, crédito, bem-estar, capacidade de aquisição etc."[33].

A apuração dos prejuízos é feita por meio da **liquidação**, na forma determinada pela lei processual (CC, art. 946).

■ 7.4.2. Dano emergente e lucro cessante

Dispõe o art. 402 do Código Civil:

> "Salvo as exceções expressamente previstas em lei, as perdas e danos devidas ao credor abrangem, além do que ele efetivamente perdeu, o que razoavelmente deixou de lucrar."

[32] *Da inexecução das obrigações e suas consequências*, p. 171-172.

[33] *Derecho de obligaciones*, v. 1, § 10.

Compreendem, pois, tanto o **dano emergente** quanto o **lucro cessante** e devem cobrir todo o prejuízo experimentado pela vítima.

Assim, o dano, em toda a sua extensão, há de abranger aquilo que **efetivamente se perdeu** e aquilo que **se deixou de lucrar:** o dano emergente e o lucro cessante. Alguns Códigos, como o francês, usam a expressão **danos e interesses** (*dommages et interêts*) para designar o dano emergente e o lucro cessante, a qual, sem dúvida, é melhor que a empregada pelo nosso Código: **perdas e danos**, uma vez que são expressões sinônimas, as quais designam, simplesmente, o dano emergente.

- **Dano emergente** é o efetivo prejuízo, a **diminuição patrimonial** sofrida pela vítima, por exemplo, o que o dono do veículo danificado por outrem desembolsa para consertá-lo ou o que adquirente de mercadoria defeituosa despende para sanar o problema. Representa, pois, a diferença entre o patrimônio que a vítima tinha antes do ato ilícito ou do inadimplemento contratual e o que passou a ter depois.
- **Lucro cessante** é a frustração da expectativa de lucro, a **perda de um ganho esperado**. Se um ônibus, por exemplo, é abalroado culposamente, deve o causador do dano ressarcir todos os prejuízos efetivamente sofridos por seu proprietário, incluindo-se as despesas com os reparos do veículo (**dano emergente**), bem como o que a empresa deixou de auferir no período em que este permaneceu na oficina (**lucro cessante**). Apura-se pericialmente o lucro que a empresa obtinha por dia e chega-se ao *quantum* que ela deixou de lucrar.

Quem pleiteia perdas e danos pretende, pois, obter indenização completa de todos os prejuízos sofridos e comprovados. Há casos em que o valor desta já vem estimado no contrato, como acontece quando se pactua a cláusula penal compensatória.

Como diretriz, o Código usa a expressão **razoavelmente**, ou seja, o que a vítima "razoavelmente deixou de lucrar". Referido advérbio significa que se deve admitir que o credor haveria de lucrar aquilo que o bom-senso diz que lucraria, ou seja, aquilo que é razoável supor que lucraria.

A propósito, proclamou o Superior Tribunal de Justiça que a expressão "o que **razoavelmente deixou de lucrar**", utilizada pelo Código Civil, "deve ser interpretada no sentido de que, até prova em contrário, se admite que o credor haveria de lucrar aquilo que o bom-senso diz que lucraria, existindo a presunção de que os fatos se desenrolariam dentro do seu curso normal, tendo em vista os antecedentes. O simples fato de uma empresa rodoviária possuir frota de reserva não lhe tira o direito aos lucros cessantes, quando um dos veículos sair de circulação por culpa de outrem, pois não se exige que os lucros cessantes sejam certos, bastando que, nas circunstâncias, sejam razoáveis ou potenciais"[34].

[34] REsp 61.512-SP, rel. Min. Sálvio de Figueiredo, *DJU*, 1º.12.1997, n. 232, p. 62.757. "Os lucros cessantes, para serem indenizáveis, devem ser fundados em bases seguras, de modo a não compreender lucros imaginários ou fantásticos. Nesse sentido é que se deve entender a expressão legal: 'razoavelmente deixou de lucrar', como ensina Carvalho Santos em seu *Código Civil Brasileiro Interpretado*" (1º TACSP, 8ª Câm., Ap. 307.155, j. 15.5.1983, v. u.).

A palavra **efetivamente**, utilizada no referido art. 402, está a significar que o dano emergente não pode ser presumido, devendo ser cumpridamente provado. O dano indenizável deve ser **certo** e **atual**. Não pode, pois, ter caráter meramente hipotético ou futuro.

Acrescenta o art. 403 do mesmo diploma:

> "Ainda que a inexecução resulte de dolo do devedor, as perdas e danos só incluem os prejuízos efetivos e os lucros cessantes por efeito dela direto e imediato, sem prejuízo do disposto na lei processual."

Trata-se de aplicação da **teoria dos danos diretos e imediatos**, formulada a propósito da relação de causalidade, que deve existir para que se caracterize a responsabilidade do devedor. Assim, o devedor responde tão só pelos danos que se prendem a seu ato por um vínculo de necessariedade, e não pelos resultantes de causas estranhas ou remotas.

Não é, portanto, indenizável o denominado **"dano remoto"**, que seria consequência "indireta" do inadimplemento, envolvendo lucros cessantes para cuja efetiva configuração tivessem de concorrer outros fatores que não fosse apenas a execução a que o devedor faltou, ainda que doloso o seu procedimento[35].

O comando do art. 403 está a dizer que, mesmo sendo a inexecução resultante de ato doloso do devedor, ainda assim a consequência quanto à fixação do dano ressarcível é idêntica à que teria a inexecução resultante de mera culpa, no que tange aos **limites do dano ressarcível**. Em outras palavras, o dolo não agrava a indenização, cingida que está a certos limites[36].

■ 7.4.3. Obrigações de pagamento em dinheiro

Dispõe o art. 404 do Código Civil:

> "As perdas e danos, nas obrigações de pagamento em dinheiro, serão pagas com atualização monetária segundo índices oficiais regularmente estabelecidos, abrangendo juros, custas e honorários de advogado, sem prejuízo da pena convencional."

Se o credor não chegou a ingressar em juízo, o devedor pagará, além da multa, se estipulada, os **juros moratórios e eventuais custas extrajudiciais**, por exemplo, as despesas com o protesto dos títulos ou com as notificações efetuadas pelo Cartório de Títulos e Documentos. Mas se houve necessidade de ajuizar a competente ação de cobrança de seu crédito, o credor fará jus, ainda, ao **reembolso das custas processuais**, bem como à **verba honorária**, nos termos dos arts. 82, § 2º, e 85 do Código de Processo Civil.

"Lucros cessantes não se presumem. Necessidade de demonstração plena de sua existência. Verba indevida. Recurso não provido" (*RJTJSP*, 99/140).

35 Caio Mário da Silva Pereira, *Instituições de direito civil*, v. 2, p. 215.

36 Judith Martins-Costa, *Comentários ao novo Código Civil*, v. V, t. II, p. 337-338.

Acrescenta o parágrafo único do supratranscrito art. 404 do novo diploma:

"Provado que os juros da mora não cobrem o prejuízo, e não havendo pena convencional, pode o juiz conceder ao credor indenização suplementar."

Os **juros** servem para indenizar as perdas e danos decorrentes do **inadimplemento de obrigação em dinheiro** (mais atualização monetária, custas e honorários). A inclusão do mencionado parágrafo único no novel Código atende a reclamo da doutrina, que considerava insuficiente o pagamento de juros.

O devedor em mora ou inadimplente responde também pela **correção monetária do débito**, segundo índices oficiais (CC, art. 404). A regra é salutar, pois evita o enriquecimento sem causa do devedor em detrimento do credor, uma vez que a referida atualização não constitui nenhum *plus*, mas apenas modo de evitar o aviltamento da moeda em razão da inflação e do atraso no pagamento.

Dispõe a respeito a Súmula 562 do Supremo Tribunal Federal: "Na indenização de danos materiais decorrentes de ato ilícito cabe a atualização de seu valor, utilizando-se, para esse fim, dentre outros critérios, dos índices de **correção monetária**". Várias súmulas do Superior Tribunal de Justiça determinam o pagamento, pelo devedor, da correção monetária devida pelo atraso na solução da dívida.

Por fim, proclama o art. 405 do estatuto civil:

"Contam-se os juros de mora desde a citação inicial."

Tal regra aplica-se somente aos casos de inadimplemento e **responsabilidade contratual**, pois, nas obrigações provenientes de ato ilícito (responsabilidade extracontratual), "considera-se o devedor em mora, desde que o praticou" (CC, art. 398).

Nessa linha, proclama o Enunciado 163 da III Jornada de Direito Civil realizada em Brasília, em dezembro de 2004: "A regra do art. 405 do Código Civil aplica-se somente à responsabilidade contratual, e não aos juros moratórios na responsabilidade extracontratual, em face do disposto no art. 398, não afastando, pois, o disposto na Súmula 54 do STJ".

■ 7.4.4. Resumo

DAS PERDAS E DANOS	
CONCEITO	■ Perdas e danos constituem o equivalente em dinheiro suficiente para indenizar o prejuízo suportado pelo credor, em virtude do inadimplemento do contrato pelo devedor ou da prática, por este, de um ato ilícito (CC, art. 403). Aplica-se a teoria dos **danos diretos e imediatos**, não sendo indenizável o denominado "dano remoto".
CONTEÚDO	■ As perdas e danos devidos ao credor abrangem, além do que ele efetivamente perdeu, o que razoavelmente deixou de lucrar, salvo as exceções expressamente previstas em lei (art. 402). Compreendem, pois, o **dano emergente** e o **lucro cessante**.
OBRIGAÇÕES DE PAGAMENTO EM DINHEIRO	■ As perdas e danos, nas obrigações de pagamento em dinheiro, serão pagas com **atualização monetária** segundo índices oficiais regularmente estabelecidos, abrangendo juros, custas e honorários de advogado, sem prejuízo da pena convencional (art. 404). ■ Provado que os juros da mora não cobrem o prejuízo, e não havendo pena convencional, pode o juiz conceder ao credor indenização suplementar (art. 404, parágrafo único).

7.5. DOS JUROS LEGAIS

7.5.1. Conceito

Juros são os **rendimentos** do capital. São considerados **frutos civis** da coisa, assim como os aluguéis. Representam o pagamento pela utilização de capital alheio e integram a classe das coisas acessórias (CC, art. 95).

Assim como o aluguel constitui o preço correspondente ao uso da coisa no contrato de locação, representam os juros a renda de determinado capital[37]. Segundo Silvio Rodrigues, **juro** é o preço do uso do capital. Ele, a um tempo, remunera o credor por ficar privado de seu capital e paga-lhe o risco em que incorre de não recebê-lo de volta[38].

7.5.2 Espécies

Os juros dividem-se em:

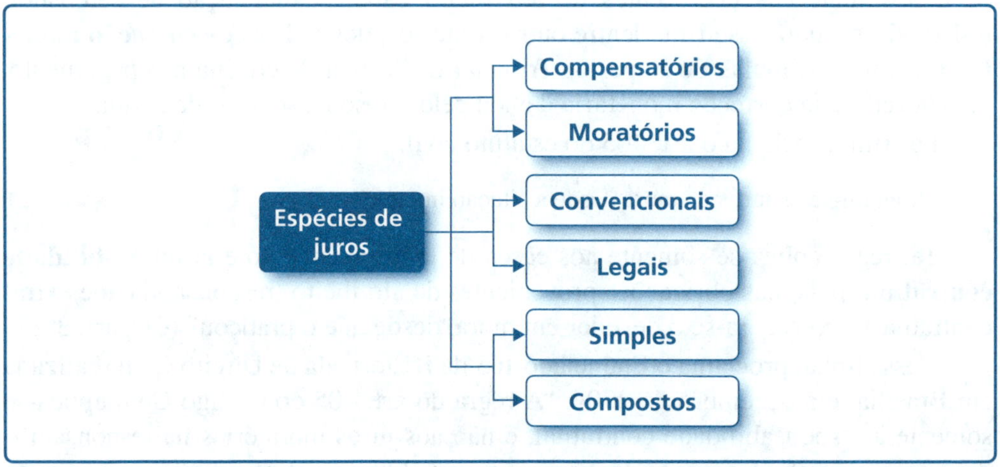

- **Juros compensatórios**, também chamados de **remuneratórios** ou **juros-frutos**, são os devidos como compensação pela **utilização de capital** pertencente a outrem. Resultam de uma utilização consentida de capital alheio.
- **Juros moratórios** são os incidentes em caso de **retardamento** na sua restituição ou de **descumprimento** de obrigação. Os primeiros devem ser previstos no contrato, estipulados pelos contratantes, não podendo exceder a taxa que estiver em vigor para a mora do pagamento de impostos devidos à Fazenda Nacional (CC, arts. 406 e 591), permitida somente a capitalização anual (art. 591, parte final).

Decidiu o Superior Tribunal de Justiça que os juros remuneratórios praticados nos contratos de mútuo dos agentes financeiros do Sistema Financeiro Nacional não

---

37 Washington de Barros Monteiro, *Curso de direito civil*, 32. ed., v. 4, p. 331.

38 *Direito civil*, v. 2, p. 257.

estão sujeitos à limitação do art. 591 c/c o art. 406 do Código Civil. O entendimento é o de que a Lei n. 4.595/64 é especial e não foi revogada pela lei geral[39].

A mesma Corte reconheceu que os **negócios bancários** estão sujeitos ao Código de Defesa do Consumidor (Súmula 297), inclusive quanto aos **juros remuneratórios**. A **abusividade** destes, todavia, só pode ser declarada, caso a caso, à vista de taxa que comprovadamente discrepe, de modo substancial, da média do mercado na praça do empréstimo, salvo se justificada pelo risco da operação[40]. Todavia, contrariando o disposto no art. 51, *caput*, do citado Código de Defesa do Consumidor, dispõe a Súmula 381 do referido Tribunal: "Nos contratos bancários, é vedado ao julgador conhecer, de ofício, da abusividade das cláusulas".

- **Juros convencionais:** são os ajustados pelas partes, de comum acordo. Resultam, pois, de convenção por elas celebrada.
- **Juros legais:** são previstos ou impostos pela lei.

Os juros **compensatórios** são, em regra, convencionais, pactuados no contrato pelas partes conforme a espécie e natureza da operação econômica realizada, mas podem também **derivar da lei ou da jurisprudência**[41]. A Súmula 164 do Supremo Tribunal Federal proclama, com efeito, que, "no processo de desapropriação, são devidos juros compensatórios desde a antecipada imissão de posse, ordenada pelo juiz, por motivo de urgência". Por sua vez, a Súmula 383 do Superior Tribunal de Justiça dispõe: "A estipulação de juros remuneratórios superior a 12% ao ano, por si só, não indica abusividade".

Os **moratórios**, que são devidos em razão do inadimplemento e correm a partir da constituição em mora, podem ser convencionados ou não, sem que para isso exista limite previamente estipulado na lei. No primeiro caso, denominam-se **moratórios convencionais**. A taxa, se não convencionada, será a referida pela lei.

Dispõe, com efeito, o art. 406 do Código Civil:

> "Quando os juros moratórios não forem convencionados, ou o forem sem taxa estipulada, ou quando provierem de determinação da lei, serão fixados segundo a taxa que estiver em vigor para a mora do pagamento de impostos devidos à Fazenda Nacional."

Mesmo que os juros moratórios não sejam convencionados, serão sempre **devidos à taxa legal**. No Código Civil de 1916, essa taxa era de seis por cento ao ano, correspondente a meio por cento ao mês (art. 1.062). O diploma de 2002, contudo, equiparou-a ao que estiver em vigor para a mora do pagamento de impostos devidos à Fazenda Nacional. Denominam-se, nesta hipótese, **moratórios legais**. Preceitua o art. 407 deste:

> "Ainda que se não alegue prejuízo, é obrigado o devedor aos juros da mora que se contarão assim às dívidas em dinheiro, como às prestações de outra natureza, uma vez que

[39] REsp 680.237, 2ª Seção, rel. Min. Aldir Passarinho Júnior.

[40] REsp 736.354-RS, 3ª T., rel. Min. Ari Pargendler, *DJU*, 6.2.2006.

[41] Washington de Barros Monteiro, *Curso*, cit., v. 4, p. 331; Arnoldo Wald, *Curso de direito civil brasileiro*: obrigações e contratos, p. 152.

lhes esteja fixado o valor pecuniário por sentença judicial, arbitramento, ou acordo entre as partes."

Os juros **moratórios**, diferentemente do que ocorre com os compensatórios, são previstos como consequência do **inadimplemento ou inexecução** do contrato ou de simples **retardamento**. A sentença que julgar procedente a ação pode neles condenar o vencido, mesmo que não tenha sido formulado pedido expresso na inicial, tendo-se em vista o disposto no art. 322 do Código de Processo Civil, que declara compreenderem-se, no principal, os juros legais.

Proclama, ainda, a Súmula 254 do Supremo Tribunal Federal: "Incluem-se os juros moratórios na liquidação, embora omisso o pedido inicial ou a condenação".

Os juros podem ser, também, simples e compostos:

- **juros simples:** são sempre calculados sobre o capital inicial;
- **juros compostos:** são capitalizados anualmente, calculando-se juros sobre juros, ou seja, os que forem computados passarão a integrar o capital.

Pela Súmula 163 do Supremo Tribunal Federal, "salvo contra a Fazenda Pública, sendo a obrigação ilíquida, contam-se os **juros moratórios desde a citação inicial** para a ação". Assim também dispõe o art. 405 do Código Civil[42].

É esse o critério seguido nos casos de responsabilidade **contratual**. Já nos de responsabilidade **extracontratual**, pela prática de ato ilícito meramente civil, os juros são computados desde a **data do fato** (CC, art. 398). Prescreve a Súmula 54 do Superior Tribunal de Justiça: "Os juros moratórios fluem a partir do evento danoso, em caso de responsabilidade extracontratual".

Se, por exemplo, o passageiro de um ônibus sofre danos em decorrência de um acidente com o coletivo, os juros moratórios são devidos a partir da citação inicial, por se tratar de responsabilidade contratual (contrato de adesão celebrado com a transportadora). Mas se a vítima é um pedestre que foi atropelado pelo ônibus, os juros são contados desde a data do fato (responsabilidade extracontratual).

A Quarta Turma do Superior Tribunal de Justiça chegou a decidir que os juros de mora sobre indenização por **dano moral** incidem desde o arbitramento (REsp 903.258-RS, j. 21.6.2011), afirmando que não há como considerar o devedor em mora antes, se ele não tinha como satisfazer obrigação não fixada por sentença judicial, arbitramento ou acordo entre as partes. Posteriormente, entretanto, a Segunda Seção da aludida Corte reafirmou a aplicação, *in casu*, da Súmula 54, segundo a qual os juros moratórios incidem desde a data do evento, em caso de responsabilidade extracontratual. Para o relator, Min. Sidnei Beneti, "diante de súmula deste Tribunal, a própria segurança jurídica, pela qual clama toda a sociedade brasileira,

---

42 "Juros de mora. Reconvenção. Acolhimento do pedido do réu para o fim de condenar o autor a efetuar-lhe o pagamento de determinada quantia. Incidência a partir da data da intimação para contestar o pedido reconvencional. Ato que constitui, substancialmente, uma citação, com a finalidade de constituir o vencido em mora. Aplicação do art. 219 do CPC [correspondente aos arts. 59 e 240 do CPC/2015]" (*RT*, 792/370).

vem antes em prol da manutenção da orientação há tanto tempo firmada do que de sua alteração'"[43].

A fixação da incidência dos juros a partir da data do evento danoso, nos termos da aludida Súmula 54, foi determinada na premissa de que haveria uma única prestação pecuniária a ser paga, ou seja, de que a condenação seria quitada em parcela única. Entretanto, tratando de hipótese de **obrigação continuada, com determinação de pagamento em parcelas sucessivas**, como no caso de pensão mensal vitalícia, deve ser afastada a incidência de juros moratórios a partir da ocorrência do ato ilícito. Neste caso, conforme decisão da 4ª Turma do Superior Tribunal de Justiça, **os juros devem ser contabilizados a partir do vencimento de cada prestação, que ocorre mensalmente**[44].

■ 7.5.3. Regulamentação legal

O Código Civil de 1916, no art. 1.062, dispunha que a taxa de juros moratórios, quando não convencionada, seria de 6% ao ano ou 0,5% ao mês, enquanto a taxa de juros convencionada não podia ser superior a 1% ao mês.

A Lei da Usura (Decreto n. 22.626, de 7.4.1933) limita a estipulação da taxa de juros a 1% ao mês. A referida lei proíbe, ainda, a cobrança de juros sobre juros, denominada **anatocismo** ou **capitalização dos juros**. A Súmula 121 do Supremo Tribunal Federal proclama: "É vedada a capitalização de juros, ainda que expressamente convencionada". Mas o citado art. 591 do novo Código Civil, parte final, como visto, **permite a capitalização anual**.

Nos termos da Lei n. 4.595/64, que regula o mercado de capitais, art. 4º, IX, as instituições financeiras podem praticar os juros no limite estabelecido pelo Conselho Monetário Nacional. Por tal razão é que há de estar provada essa autorização para a cobrança de juros acima do permitido na lei[45].

Havia, portanto, duas taxas: a de 1% ao mês, aplicável a negócios entre particulares, e outra, aplicável ao mercado de capitais, que podia ser superior a essa porcentagem.

O retrotranscrito art. 406 do Código Civil de 2002 dispõe, todavia, que os juros moratórios, quando "não forem convencionados, ou o forem sem taxa estipulada, ou quando provierem de determinação da lei, serão fixados segundo a taxa que estiver em vigor para a mora do pagamento de impostos devidos à Fazenda Nacional", ou seja, do pagamento de impostos federais.

Por conseguinte, a taxa não é mais fixa, **mas variável**, conforme os índices periodicamente estabelecidos pelo Conselho Monetário Nacional. A Fazenda Nacional vem adotando a taxa denominada **SELIC** — Sistema Especial de Liquidação e de Custódia, prevista no art. 39, § 4º, da Lei n. 9.259/95, taxa esta que visa combater a

---

43 STJ, REsp 1.132.866-SP, in *www.editoramagister.com*, de 29.11.2011.

44 STJ, 4ª T., rel. Min. Luis Felipe Salomão, Ap. n. 9218447-17.2009.8.26-0000 do TJSP, disponível em: <www.conjur.com>, acesso em: 1º.8.2016.

45 "Juros de mora. Fixação acima do limite legal. Inadmissibilidade. Lei de Mercado de Capitais que apenas possibilita ao Poder Executivo estabelecer livremente os juros compensatórios" (*RT*, 795/235).

inflação, tendo sido fixada ultimamente, por essa razão, em patamares bem mais elevados do que os 12% estabelecidos na Constituição Federal.

Entretanto, segundo tem decidido o próprio Superior Tribunal de Justiça, a referida taxa traz embutida a correção monetária, não constituindo, pois, forma de fixação apenas dos juros moratórios.

Luiz Antonio Scavone Junior[46], em monografia concernente aos juros no direito brasileiro, conclui ser necessária a aplicação generalizada da taxa de juros do art. 161, *caput* e § 1º, do **Código Tributário Nacional**, ou seja, **12% ao ano**, uma vez que este, afirma, "a teor do que dispõe o art. 34 do ADCT é, materialmente, Lei Complementar. Se assim o é, em respeito ao princípio da hierarquia, tendo estipulado juros máximos de 1% ao mês, lei ordinária jamais poderia estipular aplicação de juros superiores, como tem ocorrido com a taxa Selic pela Lei n. 8.891/95 e, também, pela Lei n. 9.779/99. Demais disso, o art. 5º, do Decreto n. 22.626/33, é lei especial, que trata dos juros nos contratos, de tal sorte que mantém sua vigência mesmo diante do Código Civil de 2002".

Interpretação contrária, aduz o mencionado autor, "pode ser considerada teratológica, vez que afronta cediça regra de hermenêutica: lei geral posterior não revoga a lei especial anterior (*lex posterior generalis non derogat priori speciali*). Assim, o Código Civil de 2002, de caráter geral, não revoga o Decreto n. 22.626/33 (especial), nem expressa, nem tacitamente, porque não regula toda a matéria, nem é com ele incompatível (Lei de Introdução às Normas do Direito Brasileiro, art. 2º, § 1º)".

Na mesma linha, o posicionamento de Paulo Luiz Netto Lôbo[47] e Álvaro Villaça Azevedo[48]. Essa corrente encontrou apoio na Conclusão n. 20 aprovada na Jornada de Direito Civil promovida pelo Conselho da Justiça Federal, em Brasília, em setembro de 2002, cuja primeira parte proclama: "A taxa dos juros remuneratórios a que se refere o art. 406 é a do art. 161, § 1º, do CTN, ou seja, 1% ao mês...".

Decisões nesse sentido começaram a surgir, indicando uma tendência da jurisprudência, como se pode verificar: "Os juros legais devidos em decorrência de condenação judicial — art. 293 do CPC (de 1973, atual art. 322) — são da ordem de 0,5% ao mês, conforme determina o art. 1.062 do CC/1916, até a data anterior à entrada em vigor do novo Código Civil; a partir daí, tal percentual passa a ser de 1% ao mês, de acordo com a interpretação conjunta dos arts. 406 do novo Diploma e § 1º, do CTN"[49].

Para uma segunda corrente, todavia, a taxa de juros legais deve ser calculada, atualmente, pelo sistema denominado SELIC — Sistema Especial de Liquidação e de Custódia, retromencionado, tendo em vista que o art. 406 do Código Civil reflete

[46] *Juros no direito brasileiro*, p. 108.

[47] *Teoria geral das obrigações*, p. 292.

[48] *Teoria geral das obrigações*, 10. ed., p. 236.

[49] TAMG, Ap. 437.316-8, 7ª Câm. Cív., rel. Juiz Viçoso Rodrigues, *DJE*, 12.2.2005.

No mesmo sentido: "A taxa de juros a ser aplicada, com o advento da nova legislação civil, é a de 1% ao mês, a partir da citação, em conformidade com o Enunciado 20, das Jornadas de Direito Civil, segundo o qual a taxa de juros a que se refere o art. 406 do Código Civil é a do art. 161 do CTN, ou seja, 1% ao mês" (JEF-1ª R., 1ª T. Recursal, *DJ* 5.3.2005, *ADCOAS*, 8236618).

a intenção do legislador de adotar uma taxa de juros variável. O principal argumento dos adeptos dessa corrente é que o Código Tributário Nacional, em seu art. 161, § 1º, dispõe que a taxa de juros será de 1% ao mês "se a lei não dispuser de modo diverso". O citado dispositivo teria, assim, caráter supletivo e poderia ser afastado por lei ordinária, como a que instituiu o novo Código Civil. Ademais, a utilização da taxa SELIC no cálculo dos juros de mora em matéria tributária foi confirmada em outros diplomas, tais como a Lei n. 9.250/95, art. 39, § 4º, que trata da repetição ou compensação de tributos; a Lei n. 9.430/96, art. 61, § 3º; e a Lei n. 10.522/2002, art. 30. Apesar de a taxa SELIC englobar juros moratórios e correção monetária, não haveria *bis in idem*, uma vez que sua aplicação é condicionada à não incidência de quaisquer outros índices de atualização.

Essa segunda corrente vem sendo sufragada pelo Superior Tribunal de Justiça, a partir do posicionamento firmado pela sua Corte Especial por ocasião do julgamento dos Embargos de Divergência 727.842-SP, em 20 de novembro de 2008, no seguinte sentido:

> "1. Segundo dispõe o art. 406 do Código Civil, 'Quando os juros moratórios não forem convencionados, ou o forem sem taxa estipulada, ou quando provierem de determinação da lei, serão fixados segundo a taxa que estiver em vigor para a mora do pagamento de impostos devidos à Fazenda Nacional'.
>
> 2. Assim, atualmente, a taxa dos juros moratórios a que se refere o referido dispositivo é a taxa referencial do Sistema Especial de Liquidação e Custódia — SELIC, por ser ela a que incide como juros moratórios dos tributos federais (arts. 13 da Lei 9.065/95, 84 da Lei 8.981/95, 39, § 4º, da Lei 9.250/95, 61, § 3º, da Lei 9.430/96 e 30 da Lei 10.522/02)"[50].

O referido entendimento "foi posteriormente confirmado em julgamento de processos submetidos ao rito de recurso repetitivo, de que trata o art. 543-C do CPC, com redação dada pela Lei n. 11.678/2008 (CPC/1973, atual art. 1.036)"[51]. Posteriormente, o Superior Tribunal de Justiça aprovou a Súmula 530, do seguinte teor: "Nos contratos bancários, na impossibilidade de comprovar a taxa de juros efetivamente contratada — por ausência de pactuação ou pela falta de juntada do instrumento aos autos, aplica-se a taxa média de mercado, divulgada pelo Bacen, praticada nas operações da mesma espécie, salvo se a taxa cobrada for mais vantajosa para o devedor" (REsp 1.112.879 e REsp 1.112.880).

O Superior Tribunal de Justiça sedimentou ainda o entendimento de que, "à luz do princípio do *tempus regit actum*, os juros devem ser fixados à taxa de 0,5% ao mês (art. 1.062 do CC/1916) no período anterior à data de vigência do novo Código Civil (10.1.2003); e, em relação ao período posterior, nos termos do disposto no art. 406 do Código Civil de 2002, o qual corresponde à Taxa Selic, de acordo com o julgamento dos EREsp n. 772.842-SP, pela Corte Especial"[52].

---

[50] STJ, EREsp 727.842-SP, Corte Especial, rel. Min. Teori Albino Zavascki, *DJE*, 20.11.2008.

[51] STJ, AgRG no Ag 1.240.598-SP, 2ª T., rel. Min. Humberto Martins, *DJE*, 7.5.2010.

[52] STJ, EDcl no REsp 1142070-SP, 2ª T., rel. Min. Castro Meira, *DJE*, 2.6.2010.

Cumpre salientar, por fim, que "a incidência da taxa SELIC a título de juros moratórios, a partir da entrada em vigor do atual Código Civil, em janeiro de 2003, exclui a incidência cumulativa de correção monetária, sob pena de *bis in idem*"[53]. Com efeito, a Segunda Seção do Superior Tribunal de Justiça afastou a aplicação de correção monetária no mesmo período de incidência da referida taxa, asseverando: "A taxa de juros moratórios a que se refere o art. 406 do Código Civil de 2002, segundo precedente da Corte Especial (EREsp 727.842-SP, rel. Min. Teori Albino Zavascki, Corte Especial, julgado em 8.9.2008), é a SELIC, não sendo possível cumulá-la com correção monetária, porquanto já embutida em sua formação"[54].

A Súmula 379 do Superior Tribunal de Justiça estatui: "Nos contratos bancários não regidos por legislação específica, os juros moratórios poderão ser convencionados até o limite de 1% ao mês". Proclamou o aludido Tribunal que o credor de cheque sem fundos deve receber juros de mora a partir da data da primeira apresentação do título que tem seu pagamento negado pelo banco, como previsto no art. 52, inciso II, da Lei n. 7.357/85 (Lei do Cheque). Assim decidindo, a referida Corte negou a pretensão de devedora que pretendia fazer com que os juros fossem cobrados apenas a partir da citação na ação de cobrança. Frisou o relator que a hipótese é de mora *ex re*, por se tratar de obrigação certa quanto à existência e determinada quanto ao objeto, prevista a constituição da mora na Lei do Cheque[55].

A referida Corte, em 4 de fevereiro de 2015, no julgamento da Medida Provisória 2.170-36/2001, autorizou a capitalização de juros em empréstimos bancários com periodicidade inferior a 1 (um) ano, por 7 (sete) votos a 1 (um). E o Superior Tribunal de Justiça, posteriormente, editou a Súmula 539, do seguinte teor: "É permitida a capitalização de juros com periodicidade inferior à anual em contratos celebrados com instituições integrantes do Sistema Financeiro Nacional a partir de 31/3/2000 (MP 1.963-17/00, reeditada como MP 2.170-36/01, desde que expressamente pactuada)" (REsp 1.112.879, REsp 1.112.880 e REsp 973.827).

■ 7.5.4. Resumo

JUROS LEGAIS	
CONCEITO	■ Juros são os rendimentos do capital, considerados frutos civis da coisa. Representam o pagamento pela utilização de capital alheio e integram a classe das coisas acessórias (CC, art. 95).
ESPÉCIES	■ **Compensatórios**, também chamados de remuneratórios ou juros-frutos: são os devidos como compensação pela utilização de capital pertencente a outrem. Resultam da utilização consentida de capital alheio. ■ **Moratórios:** são os incidentes em caso de retardamento em sua restituição ou de descumprimento de obrigação. Podem ser **convencionais** (art. 406) ou **legais** (art. 407). ■ **Simples:** são sempre calculados sobre o capital inicial. ■ **Compostos:** são capitalizados anualmente, calculando-se os juros sobre juros.

53 STJ, EDcl no REsp 717,433-PR, 3ª T., rel. Min. Vasco Della Giustina (Des. Convocado do TJRS), *DJE*, 24.11.2009.

54 STJ, REsp 1.025.298, Segunda Seção, rel. Min. Luis Felipe Salomão, *DJE*, 1º.2.2013.

55 STJ, REsp 1.354.934-RS, 4ª T., rel. Min. Luis Felipe Salomão, j. 20.8.2013.

7.6. DA CLÁUSULA PENAL

7.6.1. Conceito

Cláusula penal é obrigação acessória pela qual se estipula pena ou multa destinada a evitar o inadimplemento da principal ou o retardamento de seu cumprimento. É também denominada **pena convencional** ou **multa contratual**. Adapta-se aos contratos em geral e pode ser inserida também em negócios jurídicos unilaterais, como o testamento, para compelir, por exemplo, o herdeiro a cumprir fielmente o legado.

A cláusula penal consiste, pois, em previsão, sempre adjeta a um contrato, de natureza acessória, estabelecida como **reforço ao pacto obrigacional**, com a finalidade de fixar previamente a liquidação de eventuais perdas e danos devidas por quem descumpri-lo[56]. Pode ser estipulada **conjuntamente** com a obrigação principal **ou em ato posterior** (CC, art. 409), sob a forma de adendo. Embora geralmente seja fixada **em dinheiro**, algumas vezes, toma **outra forma**, como a entrega de uma coisa, a abstenção de um fato ou a perda de algum benefício, por exemplo, de um desconto.

7.6.2. Natureza jurídica

A pena convencional tem a natureza de um **pacto secundário** e **acessório**, pois a sua existência e eficácia dependem da obrigação principal.

Os arts. 411 a 413 do Código Civil distinguem a cláusula penal da obrigação principal. Por sua vez, o art. 409 do mesmo diploma prevê a possibilidade de ser esta estipulada em ato posterior, reconhecendo tratar-se de duas obrigações diversas. Desse modo, a **invalidade da obrigação principal importa a da cláusula penal, mas a desta não induz a daquela**, como preceitua o art. 184 do mesmo diploma. Resolvida a obrigação principal, sem culpa do devedor, resolve-se a cláusula penal.

Os mencionados preceitos legais reiteram o princípio de que **o acessório segue o principal**. Assim, nulo o contrato de locação, por exemplo, nula será a cláusula penal nele inserida. Mas o contrário não é verdadeiro. Se somente esta for nula e o contrato prevalecer, o lesado não perderá o direito à indenização das perdas e danos pelo direito comum, arcando, contudo, com o ônus da prova dos prejuízos alegados.

7.6.3. Funções da cláusula penal

A cláusula penal tem **dupla função**:

- atua como **meio de coerção** (*intimidação*), para compelir o devedor a cumprir a obrigação e, assim, não ter de pagá-la; e ainda
- como **prefixação das perdas e danos** (*ressarcimento*) devidos em razão do inadimplemento do contrato.

Com a estipulação da cláusula penal, expressam os contratantes a intenção de livrar-se dos incômodos da comprovação dos prejuízos e de sua liquidação. A con-

[56] Cristiano Chaves de Farias, Miradas sobre a cláusula penal no direito contemporâneo (à luz do direito civil constitucional, do novo Código Civil e do Código de Defesa do Consumidor), *RT*, 797/43; Caio Mário da Silva Pereira, *Instituições de direito civil*, v. II, p. 93.

venção que a estabeleceu pressupõe a existência de prejuízo decorrente do inadimplemento e prefixa o seu valor[57]. Desse modo, basta ao credor provar o inadimplemento, **ficando dispensado da prova do prejuízo**, para que tenha direito à multa. É o que proclama o art. 416 do Código Civil, *verbis*:

> "Art. 416. Para exigir a pena convencional, não é necessário que o credor alegue prejuízo.
> Parágrafo único. Ainda que o prejuízo exceda ao previsto na cláusula penal, não pode o credor exigir indenização suplementar se assim não foi convencionado. Se o tiver feito, a pena vale como mínimo da indenização, competindo ao credor provar o prejuízo excedente."

O devedor não pode eximir-se de cumprir a cláusula penal **a pretexto de ser excessiva**, pois o seu valor foi fixado de comum acordo, em quantia reputada suficiente para reparar eventual prejuízo decorrente de inadimplemento. Da mesma forma, não pode o credor pretender aumentar o seu valor **a pretexto de ser insuficiente**. Resta-lhe, neste caso, deixar de lado a cláusula penal e pleitear perdas e danos, que abrangem o dano emergente e o lucro cessante. O ressarcimento do prejuízo será, então, integral. A desvantagem é a de que terá de **provar o prejuízo** alegado. Se optar por cobrar a cláusula penal, estará dispensado desse ônus. Mas o ressarcimento pode não ser integral se o *quantum* fixado não corresponder ao valor dos prejuízos.

Sustentavam alguns que, neste caso, poderia a diferença ser cobrada a título de perdas e danos. Entretanto, a razão estava com aqueles que afirmavam **não ser possível**, em face da lei, **cumular a multa com outras perdas e danos**, devendo o credor fazer a opção por uma delas, como veio a constar expressamente do citado parágrafo único do art. 416 do novo Código Civil. Ressalvam-se somente a possibilidade de se convencionar o contrário e a hipótese de ato doloso do devedor, caso em que a indenização há de cobrir o ato lesivo em toda a sua extensão.

Proclama o art. 408 do mesmo diploma incorrer "de pleno direito o devedor na cláusula penal, desde que, culposamente, deixe de cumprir a obrigação ou se constitua em mora". A cláusula penal é a prefixação das perdas e danos **resultantes de culpa contratual** apenas. Assim, se há outros prejuízos decorrentes de culpa extracontratual, o seu ressarcimento pode ser pleiteado, independentemente daquela.

Decidiu o Superior Tribunal de Justiça:

> "1. A obrigação de indenizar é corolário natural daquele que pratica ato lesivo ao interesse ou direito de outrem. Se a cláusula penal compensatória funciona como prefixação das perdas e danos, o mesmo não ocorre com a cláusula penal moratória, que não compensa nem substitui o inadimplemento, apenas pune a mora.
> 2. Assim, a cominação contratual de uma multa para o caso de mora não interfere na responsabilidade civil decorrente do retardo no cumprimento da obrigação que já deflui naturalmente do próprio sistema.

[57] "Locação. Cláusula penal, no caso de inadimplemento total ou parcial da obrigação. Admissibilidade. Rompimento unilateral faz incidir a multa convencionada, que tem condão de substituir eventuais perdas e danos por lucros cessantes, arbitrados antecipadamente pelas partes" (*RT*, 803/320).

3. O promitente comprador, em caso de atraso na entrega do imóvel adquirido pode pleitear, por isso, além da multa moratória expressamente estabelecida no contrato, também o cumprimento, mesmo que tardio da obrigação e ainda a indenização correspondente aos lucros cessantes pela não fruição do imóvel durante o período da mora da promitente vendedora"[58].

Reafirmando esse posicionamento, frisou a referida Corte que a multa compensatória exclui indenização por perdas e danos. A referida multa "funciona a um só tempo como punição pelo descumprimento e como compensação previamente fixada pelos próprios contratantes pelas perdas e danos decorrentes desse mesmo inadimplemento. Se as próprias partes já acordaram previamente o valor que entendem suficiente para recompor os prejuízos experimentados em caso de inadimplemento, não se pode admitir que, além desse valor, ainda seja acrescido outro, com fundamento na mesma justificativa: a recomposição de prejuízos"[59].

7.6.4. Valor da cláusula penal

Simples alegação de que a cláusula penal é elevada não autoriza o juiz a reduzi-la. Entretanto, a sua **redução** pode ocorrer em dois casos:

a) quando **ultrapassar o limite legal**; e

b) nas **hipóteses do art. 413** do estatuto civil.

Ultrapassagem do limite legal: o limite legal da cláusula penal, mesmo sendo compensatória, é o **valor da obrigação principal**, que não pode ser excedido pelo que foi estipulado naquela. Dispõe, com efeito, o art. 412 do Código Civil:

> "O valor da cominação imposta na cláusula penal não pode exceder o da obrigação principal."

Se tal acontecer, o juiz determinará a sua **redução**, não declarando a ineficácia da cláusula, mas somente do excesso.

Algumas leis limitam o valor da cláusula penal moratória a dez por cento da dívida ou da prestação em atraso, como o Decreto-Lei n. 58, de 1937, e a Lei n. 6.766, de 1979, que regulamentam o compromisso de compra e venda de imóveis loteados, e o Decreto n. 22.626, de 1933, que reprime a usura. O Código de Defesa do Consumidor limita a 2% do valor da prestação a cláusula penal moratória estipulada em contratos que envolvam outorga de crédito ou concessão de financiamento ao consumidor (art. 52, § 1º). O próprio Código Civil estabelece multa "de até dois por cento sobre o débito" no condomínio edilício (art. 1.336, § 1º). Em qualquer desses casos, e em muitos outros, o juiz reduzirá, na ação de cobrança, o valor da pena convencional aos referidos limites.

---

[58] STJ, REsp 1.355.554-RJ, 3ª T., rel. Min. Sidnei Beneti, j. 6.12.2012.

[59] STJ, REsp 1.335.617-SP, 3ª T., rel. Min. Sidnei Beneti, *DJE*, 22.4.2014.

■ **Hipóteses do art. 413 do Código Civil (redução equitativa da penalidade):** apesar de a irredutibilidade constituir um dos traços característicos da cláusula penal, por representar a fixação antecipada das perdas e danos, de comum acordo, dispõe o art. 413 do Código Civil que "a penalidade deve ser reduzida equitativamente pelo juiz se a obrigação principal tiver sido cumprida em parte, ou se o montante da penalidade for manifestamente excessivo, tendo-se em vista a natureza e a finalidade do negócio".

Considerou o legislador, assim, justa a redução do montante da multa, compensatória ou moratória, quando:

a) a **obrigação tiver sido satisfeita em parte**, dando ao devedor que assim procede tratamento diferente do conferido àquele que desde o início nada cumpriu;

b) ao mesmo tempo, impôs ao juiz o **dever** de reprimir abusos, se a penalidade convencionada for manifestamente **excessiva**, desproporcional à **natureza** e à **finalidade** do negócio.

A disposição é de **ordem pública**, podendo a redução ser determinada de ofício pelo magistrado. O retrotranscrito art. 413 não dispõe que a penalidade "poderá", mas, sim, que **"deve"** ser reduzida pelo magistrado nas hipóteses mencionadas, retirando o caráter facultativo da redução e acentuando a natureza pública e o caráter cogente da norma.

O aludido dispositivo, assinala Judith Martins-Costa[60], "introduziu dois *topoi* da maior relevância, quais sejam, o da *proporcionalidade* e o da *vedação ao excesso.* Estes *topoi* foram apreendidos na cláusula geral de redução da cláusula penal (...). É o *dever de proporcionalidade* que está no fundamento da primeira *fattispecie*, qual seja, a redução quando a obrigação principal houver sido em parte cumprida (...). Com efeito, tendo a prestação principal sido em parte cumprida, o Código determina ao juiz a **redução proporcional**, com base na equidade, que é princípio, tendo em conta o dever de proporcionalidade, que é dever de ponderação entre os vários princípios e regras concomitantemente incidentes".

Na segunda parte do art. 413, enfatiza a mencionada jurista, está a grande inovação do novo Código nesta matéria, pois contempla hipótese até então não legalmente modelada. Os pressupostos de incidência da regra dessa segunda parte não devem ser confundidos ou subsumidos naqueles requeridos para a norma da primeira parte do mencionado dispositivo. A princípio, aqui se trata de: "a) qualquer espécie de cláusula penal, seja compensatória, seja moratória; b) devendo o valor da multa ser considerado pelo intérprete 'manifestamente excessivo'; c) de forma relacional à **natureza** do negócio; e d) à **finalidade** do negócio. Isto significa dizer que não haverá um 'metro fixo' para medir a excessividade. **O juízo é de ponderação, e não de mera subsunção**".

Verifica-se, desse modo, que o art. 413 do novo Código Civil determina a redução da cláusula penal em razão de **dois fatos distintos**, quais sejam:

---

60 *Comentários ao novo Código Civil*, v. V, t. II, p. 458-464.

a) **cumprimento parcial** da obrigação; e

b) **excessividade** da cláusula penal.

Quanto à primeira hipótese, nada mais é exigido para que se opere a redução além do **cumprimento parcial** da obrigação. Não há discricionariedade e o juiz deverá determinar a redução proporcional da cláusula penal em virtude do parcial cumprimento da avença. A recomendação de que se tenha em vista a **"natureza"** e a **"finalidade"** do negócio **somente se aplica à segunda hipótese**, de **excessividade** da cláusula penal.

A possibilidade de o juiz reduzir **de ofício** a cláusula penal foi admitida na IV Jornada de Direito Civil (STJ-CJF), com a aprovação do Enunciado 356, do seguinte teor: "Nas hipóteses previstas no art. 413 do Código Civil, o juiz deverá reduzir a cláusula penal de ofício". Observe-se que tal enunciado não faz distinção entre as duas hipóteses previstas no aludido dispositivo, quais sejam: a) se a obrigação principal **tiver sido cumprida em parte**; e b) se o montante da penalidade for **manifestamente excessivo**, tendo-se em vista a **natureza** e a **finalidade** do negócio. Parece-nos, todavia, que a redução equitativa do montante da cláusula penal **só deve ocorrer *ex officio* na primeira hipótese** prevista no mencionado art. 413, ou seja, em caso de **cumprimento parcial da obrigação**. Se o montante da penalidade for **manifestamente excessivo**, deve ser aberta a **dilação probatória**, tendo em vista a necessidade de se apurar e analisar a "*natureza* e a *finalidade* do negócio".

■ **Cláusula penal e multa cominatória** (*astreinte*): a pena convencional, de que trata o dispositivo supratranscrito, não se confunde com a **multa cominatória** ou ***astreinte***. Como já decidiu o Superior Tribunal de Justiça, há "diferença nítida entre a cláusula penal, pouco importando seja a multa nela prevista moratória ou compensatória, e a multa cominatória, própria para garantir o processo por meio do qual pretende a parte a execução de uma obrigação de fazer ou não fazer".

Frisou o referido aresto que "a diferença é, exatamente, a incidência das regras jurídicas específicas para cada qual. Se o juiz condena a parte ré ao pagamento de multa prevista na **cláusula penal** avençada pelas partes, estará presente a **limitação** contida no art. 920 do Código Civil (*de 1916, correspondente ao art. 412 do de 2002*). Se, ao contrário, cuida-se de **multa cominatória** em obrigação de fazer ou não fazer, decorrente de título judicial, para garantir a efetividade do processo, ou seja, o cumprimento da obrigação, está presente o art. 644 do Código de Processo Civil [de 1973], com o que **não há teto** para o valor da cominação"[61].

A mesma Corte reiterou, d'outra feita: "Nos termos da jurisprudência do Superior Tribunal de Justiça, é lícito ao julgador reduzir a multa convencional se evidenciada sua excessividade, ainda que se trate de contrato firmado sob a égide do Código Civil de 1916, desde que cumprida, de modo parcial, a obrigação acordada"[62].

---

[61] *RT*, 785/197.

[62] STJ, REsp 1.334.034, 3ª T., rel. Min. João Otávio de Noronha, disponível em <www.conjur.com.br>, acesso em: 22.3.2016.

7.6.5. Espécies de cláusula penal

Veja-se o quadro esquemático abaixo:

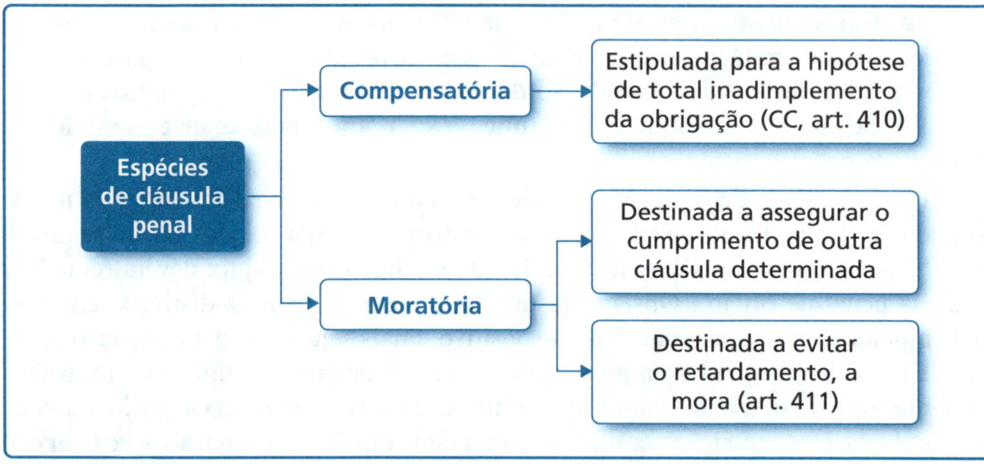

A cláusula penal **compensatória**, sendo estipulada para a hipótese de total inadimplemento da obrigação, em geral, é de **valor elevado**, igual ou quase igual ao da obrigação principal. Muitas vezes, no entanto, o interesse do credor é assegurar a observância de alguma cláusula especial (referente à determinada característica da coisa, p. ex.). Se a obrigação for cumprida, mas de forma diversa da convencionada (não observada a característica exigida), a cláusula penal estipulada para esse caso será **moratória**, assim como a destinada a evitar o retardamento do cumprimento da obrigação.

Embora rara a hipótese, um contrato pode conter **três cláusulas penais de valores diferentes:** uma, de valor elevado, para o caso de total inadimplemento da obrigação (compensatória); outra para garantir o cumprimento de alguma cláusula especial, como a cor ou o modelo do veículo adquirido (moratória); e outra, ainda, somente para evitar atraso (também moratória).

A cláusula penal **moratória** está prevista nos casos em que há descumprimento parcial de uma obrigação **ainda possível e útil**. Como não contém previsão de compensação, permite que o credor exija cumulativamente o cumprimento do contrato, a execução da cláusula penal e eventual indenização por perdas e danos. Assim entendendo, o Superior Tribunal de Justiça admitiu a possibilidade de **cumulação de indenização por danos materiais com a cláusula penal**, em processo no qual se discutia atraso na entrega de imóvel. Frisou a relatora, Min. Nancy Andrighi, que as cláusulas penais compensatórias se referem à inexecução total ou parcial da obrigação, com fixação prévia de valor por eventuais perdas e danos. Já as cláusulas moratórias não apresentam fixação prévia de ressarcimento e, portanto, permitem a cumulação com os lucros cessantes[63].

[63] STJ, REsp 1.642.314, 3ª T., disponível em *Revista Consultor Jurídico* de 6.4.2017.

7.6.6. Efeitos da distinção entre as duas espécies

■ **Cláusula penal compensatória** — dispõe o art. 410 do Código Civil:

"Quando se estipular a cláusula penal para o caso de total inadimplemento da obrigação, esta converter-se-á em alternativa a benefício do credor."

O dispositivo proíbe a cumulação de pedidos. A **alternativa** que se abre para o credor é:

a) pleitear a pena compensatória, correspondente à fixação antecipada dos eventuais prejuízos;

b) postular o ressarcimento das perdas e danos, arcando com o ônus de provar o prejuízo; ou

c) exigir o cumprimento da prestação.

Não pode haver cumulação porque, em qualquer desses casos, o credor obtém integral ressarcimento sem que ocorra o *bis in idem*.

A expressão "a benefício do credor" significa que a escolha de uma das alternativas **compete ao credor**, e não ao devedor. Não pode este dizer que prefere pagar o valor da cláusula penal a cumprir a prestação. Quem escolhe a solução é aquele, que pode optar por esta última, se o desejar.

■ **Cláusula penal moratória** — entretanto, quando a cláusula penal for moratória, terá aplicação o art. 411 do Código Civil, que prescreve:

"Quando se estipular a cláusula penal para o caso de mora, ou em segurança especial de outra cláusula determinada, terá o credor o arbítrio de exigir a satisfação da pena cominada, juntamente com o desempenho da obrigação principal."

Como, neste caso, o valor da pena convencional costuma ser reduzido, o credor pode cobrá-la **cumulativamente** com a prestação não satisfeita. É bastante comum devedores atrasarem o pagamento de determinada prestação e serem posteriormente cobrados pelo credor, que exige o **valor da multa contratual** (em geral, no montante de 10 ou 20% do valor cobrado) **mais o da prestação** não paga.

7.6.7. Cláusula penal e institutos afins

■ **Semelhança e diferenças entre cláusula penal e perdas e danos:** a cláusula penal apresenta **semelhança** com as **perdas e danos**, sendo ambas reduzidas à determinada soma em dinheiro, destinada a ressarcir os prejuízos sofridos pelo credor em virtude do inadimplemento do devedor. Podem ser apontadas, no entanto, as seguintes **diferenças:**

CLÁUSULA PENAL	PERDAS E DANOS
■ O seu valor é antecipadamente arbitrado pelos próprios contratantes.	■ O valor é fixado pelo juiz, com base nos prejuízos alegados e seguramente provados.
■ O seu valor, por se tratar de uma estimativa antecipada feita pelos contratantes, pode ficar aquém do seu real montante.	■ Por abrangerem o dano emergente e o lucro cessante, possibilitam o completo ressarcimento do prejuízo.

■ **Diferenças entre cláusula penal e multa simples** (também denominada **cláusula penal pura**):

CLÁUSULA PENAL	MULTA SIMPLES
■ Constitui prefixação da responsabilidade pela indenização decorrente da inexecução culposa da avença.	■ É constituída de determinada importância, que deve ser paga em caso de infração de certos deveres, como a imposta pelo empregador ao empregado e ao infrator das normas de trânsito. Não tem a finalidade de promover o ressarcimento de danos, nem possui relação com o inadimplemento contratual.

■ **Diferença entre cláusula penal e multa penitencial:**

CLÁUSULA PENAL	MULTA PENITENCIAL
■ É instituída "a benefício do credor" (CC, art. 410). A este compete, pois, escolher entre cobrar a multa compensatória ou exigir o cumprimento da prestação. O devedor não pode preferir pagar a multa para não cumprir a prestação se o credor optar por esta última solução.	■ É estabelecida em favor do devedor. Caracteriza-se sempre que as partes convencionam que este terá a opção de cumprir a prestação devida ou pagar a multa. Entende-se que, neste caso, pode o devedor, em vez de cumprir a prestação, exonerar-se mediante o pagamento de importância previamente fixada de comum acordo.

■ **Semelhança e diferenças entre cláusula penal e arras penitenciais:** a cláusula penal apresenta **semelhança** com as arras penitenciais: ambas são de natureza acessória e têm por finalidade garantir o adimplemento da obrigação, constituindo os seus valores prefixação das perdas e danos. Entretanto, **diferenciam-se** por diversas razões:

CLÁUSULA PENAL	ARRAS PENITENCIAIS
■ Atua como elemento de coerção, para evitar o inadimplemento contratual.	■ Por admitirem o arrependimento, facilitam o descumprimento da avença. Sabem as partes que a pena é reduzida, consistindo somente na perda do sinal dado ou na sua devolução em dobro, nada mais podendo ser exigido a título de perdas e danos (CC, art. 420; STF, Súmula 412).
■ Pode ser reduzida pelo juiz, em caso de cumprimento parcial da obrigação ou de montante manifestamente excessivo.	■ Não podem ser reduzidas pelo juiz.
■ Torna-se exigível somente se ocorrer o inadimplemento do contrato.	■ São pagas por antecipação.
■ Aperfeiçoa-se com a simples estipulação no instrumento, nada mais sendo necessário para completá-la, nem mesmo a entrega de dinheiro ou de qualquer outro objeto.	■ A entrega de dinheiro ou de outro objeto é indispensável para a sua configuração.

■ 7.6.8. Cláusula penal e pluralidade de devedores

Quando a obrigação é **indivisível** e há pluralidade de devedores, **basta que um só a infrinja** para que a cláusula penal se torne exigível. Do **culpado**, poderá ela ser reclamada por inteiro, mas **dos demais codevedores** só poderão ser cobradas as **respectivas quotas**. Com efeito, assim prescreve o art. 414 do Código Civil:

"Sendo indivisível a obrigação, todos os devedores, caindo em falta um deles, incorrerão na pena; mas esta só se poderá demandar integralmente do culpado, respondendo cada um dos outros somente pela sua quota."

Aduz o parágrafo único que "aos não culpados fica reservada a ação regressiva contra aquele que deu causa à aplicação da pena". Desse modo, quem sofre, afinal, as consequências da infração contratual é o próprio **culpado**, que **terá de reembolsar os codevedores inocentes**.

Quando a obrigação for **divisível**, diz o art. 415 do Código Civil, "só incorre na pena o devedor ou o herdeiro do devedor que a infringir, e proporcionalmente à sua parte na obrigação". Infringida a obrigação principal por um **único devedor** ou pelo seu herdeiro, **só o culpado responderá pela multa**, proporcionalmente à parte que tiver na obrigação principal, pois a cláusula penal, de natureza acessória, segue a condição jurídica da principal.

7.6.9. Resumo

CLÁUSULA PENAL	
CONCEITO	■ **Cláusula penal** é obrigação acessória pela qual se estipula pena ou multa destinada a evitar o inadimplemento da principal ou o retardamento de seu cumprimento. É também denominada **pena convencional** ou **multa contratual** (CC, art. 408).
NATUREZA JURÍDICA	■ A pena convencional tem a natureza de um **pacto secundário** e **acessório**, pois sua existência e eficácia dependem da obrigação principal (arts. 409 e 411 a 413).
FUNÇÕES	■ A **principal função** da cláusula penal é atuar como **meio de coerção**, para compelir o devedor a cumprir a obrigação. ■ **A função secundária** é servir de **prefixação das perdas e danos** devidos em razão do inadimplemento do contrato.
VALOR DA CLÁUSULA PENAL	■ A redução da cláusula penal pode ocorrer em dois casos: a) quando ultrapassar o limite legal (art. 412); b) nas hipóteses previstas no art. 413 do estatuto civil.
ESPÉCIES	a) **compensatória:** quando estipulada para a hipótese de total inadimplemento da obrigação (art. 410); b) **moratória:** quando destinada a assegurar o cumprimento de outra cláusula determinada ou a evitar o retardamento, a mora (art. 411).
EFEITOS DA CLÁUSULA PENAL	■ Quando **compensatória**, abre-se para o credor a alternativa de: a) pleitear o valor da pena compensatória; b) postular o ressarcimento das perdas e danos, arcando com o ônus de provar o prejuízo; ou c) exigir o cumprimento da prestação. ■ O art. 410 proíbe a cumulação de pedidos. ■ Quando **moratória**, terá o credor o arbítrio de exigir a satisfação da pena cominada, juntamente com o desempenho da obrigação principal (art. 411).
INSTITUTOS AFINS	■ **Perdas e danos:** malgrado a semelhança com a cláusula penal, naquelas o valor é fixado pelo juiz, com base nos prejuízos provados, enquanto nesta o valor é antecipadamente arbitrado pelas próprias partes. ■ **Multa simples ou cláusula penal pura:** não tem relação com inadimplemento contratual, sendo estipulada para casos de infração de certos deveres, como a imposta ao infrator de trânsito. ■ **Multa penitencial:** ao contrário da cláusula penal, que é estabelecida em benefício do credor (art. 410), a multa penitencial é estabelecida contratualmente em favor do devedor, que terá a opção de cumprir a prestação devida ou pagar a multa. ■ **Arras penitenciais:** ambas têm natureza acessória e por finalidade garantir o inadimplemento da obrigação. As arras, todavia, diversamente da cláusula penal, facilitam o descumprimento da avença, não podem ser reduzidas pelo juiz e são pagas por antecipação, consistindo na entrega de dinheiro ou de qualquer outro objeto.

■ 7.7. DAS ARRAS OU SINAL

■ 7.7.1. Conceito

Sinal ou **arras** é quantia ou coisa entregue por um dos contraentes ao outro, como **confirmação** do acordo de vontades e **princípio de pagamento**.

Para Silvio Rodrigues, as arras "constituem a importância em dinheiro ou a coisa dada por um contratante ao outro, por ocasião da conclusão do contrato, com o escopo de firmar a presunção de acordo final e tornar obrigatório o ajuste; ou ainda, excepcionalmente, com o propósito de assegurar, para cada um dos contratantes, o direito de arrependimento"[64].

É instituto muito antigo, conhecido dos romanos, que costumavam entregar, simbolicamente, o anel para demonstrar a conclusão do contrato. Existia, nessa época, uma espécie de noivado ou compromisso que duas pessoas de sexos diferentes assumiam reciprocamente, conhecido pelo nome de *sponsalia* (esponsais), que, além de solene, gerava efeitos. Consistia na entrega de um sinal ou arras esponsalícias, que o noivo perdia ou até as pagava em triplo ou em quádruplo se desmanchasse o noivado injustificadamente[65].

■ 7.7.2. Natureza jurídica

■ **Natureza acessória:** o sinal ou arras tem cabimento apenas nos **contratos bilaterais** translativos do domínio, dos quais constitui **pacto acessório**. Não existe por si; depende do contrato principal. As arras supõem, efetivamente, a existência de um contrato principal do qual dependem, sendo inconcebível imaginá-las isoladamente, sem estarem atreladas a uma avença, considerada principal.

■ **Caráter real:** as arras, além da natureza acessória, têm também **caráter real**, pois aperfeiçoam-se com a entrega do dinheiro ou de coisa fungível por um dos contraentes ao outro. O caráter real decorre do fato de se aperfeiçoar pela **entrega ou transferência da coisa** (dinheiro ou bem fungível) de uma parte a outra. O simples acordo de vontades não é suficiente para caracterizar o instituto, que depende, para sua eficácia, da efetiva entrega do bem à outra parte.

■ 7.7.3. Espécies

As arras são de duas espécies:

a) confirmatórias; e

b) penitenciais.

■ **Arras confirmatórias:** a principal função das arras é **confirmar** o contrato, que se torna obrigatório após a sua entrega. **Estas provam o acordo de vontades**, não mais sendo lícito a qualquer dos contratantes rescindi-lo unilateralmente. Quem o fizer responderá por perdas e danos, nos termos dos arts. 418 e 419 do Código Civil.

---

[64] *Direito civil*, v. 2, p. 279.

[65] Roberto de Ruggiero, *Instituições de direito civil*, v. III, p. 62, § 48.

Preceitua o primeiro dispositivo citado:

"Art. 418. Se a parte que deu as arras não executar o contrato, poderá a outra tê-lo por desfeito, retendo-as; se a inexecução for de quem recebeu as arras, poderá quem as deu haver o contrato por desfeito, e exigir sua devolução mais o equivalente, com atualização monetária segundo índices oficiais regularmente estabelecidos, juros e honorários de advogado."

A parte inocente pode conformar-se apenas com o sinal dado pelo outro ou com o equivalente ou, ainda, "pedir indenização suplementar, se provar maior prejuízo, valendo as arras como taxa mínima". Também lhe é possível "exigir a execução do contrato, com as perdas e danos, valendo as arras como o mínimo da indenização" (art. 419). Observa-se que as arras representam o **mínimo de indenização** e que pode ser pleiteada a **reparação integral** do prejuízo. Não havendo nenhuma estipulação em contrário, as arras consideram-se confirmatórias.

■ **Arras penitenciais:** podem, contudo, as partes convencionar o direito de **arrependimento**. Neste caso, as arras denominam-se **penitenciais**, porque atuam como **pena convencional**, como sanção à parte que se vale dessa faculdade. Prescreve, com efeito, o art. 420 do Código Civil:

"Se no contrato for estipulado o direito de arrependimento para qualquer das partes, as arras ou sinal terão função unicamente indenizatória. Neste caso, quem as deu perdê-las-á em benefício da outra parte; e quem as recebeu devolvê-las-á, mais o equivalente. Em ambos os casos não haverá direito a indenização suplementar."

Acordado o arrependimento, o contrato torna-se **resolúvel**, respondendo o que se arrepender, porém, pelas **perdas e danos prefixados** modicamente pela lei: **perda do sinal dado ou sua restituição em dobro**. A duplicação ocorre para que o inadimplente devolva o que recebeu e perca outro tanto.

Não se exige prova de prejuízo real. Contudo, **não se admite a cobrança de outra verba** a título de perdas e danos, ainda que a parte inocente tenha sofrido prejuízo superior ao valor do sinal. Proclama a Súmula 412 do Supremo Tribunal Federal: "No compromisso de compra e venda com cláusula de arrependimento, a devolução do sinal, por quem o deu, ou a sua restituição em dobro, por quem o recebeu, **exclui indenização maior, a título de perdas e danos**, salvo os juros moratórios e os encargos do processo".

■ **Hipóteses em que a devolução do sinal deve ser pura e simples:** o sinal constitui, pois, predeterminação das perdas e danos em favor do contratante inocente. A jurisprudência estabeleceu algumas hipóteses em que a devolução do sinal deve ser **pura** e **simples**, e não em dobro:

a) havendo acordo nesse sentido;

b) havendo culpa de ambos os contratantes (inadimplência de ambos ou arrependimento recíproco); e

c) se o cumprimento do contrato não se efetiva em razão do fortuito ou outro motivo estranho à vontade dos contratantes.

7.7.4. Funções das arras

Tríplice a função das arras:

- a de **confirmar** o contrato, tornando-o obrigatório;
- a de servir de **prefixação das perdas e danos** quando convencionado o direito de arrependimento; e
- a de atuar como **começo de pagamento**.

É o que preceitua o art. 417 do Código Civil, *verbis*:

"Se, por ocasião da conclusão do contrato, uma parte der à outra, a título de arras, dinheiro ou outro bem móvel, deverão as arras, em caso de execução, ser restituídas ou computadas na prestação devida, se do mesmo gênero da principal."

O sinal constitui **princípio de pagamento** quando a coisa entregue é parte ou parcela do objeto do contrato, ou seja, é do **mesmo gênero** do restante a ser entregue. Assim, por exemplo, se o devedor de dez bicicletas entrega duas ao credor como sinal, este constitui princípio de pagamento. Mas, se a dívida é em dinheiro e o devedor entrega duas bicicletas a título de sinal, estas constituem apenas uma garantia e devem ser restituídas quando o contrato for cumprido, isto é, quando o preço total for pago.

7.7.5. Resumo

ARRAS OU SINAL	
CONCEITO	■ Sinal ou arras é quantia ou coisa entregue por um dos contraentes ao outro como confirmação do acordo de vontades e princípio de pagamento.
NATUREZA JURÍDICA	■ As arras têm natureza **acessória**, pois dependem do processo principal, e caráter **real**, pois se aperfeiçoam com a entrega do dinheiro ou de coisa fungível por um dos contraentes ao outro.
ESPÉCIES	■ **confirmatórias:** A principal função das arras é confirmar o contrato, que se torna obrigatório após a sua entrega (arts. 418 e 419); ■ **penitenciais:** São assim denominadas quando as partes convencionam o direito de arrependimento (art. 420).
FUNÇÕES	■ confirmar o contrato; ■ servir de prefixação das perdas e danos quando convencionado o direito de arrependimento (art. 420); ■ constituir princípio de pagamento.

7.8. QUESTÕES

1. (TJPR/Juiz de Direito/2008) Assinale a alternativa CORRETA:

a) A violação positiva do contrato, que pode decorrer da violação de deveres instrumentais impostos pelo princípio da boa-fé, pode ensejar a resolução do contrato.

b) A violação positiva do contrato é modalidade de inadimplemento contratual que consiste na prática de ato comissivo que viola dever de omissão previsto como prestação principal ou acessória em um dado contrato.

c) Entende-se por violação positiva do contrato o incumprimento que não gera prejuízos para o credor de uma prestação, e que, nessa medida, não gera dever de indenizar, ainda que possa ensejar a resolução da avença.

d) A conversão da mora em inadimplemento está sempre condicionada à caracterização da impossibilidade material de cumprimento do contrato.

2. (Procurador do Trabalho/XV Concurso/2008) Assinale a alternativa INCORRETA:

a) nos contratos benéficos, responde por simples culpa o contratante, a quem o contrato aproveite;
b) nos contratos onerosos, responde cada uma das partes por culpa, salvo as exceções previstas em lei;
c) a mora se constitui mediante interpelação judicial ou extrajudicial quando não houver termo para a obrigação;
d) ocorrendo caso fortuito ou força maior durante a mora do devedor, este não responderá pela impossibilidade da prestação;
e) não respondida.

3. (MP/SC/Promotor de Justiça/XXXIII Concurso)

I. As obrigações de fazer, sejam fungíveis, sejam infungíveis, se resolvem em perdas e danos, que compreendem o que o credor efetivamente perdeu e o que razoavelmente deixou de lucrar.
II. A mora do devedor somente se caracteriza se ele tiver culpa pelo não cumprimento da obrigação.
III. O dolo sempre leva à anulação do negócio jurídico, mesmo o dolo de terceiro, pois ninguém poderá beneficiar-se de condutas dolosas.
IV. Embora o negócio jurídico nulo não possa ser ratificado pelas partes, é perfeitamente possível a confirmação do negócio jurídico meramente anulável, salvo direito de terceiros.
V. Como o contrato faz lei entre as partes, é vedado ao contratante prometer fato de terceiro, dada a impossibilidade jurídica do objeto.

a) apenas I, III e IV estão corretos.
b) apenas II e IV estão corretos.
c) apenas IV está correto.
d) apenas II, III e V estão corretos
e) apenas I, III e V estão corretos.

4. (Defensoria Pública/SP/Defensor Público/III Concurso/Fundação Carlos Chagas/2009) Tratando-se de inadimplemento de obrigação,

I. Responde o devedor por perdas e danos com correção e juros e, ainda, pelos prejuízos resultantes de caso fortuito e força maior se por estes houver se responsabilizado;
II. Ainda que vencida sua prestação, o devedor não responde por mora quando houver do credor exigência de encargos não convencionados;
III. Estando em mora o credor, responde o devedor pela conservação da coisa, devendo entregá-la nas mesmas condições do dia da oferta;
IV. Não sendo a prestação de pagamento em dinheiro, responde o devedor em mora pelo dano emergente e lucros cessantes, podendo, em alguns casos, ser acrescido o dano reflexo.

Estão corretas SOMENTE as assertivas

a) I e II.
b) I, II e III.
c) I, II e IV.
d) II e III.
e) III e IV.

5. (OAB/MG/2009) Assinale a alternativa CORRETA:

a) Os juros de mora contam-se desde a data do inadimplemento, mesmo nas obrigações ilíquidas.

b) Como regra geral, não poderá o devedor em mora responder pela impossibilidade da prestação, quando, durante o seu atraso, a realização do ato tornar-se impossível em decorrência de caso fortuito.
c) Como regra geral, as perdas e danos devidas ao credor abrangem apenas o que ele efetivamente perdeu.
d) O credor pode constituir o devedor em mora, mas também pode ser constituído em mora por este.

6. (TJSP/Juiz de Direito/185º Concurso/VUNESP/2014) Tendo sido o valor da cláusula penal estabelecido no contrato, é CORRETO afirmar:

a) A penalidade deve ser reduzida equitativamente pelo juiz, se a obrigação principal tiver sido cumprida, ainda que em parte.
b) A penalidade deve ser reduzida equitativamente pelo juiz, mesmo que nada da obrigação principal tenha sido cumprida e seu montante não seja excessivo.
c) A penalidade deve ser reduzida equitativamente pelo juiz, somente no caso de a obrigação principal ter sido cumprida integralmente, ainda que seu montante não seja excessivo.
d) A penalidade não será reduzida em nenhuma hipótese, em respeito ao que foi contratado.

7. (TJMG/Juiz de Direito/EJEF/2009) Em relação aos direitos das obrigações, marque a asserção CORRETA.

a) A mora não pode ser purgada por terceiro.
b) A presunção de mora também ocorre em caso de aposição em cláusula contratual de termo certo para pagamento.
c) Nas obrigações provenientes de ato ilícito a mora é presumida.
d) Ainda que a prestação se tenha tornado inútil ao credor em virtude da impontualidade, a mora pode ser purgada.

8. (TRF/1ª Região/Juiz Federal/XIII Concurso/CESPE/UnB/2009) De acordo com o que dispõe o Código Civil a respeito das obrigações, assinale a opção CORRETA.

a) A cláusula penal convencional só pode ser exigida pelo credor quando ele provar prejuízo em razão do inadimplemento da obrigação pelo devedor.
b) Nas obrigações decorrentes de ato ilícito, o qual acarreta responsabilidade extracontratual subjetiva, os juros moratórios deverão ser contados desde o instante em que se praticou o ilícito.
c) É ilícita a convenção pactuada pelas partes em que se estabeleça responsabilidade contratual ainda que os prejuízos resultem de caso fortuito ou força maior.
d) A novação, diferentemente do pagamento, não extingue a obrigação original.
e) Nas obrigações alternativas, se todas as prestações se tornarem impossíveis em razão de força maior, ainda assim subsistirá a obrigação pactuada originariamente.

9. (Procurador do Trabalho/16º Concurso/2009) Assinale a alternativa CORRETA:

a) Para exigir a pena convencional, é necessário que o credor alegue prejuízo.
b) Incorre de pleno direito o devedor na cláusula penal, desde que, culposamente, deixe de cumprir a obrigação ou se constitua em mora.
c) Maior de dezesseis anos e menor de dezoito anos não emancipado não pode ser mandatário.
d) Deve o juiz, de ofício, conhecer da decadência, quando estabelecida por lei ou pelo contrato.
e) Não respondida.

10. (TRT/15ª Região/Juiz do Trabalho/XXII Concurso/Fundação Carlos Chagas/2007) Em relação à cláusula penal, levando em conta a interpretação literal da legislação vigente, bem como as assertivas abaixo, assinale a alternativa CORRETA:

I. Será devida se o devedor culposamente deixar de cumprir a obrigação ou se constitua em mora;
II. Não possui limitação, podendo ser superior à obrigação principal;
III. Se o montante da penalidade for manifestamente excessivo, considerando a natureza e a finalidade do negócio, o juiz deve reduzi-la equitativamente;
IV. O credor tem direito à pena convencional, ainda que não alegue prejuízo.

a) todas as assertivas estão corretas;
b) somente uma assertiva está correta;
c) somente duas assertivas estão corretas;
d) somente três assertivas estão corretas;
e) todas as assertivas estão erradas.

11. (TRF/3ª Região/XV Concurso/2010) Aponte a assertiva correta: A *mulcta poenitencialis*:

a) É pena pelo inadimplemento absoluto do contrato.
b) É pena pela mora contratual.
c) É cláusula liberatória pelo arrependimento do negócio.
d) É cláusula punitiva pela desistência não autorizada do negócio.

12. (TJSP/Juiz de Direito/186º Concurso/VUNESP/2015) Em matéria de ilicitude dos atos jurídicos, é CORRETO afirmar que:

a) O descumprimento da prática convencional da pós-datação não retira a obrigação do sacado de efetuar o pagamento de título de crédito à vista e não gera indenização por responsabilidade civil do beneficiário.
b) O termo *a quo* da correção monetária na indenização por ato ilícito é a data do efetivo prejuízo, enquanto que na indenização por dano moral é a data do seu arbitramento.
c) Depende de prova do prejuízo a indenização pela publicação não autorizada de imagem de pessoa com fins econômicos ou comerciais.
d) A pessoa jurídica de direito público não tem direito à indenização por dano moral.

13. (TRF/1ª Região/Juiz Federal/XVI Concurso/CESPE/2015) Lino ajuizou ação ordinária de cobrança contra Marcos e Carlos, seu fiador, em decorrência do inadimplemento absoluto de aluguéis mensais e encargos condominiais, previstos em contrato escrito de locação de imóvel residencial celebrado entre as partes. O autor requereu o pagamento da cláusula penal estipulada no valor correspondente a vinte aluguéis mensais. Em sua defesa, Marcos alegou que Pedro, um terceiro, havia assumido a dívida que constava de notificação extrajudicial que lhe fora anteriormente endereçada por Lino com relação aos mesmos valores. Afirmou, ainda, que havia expedido a Lino, com aviso de recebimento, uma cópia do documento assinado por Pedro, assinalando o prazo de quarenta e oito horas para o consentimento na assunção da dívida, porém sem resposta do credor. Marcos aduziu, ainda, que possuía crédito decorrente de comodato pactuado com Lino e requereu a compensação de parte da dívida, bem como a redução, pelo juiz, da cláusula penal.

A respeito dessa situação hipotética, assinale a opção CORRETA à luz das normas do direito civil referentes a obrigações.

a) Marcos poderá compensar parte da dívida com Lino, já que a diferença de causas não impede a compensação.
b) A cláusula penal é obrigação acessória e convencional, razão pela qual deve ser preservada a autonomia das vontades de Lino e Marcos, não podendo o juiz intervir na relação negocial e reduzir a penalidade.
c) Diante do inadimplemento absoluto da obrigação, a culpa contratual é, em regra, presumida contra o devedor e há, nesse caso, uma inversão do ônus da prova, cabendo a Marcos a prova da ausência de culpa.

d) Se a assunção da dívida por Pedro vier a ser anulada, a garantia prestada por Carlos, em regra, será restaurada, pois o acessório segue o principal.
e) O silêncio de Lino sobre a assunção de dívida gera a presunção de sua aceitação, podendo Pedro invocar as exceções pessoais que competiam a Marcos.

14. (OAB/RJ/26º Exame) Assinale a alternativa CORRETA:

a) A nossa sistemática jurídica admite, em se tratando de arras confirmatórias, o direito expresso de arrependimento.
b) Realizada a pactuação de arras confirmatórias e, em não se concretizando o contrato definitivo, a nossa legislação faculta à parte prejudicada pleitear eventuais perdas e danos excedentes ao valor das arras.
c) Em se tratando de arras penitenciais, o exercício do direito de arrependimento pela parte que recebeu as arras ocasionará apenas a devolução exata do valor recebido a título de arras.
d) A nossa sistemática jurídica, seguindo o Direito Romano e embasada no princípio do "pacta sunt servanda", admite apenas as arras penitenciais.

15. (TRT/2ª Região/Juiz do Trabalho/XXXVIII Concurso/2013) Em relação ao inadimplemento das obrigações, está INCORRETO afirmar:

a) Não cumprida a obrigação, responde o devedor por perdas e danos, mais juros e atualização monetária e honorários advocatícios.
b) O devedor, que se obriga a não praticar dado ato, será tido como inadimplente, a partir da data em que veio a executar, dolosamente, ato de que deveria abster-se, violando o dever de *non facere*.
c) Para exigir a pena convencional, não é necessário que o credor alegue prejuízo.
d) Os juros moratórios fluem a partir do evento danoso, em caso de responsabilidade extracontratual.
e) Não havendo termo, a mora se constitui mediante interpelação judicial ou extrajudicial.

16. (TJSP/Juiz de Direito/184º Concurso/VUNESP/2013) A respeito da mora, é certo afirmar que

a) estando o devedor em mora, o credor só poderá dele exigir os encargos dela decorrentes, não se lhe facultando rejeitar a prestação em atraso se o devedor quiser adimpli-la.
b) a caracterização da mora do devedor não dispensa a existência de culpa, mas prescinde da demonstração de prejuízo efetivo.
c) nas obrigações de pagamento em dinheiro com data certa de vencimento, o inadimplemento constitui o devedor de pleno direito em mora; nas obrigações de dar e de fazer, ainda que líquidas e não cumpridas no termo estipulado, a constituição em mora dependerá de interpelação ao devedor, judicial ou extrajudicial.
d) nas obrigações provenientes de ato ilícito, reputa-se o devedor em mora desde a citação do réu da ação de ressarcimento.

17. (MP/AC/Promotor de Justiça/CESPE/UnB/2014) Considerando os conceitos de adimplemento e inadimplemento de uma obrigação, assinale a opção CORRETA.

a) O devedor pode responder pelos prejuízos resultantes de caso fortuito ou força maior desde que, expressamente, tenha-se por eles responsabilizado.
b) O juiz pode conceder ao credor indenização suplementar se os juros da mora e a pena convencional não cobrirem o prejuízo suportado.
c) A invalidade da cláusula penal implica a invalidade da obrigação principal, visto que nesta está inserida.
d) Considera-se em mora o devedor que não efetue o pagamento no tempo ajustado, mas não o que cumpra a obrigação de forma imperfeita.

e) Não se admite que o credor recuse a prestação, ainda que o devedor a cumpra em mora, devendo aquele socorrer-se das perdas e danos para ver mitigado seu prejuízo.

18. (MP/SP/Promotor de Justiça/91º Concurso/2015) Sobre o caso fortuito ou de força maior, assinale a alternativa que contém afirmação INCORRETA:

a) O devedor não responde pelos prejuízos resultantes de caso fortuito ou força maior, se expressamente não se houver por eles responsabilizado.
b) O devedor em mora responde pela impossibilidade da prestação, embora essa impossibilidade resulte de caso fortuito ou de força maior, se estes ocorrerem durante o atraso, exceto se provar isenção de culpa ou que o dano sobreviria ainda que a obrigação tivesse sido cumprida oportunamente.
c) Se, não obstante proibição do mandante, o mandatário se fizer substituir na execução do mandato, responderá ao seu constituinte pelos prejuízos ocorridos sob a gerência do substituto, ainda que provenientes de caso fortuito ou de força maior.
d) Os casos fortuitos, ocorrentes no ato de contar, marcar ou assinalar coisas, que comumente se recebem contando, pesando, medindo ou assinalando, e que já tiverem sido postas à disposição do comprador, correrão por conta deste.
e) Nas obrigações de dar coisa incerta, não poderá o devedor, antes da escolha, alegar a perda ou deterioração da coisa, ainda que por força maior ou caso fortuito.

19. (Fazenda Estadual/PI/Auditor Fiscal/Fundação Carlos Chagas/2015) Com relação à inexecução das obrigações, de acordo com o Código Civil,

a) o devedor responde pelos prejuízos resultantes de caso fortuito ou força maior desde que, expressamente, tenha-se por eles responsabilizado.
b) inadimplida a obrigação, o devedor responde por perdas e danos, incluindo correção monetária, mas não juros nem honorários de advogado.
c) nos contratos onerosos, as partes respondem apenas em caso de culpa, sem exceção.
d) nos contratos benéficos, responde apenas por dolo o contratante a quem o contrato aproveita.
e) inadimplida a obrigação, o devedor responde por perdas e danos, incluindo juros e correção monetária, porém não honorários de advogado.

20. (Previdência Social/Manaus/Procurador Autárquico/Fundação Carlos Chagas/2015) A respeito do inadimplemento das obrigações, assinale a opção CORRETA.

a) A redução da cláusula penal quando a obrigação principal tiver sido cumprida em parte deve se dar no percentual de dias cumpridos do contrato.
b) Se, devido à mora do devedor, a prestação não for mais de interesse do credor, este poderá rejeitá-la e exigir a satisfação das perdas e dos danos.
c) Devido à obrigação proveniente da prática de ato ilícito, o devedor será considerado em mora desde o ajuizamento da ação indenizatória.
d) Devido ao fato de a obrigação principal e a multa compensatória terem naturezas diversas, a cobrança desta não impede que o credor exija o cumprimento daquela.
e) Em caso de inexecução involuntária do contrato, o inadimplente pode ser compelido a pagar as perdas e os danos se tiver se responsabilizado pelos prejuízos resultantes de caso fortuito ou de força maior.

21. (OAB/XXII Exame de Ordem Unificado/Fundação Getulio Vargas/2017) Festas Ltda., compradora, celebrou, após negociações paritárias, contrato de compra e venda com Chocolates S/A, vendedora. O objeto do contrato eram 100 caixas de chocolate, pelo preço total de R$ 1.000,00, a serem entregues no dia 1º de novembro de 2016, data em que se comemorou o

aniversário de 50 anos de existência da sociedade. No contrato, estava prevista uma multa de R$ 1.000,00 caso houvesse atraso na entrega. Chocolates S/A, devido ao excesso de encomendas, não conseguiu entregar as caixas na data combinada, mas somente dois dias depois. Festas Ltda., dizendo que a comemoração já havia acontecido, recusou-se a receber e ainda cobrou a multa. Por sua vez, Chocolates S/A não aceitou pagar a multa, afirmando que o atraso de dois dias não justificava sua cobrança e que o produto vendido era o melhor do mercado.

Sobre os fatos narrados, assinale a afirmativa CORRETA.

a) Festas Ltda. tem razão, pois houve o inadimplemento absoluto por perda da utilidade da prestação e a multa é uma cláusula penal compensatória.
b) Chocolates S/A não deve pagar a multa, pois a cláusula penal, quantificada em valor idêntico ao valor da prestação principal, é abusiva.
c) Chocolates S/A adimpliu sua prestação, ainda que dois dias depois, razão pela qual nada deve a título de multa.
e) Festas Ltda. só pode exigir 2% de multa (R$ 20,00), teto da cláusula penal, segundo o Código de Defesa do Consumidor.

22. (TJ/SP/Juiz de Direito/187° Concurso/VUNESP/2017) Em relação à cláusula penal decorrente da inexecução de obrigação, assinale a alternativa CORRETA.

a) A exigibilidade da cláusula penal perante pessoa jurídica está condicionada à comprovação de abuso da personalidade jurídica, caracterizado pelo desvio de finalidade, ou pela confusão patrimonial.
b) Para exigir a pena convencional, é necessário que o credor alegue o prejuízo e que este não exceda o valor da obrigação principal.
c) O prejuízo excedente à cláusula penal poderá ser exigido se houver expressa convenção contratual nesse sentido.
d) Sempre que o prejuízo exceder a pena convencional, o credor poderá exigir indenização suplementar, competindo-lhe provar o prejuízo excedente.

■ GABARITO ■

1. "a".
2. "d". *Vide* art. 399 do CC.
3. "b". *Vide* arts. 396 e 172 do CC.
4. "c". *Vide* arts. 389 e 393, 396 e 404 e parágrafo único do CC.
5. "d". *Vide* art. 394 do CC.
6. "a". *Vide* art. 413 do CC.
7. "c". *Vide* art. 398 do CC.
8. "b". *Vide* art. 398 do CC.
9. "b". *Vide* art. 408 do CC.
10. "d". Observação: As respostas corretas são I, III e IV (*Vide* arts. 408, 413 e 416 do CC).
11. "c". *Vide* art. 420 do CC.
12. "b". *Vide* Súmula 43 do STJ: "Incide correção monetária sobre dívida por ato ilícito a partir da data do efetivo prejuízo"; e a Súmula 362 do mesmo Tribunal: "A correção monetária do valor da indenização do dano moral incide desde a data do arbitramento".
13. "c". *Vide* arts. 389 e 393 do CC.

14. "b". *Vide* art. 419 do CC.
15. "b". *Vide* art. 251 do CC.
16. "b". *Vide* arts. 396 e 397 do CC.
17. "a". *Vide* art. 393 do CC.
18. "c". *Vide* art. 667, § 1º, do CC.
19. "a". *Vide* art. 393 do CC.
20. "e". *Vide* art. 393 do CC.
21. "a". *Vide* arts. 410 e 412 do CC.
22. "c". *Vide* art. 416, parágrafo único, do CC.

TERCEIRA PARTE

TEORIA GERAL DOS CONTRATOS

1

NOÇÃO GERAL DE CONTRATO

■ 1.1. CONCEITO

O **contrato** é a mais comum e a mais importante **fonte de obrigação**, devido às suas múltiplas formas e inúmeras repercussões no mundo jurídico, sendo fonte de obrigação o fato que lhe dá origem. Os fatos humanos que o Código Civil brasileiro considera geradores de obrigação são:

a) os contratos;

b) as declarações unilaterais da vontade; e

c) os atos ilícitos, dolosos e culposos.

Como é a **lei** que dá eficácia a esses fatos, transformando-os em fontes diretas ou **imediatas**, aquela constitui fonte **mediata** ou **primária** das obrigações. É a lei que disciplina os efeitos dos contratos, que obriga o declarante a pagar a recompensa prometida e que impõe ao autor do ato ilícito o dever de ressarcir o prejuízo causado. Há obrigações que, entretanto, resultam diretamente da **lei**, como a de prestar alimentos (CC, art. 1.694), a de indenizar os danos causados por seus empregados (CC, art. 932, III) e a *propter rem* imposta aos vizinhos.

O **contrato** é uma espécie de **negócio jurídico** que depende, para a sua formação, da participação de pelo menos duas partes. É, portanto, **negócio jurídico bilateral** ou **plurilateral**. Com efeito, distinguem-se, na teoria dos negócios jurídicos:

- **os unilaterais**, que se aperfeiçoam pela manifestação de vontade de apenas uma das partes; e
- **os bilaterais**, que resultam de uma composição de interesses.

Os últimos, ou seja, os **negócios bilaterais**, que decorrem de mútuo consenso, constituem os contratos. **Contrato** é, portanto, como dito, uma **espécie do gênero negócio jurídico**[1]. Desde Beviláqua, o contrato é comumente conceituado de forma sucinta, como o **"acordo de vontades para o fim de adquirir, resguardar, modificar ou extinguir direitos"**[2].

---

1 Orlando Gomes, *Contratos*, p. 4; Silvio Rodrigues, *Direito civil*, v. 3, p. 9.

2 Clóvis Beviláqua, *Código Civil dos Estados Unidos do Brasil*, v. IV, obs. 1 ao art. 1.079.

Sempre, pois, que o negócio jurídico resultar de um mútuo consenso, de um encontro de duas vontades, estaremos diante de um contrato. Essa constatação conduz à ilação de que o contrato não se restringe ao direito das obrigações, **estendendo-se a outros ramos do direito privado** (o casamento, p. ex., é considerado um contrato especial, um contrato do direito de família) **e também ao direito público** (são em grande número os contratos celebrados pela Administração Pública, com características próprias), bem como a toda espécie de convenção. **Em sentido estrito**, todavia, o conceito de contrato restringe-se aos pactos que criem, modifiquem ou extingam relações **patrimoniais**, como consta expressamente do art. 1.321 do Código Civil italiano.

O Código Civil brasileiro de 2002 disciplina, em vinte capítulos, vinte e três espécies de contratos nominados (arts. 481 a 853) e cinco de declarações unilaterais da vontade (arts. 854 a 886 e 904 a 909), além dos títulos de crédito, tratados separadamente (arts. 887 a 926). Contém, ainda, um título referente às obrigações por atos ilícitos ("Da Responsabilidade Civil", arts. 927 a 954).

Começaremos o estudo pelo **contrato**, que constitui o mais expressivo modelo de negócio jurídico bilateral.

■ 1.2. FUNÇÃO SOCIAL DO CONTRATO

O Código Civil de 2002 procurou afastar-se das concepções individualistas que nortearam o diploma anterior para seguir orientação compatível com a socialização do direito contemporâneo. O **princípio da socialidade** por ele adotado reflete a prevalência dos valores coletivos sobre os individuais, sem perda, porém, do valor fundamental da pessoa humana.

Com efeito, o **sentido social** é uma das características mais marcantes do novo diploma, em contraste com o sentido individualista que condiciona o Código Beviláqua. Há uma convergência para a realidade contemporânea, com a revisão dos direitos e deveres dos cinco principais personagens do direito privado tradicional, como enfatiza Miguel Reale: o proprietário, o contratante, o empresário, o pai de família e o testador[3].

Nessa consonância, dispõe o art. 421 do Código Civil:

> "A liberdade de contratar será exercida em razão e nos limites da função social do contrato."

A **concepção social do contrato** apresenta-se modernamente como um dos pilares da teoria contratual. Por identidade dialética, guarda intimidade com o princípio da "função social da propriedade" previsto na Constituição Federal e tem por escopo promover a realização de uma justiça comutativa, aplainando as desigualdades substanciais entre os contraentes[4].

---

[3] *O Projeto do novo Código Civil*, p. 7.

[4] Jones Figueirêdo Alves, *Novo Código Civil comentado*, coord. de Ricardo Fiuza, p. 372-373.

Efetivamente, o dispositivo supratranscrito **subordina a liberdade contratual à sua função social**, com prevalência dos princípios condizentes com a ordem pública. Considerando que o direito de propriedade, que deve ser exercido em conformidade com a sua função social, proclamada na Constituição Federal, viabiliza-se por meio dos contratos, o novo Código estabelece que a liberdade contratual não pode afastar-se daquela função.

■ **A função social do contrato como condicionante da autonomia da vontade:** a função social do contrato constitui, assim, princípio moderno a ser observado pelo intérprete na aplicação dos contratos. Alia-se aos princípios tradicionais, como os da **autonomia da vontade** e da **obrigatoriedade**, muitas vezes, impedindo que estes prevaleçam.

Segundo Caio Mário[5], a função social do contrato serve, precipuamente, para **limitar a autonomia da vontade** quando tal autonomia esteja em **confronto com o interesse social** e este deva prevalecer, ainda que essa limitação possa atingir a própria liberdade de não contratar, como ocorre nas hipóteses de contrato obrigatório. Tal princípio desafia a concepção clássica de que os contratantes tudo podem fazer porque estão no exercício da autonomia da vontade. Essa constatação tem como consequência, por exemplo, possibilitar que terceiros, que não são propriamente partes do contrato, possam nele influir, em razão de serem direta ou indiretamente por ele atingidos.

É possível afirmar que o atendimento à **função social** pode ser enfocado sob dois aspectos:

- um, **individual**, relativo aos contratantes, que se valem do contrato para satisfazer seus interesses próprios;
- e outro, **público**, que é o interesse da coletividade sobre o contrato. Nessa medida, a função social do contrato somente estará cumprida quando a sua finalidade — distribuição de riquezas — for atingida de forma justa, ou seja, quando o contrato representar uma **fonte de equilíbrio social**[6].

■ **O sistema de cláusulas gerais:** observa-se que as principais mudanças quanto ao âmbito dos contratos no novo diploma foram implementadas por cláusulas gerais, em paralelo às normas marcadas pela estrita casuística. **Cláusulas gerais** são normas orientadoras sob forma de **diretrizes**, dirigidas precipuamente ao juiz,

---

5 *Instituições*, cit., v. III, p. 13-14.

6 Mônica Bierwagen, *Princípios e regras de interpretação dos contratos no novo Código Civil*, p. 42-43. Aduz a mencionada autora que "há contratos que, embora atendam aos interesses individuais dos contratantes, nem sempre se mostram compatíveis com o interesse social. É o caso, por exemplo, do terreno que é alugado por uma empresa para armazenamento de lixo tóxico sem tratamento, ou da distribuição de amostras grátis de bebida alcoólica em frente a uma unidade dos Alcoólatras Anônimos. Não há como negar que, nesses casos, há um interesse que decorre dos direitos sociais — de ter um meio ambiente limpo ou a recuperação do alcoólatra — que não pode ser desprezado em favor da liberdade contratual" (p. 47).

vinculando-o, ao mesmo tempo em que lhe dão liberdade para decidir. São elas formulações contidas na lei, de caráter significativamente **genérico e abstrato**, cujos valores devem ser preenchidos pelo juiz, autorizado para assim agir em decorrência da formulação legal da própria cláusula geral. Quando se insere determinado **princípio geral** (regra de conduta que não consta do sistema normativo, mas que se encontra na consciência dos povos e é seguida universalmente) **no direito positivo** do país (Constituição, leis etc.), deixa este de ser princípio geral, ou seja, deixa de ser regra de interpretação e passa a caracterizar-se como **cláusula geral**[7].

As cláusulas gerais resultaram basicamente do convencimento do legislador de que **as leis rígidas**, definidoras de tudo e para todos os casos, são necessariamente insuficientes e **levam seguidamente a situações de grave injustiça**.

Cabe destacar, dentre outras, a cláusula geral que proclama a **função social do contrato**, ora em estudo, e a que exige um comportamento condizente com a **probidade** e **boa-fé objetiva** (CC, art. 422). Podem ser também lembrados como integrantes dessa vertente, aos quais se poderá aplicar a expressão "função social do contrato", os arts. 50 (desconsideração da personalidade jurídica), 156 (estado de perigo), 157 (lesão), 424 (contrato de adesão), parágrafo único do art. 473 (resilição unilateral do contrato), 884 (enriquecimento sem causa) e outros.

Deve-se ainda realçar o disposto no parágrafo único do art. 2.035 do novo Código: "Nenhuma convenção prevalecerá se contrariar preceitos de ordem pública, tais como os estabelecidos por este Código para assegurar a função social da propriedade e dos contratos". As partes devem celebrar seus contratos com ampla liberdade, **observadas as exigências da ordem pública, como é o caso das cláusulas gerais**.

Visto que a função social é cláusula geral, assinala Nelson Nery Junior, o juiz poderá preencher os claros do que significa essa "função social", com valores jurídicos, sociais, econômicos e morais[8].

■ 1.3. CONTRATO NO CÓDIGO DE DEFESA DO CONSUMIDOR

Com a evolução das relações sociais e o surgimento do consumo em massa, bem como dos conglomerados econômicos, os princípios tradicionais da nossa legislação privada já não bastavam para reger as relações humanas, sob determinados aspectos. E, nesse contexto, surgiu o **Código de Defesa do Consumidor**, atendendo a princípio constitucional relacionado à ordem econômica.

Partindo da premissa básica de que **o consumidor é a parte vulnerável das relações de consumo**, o Código procura restabelecer o equilíbrio entre os protagonistas de tais relações. Assim, declara expressamente o **art. 1º** que o Código estabelece normas de proteção e defesa do consumidor, acrescentando serem tais **normas**

---

[7] Nelson Nery Junior, Contratos no Código Civil — Apontamentos gerais, in *O novo Código Civil*: estudos em homenagem ao Professor Miguel Reale, coord. de Domingos Franciulli Netto, Gilmar Ferreira Mendes e Ives Gandra da Silva Martins Filho, p. 406-408.

[8] Contratos no Código Civil, cit., p. 416-417.

de ordem pública e de interesse social. Os dois principais **protagonistas** do Código de Defesa do Consumidor são o **consumidor** e o **fornecedor**. Incluídos se acham, no último conceito, o produtor, o fabricante, o comerciante e, principalmente, o prestador de serviços (art. 3º).

O Código Civil de 2002, ao tratar da **prestação de serviço** (arts. 593 a 609), declara que somente será por ele regida a que não estiver sujeita às leis trabalhistas ou a lei especial (art. 593). As regras do Código Civil têm, pois, **caráter residual**, aplicando-se somente às relações não regidas pela Consolidação das Leis do Trabalho e pelo Código do Consumidor, sem distinguir a espécie de atividade prestada pelo locador ou prestador de serviços, que pode ser profissional liberal ou trabalhador braçal. Todavia, ao tratar do fornecimento de **transportes** em geral, que é modalidade de prestação de serviço, o novo diploma **inverteu o critério**, conferindo caráter subsidiário ao Código de Defesa do Consumidor. Aplica-se este aos contratos de transporte em geral, "quando couber", **desde que não contrarie as normas que disciplinam essa espécie de contrato no Código Civil** (art. 732).

O Código do Consumidor estabeleceu **princípios gerais de proteção** que, pela sua amplitude, passaram a ser aplicados também **aos contratos em geral**, mesmo que estes não envolvam relação de consumo. Destacam-se os princípios gerais da boa-fé (art. 51, IV), da obrigatoriedade da proposta (art. 51, VIII) e da intangibilidade das convenções (art. 51, X, XI e XIII). No capítulo concernente às cláusulas abusivas, o referido diploma introduziu os princípios tradicionais da lesão nos contratos (art. 51, IV e § 1º) e da onerosidade excessiva (art. 51, § 1º, III).

Vários princípios consagrados na legislação consumerista foram **reafirmados pelo Código Civil de 2002**, como os concernentes à **boa-fé objetiva, à onerosidade excessiva, à lesão, ao enriquecimento sem causa**, aproximando e harmonizando ainda mais os dois diplomas em matéria contratual.

Em artigo que trata exatamente da possibilidade de **diálogo entre o Código de Defesa do Consumidor e o novo Código Civil**, Claudia Lima Marques relembra que a Lei de Introdução às Normas do Direito Brasileiro e o próprio Código Civil de 2002 preveem a aplicação conjunta (lado a lado) das leis especiais, como o Código de Defesa do Consumidor, e a lei geral, como o novo diploma civil. A convergência, aduz, "de princípios e cláusulas gerais entre o CDC e o NCC/2002 e a égide da Constituição Federal de 1988 garantem que haverá diálogo e não retrocesso na proteção dos mais fracos nas relações contratuais"[9].

■ 1.4. CONDIÇÕES DE VALIDADE DO CONTRATO

Para que o negócio jurídico produza efeitos, possibilitando a aquisição, modificação ou extinção de direitos, deve preencher certos **requisitos**, apresentados como os de sua **validade**. Se os possui, é **válido** e dele decorrem os mencionados efeitos

[9] Diálogo entre o Código de Defesa do Consumidor e o novo Código Civil: do "diálogo das fontes" no combate às cláusulas abusivas, *Revista de Direito do Consumidor*, 45/71.

almejados pelo agente. Se, porém, falta-lhe um desses requisitos, o negócio é inválido, não produz o efeito jurídico em questão e é **nulo ou anulável**.

O contrato, como qualquer outro negócio jurídico, sendo uma de suas espécies, igualmente exige para a sua existência legal o concurso de alguns elementos fundamentais, que constituem condições de sua validade. Os **requisitos** ou **condições de validade** dos contratos são de **duas espécies**, como se pode verificar no quadro esquemático abaixo:

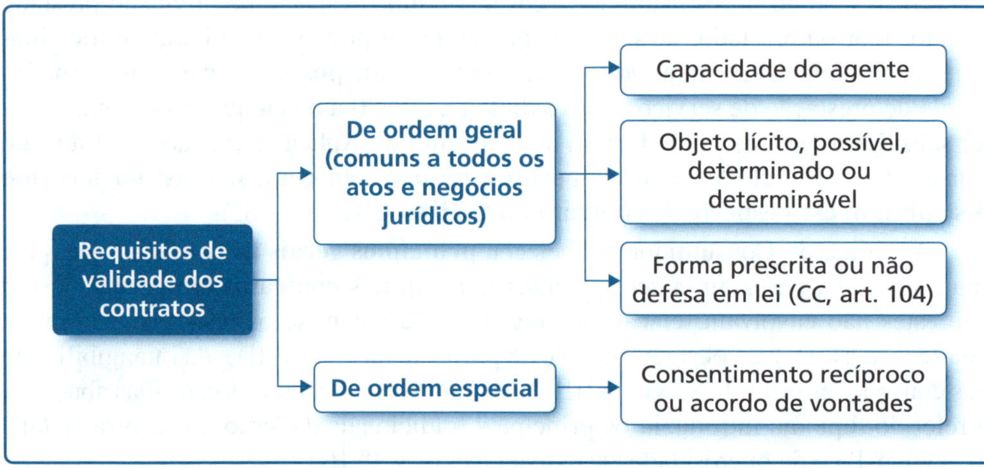

Os requisitos de validade do contrato podem, assim, ser distribuídos em três grupos:

- **subjetivos**;
- **objetivos**; e
- **formais**.

1.4.1. Requisitos subjetivos

Os requisitos **subjetivos** consistem:

a) na manifestação de **duas ou mais vontades** e na **capacidade genérica** dos contraentes;

b) na **aptidão específica** para contratar; e

c) no **consentimento**[10].

- **Capacidade genérica** — a capacidade genérica dos contratantes (que podem ser duas ou mais pessoas, visto constituir o contrato um negócio jurídico bilateral ou plurilateral) é o primeiro elemento ou condição **subjetiva** de ordem geral para a validade dos contratos. Estes serão **nulos** (CC, art. 166, I) ou **anuláveis**

[10] Maria Helena Diniz, *Tratado teórico e prático dos contratos*, v. 1, p. 13.

(art. 171, I) se a incapacidade, absoluta ou relativa, não for suprida pela representação ou pela assistência (CC, arts. 1.634, V, 1.747, I, e 1.781). A capacidade exigida nada mais é do que a **capacidade de agir em geral**, que pode inexistir em razão da menoridade (CC, art. 3º), bem como ser reduzida nas hipóteses mencionadas no art. 4º do Código Civil (menoridade relativa, embriaguez habitual, dependência de tóxicos, impossibilidade de manifestação da vontade em virtude de causa transitória ou permanente, prodigalidade). No tocante às **pessoas jurídicas**, exige-se a intervenção de quem os seus estatutos indicarem para representá-las ativa e passivamente, judicial e extrajudicialmente.

- **Aptidão específica para contratar** — além da capacidade geral, exige a lei a especial para contratar. Algumas vezes, para celebrar certos contratos, requer-se uma **capacidade especial**, mais intensa do que a normal, como ocorre na doação, na transação e na alienação onerosa, que exigem a capacidade ou poder de **disposição** das coisas ou dos direitos que são objeto do contrato. Outras vezes, embora o agente não seja um incapaz, genericamente, deve exibir a **outorga uxória** (para alienar bem imóvel, p. ex.: CC, arts. 1.647, 1.649 e 1.650) ou o **consentimento dos descendentes e do cônjuge do alienante** (para a venda a outros descendentes: art. 496). Essas hipóteses não dizem respeito propriamente à capacidade geral, mas à **falta de legitimação** ou impedimentos para a realização de certos negócios. A capacidade de contratar deve existir no momento da declaração de vontade do contratante[11].

- **Consentimento** — o requisito de ordem especial, próprio dos contratos, é o **consentimento recíproco** ou **acordo de vontades**. Deve abranger os seus três aspectos:

  a) acordo sobre a **existência e natureza** do contrato (se um dos contratantes quer aceitar uma doação e o outro quer vender, contrato não há);

  b) acordo sobre o **objeto** do contrato; e

  c) acordo sobre as **cláusulas** que o compõem (se a divergência recai sobre ponto substancial, não poderá ter eficácia o contrato)[12].

  O consentimento deve ser **livre e espontâneo**, sob pena de ter a sua validade afetada pelos vícios ou defeitos do negócio jurídico: erro, dolo, coação, estado de perigo, lesão e fraude.

A manifestação da vontade nos contratos pode ser **tácita** quando a lei não exigir que seja expressa (CC, art. 111). **Expressa** é a exteriorizada verbalmente, por escrito, gesto ou mímica, de forma inequívoca. Algumas vezes, a lei exige o consentimento **escrito** como requisito de validade da avença. É o que sucede na atual Lei do Inquilinato (Lei n. 8.245/91), cujo art. 13 prescreve que a sublocação e o empréstimo do prédio locado dependem de consentimento, *por escrito*, do locador.

---

[11] Francesco Messineo, *Doctrina general del contrato*, t. I, p. 79 e 87; Maria Helena Diniz, *Tratado*, cit., v. 1, p. 15.

[12] Caio Mário da Silva Pereira, *Instituições de direito civil*, cit., v. III, p. 31.

Não havendo na lei tal exigência, vale a manifestação **tácita**, que se infere da conduta do agente. Nas doações puras, por exemplo, muitas vezes, o donatário não declara que aceita o objeto doado, mas o seu comportamento (uso, posse, guarda) demonstra a aceitação. O **silêncio** pode ser interpretado como **manifestação tácita da vontade** quando as circunstâncias ou os usos o autorizarem e não for necessária a declaração de vontade expressa (CC, art. 111), bem como, também, quando a lei o autorizar, como nos arts. 539 (doação pura), 512 (venda a contento) ou 432 (praxe comercial), ou, ainda, quando tal efeito ficar convencionado em um pré-contrato. Nesses casos, o silêncio é considerado **circunstanciado** ou **qualificado** (***v.*, a propósito, na primeira parte desta obra, *Elementos do negócio jurídico*, item 7.2.3.1.4 — *O silêncio como manifestação de vontade***).

Como o contrato, por definição, é um acordo de vontades, não se admite a existência de **autocontrato** ou **contrato consigo mesmo**. Dispõe, todavia, o art. 117 do novo Código Civil:

> "Salvo se o permitir a lei ou o representado, é anulável o negócio jurídico que o representante, no seu interesse ou por conta de outrem, celebrar consigo mesmo.
> Parágrafo único. Para esse efeito, tem-se como celebrado pelo representante o negócio realizado por aquele em quem os poderes houverem sido subestabelecidos."

O novo diploma prevê, portanto, a **possibilidade da celebração do contrato consigo mesmo, desde que a lei ou o representado autorizem sua realização**. Sem a observância dessa condição, o negócio é anulável (***v.*, na Primeira Parte desta obra, no capítulo *Da representação*, item 7.3.5 — Contrato consigo mesmo**).

1.4.2. Requisitos objetivos

Os requisitos objetivos dizem respeito ao **objeto** do contrato, que deve ser lícito, possível, determinado ou determinável (CC, art. 104, II). A validade do contrato depende, assim, da:

- **Licitude de seu objeto** — objeto **lícito** é o que não atenta contra a lei, a moral ou os bons costumes (*v.*, a propósito, na Primeira Parte desta obra — **PARTE GERAL** —, *Elementos do negócio jurídico*, item 7.2.4.2.1 — Objeto lícito).
- **Possibilidade física ou jurídica do objeto** — o objeto deve ser, também, **possível**. Quando impossível, o negócio é nulo (CC, art. 166, II). A impossibilidade do objeto pode ser física ou jurídica (*v.*, no mesmo local, item 7.2.4.2.2 — Objeto possível).
- **Determinação de seu objeto** — o objeto do negócio jurídico deve ser, igualmente, **determinado** ou **determinável** (indeterminado relativamente ou suscetível de determinação no momento da execução). Admite-se, assim, a venda de **coisa incerta**, indicada ao menos pelo gênero e pela quantidade (CC, art. 243), que será determinada pela escolha, bem como a **venda alternativa**, cuja indeterminação cessa com a concentração (CC, art. 252). Embora não mencionado expressamente na lei, a doutrina exige outro requisito objetivo de validade dos

contratos: o objeto do contrato deve ter algum **valor econômico**. Um grão de areia, por exemplo, não interessa ao mundo jurídico, por não ser suscetível de apreciação econômica. A sua venda, por não representar nenhum valor, é indiferente ao direito, pois tão irrisória quantidade jamais levaria o credor a mover uma ação judicial para reclamar do devedor o adimplemento da obrigação[13].

1.4.3. Requisitos formais

O terceiro requisito de validade do negócio jurídico é a **forma** (*forma dat esse rei*, ou seja, a forma dá ser às coisas), que é o meio de revelação da vontade. Deve ser a **prescrita** ou **não defesa em lei**.

- **Sistemas universais:** há dois sistemas no que tange à forma como requisito de validade do negócio jurídico:
  a) o **consensualismo**, da liberdade de forma; e o
  b) formalismo ou da forma obrigatória.
- **Sistema brasileiro:** no direito brasileiro, a forma é, em regra, **livre**. As partes podem celebrar o contrato por escrito, público ou particular, ou verbalmente, a não ser nos casos em que a lei, para dar maior segurança e seriedade ao negócio, exija a forma escrita, pública ou particular. **O consensualismo, portanto, é a regra, e o formalismo, a exceção** (*v.*, a propósito, na Primeira Parte deste volume — **PARTE GERAL** —, o item 7.2.4.3.1 — *Os sistemas do consensualismo e do formalismo*).
- **Espécies de formas:** podem ser distinguidas três espécies de formas:

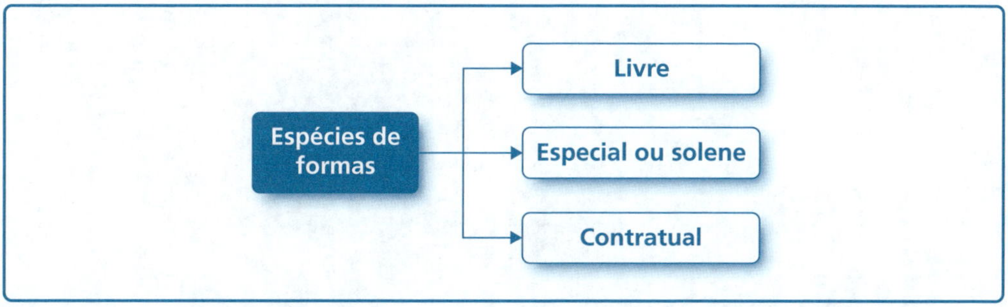

- **Forma livre —** é a predominante no direito brasileiro (CC, art. 107), sendo **qualquer meio de manifestação da vontade** não imposto obrigatoriamente pela lei (palavra escrita ou falada, escrito público ou particular, gestos, mímicas etc.).
- **Forma especial ou solene —** é a **exigida pela lei** como requisito de validade de determinados negócios jurídicos.

[13] Maria Helena Diniz, *Tratado*, cit., v. 1, p. 40.

■ **Forma contratual —** é a convencionada pelas partes. O art. 109 do Código Civil dispõe que, "no negócio jurídico celebrado com a cláusula de não valer sem instrumento público, este é da substância do ato" (cf. arts. 212 e s.).

(***V.*, a propósito das espécies de formas**, na Primeira Parte desta obra — **PARTE GERAL** —, *Elementos do negócio jurídico*, item 7.2.4.3 — Forma).

■ 1.5. RESUMO

NOÇÃO GERAL DE CONTRATO	
CONCEITO	■ Contrato é o acordo de vontades que tem por fim criar, modificar ou extinguir direitos. Constitui fonte de obrigação e o mais expressivo modelo de negócio jurídico bilateral.
CONDIÇÕES DE VALIDADE	■ **De ordem geral** (CC, art. 104): a) capacidade do agente; b) objeto lícito, possível, determinado ou determinável; c) forma prescrita ou não defesa em lei. ■ **De ordem especial:** consentimento recíproco (acordo de vontades).

2

PRINCÍPIOS FUNDAMENTAIS DO DIREITO CONTRATUAL

2.1. PRINCÍPIO DA AUTONOMIA DA VONTADE

O direito contratual rege-se por diversos princípios, alguns tradicionais e outros modernos. Os mais importantes são os: **da autonomia da vontade**, da supremacia da ordem pública, do consensualismo, da relatividade dos efeitos, da obrigatoriedade, da revisão ou onerosidade excessiva e da boa-fé.

Tradicionalmente, desde o direito romano, as pessoas são livres para contratar. Essa **liberdade** abrange o direito de contratar **se quiserem, com quem quiserem e sobre o que quiserem**, ou seja, o direito de contratar e de não contratar, de escolher a pessoa com quem fazê-lo e de estabelecer o conteúdo do contrato.

O princípio da **autonomia da vontade** se alicerça exatamente na **ampla liberdade contratual**, no poder dos contratantes de disciplinar os seus interesses mediante **acordo de vontades**, suscitando efeitos tutelados pela ordem jurídica. Têm as partes a faculdade de celebrar ou não contratos, sem qualquer interferência do Estado. Podem celebrar contratos **nominados** ou fazer combinações, dando origem a contratos **inominados**.

Esse princípio teve o seu apogeu após a Revolução Francesa, com a predominância do individualismo e a pregação da liberdade em todos os campos, inclusive no contratual. Como a vontade manifestada deve ser respeitada, **a avença faz lei entre as partes**, assegurando a qualquer delas o direito de exigir o seu cumprimento.

O princípio da autonomia da vontade serve de fundamento para a celebração dos contratos atípicos[1]. Contrato **atípico** é o que resulta não de um acordo de vontades regulado no ordenamento jurídico, mas gerado pelas necessidades e interesses das partes.

A **liberdade contratual** é prevista no art. 421 do novo Código Civil, já comentado (*v.* item 1.2 — Função social do contrato, *retro*), nestes termos: "A liberdade de contratar será exercida em razão e nos limites da função social do contrato". Preceitua ainda o art. 425: "É lícito às partes estipular contratos atípicos, observadas as normas gerais fixadas neste Código".

Têm aumentado consideravelmente as limitações à liberdade de contratar, em seus três aspectos. Assim:

---

[1] Luiz Roldão de Freitas Gomes, *Contrato*, p. 27.

- A **faculdade de contratar e de não contratar** (de contratar se quiser) mostra-se, atualmente, relativa, pois a vida em sociedade obriga as pessoas a realizar, frequentemente, contratos de toda espécie, como o de transporte, de compra de alimentos, de aquisição de jornais e de fornecimento de bens e serviços públicos (energia elétrica, água, telefone etc.). O licenciamento de um veículo, por exemplo, é condicionado à celebração do seguro obrigatório. O Código de Defesa do Consumidor dispõe que o fornecedor de produtos e serviços não pode recusar atendimento às demandas dos consumidores, na medida de suas disponibilidades de estoque e em conformidade com os usos e costumes (art. 39, II).
- Também a **liberdade de escolha do outro contraente** (de contratar com quem quiser) sofre, hoje, restrições, como nos casos de serviços públicos concedidos sob regime de monopólio e nos contratos submetidos ao Código do Consumidor[2].
- E, em terceiro lugar, o **poder de estabelecer o conteúdo do contrato** (de contratar sobre o que quiser) sofre também, hodiernamente, limitações determinadas pelas **cláusulas gerais**, especialmente as que tratam da função social do contrato e da boa-fé objetiva, do Código de Defesa do Consumidor e, principalmente, pelas exigências e supremacia da ordem pública, como se verá a seguir.

2.2. PRINCÍPIO DA SUPREMACIA DA ORDEM PÚBLICA

A liberdade contratual encontrou sempre **limitação** na ideia de **ordem pública**, entendendo-se que o interesse da sociedade deve prevalecer quando colide com o interesse individual.

O princípio da autonomia da vontade, como vimos, não é absoluto. **É limitado pelo princípio da supremacia da ordem pública**, que resultou da constatação, feita no início do século passado e em face da crescente industrialização, de que a ampla liberdade de contratar provocava desequilíbrios e a exploração do economicamente mais fraco.

Surgiram os movimentos em prol dos direitos sociais e a defesa destes nas encíclicas papais. Começaram, então, a ser editadas leis destinadas a garantir, em setores de vital importância, a supremacia da **ordem pública**, da **moral** e dos **bons costumes**, podendo ser lembradas, entre nós, as diversas leis do inquilinato, a Lei da Usura, a Lei da Economia Popular, o Código de Defesa do Consumidor e outros. A intervenção do Estado na vida contratual é, hoje, tão intensa em determinados campos (telecomunicações, consórcios, seguros, sistema financeiro etc.) que se configura um verdadeiro **dirigismo contratual**.

O Código Civil de 2002 proclama, no parágrafo único do art. 2.035:

> "Nenhuma convenção prevalecerá se contrariar preceitos de ordem pública, tais como os estabelecidos por este Código para assegurar a função social da propriedade e dos contratos."

---

2 Caio Mário da Silva Pereira, *Instituições*, cit., v. III, p. 22-23.

A **ordem pública** é também uma **cláusula geral**, que está no nosso ordenamento por meio do art. 17 da Lei de Introdução às Normas do Direito Brasileiro, regra de direito internacional privado que retira eficácia de qualquer declaração de vontade ofensiva da ordem pública[3].

Os direitos também devem ser exercidos no limite ordenado pelos **bons costumes**, conceito que decorre da observância das normas de convivência, segundo um padrão de conduta social estabelecido pelos sentimentos morais da época[4].

Em suma, **a noção de ordem pública e o respeito aos bons costumes constituem freios e limites à liberdade contratual**. No campo intervencionista, destinado a coibir abusos advindos da desigualdade econômica mediante a defesa da parte economicamente mais fraca, situa-se, ainda, o princípio da revisão dos contratos ou da onerosidade excessiva, baseado na **teoria da imprevisão**, regulado nos arts. 478 a 480 e que será estudado adiante.

■ 2.3. PRINCÍPIO DO CONSENSUALISMO

De acordo com o **princípio do consensualismo**, basta, para o aperfeiçoamento do contrato, o acordo de vontades, contrapondo-se ao formalismo e ao simbolismo que vigoravam em tempos primitivos. Decorre ele da moderna concepção de que o contrato **resulta do consenso**, do acordo de vontades, **independentemente da entrega da coisa**.

A compra e venda, por exemplo, quando pura, torna-se perfeita e obrigatória, desde que as partes acordem no objeto e no preço (CC, art. 482). O contrato já estará **perfeito e acabado** desde o momento em que o vendedor aceitar o preço oferecido pela coisa, independentemente da entrega desta. **O pagamento e a entrega do objeto constituem outra fase**, a do cumprimento das obrigações assumidas pelos contratantes (CC, art. 481).

A necessidade, todavia, de garantir as partes contratantes levou, atualmente, o legislador a fazer certas exigências materiais, subordinadas ao tema do **formalismo**, como a elaboração de instrumento escrito para a venda de automóveis; a obrigatoriedade de inscrição no Registro Imobiliário, para que as promessas de compra e venda sejam dotadas de execução específica com eficácia real (CC, art. 1.417); e a imposição do registro na alienação fiduciária em garantia (CC, art. 1.361, § 1º)[5].

Como exposto no item 1.4.3, *retro* (*Requisitos formais*), no direito brasileiro, a forma é, em regra, **livre**. As partes podem celebrar o contrato por escrito, público ou particular, ou verbalmente, a não ser nos casos em que a lei, para dar maior segurança e seriedade ao negócio, exija a forma escrita, pública ou particular (CC, art. 107). **O consensualismo, portanto, é a regra, e o formalismo, a exceção**.

Os contratos são, pois, em regra, **consensuais**. Alguns poucos, no entanto, são **reais** (do latim *res*: coisa), porque somente se aperfeiçoam com a **entrega do objeto**,

---

3 Ruy Rosado de Aguiar Júnior, Projeto, cit., *RT*, 775/24.

4 Caio Mário da Silva Pereira, *Instituições*, cit., v. III, p. 26.

5 Caio Mário da Silva Pereira, *Instituições*, cit., v. III, p. 19.

subsequente ao acordo de vontades. Este, por si, não basta. O contrato de depósito, por exemplo, só se aperfeiçoa depois do consenso e da entrega do bem ao depositário. Enquadram-se nessa classificação também, dentre outros, os contratos de comodato e mútuo.

■ 2.4. PRINCÍPIO DA RELATIVIDADE DOS EFEITOS DO CONTRATO

Funda-se tal princípio na ideia de que os efeitos do contrato só se produzem **em relação às partes**, àqueles que manifestaram a sua vontade, vinculando-os ao seu conteúdo **sem afetar terceiros** nem seu patrimônio.

Mostra-se ele coerente com o modelo clássico de contrato, que objetivava exclusivamente a satisfação das necessidades individuais e que, portanto, só produzia efeitos entre aqueles que o haviam celebrado, mediante acordo de vontades. Em razão desse perfil, não se poderia conceber que o ajuste estendesse os seus efeitos a terceiros, vinculando-os à convenção. Essa a situação delineada no art. 928 do Código Civil de 1916, segundo o qual **a obrigação operava somente entre as partes e seus sucessores**, a título universal ou singular. Só a obrigação personalíssima não vinculava os sucessores.

Eram previstas, no entanto, algumas **exceções** expressamente consignadas na lei, permitindo **estipulações em favor de terceiros**, reguladas nos arts. 436 a 438, comuns nos seguros de vida e nas separações judiciais consensuais, bem como nas **convenções coletivas de trabalho**, por exemplo, em que os acordos feitos pelos sindicatos beneficiam toda uma categoria.

Essa visão, no entanto, **foi abalada pelo Código Civil de 2002**, que não concebe mais o contrato apenas como instrumento de satisfação de interesses pessoais dos contraentes, mas lhe reconhece uma **função social**, como já foi dito (*v.* item 1.2 — Função social do contrato, *retro*). Tal fato tem como consequência, por exemplo, possibilitar que **terceiros** que não são propriamente partes do contrato possam nele influir, em razão de serem por ele atingidos de maneira direta ou indireta.

Nessa conformidade, a nova concepção da função social do contrato representa, se não ruptura, pelo menos **abrandamento do princípio da relatividade dos efeitos do contrato**, tendo em vista que este tem seu espectro público ressaltado, em detrimento do exclusivamente privado das partes contratantes. A propósito, foi aprovada conclusão, na "Jornada de Direito Civil" realizada em Brasília de 11 a 13 de setembro de 2002, do seguinte teor: "A função social do contrato, prevista no art. 421 do novo Código Civil, constitui cláusula geral, a impor a revisão do princípio da relatividade dos efeitos do contrato em relação a terceiros, implicando a tutela externa do crédito"[6].

■ 2.5. PRINCÍPIO DA OBRIGATORIEDADE DOS CONTRATOS

O princípio em epígrafe, também denominado **princípio da intangibilidade dos contratos**, representa a força vinculante das convenções. Daí por que é também chamado de **princípio da força vinculante dos contratos**.

6 Nelson Nery Junior, Contratos no Código Civil, cit., p. 423.

Pelo princípio da autonomia da vontade, ninguém é obrigado a contratar. A ordem jurídica concede a cada um a liberdade de contratar e definir os termos e objeto da avença. Os que o fizerem, porém, por ser o contrato válido e eficaz, devem cumpri-lo, não podendo se forrarem às suas consequências, a não ser com a anuência do outro contraente. Como foram as partes que escolheram os termos do ajuste e a ele se vincularam, não cabe ao juiz preocupar-se com a severidade das cláusulas aceitas, que não podem ser atacadas sob a invocação dos princípios de equidade. O princípio da **força obrigatória do contrato** significa, em essência, a **irreversibilidade da palavra empenhada**[7].

■ **Fundamentos** — o aludido princípio tem por fundamentos:

a) a **necessidade de segurança nos negócios**, que deixaria de existir se os contratantes pudessem não cumprir a palavra empenhada, gerando a balbúrdia e o caos; e

b) a **intangibilidade** ou **imutabilidade** do contrato, decorrente da convicção de que o acordo de vontades faz lei entre as partes, personificada pela máxima ***pacta sunt servanda*** (os pactos devem ser cumpridos), não podendo ser alterado nem pelo juiz.

A única limitação a esse princípio, dentro da concepção clássica, é a escusa por **caso fortuito ou força maior**, consignada no art. 393 e parágrafo único do Código Civil.

■ 2.6. PRINCÍPIO DA REVISÃO DOS CONTRATOS OU DA ONEROSIDADE EXCESSIVA

Opõe-se tal princípio ao da **obrigatoriedade**, pois permite aos contraentes recorrerem ao Judiciário para obterem alteração da convenção e condições mais humanas em determinadas situações. Originou-se na Idade Média, mediante a constatação de que fatores externos podem gerar, quando da execução da avença, uma situação muito diversa da que existia no momento da celebração, onerando excessivamente o devedor.

■ **Cláusula *rebus sic stantibus* e teoria da imprevisão** — a teoria recebeu o nome de ***rebus sic stantibus*** e consiste basicamente em presumir, nos contratos **comutativos**, de trato sucessivo e de execução diferida, a existência implícita (não expressa) de uma **cláusula**, pela qual a obrigatoriedade de seu cumprimento pressupõe a inalterabilidade da situação de fato. Se esta, no entanto, modificar-se em razão de **acontecimentos extraordinários** (uma guerra, p. ex.) que tornem **excessivamente oneroso** para o devedor o seu adimplemento, poderá este requerer ao juiz que o isente da obrigação, parcial ou totalmente (*v.*, a propósito, o item 13.2.2.1.3.1, *infra* — A cláusula *rebus sic stantibus* e a teoria da imprevisão).

A **teoria da imprevisão** consiste, portanto, na possibilidade de desfazimento ou revisão forçada do contrato quando, por eventos **imprevisíveis e extraordinários**, a

---

7 Caio Mário da Silva Pereira, *Instituições,* cit., v. III, p. 14-15.

prestação de uma das partes tornar-se **exageradamente onerosa** — o que, na prática, é viabilizado pela aplicação da cláusula *rebus sic stantibus*, inicialmente referida[8].

■ 2.7. PRINCÍPIO DA BOA-FÉ E DA PROBIDADE

Preceitua o art. 422 do Código Civil:

> "Os contratantes são obrigados a guardar, assim na conclusão do contrato, como em sua execução, os princípios de probidade e boa-fé."

O **princípio da boa-fé** exige que as partes se comportem de forma **correta** não só durante as **tratativas** como também durante a **formação e o cumprimento** do contrato. Guarda relação com o princípio de direito segundo o qual ninguém pode beneficiar-se da própria torpeza. Recomenda ao juiz que presuma a boa-fé, devendo a má-fé, ao contrário, ser provada por quem a alega. Deve este, ao julgar demanda na qual se discuta a relação contratual, dar por pressuposta a **boa-fé objetiva**, que impõe ao contratante um **padrão de conduta**, o de agir com retidão, ou seja, com probidade, honestidade e lealdade, nos moldes do homem comum, atendidas as peculiaridades dos usos e costumes do lugar.

A regra da boa-fé, como já dito, é uma **cláusula geral** para a aplicação do direito obrigacional, que permite a solução do caso levando em consideração fatores metajurídicos e princípios jurídicos gerais. O novo sistema civil implantado no país fornece ao juiz um novo instrumental, diferente do que existia no ordenamento revogado, que privilegiava os princípios da autonomia da vontade e da obrigatoriedade dos contratos, seguindo uma diretriz individualista. A reformulação operada com base nos **princípios da socialidade, eticidade e operabilidade** deu nova feição aos princípios fundamentais dos contratos, como se extrai dos **novos institutos nele incorporados**, *verbi gratia*: o estado de perigo, a lesão, a onerosidade excessiva, a função social dos contratos como preceito de ordem pública (CC, art. 2.035, parágrafo único) e, especialmente, a **boa-fé e a probidade**. De tal sorte que se pode hoje dizer, sinteticamente, que as **cláusulas gerais** que o juiz deve rigorosamente aplicar no julgamento das relações obrigacionais são: a **boa-fé objetiva**, o **fim social** do contrato e a **ordem pública**[9].

A **probidade**, mencionada no art. 422 do Código Civil, retrotranscrito, nada mais é senão um dos aspectos objetivos do princípio da boa-fé, podendo ser entendida como a honestidade de proceder ou a maneira criteriosa de cumprir todos os deveres, que são atribuídos ou cometidos à pessoa. Ao que se percebe, ao mencioná-la, teve o legislador mais a intenção de reforçar a necessidade de atender ao aspecto objetivo da boa-fé do que estabelecer um novo conceito[10].

---

8 Mônica Bierwagen, *Princípios*, cit., p. 72.

9 Ruy Rosado de Aguiar Júnior, *Extinção dos contratos*, cit., p. 232.

10 Mônica Bierwagen, *Princípios*, cit., p. 51.

■ 2.7.1. Boa-fé subjetiva e boa-fé objetiva

O princípio da boa-fé se biparte em:

a) boa-fé **subjetiva**, também chamada de concepção **psicológica** da boa-fé; e

b) boa-fé **objetiva**, também denominada concepção **ética** da boa-fé.

■ **Boa-fé subjetiva:** a boa-fé subjetiva esteve presente no Código de 1916, com a natureza de regra de interpretação do negócio jurídico. Diz respeito **ao conhecimento ou à ignorância** da pessoa em relação a certos fatos, sendo levada em consideração pelo direito para os fins específicos da situação regulada. Serve à proteção daquele que tem a consciência de estar agindo conforme o direito, apesar de ser outra a realidade[11].

Segundo Judith Martins-Costa[12], a expressão "boa-fé subjetiva" denota estado de consciência ou convencimento individual da parte ao agir em conformidade ao direito, sendo aplicável, em regra, ao campo dos direitos reais, especialmente em matéria possessória. Diz-se **"subjetiva"** justamente porque, para a sua aplicação, **deve o intérprete considerar a intenção do sujeito da relação jurídica**, o seu estado psicológico ou íntima convicção.

Num primeiro plano, a boa-fé subjetiva implica a noção de entendimento equivocado em erro que enreda o contratante. Aduz Judith Martins-Costa que a situação é regular e essa sua ignorância escusável reside no "próprio estado (subjetivo) da ignorância (as hipóteses de casamento putativo, da aquisição da propriedade alheia mediante a usucapião), seja numa errônea aparência de certo ato (mandato aparente, herdeiro aparente etc.)"[13].

■ **Boa-fé objetiva:** todavia, a boa-fé que representa inovação do Código de 2002 e acarretou profunda alteração no direito obrigacional clássico é a **objetiva**, que se constitui em uma norma jurídica fundada em um princípio geral do direito, segundo o qual todos devem comportar-se de boa-fé nas suas relações recíprocas. Classifica-se, assim, como **regra de conduta**. Incluída no direito positivo de grande parte dos países ocidentais, deixa de ser princípio geral de direito para transformar-se em **cláusula geral** de boa-fé objetiva. É, portanto, fonte de direito e de obrigações[14].

Denota-se, logo, que a boa-fé é tanto forma de conduta (**subjetiva** ou **psicológica**) como norma de comportamento (**objetiva**). Nesta última acepção, está fundada **na honestidade, na retidão, na lealdade e na consideração para com os interesses do outro contraente**, especialmente no sentido de não lhe sonegar informações relevantes a respeito do objeto e conteúdo do negócio.

A boa-fé objetiva constitui um **modelo jurídico**, na medida em que se reveste de variadas formas. Não é possível catalogar ou elencar, *a priori*, as hipóteses em que

[11] Ruy Rosado de Aguiar Júnior, *Extinção dos contratos*, cit., p. 243.

[12] *A boa-fé no direito privado*, p. 411.

[13] *A boa-fé*, cit., p. 411-412.

[14] Nelson Nery Junior, Contratos no Código Civil, cit., p. 430-431.

ela pode configurar-se, porque se trata de uma norma cujo conteúdo não pode ser rigidamente fixado, dependendo sempre das concretas circunstâncias do caso. No entanto, essa imprecisão se mostra necessária, num sistema aberto, para que o intérprete tenha liberdade de estabelecer o seu sentido e alcance em cada caso[15].

2.7.2. Disciplina no Código Civil de 2002

A cláusula geral da boa-fé objetiva é tratada no Código Civil em três dispositivos, sendo de maior repercussão o art. 422 ("Os contratantes são obrigados a guardar, assim na conclusão do contrato, como em sua execução, os princípios de probidade e boa-fé").

Os demais são: o art. 113 ("Os negócios devem ser interpretados conforme a boa-fé e os usos do lugar de sua celebração") e o art. 187 ("Também comete ato ilícito o titular de um direito que, ao exercê-lo, excede manifestamente os limites impostos pelo seu fim econômico ou social, pela boa-fé ou pelos bons costumes").

O art. 422 do Código Civil é uma norma legal **aberta**. Com base no princípio ético que ela acolhe, fundado na lealdade, confiança e probidade, **cabe ao juiz estabelecer a conduta que deveria ter sido adotada pelo contratante** naquelas circunstâncias, levando em conta, ainda, os usos e costumes. Estabelecido esse modelo criado pelo juiz para a situação, cabe confrontá-lo com o comportamento efetivamente realizado. Se houver contrariedade, a conduta é ilícita porque violou a cláusula da boa-fé, assim como veio a ser integrada pela atividade judicial naquela hipótese. Somente depois dessa determinação, com o preenchimento do vazio normativo, será possível precisar o conteúdo e o limite dos direitos e deveres das partes[16].

Ruy Rosado de Aguiar Júnior, comentando o art. 422 em foco, menciona que, **durante as tratativas preliminares**, o princípio da boa-fé é **fonte de deveres de esclarecimento**, também surgindo, nessa fase, deveres de lealdade, decorrentes da simples aproximação pré-contratual. Assim, "a censura feita a quem abandona inesperadamente as negociações já em adiantado estágio, depois de criar na outra parte a expectativa da celebração de um contrato para o qual se preparou e efetuou despesas, ou em função do qual perdeu outras oportunidades. A violação a esse dever secundário pode ensejar indenização"[17].

O segundo dispositivo (art. 113) trata da função de **interpretação do negócio jurídico**, ao mencionar que "*os negócios devem ser interpretados conforme a boa-fé*

[15] Judith Martins-Costa, *A boa-fé*, cit., p. 412-413.

[16] Ruy Rosado de Aguiar Júnior, *Extinção dos contratos*, cit., p. 248.

A propósito proclama a Conclusão n. 26 da Jornada de Direito Civil (STJ-CJF), que trata da atividade do juiz e dos critérios que são impostos às partes pela boa-fé objetiva: "A cláusula geral contida no art. 422 do novo Código Civil impõe ao juiz interpretar e, quando necessário, suprir e corrigir o contrato segundo a boa-fé objetiva, entendida como a exigência de comportamento leal dos contratantes".

[17] *Extinção dos contratos*, cit., p. 250.

e os usos do lugar de sua celebração". Em seu conteúdo vislumbra-se não somente a boa-fé objetiva, como também a ***função social do contrato*** e a **complementação do art. 112**, segundo o qual *"nas declarações de vontade se atenderá mais à intenção nelas consubstanciadas do que ao sentido literal da linguagem"*.

Por fim, o art. 187 retromencionado estabelece a denominada "***função de controle ou de limite***", ao proclamar que comete *ato ilícito* quem, ao exercer o seu direito, exceder manifestamente os *limites impostos pela boa-fé*. Cogita, assim, do chamado ***abuso de direito***.

A incidência da regra da boa-fé pode ocorrer em várias situações, **não só para se reclamar do contratante o cumprimento da obrigação como também para exonerá-lo**, por exemplo, "quando vem em auxílio do devedor a circunstância de o credor ser usurário; de um credor que pretende desconhecer a modificação das circunstâncias das bases do negócio jurídico; de um credor que pretende ignorar o estado de necessidade que aflige seu devedor; de um credor que pretende exercitar seu direito de maneira abusiva, seja com intenção de causar dano a seu devedor, seja sem proveito algum para si, seja contrariando os fins que a lei teve em mira ao reconhecer seu direito subjetivo"[18].

■ **Violação positiva do contrato:** a boa-fé objetiva enseja também a caracterização de inadimplemento, mesmo quando não haja mora ou inadimplemento absoluto do contrato. É o que a doutrina moderna denomina **violação positiva** da obrigação ou do contrato. Desse modo, quando o contratante deixa de cumprir alguns **deveres anexos**, por exemplo, esse comportamento ofende a boa-fé objetiva e, por isso, caracteriza inadimplemento do contrato[19]. Nesse sentido a Conclusão n. 24 da I Jornada de Direito Civil (STJ-CJF): "Em virtude do princípio da boa-fé objetiva, positivado no art. 422 do novo Código Civil, **a violação dos deveres anexos** constitui espécie de inadimplemento, **independentemente de culpa**".

Esses deveres anexos ou secundários **excedem o dever de prestação e derivam diretamente do princípio da boa-fé objetiva**, tais como os deveres laterais de esclarecimento (informações sobre o uso do bem alienado, capacitações e limites), de proteção (como evitar situações de perigo), de conservação (coisa recebida para experiência), de lealdade (não exigir cumprimento de contrato com insuportável perda de equivalência entre as prestações) e de cooperação (prática dos atos necessários à realização plena dos fins visados pela outra parte)[20].

---

[18] Jorge Mosset Iturraspe, *Contratos*, cit., p. 264.

[19] Nelson Nery Junior, Contratos no Código Civil, cit., p. 435.

[20] Ruy Rosado de Aguiar Júnior, *Extinção dos contratos*, cit., p. 251-252.

"Responsabilidade civil. Estacionamento. Relação contratual de fato. Dever de proteção derivado da boa-fé. Furto de veículo. O estabelecimento bancário que põe à disposição dos seus clientes uma área para estacionamento dos veículos assume o dever, derivado do princípio da boa-fé objetiva, de proteger os bens e a pessoa do usuário" (STJ, Ag. 47.901-SP, 4ª T., rel. Min. Rosado de Aguiar, *DJU*, 31.10.1994).

2.7.3. Proibição de "venire contra factum proprium"

Uma das principais funções do princípio da boa-fé é limitadora: veda ou pune o exercício de direito subjetivo quando se caracterizar **abuso da posição jurídica**. É no âmbito dessa função limitadora do princípio da boa-fé objetiva, diz o mencionado jurista Ruy Rosado de Aguiar Júnior[21], "que são estudadas as situações de ***venire contra factum proprium***, *suppressio, surrectio, tu quoque*". A "teoria dos atos próprios" ou a proibição de *venire contra factum proprium*, aduz, "protege uma parte contra aquela que pretende exercer uma posição jurídica **em contradição com o comportamento assumido anteriormente**. Depois de criar uma certa expectativa, em razão de conduta seguramente indicativa de determinado comportamento futuro, há quebra dos princípios de lealdade e de confiança se vier a ser praticado **ato contrário** ao previsto, com **surpresa e prejuízo** à contraparte".

Pontifica Humberto Theodoro Júnior: "Um dos grandes efeitos da teoria da boa-fé, no campo dos contratos, traduz-se na vedação de que a parte venha a observar **conduta incoerente com seus próprios atos anteriores**. A ninguém é lícito fazer valer um direito em contradição com a sua anterior conduta interpretada objetivamente segundo a lei, segundo os bons costumes e a boa-fé, ou quando o exercício posterior se choque com a lei, os bons costumes e a boa-fé"[22].

No mesmo sentido a jurisprudência do Superior Tribunal de Justiça: "Havendo real contradição entre dois comportamentos, significando o segundo quebra injustificada da confiança gerada pela prática do primeiro, em prejuízo da contraparte, não é admissível dar eficácia à conduta posterior"[23].

Assim, por exemplo, o credor que concordou, durante a execução do contrato de prestações periódicas, com o pagamento em lugar ou tempo diverso do convencionado não pode surpreender o devedor com a exigência literal do contrato. Igualmente aquele que vende um estabelecimento comercial e auxilia, por alguns dias, o comprador, inclusive preenchendo pedidos e novas encomendas com seu próprio número de inscrição fiscal, não pode, posteriormente, cancelar tais pedidos, sob a alegação de uso indevido de sua inscrição.

Na IV Jornada de Direito Civil promovida pelo Conselho da Justiça Federal foi aprovado o Enunciado 362, que assim dispõe: **"A vedação do comportamento contraditório (*venire contra factum proprium*) funda-se na proteção da confiança, tal como se extrai dos artigos 187 e 422 do Código Civil"**. E a Súmula 370 do Superior Tribunal de Justiça, *verbi gratia*, proclama que "Caracteriza dano moral a **apresentação antecipada** de cheque pré-datado".

---

21 *Extinção dos contratos*, cit., p. 254.

22 *O contrato e seus princípios*, p. 87.

23 STJ, REsp 95.539-SP, 4ª T., rel. Min. Rosado de Aguiar, *DJU*, 14.10.1996. *V.* ainda: "A teoria dos atos próprios não permite voltar sobre os próprios passos depois de estabelecer relações em cuja seriedade os cidadãos confiaram (*venire contra factum proprium*)" (STJ, REsp 141.879-SP, 4ª T., rel. Min. Rosado de Aguiar, *DJU*, 22.6.1998).

2.7.4. "Suppressio", "surrectio" e "tu quoque"

Suppressio, *surrectio* e *tu quoque* são conceitos correlatos à **boa-fé objetiva**, oriundos do direito comparado. Devem ser utilizados com função integrativa, **suprindo lacunas** do contrato e trazendo deveres implícitos às partes contratuais[24].

- ***Suppressio*:** na *suppressio*, assevera Ruy Rosado de Aguiar Júnior[25], "um **direito não exercido durante determinado lapso de tempo** não poderá mais sê-lo, por contrariar a boa-fé. O contrato de prestação duradoura que tiver permanecido sem cumprimento durante longo tempo, por falta de iniciativa do credor, não pode ser motivo de nenhuma exigência, se o devedor teve motivo para pensar extinta a obrigação e programou sua vida nessa perspectiva". A *suppressio* — acrescenta —, "malgrado se aproxime da figura do *venire contra factum proprium*, dela se diferencia basicamente, pois, enquanto no ***venire*** a confiança em determinado comportamento é delimitada no cotejo com a conduta antecedente, na ***suppressio*** as expectativas são projetadas apenas pela injustificada **inércia do titular por considerável decurso do tempo**, somando-se a isso a existência de indícios objetivos de que o direito não mais seria exercido. Pode ser apresentado como exemplo da *suppressio* a situação descrita no art. 330 do Código Civil, referente ao local do pagamento: '*O pagamento reiteradamente feito em outro local faz presumir renúncia do credor relativamente ao previsto no contrato*'".
- ***Surrectio*:** a *surrectio*, aduz Ruy Rosado de Aguiar Júnior, "é a **outra face da *suppressio***, pois consiste no nascimento de um direito, sendo nova fonte de direito subjetivo, consequente à **continuada prática de certos atos**. A duradoura distribuição de lucros da sociedade comercial em desacordo com os estatutos pode gerar o direito de recebê-los do mesmo modo, para o futuro".
- ***Tu quoque*:** por fim, conclui o insigne jurista, "aquele que descumpriu norma legal ou contratual, atingindo com isso determinada posição jurídica, **não pode exigir do outro o cumprimento do preceito que ele próprio já descumprira** (*tu quoque*). O condômino que viola a regra do condomínio e deposita móveis em área de uso comum, ou a destina para uso próprio, não pode exigir do outro comportamento obediente ao preceito (...). Faz-se aqui a aplicação do mesmo princípio inspirador da *exceptio non adimpleti contractus*: quem não cumpriu o contratado, ou a lei, não pode exigir o cumprimento de um ou outro". Ou seja, o *tu quoque* **veda que alguém faça contra o outro o que não faria contra si mesmo.**

Veja-se, a propósito, o seguinte quadro esquemático:

[24] Flávio Tartuce, *Direito civil*, v. 3, 3. ed., p. 120.
[25] *Extinção dos contratos*, cit., p. 254-255.

CONCEITOS CORRELATOS À BOA-FÉ OBJETIVA	
VENIRE CONTRA FACTUM PROPRIUM	■ Protege uma parte contra aquela que pretende exercer uma posição jurídica em contradição com o comportamento assumido anteriormente.
SUPPRESSIO	■ Um direito não exercido durante determinado lapso de tempo não poderá mais sê-lo, por contrariar a boa-fé.
SURRECTIO	■ É a outra face da *suppressio*. Acarreta o nascimento de um direito em razão da continuada prática de certos atos.
TU QUOQUE	■ Proíbe que uma pessoa faça contra outra o que não faria contra si mesma, consistindo em aplicação do mesmo princípio inspirador da *exceptio non adimpleti contractus*.

■ 2.7.5. "Duty to mitigate the loss" e "Nachfrist"

A expressão *duty to mitigate the loss* ou "**mitigação do prejuízo**" constitui uma inovação verificada primeiramente no direito anglo-saxão (*doctrine of mitigation* ou *duty do mitigate the loss*), relacionada diretamente com a boa-fé objetiva e aprovada no Enunciado n. 169 da III Jornada de Direito Civil (STJ-CJF), nestes termos: "O princípio da boa-fé objetiva deve levar o credor a **evitar o agravamento do próprio prejuízo**".

Informa Antunes Varela[26] que o direito português assegura que a vítima do inadimplemento, mesmo quando não contribui para o evento danoso, tem não apenas o dever de proceder de sorte que **o dano não se agrave, mas também o de tentar reduzi-lo na medida do possível**. Diez-Picazo[27], por sua vez, afirma que o dever de mitigar os danos sofridos decorre do princípio da boa-fé e, quando descumprido, é um fato que "*rompe la relación de causalidad, pues el aumento de los daños no es ya consecuencia direta e inmediata del incumplimiento, sino de la inacción o de la pasividade del acreedor*". Na Itália, Francesco Galgano[28] opina que o **recíproco comportamento do credor e do devedor** conforme o princípio da correção e da boa-fé é uma "obrigação geral acessória" cujo conteúdo não é pré-determinável.

A mencionada máxima tem sido aplicada especialmente aos **contratos bancários**, em casos de inadimplência dos devedores, em que a instituição financeira, em vez de tomar as providências para a rescisão do contrato, permanece inerte, na expectativa de que a dívida atinja valores elevados, em razão da alta de juros convencionada no contrato (confira-se acórdão nesse sentido do TJSP, na Ap. 0003643-11.2012.8.26.0627, de 15.5.2015).

Essa conduta incorreta tem sido reprimida pelos nossos Tribunais, especialmente pelo Superior Tribunal de Justiça, para o qual "Os contratantes devem tomar as medidas necessárias e possíveis para que o dano não seja agravado. **A parte a que a perda aproveita não pode permanecer deliberadamente inerte diante do dano**. Agravamento do prejuízo, em razão da inércia do credor. Infringência dos deveres de cooperação e lealdade (...) O fato de ter deixado o devedor na posse do imóvel por quase 7 (sete) anos, sem que este cumprisse com o seu dever contratual (pagamento

[26] *Das obrigações em geral*. 2. ed. Coimbra: Almedina, v. I, p. 917.

[27] *Fundamentos del derecho civil patrimonial*. Madrid: Editorial Civitas, v. 2, p. 689.

[28] *Diritto privato*. 4. ed. Ed. Pádua, p. 184.

das prestações relativas ao contrato de compra e venda), evidencia a ausência de zelo com o patrimônio do credor, com o consequente **agravamento das perdas**, uma vez que a realização mais célere dos atos de defesa possessória diminuiria a extensão do dano. Violação ao princípio da boa-fé objetiva"[29].

A referida tese foi adotada no atual Código Civil, no capítulo concernente aos contratos de seguro. Dispõe, com efeito, o art. 760 do aludido diploma que "*O segurado é obrigado a comunicar ao segurador, logo que saiba, todo incidente suscetível de agravar consideravelmente o risco coberto, sob pena de perder o direito à garantia, se provar que silenciou de má-fé*". Na mesma linha, proclama o art. 771: "*Sob pena de perder o direito à indenização, o segurado participará o sinistro ao segurador, logo que o saiba, e tomará as providências imediatas para minorar-lhe as consequências*".

No tocante à expressão *Nachfrist*, afirmam Paulo Nalin e Renata Steiner[30] que o seu conceito é desconhecido na experiência nacional e que não há no direito brasileiro algo próximo. Aduzem que a referida expressão designa a possibilidade de **concessão de prazo suplementar para cumprimento da obrigação**, findo o qual **também se poderá utilizar o remédio resolutório**, independentemente da configuração do descumprimento fundamental.

Como esclarece Flávio Tartuce[31], o instituto em apreço, de origem alemã, "constitui a concessão de um prazo adicional ou período de carência pelo comprador para que o vendedor cumpra a obrigação, o que tem o intuito de conservar a avença... Nos termos do dispositivo citado, (1) **o comprador poderá conceder ao vendedor prazo suplementar razoável** para o cumprimento de suas obrigações. (2) Salvo se tiver recebido a comunicação do vendedor de que não cumprirá suas obrigações no prazo fixado conforme o parágrafo anterior, **o comprador não poderá exercer qualquer ação por descumprimento do contrato, durante o prazo suplementar**. Todavia, o comprador não perderá, por este fato, o direito de exigir indenização das perdas e danos decorrentes do atraso no cumprimento do contrato".

2.8. RESUMO

PRINCÍPIOS FUNDAMENTAIS DO DIREITO CONTRATUAL	
AUTONOMIA DA VONTADE	Significa ampla liberdade de contratar. Têm as partes a faculdade de celebrar ou não contratos, sem qualquer interferência do Estado (CC, arts. 421 e 425).
SUPREMACIA DA ORDEM PÚBLICA	Limita o princípio da autonomia da vontade, dando prevalência ao interesse público.
CONSENSUALISMO	Basta o acordo de vontades, independentemente da entrega da coisa, para o aperfeiçoamento do contrato. Os contratos são, em regra, consensuais. Alguns poucos, no entanto, são **reais**, porque somente se aperfeiçoam com a entrega do objeto, subsequente ao acordo de vontades (depósito ou comodato, p. ex.).

29 STJ, REsp 758.518-PR, 3ª T., rel. Des. Conv. Vasco Della Giustina, j. 17.6.2010.

30 Atraso na obrigação de entrega e essencialidade do tempo do cumprimento na CISG. In: *Compra e Venda Internacional de Mercadorias*. Curitiba: Juruá, 2014, p. 327-328.

31 *Direito civil*, cit., p. 118.

RELATIVIDADE DOS CONTRATOS	■ Funda-se na ideia de que os efeitos dos contratos só se produzem em relação às partes, não afetando terceiros, salvo algumas exceções consignadas na lei (estipulações em favor de terceiros).
OBRIGATORIEDADE DOS CONTRATOS	■ Decorre da convicção de que o acordo de vontades faz lei entre as partes (*pacta sunt servanda*), não podendo ser alterado nem pelo juiz.
REVISÃO DOS CONTRATOS	■ Também denominado "princípio da onerosidade excessiva", opõe-se ao da obrigatoriedade, pois permite aos contratantes recorrerem ao Judiciário para obter alteração da convenção e condições mais humanas caso a prestação se torne excessivamente onerosa em virtude de acontecimentos extraordinários e imprevisíveis (arts. 478 e 480). Constitui aplicação da antiga cláusula *rebus sic stantibus* e da teoria da imprevisão.
BOA-FÉ	■ Exige que as partes se comportem de forma correta não só durante as tratativas como também durante a formação e o cumprimento do contrato (art. 422). Guarda relação com o princípio segundo o qual ninguém pode beneficiar-se da própria torpeza. A boa-fé se biparte em *subjetiva* (psicológica) e *objetiva* (cláusula geral que impõe norma de conduta).

■ 2.9. QUESTÕES

1. (TRT/15ª Região/Juiz do Trabalho/XXIII Concurso/Fundação Carlos Chagas/2008) Assinale a alternativa INCORRETA:

a) a função social do contrato restringe a liberdade de contratar, devendo os contratantes observar os princípios da probidade e boa-fé na sua execução e conclusão;
b) nos contratos de adesão, são nulas as cláusulas que estipulem a renúncia antecipada do aderente a direito resultante da natureza do negócio;
c) nos contratos onerosos, o alienante responde pela evicção, mesmo que a aquisição se tenha realizado em hasta pública;
d) a resolução por onerosidade excessiva cabe nos contratos de execução continuada ou diferida, não podendo ser evitada, mesmo que o réu se ofereça para modificar equitativamente as condições contratuais;
e) não se extingue o contrato de empreitada pela morte de qualquer das partes, salvo se ajustado em consideração às qualidades pessoais do empreiteiro.

2. (Procurador/Faz. Nacional/ESAF/2007) O princípio pelo qual a liberdade contratual deverá estar voltada à solidariedade, à justiça social, à livre iniciativa, ao progresso social, à livre circulação de bens e serviços, à produção de riquezas, aos valores sociais, econômicos e morais, é o:

a) do consensualismo;
b) do equilíbrio contratual;
c) da relatividade dos efeitos do negócio jurídico contratual;
d) da função social do contrato;
e) da boa-fé objetiva.

3. (TJ/PI/Titular de Cartório de Notas e de Registro/CESPE/2013) Em uma relação negocial, a ocorrência de comportamento que, rompendo com o valor da confiança, surpreenda uma das partes, deixando-a em situação de injusta desvantagem, caracteriza o que a doutrina prevalente denomina

a) *supressio*.
b) *venire contra factum proprium*.
c) *tu quoque*.
d) *exceptio doli*.
e) *surrectio*.

4. (Defensor Público/SP/II Concurso/Fundação Carlos Chagas/2007) No que se refere aos contratos, é CORRETO afirmar:

a) Os princípios da probidade e da boa-fé estão ligados não só à interpretação dos contratos, mas também ao interesse social de segurança das relações jurídicas, uma vez que as partes têm o dever de agir com honradez e lealdade na conclusão do contrato e na sua execução.
b) A liberdade de contratar no direito brasileiro é absoluta, pois há o princípio da autonomia da vontade, onde se permite às partes pactuar, mediante acordo de vontade, a disciplina de seus interesses.
c) O contrato de adesão é um contrato paritário, pois o aderente é tutelado pelos Códigos Civil e de Defesa do Consumidor em relação ao ofertante.
d) A compra e venda entre cônjuges, qualquer que seja o regime de casamento, está proibida para evitar a venda fictícia entre marido e mulher na constância do casamento, o que poderia levar à lesão de direitos de terceiros.
e) A pena convencional poderá ter efeito *pleno iure*, mas é necessário ter prova de que houve prejuízo com a inexecução do contrato ou inadimplemento da obrigação.

5. (PGE/SC/Procurador do Estado/7º Concurso/2009) Assinale a alternativa INCORRETA.

a) O instituto da onerosidade excessiva está vinculado aos problemas relacionados com o sinalagma funcional do vínculo obrigacional.
b) O instituto da onerosidade excessiva, positivado no novo Código Civil, pode ser verificado nos contratos de execução continuada ou diferida e sempre terá como consequência a revisão contratual.
c) A cláusula geral contida no art. 422 do novo Código Civil impõe ao juiz interpretar e, quando necessário, suprir e corrigir o contrato segundo a boa-fé objetiva, entendida como a exigência de comportamento leal dos contratantes.
d) A função social do contrato, prevista no art. 421 do novo Código Civil, constitui cláusula geral, a impor a revisão do princípio da relatividade dos efeitos do contrato em relação a terceiros, implicando a tutela externa do crédito.
e) A boa-fé objetiva deve ser observada pelas partes na fase de negociações preliminares e após a execução do contrato, quando tal exigência decorrer da natureza do contrato.

6. (PGE/PR/Procurador do Estado/2007) Sobre a boa-fé objetiva, é CORRETO afirmar:

a) Como cláusula geral, exige do magistrado uma especial atenção para a interpretação da intenção das partes no momento da celebração do contrato.
b) Como cláusula geral, apresenta abertura normativa tanto para as hipóteses de aplicação como para as diferentes consequências decorrentes de seu descumprimento.
c) Como cláusula geral, apresenta abertura normativa para as hipóteses de aplicação, porém tem por consequência certa a nulidade.
d) Como cláusula geral, exige sua expressa estipulação em contrato para aplicação pelo Poder Judiciário.
e) Como cláusula geral, somente pode ser aplicada mediante pedido expresso da parte interessada.

7. (TJPR/Juiz de Direito/2008) Assinale a alternativa CORRETA:

a) A violação positiva do contrato, que pode decorrer da violação de deveres instrumentais impostos pelo princípio da boa-fé, pode ensejar a resolução do contrato.
b) A violação positiva do contrato é modalidade de inadimplemento contratual que consiste na prática de ato comissivo que viola dever de omissão previsto como prestação principal ou acessória em um dado contrato.

c) Entende-se por violação positiva do contrato o incumprimento que não gera prejuízos para o credor de uma prestação, e que, nessa medida, não gera dever de indenizar, ainda que possa ensejar a resolução da avença.
d) A conversão da mora em inadimplemento está sempre condicionada à caracterização da impossibilidade material do cumprimento do contrato.

8. (TJ/MS/Juiz de Direito/VUNESP/2015) A respeito do direito contratual e os princípios que regem a matéria, afirma-se CORRETAMENTE que

a) nos contratos paritários, em relação diversa da relação de consumo, não se admite a declaração judicial de abusividade de cláusula contratual.
b) a aplicação do instituto da *supressio* é vedada no direito brasileiro, sobrepondo-se o princípio da segurança jurídica.
c) o dirigismo contratual é vedado pela legislação brasileira, como forma de preservação ao princípio da liberdade contratual.
d) o credor tem o dever de evitar o agravamento do prejuízo que lhe causou o devedor.
e) o adimplemento incompleto, mas significativo, das obrigações contratuais por uma das partes não impede que a parte contrária resolva o contrato, com fundamento em descumprimento contratual.

9. (TJMG/Juiz de Direito/2007) A liberdade de contratar tem limite na função social do contrato. Assim, é CORRETO dizer que os princípios da probidade e da boa-fé:

a) não autorizam às partes estipular contratos atípicos.
b) são identificáveis apenas nas relações de consumo.
c) autorizam renúncia antecipada do aderente a direito resultante da natureza do negócio.
d) devem ser observados na conclusão e execução do contrato.

10. (TRT/23ª Região/Juiz do Trabalho/Fundação Carlos Chagas/2006) Não é correto afirmar que:

a) a liberdade de contratar será exercida em razão e nos limites da função social do contrato.
b) os contratantes são obrigados a guardar, assim na conclusão do contrato, como em sua execução, os princípios de probidade e boa-fé.
c) quando houver no contrato de adesão cláusulas ambíguas ou contraditórias, dever-se-á adotar a interpretação mais favorável ao aderente.
d) nos contratos de adesão, não são nulas as cláusulas que estipularem a renúncia antecipada do aderente a direito resultante da natureza do negócio.
e) nos contratos bilaterais, nenhum dos contratantes, antes de cumprida a sua obrigação, pode exigir o implemento da do outro.

11. (TJRS/Juiz de Direito/FAURGS/2016) Sobre os efeitos da boa-fé objetiva, é INCORRETO afirmar que

a) servem de limite ao exercício de direitos subjetivos.
b) resultam na proibição do comportamento contraditório.
c) qualificam a posse, protegendo o possuidor em relação aos frutos já percebidos.
d) servem como critério para interpretação dos negócios jurídicos.
e) reforçam o dever de informar das partes na relação obrigacional.

12. (TJSC/Juiz de Direito/Fundação Carlos Chagas/2015) O princípio da boa-fé, no Código Civil brasileiro, não foi consagrado, em artigo expresso, como regra geral, ao contrário do Código Civil alemão. Mas o nosso Código Comercial incluiu-o como princípio vigorante no campo obrigacional e relacionou-o também com os usos de tráfico (23). Contudo, a inexistência, no Código Civil, de artigo semelhante ao § 242 do BGB não impede que o princípio

tenha vigência em nosso direito das obrigações, pois se trata de proposição jurídica, com significado de regra de conduta. O mandamento engloba todos os que participam do vínculo obrigacional e estabelece, entre eles, um elo de cooperação, em face do fim objetivo a que visam. (Clóvis V. do Couto e Silva. *A obrigação como processo*. José Bushatsky, Editor, 1976, p. 29-30).

Esse texto foi escrito na vigência do Código Civil de 1916. O Código Civil de 2002

a) trouxe, porém, mandamento de conduta, tanto ao credor como ao devedor, estabelecendo entre eles o elo de cooperação referido pelo autor.
b) trouxe disposição análoga à do Código Civil alemão, mas impondo somente ao devedor o dever de boa-fé.
c) também não trouxe qualquer disposição semelhante à do Código Civil alemão estabelecendo elo de cooperação entre credor e devedor.
d) trouxe disposição semelhante à do Código Civil alemão, somente na parte geral e como regra interpretativa dos contratos.
e) trouxe disposição análoga à do Código Civil alemão, mas impondo somente ao credor o dever de boa-fé.

13. (MP/SP/Promotor de Justiça/2010) Assinale a alternativa CORRETA:

a) O princípio da autonomia privada, segundo o qual o sujeito de direito pode contratar com liberdade, está limitado à ordem pública e à função social do contrato.
b) A exigência da boa-fé se limita ao período que vai da conclusão até a execução do contrato.
c) Segundo o entendimento sumular, a cláusula contratual limitativa de dias de internação hospitalar é perfeitamente admissível quando comprovado que o contratante do seguro saúde estava ciente do seu teor.
d) A função social justifica o descumprimento do contrato, com fundamento exclusivo na debilidade financeira.
e) Os contratos atípicos não exigem a observância rigorosa das normas gerais fixadas no Código Civil, pois que nestes casos os contratantes possuem maior liberdade para contratar.

14. (TJMS/Juiz de Direito/Fundação Carlos Chagas/2010) A propósito dos contratos, examine as assertivas abaixo e indique a alternativa CORRETA.

a) Toda relação jurídica contratual possui, além das partes e do consensualismo, um objeto.
b) O objeto da relação jurídica patrimonial pode ser imediato ou mediato, sendo o primeiro o contrato propriamente dito e o último, o bem da vida suscetível de apreciação econômica.
c) O objeto mediato se limita ao seu aspecto econômico e ao fato de ser corpóreo.
d) Não vale, em regra, contrato que implique transmissão de direitos morais.
e) Obrigação e contrato não se confundem; deste advém o acordo de vontades que visa a constituição, modificação ou extinção de direitos; em suma, um conjunto de obrigações a serem cumpridas pelas partes.

15. (TJSC/Juiz de Direito/2010) Assinale a alternativa CORRETA:

I. A liberdade de contratar é exercida em razão e nos limites da função social do contrato. No sistema do Código Civil, quando há no contrato de adesão cláusulas ambíguas ou contraditórias, nem sempre adota-se a interpretação mais favorável ao aderente. Contudo, nos contratos de adesão, são nulas as cláusulas que estipulem a renúncia antecipada do aderente a direito resultante da natureza do negócio.
II. É nulo o negócio jurídico quando: celebrado por pessoa absolutamente incapaz; for ilícito, impossível ou indeterminável o seu objeto; o motivo determinante, comum a

ambas as partes, for ilícito; tiver por objetivo fraudar lei imperativa; derivar de erro, dolo, coação, estado de perigo, lesão ou fraude contra credores. O negócio jurídico nulo não é suscetível de confirmação, nem convalesce pelo decurso do tempo.

III. É lícito aos interessados prevenir ou terminar o litígio mediante concessões mútuas. A transação, se recair sobre direitos contestados em juízo, será feita por escritura pública ou por termo nos autos, assinado pelos transigentes e homologado pelo juiz.

IV. O texto do Código Civil contempla, sempre que necessário, cláusulas gerais. As cláusulas gerais conferem ao sistema jurídico flexibilidade e capacidade de adaptação à evolução do pensamento e comportamento social e importam em avançada técnica legislativa de enunciar, através de expressões semânticas relativamente vagas, princípios e máximas que compreendem e recepcionam a mais variada sorte de hipóteses concretas de condutas tipificáveis, já ocorrentes no presente ou ainda por se realizarem no futuro.

a) Somente as proposições I e II estão incorretas.
b) Somente as proposições III e IV estão incorretas.
c) Somente as proposições I e III estão incorretas.
d) Somente as proposições I, II e IV estão incorretas.
e) Todas as proposições estão incorretas.

16. (TJPI/Juiz de Direito/CESPE/UnB/2012) De acordo com a legislação de regência, a comissão de concessão de crédito cobrada por instituição financeira para fornecer crédito ao mutuário deve incidir apenas uma vez, no início do contrato. Caso haja qualquer outra cobrança do encargo, configura-se

a) reserva mental por parte da instituição, o que enseja a anulação da avença.
b) declaração de nulidade parcial, o que possibilita redução do negócio jurídico.
c) erro essencial, que enseja a anulação do negócio.
d) violação do princípio da boa-fé objetiva, que baliza a interpretação dos contratos.
e) lesão, o que acarretará a nulidade do contrato se a instituição não se abstiver da cobrança indevida.

17. (MP/SP/Promotor de Justiça/89º Concurso/2012) Contrato de adesão é aquele

a) escrito e redigido em termos claros e com caracteres ostensivos e legíveis, cujo tamanho da fonte modelo e da fonte das cláusulas que impliquem limitação de direito do consumidor não serão inferiores ao corpo doze, de modo a facilitar a leitura.
b) cujas cláusulas tenham sido aprovadas pela autoridade competente ou estabelecidas unilateralmente pelo fornecedor de produtos ou serviços, sem que o consumidor possa discutir ou modificar substancialmente seu conteúdo.
c) em que todas as cláusulas deverão ser redigidas com destaque, permitindo sua imediata e fácil compreensão.
d) em que as partes contratantes negociam cada uma das cláusulas contratuais isoladas e somente aderem àquelas onde houve consenso.
e) em que sempre deve haver cláusula resolutória, com o intuito de resguardar o equilíbrio contratual na relação de consumo.

18. (BACEN/Procurador/CESPE/UnB/2013) Para a resolução do contrato por aplicação da teoria da imprevisão, conforme estabelece o Código Civil, é necessária a prova de que

a) tenha sobrevindo desproporção manifesta entre o valor da prestação e o momento da execução, com extrema vantagem para a outra, em virtude de fato superveniente ao contrato.
b) a prestação de uma das partes tenha se tornado excessivamente onerosa em virtude de acontecimentos imprevisíveis, ainda que sem extrema vantagem para a outra.

c) a prestação de uma das partes tenha se tornado excessivamente onerosa, com extrema vantagem para a outra, em virtude de acontecimentos extraordinários, ainda que previsíveis.
d) tenha sobrevindo, em virtude de acontecimentos extraordinários, desproporção manifesta entre o valor da prestação e o momento da execução.
e) a prestação de uma das partes tenha se tornado excessivamente onerosa em virtude de acontecimentos extraordinários e imprevisíveis, com extrema vantagem para a outra.

19. (Prefeitura de Guarapari-ES/Procurador Municipal/IBEG/2016) Nos termos do Código Civil, a liberdade de contratar será exercida em razão e nos limites da função social do contrato sendo que os contratantes são obrigados a guardar, assim na conclusão do contrato, como em sua execução, os princípios da probidade e boa-fé. Assim, analise as assertivas abaixo e assinale a alternativa CORRETA:

I. Em regra, a proposta de contrato obriga o proponente, salvo se o contrário não resultar dos termos dela, da natureza do negócio, ou das circunstâncias do caso.
II. A liberdade de forma é princípio contratual básico que não admite exceções, vez que assegurada pela autonomia da vontade.
III. A boa-fé objetiva é princípio contratual com várias funções, não se limitando à interpretação do negócio jurídico.
IV. Pelo princípio da liberdade contratual, é lícito às partes estipular contratos atípicos, desde que sua escolha recaia sobre um dos previstos no Código Civil.
V. O princípio do "pacta sunt servanda" não admite exceções, uma vez que qualquer revisão do contrato atentaria contra o princípio da boa-fé.

a) Apenas as assertivas I, II e III são verdadeiras.
b) Apenas as assertivas I e III são verdadeiras.
c) Apenas as assertivas II e V são verdadeiras.
d) Apenas as assertivas I, III e IV são verdadeiras.
e) Apenas as assertivas I, II e IV são verdadeiras.

20. (Prefeitura de Trindade/GO/Procurador Municipal/FUNRIO/2016) A alternativa CORRETA, de acordo com os novos princípios contratuais, é:

a) A boa-fé objetiva é um preceito que, embora previsto no Código Civil, pode ser afastado pela vontade das partes, desde que expressamente convencionado.
b) Ao revogarem os princípios clássicos, os novos princípios exigem uma relação contratual mais clara, transparente e equilibrada, com a tutela da parte mais fraca.
c) A função social dos contratos possui, segundo posição majoritária da doutrina e jurisprudência, dois principais efeitos: mitiga a autonomia da vontade e atenua o princípio da relatividade dos efeitos dos contratos.
d) O princípio do equilíbrio econômico-financeiro dos contratos impede qualquer mínimo desequilíbrio porventura existente nas relações contratuais, criando, assim, um equilíbrio objetivo no tráfego jurídico de massas.
e) É possível que as partes, a qualquer momento, desistam das negociações preliminares, ainda que se tenha criado a legítima expectativa na outra parte de que o contrato seria celebrado, independentemente de perdas e danos.

■ GABARITO ■

1. "d". *Vide* art. 479 do CC.
2. "d". *Vide* art. 422 do CC.

3. "c". *Vide* item 2.7.4. (*Suppressio, surrectio* e *tu quoque*), *retro*.
4. "a". *Vide* art. 422 do CC.
5. "b". *Vide* arts. 478 e 317 do CC.
6. "b".
7. "a".
8. "d". *Vide* arts. 187 e 422 do CC.
9. "d". *Vide* art. 422 do CC.
10. "d". *Vide* art. 424 do CC.
11. "c".
12. "a". *Vide* art. 422 do CC.
13. "a". *Vide* arts. 421 e 2.035, parágrafo único, do CC.
14. "c".
15. "a". *Vide* arts. 423, 166 e 171, II, respectivamente, do CC.
16. "d". *Vide* arts. 422, 187 e 113 do CC.
17. "b". *Vide* item 5.3 (Classificação quanto à formação: contratos paritários e de adesão. Contrato-tipo), *infra*.
18. "e". *Vide* art. 478 do CC.
19. "b". *Vide* art. 427 do CC e item 2.7. (Princípio da boa-fé e probidade), *retro*.
20. "c".

3

INTERPRETAÇÃO DOS CONTRATOS

3.1. CONCEITO E EXTENSÃO

Toda manifestação de vontade necessita de interpretação para que se saiba o seu significado e alcance. O **contrato** origina-se de ato volitivo e por isso **requer invariavelmente uma interpretação**.

Nem sempre o contrato traduz a exata vontade das partes. Muitas vezes, a redação mostra-se obscura e ambígua, malgrado o cuidado quanto à clareza e precisão demonstrado pela pessoa encarregada dessa tarefa, em virtude da complexidade do negócio e das dificuldades próprias do vernáculo. Por essa razão, **não só a lei deve ser interpretada mas também os negócios jurídicos em geral**. A execução de um contrato exige a correta compreensão da intenção das partes, a qual exterioriza-se por meio de sinais ou símbolos, dentre os quais as palavras.

Interpretar o negócio jurídico é, portanto, **precisar o sentido e alcance** do conteúdo da declaração de vontade. Busca-se apurar a vontade concreta das partes, não a vontade interna, psicológica, mas a vontade objetiva, **o conteúdo**, as normas que nascem da sua declaração. Esta matéria já foi por nós estudada e desenvolvida na Primeira Parte deste 1º volume (Parte Geral, Título 7, item 7.1.2.5, sob a epígrafe *Interpretação do negócio jurídico*), mostrando-se, portanto, despicienda a sua análise minuciosa.

Pode-se dizer que as regras de interpretação dos contratos previstas no Código Civil dirigem-se primeiramente **às partes**, que são as principais interessadas em seu cumprimento. Não havendo entendimento entre elas a respeito do exato alcance da avença e do sentido do texto por elas assinado, a interpretação deverá ser realizada **pelo juiz**, como representante do Poder Judiciário[1].

- **interpretação declaratória:** diz-se que a interpretação contratual é declaratória quando tem como único escopo a **descoberta da intenção** comum dos contratantes no momento da celebração do contrato; e
- **interpretação construtiva** ou **integrativa:** quando objetiva o aproveitamento do contrato, mediante o **suprimento das lacunas** e pontos omissos deixados pelas partes. A **integração contratual** preenche, pois, as lacunas encontradas

[1] Arnoldo Wald, *Obrigações e contratos*, p. 208; Sílvio Venosa, *Direito civil*, cit., v. II, p. 453-454.

nos contratos, complementando-os por meio de normas supletivas, especialmente as que dizem respeito à sua função social, ao princípio da boa-fé, aos usos e costumes do local, bem como buscando encontrar a verdadeira intenção das partes, muitas vezes, revelada nas entrelinhas. Seria, portanto, um modo de aplicação jurídica feita pelo órgão judicante, mediante o recurso à lei, à analogia, aos costumes, aos princípios gerais de direito ou à equidade, **criando norma supletiva**, a qual completará, então, o contrato, que é uma norma jurídica individual[2]. A propósito, exemplifica Sílvio Venosa: "Se os contratantes, por exemplo, estipularam determinado índice de correção monetária nos pagamentos e esse índice é extinto, infere-se que outro índice próximo de correção deve ser aplicado, ainda que assim não esteja expresso no contrato, porque a boa-fé e a equidade que regem os pactos ordenam que não haja injusto enriquecimento com a desvalorização da moeda"[3].

■ 3.2. PRINCÍPIOS BÁSICOS

Dois princípios hão de ser sempre observados na interpretação do contrato:

a) princípio da **boa-fé**; e

b) princípio da **conservação do contrato**.

■ **Princípio da boa-fé:** dispõe o art. 113 do novo Código que "os negócios jurídicos devem ser interpretados conforme a boa-fé e os usos do lugar de sua celebração". Deve o intérprete presumir que os contratantes procedem com **lealdade** e que tanto a proposta como a aceitação foram formuladas dentro do que podiam e deviam eles entender razoável, segundo a regra da boa-fé[4].

■ **Princípio da conservação ou aproveitamento do contrato** tem este significado: se uma cláusula contratual permitir duas interpretações diferentes, **prevalecerá a que possa produzir algum efeito**, pois não se deve supor que os contratantes tenham celebrado um contrato carecedor de qualquer utilidade. Na III Jornada de Direito Civil promovida pelo Conselho da Justiça Federal foi aprovado o Enunciado 176, de seguinte teor: "Em atenção ao princípio da conservação dos negócios jurídicos, o art. 478 do Código Civil de 2002 deverá conduzir, sempre que possível, à **revisão judicial** dos contratos **e não à resolução contratual**". E na IV Jornada foi aprovado o Enunciado 367, relativo ao mesmo tema: "Em observância ao **princípio da conservação do contrato**, nas ações que tenham por objeto a resolução do pacto por excessiva onerosidade, pode o juiz modificá-lo equitativamente, desde que ouvida a parte autora, respeitada a sua vontade e observado o contraditório".

---

2 Maria Helena Diniz, *Tratado,* cit., v. 1, p. 95-96; Francesco Messineo, *Doctrina*, cit., t. II.

3 *Direito civil*, cit., v. II, p. 459.

4 Ruy Rosado de Aguiar, *Extinção dos contratos*, cit., p. 252.

Prescreve, ainda, o art. 114 do Código Civil que "os negócios jurídicos benéficos e a renúncia interpretam-se estritamente". **Benéficos** ou **gratuitos** são os que envolvem uma liberalidade: somente um dos contratantes se obriga, enquanto o outro apenas aufere um benefício. A doação pura constitui o melhor exemplo dessa espécie. Devem ter interpretação estrita porque representam **renúncia de direitos**.

■ 3.3. REGRAS ESPARSAS

Além dos dispositivos já mencionados, há outros poucos **artigos esparsos** no Código Civil e em leis especiais estabelecendo regras sobre interpretação de determinados negócios:

- quando houver no contrato de adesão cláusulas ambíguas ou contraditórias, dever-se-á adotar a interpretação mais favorável ao aderente (art. 423);
- a transação interpreta-se restritivamente (art. 843);
- a fiança não admite interpretação extensiva (art. 819);
- sendo a cláusula testamentária suscetível de interpretações diferentes, prevalecerá a que melhor assegure a observância da vontade do testador (art. 1.899).

Podem ser mencionados, ainda, os arts. 110 e 111 do Código Civil, que tratam, respectivamente, da **reserva mental** e do **silêncio como manifestação da vontade**, já comentados na Primeira Parte deste volume, no título concernente ao **negócio jurídico**.

■ 3.4. INTERPRETAÇÃO DOS CONTRATOS NO CÓDIGO DE DEFESA DO CONSUMIDOR

Proclama o art. 47 do Código de Defesa do Consumidor (Lei n. 8.078/90): "As cláusulas contratuais serão interpretadas **de maneira mais favorável ao consumidor**". A excepcionalidade decorre de previsão específica do rol dos direitos fundamentais, como disposto no art. 5º, XXXII, combinado com o art. 170, V, da Constituição Federal.

O dispositivo em destaque aplica-se a todos os contratos que tenham por objeto relações de consumo e harmoniza-se com o espírito do referido diploma, que visa à **proteção do hipossuficiente**, isto é, do consumidor, visto que as regras que ditam tais relações são, em geral, elaboradas pelo fornecedor.

O referido diploma ainda avança ao dispor, no seu art. 46, que os contratos que regulam as relações de consumo deixam de ser obrigatórios se ao consumidor não for dada oportunidade de conhecer previamente o seu conteúdo ou se estes forem redigidos de forma a dificultar a compreensão de seu sentido e alcance. Trata-se de norma que constitui, ao mesmo tempo, regra de interpretação e de **garantia do prévio conhecimento e entendimento do conteúdo do contrato** por parte do consumidor.

O Código de Defesa do Consumidor dedicou um capítulo ao **contrato de adesão**, conceituando-o da seguinte forma, no art. 54: "Contrato de adesão é aquele cujas cláusulas tenham sido aprovadas pela autoridade competente ou estabelecidas unilateralmente pelo fornecedor de produtos ou serviços, sem que o consumidor possa discutir ou modificar substancialmente seu conteúdo".

3.5. CRITÉRIOS PRÁTICOS PARA A INTERPRETAÇÃO DOS CONTRATOS

Algumas **regras práticas** podem ser observadas no tocante à interpretação dos contratos:

- a melhor maneira de apurar a intenção dos contratantes é verificar o modo pelo qual o vinham executando, de comum acordo;
- deve-se interpretar o contrato, na dúvida, da maneira menos onerosa para o devedor (*in dubiis quod minimum est sequimur*);
- as cláusulas contratuais não devem ser interpretadas isoladamente, mas em conjunto com as demais;
- qualquer obscuridade é imputada a quem redigiu a estipulação, pois, podendo ser claro, não o foi (*ambiguitas contra stipulatorem est*);
- na cláusula suscetível de dois significados, interpretar-se-á em atenção ao que pode ser exequível (princípio da conservação ou aproveitamento do contrato)[5].

3.6. INTERPRETAÇÃO DOS CONTRATOS DE ADESÃO

O Código Civil de 2002 estabeleceu **duas regras de interpretação** dos contratos de adesão, que se caracterizam pelo fato de o seu conteúdo ser determinado unilateralmente por um dos contratantes, cabendo ao outro contratante apenas aderir ou não aos seus termos. Serão elas comentadas pormenorizadamente logo adiante, no capítulo concernente à classificação dos contratos.

- **Primeira regra:** consta do art. 423, que assim dispõe: "Quando houver no contrato de adesão cláusulas ambíguas ou contraditórias, dever-se-á adotar a interpretação mais favorável ao aderente". Será "**ambígua** a cláusula que da sua interpretação gramatical for possível a extração de mais de um sentido. Entretanto, há **contradição** se o conteúdo das cláusulas foi inconciliável, tal como dispor que o mútuo é celebrado sem vantagens para o mutuante e estabelecer cobrança de juros"[6]. Exatamente pelo fato de, nessa espécie de contrato, **não se dar ao aderente oportunidade ou possibilidade de discutir as suas cláusulas** e influir em seu conteúdo é que o aludido art. 423 do Código Civil determinou que eventuais cláusulas ambíguas ou contraditórias sejam interpretadas de maneira mais favorável a ele.

---

[5] Caio Mário da Silva Pereira, *Instituições*, cit., v. III, p. 53-54.

[6] Mônica Bierwagen, *Princípios*, cit., p. 95.

Segunda regra: vem expressa no art. 424 do mencionado diploma, que proclama: "Nos contratos de adesão, são nulas as cláusulas que estipulem a renúncia antecipada do aderente a direito resultante da natureza do negócio". O legislador teve em mira proteger especialmente os direitos correlatos que na prática comercial são comumente excluídos por **cláusulas-padrão**, como a de não reparação pelos danos decorrentes de defeitos da coisa ou pela má prestação de serviços, não indenizabilidade de vícios redibitórios e evicção.

3.7. PACTOS SUCESSÓRIOS

Dispõe o art. 426 do Código Civil:

"Não pode ser objeto de contrato a herança de pessoa viva."

Trata-se de regra tradicional e de ordem pública, destinada a afastar os *pacta corvina* ou *votum captandae mortis*. A sua inobservância torna **nulo** o contrato em razão da **impossibilidade jurídica do objeto.**

O nosso ordenamento só admite **duas formas** de sucessão *causa mortis*: a **legítima** e a **testamentária**. O dispositivo em questão afasta a **sucessão contratual**. Apontam os autores, no entanto, **duas exceções:**

a) é permitido aos nubentes fazer doações antenupciais, dispondo a respeito da recíproca e futura sucessão, desde que não excedam a metade dos bens (CC, arts. 1.668, IV, e 546);

b) podem os pais, por ato entre vivos, partilhar o seu patrimônio entre os descendentes (CC, art. 2.018).

Quando em vigor o Código de 1916, a doutrina mencionava também, como exceção à regra proibitiva da sucessão contratual, a estipulação, no pacto antenupcial, de doações para depois da morte do doador, prevista no art. 314 daquele diploma. Esta hipótese não é, todavia, disciplinada no Código de 2002 (arts. 1.653 a 1.657).

Parece-nos que, em face do novo diploma, **somente a partilha *inter vivos* pode ser considerada exceção** à norma do art. 426, por corresponder a uma sucessão antecipada, visto que os citados arts. 546 e 1.668, que tratam de doações entre cônjuges, não contemplam a hipótese de recíproca e futura sucessão *causa mortis*. A cláusula que assim dispõe é considerada **não escrita**, por **fraudar lei imperativa**, contrariando disposição absoluta de lei (CC, arts. 166, VI, e 1.655)[7]. Na realidade, nas doações *propter nuptias* a exceção é apenas aparente, porquanto a doação, como foi dito, não vem subordinada ao evento morte, mas, sim, ao casamento, sendo a morte mera consequência[8].

---

7 Maria Helena Diniz manifesta idêntica opinião, in *Tratado*, cit., v. 1, p. 39.

8 Sílvio Venosa, *Direito civil*, cit., v. II, p. 532.

3.8. RESUMO

INTERPRETAÇÃO DOS CONTRATOS	
FUNÇÕES	■ A interpretação dos contratos exerce função objetiva e subjetiva. Nos contratos escritos, a análise do texto (interpretação **objetiva**) conduz à descoberta da intenção das partes (interpretação **subjetiva**), alvo principal da operação. O Código Civil deu prevalência à teoria da vontade, sem aniquilar a da declaração. A real intenção das partes, a ser considerada nas declarações de vontade, é a "nelas consubstanciada", não se pesquisando o pensamento íntimo dos declarantes.
PRINCÍPIOS BÁSICOS	■ **Boa-fé:** deve o intérprete presumir que os contratantes procedem com lealdade, pois a boa-fé se presume; a má-fé, ao contrário, deve ser provada (CC, arts. 113 e 422). ■ **Conservação do contrato:** se uma cláusula contratual permitir duas interpretações diferentes, prevalecerá a que possa produzir algum efeito.
REGRAS INTERPRETATIVAS	■ Quando houver no contrato de adesão cláusulas ambíguas ou contraditórias, dever-se-á adotar a interpretação mais favorável ao aderente (art. 423). ■ A transação interpreta-se restritivamente (art. 843). ■ A fiança não admite interpretação extensiva (art. 819). ■ Prevalecerá a interpretação da cláusula testamentária que melhor assegure a observância da vontade do testador (art. 1.899).
PACTOS SUCESSÓRIOS	■ Não pode ser objeto de contrato a herança de pessoa viva, dispõe o art. 426 do Código Civil, afastando a **sucessão contratual**. O nosso ordenamento só admite duas formas de sucessão *causa mortis*: a legítima e a testamentária. No Código de 2002, somente a partilha *inter vivos*, permitida no art. 2.018, pode ser considerada exceção à norma do art. 426.

4

DA FORMAÇÃO DOS CONTRATOS

4.1. A MANIFESTAÇÃO DA VONTADE

A **manifestação da vontade**, como já dito, é o primeiro e mais importante requisito de existência do negócio jurídico. O contrato é um **acordo de vontades** que tem por fim criar, modificar ou extinguir direitos. Constitui o mais expressivo modelo de negócio jurídico bilateral.

A manifestação da vontade pode ser **expressa** ou **tácita** (*v.*, a propósito, na Primeira Parte deste volume — **PARTE GERAL** —, *Elementos do negócio jurídico*, item 7.2.3.1.4 — O silêncio como manifestação de vontade).

4.2. NEGOCIAÇÕES PRELIMINARES

O contrato resulta de duas manifestações de vontade: a **proposta** e a **aceitação**. A primeira, também chamada de **oferta**, **policitação** ou **oblação**, dá início à formação do contrato e não depende, em regra, de forma especial.

Nem sempre, no entanto, o contrato nasce instantaneamente de uma proposta seguida de uma imediata aceitação. Na maior parte dos casos, a oferta é antecedida de uma fase, às vezes, prolongada, de **negociações preliminares** caracterizada por sondagens, conversações, estudos e debates (*tractatus*, *trattative*, *pourparlers*), também denominada **fase da puntuação**. Nesta, como as partes ainda não manifestaram a sua vontade, **não há nenhuma vinculação ao negócio**. Qualquer uma delas pode afastar-se simplesmente alegando desinteresse, sem responder por perdas e danos. Mesmo quando surge um **projeto** ou **minuta**, ainda assim não há vinculação das pessoas. Tal responsabilidade só ocorrerá se ficar demonstrada a deliberada intenção, com a falsa manifestação de interesse, de **causar dano** ao outro contraente, levando-o, por exemplo, a perder outro negócio ou realizando despesas. O fundamento para o pedido de perdas e danos da parte lesada não é, nesse caso, o inadimplemento contratual, mas a prática de um **ilícito civil** (CC, art. 186).

Embora as negociações preliminares não gerem, por si mesmas, obrigações para qualquer um dos participantes, elas fazem surgir, entretanto, **deveres jurídicos** para os contraentes, decorrentes da incidência do princípio da **boa-fé**, sendo os principais os deveres de lealdade e correção, de informação, de proteção e cuidado e de sigilo. A violação desses deveres durante o transcurso das negociações é o que gera a responsabilidade do contraente, tenha sido ou não celebrado o contrato. Essa responsabilidade ocorre, pois, não no campo da culpa contratual, mas da **aquiliana**, somente no caso de um deles induzir no outro a crença de que o contrato será celebrado, levando-o a despesas ou a não contratar com terceiro etc. e depois recuar, causando-lhe dano. Essa responsabilidade tem, porém, caráter excepcional[1].

Na Jornada de Direito Civil realizada em Brasília em setembro de 2002, já mencionada (STJ-CJF), foi aprovada a Conclusão n. 25, do seguinte teor: "O art. 422 do Código Civil não inviabiliza a aplicação, pelo julgador, do princípio da boa-fé nas fases **pré e pós-contratual**". Pode-se afirmar que, mesmo com a redação insuficiente do aludido art. 422, nela estão compreendidas as tratativas preliminares, antecedentes do contrato, que podem acarretar a responsabilidade pré-contratual[2].

Como assevera Ruy Rosado de Aguiar Júnior[3], surgem, nas tratativas, **deveres de lealdade**, decorrentes da simples aproximação pré-contratual. Censura-se, assim, quem abandona inesperadamente as negociações já em adiantado estágio, depois de criar na outra parte a expectativa da celebração de um contrato para o qual se preparou e efetuou despesas ou em função do qual perdeu outras oportunidades. A **violação a esse dever secundário pode ensejar indenização**, por existir uma relação obrigacional, independentemente de contrato, fundada na boa-fé.

Proclamou a 3ª Turma do Superior Tribunal de Justiça que "a responsabilidade pré-contratual não decorre do fato de a tratativa ter sido rompida e o contrato não ter sido concluído, mas do fato de uma das partes ter gerado à outra, além da expectativa legítima de que o contrato seria concluído, efetivo prejuízo material". Frisou o relator que, no caso *sub judice*, "houve o consentimento prévio mútuo, a afronta à boa-fé objetiva com o rompimento ilegítimo das tratativas, o prejuízo e a relação de causalidade entre a ruptura das tratativas e o dano sofrido"[4].

4.3. A PROPOSTA

4.3.1. Conceito e características

Identificam-se três fases na formação do contrato:

- fase das **negociações preliminares** ou da puntuação;
- fase da **proposta**, também denominada oferta, policitação ou oblação; e
- fase da **aceitação** ou da conclusão do negócio, que pode ser celebrado mediante contrato preliminar ou definitivo.

A oferta traduz uma **vontade definitiva de contratar** nas bases oferecidas, não estando mais sujeita a estudos ou discussões, mas dirigindo-se à outra parte para que esta a aceite ou não; é, portanto, um **negócio jurídico unilateral**, constituindo

1 Caio Mário da Silva Pereira, *Instituições de direito civil*, v. III, p. 37-38.

2 Nelson Nery Junior, Contratos no Código Civil, in *O Novo Código Civil*: estudos em homenagem ao Professor Miguel Reale, p. 433.

3 *Extinção dos contratos por incumprimento do devedor*, p. 250.

4 STJ, REsp 1.051.065-AM, 3ª T., rel. Min. Ricardo Villas Bôas Cueva, j. 21.2.2013.

elemento da formação contratual. Pode-se dizer, então, que **proposta, oferta, policitação** ou **oblação** "é uma declaração receptícia de vontade, dirigida por uma pessoa a outra (com quem pretende celebrar um contrato), por força da qual a primeira manifesta sua intenção de se considerar vinculada, se a outra parte aceitar"[5].

Representa ela o impulso decisivo para a celebração do contrato, consistindo em uma declaração de vontade **definitiva**. Distingue-se nesse ponto das **negociações preliminares** que não têm esse caráter e não passam de estudos e sondagens, **sem força obrigatória**. Aquela, ao contrário, cria no aceitante a convicção do contrato em perspectiva, levando-o à realização de projetos e, às vezes, de despesas, bem como à cessação de alguma atividade. Por isso, **vincula o policitante**, que responde por todas essas consequências se injustificadamente retirar-se do negócio[6].

A proposta deve conter:

- todos os **elementos essenciais do negócio proposto**, como preço, quantidade, tempo de entrega, forma de pagamento etc.;
- deve também ser **séria e consciente**, pois **vincula o proponente** (CC, art. 427);
- deve ser, ainda, **clara**, **completa** e **inequívoca**, ou seja, há de ser formulada em linguagem simples, compreensível ao oblato, mencionando todos os elementos e dados do negócio necessários ao esclarecimento do destinatário e representando a vontade inquestionável do proponente.

A oferta é um negócio jurídico **receptício**, pois a sua eficácia depende da declaração do oblato. Carece, entretanto, de força absoluta, gerando desde logo direitos e obrigações. Não se pode assim dizer que equivale ao contrato. Mantém o caráter de negócio jurídico receptício se for endereçada não a uma pessoa determinada, mas assumir a forma de **oferta aberta ao público**, como nos casos de mercadorias expostas em vitrinas, feiras ou leilões com o preço à mostra, bem como em licitações e tomadas de preços para contratação de serviços e obras.

O art. 429 do novo Código Civil declara que "a oferta ao público equivale a proposta quando encerra os requisitos essenciais ao contrato, salvo se o contrário resultar das circunstâncias ou dos usos". Em geral, entende-se que é **limitada ao estoque existente**. Acrescenta o parágrafo único que "pode revogar-se a oferta pela mesma via de sua divulgação, desde que ressalvada esta faculdade na oferta realizada". A oferta aberta ao público vale como **proposta obrigatória**, pois, quando contém todos os elementos essenciais do contrato.

---

5 Orlando Gomes, *Contratos*, p. 65; Maria Helena Diniz, *Tratado teórico e prático dos contratos*, v. 1, p. 78.

6 "Tratativas iniciais para celebração do contrato. Proponente que, logo após a formalização da proposta e da emissão do cheque de sinal, se arrepende do negócio e comunica a desistência ao corretor de imóveis. Hipótese que não implica responsabilidade pré-contratual, de molde a gerar o direito à indenização, se o vendedor não chegou a aceitar a proposta, não podendo aventar com expectativa concreta de venda, muito menos com eventuais despesas" (*RT*, 70/280).

4.3.2. A oferta no Código Civil

4.3.2.1. A força vinculante da oferta

Dispõe o art. 427 do Código Civil:

> "A proposta de contrato obriga o proponente, se o contrário não resultar dos termos dela, da natureza do negócio, ou das circunstâncias do caso."

Portanto, repetindo: desde que séria e consciente, a proposta **vincula o proponente**. A obrigatoriedade da proposta consiste no ônus, imposto ao proponente, de mantê-la por certo tempo a partir de sua efetivação e de responder por suas consequências, visto que acarreta no oblato uma fundada expectativa de realização do negócio, levando-o, muitas vezes, como já dito, a elaborar projetos, a efetuar gastos e despesas, a promover liquidação de negócios e cessação de atividade etc.

A lei abre, entretanto, várias **exceções** a essa regra. Dentre elas não se encontram, todavia, a morte ou a interdição do policitante. Nesses dois casos, respondem, respectivamente, os **herdeiros e o curador do incapaz** pelas consequências jurídicas do ato. Com efeito, a morte intercorrente não desfaz a promessa, que se insere como elemento passivo da herança. **A proposta se transmite aos herdeiros** como qualquer outra obrigação[7], sendo que estes somente poderão retratar-se na forma do art. 428, IV, do novo diploma. O princípio, como adverte Sílvio Venosa[8], evidentemente não se aplica a uma proposta de obrigação **personalíssima**.

4.3.2.2. Proposta não obrigatória

As **exceções** referidas no item anterior encontram-se na segunda parte do retrotranscrito art. 427. Desse modo, a proposta de contrato obriga o proponente, "se o contrário não resultar dos termos dela, da natureza do negócio, ou das circunstâncias do caso".

- **Se contiver cláusula expressa a respeito:** a oferta não obriga o proponente se contiver cláusula expressa a respeito. É quando o próprio proponente declara que não é definitiva e se reserva o direito de retirá-la. Muitas vezes, a aludida cláusula contém os dizeres: **"proposta sujeita a confirmação"** ou **"não vale como proposta"**. Neste caso, a ressalva se incrusta na proposta mesma e o aceitante, ao recebê-la, já a conhece e sabe da sua não obrigatoriedade. Se ainda assim a examinar e estudar, será com seu próprio risco, pois não advirá nenhuma consequência para o proponente caso este opte por revogá-la, visto que estará usando uma faculdade que a si mesmo se reservou[9].
- **Em razão da natureza do negócio:** a proposta não obriga o proponente em razão da natureza do negócio. É o caso, por exemplo, das chamadas **propostas**

[7] Arnaldo Rizzardo, *Contratos*, v. 1, p. 73.

[8] *Direito civil*, v. 2, p. 520.

[9] Caio Mário da Silva Pereira, *Instituições*, cit., v. III, p. 42.

abertas ao público, que se consideram limitadas ao estoque existente e encontram-se reguladas no art. 429 do novo diploma, comentado no item 4.3.1, *retro*.

■ **Em razão das circunstâncias do caso:** por fim, a oferta não vincula o proponente em razão das circunstâncias do caso, **mencionadas no art. 428** do mesmo diploma. Não são, portanto, quaisquer circunstâncias, mas aquelas a que a lei confere esse efeito.

As **circunstâncias** para que a proposta deixe de ser obrigatória a que se refere o citado dispositivo são as seguintes:

"I — Se, feita sem prazo a pessoa presente, não foi imediatamente aceita..." Quando o solicitado responde que irá estudar a proposta feita por seu interlocutor, poderá este retirá-la. É "**pegar ou largar**, e se o oblato não responde logo, dando pronta aceitação, caduca a proposta, liberando-se o proponente"[10]. Considera-se também presente — aduz o dispositivo em tela — "a pessoa que contrata por telefone ou por meio de comunicação semelhante". **Presente**, portanto, é aquele que **conversa diretamente com o policitante**, mesmo que por algum outro meio mais moderno de comunicação à distância, e não só por telefone, ainda que os interlocutores estejam em cidades, Estados ou países diferentes. Se a comunicação entre as partes é feita pela Internet, estando ambas em contato simultâneo, a hipótese merece o mesmo tratamento jurídico conferido às propostas feitas por telefone, por se tratar de **comunicação semelhante**, só se tornando obrigatória a policitação se esta for imediatamente aceita. Todavia, o mesmo não deve suceder com a proposta feita por via de *e-mail*, não estando ambos os usuários da rede simultaneamente conectados.

"II — Se, feita sem prazo a pessoa ausente, tiver decorrido tempo suficiente para chegar a resposta ao conhecimento do proponente."

Cuida-se de oferta enviada, por corretor ou correspondência, a **pessoa ausente**. Uma pessoa não é considerada ausente, para esse fim, por se encontrar distante do outro contraente, visto que são considerados presentes os que contratam por telefone, mas, sim, devido à **inexistência de contato direto**. Para os fins legais, são considerados ausentes os que negociam mediante troca de correspondência ou intercâmbio de documentos. O **prazo suficiente** para a resposta varia conforme as circunstâncias. É o **necessário** ou razoável para que chegue ao conhecimento do proponente e denomina-se **prazo moral**. Entre moradores próximos, não deve ser muito longo. Diferente será o entendimento se os partícipes do negócio residirem em locais distantes e de acesso difícil e demorado.

"III — Se, feita a pessoa ausente, não tiver sido expedida a resposta dentro do prazo dado."

Se foi **fixado prazo** para a resposta, o proponente terá de esperar pelo seu término. Esgotado, sem resposta, estará este liberado, não prevalecendo a proposta feita.

---

10 Caio Mário da Silva Pereira, *Instituições*, cit., v. III, p. 42.

"IV — Se, antes dela, ou simultaneamente, chegar ao conhecimento da outra parte a retratação do proponente."

Apesar da força obrigatória da proposta, a lei permite ao proponente a faculdade de **retratar-se**, ainda que não haja feito ressalva nesse sentido. Todavia, para que se desobrigue e não se sujeite às perdas e danos, é necessário que a retratação chegue ao conhecimento do aceitante **antes da proposta ou simultaneamente com ela**, "casos em que as duas declarações de vontade (proposta e retratação), por serem contraditórias, nulificam-se e destroem-se reciprocamente. Não importa de que via ou meio se utiliza o proponente (carta, telegrama, mensagem por mão de próprio etc.)"[11]. Por exemplo: antes que o mensageiro entregue a proposta ao outro contratante, o ofertante entende-se diretamente com ele, por algum meio rápido de comunicação, retratando-se. A proposta, *in casu*, não chegou a existir juridicamente, porque retirada a tempo.

Confira-se o resumo esquemático abaixo:

EXCEÇÕES À OBRIGATORIEDADE DA PROPOSTA	
■ Se contiver cláusula expressa a respeito	
■ Em razão da natureza do negócio	
■ Em razão das circunstâncias do caso	I — Se, feita sem prazo a pessoa presente, não foi imediatamente aceita. II — Se, feita sem prazo a pessoa ausente, tiver decorrido tempo suficiente para chegar a resposta ao conhecimento do proponente. III — Se, feita a pessoa ausente, não tiver sido expedida a resposta dentro do prazo dado. IV — Se, antes dela, ou simultaneamente, chegar ao conhecimento da outra parte a retratação do proponente.

■ 4.3.3. A oferta no Código de Defesa do Consumidor

O Código de Defesa do Consumidor (Lei n. 8.078/90) regulamenta, nos arts. 30 a 35, a proposta nos contratos que envolvem relações de consumo. Preceituam eles que esta deve ser séria, clara e precisa, além de definitiva, como também o exige o Código Civil. Entretanto, naquele, a **oferta é mais ampla**, pois normalmente dirige-se a pessoas indeterminadas. A distinção básica é a destinação do Código de Defesa do Consumidor à **contratação em massa** como regra geral.

No tocante aos efeitos, a **recusa indevida** de dar cumprimento à proposta dá ensejo à **execução específica** (arts. 35, I, e 84), consistindo opção exclusiva do consumidor a resolução em perdas e danos. Além de poder preferir a execução específica (CDC, art. 35, I), o consumidor pode optar por, em seu lugar, **"aceitar outro produto ou prestação de serviço equivalente"** (II) ou, ainda, por "**rescindir o contrato**, com direito à restituição de quantia eventualmente antecipada, monetariamente atualizada, e a perdas e danos" (III).

[11] Caio Mário da Silva Pereira, *Instituições*, cit., v. III, p. 44.

O art. 34 do referido diploma, por sua vez, estabelece **solidariedade** entre o fornecedor e seus prepostos ou representantes autônomos.

Em conformidade com o art. 30 do diploma consumerista, toda **informação ou publicidade**, suficientemente precisa, veiculada por qualquer forma ou meio de comunicação com relação a produtos ou serviços oferecidos ou apresentados **obriga o fornecedor, integrando o contrato**. A oferta deve ser **clara, precisa**, veiculada em língua portuguesa e de fácil entendimento. Se uma empresa construtora, *verbi gratia*, menciona na propaganda das unidades habitacionais à venda que estas são dotadas de determinado acabamento (azulejos, metais e pisos de determinada marca ou qualidade, p. ex.), tais informações erigem-se à condição de verdadeiras cláusulas contratuais.

A **proposta aberta ao público**, por meio de exibição de mercadorias em vitrinas, catálogos, anúncios nos diversos meios de divulgação etc., **vincula o ofertante**. O fornecedor deve assegurar não apenas o preço e as características dos produtos e serviços mas também as quantidades disponíveis em estoque. Deve, assim, atender à clientela nos limites do estoque informado, sob pena de responsabilidade.

O art. 35 do diploma ora em estudo dispõe que, se **o fornecedor recusar-se a dar cumprimento a sua oferta**, o consumidor poderá exigir, alternativamente, o cumprimento forçado da obrigação, um produto equivalente ou, ainda, a rescisão do contrato, recebendo perdas e danos.

■ 4.4. A ACEITAÇÃO

■ 4.4.1. Conceito e espécies

■ **Conceito** — aceitação é a **concordância** com os termos da proposta. É manifestação de vontade imprescindível para que se repute concluído o contrato, pois, somente quando o oblato se converte em aceitante e faz aderir a sua vontade à do proponente, a oferta se transforma em contrato. A aceitação consiste, portanto, "na formulação da vontade concordante do oblato, feita dentro do prazo e envolvendo adesão integral à proposta recebida"[12].

■ **Contraproposta** — para produzir o efeito de aperfeiçoar o contrato, a aceitação deve ser **pura e simples**. Se apresentada "fora do prazo, com adições, restrições, ou modificações, importará nova proposta" (CC, art. 431), comumente denominada **contraproposta**. Como a proposta perde a força obrigatória depois de esgotado o prazo concedido pelo proponente, a posterior manifestação do solicitado ou oblato também não obriga o último, pois não se trata de aceitação, e sim de **nova proposta**. O mesmo se pode dizer quando este não aceita a oferta integralmente, introduzindo-lhe restrições ou modificações.

■ **Espécies** — a aceitação pode ser:

a) expressa: decorre de declaração do aceitante, manifestando a sua anuência; e

b) tácita: decorre de sua conduta, reveladora do consentimento.

---

12 Silvio Rodrigues, *Direito civil*, cit., v. 3, p. 70; Caio Mário da Silva Pereira, *Instituições*, cit., v. III, p. 45.

O art. 432 do Código Civil menciona **duas hipóteses de aceitação tácita**, em que se reputa concluído o contrato, não chegando a tempo a recusa:

- quando **"o negócio for daqueles em que não seja costume a aceitação expressa":** se, por exemplo, um fornecedor costuma remeter os seus produtos a determinado comerciante e este, sem confirmar os pedidos, efetua os pagamentos, instaura-se uma **praxe comercial**. Se o último, em dado momento, quiser interrompê-la, terá de avisar previamente o fornecedor, sob pena de ficar obrigado ao pagamento de nova remessa, nas mesmas bases das anteriores[13]; ou
- quando **"o proponente a tiver dispensado":** costuma-se mencionar, como exemplo, a hipótese do turista que remete um *fax* a determinado hotel, reservando acomodações e informando que a chegada se dará em tal data, se não receber aviso em contrário. Não chegando a tempo a negativa, reputar-se-á concluído o contrato.

4.4.2. Hipóteses de inexistência de força vinculante da aceitação

Malgrado o contrato se aperfeiçoe com a aceitação, o Código Civil trata de **duas hipóteses** em que tal manifestação de vontade deixa de ter força vinculante:

- **Se a aceitação, embora expedida a tempo, por motivos imprevistos, chegar tarde ao conhecimento do proponente** (CC, art. 430, primeira parte) — assim, se, embora expedida no prazo, a aceitação chegou tardiamente ao conhecimento do policitante, quando este, estando liberado em virtude do atraso involuntário, já celebrara negócio com outra pessoa, a circunstância deverá ser, sob pena de responder por perdas e danos, **imediatamente comunicada ao aceitante**, que tem razões para supor que o contrato esteja concluído e pode realizar as despesas que repute necessárias ao seu cumprimento. Assim o exige a segunda parte do mencionado art. 430.
- **Se antes da aceitação ou com ela chegar ao proponente a retratação do aceitante —** dispõe, com efeito, o art. 433 do Código Civil que se considera "inexistente a aceitação, se antes dela ou com ela chegar ao proponente a retratação do aceitante". Verifica-se que a lei permite também a **retratação** da aceitação. Neste caso, a "declaração da vontade, que continha a aceitação, desfez-se, antes que o proponente pudesse tomar qualquer deliberação no sentido da conclusão do contrato"[14].

4.5. MOMENTO DA CONCLUSÃO DO CONTRATO

4.5.1. Contratos entre presentes

Se o contrato for celebrado **entre presentes**, a proposta poderá estipular ou não prazo para a aceitação. Caso o policitante não estabeleça nenhum prazo, esta deverá

---

[13] Silvio Rodrigues, *Direito civil*, cit., v. 3, p. 71.

[14] Clóvis Beviláqua, *Código Civil dos Estados Unidos do Brasil comentado*, v. IV, obs. ao art. 1.085.

ser manifestada imediatamente, sob pena de a oferta perder a força vinculativa. Se, no entanto, a policitação estipulou prazo, a aceitação deverá operar-se dentro dele, sob pena de desvincular-se o proponente.

Constitui ponto relevante na doutrina da formação dos contratos a determinação do **momento** em que se deve considerar formado o contrato entre presentes e entre ausentes. Para que se possa estabelecer a obrigatoriedade da avença, será mister verificar **em que instante o contrato se aperfeiçoou**, unindo os contraentes, impossibilitando a retratação e compelindo-os a executar o negócio, sob pena de responderem pelas perdas e danos.

Se o contrato for realizado ***inter praesentes*** nenhum problema haverá, visto que as partes estarão vinculadas na mesma ocasião em que o oblato aceitar a proposta. Nesse momento, caracteriza-se o acordo recíproco de vontades e, a partir dele, o contrato começará a produzir efeitos jurídicos[15].

4.5.2. Contratos entre ausentes

A dificuldade para se precisar em que **momento** se deve considerar formado o contrato aparece na avença ***inter absentes***, efetivado por correspondência epistolar (carta ou telegrama) ou telegráfica, com ou sem a intervenção dos serviços de correio. A correspondência pode ser encaminhada pelo próprio interessado ou por alguém contratado para essa tarefa.

Quando o contrato é celebrado **entre ausentes**, por correspondência (carta, telegrama, *fax*, radiograma, *e-mail* etc.) ou intermediários, a resposta leva algum tempo para chegar ao conhecimento do proponente e passa por diversas fases.

Divergem os autores a respeito do **momento** em que a convenção se reputa concluída, apontando-se as seguintes teorias:

- **Teoria da informação** ou **da cognição —** para a referida teoria, é o da chegada da resposta ao conhecimento do policitante, que se inteira de seu teor. Tem o inconveniente de deixar ao arbítrio do proponente abrir a correspondência e tomar conhecimento da resposta positiva. Não basta a correspondência ser entregue ao destinatário; o aperfeiçoamento do contrato se dará somente no instante em que o policitante abri-la e **tomar conhecimento do teor** da resposta.
- **Teoria da declaração** ou **da agnição —** subdivide-se em três:

  a) teoria da declaração propriamente dita: o instante da conclusão coincide com o da **redação** da correspondência epistolar. Obviamente, tal entendimento não pode ser aceito, porque além da dificuldade de se comprovar esse momento, o consentimento ainda permanece restrito ao âmbito do aceitante, que pode destruir a mensagem em vez de remetê-la;

  b) teoria da expedição: não basta a redação da resposta, sendo necessário que tenha sido **expedida**, isto é, saído do alcance e controle do oblato. É considerada

[15] Maria Helena Diniz, *Tratado*, cit., v. 1, p. 86.

a melhor, embora não seja perfeita, porque evita o arbítrio dos contraentes e afasta dúvidas de natureza probatória;

c) teoria da recepção: exige que, além de escrita e expedida, a resposta tenha sido **entregue** ao destinatário. Distingue-se da teoria da informação porque esta exige não só a entrega da correspondência ao proponente como também que este a tenha aberto e tomado conhecimento de seu teor.

O art. 434 do Código Civil acolheu expressamente a **teoria da expedição**, ao afirmar que os contratos entre ausentes tornam-se perfeitos desde que a aceitação é **expedida**. Proclama, com efeito, o aludido dispositivo:

"Os contratos entre ausentes tornam-se perfeitos desde que a aceitação é expedida, exceto:

I — no caso do artigo antecedente;

II — se o proponente se houver comprometido a esperar resposta;

III — se ela não chegar no prazo convencionado."

Observa-se que o novo diploma estabeleceu três exceções à regra de que o aperfeiçoamento do contrato ocorre com a expedição da resposta. Na realidade, recusando efeito à expedição caso tenha havido **retratação** oportuna ou se a resposta não chegar ao conhecimento do proponente no **prazo**, **desfigurou ele a teoria da expedição**. Ora, se sempre é permitida a retratação antes de a resposta chegar às mãos do proponente e se ainda não é considerado concluído o contrato na hipótese de a resposta não chegar no prazo convencionado, **na realidade, o referido diploma filiou-se à teoria da recepção, e não à da expedição**.

A **terceira exceção** apresentada no retrotranscrito art. 434 do Código Civil ("se a resposta não chegar no prazo convencionado") é **inútil e injustificável**, como reconhece a doutrina, pois, se há prazo convencionado e a resposta não chega no intervalo determinado, não houve acordo e, sem ele, não há contrato[16].

■ 4.6. LUGAR DA CELEBRAÇÃO

Dispõe o art. 435 do Código Civil:

"Reputar-se-á celebrado o contrato no lugar em que foi proposto."

Optou o legislador, pois, pelo local em que a **proposta** foi feita[17]. Aparentemente, tal solução encontra-se em contradição com a expressa adoção da teoria da expedição, presente no dispositivo anterior. Entretanto, para quem, como nós, entende que o Código Civil acolheu, de fato, a da **recepção**, inexiste a apontada contradição.

O problema tem relevância na apuração do foro competente e, no campo do direito **internacional**, na determinação da lei aplicável. Prescreve o art. 9º, § 2º, da Lei

[16] Silvio Rodrigues, *Direito civil*, cit., v. 3, p. 75; Washington de Barros Monteiro, *Curso de direito civil*, v. 5, p. 22; Maria Helena Diniz, *Tratado*, cit., v. 1, p. 88.

[17] *RT*, 713/121.

de Introdução às Normas do Direito Brasileiro que "a obrigação resultante do contrato reputa-se constituída no lugar em que residir o proponente". Tal dispositivo aplica-se aos casos em que os contratantes residem em **países diferentes** e assumiu maior importância com o recrudescimento dos contratos formados pela Internet.

Denota-se que o legislador preferiu a uniformização de critérios, levando em conta o local em que o impulso inicial teve origem. Ressalve-se que, dentro da autonomia da vontade, podem as partes eleger o foro competente (foro de eleição) e a lei aplicável à espécie.

■ 4.7. FORMAÇÃO DOS CONTRATOS PELA INTERNET

Crescem, a cada dia, os negócios celebrados por meio da Internet. Entretanto, o direito brasileiro não continha, até há pouco tempo, nenhuma norma específica sobre o comércio eletrônico, nem mesmo no Código de Defesa do Consumidor. Todavia, a **Medida Provisória n. 2.200**, de 28 de junho de 2001, que institui a Infraestrutura de Chaves Públicas Brasileira (ICP-Brasil) e dá outras providências, como a garantia da comunicação com os órgãos públicos por meios eletrônicos, publicada em 29 de junho de 2001, disciplina a questão da **integridade, autenticidade e validade dos documentos eletrônicos**. Ressaltem-se ainda a aprovação e a entrada em vigor da Lei n. 12.965, de 23 de abril de 1914, que instituiu o chamado "Marco Civil da Internet", considerada uma espécie de Constituição da Internet por estabelecer princípios, garantias, direitos e deveres para o seu uso no Brasil, tanto para os usuários quanto para os provedores de conexão e de aplicações.

Segundo Semy Glanz, "**contrato eletrônico** é aquele celebrado por meio de programas de computador ou aparelhos com tais programas"[18]. No estágio atual, a obrigação do empresário brasileiro que se vale do comércio eletrônico para vender os seus produtos ou serviços para com os consumidores é a mesma que o **Código de Defesa do Consumidor** atribui aos fornecedores em geral. A transação eletrônica realizada entre brasileiros está, assim, sujeita aos mesmos princípios e regras aplicáveis aos demais contratos aqui celebrados.

No entanto, o contrato de consumo eletrônico **internacional** obedece ao disposto no art. 9º, § 2º, da Lei de Introdução ao Código Civil, atualmente denominada **Lei de Introdução às Normas do Direito Brasileiro**, que determina a aplicação, à hipótese, da lei do **domicílio do proponente**. Por essa razão, se um brasileiro faz a aquisição de algum produto oferecido pela Internet por empresa estrangeira, o contrato então celebrado rege-se pelas leis do país do contratante que fez a oferta ou proposta.

Assim, embora o Código de Defesa do Consumidor brasileiro (art. 51, I), por exemplo, considere abusiva e não admita a validade de cláusula que reduza, por qualquer modo, os direitos do consumidor (cláusula de não indenizar), o internauta brasileiro pode ter dado sua adesão a uma proposta de empresa ou comerciante

[18] Internet e contrato eletrônico, *RT*, 757/72.

estrangeiro domiciliado em país cuja legislação admita tal espécie de cláusula, especialmente quando informada com clareza aos consumidores. E, nesse caso, não terá o aderente como evitar a limitação de seu direito.

Da mesma forma, o comerciante ou industrial brasileiro que anunciar os seus produtos no comércio virtual deve atentar para as normas do nosso **Código de Defesa do Consumidor**, principalmente quanto aos **requisitos da oferta**. Podem ser destacadas as que exigem informações claras e precisas do produto, em português, sobre o preço, qualidade, garantia, prazos de validade, origem e eventuais riscos à saúde ou segurança do consumidor (art. 31).

Anote-se que essas cautelas devem ser tomadas pelo anunciante e fornecedor dos produtos e serviços, como único responsável pelas informações veiculadas, pois o **titular do estabelecimento eletrônico** onde é feito o anúncio **não responde pela regularidade deste** nos casos em que atua apenas como veículo. Do mesmo modo, **não responde o provedor de acesso à Internet**, pois os serviços que presta são apenas instrumentais e não há condições técnicas de avaliar as informações nem o direito de interceptá-las e de obstar qualquer mensagem[19].

O Código Civil, em harmonia com o art. 9º, § 2º, da Lei de Introdução às Normas do Direito Brasileiro, diz que o direito aplicável aos contratos, em geral, é aquele do lugar de onde emanou a **proposta** (art. 435). É certo, porém, que o Código de Defesa do Consumidor expressamente dispõe que consumidores brasileiros têm o direito de promover quaisquer ações fundadas na responsabilidade do fornecedor perante o **foro de seu próprio domicílio**. Desse modo, o consumidor poderia promover a ação no Brasil, mas **o direito** a ser aplicado pela corte brasileira teria de ser o **alienígena**, do país de onde originou-se a proposta.

Essa situação, como se pode perceber, traz inúmeros problemas. Assinala a propósito, e com razão, Ronaldo Lemos da Silva Júnior que a aplicação de direito estrangeiro por parte de tribunais brasileiros traz insegurança tanto para as partes quanto para o próprio Judiciário. A tendência seria, assim, a princípio, a aplicação da *lex fori*, ou seja, a lei brasileira. Todavia, tal solução não seria consistente do ponto de vista estritamente jurídico. Ademais, aduz, para que a decisão de tribunal brasileiro seja acatada em países como os Estados Unidos, por exemplo, precisaria ela ser homologada pelas cortes americanas, o que obriga o consumidor a promover uma outra ação naquele país para que estas reconheçam a decisão proferida no Brasil[20].

O consumidor brasileiro terá dois caminhos a seguir no caso de compra realizada pela rede em que a empresa vendedora possua sede social em país estrangeiro:

a) mover a ação judicial **no país sede da empresa**; ou

b) ajuizá-la no Brasil, amparado que se encontra pela Constituição Federal (art. 5º, XXXII), pela Lei de Introdução às Normas do Direito Brasileiro (art. 9º,

[19] Carlos Roberto Gonçalves, *Responsabilidade civil*, p. 117-118.

[20] Ronaldo Lemos da Silva Júnior, Perspectivas da regulamentação da Internet no Brasil — Uma análise social e de direito comparado, in *Comércio eletrônico*, diversos autores, p. 159-161.

§ 2º), pelo Código de Processo Civil (art. 21, II) e pelo Código de Defesa do Consumidor (art. 101, I).

Outra questão relevante relacionada à contratação eletrônica versa sobre a sua caracterização como negociação entre ausentes ou entre presentes. Como foi visto no item 4.5.2, *retro*, é difícil saber quando se aperfeiçoa o contrato celebrado entre ausentes, reputando-se presentes os que contratam por *telefone* (CC, art. 428, I).

A controvérsia já foi objeto de intensos estudos doutrinários. Maristela Basso[21], ao analisar a formação dos contratos internacionais, formula **três espécies de formação contratual:**

a) instantânea, em que o intervalo entre oferta e aceitação pode ser desconsiderado;

b) *ex intervallo*, em que existe um intervalo considerável entre oferta e aceitação; e

c) *ex intervallo temporis*, em que há troca de contrapropostas entre as partes.

Nessa linha, assevera Luís Wielewicki: "Considerando-se a brevidade do envio e recebimento de mensagens eletrônicas, é possível concluir que, independentemente da definição do binômio ausentes *versus* presentes, a formação dos **contratos eletrônicos** sujeita-se a regimes distintos, de acordo com a duração do período existente entre a oferta e aceitação contratuais... Na formação contratual instantânea, o vínculo contratual eletronicamente formado dá-se de imediato, com o envio de pronta aceitação. Na formação contratual *ex intervallo*, o emissor da aceitação eletrônica envia a mensagem confirmatória após um prazo considerável de reflexão. Já na formação *ex intervallo temporis*, o emissor da aceitação torna-se remetente de nova proposta, sob a forma de uma contraproposta"[22].

Um dos grandes problemas com que se defronta o comércio eletrônico diz respeito à autenticidade dos documentos. Para a sua validade jurídica, é necessário que seja devidamente **"assinado"** dentro do seu ambiente, qual seja, o digital ou virtual. Essa espécie de assinatura, na realidade, nada tem que ver com a manuscrita, que conhecemos e utilizamos frequentemente. Na categoria de **assinaturas eletrônicas**, podem-se enquadrar vários tipos diferentes de processos técnicos, que precisam dos meios informáticos para serem aplicados, como: código secreto, assinatura digitalizada, assinatura digital (criptográfica), criptografia com chave privada (simétrica, com utilização de uma senha comum), criptografia com chave pública (assimétrica, com utilização de uma senha ou chave privada)[23].

A doutrina, em face do elevado grau de certeza jurídica da autenticidade da assinatura digital, tem preconizado a sua equiparação, desde logo, a um original escrito

---

21 *Contratos internacionais do comércio. Negociação — Conclusão — Prática*, p. 78.

22 Contratos e Internet — Contornos de uma breve análise, in *Comércio eletrônico*, diversos autores, p. 206-207.

23 Renato Muller da Silva Opice Blum e Sérgio Ricardo Marques Gonçalves, As assinaturas eletrônicas e o direito brasileiro, in *Comércio eletrônico*, diversos autores, p. 299-301.

e assinado de forma autógrafa pelo seu subscritor, independentemente da existência de lei específica ou lei complementar[24].

■ 4.8. RESUMO

FORMAÇÃO DOS CONTRATOS	
ELEMENTOS	■ O contrato resulta de duas manifestações de vontade: a **proposta** (oferta, policitação ou oblação) e a **aceitação**. ■ Não dependem de forma especial.
A PROPOSTA NO CÓDIGO CIVIL	■ É antecedida de uma fase de **negociações preliminares** (fase da **puntuação**), em que não há vinculação ao negócio. ■ A proposta, desde que séria e consciente, **vincula o proponente** (art. 427). A sua retirada sujeita o **proponente** ao pagamento das perdas e danos. O CC abre exceções a essa regra no art. 427: I — se o contrário resultar dos termos dela; I — da natureza do negócio; ou III — das circunstâncias do caso. ■ Tais circunstâncias são elencadas no art. 428 do CC.
A OFERTA NO CDC	■ É mais ampla do que no CC, pois normalmente dirige-se a pessoas indeterminadas (contratação em massa). A recusa indevida de dar cumprimento à proposta dá ensejo à execução específica (CDC, art. 35), podendo o consumidor optar, em seu lugar, por aceitar outro produto, rescindir o contrato e pedir perdas e danos.
A ACEITAÇÃO	■ **Definição:** é a concordância com os termos da proposta, a manifestação da vontade imprescindível para que se repute concluído o contrato. ■ **Requisitos:** deve ser pura e simples. Se apresentada fora do prazo, com adições, restrições ou modificações, importará nova proposta (art. 431), denominada **contraproposta**. Pode ser **expressa** ou **tácita** (art. 432). ■ **Hipóteses em que não tem força vinculante:** a) quando **chegar tarde** ao conhecimento do proponente — caso em que este deverá avisar o aceitante, sob pena de pagar perdas e danos (art. 430); b) se antes dela ou com ela chegar ao proponente a **retratação** do aceitante (art. 433). ■ **Contratos entre ausentes** Entre **presentes**, os contratos reputam-se concluídos no momento da aceitação. Já entre **ausentes**, por correspondência ou intermediário, a resposta passa por três fases. Divergem os autores a respeito da conclusão do negócio. Há duas teorias: ■ da **informação** ou **cognição:** aperfeiçoa-se o negócio quando o policitante se inteira da resposta; ■ da **declaração** ou **agnição:** subdivide-se em três: a) da **declaração propriamente dita** (considera o momento da redação); b) da **expedição**; e c) da **recepção** (entrega ao destinatário). ■ Embora o art. 434 do CC aponte o momento em que a resposta é **expedida**, o aludido diploma, ao permitir a retratação da aceitação, na verdade, filiou-se à teoria da **recepção**.

[24] Na jurisprudência, podem ser citados os seguintes precedentes: "Inventário. Certidão negativa quanto à dívida da União, obtida por meio da Internet. Não aceitação, com ordem de juntada de outra, fornecida pela Secretaria da Receita Federal. Portaria da Procuradoria-Geral da Fazenda Nacional (Portaria 414/98) que concede a esse documento os mesmos efeitos da certidão negativa comum. Aplicação do disposto na Lei Fed. 9.800/99. Recurso a que se dá provimento" (TJSP, 1ª Câm. Dir. Priv., AgI 139.645-4, rel. Des. Luís de Macedo, j. 16.11.1999). No mesmo sentido, acórdão da 8ª Câm. Dir. Priv. da mesma Corte, AgI 105.464.4/7-SP, rel. Des. César Lacerda, j. 17.3.1999.

LUGAR DA CELEBRAÇÃO	■ Segundo dispõe o art. 435 do CC, "reputar-se-á celebrado o contrato no lugar em que foi proposto". A LINDB, art. 9º, § 2º, também estatui que "a obrigação resultante do contrato reputa-se constituída no lugar em que residir o proponente".
FORMAÇÃO DOS CONTRATOS PELA INTERNET	■ À falta de lei especial, aplica-se o **Código de Defesa do Consumidor** às obrigações do empresário que se vale do comércio eletrônico para vender os seus produtos ou serviços para com os consumidores. O contrato de consumo eletrônico internacional obedece ao disposto no art. 9º, § 2º, da LINDB, que determina a aplicação, à hipótese, da lei do domicílio do proponente.

■ 4.9. QUESTÕES

1. (TJMG/Juiz de Direito/EJEF/2009) Sobre os contratos, é CORRETA a seguinte opção:

a) Os contratos entre ausentes tornam-se perfeitos desde a expedição da aceitação, sem exceção.
b) A aceitação da proposta de contrato fora do prazo, com adições, restrições ou modificação, não importará nova proposta.
c) Considera-se inexistente a aceitação da proposta de contrato se, antes dela ou com ela, chegar ao proponente a retratação do aceitante.
d) Reputar-se-á celebrado o contrato no domicílio do aceitante.

2. (MP/PR/Promotor de Justiça/2009) Sobre a formação e interpretação dos contratos, podemos afirmar:

a) A função social do contrato e o princípio da boa-fé objetiva não constituem limitadores da liberdade de contratar, quando presentes na relação jurídica, como partes, pessoas capazes agindo no exercício de sua atividade profissional.
b) Pode-se revogar a oferta ao público, pela mesma via da sua divulgação, desde que ressalvada essa faculdade no instrumento que contemple a oferta realizada.
c) Somente quando evidenciada uma relação de consumo, é possível sustentar o princípio da interpretação mais favorável ao aderente, em sede de contrato de adesão.
d) No caso de contrato de adesão firmado tendo como partes duas pessoas capazes, agindo no exercício de sua atividade profissional, é válida a cláusula de renúncia *antecipada* do aderente, mesmo quando se trate de direito resultante da natureza do negócio.
e) n.d.a.

3. (TJ/PB/Juiz de Direito/CESPE/2015) A respeito da oferta e da publicidade de produtos e serviços, assinale a opção CORRETA.

a) Cabe ao consumidor a prova da ausência da veracidade da informação ou comunicação publicitária veiculada pelo patrocinador.
b) A publicidade enganosa resultante de erro de terceiro não obriga a empresa por ela beneficiada.
c) Cessada a produção ou a importação de determinado produto, sua oferta deverá ser mantida pelo período de cinco anos.
d) Os fornecedores de produtos ou serviços são subsidiariamente responsáveis pelos atos de seus prepostos que não possuam vínculo trabalhista ou de subordinação.
e) Para que ocorra o reconhecimento da publicidade enganosa, exige-se que haja capacidade de indução a erro do consumidor, sem que seja necessária a comprovação de qualquer prejuízo.

4. (TRT/12ª Região/Juiz do Trabalho/Fundação Carlos Chagas) Em relação aos contratos é INCORRETO afirmar:

a) A manifestação da vontade no contrato pode ser tácita, quando a lei não exigir que seja expressa;

b) Os contratos benéficos interpretar-se-ão estritamente;
c) A impossibilidade da prestação invalida o contrato, mesmo sendo relativa ou cessando antes de realizada a condição;
d) Reputar-se-á celebrado o contrato no lugar em que foi proposto;
e) Considera-se inexistente a aceitação, se antes dela ou com ela chegar ao proponente a retratação do aceitante.

5. (Procurador do Trabalho/XV Concurso/2008) Leia com atenção as assertivas abaixo:

I. A proposta de contrato não obriga o proponente quando o contrário resulta da própria natureza do negócio proposto;
II. Como regra geral, a oferta ao público equivale à proposta quando encerra os requisitos essenciais ao contrato;
III. Ainda que o proponente tenha se comprometido a esperar resposta, tornar-se-á perfeito o contrato entre ausentes desde a expedição da aceitação.

Assinale a alternativa CORRETA:

a) apenas as assertivas I e II estão corretas;
b) apenas as assertivas II e III estão corretas;
c) apenas as assertivas I e III estão corretas;
d) todas as assertivas estão corretas;
e) não respondida.

6. (OAB/RJ/27º Concurso) Se a proposta contiver prazo para a resposta e esta, embora expedida dentro do prazo, por circunstância imprevista, chegar tarde ao conhecimento do proponente, o contrato:

a) Não se forma, mesmo que o policitante não dê conhecimento ao oblato de que não houve o aperfeiçoamento do contrato;
b) Se forma, arcando o proponente com perdas e danos, caso não comunique o ocorrido ao aceitante;
c) Se forma, devido à teoria acolhida pelo Código Civil no art. 434;
d) Se forma, arcando o responsável pelo atraso com perdas e danos.

7. (PGE/MT/Procurador do Estado/Fundação Carlos Chagas/2016) Donizete adquiriu um veículo zero quilômetro da Concessionária Rode Bem. Ao dirigi-lo pela primeira vez, verificou que o veículo apresentava avarias nos freios, colocando sua segurança em risco. Passados oitenta dias, Donizete formulou reclamação extrajudicial perante o fornecedor, requerendo a reparação do vício, a qual foi respondida, negativamente, vinte dias depois. No dia da resposta negativa, Donizete ajuizou ação judicial. O direito de reclamar pelo vício

a) decaiu, porque, embora o consumidor tenha formulado reclamação perante o fornecedor, a decadência não admite interrupção nem suspensão.
b) prescreveu, porque, da constatação do vício, até o ajuizamento da ação, passaram-se mais de noventa dias.
c) decaiu, porque, da constatação do vício, até o ajuizamento da ação, passaram-se mais de noventa dias.
d) não decaiu, porque, até a resposta negativa à reclamação, a fluência do prazo ficou obstada.
e) não decaiu, porque, de acordo com o Código de Defesa do Consumidor, é de cinco anos o prazo para reclamar pelo vício do produto.

8. (TJSP/Juiz de Direito/180º Concurso/VUNESP/2007) Quando da formação do contrato,

I. deixa de ser obrigatória a proposta se, feita sem prazo à pessoa presente, não foi imediatamente aceita;

II. os contratos entre ausentes deixam de ser perfeitos se, antes da aceitação, ou com ela, chegar ao proponente a retratação ao aceitante;

III. os contratos entre ausentes tornam-se perfeitos desde que a aceitação é expedida, mesmo se o proponente não houver se comprometido a esperar a resposta;

IV. a proposta é obrigatória quando, feita com prazo à pessoa ausente, tiver decorrido tempo suficiente para chegar a resposta ao conhecimento do proponente.

São verdadeiras as afirmativas:

a) I e II, somente;
b) III e IV, somente;
c) I, II e III, somente;
d) II e III, somente.

9. (MP/MG/Promotor de Justiça/2012) Quanto à formação dos contratos, é INCORRETO afirmar que:

a) A proposta de contrato obriga o proponente, se o contrário não resultar dos termos dela, da natureza do negócio, ou das circunstâncias do caso.
b) Deixa de ser obrigatória a proposta se, feita sem prazo a pessoa presente, não foi imediatamente aceita. Considera-se também presente a pessoa que contrata por telefone ou por meio de comunicação semelhante.
c) reputar-se-á celebrado o contrato no lugar de sua execução.
d) considera-se inexistente a aceitação, se antes dela ou com ela chegar ao proponente a retratação do aceitante.

10. (TJSP/Cartório de Notas e de Registros/VUNESP/2014) A propósito dos contratos, assinale a alternativa CORRETA.

a) Tanto a cláusula resolutiva expressa quanto a tácita, para operarem os seus efeitos, dependem de interpelação judicial.
b) No contrato aleatório, por dizer respeito a coisas ou fatos futuros, se não vierem eles a existir, o contrato simplesmente se resolve, com o retorno das partes ao *status quo* ante, ainda que um dos contratantes tenha assumido esse risco, em razão do princípio que veda o enriquecimento sem causa de qualquer contratante.
c) A venda de ascendente a descendente é nula de pleno direito, ainda que hajam nela consentido, expressamente, os outros descendentes e o cônjuge do alienante.
d) Se o estipulante não der execução ao contrato preliminar, poderá a outra parte considerá-lo desfeito, e pedir perdas e danos.

11. (TRT/Juiz do Trabalho/XVIII Concurso/2010) Analise as assertivas abaixo e, depois, assinale a alternativa CORRETA:

I. O oblato sempre está obrigado aos termos da proposta que faz.

II. A modalidade de contrato aleatório denominada *quanti minoris* ocorre quando a álea versar sobre quantidade maior ou menor da coisa esperada, sendo devido o preço ao alienante, desde que este não tenha culpa, bastando que a coisa venha a existir em qualquer quantidade.

III. O princípio da função social da relação contratual importa em compreender as obrigações advindas do contrato em conjunto com o meio social, tomadas essas obrigações sempre de forma relativa e não absoluta entre as partes.

IV. A entrega objetiva de coisa diversa da contratada não constitui vício redibitório, mas sim dolo.

V. As arras penitenciais excluem a indenização suplementar.
a) Todas as assertivas estão corretas.
b) Apenas as assertivas I, IV e V estão corretas.
c) Apenas as assertivas III e V estão corretas.
d) Apenas as assertivas I, II e III estão corretas.
e) Apenas as assertivas II e IV estão incorretas.

12. (TJ/AL/Juiz de Direito/Fundação Carlos Chagas/2015) Maria adquiriu, pela internet, vestido que utilizaria no casamento de seu filho. Ao receber o produto, embora tenha constatado ser de boa qualidade, concluiu não ter gostado da cor. Por esta razão, no dia em que o recebeu, contatou o *site* de compras postulando o desfazimento do negócio, com a devolução da quantia paga. O *site*, porém, afirmou que desfaz negócios apenas em caso de produtos defeituosos, e que a responsabilidade por atender o pedido de Maria seria do fabricante do vestido, conforme disposto nos termos e condições aceitos quando da realização da compra. Alegou ainda que, para exercer direito de arrependimento, Maria deveria ter contratado serviço de garantia complementar oferecido pela empresa. A loja virtual

a) deverá aceitar o vestido e devolver o dinheiro com atualização, sendo nula a cláusula que transfere ao fabricante referida responsabilidade, a qual não é afastada pela possibilidade de contratação de garantia contratual.
b) não terá que aceitar o vestido e devolver o dinheiro, pois Maria não adquiriu garantia contratual oferecido pela empresa, optando por pagar menos e devendo arcar com as consequências de sua decisão.
c) não terá que desfazer o negócio, pois o direito de arrependimento garante apenas a troca do bem, não a devolução das quantias pagas.
d) não terá que desfazer o negócio, tendo em vista que o Código de Defesa do Consumidor garante este direito somente no caso de produtos defeituosos.
e) poderá, por liberalidade, apenas, aceitar o vestido e devolver o dinheiro com atualização, embora possa transferir ao fabricante referida responsabilidade, eximindo-se de cumpri-la.

13. (MPMG/Promotor de Justiça/52º Concurso/2012) Quanto à formação dos contratos, é INCORRETO afirmar que:

a) a proposta de contrato obriga o proponente, se o contrário não resultar dos termos dela, da natureza do negócio, ou das circunstâncias do caso.
b) deixa de ser obrigatória a proposta se, feita sem prazo a pessoa presente, não foi imediatamente aceita. Considera-se também presente a pessoa que contrata por telefone ou por meio de comunicação semelhante.
c) reputar-se-á celebrado o contrato no lugar de sua execução.
d) considera-se inexistente a aceitação, se antes dela ou com ela chegar ao proponente a retratação do aceitante.

14. (TJMG/Juiz de Direito/FUNDEP — Gestão de Concursos/2014) Quanto aos contratos em geral, assinale a alternativa INCORRETA.

a) A proposta de contrato obriga o proponente, se o contrário não resultar dos termos dela, da natureza do negócio ou das circunstâncias do caso.
b) O que estipula em favor de terceiro não pode exigir o cumprimento da obrigação.
c) Reputar-se-á celebrado o contrato no lugar em que foi proposto.
d) A cláusula resolutiva expressa opera de pleno direito; já a tácita depende de interpelação judicial.

15. (TRF/4ª Região/Juiz Federal/XVII Concurso/2016) Assinale a alternativa CORRETA.

a) A proposta de contrato obriga o proponente, se o contrário não resultar dos termos dela, da natureza do negócio ou das circunstâncias do caso, salvo, entre outras hipóteses, se, feita sem prazo a pessoa presente, não foi imediatamente aceita.
b) Aquele que tiver prometido fato de terceiro responderá por perdas e danos quando este não o executar, inclusive na hipótese de o terceiro ser cônjuge do promitente, dependendo da sua anuência o ato a ser praticado, e desde que, pelo regime do casamento, a indenização, de algum modo, venha a recair sobre os seus bens.
c) A cláusula resolutiva expressa opera de pleno direito; a tácita depende de prévia notificação à outra parte, a qual pode se dar via instrumento particular.
d) Na venda de coisa móvel, pode o vendedor reservar para si a propriedade até que o preço esteja integralmente pago. É o que se chama de contrato de *leasing*.
e) Nos contratos bancários, na impossibilidade de comprovar a taxa de juros efetivamente contratada — por ausência de pactuação ou pela falta de juntada do instrumento aos autos —, aplica-se a taxa média de mercado, divulgada pelo Banco Central, praticada nas operações da mesma espécie, mesmo se a taxa cobrada for mais vantajosa para o devedor.

16. (TRT/4ª Região/Juiz do Trabalho/2016) Assinale a assertiva INCORRETA sobre contratos.

a) A proposta de contrato obriga o proponente, se o contrário não resultar dos termos dela, da natureza do negócio, ou das circunstâncias do caso.
b) A aceitação fora do prazo, com adições, restrições, ou modificações, importará nova proposta.
c) Reputar-se-á celebrado o contrato no lugar em que foi aceito.
d) Não pode ser objeto de contrato a herança de pessoa viva.
e) O contrato preliminar, exceto quanto à forma, deve conter todos os requisitos essenciais ao contrato a ser celebrado.

17. (TJ/SP/Outorga de Delegações de Serviços de Notas e de Registros/VUNESP/2016) O contrato preliminar, tal como regulado no Código Civil,

a) prescinde da observância da forma prescrita para o contrato definitivo.
b) pode deixar para o futuro, na promessa de venda, a determinação do preço.
c) é privado de efeito, enquanto não levado ao registro competente.
d) não admite cláusula de arrependimento, considerada ineficaz, quando prevista.

GABARITO

1. "c". *Vide* art. 433 do CC.
2. "b". *Vide* art. 429, parágrafo único, do CC.
3. "e". *Vide* art. 37 do Código de Defesa do Consumidor (Lei n. 8.078, de 11.9.1990).
4. "c". *Vide* art. 106 do CC.
5. "a". *Vide* arts. 427 e 429 do CC.
6. "a". *Vide* art. 430 do CC.
7. "d". *Vide* art. 26, § 2º, I, do Código de Defesa do Consumidor.
8. "a". *Vide* art. 428, I e IV, do CC.
9. "c". *Vide* art. 435 do CC.
10. "d". *Vide* art. 465 do CC.

11. "c". *Vide* art. 420 do CC.
12. "a". *Vide* art. 49 do Código de Defesa do Consumidor.
13. "c". *Vide* art. 435 do CC.
14. "b". *Vide* art. 436 do CC.
15. "a". *Vide* arts. 427 e 428 do CC.
16. "c". *Vide* art. 435 do CC.
17. "a".

5

CLASSIFICAÇÃO DOS CONTRATOS

5.1. INTRODUÇÃO

Os contratos agrupam-se em diversas **categorias**, suscetíveis de subordinação a regras peculiares. É importante distingui-las, pois o conhecimento de suas particularidades é de indubitável interesse prático, tornando-se quase indispensável quando se tem em mira fins didáticos.

É de se frisar que um mesmo fenômeno pode ser classificado de diversas formas, conforme o ângulo em que se coloca o analista. Desse modo, os contratos classificam-se em **diversas modalidades**, subordinando-se a **regras próprias ou afins**, de acordo com as categorias em que se agrupam. Vejamo-las.

5.2. CLASSIFICAÇÃO QUANTO AOS EFEITOS

Sob esse prisma, dividem-se os contratos em:

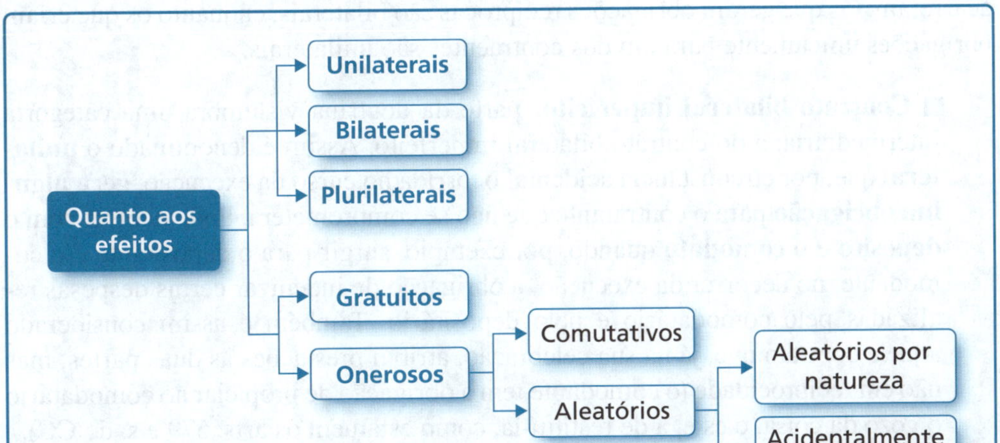

5.2.1. Contratos unilaterais, bilaterais e plurilaterais

- **Unilaterais:** são os contratos que criam obrigações unicamente para uma das partes, como a doação pura. Segundo Orlando Gomes, o contrato "é *unilateral* se, no momento em que se forma, origina obrigação, tão somente, para uma das partes — *ex uno latere*"[1].

- **Bilaterais** ou **sinalagmáticos:** são os contratos que geram obrigações para **ambos os contratantes**, como a compra e venda, a locação e o contrato de transporte. Essas obrigações são **recíprocas**, sendo por isso denominados **sinalagmáticos**, da palavra grega *sinalagma*, que significa **reciprocidade de prestações**. Na compra e venda, dispõe o art. 481 do Código Civil, um dos contraentes se obriga a transferir o domínio de certa coisa, e o outro, a pagar-lhe certo preço em dinheiro. A obrigação de um tem como causa a do outro.
- **Plurilaterais:** são os contratos que contêm **mais de duas partes**. Na compra e venda, mesmo que haja vários vendedores e compradores, agrupam-se eles em apenas dois polos: o ativo e o passivo. Se um imóvel é locado a um grupo de pessoas, a avença continua sendo bilateral, porque todos os inquilinos encontram-se no mesmo grau. Nos contratos **plurilaterais** ou **plúrimos**, temos várias **partes**, como ocorre no contrato de **sociedade**, em que cada sócio é uma parte. Assim também nos contratos de **consórcio**. Uma característica dos contratos plurilaterais é a rotatividade de seus membros.

À primeira vista pode parecer estranho denominar-se um contrato unilateral, porque todo contrato resulta de duas manifestações de vontade. Sob este aspecto, isto é, o de sua **formação**, o contrato é, realmente, **sempre bilateral**, pois se constitui mediante concurso de vontades. Entretanto, a classificação em unilateral e bilateral é feita não sob o prisma da formação dos contratos, mas, sim, sob o dos **efeitos** que acarretam. Os que geram obrigações recíprocas são bilaterais, enquanto os que criam obrigações unicamente para um dos contraentes são unilaterais.

- **Contrato bilateral imperfeito:** parte da doutrina vislumbra uma categoria intermediária: a do contrato bilateral imperfeito. Assim é denominado o **unilateral** que, por circunstância acidental ocorrida no curso da execução, **gera alguma obrigação** para o contratante que não se comprometera. Pode ocorrer com o **depósito** e o **comodato** quando, por exemplo, surgir para o depositante e o comodante, no decorrer da execução, a obrigação de indenizar certas despesas realizadas pelo comodatário e pelo depositário. Também é assim considerado aquele contrato que, já na sua celebração, atribui prestações às duas partes, mas não em reciprocidade (o comodante tem a obrigação de propiciar ao comodatário o gozo da coisa, e este, a de restituí-la, como estatuem os arts. 579 e s. do CC).

5.2.2. Contratos gratuitos (benéficos) e onerosos

Quanto às **vantagens patrimoniais** que podem produzir, os contratos classificam-se em gratuitos e onerosos.

---

1 *Contratos*, p. 77.

- **Gratuitos** ou **benéficos:** são aqueles em que apenas **uma das partes** aufere benefício ou vantagem, como sucede na **doação pura**, no comodato e no reconhecimento de filho. Para a outra há só obrigação, sacrifício. Nessa modalidade, outorgam-se vantagens a uma das partes sem exigir contraprestação da outra. A doutrina distingue os contratos **gratuitos propriamente ditos** dos contratos **desinteressados**. Aqueles acarretam uma diminuição patrimonial a uma das partes, como sucede nas doações puras. Estes, subespécies dos primeiros, não produzem esse efeito, malgrado beneficiem a outra parte (comodato e mútuo, p. ex.)[2].
- **Onerosos:** são aqueles em que **ambos os contraentes** obtêm proveito, ao qual, porém, corresponde um sacrifício. São dessa espécie quando impõem ônus e, ao mesmo tempo, acarretam vantagens a ambas as partes, ou seja, **sacrifícios e benefícios recíprocos**. É o que se passa com a compra e venda, a locação e a empreitada, por exemplo. Na primeira, a vantagem do comprador é representada pelo recebimento da coisa, e o sacrifício, pelo pagamento do preço. Para o vendedor, o benefício reside no recebimento deste, e o sacrifício, na entrega da coisa. Ambos buscam um **proveito**, ao qual corresponde um **sacrifício**.

Em geral, todo contrato oneroso é, também, bilateral, e todo unilateral é, ao mesmo tempo, gratuito. Não, porém, necessariamente. O **mútuo feneratício** ou oneroso (em que é convencionado o pagamento de juros) é contrato unilateral e oneroso. Unilateral porque de natureza real: só se aperfeiçoa com a entrega do numerário ao mutuário, não bastando o acordo de vontades. Feita a entrega (quando o contrato passa a produzir efeitos), nenhuma outra obrigação resta ao mutuante. Por isso se diz que gera obrigação somente para o mutuário.

Como exemplo de contrato que pode ser bilateral e gratuito menciona-se o **mandato**, embora se trate de bilateral imperfeito, visto que, para o mandante, a obrigação surge, em geral, *a posteriori* (a de pagar as despesas necessárias à sua execução, p. ex.).

5.2.3. Contratos onerosos comutativos e aleatórios

Os contratos onerosos subdividem-se em comutativos e aleatórios.

- **Comutativos:** são os de prestações **certas e determinadas**. As partes podem antever as vantagens e os sacrifícios, que geralmente se equivalem, decorrentes de sua celebração, porque **não envolvem nenhum risco**. Na ideia de comutatividade

---

[2] Messineo, a propósito, esclarece: "Alguns autores distinguem também do contrato oneroso e do gratuito o contrato '*desinteressado*', que seria aquele em que um dos contratantes não se empobrece, mas, todavia, não recebe nada em troca da prestação que realiza ou que se compromete a realizar, como ocorre nas figuras do comodato, do mútuo simples, do depósito não remunerado, da fiança não remunerada e, segundo alguns, na constituição de dote. Não parece, no entanto, que esse grupo chegue a diferenciar-se do dos contratos gratuitos. Trata-se, em suma, de uma subespécie de contratos gratuitos caracterizada pelo fato de que, diferentemente da doação, não há diminuição patrimonial embora haja enriquecimento da outra parte" (*Doctrina*, cit., t. I, p. 420).

está presente a de **equivalência das prestações**, pois, em regra, nos contratos onerosos, cada contraente somente se sujeita a um sacrifício se receber, em troca, uma vantagem equivalente. Todavia, pode não haver equivalência objetiva, mas subjetiva, existente apenas no espírito dos contraentes, e não necessariamente na realidade, visto que cada qual é juiz de suas conveniências e interesses. Assim, na compra e venda, por exemplo, o vendedor sabe que irá receber o preço que atende aos seus interesses, e o comprador, que lhe será transferida a propriedade do bem que desejava adquirir[3]. **Contrato comutativo** é, pois, o oneroso e bilateral, em que cada contraente, além de receber do outro prestação relativamente equivalente à sua, pode verificar, de imediato, essa equivalência[4].

- **Aleatórios** ou **aleatórios por natureza:** são os contratos bilaterais e onerosos em que pelo menos um dos contraentes não pode antever a vantagem que receberá em troca da prestação fornecida. Caracteriza-se, ao contrário do comutativo, pela **incerteza**, para as duas partes, sobre as vantagens e sacrifícios que dele podem advir.

Os contratos aleatórios serão pormenorizadamente estudados no Título 10, *infra*, que tem essa denominação (arts. 458 a 461).

A distinção entre contratos comutativos e aleatórios é de indiscutível importância, visto que estão submetidos a regimes legais diversos. Assim, por exemplo, o Código Civil, ao cuidar da **evicção**, restringe-a ao campo dos contratos comutativos; os **vícios redibitórios** apresentam-se, exclusivamente, nos contratos comutativos (CC, art. 441); criou-se um **regime especial** para os contratos aleatórios, nos arts. 458 a 461; e a rescisão por **lesão** não ocorre nos contratos aleatórios, mas apenas nos comutativos.

Com efeito, a possibilidade de oferecimento de suplemento suficiente, prevista no art. 157 do novo Código Civil, reforça a ideia defendida pela doutrina de que **a lesão só ocorre em contratos comutativos**, em que a contraprestação é um dar, e não um fazer, excetuando os aleatórios, pois nestes as prestações envolvem risco e, por sua própria natureza, não precisam ser equilibradas. Somente se poderá invocar a lesão nos contratos aleatórios, todavia, excepcionalmente, como assinala Anelise Becker, "quando a vantagem que obtém uma das partes é excessiva, desproporcional **em relação à álea normal** do contrato"[5].

5.3. CLASSIFICAÇÃO QUANTO À FORMAÇÃO: CONTRATOS PARITÁRIOS E DE ADESÃO. CONTRATO-TIPO

Quanto à **formação**, os contratos podem ser **paritários** e de **adesão**. A doutrina menciona também o **contrato-tipo** ou **em série**. Veja-se:

3 Silvio Rodrigues, *Direito civil*, cit., v. 3, p. 33-34; Orlando Gomes, *Contratos*, cit., p. 80.

4 Maria Helena Diniz, *Tratado*, cit., v. 1, p. 101.

5 *Teoria geral da lesão nos contratos*, p. 98.

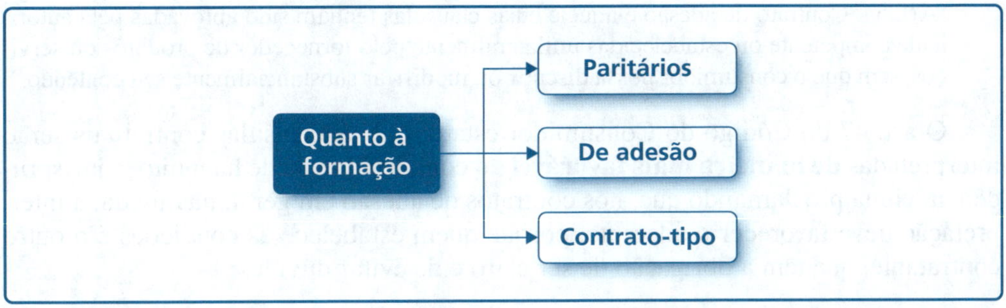

- **Contratos paritários** são aqueles do tipo tradicional, em que as partes discutem livremente as condições, porque se encontram em **situação de igualdade** (par a par). Nessa modalidade, há uma fase de negociações preliminares, na qual as partes, encontrando-se em pé de igualdade, discutem as cláusulas e condições do negócio.
- **Contratos de adesão** são os que não permitem essa liberdade, devido à **preponderância da vontade de um dos contratantes**, que elabora todas as cláusulas. O outro adere ao modelo de contrato previamente confeccionado, não podendo modificá-las: aceita-as ou rejeita-as, de forma pura e simples e em bloco, **afastada qualquer alternativa de discussão**. São exemplos dessa espécie, dentre outros, os contratos de seguro, de consórcio, de transporte e os celebrados com as concessionárias de serviços públicos (fornecedoras de água, energia elétrica etc.).

Segundo Messineo, "contrato de adesão é aquele em que as cláusulas são previamente estipuladas por um dos contraentes, de modo que o outro não tem o poder de debater as condições, nem introduzir modificações no esquema proposto; ou aceita tudo em bloco ou recusa tudo por inteiro (**'é pegar, ou largar'**). A falta de negociações e de discussão implica uma situação de disparidade econômica e de inferioridade psíquica para o contratante teoricamente mais fraco"[6].

No contrato de adesão, deparamos com uma **restrição** mais extensa ao tradicional princípio da **autonomia da vontade**. Normalmente, vamos encontrá-lo nos casos de **estado de oferta permanente**, seja por parte de grandes empresas concessionárias ou permissionárias de serviços públicos ou, ainda, titulares de um monopólio de direito ou de fato (fornecimento de água, gás, eletricidade, linha telefônica), seja por parte de lojas e empresas comerciais ou de prestadoras de serviços, envolvendo relações de consumo (transporte, venda de mercadorias em geral, expostas ao público).

Comumente o contrato de adesão é celebrado em relação de consumo, sendo regido, portanto, pelo **Código de Defesa do Consumidor** (Lei n. 8.078/90). Dedicou-lhe este diploma um capítulo, conceituando-o da seguinte forma:

6 *Doctrina*, cit., t. I, p. 440.

"Art. 54. Contrato de adesão é aquele cujas cláusulas tenham sido aprovadas pela autoridade competente ou estabelecidas unilateralmente pelo fornecedor de produtos ou serviços, sem que o consumidor possa discutir ou modificar substancialmente seu conteúdo."

O art. 47 do Código do Consumidor estatui que as cláusulas contratuais serão interpretadas **de maneira mais favorável ao consumidor**. Já de há muito, a jurisprudência vinha proclamando que, nos contratos de adesão em geral, na dúvida, a interpretação deve favorecer o aderente, porque quem estabelece as condições é o outro contratante, que tem a obrigação de ser claro e de evitar dúvidas.

- **Contrato-tipo** ou **contrato de massa, em série** ou **por formulários:** a doutrina refere-se, ainda, a essa espécie de contrato que se aproxima do contrato de adesão. A **afinidade** com este reside no fato de ser apresentado por um dos contraentes, em fórmula impressa ou datilografada, ao outro, que se limita a subscrevê-lo. Mas dele **difere** porque não lhe é essencial a desigualdade econômica dos contratantes, bem como porque **admite discussão** sobre o seu conteúdo. No contrato-tipo, as cláusulas não são impostas por uma parte à outra, mas apenas **pré-redigidas**. Em geral, são deixados claros, a serem preenchidos pelo concurso de vontades, como ocorre em certos contratos bancários, que já vêm impressos, mas com **espaços em branco** no tocante à taxa de juros, prazo e condições do financiamento, a serem estabelecidos de comum acordo. Além disso, os contratos de adesão são endereçados a um número indeterminado e desconhecido de pessoas, enquanto os contratos-tipo destinam-se a pessoas ou grupos identificáveis. Podem ser acrescentadas, às impressas, cláusulas **datilografadas ou manuscritas**. Estas só serão consideradas revogadas por aquelas se houver incompatibilidade ou contradição entre elas, caso em que prevalecerão as últimas. Não havendo, coexistirão.

  As mencionadas **diferenças** podem ser assim resumidas:

CONTRATO DE ADESÃO	CONTRATO-TIPO
■ Tem como característica a desigualdade econômica dos contratantes.	■ Não lhe é essencial tal desigualdade.
■ Não admite discussão sobre o seu conteúdo.	■ Em geral, são deixados claros, a serem preenchidos pelo concurso de vontades.
■ As cláusulas são impostas por uma parte à outra.	■ As cláusulas não são impostas, mas apenas pré-redigidas.
■ É endereçado a um número indeterminado e desconhecido de pessoas.	■ Destina-se a pessoas ou grupos identificáveis.
■ É impresso e não admite modificação por imposição do aderente.	■ Podem ser acrescentadas, às impressas, cláusulas datilografadas ou manuscritas.

■ 5.4. CLASSIFICAÇÃO QUANTO AO MOMENTO DE SUA EXECUÇÃO: CONTRATOS DE EXECUÇÃO INSTANTÂNEA, DIFERIDA E DE TRATO SUCESSIVO

A classificação enunciada leva em consideração o **momento** em que os contratos devem ser cumpridos. São eles assim catalogados:

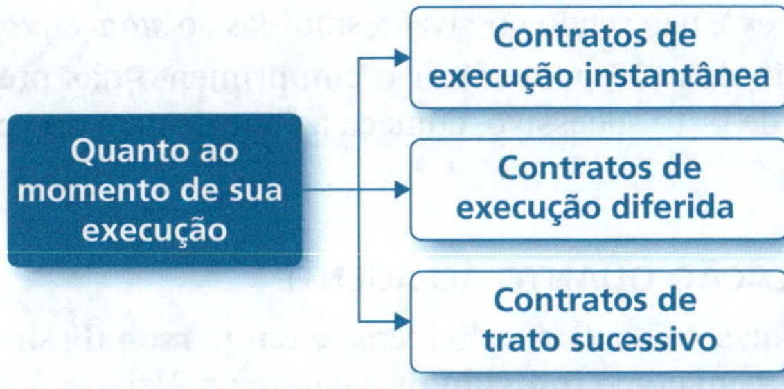

- **Contratos de execução instantânea** ou **imediata** ou ainda de **execução única:** são os que se consumam **num só ato**, sendo cumpridos imediatamente após a sua celebração, como a compra e venda à vista. Cumprida a obrigação, exaurem-se. A solução se efetua de uma só vez e por prestação única, tendo por efeito a extinção cabal da obrigação[7].
- **Contratos de execução diferida** ou **retardada:** são os que devem ser cumpridos também em um só ato, mas em **momento futuro**: a entrega, em determinada data, do objeto alienado, *verbi gratia*. A prestação de uma das partes não se dá imediatamente após a formação do vínculo, mas a termo.
- **Contratos de trato sucessivo** ou de **execução continuada:** são os que se cumprem por meio de **atos reiterados**. São exemplos: compra e venda a prazo, prestação permanente de serviços e fornecimento periódico de mercadorias, dentre outros. Caso típico é a locação, em que a prestação do aluguel não tem efeito liberatório, a não ser do débito correspondente ao período, visto que o contrato continua até atingir o seu termo ou ocorrer uma outra causa extintiva.

Há **interesse prático** na aludida classificação, por diversas razões:

a) a **teoria da imprevisão**, que permite a resolução do contrato por onerosidade excessiva, disciplinada nos arts. 478 a 480 do novo Código Civil, só se aplica aos contratos de **execução diferida e continuada** (já dizia a cláusula *rebus sic stantibus*: "*Contractus qui habent tractu* sucessivum *et dependentiam de futuro rebus sic stantibus intelliguntur*");

b) o princípio da **simultaneidade das prestações** só se aplica aos contratos de **execução instantânea**; por conseguinte, não se permite, em contrato de execução diferida ou de trato sucessivo, que o contratante, o qual deve satisfazer em primeiro lugar sua prestação, defenda-se pela *exceptio non adimpleti contractus*, alegando que a outra parte não cumpriu a dela;

c) nos contratos de **execução instantânea**, a nulidade ou resolução por inadimplemento reconduz as partes ao **estado anterior**, enquanto nos de **execução continuada**

[7] Orlando Gomes, *Contratos*, cit., p. 85; Silvio Rodrigues, *Direito civil*, cit., v. 3, p. 38; Caio Mário da Silva Pereira, *Instituições*, cit., v. III, p. 70.

são respeitados os **efeitos produzidos** (os aluguéis pagos e o serviço prestado pelo empregado, p. ex.), não sendo possível restituí-las ao *status quo ante*;

d) a prescrição da ação para exigir o cumprimento das prestações vencidas, nos contratos de trato sucessivo, começa a fluir da data do vencimento de cada prestação[8].

5.5. CLASSIFICAÇÃO QUANTO AO AGENTE

Sob esse enfoque, os contratos dividem-se em **personalíssimos** (*intuitu personae*) e **impessoais**, bem como **individuais** e **coletivos**. Veja-se:

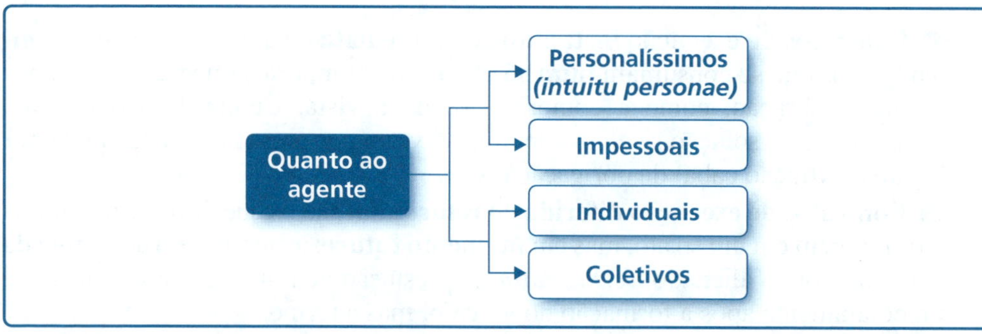

5.5.1. Contratos personalíssimos e impessoais

- **Contratos personalíssimos ou *intuitu personae*:** são os celebrados em atenção às **qualidades pessoais** de um dos contraentes. Por essa razão, o obrigado não pode fazer-se substituir por outrem, pois essas qualidades, sejam culturais, profissionais, artísticas ou de outra espécie, tiveram influência decisiva no consentimento do outro contratante. As obrigações **personalíssimas**, não podendo ser executadas por outrem, são **intransmissíveis** aos sucessores, assim como não podem ser objeto de **cessão**. Havendo erro essencial sobre a pessoa do outro contratante, são anuláveis.
- **Contratos impessoais:** são aqueles cuja prestação pode ser cumprida, indiferentemente, pelo **obrigado ou por terceiro**. O importante é que seja realizada, pouco importando quem a executa, pois o seu objeto não requer qualidades especiais do devedor.

A propósito, preleciona Maria Helena Diniz:

> "A distinção entre contratos *intuitu personae* e impessoais reveste-se de grande importância, em virtude das consequências práticas decorrentes da natureza personalíssima dos negócios pertencentes à **primeira categoria**, que:

---

8 Orlando Gomes, *Contratos*, cit., p. 87; Silvio Rodrigues, *Direito civil*, cit., v. 3, p. 38-39; Caio Mário da Silva Pereira, *Instituições,* cit., v. III, p. 70-71.

a) são **intransmissíveis**, não podendo ser executados por outrem; assim sendo, com o óbito do devedor, extinguir-se-ão, pois os sucessores não poderão cumprir a prestação, que era personalíssima;

b) não podem ser cedidos, de modo que, se substituído o devedor, ter-se-á a celebração de novo contrato;

c) são **anuláveis**, havendo erro essencial sobre a pessoa do contratante"[9].

■ 5.5.2. Contratos individuais e coletivos

A classificação dos contratos em individuais e coletivos é mais utilizada no direito do trabalho.

■ No **contrato individual**, as vontades são **individualmente consideradas**, ainda que envolva várias pessoas. Na compra e venda, por exemplo, pode uma pessoa contratar com outra ou com um grupo de pessoas. Assevera, nessa linha, Caio Mário: "Contrato *individual* é o que se forma pelo consentimento de pessoas, cujas vontades são individualmente consideradas. Não é a singularidade de parte que o identifica. Pode uma pessoa contratar com várias outras ou um grupo de pessoas com outro grupo, e o contrato ser individual, uma vez que, na sua constituição, a emissão de vontade de cada uma entra na etiologia da sua celebração"[10].

■ Os **contratos coletivos** perfazem-se pelo acordo de vontades entre duas pessoas jurídicas de direito privado, representativas de **categorias profissionais**, sendo denominados **convenções coletivas**. Segundo Orlando Gomes[11], não têm eles verdadeiramente natureza contratual, visto que de sua celebração não nascem relações jurídicas que coloquem as partes nas posições de credor e devedor. Constituem, destarte, um **acordo normativo**, e não um contrato. Todavia, a doutrina, em geral, tem admitido essa classificação e a sua natureza contratual, assim como o fez o art. 611 da Consolidação das Leis do Trabalho.

A importância da classificação ora em estudo, segundo a lição de Caio Mário, está em que "o **contrato individual** cria direitos e obrigações para as **pessoas que dele participam**; ao passo que o **contrato coletivo**, uma vez homologado regularmente, gera deliberações **normativas**, que poderão estender-se a **todas as pessoas pertencentes a uma determinada categoria profissional**, independente do fato de terem ou não participado da assembleia que votou a aprovação de suas cláusulas, ou até de se haverem, naquele conclave, oposto à sua aprovação"[12].

---

9 *Tratado*, cit., v. 1, p. 110-111. No mesmo sentido, a lição de Francesco Messineo, in *Doctrina*, cit., t. II, p. 180.

10 *Instituições*, cit., v. III, p. 71.

11 *Contratos*, cit., p. 91.

12 *Instituições*, cit., v. III, p. 72.

■ 5.6. CLASSIFICAÇÃO QUANTO AO MODO POR QUE EXISTEM

Sob essa ótica, classificam-se os contratos em **principais**, **acessórios** e **derivados**.

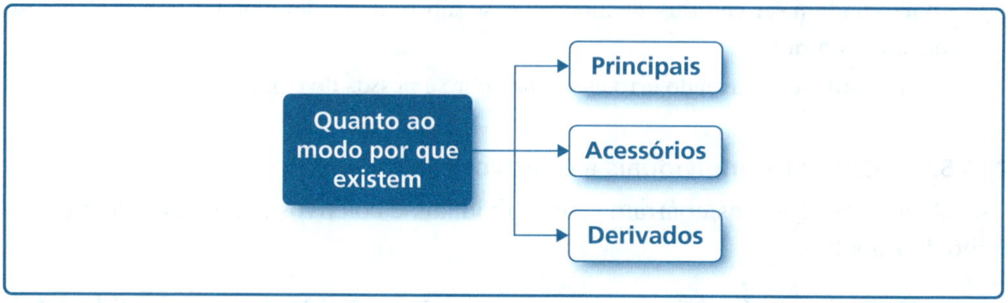

■ 5.6.1. Contratos principais e acessórios

A presente classificação toma como ponto de partida o fato de que alguns contratos dependem, lógica e juridicamente, de outro como premissa indispensável. Os contratos dos quais dependem chamam-se principais.

- **Contratos principais** são os que têm existência própria, autônoma e não dependem, pois, de qualquer outro, como a compra e venda e a locação.
- **Contratos acessórios** são os que têm sua existência subordinada à do contrato principal, como a cláusula penal e a fiança. Assinala Messineo[13] que a função predominante dos contratos acessórios é garantir o cumprimento de obrigações contraídas em contrato principal, como o penhor, a hipoteca convencional, a fiança e similares. Entretanto, aduz, não são apenas acessórios os contratos de garantia, mas **todos os que têm como pressuposto outro contrato**.

A **distinção** entre contratos principais e acessórios encontra justificativa no princípio geral de que **o acessório segue o destino do principal**. Em consequência:

a) nulo o contrato principal, nulo será também o negócio acessório; a recíproca, todavia, não é verdadeira (CC, art. 184);

b) a prescrição da pretensão concernente à *obligatio* principal acarretará a da relativa às acessórias, embora a recíproca também não seja verdadeira; desse modo, a prescrição da pretensão a direitos acessórios não atinge a do direito principal[14].

Anota Arnoldo Wald que a aplicação geral dos princípios que regulam os acessórios sofre, todavia, algumas limitações no campo dos contratos. Se é verdade, afirma, que a nulidade, a rescisão ou a caducidade do contrato principal importa em ineficácia do acessório (terminando o contrato de locação, termina o de fiança), não é menos certo que as partes **podem convencionar a extinção do contrato principal**

---

[13] *Doctrina*, cit., t. I, p. 435-436.

[14] *RT*, 476/155.

em virtude do desaparecimento do acessório. É comum nos contratos locativos uma cláusula resolutória baseada no falecimento, na falência ou na interdição do fiador, salvo se o locatário, dentro de certo prazo, apresentar outro fiador idôneo a critério do locador[15].

■ 5.6.2. Contratos derivados

Alguns contratos são denominados **derivados** ou **subcontratos**, por também dependerem ou derivarem de outros.

- **Contratos derivados** são os que têm por objeto direitos estabelecidos **em outro contrato**, denominado básico ou principal. Entre os principais **subcontratos**, destacam-se a sublocação, a subempreitada e a subconcessão.
- **Contrato derivado e contrato acessório:** esses contratos têm em comum com os **acessórios** o fato de que ambos são dependentes de outro. **Diferem**, porém, pela circunstância de **o derivado participar da própria natureza do direito versado no contrato-base**. Nessa espécie de avença, um dos contratantes transfere a terceiro, **sem se desvincular**, a utilidade correspondente à sua posição contratual. O locatário, por exemplo, transfere a terceiro os direitos que lhe assistem, mediante a sublocação. O contrato de locação não se extingue, e os direitos do sublocatário terão a mesma extensão dos direitos do locatário, que continua vinculado ao locador.
- **Contrato derivado e cessão da posição contratual:** o subcontrato também se distingue da **cessão da posição contratual**, na qual o contrato básico persiste em sua integridade, mas com novo titular, o cessionário. No contrato derivado, no entanto, surge uma nova relação contratual, **sem alteração da primeira**, havendo apenas um dos sujeitos que é titular de ambos os contratos. Segundo a lição de Messineo[16], o subcontrato se distingue da cessão do contrato porque dá lugar ao nascimento de um **direito novo**, embora do mesmo conteúdo e de extensão não maior (*nemo plus iuris* etc.) do que o contrato básico, enquanto a cessão de contrato transfere ao cessionário *o* ***mesmo direito*** pertencente ao cedente.

Por sua vez, adverte Sílvio Venosa que, "como consequência da derivação, o direito contido no subcontrato tem **como limite o direito contido no contrato-base**; sua extensão não pode ser ultrapassada. Aplica-se o princípio segundo o qual ninguém pode transferir mais direito do que tem (*nemo plus iuris ad alium transferre potest quod non habet*). No mesmo diapasão, se o contrato principal se extingue, extingue-se o contrato derivado por impossibilidade material de sua continuação"[17].

Os contratos **personalíssimos** ou *intuitu personae* não admitem a subcontratação, pois são celebrados em razão das qualidades pessoais do obrigado. Também não

---

15 *Obrigações e contratos*, p. 230-231.

16 *Doctrina*, cit., t. II, p. 250.

17 *Direito civil*, v. II, p. 425.

a permitem os contratos **de execução instantânea**, tendo em vista que o subcontrato é um negócio de duração.

■ 5.7. CLASSIFICAÇÃO QUANTO À FORMA

Sob esse aspecto, os contratos dividem-se em **solenes** (formais) e **não solenes** (de forma livre), bem como **consensuais** e **reais**, como se podem ver no quadro esquemático abaixo:

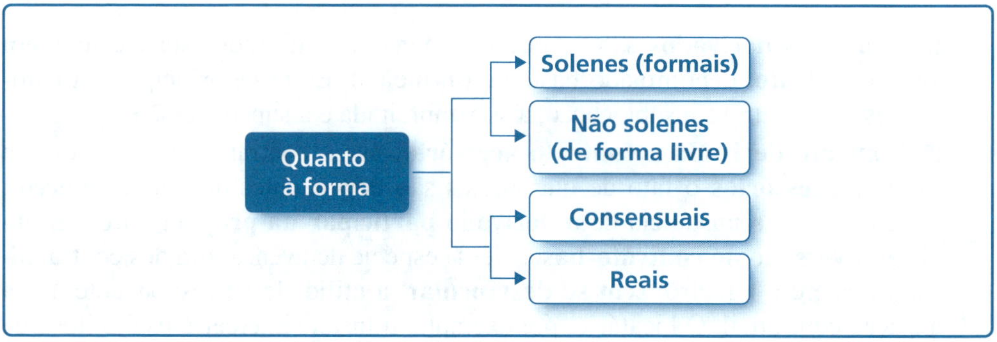

■ 5.7.1. Contratos solenes e não solenes

Encarados segundo a maneira como se aperfeiçoam, distinguem-se os contratos em **solenes** (formais) e **não solenes** (não formais).

- **Solenes** são os contratos que devem obedecer à **forma prescrita em lei** para se aperfeiçoar. Quando a forma é exigida como condição de validade do negócio, este é solene e a formalidade é ***ad solemnitatem***, isto é, constitui a substância do ato (escritura pública na alienação de imóveis, pacto antenupcial, testamento público etc.). Não observada, o contrato é **nulo** (CC, art. 166, IV). Quando a formalidade é exigida não como condição de validade, mas apenas para facilitar a prova do negócio, diz-se que ela é ***ad probationem tantum***.
- **Contratos não solenes** são os de forma livre. Basta o consentimento para a sua formação. Como a lei não reclama nenhuma formalidade para o seu aperfeiçoamento, podem ser celebrados por **qualquer forma**, ou seja, por escrito particular ou verbalmente. Em regra, os contratos têm forma livre, salvo expressas exceções. Podem ser mencionados como exemplos, dentre inúmeros outros, os contratos de locação e os de comodato. Dispõe, com efeito, o art. 107 do Código Civil: "A validade da declaração de vontade não dependerá de forma especial, senão quando a lei expressamente a exigir".

Segundo a lição de Orlando Gomes, porque prevalece no direito moderno o princípio da **liberdade de forma**, os contratos se concluem, por via de regra, pelo simples consentimento das partes, seja qual for o modo de expressão da vontade. Em atenção, porém, à conveniência de dar maior segurança ao comércio jurídico, aduz, "a lei exige que certos contratos obedeçam à determinada **forma**, elevando-se à condição de **requisito essencial** à sua validade. Nesses casos, a vontade das partes não basta à formação do contrato. Dizem-se **solenes** os contratos que só se aperfeiçoam quando o consentimento é expresso pela **forma** prescrita na lei. Também denominam-se **contratos formais**. A solenidade exigida consiste em serem lavrados por tabelião. Têm como **forma** a **escritura pública**"[18].

Caso contrário, "*não dispondo a lei em contrário*, a **escritura pública** é essencial à validade dos negócios jurídicos que visem à constituição, transferência, modificação ou renúncia de **direitos reais** sobre imóveis de valor superior a trinta vezes o maior salário mínimo vigente no País" (CC, art. 108).

Possuem as partes permissão para **estipular** que determinado contrato só poderá ser **celebrado por instrumento público**. Neste caso, este será da "substância do ato" (CC, art. 109). E o contrato, que não seria, a princípio, formal, passa a sê-lo. Todavia, um contrato solene não terá validade se não for celebrado por instrumento público, ainda que as partes o tenham dispensado.

Alguns autores **distinguem** os contratos **solenes** dos **formais**, conceituando os primeiros como aqueles que exigem escritura pública para a sua validade. Já os segundos seriam os que exigem a forma escrita, sem a solenidade do instrumento público[19].

O principal efeito prático da distinção entre contratos **solenes** e **não solenes** reside no fato de serem **nulos** os primeiros se não observada a **forma** prescrita em lei, que é elemento essencial à sua validade, ao passo que os segundos, não.

■ 5.7.2. Contratos consensuais e reais

■ **Contratos consensuais** são aqueles que se formam unicamente pelo acordo de vontades (*solo consensu*), independentemente da **entrega da coisa** e da observância de **determinada forma**. Por isso, são também considerados contratos **não solenes**. Embora se possa dizer que todo contrato, na sua formação, é consensual, no sentido de que pressupõe o consentimento, alguns existem para cujo aperfeiçoamento **a lei nada mais exige do que esse consentimento**. A classificação em epígrafe também encara os contratos segundo a maneira como se aperfeiçoam. Como predomina, no direito moderno, o princípio do **consensualismo** (*v.* item 2.3, *retro*), pode-se afirmar que o **contrato consensual é a regra**, sendo exceções os contratos reais[20]. A compra e venda de bens móveis, por exemplo, quando pura, pertence à classe dos contratos consensuais, segundo dispõe o art. 482 do Código Civil, pois "considerar-se-á obrigatória e perfeita, desde que as partes **acordarem** no objeto e no preço".

■ **Contratos reais** são os que exigem, para se aperfeiçoar, além do consentimento, **a entrega (*traditio*) da coisa** que lhe serve de objeto, como os de depósito, comodato, o mútuo e alguns poucos (penhor, anticrese, arras). Esses contratos não

---

18 *Contratos*, cit., p. 83-84.

19 Sílvio Venosa, *Direito civil*, cit., v. II, p. 415.

20 Roberto de Ruggiero, *Instituições de direito civil*, v. III, p. 193; Caio Mário da Silva Pereira, *Instituições*, cit., v. III, p. 61.

se formam sem a tradição da coisa. Antes pode existir promessa de contratar, mas não existe depósito, comodato ou mútuo. A efetiva entrega do objeto não é fase executória, porém **requisito** da própria constituição do ato[21].

Em regra, os contratos reais são **unilaterais**, visto que, entregue a coisa (quando o contrato torna-se perfeito e acabado), só resta a obrigação para o depositário, o comodatário e o mutuário. Nada impede, porém, como lembra Orlando Gomes, que a **realidade** se exija como requisito para a formação de um contrato **bilateral**, ainda que excepcionalmente. O **depósito**, frisa, no qual o depositante se obriga a remunerar o depositário, "é contrato **bilateral** que, todavia, só se torna perfeito e acabado com a entrega da coisa"[22].

■ 5.8. CLASSIFICAÇÃO QUANTO AO OBJETO: CONTRATOS PRELIMINARES E DEFINITIVOS

O contrato, como visto, é um acordo de vontades que tem por fim criar, modificar ou extinguir direitos. Às vezes, no entanto, malgrado o consenso alcançado, não se mostra conveniente aos contraentes contratar de forma definitiva. Nesse caso, podem os interessados celebrar um contrato provisório, preparatório, no qual prometem complementar o ajuste, celebrando o definitivo. Essa avença constitui o **contrato preliminar**, que tem sempre por objeto a efetivação de um contrato definitivo.

Quanto ao objeto, dividem-se os contratos, pois, em **preliminares** e **definitivos:**

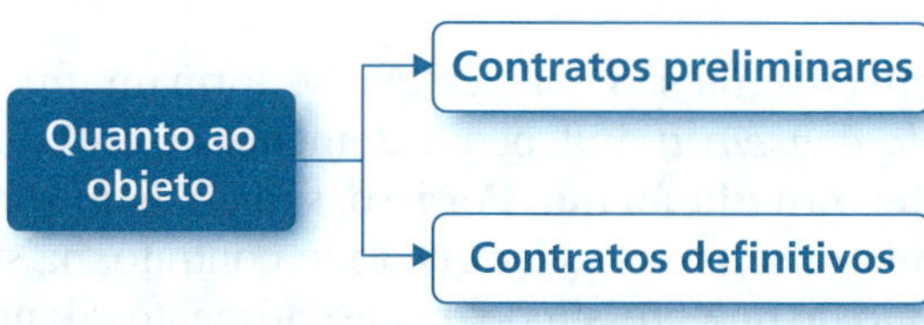

■ **Contrato preliminar** ou *pactum de contrahendo* (como era denominado no direito romano) é aquele que tem por objeto a **celebração de um contrato definitivo**. Ostenta, portanto, um **único objeto**. Caio Mário, inspirado em Von Tuhr, conceitua o **contrato preliminar** como aquele "por via do qual ambas as partes ou uma delas se compromete a celebrar mais tarde outro contrato, que será contrato **principal**"[23]. Não visam os contraentes modificar efetivamente sua situação, mas apenas criar a obrigação de um futuro *contrahere*. É também denominado **pré-contrato**. Quando tem por objeto a compra e venda de um imóvel, é designado promessa de compra e venda, ou **compromisso de compra e venda**, se irretratável e irrevogável. Embora possa ter por objeto a celebração de qual-

---

21 Silvio Rodrigues, *Direito civil*, cit., v. 3, p. 35; Caio Mário da Silva Pereira, *Instituições*, cit., v. III, p. 63.

22 *Contratos*, cit., p. 82.

23 *Instituições*, cit., v. III, p. 81.

quer espécie de contrato definitivo, é mais comum a sua utilização como contrato preliminar de compra e venda ou promessa de compra e venda.

■ **O contrato definitivo** tem objetos **diversos**, de acordo com a natureza de cada avença. Cada contrato tem um **objeto peculiar**. Na compra e venda, por exemplo, as prestações, que constituem o seu objeto, são a entrega da coisa, por parte do vendedor, e o pagamento do preço, pelo adquirente. Já o contrato de locação gera outras espécies de obrigações, quais sejam: a atribuída ao locador, de garantir ao locatário o uso pacífico da coisa, e a imposta a este, de pagar um aluguel.

A fase das **negociações** ou **tratativas preliminares** (fase da **puntuação**) antecede à realização do contrato preliminar e com este não se confunde, pois não gera direitos e obrigações.

■ **Opção:** quando o contrato preliminar gera obrigações para apenas uma das partes, constituindo **promessa unilateral**, denomina-se **opção**. Na opção de **venda**, por exemplo, o vendedor se obriga a vender ao comprador determinado bem, sob certas condições. Mas este se reserva a faculdade de realizar ou não o negócio, não assumindo, pois, nenhuma obrigação. Na opção de **compra**, quem se obriga é somente o comprador. O direito do ofertado, destinatário da proposta, é **potestativo**, pois tem o direito de exigir que se estipule o contrato futuro, com preferência sobre todas as outras pessoas, ao passo que a outra parte não tem direitos, mas somente obrigações, subordinadas à vontade da primeira.

■ 5.9. CLASSIFICAÇÃO QUANTO À DESIGNAÇÃO: CONTRATOS NOMINADOS E INOMINADOS, TÍPICOS E ATÍPICOS, MISTOS E COLIGADOS. UNIÃO DE CONTRATOS

Veja-se o resumo esquemático abaixo:

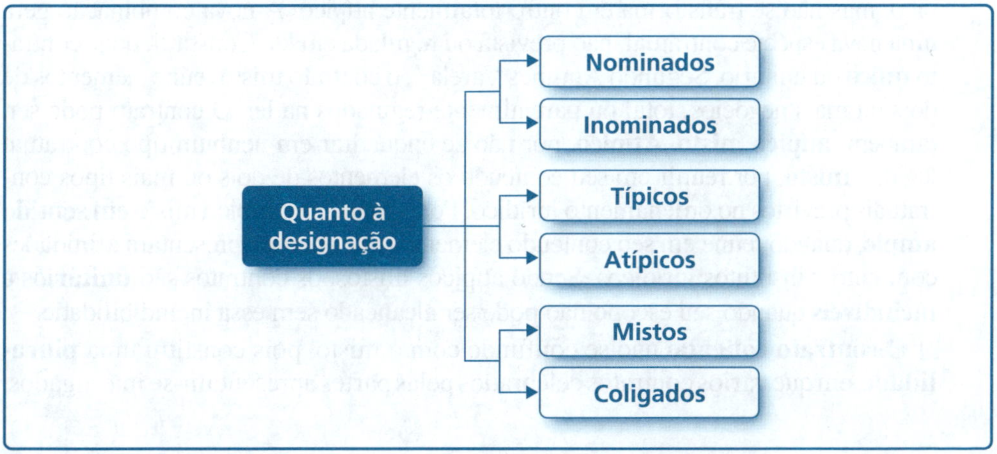

■ **Contratos nominados:** em geral, as relações jurídicas se formam sob formas adrede disciplinadas na lei, pois esta procura regulamentar as situações e espécies mais comuns, identificando-as por denominação privativa. Surgem, assim, os contratos **nominados**, que são aqueles que têm **designação própria**.

■ **Contratos inominados:** o legislador, no entanto, não consegue prever todas as situações que levam as pessoas a se relacionar e a contratar. Surgem, então, outros contratos além daqueles que recebem o batismo legislativo ou que não foram tipificados e, por esta razão, se consideram **inominados** e **atípicos**, os quais Josserand pitorescamente apelidou "contratos sob medida, em contraposição aos típicos, que seriam para ele os já confeccionados"[24]. **Contratos inominados** são, pois, os que não têm **denominação própria**. A rigor, tomada ao pé da letra, a expressão **contrato inominado** equivaleria a contrato que **não tem um nome** no ordenamento jurídico[25].

■ **Contratos típicos**, por sua vez, são os **regulados pela lei**, os que têm o seu perfil nela traçado. Não é o mesmo que contrato nominado, embora costumem ser estudados em conjunto, porque todo contrato nominado é típico e vice-versa.

■ **Contratos atípicos** são os que resultam de um acordo de vontades, **não tendo**, porém, as suas características e **requisitos definidos e regulados na lei**. Para que sejam válidos, basta o consenso, que as partes sejam livres e capazes e o seu objeto, lícito (não contrarie a lei e os bons costumes), possível, determinado ou determinável e suscetível de apreciação econômica. Preceitua, com efeito, o art. 425 do novo Código Civil: "É lícito às partes estipular contratos atípicos, observadas as normas gerais fixadas neste Código". A celebração de contratos dessa espécie justifica-se como aplicação dos **princípios da liberdade de obrigar-se e do consensualismo**. O contrato típico não requer muitas cláusulas, pois passam a integrá-lo todas as normas regulamentadoras estabelecidas pelo legislador. Já o contrato atípico exige uma minuciosa especificação dos direitos e obrigações de cada parte, por não terem estes uma disciplina legal.

■ **O contrato misto** resulta da **combinação** de um contrato **típico** com cláusulas criadas pela **vontade** dos contratantes. Deixa de ser um contrato essencialmente típico, mas não se transforma em outro totalmente atípico. A nova combinação gera uma nova espécie contratual, não prevista ou regulada em lei. Constitui, pois, contrato **único** ou unitário. Segundo Antunes Varela[26], o contrato misto reúne elementos de dois ou mais negócios, total ou parcialmente regulados na lei. O contrato pode ser, também, **atípico misto**. **Atípico**, por não se enquadrar em nenhum tipo contratual legal; e **misto**, por reunir em seu conteúdo os elementos de dois ou mais tipos contratuais previstos no ordenamento jurídico. Pode, ainda, ser atípico misto **em sentido amplo**, quando reúne em seu conteúdo elementos que apenas apresentam afinidades com outros institutos jurídicos. Sendo atípicos mistos, os contratos são **unitários e incindíveis** quando seu escopo não pode ser alcançado sem essa incindibilidade.

■ **O contrato coligado** não se confunde com o misto, pois constitui uma **pluralidade**, em que vários contratos celebrados pelas partes apresentam-se interligados.

---

[24] Apud Caio Mário da Silva Pereira, *Instituições*, cit., v. III, p. 60.

[25] Messineo, *Doctrina*, cit., t. I, p. 378.

[26] *Direito das obrigações*, cit., v. I, p. 279.

Quando o elo entre eles consiste somente no fato de constarem do mesmo instrumento, não existe propriamente **coligação de contratos**, mas, sim, **união de contratos**. Aquela passa a existir quando a reunião é feita com **dependência**, isto é, com um contrato relacionado ao outro, por se referirem a um negócio complexo. Apesar disso, conservam a individualidade própria, distinguindo-se, nesse ponto, do misto. **Contratos coligados** são, pois, os que, embora distintos, estão ligados por uma cláusula acessória, implícita ou explícita[27]. Ou, no dizer de Almeida Costa, são os que se encontram ligados por um nexo funcional, podendo essa dependência ser **bilateral** (vende o automóvel e a gasolina); **unilateral** (compra o automóvel e arrenda a garagem, ficando o arrendamento subordinado à compra e venda); ou **alternativa** (compra a casa na praia ou, se não for para lá transferido, loca-a para veraneio). Mantém-se a individualidade dos contratos, mas "as vicissitudes de um podem influir sobre o outro"[28]. Como exemplos de contrato coligado são também citados o celebrado pelas distribuidoras de petróleo com os exploradores de postos de gasolina, que engloba, em geral, várias avenças interligadas, como fornecimento de combustíveis, arrendamento das bombas, locação de prédios e financiamento; e o contrato de transporte aéreo com concomitante seguro do passageiro.

- **União de contratos:** ocorre, em contrapartida, a união de contratos quando estes são **distintos e autônomos**, apenas realizados ao mesmo tempo ou no mesmo documento. O vínculo é, portanto, meramente **externo** (compra da moradia e reparação de um outro prédio)[29].

5.10. RESUMO

CLASSIFICAÇÃO DOS CONTRATOS	
QUANTO AOS EFEITOS	a) unilaterais, bilaterais e plurilaterais; e b) gratuitos e onerosos. Os onerosos, por sua vez, podem ser comutativos e aleatórios (aleatórios por natureza e acidentalmente aleatórios). ▪ **Unilaterais** são os contratos que criam obrigações unicamente para uma das partes (doação pura, p. ex.). ▪ **Bilaterais** são os que geram obrigações para ambos os contratantes (compra e venda, locação etc.). ▪ **Plurilaterais** são os que contêm mais de duas partes (contratos de sociedade e de consórcio, p. ex.). ▪ **Gratuitos** ou **benéficos** são os contratos em que apenas uma das partes aufere benefício ou vantagem (doações puras). ▪ **Onerosos** são aqueles em que ambos os contraentes obtêm proveito, ao qual corresponde um sacrifício (compra e venda, p. ex.). ▪ **Comutativos** são os de prestações certas e determinadas, porque não envolvem nenhum risco. ▪ **Aleatórios** são os que se caracterizam pela incerteza. Os contratos de jogo, aposta e seguro são **aleatórios por natureza**, porque a álea, o risco, lhes é peculiar. Os tipicamente comutativos, que se tornam aleatórios em razão de certas circunstâncias, denominam-se **acidentalmente aleatórios** (venda de **coisas futuras** e de coisas **existentes, mas expostas a risco**).

27 Ruy Rosado de Aguiar, *Extinção dos contratos*, cit., p. 89.

28 *Direito das obrigações*, cit., p. 257-258.

29 Almeida Costa, *Direito das obrigações*, cit., p. 336.

QUANTO À FORMAÇÃO	a) **Paritários:** são os contratos do tipo tradicional, em que as partes discutem livremente as condições, porque se encontram em pé de igualdade (par a par). b) **De adesão:** são os que não permitem essa liberdade, devido à preponderância da vontade de um dos contratantes, que elabora todas as cláusulas. O outro adere ao modelo previamente confeccionado, não podendo modificá-las (consórcio, seguro, transporte etc.) (arts. 423 e 424). c) **Contrato-tipo** (de **massa**, em **série** ou por **formulários**): aproxima-se do contrato de adesão porque é apresentado em fórmula impressa ou datilografada, mas dele difere porque admite discussão sobre o seu conteúdo. Em geral, são deixados claros, a serem preenchidos pelo concurso de vontades.
QUANTO AO MOMENTO DE SUA EXECUÇÃO	a) **De execução instantânea:** são os que se consumam num só ato, sendo cumpridos imediatamente após a sua celebração (compra e venda à vista, p. ex.). b) **De execução diferida:** são os que devem ser cumpridos também em um só ato, mas em momento futuro. c) **De execução continuada** ou de **trato sucessivo:** são os que se cumprem por meio de atos reiterados.
QUANTO AO AGENTE	a) **Personalíssimos** ou ***intuitu personae*:** são os celebrados em atenção às qualidades pessoais de um dos contraentes. b) **Impessoais:** são aqueles cuja prestação pode ser cumprida, indiferentemente, pelo obrigado ou por terceiro. c) **Individuais:** são aqueles em que as vontades são individualmente consideradas, ainda que envolvam várias pessoas. d) **Coletivos:** são os que se perfazem pelo acordo de vontades entre duas pessoas jurídicas de direito privado, representativas de categorias profissionais.
QUANTO AO MODO POR QUE EXISTEM	a) **Principais:** são os que têm existência própria e não dependem, pois, de qualquer outro. b) **Acessórios:** são os que têm existência subordinada à do contrato principal (fiança, cláusula penal etc.). c) **Derivados** ou **subcontratos:** são os que têm por objeto direitos estabelecidos em outro contrato, denominado básico ou principal (sublocação e subempreitada, p. ex.).
QUANTO À FORMA	a) **Solenes:** são os que devem obedecer à forma prescrita em lei para se aperfeiçoar. Quando esta é da substância do ato, diz-se que é *ad solemnitatem*. b) **Não solenes:** são os de forma livre. Basta o consentimento para a sua formação, independentemente da entrega da coisa e da observância de determinada forma. Daí serem também chamados **consensuais**. Em regra, a forma dos contratos é livre (art. 107), podendo ser celebrados verbalmente se a lei não exigir forma especial. c) **Reais:** opõem-se aos consensuais ou não solenes. São os que exigem, para se aperfeiçoar, além do consentimento, a entrega da coisa que lhe serve de objeto (depósito, comodato, mútuo etc.).
QUANTO AO OBJETO	a) **Preliminar**, ***"pactum de contrahendo"*** ou **pré-contrato:** é o que tem por objeto a celebração de um contrato definitivo. Tem, portanto, um único objeto. Quando este é um imóvel, é denominado promessa de compra e venda, ou compromisso de compra e venda, se irretratável e irrevogável. Quando gera obrigações para apenas uma das partes (promessa unilateral), chama-se opção. b) **Definitivo:** tem objetos diversos, de acordo com a natureza de cada um.
QUANTO À DESIGNAÇÃO	a) **Nominados:** são os que têm designação própria. b) **Inominados:** são os que não as têm. c) **Típicos:** são os regulados pela lei, os que têm o seu perfil nela traçado. d) **Atípicos:** são os que resultam de um acordo de vontades, não tendo, porém, as suas características e requisitos definidos e regulados na lei. e) **Misto:** é o que resulta da combinação de um contrato típico com cláusulas criadas pela vontade dos contratantes. Constitui contrato unitário. f) **Coligado:** constitui uma pluralidade, em que vários contratos celebrados pelas partes se apresentam interligados.

■ 5.11. QUESTÕES

1. (TRT/2ª Região/Juiz do Trabalho/XLI Concurso/2016) Com relação aos contratos, analise as proposições:

I. Fixada em contrato cláusula que o resolve sob ocorrência de determinado fato, ela opera efeitos de pleno direito.

II. Estabelecidas obrigações recíprocas, um dos contratantes não pode exigir o cumprimento da obrigação do outro se não cumprir com a sua obrigação precedente.

III. O conteúdo da proposição anterior se refere à *execeptio non adimpleti contractus* e não à cláusula *rebus sic stantibus*.

IV. Ocorrendo situação imprevista que onere excessivamente a obrigação no momento de seu cumprimento, o devedor pode pedir a resolução do contrato, porém, o credor poderá evitar a resolução mediante modificação equitativa das condições contratuais (teoria da imprevisão).

V. Contratadas as obrigações recíprocas, uma das partes pode escusar-se do cumprimento de sua obrigação se sobrevier à outra diminuição de seu patrimônio suficiente para tornar duvidoso o cumprimento da obrigação a que se comprometeu.

Assinale a alternativa CORRETA:

a) Somente as proposições II e III estão corretas.
b) Somente as proposições I e IV estão corretas.
c) Todas as proposições estão corretas.
d) Somente as proposições I e V estão corretas.
e) Somente a proposição IV está correta.

2. (TRT/15ª Região/Juiz do Trabalho/XXIII Concurso/Fundação Carlos Chagas/2008) Assinale a alternativa INCORRETA:

a) A função social do contrato restringe a liberdade de contratar, devendo os contratantes observar os princípios da probidade e boa-fé na sua execução e conclusão;
b) Nos contratos de adesão, são nulas as cláusulas que estipulem a renúncia antecipada do aderente a direito resultante da natureza do negócio;
c) Nos contratos onerosos, o alienante responde pela evicção, mesmo que a aquisição se tenha realizado em hasta pública;
d) A resolução por onerosidade excessiva cabe nos contratos de execução continuada ou diferida, não podendo ser evitada, mesmo que o réu se ofereça para modificar equitativamente as condições contratuais;
e) Não se extingue o contrato de empreitada pela morte de qualquer das partes, salvo se ajustado em consideração às qualidade pessoais do empreiteiro.

3. (TRT/15ª Região/Juiz do Trabalho/XXVIII Concurso/2015) Sobre a eficácia dos contratos em relação a terceiros, afirma Miguel Maria de Serpa Lopes: *Finalmente, é princípio assente a responsabilidade do terceiro pela inexecução de um contrato se, com a sua ação culposa, foi o cúmplice do seu inadimplemento. É o que a jurisprudência francesa já firmou, embora colocando a questão fora do terreno da culpa contratual, para situá-la no da culpa extracontratual.* (*Curso de direito civil*, vol. III, p. 123, 3ª edição, Livraria Freitas Bastos S/A, 1960). No Direito brasileiro, essa figura do terceiro cúmplice

a) só é identificada, em disposição do Código Civil, estabelecendo que aquele que aliciar pessoas obrigadas em contrato a prestar serviço a outrem pagará a este indenização por danos emergentes e lucros cessantes, que será arbitrada pelo juiz.
b) não é identificada em nenhuma disposição legal.
c) é identificada apenas em disposição do Código Civil estabelecendo que aquele que aliciar pessoas obrigadas em contrato escrito e desde que por prazo determinado a

prestar serviços agrícolas a outrem pagará a este a importância que ao prestador de serviço, pelo ajuste desfeito, houvesse de caber durante dois anos.

d) é identificada apenas em disposição legal estabelecendo que aquele que aliciar pessoas obrigadas em contrato escrito e por prazo determinado a prestar serviços de publicidade ou artísticos a outrem pagará a este uma indenização equitativa arbitrada pelo juiz.

e) pode ser reconhecida em disposição do Código Civil estabelecendo que aquele que aliciar pessoas obrigadas em contrato escrito a prestar serviço a outrem pagará a este a importância que ao prestador de serviço, pelo ajuste desfeito, houvesse de caber durante dois anos.

4. (Fiscal de Rendas/RJ/SEFAZ/RJ/2009) A respeito dos *contratos*, analise as afirmativas a seguir:

I. No caso de redibição de contrato comutativo, sempre será devida reparação por perdas e danos.

II. A responsabilidade por evicção é cláusula essencial aos contratos onerosos e não pode, portanto, ser excluída pelas partes, ainda que expressamente.

III. A aceitação de proposta de contrato fora do prazo ou com modificações configura nova proposta.

Assinale:

a) Se somente a afirmativa II estiver correta.

b) Se somente a afirmativa III estiver correta.

c) Se somente as afirmativas I e II estiverem corretas.

d) Se somente as afirmativas I e III estiverem corretas.

e) Se somente as afirmativas II e III estiverem corretas.

5. (TJSC/Juiz de Direito/Fundação Carlos Chagas/2015) Em relação aos contratos de adesão nas relações de consumo, analise os enunciados seguintes:

I. A inserção de cláusula no formulário descaracteriza a natureza de adesão do contrato, por implicar negociação entre as partes.

II. Nos contratos de adesão não se admite cláusula resolutória, pois toda resolução contratual deverá ser precedida de aviso, interpelação ou notificação prévios.

III. Os contratos de adesão escritos serão redigidos em termos claros e com caracteres ostensivos e legíveis, cujo tamanho da fonte não será inferior ao corpo doze, de modo a facilitar sua compreensão pelo consumidor.

É CORRETO o que se afirma APENAS em

a) I e III.

b) II e III.

c) II.

d) I e II.

e) III.

6. (Prefeitura Municipal/MT/Auditor Fiscal Tributário/Fundação Getulio Vargas/2014) Acerca dos dispositivos do Código Civil de 2002 destinados à disciplina jurídica dos contratos, assinale a afirmativa CORRETA.

a) A autonomia privada dos contratantes é maior no caso de contratos atípicos, porque não há exigência legal de observância da função social do contrato, prevista para os contratos típicos.

b) Nos contratos de adesão regulados pelo Código Civil, é válida a cláusula que prevê a renúncia antecipada do aderente a direitos resultantes da natureza do negócio.

c) Os contratos entre ausentes não se tornam perfeitos se, antes da aceitação, ou juntamente com ela, chegar ao proponente a retratação do aceitante.

d) É válido o contrato celebrado entre Luísa e André para transferência do patrimônio integral da primeira para o segundo, com eficácia postergada para depois da morte de Luísa.

e) A liberdade de contratar nos contratos atípicos é absoluta no direito brasileiro, por força do consagrado princípio de que os pactos devem ser cumpridos (*pacta sunt servanda*).

7. (OAB/CESPE/UnB/2008-3) A respeito da disciplina dos contratos, segundo o Código Civil, assinale a opção CORRETA.

a) Se resolverem estipular contrato atípico, as partes deverão redigir as cláusulas contratuais de comum acordo e não estarão obrigadas a observar as normas gerais fixadas pelo Código.

b) O alienante responde pela evicção nos contratos onerosos, mas essa garantia não subsiste caso a aquisição tenha sido realizada em hasta pública.

c) O contrato preliminar deve conter todos os requisitos essenciais ao contrato a ser celebrado, mesmo quanto à forma.

d) A disciplina dos vícios redibitórios é aplicável às doações onerosas, de forma que poderá ser enjeitada a coisa recebida em doação em razão dos vícios ou defeitos ocultos que a tornem imprópria ao uso a que é destinada, ou lhe diminuam o valor.

8. (TRE/PB/Técnico Judiciário/Fundação Carlos Chagas/2007) Sobre os contratos considere:

I. É ilícito às partes estipular contratos atípicos por expressa vedação legal.

II. Nos contratos de adesão são nulas as cláusulas que estipulem a renúncia antecipada do aderente a direito resultante da natureza do negócio.

III. A herança de pessoa viva pode ser objeto de contrato, cuja execução ficará condicionada à implementação de condição suspensiva.

IV. A proposta de contrato obriga o proponente, se o contrário não resultar dos termos dela, da natureza do negócio, ou das circunstâncias do caso.

De acordo com o Código Civil, é correto o que consta APENAS em:

a) I, II e III.

b) I, II e IV.

c) II, III e IV.

d) I e III.

e) II e IV.

9. (Defensoria Pública/SP/Defensor Público/Fundação Carlos Chagas/2007) No que se refere aos contratos, é CORRETO afirmar:

a) Os princípios da probidade e da boa-fé estão ligados não só à interpretação dos contratos, mas também ao interesse social de segurança das relações jurídicas, uma vez que as partes têm o dever de agir com honradez e lealdade na conclusão do contrato e na sua execução.

b) A liberdade de contratar no Direito Brasileiro é absoluta, pois há o princípio da autonomia da vontade, onde se permite às partes pactuar, mediante acordo de vontade, a disciplina de seus interesses.

c) O contrato de adesão é um contrato paritário, pois o aderente é tutelado pelos Códigos Civil e de Defesa do Consumidor em relação ao ofertante.

d) A compra e venda entre cônjuges, qualquer que seja o regime de casamento, está proibida para evitar a venda fictícia entre marido e mulher na constância do casamento, o que poderia levar à lesão de direitos de terceiros.

e) A pena convencional poderá ter efeito *pleno iure*, mas é necessário ter prova de que houve prejuízo com a inexecução do contrato ou inadimplemento da obrigação.

10. (TRF/1ª Região/Técnico Judiciário/Fundação Carlos Chagas/2006) Considere as seguintes assertivas a respeito dos contratos:

I. Quando houver no contrato de adesão cláusulas ambíguas ou contraditórias, dever-se-á adotar a interpretação mais favorável ao aderente.

II. Os contratos entre ausentes tornam-se perfeitos desde que a aceitação é expedida, inclusive se a proposta não chegar no prazo convencionado.

III. O contrato preliminar deve conter todos os requisitos essenciais ao contrato a ser celebrado, inclusive quanto à forma.

De acordo com o Código Civil brasileiro, é CORRETO o que se afirma SOMENTE em:

a) I.
b) II.
c) I e II.
d) I e III.
e) II e III.

11. (OAB/Exame da Ordem Unificado/Conselho Federal/2010.2). Durante dez anos, empregados de uma fabricante de extrato de tomate distribuíram, gratuitamente, sementes de tomate entre agricultores de uma certa região. A cada ano, os empregados da fabricante procuravam os agricultores, à época da colheita, para adquirir a safra produzida. No ano de 2009, a fabricante distribuiu as sementes, como sempre fazia, mas não retornou para adquirir a safra. Procurada pelos agricultores, a fabricante recusou-se a efetuar a compra. O tribunal competente entendeu que havia responsabilidade pré-contratual da fabricante.

A responsabilidade pré-contratual é aquela que:

a) deriva da violação à boa-fé objetiva na fase das negociações preliminares à formação do contrato.
b) deriva da ruptura de um pré-contrato, também chamado contrato preliminar.
c) surgiu, como instituto jurídico, em momento histórico anterior à responsabilidade contratual.
d) segue o destino da responsabilidade contratual, como o acessório segue o principal.

12. (TRT/8ª Região/Juiz do Trabalho/2006) À luz do atual Código Civil brasileiro é CORRETO afirmar que:

a) Nos contratos de execução continuada ou diferida, se a prestação de uma das partes se tornar excessivamente onerosa, com extrema vantagem para a outra, em virtude de acontecimentos extraordinários e imprevisíveis, e desde que a situação não possa ser superada com a revisão das cláusulas, admite-se a resolução do contrato.
b) Os contratos aleatórios assim compreendidos como aqueles em que pelo menos uma das partes não pode antever a vantagem que receberá, por depender de um risco futuro, não estão sujeitos, em qualquer hipótese, a intervenção judicial.
c) Não é vedada a estipulação de contrato que estabeleça obrigações para só uma das partes, admitindo-se, contudo, que a parte prejudicada pleiteie a redução do montante devido, ou ainda a alteração de como deve ser efetuado o pagamento, a fim de evitar onerosidade excessiva.
d) Contém defeito passível de anulação o negócio jurídico cujo objeto seja a herança de pessoa viva.
e) Regem o direito contratual os princípios da força vinculante do contrato, intangibilidade do conteúdo, boa-fé, probidade, função social, supremacia da vontade das partes, *pacta sunt servanda* e igualdade das partes contratantes.

13. (TRF/2ª Região/Juiz Federal/XVI Concurso/2017) Pessoa jurídica obteve empréstimo junto a certa instituição financeira, pelo qual recebeu determinada quantia, com a obrigação de devolvê-la com correção e juros de 12% ao ano. Exclusivamente à luz dos dados fornecidos e da visão dominante, classifique o contrato citado:

a) Bilateral, imperfeito, de adesão e feneratício.
b) Unilateral, real e oneroso.
c) Bilateral, oneroso, formal e de adesão.
d) Bilateral, real, de adesão e oneroso.
e) Unilateral, puramente consensual (não real), benéfico e oneroso.

GABARITO

1. "c".
2. "d". *Vide* art. 479 do CC.
3. "e". *Vide* art. 608 do CC.
4. "b". *Vide* art. 431 do CC.
5. "e". *Vide* art. 54, § 3º, do Código de Defesa do Consumidor.
6. "c". *Vide* arts. 433 e 434, I, do CC.
7. "d". *Vide* art. 441, parágrafo único, do CC.
8. "e". *Vide* arts. 424 e 427 do CC.
9. "a". *Vide* art. 422 do CC.
10. "a". *Vide* art. 423 do CC.
11. "a". *Vide* art. 422 do CC.
12. "c". *Vide* art. 480 do CC.
13. "d".

6

DA ESTIPULAÇÃO EM FAVOR DE TERCEIRO

6.1. CONCEITO

Ao estudarmos os princípios fundamentais do direito contratual (Título 2, *retro*), vimos que um deles é o da **relatividade dos efeitos do contrato** (item 2.4), que se funda na ideia de que os efeitos do contrato só se produzem em relação **às partes**, àqueles que manifestaram a sua vontade, vinculando-os ao seu conteúdo, **não afetando terceiros** nem seu patrimônio.

Essa situação era bem retratada no art. 928 do Código Civil de 1916, segundo o qual a obrigação "operava somente entre as partes e seus sucessores". Só a obrigação personalíssima não vinculava os sucessores. Eram previstas, no entanto, algumas **exceções**, expressamente consignadas na lei, permitindo **estipulações em favor de terceiros**, reguladas nos arts. 1.098 a 1.100 daquele diploma, correspondentes aos arts. 436 a 438 do Código de 2002, comuns nos **seguros de vida**, em que a convenção beneficia quem não participa da avença, e nas **separações judiciais consensuais**, nas quais se inserem cláusulas em favor dos filhos do casal, bem como nas **convenções coletivas de trabalho**, por exemplo, em que os acordos feitos pelos sindicatos beneficiam toda uma categoria. Nessas modalidades, uma pessoa convenciona com outra que concederá uma vantagem ou benefício em favor de terceiro, que não é parte no contrato.

Dá-se a **estipulação em favor de terceiro**, pois, quando, no contrato celebrado entre duas pessoas, denominadas estipulante e promitente, convenciona-se que a vantagem resultante do ajuste reverterá em **benefício de terceira pessoa**, alheia à formação do vínculo contratual[1]. Nela, como se vê, figuram três **personagens:**

- o estipulante;
- o promitente; e
- o beneficiário, este último estranho à convenção.

Por conseguinte, a **capacidade** só é exigida dos dois primeiros, pois qualquer pessoa pode ser contemplada com a estipulação, **seja ou não capaz.**

---

[1] Silvio Rodrigues, *Direito civil,* v. 3, p. 91; Caio Mário da Silva Pereira, *Instituições de direito civil,* v. III, p. 107.

O art. 793 do Código Civil, todavia, interpretado *a contrario sensu*, estabelece uma **restrição** nos contratos de seguro, proibindo a instituição de beneficiário inibido de receber a doação do segurado, como a concubina do homem casado.

A peculiaridade da estipulação em favor de terceiros está em que **estes**, embora estranhos ao contrato, tornam-se **credores do promitente**. No instante de sua formação, o vínculo obrigacional decorrente da manifestação da vontade estabelece-se entre o estipulante e o promitente, não sendo necessário o **consentimento** do beneficiário. Tem este, no entanto, a faculdade de **recusar** a estipulação em seu favor. Completa-se o triângulo somente na **fase da execução** do contrato, no instante em que o favorecido aceita o benefício, acentuando-se nessa fase a sua relação com o promitente[2]. Embora a validade do contrato não dependa da vontade do beneficiário, sem dúvida a sua **eficácia** fica nessa dependência.

Também faz-se mister que o contrato proporcione uma **atribuição patrimonial gratuita** ao favorecido, ou seja, uma vantagem suscetível de apreciação pecuniária, a ser recebida sem contraprestação. A eventual **onerosidade** dessa atribuição patrimonial **invalida** a estipulação, que há de ser sempre em favor do beneficiário[3].

■ 6.2. NATUREZA JURÍDICA DA ESTIPULAÇÃO EM FAVOR DE TERCEIRO

Diverge a doutrina a respeito da natureza jurídica da estipulação em favor de terceiro. Várias **teorias** são propostas para defini-la. A **mais aceita** é a que considera a estipulação em favor de terceiro um **contrato**, porém ***sui generis***, pelo fato de a prestação não ser realizada em favor do próprio estipulante, como seria natural, mas **em benefício de outrem**, que não participa da avença. A sua existência e validade não dependem da vontade deste, mas somente a sua **eficácia**, subordinada que é à aceitação. De tal sorte que a doutrina italiana, corretamente, a denomina **contrato a favor de terceiro**.

A concepção **contratualista** da estipulação em favor de terceiro não sofre contestação entre nós, uma vez que é consagrada no Código Civil. Com efeito, os arts. 436, parágrafo único, 437 e 438 do novo diploma referem-se a ela utilizando o vocábulo **contrato**.

A promessa em favor de terceiro é, também, **consensual** e de **forma livre**. O terceiro não precisa ser desde logo determinado. Basta que seja **determinável**, podendo mesmo ser **futuro**, como a prole eventual. Tem diversas aplicações práticas, especialmente no campo do **seguro**, em várias de suas modalidades (de vida, contra acidentes pessoais e contra acidentes do trabalho, p. ex.), nas quais o segurado (estipulante) convenciona com o segurador (promitente) pagar ao beneficiário (terceiro) o valor ajustado em caso de sinistro[4].

---

2 Caio Mário da Silva Pereira, *Instituições*, cit., v. III, p. 109.

3 Orlando Gomes, *Contratos*, cit., p. 185.

4 "Seguro de vida em grupo. Segurado que ao assinar a proposta omitiu que era fumante, portador de bronquite crônica, enfisema pulmonar, além de ter várias passagens em pronto-socorro por crises dispneicas. Verba indevida" (*RT*, 783/323).

É bastante frequente também nas **separações judiciais consensuais**, nas quais o cônjuge varão promete à varoa, por exemplo, transferir determinado imóvel para o nome dos filhos[5], bem como nas **doações onerosas** ou **modais**, quando o donatário se obriga para com o doador a executar o encargo a benefício de pessoa determinada ou determinável.

Ocorre, ainda, na **constituição de renda**, pela qual o promitente recebe do estipulante um capital e obriga-se a pagar a terceiro uma renda por tempo certo ou pela vida toda. Nos **contratos celebrados com a Administração Pública**, é também comum a inclusão de cláusulas em favor de pessoas naturais ou jurídicas.

6.3. A REGULAMENTAÇÃO DA ESTIPULAÇÃO DE TERCEIRO NO CÓDIGO CIVIL

A disciplina da estipulação em favor de terceiro encontra-se nos arts. 436 a 438 do Código Civil. Dispõe o primeiro:

> "O que estipula em favor de terceiro pode exigir o cumprimento da obrigação.
>
> Parágrafo único. Ao terceiro, em favor de quem se estipulou a obrigação, também é permitido exigi-la, ficando, todavia, sujeito às condições e normas do contrato, se a ele anuir, e o estipulante não o inovar nos termos do art. 438."

A obrigação assumida pelo promitente pode, assim, ser exigida tanto **pelo estipulante como pelo beneficiário**, que assume, na execução do contrato, as vezes do credor, ficando, todavia, sujeito às condições e normas do contrato, se a ele anuir, e o estipulante não houver reservado a faculdade de o substituir. É que o aludido art. 438, *caput*, proclama que "o estipulante pode reservar-se o direito de substituir o terceiro designado no contrato, independentemente da sua anuência e da do outro contratante".

Caso se estipule que o beneficiário possa reclamar a execução do contrato, o estipulante perde o direito de exonerar o **promitente** (CC, art. 437). Destarte, a estipulação será **irrevogável**. A ausência de previsão desse direito sujeita o terceiro à vontade do estipulante, que poderá desobrigar o devedor, bem como **substituir** o primeiro na forma do art. 438.

O direito atribuído ao beneficiário, assim, só pode ser por ele exercido se o contrato não foi inovado com a sua substituição prevista, a qual independe da sua anuência e da do outro contraente.

Verifica-se, portanto, que, no silêncio do contrato, **o estipulante pode substituir o beneficiário**, não se exigindo para tanto nenhuma formalidade, a não ser a comunicação ao promitente, para que este saiba a quem deve efetuar o pagamento. No seguro de vida, por exemplo, essa comunicação deve ser feita ao segurador, efetivando-se por simples endosso da apólice ou por testamento. Nos seguros contra

---

5 "Doação. Bem imóvel. Separação consensual com cláusula nesse sentido em favor dos filhos. Não cumprimento. Irretratabilidade da avença. Necessidade, tão só, da lavratura de auto de adjudicação, condicionado o registro ao recolhimento dos tributos" (*RT*, 762/295).

acidentes do trabalho, efetuados em favor dos empregados da empresa, a relação nominal é periodicamente enviada ao segurador, com substituição dos que se demitiram ou foram despedidos pelos novos contratados.

Basta, portanto, a declaração unilateral de vontade do estipulante, por ato *inter vivos* ou *mortis causa*, como previsto no parágrafo único do art. 438 supratranscrito.

6.4. RESUMO

ESTIPULAÇÃO EM FAVOR DE TERCEIRO	
CONCEITO	■ Ocorre quando uma pessoa convenciona com outra que esta concederá uma vantagem ou um benefício em favor de terceiro, que não é parte no contrato. Constitui exceção ao princípio da **relatividade** dos efeitos dos contratos.
NATUREZA JURÍDICA	■ É contrato *sui generis*, porque a prestação é realizada em benefício de quem não participa da avença (seguro de vida, p. ex.). É também **consensual** e de **forma livre**. O terceiro deve ser **determinável**, podendo ser **futuro**, como a prole eventual. A gratuidade do benefício é essencial, não podendo ser imposta contraprestação ao terceiro.
REGULAMENTAÇÃO	■ Encontra-se nos arts. 436 a 438 do CC. A obrigação assumida pelo promitente pode ser exigida tanto pelo estipulante como pelo beneficiário, ficando o último, todavia, sujeito às condições e normas do contrato se a ele anuir.

7

DA PROMESSA DE FATO DE TERCEIRO

■ 7.1. INTRODUÇÃO

Prescreve o art. 439 do Código Civil:

"Aquele que tiver prometido fato de terceiro responderá por perdas e danos, quando este o não executar."

Trata-se do denominado **contrato por outrem** ou **promessa de fato de terceiro**. O único vinculado é o que promete, assumindo obrigação de fazer que, não sendo executada, resolve-se em perdas e danos. Isso porque ninguém pode vincular terceiro a uma obrigação. As obrigações têm como fonte somente a própria manifestação da vontade do devedor, a lei ou eventual ato ilícito por ele praticado.

■ 7.2. SEMELHANÇAS COM OUTROS INSTITUTOS

A promessa de fato de terceiro guarda semelhança com a fiança, com o mandato e com a gestão de negócios, embora com eles não se confunda. Senão, vejamos:

- **Fiança:** aquele que promete fato de terceiro **assemelha-se ao fiador**, que assegura a prestação prometida. Se alguém, por exemplo, prometer levar um cantor de renome a determinada casa de espetáculos ou clube, sem ter obtido dele, previamente, a devida concordância, responderá por perdas e danos perante os promotores do evento, se não ocorrer a prometida apresentação na ocasião anunciada. Se o tivesse feito, nenhuma obrigação haveria para quem fez a promessa (CC, art. 440). Malgrado a semelhança, a promessa **não se confunde com a fiança**, visto que a garantia fidejussória é contrato **acessório**, ao passo que a promessa de fato de terceiro é **principal**.
- **Mandato:** na hipótese, o agente não agiu como mandatário do cantor, que não se comprometeu de nenhuma forma. Desassiste razão aos que aproximam essa figura contratual do **mandato**, por faltar-lhe a representação.
- **Gestão de negócios:** igualmente não se confunde esta com a **gestão de negócios**, pelo fato de o promitente não se colocar na defesa dos interesses do terceiro[1].

[1] Caio Mário da Silva Pereira, *Instituições de direito civil*, v. III, p. 114-115.

7.3. INOVAÇÕES INTRODUZIDAS PELO CÓDIGO CIVIL DE 2002

O Código Civil de 2002, depois de reproduzir, com idêntica redação, o art. 929 do Código de 1916, editou duas regras novas para completar o capítulo sob a denominação de **promessa de fato de terceiro**. A primeira veio a compor o parágrafo único do retrotranscrito art. 439, recebendo a seguinte redação:

> "Parágrafo único. Tal responsabilidade não existirá se o terceiro for o cônjuge do promitente, dependendo da sua anuência o ato a ser praticado, e desde que, pelo regime do casamento, a indenização, de algum modo, venha a recair sobre os seus bens."

A nova regra evidentemente visa à **proteção de um dos cônjuges** contra desatinos do outro, negando eficácia à promessa de fato de terceiro quando este for cônjuge do promitente, o ato a ser por ele praticado depender da sua anuência e, em virtude do regime de casamento, os **bens do casal** venham a responder pelo descumprimento da promessa. Silvio Rodrigues exemplifica com a hipótese de o marido ter prometido obter a anuência da mulher na concessão de uma fiança, tendo esta se recusado a prestá-la. A recusa sujeitaria o promitente a responder por perdas e danos que iriam sair do patrimônio do casal, consorciado por regime de comunhão. Para evitar o litígio familiar, conclui, o legislador tira a **eficácia da promessa**[2].

Na sua Exposição de Motivos Complementar, Agostinho Alvim informa que a regra em tela "visa a impedir que o **cônjuge**, geralmente a mulher, por ter usado do seu direito de veto, **venha a sofrer as consequências** da ação de indenização que mais tarde se mova contra o cônjuge promitente. O pressuposto é que, pelo regime do casamento, a ação indenizatória venha, de algum modo, a prejudicar o cônjuge que nada prometera"[3].

Deve-se registrar que a fiança dada pelo marido sem a anuência da mulher pode ser por esta anulada (CC, art. 1.649). Se a hipótese for de concessão de aval, pode esta opor embargos de terceiro para livrar da penhora a sua meação[4]. Ainda: no regime da comunhão parcial, que é o regime legal, excluem-se da comunhão "as obrigações provenientes de atos ilícitos, salvo reversão em proveito do casal" (CC, art. 1.659, IV)[5].

Dispõe, por fim, o art. 440 do novo Código Civil:

> "Nenhuma obrigação haverá para quem se comprometer por outrem, se este, depois de se ter obrigado, faltar à prestação."

---

2 *Direito civil*, v. 3, p. 100.

3 Apud Jones Figueirêdo Alves, *Novo Código Civil comentado*, p. 391.

4 *RTJ*, 93/878; *RT*, 514/268.

5 "Ato ilícito. Meação da mulher. Patrimônio que somente responde pelos danos resultantes do ato praticado pelo marido, mediante prova de que a esposa se beneficiou dos valores indevidamente desviados. Ônus da prova que compete ao credor, diversamente do que se passa com as dívidas contraídas pelo cônjuge, em que a presunção de terem favorecido o casal deve ser elidida pela mulher" (*RT*, 800/363).

Está repleto de razão Silvio Rodrigues quando declara que o dispositivo supratranscrito afirma um truísmo, pois cogita de uma promessa de fato de terceiro que, uma vez ultimada, foi por este ratificada com sua concordância. Ora, "assumindo a obrigação, **o terceiro passou a ser o principal devedor**. A assunção da obrigação pelo terceiro libera o promitente"[6].

■ 7.4. RESUMO

PROMESSA DE FATO DE TERCEIRO	
CONCEITO	■ Configura-se quando uma pessoa se compromete com outra a obter prestação de fato de um terceiro (CC, art. 439). Responderá aquela por perdas e danos, quando este o não executar.
CARACTERÍSTICAS	■ Trata-se de obrigação de fazer que, não sendo executada, resolve-se em perdas e danos. Aquele que promete fato de terceiro assemelha-se ao fiador, que assegura a prestação prometida. Não subsistirá a responsabilidade se o terceiro se comprometeu e depois não cumpriu a prestação ou se este for o cônjuge do promitente, nas condições mencionadas no art. 439, parágrafo único, do CC.

6 *Direito civil*, cit., v. 3, p. 100.

8

DOS VÍCIOS REDIBITÓRIOS

8.1. DISCIPLINA NO CÓDIGO CIVIL

8.1.1. Conceito

Vícios redibitórios são **defeitos ocultos** em coisa recebida em virtude de contrato comutativo, que a tornam **imprópria** ao uso a que se destina ou lhe **diminuem o valor**. A coisa defeituosa pode ser **enjeitada** pelo adquirente, mediante devolução do preço, e, se o alienante conhecia o defeito, com satisfação de perdas e danos (CC, arts. 441 e 443).

Dispõe, com efeito, o art. 441 do Código Civil:

> "A coisa recebida em virtude de contrato comutativo pode ser enjeitada por vícios ou defeitos ocultos, que a tornem imprópria ao uso a que é destinada, ou lhe diminuam o valor."

O adquirente tem, contudo, a opção de **ficar com ela** e "reclamar abatimento no preço", como lhe faculta o art. 442 do referido diploma[1].

Essas regras aplicam-se aos contratos **bilaterais** e **comutativos**, em geral translativos da propriedade, como a compra e venda, a dação em pagamento e a permuta. Mas aplicam-se também às empreitadas (CC, arts. 614 e 615). Decorrem do paralelismo que devem guardar as prestações nos contratos **bilaterais**, derivado do princípio da comutatividade, assegurando ao interessado a fruição normal das utilidades advindas da coisa adquirida. Em razão da natureza desses contratos, deve haver **correspondência entre as prestações** das partes, de modo que o vício, imperceptível à primeira vista, inviabiliza a manutenção do negócio[2].

Como os contratos comutativos são espécies de contratos **onerosos**, não incidem as referidas regras sobre os **gratuitos**, como as doações puras, pois o beneficiário da

---

[1] "Vício redibitório. Ocorrência. Arrendamento rural. Contrato comutativo. Área real inferior à referida na avença e insatisfatória para a finalidade à qual se destinava. Direito ao abatimento proporcional da paga pelo ajuste através de ação *quanti minoris*" (*RT*, 800/314).

[2] Carlos Alberto Bittar, *Curso de direito civil*, v. 1, p. 507.
Menciona o referido autor, como exemplos de vícios ocultos: defeitos em *peças* ou em *automóveis*, como distorções de funcionamento, aquecimento excessivo, barulhos insuportáveis; em *gado*, doenças várias; em *imóveis*, inundações, desvios de terra; em *móveis*, existência de cupim ou outra praga; em *roupas* ou em *tapetes*, esgarçamento localizado do tecido; e outros.

liberalidade, nada tendo pago, não tem por que reclamar (CC, art. 552). O Código ressalva, porém, a sua aplicabilidade **às doações onerosas**, até o limite do encargo (art. 441, parágrafo único). Embora o diploma nada mencione sobre as **doações remuneratórias**, tal omissão não exclui, entretanto, a responsabilidade pelos vícios redibitórios nessas hipóteses, por não haver liberalidade pura, mas onerosidade até o valor dos serviços remunerados (CC, art. 540).

8.1.2. Fundamento jurídico

Várias **teorias** procuram explicar a teoria dos vícios redibitórios. Dentre as mais importantes, podem ser citadas:

- a que se apoia na **teoria do erro**, não fazendo nenhuma distinção entre defeitos ocultos e erro sobre as qualidades essenciais do objeto;
- a **teoria dos riscos**, segundo a qual o alienante responde pelos vícios redibitórios porque tem a obrigação de suportar os riscos da coisa alienada; e
- há, ainda, os que se baseiam na **teoria da equidade**, afirmando a necessidade de se manter justo equilíbrio entre as prestações dos contratantes.

Outras teorias, como a da responsabilidade do alienante pela **parcial impossibilidade da prestação**, a da **pressuposição** e a da **finalidade específica da prestação**, não tiveram muita repercussão.

- **Teoria mais aceita** — a teoria mais aceita e acertada é a do **inadimplemento contratual**, que aponta o fundamento da responsabilidade pelos vícios redibitórios no **princípio de garantia**, segundo o qual todo alienante deve assegurar, ao adquirente a título oneroso, o uso da coisa por ele adquirida e para os fins a que é destinada. O **alienante** é, de pleno direito, **garante** dos vícios redibitórios e cumpre-lhe **fazer boa a coisa vendida**. Ao transferir ao adquirente coisa de qualquer espécie, por contrato comutativo, tem o dever de assegurar-lhe a sua posse útil, equivalente do preço recebido. O inadimplemento contratual decorre, pois, de infração a dever legal que está ínsito na contratação[3].

8.1.3. Requisitos para a caracterização dos vícios redibitórios

Não é qualquer defeito ou falha existente em bem móvel ou imóvel recebido em virtude de contrato comutativo que dá ensejo à responsabilização do alienante por vício redibitório. Defeitos de **somenos importância** ou que possam ser removidos são **insuficientes** para justificar a invocação da garantia, pois não o tornam impróprio ao uso a que se destina, nem diminuem o seu valor econômico.

---

[3] Caio Mário da Silva Pereira, *Instituições de direito civil*, v. III, p. 123-124; Washington de Barros Monteiro, *Curso de direito civil*, v. 5, p. 48; Silvio Rodrigues, *Direito civil*, v. 3, p. 101; Maria Helena Diniz, *Tratado*, cit., v. 1, p. 130.

Segundo se deduz dos arts. 441 e s. do Código Civil e dos princípios doutrinários aplicáveis, os requisitos para a verificação dos vícios redibitórios são os seguintes:

a) que a coisa tenha sido recebida em virtude de contrato **comutativo**;

b) que os defeitos sejam **ocultos**;

c) que **existam no momento da celebração do contrato** e perdurem até a ocasião da reclamação;

d) que sejam **desconhecidos** do adquirente; e

e) que sejam **graves**.

■ **Que a coisa tenha sido recebida em virtude de contrato comutativo ou de doação onerosa ou remuneratória** (*v.* item 8.1.1, *retro*) — como já vimos (item 5.2.3, *retro*), **contratos comutativos** são os de prestações certas e determinadas. As partes podem antever as vantagens e os sacrifícios, que geralmente se equivalem, decorrentes de sua celebração, porque não envolvem nenhum risco. **Doação onerosa, modal, com encargo** ou **gravada** é aquela em que o doador impõe ao donatário uma incumbência ou dever. **Remuneratória** é a doação feita em retribuição a serviços prestados, cujo pagamento não pode ser exigido pelo donatário. Em razão da natureza dos contratos comutativos, deve haver **correspondência entre as prestações das partes**, de sorte que o vício oculto, o qual inviabilizaria a concretização do negócio se fosse conhecido, por acarretar um desequilíbrio nos efeitos da relação negocial, prejudica a manutenção do ajuste nos termos em que foi celebrado.

■ **Que os defeitos sejam ocultos —** não se caracterizam os vícios redibitórios quando os defeitos são facilmente verificáveis com um rápido exame e diligência normal. Devem eles ser tais que não permitam a imediata percepção, advinda da **diligência normal** aplicável ao mundo dos negócios. Se o defeito for **aparente**, suscetível de ser percebido por um exame atento feito por um adquirente cuidadoso no trato dos seus negócios, não constituirá vício oculto capaz de justificar a propositura da ação redibitória. Nesse caso, presumir-se-á que o adquirente **já os conhecia** e que não os julgou capazes de impedir a aquisição, renunciando assim à garantia legal da redibição[4]. Não pode alegar vício redibitório, por exemplo, o comprador de um veículo com defeito grave no motor se a falha pudesse ser facilmente verificada com um rápido passeio ao volante ou a subida de uma rampa, e o adquirente dispensou o *test drive*.

■ **Que os defeitos existam no momento da celebração do contrato e que perdurem até a ocasião da reclamação —** não responde o alienante, com efeito, pelos defeitos supervenientes, mas somente pelos **contemporâneos à alienação**, ainda que venham a se manifestar só posteriormente. Os **supervenientes** presumem-se resultantes do mau uso da coisa pelo comprador. O art. 444 do

[4] Washington de Barros Monteiro, *Curso*, cit., p. 49-50; Maria Helena Diniz, *Tratado*, cit., v. 1, p. 129.

Código Civil proclama: "A responsabilidade do alienante subsiste ainda que a coisa pereça em poder do alienatário, se perecer por vício oculto, já existente ao tempo da tradição". A ignorância de tais vícios pelo alienante não o exime da responsabilidade, devendo restituir "o valor recebido, mais as despesas do contrato" (CC, art. 443).

- **Que os defeitos sejam desconhecidos do adquirente** — presume-se, se os conhecia, que **renunciou à garantia**. A expressão "vende-se no estado em que se encontra", comum em anúncios de venda de veículos usados, tem a finalidade de alertar os interessados de que não se acham eles em perfeito estado, não cabendo, por isso, nenhuma reclamação posterior.
- **Que os defeitos sejam graves** — apenas os defeitos revestidos de gravidade a ponto de **prejudicar o uso** da coisa ou **diminuir-lhe o valor** podem ser arguidos nas ações redibitória e *quanti minoris*, não os de somenos importância (*de minimis non curat praetor*).

8.1.4. Efeitos. Ações cabíveis

Se o bem objeto do negócio jurídico contém defeitos ocultos, não descobertos em um simples e rápido exame exterior, o adquirente, destinatário da garantia, pode enjeitá-lo ou pedir abatimento no preço (CC, arts. 441 e 442).

A **ignorância dos vícios** pelo alienante não o exime da responsabilidade. No sistema do Código Civil de 1916, a responsabilidade do alienante na hipótese de ignorância sobre o vício podia ser afastada por **cláusula contratual exoneratória** (art. 1.102). No entanto, assinala de modo percuciente Mônica Bierwagen, "como esse dispositivo não foi reproduzido pelo novo Código Civil — até porque destoa da nova leitura dada aos princípios da boa-fé e da vedação ao enriquecimento sem causa —, a inclusão de cláusula dessa natureza só pode ser **nula**, não operando efeitos"[5]. Nada impede, todavia, que as partes convencionem a **ampliação dos limites da garantia** em benefício do adquirente, elevando, por exemplo, o valor a ser restituído na hipótese de enjeitar a coisa defeituosa.

Se o alienante **não conhecia o vício** ou o defeito, isto é, se agiu de boa-fé, "tão somente restituirá o valor recebido, mais as despesas do contrato". Mas, se agiu de **má-fé**, porque conhecia o defeito, além de restituir o que recebeu, responderá também por **"perdas e danos"** (CC, art. 443).

Ainda que o adquirente não possa restituir a coisa portadora de defeito, por ter ocorrido o seu **perecimento** (morte do animal adquirido, p. ex.), a "responsabilidade do alienante **subsiste**" se o fato decorrer de "vício oculto, já existente ao tempo da tradição" (CC, art. 444). Na hipótese citada, o adquirente terá de provar que o vírus da doença que vitimou o animal, por exemplo, já se encontrava encubado quando de sua entrega.

---

5 *Princípios e regras de interpretação dos contratos no novo Código Civil*, p. 110.

8.1.4.1. *Espécies de ações*

O art. 442 do Código Civil deixa duas alternativas ao adquirente. Pode ele, com efeito, optar pelas seguintes ações:

- ação **redibitória**, para rejeitar a coisa, rescindindo o contrato e pleiteando a devolução do preço pago; ou
- ação ***quanti minoris*** ou **estimatória**, para conservar a coisa, malgrado o defeito, reclamando, porém, abatimento no preço.

Entretanto, o adquirente não pode exercer a opção, devendo propor, necessariamente, **ação redibitória**, na hipótese do citado art. 444, quando ocorre o **perecimento** da coisa em razão do defeito oculto.

As referidas ações recebem a denominação de **edilícias**, em alusão aos *edis curules*, que atuavam junto aos grandes mercados na época do direito romano, em questões referentes à resolução do contrato ou ao abatimento do preço.

Cabe ao credor optar pela redibição ou pela diferença de preço, com o efeito de **concentrar a prestação**. Daí afirmar-se que "a escolha é irrevogável. Uma vez feita, não admite recuo — *electa uma via non datur recursus ad alteram*"[6].

8.1.4.2. *Prazos decadenciais*

Os prazos para o ajuizamento das ações edilícias — redibitória e *quanti minoris* — são **decadenciais:**

- **trinta dias**, se relativas a bem **móvel**; e
- **um ano**, se relativas a **imóvel**.

Nos dois casos, os prazos são contados da **tradição**. Se o adquirente já estava na posse do bem, "o prazo conta-se da alienação, **reduzido à metade**" (CC, art. 445).

Podem os contraentes, no entanto, **ampliar convencionalmente** o referido prazo. É comum a oferta de veículos, por exemplo, com prazo de garantia de um, dois ou mais anos. Segundo prescreve o art. 446 do Código Civil, "não correrão os prazos do artigo antecedente na constância de cláusula de garantia; mas o adquirente deve denunciar o defeito ao alienante nos trinta dias seguintes ao seu descobrimento, sob pena de decadência". Essa cláusula de garantia é, pois, **complementar** da garantia obrigatória e legal e não a exclui.

Em síntese, haverá **cumulação de prazos**, fluindo primeiro o da garantia convencional e, após, o da garantia legal. Se, no entanto, o vício surgir no curso do primeiro, o prazo para reclamar se esgota nos trinta dias seguintes ao seu descobrimento. Significa dizer que, mesmo havendo ainda prazo para a garantia, o adquirente é

---

6 Caio Mário da Silva Pereira, *Instituições*, cit., v. III, p. 127, escudado nas doutrinas de Teixeira de Freitas, *Esboço*, art. 3.589.

obrigado a denunciar o defeito **nos trinta dias seguintes** ao em que o descobriu, sob pena de decadência do direito. A obrigação imposta ao adquirente, de denunciar desde logo o defeito da coisa ao alienante, decorre do dever de **probidade e boa-fé** insculpido no art. 422 do Código Civil.

■ **Exceções a respeito da contagem do prazo a partir da tradição:** a jurisprudência vem aplicando duas exceções à regra de que os referidos prazos contam-se da tradição:

a) a primeira, quando se trata de máquinas sujeitas à **experimentação**;

b) a segunda, nas vendas de **animais**.

Quando uma máquina é entregue para **experimentação**, sujeita a ajustes técnicos, o prazo decadencial conta-se do seu perfeito funcionamento e efetiva utilização. No caso do **animal**, conta-se da manifestação dos sintomas da doença de que é portador até o prazo máximo de cento e oitenta dias.

Dispõe, a propósito, o § 1º do art. 445 do Código Civil que, em se tratando de vício que "só puder ser conhecido mais tarde", a contagem se inicia no momento em que o adquirente "dele tiver ciência", com "prazo máximo de cento e oitenta dias em se tratando de bens móveis, e de um ano, para os imóveis". Já no caso de venda de *animais* (§ 2º), "os prazos serão os estabelecidos por lei especial", mas, enquanto esta não houver, reger-se-ão "pelos usos locais" e, se estes não existirem, pelo disposto no § 1º.

No caso dos **animais**, justifica-se a exceção, visto que o período de incubação do agente nocivo é, às vezes, superior ao prazo legal, contado da tradição. Se um primeiro objeto é substituído por outro porque tinha defeito, o prazo para redibir o contrato conta-se da data da entrega do segundo.

■ 8.1.4.3. *Hipóteses de descabimento das ações edilícias*

■ 8.1.4.3.1. *Coisas vendidas conjuntamente*

Não cabem as ações edilícias nas hipóteses de **coisas vendidas conjuntamente**. Dispõe, com efeito, o art. 503 do Código Civil:

> "Nas coisas vendidas conjuntamente, o defeito oculto de uma não autoriza a rejeição de todas."

Só a coisa defeituosa pode ser restituída e o seu valor deduzido do preço, **salvo se formarem um todo inseparável** (uma coleção de livros raros ou um par de sapatos, p. ex.). Se o defeito de uma comprometer a universalidade ou conjunto das coisas que formem um todo inseparável, pela interdependência entre elas, o alienante responderá integralmente pelo vício.

■ 8.1.4.3.2. *Inadimplemento contratual*

A entrega de **coisa diversa** da contratada não configura vício redibitório, mas **inadimplemento contratual**, respondendo o devedor por **perdas e danos**

(CC, art. 389). Desse modo, o desfalque ou diferença na quantidade de mercadorias ou objetos adquiridos como coisas certas e por unidade não constitui vício redibitório. Assim também a compra de material de determinado tipo e recebimento de outro. Em caso de inexecução do contrato, tem o lesado o direito de exigir o seu cumprimento ou pedir a resolução, com perdas e danos.

O inadimplemento contratual não resulta de imperfeição da coisa adquirida, mas da **entrega de uma coisa por outra**[7].

■ *8.1.4.3.3. Erro quanto às qualidades essenciais do objeto*

Igualmente não configura vício redibitório e proíbe a utilização das ações edilícias o **erro quanto às qualidades essenciais do objeto**, que é de natureza **subjetiva**, pois reside na manifestação da vontade (CC, art. 139, I). Dá este ensejo ao ajuizamento de ação **anulatória** do negócio jurídico, no prazo decadencial de **quatro anos** (CC, art. 178, II).

O vício redibitório é **erro objetivo** sobre a coisa, que contém um **defeito oculto**. O seu fundamento é a obrigação que a lei impõe a todo alienante de garantir ao adquirente o uso da coisa. Provado o defeito oculto, não facilmente perceptível, cabem as **ações edilícias**, sendo decadencial e exíguo, como visto, o prazo para a sua propositura (**trinta dias**, no caso de bem móvel, e **um ano**, no caso de imóvel).

Se alguém, por exemplo, adquire um relógio que funciona perfeitamente, mas não é de ouro, como o adquirente imaginava (e somente por essa circunstância o comprou), trata-se de erro quanto à qualidade essencial do objeto. Se, no entanto, o relógio é mesmo de ouro, mas não funciona por causa do defeito de uma peça interna, a hipótese é de vício redibitório.

■ *8.1.4.3.4. Coisa vendida em hasta pública*

O Código Civil de 1916 excluía a possibilidade de o adquirente de bens em hasta pública que apresentassem algum vício oculto se valesse das ações edilícias. Dizia o art. 1.106 do aludido diploma: "Se a coisa foi vendida em hasta pública, não cabe a ação redibitória, nem a de pedir abatimento no preço".

Esse dispositivo não foi reproduzido no Código Civil de 2002. Por conseguinte, poderá o adquirente lesado, em qualquer caso, mesmo no de venda feita compulsoriamente por autoridade da justiça, propor tanto a ação redibitória como a *quanti minoris* **se a coisa arrematada contiver vício redibitório**. Não prevalece mais, pois, a hipótese excepcionada no diploma anterior como exclusão de direito[8].

---

[7] Silvio Rodrigues, *Direito civil*, cit., v. 3, p. 103; Messineo, *Doctrina general del contrato*, v. 2, p. 362. Veja-se a jurisprudência: "Vício redibitório. Descaracterização. Entrega de coisa diversa da contratada. Defeito que não é oculto. Inadimplemento contratual configurado" (*RT*, 657/102).

[8] Jones Figueirêdo Alves, *Novo Código Civil comentado*, cit., p. 393; Mônica Bierwagen, *Princípios*, cit., p. 111.

■ 8.2. DISCIPLINA NO CÓDIGO DE DEFESA DO CONSUMIDOR

Quando uma pessoa adquire um veículo com defeitos de um particular, a reclamação rege-se pelas normas do Código Civil. Se, no entanto, adquire-o de um comerciante estabelecido nesse ramo, pauta-se pelo **Código de Defesa do Consumidor**. Esse diploma considera vícios redibitórios tanto os defeitos ocultos **como também os aparentes** ou de fácil constatação.

O estatuto consumerista mostra-se mais rigoroso na defesa do **hipossuficiente**, não se limitando a permitir reclamação contra os vícios redibitórios mediante propositura das ações edilícias, mas responsabilizando civilmente o fabricante pelos defeitos de fabricação, ao impor a substituição do produto por outro da mesma espécie, em perfeitas condições de uso, e a restituição imediata da quantia paga, devidamente corrigida, além das perdas e danos, ou, ainda, abatimento no preço[9].

Os prazos são **decadenciais**. Para os vícios **aparentes:**

- em produto **não durável** (mercadoria alimentícia, p. ex.), o prazo para reclamação em juízo é de **trinta dias**; e
- em produto **durável**, de **noventa dias**, contados a partir da entrega efetiva do produto ou do término da execução dos serviços. Obsta, no entanto, à decadência, a **reclamação comprovada** formulada perante o fornecedor até resposta negativa e inequívoca.

Em se tratando de vícios **ocultos**, os prazos são os mesmos, mas a sua contagem **somente se inicia** no momento em que ficarem evidenciados (CDC, art. 26 e parágrafos)[10].

Os fornecedores, quando efetuada a reclamação direta, têm o prazo máximo de **trinta dias** para sanar o vício. Não o fazendo, o prazo decadencial, que ficara suspenso a partir da referida reclamação, volta a correr pelo período restante, podendo o consumidor exigir, alternativamente:

- substituição do produto;
- a restituição da quantia paga, atualizada, sem prejuízo de eventuais perdas e danos; ou
- o abatimento proporcional do preço.

O prazo mencionado pode ser reduzido, de comum acordo, para o mínimo de **sete dias** ou ampliado até o máximo de **cento e oitenta dias** (CDC, art. 18, §§ 1º e 2º).

Para reforçar ainda mais as garantias do consumidor, o referido diploma assegura a este a **inversão do ônus da prova** no processo civil quando, a critério do juiz, for

---

9 Caio Mário da Silva Pereira, *Instituições*, cit., v. III, p. 130-131.

10 "Consumidor. Vício oculto. Fluência do prazo de 90 dias a partir da constatação dos defeitos no veículo adquirido. Inaplicabilidade do Código Civil. Inteligência do art. 26, II, § 3º, da Lei 8.078/90" (*RT*, 746/246).

verossímil a alegação ou quando for ele hipossuficiente, segundo as regras ordinárias de experiência (art. 6º, VIII).

■ 8.3. RESUMO

VÍCIOS REDIBITÓRIOS — DISCIPLINA NO CÓDIGO CIVIL	
CONCEITO	■ São defeitos ocultos em coisa recebida em virtude de contrato comutativo que a tornam imprópria ao uso a que se destina ou lhe diminuem o valor. A coisa defeituosa pode ser enjeitada pelo adquirente (art. 441). Este tem, contudo, a opção de ficar com ela e reclamar abatimento no preço (art. 442).
FUNDAMENTO JURÍDICO	■ Encontra-se no **princípio da garantia**, segundo o qual todo alienante deve assegurar ao adquirente, a título oneroso, o uso da coisa por ele adquirida e para os fins a que é destinada.
AÇÕES EDILÍCIAS	■ O art. 442 do CC deixa duas alternativas ao adquirente: a) rejeitar a coisa, rescindindo o contrato, mediante a **ação redibitória**; ou b) conservá-la, malgrado o defeito, reclamando abatimento no preço pela ação ***quanti minoris*** ou **estimatória**. ■ Prazo decadencial para o ajuizamento: trinta dias, se relativas a bem móvel, e um ano, se relativas a imóvel, contados da **tradição**.
HIPÓTESES DE DESCABIMENTO DAS AÇÕES EDILÍCIAS	■ Não cabem tais ações: a) nas hipóteses de coisas vendidas conjuntamente. O defeito oculto de uma delas não autoriza a rejeição de todas (CC, art. 503), salvo se formarem um todo inseparável (uma coleção de livros raros, p. ex.); b) nas de inadimplemento contratual (entrega de uma coisa por outra); c) nas de erro quanto às qualidades essenciais do objeto, que é de natureza subjetiva.
EFEITOS	a) a **ignorância dos vícios** pelo alienante não o exime da responsabilidade. Se os conhecia, além de restituir o que recebeu, responderá também por perdas e danos (art. 443); b) a responsabilidade do alienante subsiste ainda que a coisa pereça em poder do alienatário se esta perecer por vício oculto já existente ao tempo da tradição (art. 444).
REQUISITOS	a) que a coisa tenha sido recebida em virtude de contrato **comutativo** ou de doação **onerosa** ou **remuneratória**; b) que os defeitos sejam **ocultos**; c) que existam **ao tempo da alienação**; d) que sejam **desconhecidos** do adquirente; e) que sejam **graves** a ponto de prejudicar o uso da coisa ou diminuir-lhe o valor.
DISCIPLINA NO CÓDIGO DE DEFESA DO CONSUMIDOR	
INTRODUÇÃO	■ Quando uma pessoa adquire um veículo com defeitos de um particular, a reclamação rege-se pelo CC. Se, no entanto, adquire-o de um comerciante desse ramo, pauta-se pelo CDC, que considera vícios redibitórios tanto os defeitos ocultos como também os aparentes. ■ Os prazos para reclamar em juízo são decadenciais.
VÍCIOS APARENTES	■ produto **não durável:** trinta dias; ■ produto **durável:** noventa dias da entrega.
VÍCIOS OCULTOS	■ Os prazos são os mesmos, mas somente se iniciam no momento em que ficarem evidenciados (CDC, art. 26).

■ 8.4. QUESTÕES

1. (PGE/MT/Procurador do Estado/Fundação Carlos Chagas/2016) Isac vendeu seu veículo a Juliano, por preço bem inferior ao de mercado, fazendo constar, no contrato de compra e venda, que o bem estava mal conservado e poderia apresentar vícios diversos e graves.

Passados quarenta dias da realização do negócio, o veículo parou de funcionar. Juliano ajuizou ação redibitória contra Isac, requerendo a restituição do valor pago, mais perdas e danos. A pretensão de Juliano

a) improcede, porque, embora a coisa possa ser enjeitada, em razão de vício redibitório, as perdas e danos apenas seriam devidas se Isac houvesse procedido de má-fé.
b) procede, porque a coisa recebida em virtude de contrato comutativo pode ser enjeitada por vícios ou defeitos ocultos, que a tornem imprópria ao uso a que é destinada, ou lhe diminuam o valor.
c) improcede, porque firmou contrato comutativo, assumindo o risco de que o bem viesse a apresentar avarias.
d) improcede, porque não configurados os elementos definidores do vício redibitório e o comprador assumiu o risco de que o bem viesse a apresentar avarias.
e) procede, porque a coisa recebida em virtude de contrato comutativo pode ser enjeitada por vícios ou defeitos ocultos, que a tornem imprópria ao uso a que é destinada, ou lhe diminuam o valor, mas está prescrita, porque se passaram mais de 30 dias da realização do negócio.

2. (OAB/RJ/30° Exame) Quanto ao vício redibitório é INCORRETO afirmar:

a) O alienante responderá pelo vício, mesmo provando que o desconhecia.
b) O doador, mesmo em se tratando de doação pura, irá responder pelo vício redibitório.
c) O vício ou defeito na coisa recebida devem ser ocultos.
d) O adquirente pode rejeitar a coisa ou reclamar o abatimento do preço.

3. (TRF/2ª Região/Juiz Federal/2014) Assinale a opção CORRETA:

a) Em regra, a garantia contra a evicção incide por força da própria lei, tanto aos contratos onerosos quanto aos contratos gratuitos, sendo que, nestes últimos, é lícita a cláusula que a afasta do ajuste.
b) A garantia contra os vícios redibitórios é especificidade do contrato de compra e venda.
c) A garantia contra os vícios redibitórios abarca, em regra, os vícios ostensivos.
d) A garantia contra os vícios redibitórios e contra os riscos da evicção, no Código Civil, pressupõe a culpa do alienante, ao contrário do sistema do Código de Defesa do Consumidor, que é objetivo.
e) No Código Civil, presente o vício redibitório, em regra o adquirente decai do direito de obter a redibição ou o abatimento do preço no prazo de trinta dias se a coisa for móvel, e de um ano se for imóvel, contado da entrega efetiva.

4. (PGE/RS/Procurador do Estado/2014) Quanto aos vícios redibitórios, é CORRETO afirmar que só dão direito:

a) à ação redibitória ou à estimatória, se houver conhecimento do vício pelo alienante.
b) à pretensão indenizatória por perdas e danos, se houver conhecimento do vício pelo alienante.
c) à opção pela ação estimatória, se forem vícios de fácil percepção.
d) à ação redibitória, se forem vícios de fácil percepção.

5. (MPU/Técnico Administrativo/Fundação Carlos Chagas/2007) Pode ser enjeitada por vícios ou defeitos ocultos, que a tornem imprópria ao uso a que é destinada, ou lhe diminuam o valor, a coisa recebida em virtude de contrato comutativo. Com relação aos vícios redibitórios é certo que

a) O adquirente, em regra, decai do direito de obter a redibição no prazo de sessenta dias se a coisa for móvel, contado da entrega efetiva.

b) O alienante restituirá o que recebeu com perdas e danos, inclusive se não conhecia o vício ou defeito da coisa.
c) A responsabilidade do alienante subsiste ainda que a coisa pereça em poder do alienatário, se perecer por vício oculto, já existente ao tempo da tradição.
d) O adquirente deverá rejeitar a coisa, quando constatado o vício ou defeito oculto, redibindo o contrato, não podendo reclamar abatimento no preço.
e) O adquirente, em regra, decai do direito de obter a redibição no prazo de dois anos se a coisa for imóvel, contado da entrega efetiva.

6. (MP/MT/Promotor de Justiça/UFMT/2014) Sobre os preceitos constantes do Código Civil a respeito dos vícios redibitórios, analise as assertivas.

I. A coisa recebida em virtude de contrato comutativo ou doação onerosa pode ser enjeitada por vícios ou defeitos ocultos, que a tornem imprópria ao uso a que é destinada, ou lhe diminuam o valor.
II. Se o alienante conhecia o vício ou defeito da coisa, restituirá somente o valor recebido pelo negócio e as despesas do contrato.
III. A responsabilidade do alienante subsiste ainda que a coisa pereça em poder do alienatário, se perecer por vício oculto, já existente ao tempo da tradição.
IV. O prazo decadencial para o ajuizamento da ação redibitória ou da ação *quanti minoris* é de quinze dias, no caso de bens móveis, e de um ano, no caso de bens imóveis, contado da entrega efetiva.

Estão CORRETAS as assertivas

a) I e II, apenas.
b) I, III e IV, apenas.
c) II, III e IV, apenas.
d) II e IV, apenas.
e) I e III, apenas.

7. (Prefeitura Municipal/Jaboatão dos Guararapes/Auditor Tributário/Fundação Carlos Chagas/2006) A coisa recebida em virtude de contrato comutativo pode ser enjeitada por vícios ou defeitos ocultos, que a tornem imprópria ao uso a que é destinada, ou lhe diminuam o valor. Se o alienante não conhecia o vício ou defeito da coisa, restituirá

a) As despesas do contrato com perdas e danos.
b) Somente o valor recebido.
c) Somente as despesas do contrato.
d) O valor recebido com perdas e danos.
e) O valor recebido, mais as despesas do contrato.

8. (Defensoria Pública/SP/Defensor Público/I Concurso/Fundação Carlos Chagas/2006) Sobre os vícios redibitórios, é CORRETO afirmar:

a) A ação redibitória ou estimatória deve ser proposta dentro do prazo de trinta dias, em se tratando de bens móveis ou imóveis.
b) São defeitos ocultos existentes na coisa alienada, objeto de qualquer tipo de contrato.
c) Ocorrendo vício redibitório pode o adquirente rejeitar a coisa ou conservar o bem e reclamar abatimento no preço sem acarretar a redibição do contrato, através da ação estimatória ou *quanti minoris*.
d) Se o alienante tinha ciência do vício oculto, deverá restituir o que recebeu, sem perdas e danos.
e) Se a coisa vier a perecer em poder do alienatário, em razão do defeito já existente ao tempo da tradição, o alienante não terá de restituir o que recebeu.

9. (DPE/MS/Defensor Público/VUNESP/2014) Assinale a alternativa CORRETA, no que concerne aos vícios de quantidade do produto.

a) O fabricante responde objetivamente e o comerciante subsidiariamente.
b) O consumidor poderá exigir, à sua escolha, a substituição do produto por outro da mesma espécie, marca ou modelo, sem os aludidos vícios ou de qualidade superior, sem custos adicionais.
c) O consumidor poderá exigir a restituição imediata da quantia paga, monetariamente atualizada, sem prejuízo de eventuais perdas e danos, somente quando impossível a substituição do produto.
d) O fornecedor imediato será responsável objetivamente quando fizer a pesagem ou a medição e o instrumento utilizado não estiver aferido segundo os padrões oficiais.

10. (TRT/6ª Região/Juiz do Trabalho/XVIII Concurso/2010) Analise as assertivas abaixo e, depois, assinale a alternativa CORRETA:

I. O objeto do *pactum in contrahendo* (contrato preliminar) é celebração do contrato definitivo.
II. Podemos afirmar que os efeitos dos contratos aleatórios estão vinculados a uma condição.
III. A validade da estipulação em favor de terceiro não depende da vontade do terceiro beneficiário.
IV. No caso de estipulação em favor de terceiro, a faculdade de revogar o benefício é pessoal, não passando aos herdeiros do estipulante, no caso do seu falecimento.
V. Na promessa de fato de terceiro, a assunção (anuência) da obrigação pelo terceiro libera o promitente.

a) Apenas as assertivas III, IV e V estão corretas.
b) Apenas as assertivas I e IV estão corretas.
c) Apenas as assertivas I e V estão incorretas.
d) Todas as assertivas estão corretas.
e) Apenas a assertiva II está incorreta.

11. (TRF/1ª Região/Analista Judiciário/Fundação Carlos Chagas/2006) De acordo com o Código Civil brasileiro, a coisa recebida em virtude de contrato comutativo pode ser enjeitada por vícios ou defeitos ocultos, que a tornem imprópria ao uso a que é destinada, ou lhe diminuam o valor. O adquirente decai do direito de obter a redibição ou abatimento no preço no prazo de

a) trinta dias se a coisa for móvel, e de um ano se for imóvel, contado da entrega efetiva sendo que, se já estava na posse, o prazo conta-se da alienação, reduzido à metade.
b) trinta dias se a coisa for móvel, e de um ano se for imóvel, contado da entrega efetiva, sendo que, se já estava na posse, o prazo conta-se da alienação, reduzido de 1/3.
c) sessenta dias se a coisa for móvel, e de três anos se for imóvel, contado da entrega efetiva, sendo que, se já estava na pose, o prazo conta-se da alienação, reduzido de 1/3.
d) noventa dias se a coisa for móvel, e dois anos se for imóvel, contado da entrega efetiva, sendo que, se já estava na posse, o prazo conta-se da alienação, reduzido de 1/3.
e) noventa dias se a coisa for móvel, e dois anos se for imóvel, contado da entrega efetiva, sendo que, se já estava na posse, o prazo conta-se da alienação, reduzido à metade.

12. (TRT/6ª Região/Juiz do Trabalho/XVIII Concurso/2010) Sobre os vícios redibitórios, observe as afirmações abaixo e, depois, assinale a alternativa CORRETA:

I. O vício somente é caracterizado como redibitório se o alienante da coisa tiver conhecimento dele.

II. A garantia por vícios redibitórios dada pela lei ao contratante prejudicado constitui um dos efeitos diretos dos contratos comutativos.
III. A ação estimatória é o meio de que se pode servir o adquirente para enjeitar a coisa por vícios ou defeitos ocultos.
IV. Para que o vício seja redibitório, é indispensável que ele torne a coisa imprópria ao uso a que é destinada, não se admitindo a sua caracterização em outra hipótese.
V. A ação *quanti minoris*, se exercitada pelo adquirente prejudicado, não acarreta a redibição do contrato.

a) Apenas as assertivas I e IV estão corretas.
b) Apenas as assertivas II e V estão corretas.
c) As assertivas II, III e V estão corretas.
d) As assertivas I, III e IV estão corretas.
e) As assertivas I, II e V estão corretas.

13. (MP/GO/Promotor de Justiça/2010) Sobre os contratos, é CORRETA a seguinte opção:

a) A doação pura e simples é considerada um negócio jurídico unilateral porque somente uma das partes assume obrigações.
b) O instrumento, a manifestação de vontade, a existência de partes e o objeto são requisitos de existência do contrato.
c) A estipulação em favor de terceiros e a promessa de fato de terceiro são exceções ao princípio da relatividade contratual.
d) A coisa recebida em virtude de contrato unilateral poderá ser enjeitada por vícios ou defeitos ocultos, que a tornem imprópria ao uso a que é destinada, ou lhe diminuam o valor.

14. (Secretaria da Fazenda/PI/Analista do Tesouro Estadual/2015) De acordo com o Código Civil,

a) a garantia contra os vícios redibitórios independe de estipulação expressa.
b) nos contratos de adesão, pode-se renunciar antecipadamente a direito inerente à natureza do negócio.
c) pode-se estipular, como objeto de contrato, herança de pessoa viva que tenha sido interditada.
d) em contrato de adesão, quando houver cláusulas ambíguas ou contraditórias, o juiz deverá interpretá-lo em favor da parte que o elaborou.
e) o contrato preliminar deve conter todos os requisitos do contrato a ser celebrado, incluindo a forma.

15. (PGE/MT/Procurador do Estado/Fundação Carlos Chagas/2016) Isac vendeu seu veículo a Juliano, por preço bem inferior ao de mercado, fazendo constar, no contrato de compra e venda, que o bem estava mal conservado e poderia apresentar vícios diversos e graves. Passados quarenta dias da realização do negócio, o veículo parou de funcionar. Juliano ajuizou ação redibitória contra Isac, requerendo a restituição do valor pago, mais perdas e danos. A pretensão de Juliano

a) improcede, porque, embora a coisa possa ser enjeitada, em razão de vício redibitório, as perdas e danos apenas seriam devidas se Isac houvesse procedido de má-fé.
b) procede, porque a coisa recebida em virtude de contrato comutativo pode ser enjeitada por vícios ou defeitos ocultos, que a tornem imprópria ao uso a que é destinada, ou lhe diminuam o valor.

c) improcede, porque firmou contrato comutativo, assumindo o risco de que o bem viesse a apresentar avarias.
d) improcede, porque não configurados os elementos definidores do vício redibitório e o comprador assumiu o risco de que o bem viesse a apresentar avarias.
e) procede, porque a coisa recebida em virtude de contrato comutativo pode ser enjeitada por vícios ou defeitos ocultos, que a tornem imprópria ao uso a que é destinada, ou lhe diminuam o valor, mas está prescrita, porque se passaram mais de 30 dias da realização do negócio.

■ GABARITO ■

1. "d". Um dos requisitos para a caracterização dos vícios redibitórios é que os defeitos sejam desconhecidos do adquirente — o que **incorreu** no presente caso.
2. "b". *Vide* art. 441, parágrafo único, do CC.
3. "e". *Vide* art. 445 do CC.
4. "b". *Vide* art. 443 do CC.
5. "c". *Vide* art. 444 do CC.
6. "e". I. *Vide* art. 441 do CC; III. *Vide* art. 444 do CC.
7. "e". *Vide* art. 443, 2ª parte, do CC.
8. "c". *Vide* art. 442 do CC.
9. "d". *Vide* art. 19, § 2º, do CDC.
10. "d". *Vide* arts. 463, 458, 436, 438, parágrafo único, e 440, respectivamente, do CC.
11. "a". *Vide* art. 445 do CC.
12. "b". *Vide* arts. 441 e 442 do CC.
13. "c". *Vide* arts. 436, parágrafo único, e 439 do CC.
14. "a". *Vide* art. 441 do CC.
15. "d". Exige-se, para a procedência da ação redibitória, que os defeitos sejam desconhecidos do adquirente. *Vide* item 8.1.3., *retro*.

9

DA EVICÇÃO

9.1. CONCEITO E FUNDAMENTO JURÍDICO

Evicção é a **perda da coisa** em virtude de sentença judicial, que a atribui a outrem por causa jurídica preexistente ao contrato.

Todo alienante é obrigado não só a entregar ao adquirente a coisa alienada como também a garantir-lhe o uso e gozo. Dá-se a **evicção** quando o adquirente vem a perder, total ou parcialmente, a coisa **por sentença** fundada em motivo jurídico anterior (*evincere est vincendo in judicio aliquid auferre*)[1].

Funda-se a evicção no mesmo **princípio de garantia** em que se assenta a teoria dos **vícios redibitórios**. Nesta, o dever do alienante é garantir o uso e gozo da coisa, protegendo o adquirente contra os defeitos ocultos. Mas essa garantia estende-se também aos **defeitos do direito** transmitido. Há, portanto, um conjunto de garantias a que todo alienante está obrigado, por lei, na transferência da coisa ao adquirente. Deve fazer boa a coisa vendida, tanto no sentido de que ela possa ser usada para os fins a que se destina como também no de **resguardar o adquirente contra eventuais pretensões de terceiro** e o risco de vir a ser privado da coisa ou de sua posse e uso pacífico, pela reivindicação promovida com sucesso por terceiro, ressarcindo-o caso se consume a evicção.

Cumpre ao **alienante**, por conseguinte, **assistir o adquirente** em sua defesa, ante ações de terceiros, como decorrência de obrigação ínsita nos contratos onerosos. Não se exige culpa do **alienante**, que **mesmo de boa-fé** responde pela evicção, salvo quando expressamente tenha sido convencionado em contrário, pois se admite a exclusão da responsabilidade, como se verá adiante[2].

Trata-se de cláusula de garantia que opera de **pleno direito**, não necessitando, pois, de estipulação expressa, sendo ínsita nos contratos comutativos onerosos, como os de compra e venda, permuta, parceria pecuária, sociedade, transação, bem como na dação em pagamento e na partilha do acervo hereditário. Inexiste, destarte, em regra, responsabilidade pela evicção nos **contratos gratuitos** (CC, art. 552), salvo se se tratar de doação **modal** (onerosa ou gravada de encargo).

O Código Civil de 2002 desdobrou o conceito em dois dispositivos, a saber:

---

1 Washington de Barros Monteiro, *Curso de direito civil*, v. 5, p. 55.

2 Carlos Alberto Bittar, *Direito dos contratos e dos atos unilaterais*, p. 119.

"Art. 447. Nos contratos onerosos, o alienante responde pela evicção. Subsiste esta garantia ainda que a aquisição se tenha realizado em hasta pública.

Art. 448. Podem as partes, por cláusula expressa, reforçar, diminuir ou excluir a responsabilidade pela evicção."

Será o alienante, pois, obrigado a **resguardar o adquirente** dos riscos pela **perda da coisa** para terceiro, por força de decisão judicial em que fique reconhecido que aquele não era o legítimo titular do direito que convencionou transmitir. Essa perda denomina-se **evicção**, palavra derivada do latim *evincere*, que significa **ser vencido** num pleito relativo a coisa adquirida de terceiro (*Evincere est vincendo in iudicio aliquid auferre*)[3].

Há, na evicção, três personagens:

- o **alienante**, que responde pelos riscos da evicção;
- o **evicto**, que é o adquirente vencido na demanda movida por terceiro; e
- o **evictor**, que é o terceiro reivindicante e vencedor da ação.

A responsabilidade **decorre da lei** e independe, portanto, de previsão contratual, como já dito. Mesmo que o contrato seja omisso a esse respeito, ela existirá *ex vi legis* em todo **contrato oneroso**, pelo qual se transfere o **domínio**, **posse** ou **uso**. Pode decorrer, assim, tanto de ações petitórias como de possessórias, pois o citado art. 447 não prevê nenhuma limitação, subsistindo a garantia ainda que a aquisição tenha sido realizada em **hasta pública**.

9.2. EXTENSÃO DA GARANTIA

Sendo uma garantia **legal**, a sua extensão é estabelecida pelo legislador. Ocorrendo a perda da coisa em ação movida por terceiro, **o adquirente tem o direito de voltar-se contra o alienante** para ser ressarcido do prejuízo. Tem direito à garantia não só o proprietário mas também o possuidor e o usuário. Cabe, pois, a denunciação da lide, destinada a torná-la efetiva tanto nas ações petitórias como nas possessórias[4].

Só será excluída a responsabilidade do alienante se houver cláusula **expressa** (*pactum de non praestanda evictione*), não se admitindo cláusula **tácita** de não garantia. Podem as partes, por essa forma, **reforçar** (impondo a devolução do preço em dobro, p. ex.) ou **diminuir** a garantia (permitindo a devolução de apenas uma parte) e até mesmo **excluí-la**, como consta do art. 448 do Código Civil retrotranscrito.

Conclui Silvio Rodrigues que se deve entender que a lei não permite reforço **ilimitado** da garantia, não podendo, a princípio, a responsabilidade do alienante superar o prejuízo do adquirente[5]. Parece-nos que, efetivamente, as cláusulas que excluem, reforçam ou diminuem a garantia não podem deixar de se submeter ao controle judicial, em face da nova leitura determinada pelo Código de 2002 dos princípios da **boa-fé** e do **enriquecimento sem causa**.

---

3 Cunha Gonçalves, *Tratado de direito civil*, v. 6, n. 779.

4 Washington de Barros Monteiro, *Curso*, cit., v. 5, p. 56.

5 *Direito civil*, v. 3, p. 115.

■ **Cláusula expressa de exclusão da garantia** — não obstante a cláusula de exclusão da garantia, se a evicção se der, tem direito o evicto a recobrar "o preço que pagou pela coisa evicta, se não soube do risco da evicção, ou, dele informado, não o assumiu" (CC, art. 449).

A cláusula de irresponsabilidade, por si só, isto é, desacompanhada da ciência da existência de reivindicatória em andamento, exclui apenas a obrigação do alienante de indenizar todas as demais verbas, mencionadas ou não no art. 459 do Código Civil, **mas não a de restituir o preço recebido**. Para que fique exonerado também desta última, faz-se mister, além da cláusula de irresponsabilidade, que o evicto **tenha sido informado do risco da evicção e o assumido**, renunciando à garantia[6].

A cláusula que dispensa a garantia não é, portanto, **absoluta**. Para que opere integralmente, deve somar-se ao **conhecimento do risco específico** da evicção pelo evicto, **informado** pelo alienante da existência de terceiros que disputam o uso, posse ou domínio da coisa, tendo aquele **assumido tal risco**, renunciando à garantia. Quando o adquirente, conscientemente, dispensa a garantia, sabendo duvidoso o direito do alienante, sujeita-se a um contrato **aleatório**[7]. Se a cláusula excludente da responsabilidade for **genérica**, sem que o adquirente **saiba da ameaça específica** que recai sobre a coisa, ou se dela informado **não assumiu o risco**, não se exonera o alienante da obrigação de **restituir o preço** recebido. Confira-se o quadro esquemático abaixo:

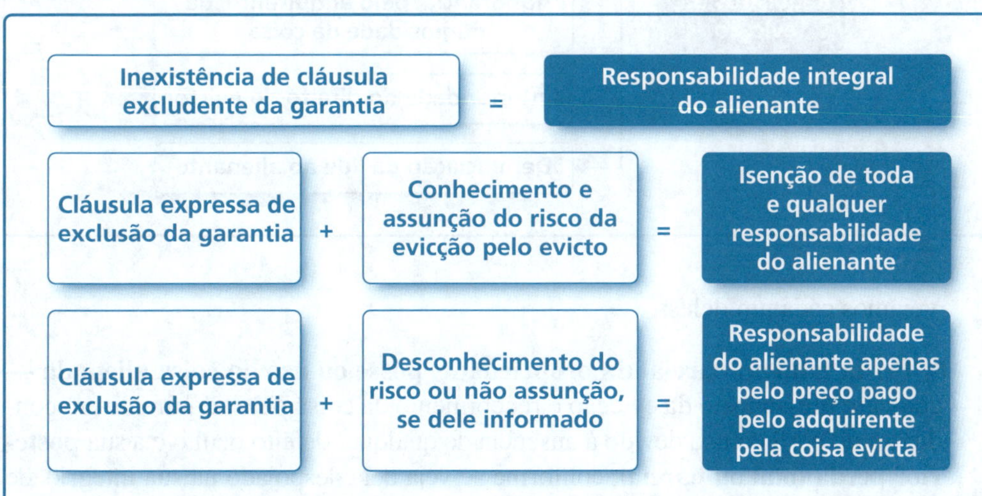

6 "Evicção. Compra e venda. Imóvel. Restituição ao autor da quantia por ele paga. Alegação de que o adquirente tinha conhecimento dos riscos que cercavam o negócio. Inadmissibilidade. Existência de comprometimento dos vendedores, no contrato, da outorga de escritura definitiva do bem. Ato para o qual nunca se mostraram em condições de fazer. Inexistência, ademais, de declaração expressa do comprador, tomando sobre si o risco. Verba devida" (*JTJ*, Lex, 236/55).

7 Sílvio Venosa, *Direito civil*, v. II, p. 570.

■ 9.3. REQUISITOS DA EVICÇÃO

A evicção tem por causa um vício existente no título do alienante, ou seja, um **defeito do direito transmitido** ao adquirente. É necessário que a perda da propriedade ou da posse da coisa para terceiro decorra de uma causa jurídica, visto que as turbações de fato podem por ele ser afastadas mediante o recurso aos remédios possessórios.

Essa **turbação de direito** pode fundar-se em direito real, como o de propriedade e de usufruto, por exemplo, ou em direito pessoal, como no caso de arrendamento arguido pelo terceiro em relação à coisa. Na cessão de crédito, o cedente responde tão somente pela existência do direito transferido (*veritas nominis*), e não pela solvência do devedor (*bonitas nominis*), salvo estipulação em contrário (CC, art. 296)[8].

Para que se configure a responsabilidade do alienante pela evicção, devem ser preenchidos os seguintes **requisitos**:

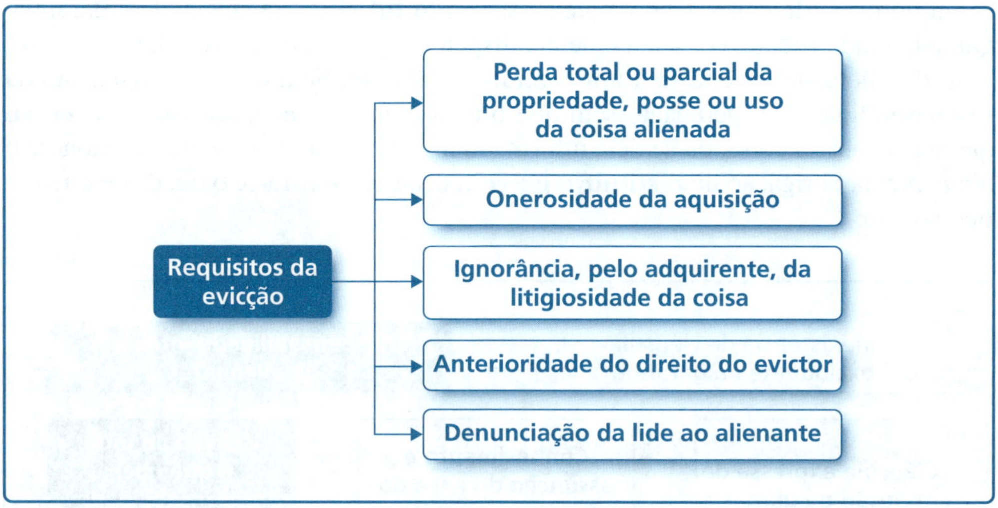

Vejamos cada um deles:

- **Perda total ou parcial da propriedade, posse ou uso da coisa alienada** — constitui pressuposto da evicção o recebimento da coisa pelo adquirente em condições de perfeito uso devido à ausência de qualquer defeito oculto e a sua **posterior perda total** ou **parcial**, conforme se veja dela despojado na sua integridade ou apenas parcialmente, ficando privado do domínio, da posse ou do uso.
- **Onerosidade da aquisição** — consoante foi visto no item 9.1, *retro*, o campo de ação da teoria da evicção são os **contratos onerosos**. Embora quase todos os Códigos, mesmo os mais modernos, disciplinem a evicção no contrato de compra

[8] Sílvio Venosa, *Direito civil*, cit., v. II, p. 570; Caio Mário da Silva Pereira, *Instituições de direito civil*, v. III, p. 138-139.

e venda, andou bem o direito brasileiro, disciplinando-a na parte geral dos contratos, fiel à tradição romana que não limitava os seus efeitos à *emptio venditio*. Inexiste, destarte, em regra, responsabilidade pela evicção nos **contratos gratuitos** (CC, art. 552), abrindo-se exceção para as doações **modais** (onerosas ou gravadas de encargo), porque, "sem perderem o caráter de liberalidade, assemelham-se aos contratos onerosos, em razão do encargo imposto ao donatário"[9].

■ **Ignorância, pelo adquirente, da litigiosidade da coisa** — dispõe o art. 457 do Código Civil que "não pode o adquirente demandar pela evicção, se sabia que a coisa era alheia ou litigiosa". Se a conhecia, presume-se ter **assumido o risco** de a decisão ser desfavorável ao alienante. Pondera, todavia, João Luiz Alves: "Cumpre, porém, notar que, mesmo sabendo que a coisa era alheia ou litigiosa, não tendo direito à garantia, tem contudo, o adquirente evicto, direito à restituição do preço, salvo se assumiu o risco que conhecia, porque o preço não faz parte da garantia"[10].

■ **Anterioridade do direito do evictor** — o alienante só responde pela perda decorrente de **causa já existente** ao tempo da alienação. Se lhe é posterior, nenhuma responsabilidade lhe cabe. É o caso da **desapropriação** efetuada pelo Poder Público. A causa da perda surgiu após a transmissão do direito. No entanto, se já havia sido expedido decreto de desapropriação antes da realização do negócio, responde o alienante pela evicção, ainda que a expropriação tenha-se efetivado posteriormente, porque a causa da perda é anterior ao contrato e o adquirente não tinha meios de evitá-la. Se, caso contrário, o imóvel adquirido está na posse de terceiro, que adquire o domínio pela **usucapião**, não cabe ao alienante ressarcir o adquirente, porque competia a este evitar a consumação da prescrição aquisitiva, a menos que ocorresse em data tão próxima da alienação que se tornasse impossível ao evicto impedi-la[11].

■ Importantes mudanças no regime da evicção resultaram da promulgação da Lei n. 13.097, de 19 de janeiro de 2015, que promove uma concentração de dados nas matrículas imobiliárias, pela qual em um único instrumento serão conjugadas todas as informações respeitantes ao bem de raiz. A partir de agora, como salienta Nelson Rosenvald[12], "o terceiro de boa-fé que adquire propriedade — ou outros direitos reais imobiliários — será imunizado da privação do direito, se posteriormente alguém postular a referida titularidade por atos jurídicos precedentes que não tenham sido registrados ou averbados na matrícula do imóvel". Em suma, a referida lei declarou, em outros termos, que, se a matrícula estiver livre, ou seja, sem gravames, a aquisição feita será plenamente eficaz, isto é, não

9 Caio Mário da Silva Pereira, *Instituições*, cit., v. III, p. 137-138.

10 *Código Civil da República dos Estados Unidos do Brasil anotado*, v. 3, p. 759.

11 Caio Mário da Silva Pereira, *Instituições*, cit., v. III, p. 137, apoiado em lição de Planiol, Ripert e Boulanger (*Traité élémentaire de droit civil*, v. II, n. 2.530).

12 O princípio da concentração na matrícula imobiliária — Lei n. 13.097/15, *Jornal Carta Forense*, mar. 2016.

poderá ser contestada por eventuais credores ou litigantes, exceto nas hipóteses de usucapião e da sociedade que se encontra em processo de falência.

- **Denunciação da lide ao alienante** — somente após a ação do terceiro contra o adquirente é que este poderá agir contra aquele. Dispõe o art. 456 do Código Civil que, "para poder exercitar o direito que da evicção lhe resulta, o adquirente notificará do litígio o alienante imediato, ou qualquer dos anteriores, quando e como lhe determinarem as leis do processo". Faz-se a notificação por meio da **denunciação da lide** (CPC, art. 125, I) para que o alienante venha **coadjuvar** o réu-denunciante na defesa do direito (CC, art. 456, parágrafo único).

Instaura-se, por meio da denunciação da lide, a lide secundária entre o adquirente e o alienante, no mesmo processo da lide principal travada entre o reivindicante e o primeiro. A sentença julgará as duas e, se julgar procedente a ação, declarará o **direito do evicto** (CPC, art. 129). Dispõe o parágrafo único do supratranscrito art. 456 que, "não atendendo o alienante à denunciação da lide, e sendo manifesta a procedência da evicção, pode o adquirente deixar de oferecer contestação, ou usar de recursos".

O mencionado parágrafo único, de caráter processual e oportunamente acrescentado, permite que o adquirente deixe de apresentar contestação ou usar recursos quando for **manifesta a procedência da evicção**, como acontece seguidas vezes nos casos em que esta se origina de um título flagrantemente falso[13].

O art. 456 do Código Civil foi revogado expressamente pelo art. 1.072 do novo Código de Processo Civil. O dispositivo revogado admitia a chamada denunciação *per saltum*, pela qual o adquirente poderia notificar do litígio o alienante imediato, ou qualquer dos anteriores. O art. 125, I, do novo Código de Processo Civil, todavia, dispõe que é admissível a denunciação da lide somente "ao alienante imediato", rejeitando, assim, a mencionada denunciação *per saltum*.

Por força dos termos peremptórios do art. 1.116 do Código Civil de 1916 ("o adquirente **notificará** do litígio o alienante...") reproduzidos no art. 456 do diploma de 2002, ora revogado, inclinou-se a jurisprudência para o entendimento de que, se não for feita a denunciação da lide, o adquirente não poderá mais exercer o direito decorrente da evicção. Verificada esta, não terá direito à indenização, pois o aludido dispositivo impede o ajuizamento de **ação autônoma de evicção** por quem foi parte no processo em que ela ocorreu.

Aos poucos, no entanto, outra corrente foi se formando, sustentando a **admissibilidade da ação autônoma** como indenização pela prática de verdadeiro ilícito, fundada no princípio que veda o enriquecimento sem causa. Esta última acabou prevalecendo no Superior Tribunal de Justiça, que tem a função de uniformizar a jurisprudência no País.

Tem a referida Corte proclamado, com efeito, que "o direito que o evicto tem de recobrar o preço que pagou pela coisa evicta independe, para ser exercitado, de ter ele

[13] Sílvio Venosa, *Direito civil*, cit., v. II, p. 569.

denunciado a lide ao alienante, na ação em que terceiro reivindicara a coisa"[14], bem como que "a jurisprudência do STJ é no sentido de que **a não denunciação da lide não acarreta a perda da pretensão regressiva**, mas apenas ficará o réu, que poderia denunciar e não denunciou, privado da imediata obtenção do título executivo contra o obrigado regressivamente. Daí resulta que as cautelas insertas pelo legislador pertinem tão só com o direito de regresso, mas não privam a parte de propor **ação autônoma** contra quem eventualmente lhe tenha lesado"[15].

■ **Perda da coisa em virtude de sentença judicial:** em regra, a perda que acarreta a evicção é a que se opera em virtude de **sentença judicial**, a qual define o direito das partes de modo definitivo. Não é, portanto, qualquer perda que a configura. Não ocorre evicção, por exemplo, quando a perda decorre da subtração do bem por terceiro, de esbulho, de seu perecimento em razão do fortuito e da força maior, bem como de outros fatos posteriores à alienação. No entanto, a jurisprudência tem admitido a ação autônoma de evicção, independentemente de sentença e de denunciação, **quando o evicto não foi parte na ação originária**, não tendo, assim, oportunidade de denunciar a lide ao alienante, como nas hipóteses de apreensão de veículo furtado, devolvido à vítima, e de apreensão de bens contrabandeados[16]. Nestes casos, o adquirente se vê privado do bem, sem ter tido a oportunidade de denunciar a lide ao alienante, porque a perda decorreu de ato administrativo, e não de sentença proferida em regular processo[17]. Essa orientação foi reforçada pelo fato de o art. 457 do novo Código Civil não reproduzir a exigência, feita no diploma de 1916, de que a perda tenha decorrido de sentença judicial.

■ **Aquisição da coisa em hasta pública:** o Código de 2002 apresenta uma inovação no art. 447 retrotranscrito, dispondo que subsiste a garantia da evicção "ainda que a aquisição se tenha realizado em hasta pública". A dúvida que o dispositivo suscita, não dirimida pelo Código, consiste em saber **quem responde pela evicção**, tendo em vista que a venda não se dá de modo espontâneo pelo proprietário da coisa, mas forçado pelo Estado, a fim de que terceiro seja favorecido.

Diferente a situação quando o proprietário escolhe livremente a alienação de bem de sua propriedade em leilão, como sucede com a venda de obras de arte e de

---

14 REsp 255.639-SP, 3ª T., rel. Min. Menezes Direito, *DJU*, 11.6.2001.

15 REsp 132.258-RJ, rel. Min. Nilson Naves, *DJU*, 17.4.2000.
No mesmo sentido: "Evicção. Compra e venda de imóvel. Restituição do preço. Pretensão que se mantém mesmo se não efetivada a denunciação da lide" (*JTJ*, Lex, 224/57).

16 Assinala, a propósito, Arnoldo Wald: "O mesmo princípio podemos aplicar à apreensão administrativa que importará em responsabilidade do alienante, se o vício de direito for anterior à alienação, como tem acontecido com as apreensões pelas autoridades alfandegárias de automóveis que entraram ilegalmente no país, havendo no caso responsabilidade dos vendedores pela evicção, salvo causa explícita, em sentido contrário" (*Obrigações e contratos*, p. 289).

17 "Evicção. Caracterização. Bem de procedência criminosa apreendido por ato de autoridade administrativa. Reparação devida ao adquirente independentemente da existência de sentença judicial" (STJ, *RT*, 758/177). No mesmo sentido: *RT*, 754/284, 732/245, 696/123.

animais em rodeios. Nesse caso, a sua responsabilidade pela evicção permanece, sem que paire qualquer dúvida a esse respeito. O problema se propõe apenas nas vendas forçadas realizadas pelo Estado, como se dá, por exemplo, nas **hastas públicas de bens penhorados** em execução movida contra o proprietário. Indaga-se se, neste caso, ocorrendo a evicção, o adquirente do bem deve exigir a indenização do antigo proprietário ou do credor que obteve o proveito com a venda que veio a ser prejudicada em razão de um direito anterior.

Parece-nos que o arrematante ou adjudicante que sofreu a evicção total ou parcial pode exigir a restituição do preço da coisa evicta ou o valor do desfalque, voltando-se contra **o credor ou credores** que se beneficiaram com o produto da arrematação ou contra o **devedor executado**, proprietário do bem, se este recebeu saldo remanescente[18].

■ 9.4. VERBAS DEVIDAS

Segundo dispõe o art. 447 do Código Civil, ocorrendo a perda da coisa adquirida por meio de contrato oneroso, em ação movida por terceiro fundada em direito anterior, o adquirente tem o direito de voltar-se contra o alienante. As **verbas devidas** estão **especificadas** no art. 450 do aludido diploma, que assim dispõe:

> "Salvo estipulação em contrário, tem direito o evicto, além da restituição integral do preço ou das quantias que pagou:
>
> I — à indenização dos frutos que tiver sido obrigado a restituir;
>
> II — à indenização pelas despesas dos contratos e pelos prejuízos que diretamente resultarem da evicção;
>
> III — às custas judiciais e aos honorários do advogado por ele constituído.
>
> Parágrafo único. O preço, seja a evicção total ou parcial, será o valor da coisa, na época em que se evenceu, e proporcional ao desfalque sofrido, no caso de evicção parcial."

■ **Ressarcimento amplo e completo:** na realidade, o ressarcimento deve ser amplo e completo, como se infere da expressão **"prejuízos que resultarem diretamente da evicção"**, incluindo-se as despesas com o ITBI recolhido, lavratura e registro de escritura, juros e correção monetária. São indenizáveis os prejuízos **devidamente comprovados**, competindo ao evicto o ônus de prová-los. As **perdas e danos**, segundo o princípio geral inserido no art. 402 do Código Civil, abrangem o dano emergente e o lucro cessante. Os **juros legais** são devidos à vista do disposto no art. 404 do Código Civil.

Nesse passo, adverte Caio Mário, "cabe esclarecer que o alienante responde pela ***plus valia*** adquirida pela coisa, isto é, a diferença a maior entre o preço de aquisição e o seu valor ao tempo em que se evenceu (parágrafo único do art. 450), atendendo a que a lei manda indenizar o adquirente dos prejuízos, e, ao cuidar das **perdas e da-**

[18] Nessa linha, o pensamento de Pontes de Miranda (*Tratado de direito privado*, v. 38, p. 181) e Sílvio Venosa (*Direito civil*, cit., v. II, p. 573).

nos, o Código Civil (art. 402) considera-as abrangentes não apenas do dano emergente, porém daquilo que o credor razoavelmente deixou de lucrar"[19].

O Superior Tribunal de Justiça, afinado com esse entendimento, tem proclamado: "Perdida a propriedade do bem, o evicto há de ser indenizado com importância que lhe propicie **adquirir outro equivalente**. Não constitui reparação completa a simples devolução do que foi pago, ainda que com correção monetária"[20].

■ **Prazo prescricional para ressarcimento:** segundo entendimento da 3ª Turma do Superior Tribunal de Justiça, a prescrição das pretensões dessa natureza, seja a reparação civil decorrente da responsabilidade contratual ou extracontratual, ainda que exclusivamente moral ou consequente de abuso de direito, deve observar **o prazo comum de três anos**[21].

■ **A deterioração da coisa:** procurando manter a mesma ideia de integralidade da indenização, estabelece o art. 451 do Código Civil que "subsiste para o alienante" a obrigação instituída no dispositivo anterior, **"ainda que a coisa alienada esteja deteriorada, exceto havendo dolo do adquirente"**. Por conseguinte, a deterioração da coisa, em poder do adquirente, não afasta a responsabilidade do alienante, que responde pela **evicção total**, salvo em caso de deterioração do bem provocada **intencionalmente** por aquele. Vale dizer que a responsabilidade permanece quando a deterioração decorre de **simples culpa**. Não poderá, destarte, o alienante arguir a desvalorização da coisa evicta com a pretensão de obter uma diminuição do montante da indenização.

Todavia, "se o adquirente tiver auferido **vantagens das deteriorações**" (vendendo material de demolição ou recebendo o valor de um seguro, p. ex.), serão elas **deduzidas** da verba a receber, a não ser que tenha sido condenado a indenizar o terceiro reivindicante (CC, art. 452).

■ **As benfeitorias realizadas na coisa:** dispõe o art. 453 do Código Civil que as "necessárias ou úteis, não abonadas ao que sofreu a evicção, serão pagas pelo alienante". O **evicto**, como qualquer possuidor, tem direito de ser **indenizado das necessárias e úteis**, pelo reivindicante (CC, art. 1.219)[22]. Contudo, se lhe foram abonadas (pagas pelo reivindicante) e tiverem sido feitas, na verdade, pelo alienante, "o valor delas será levado em conta na restituição devida" (CC, art. 454). A finalidade da regra é **evitar o enriquecimento sem causa do evicto**, impedindo que embolse o pagamento efetuado pelo reivindicante de benfeitorias feitas pelo alienante.

---

19 *Instituições*, cit., v. III, p. 140.

20 REsp 248.423-MG, 3ª T., rel. Min. Eduardo Ribeiro.

21 STJ, REsp 1.577.229, 3ª T., rel. Min. Nancy Andrighi, disponível em *Revista Consultor Jurídico* de 3.12.2016.

22 "O evicto há de ser indenizado amplamente, inclusive por construções que tenha erigido no imóvel. A expressão 'benfeitorias', contida no art. 1.112 do Código Civil (*de 1916, art. 453 do CC/2002*), há de ser entendida como compreendendo acessões" (STJ, REsp 139.178-RJ, 3ª T., rel. Min. Eduardo Ribeiro, *DJU*, 29.2.1999).

■ 9.5. DA EVICÇÃO PARCIAL

Dá-se a evicção parcial quando o evicto perde apenas **parte** ou **fração** da coisa adquirida em virtude de contrato oneroso. Pode caracterizá-la, ainda, **obstáculo** oposto ao gozo, pelo adquirente, de uma faculdade que lhe fora transferida pelo contrato, como a utilização de uma servidão ativa do imóvel comprado; o fato de ter de suportar um ônus, como o de uma hipoteca incidente sobre o imóvel vendido como livre e desembaraçado; e a sucumbência em ação confessória de servidão em favor de outro prédio[23].

Se a evicção for parcial, mas com perda de **parte considerável da coisa**, poderá o evicto optar entre a **rescisão do contrato** e a **restituição da parte do preço** correspondente ao desfalque sofrido. Com efeito, dispõe o art. 455 do Código Civil:

> "Se parcial, mas considerável, for a evicção, poderá o evicto optar entre a rescisão do contrato e a restituição da parte do preço correspondente ao desfalque sofrido. Se não for considerável, caberá somente direito a indenização."

Se, por exemplo, o evicto adquiriu cem alqueires de terra e perdeu sessenta, pode optar por rescindir o contrato ou ficar com o remanescente, recebendo a restituição da parte do preço correspondente aos sessenta alqueires que perdeu.

A doutrina, em geral, considera **parte considerável** para esse fim a perda que, atentando-se para a finalidade da coisa, faça presumir que o contrato não se aperfeiçoaria caso o adquirente conhecesse a verdadeira situação[24]. Deve-se sublinhar também que não somente sob o aspecto da **quantidade** pode ser aferido o desfalque mas também em função da **qualidade**, que pode sobrelevar àquele. Se, por exemplo, alguém adquire uma propriedade rural e perde uma pequena fração dela, porém justamente aquela em que se situa a casa da sede ou o manancial de água, pode a evicção, não obstante a pouca extensão territorial subtraída, ser tida como considerável ou de grande monta, por atingir a própria finalidade econômica do objeto.

Se não for considerável a evicção, **"caberá somente direito à indenização"**, segundo preceitua a segunda parte do dispositivo retrotranscrito. Não se justifica, realmente, o desfazimento de um negócio jurídico perfeito por causa de uma diferença irrelevante. O preço, seja a evicção total ou parcial, será o do valor da coisa, **na época em que se evenceu**, "e **proporcional** ao desfalque sofrido, no caso de evicção parcial" (CC, art. 450, parágrafo único). Desse modo, o preço dos sessenta alqueires será calculado pelo valor ao tempo da sentença que ocasionou a evicção, pois foi nesse momento que, efetivamente, ocorreu a diminuição patrimonial, e não pelo do tempo da celebração do contrato[25].

---

23 Caio Mário da Silva Pereira, *Instituições*, cit., v. III, p. 144; Sílvio Venosa, *Direito civil*, cit., v. III, p. 572.

24 João Luís Alves, *Código Civil*, cit., v. 3, p. 757.

25 Enfatiza Caio Mário, inspirado nas lições de Mazeaud e Mazeaud e Planiol, Ripert e Boulanger, que, "se tiver havido aumento, o adquirente recebe soma proporcional à valorização. Mas, reversamente, se tiver ocorrido depreciação, suporta-a o adquirente, pois que, pela aplicação do dispositivo, não vigora o mesmo princípio que relativamente à evicção total: nesta, a restituição do preço é integral; naquela, o adquirente evicto parcialmente suporta a menor-valia da coisa" (*Instituições*, cit., v. III, p. 144).

9.6. RESUMO

DA EVICÇÃO	
CONCEITO	É a perda da coisa em virtude de sentença judicial que a atribui a outrem por causa jurídica preexistente ao contrato.
FUNDAMENTO JURÍDICO	Funda-se no mesmo **princípio de garantia** em que se assenta a teoria dos vícios redibitórios, estendido aos defeitos do **direito** transmitido. O alienante é obrigado a resguardar o adquirente dos riscos da perda da coisa para terceiro, por força de decisão judicial (CC, art. 447).
EXTENSÃO DA GARANTIA	Verbas devidas, além da restituição das quantias pagas: a) a indenização dos frutos que o adquirente tiver sido obrigado a restituir; b) a das despesas dos contratos e dos prejuízos que resultarem diretamente da evicção; c) as custas e os honorários de advogado (art. 450). Subsiste para o alienante a obrigação de ressarcir os prejuízos ainda que a coisa alienada esteja **deteriorada**, exceto havendo dolo do adquirente (art. 451). Podem as partes, por cláusula expressa, reforçar, diminuir ou excluir a responsabilidade pela evicção (art. 448). Não obstante a existência de tal cláusula, caso a evicção se der, tem direito o evicto a recobrar o preço que pagou pela coisa evicta, se não soube do risco da evicção ou, dele informado, não o assumiu (art. 449). Em caso de **evicção parcial**, mas considerável, poderá o evicto optar entre a rescisão do contrato e a restituição da parte do preço correspondente ao desfalque sofrido (art. 455).
REQUISITOS DA EVICÇÃO	a) **perda total** ou **parcial** da propriedade, posse ou uso da coisa alienada; b) **onerosidade da aquisição**; c) **ignorância**, pelo adquirente, da **litigiosidade da coisa** (art. 457); d) **anterioridade do direito** do evictor; e) **denunciação da lide** ao alienante (art. 456).

9.7. QUESTÕES

1. (OAB/Exame Unificado 2009.3/CESPE/UnB) Assinale a opção CORRETA a respeito dos vícios redibitórios e da evicção.

a) Não há responsabilidade por evicção caso a aquisição do bem tenha sido efetivada por meio de hasta pública.
b) Se o alienante não conhecia, à época da alienação, o vício ou defeito da coisa, haverá exclusão da sua responsabilidade por vício redibitório.
c) As partes podem inserir no contrato cláusula que exclua a responsabilidade do alienante pela evicção.
d) O adquirente, ante o vício redibitório da coisa, somente poderá reclamar o abatimento do preço.

2. (TJDFT/Juiz de Direito/2007) Assinale a alternativa VERDADEIRA:

a) Não podem os contratantes, ainda que diante de cláusula expressa, reforçar, diminuir ou extirpar a responsabilidade pela evicção;
b) Se parcial, mas considerável, for a evicção, não é lícito ao evicto optar entre a rescisão do contrato e a restituição da parte do preço correspondente ao desfalque sofrido;
c) Nos contratos de natureza onerosa, o alienante responde pela evicção, persistindo esta garantia, pouco importando que a aquisição, por exemplo, tenha se dado em hasta pública;
d) Não atendendo o alienante à denunciação da lide e sendo manifesta a procedência da evicção, deve o adquirente deixar de oferecer contestação, ou usar de recursos.

3. (TCE/AM/Procurador de Contas/Fundação Carlos Chagas/2006) O alienante responde pela evicção nos contratos

a) gratuitos, não sendo permitido reforçar essa garantia além do valor do bem.
b) onerosos e esta responsabilidade não pode ser excluída, ainda que por cláusula expressa.
c) onerosos ou gratuitos, mas esta responsabilidade pode ser diminuída ou excluída por cláusula expressa.
d) onerosos e esta garantia subsiste embora a aquisição se tenha realizado em hasta pública.
e) onerosos ou gratuitos, não podendo ser essa responsabilidade reforçada ou diminuída ainda que por cláusula expressa.

4. (TJ/AP/Juiz de Direito/Fundação Carlos Chagas/2014) Ocorrendo a evicção,

a) embora existente cláusula que exclua a garantia contra ela, tem direito o evicto a receber o preço que pagou pela coisa evicta, se não soube do risco da evicção, ou, dele informado, não o assumiu.
b) somente as benfeitorias necessárias serão pagas, pelo alienante ao evicto, excluindo-se sempre as voluptuárias e úteis.
c) o evicto terá direito a receber sempre o dobro do valor pago pelo bem que perdeu.
d) considerar-se-á nula a cláusula que reforçou a garantia em prejuízo do alienante.
e) o evicto não terá direito à restituição integral do preço, pois dele sempre terá de ser abatida uma parcela proporcional ao tempo em que esteve na posse do bem.

5. (TJSP/Cartório de Notas e de Registros/VUNESP/2014) Em relação à evicção, assinale a alternativa CORRETA.

a) Não obstante à cláusula, que exclui a garantia contra a evicção, se esta se der, tem direito o evicto de receber o preço que pagou pela coisa evicta, se não soube do risco da evicção, ou, dele informado, não o assumiu.
b) Não podem as partes, nem por cláusula expressa, reforçar ou diminuir a responsabilidade pela evicção.
c) A caracterização da evicção só se dará pela perda definitiva da propriedade por sentença judicial.
d) Nos contratos onerosos, o alienante responde pela evicção, mas esta garantia não subsiste se a aquisição se tenha realizado em hasta pública.

6. (TRF/4ª Região/Analista Judiciário/Fundação Carlos Chagas/2007) Nos contratos onerosos, o alienante responde pela evicção. Segundo o Código Civil brasileiro, com relação à evicção é CORRETO afirmar:

a) A evicção não subsistirá se a aquisição se tenha realizado em hasta pública, havendo dispositivo legal expresso neste sentido.
b) Podem as partes, por cláusula expressa, reforçar, diminuir ou excluir a responsabilidade pela evicção.
c) Ocorrendo evicção parcial considerável, caberá somente direito à indenização, não podendo o evicto optar pela rescisão do contrato.
d) Pode o adquirente demandar pela evicção, inclusive se sabia que a coisa era alheia ou litigiosa.
e) Salvo estipulação em contrário, não tem direito o evicto à indenização dos frutos que tiver sido obrigado a restituir.

7. (TJ/GO/Juiz de Direito/Fundação Carlos Chagas/2015) Renato adquiriu imóvel e assinou contrato no âmbito do qual foi excluída, por cláusula expressa, a responsabilidade pela evicção. A cláusula é

a) válida, mas, se Renato restar evicto, terá direito de receber o preço que pagou pelo imóvel, ainda que soubesse do risco da evicção.

b) válida, excluindo, em qualquer caso, o direito de Renato receber quaisquer valores em caso de evicção.
c) nula, porque fere preceito de ordem pública.
d) válida, mas, se Renato restar evicto, terá direito de receber o preço que pagou pelo imóvel, se não soube do risco da evicção ou se, dele informado, não o assumiu.
e) válida, mas, se Renato restar evicto, terá direito de receber o preço que pagou pelo imóvel mais indenização pelos prejuízos decorrentes da evicção, tais como despesas de contrato e custas judiciais, se não soube do risco da evicção ou se, dele informado, não o assumiu.

8. (TRE/PB/Técnico Judiciário/Fundação Carlos Chagas/2007) No que concerne à evicção, de acordo com o Código Civil, é CORRETO afirmar que

a) O evicto não terá, em nenhuma hipótese, o direito de receber o preço que pagou pela coisa evicta, se excluída a garantia contra a evicção.
b) As partes podem excluir a responsabilidade pela evicção por cláusula expressa ou tácita.
c) O alienante responde pela evicção, ainda que a aquisição se tenha realizado em hasta pública.
d) O adquirente pode demandar pela evicção, ainda se sabia que a coisa era alheia ou litigiosa.
e) Em caso de evicção total o preço será o do valor da coisa, na data do ajuizamento da ação judicial pelo evicto comprador.

9. (TJSC/Juiz de Direito/2007) No referente à evicção, assinale a alternativa INCORRETA:

a) O evicto tem direito a obter, do alienante, o valor das benfeitorias necessárias ou úteis que não lhes foram abonadas.
b) Mesmo que não considerável a evicção parcial, é facultado ao evicto optar pela rescisão do contrato.
c) A responsabilidade pela evicção não se aplica às coisas adquiridas a título gratuito.
d) A aquisição do bem em hasta pública não é excludente da evicção.
e) Se não considerável a evicção parcial somente terá o evicto direito à indenização.

10. (TJSC/Juiz de Direito/2006) Assinale a alternativa CORRETA.

a) Na estipulação em favor de terceiro o estipulante poderá exonerar o devedor, ainda que terceiro tenha se reservado o direito de reclamar-lhe a execução.
b) A garantia da evicção não subsiste se a aquisição ocorrer em hasta pública.
c) Nas ações redibitórias ou de abatimento do preço, os prazos de decadência fluem na constância da cláusula de garantia, se o adquirente não denunciar o defeito ao alienante nos trinta dias seguintes ao seu descobrimento.
d) O contrato preliminar, não registrado e sem cláusula de arrependimento, não é oponível contra terceiros e nem é eficaz entre as partes.
e) No contrato aleatório, mesmo que assuma um dos contratantes o risco de não ver a coisa ou o fato existir, não terá o outro direito de receber integralmente o que lhe foi prometido, mesmo que de sua parte não tenha havido dolo ou culpa.

11. (TJMG/Juiz de Direito/2008) Nos contratos onerosos, o alienante responde pela evicção. Assim, de acordo com o Código Civil, é CORRETO dizer que:

a) A garantia não subsiste quando a aquisição se tenha realizado em hasta pública.
b) A garantia ou responsabilidade pela evicção independe de culpa.
c) A garantia opera-se com a perda da coisa por ato administrativo de política sanitária ou de segurança pública.
d) A garantia ou responsabilidade pela evicção não pode ser objeto das disposições de vontade dos contratantes.

12. (TRT/6ª Região/Juiz do Trabalho/XVIII Concurso/2010) Quanto à evicção no ordenamento jurídico pátrio:

I. A cláusula de irresponsabilidade por evicção exclui a obrigação do alienante em pagar perdas e danos e em restituir o preço pago.
II. O evicto de boa-fé possui o direito à indenização pelas benfeitorias que não lhe foram abonadas, desde que necessárias.
III. O ordenamento brasileiro acolheu a possibilidade de evicção parcial.
IV. Um dos requisitos para configuração da evicção é a anterioridade do direito do evictor ao contrato celebrado.
V. Na hipótese de ser acionado, o adquirente notificará o alienante imediato ou qualquer dos anteriores, para que intervenha no processo e defenda a coisa que alienou.

a) Todas as assertivas estão corretas.
b) Apenas as assertivas I, II e V estão corretas.
c) As assertivas I, III e IV estão corretas.
d) Apenas as assertivas III, IV e V estão corretas.
e) Apenas as assertivas II e IV estão incorretas.

13. (TJPR/Juiz de Direito/UFPR/2013) Reza o art. 447 do Código Civil Brasileiro: "Nos contratos onerosos, o alienante responde pela evicção. Subsiste esta garantia ainda que a aquisição se tenha realizado em hasta pública".

No que concerne à evicção, é correto afirmar:

a) É vedado às partes reforçar, diminuir ou excluir a responsabilidade pela evicção, pois decorre de lei.
b) O preço, seja a evicção total, seja parcial, será o do valor da coisa na época do contrato, atualizada monetariamente pelos índices oficiais.
c) Se parcial, mas considerável, for a evicção, poderá o evicto optar entre a rescisão do contrato e a restituição da parte do preço correspondente ao desfalque sofrido. Se não for considerável, caberá somente direito a indenização.
d) Pode o adquirente demandar pela evicção, mesmo sabendo que a coisa era litigiosa ao tempo da alienação. Não poderá, no entanto, se sabia que a coisa era alheia.

14. (MP/MA/Promotor de Justiça/2014) Considerando a disciplina dos contratos no Código Civil, marque a alternativa CORRETA:

a) Em negócio entre particulares, sem incidência do Código de Defesa do Consumidor, havendo vício na coisa que, por sua natureza, só puder ser conhecido posteriormente à celebração, o prazo para o adquirente obter a redibição ou abatimento no preço contar-se-á do momento em que dele tiver ciência, até o prazo máximo de noventa dias, em se tratando de bens móveis; e de seis meses para os imóveis;
b) No que diz respeito aos vícios redibitórios, se o alienante os conhecia, restituirá o que recebeu com perdas e danos. Todavia, se não os conhecia, será responsável apenas pela restituição do valor recebido;
c) É direito do evicto, salvo estipulação em contrário, além da restituição integral do preço ou das quantias que pagou, a indenização pelas despesas dos contratos e pelos prejuízos que diretamente resultarem da evicção;
d) Na hipótese de inexecução de um contrato celebrado com cláusula prevendo o direito de arrependimento por parte de quem recebeu as arras, quem as deu pode haver a avença por desfeita e exigir a sua devolução mais o equivalente, com atualização monetária segundo índices oficiais regularmente estabelecidos, juros e honorários de advogado, sem prejuízo de pleitear judicialmente indenização suplementar;
e) A responsabilidade pela evicção pode, por convenção entre as partes, ser reforçada ou reduzida, mas não excluída.

15. (Pref. Mun./Sertãozinho/Procurador Municipal/VUNESP/2016) Assinale a alternativa CORRETA sobre direito contratual, conforme disposições do Código Civil de 2002.

a) Nos contratos de adesão, são nulas as cláusulas ambíguas ou contraditórias, ainda que possível adotar interpretação mais favorável ao aderente.
b) É nula a cláusula que dispõe que o evicto não tem direito à indenização dos frutos que tiver sido obrigado a restituir.
c) Admite-se, nas doações com encargo, a rescisão contratual com fundamento na existência de vício redibitório.
d) A resolução do contrato por onerosidade excessiva é possível nos contratos de execução imediata ou continuada, retroagindo os efeitos da sentença à data da citação.
e) A proposta de contrato não obriga o proponente, se o contrário não resultar dos termos dela, da natureza do negócio, ou das circunstâncias do caso.

16. (Câm. Mun./Marília/Procurador Jurídico/VUNESP/2016) Assinale a alternativa CORRETA sobre o instituto da evicção.

a) É plenamente válida e eficaz a cláusula que exclua a responsabilidade pela evicção, ainda que o alienante tenha omitido dolosamente a existência do vício.
b) Há garantia pela evicção quando a aquisição tenha sido realizada em hasta pública.
c) Se parcial, mas considerável, for a evicção, poderá o alienante optar entre a rescisão do contrato e a restituição da parte do preço equivalente ao desfalque sofrido.
d) Pode o adquirente demandar pela evicção, ainda que soubesse que a coisa era alheia ou litigiosa.
e) É nula a cláusula que dispõe que a indenização pela evicção, caso ocorra, não contemplará despesas do contrato, custas judiciais e honorários advocatícios.

GABARITO

1. "c". *Vide* art. 448 do CC.
2. "c". *Vide* art. 447 do CC.
3. "d". *Vide* art. 447 do CC.
4. "a". *Vide* art. 449 do CC.
5. "a". *Vide* art. 449 do CC.
6. "b". *Vide* art. 448 do CC.
7. "d". *Vide* arts. 448 e 449 do CC.
8. "c". *Vide* art. 447 do CC.
9. "b". *Vide* art. 455, 2ª parte, do CC.
10. "c". *Vide* art. 446 do CC.
11. "b". *Vide* art. 447 do CC.
12. "d". *Vide* art. 447 do CC.
13. "c". *Vide* art. 455 do CC.
14. "c". *Vide* art. 450, II, do CC.
15. "c". *Vide* art. 441, parágrafo único, do CC.
16. "b". *Vide* art. 447 do CC.

10

DOS CONTRATOS ALEATÓRIOS

10.1. CONCEITO

Considerando-se as expectativas de vantagens ou benefícios que as partes aguardam e alimentam por ocasião de sua celebração, os contratos bilaterais e onerosos podem revelar-se **comutativos** ou **aleatórios**.

- **Comutativos** são os contratos de prestações certas e determinadas, como foi dito no item 5.2.3, *retro*, *Contratos onerosos comutativos e aleatórios*. As partes podem antever as vantagens e os sacrifícios, que geralmente se equivalem, decorrentes de sua celebração, porque **não envolvem nenhum risco**. Na ideia de comutatividade está presente a de **equivalência das prestações**, pois, em regra, nos contratos onerosos, cada contraente apenas se sujeita a um sacrifício se receber, em troca, uma vantagem equivalente. Contrato **comutativo** é, pois, o oneroso e bilateral, em que cada contraente, além de receber do outro prestação relativamente equivalente à sua, pode verificar de imediato essa equivalência[1].
- **Contrato aleatório** é o bilateral e oneroso em que pelo menos um dos contraentes não pode antever a vantagem que receberá em troca da prestação fornecida. Caracteriza-se, ao contrário do comutativo, pela **incerteza**, para ambas as partes, sobre as vantagens e sacrifícios que dele podem advir. A equivalência não está entre as prestações estipuladas, mas "*dans la chance de gain ou de perte pour chacune des parties*", como preceitua o Código Civil francês. Segundo Silvio Rodrigues, "aleatórios são os contratos em que o montante da prestação de uma ou de ambas as partes não pode ser desde logo previsto, por depender de um **risco futuro**, capaz de provocar sua variação"[2].

O vocábulo **aleatório** é originário do latim *alea*, que significa sorte, risco, azar, dependente do acaso ou do destino, como na célebre frase de Júlio César ao atravessar o rio Rubicão: *alea jacta est* (a sorte está lançada)[3]. Daí o fato de o contrato aleatório

---

1 Maria Helena Diniz, *Tratado teórico e prático dos contratos*, v. 1, p. 101.

2 *Direito civil*, cit., v. 3, p. 122.

3 Cunha Gonçalves, *Tratado de direito civil*, v. 8, p. 298; Washington de Barros Monteiro, *Curso de direito civil*, v. 5, p. 65.

ser também denominado **contrato de sorte**[4]. São exemplos dessa subespécie os contratos de jogo, aposta e seguro. Já se disse que o contrato de seguro é comutativo porque o segurado o celebra para se acobertar contra qualquer risco. No entanto, para a seguradora, é sempre aleatório, pois o pagamento ou não da indenização depende de um fato eventual.

A propósito, preleciona Caio Mário: "Se é certo que em todo contrato há um **risco**, pode-se contudo dizer que no contrato aleatório este é da sua essência, pois que o ganho ou a perda consequente está na dependência de um acontecimento **incerto** para ambos os contratantes. O **risco** de perder ou de ganhar pode ser de um ou de ambos; mas a **incerteza** do evento tem de ser dos contratantes, sob pena de não subsistir a obrigação"[5].

- **Contratos aleatórios e contratos condicionais:** os contratos aleatórios não se confundem com os contratos **condicionais**. Enquanto a eficácia destes depende de um evento **futuro e incerto**, nos **aleatórios** o contrato é perfeito desde logo, surgindo apenas um risco de a prestação de uma das partes ser maior, menor ou mesmo não ser nenhuma[6].
- **Contrários aleatórios e lesão:** a rescisão por **lesão** não ocorre nos contratos aleatórios, mas **apenas nos comutativos**. Com efeito, a possibilidade de oferecimento de suplemento suficiente, prevista no art. 157 do novo Código Civil, reforça a ideia defendida pela doutrina de que a **lesão** só ocorre em contratos comutativos, em que a contraprestação é um dar, e não um fazer, excetuando-se os aleatórios, pois nestes as prestações envolvem risco e, por sua própria natureza, não precisam ser equilibradas.

Somente se poderá invocar a lesão nos contratos aleatórios, todavia, excepcionalmente, como assinala Anelise Becker, "quando a vantagem que obtém uma das partes é excessiva, **desproporcional em relação à álea normal do contrato**"[7]. A situação se aproximaria, nesse caso, do fortuito e da força maior.

10.2. ESPÉCIES

Além dos **aleatórios por natureza**, há contratos tipicamente comutativos, como a compra e venda, que, em razão de certas circunstâncias, tornam-se aleatórios. Denominam-se contratos **acidentalmente aleatórios**.

Os contratos **acidentalmente aleatórios** são de duas espécies:

- venda de **coisas futuras**; e
- venda de **coisas existentes, mas expostas a risco**.

---

4 Francesco Messineo, *Doctrina general del contrato*, t. I, p. 422.

5 *Instituições de direito civil*, v. III, p. 68-69.

6 Lodovico Barassi, *La teoria generale delle obbligazioni*, v. II, § 26.

7 *Teoria geral da lesão nos contratos*, p. 98.

Nos que têm por objeto **coisas futuras**, o **risco** pode referir-se:

a) à própria **existência da coisa**; e

b) à sua **quantidade**.

Veja-se o quadro esquemático abaixo:

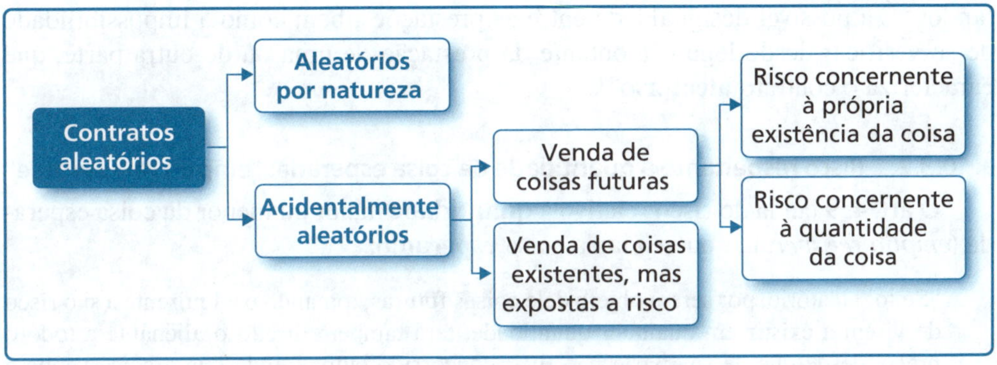

Do risco respeitante à própria **existência** da coisa trata o art. 458 do Código Civil. Tem-se, na hipótese, a *emptio spei* ou venda da **esperança**, isto é, da probabilidade das coisas ou fatos **existirem**. O art. 459 cuida do risco referente à **quantidade** maior ou menor da coisa esperada (*emptio rei speratae* ou venda da coisa esperada). A venda de coisas já **existentes**, mas sujeitas a perecimento ou depreciação, é disciplinada nos arts. 460 e 461.

10.3. VENDA DE COISAS FUTURAS

10.3.1. Risco concernente à própria existência da coisa: "emptio spei"

Do risco respeitante à própria **existência** da coisa trata o art. 458 do Código Civil, nestes termos:

> "Se o contrato for aleatório, por dizer respeito a coisas ou fatos futuros, cujo risco de não virem a existir um dos contratantes assuma, terá o outro direito de receber integralmente o que lhe foi prometido, desde que de sua parte não tenha havido dolo ou culpa, ainda que nada do avençado venha a existir."

Tem-se, na hipótese, a *emptio spei* ou **venda da esperança**, isto é, da probabilidade das coisas ou fatos **existirem**. Caracteriza-se, por exemplo, quando alguém vende a colheita futura, declarando que "a venda ficará perfeita e acabada haja ou não safra, não cabendo ao comprador o direito de reaver o preço pago se, em razão de geada ou outro imprevisto, a safra inexistir". Caso o risco se verifique, "***sem dolo ou culpa do vendedor***, adquire este o preço; se não houver, porém, colheita por culpa ou dolo do alienante, não haverá risco, e o contrato é nulo"[8].

8 Washington de Barros Monteiro, *Curso*, cit., v. 5, p. 67.

Costuma-se mencionar como exemplo da espécie ora tratada o da pessoa que propõe pagar determinada importância ao pescador pelo que ele apanhar na rede que está na iminência de lançar ao mar. Mesmo que, ao puxá-la, verifique não ter apanhado nenhum peixe, terá o pescador direito ao preço integral se agiu com a habitual diligência.

Silvio Rodrigues chama a atenção para a **desproporção das prestações**, salientando: "É a possível desigualdade entre as prestações, bem como a impossibilidade de se verificar desde logo o montante da prestação de uma ou de outra parte, que caracteriza o contrato **aleatório**"[9].

■ 10.3.2. Risco respeitante à quantidade da coisa esperada: "emptio rei speratae"

O art. 459 cuida do risco relativo à **quantidade** maior ou menor da coisa esperada (*emptio rei speratae* ou venda da coisa **esperada**):

> "Se for aleatório, por serem objeto dele coisas futuras, tomando o adquirente a si o risco de virem a existir em qualquer quantidade, terá também direito o alienante a todo o preço, desde que de sua parte não tiver concorrido culpa, ainda que a coisa venha a existir em quantidade inferior à esperada.
> Parágrafo único. Mas, se da coisa nada vier a existir, alienação não haverá, e o alienante restituirá o preço recebido."

Assim, se o risco da aquisição da safra futura limitar-se à sua **quantidade**, pois deve ela existir, **o contrato ficará nulo se nada puder ser colhido**. Porém, se vem a existir **alguma quantidade**, por menor que seja, **o contrato deve ser cumprido**, tendo o vendedor direito a todo o preço ajustado. Ou, voltando ao exemplo do pescador, se o terceiro comprou o produto do lanço de sua rede, assumindo apenas o risco de ele conseguir apanhar maior ou menor quantidade de peixes, o proponente liberar-se-á se a rede vier vazia[10].

■ 10.4. VENDA DE COISAS EXISTENTES, MAS EXPOSTAS A RISCO

A venda de **coisas já existentes**, e não futuras, mas **sujeitas a perecimento ou depreciação** é disciplinada no art. 460, como se segue:

> "Se for aleatório o contrato, por se referir a coisas existentes, mas expostas a risco, assumido pelo adquirente, terá igualmente direito o alienante a todo o preço, posto que a coisa já não existisse, em parte, ou de todo, no dia do contrato."

Menciona João Luiz Alves, como exemplo, a venda de mercadoria que está sendo transportada em alto-mar por pequeno navio, cujo risco de naufrágio o adquirente assumiu. É válida, mesmo que a embarcação já tenha sucumbido na data do contrato. Se, contudo, o alienante **sabia** do naufrágio, a alienação **"poderá ser anulada como**

---

[9] *Direito civil*, cit., v. 3, p. 124.

[10] Silvio Rodrigues, *Direito civil*, cit., v. 3, p. 124.

dolosa pelo prejudicado", como prescreve o art. 461 do Código Civil, cabendo ao adquirente a prova dessa ciência[11]. Nesse caso, o adquirente não terá guardado, na celebração do contrato, os princípios da **probidade e boa-fé** exigidos no art. 422 do novo diploma.

■ 10.5. RESUMO

CONTRATOS ALEATÓRIOS	
CONCEITO	■ Aleatórios são os contratos em que o montante da prestação de uma ou de ambas as partes não pode ser desde logo previsto, por depender de um **risco futuro** capaz de provocar a sua variação.
ESPÉCIES	Dividem-se em: ■ **aleatórios por natureza**; e ■ **acidentalmente aleatórios**, que são de duas espécies: a) venda de **coisas futuras**, em que o risco pode referir-se à **própria existência** da coisa (CC, art. 458 — *emptio spei* ou venda da esperança) ou à sua **quantidade** (art. 459 — *emptio rei speratae* ou venda da coisa esperada); e b) venda de coisas **existentes**, mas **expostas a risco** (art. 460).

11 *Código Civil da República dos Estados Unidos do Brasil anotado*, v. 2, p. 201.

11

DO CONTRATO PRELIMINAR

11.1. CONCEITO

Muitas vezes, malgrado o consenso alcançado, não se mostra conveniente aos contraentes contratar de forma definitiva, seja porque o pagamento será feito de modo parcelado e em elevado número de prestações, seja pela necessidade de se aguardar a liberação de um financiamento, seja, ainda, por algum outro motivo de natureza particular ou mesmo de mera conveniência. Nesse caso, podem os interessados celebrar um contrato **provisório**, **preparatório**, no qual prometem complementar o ajuste, celebrando o definitivo.

Essa avença constitui o **contrato preliminar**, que tem sempre por objeto a efetivação de um contrato definitivo. Contrato **preliminar** ou *pactum de contrahendo* (como era denominado no direito romano), ou, ainda, **contrato-promessa**, é aquele que tem por **objeto** a celebração de um contrato **definitivo**. Tem, portanto, um único objeto.

Não visam os contraentes, ao celebrar um contrato preliminar, modificar efetivamente sua situação, mas apenas criar a obrigação de um futuro ***contrahere***. Podem eles achar conveniente protelar a produção dos efeitos e a assunção das obrigações definitivas, mas "fechando", ao mesmo tempo, o negócio.

11.2. REQUISITOS DE VALIDADE

Os requisitos para a validade do contrato preliminar são os mesmos exigidos para o contrato definitivo. Senão, vejamos:

- **Requisito objetivo** — é preciso que o **objeto** do contrato seja **lícito, possível, determinado** ou **determinável** (CC, art. 104, II). Como o objeto do contrato preliminar é a celebração do contrato definitivo, constituindo este a prestação consubstanciada naquele, não pode o contrato principal atentar contra a ordem pública e os bons costumes, nem ofender disposição legal ou ser fisicamente impossível.
- **Requisito subjetivo** — é necessário que, além da **capacidade genérica** para a vida civil (CC, art. 104, I), os contraentes tenham **aptidão para validamente alienar**, sob pena de restar inviabilizada a execução específica da obrigação de fazer. Se casado, necessitará o contraente da **outorga uxória** para celebrar o contrato preliminar.

■ **Requisito formal** — é disciplinado no art. 462 do novo Código Civil, que **não exige** que o contrato preliminar seja pactuado com os mesmos requisitos formais exigidos para o contrato definitivo a ser celebrado[1].

A promessa de compra e venda, ou compromisso de compra e venda, é exemplo do contrato preliminar mais comum. Entende Orlando Gomes que se deve utilizar as expressões **compromisso de compra e venda** e **promessa irrevogável de venda** para os negócios irretratáveis e irrevogáveis, a fim de evitar a confusão reinante na doutrina com repercussão na jurisprudência, reservando a expressão **contrato preliminar** para os que admitem arrependimento[2].

O Código Civil de 2002 não faz, todavia, essa distinção, proclamando, no art. 463, que, "concluído o contrato preliminar", com observância dos requisitos essenciais ao contrato a ser celebrado "e desde que dele não conste cláusula de arrependimento, qualquer das partes terá o direito de exigir a celebração do definitivo, assinando prazo à outra para que o efetive".

■ 11.3. A DISCIPLINA DO CONTRATO PRELIMINAR NO CÓDIGO CIVIL DE 2002

O Código Civil de 2002 dedicou uma seção ao contrato preliminar (arts. 462 a 466), exigindo que contenha todos os requisitos do contrato definitivo, **salvo quanto à forma**, e seja levado ao **registro** competente. Dispõe, com efeito, o art. 462 do mencionado diploma:

> "O contrato preliminar, exceto quanto à forma, deve conter todos os requisitos essenciais ao contrato a ser celebrado."

A inexigência de forma para a sua validade, bem como para a produção normal de suas consequências jurídicas, é corolário natural do princípio consensualista, predominante entre nós. O dispositivo supratranscrito coloca uma pá de cal na discussão a respeito do requisito **formal** do contrato preliminar, **não exigindo que seja celebrado com observância da mesma forma exigida para o contrato definitivo** a ser celebrado. Mesmo que o contrato definitivo deva ser celebrado por escritura pública, o preliminar pode ser lavrado em **instrumento particular**.

Prescreve ainda o art. 463 do Código Civil:

> "Concluído o contrato preliminar, com observância do disposto no artigo antecedente, e desde que dele não conste cláusula de arrependimento, qualquer das partes terá o direito de exigir a celebração do definitivo, assinando prazo à outra para que o efetive.
>
> Parágrafo único. O contrato preliminar deverá ser levado ao registro competente."

---

1 "A despeito de instrumentalizado mediante um simples recibo, as partes celebraram um contrato preliminar, cuja execução se consumou com a entrega do imóvel ao compromissário-comprador e com o pagamento do preço por este último, na forma convencionada. Improcedência da alegação segundo a qual as negociações não passaram de simples tratativas preliminares" (STJ, REsp 145.204-BA, 4ª T., rel. Min. Barros Monteiro, *DJU*, 14.12.1998).

2 *Contratos*, p. 268.

Cumprida a promessa de compra e venda com o pagamento integral do preço, pode o compromissário comprador, sendo o pré-contrato irretratável e irrevogável por não conter cláusula de arrependimento, **exigir a celebração do contrato definitivo** e, se necessário, valer-se da **execução específica**.

Embora o dispositivo em questão use, no parágrafo único, o verbo **"deverá"**, não parece que o registro do instrumento no cartório competente seja requisito necessário para a aquisição do direito real. A melhor interpretação é a que considera imprescindível o registro, nele exigido, para que o contrato preliminar tenha efeitos **em relação a terceiros**. Entre as próprias partes, porém, o contrato preliminar pode ser executado **mesmo sem o registro prévio**, como corretamente assinalam Caio Mário e Sílvio Venosa. Quando este for exigido, deverá ser feito no Registro de Imóveis onde os bens imóveis estiverem localizados e no Registro de Títulos e Documentos, no caso de bens móveis[3].

Assiste razão a Ruy Rosado de Aguiar quando considera exagerada a exigência do parágrafo único do mencionado art. 463 do Código Civil, nestes termos: "Sabemos que as pessoas, quanto mais simples, menos atenção dão à forma e à exigência de regularizar seus títulos. A experiência revela que os contratos de promessa de compra e venda de imóveis normalmente não são registrados. Não há nenhum óbice em atribuir-lhe eficácia **entre as partes**, possível mesmo a ação de adjudicação, se o imóvel continua registrado em nome do promitente vendedor. O Código de Processo Civil de 1973 (art. 639 — *substituído pelo art. 466-B*) não exige o registro do contrato para o comprador ter o direito de obter do Juiz uma sentença que produza o mesmo efeito do contrato a ser firmado. Ademais, em se tratando de bens imóveis, a jurisprudência atribui ao promissário comprador a ação de embargos de terceiro, mesmo que o documento não esteja registrado; para os móveis, exclui o primitivo proprietário, promitente vendedor, da responsabilidade civil pelos danos causados com o veículo pelo promissário comprador"[4].

Já Orlando Gomes[5] dizia que o caráter real do compromisso de compra e venda decorre de sua **irretratabilidade**, e não do registro no cartório de imóveis. Levando-o a registro, impede-se que o bem seja alienado a terceiro. Ou seja: o registro só é necessário para a sua validade **contra terceiros**, produzindo efeitos, no entanto, sem ele entre as partes. Daí a jurisprudência do Superior Tribunal de Justiça, cristalizada na referida Súmula 239 e em julgados que proclamam: "A pretensão de adjudicação compulsória é de caráter pessoal, restrita assim aos contraentes, não podendo prejudicar os direitos de terceiros que entrementes hajam adquirido o imóvel e obtido o devido registro, em seu nome, no ofício imobiliário"[6]. Ou, ainda: "É admissível a execução

---

3 Caio Mário da Silva Pereira, *Instituições de direito civil*, v. III, p. 90; Sílvio Venosa, *Direito civil*, v. II, p. 423.

4 Projeto do Código Civil — As obrigações e os contratos, *RT*, 775/27.

5 *Contratos*, p. 268.

6 REsp 27.246-RJ, 4ª T., rel. Min. Athos Gusmão Carneiro.

específica do art. 639 (*transformado no art. 466-B*) do Código de Processo Civil de 1973, ainda que se trate de contrato preliminar não inscrito no registro de imóveis"[7].

Nesse sentido, o Enunciado 30 aprovado na I Jornada de Direito Civil realizada pelo Conselho da Justiça Federal: "A disposição do parágrafo único do art. 463 do novo Código Civil deve ser interpretada como fator de eficácia **perante terceiros**". Desse modo, mesmo **não registrado**, o contrato preliminar gera **obrigação de fazer para as partes**.

Compete, pois, ao adquirente precaver-se contra expedientes ilícitos de venda sucessiva do mesmo bem, registrando o compromisso no ofício imobiliário. Todavia, mesmo sem o registro, poderá pleitear a **adjudicação compulsória** do imóvel registrado em nome do promitente vendedor. Esgotado o prazo assinado ao promitente vendedor para que efetive a promessa feita no contrato preliminar, "poderá o juiz, a pedido do interessado, suprir a vontade da parte inadimplente, conferindo caráter definitivo ao contrato preliminar, salvo se a isto se opuser a natureza da obrigação" (CC, art. 464).

Bem andou o novel legislador ao conferir, no citado art. 464 do Código de 2002, primazia ao princípio da **execução específica da obrigação de fazer** contida no contrato preliminar, seguindo a evolução já delineada pelo estatuto processual civil. Somente quando não houver interesse do credor ou a isso se opuser a natureza da obrigação é que se valerá o contraente pontual das perdas e danos (CC, art. 465)[8].

O Superior Tribunal de Justiça permite a propositura de ação de **adjudicação compulsória** mesmo **não estando registrado o compromisso de compra e venda irretratável e irrevogável**. Proclama, com efeito, a Súmula 239 desse Sodalício: "O direito à adjudicação compulsória não se condiciona ao registro do compromisso de compra e venda no cartório de imóveis"[9].

Quanto aos imóveis loteados, dispõe o art. 26 da Lei n. 6.766/79 que o negócio pode ser celebrado por instrumento **particular** ou **público**. No tocante aos não loteados, tem sido admitida, também, a forma particular. A autorização do **cônjuge** é indispensável, por consistir em alienação de bem imóvel sujeita à adjudicação compulsória.

Proclama ainda a Súmula 413 do Supremo Tribunal Federal que "o compromisso de compra e venda de imóveis, ainda que não loteados, dá direito à execução compulsória, quando reunidos os requisitos legais".

---

7 REsp 6.370, rel. Min. Nilson Naves, *DJU*, 9.9.1991.

8 Caio Mário da Silva Pereira, *Instituições*, cit., v. III, p. 90.

9 "Adjudicação compulsória. Compromisso de compra e venda. Instrumento particular não registrado. Admissibilidade. Súmula 239 do Superior Tribunal de Justiça e artigos 639 e 640 do Código de Processo Civil [correspondente ao art. 501 do CPC/2015]. Contrato firmado em caráter irrevogável e irretratável e com previsão expressa de adjudicação compulsória. Quitação do preço e inocorrência de interesses de terceiros. Suficiência para adjudicação. Ação procedente. Recurso não provido" (*JTJ*, Lex, 248/15 e 253/193).

11.4. RESUMO

DO CONTRATO PRELIMINAR	
CONCEITO	Contrato preliminar ou *pactum de contrahendo* é aquele que tem por objeto a celebração de um contrato definitivo. Tem, portanto, um único objeto.
REQUISITOS DE VALIDADE	São os mesmos exigidos para o contrato definitivo, exceto quanto à forma (CC, art. 462). **Requisito objetivo:** o objeto do contrato deve ser lícito, possível, determinado ou determinável (art. 104, II); não deve atentar contra a ordem pública e os bons costumes, nem ofender disposição legal ou ser fisicamente impossível. **Requisito subjetivo:** é necessário que, além da capacidade genérica para a vida civil (art. 104, I), os contraentes tenham aptidão para validamente alienar. É necessária a outorga uxória se os contraentes forem casados. **Requisito formal:** o art. 462 do CC não exige que o contrato preliminar seja pactuado com os mesmos requisitos formais exigidos para o contrato definitivo a ser celebrado.
DISCIPLINA NO CC/2002	Cumprida a promessa de compra e venda com o pagamento integral do preço, pode o compromissário comprador, sendo o pré-contrato irretratável e irrevogável por não conter cláusula de arrependimento, exigir a celebração do **contrato definitivo** e, se necessário, valer-se da **execução específica** (CC, arts. 463 e 464). Dispõe o parágrafo único do art. 463 do CC que "o contrato preliminar deverá ser levado ao registro competente". A esse respeito, proclama o Enunciado 30 aprovado na I Jornada de Direito Civil realizada pelo Conselho da Justiça Federal: "A disposição do parágrafo único do art. 463 do novo Código Civil deve ser interpretada como fator de eficácia perante **terceiros**". Assim, mesmo **não registrado**, gera obrigação de fazer para as **partes**.

12

DO CONTRATO COM PESSOA A DECLARAR

■ 12.1. CONCEITO

A disciplina do contrato com pessoa a declarar ou nomear é uma das inovações do Código Civil de 2002, regulado nos arts. 467 a 471. Nessa modalidade, um dos contraentes pode reservar-se o direito de **indicar outra pessoa** para, em seu lugar, adquirir os direitos e assumir as obrigações dele decorrentes (CC, art. 467).

Trata-se de avença comum nos compromissos de compra e venda de imóveis, nos quais o compromissário comprador reserva para si a opção de receber a escritura definitiva ou indicar terceiro para nela figurar como adquirente. A referida cláusula é denominada *pro amico eligendo* ou *sibi aut amico vel eligendo* e tem sido utilizada para evitar despesas com nova alienação, nos casos de bens adquiridos com o propósito de revenda, com a simples intermediação do que figura como adquirente. Feita validamente, **a pessoa nomeada adquire os direitos e assume as obrigações do contrato com efeito retroativo** (CC, art. 469).

Malgrado o seu campo de maior incidência seja a compra e venda e a promessa de compra e venda, o contrato com pessoa a nomear pode aplicar-se a toda espécie de contrato que, pela sua natureza, não demonstre incompatibilidade. Em geral, essa inconciliabilidade se revela nos negócios em que, basicamente, verifique-se insubstituível a pessoa de um de seus sujeitos, como sucede nos **contratos personalíssimos** ou *intuitu personae*.

Segundo Antunes Varela, trata-se de contrato "em que uma das partes se reserva a faculdade de designar uma outra pessoa que assuma a sua posição na relação contratual, como se o contrato fora celebrado com esta última"[1].

Participam desse contrato:

- o **promitente**, que assume o compromisso de reconhecer o *amicus* ou *eligendo*;
- o **estipulante**, que pactua em seu favor a cláusula de substituição; e
- o ***electus***, que, validamente nomeado, aceita sua indicação, que é comunicada ao promitente.

A validade do negócio requer **capacidade e legitimação** de todos os personagens no momento da estipulação do contrato.

---

[1] *Das obrigações em geral*, v. I, p. 310.

■ 12.2. NATUREZA JURÍDICA

Viceja grande controvérsia em torno da natureza jurídica do contrato com pessoa a declarar. Dentre as várias teorias existentes, destacam-se as que o consideram estipulação em favor de terceiro, contrato condicional, aquisição alternativa, sub-rogação, representação e gestão de negócios em que a aceitação do terceiro atua como aprovação do contrato celebrado em seu nome.

A teoria **mais razoável** e apta a explicar a natureza jurídica do indigitado contrato, e por isso sufragada pela prevalente doutrina, como menciona Luiz Roldão de Freitas Gomes[2], que a ela adere, é a **teoria da condição**, que vislumbra no contrato entre o promitente e o estipulante uma subordinação condicional, de caráter resolutivo, da aquisição do último mediante a *electio*, evento cuja verificação importa, ao mesmo tempo, na aquisição do *electus*, que se encontrava suspenso, na dependência de seu implemento.

Em suma, os efeitos do contrato direcionar-se-ão num ou noutro sentido, conforme se dê ou não o **implemento da condição**, consistente na *electio* válida, a qual será, por isso, simultaneamente, **suspensiva** da aquisição do *eligendo* e **resolutiva** da do estipulante.

O contrato com pessoa a declarar é negócio jurídico **bilateral**, o qual se aperfeiçoa com o consentimento dos contraentes, que são conhecidos. As partes contratantes são assim, desde logo, definidas e identificadas. Uma delas, no entanto, reserva para si a faculdade de **indicar a pessoa** que assumirá as obrigações e adquirirá os direitos respectivos, em momento futuro (*electio amici*). Só falta, portanto, a pessoa nomeada ocupar o lugar de sujeito da relação jurídica formada entre os agentes primitivos.

Desdobra-se o contrato, desse modo, em **duas fases**. Na primeira, o **estipulante** comparece em caráter provisório ao lado de um contratante certo até a aceitação do nomeado. Na segunda, este passa a ser o *dominus negotti*[3].

■ 12.3. CONTRATO COM PESSOA A DECLARAR E INSTITUTOS AFINS

Importa **distinguir** a figura do contrato com pessoa a nomear de alguns institutos de que se valeram os estudiosos ao longo de sua evolução histórica, com a finalidade de explicar-lhe a natureza jurídica e que, de certo modo, se prestaram a uma certa confusão ou foram invocados para explicar o seu mecanismo.

■ **Estipulação em favor de terceiro:** inicialmente, procurou-se identificar a figura contratual em tela com a estipulação em favor de terceiro, da qual **se aproxima** pelo fato de, como esta, constituir uma derrogação ao princípio da relatividade dos efeitos do contrato. Todavia, apresentam as seguintes **diferenças**:

---

2 *Contrato com pessoa a declarar*, cit., p. 267-271.

3 Caio Mário da Silva Pereira, *Instituições de direito civil*, v. III, p. 119.

ESTIPULAÇÃO EM FAVOR DE TERCEIRO	CONTRATO COM PESSOA A DECLARAR
O estipulante e o promitente permanecem vinculados à relação contratual durante toda a sua existência, enquanto o terceiro se mantém alheio, mesmo após a aceitação	Um dos contraentes primitivos é substituído pelo nomeado, que passa a figurar no contrato retroativamente
O estipulante age em nome próprio	Dá-se uma *contemplatio domini*. Com a aceitação do *electus*, resolve-se o direito do estipulante
É atribuído ao beneficiário um simples direito	O *electus* adquire a inteira posição contratual, como se tivesse sido contraente desde a sua celebração

Cessão do contrato: a cessão do contrato e o contrato com pessoa a nomear têm **em comum** o fato de ambas as figuras, do ponto de vista funcional e estrutural, corresponderem ao fenômeno sucessório no contrato. **Diferenciam-se**, todavia, nos seguintes pontos:

CESSÃO DO CONTRATO	CONTRATO COM PESSOA A DECLARAR
É convencionada entre estipulante e promitente em ocasião posterior à da celebração	É previamente concertada entre estipulante e promitente
O terceiro entra na relação *ex nunc* somente a partir do momento em que a cessão foi por ele aceita	O terceiro ingressa na relação, em substituição ao primeiro, retroativamente, como se fosse parte desde o início

Mandato: o contrato de mandato, embora possa coexistir com o contrato com pessoa a declarar, dele **difere** no seguinte aspecto:

MANDATO	CONTRATO COM PESSOA A DECLARAR
O mandatário declara sempre o nome do mandante, que não é indeterminado, existindo antes da outorga do mandato	O negócio pode ser de exclusiva e espontânea iniciativa de quem o pactuou, podendo afigurar-se incerta, à época da estipulação, a pessoa a nomear

Representação: a representação, embora tenha similitude com o contrato com pessoa a declarar, distingue-se dele pelo seguinte motivo:

REPRESENTAÇÃO	CONTRATO COM PESSOA A DECLARAR
É instituto mais amplo, que tem no mandato uma forma de concretização. Produz seus efeitos na pessoa do representado exclusivamente	Gera efeitos para a pessoa nomeada ou para a do estipulante
Ou é negócio representativo, ou é nulo	Pode ser negócio representativo ou negócio em nome próprio

Gestão de negócios: não se trata, tampouco, de gestão de negócios alheios, porque:

GESTÃO DE NEGÓCIOS	CONTRATO COM PESSOA A DECLARAR
Configura-se quando uma pessoa, sem autorização do interessado, intervém na administração de negócio alheio, pertencente a pessoa conhecida	O nome da pessoa não é invocado no momento da estipulação do contrato. Quando vem a sê-lo, a aceitação torna-se, com eficácia *ex tunc*, declaração em nome próprio, excluindo a representação

■ **Promessa de fato de terceiro:** a diferença, nesse caso, é mais nítida, visto que:

PROMESSA DE FATO DE TERCEIRO	CONTRATO COM PESSOA A DECLARAR
■ Acarreta obrigação tão somente para o promitente de obter de terceiro uma declaração ou prestação	■ O contratante promete fato próprio, mas eventual e alternativamente fato de terceiro com o efeito de que, se a declaração de nomeação for válida, o nomeado não pode legitimamente recusar-se ao cumprimento

■ 12.4. DISCIPLINA NO CÓDIGO CIVIL DE 2002

■ **Art. 467:** como foi dito inicialmente, a disciplina do contrato com pessoa a declarar ou nomear é uma das inovações do Código Civil de 2002, cujo art. 467 assim dispõe:

> "No momento da conclusão do contrato, pode uma das partes reservar-se a faculdade de indicar a pessoa que deve adquirir os direitos e assumir as obrigações dele decorrentes."

■ **Art. 468:** a indicação da pessoa deve ser feita comunicando-se "à outra parte" *no prazo estipulado* ou, em sua falta, no "de cinco dias" para o efeito de declarar **se aceita a estipulação**, como prescreve o art. 468 do novo diploma. Acrescenta o parágrafo único que a "aceitação da pessoa nomeada não será eficaz se não se revestir da mesma forma que as partes usaram para o contrato". Nesse ponto, já proclama o art. 220 do Código Civil que a anuência de outrem, necessária à validade de um ato, "provar-se-á do mesmo modo que este, e constará, sempre que se possa, do próprio instrumento".

■ **Art. 469:** o art. 469 do Código Civil define o **efeito retro-operante da aceitação**, dispondo:

> "A pessoa, nomeada de conformidade com os artigos antecedentes, adquire os direitos e assume as obrigações decorrentes do contrato, a partir do momento em que este foi celebrado."

Feita validamente a nomeação e manifestada a **aceitação**, a pessoa nomeada adquire os direitos e assume as obrigações do contrato **como se estivesse presente enquanto parte contratante desde a data de sua celebração**, independentemente de qualquer entendimento prévio entre ela e o estipulante.

Se o nomeado não aceita a indicação ou esta não é feita no prazo assinado, nem por isso perde o contrato sua eficácia. Continua válido, subsistindo entre os **contraentes originários**. Sucede o mesmo se a pessoa nomeada era insolvente e a outra parte desconhecia esse fato.

■ **Art. 470:** dispõe, com efeito, o art. 470 do Código Civil:

> "O contrato será eficaz somente entre os contratantes originários:
>
> I — se não houver indicação de pessoa, ou se o nomeado se recusar a aceitá-la;
>
> II — se a pessoa nomeada era insolvente, e a outra pessoa o desconhecia no momento da indicação."

Art. 471: o art. 471 do novo diploma, praticamente repetindo os dizeres do dispositivo anterior, inc. II, enfatiza que, "se a pessoa a nomear era incapaz ou insolvente no momento da nomeação, o contrato produzirá seus efeitos entre os contratantes originários".

Em resumo: "Se a nomeação **não for idônea**, no prazo e na forma corretos, o contratante originário permanece na relação contratual, assim como se o indicado era insolvente, com desconhecimento da outra parte. Da mesma forma ocorrerá, se o nomeado era incapaz no momento da nomeação. Também permanecerão os partícipes originários, se o nomeado não aceitar a posição contratual"[4].

12.5. RESUMO

CONTRATO COM PESSOA A DECLARAR	
CONCEITO	Trata-se de modalidade em que um dos contraentes pode reservar-se o direito de indicar outra pessoa para, em seu lugar, adquirir os direitos e assumir as obrigações dele decorrentes (CC, art. 467).
NATUREZA JURÍDICA	Paira grande controvérsia a esse respeito. A teoria mais razoável e apta a explicar a natureza jurídica do contrato em tela é a **teoria da condição**, que vislumbra no contrato entre o promitente e o estipulante uma subordinação condicional, de caráter resolutivo, da aquisição do último mediante a *electio*.
INSTITUTOS AFINS	Guardam afinidade com o contrato em questão, embora com ele **não se confundam**, os seguintes institutos: estipulação em favor de terceiro, cessão do contrato, mandato, representação, gestão de negócios e promessa de fato de terceiro.
DISCIPLINA NO CC/2002	A notificação da pessoa indicada deve ser feita comunicando-se "à outra parte" no prazo estipulado ou, em sua falta, no "de cinco dias" para o efeito de declarar se aceita a estipulação, como prescreve o art. 468 do CC. Acrescenta o parágrafo único que a "aceitação da pessoa nomeada não será eficaz se não se revestir da forma que as partes usaram para o contrato". Se a nomeação não for idônea, no prazo e na forma corretos, ou se o nomeado se recusar a aceitá-la, ou era insolvente com desconhecimento da outra parte, o contratante originário permanece na relação contratual (art. 470).

[4] Sílvio Venosa, *Direito civil*, v. II, p. 493.

13

DA EXTINÇÃO DO CONTRATO

■ 13.1. MODO NORMAL DE EXTINÇÃO

Os contratos, assim como os negócios jurídicos em geral, têm também um ciclo vital: nascem do acordo de vontades, produzem os efeitos que lhes são próprios e **extinguem-se**.

Como assinala Humberto Theodoro Júnior, "ao contrário dos direitos reais, que tendem à perpetuidade, os direitos obrigacionais gerados pelo contrato caracterizam-se pela temporalidade. Não há contrato eterno. O vínculo contratual é, por natureza, passageiro e deve desaparecer, naturalmente, tão logo o devedor cumpra a prestação prometida ao credor"[1].

A extinção dá-se, em regra, pela **execução**, seja ela instantânea, diferida ou continuada. O **cumprimento** da prestação libera o devedor e satisfaz o credor. Este é o meio **normal** de extinção do contrato. Comprova-se o pagamento pela **quitação** fornecida pelo credor, observados os requisitos exigidos no art. 320 do Código Civil, que assim dispõe:

> "A quitação, que sempre poderá ser dada por instrumento particular, designará o valor e a espécie da dívida quitada, o nome do devedor, ou quem por este pagou, o tempo e o lugar do pagamento, com a assinatura do credor, ou do seu representante.
>
> Parágrafo único. Ainda sem os requisitos estabelecidos neste artigo valerá a quitação, se de seus termos ou das circunstâncias resultar haver sido paga a dívida" (*v.* item 13.2.2.2.1, *infra*).

Confira-se:

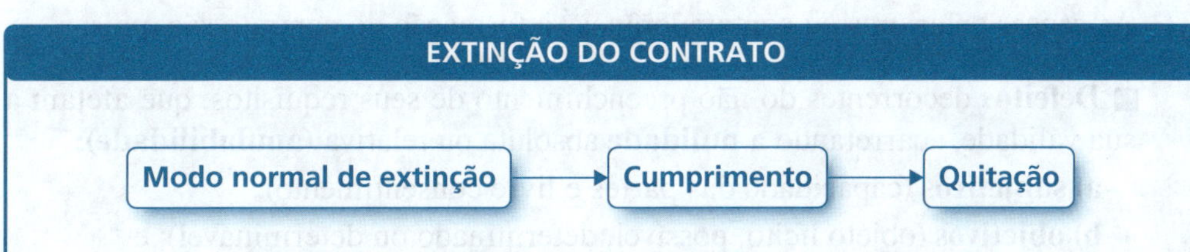

[1] *O contrato e seus princípios*, p. 100.

■ 13.2. EXTINÇÃO DO CONTRATO SEM CUMPRIMENTO

Algumas vezes, o contrato se extingue sem ter alcançado o seu fim, ou seja, sem que as obrigações tenham sido cumpridas. Várias causas acarretam essa extinção **anormal**. Algumas são **anteriores** ou **contemporâneas** à formação do contrato; outras, **supervenientes**. *V.*, a propósito, o quadro esquemático abaixo:

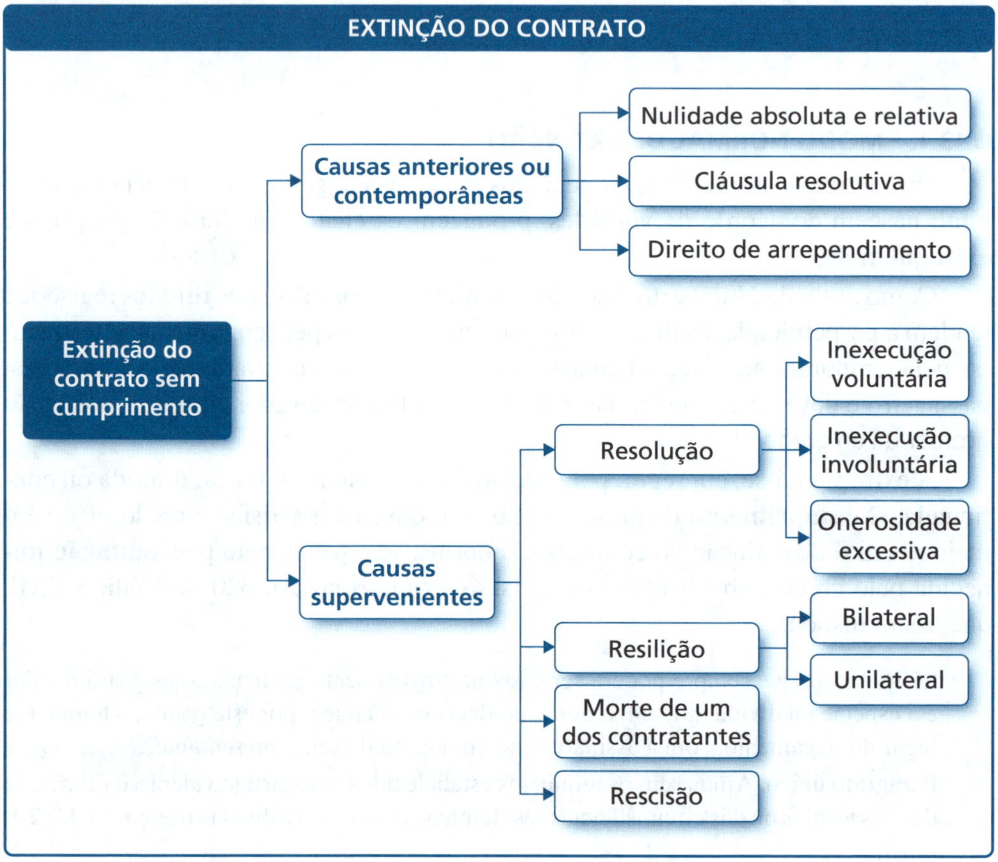

■ 13.2.1. Causas anteriores ou contemporâneas à formação do contrato

As causas anteriores ou contemporâneas à formação do contrato são, pois:

- **Defeitos** decorrentes do não preenchimento de seus requisitos, que afetam a sua validade, acarretando a **nulidade** absoluta ou relativa **(anulabilidade):**
  - **a) subjetivos** (capacidade das partes e livre consentimento);
  - **b) objetivos** (objeto lícito, possível, determinado ou determinável); e
  - **c) formais** (forma prescrita em lei).
- Implemento de **cláusula resolutiva**, expressa ou tácita; e
- Exercício do **direito de arrependimento** convencionado.

13.2.1.1. Nulidade absoluta e relativa

■ **Nulidade absoluta:** decorre de ausência de elemento essencial do ato, com transgressão a preceito de **ordem pública**, impedindo que o contrato produza efeitos **desde a sua formação** (*ex tunc*). Tratando-se de vício originário, verificado na fase genética da obrigação, e sendo o caso de ineficácia em sentido amplo (ato nulo é ineficaz), como observa Ruy Rosado de Aguiar Júnior[2], o pronunciamento da nulidade pode ser requerido em juízo a qualquer tempo, por qualquer interessado, podendo ser declarada de ofício pelo juiz ou por promoção do Ministério Público (CC, art. 168). Se a hipótese for de **nulidade parcial**, só quanto a ela poderá ser exercido o direito (art. 184). Quando cabível a **conversão** (art. 170), a procedência do pedido extintivo de nulidade será apenas parcial, devendo o juiz declarar qual o negócio jurídico que subsiste.

■ **Anulabilidade:** advém da **imperfeição da vontade:** ou porque emanada de um relativamente incapaz não assistido (prejudicando o interesse particular de pessoa que o legislador quis proteger), ou porque contém algum dos vícios do consentimento, como erro, dolo, coação etc. Como pode ser sanada e até mesmo não arguida no prazo prescricional, não extinguirá o contrato enquanto não se mover ação que a decrete, **sendo *ex nunc* os efeitos da sentença**. Malgrado também contenha vício congênito, é eficaz até sua decretação pelo juiz. Diversamente da nulidade, não pode ser arguida por ambas as partes da relação contratual, nem declarada *ex officio* pelo juiz. Legitimado a pleitear a anulação está somente **o contraente em cujo interesse foi estabelecida a regra** (CC, art. 177). Tratando-se apenas de proteger o interesse do incapaz, do lesado, do enganado ou do ameaçado, só a estes — e, nos casos de incapacidade, devidamente assistidos por seu representante legal — cabe decidir se pedem ou não a anulação[3].

13.2.1.2. Cláusula resolutiva. O adimplemento substancial do contrato

Na execução do contrato, cada contraente tem a faculdade de pedir a **resolução** se o outro não cumpre as obrigações avençadas. Essa faculdade pode resultar:

a) de **convenção** (cláusula resolutiva **expressa** ou pacto comissório expresso); ou
b) de **presunção legal** (cláusula resolutiva **tácita** ou implícita).

■ **Cláusula resolutiva tácita:** em todo contrato bilateral ou sinalagmático presume-se a existência de uma **cláusula resolutiva tácita**, autorizando o lesado

---

2 *Extinção dos contratos por incumprimento do devedor*, p. 65-66.
"A conversão é uma espécie de correção da qualificação jurídica do negócio, ainda que nulo, feita pelo juiz com dados objetivos, atendendo a critérios de oportunidade, boa-fé e justiça" (Emílio Betti, *Teoría general del negocio jurídico*, p. 375).

3 Enzo Roppo, *O contrato*, p. 244.

pelo inadimplemento a pleitear a resolução do contrato, com perdas e danos. O art. 475 do Código Civil proclama, com efeito:

> "A parte lesada pelo inadimplemento pode pedir a resolução do contrato, se não preferir exigir-lhe o cumprimento, cabendo, em qualquer dos casos, indenização por perdas e danos."

O contratante **pontual** tem, assim, ante o **inadimplemento** da outra parte, a alternativa de:

a) **resolver** o contrato; ou

b) exigir-lhe o **cumprimento** mediante a execução específica (CPC, art. 497).

Em qualquer das hipóteses, fará jus à indenização por perdas e danos.

■ **Teoria do adimplemento substancial:** o adimplemento substancial do contrato, todavia, tem sido reconhecido, pela doutrina, como **impedimento** à resolução unilateral do contrato. Sustenta-se que a hipótese de resolução contratual por inadimplemento haverá de ceder diante do pressuposto do atendimento quase integral das obrigações pactuadas, ou seja, do **descumprimento insignificante** da avença, não se afigurando razoável a sua extinção como resposta jurídica à **preservação** e à **função social** do contrato (CC, art. 421).

Ressalta Jones Figueirêdo Alves que "a introdução da boa-fé objetiva nos contratos, como requisito de validade, de conclusão e de execução, em regra expressa e norma positivada pelo art. 422 do Novo Código Civil, trouxe consigo o delineamento da teoria da *substancial performance* como exigência e fundamento do princípio consagrado em cláusula geral aberta na relação contratual. É pela observância de tal princípio, notadamente aplicável aos contratos massificados, que a teoria se situa preponderante, como **elemento impediente ao direito de resolução do contrato**, sob a inspiração da doutrina de Couto e Silva"[4].

A jurisprudência tem sedimentado a teoria, reconhecendo que o contrato **substancialmente adimplido** não pode ser resolvido unilateralmente. Proclamou, com efeito, o Superior Tribunal de Justiça que "o adimplemento substancial do contrato pelo devedor não autoriza ao credor a propositura de ação para extinção do contrato, salvo se demonstrada a perda do interesse na continuidade da execução". Aduziu a mencionada Corte que a atitude do credor, de desprezar o fato do cumprimento quase integral do contrato, "não atende à exigência da **boa-fé objetiva**"[5].

---

4 O adimplemento substancial como elemento decisivo à preservação do contrato, *Revista Jurídica Consulex*, n. 240, p. 35.

5 REsp 469.577-SC, 4ª T., rel. Min. Ruy Rosado de Aguiar, j. 25.3.2003, e REsp 272.739-MG, j. 1º.3.2001. *V.* ainda: "Na linha dos precedentes desta Corte e do Superior Tribunal de Justiça, a falta do pagamento de parcela mínima do financiamento atrai a aplicação da teoria do adimplemento substancial, uma vez que a parcela não paga não induz o desequilíbrio entre as partes e representa parcela ínfima do objeto contratual, devendo o autor buscar forma diversa para exigir o cumprimento da obrigação, que não seja tão gravosa quanto a devolução do bem" (TJDFT, 4ª T., Ap. 2004.01.025119-0, rel. Des. Cruz Macedo, j. 9.5.2005).

■ **Cláusula resolutiva expressa:** o Código Civil de 2002 prevê a cláusula resolutiva expressa sem qualquer limitação, seja quanto à natureza do contrato, seja quanto à parte beneficiada (pode afetar qualquer das partes), no art. 474, *verbis*:

> "A cláusula resolutiva expressa opera de pleno direito; a tácita depende de interpelação judicial."

Bem andou o novo diploma, tratando como **cláusula**, e não como **condição**, a hipótese prevista no dispositivo retrotranscrito. Também, acertadamente, suprimiu a referência que o parágrafo único do art. 119 do Código de 1916 fazia à condição resolutiva tácita, por não se tratar propriamente de condição em sentido técnico, considerando-se que esta só se configura caso aposta ao negócio jurídico. E a denominada condição resolutiva expressa — que é, juridicamente, condição — opera, como qualquer outra condição em sentido técnico, de pleno direito[6].

■ **Necessidade de pronunciamento judicial:** em ambos os casos, tanto no de cláusula resolutiva expressa ou convencional como no de cláusula resolutiva tácita, a resolução deve ser **judicial**, ou seja, precisa ser **judicialmente pronunciada**. No primeiro, a sentença tem efeito meramente declaratório e *ex tunc*, pois a resolução dá-se automaticamente, no momento do inadimplemento; no segundo, tem efeito desconstitutivo, dependendo de interpelação judicial. Havendo demanda, será possível **aferir a ocorrência dos requisitos** exigidos para a resolução e, inclusive, examinar a validade da cláusula, bem como avaliar a importância do inadimplemento, pois a cláusula resolutiva, "apesar de representar manifestação de vontade das partes, não fica excluída da obediência aos princípios da boa-fé e das exigências da justiça comutativa"[7].

Orlando Gomes, referindo-se ao compromisso de compra e venda com cláusula resolutiva expressa, enuncia: "Não se rompe unilateralmente sem a intervenção judicial. Nenhuma das partes pode considerá-lo **rescindido**, havendo inexecução da outra. Há de pedir a **resolução**. Sem a **sentença resolutória**, o contrato não se dissolve, tenha como objeto imóvel loteado, ou não"[8]. Nesse sentido, a jurisprudência: "A cláusula de resolução expressa não dispensa, em princípio, a ação judicial"[9].

Embora o Código Civil não exija a notificação do devedor para a atuação dos efeitos do pacto, pois, vencida a dívida, o devedor está em mora (CC, art. 397), pelo **Decreto-Lei n. 745/69**, em se tratando de contrato de promessa de compra e venda de imóvel não loteado, é indispensável a **prévia interpelação**, ainda quando presente cláusula resolutiva, ficando o devedor com quinze dias para purgar a mora. Assim

---

6 José Carlos Moreira Alves, *A Parte Geral do Projeto do Código Civil brasileiro*, p. 107.

7 Ruy Rosado de Aguiar Júnior, *Extinção dos contratos*, cit., p. 183.

8 *Contratos*, cit., p. 281.

9 STJ, REsp 237.539-SP, 4ª T., rel. Min. Rosado de Aguiar, *DJU*, 8.3.2000. *V.* ainda, no mesmo sentido: "A despeito de estipulada a cláusula resolutiva expressa no 'Termo de Ocupação com Opção de Compra', era imprescindível promovesse a empresa a prévia resolução judicial do ajuste. Precedente da Quarta Turma" (STJ, REsp 88.712-SP, 4ª T., rel. Min. Barros Monteiro, *DJU*, 24.9.2001).

também na alienação fiduciária em garantia (Lei n. 4.728, de 14.7.1965; Decreto-Lei n. 911, de 1º.10.1969) e no arrendamento mercantil (Lei n. 6.099, de 12.9.1974)[10].

13.2.1.3. *Direito de arrependimento*

Quando **expressamente previsto** no contrato, o arrependimento autoriza qualquer uma das partes a **rescindir** o ajuste, mediante declaração unilateral da vontade, sujeitando-se à perda do sinal ou à sua devolução em dobro sem, no entanto, pagar indenização suplementar. Configuram-se, *in casu*, as **arras penitenciais**, previstas no art. 420 do Código Civil[11].

O direito de arrependimento deve ser exercido no **prazo convencionado** ou **antes da execução** do contrato se nada foi estipulado a esse respeito, pois o adimplemento deste importará renúncia tácita àquele direito.

O **Código de Defesa do Consumidor** concede a este o direito de desistir do contrato, no prazo de **sete dias**, sempre que a contratação se der fora do estabelecimento comercial, especialmente quando por telefone ou em domicílio, com direito de devolução do que pagou, sem obrigação de indenizar perdas e danos (art. 49). Trata-se de caso especial de arrependimento, com desfazimento do contrato por ato unilateral do consumidor. O fundamento encontra-se na presunção de que, por ter sido realizado fora do estabelecimento comercial, o contrato não foi celebrado com a **reflexão necessária**.

13.2.2. Causas supervenientes à formação do contrato

Verifica-se a dissolução do contrato em função de causas posteriores à sua criação por:

- **resolução**, como consequência do seu inadimplemento **voluntário**, **involuntário** ou por **onerosidade excessiva**;
- **resilição**, pela vontade de um ou de ambos os contratantes;
- **morte de um dos contratantes**, se o contrato for *intuitu personae*; e
- **rescisão**, modo específico de extinção de certos contratos.

---

10 A resolução por via extrajudicial mediante notificação do devedor está regulada na Lei do Parcelamento do Solo Urbano (art. 32 da Lei n. 6.766/79). A resolução, neste caso, dispensa a providência judicial, porque decorre automaticamente do transcurso em branco do prazo de trinta dias concedido na notificação, autorizando o vendedor a obter o cancelamento da averbação. A Lei n. 4.591, de 16.12.1994, que trata do "condomínio em edificações e incorporações imobiliárias", dispõe, em seu art. 63, acerca da resolução convencional do contrato após o atraso de três prestações do preço da construção, mediante notificação com prazo de dez dias para purgar a mora, conforme fixado no contrato.

11 "Arras penitenciais. Caracterização somente quando ficar estipulado entre as partes o direito ao arrependimento" (*RT*, 792/370).

13.2.2.1. Resolução

A obrigação visa à realização de determinado fim. Nem sempre, no entanto, os contraentes conseguem cumprir a prestação avençada, em razão de situações supervenientes, que impedem ou prejudicam a sua execução. A extinção do contrato mediante **resolução** tem como causa a **inexecução ou incumprimento** por um dos contratantes.

Resolução, portanto, na lição de Orlando Gomes, é "um remédio concedido à parte para romper o vínculo contratual mediante ação judicial"[12]. O inadimplemento por ser **voluntário** (culposo) ou não (**involuntário**).

13.2.2.1.1. Resolução por inexecução voluntária

A resolução por inexecução voluntária decorre de **comportamento culposo** de um dos contraentes, com prejuízo ao outro. Produz efeitos *ex tunc*, **extinguindo o que foi executado** e obrigando a restituições recíprocas, sujeitando, ainda, o inadimplente ao pagamento:

a) das **perdas e danos**; e

b) da **cláusula penal**, convencionada para o caso de total inadimplemento da prestação (cláusula penal **compensatória**), em garantia de alguma cláusula especial ou para evitar o retardamento (cláusula penal **moratória**), conforme os arts. 475 e 409 a 411 do Código Civil[13].

Entretanto, se o contrato for de **trato sucessivo**, como o de prestação de serviços de transporte e o de locação, por exemplo, a resolução não produz efeito em relação ao pretérito, **não se restituindo as prestações cumpridas**. O efeito será, nesse caso, *ex nunc*.

O devedor acionado por resolução pode apresentar várias **defesas**, de direito material ou de natureza processual, por exemplo:

- que o contrato não é bilateral;
- que o cumpriu integralmente ou de modo substancial, suficiente para impedir a sua resolução (não foi paga apenas pequena parcela do preço);
- que não o cumpriu porque o credor, que deveria cumprir antes a sua parte, não o fez (*exceptio non adimpleti contractus*);
- que o credor já não está legitimado à ação, porque houve cessão da posição contratual, ou que o réu já não é o devedor, em virtude de assunção dessa posição, com exclusão da responsabilidade;

---

[12] *Contratos*, p. 190.

[13] "Promessa de compra e venda. Resolução. Restituição. Seja no sistema do Código Civil, seja no do Código de Defesa do Consumidor, a resolução do negócio leva à restituição das partes à situação anterior, nela incluída a devolução das parcelas recebidas pela vendedora, a quem se reconhece o direito de reter parte das prestações para indenizar-se das despesas com o negócio e do eventual benefício auferido pelo comprador quando desfrutou da posse do imóvel" (STJ, REsp 171.951-DF, 4ª T., rel. Min. Rosado de Aguiar, *DJU*, 13.10.1998).

- prescrição do direito de crédito; ou
- advento de circunstâncias que alteraram a base do negócio, tornando inexigível a prestação (onerosidade excessiva).

É necessário, como salienta Enzo Roppo[14], que o não cumprimento invocado por quem pede a resolução "seja razoavelmente **sério e grave**, e prejudique, de modo objetivamente considerável, o seu interesse". Se uma parte manifestou **sempre tolerância** por certa margem de atraso ou de pagamento de valor inexato, pouco inferior ao convencionado, "isto pode ter relevância para excluir a possibilidade de resolução do contrato por falta de cumprimento integral".

O juiz, ao avaliar, em cada caso, a existência desses pressupostos, levará em conta os princípios da **boa-fé e da função social do contrato**, bem como as legítimas expectativas das partes em relação à complexidade econômica do negócio.

13.2.2.1.1.1. Exceção de contrato não cumprido

Preceitua o art. 476 do Código Civil:

> "Nos contratos bilaterais, nenhum dos contratantes, antes de cumprida a sua obrigação, pode exigir o implemento da do outro."

Os contratos bilaterais ou sinalagmáticos geram obrigações para ambos os contratantes, envolvendo **prestações recíprocas**, atreladas umas às outras. Segundo preleciona Caio Mário, "nos contratos bilaterais as obrigações das partes são recíprocas e interdependentes: cada um dos contraentes é simultaneamente credor e devedor um do outro, uma vez que as respectivas obrigações têm por causa as do seu cocontratante, e, assim, a existência de uma é subordinada à da outra parte"[15]. Se uma delas não é cumprida, **deixa de existir causa para o cumprimento da outra**. Por isso, nenhuma das partes, sem ter cumprido o que lhe cabe, pode exigir que a outra o faça[16].

Infere-se do art. 476 retrotranscrito que qualquer dos contratantes pode, ao ser demandado pelo outro, utilizar-se de uma defesa denominada *exceptio non adimpleti contractus*, ou **exceção do contrato não cumprido**, para recusar a sua prestação, ao fundamento de que o demandante não cumpriu a que lhe competia. Aquele que não satisfez a própria obrigação não pode exigir o implemento da do outro. Se o fizer, o último oporá, em defesa, a referida exceção, fundada na equidade, desde que as prestações sejam **simultâneas**.

- **Prestações simultâneas:** adverte Silvio Rodrigues, com efeito, que, além de recíprocas, "é mister que as prestações sejam **simultâneas**, pois, caso contrário, sendo diferente o momento da exigibilidade, não podem as partes invocar tal defesa"[17].

---

14 *O contrato*, cit., p. 266.

15 *Instituições de direito civil*, v. III, p. 67.

16 "Avença sinalagmática. Parte que, antes de cumprir a sua obrigação, exige que a outra implemente a sua. Inadmissibilidade. Observância da regra *exceptio non adimpleti contractus*" (*RT*, 788/385).

17 *Direito civil*, v. 3, p. 83-85.

Quando as prestações, em vez de simultâneas, são **sucessivas**, a exceção ora em estudo, efetivamente, não pode ser oposta pela parte a que caiba o primeiro passo. Se não foi estipulado o momento da execução, entendem-se simultâneas as prestações. Caso **ambas mostrem-se inadimplentes**, impõe-se a resolução do contrato, com restituição das partes à situação anterior[18].

■ **Gravidade da falta e equilíbrio das prestações contrapostas:** é requisito, para que a exceção do contrato não cumprido seja admitida, que a falta cometida pelo contraente, que está exigindo a prestação do outro sem ter antes cumprido a sua, seja **grave**, bem como que haja **equilíbrio e proporcionalidade** entre as obrigações contrapostas. Anotam Colin e Capitant, nessa ordem, que "não basta qualquer falta do contratante para justificar a exceção: é necessário uma 'falta grave', uma verdadeira inexecução de sua obrigação"[19].

Nessa conformidade, a aplicação da *exceptio non adimpleti contractus* não pode prescindir da **boa-fé** e não deve ser feita sem levar em conta a diversidade de obrigações. Se o inadimplemento do credor for de leve teor, não poderá ele servir de fundamento ou justificar a oposição da aludida defesa[20].

■ **Defesa indireta:** a exceção em apreço, que é de direito material, constitui uma **defesa indireta** contra a pretensão ajuizada. Não é uma defesa voltada para **resolver o vínculo obrigacional** e isentar o réu excipiente do dever de cumprir a prestação convencionada. Obtém este apenas o reconhecimento de que lhe assiste o direito de recusar a prestação que lhe cabe enquanto o autor não cumprir a contraprestação a seu cargo[21]. No entanto, poderá vir a ser condenado a cumprir a obrigação assim que o credor cumprir a sua prestação, pois, ao opor a aludida exceção, não se negou ele à prestação, mas apenas aduziu em sua defesa que não estava obrigado a realizá-la antes de o autor cumprir a sua.

Preleciona Ruy Rosado de Aguiar Júnior que, de maneira diversa, ocorre na **ação de resolução**. Alegando o incumprimento do credor, "o réu não está querendo apenas encobrir, para afastar temporariamente, o direito extintivo do autor, mas negar de todo a própria existência desse direito, porque um dos requisitos da resolução

---

18 Washington de Barros Monteiro, *Curso de direito civil*, v. 5, p. 80.

Veja-se a jurisprudência: "Contrato. Rescisão. Exceção do contrato não cumprido. Ininvocabilidade. Cumprimento das obrigações não simultâneo" (*JTJ*, Lex, 149/15).

19 *Cours élémentaire de droit civil français*, t. II, n. 143, p. 106.

20 Serpa Lopes, *Exceções substanciais: exceção do contrato não cumprido*, n. 71, p. 311.

Confira-se: "Documentos não entregues no prazo pelos vendedores. Recusa dos compradores de quitar as parcelas. Inadmissibilidade. *Exceptio non adimpleti contractus* não caracterizada. O fato de os vendedores não cumprirem com o avençado de entregar no prazo estipulado determinados documentos não justifica a recusa dos compradores de quitar as parcelas, não se podendo falar em *exceptio non adimpleti contractus*, tendo em vista a falta de demonstração de dano e o fato de se tratar de obrigação acessória, podendo os próprios compradores obter tais documentos" (*RT*, 805/227).

21 Bruno Afonso de André, Prescrição e decadência, *Tribuna da Magistratura*, n. 127, p. 3; Humberto Theodoro Júnior, *O contrato*, cit., p. 88.

é não ser o credor inadimplente. Logo, a alegação de incumprimento do autor não é só exceção, **é defesa que ataca o próprio direito alegado pelo autor**"[22].

■ **Exceção do contrato parcialmente cumprido:** se um dos contraentes cumpriu apenas **em parte** ou de **forma defeituosa** a sua obrigação, quando se comprometera a cumpri-la integral e corretamente, cabível se torna a oposição, pelo outro, da exceção do contrato **parcialmente** cumprido ou *exceptio non rite adimpleti contractus*. Diferencia-se da exceção *non adimpleti contractus* porque esta pressupõe completa e absoluta inexecução do contrato. Na prática, porém, a primeira é abrangida pela segunda[23].

■ **Cláusula *solve et repete*:** como decorrência do princípio da autonomia da vontade, admite-se a validade de cláusula contratual que **restrinja o direito de as partes se utilizarem do aludido art. 476** do Código Civil. Trata-se da cláusula *solve et repete*, pela qual obriga-se o contratante a cumprir a sua obrigação, mesmo diante do descumprimento da do outro, resignando-se a, posteriormente, voltar-se contra este para pedir o cumprimento ou as perdas e danos. Importa em renúncia ao direito de opor a exceção do contrato não cumprido.

A eficácia da aludida cláusula consiste em que uma das partes não possa eximir-se da prestação, nem retardá-la, pelo fato de opor exceções que, em outra situação, seriam justificadas pelo comportamento do outro contraente. Deve a parte, portanto, cumpri-la prontamente, sem prejuízo de fazer valer, em ação própria, seus direitos nascidos desse comportamento. Em outras palavras, deve **renunciar à vantagem** que resultaria da aplicação do princípio da economia processual.

A mencionada cláusula não é muito comum, sendo encontrada em alguns contratos administrativos, para proteger a administração, bem como em contratos de locação de imóveis residenciais, de compra e venda de móveis (em geral, de máquinas) e de sublocações (em favor do locador). Nas **relações de consumo**, deve ser evitada, em razão da cominação de nulidade a toda cláusula que coloque o consumidor em desvantagem exagerada (CDC, art. 51).

■ **Posicionamentos do credor pontual:** verifica-se, do exposto, que o contratante pontual pode, ante o inadimplemento do outro, tomar, a seu critério, **três atitudes**, uma passiva e duas ativas:

a) permanecer inerte e defender-se, caso acionado, com a *exceptio non adimpleti contractus*;

b) pleitear a resolução do contrato, com perdas e danos, provando o prejuízo sofrido; ou

c) exigir o cumprimento contratual, quando possível a execução específica (CPC, arts. 497, 499, 500, 501, 536, § 1º, e 537).

---

[22] *Extinção dos contratos*, cit., p. 224-225.

[23] Washington de Barros Monteiro, *Curso*, cit., v. 5, p. 80.

■ 13.2.2.1.1.2. *Garantia de execução da obrigação a prazo*

Ainda como consequência da reciprocidade das prestações existente nos contratos bilaterais, o art. 477 do Código Civil prevê uma **garantia de execução** da obrigação a prazo, nos seguintes termos:

> "Se, depois de concluído o contrato, sobrevier a uma das partes contratantes diminuição em seu patrimônio capaz de comprometer ou tornar duvidosa a prestação pela qual se obrigou, pode a outra recusar-se à prestação que lhe incumbe, até que aquela satisfaça a que lhe compete ou dê garantia bastante de satisfazê-la."

Procura-se acautelar os interesses do que deve ser pago em primeiro lugar, **protegendo-o contra alterações da situação patrimonial do outro contratante**. Autoriza-se, por exemplo, o vendedor a não entregar a mercadoria vendida se algum fato superveniente à celebração do contrato acarretar **diminuição considerável** no patrimônio do comprador, capaz de tornar duvidoso o posterior adimplemento de sua parte na avença, podendo aquele, nesse caso, reclamar o preço de imediato ou exigir garantia suficiente.

Na hipótese mencionada, não poderá o comprador exigir do vendedor a entrega da mercadoria enquanto não cumprir a sua obrigação de efetuar o pagamento do preço ou **oferecer garantia bastante** de satisfazê-la. Se promover ação judicial para esse fim, poderá aquele opor a exceção de contrato não cumprido.

■ 13.2.2.1.2. *Resolução por inexecução involuntária*

A resolução pode também decorrer de fato não imputável às partes, como sucede nas hipóteses de **ação de terceiro** ou de acontecimentos **inevitáveis**, alheios à vontade dos contraentes, denominados **caso fortuito** ou **força maior**, que impossibilitam o cumprimento da obrigação.

■ **Requisitos** — a inexecução involuntária caracteriza-se pela **impossibilidade superveniente** de cumprimento do contrato. Há de ser:

> **a) objetiva**, isto é, não concernir à própria pessoa do devedor, pois deixa de ser involuntária se de alguma forma este concorre para que a prestação se torne impossível[24];
>
> **b)** a impossibilidade deve ser, também, **total**, pois, se a inexecução for parcial e de pequena proporção, o credor pode ter interesse em que, mesmo assim, o contrato seja cumprido;

---

[24] "Prestação de serviços. Inadimplemento contratual. Força maior alegada pelo devedor, consubstanciada em greve de seus empregados. Descaracterização. Fato a ele próprio atribuível. Exoneração de responsabilidade pelo descumprimento do contrato somente quando levada a efeito por terceiros estranhos ao devedor e impediente de sua atuação, entendida, então, como fato necessário, inevitável e irresistível. Impossibilidade de se considerar seus prepostos como terceiros em relação ao credor" (*RT*, 642/184).

c) há de ser, ainda, **definitiva**. Em geral, a impossibilidade **temporária** acarreta apenas a **suspensão** do contrato. Somente se justifica a resolução, neste caso, se a impossibilidade persistir por tanto tempo que o cumprimento da obrigação deixa de interessar ao credor. Mera dificuldade, ainda que de ordem econômica, não se confunde com impossibilidade de cumprimento da avença, exceto se caracterizar onerosidade excessiva[25].

O inadimplente **não fica**, no caso de inexecução involuntária, responsável pelo pagamento de **perdas e danos**, salvo se expressamente obrigou-se a ressarcir os "prejuízos resultantes de caso fortuito ou força maior" ou estiver "em mora" (CC, arts. 393 e 399). A resolução opera de **pleno direito**. Cabe a intervenção judicial para proferir **sentença de natureza declaratória** e obrigar o contratante a **restituir** o que recebeu. O efeito da resolução por inexecução decorrente do fortuito e da força maior é **retroativo**, da mesma forma como ocorre na resolução por inexecução culposa, com a diferença que, na primeira hipótese, **o devedor não responde por perdas e danos**. Todavia, deve **restituir** o que eventualmente tenha recebido, uma vez resolvido o contrato.

■ 13.2.2.1.3. Resolução por onerosidade excessiva

■ 13.2.2.1.3.1. A cláusula "rebus sic stantibus" e a teoria da imprevisão

Embora o princípio ***pacta sunt servanda*** ou da **intangibilidade do contrato** seja fundamental tanto para a segurança nos negócios quanto a qualquer organização social, os negócios jurídicos podem sofrer as consequências de modificações posteriores das circunstâncias, com quebra insuportável da equivalência. Tal constatação deu origem ao **princípio da revisão dos contratos** ou **da onerosidade excessiva**, que se opõe àquele, pois permite aos contratantes recorrerem ao Judiciário para obterem alteração da convenção e condições mais humanas em determinadas situações.

■ **Breve retrospecto histórico** — essa teoria originou-se na Idade Média, mediante a constatação de que **fatores externos** podem gerar, quando da execução da avença, uma situação diversa da que existia no momento da celebração, **onerando excessivamente** o devedor. Desenvolveu-se com o nome de *rebus sic stantibus* e consiste basicamente em presumir, nos **contratos comutativos, de trato sucessivo e de execução diferida**, a existência implícita (não expressa) de uma **cláusula**, pela qual a obrigatoriedade de seu cumprimento pressupõe a inalterabilidade da situação de fato. Se esta, no entanto, modificar-se em razão de acontecimentos **extraordinários**, como uma guerra, que tornem **excessivamente oneroso** para o devedor o seu adimplemento, poderá este requerer ao juiz que o **isente da obrigação**, parcial ou totalmente.

A referida teoria permaneceu longo tempo no esquecimento, sobretudo após o movimento revolucionário do século XVIII, quando se pregou que o homem, livre e igual, podia obrigar-se em pactos individuais com a mesma força vinculativa e obrigatória da lei. O recrudescimento da cláusula ***rebus sic stantibus*** veio a ocorrer,

---

[25] Orlando Gomes, *Contratos*, cit., p. 197-198.

porém, efetivamente, no período da I Guerra Mundial, de 1914 a 1918, que provocou um desequilíbrio nos contratos de longo prazo. Na França, editou-se a *Lei Faillot*, de 21 de janeiro de 1918. Na Inglaterra, recebeu a denominação de *Frustration of Adventure*. Outros a acolheram em seus Códigos, fazendo as devidas adaptações às condições atuais. A **teoria da impossibilidade superveniente**, regulada nos Códigos contemporâneos, aplica-se a diversas situações criadas por **modificação posterior** da situação de fato, ensejando a quebra do contrato[26].

Entre nós, a teoria em relevo foi adaptada e difundida por Arnoldo Medeiros da Fonseca com o nome de **teoria da imprevisão**. Em razão da forte resistência oposta à teoria revisionista, o referido autor incluiu o requisito da **imprevisibilidade** para possibilitar a sua adoção. Assim, não era mais suficiente a ocorrência de um **fato extraordinário** para justificar a alteração contratual. Passou a ser exigido que este fosse também **imprevisível**. É por essa razão que os tribunais não aceitam a inflação e alterações na economia como causas para a revisão dos contratos. Tais fenômenos são considerados previsíveis entre nós (cf. item 2.6, *retro*)[27].

A resolução por onerosidade excessiva tem a característica de poder ser utilizada por **ambas as partes**, seja pelo devedor, seja pelo credor.

■ **Onerosidade excessiva e contratos aleatórios** — em linha geral, o princípio da resolução dos contratos por onerosidade excessiva não se aplica aos **contratos aleatórios**, porque estes envolvem um risco, sendo-lhes ínsita a álea e a influência do acaso, **salvo se o imprevisível decorrer de fatores estranhos ao risco próprio do contrato**. Assinala Caio Mário, a propósito, que "nunca haverá lugar para a aplicação da teoria da imprevisão naqueles casos em que a onerosidade excessiva provém da álea normal e não do acontecimento imprevisto, como ainda nos **contratos aleatórios**, em que o ganho e a perda não podem estar sujeitos a um gabarito determinado"[28].

■ 13.2.2.1.3.2. A onerosidade excessiva no Código Civil brasileiro de 2002

O Código Civil de 1916 não regulamentou expressamente a revisão contratual. A introdução da teoria da imprevisão no **direito positivo** brasileiro ocorreu com o advento do **Código de Defesa do Consumidor**, que, no seu art. 6º, V, elevou o equilíbrio do contrato como princípio da relação de consumo, enfatizando ser direito do consumidor, como parte vulnerável do contrato na condição de hipossuficiente, a postulação de **modificação** das cláusulas contratuais que estabeleçam prestações desproporcionais ou sua **revisão** em razão de fatos supervenientes que as tornem **excessivamente onerosas**[29].

---

26 Caio Mário da Silva Pereira, Cláusula *rebus sic stantibus*, *RF*, 92/797; Ruy Rosado de Aguiar Júnior, *Extinção dos contratos*, cit., p. 147.

27 "Revisão contratual. Instrumento particular de confissão e reescalonamento de dívida. Pretendida aplicação da cláusula *rebus sic stantibus*, fundada na imprevisão em virtude de alterações na economia. Inadmissibilidade. Circunstância de o país ter enfrentado diversos planos econômicos, que afasta a imprevisibilidade desses fenômenos na economia brasileira" (*RT*, 788/270).

28 *Instituições*, cit., v. III, p. 167.

29 "Revisão contratual. Aplicação da cláusula *rebus sic stantibus*. Admissibilidade se a avença se torna onerosa ao consumidor, impossibilitando o cumprimento da obrigação inicialmente assumida.

■ **Hipóteses de resolução do contrato** — o Código Civil de 2002 consolidou o direito à alteração do contrato em situações específicas, dedicando uma seção, composta de três artigos, à resolução dos contratos por onerosidade excessiva. Dispõe o primeiro deles:

> "Art. 478. Nos contratos de execução continuada ou diferida, se a prestação de uma das partes se tornar excessivamente onerosa, com extrema vantagem para a outra, em virtude de acontecimentos extraordinários e imprevisíveis, poderá o devedor pedir a resolução do contrato. Os efeitos da sentença que a decretar retroagirão à data da citação."

Além de exigir que o acontecimento seja **extraordinário**, **imprevisível** e **excessivamente oneroso** para uma das partes, o dispositivo em apreço insere mais um requisito: o da **extrema vantagem** para a outra parte — o que limita ainda mais o âmbito de abrangência da cláusula. Críticas têm sido feitas a essa redação, bem como ao fato de este **não priorizar a conservação do contrato pela sua revisão**. A teoria da imprevisão deveria representar, *a priori*, pressuposto necessário da revisão contratual, e não de resolução do contrato, ficando esta última como exceção[30].

Ruy Rosado de Aguiar Júnior, com sabedoria, observa, por seu turno, que as **cláusulas gerais**, tratadas de modo conveniente e amplo no novo Código Civil, permitem ao intérprete encontrar fundamento para a **revisão do contrato** em razão de fato superveniente que desvirtue sua finalidade social, agrida as exigências da boa-fé e signifique o enriquecimento indevido para uma das partes, em detrimento da outra. A regra específica da **onerosidade excessiva** (art. 478 do Código Civil) seria usada apenas **subsidiariamente**, em decorrência do seu enunciado por demais restritivo[31].

Em regra, os fatos extraordinários e imprevisíveis tornam inviável a prestação para ambas as partes, sem que disso decorra vantagem a uma delas, como sucede em casos de guerra, revoluções e planos econômicos. Portanto, o requisito da **"extrema vantagem"** para o outro contraente é, efetivamente, "**inadequado para a caracterização da onerosidade**, que existe sempre que o efeito do fato novo pesar demais sobre um, pouco importando que disso decorra ou não vantagem ao outro"[32].

■ **Hipóteses de revisão do contrato** — os casos de revisão foram contemplados com regra melhor, fundada apenas no dado objetivo da **equivalência da prestação:**

> "Art. 317. Quando, por motivos imprevisíveis, sobrevier desproporção manifesta entre o valor da prestação devida e o do momento de sua execução, poderá o juiz corrigi-lo, a pedido da parte, de modo que assegure, quando possível, o valor real da prestação."

Possibilidade da modificação da avença que implique enriquecimento sem causa, em homenagem ao princípio da equivalência contratual" (*RT*, 785/335).

[30] Jones Figueirêdo Alves, *Novo Código Civil comentado*, p. 424; Washington de Barros Monteiro, *Curso*, cit., v. 5, p. 83.

[31] *Extinção dos contratos*, cit., p. 148.

[32] Ruy Rosado de Aguiar Júnior, *Extinção dos contratos*, cit., p. 152.

A **"desproporção manifesta"** tanto pode ocorrer em prejuízo do credor como do devedor.

Em resumo, deve-se entender que, quando a situação **não pode ser superada com a revisão** das cláusulas, **admite-se a extinção** do contrato em decorrência do fato superveniente. Nessa conformidade, o fato superveniente que provoca a desproporção manifesta da prestação é causa também de **resolução** do vínculo contratual quando for **insuportável** para a parte prejudicada pela modificação das circunstâncias, seja o credor ou o devedor.

■ **Requisitos para a resolução do contrato por onerosidade excessiva** — são eles os seguintes:

■ vigência de um contrato comutativo de execução diferida ou de trato sucessivo;

■ ocorrência de fato extraordinário e imprevisível;

■ considerável alteração da situação de fato existente no momento da execução, em confronto com a que existia por ocasião da celebração; e

■ nexo causal entre o evento superveniente e a consequente excessiva onerosidade.

■ **Primeiro pressuposto:** como é intuitivo, o primeiro pressuposto para que se possa invocar a onerosidade excessiva é que se trate dos denominados **contratos de duração**, nos quais há um intervalo de tempo razoável entre a sua celebração e a completa execução. Não podem ser, pois, contratos de execução **instantânea**, mas, sim, de **execução diferida** ou de realização em **momento futuro**, como a compra e venda com postergação da entrega do bem para o mês seguinte ao da alienação ou do pagamento para noventa dias após a conclusão do negócio ou de **execução continuada** ou **periódica**, como o de prestação de serviços por prazo indeterminado, de empreitada, de fornecimento.

■ **Segundo pressuposto:** o segundo requisito ou **condição externa** é a superveniência de fato **extraordinário** e **imprevisível**, que tenha operado a mutação do ambiente objetivo de tal forma que o cumprimento do contrato implique por si só o enriquecimento de um e o empobrecimento de outro. Se as circunstâncias que determinam a referida mutação pertencem ao **ordinário curso dos acontecimentos** naturais, políticos, econômicos ou sociais e podiam, por isso, ter sido previstas quando da conclusão do negócio, não há razão, como afirma Enzo Roppo, "**para tutelar o contraente** que nem sequer usou da normal prudência necessária para representar-se a possibilidade da sua ocorrência e regular-se de acordo com as mesmas na determinação do conteúdo contratual"[33]. Faz-se mister:

a) que o evento prejudicial surja **após o aperfeiçoamento do negócio e antes da sua execução**, pois, sendo preexistente, não se poderia falar em desequilíbrio superveniente, visto que poderia ter sido levado em conta pelo contraente lesado quando da estipulação da avença;

---

33 *O contrato*, cit., p. 261-262.

b) que, caso contrário, o contraente lesado ingresse em juízo **no curso da produção dos efeitos** do contrato, pois que se já o tiver executado não cabe mais qualquer intervenção judicial. Mesmo nos casos de extrema onerosidade, não pode o prejudicado cessar pagamentos e considerar resolvido o contrato. Essa proclamação deverá ser feita **em juízo**, mediante rigorosa verificação da presença dos pressupostos da aplicação da teoria revisionista[34].

■ **Terceiro pressuposto:** o terceiro requisito ou **condição subjetiva** é a considerável **alteração da situação de fato** existente no momento da execução, em confronto com a que existia por ocasião da celebração. Diz respeito tal pressuposto à substância do negócio, concernente exatamente à medida de tal agravamento e desequilíbrio. Se a obrigação foi **parcialmente** cumprida, a onerosidade pode atingir a parte restante, com a **revisão** ou a **resolução parcial** do contrato.

É necessário também que o acontecimento não se manifeste só na esfera individual de um contraente, mas, sim, tenha **caráter de generalidade**, afetando as condições de todo um mercado ou um setor considerável de comerciantes e empresários, como greve na indústria metalúrgica, inesperada chuva de granizo que prejudica a lavoura de toda uma região ou outros fenômenos naturais de semelhante gravidade.

Não exige a lei, como foi dito, que haja hipótese de **impossibilidade absoluta**. Mesmo, portanto, que circunstâncias supervenientes não impeçam, de modo absoluto, o adimplemento da prestação, pode-se considerar que elas o tornaram **excessivamente oneroso** se fossem exigidos da parte prejudicada "atividades e meios **não razoavelmente compatíveis** com aquele tipo de relação contratual, em termos de a transformar numa prestação substancialmente diversa da acordada", como preleciona Enzo Roppo[35]. Seria absurdo, exemplifica o mencionado autor, exigir que o transportador efetue o transporte de uma mercadoria por via aérea, único meio possível no momento, quando foi contratado para realizá-lo de barco, estando a embarcação, porém, impossibilitada de deixar o porto, como todas as demais, em virtude de condições adversas e proibitivas do mar naquele dia.

Não há medida padrão para se concluir que uma obrigação se tornou **excessivamente onerosa**, nos termos do art. 478 do Código Civil. Cabe ao juiz, no exercício do seu prudente arbítrio, avaliar caso a caso, de acordo com os aspectos específicos do **fato concreto**, se a onerosidade surgida posteriormente no contrato submetido a exame pode ser considerada excessiva.

Igualmente não prevê o Código Civil **qualquer prazo** para que a onerosidade excessiva se configure. O importante é que haja grave desequilíbrio contratual, de tal forma que o cumprimento do acordado implique o enriquecimento de uma das partes e o empobrecimento da outra — o que pode ocorrer no **início da vigência do pacto ou em qualquer outra fase**[36].

---

[34] Caio Mário da Silva Pereira, *Instituições*, cit., v. III, p. 166.

[35] *O contrato*, cit., p. 256.

[36] STJ, REsp 447.336-SP, 3ª T., rel. Min. Nancy Andrighi, j. 11.4.2003.

■ **Quarto pressuposto:** é, como visto, a **existência de nexo causal** entre o evento superveniente e a consequente excessiva onerosidade. É necessário que esta decorra de uma **mutação da situação objetiva**, em tais termos que o cumprimento do contrato, em si mesmo, acarrete o empobrecimento do prejudicado. O contrato só é resolúvel, no entanto, se a sucessiva onerosidade exceder a **álea normal** do contrato, como expressamente prevê o art. 1.467, segunda parte, do Código Civil italiano.

O contratante que estiver em **mora** quando dos fatos extraordinários não pode invocar, em defesa, a onerosidade excessiva, pois, estando nessa situação, responde pelos riscos supervenientes, ainda que decorrentes de **caso fortuito ou força maior** (CC, art. 399).

■ **Arguição da onerosidade excessiva em defesa ou reconvenção:** a onerosidade excessiva pode ser arguida como **defesa** ou **reconvenção** na ação de cobrança ou de exigência de cumprimento de obrigação, bem como na de resolução. Todavia, a alegação em contestação é, em regra, considerada malsoante, vista como **desculpa de mau pagador**, entendendo-se que deveria a parte lesada tomar a iniciativa e antecipar-se à cobrança judicial, invocando a impossibilidade de cumprimento da dívida antes de seu vencimento, em decorrência de fato superveniente extraordinário e imprevisível, e requerendo a revisão do avençado ou a sua resolução.

■ **Proposta do réu de modificar equitativamente as condições do contrato:** preceitua o art. 479 do Código Civil, por sua vez:

> "A resolução poderá ser evitada, oferecendo-se o réu a modificar equitativamente as condições do contrato."

Presentes os pressupostos exigidos no art. 478 do Código Civil, a parte lesada pode pleitear a resolução do contrato. Permite, todavia, o art. 479 supratranscrito que a parte contrária possa, considerando que lhe é mais vantajoso manter o contrato, restabelecendo o seu equilíbrio econômico, oferecer-se para **modificar equitativamente** as suas condições.

Malgrado o dispositivo citado se refira a **"réu"**, nada impede que a **parte interessada em evitar a resolução do contrato se antecipe**, ingressando em juízo antes do ajuizamento da ação resolutória, oferecendo-se para restabelecer o equilíbrio contratual.

Permite-se, portanto, dar solução diversa ao problema da onerosidade excessiva por **iniciativa de uma das partes**, inibindo a resolução do contrato. Serve o dispositivo de "efetividade ao princípio da boa-fé que deve acompanhar a execução dos contratos, em desproveito do enriquecimento sem causa pela parte que recepciona, supervenientemente, vantagem excessiva. A modificação será feita segundo juízos de equidade"[37].

■ **Obrigação imposta a apenas uma das partes:** por fim, dispõe o art. 480 do Código Civil:

---

[37] Jones Figueirêdo Alves, *Novo Código*, cit., p. 428-429.

"Se no contrato as obrigações couberem a apenas uma das partes, poderá ela pleitear que a sua prestação seja reduzida, ou alterado o modo de executá-la, a fim de evitar a onerosidade excessiva."

O contrato que estabelece obrigações só para uma das partes mostra-se, em geral, **leonino**. Neste caso, admite o dispositivo em epígrafe que a parte prejudicada possa pleitear a redução do montante devido ou, ainda, a alteração do modo como deve ser efetuado o pagamento, "no intuito, sempre, de que se **evite a resolução pelo excesso oneroso**"[38].

■ *13.2.2.2. Resilição*

A resilição não deriva de inadimplemento contratual, mas unicamente da **manifestação de vontade**, que pode ser:

a) bilateral; ou
b) unilateral.

Resilir, do latim *resilire*, significa, etimologicamente, "voltar atrás".

- **Resilição bilateral** — a resilição bilateral denomina-se **distrato**, que é o acordo de vontades que tem por fim **extinguir** um contrato anteriormente celebrado.
- **Resilição unilateral** — a unilateral, por sua vez, pode ocorrer somente em **determinados contratos**, pois a regra é a impossibilidade de um contraente romper o vínculo contratual por sua exclusiva vontade.

Veja-se o quadro esquemático abaixo:

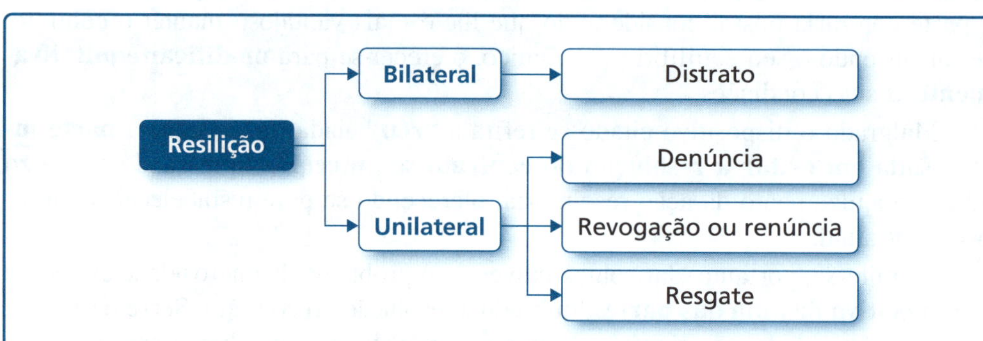

■ *13.2.2.2.1. Distrato e quitação*

Dispõe o art. 472 do Código Civil:

"O **distrato** faz-se pela mesma forma exigida para o contrato."

[38] Álvaro Villaça Azevedo, *Teoria geral dos contratos típicos e atípicos*, p. 115.

A **quitação**, porém, segundo o art. 320 do mesmo diploma, inserido no capítulo concernente à prova do pagamento, "sempre poderá ser dada por instrumento particular". **Não precisa, destarte, obedecer à mesma forma do contrato**. Hipoteca, por exemplo, só pode ser convencionada por escritura pública. A quitação do crédito hipotecário, contudo, pode ser outorgada por **instrumento particular**. Entretanto, como o citado dispositivo exige determinados requisitos para a validade da quitação, dentre eles a assinatura do credor, obviamente esta deve ter a **forma escrita**.

■ **Conceito de distrato:** segundo a lição de Caio Mário, distrato ou resilição bilateral "é a declaração de vontade das partes contratantes, no sentido oposto ao que havia gerado o vínculo. É o *contrarius consensus* dos romanos, gerando o *contrato liberatório*. Algumas vezes é chamado de *mútuo dissenso*"[39]. Segundo Messineo[40], mais adequada se mostra a expressão *mútuo consenso*, que dá a ideia de vontade concordante.

Qualquer contrato pode cessar pelo distrato: é necessário, todavia, que os efeitos não estejam exauridos, uma vez que o cumprimento é a via normal da extinção. Contrato extinto **não precisa ser dissolvido**. Se já produziu algum efeito, o acordo para extingui-lo não é distrato, mas outro contrato que modifique a relação. O mecanismo do distrato é o que está presente na celebração do contrato: a mesma vontade humana, que tem o poder de criar, atua na direção oposta para dissolver o vínculo e devolver a liberdade àqueles que se encontravam compromissados.

■ **Interpretação racional do art. 472 retrotranscrito:** a exigência de observância da mesma forma exigida para o contrato, feita no citado art. 472, não deve ser interpretada, contudo, de forma literal, mas com **temperamento:** o distrato deve obedecer à mesma forma do contrato a ser desfeito quando este tiver **forma especial**, mas não quando esta for livre. Desse modo, a compra e venda de imóvel de valor superior à taxa legal, que exige escritura pública, só pode ser desfeita, de comum acordo, por outra escritura pública. Mas o contrato de locação, que tem **forma livre**, pode ser objeto de **distrato verbal**, mesmo tendo sido constituído mediante contrato **escrito**, por exemplo[41].

Os efeitos do distrato são, efetivamente, ***ex nunc***, para o futuro, não se desfazendo os anteriormente produzidos.

■ *13.2.2.2.2. Resilição unilateral: denúncia, revogação, renúncia e resgate*

A resilição, como já se disse, não deriva de inadimplemento contratual, mas, sim, unicamente da manifestação de vontade. O fundamento para a sua efetivação

[39] *Instituições*, cit., v. III, p. 151.

[40] *Doctrina*, cit., v. II, p. 333.

[41] "Se para os contratos de conteúdo patrimonial objeto do Livro das Obrigações é exigida, no distrato, a mesma forma deles, com maior razão haveria de ser exigida a mesma forma (escritura pública) para o distrato de pacto antenupcial, ou para a mudança do ajuste" (*RT*, 691/94).

seria, assim, a **vontade presumida**. Outras vezes, o contrato se baseia na **confiança** e só perdura enquanto esta existir entre as partes. Por último, os próprios sujeitos reservam-se o direito de **arrependimento**, submetendo-se à perda ou ao pagamento em dobro das arras penitenciais.

Segundo Orlando Gomes[42], a faculdade de resilição unilateral é suscetível de ser exercida:

a) nos contratos **por tempo indeterminado**;

b) nos contratos de **execução continuada**, ou **periódica**;

c) nos contratos **em geral**, cuja execução não tenha começado;

d) nos contratos **benéficos**; e

e) nos contratos de **atividade**.

A resilição é o meio próprio para dissolver os contratos **por tempo indeterminado**. Se não fosse assegurado o poder de resilir, seria impossível ao contratante libertar-se do vínculo caso o outro não concordasse. Pode ocorrer, assim, somente nas obrigações **duradouras**, contra a sua renovação ou continuação, independentemente do não cumprimento da outra parte, nos casos permitidos ***na lei*** (p. ex., **denúncia** prevista nos arts. 6º, 46, § 2º, e 57 da Lei n. 8.245, de 18.10.1991, sobre locação de imóveis urbanos) ou **no contrato**.

■ **Denúncia:** obrigação **duradoura** é aquela que não se esgota em uma só prestação, mas supõe um período de tempo mais ou menos extenso, tendo por conteúdo ou uma **conduta duradoura** (cessão de uso, arrendamento, locação), ou a realização de **prestações periódicas** (como no pagamento dos aluguéis e no fornecimento de gás, de alimentação, de energia, de mercadorias etc. por prazo indeterminado). Nesses casos, a resilição denomina-se **denúncia**[43].

■ **Revogação ou renúncia:** podem ser mencionados, ainda, como exemplos de contratos que admitem resilição, os de mandato, comodato e depósito. No primeiro, a resilição denomina-se **revogação** ou **renúncia**, conforme a iniciativa seja, respectivamente, do mandante ou do mandatário. Efetivamente, os contratos estipulados no pressuposto da **confiança recíproca** entre as partes podem resilir-se ***ad nutum***, pelas formas mencionadas.

■ **Resgate:** na enfiteuse, ocorre o *resgate* (CC/1916, art. 693), como modo de liberação unilateral do ônus real.

■ **Declaração receptícia da vontade:** a resilição unilateral independe de pronunciamento judicial e produz efeitos *ex nunc*, não retroagindo. Para valer, deve ser **notificada** à outra parte, produzindo efeitos a partir do momento em que chega a seu conhecimento. É, destarte, **declaração receptícia da vontade**. A princípio, não precisa ser justificada, mas em certos contratos exige-se que obedeça à justa

---

[42] *Contratos*, cit., p. 206-207.

[43] Clóvis do Couto e Silva, *A obrigação como processo*, p. 211.

causa. Nessas hipóteses, a inexistência de justa causa não impede a resilição do contrato, mas a parte que o resiliu injustamente fica obrigada a pagar à outra **perdas e danos**[44].

■ **Hipótese em que uma das partes efetuou investimentos consideráveis:** dispõe o art. 473 do Código Civil de 2002, inovando:

> "A resilição unilateral, nos casos em que a lei expressa ou implicitamente o permita, opera mediante denúncia notificada à outra parte.
>
> Parágrafo único. Se, porém, dada a natureza do contrato, uma das partes houver feito investimentos consideráveis para a sua execução, a denúncia unilateral só produzirá efeito depois de transcorrido prazo compatível com a natureza e o vulto dos investimentos."

Na hipótese, em vez de simplesmente determinar o pagamento de perdas e danos sofridas pela parte que teve prejuízos com a dissolução unilateral do contrato, o legislador optou por atribuir uma **tutela específica**, convertendo o contrato, que poderia ser extinto por vontade de uma das partes, em um contrato comum, **com duração pelo prazo compatível com a natureza e o vulto dos investimentos**. Em um contrato de comodato de imóvel sem prazo, por exemplo, não é razoável que, poucos dias depois de o comodatário se instalar, o comodante solicite a sua restituição sem a ocorrência de fato superveniente que a justifique.

Nesse caso, se o comodatário realizou obras no imóvel para ocupá-lo, esse prazo ainda pode estender-se por muito mais tempo. Certos contratos, todavia, não comportam a incidência da regra do mencionado parágrafo único do art. 473 do novo diploma. O de **mandato**, por exemplo, admite por sua natureza a **resilição incondicional**, porque se esteia na relação de **confiança** entre as partes. Nessas situações, resta ao lesado "apenas obter indenização pelos danos sofridos, sem a possibilidade de extensão compulsória da vigência do contrato"[45].

Quando, em um contrato bilateral, as partes convencionam a possibilidade de resilição voluntária por **declaração unilateral de vontade** (no contrato de trabalho por tempo determinado em que se reservam o direito de resilir *ante tempus*, mediante aviso prévio, p. ex.), produz ela as consequências do **distrato**. Embora a notificação seja unilateral, a cessão do contrato é efeito do ajuste bilateral realizado. Por essa razão, é tratada por alguns autores, como Orlando Gomes[46], enquanto **resilição convencional**.

■ *13.2.2.3. Morte de um dos contratantes*

A morte de um dos contratantes só acarreta a dissolução dos contratos **personalíssimos** (*intuitu personae*), que não poderão ser executados pela morte daquele em

44 Orlando Gomes, *Contratos*, cit., p. 207.

45 Caio Mário da Silva Pereira, *Instituições*, cit., v. III, p. 153-154.

46 *Contratos*, cit., p. 205.

consideração do qual foi ajustado. Subsistem as prestações cumpridas, pois o seu efeito opera-se *ex nunc*.

Nesses casos, a impossibilidade da execução do contrato sem culpa tem como consequência a sua **resilição automática**, dado que é insubstituível a parte falecida. Essa cessação, segundo expressa Caio Mário[47], citando os irmãos Mazeaud, pode-se dizer **resilição convencional tácita**, por entender-se que os contratantes a avençaram com a cláusula implícita de extinção.

■ 13.2.2.4. Rescisão

Entre nós, o termo **rescisão** é usado como **sinônimo** de resolução e de resilição. Deve ser empregado, no entanto, em boa técnica, nas hipóteses de dissolução de determinados contratos, como aqueles em que ocorreu **lesão** ou que foram celebrados em **estado de perigo**[48].

Segundo Messineo, dois, efetivamente, são os casos em que se admite a rescisão:

a) quando o contrato é celebrado em **estado de perigo** e em **condições iníquas**;

b) quando acarreta uma **lesão** sofrida por uma das partes, determinada por uma situação de necessidade que a impulsionou a concluí-lo[49].

■ **A lesão:** é **defeito** do negócio jurídico, que se configura quando uma pessoa obriga-se a prestação manifestamente **desproporcional** ao valor da prestação assumida pelo outro contraente (CC, art. 157). É, assim, como dissemos na 1ª Parte desta obra, item 7.5.6.1, o prejuízo resultante da enorme desproporção existente entre as prestações de um contrato, no momento de sua celebração, determinada pela premente necessidade ou inexperiência de uma das partes. O Código Civil a considera um **vício do consentimento**, que torna **anulável** o contrato (art. 178, II).

■ **O estado de perigo:** assemelha-se à anulação pelo vício da coação e caracteriza-se quando a avença é celebrada em condições desfavoráveis a um dos contratantes, que assume **obrigação excessivamente onerosa**, em situação de extrema necessidade, conhecida da outra parte (CC, art. 156). Os efeitos da sentença retroagem à data da celebração do contrato, em ambos os casos. Destarte, a parte que recebeu fica obrigada a restituir. O art. 178, II, do Código Civil declara **anulável** o negócio jurídico celebrado em estado de perigo (*v.* 1ª Parte desta obra, item 7.5.5.1).

---

47 *Instituições*, cit., v. III, p. 154.

48 Messineo, *Doctrina*, cit., v. II, p. 289-291; Enzo Roppo, *O contrato*, cit., p. 249-251; Orlando Gomes, *Contratos*, cit., p. 210.

49 *Doctrina*, cit., v. II, p. 291.

13.3. RESUMO

EXTINÇÃO DO CONTRATO	
MODO NORMAL DE EXTINÇÃO	A extinção dá-se, em regra, pela execução (**cumprimento**), seja instantânea, diferida ou continuada. Comprova-se o pagamento pela **quitação** fornecida pelo credor (CC, art. 320).
EXTINÇÃO SEM CUMPRIMENTO	**Causas anteriores ou contemporâneas:** a) **nulidade absoluta** e **relativa:** a primeira decorre de transgressão a preceito de ordem pública e impede que o contrato produza efeitos desde a sua formação (*ex tunc*); já a segunda (anulabilidade) advém da imperfeição da vontade. Não extinguirá o contrato enquanto não se mover ação que a decrete, sendo *ex nunc* os efeitos da sentença. b) **cláusula resolutiva:** pode ser **expressa**, quando convencionada para a hipótese de inadimplemento, ou **tácita**. A primeira opera de pleno direito; a tácita, por sua vez, depende de interpelação judicial e é subentendida em todo contrato bilateral (art. 475). c) **direito de arrependimento**: quando previsto, autoriza qualquer uma das partes a rescindir o ajuste, sujeitando-se à perda do sinal ou à sua devolução em dobro (art. 420). **Causas supervenientes:** a) **resolução:** por inexecução **voluntária** (culposa), **involuntária** e por **onerosidade excessiva**. b) **resilição: bilateral** (acordo de vontades denominado **distrato**) e **unilateral** (pode ocorrer apenas em certos contratos, sob a forma de **denúncia, revogação, renúncia** e **resgate**). c) **morte de um dos contratantes:** só acarreta a dissolução dos contratos **personalíssimos**. Subsistem as prestações cumpridas. d) **rescisão:** ocorre com a dissolução de determinados contratos, como aqueles em que ocorreu **lesão** ou **estado de perigo**.

13.4. QUESTÕES

1. (TRF/3ª Região/Juiz Federal/XIV Concurso/Fundação Carlos Chagas/2008) Assinale a alternativa CORRETA:

a) Nos contratos aleatórios o consumidor nunca pode estar sujeito a riscos que possam importar em prejuízo a seus interesses.
b) A execução do contrato não cumprido pode ser invocada no uso de inadimplemento de obrigação de reparar em unidade de condomínio.
c) Nos contratos bilaterais, nenhum dos contratantes, antes de cumprida a sua obrigação, pode exigir o implemento da do outro.
d) A exceção de contrato não cumprido pode ser invocada quando previsível o inadimplemento da outra parte, exceto nos contratos de longa duração.

2. (Procurador/Faz. Nacional/ESAF/2007) Indique a opção CORRETA:

a) A teoria da agnição reputa perfeito o contrato no momento em que o ofertante tem ciência da aceitação do oblato, visto que não se pode dizer que exista um acordo de vontades e, portanto, um consentimento recíproco a respeito de um negócio jurídico contratual que se pretende realizar, sem que o proponente e aceitante conheçam a vontade um do outro.
b) A função social do contrato, dirigida à satisfação de interesses sociais, elimina o princípio da autonomia contratual.
c) No direito brasileiro repelido está o individualismo, pois nítida é a função institucional do contrato, visto que limitada está a autonomia da vontade pela intervenção estatal, ante a função econômico-social daquele ato negocial, que o condiciona ao atendimento do bem comum e dos fins sociais.
d) No contrato aleatório *emptio rei speratae* um dos contratantes, na alienação de coisa futura, toma a si o risco relativo à existência da coisa, ajustando um preço, que será devido integralmente, mesmo que nada se produza, sem que haja dolo ou culpa do alienante.
e) A cláusula *solve et repete* não se caracteriza como uma renúncia à exceção do contrato não cumprido.

3. (OAB/2009.2/CESPE/UnB) Com relação ao contrato, assinale a opção CORRETA.

a) A resilição consiste na extinção do contrato por circunstância superveniente à sua formação, como, por exemplo, o inadimplemento absoluto.
b) A resolução constitui a extinção do contrato por simples renúncia da parte.
c) A rescisão tem origem em defeito contemporâneo à formação do contrato, e a presença do vício torna o contrato anulável ou nulo.
d) O distrato constitui espécie de resolução contratual.

4. (TJ/CE/Analista Judiciário/CESPE/2014) João, mediante contrato firmado, prestava assistência técnica de computadores à empresa de Mário. João e Mário, por mútuo consenso, resolveram pôr fim à relação contratual.

Nessa situação hipotética, considerando o que dispõe a doutrina majoritária sobre a matéria, caracterizou-se a

a) resolução bilateral do contrato.
b) revogação do contrato.
c) anulação do contrato.
d) inexistência contratual.
e) resilição bilateral do contrato.

5. (TJRJ/Juiz de Direito/XLVI Concurso/VUNESP/2014) Nos contratos de execução continuada ou diferida, se a prestação de uma das partes se tornar excessivamente onerosa, com extrema vantagem para a outra, em virtude de acontecimentos extraordinários e imprevisíveis, poderá o devedor pedir

a) a devolução parcial dos valores excedentes nas prestações pagas ao credor.
b) a resolução do contrato.
c) a resilição unilateral do contrato.
d) o distrato.

6. (TRT/15ª Região/Juiz do Trabalho/XXIII Concurso/Fundação Carlos Chagas/2008) Assinale a alternativa CORRETA:

a) somente o pagamento em consignação judicial extingue a obrigação;
b) a cláusula "rebus sic stantibus" possui previsão expressa no Código Civil;
c) pelo inadimplemento da obrigação responde o devedor por perdas e danos, juros e atualização monetária, mas não por honorários de advogado;
d) o valor da cominação imposta na cláusula penal não pode exceder o da obrigação principal, e não pode ser reduzido judicialmente;
e) a novação por subordinação do devedor pode ser efetuada desde que haja seu consentimento.

7. (DPE/MS/Defensor Público/VUNESP/2014) Jean decidiu adquirir um imóvel, necessitando de financiamento bancário para viabilizar a aquisição. Ao consultar determinada instituição financeira, apresentaram a Jean a opção do financiamento com pacto de alienação fiduciária. Jean aceitou o financiamento e a modalidade de garantia, comprometendo-se ao pagamento de 100 (cem) prestações de R$ 1.000,00 (mil reais). O comprador honrou 95 (noventa e cinco) parcelas e, em seguida, perdeu seu emprego. Por essa razão, deixou de honrar as parcelas restantes. Nesse panorama, é CORRETO afirmar que

a) a modalidade de garantia pactuada não admite a aplicação da teoria do adimplemento substancial, devendo a instituição financeira constituir o fiduciante em mora, consolidar a propriedade do imóvel e promover o leilão público no prazo legal.

b) pela aplicação da teoria do adimplemento substancial, restará a possibilidade da instituição financeira cobrar as parcelas faltantes, abstendo-se de consolidar a propriedade do imóvel em nome do fiduciário e leva-lo à hasta pública.
c) a aplicação da teoria do adimplemento substancial dependerá de previsão contratual fixando o número de parcelas mínimas para que o instituto possa aproveitar ao comprador.
d) se aplica a teoria do adimplemento substancial, pela qual, considerando a boa-fé do comprador e a função social do contrato, a instituição financeira deverá absorver o prejuízo das parcelas faltantes, outorgando quitação a Jean.

8. (OAB/RJ/25° Concurso) Sobre a extinção dos contratos, assinale a opção CORRETA:

a) No caso de resolução por onerosidade excessiva, os efeitos da sentença que a decretar retroagirão à data da citação;
b) A cláusula resolutiva tácita independe de interpelação judicial, operando-se de pleno direito;
c) A exceção do contrato não cumprido cabe tanto nos contratos bilaterais quanto nos unilaterais;
d) A resilição unilateral opera-se, em regra, mediante retenção da prestação pela parte que não mais deseja o contrato.

9. (TJSP/Juiz de Direito/181° Concurso/VUNESP/2008) No curso de um contrato de empreitada de trabalho e materiais, o dono da obra se decide pela resilição unilateral e notifica o empreiteiro, para os fins de direito. Ocorre que este fez investimentos consideráveis para a execução do contrato. Nessas circunstâncias,

a) A desconstituição do contrato produzirá efeito depois de transcorrido prazo compatível com a natureza e o vulto dos investimentos, ou seja, a partir do momento em que seja ultrapassado o período mínimo para adequação da natureza do contrato ao importe dos investimentos, sem prejuízo do pagamento ao empreiteiro das despesas e lucros relativos aos serviços até então feitos, mais indenização razoável, calculada em função do que teria ganho, se concluída a obra.
b) A lei estabelece limite para o exercício de direito potestativo e, no caso, o dono da obra excede manifestamente os limites impostos pelo seu fim econômico, de modo que a denúncia pode ser recusada pelo empreiteiro.
c) Formalmente lícita a conduta do dono da obra e franqueado o exercício de seu direito de resilição unilateral, a denúncia deverá produzir efeito, mas somente se as partes acordarem sobre despesas do empreiteiro e lucros cessantes, abrangentes estes até mesmo das oportunidades perdidas no sentido de realização de outros contratos.
d) A extinção do contrato, pela vontade manifestada do dono da obra opera desde logo, mediante a denúncia notificada à outra parte.

10. (DPE/GO/Defensor Público/CS-UFG/2014) Em contraponto ao formalismo exacerbado na execução das obrigações contratuais, desenvolveu-se na Inglaterra, a partir do século XVIII, a teoria do adimplemento substancial, corolário do princípio da boa-fé objetiva positivado no ordenamento jurídico brasileiro a partir da entrada em vigor da Lei n. 8.078, de 1990 (Código de Defesa do Consumidor). A esse respeito, considera-se que

a) a aplicação da teoria do adimplemento substancial prescinde do cumprimento de parte significativa das obrigações contratuais por quem dela se beneficia.
b) a teoria do adimplemento substancial tende a preservar o negócio jurídico aventado, limitando o direito do credor à *exceptio non adimpleti contractus*, quando, diante de um adimplemento das obrigações tão próximo do resultado final e tendo em vista a conduta das partes, deixa de ser razoável a resolução contratual.

c) a aplicação da teoria do adimplemento substancial restringe-se às relações de consumo no direito brasileiro.
d) a falta de positivação do princípio da boa-fé objetiva no ordenamento jurídico brasileiro impediu que os tribunais pátrios o aplicassem na resolução de casos concretos, de modo que a *exceptio non adimpleti contractus* foi aplicada de maneira absoluta até o ano de 1990.
e) a determinação expressa no artigo 475 do Código Civil proíbe à parte lesada pelo inadimplemento que propugne pela resolução contratual.

11. (TJDF/Cartório de Notas e de Registros/CESPE/UnB/2014) Acerca da extinção dos contratos, assinale a opção CORRETA.

a) Em se tratando de contrato de execução continuada, as prestações efetivadas na relação de consumo não são restituídas, porquanto a resolução não tem efeito relativamente ao passado.
b) Em regra, a morte de um dos contratantes acarreta a dissolução do contrato por inexecução involuntária, sob o fundamento de caso fortuito e força maior.
c) Admite-se a inscrição, nas apólices de seguro, de cláusulas de rescisão unilateral e de exclusão de sua eficácia, por conveniência da seguradora, com fundamento em fato superveniente.
d) Nos contratos solenes, é possível a previsão de cláusulas de arrependimento, mediante ressarcimento dos prejuízos consistente na guarda das arras recebidas e perdas e danos.
e) A resolução por inexecução voluntária implica a extinção retroativa do contrato, opera *ex tunc* caso este seja de execução única, desconstitui os efeitos jurídicos produzidos e determina a restituição das prestações cumpridas.

12. (TJSC/Juiz de Direito/2010) Assinale a alternativa CORRETA:

I. Com a edição do Código Civil de 2002, a boa-fé objetiva passou a princípio explícito que exerce sua função harmonizadora para conciliar o rigorismo lógico-dedutivo com as exigências éticas atuais, abrindo as janelas do positivismo jurídico para o ético. No âmbito do contrato o princípio da boa-fé sustenta o dever de as partes agirem conforme a economia e a finalidade do contrato, de modo a conservar o equilíbrio substancial e funcional entre as obrigações correspectivas que formaram o sinalagma contratual.
II. Nas declarações de vontade se atenderá mais à intenção nelas consubstanciada do que ao sentido literal da linguagem. Isto representa dizer que cabe ao intérprete investigar qual a real intenção dos contratantes, pois o que interessa é a vontade real e não a declarada.
III. O contrato preliminar, exceto quanto à forma, deve conter todos os requisitos essenciais ao contrato a ser celebrado. O contrato preliminar traça os contornos de um contrato final que se pretende efetivar no momento oportuno, gerando direitos e deveres para as partes que assumem a obrigação de contrair contrato definitivo. Se dele não constar cláusula de arrependimento, qualquer das partes terá o direito de exigir a celebração do definitivo, assinando prazo à outra para que o efetive.
IV. A pessoa jurídica é uma realidade autônoma, capaz de direitos e obrigações independentemente de seus membros, pessoas naturais. Porém, o juiz pode decidir, de ofício ou a requerimento da parte ou do Ministério Público, quando este intervenha no processo, que os efeitos de certas e determinadas relações de obrigações sejam estendidos aos bens particulares dos administradores ou sócios da pessoa jurídica. Esta possibilidade todavia depende de circunstâncias expressamente definidas na lei, a saber, desvio determinante da finalidade estipulada pela pessoa jurídica quando de sua constituição e confusão patrimonial.

a) Todas as proposições estão corretas.
b) Somente as proposições I, II e III estão corretas.
c) Somente as proposições I, II e IV estão corretas.
d) Somente as proposições II e IV estão corretas.
e) Somente as proposições I e III estão corretas.

13. (TRF/1ª Região/Juiz Federal/XVI Concurso/2015) No que concerne à teoria geral dos contratos, assinale a opção CORRETA.

a) A fase de puntuação na formação do contrato não vincula os participantes a sua celebração definitiva, o que impede inferir-se eventual responsabilização contratual nas tratativas.
b) A atividade médica realizada sem o consentimento informado do paciente, ainda que exitosa, constitui hipótese de violação positiva do contrato.
c) A parte lesada pelo inadimplemento pode pleitear a resolução do contrato, que é um direito potestativo do credor, razão pela qual o adimplemento substancial da obrigação pelo devedor não impede a extinção do negócio jurídico.
d) Para a aplicação da teoria da imprevisão, exige-se que o contrato seja sinalagmático, oneroso, comutativo e de trato sucessivo e que surja fato superveniente que gere um desequilíbrio entre as partes contratantes.
e) Os vícios redibitórios atingem o plano de validade do contrato e podem gerar sua anulabilidade mediante o manejo de ação redibitória.

14. (TJGO/Juiz de Direito/Fundação Carlos Chagas/2012) DA SILVA pleiteia a resolução de contrato de venda futura de soja celebrado com AGRÍCOLA S.A., sob a alegação de que variação significativa da cotação do produto vendido tornou o contrato excessivamente oneroso. Neste caso, é correto afirmar:

a) A oscilação do preço do produto vendido por si caracteriza a onerosidade excessiva.
b) A simples variação de preço do produto comercializado pelo vendedor não configura um acontecimento imprevisto e extraordinário.
c) A onerosidade excessiva deve ser aferida no momento da conclusão do contrato e se comprovada outorga a resolução.
d) A relação jurídica descrita acima se subsume à lei consumerista.
e) O fato do comprador obter lucro na revenda da soja, decorrente da majoração do preço do produto no mercado após a celebração do negócio, comprova existência de onerosidade excessiva, apta a determinar a rescisão do contrato ou má resolução.

15. (TRT/2ª Região/Juiz do Trabalho/XXXVIII Concurso/2013) Um cidadão adquire um quadro pensando se tratar de um original de um famoso pintor. Efetua o pagamento e, após lhe ser entregue o quadro, descobre que se trata de uma cópia. Conforme o Código Civil em vigor, o comprador tem contra o vendedor a ação:

a) Indenizatória com o objetivo de anular o negócio rejeitando o quadro por estar defeituoso.
b) Redibitória pelo fato de ter laborado em erro não substancial que recai sobre o objeto da compra, pleiteando a anulação do negócio.
c) Anulatória conservando o quadro e pleiteando abatimento do preço.
d) Anulatória pleiteando anulação do negócio por ter laborado em erro substancial que recaiu sobre qualidade essencial do objeto.
e) Redibitória para a rescisão do contrato e devolução do bem vendido como cópia, pedindo abatimento do preço.

16. (BACEN/Procurador/CESPE/UnB/2013) Para a resolução do contrato por aplicação da teoria da imprevisão, conforme estabelece o Código Civil, é necessária a prova de que:

a) tenha sobrevindo desproporção manifesta entre o valor da prestação e o momento da execução, com extrema vantagem para a outra, em virtude de fato superveniente ao contrato.
b) a prestação de uma das partes tenha se tornado excessivamente onerosa em virtude de acontecimentos imprevisíveis, ainda que sem extrema vantagem para a outra.
c) a prestação de uma das partes tenha se tornado excessivamente onerosa, com extrema vantagem para a outra, em virtude de acontecimentos extraordinários, ainda que previsíveis.
d) tenha sobrevindo, em virtude de acontecimentos extraordinários, desproporção manifesta entre o valor da prestação e o momento da execução.
e) a prestação de uma das partes tenha se tornado excessivamente onerosa em virtude de acontecimentos extraordinários e imprevisíveis, com extrema vantagem para a outra.

17. (PGE/BA/Procurador/CESPE/UnB/2014) Com relação ao direito das obrigações, julgue os itens que se seguem.

a) A teoria do adimplemento substancial impõe limites ao exercício do direito potestativo de resolução de um contrato.
b) De acordo com o entendimento do STJ, havendo cláusula de arrependimento em compromisso de compra e venda, a devolução do sinal, por quem o deu, ou a sua restituição em dobro, por quem o recebeu, exclui indenização maior a título de perdas e danos, salvo os juros moratórios e os encargos do processo.
c) Em regra, as obrigações pecuniárias somente podem ser quitadas em moeda nacional e pelo seu valor nominal.

18. (TJRS/Juiz de Direito/FAURGS/2016) Sobre a extinção do contrato, assinale a alternativa CORRETA.

a) Implica, necessariamente, o fim de todos os efeitos decorrentes da relação obrigacional.
b) Será eficaz a partir da sentença que a declara, quando decorra do exercício do direito de resolução por onerosidade excessiva, por meio da ação respectiva.
c) Pode ser impedida pela oposição de exceção de contrato não cumprido, que é meio de autodefesa do devedor.
d) Será eficaz, em qualquer caso, a partir da notificação do outro contratante, quando decorrente de denúncia unilateral.
e) Poderá decorrer do implemento de condição resolutiva, desde que esta não seja impossível, caso em que deverá ser reconhecida a invalidade do negócio jurídico.

19. (TJRJ/Juiz de Direito/XLVII Concurso/VUNESP/2016) Assinale a alternativa CORRETA sobre o direito contratual e os princípios que regem a matéria.

a) Em contrato que versa sobre coisa futura, é nula a disposição contratual pela qual o alienante terá direito à integralidade do preço mesmo que o objeto da alienação venha a existir em quantidade inferior à esperada.
b) É vedada na legislação brasileira a estipulação de cláusula limitativa do dever de indenizar, por violação ao princípio da reparação integral.
c) A prolongada omissão de um dos contratantes em exigir da parte contrária o cumprimento de determinada cláusula contratual, que não vinha sendo cumprida ou respeitada, pode configurar motivo idôneo para tornar a cláusula juridicamente inexigível.

d) Na relação cível empresarial, é vedado ao Estado intervir nos negócios jurídicos celebrados entre particulares, disciplinando e/ou limitando a liberdade contratual e as consequências de determinadas previsões contratuais.
e) Em caso de revisão judicial de disposições contratuais, em razão de onerosidade excessiva decorrente de acontecimentos extraordinários e imprevisíveis, a eficácia da decisão será *ex tunc*, retroagindo à data da celebração do negócio jurídico.

20. (DPE/PA/Defensor Público/2016) Assinale a alternativa CORRETA

a) No sistema do Código Civil, a onerosidade excessiva é exceção que impõe revisão do contrato, em atenção ao princípio da conservação dos atos jurídicos, motivo pelo qual não está autorizada a resolução da avença.
b) A exceção por onerosidade excessiva é aplicável a qualquer espécie contratual.
c) A impossibilidade inicial do objeto do negócio jurídico pode ser classificada em absoluta ou relativa. A classificação não tem valor no que concerne aos efeitos, porque, em quaisquer dos casos, a repercussão da eiva se dará no plano da eficácia dos negócios jurídicos.
d) *Exceptio non rite adimpleti contractus* é a exceção do cumprimento defeituoso do contrato.
e) A cláusula resolutiva expressa exige interpelação judicial para produzir efeitos.

GABARITO

1. "c". *Vide* art. 476 do CC.
2. "c". *Vide* arts. 5º da LINDB e 421 do CC.
3. "c". Observação: A rigor, o termo "rescisão" deve ser empregado nas hipóteses de dissolução de determinados contratos, como aqueles em que ocorreu *lesão* ou que foram celebrados em *estado de perigo*, defeitos estes que tornam apenas *anulável* o negócio jurídico.
4. "e". *Vide* item 13.2.2.2 (Resilição), *retro*.
5. "b". *Vide* art. 478 do CC.
6. "b". *Vide* art. 478 do CC.
7. "b". *Vide* item 13.2.1.2 (Cláusula resolutiva. O adimplemento substancial do contrato), *retro*.
8. "a". *Vide* art. 478, 2ª parte, do CC.
9. "a". *Vide* arts. 473, parágrafo único, e 623 do CC.
10. "b". *Vide* item 13.2.1.2 (Cláusula resolutiva. O adimplemento substancial do contrato), *retro*.
11. "e". "A resolução por inexecução voluntária decorre de comportamento culposo de um dos contraentes, com prejuízo ao outro. Produz efeitos *ex tunc*, extinguindo o que foi executado e obrigando a restituições recíprocas, sujeitando ainda o inadimplente ao pagamento de perdas e danos e da cláusula penal...". *Vide* item 2.2.1.1, *retro*.
12. "b". *Vide* arts. 422, 112, 463 e 50, respectivamente, do CC.
13. "b". *Vide* item 2.7.2 (Disciplina no Código Civil de 2002), *retro*.
14. "b". *Vide* art. 478 do CC.
15. "d". *Vide* arts. 138 e 139, I, do CC.
16. "e". *Vide* art. 478 do CC.
17. Os três itens estão corretos. Confira-se: a) "O adimplemento substancial do contrato pelo devedor não autoriza ao credor a propositura de ação para extinção do contrato, salvo se demonstrada a perda do interesse na continuidade da execução" (STJ, REsp 469.577-SC, j. 25.3.2003); b) *Vide* Súmula 412 do STF; c) *Vide* art. 1º da Lei n. 10.192, de 14.2.2001.

18. "d". *Vide* art. 473 do CC.
19. "c". *Vide* "PRIMEIRA PARTE", item 10 (Da prescrição e da decadência), *retro*.
20. "d". *Vide* item 13.2.2.1.1.1., *retro*.

REFERÊNCIAS

ABREU FILHO, José. *O negócio jurídico e sua teoria geral*. 5. ed. São Paulo: Saraiva, 2003.

AGUIAR DIAS, José de. *Da responsabilidade civil*. 4. ed. 1960. Rio de Janeiro: Forense; 10. ed. 1997.

AGUIAR JÚNIOR, Ruy Rosado de. A boa-fé na relação de consumo. *Revista de Direito do Consumidor*, 14/25.

_______. *Extinção dos contratos por incumprimento do devedor*. 2. ed. Rio de Janeiro: AIDE, 2003.

_______. Projeto do Código Civil — As obrigações e os contratos. *RT*, 775/18.

_______. Responsabilidade civil do médico. *RT*, 718/33.

AGUILA, Ramón Dominguez. *Teoría general del negocio jurídico*. Ed. Jurídica de Chile, 1975.

ALBALADEJO, Manuel. *El negocio jurídico*. Barcelona: Bosch, 1958.

ALMEIDA, Francisco de Paula Lacerda de. *Obrigações*. 2. ed. Rio de Janeiro: Typographia Revista dos Tribunais, 1916.

ALMEIDA COSTA, Mário Júlio. *Direito das obrigações*. 9. ed. Coimbra: Almedina, 2001.

ALVES, João Luiz. *Código Civil da República dos Estados Unidos do Brasil anotado*. Rio de Janeiro: F. Briguiet, 1917. v. 3.

ALVES, Jones Figueirêdo. *Novo Código Civil comentado*. Coord. de Ricardo Fiúza. São Paulo: Saraiva, 2002.

_______. O adimplemento substancial como elemento decisivo à preservação do contrato. *Revista Jurídica Consulex*, n. 240, janeiro de 2007.

ALVES, José Carlos Moreira. *A Parte Geral do Projeto do Código Civil brasileiro*. São Paulo: Saraiva, 1986.

_______. *Da alienação fiduciária em garantia*. 3. ed. Rio de Janeiro: Forense, 1987.

_______. *Direito romano*. 5. ed. Rio de Janeiro: Forense, 1983. v. 1.

_______. O Anteprojeto de 1973. *Revista de Informação Legislativa*, out./dez. 1973.

ALVIM, Agostinho. *Comentários ao Código Civil*. Ed. Jurídica e Universitária, 1968. v. 1.

_______. *Da inexecução das obrigações e suas consequências*. 3. ed. Ed. Jurídica e Universitária, 1965.

AMARAL, Francisco. *Da irretroatividade da condição suspensiva no direito civil brasileiro*. Rio de Janeiro: Forense, 1984.

_______. *Direito civil:* introdução. 4. ed. Rio de Janeiro: Renovar, 2002.

AMORIM FILHO, Agnelo. Critério científico para distinguir a prescrição da decadência e para identificar as ações imprescritíveis. *RT*, 300/7 e 711/725.

ANDRADE, Manuel A. Domingues de. *Teoria geral da relação jurídica*. Coimbra: Livr. Almedina, 1974. v. 2.

ANDRÉ, Bruno Afonso de. Prescrição e decadência. *Tribuna da Magistratura*. São Paulo: Apamagis, n. 127.

ARRUDA ALVIM NETO, José Manoel. *Código de Processo Civil comentado*. São Paulo: Revista dos Tribunais, 1975. v. 2.

ASCENSÃO, José de Oliveira. *O direito*: introdução e teoria geral — uma perspectiva luso-brasileira. 10. ed. Coimbra: Livr. Almedina, 1997.

ATIAS, Christian. *Droit civil*: les biens. Paris: Librairies Techniques, 1982.

AZEVEDO, Álvaro Villaça. Consignação em pagamento. In: *Enciclopédia Saraiva do Direito*. São Paulo: Saraiva, 1977. v. 18.

______. *Teoria geral das obrigações*. 6. ed. São Paulo: Revista dos Tribunais, 1997; 10. ed. 2004.

______. *Teoria geral dos contratos típicos e atípicos*. São Paulo: Atlas, 2002.

AZEVEDO, Antônio Junqueira de. *Negócio jurídico. Existência, validade e eficácia*. 4. ed. São Paulo: Saraiva, 2002.

______. *Negócio jurídico e declaração negocial*. Tese. São Paulo, 1986.

AZEVEDO, Fábio de Oliveira. *Direito civil*: introdução e teoria geral. Rio de Janeiro: Lumen Juris, 2009.

AZEVEDO JÚNIOR, José Osório de. *Compromisso de compra e venda*. 2. ed. São Paulo: Saraiva, 1983.

BARASSI, Lodovico. *La teoria generale delle obbligazioni*. Milano: Giuffrè, 1946. v. 1 e 2.

BARBI, Celso Agrícola. *Comentários ao Código de Processo Civil*. 10. ed. Rio de Janeiro: Forense. v. 1.

BASSO, Maristela. *Contratos internacionais do comércio. Negociação — Conclusão — Prática*. 2. ed. Porto Alegre: Livraria do Advogado, 1998.

BATALHA, Wilson de Souza Campos. *Direito intertemporal*. Rio de Janeiro: Forense, 1980.

______. *Lei de Introdução ao Código Civil*. São Paulo: Max Limonad, 1959. v. 1.

BECKER. Anelise. *Teoria geral da lesão nos contratos*. São Paulo: Saraiva, 2000.

BENJAMIN, Antônio Herman de Vasconcellos. *Código Brasileiro de Defesa do Consumidor comentado pelos autores do Anteprojeto*. 6. ed. Rio de Janeiro: Forense Universitária, 2000.

BESSONE, Darcy. *Direitos reais*. 2. ed. São Paulo: Saraiva, 1996.

BETTI, Emilio. *Teoria geral do negócio jurídico*. Tradução de Fernando de Miranda. Coimbra: Coimbra Ed., 1969. t. 1.

BEVILÁQUA, Clóvis. *Código Civil dos Estados Unidos do Brasil comentado*. 3. ed. Rio de Janeiro: Francisco Alves, 1927. v. 1.

______. *Código Civil dos Estados Unidos do Brasil comentado*. 6. ed. Rio de Janeiro: Francisco Alves, 1940. v. 1.

______. *Teoria geral do direito civil*. 7. ed. atual. por Achilles Beviláqua e Isaías Beviláqua. Rio de Janeiro: Editora Paulo de Azevedo, 1955.

______. *Direito das obrigações*. 9. ed. Rio de Janeiro: Ed. Paulo de Azevedo, 1957.

BIANCA, C. Massimo. *Diritto civile*: il contratto. Milano: Giuffrè, 1984. v. 1.

BIERWAGEN, Mônica Yoshizato. *Princípios e regras de interpretação dos contratos no novo Código Civil*. 2. ed. São Paulo: Saraiva, 2003.

BITTAR, Carlos Alberto. *Curso de direito civil*. São Paulo: Forense Universitária, 1994. v. 1.

______. *Direito das obrigações*. Rio de Janeiro: Forense Universitária, 1990.

______. *Direito dos contratos e dos atos unilaterais*. Rio de Janeiro: Forense Universitária, 1990.

______. *Os direitos da personalidade*. 3. ed. São Paulo: Forense Universitária, 1999.

______. *Reparação do dano moral*. São Paulo: Revista dos Tribunais, 1993.

______. *Teoria geral do direito civil*. São Paulo: Forense Universitária, 1991.

BORDA, Guillermo Julio. *La persona jurídica y el corrimiento del velo societario*. Buenos Aires: Abeledo Perrot, 2000.

BORGES, João Eunápio. *Curso de direito comercial terrestre*. 4. ed. Rio de Janeiro: Forense, 1969.

BRETAS, Ronaldo. Da fraude à execução. *RF*, 290/72.

BRITO, Maria Helena de. *A representação nos contratos internacionais — Um contributo para o estudo do princípio da coerência em direito internacional privado*. Coimbra: Livr. Almedina, 1999.

BULOS, Uadi Lammêgo. *Constituição Federal anotada*. 4. ed. São Paulo: Saraiva, 2002.

CABRAL, Antônio da Silva. *Cessão de contrato*. São Paulo: Saraiva, 1987.

CAHALI, Yussef Said. *Divórcio e separação*. 10. ed. São Paulo: Revista dos Tribunais, 2002.

______. *Dos alimentos*. 2. ed. São Paulo: Revista dos Tribunais.

______. *Fraudes contra credores*. 2. ed. São Paulo: Revista dos Tribunais, 1999.

______. *Responsabilidade civil do Estado*. 2. ed. São Paulo: Malheiros Ed., 1996.

CALASSO, Francesco. *Il negozio giuridico*. 2. ed. Milano: Giuffrè, 1967.

CAMARA LEAL, Antonio Luiz da. *Da prescrição e da decadência*. 4. ed. atual. por Aguiar Dias. Rio de Janeiro: Forense, 1982.

CANOTILHO; VITAL MOREIRA. *Fundamentos da Constituição*. Coimbra: Coimbra Ed., 1991.

______. *Lei dos Registros Públicos comentada*. 9. ed. São Paulo: Saraiva.

CANOVAS, Espin. *Manual de derecho civil español*. Madrid: Editoriales de Derecho Reunidas, 1982. v. 1.

CAPITANT, Henri. *Introduction à l'étude du droit civil*. Paris, 1911.

CARVALHO SANTOS, J. M. *Código Civil brasileiro interpretado*. 9. ed. São Paulo/Rio de Janeiro: Freitas Bastos, 1974. v. 11 e 12.

CASTRO FILHO, José Olympio de. *Comentários ao Código de Processo Civil*. Rio de Janeiro: Forense, 1976. v. 10.

CASTRO Y BRAVO, Federico de. *Derecho civil de España*. 3. ed. Madrid, 1955.

______. *El negocio jurídico*. Madrid: Instituto Nacional de Estudios Jurídicos, 1967.

CAVALIERI FILHO, Sérgio. *Programa de responsabilidade civil*. 2. ed. São Paulo: Malheiros Ed., 1988.

CENEVIVA, Walter. *Direito constitucional brasileiro*. São Paulo: Saraiva, 1989.

______. *Lei dos registros públicos comentada*. São Paulo: Saraiva, 1979 e 2007.

CÉSAR, Dimas de Oliveira. *Estudo sobre a cessão do contrato*. São Paulo: Revista dos Tribunais, 1954.

CHAVES, Antônio. *Direito à vida e ao próprio corpo*. São Paulo: Revista dos Tribunais, 1994.

______. Índio-I. In: *Enciclopédia Saraiva do Direito*. São Paulo: Saraiva.

______. *Lições de direito civil*: parte geral. São Paulo: Bushatsky, 1972. v. 4.

______. O índio. *RF*, 264/35-6.

CHINELATO E ALMEIDA, Silmara J. A. *Do nome da mulher casada*: direito de família e direitos da personalidade. São Paulo: Forense Universitária, 2001.

______. Do nome da mulher casada, família e cidadania. *Revista do IBDFAM*, Anais. Belo Horizonte, 2002.

______. *Tutela civil do nascituro*. São Paulo: Saraiva, 2000.

COELHO, Fábio Ulhoa. *Curso de direito comercial*. 5. ed. São Paulo: Saraiva, 2002, v. 2; 3. ed., v. 3.

COLIN, Ambroise; CAPITANT, H. *Cours élémentaire de droit civil français*. 5. ed. Paris: Dalloz, 1927. v. 1.

COMPARATO, Fábio Konder. *O poder de controle na sociedade anônima*. 3. ed. Rio de Janeiro: Forense, 1983.

______. Obrigações de meio, de resultado e de garantia. In: *Enciclopédia Saraiva do Direito*. 1977. v. 55.

COUTO E SILVA, Clóvis Veríssimo do. *Comentários ao Código de Processo Civil*. São Paulo: Revista dos Tribunais, 1977. v. XI, t. I.

______. *A obrigação como processo*. São Paulo: Bushatsky, 1976.

COVELLO, Sergio Carlos. *A obrigação natural*. São Paulo: LEUD-Livraria e Editora Universitária de Direito, 1996.

COVIELLO, Nicola. *Doctrina general del derecho civil*. Trad. esp. México, 1949.

CRETELLA JÚNIOR, José. *Curso de direito romano*. 20. ed. Rio de Janeiro: Forense, 1997.

______. Responsabilidade civil do Estado legislador. In: *Responsabilidade civil*: doutrina e jurisprudência. Coord. Yussef Said Cahali. São Paulo: Saraiva.

CUNHA GONÇALVES, Luiz da. *Tratado de direito civil*. 1. ed. bras. São Paulo: Max Limonad. v. 1; 2. ed., v. 12, t. 2 e 3.

CUPIS, Adriano de. *Os direitos da personalidade*. Trad. port. Lisboa, 1961.

______. *Teoria e pratica del diritto civile*. 2. ed. Milano: Giuffrè, 1967.

DEL NERO, João Alberto Schützer. *Conversão substancial do negócio jurídico*. Rio de Janeiro: Renovar, 2001.

DELGADO, Mário Luiz. *Problemas de direito intertemporal no Código Civil*. São Paulo: Saraiva, 2004.

DEMOLOMBE, Jean Charles Florent. *Traité des contrats ou des obligations conventionelles en général*. In: *Cours de Code Napoleón*. Paris: Labure, 1867. v. 24, t. 1.

DI PIETRO, Maria Sylvia Zanella. *Direito administrativo*. 2. ed. São Paulo: Atlas, 7. ed., 1996.

DIEZ-PICAZO, Luis. *Experiencias jurídicas y teoría del derecho*. 3. ed. Barcelona: Ariel, 1993.

______. *La representación en el derecho privado*. Madrid: Civitas, 1979.

DINAMARCO, Cândido Rangel. *Fundamentos do processo civil moderno*. 3. ed. São Paulo: Malheiros Ed., 2000. v. 1.

______. *A reforma da reforma*. 3. ed. São Paulo: Malheiros, 2002.

DINIZ, Gustavo Saad. *Direito das fundações privadas*. São Paulo: Lemos e Cruz, 2006.

DINIZ, Maria Helena. *Curso de direito civil brasileiro*. 18. ed. São Paulo: Saraiva, 2002. v. 1 e 2.

______. *Lei de Introdução ao Código Civil brasileiro interpretada*. São Paulo: Saraiva, 1994.

______. FIUZA, Ricardo (Coord.). *Novo Código Civil comentado*. São Paulo: Saraiva, 2002.

______. *O estado atual do biodireito*. São Paulo: Saraiva, 2000.

______. *Tratado teórico e prático dos contratos*. 4. ed. São Paulo: Saraiva, 2002, v. 1.

DUGUIT, Léon. *Traité de droit constitutionnel*. 2. ed. Paris, 1923.

ELIAS, Roberto João. *Tutela civil*: regimes legais e realização prática. São Paulo: Saraiva, 1986.

ENNECCERUS, Ludwig; KIPP, Theodor; WOLFF, Martin. *Tratado de derecho civil*. Barcelona: Bosch, 1934. v. 1.

______. *Lehrbuch des Bürgerlichen Rechts*. Marburg, 1957-1962.

ESPÍNOLA, Eduardo. Condição. In: *Repertório enciclopédico do direito brasileiro*. Rio de Janeiro: Borsoi. v. 10.

______. Dos fatos jurídicos. Das nulidades. In: LACERDA, Paulo de. *Manual do Código Civil brasileiro*. Rio de Janeiro: Ed. J. Ribeiro dos Santos, 1926. v. 3.

FABRÍCIO, Adroaldo Furtado. *Comentários ao Código de Processo Civil*. 3. ed. Rio de Janeiro: Forense, 1988. v. VIII, t. III.

FAGUNDES, Miguel Seabra. O direito administrativo na futura Constituição. *Revista de Direito Administrativo*, 168/5, n. 4.

FALZEA, Angelo. *La condizione e gli elementi dell'atto giuridico*. Milano, 1941.

FARIAS, Cristiano Chaves de. Miradas sobre a cláusula penal no direito contemporâneo (à luz do Direito civil-constitucional, no novo Código Civil e do Código de Defesa do Consumidor). *RT*, 797/43.

FARIAS, Cristiano Chaves de; ROSENVALD, Nelson. *Direito civil*: teoria geral. 7. ed. Rio de Janeiro: Lumen Juris, 2008.

FERRARA, Francesco. *Trattato di diritto civile italiano*. Roma: Athenaeum, 1921. v. 1.

FERRARA, Luigi Cariotta. *Il negozio giuridico nel diritto privato italiano*. Napoli: Morano, 1948.

FERRAZ JÚNIOR, Tercio Sampaio. Analogia. In: *Enciclopédia Saraiva do Direito*. São Paulo: Saraiva. v. 6.

______. *Conceito de sistema no direito*. São Paulo: Revista dos Tribunais, 1976.

______. *Introdução ao estudo do direito*. São Paulo: Atlas, 1988.

FERRI, Luigi. *L'autonomia privata*. Milano, 1959.

FIUZA, Ricardo. *Novo Código Civil comentado*. São Paulo: Saraiva, 2002.

FREITAS, Luiz Roldão Gomes de. *Da assunção de dívida e sua estrutura negocial*. Rio de Janeiro: Lumen Juris, 1982.

FRONTINI, Paulo Salvador. Lesão contratual e abuso do poder econômico. *Justitia*, Revista do Ministério Público de São Paulo, 1972, v. 76.

FULGÊNCIO, Tito. *Do direito das obrigações*. 2. ed. Atualização por Aguiar Dias. Rio de Janeiro: Forense, 1958.

GABBA, C. F. *Teoria della retroattività delle leggi*. 3. ed. Pisa. v. 1.

GAGLIANO, Pablo Stolze; PAMPLONA FILHO, Rodolfo. *Novo curso de direito civil*. São Paulo: Saraiva, 2002, v. I e II.

GENTIL, Rafael. As associações e suas eleições. *Tribuna do Direito*, nov. 2004.

GHESTIN, Jacques. *Traité de droit civil. La formation du contrat*. 3. ed. Paris: LGDJ, 1994.

GIORGI, Giorgio. *Teoria delle obbligazioni nel diritto moderno italiano*. 7. ed. Firenze, 1907. v. I.

GIRARD, Frederic. *Testes de droit romain*. Apud Caio Mário da Silva Pereira. *Instituições de direito civil*. 19. ed. Rio de Janeiro: Forense, 2001. v. II.

GLANZ, Semy. Internet e contrato eletrônico. *RT*, 757/70.

GOMES, Luiz Roldão de Freitas. *Contrato*. 2. ed. Rio de Janeiro: Renovar, 2002.

______. *Contrato com pessoa a declarar*. Rio de Janeiro: Renovar, 1994.

GOMES, Orlando. *A reforma do Código Civil*. Bahia, 1961.

______. *Contratos*. 9. ed. Rio de Janeiro: Forense, 1983.

______. *Introdução ao direito civil*. 7. ed. Rio de Janeiro: Forense, 1983.

______. *Transformações gerais do direito das obrigações*. São Paulo: Revista dos Tribunais, 1967.

______. *Obrigações*. 6. ed. Rio de Janeiro: Forense, 1981.

GONÇALVES, Aderbal da Cunha. *Da propriedade resolúvel*: sua projeção na alienação fiduciária em garantia. São Paulo: Revista dos Tribunais, 1979.

GONÇALVES, Carlos Roberto. *Direito das coisas*. São Paulo: Saraiva, 2003.

GONÇALVES, Marcus Vinicius Rios. *Procedimentos especiais*. São Paulo: Saraiva, 1999 (Coleção Sinopses Jurídicas, v. 13).

______. *Processo de execução e cautelar*. 3. ed. São Paulo: Saraiva, 2002 (Coleção Sinopses Jurídicas, v. 12).

GONDIM FILHO, Joaquim. Nulidade relativa. *Revista Acadêmica da Faculdade de Direito do Recife*.

GUELFI, Filomusi. *Enciclopedia giuridica*. 1910.

HAURIOU, Maurice. *La théorie de l'institution et de la fondation*. Milano: Giuffrè, 1967.

HENTZ, Luiz Antonio Soares. *Direito de empresa no Código Civil de 2002*. São Paulo: Juarez de Oliveira, 2002.

IHERING, Rudolf von. *L'esprit du droit romain*. Trad. Neulenaere. t. 4.

ITURRASPE, Jorge Mosset. *Contratos*. Buenos Aires, 1992.

JOSSERAND, Louis. *Cours de droit civil positif français*. Paris, 1932. v. 1.

______. *Derecho civil*. Buenos Aires: Bosch, 1951. v. 1.

KLABIN, Aracy Augusta Leme. Transexualismo. *Revista de Direito Civil*, 17/27.

LACERDA, Paulo de. *Manual do Código Civil*. Rio de Janeiro, 1918. v. 1.

LAFAILLE, Héctor. *Derecho civil*: tratado de las obligaciones. 1950. v. 2, t. 8.

LARENZ, Karl. *Derecho civil*: parte general. Trad. esp. Caracas: Edersa, 1978.

______. *Metodologia da ciência do direito*. Tradução de José Lamego. 5. ed. Lisboa: Fundação Calouste Gulbenkian, 1989.

______. *Derecho de obligaciones*. Tradução espanhola de Jaime Santos Briz. Madrid: Revista de Derecho Privado, 1958. t. I.

LAURENT, F. *Principii di diritto civile*. Tradução italiana. Milano: Società Editrice Libraria, 1956. v. XVII.

LEITE, Eduardo Oliveira. Mulher separada. Continuidade do uso do nome do marido. Parecer. *RT*, 780/103.

LEITE, Gervásio. A emancipação do índio. *Revista de Informação Legislativa do Senado Federal*, n. 60.

LENZA, Pedro. *Direito constitucional esquematizado*. 13. ed. São Paulo: Saraiva, 2009.

LIMA, Alcides de Mendonça. *Comentários ao Código de Processo Civil*. São Paulo: Revista dos Tribunais. v. 12.

______. *Comentários ao Código de Processo Civil*. Rio de Janeiro: Forense, 1974. v. 6, t. 2.

LIMA, Alvino. *A fraude no direito civil*. São Paulo: Saraiva, 1965.

LIMA, João Franzen de. *Curso de direito civil brasileiro*. Rio de Janeiro: Forense, 1958. v. II, t. I.

LIMA, Otto de Souza. *Negócio fiduciário*. São Paulo: Revista dos Tribunais, 1962.

LIMONGI FRANÇA, Rubens. *Ato jurídico*. 3. ed. São Paulo: Revista dos Tribunais, 1994.

LOBÃO, Manuel de Almeida e Souza. *Tractado sobre as execuções por sentença*. Lisboa: Impressão Regia, 1817.

LÔBO, Paulo Luiz Netto. *Direito das obrigações*. Brasília: Brasília Jurídica, 1999.

______. *Teoria geral das obrigações*. São Paulo: Saraiva, 2005.

______. *Direito das obrigações*. São Paulo: Saraiva, 2005.

LOPES, João Batista. *Condomínio*. 7. ed. São Paulo: Revista dos Tribunais, 2000.

LOPEZ, Teresa Ancona. O estado de perigo como defeito do negócio jurídico. *Revista do Advogado*, Associação dos Advogados de São Paulo, dez./2002, n. 68.

______. *O dano estético*. 2. ed. São Paulo: Revista dos Tribunais, 1999.

LOTUFO, Renan. *Código Civil comentado*. São Paulo: Saraiva, 2003. v. 1 e 2.

______. *Curso avançado de direito civil*. São Paulo: Revista dos Tribunais, 2002. v. 1.

MACHADO, Sylvio M. Marcondes. *Limitação da responsabilidade de comerciante individual*. São Paulo, 1956.

______. *Questões de direito mercantil*. São Paulo: Saraiva, 1977.

MAIA JÚNIOR, Mairan Gonçalves. *A representação no negócio jurídico*. São Paulo: Revista dos Tribunais, 2001.

MALUF, Carlos Alberto Dabus. *As condições no direito civil*. 2. ed. São Paulo: Saraiva, 1991.

MARCATO, Antonio Carlos. Interrupção da prescrição: o inciso I do art. 202 do novo Código Civil. In: CIANCI, Mirna (Coord.). *Prescrição no novo Código Civil*: uma análise interdisciplinar. São Paulo: Saraiva, 2005.

______. Da consignação em pagamento — Os procedimentos do Código de Processo Civil e da Lei n. 8.245, de 1991. *Revista do Advogado*, 63/57, junho/2001.

MARINHO, Josaphat. Os direitos da personalidade no novo Código Civil brasileiro. *Boletim da Faculdade de Direito da Universidade de Coimbra*. Coimbra: Coimbra Editora, 2000.

MARQUES, Claudia Lima. *Contratos no Código de Defesa do Consumidor*. 3. ed. São Paulo: Revista dos Tribunais, 1998.

______. Diálogo entre o Código de Defesa do Consumidor e o novo Código Civil: do "diálogo das fontes" no combate às cláusulas abusivas. *Revista de Direito do Consumidor*, 45/71, jan./mar. 2003.

MARQUES, José Frederico. *Tratado de direito penal*. 2. ed. São Paulo: Saraiva. v. 3.

MARTINS-COSTA, Judith. *Comentários ao novo Código Civil*. Rio de Janeiro: Forense, 2003. v. V, t. I e II.

______. *A boa-fé no direito privado*. São Paulo: Revista dos Tribunais, 1999.

______. O direito privado como um "sistema em construção" — as cláusulas gerais no Projeto de Código Civil brasileiro. *RT*, 753/40-41, jul. 1998.

MARTY; REYNAUD. *Droit civil*. Paris, 1956. t. 1.

MATTIETTO, Leonardo. A representação voluntária e o negócio jurídico da procuração. *Revista Trimestral de Direito Civil*, 2000, v. 4.

MAXIMILIANO, Carlos. *Direito intertemporal ou teoria da retroatividade das leis*. Rio de Janeiro: Freitas Bastos, 1955.

______. *Hermenêutica e aplicação do direito*. 8. ed. Rio de Janeiro: Freitas Bastos, 1965.

MAZEAUD, Henri; MAZEAUD, Léon; MAZEAUD, Jean. *Leçons de droit civil*. Paris: Ed. Montchrestien, 1969. v. 1, t. 1; 1973, v. 1, t. 2.

MAZEAUD, Léon. *Recueil critique*. Paris: Dalloz, 1943.

MEDEIROS DA FONSECA, Arnoldo. *Caso fortuito e teoria da imprevisão*. 3. ed. Rio de Janeiro: Forense, 1958.

MELLO, Marcos Bernardes de. *Teoria do fato jurídico. Plano da existência*. 9. ed. São Paulo: Saraiva, 1999.

MENDONÇA, Manoel Ignácio Carvalho de. *Doutrina e prática das obrigações*. 4. ed. Rio de Janeiro: Forense, 1956. t. I.

MESSINEO, Francesco. *Manuale di diritto civile e commerciale*. 1947. v. 1.

______. *Doctrina general del contrato*. Tradução de R. Fontanarrosa, Sentis Melendo e M. Volterra. Buenos Aires: Giuffrè, 1947. v. 3.

______. *Il contratto in generi*. Milano, 1973.

______. *Istituzioni di diritto privato*. Milano.

MIRANDA, Custódio da Piedade. *A simulação no direito civil brasileiro*. São Paulo: Saraiva, 1980.

MONTEIRO, Washington de Barros. *Curso de direito civil*: parte geral. 38. ed. São Paulo: Saraiva, 2001. v. 1 e 4.

______. *Curso de direito civil*: direito das obrigações. 1ª parte. 32. ed., atualizada por Carlos Alberto Maluf, 2003.

______. *Curso de direito civil*. 34. ed. atual. por Carlos Alberto Dabus Maluf e Regina Beatriz Tavares da Silva. São Paulo: Saraiva, 1997, v. 5.

______. *Curso de direito civil*: direito de família. 32. ed. São Paulo: Saraiva, 1995. v. 2.

MORAES, Walter. Direito da personalidade. In: *Enciclopédia Saraiva do Direito*. São Paulo: Saraiva. v. 26.

MOREIRA, José Carlos Barbosa. Assunção de dívida: a primazia do Código de Processo Civil. *Informativo Incijur*. Joinville, n. 44, março/2003.

NADER, Paulo. *Curso de direito civil*. Rio de Janeiro: Forense, 2003.

NEGRÃO, Theotonio. *Código de Processo Civil e legislação processual em vigor*. 34. ed. São Paulo: Saraiva, 2002.

NEGREIROS, Teresa. *Fundamentos para uma interpretação constitucional do princípio da boa-fé*. Rio de Janeiro: Renovar, 1998.

NERY JUNIOR, Nelson. *Vícios do ato jurídico e reserva mental*. São Paulo: Revista dos Tribunais, 1983.

______. Contratos no Código Civil — Apontamentos gerais. In: FRANCIULLI NETTO, Domingos; MENDES, Gilmar Ferreira; MARTINS FILHO, Ives Gandra da Silva (Coord.). *O novo Código Civil*: estudos em homenagem ao Professor Miguel Reale. São Paulo: LTr, 2003.

NERY JUNIOR, Nelson; NERY, Rosa Maria de Andrade. *Código de Processo Civil comentado*. 3. ed. São Paulo: Revista dos Tribunais, 1997.

______. *Comentários ao Código de Processo Civil*. São Paulo: Revista dos Tribunais, 2015.

NEVARES, Ana Luiza Maia. O erro, o dolo, a lesão e o estado de perigo no novo Código Civil. In: TEPEDINO, Gustavo (Coord.). *A Parte Geral do novo Código Civil*. Rio de Janeiro: Renovar, 2002.

NEVES, Antonio Castanheira. Interpretação jurídica. In: *Polis-Enciclopédia Verbo da Sociedade e do Estado*. v. 3.

NONATO, Orozimbo. *Curso de obrigações*. Rio de Janeiro: Forense, 1959. v. II.

NUNES, Luiz Antonio Rizzatto. *Comentários ao Código de Defesa do Consumidor*. São Paulo: Saraiva, 2000.

OLIVEIRA, José Lamartine Corrêa de. *A dupla crise da pessoa jurídica*. São Paulo: Saraiva, 1979.

OLIVEIRA, Moacyr de. Estado de perigo. In: *Enciclopédia Saraiva do Direito*. São Paulo: Saraiva, 1979.

______. Reserva mental. In: *Enciclopédia Saraiva do Direito*. São Paulo: Saraiva, 1981. v. 65.

ÓPICE BLUM, Renato Muller da Silva; GONÇALVES, Sérgio Ricardo Marques. As assinaturas eletrônicas e o direito brasileiro. In: *Comércio eletrônico*, diversos autores. São Paulo: Revista dos Tribunais, 2001.

PAGE, Henri de. *Traité élémentaire de droit civil belge*. 1933. v. 1.

PEREIRA, Caio Mário da Silva. *Condomínio e incorporações*. 4. ed. Rio de Janeiro: Forense, 1981.

______. *Direito civil*: alguns aspectos de sua evolução. Rio de Janeiro: Forense, 2001.

______. *Instituições de direito civil*. 19. ed. Rio de Janeiro: Forense, 2002. v. 1 e 2; 2003, v. 3.

______. *Lesão nos contratos*. 6. ed. Rio de Janeiro: Forense, 1999.

______. *Responsabilidade civil*. 2. ed. Rio de Janeiro: Forense, 1990.

PEREIRA, Lafayette Rodrigues. *Direito das coisas*. São Paulo: Freitas Bastos, 1943, v. 1.

PERLINGIERI, Pietro. *Il fenômeno dell'estinzione nelle obbligazioni*. Napoli: Jovene, 1971.

PINHEIRO, Hésio Fernandes. O nome civil da mulher casada. *RT*, 185/530.

PINTO, Carlos Alberto da Mota. *Cessão da posição contratual*. Coimbra: Atlântica Ed., 1980.

PLANIOL, Marcel; RIPERT, Georges. *Traité pratique de droit civil français*. Paris: LGDJ, 1952. v. 1.

______; PICARD, Los bienes. In: *Tratado práctico de derecho civil francés*. Tradução de Diáz Cruz. La Habana, 1942.

______; BOULANGER. *Traité élémentaire de droit civil*. Paris, 1915. v. 1.

______; SAVATIER, René. *Traité élémentaire de droit civil*. 7. ed. Paris, 1915. t. 1.

PONTES DE MIRANDA, Francisco. *Comentários ao Código de Processo Civil*. Rio de Janeiro: Forense. t. 16.

______. *Direito de família*. São Paulo: Max Limonad. v. 3.

______. *Tratado de direito privado*. 3. ed. Rio de Janeiro: Borsoi, 1954/1956, t. 4 e 8.

______. *Tratado dos testamentos*. Rio de Janeiro, 1930. v. 1.

PORTO, Mário Moacyr. Dano por ricochete. *RT*, 661/7.

______. *Reparação do dano moral*. São Paulo: Revista dos Tribunais, 1993.

______. Responsabilidade do Estado pelos atos de seus juízes. *RT*, 563/14.

______. *Temas de responsabilidade civil.* São Paulo: Revista dos Tribunais, 1989.

RAMOS, Erasmo M. Estudo comparado do direito de personalidade no Brasil e na Alemanha. *RT,* 799/11-32.

RÁO, Vicente. *O ato jurídico.* 3. ed. São Paulo: Saraiva, 1981.

______. *O direito e a vida dos direitos.* São Paulo: Max Limonad, 1960. v. 1 e 2.

RAVÁ, Adolfo. *Istituzioni di diritto privato.* 1938.

REALE, Miguel. As associações no novo Código Civil. *Informativo Incijur,* n. 45, abr. 2003.

______. Diretrizes gerais sobre o Projeto de Código Civil. In: *Estudos de filosofia e ciência do direito.* São Paulo: Saraiva, 1978.

______. *Lições preliminares de direito.* 8. ed. São Paulo: Saraiva, 1981.

______. *O projeto do novo Código Civil.* 2. ed. São Paulo: Saraiva, 1999.

RÉGIS, Mário Luiz Delgado. *Novo Código Civil comentado.* Coordenação de Ricardo Fiuza. São Paulo: Saraiva, 2002.

REQUIÃO, Rubens. *Aspectos modernos de direito comercial.* São Paulo: Saraiva, 1977. v. 1.

______. *Curso de direito comercial.* 12. ed. São Paulo: Saraiva, 1982. v. 1.

RIANI, Frederico Augusto D'Ávila. O direito à vida e a negativa de transfusão de sangue baseada na liberdade de crença. *Revista Imes,* ano 1, n. 1, jul./dez. 2000.

RIZZARDO, Arnaldo. *Da ineficácia dos atos jurídicos e da lesão no direito.* Rio de Janeiro: Forense, 1983.

RODRIGUES, Marcelo Guimarães. Do nome civil. *RT,* 765/755.

RODRIGUES, Silvio. Ação pauliana ou revocatória. In: *Enciclopédia Saraiva do Direito.* São Paulo: Saraiva. v. 3.

______. Cessão de débito. In: *Enciclopédia Saraiva do Direito.* São Paulo: Saraiva, 1977. v. 14.

______. *Direito civil.* 32. ed. São Paulo: Saraiva, 2002. v. 1.

______. *Dos vícios do consentimento.* São Paulo: Saraiva, 1974.

______. *Direito civil.* 30. ed. São Paulo: Saraiva, 2002. v. 2; 28. ed. v. 3.

ROPPO, Enzo. *O contrato.* Trad. de Ana Coimbra e M. Januário C. Gomes. Coimbra: Livr. Almedina, 1988.

ROSENVALD, Nelson. O princípio da concentração na matrícula imobiliária — Lei n. 13.097/15, *Jornal Carta Forense,* mar. 2016.

ROTONDI, Mario. *Istituzioni di diritto privato.* 8. ed. Milano: Ambrosiana, 1965.

ROUBIER, Paul. *Les conflits de lois dans le temps.* Paris: Sirey, 1929. v. 1.

RUGGIERO, Roberto de. *Instituições de direito civil.* São Paulo: Saraiva, 1972, v. 1; 1973, v. III.

SALOMÃO FILHO, Calixto. *O novo direito societário.* São Paulo: Malheiros, 1998.

SAN TIAGO DANTAS, Francisco Clementino. *Programa de direito civil.* Rio de Janeiro: Ed. Rio de Janeiro, 1977. v. 1; 3. ed. Rio de Janeiro: Forense, 2000.

SANTORO-PASSARELLI, Francesco. *Dottrine generali del diritto civile.* 9. ed. Napoli: Eugenio Jovene, 1971.

______. *Teoria geral do direito civil.* Tradução de Manoel de Alarcão. Coimbra: Atlântica Ed., 1967.

SANTOS, João Manuel de Carvalho. *Código Civil brasileiro interpretado.* 8. ed. Rio de Janeiro: Freitas Bastos, 1961. v. 2; 9. ed., 1964, v. 3; 11. ed., 1980, v. 1.

SAVIGNY, Friedrich Karl von. *Le droit des obligations.* Trad. Gerardin et Jozon. § 82.

SCAVONE JUNIOR, Luiz Antonio. *Juros no direito brasileiro.* São Paulo: Revista dos Tribunais, 2003.

SCUTO, Carmelo. *Istituzioni di diritto privato*: parte generale. 5. ed. Napoli: Treves di Leo Lupi, 1950. v. 1.

SCUTO, Edoardo. Riserva mentale. In: *Novíssimo Digesto Italiano.* Torino: UTET, 1969. v. 16.

SEMIÃO, Sérgio Abdalla. *Os direitos do nascituro*: aspectos cíveis, criminais e do biodireito. Belo Horizonte: Del Rey, 1988.

SERPA LOPES, Miguel Maria de. *Curso de direito civil*. 5. ed. Rio de Janeiro: Freitas Bastos, 1971. v. 1; 1962, v. III.

______. *O silêncio como manifestação da vontade nas obrigações*. Rio de Janeiro: Livr. Suíssa-Walter Roth Ed., 1944.

______. *Curso de direito civil*. 4. ed. Rio de Janeiro: Freitas Bastos, 1966. v. II; 1971, v. V.

SILVA, Jorge Cesa Ferreira da. *A boa-fé e a violação positiva do contrato*. Rio de Janeiro: Renovar, 2002.

SILVA, José Afonso da. *Curso de direito constitucional positivo*. 5. ed. São Paulo: Revista dos Tribunais, 1989.

SILVA, Regina Beatriz Tavares da. *Cláusula "rebus sic stantibus" ou teoria da imprevisão*. Belém: Cejup, 1989.

SILVA, Wilson Melo da. *Da responsabilidade civil automobilística*. São Paulo: Saraiva, 1980.

SIMÃO, José Fernando. Requisitos do erro como vício de consentimento no Código Civil. In: *Novo Código Civil — Questões controvertidas*. São Paulo: Método, 2007. v. 6.

SOUZA, R. Capelo de. *O direito geral de personalidade*. Coimbra: Coimbra Ed., 1995.

STOCO, Rui. *Responsabilidade civil*. 4. ed. São Paulo: Revista dos Tribunais, 1999.

______. Tutela antecipada nas ações de reparação de danos. *Informativo Jurídico Incijur*.

STOLFI, Francesco. *Il nuovo Codice Civile commentato*. Prefazione XIV. Padova: Cedam, 1939.

TARTUCE, Flávio. *Direito civil*. 5. ed. São Paulo: Método, 2009. v. 1; 3. ed., v. 3.

TAVARES, José. *Os princípios fundamentais do direito civil*. 2. ed. Coimbra, 1929. v. 1.

TEIXEIRA DE FREITAS, Augusto. *Esboço*. Rio de Janeiro: MJNI, 1952.

TELLES, Inocêncio Galvão. *Direito das obrigações*. 4. ed. Lisboa: Coimbra Ed., 1982.

TELLES JÚNIOR, Goffredo da Silva. *O direito quântico*. 5. ed. São Paulo: Max Limonad, 1981.

______. Norma jurídica. In: *Enciclopédia Saraiva do Direito*. São Paulo: Saraiva, 1977. v. 54.

TENÓRIO, Oscar. *Lei de Introdução ao Código Civil brasileiro*. 2. ed. Rio de Janeiro: Borsoi, 1955.

TEPEDINO, Gustavo. O papel da culpa na separação e no divórcio. In: *Temas de direito civil*. Rio de Janeiro: Renovar, 2001.

______. Premissas metodológicas para a constitucionalização do direito civil. In: *Temas de direito civil*. Rio de Janeiro: Renovar, 2001.

TEPEDINO, Gustavo; BARBOZA, Heloisa Helena; BODIN DE MORAES, Maria Celina. *Código civil interpretado conforme a Constituição da República*. Rio de Janeiro: Renovar, 2007, v. I.

THEODORO JÚNIOR, Humberto. Negócio jurídico. Existência. Validade. Eficácia. Vícios. Fraude. Lesão. *Revista dos Tribunais, 780*:11.

______. *Comentários ao novo Código Civil*. Rio de Janeiro: Forense, 2003. v. III.

______. *O contrato e seus princípios*. 2. ed. Rio de Janeiro: AIDE, 1999.

TOBEÑAS, José Castan. *Derecho civil español*. 11. ed. Madrid: Ed. Reus, 1971. v. 1.

TOLOMEI, Carlos Young. A noção de ato ilícito e a teoria do risco na perspectiva do novo Código Civil. In: *A Parte Geral do novo Código Civil*. Coord. Gustavo Tepedino. Rio de Janeiro: Renovar, 2002.

TORRENTE, Andréa. *Manuale di diritto privato*. 1965.

TRABUCCHI, Alberto. *Commentario breve al Codice Civile*. Padova: CEDAM, 1997.

______. *Istituzioni di diritto civile*. 19. ed. Padova: CEDAM, 1973.

VALLADÃO, Haroldo. Capacidade de direito. In: *Enciclopédia Saraiva do Direito*. São Paulo: Saraiva, 1977. v. 13.

VARELA, J. M. Antunes. *Direito das obrigações*. Rio de Janeiro: Forense, 1977. v. I; 1978, v. II.

VELOSO, Zeno. *Condição, termo e encargo*. São Paulo: Malheiros Ed., 1997.

VENCESLAU, Rose Melo. O negócio jurídico e suas modalidades. In: *A Parte Geral do novo Código Civil*. Coord. Gustavo Tepedino. Rio de Janeiro: Renovar, 2002.

VENOSA, Sílvio de Salvo. *Direito civil*. São Paulo: Atlas, 2003. v. 1 e 2.

VIANA, Marco Aurélio S. *Da pessoa natural*. São Paulo: Saraiva, 1988.

VIANA, Rui Geraldo Camargo. *A novação*. São Paulo: Revista dos Tribunais, 1979.

VIEIRA, Jacyr de Aguilar. A autonomia da vontade no Código Civil brasileiro e no Código de Defesa do Consumidor. *RT*, 791/31.

VIEIRA, Tereza R. *Mudança de sexo*: aspectos médicos, psicológicos e jurídicos. São Paulo: Santos, 1996.

VON TUHR, Andreas. *Tratado de las obligaciones*. Tradução de W. Roces. Madrid: Ed. Reus, 1934. t. I; 1999, t. II.

WALD, Arnoldo. *A cláusula de escala móvel*. 2. ed. Rio de Janeiro: Ed. Nacional de Direito, 1959.

______. *Curso de direito civil brasileiro*: introdução e parte geral. 9. ed. São Paulo: Saraiva, 2002.

______. *Curso de direito civil brasileiro*: obrigações e contratos. 14. ed. São Paulo: Revista dos Tribunais, 2000.

WIELEWICKI, Luís. Contratos e Internet — Contornos de uma breve análise. In: *Comércio eletrônico*, diversos autores. São Paulo: Revista dos Tribunais, 2001.

YARSHELL, Flávio Luiz. Dano moral: tutela preventiva (ou inibitória), sancionatória e específica. *Revista do Advogado*, 49/62.

ZANNONI, Eduardo. *El daño en la responsabilidad civil*. Buenos Aires: Ed. Astrea, 1982.

ZAVASCKI, Teori Albino. Antecipação da tutela e colisão de direitos fundamentais. In: *Reforma do Código de Processo Civil*. Coord. do Min. Sálvio de Figueiredo Teixeira. São Paulo: Saraiva, 1996.

ZEA, Arturo Valencia. *La posesión*. Bogotá: Ed. Temis, 1978.